WER WAR HITLER

>>Unter der Herrschaft Hitlers, von der sich das ganze Volk unterjochen ließ,
begingen die Deutschen Verbrechen, die an Ausmaß und Verworfenheit
auch in den düstersten Zeiten der Menschheitsgeschichte
nicht ihresgleichen finden.<<

Winston S. Churchill

Hermann Pölking

WER WAR HITLER

Ansichten und Berichte
von Zeitgenossen

be.bra verlag

Die Orthografie und Zeichensetzung der Zitate wurde behutsam an die
aktuelle Rechtschreibung angepasst. Die Einordnungen der Personen im
Anschluss an jedes Zitat beschreiben ihren Status zur Zeit der Äußerung.

Bibliografische Information der Deutschen Nationalbibliothek
Die Deutsche Nationalbibliothek verzeichnet diese Publikation
in der Deutschen Nationalbibliografie; detaillierte bibliografische
Daten sind im Internet über http://dnb.d-nb.de abrufbar.

© be.bra verlag GmbH
Berlin-Brandenburg, 2017
KulturBrauerei Haus 2
Schönhauser Allee 37, 10435 Berlin
post@bebraverlag.de
Lektorat: Gabriele Dietz, Berlin
Umschlag: hawemannundmosch, Berlin
Satz: RAW-Design Rolf-Andreas Wienbeck, Bremen / typegerecht, Berlin
Schrift: Dante / Frutiger
Druck und Bindung: GGP Media GmbH, Pößneck
ISBN 978-3-89809-133-6

www.bebraverlag.de

INHALT

PROLOG
Warum seid ihr armen Jungs hier?

»Niemals vor dem Feind kehrtmachen!‹
Das hatten sie uns eingebläut.«[1]
Te Aitanga o Hautis, *Sergeant, 28. (Maori) Bataillon der 2. Neuseeländischen Division*

Fahnen

Der aus Schlesien stammende Häftling Edgar Kupfer-Koberwitz, geboren im Jahr 1906, ist seit November 1940 wegen abfälliger Bemerkungen über das NS-Regime im Konzentrationslager Dachau inhaftiert. Dort schreibt er seit 1942 heimlich ein »Dachauer Tagebuch«.

Am 1. Mai 1945, zwei Tage nach der Befreiung durch amerikanische Einheiten, verfasst er seinen vorletzten Eintrag: »Man trägt Transparente und Fahnen. Jede Nation marschiert auf. Die Amerikaner sind auf dem Appellplatz. Der Colonel, der zurzeit Lagerkommandant ist, grüßte die Fahnen alle. Es war auch eine deutsche Gruppe für ein neues Deutschland vertreten. Auch diese Fahne wurde gegrüßt.«[2]

Am gleichen Tag hat die Häftlinge in Dachau auch die Nachricht vom Ende Adolf Hitlers erreicht, wie Kupfer-Koberwitz in seinem Tagebuch festhält: »Der Kanonendonner hat aufgehört. Hitler soll wirklich tot sein.«[3] Zu diesem Zeitpunkt befindet sich das »Großdeutsche Reich« noch mit 53 Staaten im Kriegszustand. Noch wird im Süden, im Osten, im Norden Deutschlands, zu Lande, zu Wasser und in der Luft gekämpft. Eine Woche später kapituliert die deutsche Wehrmacht vor ihren Gegnern.

Die ersten Häftlinge in Dachau waren im März 1933 Deutsche, vor allem aktive Kommunisten, Sozialdemokraten, Gewerkschafter. Zu ihnen gesellten sich schon bald auch Konservative, Liberale und bayerische Monarchisten. 200 000 Häftlinge werden in den zwölf Jahren der Existenz des Lagers im KZ Dachau inhaftiert. 30 000 von ihnen sterben.

Obwohl deutsche, österreichische und sudetendeutsche Widerstandskämpfer ihr Leben riskierten, haben nicht Deutsche sich und die Welt von ihrem »Führer und Reichskanzler« befreit. 34 Staaten der Anti-Hitler-Koalition entsenden schließlich mehr als 30 Millionen Soldaten auf den europäischen Kriegsschauplatz. Sie sind es, die Hitlers Herrschaft ein Ende machen und die Voraussetzung schaffen, dass ein »neues Deutschland« erstehen kann.

Völkerschlacht

Margaret Bourke-White ist im Range eines Lieutenant Colonel die erste weibliche Kriegsberichterstatterin der US-Armee. Im Frühsommer 1944 trifft die damals 40-Jährige auf der Vormarschstraße nach Rom Soldaten, deren Einheiten gerade aus der Front herausgezogen worden waren. »Sie waren Infanteristen, die für eine Ruhepause in ein Feldlager zurückkehrten, und ich wusste durch das Divisions-Abzeichen, das sie an ihren Ärmeln trugen, dass diese Männer ununterbrochen sechzig Tage lang hoch oben in den Bergen rund um Cassino gewesen waren. Ich dachte, ich hätte noch niemals solch müde Gesichter gesehen. Es war mehr als die Bartstoppeln, was ihre Geschichte erzählte; es waren ihre ausdruckslosen, starrenden Augen. Diese Männer waren so müde, sie waren wie der lebende Tod. Sie waren aus solch einer tiefen Ermüdung gekommen, dass ich mich fragte, ob sie jemals wieder in der Lage sein würden, zurückzukehren zu den Leben und Gedanken, die sie gekannt hatten.«[4]

Im Winter und Frühjahr 1944 findet im Tal des Liri beim Monte Cassino eine Völkerschlacht statt. »Die Schlacht von Cassino war die grausigste, quälendste und in gewisser Hinsicht auch tragischste Phase des Krieges in Italien. Wenn ich an die Wochen erbitterter Kämpfe zurückdenke, die sich schließlich zu Monaten hinzogen, mich der beißenden Kälte entsinne, der nicht enden wollenden Regengüsse, der schweren Schneefälle, der Seen von Schlamm, die weder Mann noch Material verschonten, und vor allen Dingen der tief in die Erde gebauten Befestigungen, in denen die Deutschen uns auf den Höhen erwarteten, dann scheint es mir noch heute, als ob es niemals in der Geschichte Soldaten gegeben hätte, welchen eine schwierigere Aufgabe zugedacht war«[5], schreibt General Mark W. Clark, der Oberkommandierende der 5. US-Armee, die hier an der von den Deutschen »Goten-Linie« genannten Front im Kampf steht.

Italien ist im Sommer 1943 Kriegsschauplatz geworden, nachdem die letzten deutschen und italienischen Truppen am 12. bzw. 13. Mai in Tunesien kapituliert haben. Seit der alliierten Landung in Sizilien am 10. Juli befindet sich die Wehrmacht in Italien auf dem Rückzug. Den Deutschen und Italienern ist klar, dass mit der Landung der Angriff auf die »Festung Europa« begonnen hat. Am 25. Juli wird Italiens Diktator Mussolini entmachtet. Am 9. September schließt die neue italienische Regierung einen Waffenstillstand mit den Alliierten. »Jetzt war der Spaß vorbei; wir reihten uns erneut in Kolonnen ein, und so, ohne Waffen, ohne Fahne, marschierten wir auf die nächsten Schlachtfelder, um mit den Alliierten zusammen diesen Krieg zu gewinnen, den wir gerade zusammen mit den Deutschen verloren hatten«[6], beschreibt der italienische Schriftsteller und Journalist Curzio Malaparte die Folgen des Seitenwechsels für die Italiener. Das Königreich Italien wird am 10. September unter Beteiligung italienischer faschistischer Formationen von der Wehrmacht besetzt.[7] Die Besetzung löst im Land einen Bürgerkrieg aus.

Hitler lässt aus Frankreich und vom Balkan neue Truppen heranführen und fordert, den Alliierten in Italien eine eklatante Niederlage beizubringen.[8] Doch Italien ist militärisch für Deutschland verloren. Nach der Landung alliierter Divisionen in Süditalien im September 1943 rücken die Truppen der Alliierten langsam auf der Halbinsel Richtung Norden vor. Im Januar 1944 können sie nördlich der Front bei Anzio und Nettuno landen und einen stabilen Brückenkopf ausbauen. Trotz der alliierten Luftüberlegenheit bleiben die Fronten aber noch monatelang stabil.

In Italien verfolgen Hitler und seine Generäle von nun an erfolgreich den Plan, mit einem Minimum an defensiven Truppen den Vormarsch des Gegners so lange wie möglich aufzuhalten.[9] Sinnbild dieser Taktik ist die Schlacht bei Monte Cassino, die sich über fast fünf Monate hinzieht. Hitler selbst hat seinen Generalen die strikten Haltebefehle gegeben.[10]

Margaret Bourke-White fliegt mit einer Piper Grasshopper, gesteuert vom aus Ottumwa, Iowa, stammenden Captain Jack Marinelli, über das Liri-Tal. Der Pilot Marinelli erzählt der Reporterin des *Life-Magazin*, die GI's würden das Tal unter ihnen das »Purple Heart Valley« nennen. Das »Purple Heart« ist die einzige Verwundetenauszeichnung der US-Streitkräfte, sie wird nur an Soldaten verliehen, die im Kampf durch gegnerische Kräfte verwundet wurden, ebenso posthum an gefallene Soldaten. »Ich konnte kaum glauben, dass so viele Granaten in ein einziges Tal hatten fallen können.«[11]

Die US-Kriegsberichterstatterin Martha Gellhorn, damals noch mit dem Schriftsteller Ernest Hemingway verheiratet, berichtet lakonisch: »Es war ein kleines, eigentümliches und ungesundes Stück Italien.«[12] Sie findet bei ihrem Frontbesuch die Berge nördlich des Liri-Tals von den Deutschen besetzt, ihnen gegenüber auf der Rechten liegen polnische Divisionen der britischen Armee, in der Mitte französische Divisionen aus Nordafrika, auf der Linken Soldaten der 5. US-Armee, vor allem Texaner. »Die italienische Front ist überhaupt sehr sonderbar. Eines Tages rechneten wir aus, dass es quer über Italien vom Mittelmeer zur Adria zwanzig Rassen und Nationalitäten gab, und alle kämpften sie gegen die Deutschen.«[13]

Neben der 5. US-Armee, die durch das II. US-Korps und das frei-französische Expeditionskorps mit seinen nordafrikanischen Truppen verstärkt wird, kämpft die britische Achte Armee, in der auch Truppen der französischen, polnischen und griechischen Exil-Armeen dienen. Martha Gellhorn: »Die Achte Armee ... hatte sich von der ägyptischen Grenze bis zu diesen Bergen vorgekämpft. In den zwei Jahren seit El Alamein war die Achte Armee durch Afrika, über Sizilien und die italienische Halbinsel hinauf vorgerückt. Alle diese Männer unterschiedlichster Rassen und Nationalitäten fühlten, dass dies der letzte Stoß sein würde und sie im Anschluss daran nach Hause gehen könnten. Eines Tages werden sie heimkehren nach Polen, Kanada, Südafrika, Indien, Neuseeland, England, Schottland und Irland, denn Männer all dieser Nationalitäten gab es in der Achten Armee. Um in ihr von allen verstanden zu werden, müsste man mehrere indische Dialekte, kanadisches Französisch, Polnisch, die Sprache der Neger in Basutoland sowie jeden erdenklichen Dialekt im Englischen sprechen.«[14]

Die Deutschen kennen das Völkergemisch, das ihnen, vergleichbar den Kämpfen bei Stalingrad, am Cassino die wohl härteste Schlacht des Krieges liefert. Generalmajor Siegfried Westphal, Chef der Führungsabteilung beim Wehrmachts-Oberbefehlshaber Süd, in seinen Erinnerungen: »Gegen uns kämpften zehn Nationen: Algerier, Amerikaner, Brasilianer, Briten, Franzosen, Italiener, Kanadier, Marokkaner, Neuseeländer und Südafrikaner.«[15]

Die deutschen Divisionen am Monte Cassino bezeichnet der US-General Mark W. Clark als die besten in Italien. Unter ihnen befindet sich neben Panzergrenadieren auch die 1. Fallschirmjägerdivision. Die alliierten Soldaten, mit denen Martha Gellhorn im Liri-Tal spricht, haben ein klares Feindbild: »Das sind keine Menschen‹, sagte ein Neuseeländer. ›Ich wünschte, sie würden uns die deutschen Gefangenen überlassen‹, erklärte ein junger Bursche aus Wales. Ein Mann, der neben ihm im Gras lag, ergriff jetzt nachdenklich das Wort. ›Man schafft es einfach nicht, diese Leute zu mögen, solange sie nicht tot sind.‹«[16]

Am 13. Februar 1944 vermerkt das Kriegstagebuch des am Monte Cassino kämpfenden deutschen XIV. Panzerkorps am Ende seiner Tagesmeldung: »Im Raum Cassino tauchen seit gestern Neuseeländer auf, sodass der Gegner dort seine Angriffe wahrscheinlich fortsetzen wird.«[17] Die deutschen Fallschirmjäger kennen die Neuseeländer von den Kämpfen auf Kreta im Juni 1940. Ein deutscher Bericht lobt den jetzt am Monte Cassino auftauchenden Gegner: »Oft mussten Stützpunktbesatzungen bis auf den letzten Mann niedergemacht werden, da sie eine Übergabe ablehnten.«[18]

Deutsche Propaganda-Kompanien beschallen die Neuseeländer mit englischsprachigen Liedern wie dem sentimentalen Abschiedslied *Now is the Hour*. Und wie sich Jahrzehnte später der Maori-Sergeant Te Aitanga o Hautis, geboren im Jahr 1923 in Tologa Bay, Distrikt Gisborne, Nordinsel, erinnert, irritiert eine angenehm einschmeichelnde weibliche Stimme die weißen und farbigen Soldaten Neuseelands. »Sie sagte: ›Willkommen, Soldaten aus Neuseeland. Wie geht es euch, Kiwis? Das hier ist nicht euer Krieg. Warum seid ihr armen Jungs hier?‹«[19]

Te Aitanga o Hautis, Sohn von Häuptling Whakaahuru Glover, ist Sergeant im 28. Maori Bataillon der Neuseeländischen Expeditionsstreitkräfte. Die Soldaten seines Bataillons sind alle Angehörige der Maoristämme – und Kriegsfreiwillige. »Das war unser Preis für die Erlangung der vollen Bürgerrechte.«[20] Die neuseeländischen Maoris kämpfen im Zweiten Weltkrieg nicht nur gegen Deutschland, sie kämpfen wie die farbigen US-Soldaten, die Franko-Kanadier und die Hindu-, Sikh- und Moslemoffiziere der Armee des Indischen Kaiserreichs auch für ihre Bürgerrechte. Die Maoris leisten den Kriegsdienst als Freiwillige, während die anderen Bürger Neuseelands ab 1940 der Wehrpflicht unterliegen. Sergeant Te Aitanga o Hautis: »Bis dahin waren wir Bürger zweiter Klasse; bis wir ihnen beweisen durften, dass wir zu kämpfen vermochten.«[21]

Am 6. Februar 1944 haben neuseeländische Truppen den Abschnitt der texanischen 36. Division übernommen. In der zweiten der vier Schlachten am Monte Cassino dringen am 17. Februar 1944 zwei Kompanien des 28. Maori-Bataillons der 2. Neuseeländischen Expeditionsarmee in die von deutschen Fallschirmjägern gehaltene Stadt Cassino ein und erreichen unter schweren Verlusten kämpfend den Bahnhof der Ruinenstadt.

Antipoden

Am 20. April 1889 wird Adolf Hitler geboren. Der Historiker Golo Mann hat in seinen 1986 erschienenen *Erinnerungen und Gedanken. Eine Jugend in Deutschland* behauptet: »In unserer Zeit macht niemand mehr Weltgeschichte. Hitler war der Letzte, der es für einen kurzen Moment tat.«[22]

Den kurzen Moment der Weltgeschichte, den Adolf Hitler geschrieben hat, kann man an vielen Zahlen messen: an den Massenmorden an Juden, Sinti und Roma, Kriegsgefangenen, den Menschen in den von ihm besetzten Staaten, an Menschen, die wegen ihrer politischen Auffassung, ihrer Religion oder ihrer sexuellen Orientierung verfolgt wurden; an den im von ihm verantworteten Krieg getöteten Soldaten und an den zivilen Opfern; an den Bergen von Schutt, den seine Politik hinterließ. Aber nicht nur Zahlen markieren das Erbe der weltgeschichtlichen Erscheinung Adolf Hitler – auch Kilometer.

Hitlers Geburtsort ist das oberösterreichische Braunau am Inn. Vom Geburtshaus sind es weniger als 600 Meter zum Inn, dessen Flussmitte die Grenze zwischen den Kaiserreichen Österreich-Ungarn und Deutschland bildete und die noch heute die Grenze zwischen Österreich und Bayern ist.

Als Antipoden bezeichnet die Geografie die Bewohner der Gebiete, die auf der anderen Seite der Erdkugel, wie man ohne Verständnis der Schwerkraft meinen könnte, »mit dem Kopf nach unten und den Füßen nach oben« leben. Die Bewohner der Stadt Braunau haben keine Antipoden. Genau auf der anderen Seite der Erdkugel gehen der Indische und der Pazifische Ozean ineinander über. Die nächstgelegenen menschlichen Siedlungen finden sich auf den neuseeländischen Inseln. Von Neuseelands Hauptstadt Wellington sind es 18 383 Kilometer bis zu der Stadt, in der Hitler die ersten Jahre seines Lebens verbringt.

17 844 Kilometer, 539 Kilometer weniger, sind es von Wellington bis zum Kloster auf dem Berg Monte Cassino im italienischen Apennin-Gebirge, wo Sergeant Te Aitanga o Hautis mit seinen Maori-Kameraden im Mai 1944 in der vierten Cassino-Schlacht eine Position an der Nationalstraße 6 halten muss. »Wir waren auf vorge-

schobenem Posten. Außerhalb des Hauses lagen Leichen – es waren französische Ghoums, Nordafrikaner, Marokkaner, Soldaten der Franzosen. Niemand hatte sie bestattet und ihre Körper waren in der Sonne aufgedunsen. Wir durften das nicht machen, die Deutschen hätten dann gewusst, dass wir da waren. Wir fanden zwei Leichen in einem Bett im Haus. Da es der sicherste Platz im Haus war, gruben wir ein Loch in den Fußboden und bestatteten dort die Toten. Und dann schliefen wir in diesem Raum. Man macht sich darüber keine Gedanken, wirklich.«[23]

»Wir dachten in jener Zeit nicht viel an Krieg und all das in jenen frühen Dreißigern. Aber Hitler trat nach und nach ins Rampenlicht und die Dinge änderten sich«[24], benennt der spätere presbyterianische Militärgeistliche Jack Somerville, 1910 geboren in Dunedin, Distrikt Otaga auf der neuseeländischen Südinsel, einen Stimmungswechsel bei den pazifischen Antipoden Ende der 1930er-Jahre.

Das »Dominion Neuseeland« erklärt am 3. September 1939 um 21.30 Uhr neuseeländischer Zeit, im gleichen Augenblick wie Großbritannien, Deutschland den Krieg. 2 179 Tage befindet sich die kleine Inselnation am Rande der australischen Welt im Krieg, so lange wie das Commonwealth of Australia und Großbritannien mit seinen Kolonien und nur drei Tage weniger als Deutschland und das angegriffene Polen.[25] Im Gegensatz zum Ersten Weltkrieg, in dem der britische König Georg V. auch für die selbstverwalteten »Dominios« Deutschland und Österreich-Ungarn den Krieg erklärt hatte, handelt Neuseeland seit 1933 souverän und verkündet Deutschland den Kriegszustand deshalb im eigenen Namen. Zu dieser Zeit verfügt das Land noch nicht über eigene Botschaften. Die ersten werden erst 1942 in Washington und 1944 in Moskau eröffnet. Gemeinsam mit »Hohen Kommissaren« in Canberra und Ottawa sind sie der Beginn der neuseeländischen Diplomatie. Die Kriegserklärung wird 1939 noch über die Medien und das britische Außenministerium ausgesprochen.

Diese Kriegserklärung wird in dem Land, das mit ungefähr 269 000 km² gut elf Prozent größer ist als das heutige Großbritannien und Nordirland, von der Bevölkerung allgemein akzeptiert. Den Erfolg der britischen Waffen im europäischen Krieg hält eine große Mehrheit der Bevölkerung am Rande des Pazifiks für die Voraussetzung der eigenen Sicherheit, die man vor allem durch die britische Flotte gewährleistet sieht. Nur die kleine, unbedeutende Kommunistische Partei Neuseelands unterstützt die Kriegserklärung nicht, aus Rücksicht auf die Sowjetunion, die zu dieser Zeit mit Nazi-Deutschland verbündet ist. Neuseelands Regierung mobilisiert im Jahr 1939 umgehend. Schon im Januar 1940 verlassen die ersten drei Staffeln der Streitkräfte das Land in Richtung Ägypten. Neuseeländische Soldaten werden auch in die britische Marine und die britische Luftwaffe entsendet. Die Marine des Landes wird der britischen Admiralität unterstellt, noch nicht an die neuseeländische Luftwaffe ausgelieferte Bomber werden den Briten überlassen.

Die Rolle, die Neuseeland in diesem Krieg spielt, verändert sein Selbstverständnis und die Rolle, die es sich in der Folge in der Welt selbst zuweist. Im Jahr 1940 hat

Neuseeland ungefähr 1,6 Millionen Einwohner. Etwa 140 000 Neuseeländer dienen schon bald in den bewaffneten Streitkräften, 104 000 von ihnen in der 2nd New Zealand Expeditionary Force, der Rest in der neuseeländischen oder britischen Luftwaffe und Marine. Im Juli 1942 wird die militärische Mobilisierung Neuseelands ihren Höhepunkt erreichen. Fast 160 000 Männer und Frauen stehen in der Armee unter Waffen, weitere 100 000 in der Home Guard, der Heimwehr. Alles in allem tragen zu dieser Zeit 67 Prozent der Männer zwischen 18 und 45 Jahren Uniform, dazu 10 000 Frauen. Nach den Zahlen der Commonwealth War Graves Commission fallen im Zweiten Weltkrieg 11 928 neuseeländische Angehörige der Streitkräfte. Damit liegen die Verluste der neuseeländischen Nation im Verhältnis zur Bevölkerungszahl höher als die britischen, bei denen auf eine Million Einwohner 5 123 Gefallene kommen. In Neuseeland sind es 6 684 Gefallene.

Am 10. Juni 1940, als der Sieg Hitler-Deutschlands über Frankreich feststeht, tritt das Königreich Italien auf Seiten Deutschlands in den Krieg ein. Das hat große Bedeutung für Neuseelands Armee, denn dessen Expeditionsheer steht in Ägypten, in Nachbarschaft zu der italienischen Kolonie Italienisch-Libyen. Schon im Mai 1940 waren Teile der neuseeländischen Truppen auf Kreta eingesetzt worden. Die Masse der neuseeländischen Soldaten kann nach der Niederlage im Kampf um Kreta Anfang Juni nach Ägypten evakuiert werden. Einige hundert Soldaten aber geraten in deutsche Kriegsgefangenschaft.

Als Folge des Angriffs auf die Sowjetunion erklärt Neuseeland mit einer Verzögerung von sechs Monaten den deutschen Verbündeten Finnland, Ungarn und Rumänien am 7. Dezember 1941 den Krieg, am 13. Dezember Bulgarien. Neuseeland stellt zunehmend immer größere Teile seines Sozialprodukts für den Krieg zur Verfügung, von 30 Prozent zu Kriegsbeginn bis zu 50 Prozent in den Jahren nach Beginn des Krieges im Pazifik von 1942 bis 1944.

Blutsbrüder

Apirana Ngata vom Stamm der Ngāti Porou, der auf der Nordinsel am East Cape in der Gisborne-Region lebt, war der erste Minister des Landes, der aus der neuseeländischen Urbevölkerung stammte. 1939 ist er noch Parlamentsmitglied und gibt seinem Volk bei Kriegsbeginn die Denkrichtung vor. Die Maoris sollen mit den »Pakeha«, den weißen Neuseeländern, in den Krieg ziehen. »Wir leben unter einem Dach, und wenn unsere Pakeha-Brüder fallen, fallen wir mit ihnen. Werden wir jemals, wenn der Kampf vorüber ist, erhobenen Hauptes die Frage stellen können: Wo warst du, als Neuseeland Krieg führte?«[26]

Als der Krieg beginnt, gibt es noch Widerstand gegen eine Teilnahme der Maoris. Einige ihrer Führer befürchten, das kleine Volk würde durch die Kriegsverluste nachhaltig in seiner Überlebensfähigkeit beeinträchtig. Aber schon bald erreichen das neuseeländische Parlament Angebote der Maori-Führer, die jungen Männer ihres Volkes sowohl zum Eintritt in die Home Guard als auch die Expeditionsarmee aufzufordern.

Führer der Maoris wie Apirana Ngata sehen in der Teilnahme am Weltkrieg einen Preis für die Bürgerrechte. »Unsere Vorväter haben einst der britische Souveränität zugestimmt«, erklärt der Parlamentarier, »und es wurden dem Volk der Maoris Rechte gegeben, die sie von keinem anderen Eroberer zugestanden bekommen hätten … Wir sind Angehörige des großen Commonwealth, zu dessen Verteidigung wir nicht zögern dürfen, unser Blut und unser Leben zu opfern. Uns stehen Rechte zu, deren Bedeutung wir durch Taten belegen müssen, und Pflichten, die die Maoris in der Zukunft ebenso erfüllen werden wie in der Vergangenheit.«[27]

Die Häuptlingstochter Te Puea Herangi aus Waitingi ist anderer Ansicht. Die große Gemeinschaft der Waikato-Stämme hatte einst in der fruchtbaren Gegend von Auckland gelebt und war in den Jahren 1863 / 64 in einem blutigen Krieg von dort vertrieben und in das unzugängliche »King Country« abgedrängt worden. Te Puea Herangi stellt für ihren Stamm, wie schon im Ersten Weltkrieg, die Frage, warum man für ein Weltreich in den Krieg ziehen solle, das noch zu ihren Lebzeiten in ihr Land eingefallen sei und es besetzt habe. Die Waikato-Häuptlinge machen eine Beteiligung ihrer Stammesangehörigen von der Regelung der Frage ihres von den Weißen konfiszierten Landes abhängig. Aber der Widerstand der Waikatos und ihrer Führer lässt im Verlauf des Krieges nach. 1942 haben sich auch 1000 Waikato-Männer freiwillig zum Kriegsdienst gemeldet.

Die meisten Stammesälteren der Maori finden sich früh damit ab, dass die jungen Männer ihres Volkes in den Krieg ziehen wollen. Während die Maori-Führer den Kriegseinsatz mit dem »Preis für Bürgerrechte« begründen, wollen viele junge Maoris der Armut oder der Agonie des Lebens in den menschenleeren Regionen der Heimat entkommen. Oder sie folgen einfach ihren Jugendfreunden, berufen sich dabei allerdings auf die Stammestradition: »Von den Stammesälteren und den Häuptlingen konnte unser Wunsch kaum abgelehnt werden, stand doch unsere lange Geschichte unter dem Zeichen des Kriegsgottes. Der Weg eines Maoris vom Kind zum Erwachsenen bestand in der Ausbildung zu einem perfekten Angehörigen einer Krieger-Kaste. Dem Kriegsgott Tumatauenga zu folgen war heilige Pflicht und versprach einen männlichen Tod.«[28]

Die Führer setzen durch, dass die Masse der Maoris in eigenen Einheiten auf ethnischer Grundlage und gegliedert nach Stammeszugehörigkeit an die Front geht. Es gibt auch Widerstand gegen die Aufstellung eigener Maori-Einheiten. Die Gegner fürchten die hohen Verluste bei der Infanterie, die das Volk der Maoris nicht verkraften könne. Sie treten für eine Verteilung auf die »Pakeha«-Einheiten ein. Die neuseeländische Regierung stimmt letztlich der Aufstellung eigener Maori-Einheiten zu. Auf ethnischer Basis und gegliedert nach Stammeszugehörigkeit wird ein Maori-

Bataillon geschaffen, das in Neuseeland berühmte 28. Bataillon der 2. Expeditions-armee. Te Aitanga o Hautis: »Das wurde uns ständig eingebläut. ›Passt aufeinander auf.‹ ›Blut ist dicker als Wasser.‹ Ich glaube, dies ist der Grund, warum wir so gut waren, weil wir als Blutsbrüder kämpften … Ich hatte immer einen Kameraden, der ein Verwandter von mir war. Wir gingen alle zusammen zur Schule. Verwandt zu sein machte es jedoch schwer, wenn Soldaten verwundet oder getötet wurden. Du schriest auf und begrubst sie in Liebe und mit Zärtlichkeit. Du legtest deine Hand auf ihre Gesichter. Wenn sie schliefen, schliefen sie.«[29]

Von den 16 000 Maoris, die freiwillig in die Expeditionsarmee und die Home Guard eintreten, kämpfen in den fünf Jahren des Krieges zwanzig Prozent im 28. Maori-Bataillon. Die offizielle Geschichte Neuseelands im Zweiten Weltkrieg beschreibt die berühmteste Einheit der neuseeländischen Armee, die am Monte Cassino zweimal auf die Elite der Wehrmacht treffen wird: »Das Bataillon war auf Basis der Stämme organisiert. Am Ende dienten die Männer des Ngaphuhi-Stammes und ihrer Unterstämme von North Auckland auf der Nordinsel in den Reihen der A-Kompanie. Die B-Kompanie erhielt ihre Männer von Rotorua, der Bay of Plenty, von Taupa und den Thames-Coromandel-Gebieten, meistens Angehörige der Ara-was und der Tuhoe-Stämme. Die C-Kompanie umfasste Angehörige der Stämme der Ostküste von der Region südlich von Gisborns zum East Cape, die Ngatiporou, die Rongowhakaata und ihre Unterstämme. Anders als die anderen Kompanien, die aus eng gefassten Regionen stammten und eine nahe Stammesverwandtschaft hat-ten, war die D-Kompanie gemischt aus Angehörigen der Waikato-Maniapoto aus der Gegend südlich von Auckland und nahm auch Taranaki und die Ngati Kahungunu der Hawke's Bay / Wairarapa-Gebiete, die Maoris der Wellington Provinz, Männer aller Stämme der Südinseln, Chathams und Stewart-Inseln und die übrigen Männer der pazifischen Inseln auf.«[30]

Im Dezember 1941 beginnt mit dem japanischen Überfall auf Pearl Harbor der Krieg im Pazifik. Anders als das Commonwealth of Australia zieht das Dominion Neuseeland auf Bitte der Briten und Amerikaner seine kriegserfahrenen Truppen nach dem Sieg über die Achsenmächte in Nordafrika nicht vom Kriegsschauplatz am anderen Ende der Welt ab. US-Einheiten übernehmen dafür den Schutz des neu-seeländischen Territoriums. Eine weitere neuseeländische Division kämpft später im Südpazifik. Die neuseeländischen Einheiten im Mittelmeerraum, auch das 28. Maori-Bataillon, werden aufgefrischt. Viele der kampferprobten Soldaten dürfen 1943 nach drei Jahren Krieg in Griechenland und in der Wüste endlich in die Heimat zurück-kehren.

Im Feldzug in Italien, der für die Neuseeländer am 23. Oktober 1943 beginnt, kämpfen also Soldaten der zweiten Rekrutierungswelle. Ihr Kampf wird Neusee-lands wichtigster Beitrag zum Sieg über Hitler-Deutschland. Die Angehörigen der 2. Expeditionsarmee, jetzt vor allem in der 2. Neuseeländischen Division zusammengefasst, kämpfen in zwei strengen Wintern in Italiens Bergen, bis sie nach achtzehn Kampfmonaten im Mai 1945 Triest besetzen.

Die neuseeländischen Soldaten waren im Frieden häufig Farmer auf einsamen Höfen. Sie sind es gewohnt, auf sich gestellt zu sein und selbstständig Entscheidungen zu treffen. Sie besitzen zugleich eine gute Schulbildung und sind physisch außerordentlich leistungsfähig. Diese Eigenschaften machen sie in den Augen von Freund und Feind zu hervorragenden Infanteristen. Die Soldaten sind sich bewusst, dass ihre Bewährung im Kampf in der Heimat zur Kenntnis genommen wird. Das spornt an. Die Division, in der diese Männer ihren Dienst verrichten, sehen manche Verbündete eher als eine Art Vetternwirtschaft, die von jeder Menge Cousins ohne strikte Hierarchie befehligt wird. Die Männer bezeichnen ihre Einheit selbst als »die große Amateur-Division«. In der Heimat heißt sie nur die »Div«.[31]

Die Neuseeländer sind in diesem Krieg äußerst selbstbewusst und salopp in ihren militärischen Umgangsformen. General Bernard Montgomery, in Nordafrika der Oberkommandierende der britischen Achten Armee, fragt während des Feldzugs in Nordafrika ihren kommandierenden General Bernard Freyberg: »Salutieren Ihre Leute eigentlich nicht mehr?« Worauf Freyberg geantwortet haben soll: »Sie sind eigentlich ganz in Ordnung. Wenn Sie ihnen zuwinken, winken sie zurück!«[32]

Die Kämpfe bei Cassino entwickeln sich in ihren fünf Monaten immer mehr zu einer Abnutzungsschlacht, in der für einen minimalen Geländegewinn ein hoher Preis an Menschenleben gezahlt wird.[33] Den Klosterberg des Monte Cassino stürmen am Ende zwei polnische Infanterie-Divisionen der britischen Armee und durchbrechen mit Unterstützung von zwei neuseeländischen Panzerbrigaden damit die »Goten-Linie«. Major Hardy Packhurst von den Royal Northumberland Fusiliers schreibt in seinem Tagebuch am 18. Mai 1944: »Georgi, der polnische Verbindungsoffizier, erzählte mir, dass die Hügel hinter dem Kloster unbeschreiblich waren. Hunderte von Toten lagen überall auf den Hügeln herum. Amerikaner, Franzosen, Neuseeländer und nun auch Polen.«[34] Die deutsche Auffanglinie, »Hitler-Linie« oder auch »Senger-Linie« genannt, sprengen bald danach die nordafrikanischen Einheiten des französischen Expeditionskorps. Und öffnen den Alliierten damit den Weg nach Rom.[35]

An zwei der vier Monte-Cassino-Schlachten sind die Neuseeländer und ihr 28. Maori-Bataillon beteiligt. Ihre Angriffe gemeinsam mit indischen, britischen und amerikanischen Truppen scheitern am todeswütigen Kampf der deutschen Elitetruppen; einem Gegner, dem Großbritanniens oberster Kriegsherr, Premierminister Winston Churchill, Respekt zollt. »Inmitten der Schuttberge focht die deutsche 1. Fallschirmjägerdivision, vermutlich der zäheste Verband des ganzen Heeres.«[36] Der alliierte Soldatensender Naples Radio in einer Sendung vom 21. März 1943 über den Grund für den todesverachtenden Kampf der Deutschen: »Dem deutschen Fallschirmjäger von heute geht es nur um das eine – für Adolf Hitler zu sterben! Am Cassino opfert er sein Leben für den Führer.«[37]

Rampenlicht

Mehr als 3 600 Männer dienen im Zweiten Weltkrieg im 28. Maori-Bataillon. 649 werden im Dienst getötet oder fallen in einer Schlacht. 1 712 Bataillonsangehörige erleiden Verwundungen, 267 gelten als vermisst oder geraten in Gefangenschaft. Die neuseeländischen Maoris haben freiwillig aus vielen Gründen mehr als 18 000 Kilometer von der Heimat entfernt Seite an Seite mit den »Pakehas«, ihren weißen Landsleuten, gekämpft – aus Loyalität zu ihrem Land, für die eigenen Rechte und die volle Gleichberechtigung, aus Abenteuerlust oder Blutsbrüderschaft. Dass auch die jungen Stammeskrieger der Nordinsel, von North Auckland, von Rotorua, der Bay of Plenty, von Taupa und den Thames-Coromandel-Gebieten, vom East Cape, aus dem King Country, von der Hawke's Bay und aus den Wairarapa Gebieten, das Krieger aller Stämme der Südinseln, von den Chathams, den Stewart und den kleinen pazifischen Inseln in den Krieg ziehen müssen, liegt daran, dass irgendwann ein deutscher Politiker, geboren am 20. April 1889 in Braunau am Inn, ins Rampenlicht tritt – auch am anderen Ende der Welt.

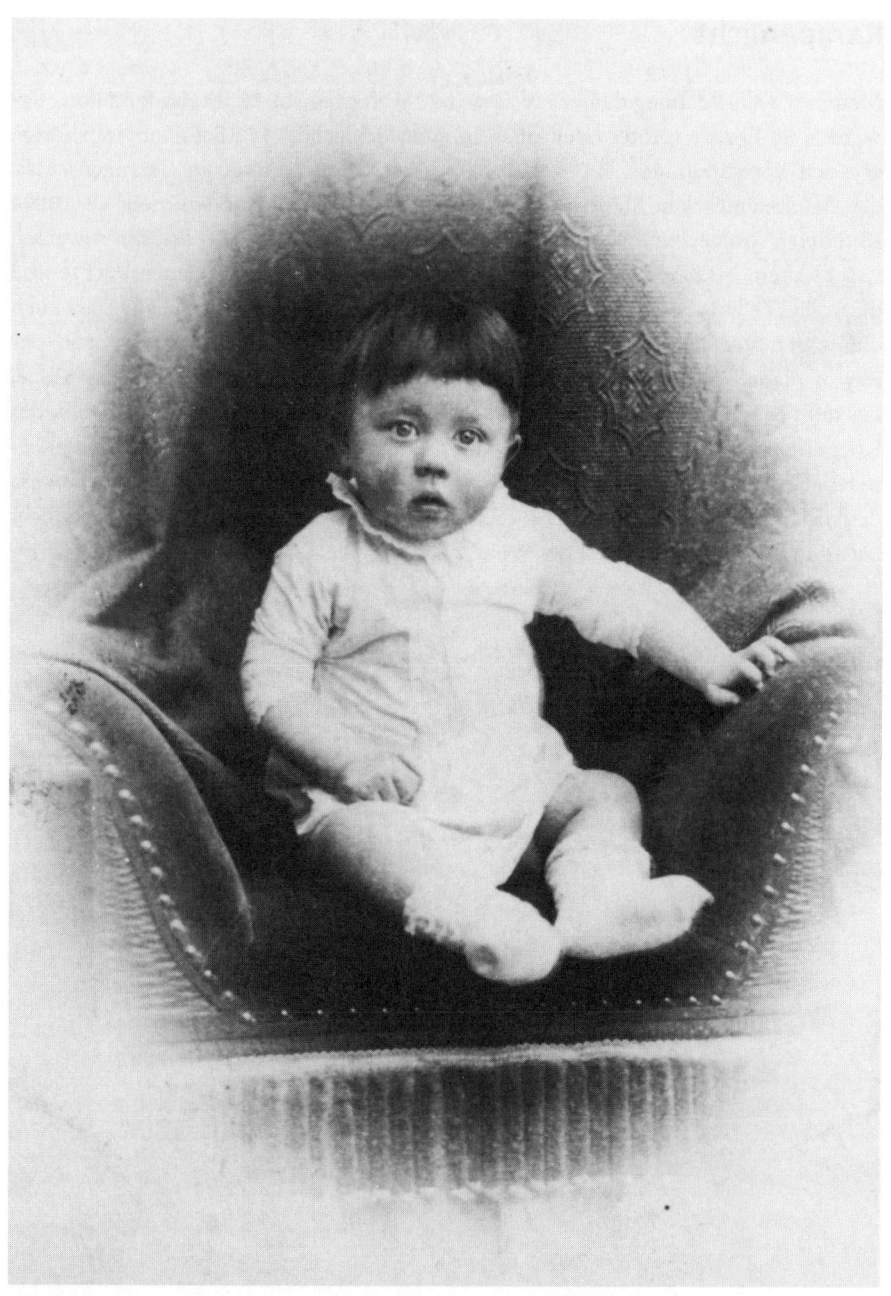

Fotografie des etwa vier Monate alten Adolf Hitler, aufgenommen im Atelier des Fotografen J. F. Klinger in der Straße Stadtgraben 318 in Braunau am Inn. Für die nächsten acht Jahre ist kein weiteres Foto Hitlers überliefert.

EIN OBERÖSTERREICHER
1889 bis 1907

»Ich hasse niemanden, mit Ausnahme Hitlers,
und das nur beruflich.«[1]
Winston Churchill zu seinem Privatsekretär John Colville

Wenige Tage vor dem zweiten Durchgang der Präsidentenwahlen im Deutschen Reich am 8. April 1932 kommt der Reporter Hans Bekessi, 1911 als János Békessy in Budapest geboren, nach Braunau am Inn. »Ich stieg, nur mit einer Aktentasche ausgestattet, in einem kleinen Hotel auf der Hauptstraße der Geburtsstadt Hitlers ab. Die NSDAP war damals in Österreich nicht verboten. Junge Burschen in Braunhemden paradierten auf den Straßen auf und ab wie die Statisten, die in billigen Filmen immer wieder auftauchen, um das Gefühl der Masse zu erwecken; vom Geburtshaus Hitlers, in dessen Erdgeschoss sich eine Gastwirtschaft befand, wehte die Hakenkreuzfahne; das Geburtszimmer des ›Führers‹ wurde andachtsvoll gezeigt, als wäre es der Stall von Bethlehem; der Hotelportier trug ein riesiges Hakenkreuz im Knopfloch.«[2] Der Reporter der *Wiener Sonn- und Montagszeitung*, der sich bald Hans Habe nennen und unter diesem Namen als Schriftsteller und Publizist Furore machen wird, hat einen Rechercheauftrag. Dazu Hans Habe alias János Békessy: »Obwohl wir uns in Österreich in einer geradezu unglaublichen Illusion der Sicherheit wiegten, wehte uns dennoch der Hauch kommender Ereignisse kalt ins Gesicht. Die ›Sonn- und Montagszeitung‹ führte einen tapferen Kampf gegen den auch in Österreich bedenklich zunehmenden Nationalsozialismus.«[3]

Hans Habe wird in Braunau ermitteln, dass der Geburtsname von Hitlers Vater Alois nicht Hitler, sondern Schicklgruber war. Zurückgekehrt nach Wien, diktiert er das Ergebnis seiner Recherchen dem Setzer direkt in die Maschine. »Um drei Uhr Nachmittag war die Extraausgabe der ›Wiener Sonn- und Montagszeitung‹ mit dem Titel: ›Hitler heißt Schicklgruber‹ auf der Straße. Unsere Rotationsmaschinen standen die ganze Nacht nicht still. Eine Million Exemplare wurden nach Deutschland geflogen und vierundzwanzig Stunden, bevor die Deutschen an die Wahlurnen gingen, in den Wahlkampf geworfen.«[4] Hitler verliert in der zweiten Wahlrunde deutlich gegen seinen Konkurrenten Hindenburg.

Obwohl die Enthüllung eigentlich eine Petitesse ist, ist die Reaktion der Presse, nicht nur in Deutschland und Österreich, enorm. Erst kurz zuvor hatte Hitler gefordert, dass alle deutschen Juden ihre ursprünglichen Namen wieder annehmen sollten. Habes Denunziation verführt zu Sprachexperimenten. Den Gruß »Heil Hitler!«

mit »Heil Schicklgruber« zu persiflieren, kommt bei den Gegnern des Nationalsozialismus einige Monate in Mode. Winston Churchill wird nach Kriegsbeginn Hitler in seinen Reden gerne als den »Gefreiten Schicklgruber« titulieren. Hans Habe: »Aus der geschichtlichen Perspektive gesehen, ist es wohl nicht sehr erheblich, ob der Vater des großen Mörders Hitler oder Schicklgruber hieß. Ich selbst habe das gewaltige Aufsehen, das meine Enthüllungen erregten, nie verstanden.«[5]

Offenbar fürchtet der Parteiführer Adolf Hitler jedoch die Aufdeckung des väterlichen Namenswechsels, seine Propagandisten unterstellen eine Lächerlichkeit des hinterwäldlerisch klingenden »Schicklgruber«. Die nationalsozialistische Presse dementiert deshalb umgehend und wütend die Ergebnisse der Reportage der *Wiener Sonn- und Montagszeitung*, die die ersten Hitler-Biographen später in den Akten bestätigt finden werden.

Hans Habe alias Hans Bekessi, auch ein Namenswechsler, wird als Offizier der US-Armee ab 1941 konsequenter zum Sturz Hitlers beitragen. »Ich selbst habe nie geglaubt, dass Lächerlichkeit tötet; der Sinn der Massen für Humor ist äußerst beschränkt, und ich weiß bis heute keinen anderen Weg, Diktatoren zu töten, als sie physisch aus dem Weg zu räumen«[6], so Habe zwei Jahrzehnte später.

Es existiert eine frühe Quelle, die bestätigt, dass schon der junge Hitler vom Namenswechsel des Vaters wusste und ihn immer als vorteilhaft empfand. Der Linzer Tapezierlehrling, spätere Musiker und Kommunalangestellte August Kubizek, acht Monate älter als Adolf Hitler, schreibt im Vorwort seines 1953 erstmals veröffentlichten Buches *Adolf Hitler. Mein Jugendfreund*: »In den Jahren 1904 bis 1908 habe ich als einziger und ausschließlicher Freund an der Seite Adolf Hitlers gelebt, erst in Linz, dann in Wien.«[7] Hitler soll mit seinem einzigen Freund über den Namenswechsel gesprochen haben: »Adolf hat mir später, als wir einmal auf seine Verwandten im Waldviertel zu reden kamen, von der Namensänderung, die sein Vater durchgeführt hatte, erzählt. Keine Maßnahme seines ›alten Herrn‹ befriedigte ihn so vollkommen wie diese; denn ›Schicklgruber‹ erschien ihm so derb, zu bäurisch und außerdem zu umständlich, unpraktisch. ›Hiedler‹ war ihm zu langweilig, zu weich. ›Hitler‹ hörte sich gut an und ließ sich leicht einprägen.«[8]

Kubizek lernt Hitler erst nach dem Tod von dessen Vater und dem Umzug der Familie nach Linz kennen. Er ist nicht nur Freund des jungen Hitler, er hat auch bis zu ihrem frühen Tod ein gutes Verhältnis zu dessen Mutter und will manche Familieninterna erfahren haben. So ist *Adolf Hitler. Mein Jugendfreund* eine der raren Quellen zu Hitlers frühen Lebensjahren.

Der Spiegel bespricht in seiner Ausgabe vom 7. Oktober 1953, kurz nach Erscheinen des Buches, umgehend Kubizeks Lebenserinnerungen. Und qualifiziert sie zunächst ab: »Die Erinnerungen des Tapezierergesellen, Kapellmeisters und späteren Stadtamtsleiters im kleinen oberösterreichischen Städtchen Eferding, August Kubizek, der erst im Jahre 1942 Mitglied der NSDAP wurde, sind alles andere als

›politisch‹ – sie sind naiv.«[9] Nach Meinung der *Spiegel*-Redakteure vor allem deshalb, weil Kubizeks Buch kein antinazistisches Bekenntnis ablegt, sondern der Autor zur frühen Freundschaft auch 1953 fast vorbehaltlos steht. »Mit keinem einzigen Wort erwähnen sie das Leid, das der genialische Nichtstuer, den ihr Verfasser auf den Stehplätzen des Linzer Landestheaters kennenlernte, über die Menschheit gebracht hat.«[10] Doch dann macht *Der Spiegel* in seiner Besprechung eine dialektische Kehrtwende und erhebt das Buch zur Quelle: »Aber gerade weil Kubizek die Naivität hat, als ein Liebender des Menschen Hitler zu schreiben, hat sein Bericht dokumentarischen Wert. Das allein reiht ihn ein in die Tradition der historischen Augenzeugen.«[11]

Drei Jahre später spricht eine Neuerscheinung Kubizek diese Augenzeugenschaft ab. Franz Jetzinger, ein sozialdemokratischer oberösterreichischer Beamter und früher Hitler-Gegner, Jahrgang 1882, konnte sich noch vor dem Anschluss Österreichs ans Deutsche Reich Hitlers österreichische Militärakten besorgen und bis 1945 verbergen. 1956 veröffentlicht er sein Buch *Hitlers Jugend. Phantasien, Lügen – und die Wahrheit*. Darin widerlegt er viele von Hitler lancierte Behauptungen über dessen frühe Jahre und bringt neben den Militärakten weitere Zeugnisse sowie Stimmen von Zeitgenossen. Jetzinger übt vernichtende Kritik an *Adolf Hitler. Mein Jugendfreund*. Er wirft Kubizek vor, falsche, erlogene Behauptungen zu verbreiten.

Für viele Jahrzehnte ist mit Jetzingers Kritik Kubizeks Buch in der seriösen Geschichtsschreibung als Quelle erledigt. Hitler-Biographen wie Joachim Fest und Werner Maser machen sich Jetzingers Kritik noch zu eigen. Es ist vor allem die Wiener Historikerin Brigitte Hamann, die mit ihrem Buch *Hitlers Wien. Lehrjahre eines Diktators*[12] Kubizek rehabilitiert, indem sie die meisten von dessen Angaben als schlüssig und glaubhaft nachweist. Angezweifelt wird in der Forschung heute lediglich die von Kubizek schon für die Linzer und Wiener Zeit behauptete antisemitische Einstellung Hitlers. Es lassen sich bis heute keine weiteren Quellen finden, auch nicht für Hitlers Gefreiten-Jahre in der bayerischen Armee, die diese frühe pointiert antijüdische Haltung belegen. Hitlers Angaben hierzu in *Mein Kampf* sind unglaubwürdig. Nachweislich hat Hitler in der Wiener Zeit auch freundschaftliche Beziehungen zu jüdischen Mitbewohnern.

Die wichtigsten Fakten zu Hitlers vierzehn ersten Lebensjahren sind dank intensiver Quellenforschung bekannt.[13] In der obersten Etage des Braunauer Gasthauses »Pommer« in der Straße Salzburger Vorstadt 19 bewohnt die Familie des Zollbeamten Alois Hitler eine kleine Wohnung. In der Osternacht des 20. April 1889 abends gegen halb sieben Uhr wird dort Adolf Hitler geboren. Hitlers Mutter ist zum Zeitpunkt der Geburt 28 Jahre alt, der Vater 51. Klara Hitler ist mit Alois Hitler verwandt, sie ist eine Nichte zweiten Grades ihres Mannes. Mit päpstlicher Zustimmung hat der Linzer Bischof Ernest Maria Müller dem Paar 1885 (um eine uneheliche Geburt zu vermeiden, denn Klara Pölzl ist damals schon im dritten Monat mit ihrem 1887 verstorbenen Sohn Gustav schwanger) die Heiratserlaubnis erteilt. Adolf Hitler ist das dritte von sechs Kindern des Ehepaares, von denen nur er und seine jüngere Schwester Paula das Kindesalter überleben.

Hitlers Vater Alois wird im Jahr 1837 in Strones, Gemeinde Döllersheim, Niederösterreich, unehelich als Alois Schicklgruber, Sohn der Magd Anna Maria Schicklgruber, geboren. Sein Vater könnten der Müllerknecht Johann Georg Hiedler oder dessen Bruder Johann Nepomuk Hiedler gewesen sein. Die Namen »Hiedler«, »Hietler«, »Hüttier«, »Hütler« und »Hitler« bedeuten in etwa »Kleinbauer« und tauchen in niederösterreichischen Dokumenten auf. Phonetisch sind sie kaum zu unterscheiden. Bis kurz vor Ende des 19. Jahrhunderts nimmt der Familienname keine feste Form an. 1842 heiratet Anna Maria Schicklgruber den Müllerknecht Hiedler. Als unehelicher Sohn behält Alois den Namen Schicklgruber. 1876 lässt der Stiefvater im Rahmen der Regelung einer Erbschaft seine Vaterschaft amtlich beurkunden und erkennt damit Alois als rechtmäßigen Sohn an. So wird am 6. Januar 1877 vom Pfarrer in Döllersheim das Taufregister von »Alois Schicklgruber, unehelich«, auf »Alois Hitler, ehelich«, umgeschrieben. Wie es zu der Schreibweise Hitler kam, ist unklar. Der Zollamtsoffizial Schicklgruber wird in der Schreibweise die weniger bäuerliche Form Hitler bevorzugt haben.

Der Reichskanzler und Führer Adolf Hitler will sechs Jahrzehnte später in Österreich alleiniger Träger des Namens Hitler sein. Er lässt nach dem Anschluss Emissäre nach Nieder- und Oberösterreich aussenden, die alle »Hitler« veranlassen, den Familiennamen zu wechseln. Der letzte in der NS-Zeit erschienene Amtskalender Oberdonau aus dem Jahre 1942 weist im Personenverzeichnis einen einzigen Hitler aus, nämlich »Adolf Hitler, Reichskanzler«, daneben fünf Personen mit dem Familiennamen Hietler.[14]

Hitlers Geburtshaus in Braunau liegt keine 600 Meter Luftlinie von der bayerischen Grenze und der bayerischen Schwesterstadt Simbach entfernt. Seit 1871 gehört das Königreich Bayern zum Deutschen Reich. Das Innviertel, in dem Hitlers Geburtsstadt liegt, ist erst seit 110 Jahren habsburgisch. Als Folge des Bayerischen Erbfolgekrieges kam es erst im Frieden von Teschen im Jahr 1779 von Bayern zu »Österreich ob der Enns«, dem späteren Kronland Oberösterreich.

Die Abstammung von Hitlers Eltern aus Niederösterreich, seine insgesamt einundzwanzig in Oberösterreich und Wien verbrachten Lebensjahre machen Adolf Hitler nicht zu einem Österreicher. Eine »österreichische Nation« gibt es zur Zeit seiner Geburt nicht. Sie wird erst als Folge des Zerbrechens der Doppelmonarchie Österreich-Ungarn im Jahr 1918 in »Rest-Österreich« entstehen und sich erst nach dem von Hitler befohlenen Zweiten Weltkrieg als identitätsstiftend in der Republik Österreich etablieren. Die Doppelmonarchie Österreich-Ungarn ist nicht nur ein multiethnischer Staat, dem neben Deutschen und Ungarn auch Italiener, Tschechen, Kroaten, Slowaken, Polen, Ukrainer, Serben, Rumänen und Ruthenen (Ukrainer) angehören, die sich schon nicht mehr nur als Völker, sondern auch als Nationen fühlen, dazu noch Millionen von Juden und Roma. Mit den schon in einem industrialisierten und geeinten Reich lebenden Deutschen in Preußen, Sachsen, Bayern und den Klein- und Mittelstaaten fühlt sich die Mehrheit der deutschsprachigen Österreicher historisch und kulturell verbunden. Hitlers Vater ist zwar Beamter eines »Vaterlandes« Österreich-Ungarn, er und seine Familie empfinden sich aber als Oberösterreicher und damit als Deutsche.

In Hitlers drittem Lebensjahr wird der Vater versetzt und entscheidet sich, auf der deutschen Seite der Grenze, in Passau, eine Wohnung zu beziehen. Adolf Hitler wohnt bis 1895 drei Jahre lang mit seiner Familie in Bayern. Dort erwirbt er auch das Idiom seiner Aussprache. Adolf Hitlers Deutsch klingt zeitlebens niederbayerisch.

In Hafeld im oberösterreichischen Hausruckviertel pachtet Alois Hitler nach seiner frühzeitigen Pensionierung im Jahr 1895 ein kleines Gut, das er mit etwas Landwirtschaft und Bienenzucht zu bewirtschaften versucht. In der einklassigen Volksschule des benachbarten Fischlham wird Adolf Hitler am 1. Mai 1895 eingeschult. Während der ersten beiden Jahre bekommt er gute Noten für seine Leistungen und im Betragen. Im Jahr 1897 verkauft Hitlers Vater den Besitz in Hafeld. Die Familie wohnt vorübergehend im Marktflecken Lambach, wo sie Anfang 1898 noch einmal die Wohnung wechselt. In Lambach bekommt der Schüler Adolf Hitler von seinen Lehrern weiterhin gute Zeugnisse ausgestellt. Er singt, wie später in Leonding, im Kirchenchor des Chorherrenstifts der Benediktiner, wo er auch einige Zeit das Internat besucht. Hitler wird später behaupten, er sei bereits damals »ziemlich schwierig zu behandeln« gewesen.

Nach drei Jahren gibt Alois Hitler die Landwirtschaft auf. 1898 zieht der neunjährige Adolf Hitler mit seinen Eltern, seiner Schwester Paula, seinem Halbbruder Alois und seiner Halbschwester Angela (beide aus der ersten Ehe des Vaters) in die Gemeinde Leonding bei Linz. Hier erwirbt der Vater das Anwesen Nr. 61 samt einem 1 900 m² großen Landstück, auf dem der Pensionist Bienen, Obst und Vieh zieht.

In Leonding bei Linz verbringt Adolf Hitler rund acht Jahre seines Lebens. Hier besucht er die vierte und fünfte Klasse der Volksschule. Nach fünf Volksschuljahren tritt er im Jahr 1900 elfjährig in die erste Klasse der kaiserlich-königlichen Staatsoberrealschule im nahen Linz ein. In der Linzer Realschule ist unter den Lehrern ein schriller »alldeutscher« Nationalismus weit verbreitet. Man will weg aus dem Vielvölkerstaat, hinein in das vom bewunderten Bismarck geeinte und gestärkte deutsche Reich. Adolf Hitler wird in der ersten Klasse der Staatsoberrealschule nicht versetzt, weil seine Leistungen im Französischen nicht ausreichend sind. Das Ersuchen, eine Wiederholungsprüfung in Französisch ablegen zu dürfen, lehnt das Lehrerkollegium ab.

Alois Hitler stirbt am 3. Januar 1903 im Alter von 65 Jahren in Leonding. Er vererbt seinen noch lebenden vier Kindern Alois und Angela und Adolf und Paula Ersparnisse, die diesen bei Volljährigkeit ausgezahlt werden sollen. Beim Sohn Adolf ist das im Jahr 1913 der Fall. Er wird sein Erbe nutzen, um Österreich zu verlassen.

Ansichten und Berichte

»Braunau, in Oberösterreich, Stadt, am Inn, 3 864 E.[inwohner]; hier 26. Aug.[ust] 1806 der Nürnberger Buchhändler Palm erschossen.«[15]
Meyers Großes Konversations-Lexikon, Leipzig 1905

»Die Stadt Braunau liegt am rechten In[n]ufer in einem Thalkessel, der im Westen von den bairischen Bergen, im Osten aber durch die Ranshofner Hügelreihe begränzt wird; das Thal eröffnet von beiden Seiten das mächtige Strombett des In[n]. Bei der flachen Lage der Stadt bietet der Ort wenig Aussicht in die Umgebung. «[16]
Konrad Meindl, Jahrgang 1844,
GESCHICHTE DER STADT BRAUNAU AM INN

»Als glückliche Bestimmung gilt es mir heute, dass das Schicksal mir zum Geburtsort gerade Braunau am Inn zuwies. Liegt doch dieses Städtchen an der Grenze jener zwei deutschen Staaten, deren Wiedervereinigung mindestens uns Jüngeren als eine mit allen Mitteln durchzuführende Lebensaufgabe erscheint.«[17]
Adolf Hitler, MEIN KAMPF

»Das schwerste Unglück, von dem jemals die gute Stadt Braunau heimgesucht wurde, brach am 28. März 1874 herein. Von einem heftigen Sturmwinde angefacht, vernichtete eine schreckliche Feuersbrunst 120 Bauobjekte, darunter das Rathaus und 76 bürgerliche Häuser. Dieser Schlag traf die durch die neuen Handelswege und das Fabrikwesen in ihrem Wohlstand geschädigte Stadt doppelt hart. Es ist ein Wendepunkt in der Geschichte von Braunau.«[18]
Konrad Meindl, GESCHICHTE DER STADT BRAUNAU AM INN

»Trotzdem sich die Feuerwehren von Ried und Wels, von Linz und Salzburg, von Ötting und München an der Rettung der Stadt mit allen Kräften beteiligten, war der Schaden ein so ungeheurer, dass über ein Menschenalter Frau Sorge in Braunau Einkehr hielt, betrug doch der erhobene Brandschaden 800 000 Gulden.«[19]
Eduard Kriechbaum, Jahrgang 1887, GESCHICHTE DER STADT BRAUNAU AM INN

»In diesem von den Strahlen deutschen Märtyrertums vergoldeten Innstädtchen, bayerisch dem Blute, österreichisch dem Staate nach, wohnten am Ende der achtziger Jahre des vergangenen Jahrhunderts meine Eltern.«[20]
Adolf Hitler, MEIN KAMPF

»Fünfzehn Jahre später wurde dem Zollinspektor Alois Hitler, der schon seit dem Jahre 1871 im Grenzzolldienste zu Braunau und Simbach tätig war, sein jüngster Sohn Adolf geboren.«[21]
Eduard Kriechbaum, GESCHICHTE DER STADT BRAUNAU AM INN

Das Geburtshaus Adolf Hitlers in der Straße Salzburger Vorstadt 19 in Braunau, das im Erdgeschoss eine Gaststätte beherbergte. Aufnahme nach 1912.

»Adolfus Hitler geb. am 20.04.1889 um 18:30, getauft am 22.04. um 15:15 v.[on] Ignaz Probst; wohn.[haft]. in der Vorst.[adt] 219 (neu 19); ehel.[ich], kath. Vater: Alois Hitler, k.[aiserlich] k.[öniglicher] Zollamtsoffizial. Mutter: Clara, Tochter des Johann Pölzl, Bauer in Spital in Niederöster.[reich] u. der Johanna, geb. Hitler, ehel.[iche] Tochter. Pathen: Johann u. Johanna Prinz (Löwengasse in Wien) horum levavit: Johanna Pölzl, Schwester der Kindesmutter; Hebamme Franziska Pointecker.«[22]
Taufbuch Braunau am Inn, Tomus XIX [14], 30. Juni 1881 bis 1891

»Ich bin katholisch, und der Kirche gilt mein größtes Interesse. Mein Bruder war auch katholisch und ich glaube nicht, dass er jemals aus der Kirche ausgetreten ist.«[23]
Paula Wolf, geborene Hitler, Jahrgang 1896, Verhör, Berchtesgaden, 5. Juni 1946

»Unser Vater war ein Waldviertler aus Niederösterreich. Als Zollinspektor wurde er häufig versetzt, zum Schluss nach Passau, Braunau und Linz … Wahrscheinlich heiratete mein Vater in Braunau ein zweites Mal.
Meine Mutter war 23 Jahre jünger. Auch sie kam aus dem Waldviertel. Ihre Eltern waren die Bauern Pölzl aus Spital bei Veitra, wo meine Mutter am 12. August 1860 geboren wurde. Sie hatte sechs Brüder und Schwestern.«[24]
Paula Wolf, geborene Hitler, Verhör, Berchtesgaden, 5. Juni 1946

Das einzige überlieferte Porträt von Hitlers Mutter Klara, geborene Pölzl.

»Alois Hitler war uns allen unsympathisch. Er war sehr streng, genau, ja sogar Pedant im Dienst und ein sehr unzugänglicher Mensch.«[25]
Kollege Alois Hitlers bei der kaiserlich-königlichen österreichischen Zollverwaltung

»Er war ein griesgrämiger, wortkarger alter Mann, ein strammer Freisinniger und wie alle Freisinnigen in dieser Zeit stramm deutschnational gesinnt, ein Pangermane, dabei merkwürdigerweise doch kaisertreu.«[26]
Josef Mayrhofer, Jahrgang (ca.) 1860, Bauer und Bürgermeister in Leonding bei Linz, Vormund des jungen Adolf Hitler

»Wenn auch Klara Pölzl nur eine Nichte zweiten Grades war, bedurften die beiden Brautleute doch einer kirchlichen Dispens, um heiraten zu können. Dieses Gesuch in der sauberen kalligraphischen Handschrift des k. u. k. Staatsbeamten erliegt auch heute noch im bischöflichen Ordinariat in Linz unter der Aktenziffer 6. 911 / 11 / 2 1884.«[27]
August Kubizek, Jahrgang 1888, Linzer Jugendfreund Adolf Hitlers, MEIN JUGENDFREUND

»Hochwürdiges Bischöfliches Ordinariat!
Die in tiefster Ehrfurcht Gefertigten sind entschlossen, sich zu ehelichen. Es steht aber denselben laut beiliegendem Stammbaum das kanonische Hindernis der Seitenverwandtschaft im dritten Grad berührend den zweiten entgegen. Deshalb stellen dieselben die demütige Bitte, das hochwürdige Ordinariat wolle ihnen gnädigst die Dispens erwirken, und zwar aus folgenden Gründen:
Der Bräutigam ist laut Totenschein seit 10. August dieses Jahres Witwer und Vater von zwei unmündigen Kindern, eines Knaben von zweieinhalb Jahren (Alois) und eines Mädchens von einem Jahre und zwei Monaten (Angela), für welche er notwendig einer Pflegerin bedarf, umso mehr, da er als Zollbeamter den ganzen Tag, oft auch nachts, vom Hause abwesend ist und daher die Erziehung und Pflege der Kinder nur wenig überwachen kann. Die Braut hat die Pflege der Kinder bereits nach dem Tode der Mutter übernommen und sind ihr selbe

sehr zugetan, so dass sich mit Grund voraussetzen lässt, es würde die Erziehung derselben gedeihen und die Ehe eine glückliche werden. Überdies hat die Braut kein Vermögen und dürfte ihr deshalb nicht so leicht eine andere Gelegenheit zu einer anständigen Verehelichung geboten werden.

Auf diese Gründe gestützt, wiederholen die Gefertigten ihre demütige Bitte um gnädige Erwirkung der Dispens vom genannten Hindernis der Verwandtschaft.

Braunau, den 27. Oktober 1884

Alois Hitler, Bräutigam

Klara Pölzl, Braut«[28]

Ersuch Alois Hitlers und seiner Braut Klara Pölzl um Ehebewilligung

Alois Hitler, Hitlers Vater, Mitte der 1890er-Jahre.

»Die Ehe meiner Eltern war sehr glücklich, obwohl sie im Charakter sehr verschieden waren. Mein Vater, der in der Erziehung seiner Kinder eine große Strenge zeigte und nur mich als Nesthäkchen verwöhnte, war der typische Vertreter eines österreichischen Beamten, konservativ und bis unter die Haut loyal zu seinem Kaiser. Meine Mutter dagegen war ein feinfühliger und zärtlicher Mensch, das ausgleichende Element zwischen dem strengen Vater und den sehr lebhaften Kindern, die etwas schwierig zu lenken waren. Wenn es überhaupt Streit und unterschiedliche Meinungen zwischen meinen Eltern gab, dann nur wegen der Kinder.«[29]

Paula Wolf, geborene Hitler, Verhör, Berchtesgaden, 5. Juni 1946

»Man kann die bisher bekannt gewordenen wirklich authentischen Bildnisse aus der Kindheit und Jugend Adolf Hitlers an den Fingern einer Hand abzählen. Da ist zunächst die bekannte Aufnahme, die im Jahre 1889 vom kleinen Adolf gemacht wurde; wenige Monate nach der Geburt. Dieses kleine, zarte Kinderbildnis enthält bereits alles, was später für die Physiognomie Hitlers typisch ist. Die eigenartigen Proportionen von Nase, Wangen und Mund, die hellen, durchdringenden Augen, sogar die in die Stirne hereingekämmten dunklen Haare – alles noch von kindlicher Einfalt gekennzeichnet. Noch ein anderer Umstand fällt an diesem ersten Bildnis Hitlers ganz besonders auf: die große Ähnlichkeit Adolfs mit seiner Mutter. Ich habe diese Ähnlichkeit, als ich Frau Hitler das erste Mal

sah, gleich festgestellt. Sie wird aber jedem deutlich, der dieses Kinderbildnis mit dem Bildnis der Mutter vergleicht … Hingegen glich Paula, die Schwester Adolfs, ganz dem Vater. Ich kannte den Vater Adolfs nicht mehr und muss mich daher auf die Aussagen der Mutter berufen.«[30]
August Kubizek, Linzer Jugendfreund Adolf Hitlers, MEIN JUGENDFREUND

»Eigentlich sprach Hitler gar nicht im üblichen Sinne österreichisch. Eher konnte man sagen, dass in seiner Sprechweise, insbesondere in der Rhythmik seines Sprechens, etwas Bayerisches, und zwar Niederbayerisches lag. Vielleicht war dafür entscheidend gewesen, dass er sich von seinem dritten bis zu seinem sechsten Lebensjahre, also in der Zeit des eigentlichen Spracherwerbes, in Passau befand, wo der Vater damals Zollbeamter war.«[31]
August Kubizek, MEIN JUGENDFREUND

»Mein Deutsch der Jugendzeit war der Dialekt, den auch Niederbayern spricht; ich vermochte ihn weder zu vergessen, noch den Wiener Jargon zu lernen.«[32]
Adolf Hitler, MEIN KAMPF

»Er lehnte den Dialekt ab, insbesondere das Wienerische, das ihm in seiner weichen, melodiösen Art im Innersten zuwider war.«[33]
August Kubizek, MEIN JUGENDFREUND

»Vor 1918 hat der bewusste Österreicher vom ›Vielvölkerreich‹ gesprochen und damit das Vaterland gemeint, das übernational war und schon in seinem Namen die Erinnerung an das traditionelle Imperium trug. Der Begriff einer österreichischen Nation wurde – außer auf internationaler Ebene, wo er Ungarn einschloss – im allgemeinen Sprachgebrauch kaum verwendet.«[34]
Kurt Schuschnigg, Jahrgang 1897, österreichischer Bundeskanzler von 1934 bis 1938, IM KAMPF GEGEN HITLER

»Nur die Liebe zu Papa halte die Völker Österreichs zurück, offen zu bekennen, wie sehr sie sich nach dem großen deutschen Vaterland zurücksehnen, aus dem sie verbannt sind.«[35]
Marie Valerie von Österreich, Jahrgang 1868, Tochter von Kaiser Franz Joseph und Kaiserin Elisabeth, TAGEBUCH, 18. FEBRUAR 1899

»Nur wer selber am eigenen Leibe fühlt, was es heißt, Deutscher zu sein, ohne dem lieben Vaterlande angehören zu dürfen, vermag die tiefe Sehnsucht zu ermessen, die zu allen Zeiten im Herzen der vom Mutterlande getrennten Kinder brennt.«[36]
Adolf Hitler, MEIN KAMPF

»Das ist das Ärgste, was uns die Preußen angetan, dass sie uns ausgeschlossen aus Deutschland, dass sie es so weit gebracht, dass Deutsche Deutschen fremd, ja Feind geworden, dass sie nun uns verleugnen und herabsehen auf ›die Österreicher‹ … O könnten wir wieder zu Deutschland gehören, dürften wir uns mit frohem Stolz vor aller Welt Deutsche nennen, Deutsche zum großen lieben Vaterland gehörig, das reicht ›so weit die deutsche Zung klingt‹ … wie selig wollte ich da sein, wie würde da alles wieder gut fürs arme Österreich und sein Kaiserhaus!!! Ist's Verrat, so zu denken? Ich meine, nur blinde, sehr verrannte Österreicher können das Verrat nennen.«[37]

Marie Valerie von Österreich, Tochter von Kaiser Franz Joseph und Kaiserin Elisabeth, TAGEBUCH, 5. JUNI 1896

»Im alten Österreich um die Jahrhundertwende hatte man noch ohne Pass vom Mittelmeer über die Alpen weit nach dem Osten, Westen und Norden reisen können. Familien von fast vierzig verschiedenen Völkern hatten sich untereinander gekannt, sich verheiratet, Handel miteinander treiben können. Man durfte glauben, dass diese alte Habsburgmonarchie in fast tausendjähriger Herrschaft die Kunst gelernt hatte, so viele Völker in Frieden miteinander leben zu lehren … Im Kaffeehaus Central verkehrten die angesehenen Führer der sozialdemokratischen Arbeiterbewegung. Mit einer gewissen Scheu zeigte man auf die Vertreter der kommunistischen Internationale, die mit den Sozialdemokraten nicht verkehrten. Es waren meistens Russen, und Trotzki, ständiger Gast, spielte jeden Abend Schach. Auch hier waren die Pläne einer zukünftigen Gesellschaftsordnung so verschieden wie die bleichen Gesichter in der rauchgeschwängerten nächtlichen Stunde. Die lautstarken Politiker verteidigten ihre Ideen, Alldeutsche den Anschluss an das Reich, die Irredenta ein geeinigtes Italien oder ein Großserbien. Eine panslawistische Gruppe hoffte auf einen Anschluss an das Zarenreich. Jeder glaubte an seinen Zukunftsstaat.«[38]

Oskar Kokoschka, Jahrgang 1896, Maler, MEIN LEBEN

»Hitler besuchte auf dem Wege nach Berchtesgaden bald hinter Wels, nahe bei Lambach, die Orte, die ihn an seine früheste Kindheit erinnerten; Hafeld, wohin sein Vater 1895 nach der Pensionierung im Alter von 58 Jahren gezogen war, und die Schule in Fischlham, die Hitler während seiner ersten drei Schuljahre besucht hatte. Das kleine Schulhaus mit nur einem Klassenraum war nach Hitlers Äußerungen unverändert geblieben, ländlich genügsam und bescheiden. Hitler gab Bormann den Auftrag zum Ankauf des alten Schulhauses durch die Partei und zur Planung einer neuen Schule. Nach Verlassen der Schule wurde Hitler von der Lehrerin begrüßt, und die Kinder jubelten ihm zu.«[39]

Nicolaus von Below, Jahrgang 1907, Offizier der Luftwaffe, ALS HITLERS ADJUTANT

»Die Eltern Adolf Hitlers erwarben am 14. November 1898 in Leonding das vom Postmeister Breslmayr erbaute Gartenhaus Nr. 61 mit den dazugehörigen

Grundstücken und einem kleinen Stadel oberhalb des Häuschens am ›Mitterweg‹. Schon nach wenigen Monaten, am 23. Feber 1899, bezog das Ehepaar mit seinen Kindern das neue Heim. Der Sohn Adolf wurde damals 10 Jahre alt. In unermüdlicher Arbeit betreute Vater Hitler Haus und Grund, pflegte sorgfältig die selbstgepflanzten Obstbäume und widmete sich mit Liebe seinen Bienenvölkern.«[40]

Max Sixtl, Jahrgang (ca.) 1890, Drucker, Klassenkamerad Hitlers,
Autor von LEONDING – HEIMATORT DES FÜHRERS

»Ich wurde auf dem Rauschergut in Hafeld, Gemeinde Fischelham (Oberösterreich), geboren, das meinem Vater, dem pensionierten Zollbeamten-Offizier Alois Hitler, gehörte. Es war ein kleines Anwesen von höchstens 50 Joch. Meine Eltern verkauften das Gut letztlich, als ich erst zwei oder drei Jahre alt war, weil mein Vater wegen seines Alters das Gut nicht bewirtschaften konnte.«[41]

Paula Wolf, geborene Hitler, Verhör, Berchtesgaden, 5. Juni 1946

»Fahrt nach Leonding. Da hat der Führer gewohnt. Besuch am Grab seiner Eltern. Auf dem Grabstein des Vaters steht vermerkt, dass er Pensionär und Hausbesitzer war. Erschauerndes Gefühl, dass hier die Eltern eines so großen geschichtlichen Genies ruhen.«[42]

Joseph Goebbels, Jahrgang 1897, Reichsminister für Volksaufklärung und Propaganda,
TAGEBUCH, 22. JULI 1938

»Die Vorsehung, die das vom Auf- und Niedergang unterteilte Wachsen des deutschen Volkes leitet, hat auf dem seit der Urgeschichte mit dem Schicksal der Menschheit verquickten Boden von Leonding den Einiger des Großdeutschen Reiches einen Teil seiner Jugendjahre verleben lassen. Das ist kein Zufall, sondern höhere Fügung. Das schlichte Dorf nahe des Kürnberges, das im Ablauf seiner Geschichte auch ein paar Jahre des Lebensweges unseres Führers und Reichskanzlers verzeichnen darf, wird für das deutsche Volke immerdar eine Weihestätte sein.«[43]

Max Sixtl, Drucker, Klassenkamerad Hitlers, LEONDING – HEIMATORT DES FÜHRERS

»Gleich gegenüber dem Friedhof liegt das Haus, in dem der Führer gewohnt hat. Ganz klein und primitiv. Man führt mich in das Zimmer, das sein Reich war. Klein und niedrig. Hier hat er Pläne geschmiedet und von der Zukunft geträumt. Hier also wurde ein Genie. Mir wird ganz groß und feierlich zumute. Die Mutter, sagen seine Jugendfreunde, war lieb und herzensgut. Der Vater barsch, schweigsam und streng. Ich gehe noch einmal durch alle Zimmer und sauge so tief die Luft dieses Hauses ein.«[44]

Joseph Goebbels, Reichsminister für Volksaufklärung und Propaganda,
TAGEBUCH, 22. JULI 1938

Wohnhaus der Familie Hitler in der Michaelsbergstraße 16 in Leonding.

»In seinen Erzählungen nahm seine Jugend einen breiten Raum ein. Er schilderte seinen Vater als einen einfach lebenden Beamten, der ihn außerordentlich streng erzog. Er hing mehr an seiner Mutter; die Einstellung seines Vaters gegen seine künstlerischen Neigungen war ihm nicht recht. Er betonte, dass die strenge und scharfe Erziehung seines Elternhauses ihm sehr wertvoll gewesen sei.«[45]
Albert Speer, Jahrgang 1905, Reichsminister für Bewaffnung und Munition,
DIE KRANSBERG-PROTOKOLLE

»Ich hatte den Vater verehrt, die Mutter jedoch geliebt.«[46]
Adolf Hitler, MEIN KAMPF

»Abends erzähle ich von zu Hause. Von Vater und Mutter. Beide haben mit Hitlers Eltern eine frappante Ähnlichkeit. Hitler ist ganz betroffen davon … Hitler hat fast genau dieselbe Jugend durchgemacht wie ich. Der Vater Haustyrann, die Mutter eine Quelle der Güte und Liebe.«[47]
Joseph Goebbels, Gauleiter von Berlin-Brandenburg,
TAGEBUCH, 11. AUGUST 1932

»Meinen Vater habe ich nicht geliebt, dafür aber umso mehr gefürchtet. Er war jähzornig und schlug sofort zu.«[48]
Adolf Hitler, Tischgespräch, aufgezeichnet von seiner Sekretärin Christa Schröder

»Der alte Herr Alois forderte unbedingten Gehorsam. Oft steckte er zwei Finger in den Mund, stieß einen scharfen Pfiff aus und Adolf, wo immer er gewesen sein mag, lief rasch zum Vater ... Er beschimpfte ihn oft und Adolf litt sehr unter der Strenge des Vaters. Adolf las gern, der Alte aber war sparsam und gab kein Geld für Bücher her.«[49]
Mitschüler Adolf Hitlers in der Wiener Sonn- und Montagszeitung

»Der Führer erzählte dann, dass er seine größten geografischen Kenntnisse durch die Lektüre von Karl May erhalten habe. Der [Führer] verteidigte Karl May sehr und erzählte seine ganze Lebens- und Leidensgeschichte.«[50]
Werner Koeppen, Jahrgang 1910, Adjutant von Reichsminister Alfred Rosenberg, Bericht aus dem Führerhauptquartier Wolfsschanze, 5. Oktober 1941

»Er lese ein Buch immer in der Weise, dass er sich zunächst den Schluss ansehe, er dann in der Mitte einige Stellen lese und erst, wenn er dabei einen positiven Eindruck gewonnen habe, das ganze Buch durcharbeite.«[51]
Henry Picker, Jahrgang 1912, Oberregierungsrat im Stab von Martin Bormann, Tischgespräch im Führerhauptquartier Wolfsschanze, 23. März 1942

»Besonders mein Bruder Adolf forderte meinen Vater zu extremer Strenge heraus und erhielt dafür jeden Tag eine richtige Tracht Prügel. Er war ein etwas verwilderter kleiner Bengel, und alle Versuche …, ihn für die Untaten zu strafen und in ihm den Wunsch nach einer Beamtenlaufbahn zu wecken, waren vergebens. Wie oft hat andererseits meine Mutter ihn gestreichelt und versucht, mit Liebenswürdigkeit das zu erreichen, was meinem Vater mit Strenge nicht gelang!«[52]
Paula Wolf, geborene Hitler, Verhör, Berchtesgaden, 5. Juni 1946

»Wenn ich heimgehe, werde ich vom Vater geschlagen, aber ich kann nicht spielen. Aber wenn ich wegbleibe, kann ich eine Stunde spielen und die Prügel dauern nicht länger als fünf Minuten.«[53]
Adolf Hitler, zitiert nach seiner Sekretärin Christa Schroeder

»Adolf hat seine Mutter sehr geliebt. Ich kann es vor Gott und der Welt bezeugen. Ich erinnere mich in all der Zeit an viele Anzeichen und Anlässe, an denen er diese Liebe zu seiner Mutter zum Ausdruck brachte, am tiefsten, ja wahrhaft ergreifend in der Zeit ihrer Todeskrankheit. Kein einziges Mal, dass er von seiner Mutter anders als in tiefer Liebe gesprochen hätte. Er war ein guter Sohn.«[54]
August Kubizek, MEIN JUGENDFREUND

»(D)ie Mutter verwöhnte ihn auf meine Kosten. Ich war seine Dienerin und musste ihm jeden Wunsch von den Augen ablesen. Dennoch konnte er meine Nähe nicht ertragen.«[55]
Paula Wolf, geborene Hitler, Zeitungsinterview 1959

»Er wurde vom frühen Morgen bis in die späte Nacht verwöhnt, und die Stiefkinder mussten sich endlos anhören, wie wunderbar Adolf war.«[56]
William Patrick Hitler, Jahrgang 1911, Neffe Adolf Hitlers, Interview 1943

»Fünf Jahre nach der Geburt Adolfs, am 24. März 1894, hatte die Mutter ein fünftes Kind, einen Sohn, namens Edmund, geboren, der gleichfalls in jungen Jahren, am 29. Juni 1900, in Leonding starb. Während Adolf von den drei in Braunau verstorbenen Geschwistern naturgemäß keine Erinnerung hatte und niemals von ihnen sprach, konnte er sich an seinen Bruder Edmund, bei dessen Tod er bereits elf Jahre alt war, genau erinnern. Er erzählte mir einmal, dass Edmund an Diphtherie gestorben sei. Hingegen blieb das jüngste am 21. Jänner 1896 geborene

Alois Hitler in der Uniform eines Zollamts-oberoffizial der Beamten-Rangklasse IV.

Kind, ein Mädchen, namens Paula, am Leben. Von ihren sechs Kindern hatte Klara Hitler also vier durch frühen Tod verloren. Das Herz der Mutter mag unter diesen furchtbaren Prüfungen zerbrochen sein.«[57]
August Kubizek, MEIN JUGENDFREUND

»Vom Reichsinnenministerium wurde ein Prüfungsbogen herausgegeben, danach man ersehen kann, ob einer sterilisationsreif ist. Wenn meine Mutter gefragt worden wäre: ›Warum schwimmt ein Schiff aus Eisen?‹ Da waren mindestens dreiviertel aller Fragen, die hätte meine liebe Mutter nie beantworten können! Ich wäre nie geboren worden!«[58]
Adolf Hitler, Tischgespräch, Hauptquartier Werwolf, 29. August 1942, protokolliert von SS-Standartenführer Heinrich Heim

»Krieg spielen, immer nur Krieg spielen, uns Buben wurde das schon langweilig, aber er fand immer wieder einige, insbesondere jüngere, die mittaten.«[59]
Balduin Wiesmayer, Jahrgang 1889, Leondinger Schulkamerad Adolf Hitlers

»Sich selbst schilderte er als zu vielen Streichen aufgelegt; er sei einer der aktivsten gewesen, wenn es sich darum handelte, eine ›Unternehmung‹ mit seinen Mitschülern durchzuführen. Er sei ein schlechter Schüler gewesen.«[60]
Albert Speer, Reichsminister für Bewaffnung und Munition, DIE KRANSBERG-PROTOKOLLE

»Hitler war ein trefflicher, schon vom Gesangsunterricht im Kloster Lambach her gut geschulter Altist. Seine Stimme war schön und klangvoll.«[61]
Balduin Wiesmayer, Sänger im Knabenchor Pfarre St. Michael in Leonding

»Zwischen Lehrern und Schülern herrschte Feindschaft. Drohreden, Strafpredigten, ja Wutausbrüche und körperliche Züchtigungen waren an der Tagesordnung, und als Reaktion darauf die Verstocktheit und Tücke der Schüler, ihre Verlogenheit, Kriecherei und Angeberei, ihre Aufsässigkeit und ein weitverzweigtes Schwindelwesen. Was immer die Ursache gewesen sein mag, in diesem österreichischen Gymnasium wehte eine autoritäre Luft, die sich nach der Heraufkunft des Austrofaschismus, also bald nach meinem Eintritt, zum allumfassenden Giftstrom verdickte. Jede kleine Übertretung wurde den Eltern gemeldet und musste von ihnen ›bestätigt‹ werden. … Was von uns vor allem anderen gefordert und durch diese empfindlichen Strafen erzwungen wurde, das war nicht Respekt vor Lehrpersonen und Lehrstoff, sondern Unterwürfigkeit, fragloses Akzeptieren des Systems. Nicht der Grad des Wissens und die Bemühung um Verstehen wurden gewertet, sondern alles drehte sich um Prüfungen und Noten, um Tadel und Ermahnung, Versetzung und Beförderung.«[62]
Egon Schwarz, Jahrgang 1922, Wiener Schüler jüdischer Abstammung,
KEINE ZEIT FÜR EICHENDORFF

»Er war groß, stark und kräftig, aber nicht sehr blass.«[63]
Josef Keplinger, Jahrgang (ca.) 1890, Klassenkamerad Adolf Hitlers an der Linzer Staatsoberrealschule

»Der Chef kam beim Mittagessen auf die Schulerziehung zu sprechen. Lehrer werde leider nur ein bestimmter Typ von Menschen, der sich für den Kampf in freien Lebensberufen nicht eigne. Menschen, die das Zeug in sich fühlten, aus eigener Kraft etwas zu leisten und zu gestalten, werden nicht Lehrer, zumindest nicht Volksschullehrer. An die Lehrer, die durch seine Jugend gegangen seien, habe er überwiegend unerfreuliche Erinnerungen. Schon in ihrem Äußeren seien sie schmutzig gewesen und durch dreckige Kragen, ungepflegte Bärte und dergleichen aufgefallen.«[64]
Henry Picker, Oberregierungsrat im Stab von Martin Bormann, Tischgespräch im Führerhauptquartier Wolfsschanze, 12. April 1942

»(E)in ›musikalischer Charakter‹ sozusagen, war Hitler überaus heftig und temperamentvoll. Harmlose Dinge, ein paar unbedachte Worte etwa, konnten Zornesausbrüche bei ihm hervorrufen, bei denen meiner Ansicht nach der Gefühlsaufwand in keinem Verhältnis zu der Geringfügigkeit der Sache stand.«[65]
August Kubizek, MEIN JUGENDFREUND

Klassenfoto der 4. Klasse der Volksschule Leonding. Adolf Hitler steht in der Mitte der obersten Reihe.

»Unter allen meinen Firmlingen hatte ich keinen derart mürrischen und verstockten wie diesen, um jedes Wort musste man ihm hineinsteigen ... Er hat allweil finster dreingeschaut und hat nicht Ja und nicht Nein gesagt ... Ich hatte den Eindruck, dass ihm die ganze Firmung zuwider war, dass er sie nur mit größtem Widerwillen über sich ergehen ließ.«[66]
Emanuel Lugert, Jahrgang (ca.) 1872, Zollbeamter und späterer Regierungsrat, Firmpate Adolf Hitlers

»Ich erinnere mich ziemlich gut des hageren, blassen Jungen, der täglich zwischen Linz und Leonding hin und her pendelte. Er war entschieden begabt, wenn auch einseitig, hatte sich aber wenig in der Gewalt, zum mindesten galt er für widerborstig, eigenmächtig, rechthaberisch und jähzornig, und es fiel ihm sichtlich schwer, sich in den Rahmen einer Schule zu fügen. Er war auch nicht fleißig, denn sonst hätte er bei seinen unbestreitbaren Anlagen viel bessere Erfolge erzielen müssen.«[67]
Dr. Eduard Huemer, Hitlers Französisch-Lehrer, Aussage im Hitler-Ludendorff-Prozess, München 1924

»Hitler ist für mich in Linz weder im guten noch im schlechten Sinne hervorgetreten. Er war auch nicht etwa Anführer der Klasse. Seine Gestalt war schlank

und aufrecht, sein Gesicht meist blass und sehr mager, beinahe wie das eines Lungenkranken, sein Blick ungeheuer offen, die Augen leuchtend.«[68]
Prof. Theodore Gissinger, Lehrer für Naturgeschichte an der Linzer Staatsoberrealschule

»Adolf ... schwärmte sehr für Bismarck.«[69]
Mitschüler Adolf Hitlers in der Wiener Sonn- und Montagszeitung

»Niemand verkehrte in der Familie, der Politik hineingebracht hätte. Ich erinnere mich nicht, jemals bei Frau Hitler politische Gespräche gehört zu haben. Auch wenn ein bestimmtes politisches Ereignis in der Stadt noch so heftige Wellen schlug, in diesem stillen Heim war nichts davon zu spüren; denn auch Adolf schwieg daheim über dergleichen Dinge.«[70]
August Kubizek, MEIN JUGENDFREUND

»In Linz sei ihm in früher Jugend das Nationalitätenproblem Österreichs zum ersten Mal bekannt geworden. Die vielen Tschechen seien ein Problem der Stadt gewesen und die Einstellung aller, auch schon der Schüler, gegen diese Einwanderung einheitlich. Sehr viel habe er von seinem Professor für Deutsch und Geschichte gelernt, der ihn weitgehend beeinflusste und erste politische Vorstellungen bei ihm schuf.«[71]
Albert Speer, Reichsminister für Bewaffnung und Munition, DIE KRANSBERG-PROTOKOLLE

»Der Kampf um die Existenz des deutschen Volksteiles im Donaustaate bewegte damals die jungen Gemüter; verständlich, denn dieses österreichische Deutschtum stand inmitten der slawischen, madjarischen und italienischen Nationen Österreich-Ungarns allein. Linz lag allerdings von der Volksgrenze weit ab und war eine kerndeutsche Stadt. Aber vom angrenzenden Böhmen kam beständig Unruhe herein.«[72]
August Kubizek, MEIN JUGENDFREUND

»In unermüdlicher Arbeit betreute Vater Hitler Haus und Grund ... Er war in seinem Alter als Ruheständler aus dem Beamtenberuf in den Wirkungskreis bäuerlicher Vorfahren zurückgekehrt. Doch nur wenige Jahre war der Familie Hitler ein ruhiges, beschauliches Leben auf ihrer neuen Scholle gegönnt. Im Jänner 1903 raffte ein Herzschlag das Familienoberhaupt unvermutet hinweg.«[73]
Max Sixtl, LEONDING – DER HEIMATORT DES FÜHRERS

»Anfang Januar 1903 erlag mein Vater einem Herzschlag. Er wurde tot von seinem Frühschoppen heimgebracht.«[74]
Paula Wolf, geborene Hitler, Verhör, Berchtesgaden, 5. Juni 1946

»Wir haben einen guten Mann begraben ... Alois Hitler war ein durch und durch fortschrittlich gesinnter Mann und als solcher ein warmer Freund der freien

Schule. In der Gesellschaft war er stets heiter, ja von geradezu jugendlichem Frohsinn. Fiel auch ab und zu ein schroffes Wort aus seinem Munde, unter einer rauen Hülle barg sich ein gutes Herz. Für Recht und Rechtlichkeit trat er jederzeit mit aller Energie ein. In allen Dingen unterrichtet, konnte er überall ein entscheidendes Wort mitsprechen. Ein Freund des Gesanges, fühlte er sich glücklich inmitten sangesfroher Brüder. Auf dem Gebiet der Bienenzucht war er eine Autorität.«[75]

Nachruf, Linzer Freisinnige Zeitung, 8. Januar 1903

»Ich habe in meiner Jugend sehr viel Gelegenheit gehabt, Bienen anzuschauen, weil mein alter Herr ein großer Imker war. Leider bin ich dabei wiederholt derart zerstochen worden, dass ich fast draufgegangen wäre. Bie-

Grabstein der Eltern, aufgenommen von Heinrich Hoffmann am 12. März 1938, dem Tag des Einmarsches deutscher Truppen in Österreich.

nenstich war bei uns so selbstverständlich wie nur etwas. Die Mutter hat meinem alten Herrn oft 45, 50 Stacheln herausgezogen, wenn er vom Waben-Ausnehmen kam. Er hat nie etwas angehabt. Das Einzige, was er gemacht hat, war, dass er geraucht hat dabei. Ein weiteres Motiv zum Zigarrenrauchen!«[76]

Adolf Hitler, Tischgespräch, Führerhauptquartier Werwolf, 3. August 1942, protokolliert von SS-Standartenführer Heinrich Heim

»Der stille Friedhof von Leonding wurde ihm, wie später auch seiner Frau, zur letzten Ruhestätte. Die Witwe, besorgt um die Fortbildungsmöglichkeiten ihrer Kinder, verkaufte bald darauf, vornehmlich aus wirtschaftlichen Gründen, Haus und Grund und übersiedelte in die nahe Stadt Linz.«[77]

Max Sixtl, LEONDING – DER HEIMATORT DES FÜHRERS

»Es blieb nur eines: die Sorge um die beiden noch lebenden Kinder, eine Sorge, die sie nach dem Tode ihres Mannes allein zu tragen hatte. Ein geringer Trost, dass Paula ein stilles, leicht zu führendes Kind war. Umso größer war die Sorge um den einzigen Sohn, Adolf, eine Sorge, die erst mit ihrem Tode endete.«[78]

August Kubizek, MEIN JUGENDFREUND

Adolf Hitler im Uniformmantel vor dem Grab seiner Eltern am 12. März 1938, dem Tag des Einmarsches der Wehrmacht in Österreich. Hitler befindet sich auf der Fahrt von Braunau, wo seine Wagenkolonne die Grenze passierte, nach Linz.

EIN TUNICHTGUT
1907 bis 1914

»Er ist doch aus der Art gefallen.«[1]
Klara Hitler, geborene Pölzl, über ihren Sohn

Adolf Hitler sieht in Linz seine Heimatstadt. Das bestätigt er noch am 30. April 1945 im Führerbunker in Berlin in seinem sogenannten »privaten Testament«, in dem er der Stadt seine Gemäldesammlung vermacht. Seine Linzer Jugendjahre bezeichnet Hitler stets als die glücklichsten seines Lebens. Seit dem Herbst 1900 besucht er dort die Realschule in der Linzer Steingasse. Den Schulweg legt er vom Wohnort Leonding zu Fuß zurück.

Sein schon damals nationales Denken wird stark vom ideologischen Milieu der Stadt geprägt. In der Linzer Realschule erwacht, gefördert von seinem Geschichts- und Geografie-Professor Leopold Poetsch, sein Interesse an den Mythen der deutschen Geschichte, den Bauernkriegen, an der Nibelungen- und anderen deutschen Heldensagen. Im Jahr 1904 verlässt Hitler die Realschule wegen schlechten Schulerfolgs und wechselt in das nahe Steyr. Er soll zu dieser Zeit als einziges Buch ein illustriertes Werk über den deutsch-französischen Krieg von 1870/71 besessen haben.

Die Zufälligkeit der Geschichte will es, dass sich im Jahr 1903 an der Linzer »kaiserlich königlichen Staatsoberrealschule« zwei Schüler für eine Aufnahme mit 39 anderen Schülern in Positur stellen, die beide Jahrzehnte später Karriere machen werden. Adolf Hitler ist ein paar Tage älter als der Schüler Ludwig Wittgenstein.[2] Die Historikerin Brigitte Hamann ist der Meinung, der am 26. April 1889 in Wien geborene Wittgenstein, Sohn eines Wiener Großindustriellen jüdischer Abstammung, müsse dem Mitschüler Hitler aufgefallen sein: »Vom Sehen zumindest muss H.[itler] Wittgenstein kennen, denn dieser fällt in Linz als Sonderling auf: Er spricht ein außergewöhnlich reines Hochdeutsch, allerdings mit einem Anflug von Stottern, ist sehr elegant angezogen, dabei hochsensibel und extrem kontaktscheu. Zu seinen Marotten gehört, seine Mitschüler zu siezen und auch von ihnen – außer einem einzigen Freund – zu verlangen, mit ›Sie‹ – ›Herr Ludwig‹ – angesprochen zu werden.«[3]

Die wenigen Monate, in denen sie dieselbe Schule besuchen, geht Hitler noch in die dritte, Wittgenstein dagegen in die fünfte Klasse. Der spätere Philosoph, der in Cambridge ab 1912 den Logischen Positivismus und die Analytische Sprachphilosophie entwickeln wird und heute als einer der bedeutendsten Philosophen des 20. Jahrhunderts gilt, ist ihm im Stoff zwei Jahre voraus.

Nach dem Tod ihres Mannes muss die Beamtenwitwe Klara Hitler schon im Jahr 1904 ihren Sohn Adolf, bei dem wegen schlechter Leistungen erneut die Wiederholung einer Klasse ansteht, an die Staats-Realschule in das vierzig Kilometer entfernte Steyr schicken. Hier lebt Adolf Hitler »in Pension«. Er kehrt nur an den Wochenenden zur Familie zurück. Im Jahr 1905 zieht Klara Hitler mit ihrer Stieftochter Angela, dem Sohn Adolf und der zwölfjährigen Tochter Paula von Leonding nach Linz, wo sie zunächst in der Humboldtstraße, später in der Hauptstraße und Blütenstraße in Urfahr zur Miete wohnen.

Adolf Hitler verlässt die Steyrer Schule nach neun Schuljahren ohne Abschluss, um die nächsten drei Jahre als Flaneur und Nichtstuer in Linz von der Rente seiner Mutter zu leben. Er wendet sich jetzt ganz seiner Leidenschaft, dem Zeichnen, zu. Sein besonderes Interesse gilt dabei weniger der Natur als der »Baukunst«. Möglicherweise entwirft er bei seinen Spaziergängen in Linz und seinen Wanderungen in die Umgebung der Stadt (oft in Begleitung seines Freundes August Kubizek) im Geist bereits jene Gebäude, deren Errichtung der »Führer« Jahrzehnte später in die Tat umsetzen will. Er begeistert sich außer für Architektur auch für die Oper, die er zusammen mit Kubizek häufig besucht.

1907 überredet Hitler seine Mutter, ihm eine Reise nach Wien zu gestatten. Er will sich dort um die Aufnahme für die »Allgemeine Malerklasse« der Akademie der Bildenden Künste bewerben. Für ein Baumeister- oder Architektur-Studium hätte er einen Abschluss der Realschule benötigt. Der nach Ansicht späterer Kunstexperten nicht gänzlich untalentierte Hitler übersteht zwar die erste Sichtungsrunde, wird aber nach dem zweiten Prüfungsabschnitt abgelehnt. Als er nach acht Wochen, enttäuscht über die Ablehnung, zu seiner Linzer Familie zurückkehrt, ist Klara Hitler schwer erkrankt. Sie leidet an einer »Geschwulst«, heute würde man Krebs diagnostizieren.

Hausarzt der Familie Hitler ist Eduard Bloch, in Linz als Armenarzt bekannt. Bloch stammt aus Böhmen und ist jüdischer Abstammung. Adolf Hitler übernimmt für viele Monate hingebungsvoll die häusliche Pflege der Mutter. Klara Hitler stirbt in der Nacht zum 21. Dezember 1907 im Kreis ihrer Familie. Adolf Hitler wird seine Mutter stets verehren. Ein kleines Foto von ihr trägt er während des Ersten Weltkriegs immer in seiner Brusttasche. Später lässt er nach dieser Vorlage Porträts in Öl malen. Das Porträt der Mutter ist, wie alle Augenzeugen berichten, bis zu seinem Ende in seinem jeweiligen Schlafraum das einzige persönliche Bild.[4]

Nach dem Anschluss Österreichs an Deutschland 1938 wird der damals 66-jährige Eduard Bloch wie alle anderen jüdischen Ärzte in der Ausübung seines Berufs eingeschränkt. Schon kurze Zeit später registriert er aber, dass er bevorzugt behandelt wird. Er darf seine Wohnung in der Innenstadt behalten, bekommt kein »J« in seinen Pass gestempelt und wird nicht gezwungen, seine Praxis als »jüdisch« zu kennzeichnen. Adolf Hitler gestattet Eduard Bloch und dessen Frau Lilli im Jahr 1940 die

Schulfotografie der Staatsoberrealschule Linz, wahrscheinlich aus dem Jahr 1903. Sie zeigt Adolf Hitler (oberste Reihe, ganz rechts) und den späteren Philosophen Ludwig Wittgenstein (zweite Reihe, dritter von rechts).

Ausreise in die Vereinigten Staaten. Dort äußert sich Bloch mehrmals in der Presse über den jungen Hitler.

Anders als seine Schwester Paula vierzig Jahre später behauptet, bleibt Adolf Hitler nach dem Tod seiner Mutter noch einige Wochen in Linz-Urfahr. Dass er die Aufnahmeprüfung an der Akademie im Vorjahr nicht bestanden hat, gesteht er weder seiner Familie noch seinem Freund August Kubizek. Im Frühjahr 1908 beginnt der 19-jährige Adolf Hitler in Wien eine ungebundene Existenz. Mittellos lebt er in den Tag hinein – eine Zeit, die er später zu einer »Universität des Lebens« im Daseinskampf stilisieren wird. Seine sozialen und politischen Erfahrungen in Wien prägen sich ihm unauslöschlich ein. In Verbindung mit seinem Charakter, seinen Interessen und Eigenarten bilden sie die Grundlage der Ansichten und Urteile, die mit den folgenden Erfahrungen der Münchener und der Kriegsjahre zu den Quellen seiner politischen und weltanschaulichen Überzeugungen werden.[5]

Seit dem 17. Februar 1908 lebt Hitler als Untermieter in der Wiener Stumpergasse. Als Beruf hat er bei der Meldestelle »Künstler« angegeben. Die Eltern seines Freundes Kubizek überredet er, ihrem Sohn ein Musikstudium in Wien zu gestatten. Ab 1908 teilt sich Hitler mit Kubizek die Wohnung und bereitet sich auf einen zweiten Versuch vor, an der Kunstakademie angenommen zu werden.

Die frühen Hitler-Biographen wie Konrad Heiden und Alan Bullock, aber auch noch Joachim Fest widmen der Jugend Hitlers in Linz und Wien wenig Aufmerksamkeit. In ihrem 1996 erschienenen Buch *Hitlers Wien. Lehrjahre eines Diktators* betrachtet die Historikerin Brigitte Hamann zum ersten Mal detailliert die Linzer Kindheit und die Wiener Jugend Hitlers. Die zehn Jahre zwischen 1904 bis 1914, von der Linzer Schulzeit bis zu den scheinbar durch Herumtreiben vergeudeten Wiener Jahren, werden von der Autorin mit neu erschlossenen Primärquellen beschrieben. Schon bekannte Überlieferungen werden quellenkritisch bewertet. Hamann legt Spuren eines Jahrzehnts frei, die Hitler später versucht hat, mit von ihm selbst geschaffenen Legenden zu überlagern. Vielen zunächst vagen Spuren und fraglichen Quellen ist die Historikerin nachgegangen. Die bedeutendste Leistung von *Hitlers Wien* ist der Nachweis, dass Hitlers krankhafter Judenhass nicht, wie von ihm selbst immer behauptet, in den Wiener Jahren entstanden sein kann.

Nur scheinbar, so Hamann, habe er sich jeder ernsthaften Beschäftigung entzogen, um seinen Fantasien nachzuhängen. Hitler, der später seine Gesprächspartner nicht nur mit seinem Gedächtnis, sondern auch mit seinem Faktenwissen beeindrucken wird, hat, wie Brigitte Hamann nachweist, wenn auch wahllos und planlos, so doch viel gelesen. Als Lektüre habe ihm vor allem das Populärwissen seiner Epoche, veröffentlicht in Traktaten, und die halbwissenschaftliche Literatur der Jahrhundertwende gedient. Man müsse, so Hamann, Hitlers Behauptung ernst nehmen, er habe in den Wiener Jahren das »granitene Fundament« seiner Weltsicht gelegt: »Aber es waren zusammengelesene Bruchstücke, mit denen er 1913 Wien verließ, ein Sammelsurium, bewahrt von einem exzellenten Gedächtnis. Erst in Deutschland ordneten sich all diese Stücke wie auf einem Magnetfeld in eine ›Weltanschauung‹ auf der Grundlage des Rassenantisemitismus.«[6]

Darüber hinaus wird in Hamanns Buch das Wien der Vorkriegsjahre geschildert als die Metropole eines Vielvölkerstaats, in dem sich eingesessene »Deutsche« durch Zuwanderer aus allen Teilen des Doppelreichs in ihrer Identität und Stellung bedroht fühlen. Die Angst vor der »Tschechisierung« ist ebenso groß wie vor den immer neuen Wellen Zuwanderer jüdischen Glaubens, die in Wien Fuß fassen wollen.

Eine zweite bedeutende Leistung von Hamanns Buch ist es, das Augenmerk auf die pseudowissenschaftlichen Ideologen und ihre Theorien zu richten, die im Habsburgerreich und vor allem seiner Hauptstadt um die Jahrhundertwende eine bedeutende Rolle spielen und die sicher auch von Hitler bei seiner Lektüre aufgesogen werden. »Die neuen Rassentheorien waren um 1900 überall verbreitet wie eine Glaubenslehre. Schriftsteller und Philosophen beschäftigten sich mit diesem Thema ... In Wien schrieb der in England geborene und in Frankreich aufgewachsene Houston Stewart Chamberlain sein Buch *Die Grundlagen des 19. Jahrhunderts*.«[7]

Georg Heinrich Ritter von Schönerer, Jahrgang 1842, hat den Höhepunkt seiner politischen Erfolge in den Jahren, in denen Hitler in Wien lebt, schon überschritten. Seine Alldeutsche Bewegung tritt für die Auflösung der Monarchie und den Anschluss der westlichen Teile des Habsburger an das Deutsche Reich ein. Schönerers Ideologie ist bereits »völkisch«, mit starker Germanenschwärmerei und konsequent »rassisch« begründet, gepaart mit sozialem Engagement. Schönerers Partei gewinnt bei den Wahlen zwar Sitze im Reichstag des westlichen Österreichs, wird aber nie zur Massenbewegung.

Der sechs Jahre jüngere Guido von List ist ein anthropologisch-esoterischer Privatgelehrter. Sein 1898 erschienenes Buch *Der Unbesiegbare. Ein Grundzug germanischer Weltanschauung* beschreibt die angeblich schon in altgermanischen Sagen prophezeite Gestalt eines gottgleichen Retters, der die Weltherrschaft der Germanen wiederherstellen werde. List gründet den mystisch-okkulten Bund »Armanenschaft«, der eine »arische« Elite im bevorstehenden »Rassenkampf« gegen minderwertige Gruppen wie etwa Juden und Slawen erziehen will. Als Erkennungszeichen der Armanen dient das später auch von anderen völkischen Gruppen benutzte Hakenkreuz. Mehr noch als Schönerer und andere okkult-esoterische Künder germanischer Größe wie Jörg Lanz von Liebenfels ist List ein Vordenker der völkischen Bewegung auch im deutschen Kaiserreich.

Beeinflusst von Schönerers Denken ist Karl Lueger, der noch heute bei vielen Wienern populäre Bürgermeister der Stadt und Begründer der christlich-sozialen Partei, die sich an die deutschsprachige Bevölkerung der österreichischen Kernlande wendet. Seit 1895 hat sie die Mehrheit im Wiener Gemeinderat. Der Anwalt Dr. Karl Lueger ist bekennender Antisemit. 1910 leben in Wien mehr als 175 000 den Glauben praktizierende Juden. Nach dem Kriterium des Rassenantisemitismus, der unabhängig von der Ausübung der Religion oder der Taufe sich allein auf die Abstammung bezieht, liegt die Zahl der Juden weit höher. Der Antisemitismus ist für Lueger hauptsächlich Mittel zum Zweck, er dient ihm dazu, ein klares und leicht zu kommunizierendes Feindbild zu schaffen: »die Juden«.

Karl Lueger ist der erste deutschsprachige bürgerliche Politiker, dem es mit Charisma und Rhetorik gelingt, Massen zu mobilisieren.[8] Der streng katholische Politiker bleibt unverheiratet, er stilisiert sich als persönlich unbestechlich und in der Lebensführung bescheiden. Er ist ein sehr guter Redner. Dieser Mann wird in vielem ein Vorbild des Politikers Adolf Hitler sein. Brigitte Hamann beschäftigt sich intensiv mit Luegers Politikansatz, arbeitet seine fatale Vorbildfunktion heraus, verschweigt aber auch nicht Luegers kommunale Leistungen, von denen viele noch heute das Stadtbild Wiens prägen.

Dr. Karl Lueger stirbt am 9. März 1910 im Alter von 65 Jahren. Sein Begräbnis geht als »schönste Leich« in die Geschichte der Wiener Bestattungsfeiern ein. Die meisten Geschäfte sind an diesem Tag geschlossen, die Häuser mit Trauerfahnen beflaggt. Ein Spalier von rund 40 000 Uniformierten säumt den Zug. In ihm steht auch der damals 21-jährige Adolf Hitler, wie er in *Mein Kampf* schreibt: »Als der gewaltige Leichenzug den toten Bürgermeister vom Rathaus hinweg der Ringstraße zu fuhr, befand auch ich mich unter den vielen Hunderttausenden, die dem Trauerzug zusahen.«[9]

In Wien hinterlässt Hitler bis zum Februar 1910 wenige Spuren. Bei seiner Meldung in der Wiener Felberstraße am 18. November 1908 bezeichnet er sich als »Student«, obwohl er auch bei einem zweiten Versuch, an der Kunstakademie aufgenommen zu werden, scheitert. Als er sich am 22. August 1909 in der Sechshauserstraße anmeldet, ist er »Schriftsteller«. Seine späteren Aussagen, er habe während dieser Zeit als Bauarbeiter gearbeitet, gelten als unglaubwürdig. Ein Darlehen seiner Tante Johanna Pölzl dürfte aufgebraucht worden sein, die Waisenrente nicht zum Leben gereicht haben. Der Kontakt zur Familie ist gänzlich abgebrochen. Hitler wird auch gehungert und Wärmehallen aufgesucht haben. Vom 16. September 1909 bis zum 8. Februar 1910 ist er ohne festen Wohnsitz. Danach geht es aufwärts. Brigitte Hamann: »H.[itler]s dunkelste Zeit in Wien ist vorüber. Laut polizeilichem Meldezettel zieht er am 9. Februar 1910 im Männerheim der Gemeinde Wien im Arbeiterbezirk Brigittenau ein und bleibt dort bis Mai 1913, als er nach München ausreist.«[10]

Hitler beginnt mit dem Zeichnen von Wiener Stadtansichten nach Buchvorlagen, die er als Postkarten verkauft, um seine Waisenrente aufzubessern. Am 26. Juni 1910 zieht er in die »Kleinwohnungsanlage für Ledige« in der Meldemannstraße im Stadtteil Brigittenau. Hier lebt er drei Jahre. Bei den beiden Meldungen im Männerwohnheim am 9. Februar und 26. Juni 1910 bezeichnet er sich als »Kunstmaler«. Morgens liest Hitler in der Kleinwohnungsanlage für Männer regelmäßig in der Nichtraucherabteilung des Lesesaals die ausliegenden Zeitungen und Traktate. Im Männerheim verkehrt er auch mit jüdischen Bewohnern, wie dem aus Mähren stammenden Siegfried Löffner. Zu dem Schlosser Simon Robinson aus Galizien scheint er ein fast freundschaftliches Verhältnis gehabt zu haben.

Seine Postkarten und Bilder, meist Aquarelle, verkauft für ihn einige Monate gegen Teilung der Einnahmen der vorbestrafte ehemalige Hausdiener Reinhold Hanisch, den Hitler im August 1910 im Polizeikommissariat Brigittenau wegen Veruntreuung anzeigt. Nach dieser Erfahrung zieht er es vor, seine Bilder an jüdische Händler wie den Rahmenhändler Jakob Altenberg zu verkaufen.

Hitlers Anteil am väterlichen Erbe wird am 20. April 1913, seinem 24. Geburtstag, fällig. Im Wohnheim hat Hitler Rudolf Häusler kennengelernt. Zusammen mit ihm will er ins »deutsche« München ziehen. Ein Grund für das Verlassen der österreichischen Heimat ist, dass er sich nicht pflichtgemäß zur Ableistung des Wehrdienstes gemeldet hat und sich der Ableistung im ungeliebten Österreich-Ungarn entziehen will. Zudem muss er mit einer Strafe wegen der Nichtmeldung rechnen.

Am Samstag, dem 24. Mai 1913, melden sich Hitler und Häusler bei der Polizei ab, geben aber nicht an, wohin sie übersiedeln wollen. Hitlers Meldedokument registriert als neuen Wohnort ›Unbekannt‹. Am 25. Mai 1913 verlässt Adolf Hitler in Begleitung Rudolf Häuslers Wien.

Hitlers Friedensjahre in München sind die Jahre unmittelbar vor dem Ausbruch des Ersten Weltkriegs. Adolf Hitler und Rudolf Häusler beziehen gemeinsam zur Untermiete ein Zimmer bei Schneidermeister Popp in der Schleißheimer Straße 34 nahe Schwabing. Bei der polizeilichen Anmeldung weist Häusler seinen Wiener Heimatschein vor. Hitler jedoch gibt fälschlicherweise an, staatenlos zu sein, wohl um eine Meldung nach Österreich zu vermeiden und einem Verfahren als Stellungsflüchtling zu entgehen. Als Beruf lässt er »Kunstmaler« eintragen, ändert das später in »Schriftsteller laut Pass«, nennt sich aber auch »Architekturmaler«. Im Meldebogen trägt er unter der Rubrik »vermeintliche Dauer des Aufenthalts« ein: »2 Jahre«.

Rudolf Häusler ist während einer wenige Tage dauernden Abwesenheit Hitlers aus dem gemeinsamen Zimmer ausgezogen. Wahrscheinlich hatte er das enge Zusammenleben mit dem Zimmergenossen, der bis spät in die Nacht zu lesen und zu dozieren pflegte, nicht mehr ausgehalten. Hitler muss nun allein für die Miete bei der Familie Popp aufkommen, was ihm offenbar nicht schwerfällt. Er verkehrt in Schwabinger Cafés, ohne wohl engere Bekanntschaften zu machen.

Anders als Zeugen aus Hitlers frühen Jahren schreibt Häusler niemals seine Erinnerungen an die gemeinsame Zeit mit dem berühmten Zimmergenossen auf. Bis zu seinem Tod im Jahr 1973 wird er auch nie von einem Historiker befragt. Brigitte Hamann kann in den 1990er-Jahren Häuslers Tochter ausfindig machen. Dank ihrer Berichte sind so zumindest einige von Häuslers Erlebnissen und Eindrücken mit und von dem jungen Hitler aus seinen Erzählungen im Familienkreis für die historische Forschung festgehalten worden.

München wird Hitlers Lebensmittelpunkt. Sein Erbe hilft ihm beim Aufbau einer zwar isolierten und prekären, aber auskömmlichen Existenz am Rande der Gesellschaft. Wie in Wien liest er auch hier weiter viel, wenn auch unsystematisch, verfestigt aber das Faktenwissen, das später seine engere Umgebung immer wieder erstaunen wird.

Am 29. Dezember 1913 wendet sich der Magistrat der Stadt Linz auf der Suche nach dem »Stellungsflüchtigen« an die Münchener Polizeidirektion. Weil er nach telegrafischer Aufforderung am 18. Januar nicht zur Musterung in Linz erscheint, erreicht das österreichisch-ungarische Generalkonsulat in München eine Vorführung des Stellungsflüchtigen am 19. Januar 1914 durch die Münchener Polizei. Bei Nichtbefolgung des Stellungsbefehls drohen die Auslieferung, eine Haftstrafe von bis zu einem Jahr, dazu noch eine Geldstrafe bis zu 2 000 Kronen. Hitler begreift den Ernst der Lage. Die ihm freundlich gesinnten österreichischen Konsularbeamten raten ihm, sich an den Magistrat der Stadt Linz zu wenden und um die Möglichkeit zur Musterung im nahen Salzburg zu bitten. In Linz folgt man der Stellungnahme der Generalkonsulatsbeamten und Hitlers Ausführungen in seinem Rechtfertigungsschreiben. In Salzburg, wo er am 5. Februar 1914 weisungsgemäß zur Musterung erscheint, wird er vom Militärdienst in der k. u. k. Armee befreit.

Ansichten und Berichte

»Linz, Hauptstadt von Oberösterreich, 264 m ü. M., am rechten Ufer der Donau und an den Linien Wien – Salzburg und L.[inz] – Gaisbach-Wartberg der österreichischen Staatsbahnen, L.[inz] – Klaus – Steyrling der Kremstalbahn und Urfahr – Aigen – Schlägl der Mühlkreisbahn gelegen, hat zwei Vororte und ist durch zwei eiserne Brücken mit dem gegenüberliegenden Urfahr … L.[inz] zählt (1900) mit der Garnison (3502 Mann) 58791 meist deutsche und kath. Einwohner. An industriellen Unternehmungen besitzt die Stadt Fabriken für Maschinen und Lokomotiven, Lampen, Glocken u. Metallwaren, Kaffeesurrogate, Schuhwichse, Zündhölzer, Farben, Lack u. Firnis, Tonöfen, Pinsel, Schafwollwaren, Leder, 2 Bierbrauereien, eine ärarische Tabakfabrik, Dampfsäge und Schiffswerft.«[11]
Meyers Großes Konversations-Lexikon, Leipzig 1908

»Geschäftswelt, Beamtentum und Garnison bestimmten den Ton der Gesellschaft. Wer auf sich hielt, traf sich abends beim Bummel auf der Hauptstraße der Stadt, die vom Bahnhof zur Donaubrücke führt und bezeichnenderweise ›Landstraße‹ heißt. Da Linz keine Universität besaß, ahmten die jungen Menschen aller Schichten und Stände umso eifriger studentische Sitten nach. Der gesellschaftliche Betrieb auf der Landstraße blieb nicht weit hinter dem abendlichen Leben auf der Wiener Ringstraße zurück. Zumindest bildeten sich die Linzer dies ein.«[12]
August Kubizek, Jahrgang 1888, Jugendfreund Adolf Hitlers, MEIN JUGENDFREUND

»Auch die ›Rassentheorie‹, völlig verblödet in einem Reich, dessen élan vital ebenso wie seine Nobilität der fortgesetzten Durchdringung des deutschen Elements mit slawischen, magyarischen, romanischen, sogar asiatischen Völkerschaften entsprang (um nur die Hauptgruppen zu nennen), auch die Rassenlehre und damit der Antisemitismus, obwohl es beiderlei Unfug auch in anderen Völkern gibt, hatten ihren Motor im alten Österreich, wo der unverzeihliche Herr Schönerer, ein Scharlatan auf jedem Gebiet, ihm eine vulgärpolitische Basis geschaffen hatte, etwa zur selben Zeit, in der gleichfalls in Österreich Theodor Herzl den Zionismus geistig fundierte. Im Bauernland des westlichen Österreich aber, ganz im Gegensatz zu Wien und den östlichen Grenzländern, kannte man keine oder fast keine Juden.«[13]
Carl Zuckmayer, Jahrgang 1896, deutscher Dramatiker, ALS WÄR'S EIN STÜCK VON MIR

»(D)ie Juden waren in der Parallelklasse; wir liebten sie nicht, haben ihnen aber auch nie etwas getan. Einmal hat Adolf einen Mitschüler angefahren: Du Saujud! Der betreffende Schüler ist sehr erschrocken, denn er wusste nichts davon, dass

er von Juden abstamme, hat das erst viele Jahre später erfahren; dieses Schimpfwort – ähnlich wie in Bayern ›Saupreuß‹ – hatte aber mit einer grundsätzlichen Judengegnerschaft nichts zu tun.«[14]
Josef Keplinger, Jahrgang (ca.) 1890, Klassenkamerad Adolf Hitlers an der Linzer Staatsoberrealschule

»In der Realschule lernte ich wohl einen jüdischen Knaben kennen, der von uns allen mit Vorsicht behandelt wurde, jedoch nur, weil wir ihm in Bezug auf seine Schweigsamkeit, durch verschiedene Erfahrung gewitzigt, nicht sonderlich vertrauten; irgendein Gedanke kam mir dabei so wenig wie den anderen. Erst in meinem vierzehnten bis fünfzehnten Jahre stieß ich öfters auf das Wort Jude, zum Teil im Zusammenhange mit politischen Gesprächen. Ich empfand dagegen eine leichte Abneigung und konnte mich eines unangenehmen Gefühls nicht erwehren, das mich immer beschlich, wenn konfessionelle Stänkereien vor mir ausgetragen wurden. Als etwas anderes sah ich aber damals die Frage nicht an. Linz besaß nur sehr wenig Juden.«[15]
Adolf Hitler, MEIN KAMPF

»Lesen Sie meine Zeugnisse. Ich habe in Deutsch schlechte Noten gehabt. Dieser Idiot von Professor hat mir die deutsche Sprache verekelt, dieser Stümper, dieser kleine Knirps: Ich würde nie richtig einen Brief schreiben können.«[16]
Adolf Hitler, Monolog im Führerhauptquartier Werwolf, 28. August 1942, aufgezeichnet von Henry Picker

»Sittliches Betragen befriedigend (3)
Fleiß ungleichmäßig (4)
Religionslehre genügend (4)
Deutsche Sprache nicht genügend (4)
Geographie, Geschichte genügend (4)
Mathematik nicht genügend (5)
Chemie genügend (4)
Physik befriedigend (3)
Freihandzeichnen lobenswert (2)
Turnen vorzüglich (1)
Stenographie nicht genügend (5)«[17]
Hitlers letzte Noten auf der Realschule Steyr

»Ich habe mich in meiner Schulzeit ziemlich viel im Freien herumgetrieben, meine Zeugnisse beweisen das. Und ich bin doch ganz intelligent geworden, habe doch allerhand gelernt, was andere nicht gelernt haben.«[18]
Adolf Hitler, Monolog im Führerhauptquartier Werwolf, 28. August 1942, aufgezeichnet von Henry Picker

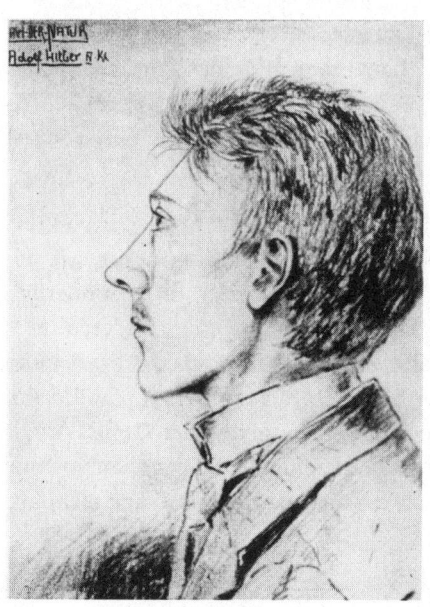
Zeichnung eines Mitschülers, Steyr 1905.

»Ich besitze keine fotografische Aufnahme, die Adolf Hitler in den Jahren unserer Freundschaft zeigen würde. Ich erinnere mich auch nicht, jemals eine solche besessen zu haben. Wahrscheinlich gibt es überhaupt kein Bild Hitlers aus dieser Zeit ... Eigentlich wurde man nur bei besonderen Anlässen, Taufen, Firmungen, Hochzeiten, fotografiert. Mein Freund besaß, so viel ich mich erinnern kann, niemals ein Bedürfnis, fotografiert zu werden. Er war nämlich alles weniger als eitel. So viel er auch mit sich beschäftigt war, Eitelkeit im gewöhnlichen Sinne war ihm fremd. Ich möchte sagen, eitel zu sein, war ihm zu wenig ... Damit wäre alles, was über die Bildnisse des jungen Hitlers zu sagen ist, gesagt, wenn nicht der Zufall die Zeichnung eines Mitschülers aus der vierten Klasse Realschule in Steyr, der letzten Schulklasse, die Hitler besuchte, erhalten hätte. Die Zeichnung stammt aus dem Jahre 1905. Dieser Mitschüler Sturmlechner, der den jungen Hitler porträtierte und auf den oberen Rand stolz hinschrieb: ›Nach der Natur‹, war selbstverständlich ein Dilettant. Das sieht man seiner Zeichnung an, die alles eher als künstlerisch ist. Wahrscheinlich konnte Sturmlechner nur im Profil zeichnen, weil er sich so strenge daran hielt. Was vom Profil abwich, machte ihm Schwierigkeiten. Die Nase ist schlecht gezeichnet, bei der Zeichnung der Haare versagt seine Kunst völlig, auch wenn die Haare damals zufällig ›nach der Natur‹ so ausgesehen haben. Trotzdem liegt über der Bleistiftskizze ein eigentümlicher Reiz, ist doch der Ausdruck ungekünstelt und natürlich. Wenn ich aus der Skizze von Sturmlechner nur das knappe Profil nehme, deckt sich das Bild ziemlich genau mit dem Erinnerungsbild, das ich von meinem Jugendfreund in mir trage.«[19]

August Kubizek, Linzer Jugendfreund Adolf Hitlers, MEIN JUGENDFREUND

»Seine Augen waren wie die der Mutter, groß, melancholisch und nachdenklich. In sehr hohem Ausmaß lebte dieser Bub nach innen. Welche Träume er träumte, weiß ich nicht.«[20]

Dr. Eduard Bloch, Jahrgang 1872, jüdischer Hausarzt der Familie Hitler, Interview mit Collier's Illustrated Weekly, 15. März 1941

»Mit der Schule wolle er absolut nichts zu tun haben. Die Schule ginge ihn nichts mehr an, erklärte er. Er hasse die Professoren und grüße keinen mehr, und auch die Mitschüler hasse er, die in der Schule doch nur zu Nichtstuern erzogen würden. Nein, mit der Schule dürfe ich ihm nicht kommen.«[21]

August Kubizek, MEIN JUGENDFREUND

»In jenen Jahren lebten wir zusammen bei meiner Mutter. Ich erinnere mich an die Fröhlichkeit meines Bruders und sein außergewöhnliches Interesse für Geschichte, Geografie, Architektur, Malerei und Musik. In der Schule war er nichts weniger als ein fauler Junge, brachte schlechte Zeugnisse und Verweise nach Hause. Zu Hause saß er stundenlang am schönen Heitzmann-Flügel, den meine Mutter ihm angeschafft hatte. Sein außergewöhnliches Interesse an der Musik, besonders an Wagner und Liszt, behielt er ein Leben lang. Stark war zu dieser Zeit auch schon sein Interesse am Theater und besonders der Oper. Ich erinnere mich, dass er in einem Jahr dreizehnmal ›Die Götterdämmerung‹ besucht hat. Zu Weihnachten schenkte er seiner Mutter immer eine Theaterkarte. Er betrieb auch schon während seiner Schülerzeit die Aquarell-Malerei (Wasserfarben-Malerei), aber ernsthafter erst in Wien und später in München. Über ihre Geschichte und Grundregeln hat er meiner Mutter und mir lange Vorträge in rednerischer Form gehalten.«[22]

Paula Wolf, geborene Hitler, Jahrgang 1896, Verhör, Berchtesgaden, 5. Juni 1946

»Meine gesamte Schulbildung umfasst 5 Klassen Volksschule und 4 Klassen Unterrealschule. Ziel meiner Jugend war, ›Baumeister‹ zu werden, und ich glaube auch nicht, dass, wenn mich die Politik nicht gefasst hätte, ich mich einem anderen Beruf jemals zugewandt haben würde.«[23]

Adolf Hitler, AUFRISS ÜBER MEINE PERSON, 29. November 1921

»Man müsste einmal etwas über Hitlers Dilettantismus schreiben. Er hatte die Unbildung, Neugier, den Enthusiasmus und die Unverfrorenheit des geborenen Dilettanten und dazu Inspiration, Phantasie, Unbefangenheit: kurz, wenn ich eine Formel für ihn finden müsste, die ihn in aller Verknappung, die Formeln eigen ist, am relativ genauesten trifft, würde ich sagen, er war ein Genie des Dilettantismus.«[24]

Albert Speer, Jahrgang 1905, alliierter Kriegsgefangener, SPANDAUER TAGEBUCH, 5. Mai 1960

»Frau Klara hörte auf das mehr oder weniger gut gemeinte Gerede und wusste vor Sorge und Gram um Adolf oft nicht mehr aus und ein: Wie oft saß ich damals, als Adolf seine kritischen Depressionen hatte und allein durch die Wälder lief, bei Frau Klara in der kleinen Küche, hörte bewegten Herzens ihre Klage und

versuchte mich in dem schwierigen Experiment, diese vergrämte Frau zu trösten, ohne meinem Freunde unrecht zu tun.«[25]
August Kubizek, MEIN JUGENDFREUND

»Adolf Hitler, den ich öfters mit kurz dauernden Krankheiten behandelt habe, stand damals im 17. Lebensjahre und unterschied sich in nichts von gleichaltrigen jungen Leuten; er war der Liebling seiner Mutter und vergötterte dieselbe.«[26]
Dr. Eduard Bloch, jüdischer Hausarzt der Familie Hitler,
Interview mit Collier's Illustrated Weekly, 15. März 1941

»Alle seine Angehörigen hielten ihn für einen Taugenichts, der jede brotbringende Arbeit von vornherein scheute.«[27]
August Kubizek, MEIN JUGENDFREUND

»In den Jahren 1904 bis 1908 habe ich als einziger und ausschließlicher Freund an der Seite Adolf Hitlers gelebt, erst in Linz, dann in Wien, wo wir gemeinsam in einem Zimmer wohnten. Obwohl es sich um jene Jahre der Entwicklung handelt, in denen sich das Wesen eines Menschen allmählich ausprägt, ist über diesen aufschlussreichen Abschnitt im Leben Adolf Hitlers nur wenig bekannt geworden, und auch dieses Wenige ist nicht immer richtig. Auch Hitler selbst hat sich, was diese Zeitspanne betrifft, mit einigen ziemlich flüchtigen Bemerkungen begnügt.«[28]
August Kubizek, MEIN JUGENDFREUND

»Wien war das Herz der Monarchie, von dieser Stadt ging noch das letzte Leben in den krankhaft und alt gewordenen Körper des morschen Reiches hinaus.«[29]
Adolf Hitler, MEIN KAMPF

»Wien ist die Versuchsstation für den Weltuntergang.«[30]
Karl Kraus, Jahrgang 1874, österreichisch-jüdischer Schriftsteller, DIE FACKEL, 10. Juli 1914

»Doch in den Jahren, als ich aufwuchs, war alles in der Musik Gärung und Wiedergeburt, mit Gustav Mahler als Mittelpunkt. Er war unser hohes, verehrtes Idol … Gab es eine neue Mahler-Symphonie, dann dampfte die Galerie förmlich von unserem Enthusiasmus. Wir schwitzten vor Anstrengung, diese neue Musik zu verstehen … Eine zweite Hemisphäre, die unsere Welt vervollständigte, war die Wiener Oper, die sich gerade in den Geburtswehen der Mahlerschen Reformen befand. Hoch oben im ›Olymp‹, dem berühmten vierten Rang, kochten wir vor Begeisterung oder straften eine schlechte Aufführung mit unserer gnadenlos-kalten Verachtung. Fanatisches Parteigängertum rief des Öfteren Schlägereien hervor, und sogar Freundschaften und Liebesverhältnisse gingen daran zugrunde.«[31]
Vicki Baum, Jahrgang 1888, Studentin am Wiener Konservatorium, ERINNERUNGEN

»Ich fuhr hin, um die Gemäldegalerie des Hofmuseums zu studieren, hatte aber fast nur Augen für das Museum selber. Ich lief die Tage vom frühen Morgen bis in die späte Nacht von einer Sehenswürdigkeit zur anderen, allein es waren immer nur Bauten, die mich in erster Linie fesselten. Stundenlang konnte ich so vor der Oper stehen, stundenlang das Parlament bewundern; die ganze Ringstraße wirkte auf mich wie ein Zauber aus Tausendundeiner Nacht.«[32]
Adolf Hitler, MEIN KAMPF

»Diese Karte dir sendend, muss ich mich zugleich entschuldigen, dass ich solange von mir nicht's hören ließ. Ich bin also gut angekommen, und steige nun fleißig umher. Morgen gehe ich in die Oper in ›Tristan‹ übermorgen in ›Fliegenden Holländer‹ u.s.w. Trotz dem ich alles sehr schön finde, sehne ich mich wieder nach Linz. Heute ins Stadtteater.
Es grüßt dich dein Freund
Adolf Hitler.«[33] Postkarte an August Kubizek, 7. Mai 1906

»Ebenso heftig, wie er das deutsche Volk und dieses ›Reich‹ liebte, lehnte er alles Fremde ab. Er hatte kein Bedürfnis, fremde Länder kennenzulernen. Jener für junge, weltoffene Menschen so typische Drang in die Ferne war ihm völlig unbekannt. Auch die für Künstler typische Begeisterung für Italien habe ich nie an ihm bemerkt. Wenn er seine Pläne und Ideen auf ein bestimmtes Land projizierte, war es immer nur das ›Reich‹.«[34]
August Kubizek, MEIN JUGENDFREUND

»Es zieht mich doch wieder zurück nach meinem lieben Linz und Urfar. Will oder muss den Benkieser wiedersehen. Was er wohl macht, also ich komme Donnerstag um 3.55 in Linz an. Wenn du Zeit hast und darfst hole mich ab. Dein Freund Adolf Hitler. Einen Gruß an Deine werten Eltern!«[35]
Adolf Hitler, Postkarte an August Kubizek, 8. Mai 1906

»Adolf Hitler, geb. in Braunau/Inn, Oberösterreich am 20. April 1889, deutsch, kath. k. k. Oberoffizial (Vater), ›wenig Köpfe‹, ›Probezeichnung ungenügend‹.«[36]
Klassifikationsliste der Allgemeinen Malerschule Wien, 1908

»Um mich kümmerte sich niemand, alles dreht sich um Adolf ... Wenn Adolf etwas wollte, dann bekam er es – meist auf Kosten anderer.«[37]
Paula Wolf, geborene Hitler, Interview 1959

»Hausarzt der Familie Hitler war der allseits beliebte Doktor Bloch, den man in der Stadt den ›Armeleutedokter‹ nannte, ein hervorragender Fachmann und ein herzensguter Mensch, der sich für seine Kranken aufopferte. Wenn Doktor Bloch Frau Hitler riet, ins Spital zu gehen, musste es doch sehr ernst um sie stehen.«[38]
August Kubizek, MEIN JUGENDFREUND

»Sie war zu dieser Zeit 47, … groß, schlank und ziemlich hübsch, wenn auch durch die Krankheit verwüstet. Sie sprach mit sanfter Stimme, war geduldig und sorgte sich mehr über das, was ihrer Familie geschehen würde, als über ihren nahen Tod. ›Adolf ist noch so jung‹, sagte sie immer wieder.«[39]
Dr. Eduard Bloch, jüdischer Hausarzt der Familie Hitler, Interview mit Collier's Illustrated Weekly, 15. März 1941

»Was noch an Kraft und Leben in ihr war, galt der Sorge um ihn. Vielleicht ahnte sie in diesen Leidenswochen, da sie sich nächtelang mit den Gedanken an ihn abquälte, dass ihm auf Grund seiner besonderen Anlagen ein ungewöhnliches Schicksal bevorstand.«[40]
August Kubizek, MEIN JUGENDFREUND

»Während der Zeit der schweren Krankheit meiner Mutter waren wir sehr unglücklich. Mich unterstützend, verwöhnte Adolf meine Mutter in dieser Zeit mit überbordender Zärtlichkeit. Er war unermüdlich in ihrer Fürsorge, wollte ihr jeden Wunsch, den sie haben könnte, erfüllen und tat alles, um ihr seine große Liebe zu zeigen.«[41]
Paula Wolf, geborene Hitler, Verhör, Berchtesgaden, 5. Juni 1946

»Schon war Weihnachten nahe. Endlich hatte es geschneit und die Stadt hatte damit ein festliches Gesicht bekommen. Nur mir selbst war gar nicht weihnachtlich zumute. Ich ging über die Donaubrücke nach Urfahr hinüber. Von den Hausleuten erfuhr ich, dass Frau Hitler schon die letzte Ölung empfangen habe.«[42]
August Kubizek, MEIN JUGENDFREUND

»Daneben lag Hitlers Schlafzimmer, das eher dem einer Gouvernante glich als dem eines Diktators: eine weiße eiserne Bettstelle, ein Tisch, ein Nachttisch und ein einfacher Holzstuhl, alles weiß angestrichen – weiter nichts. Der einzige Schmuck im Zimmer war ein Ölgemälde der Mutter des Führers, nach einer alten Fotografie angefertigt.«[43]
Friedelind Wagner, Jahrgang 1918, älteste Tochter von Siegfried und Winifred Wagner, NACHT ÜBER BAYREUTH

»Es war der Abschluss einer langen, schmerzhaften Krankheit, die von Anfang an wenig Aussicht auf Genesung ließ. Dennoch traf besonders mich der Schlag entsetzlich.«[44]
Adolf Hitler, MEIN KAMPF

»Adolf, dessen Gesicht die Übermüdung einer schlaflosen Nacht zeigte, saß neben seiner Mutter. Um einen letzten Eindruck von ihr festzuhalten, hatte er sie gezeichnet, wie sie auf dem Totenbett lag.«[45]
Dr. Eduard Bloch, Interview mit Collier's Illustrated Weekly, 15. März 1941

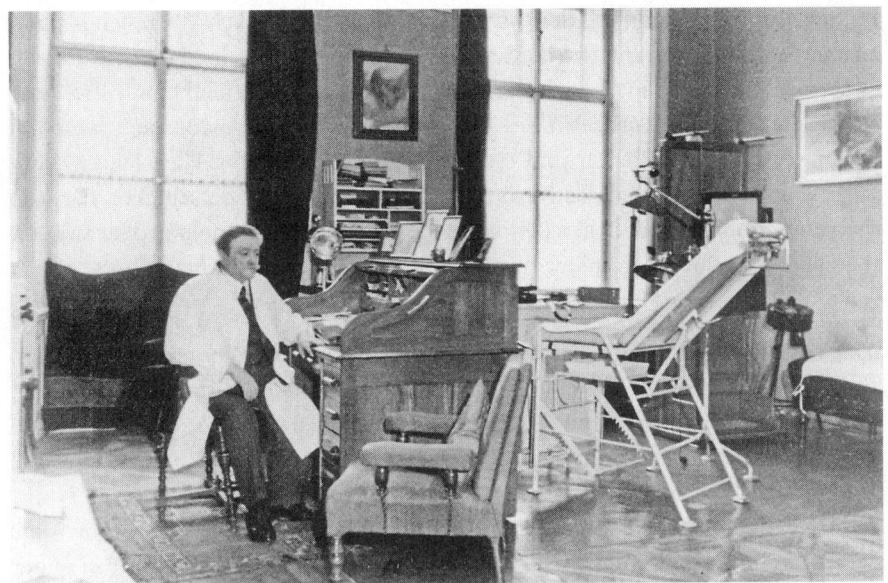

Dr. Eduard Bloch, der ehemalige »jüdische« Hausarzt der Familie Hitler, stammte aus Südböhmen. Er betrieb seit 1901 eine Privatpraxis in Linz.

»Wir begleiteten sie auf ihrem letzten Weg von Linz nach Leonding, wo sie am 23. Dezember 1907 beerdigt wurde.«[46]
Paula Wolf, geborene Hitler, Verhör, Berchtesgaden, 5. Juni 1946

»Der Tod der Mutter hat auf mich und Adolf einen großen Eindruck gemacht; wir haben sehr an der Mutter gehangen. Die Mutter starb 1907. Als die Mutter tot war, kam Adolf nicht mehr nach Hause.«[47]
Paula Wolf, geborene Hitler, Vernehmung durch das Counter Intelligence Corps der US-Army am 26. Mai 1945

»Hohe k. k. Finanz-Direktion!
Die ehrfurchtsvoll Gefertigten bitten hiemit um gütige Zuweisung der ihnen gebührenden Waisenpension. Beide Gesuchsteller, welche ihre Mutter als k. k. Zoll-Oberoffizials-Witwe am 21. Dezember 1907 durch Tod verloren, sind hiemit ganz verwaist, minderjährig, und unfähig, sich ihren Unterhalt selbst zu verdienen. Die Vormundschaft über beide Gesuchsteller, von denen Adolf Hitler am 20. April 1889 ..., Paula Hitler am 21. Jänner 1898 ..., geboren ist, führt Herr Joseph Mayrhofer in Leonding bei Linz. Beide Gesuchsteller sind nach Linz zuständig. Es wiederholen ihre Bitte ehrfurchtsvoll
Urfahr, den 10. Februar 1908
Adolf Hitler, Paula Hitler«[48]

»Einige Tage nach dem Tod der Mutter zog mein Bruder nach Wien. Ich blieb in unserer Wohnung in Linz, wo die Schwester meiner Mutter den Haushalt führte. In den wenigen Briefen, die ich von meinem Bruder aus Wien bekam – ich war in der Zwischenzeit Schülerin des Mädchengymnasiums geworden –, empfahl er mir verschiedene Bücher und erteilte gut gemeinte Ratschläge. Ich erinnere mich, dass er mir einmal das Buch ›Don Quichote‹ aus Wien schickte, das – so dachte er – mir besonders gefallen würde. Natürlich war er mein großer Bruder, aber ich unterwarf mich seiner Autorität nur mit innerer Distanz.«[49]
Paula Wolf, geborene Hitler, Verhör, Berchtesgaden, 5. Juni 1946

»Der einsilbige Name der Haupt- und Residenzstadt hatte in jenem äußersten, fernsten Winkel der Monarchie einen Klang von stets begeisternder Wirkung. Nicht nur dem neunjährigen Knaben war Wien Glanz und Pracht, die absolute Schönheit auf Erden, die Stadt der Paläste, die nicht aus Ziegel und Stein, sondern aus leuchtenden Kristallen erbaut sein musste, auf die sich die Nacht niemals herabzusenken wagte. Und viele meinesgleichen träumten davon, dass sie später einmal in der Kaiserstadt zu Hause sein und ... Franz Joseph I. in seiner herrlichen, von Schimmeln gezogenen Karosse täglich bewundern würden.«[50]
Manès Sperber, Jahrgang 1905, österreichisch-französischer Schriftsteller, ALL DAS VERGANGENE

»1910 hatte Kaiser Franz Joseph sein achtzigstes Jahr überschritten. Lange konnte es mit dem schon zum Symbol gewordenen Greise nicht mehr dauern, und ein mystisches Gefühl begann sich stimmungshaft zu verbreiten, nach dem Hingang seiner Person werde der Auflösungsprozess der tausendjährigen Monarchie nicht mehr aufzuhalten sein.«[51]
Stefan Zweig, Jahrgang 1881, österreichischer Schriftsteller, DIE WELT VON GESTERN

»Wenn der Kaiser nicht mehr lebt, was soll aus diesem Land, was aus uns werden, die jetzt noch an seinem Edelmut, seiner Reinheit und Güte unsre Stütze finden?«[52]
Marie Valerie von Österreich, Jahrgang 1868, Tochter von Kaiser Franz Joseph und Kaiserin Elisabeth, TAGEBUCH, 6. FEBRUAR 1887

»Wenn uns der Kaiser begegnete, machte Adolf weder ein Aufsehen darum, noch sprach er darüber, denn ihm ging es nicht um die Person des Kaisers, sondern um den Staat, den er repräsentierte: die k. u. k. Österreichisch-Ungarische Monarchie.«[53]
August Kubizek, MEIN JUGENDFREUND

»Dieses Reich ist ganz anders als die übrige Welt. Denke dir den Kaiser und seine Regierung auch nur für ein Jahr fort, und die Nationen werden übereinander

herfallen. Die Regierung formt das Gitter, das den Zoo der wilden Tiere von der Außenwelt abtrennt, und es gibt nirgendwo anders so viele und so gefährliche politische Bestien wie bei uns.«[54]
Felix Somary, Jahrgang 1881, österreichisch-schweizerischer Nationalökonom, ERINNERUNGEN

»Unser Kaiser hat es wiederholt ausgesprochen, dass seinem landesväterlichen Herzen alle Untertanen seines großen Reiches ohne Unterschied der Nation und der Konfession gleich nahe stehen ... Es ist ja gerade die Unterschiedslosigkeit und Gleichberechtigung, die der Kaiser sanktioniert hat und heilig hält, welche die Juden zur größten Dankbarkeit gegen ihn verpflichtet.«[55]
Dr. Moriz Güdemann, Jahrgang 1835, Wiener Oberrabbiner im Jahr 1908

»Eine graue Stadt, wundervoll grau, wie Paris, wie jede dieser sehr alten europäischen Städte, die als römische Kolonialgarnisonen angefangen haben. Gedämpfte Farben überall. Die Donau – nicht blau, wie es in Liedern heißt, sondern von trägem, schmutzigem Gelb. Mit samten-grüner Patina überzogene Kuppeln und Zwiebeltürme und alle anderen Kirchen überragend, der romanisch-gotische Stephansdom in der Mitte der Stadt: eine der ältesten und eindrucksvollsten europäischen Kirchen, um die in konzentrischen Ringen die Stadt gewachsen war, wie die Stämme riesenhafter Mammutbäume sich bilden, Ring für Ring, Jahrhundert für Jahrhundert ... Ihre geliebte Kirche und – natürlich – ihr Opernhaus. Wie alle Armen sind sie große Künstler im Überleben, meine Wiener. Was sie am Leben hält, ist weniger ein starkes charakterliches Rückgrat als eine bezaubernde Selbstironie. Der Verkehrslärm meiner frühen Kindheit: das Klappern von Pferdehufen auf dem granitenen Kopfsteinpflaster; der flotte Trab zweispänniger aristokratischer Equipagen; die munteren Fiaker des wohlhabenden Bürgertums, der schleppende Gang müder Klepper von einspännigen Droschken. Das lustige kleine Hornsignal des hoch auf dem Kutscherbock der schwarz-gelben Postkutsche thronenden Postillions. An Sommerabenden aus unzähligen offenen Fenstern Geklimper auf verstimmten Klavieren.«[56]
Vicki Baum, Studentin am Wiener Konservatorium, ERINNERUNGEN

»Wer dort lebte und wirkte, fühlte sich frei von Enge und Vorurteil. Nirgends war es leichter, Europäer zu sein.«[57]
Stefan Zweig, österreichischer Schriftsteller, DIE WELT VON GESTERN

»Wien aber war und blieb für mich die schwerste, wenn auch gründlichste Schule meines Lebens. Ich erhielt in ihr die Grundlagen für eine Weltanschauung im Großen und eine politische Betrachtungsweise im Kleinen, die ich später nur noch im Einzelnen zu ergänzen brauchte, die mich aber nie mehr verließen.«[58]
Adolf Hitler, MEIN KAMPF

»Es ist, auf eine gewisse beschämende Weise, alles da: die Schwierigkeit, Faulheit und klägliche Undefinierbarkeit der Frühe, das Nichtunterzubringensein, das Was-willst-du-nun-eigentlich?, das halb blöde Hinvegetieren in tiefster sozialer und seelischer Boheme, das im Grunde hochmütige, im Grunde sich für zu gut haltende Abweisen jeder vernünftigen und ehrenvollen Tätigkeit – auf Grund wovon? Auf Grund einer dumpfen Ahnung, vorbehalten zu sein für etwas ganz Unbestimmbares, bei dessen Nennung, wenn es zu nennen wäre, die Menschen in Gelächter ausbrechen würden.«[59]
Thomas Mann, Jahrgang 1875, deutscher Schriftsteller, BRUDER HITLER

»Die Kosten der Lebenshaltung sowie des Studiums sollten aus dem kleinen Erbteil gedeckt werden, das ihm nach dem Tode des Vaters zuerkannt worden war und vom Vormund gewissenhaft verwaltet wurde. Bei sparsamster Wirtschaftsführung hoffte Adolf, damit etwa ein Jahr auszukommen. Was weiterhin werden sollte, würde sich dann von selbst ergeben, meinte er. Vielleicht konnte er dann bereits durch den Verkauf von Zeichnungen und Bildern einiges dazuverdienen.«[60]
August Kubizek, MEIN JUGENDFREUND

»Lieber Freund! Warte schon sehnsuchtsvoll auf Nachricht von Deinem Kommen. Schreib bald und bestimmt, damit ich alles zum feierlichen Empfange bereit mache. Ganz Wien wartet schon. Also komm bald. Hole Dich natürlich ab. Jetzt beginnt hier ein wenig schönes Wetter. Hoffentlich ändert es sich bis dorthin. Also wie gesagt erst bleibst Du bei mir. Werden dann schon beide sehen. Klavier bekommt man hier im sogenannten ›Dorotheum‹ schon wirklich um 50-60 fl. Also viele Grüße an Dich sowie Deine werten Eltern von Deinem Freund
Adolf Hitler«[61], Postkarte an August Kubizek, 18. Februar 1908

»Ich hatte nur einen Freund in meinem Leben: Adolf.«[62]
August Kubizek, Brief an Amtsbibliothekar Dr. Franz Jetzinger, 24. Juni 1949

»Lieber Gustl!
Nachdem ich Dir vorerst für Deinen lieben Brief danke, drücke ich anbei auch gleich meine Freude darüber aus, dass Dein lieber Vater wirklich mit Dir nach Wien kommt. Vorausgesetzt dass Du und Dein Herr Vater dagegen nichts einzuwenden habt, werde ich Donnerstag 11 h am Bahnhof warten. Du schreibst, dass Ihr ein so herrliches Wetter habt, das tut mir fast leid, übrigens wenns bei uns nicht regnen täte wärs ja auch schön, nicht nur in Linz. Es hat mich auch sehr gefreut, dass Du richtig eine Viola auch mitbringst.

Am Dienstag kaufe ich mir um 2 Kr[onen] Baumwoll-Watte und 20 Kerzen-kleister, für meine Ohren natürlich. Dass du nun auch noch erblinden wirst hat mich mit tiefer Trauer erfüllt; da wirst Du nun auch noch immer mehr daneben greifen die Noten falsch lesen. Da wirst Du blind und ich noch mit der Zeit dann störrisch. Oweh! Einstweilen aber wünsche ich Dir und Deinen werten Eltern wenigstens noch einen glücklichen Ostermontag und grüße Sie sowohl als auch Dich herzlichst und ergebenst

als Dein Freund

Adolf Hitler«[63], Brief an August Kubizek, 18. oder 19. April 1908

»Unsere Lebensverhältnisse waren äußerst bescheiden. Große Sprünge konnte ich ja auch mit dem Monatsgeld, das mir mein Vater zusandte, nicht machen. Adolf erhielt regelmäßig zu Beginn jeden Monats von seinem Vormund einen bestimmten Betrag überwiesen ... Aber in Geldsachen war Adolf sehr genau. Ich wusste niemals, wie viel oder, besser gesagt, wie wenig er besaß. Sicherlich schämte er sich insgeheim ... Lange konnte ich nicht herausbringen, wo er zu Mittag aß. Meine Frage darüber wurde schroff abgewiesen. Das war kein Thema, über das man sich unterhielt.«[64]

August Kubizek, MEIN JUGENDFREUND

»Er hatte anscheinend sehr kritische Tage jetzt, war leicht reizbar und winkte barsch ab, wenn ich von meinem Studium zu sprechen begann.«[65]

August Kubizek, MEIN JUGENDFREUND

»Man lebte gut; man lebte leicht und unbesorgt in jenem alten Wien, und die Deutschen im Norden sahen etwas ärgerlich und verächtlich auf uns Nachbarn an der Donau herab, die, statt ›tüchtig‹ zu sein und straffe Ordnung zu halten, sich genießerisch leben ließen, gut aßen, sich an Festen und Theatern freuten und dazu vortreffliche Musik machten, statt der deutschen ›Tüchtigkeit‹, die schließlich allen andern Völkern die Existenz verbittert und verstört hat.«[66]

Stefan Zweig, österreichischer Schriftsteller, DIE WELT VON GESTERN

»Mit aller Welt war er überworfen. Wohin er blickte, sah er nur Ungerechtigkeit, Hass, Feindschaft. Nichts hatte vor seinem kritischen Urteil Bestand, nichts ließ er gelten. Nur allein die Musik vermochte ihn etwas aufzuheitern, so etwa, wenn wir an Sonntagen zu den kirchenmusikalischen Aufführungen in der Burgkapelle gingen. Hier konnte man kostenlos Solisten der Wiener Hofoper und den Chor der Wiener Sängerknaben hören.«[67]

August Kubizek, MEIN JUGENDFREUND

»Der Führer hat die Wiener schon richtig erkannt. Sie stellen ein widerwärtiges Pack dar, das aus einer Mischung zwischen Polen, Tschechen, Juden und Deutschen besteht.«[68]

Joseph Goebbels, Jahrgang 1897, Reichsminister für Volksaufklärung und Propaganda, TAGEBUCH, 9. APRIL 1945

»Was Wien schwierig macht, ist die Verschiedenartigkeit des Blutes in seinen Mauern. Die Nachkommen aller der Rassen, welche das alte Österreich umfasste, leben dort.«[69]
Adolf Hitler, Monolog im Führerhauptquartier Wolfsschanze, 25. September 1941, protokolliert von SS-Standartenführer Heinrich Heim

»So sehr er zu nahe Verbindung mit den Menschen mied, war ihm doch Wien als Stadt an das Herz gewachsen. Er liebte Wien, aber nicht die Wiener – so möchte ich seine Einstellung charakterisieren. Niemals hätte er diese Stadt entbehren wollen, wohl aber auf die Menschen gerne verzichtet.«[70]
August Kubizek, MEIN JUGENDFREUND

»… indessen bin ich ziemlich sicher, dass Wien die antisemitischste Stadt war, in der ich gelebt habe.«[71]
Egon Schwarz, Jahrgang 1922, Wiener Schüler jüdischer Abstammung, KEINE ZEIT FÜR EICHENDORFF

»Bei einem Gespräch über Antisemitismus …, der in Ungarn so stark sei, meinte Papa: ›Ja, ja, man tut natürlich alles, um die Juden zu schützen, aber wer ist eigentlich kein Antisemit?‹«[72]
Marie Valerie von Österreich, Tochter von Kaiser Franz Joseph und Kaiserin Elisabeth, TAGEBUCH, 28. JULI 1887

»Schnitzlers Roman. Schlechte Politik. Punkto Juden. Es ist ein Irrtum, dass sie ihren Fall als etwas Besonderes darstellen. Das stimmt in unserem Land nicht. Hier sind alle Slaven (die Polen abgerechnet), die Rumänen, die Italiener unterdrückt. Sie haben die Rechte nicht, die ihnen nach ihrem eigenen Gefühl und dem eines billig Denkenden zustehen. Ebenso die Protestanten, noch mehr jene Verwegenen, welche sich für konfessionslos bekennen. Die Juden teilen also nur den allgemeinen Zustand.«[73]
Hermann Bahr, Jahrgang 1863, österreichischer Schriftsteller, Dramatiker, Theater- und Literaturkritiker, TAGEBUCH, 9. JUNI 1908

»Hitler war in jenen Tagen keineswegs ein Judenhasser.«[74]
Reinhold Hanisch, Jahrgang 1884, Mitbewohner Hitlers im Männerwohnheim Brigittenau, I WAS HITLER'S BUDDY

»Meiner Erinnerung nach ist Adolf Hitler bereits als ausgeprägter Antisemit nach Wien gekommen.«[75]
August Kubizek, MEIN JUGENDFREUND

»Der Antisemitismus, der in der großen Menge etwas Starkes und Unbewusstes ist, wird aber den Juden nicht schaden. Ich halte ihn für eine dem Judencharakter nützliche Bewegung. Er ist die Erziehung einer Gruppe durch die Massen und wird vielleicht zu ihrer Aufsaugung führen.«[76]

Theodor Herzl, Jahrgang 1860, österreichisch-ungarischer Schriftsteller jüdischer Herkunft, DER JUDENSACHE ERSTES BUCH

»Die großen Warenhäuser, die Massenproduktion wurden für den Mittelstand und für die kleinen Meister mit ihren Handbetrieben zum Ruin. Dieser Unzufriedenheit und Sorge bemächtigte sich ein geschickter und populärer Führer, Dr. Karl Lueger, und riss mit dem Schlagwort: ›Dem kleinen Manne muss geholfen werden‹ das ganze Kleinbürgertum und den verärgerten Mittelstand mit sich, dessen Neid gegen die Wohlhabenden bedeutend geringer war als die Furcht, aus seiner Bürgerlichkeit in das Prole-

Karl Lueger, der Gründer der christsozialen Partei, von 1897 bis 1910 Bürgermeister von Wien.

tariat abzusinken. Es war genau die gleiche verängstigte Schicht, wie sie später Adolf Hitler als erste breite Masse um sich gesammelt hat, und Karl Lueger ist auch in einem andern Sinne sein Vorbild gewesen, indem er ihn die Handlichkeit der antisemitischen Parole lehrte, die den unzufriedenen Kleinbürgerkreisen einen Gegner optisch zeigte und anderseits zugleich den Hass von den Großgrundbesitzern und dem feudalen Reichtum unmerklich ablenkte.«[77]

Stefan Zweig, DIE WELT VON GESTERN

»Wer a Jud is, bestimm i!«[78]

Dr. Karl Lueger, Jahrgang 1844, Bürgermeister von Wien

»Jedenfalls lernte ich langsam den Mann und die Bewegung kennen, die damals Wiens Schicksal bestimmten: Dr. Karl Lueger und die christlich-soziale Partei. Als ich nach Wien kam, stand ich beiden feindselig gegenüber. Der Mann und die Bewegung galten in meinen Augen als ›reaktionär‹. Das gewöhnliche Gerechtigkeitsgefühl aber musste dieses Urteil in eben dem Maße abändern, in dem ich Gelegenheit erhielt, Mann und Werk kennenzulernen; und langsam wuchs die gerechte Beurteilung zur unverhohlenen Bewunderung.«[79]

Adolf Hitler, MEIN KAMPF

»Ja in Wien gibt es doch Juden wie Sand am Meere, wohin man geht, nichts als Juden; geht man ins Theater, nichts als Juden, geht man auf die Ringstraße, nichts als Juden, geht man in den Stadtpark, nichts als Juden, geht man ins Konzert, nichts als Juden, geht man auf den Ball, nichts als Juden, geht man auf die Universität, wieder nichts als Juden.«[80]
Dr. Karl Lueger, Bürgermeister von Wien, Rede im Reichsrat 1890

»Ich war ein junger unerfahrener Mensch, ohne jede Geldhilfe und auch zu stolz eine solche auch nur von irgendjemand anzunehmen geschweige denn zu erbitten. Ohne jede Unterstützung nur auf mich selbst gestellt, langten die wenigen Kronen oft auch nur Heller aus dem Erlös meiner Arbeiten kaum für meine Schlafstelle. Zwei Jahre lang hatte ich keine andere Freundin als Sorge und Not, keinen anderen Begleiter als ewigen unstillbaren Hunger. Ich habe das schöne Wort Jugend nie kennen gelernt. Heute noch nach 5 Jahren sind die Andenken in Form von Frostbeulen an Fingern, Händen und Füßen. Und doch kann ich nicht ohne gewisse Freude mich dieser Zeit erinnern, jetzt da ich doch über das Ärgste empor bin.

Trotz größter Not, inmitten einer oft mehr als zweifelhaften Umgebung, habe ich meinen Namen stets anständig erhalten, bin ganz unbescholten vor dem Gesetz und rein vor meinem Gewissen.«[81]
Adolf Hitler, Brief an den Magistrat der Stadt Linz, 1913

»Unter den Insassen des vorerwähnten Schreibzimmers, das der Sammelplatz der Intelligenz war, fiel mir alsbald ein junger Mann von etwa 24 Jahren auf, der Tag für Tag in der gleichen Fensternische saß und zeichnete. Er gehörte zu den ständigen Heimbewohnern und erfreute sich unter seinen Schicksalsgenossen, wie ich bald bemerkte, eines gewissen Ansehens. Das lag zum Teil an seiner Beschäftigung, man sah in ihm den ›Künstler‹, und vielfach auch an seiner Persönlichkeit, die ich in der Folge näher kennenlernte. Von schmächtiger Gestalt, mit schmalen Wangen und dunklem, in die Stirn fallendem Haarschopf, mit einem abgetragenen dunklen Anzug bekleidet, arbeitete er fleißig vor sich hin bis tief in den Nachmittag hinein.«[82]
Karl Honisch, Bewohner der Wohnanlage Meldemannstraße,
WIE ICH IM JAHRE 1913 ADOLF HITLER KENNENLERNTE

»Ich erinnere mich nicht, ihn jemals im Gasthaus gesehen zu haben, und wenn er einmal eine Zigarette rauchte, war das ein Ereignis für uns. Hin und wieder leistete er sich einen Stehplatz in einem Theater. Davon konnte er dann tagelang begeistert erzählen oder Kritik üben, je nachdem es ihm gefallen hatte.«[83]
Karl Honisch, Jahrgang 1893, Bewohner der Wohnanlage Meldemannstraße,
WIE ICH IM JAHRE 1913 ADOLF HITLER KENNENLERNTE

»In meiner Jugend war ich eher ein für sich gehender Sonderling, als dass ich Gesellschaft gebraucht hätte. Jetzt kann ich gar nicht mehr allein sein.«[84]
Adolf Hitler, Monolog im Führerhauptquartier Wolfsschanze, 10. März 1942, protokolliert von SS-Standartenführer Heinrich Heim

»Mit Juden hat sich Hitler äußerst gut vertragen und sagte einmal, sie seien ein kluges Volk, das besser zusammenhält als die Deutschen.«[85]
Mitbewohner des Männerheims 1935 in einer Brünner Zeitung

»Adolf Hitler, Kunstmaler, 20. 4. 1889 Braunau geb., Linz zuständig. kath, ledig, XX. (Bezirk) Meldemannstraße 27 wohnhaft, gibt an: es ist nicht richtig, dass ich dem Hanisch den Rat gegeben

Adolf Hitler, Aquarell der Minoritenkirche in Wien, 1910/12.

habe, er solle sich als Walter Fritz anmelden, ich habe ihn überhaupt nur als Walter Fritz gekannt. Da er mittellos war, gab ich ihm die Bilder, die ich malte, damit er sie verkaufe. Von dem Erlöse erhielt er von mir regelmäßig 50 %. Seit ungefähr zwei Wochen ist Hanisch ins Männerheim nicht zurückgekehrt und hat mir das Bild ›Parlament‹ im Wert von 50 K[ronen] und ein Aquarellbild im Werte von 9 K[ronen] veruntreut. Als einziges Dokument habe ich von ihm bloß das fragliche Arbeitsbuch auf den Namen Fritz Walter gesehen. Ich kenne den Hanisch vom Asyl in Meidling, wo ich ihn einmal traf.
Adolf Hitler.«[86], Protokoll der Vernehmung am 5. August 1910

»Es waren die billigsten Artikel, die wir jemals verkauften. Die einzigen Leute, die Interesse daran zeigten, waren Touristen, die nach billigen Wien-Souvenirs Ausschau hielten.«[87]
Adele Heller-Binder, Tochter des Rahmenhändlers Jakob Altenberg, Zeitungsinterview 1944

»Da ich, wie Sie wahrscheinlich wissen, bereits mit 17 Jahren väterlicher- und mütterlicherseits verwaist war, im Übrigen ohne jedes Vermögen dastand, mein gesamter Barbetrag bei meiner Reise nach Wien betrug rund 80 Kronen, war ich gezwungen, sofort als gewöhnlicher Arbeiter mir mein Brot zu verdienen. Ich ging als noch nicht 18-Jähriger als Hilfsarbeiter auf einen Bau und habe nun im

Verlaufe von 2 Jahren so ziemlich alle Arten von Beschäftigungen des gewöhnlichen Taglöhners durchgemacht. Nebenbei studierte ich, so weit meine Mittel es zuließen, Kunstgeschichte, Kulturgeschichte, Baugeschichte und beschäftigte mich nebenbei mit politischen Problemen. Aus einer mehr weltbürgerlich empfindenden Familie stammend, war ich unter der Schule der härtesten Wirklichkeit in kaum einem Jahr Antisemit geworden.

Unter unendlicher Mühe gelang es mir, mich nebenbei als Maler so weit auszubilden, dass ich durch diese Beschäftigung von meinem 20. Lebensjahr ab ein, wenn auch zunächst kärgliches, Auskommen fand. Ich wurde Architektur-Zeichner und Architektur-Maler und war praktisch mit meinem 21. Lebensjahr vollkommen selbständig. 1912 [tatsächlich 1913] ging ich in dieser Eigenschaft dauernd nach München.«[88]

Adolf Hitler, Aufriss über meine Person, 29. November 1921

»Ich erinnere mich noch gut an den Tag, an welchem wir Abschied nahmen; er reiste in Begleitung eines Kameraden, der ebenfalls nach Deutschland auswanderte; sein Name ist mir entfallen. In der Hand trug Adolf H. ein schwarzes Köfferchen, das ihn nicht allzu sehr belastete. Wir gaben ihm ein Stück Weges das Geleit. Dann kam noch zwei oder dreimal ein Brief oder eine Ansichtskarte aus München, dann hörte ich lange nichts mehr von ihm.«[89]

Karl Honisch, Bewohner der Wohnanlage Meldemannstraße,
WIE ICH IM JAHRE 1913 ADOLF HITLER KENNENLERNTE

»Man hat nicht nur Deutschland nicht gesehen, wenn man München nicht kennt, nein, man kennt vor allem die deutsche Kunst nicht, wenn man München nicht sah. Jedenfalls war diese Zeit vor dem Kriege die glücklichste und weitaus zufriedenste meines Lebens.«[91]

Adolf Hitler, MEIN KAMPF

»Es wäre falsch, diese Jugendzeit in der Rückerinnerung als ungetrübten Widerschein der Morgenfrühe des Lebens kennzeichnen zu wollen. Dennoch bleibt bestehen: noch leuchtete die Sonne eines fortschrittsgläubigen Jahrhunderts, die Menschen waren noch ohne Barbareien, man glaubte an den Sieg der Vernunft und fühlte sich jahrhundertweit über die Dämonen eines ›finsteren Mittelalters‹ erhaben. Es war wirklich eine Lust zu leben. Weit breitete man seine Arme aus und genoss alle Beseligungen der Zeitlichkeit.«[92]

Wilhelm Matull, Jahrgang 1903, Lehrersohn in Königsberg, ERLEBTE GESCHICHTE

»Das Milieu, in dem ich aufwuchs, war sehr konservativ. Meine Mutter war in sozialer Hinsicht eine ausgesprochene Streberin. Auf ihr Betreiben hin war ich nicht beschnitten worden und wurde als achtjähriges Kind getauft, zusammen mit meinem älteren Bruder. Wahrscheinlich versprach sie sich davon eine leichtere und bessere Zukunft für mich. Ich habe von der Taufe nie Gebrauch gemacht, und Herrn Hitler hat sie später auch nicht interessiert.«[93]

Werner Richard Heymann, Jahrgang 1896, Königsberg, Filmkomponist, ERINNERUNG

»Die Lehrerschaft der Volksschule war liberal und machte keine konfessionellen Unterschiede ... Unter den Gymnasiallehrern waren einige Antisemiten, hauptsächlich einer, der den Reserveoffizier herauskehrte. Unter den Kindern war besonders in der Volksschule der Antisemitismus lebendig ... Tätliche Angriffe und Beschimpfungen auf dem Schulweg waren häufig, aber meist nicht gar so bösartig gemeint. Sie genügten aber, um ein lebhaftiges Gefühl des Fremdseins schon im Kinde zu festigen.«[94]

Albert Einstein, Jahrgang 1879, Schüler in München bis 1895

Wohnung Adolf Hitlers beim Ehepaar Popp in der Schleißheimer Straße 34 in der 3. Etage.

»Es war ein schöner Sonntagnachmittag im Frühjahr 1912 [tatsächlich 1913], als jemand klopfte und ich die Tür öffnete. Ein junger Mann stand da und sagte, er möchte das Zimmer ansehen, das wir zu vermieten hatten. Ich zeigte es ihm ... Der junge Mann und ich wurden uns einig. Er sagte, er nehme das Zimmer und machte eine Anzahlung ... Ich erinnere mich noch, dass ich dann in die Küche ging und unseren Peppi und Liesl – sie waren damals elf und sieben – sagte, nicht so laut zu sein, da wir einen neuen Mieter haben. Dann ging ich wieder zu dem jungen Mann und sagte, dass er seinen Meldebogen ausfüllen soll. In kleiner, irgendwie verkrampfter Handschrift, kritzelte er: ›Adolf Hitler, Architekturmaler aus Wien‹.«[95]

Anna Popp, Vermieterin Schleißheimer Straße 34, Bericht 1933/34

»Das Münchner Leben, vielgestaltig, bunt bewegt in seiner ungebrochenen Eigenart, die aus dem Volkstum des Landes genährt wurde, bot auch sonst reiche Gelegenheit zur Beschäftigung, zur Kurzweil, zur Freude. Es war ein üppiges Leben, es wetteiferte nicht mit dem Berliner Verkehrs- und Erwerbstempo, man lebte billig und gemächlich unter dem milden Regiment des greisen Prinzregenten Luitpold dahin, der mit seinen sparsamen Mitteln weniger als durch seine persönliche Teilnahme die Künstler förderte und den Ruf der ersten Kunststätte des Reichs mehrte. Die große Zeit, die sein Vater, Ludwig I., durch ein großartiges Mäzenatentum heraufgeführt hatte, war freilich dahin. Aber die Künstler waren geblieben. Die jungen Talente strömten wie zuvor in hellen Scharen an die Isar, weil sie hier die freie und frische Luft fanden, die Künstler brauchen, wenn die Kunst gedeihen soll.«[96]

Eugen Kalkschmidt, Jahrgang 1874, Buchhändler, ERINNERUNGEN

»Regelmäßig gegen Abend um halb fünf oder um fünf Uhr betrat Hitler die Bäckerei und kaufte allabendlich dasselbe. Damals im Jahre 1913 kostete ein ›Zopf‹ eine Mark, aber der Bäckermeister schnitt auch einzelne Scheiben von einem solchen Zopf ab, wenn jemand sich einen ganzen nicht leisten konnte, und Adolf Hitler kaufte hier Abend für Abend eine Scheibe Zopf für 5 Pfennig. Dann ging er schräg über die Straße zum Milchhändler Huber und kaufte sich dort einen halben Liter Milch, das war sein Abendbrot.«[97]

Franz Heilmann, Bäckermeister in München, Gabelsbergerstraße 57, Maxvorstadt, Aussage 1945

»1912 [tatsächlich 1913] kam ein junger Mann in das 1880 gegründete Geschäft Georg Lotthammers Nachf., in dem ich ab 1913 Teilhaber war, und bot mir ein Aquarell von der Münchner Residenz an. Das Bild gefiel mir und ich kaufte in der Folge mehrere Bilder von dem jungen Hitler, der immer wieder bei mir vorbeischaute. Soweit ich mich erinnere, zahlte ich ihm je nach Ausführung 15 bis 20 Mark für ein Bild.«[98]

Otto Paul Kerber, Goldschmied und Edelsteinschleifer, Spruchkammerakte

»Mir hat er zwei Bilder verkauft: ›Das alte Rathaus‹ und den ›Alten Hof‹, in dem sich heute das Finanzamt befindet. Zwanzig Mark habe ich für jedes Stück bezahlt ... ich habe sie in meinem Schreibtisch liegen lassen all die Jahre – ich wollte den jungen Maler ja damals nur unterstützen. Er sah doch immer so verhungert aus, der Zimmerherr von Popp.«[99]

Franz Heilmann, Bäckermeister in München, Gabelsbergerstraße 57, Maxvorstadt, Aussage 1945

»Das sind die Gestalten, die den Stadtteil Schwabing zum Kulturbegriff Schwabing machten – Maler, Bildhauer, Dichter, Modelle, Nichtstuer, Philosophen, Religionsstifter, Umstürzler, Erneuerer, Sexualethiker, Psychoanalytiker, Musiker, Architekten, Kunstgewerblerinnen, entlaufene Höhere Töchter, ewige Studenten, Fleißige und Faule, Lebensgierige und Lebensmüde, Wildgelockte und adrett Gescheitelte –, die bei der denkbar größten Verschiedenheit voneinander

… nur … vereint waren in einer unsichtbaren Loge des Widerstands gegen die Autorität der herkömmlichen Sitten und des Willens, ihr individuelles Gehaben nicht unter die Norm zu beugen.«[100]

Erich Mühsam, Jahrgang 1878, deutscher Schriftsteller und Publizist jüdischer Abstammung, UNPOLITISCHE ERINNERUNGEN

»Es war damals die Blütezeit derjenigen Kreise junger Leute, die man die Schwabinger nannte, weil die meisten von ihnen, und gerade die führenden, in Schwabing wohnten.«[101]

Ricarda Huch, Jahrgang 1864, Schriftstellerin, NACHLESE

»Rein menschlich mochte Hitler die sorglosen Künstler Schwabings, ja, er fühlte sich zu ihnen hingezogen. Wenn ich meine Schwabinger Erinnerungen auskramte, war er mit Leib und Seele bei der Sache und konnte herzlich lachen. Politisch gesehen jedoch lehnte er das Künstlervölkchen ab. Es war ihm zu freizügig, zu ungebunden, es hatte zu wenig Disziplin. Eine derartige Lebensauffassung durfte zwar den Schwabinger Künstlerlokalen ihr Profil geben, aber nicht Gemeingut des deutschen Volkes werden.«[102]

Heinrich Hoffmann, Jahrgang 1885, Münchener Fotograf, AUFZEICHNUNGEN

»Der im Jahre 1889 in Braunau am Inn … zuständige Kunstmaler Adolf Hietler ist am 24. Mai 1913 von Wien nach München übersiedelt. – Es wird dienstfreundlichst ersucht … bekannt zu geben, ob Genannter dort gemeldet ist.«[103]

Magistrat der Stadt Linz, Schreiben an den Polizeipräsidenten von München, 29. Dezember 1913

»Der Gesuchte ist seit 26. V. 1913 Schleißheimer Straße 34 / III. bei Popp gemeldet.«[104]

Polizeipräsident München an den Magistrat der Stadt Linz, 10. Januar 1914

»Hietler wurde hieramts polizeilich vorgeführt. Nach den Beobachtungen der Polizei und nach dem hieramts gewonnenen Eindruck dürften seine im beiliegenden Rechtfertigungsschreiben gemachten Angaben vollkommen der Wahrheit entsprechen. Auch soll er mit einem Leiden behaftet sein, das ihn zum Militärdienst untauglich macht; es hätte demnach für ihn keinerlei Veranlassung vorgelegen, sich der Stellungspflicht zu entziehen.

Da Hietler sehr berücksichtigungswert erscheint, wurde von der Durchführung der Auslieferung vorläufig Abstand genommen und Genannter angewiesen, unbedingt bei der Nach-Stellung am 5. Februar in Linz zu erscheinen, widrigenfalls er von der hiervon bereits verständigten Polizeidirektion München am gleichen Tage ausgeliefert wird.«[105]

Österreichisch-Ungarisches Generalkonsulat, München, 23. Januar 1914

»Sonntag Den 18ten halb 4 h Nachmittags erhielt ich eine Stellungsvorladung durch den Kriminal-Schutzman Herle, Rottmannstr. 14/11 zugestellt, nach der ich mich am 20ten in Linz zur Stellung einzufinden hätte, widrigenfalls ich nach § 64 u. 66 des Wehrgesetzes behandelt würde.

War ich schon durch die Art der Zustellung betroffen … so noch mehr jedoch durch die ganz unmöglich kurze Frist, die mir zur Erledigung meiner Angelegenheit eingeräumt wurde. Da Sonntags alles geschlossen, am Montag aber, wie überhaupt an allen den Feiertagen nachfolgenden Wochentagen in ganz Deutschland Geschäfte erst 9 h Büros jedoch (auch solche der Staatsämter) erst 10 h geöffnet werden, ich jedoch schon längstens Nachmittags hätte abfahren müssen, so wäre mir kaum die Zeit zur einfachsten körperlichen Reinigung, etwa einem Bade, geblieben.

Der Hauptgrund jedoch, der mir die Befolgung der Vorladung unmöglich machte, war der, dass es mir nicht gelingen konnte, innerhalb dieser kurzen, kaum 6 Stunden betragenden Frist, die dazu benötigten zumindest für mich immerhin beträchtlichen Geldmittel aufzubringen.

Ich werde in der Vorladung als Kunstmaler bezeichnet. Führe ich auch diesen Titel zu Recht, so ist er aber dennoch nur bedingt richtig. Wohl verdiene ich mir meinen Unterhalt als selbständiger Kunstmaler, jedoch nur, um mir, da ich ja gänzlich vermögenslos bin, (mein Vater war Staatsbeamter) meine weitere Fortbildung zu ermöglichen.

Nur einen Bruchteil meiner Zeit kann ich zum Broterwerb verwenden, da ich mich als Architektur Maler noch immer erst ausbilde. So ist denn auch mein Einkommen nur ein sehr bescheidenes, gerade so groß dass ich eben mein Auskommen finde.

Ich lege als Zeugnis dessen meinen Steuerausweis bei, und bitte gleich hier ihn mir wieder gütig zusenden zu wollen. Mein Einkommen ist hier mit 1200 M angenommen, eher zu viel als zu wenig, und es ist dies nicht so zu verstehn, dass da nun genau auf den Monat 100 M fallen. O nein. Das Monats-Einkommen ist sehr schwankend, jetzt aber sicher sehr schlecht, da ja der Kunsthandel um diese Zeit in München etwa seinen Winterschlaf hält, und es leben, oder wollen wenigstens leben, gegen 3 Tausend Künstler hier. Von Ersparnissen irgend einer Bedeutung kann da nicht die Rede sein, da ja meine Auslagen bedeutend größere sind als etwa die eines gleich gutgestellten Arbeiters. Ich bitte deshalb sehr, gütig einsehen zu wollen, dass mir eine Befolgung der Stellungs-Vorladung unmöglich war, unmöglich innerhalb der kurzen kaum einen halben Tag betragenden, mir zur Verfügung stehenden Frist …

Ich sende dieses Schreiben unabhängig von einem ebenfalls heute abgefassten Protokoll, das ich am Konsulate unterzeichnete. Ich bitte auch, dass man mir die weiteren Verfügungen durch das Konsulat zugehn lässt, und bitte überzeugt

Alter Hof, München 1914, Lichtdruck nach dem Aquarell von Adolf Hitler, erschienen im Verlag Photo-Hoffmann, München.

zu, sein dass ich Ihre pünktliche Erfüllung nicht versäumen werde. Was endlich meine Angaben in der Stellungs-Vorlage anlangen, so werden diese durch die Konsulatsbehörde bestätigt. Diese war großherzig genug, und sprach mir die Hoffnung aus sich dafür zu verwenden, dass ich meiner Stellungspflicht in Salzburg genügen könne. Wenn ich dies nun auch kaum mehr zu hoffen wage, so bitte ich doch mir die Sache nicht unnötig zu erschweren.

Ich bitte sehr ergeben dieses Schreiben gütig zur Kenntniss nehmen zu wollen, und unterzeichne sehr ehrerbietig

Adolf Hitler, Kunstmaler München Schleißheimerstr. 34/III.(Stock) bei Popp, München«[106], Brief an den Magistrat Linz Abt. 11 vom 21. Januar 1914

»Es wird bestätigt, dass der am 20. April 1889 in Braunau am Inn geborene und in Linz, Oberösterreich, heimatberechtigte Adolf Hitler, Sohn des Alois und der Klara, geborene Pölzl, laut Stellungsliste bei der Nachstellung in der 3. Altersklasse am 5. Februar 1914 zu Salzburg ›zum Waffen- und Hilfsdienst‹ untauglich, zu schwach befunden worden ist und der Beschluss auf ›Waffenunfähig‹ gefällt wurde.«[107]

Stellungnahme des Landesevidenzreferats der oberösterreichischen Landesregierung vom 23. Februar 1932

Die Meldegänger Ernst Schmitt, Anton Bachmann und Adolf Hitler (rechts) im Sommer 1916 mit Terrier »Foxl« in Nordfrankreich. Der Kaufmannslehrling Anton Bachmann fällt am 12. August 1917 in Rumänien.

EIN GEFREITER
1914 BIS 1918

»Hitler war mutig und widerstand Belastungen gut;
selbst dann war er ein leidenschaftlicher Befürworter des Krieges.«[1]
Max Amann, Feldwebel beim Regimentsstab des List-Regiments,
Leiter der NSDAP-Verlage

Am 2. August 1914, dem Tag nach der deutschen Kriegserklärung an Russland, kommt es auf dem Münchener Odeonsplatz vor der Feldherrnhalle zu einer patriotischen Großdemonstration. Der Fotograf Heinrich Hoffmann fotografiert die Kundgebung. Jahre später entdeckt er in einer starken Vergrößerung des Bildes in der Menschenmenge das Gesicht Adolf Hitlers. Er vergrößert den Bildausschnitt und baut die Vergrößerung in eine Montage ein, die sein Verlag in den Jahren nach 1933 als Postkarte hunderttausendfach verkaufen wird.

Hitler meldet sich drei Tage nach der Kundgebung auf dem Odeonsplatz, am 5. August 1914, als Kriegsfreiwilliger. Seine Vermieterin Anna Popp berichtet, dass er am Freitag, dem 9. August 1914, zu ihr gekommen wäre, um sich zu verabschieden und in die Kaserne einzurücken. Am 16. August wird er dem Ersatzbataillon des 2. Infanterie-Regiments zugewiesen, aus dem das 16. Bayerische Reserve Infanterie Regiment hervorgeht. Das Ersatzbataillon ist in der zur Kaserne umfunktionierten Elisabethenschule untergebracht. Hier wird Hitler felddienstmäßig eingekleidet und ausgerüstet; eine kurze militärische Grundausbildung schließt sich an. Adolf Hitler trägt zum ersten Mal in seinem Leben eine Uniform, eine einfache graugrüne Montur mit Epauletten, auf die mit rotem Faden die Kennung »RIR 16« genäht worden ist. Das Regiment wird nach dem Namen seines ersten Kommandeurs Oberst Julius List »Regiment List« genannt. Die schlechte Ausrüstung der Mannschaften lässt keinen Zweifel daran, dass Hitlers Regiment in der bayerischen Armee keinen hohen Stellenwert genießt.[2] Der wehrunwillige österreichische Staatsbürger Hitler darf vermutlich nur durch ein Versehen des Münchener Wehrersatzamtes in der bayerischen Armee dienen: Er tritt in die »Königlich Bayerische Armee« ein, obwohl dies eigentlich nur Bürgern der Länder des Deutschen Reichs erlaubt ist.

Im Ersten Weltkrieg gehen alte Reiche unter und neue Nationalstaaten entstehen. Der Krieg katapultiert in seiner Folge in vielen Staaten Männer an die Macht, die in Friedensjahren niemals aufgestiegen wären. Um 4.00 Uhr in der Nacht des 23. August 1914 hält auf dem Hauptbahnhof in Hannover ein Sonderzug aus Koblenz mit Generalmajor Erich Ludendorff, Jahrgang 1865, als einzigem Fahrgast. Auf den Sonderzug wartet Paul von Hindenburg, der 67-jährige General der Infanterie, der fünf Jahre zuvor aus dem aktiven Dienst ausgeschieden war. Paul von Hindenburg ist der neue Vorgesetzte Erich Ludendorffs, beide sollen in Ostpreußen die 8. Armee führen. Bei Tannenberg in Masuren erringen von Hindenburg und Ludendorff am 29. August 1914 einen großen Sieg über die Armeen des Zaren. Die Sieger von Tannenberg werden angesichts des Scheiterns der Armeen des Deutschen Reichs an der Westfront im Herbst 1914 zu Hoffnungsträgern, ja, zu Lichtgestalten verklärt, sie ersetzen bald als Idole und Ikonen das Bild des Kaisers. Im Jahr 1916 übernehmen sie die oberste deutsche Heeresleitung. Paul von Hindenburg und Erich Ludendorff tragen entscheidend dazu bei, dass der gerade erst begonnene Krieg sich zu einem »totalen Krieg« entwickelt. Der Lebensweg der preußischen Generale wird sich in der Republik von Weimar mit dem des Kriegsfreiwilligen Hitler verbinden. Erich Ludendorff wird 1923 gemeinsam mit Adolf Hitler putschen, Paul von Hindenburg als Reichspräsident Hitler im Januar 1933 zu seinem Kanzler machen.

Am 21. Oktober 1914 verlässt Hitler mit seinen Regimentskameraden in den frühen Morgenstunden den Münchener Bahnhof in Richtung Westen. Am Morgen des 23. Oktober passiert ihr Zug die belgische Grenze und erreicht am Abend das nordfranzösische Lille. Am 29. Oktober steht Hitlers Bataillon an der Straße nach Menin bei Ypern erstmals im Kampf.[3] Bis zum 11. November scheitern die Truppen der bayerischen, sächsischen und württembergischen Armeen mit ihrem Versuch der Umgehung britischer Eliteeinheiten. Die Briten werden die Kämpfe vom 29. bis zum 31. Oktober bei Gheluvelt später als »die drei glorreichen Tage« bezeichnen. Ein deutscher Erfolg hier hätte den Kriegsverlauf ändern können. Hitlers Regiment verliert durch Tod und schwere Verletzung etwa 75 Prozent seiner Soldaten und schrumpft von rund 3 000 auf 725 Mann zusammen. Von fünfundzwanzig Offizieren sind nur noch vier einsatzfähig.[4]

Die Westfront erstarrt im Spätherbst 1914 für vier Jahre vom Ärmelkanal bis zur Schweizer Grenze zu einem Stellungskrieg. Bis zur zweiten Jahreshälfte 1917 ändert sich am Frontverlauf kaum etwas. Hätte Hitler die restlichen vier Kriegsjahre im Schützengraben verbracht, wäre seine Überlebenswahrscheinlichkeit gering gewesen.

Der Politiker Adolf Hitler ging nicht aus den Erfahrungen des Weltkriegs hervor. Das weiß die Geschichtswissenschaft seit dem Jahr 2010, in dem der Historiker Thomas Weber sein Buch *Hitlers erster Krieg. Der Gefreite Hitler im Weltkrieg – Mythos und Wahrheit* publizierte. Weber hat mit seiner Untersuchung von Hitlers Kriegsjahren den Schleier der Legenden und Stilisierungen zerrissen wie Brigitte Hamann in *Hitlers Wien* den der vorangegangenen Jahre. Noch vierzehn Jahre zuvor hatte Ian Kershaw in seiner zweibändigen Hitler-Biographie die These vertreten, der Erste Weltkrieg und seine Folgewirkungen hätten Hitler »geschaffen«. Hitler selbst hatte in *Mein Kampf* die Erfahrungen des Ersten Weltkriegs als entscheidend für seinen Hass auf Juden, Kommunisten, »Novemberverbrecher« und »Dolchstößler« bezeichnet und für seine Entscheidung, Politiker zu werden. Ohne *Mein Kampf* als glaubwürdige Quelle zu werten, haben die vorherrschenden Deutungen der Hitler-Forschung bis Kershaw in Hitlers Fronterfahrungen des Ersten Weltkriegs doch einen prägenden Faktor für dessen politische Weltsicht und die Radikalisierung seiner politischen Anschauungen gesehen.

Aus den Kriegsjahren sind außer einigen Briefen und Postkarten aus der ersten Kriegshälfte so gut wie keine Originaldokumente von Hitlers Hand überliefert. Um die Quellenlage zu verbreitern, studierte Thomas Weber die Geschichte von Hitlers 16. Bayerischen Infanterie Reserve Regiment: die Akten des Regiments, Soldaten-Tagebücher, Feldpostbriefe, Berichte von Feldgeistlichen, Gerichtsakten und anderes mehr. Auf der Grundlage dieser neuen Quellen widerlegt Weber in einer dichten Beschreibung unter anderem auch Aussagen von Zeitzeugen und kommt zu dem Schluss, dass Hitler wie in Wien auch in den Kriegsjahren kein radikaler Antisemit gewesen sei. Als er bei Kriegsende angeblich beschloss, Politiker zu werden, habe er noch kein geschlossenes Weltbild aus Darwinismus, Nationalismus, Antibolschewismus und Antisemitismus besessen. Er sei ein eher orientierungsloser Mensch ohne familiäre Bindungen gewesen, der, so Weber, aus dem Krieg genauso herausgekommen sei, wie er in ihn hineinging: noch vollkommen offen und formbar.

Schritt für Schritt dekonstruiert Weber in seinem Buch weitere Legenden, die die Nationalsozialisten mit großer Energie schufen, und beweist, dass sie mit der Realität nur wenig zu tun haben. So war Hitlers vorübergehende Blindheit, wie Weber belegt, nach einem Gasangriff im Oktober 1918 nicht körperlich, sondern psychosomatisch bedingt. Hitler sei in Pasewalk nicht aufgrund des Senfgasangriffs, sondern wegen »Kriegshysterie« behandelt worden. Vor allem aber legt Weber Material vor, mit dem er zu belegen versucht, dass Hitler während des gesamten Krieges keineswegs der tapfere und todesmutige Frontsoldat gewesen ist, als der er sich darstellte und als den ihn seine Anhänger verehrten und selbst viele seiner Gegner respektierten.

Kurz nach dem ersten Kampfeinsatz des List-Regiments wird Hitler am 3. November 1914 zum Gefreiten befördert. Weitere Beförderungen wird er im Verlauf des Krieges ablehnen; sie hätten die Abkommandierung zu anderen Einheiten bedeutet und Hitler hätte die kameradschaftliche Geborgenheit des Regiments verloren. Am 9. November 1914 wird er erstmals als Meldegänger eingesetzt und dem Regimentsstab zugeteilt. In dieser Funktion hat er hauptsächlich Mitteilungen zu den Hauptquartieren der verschiedenen Bataillone des Regiments zu bringen. Hitler wird von seinen Kameraden im Regimentsstab respektiert, bleibt aber ein Außenseiter. Auf fünf der sechs Fotografien, die ihn im Krieg mit unmittelbaren Kameraden zeigen, stellt oder setzt er sich stets an den Rand.

Dass Hitler »nur« Melder zwischen Regimentsstab und Bataillon, also mindestens drei Kilometer hinter der Front, gewesen sei, hält Weber Hitler und seinen ihn verklärenden Anhängern vor. Schon in den 1920er-Jahren war es in Deutschland zu einer Diskussion über die Tapferkeit des Gefreiten Hitler gekommen. War Hitler doch kein Frontsoldat, kein »tapferer Gefreiter«? Der Historiker Thomas Weber gehört zu den Autoren einer Generation, denen jede Art von Fronterfahrung erspart geblieben ist. Man kann ihm den Vorwurf machen, zu übersehen, dass auch wer nicht jeden Tag in unmittelbarer Gefahr stand, im Ersten Weltkrieg wohl immer wieder dem Tod ins Auge geblickt hat. Hitler war kein schneidiger Draufgänger, der täglich sein Leben aufs Spiel setzte, wie es die Freiwilligen in den Stoßtrupps oft getan haben dürften. Aber er war sicher auch kein Drückeberger oder gar ein von den Soldaten im Graben verachtetes »Etappenschwein«, das alles unternimmt, um den Krieg zu überleben. Diesen Eindruck aber vermittelt die Lektüre von Webers Buch.

Hitler wurde zweimal verwundet, zum ersten Mal im Oktober 1916 durch einen Granatsplitter in der Somme-Schlacht. Und ihm wurden hohe Auszeichnungen verliehen. Gemeinsam mit 59 weiteren Angehörigen des Regiments erhält der Gefreite Hitler am 2. Dezember 1914 das Eiserne Kreuz II. Klasse, die zweithöchste militärische Auszeichnung für Soldaten seines Ranges. Am 4. August 1918 empfängt er das Eiserne Kreuz I. Klasse.

Die Verleihung des Eisernen Kreuz I. Klasse an einen Soldaten unterhalb des Unteroffiziersrangs kommt in den Armeen des Kaiserreichs ausgesprochen selten vor. Bis Sommer 1918 sind mehr als 51 000 Eiserne Kreuze I. Klasse an Offiziere und etwa 17 000 an Unteroffiziere verliehen worden, während nur 472 einfache Soldaten diese Auszeichnung erhalten haben. Die Nominierung hat Hitler dem Antrag eines jüdischen Offiziers, Leutnant Hugo Gutmann, zu verdanken. Emmerich von Godin, zu dieser Zeit Kommandeur des Regiments, schlägt Hitler dann offiziell für die Auszeichnung vor.

Seine beiden hohen militärischen Auszeichnungen verdanke Hitler mehr der Nähe zum Regimentsstab und der Protektion von Offizieren als seinen tatsächlichen Leistungen an der Front, schlussfolgert Weber in *Hitlers Krieg*. Die einzigen beiden militärischen Auszeichnungen, die Hitler im »Dritten Reich« trug, sind das Eiserne Kreuz und sein Verwundetenabzeichen aus dem Ersten Weltkrieg.

Am 2. Oktober 1916 ist Hitlers Regimentsstab in Le Barque-Nord in einem in die Erde gebauten Unterstand eingerichtet. Am 5. Oktober 1916 verletzt bei einem Artilleriebeschuss des Regimentstandes durch britische Artillerie ein Granatsplitter Hitler am linken Oberschenkel. Er wird zunächst in einem Feldlazarett behandelt, vier Tage später wird er ins Rotkreuzlazarett nach Beelitz südlich von Berlin eingeliefert. Als er wieder einigermaßen gehen kann, erhält der Genesene am 4. November 1916 die Erlaubnis, Berlin zu besuchen. Zum ersten Mal ist Hitler in der Reichshauptstadt. In Berlin ist die Kriegsbegeisterung im dritten Kriegsjahr schon abgeflaut. Die Versorgungslage in allen deutschen Großstädten hat sich seit der Jahreswende 1915/16 dramatisch verschärft.

Nach der weitgehenden Ausheilung erhält Hitler den Marschbefehl zum Ersatz-Bataillon seines Regiments in München. Die Kriegsmüdigkeit ist dort noch größer als in Berlin. Hitler langweilt sich, vermisst wohl die Kameradschaft an der Front und spürt den Mangel. An seinen Regimentskameraden Balthasar Brandmayer schreibt er: »Leide an Hungertyphus, da ich kein Brot beißen kann, außerdem man mir jede Marmelade hartnäckig verweigert.«[5]

Zum 1. März 1917 wird der gesundete Gefreite Hitler zu seiner Stammeinheit befohlen und ist wieder als Melder im Regimentsstab tätig. In den folgenden Monaten bis zu seiner Gasvergiftung nimmt er an den meisten Kampfhandlungen seines Regiments an der Somme, an der Aisne und an der Marne teil. Nach einer letzten Offensive im Westen im Sommer 1918 bricht nach dem Beginn einer alliierten Gegenoffensive am 8. August die Westfront zusammen. Angesichts der bevorstehenden

Hitler trägt als Orden zeitlebens nur das Eiserne Kreuz I. Klasse.

Niederlage fordert General Ludendorff am 29. September 1918 Kaiser Wilhelm II. mit der Begründung, dass die militärische Katastrophe nicht mehr länger verhindert werden könne, auf, bei den Alliierten binnen vierundzwanzig Stunden ein Waffenstillstandsgesuch einzureichen.

Dies ist ein abrupter Übergang der deutschen Obersten Heeresleitung von gespielter Siegeszuversicht zum Eingeständnis der unabwendbaren Niederlage, der die bis dahin belogene deutsche Öffentlichkeit völlig überrascht. Am 3. Oktober 1918 ernennt Kaiser Wilhelm II. seinen liberalen Vetter, den Prinzen Max von Baden, zum Reichskanzler. Der Prinz beruft erstmals auch Sozialdemokraten in eine jetzt vom Parlament getragene Regierung.

Mitte Oktober 1918 kehrt Adolf Hitler nach einem Urlaub in Berlin zu seinem Regiment zurück. Am Tag nach seiner Rückkehr zwingt ein britischer Angriff das Regiment, seine Stellungen aufzugeben. In der Nacht vom 13. auf den 14. Oktober endet Hitlers Kriegseinsatz im schweren britischen Trommelfeuer. Nach einer Erstbehandlung im Feldlazarett in Flandern wird er am 21. Oktober 1918 ins Preußische Reserve-Lazarett in Pasewalk bei Stettin in Pommern transportiert. In Pasewalk verbleibt Hitler 28 Tage – Tage, in denen sich die Welt verändert.

Am 26. Oktober wird der General der Infanterie Erich Ludendorff, der bis dahin gemeinsam mit dem Chef des Generalstabes des Heeres, Paul von Hindenburg, das

Deutsche Reich praktisch zwei Jahre diktatorisch regiert hat, vom Reichskanzler als »Erster Generalquartiermeister« entlassen. In diesen Wochen und den folgenden Monaten entsteht eine Legende, deren sich auch Hitler immer wieder bedienen wird: Die deutschen Heere seien im Felde unbesiegt gewesen, sie seien von Bolschewisten und Verrätern in der Heimat nicht nur verraten, sondern durch Streiks und revolutionäre Umtriebe gar hinterrücks »erdolcht« worden.

Der Historiker Golo Mann verglich in seinen Erinnerungen *Eine Jugend in Deutschland* das Ende des Ersten Weltkriegs mit dem des Zweiten: »Man mag die militärische Lage Deutschlands im Herbst 1918 mit der im Sommer 1944 vergleichen. Wie es damals noch dreiviertel Jahre weiterging, so hätte es im Jahre [19]18 weitergehen können, wäre die Bitte um Waffenstillstand nicht erfolgt oder hätten die Alliierten ihn verweigert; dann wären ihre Truppen irgendwann im Jahre [19]19 in Berlin und vorher schon, von Italien aus, in München einmarschiert. Mit welchen Folgen? Es wäre für alle, auf die Dauer gesehen, die glücklichere Lösung gewesen. Nun hätten die Deutschen gewusst, dass es bei ihrer Niederlage mit rechten Dingen zuging, die Legende vom Dolchstoß in den Rücken des kämpfenden Heeres, vom Sieg, um den man betrogen worden war, hätte nicht entstehen können. Und dann, so wahrscheinlich wie dergleichen Spekulationen sein mögen, hätte es keinen Hitler und keinen Zweiten Weltkrieg gegeben. Es war das Unbegreifliche der Niederlage, was all die folgenschwere Verwirrung, die Legenden, Verdrehungen, Beschuldigungen und Lügen hervorbrachte.«[6]

Generalfeldmarschall Paul von Hindenburg, jetzt im Ruhestand, lügt in einer öffentlichen Verhandlung des parlamentarischen Untersuchungsausschusses für die Ursachen des Zusammenbruchs am 18. November 1919 ganz offensichtlich, wenn er der »Heimatfront« die Schuld gibt: »Als wir unser Amt übernahmen, stellten wir bei der Reichsleitung eine Reihe von Anträgen, die den Zweck hatten, alle nationalen Kräfte zur schnellen und günstigen Kriegsentscheidung zusammenzufassen ... Was aber schließlich, zum Teil wieder durch Einwirkung der Parteien, aus unseren Anträgen geworden ist, ist bekannt. Ich wollte kraftvolle und freudige Mitarbeit, und bekam Versagen und Schwäche ... In dieser Zeit setzte die heimliche planmäßige Zersetzung von Flotte und Heer als Fortsetzung ähnlicher Erscheinungen im Frieden ein ... So mussten unsere Operationen misslingen, es musste der Zusammenbruch kommen; die Revolution bildete nur den Schlussstein ... Ein englischer General sagte mit Recht: ›Die deutsche Armee ist von hinten erdolcht worden.‹ ... Wo die Schuld liegt, ist klar erwiesen. Bedurfte es noch eines Beweises, so liegt er in dem angeführten Ausspruche des englischen Generals und in dem maßlosen Erstaunen unserer Feinde über ihren Sieg.«[7]

Die Mehrheit der Deutschen wird in den folgenden Jahren Hindenburg glauben. Und dem Gefreiten Adolf Hitler, der schon bald keine Gelegenheit auslässt, die »Novemberverbrecher« für die Niederlage Deutschlands verantwortlich zu machen.

Ansichten und Berichte

TAGEBUCH, 6. JULI 1910
»Geschähe doch einmal etwas. Würden einmal wieder Barrikaden gebaut, ich wäre der Erste, der sich darauf stellte, ich wollte noch mit der Kugel im Herzen den Rausch der Begeisterung spüren. Oder sei es auch nur, dass man einen Krieg begänne, er kann ungerecht sein.«[8]
Georg Heym, Jahrgang 1887, deutscher Schriftsteller

»Und dann, was wussten 1914, nach fast einem halben Jahrhundert des Friedens, die großen Massen vom Kriege? Sie kannten ihn nicht, sie hatten kaum je an ihn gedacht. Er war eine Legende, und gerade die Ferne hatte ihn heroisch und romantisch gemacht. Sie sahen ihn immer noch aus der Perspektive der Schullesebücher und der Bilder in den Galerien: blendende Reiterattacken in blitzblanken Uniformen, der tödliche Schuss jeweils großmütig mitten durchs Herz, der ganze Feldzug ein schmetternder Siegesmarsch.«[9]
Stefan Zweig, Jahrgang 1881, österreichischer Schriftsteller, DIE WELT VON GESTERN

»Die junge Generation, zu der wir gehörten, wusste gar nicht mehr, was ein Krieg war, und berauschte sich an den Kämpfen fremder Völker, wie am Burenkrieg, der in unsere Knabenjahre fiel, und dem Russisch-Japanischen Krieg, von dem wir als Jünglinge hörten. Doch vom Kriege selbst hatten wir keine klare Vorstellung. Adolfs Vater war nie Soldat gewesen. Nur hin und wieder erzählte noch ein Alter von Königgrätz und Custozza.«[10]
August Kubizek, Jahrgang 1888, Linzer Jugendfreund Adolf Hitlers, MEIN JUGENDFREUND

TAGEBUCH, 26. JUNI 1914
»Ein Tag vergeht wie der andere, den Kindern geht es gut.«[11]
Henriette Schneider, Jahrgang 1872, Gesellschafterin, Lötzen, Ostpreußen

»Es war Sommer und gerade noch Zeit, die letzten Ferienwochen in unserem Häuschen in Bad Ischl zu verbringen. Noch einmal – vielleicht zum letzten Mal? – der gemütliche Kaffeeklatsch mit den Meistern der schönsten Dreivierteltakte: Lehár, Kaiman, Oscar Straus. Noch einmal Bergkraxelei und Kuchen bei Zauner. Das neue Heft der ›Fackel‹ brannte wieder rot im Schaufenster des kleinen Papierladens, der alte Kaiser Franz Joseph fuhr, von seinen Schimmeln gezogen, auf die Jagd wie eh und je, grüßte zum Balkon hinauf, von dem wir winkten –, die Mädels aus Wien, die alljährlichen Sommergefährtinnen waren auch da, und so wurde es noch ein schöner Abend. Ein Abend, wirklich. Denn plötzlich knallten die zwei Schüsse in Sarajewo, und es wurde rasch dunkel.«[12]
Friedrich Hollaender, Jahrgang 1896, Komponist und Musiktexter, REVUE MEINES LEBENS

»Morgens erzählte mir Auguste, dass gestern Extrablätter verteilt worden sind – Erzherzog Franz Ferdinand, Thronfolger von Österreich, ist mit seiner Gemahlin ermordet worden. Der Täter, Serbe, schoss mit seiner Pistole und traf beide tödlich. Mein Gott, welch ein Abschaum von Verworfenheit!«

Henriette Schneider, Gesellschafterin, Lötzen, Ostpreußen

»Das zweite Extrablatt, das ich in meinem Leben in die Hand bekam (das erste meldete die Ermordung der Kaiserin Elisabeth von Österreich im Jahre 1898), kaufte ich vor dem ›Theater des Westens‹ von einem aufgeregt schreienden alten Mann, ich weiß noch, er hatte schlechte Zähne. In seinem grauen Nietzschebart hing Speichel, eine Tasche seines abgetragenen Jacketts war halb abgerissen, das Zeitungsblatt war noch feucht, der Druck verwischt, der Bürgersteig bald mit weggeworfenen Extrablättern bedeckt. Wieder ein Mordfall in der unseligen Habsburger Dynastie. Erzherzog Franz Ferdinand war mit seiner Frau in Sarajevo ermordet worden. Na, wenn schon, dachte ich, dumme, kurzsichtige weltpolitische Null, die ich war. Die jeder war.«[13]

Vicki Baum, Jahrgang 1888, Musikerin, ERINNERUNGEN

»Im Sommer 1914 war ich zur Kur in Wiesbaden. In Sarajewo hatten gerade die verhängnisvollen Schüsse den österreichischen Thronfolger Franz Ferdinand und seine Gemahlin das Leben gekostet, und die Luft in Deutschland war mit Unruhe geladen. Tag für Tag konnte man beobachten, wie die Kriegspsychose sich unter dem Volk ausbreitete, das seine feindlichen Gefühle gegenüber den russischen Stammgästen des Kurorts immer deutlicher zur Schau trug.«[14]

Gustaf Mannerheim, Jahrgang 1867, Oberst in der Zarenarmee, ERINNERUNGEN

»Kriegsfurcht macht sich wieder bemerkbar. Depeschen sagten uns, dass der Krieg zwischen Serbien und Österreich ausgebrochen ist, weil Serbien die Forderungen Österreichs nicht erfüllt. Der Mord soll gerächt werden. Viele wollen schon wissen, dass Russland sich auf die Seite Serbiens stellt, dann geht es mit uns los!«

Henriette Schneider, Gesellschafterin, Lötzen, Ostpreußen

»Sonnabend hab ich mir das große Kriegsgeheul in den Cafés angehört. Richtiger Hurrapatriotismus! Teilweise halbbesoffene Gestalten grölten unsere schönsten patriotischen Lieder, und man fühlte sich als Helden, wenn man irgendeinen Franzosen, Russen oder Serben rausgeschmissen hatte. Hat mir wenig imponiert. Die Begeisterung sollten wir uns aufheben, wenigstens die tätliche, bis auch für uns der große Augenblick da ist; dann bin ich auch dabei.«[15]

Rudolf Heß, Jahrgang 1894, kaufmännischer Lehrling in Hamburg, Brief an die Eltern vom 27. Juni 1914

»Man kann sich gar nicht vorstellen, wie verblendet, wie hochgestimmt und völlig ahnungslos wir in diesen Krieg gegangen sind, wir, das Volk, die Generation.«[16]
Vicki Baum, Musikerin, ERINNERUNGEN

»Mein liebes Kätzchen … Die Erklärung gegen Frankreich wird jeden Moment erwartet … (D)ie Welt spielt verrückt & wir müssen uns um die Unsrigen & und unsere Freunde kümmern. Süßes Kätzchen, zärtlich Geliebte. Dein Dir ergebener W.[inston]. Küsse die Kinder.«[17]
Winston Churchill, Jahrgang 1874, Erster Lord der Admiralität,
Brief an Clementine Churchill vom 30. Juni 1914

»Der Ausbruch des Weltkrieges Anfang August 1914 brachte die deutsche Sozialdemokratie in eine hochkritische Lage. Bis zum 31. Juli hatten wir in Breslau wie in allen Großstädten Kundgebungen für die Erhaltung des Friedens und gegen den Krieg veranstaltet – jetzt war er da, durch keine Willenskundgebung des Volkes mehr zu verhindern. Jetzt musste zu der neuen, lange befürchteten Situation Stellung genommen werden. Auf der anderen Seite: Konnte die Partei, die seit ihrem Bestehen Gegner des Krieges war, die alle Militärvorlagen abgelehnt hatte, konnte sie auch nur einen Pfennig für die Kriegführung bewilligen? Verleugnete sie damit nicht ihre ganze Vergangenheit? ›Diesem System keinen Mann und keinen Groschen‹ hieß es bisher, und jetzt auf einmal Kriegskredite bewilligen? Unmöglich!«[18]
Paul Löbe, Jahrgang 1875, Redakteur einer SPD-Zeitung in Breslau, LEBENSERINNERUNGEN

TAGEBUCH, 31. JULI 1914
»Im Haus war es schwül. Der Tag war heiß gewesen. Zwischen Wald und See zog ein Gewitter auf. Bleigrau war der See, schwarz die Kante des Waldes und fast weiß das reife Roggenfeld davor. Darüber ballten sich höher und höher die Wolken. Mit jedem zur Erde zuckenden Blitz nahm der Donner zu. Ängstliche Stille lag über dem Land. Noch regte sich kein Wind. Unstet glitten Schwalben durch den Garten, flogen über unser Haus und suchten ihre Nester in den Ställen. Wir sprachen nicht viel. Was soll man sagen, wenn Furchtbares ungewiss über einem droht?«[19]
Walter von Sanden-Guja, Jahrgang 1888, Gutsbesitzer, Klein Guja, Kreis Angerburg, Ostpreußen, DAS GUTE LAND

TAGEBUCH, 2. AUGUST 1914
»Deutschland hat Russland den Krieg erklärt. – Nachmittag Schwimmschule.«[20]
Franz Kafka, Jahrgang 1883, Versicherungsangestellter in Prag

»Mir selber kamen die damaligen Stunden wie eine Erlösung aus den ärgerlichen Empfindungen der Jugend vor. Ich schäme mich heute nicht, es zu sagen, dass

ich, überwältigt von stürmischer Begeisterung, in die Knie gesunken war und dem Himmel aus übervollem Herzen dankte, dass er mir das Glück geschenkt, in dieser Zeit leben zu dürfen.«[21]
Adolf Hitler, MEIN KAMPF

»Es brach der Krieg aus. Die Mannheimer Garnison rückte ins Feld. Ersatzformationen wurden aufgestellt. Die ersten Verwundetenzüge trafen von der Front ein. Ich war kaum mehr zu Hause. Es gab ja so viel zu sehen, was ich nicht versäumen durfte. Ich bekam von meiner Mutter auf mein dauerndes Drängeln die Erlaubnis, dass ich mich als Helfer beim Roten Kreuz melden durfte. Der Eindrücke dieser Zeit waren zu viele, als dass ich mich noch genau darauf besinnen könnte, wie die ersten Verwundeten auf mich wirkten. Ich sehe nur noch die blutdurchtränkten Kopf- und Armverbände, die blut- und lehmverschmierten Uniformen, die grauen der Unseren und die Friedensuniformen, blau mit roten Hosen, der Franzosen. Noch höre ich das unterdrückte Stöhnen beim Verladen auf die in der Eile dazu hergerichteten Straßenbahnwagen. Ich lief dazwischen herum und verteilte Erfrischungen und Rauchwaren. In meiner schulfreien Zeit war ich nur noch in den Lazaretten, in den Kasernen oder auf dem Bahnhof, um durchfahrende Truppentransporte oder Lazarettzüge zu sehen und bei der Essen- und Liebesgabenverteilung behilflich zu sein.«[23]
Rudolf Höß, Jahrgang 1900, Kriegsfreiwilliger im Alter von 15 Jahren,
AUTOBIOGRAPHISCHE AUFZEICHNUNGEN

»Der Krieg als ein großes, aufregend-begeisterndes Spiel der Nationen, das tiefere Unterhaltung und lustvollere Emotionen beschert als irgendetwas, was der Frieden zu bieten hat; das war 1914 bis 1918 die tägliche Erfahrung von zehn Jahrgängen deutscher Schuljungen; und das ist die positive Grundvision des Nazitums geworden.«[24]
Sebastian Haffner, Jahrgang 1907, Schüler in Berlin, ERINNERUNGEN

»Ich war ein guter Frontsoldat, weil ich mit Leib und Seele Soldat war. Für mich war es die Erfüllung aller Wünsche und der selbstverständliche Endzweck meiner Jugenderziehung. An der Front, in meinem Regiment, fühlte ich mich in meinem Element.«[25]
Ernst Rüdiger Fürst von Starhemberg, Jahrgang 1899, Freiwilliger der k.u.k. Armee,
MEMOIREN

»Als ich am 30. Juli, in der Hohen Tatra von der Kriegsgefahr überrascht, in Berlin eintraf, habe ich die wundervoll ernste und würdige Anteilnahme des Volkes bewundert. Berlin bot ein anderes Bild. Fast verschwunden von den Straßen die Kokotten und die Flaneure. Stattdessen das sonst so unsichtbare arbeitsame Berlin der mittleren und oberen Stände auf den Straßen. Überlegsame, fest entschlos-

sene Gesichter. Keine Hurrastimmung, aber Verständnis für das, was uns heute als Staatsnotwendigkeit oder richtiger als völkische Notwendigkeit erscheint.«[26]
Erich Koch-Weser, Jahrgang 1875, Oberbürgermeister von Kassel, TAGEBUCH

»Am 5. August 1914 meldete ich mich auf Grund eines genehmigten Majestätgesuches beim 1. Bayr.[ischen] Inf.[anterie] Regiment zum Eintritt in die deutsche Armee. Nach einigen Tagen zurückgestellt wurde ich dem 2. Inf.[anterie] Reg.[iment] überwiesen und trat am 16. August in die damals in Aufstellung begriffenen Formationen des Bayr.[ischen] Res.[erve] Inf.[anterie] Regt.[iments] Nr. 16 ein.«[27]
Adolf Hitler, Aufriss über meine Person, 29. November 1921

»Er [Hitler] nahm meinen Mann bei der Hand und sagte: ›Wenn ich fallen sollte, würden Sie bitte meiner Schwester schreiben, vielleicht möchte sie meine wenigen Sachen haben, wenn nicht, können Sie sie behalten. Es tut mir leid, dass ich Ihnen Schwierigkeiten mache.‹ Er schüttelte auch mir die Hand, während ich da stand und weinte. Wir alle hatten ihn so gern. Er umarmte Peppi und Liesl, die er immer so mochte, drehte sich um und eilte davon.«[28]
Anna Popp, Vermieterin Adolf Hitlers in München

»Es waren junge und ältere Männer, die nicht zu den aktiven oder den planmäßigen Reserve- und Landwehrformationen gehörten, die sogenannten Ersatzreservisten, ältere Jahrgänge der Landwehr, dann vor allem Männer, die zeitweise für die Einberufung im Kriegsfall zurückgestellt worden waren, wie Studenten der Hochschulen und Auslandsdeutsche. Wir hatten Kompanien, die bis zu 60 Prozent aus Einjährig-Freiwilligen bestanden und dazu verhältnismäßig viele Männer, denen es gelungen war, gleich nach der Mobilmachung aus dem Ausland in die Heimat zurückzukehren. So setzten sich also die Mannschaften dieser neu aufgestellten Divisionen aus Angehörigen aller Klassen und Jahrgänge zusammen, und das gab unseren Regimentern den besonderen Charakter. Die aktiven Offiziere, von denen es bei uns nur ganz wenige gab, wären natürlich lieber mit einer aktiven Truppe ins Feld gezogen und sahen diese Reserveregimenter nicht ganz für voll an. Auch das Offizierskorps dieser neuen Division bot, militärisch gesehen, ein recht buntscheckiges Bild: die Kompanien wurden meist von Reserveoffizieren geführt, einige Bataillone hatten sogar Reserve-Majore als Kommandeure. Oberst List, der Kommandeur des Reserveregiments 16, war zunächst Bezirkskommandeur in München gewesen und dem aktiven Dienst also schon seit Jahren fremd. Dazu haperte es bedenklich an der Ausrüstung der Truppe. Wir verfügten zwar über Gewehre, aber zunächst nur über wenige Maschinengewehre anstelle der etatmäßigen MG-Kompanien.«[29]
Fritz Wiedemann, Jahrgang 1891, Leutnant im Bayerischen Reserve Infanterie Regiment Nr. 16, ERLEBNISSE UND ERFAHRUNGEN

»Der Stammrollen-Auszug Hitlers zeigt rein objektiv das Bild eines tapferen, braven Soldaten, der zweimal verwundet oder gaskrank den Krieg von Anfang bis zum Ende bei einer Großkampftruppe mitmachte und sich dabei hohe Auszeichnungen (E.K. I als Gefreiter!) erworben hat.«[30]

Bayerisches Kriegsarchiv an das bayerische Innenministerium, 13. Oktober 1924

»Er hat mit kurzen Unterbrechungen vier Jahre lang immer in demselben Regiment gedient und fast alle Schlachten mitgemacht. Es ist schwer zu sagen, ob Hitlers Einstellung der Armee gegenüber eine andere gewesen wäre, wenn er als Rekrut die volle zweijährige Dienstpflicht miterlebt hätte. Ein friedensmäßiger Mustersoldat wäre er wohl kaum gewesen.«[31]

Fritz Wiedemann, Leutnant im Bayerischen Reserve Infanterie Regiment Nr. 16, ERLEBNISSE UND ERFAHRUNGEN

TAGEBUCH, NACHT ZUM 11. AUGUST 1914

»(E)ines muss zugegeben werden. Die Zuversicht der Deutschen, ihre gläubige, starke Anteilnahme ist erschütternd, aber großartig. Es ist jetzt eine seelische Einheit vorhanden, die ich einmal für große Kulturdinge erhoffe. Was wird nur nach dem Krieg kommen? Ich fürchte sehr Böses.«[32]

Erich Mühsam, Jahrgang 1878, deutsch-jüdischer Schriftsteller und Publizist

GEHEIME TAGEBÜCHER, 18. AUGUST 1914

»Nachts um 1 werde ich plötzlich geweckt. Der Oberleutnant fragt nach mir und sagt, ich müsse sofort zum Scheinwerfer. ›Nicht anziehen.‹ Ich lief fast nackt auf die Kommandobrücke. Eisige Luft, Regen. Ich war sicher, jetzt würde ich sterben. Setzte den Scheinwerfer in Gang und zurück, mich anzukleiden … Ich war furchtbar aufgeregt und stöhnte laut. Ich empfand die Schrecken des Krieges. Jetzt (abends) / habe ich den Schreck schon wieder überwunden. Ich werde mein Leben mit aller Kraft zu erhalten trachten, wenn ich nicht meinen Sinn ändere.«[33]

Ludwig Wittgenstein, Jahrgang 1889, Kriegsfreiwilliger der k.u.k. Armee

TAGEBUCH, 27. AUGUST 1914

»Heute ein Extrablatt: Die ganze englische Armee geschlagen, ebenso ein Sieg über die Franzosen.«

Henriette Schneider, Flüchtling aus Ostpreußen in Berlin

KRIEGSTAGEBUCH, 30. AUGUST 1914

»Nachmittags Empfang von Patronen und eiserner Ration. Untersuchung auf Geschlechtskrankheiten. Als wir antraten, nahmen einige Mütter Abschied, was doch etwas trübe stimmte. 6.44 Abfahrt. Wir bekamen Stroh in die Wagen. Furchtbar gedrängte Pennerei in und unter den Bänken.«[34]

Ernst Jünger, Jahrgang 1895, Kriegsfreiwilliger

Adolf Hitler (erste Reihe, unten links) mit Kameraden des Regimentsstabs in Fournes-en-Weppes östlich von Arras in Nordfrankreich im Juli 1917.

»Jeden Tag einen größeren Marsch, größere Übungen und Nachtmärsche bis zu 42 km mit anschließenden großen Brigademanövern.«[35]
Adolf Hitler, Brief an Anna Popp aus dem Lager Lechfeld bei Augsburg, Oktober 1914

»Er [Hitler] erzählt seinen Eintritt ins bayer.[ische] Heer, den Ausmarsch, Fahrt am Rhein entlang, der Zug mit dem jungen Freiwilligen-Regiment kommt am Niederwald-Denkmal vorbei, das durch zarte Nebel in der Sonne aufleuchtet, die Wacht am Rhein erklingt von den Lippen der Knaben. – Kurz darauf in Flandern pfeiffen und singen die ersten Grüße des Todes ihnen entgegen. Regiment deutscher Jugend neben Regiment stürmt.«[36]
Rudolf Heß, Brief an seine spätere Ehefrau Ilse Pröhl nach einem Gespräch mit Hitler in der Landsberger Festungshaft 1924

»Aus der Ferne hörten wir auch schon das monotone Rollen unserer schweren Mörser. Gegen Abend kamen wir in einer ziemlich zerschossenen Liller Vorstadt an. Wir wurden ausgeladen und lungerten dann bei den Gewehrpyramiden herum. Etwas vor Mitternacht marschierten wir endlich in die eigentliche Stadt. Ein endloser eintöniger Weg, links und rechts niedrige Fabrikhäuser, endlos Ruß und rußgeschwärzte Backkästen.«[37]
Adolf Hitler, Brief an Ernst Hepp, 5. Februar 1915

»Das Regiment marschierte unter dem Namen Regiment ›List‹ als erstes Bayerisches Freiwilligen-Regiment ins Feld und empfing Ende Oktober 1914 in der ›Schlacht an der Yser‹ die Feuertaufe. Es war eines jener Freiwilligen-Regimenter, die damals im Verlaufe von wenigen Tagen oft nahezu vollständig aufgerieben wurden.«[38]
Adolf Hitler, Aufriss über meine Person, 29. November 1921

»Am vierten Tage waren von 3 699 Mann, so stark war unser Regiment, noch 611 Mann übrig.«[39]
Adolf Hitler, Brief an Assessor Ernst Hepp vom 5. Februar 1915

Adolf Hitler in heller Drillich-Jacke mit Kameraden, Fromelles, Mai 1915.

»Hitler wurde darüber hinaus damals zum ersten Mal Mitglied einer größeren Gemeinschaft, die er wenigstens am Anfang noch als vorbildlich ansehen musste. Dadurch kam er erstmalig in geordnete Verhältnisse, die ihm den Kampf ums tägliche Brot ersparten. Kameraden und Vorgesetzte boten Beispiele echten Heldentums und waren wie er von dem Gedanken erfüllt, dass sie ihr Leben für die deutsche Zukunft einsetzten. Ein Mann, der später nur in den Dimensionen eines ›Tausendjährigen Reiches‹ dachte, musste durch dieses Erlebnis tief geprägt werden.«[40]
Fritz Wiedemann, Leutnant im Bayerischen Reserve Infanterie Regiment Nr. 16, ERLEBNISSE UND ERFAHRUNGEN

»Für Ernst Szczesny ist die Soldaten- und Kriegszeit zum Höhepunkt seines Lebens geworden. Dies nicht etwa deshalb, weil er Anlagen zur Härte, zur Disziplin und zum Heldentum gehabt hätte. Die Uniform befreite ihn von der Last, im zivilistischen Alltag seinen Mann stehen zu müssen, die Kumpanei der soldatischen Männergesellschaft kam auf ideale Weisen seinem starken Bedürfnis nach sozialen Kontakten entgegen, und die Ausnahmesituation des Krieges ergab eine Daseinsintensivierung, zu der es im Leben des Normalbürgers kaum jemals kommt.«[41]
Gerhard Szczesny, Jahrgang 1917, Schüler in Königsberg, LEBENSLAUF EINES OSTPREUSSEN

»Einer der ständig zum Regimentsstab kommandierten Meldegänger war Adolf Hitler. Wann ich mir zum ersten Male diesen Gefreiten, denn das war er inzwischen geworden, näher angesehen habe, weiß ich heute nicht mehr. Auf jeden Fall gehörte er zu denjenigen Soldaten, die mir unmittelbar unterstanden und mit denen ich mich deshalb im Laufe der Zeit genauer beschäftigte, um zu wissen, auf wen man sich wirklich verlassen konnte. Zwischen Hitler und mir stand nur noch der Vizefeldwebel und Regimentsschreiber Max Amman, der spätere Reichsleiter der NSDAP und Leiter des Franz Eher-Verlages.«[42]

Fritz Wiedemann, Leutnant im Bayerischen Reserve Infanterie Regiment Nr. 16, ERLEBNISSE UND ERFAHRUNGEN

»Ich wollte nicht weg aus meinem Dienstbereich – wohl aus demselben Grunde wie Hitler nicht aus dem seinen: Gemessen an der fürchterlichen Mühsal des Grabendienstes war unsere Abkommandierung zum Stab eine kleine Erleichterung, verbunden mit kleinen Bequemlichkeiten.«[43]

Alexander Moritz Frey, Jahrgang1881, Meldegänger im Bayerischen Reserve Infanterie Regiment Nr. 16

»Seine späteren Gegner haben ihm alles Mögliche vorgeworfen: Er habe sich durch sein Kommando beim Regimentsstab vom Frontdienst gedrückt und auch nie das EK I erhalten. Beides ist unrichtig. Solange er beim Stab war – also von Anfang bis Ende des Krieges –, erwies er sich als tapfer und zuverlässig und das EK I hat er zu Recht erhalten.«[44]

Fritz Wiedemann, Leutnant im Bayerischen Reserve Infanterie Regiment Nr. 16, ERLEBNISSE UND ERFAHRUNGEN

»Ich kenne Hitler seit dem Ausmarsch mit dem Bayerischen Reserve Infanterie Regiment 16. Ich habe Hitler als einen guten Soldaten und tadellosen Kameraden kennengelernt. Ich habe nie beobachtet, dass Hitler sich irgendwie vom Dienst gedrückt oder der Gefahr entzogen hätte. Ich war vom Ausmarsch bis zum Heimmarsch innerhalb der Division und habe später bis zum Schluss nie etwas Nachteiliges über Hitler gehört ... (I)ch stehe Hitler politisch vollkommen fern und gebe dieses Urteil nur ab, weil ich Hitler als Kriegskameraden hoch schätze.«[45]

Michael Schlehhuber, Jahrgang 1874, Sozialdemokrat, Aussage im März 1932 als Zeuge im Verleumdungs-Prozess Adolf Hitlers gegen die Hamburger Zeitschrift ECHO DER WOCHE

»Wenn alle Inhaber solcher Druckposten bei den Stäben so tapfer gewesen wären, wie Hitler es war, dann wäre in den Schützengräben nie ein Hass gegen die Stäbe aufgekommen.«[46]

Maximilian Baligand, Jahrgang 1869, Oberstleutnant, 1924 vor dem Volksgericht München

»D., der im Münchener Zug mitfährt, erzählt mir von jenen Zeiten, da er, im Weltkriege, Hitlers Kompaniechef war. Er berichtet von einem ewig geistesabwesenden Menschen, der als Gefechtsordonanz tapfer alltäglich ›in den Tod‹ marschiert sei, bei den Kameraden aber durchaus als Kompanietrottel gegolten habe.«[47]

Friedrich Percyval Reck-Malleczewen, Jahrgang 1884, Schriftsteller, TAGEBUCH EINES VERZWEIFELTEN

»Alles ist neu für einen, nie erlebt. Neulich stand ich dick eingemummt auf Posten. Die Landschaft weiß von Schnee, Sternhimmel funkelt. Rechts plötzlich ein heller Schein am Himmel, bald auch links. Brennende Ortschaften! Packend schön. Krieg!«[48]

Rudolf Heß, kaufmännischer Lehrling und Kriegsfreiwilliger, Feldpostkarte an die Eltern vom 21. November 1914

»Lieber Herr Popp
Ich bitte herzlichst mir zu verzeihen, dass ich nun so lange nichts von mir hören ließ … Meine Kompanie hat nur mehr 42 Mann, die 11te Kompan. nur mehr 176, Jetzt haben wir 3 Ergänzungs Transporte von zusammen 1200 Mann erhalten. Ich selber wurde schon nach dem 2ten Kampf zum Eisernen Kreuz vorgeschlagen. Aber der Kompanieführer wurde noch am selben Tag schwer verwundet und die Sache schlief ein. Ich kam dafür als Gefechts Ordonanz zum Stab. Seitdem habe ich so darf ich sagen wohl jeden Tag mein Leben aufs Spiel gesetzt und dem Tod im Auge gesehen. Oberst Leutnant Engelhart schlug mich dann selber zum Eisernen Kreuz vor. Aber am selben Tag wurde er auch schwer verletzt. Es war schon unser 2ter Regimentskommandeur, denn der Erste war am Dritten Tag schon gefallen. Jetzt wurde ich neuerdings vorgeschlagen durch den Adjudanten Eichelsdörfer und gestern den 2 Dezember erhielt ich das eiserne Kreuz wirklich. Es war der glücklichste Tag meines Lebens. Freilich, meine Kameraden, die es auch verdient hatten, sind fast alle tot. Ich bitte Sie lieber Herr Popp, heben Sie mir die Zeitung, in der die Auszeichnung steht, auf. Ich möchte sie später, wenn mir der Herrgott das Leben lässt, zur Erinnerung bewahren. Und nun lieber Herr Popp, wie geht es Ihnen und Ihrer Familie? Hoffentlich alles gesund. Es ist ein reines Wunder, dass mir gar nichts fehlt trotz den ungeheuren Anstrengungen und dem Mangel an Schlaf. Was macht der Peppi und Lies? Ich denke sehr oft an München und besonders an Sie, lieber Herr Popp und Ihre Frau Gemahlin. Manchesmal hab ich doch schwere Sehnsucht nach Hause. Ich schließe nun lieber Herr Popp und bitte nochmals zu verzeihn, dass ich solange nicht schrieb. Schuld daran ist das eiserne Kreuz.
Meine Adresse lautet jetzt nur
Gefreiter Hitler, 16 bayr.[isches] Reserve Regiment, 6 bayr.[ische] Reserve Division, 1 Companie (Regimentsstab), Einstweilen viele herzl.[iche]
Grüße **Adolf Hitler«**[49], Brief an Josef Popp, Vermieter in München, 4. Dezember 1914

»Rechts von uns lag übrigens neulich eine andere Komp.[anie], deren Gräben ganz nah am Gegner [waren]. Ein franz.[ösischer] Offizier langweilte sich offenbar und rief deshalb herüber, wir möchten ihm eine Zeitung geben. Ehrenwörtlich wurde gegenseitig versprochen, nicht zu schießen. Der Offizier kam [uns] entgegen, holte die Zeitung und gab 5 Franken dafür. Ein paar Minuten darauf wurde wieder erklärt, dass wir wieder Feinde sind.«[50]

Rudolf Heß, Gefreiter, Brief an die Eltern aus Péronne, 14. Dezember 1914

»Meine lieben Eltern! Morgen geht es von Neuem in den Kampf. Meine Zeit hier ist abgelaufen. Gern wäre ich noch hier geblieben, aber die Pflicht ruft! Sorgt Euch nicht so sehr. Man weiß schließlich, wofür man fällt. Anbei einen Brief, öffnet diesen aber bitte erst dann, wenn Ihr genau wisst, dass ich gefallen bin, was Gott verhüten möge! Euer Fritz.«[51]

Fritz Sindermann, Jahrgang 1895, Soldat, Brief an die Eltern aus Cambrai, 10. Dezember 1914

[Fritz Sindermann fällt am 9. April 1915]

»Lieber Herr Popp

Nach langer Zeit komme ich wieder dazu Ihnen einen ausführlichen Brief zu schreiben. Vorerst meinen besten Dank für Ihren lieben Weihnachtsbrief so wie Ihre letzte Karte, ebenso auch für das Packetchen, das ich aber noch nicht erhielt. Der Postbetrieb geht eben sehr schwer vor sich. Aber mit der Zeit kommt alles. Es dürfte Sie lieber Herr Popp, sowohl als Ihre Gemahlin wohl Näheres über unsere derzeitige Stellung interessieren. Unser Regiment liegt seit 2 Monaten ununterbrochen in der ersten Frontlinie ... Durch den ewigen Regen (wir haben keinen Winter), die Nähe des Meeres, und die tiefe Lage des Geländes gleichen die Wiesen und Felder grundlosen Morästen, während die Straßen mit fußtiefem Schlamm bedeckt sind, durch diese Sümpfe ziehen sich die Schützengräben unserer Infanterie, ein Gewirr von Unterständen, Schützengräben mit Schießscharten, Laufgräben, Drahtverhauen, Wolfsgruben, Flatterminen, kurz eine fast uneinnehmbare Stellung. Seit Anfang November gingen die Franzosen und Engländer zum Angriff über. Aber unter ungeheuren Verlusten wurden sie zurückgeworfen. Das wiederholte sich tagelang. Unser Regimentsstab liegt jetzt in Messines. Messines ist ein Städtchen von 2400 Einwohnern, das heißt, es war dies, denn jetzt ist von dem Orte nichts mehr vorhanden als ein ungeheurer Brand und Schutthaufen. Erst wurde der Ort von unseren Truppen erstürmt. Die Engländer wehrten sich verzweifelt. Erst als unsere schwere Artillerie zu schießen anfing und unsere 21 cm Mörser ihre Trichter hineinschossen jeden so groß, dass ein Heuwagen bequem umkehren kann, erst als der Ort mit dem gewaltigen Kloster in Flammen aufging gelang unseren Regimentern unter Strömen von Blut der Sturm. Nun feuern die Franzosen in den Trümmerort ... Und was unsere alten Freiwilligen Regimenter anlangt, so sind wir freilich jetzt sehr schwach. Der furchtbare ununterbrochene Kampf kostet uns schwere Blutopfer, nicht gerechnet Kälte und Nässe. Ich selber bin wie durch ein Wunder noch immer gesund und denke sehr oft an München und alle die lieben Bekannten, besonders aber an Sie, lieber Herr Popp, Ihre Frau und die Kinder. Wenn ich so selten schreibe so bitte ich um Verzeihung, aber ich kann mich, oft gleich 14 Tage nicht einmal, waschen, sowenig kommen wir aus dem Dreck. Ebenso wird man auch durch den ewigen Kampf ganz stumpf, vor allem aber fehlt der geordnete Schlaf. Also bitte mir dies zu verzeihn.

Nun grüße ich Sie herzlich alle, Sie lieber Herr Popp und Frau Popperl und Liesel als Ihr dankbarer

Ad.[olf] Hitler«[52], Brief an Josef Popp, Vermieter in München, aus Französisch-Flandern, 26. Januar 1915

»An Wohlg.
Herrn Assessor
Ernst Hepp
in München
Schnorrstr. 9/II
In Wytschate allein wurden am Tag des ersten Sturmes 3, von uns 8 Mann, abgeschossen, einer schwer verwundet. Wir vier überlebenden und der Verwundete wurden nun ausgezeichnet. Damals rettete uns unsere Auszeichnung das Leben. Als nämlich die Liste der Vorschläge zum ›Kreuz‹ besprochen wurde, kamen auch 4 Kompagnieführer in das Zelt, bzws. Unterstand. Infolge Platzmangels mussten wir vier einen Augenblick hinaustreten. Wir waren kaum 5 Minuten draußen als eine Granate in das Zelt schlug, den Herrn Obstl.[eutnant] Engelhardt schwer verwundete und den gesamten sonstigen Stab teils tötete, teils verwundete. Es war der furchtbarste Augenblick meines Lebens. Oberstleutnant Engelhardt wurde von uns vergöttert …

Ich muss nun leider schließen, und bitte Sie geehrter Herr Assessor mir meine schlechte Schreibweise zu verzeihn, und entschuldigen zu wollen. Ich bin jetzt sehr nervös. Tag für Tag liegen wir von 8^h früh bis 5^h nachmittg. im schwersten Artilleriefeuer, das macht mit der Zeit auch die stärksten Nerven kaput … Ich denke so oft an München, und jeder von uns hat nur den einen Wunsch, dass es bald zur endgiltigen Abrechnung mit der Bande kommen möge, zum Daraufgehen, koste es was es wolle, und dass die, die von uns das Glück besitzen werden, die Heimat wiederzusehen, sie reiner und von der Fremdländerei gereinigter finden werden, dass durch die Opfer und Leiden die nun täglich so viele Hunderttausende von uns bringen dass durch den Strom von Blut der hier Tag für Tag fließt gegen eine internationale Welt von Feinden, nicht nur Deutschlands Feinde

Meldegänger und Telefonisten des 16. Bayerischen Reserve Infanterie Regiments im Etappenquartier. Wie fast immer steht Adolf Hitler (links) am Rande der Gruppe.

im Äußeren zerschmettert werden, sondern dass auch unser innerer Internationalismus zerbricht. Das wäre mehr wert, als aller Ländergewinn. Mit Österreich wird die Sach kommen, wie ich es immer sagte. Indem ich nun nochmals meinen hrzl. Dank ausspreche verbleibe ich mit ehrerbitigen Handkuss an Ihre geehrte Frau Mutter und Gemahlin
Adolf Hitler«[53], Brief an Ernst Hepp, 5. Februar 1915

GEHEIMES TAGEBUCH, 29. JULI 1916
»Wurde gestern beschossen. War verzagt. Ich hatte Angst vor dem Tode. Solch einen Wunsch habe ich jetzt, zu leben! Und es ist schwer, auf das Leben zu verzichten, wenn man es einmal gern hat. Das ist eben ›Sünde‹, unvernünftiges Leben, falsche Lebensauffassung. Ich werde von Zeit zu Zeit zum Tier. Dann kann ich an nichts denken als an Essen, Trinken, Schlafen. Furchtbar! Und dann leide ich auch wie ein Tier, ohne die Möglichkeit innerer Rettung.«[54]
Ludwig Wittgenstein, Unteroffizier der k.u.k. Armee

»Immer, wenn der Tod auf Jagd war, versuchte ein unbestimmtes Etwas zu revoltieren, bemühte dann sich als Vernunft dem schwachen Körper vorzustellen und war aber doch nur die Feigheit, die unter solchen Verkleidungen den Einzelnen zu umstricken versuchte. Ein schweres Ziehen und Warnen hub dann an und

nur der Rest des Gewissens gab oft noch den Ausschlag. Je mehr sich aber diese Stimme, die zur Vorsicht mahnte, mühte, je lauter und eindringlicher sie lockte, umso stärker ward dann der Widerstand, bis endlich nach langem inneren Streite das Pflichtbewusstsein den Sieg davontrug. Schon im Winter 1915/16 war bei mir dieser Kampf entschieden. Der Wille war endlich restlos Herr geworden. Konnte ich die ersten Tage mit Jubel und Lachen mitstürmen, so arbeitete ich jetzt ruhig und entschlossen. Dieses aber war das Dauerhafte. Nun erst konnte das Schicksal zu den letzten Proben schreiten, ohne dass die Nerven rissen oder der Verstand versagte. Aus dem jungen Kriegsfreiwilligen war ein alter Soldat geworden.«[55]
Adolf Hitler, MEIN KAMPF

»Ich hatte gerade neben Hitler Platz genommen, da schlug ein Volltreffer mitten in den Gang. Die Decke zermalmt und tausendfach zerrissen, allenthalben spritzten die Splitter.«[57]
Balthasar Brandmayer, Jahrgang 1892, Maurer, Kriegsfreiwilliger, Meldegänger im Bayerischen Reserve Infanterie Regiment Nr. 16, MELDEGÄNGER HITLER

»Sechs Meldegänger waren verwundet, alle an der rechten Seite. Unter ihnen war auch mein Meldegänger Adolf Hitler. Seine Verletzung erwies sich jedoch als nicht so schwer, und als ich mich zu ihm niederbeugte, sagte er: ›Es ist nicht so schlimm, Herr Oberleutnant, gelt, ich bleibe bei euch, bleibe beim Regiment!‹«[58]
Fritz Wiedemann, ERLEBNISSE UND ERFAHRUNGEN

»Als ich wieder richtig gehen konnte, erhielt ich die Erlaubnis, nach Berlin zu fahren. Die Not war ersichtlich überall sehr herbe. Die Millionenstadt litt Hunger. Die Unzufriedenheit war groß.«[59]
Adolf Hitler, MEIN KAMPF

TAGEBUCH, 17. MÄRZ 1917
»Von Russland kommen Hiobsbotschaften – der Zar abgedankt, überall in den großen Städten Revolution und Aufstand.«
Henriette Schneider, Mrossen, Ostpreußen

TAGEBUCH, 18. OKTOBER 1917
»Meine letzten 100 M.[ark], die ich noch übrig habe, zeichnete ich Kriegsanleihe. – Mit der Milch ist es ganz schlimm knapp und das Gedränge danach groß.«
Henriette Schneider, Mrossen, Ostpreußen

TAGEBUCH, 2. DEZEMBER 1917
»Heute ist mit Russland der Waffenstillstand geschlossen.«
Henriette Schneider, Mrossen, Ostpreußen

Adolf Hitler (sitzend, rechts) mit seinen Kameraden von Regimentsstab Johann Sperl, Max Mund, Georg Wimmer, Josef Inkofer, Karl Lanzhammer und Balthasar Brandmayer 1918 in Fromelles.

»Na, uns hat er ja manchmal politische Vorträge gehalten. Dass er vielleicht einmal bayerischer Landtagsabgeordneter werden könnte, das hätten wir schon gedacht, aber Reichskanzler – nie!«[61]
Jackl Weiss, Jahrgang 1892, Meldegänger im Bayerischen Reserve Infanterie Regiment Nr. 16

»Was er damals äußerte, war nichts anderes als das, was in den ersten Kriegsjahren von jedem anständigen Soldaten erwartet wurde.«[62]
Fritz Wiedemann, ERLEBNISSE UND ERFAHRUNGEN

TAGEBUCH, 4. MÄRZ 1918
»Frieden mit Russland, die Kinder hatten frei, die Freude war groß.«
Henriette Schneider, Mrossen, Ostpreußen

TAGEBUCH, 1. MÄRZ 1918
»Im Westen sieht es trübe aus ... Reichskanzler Hertling hat abgedankt.«
Henriette Schneider, Mrossen, Ostpreußen

»Als Meldegänger leistete er sowohl im Stellungskrieg als auch im Bewegungskrieg Vorbildliches an Kaltblütigkeit und Schneid und war stets freiwillig bereit, Meldungen in schwierigsten Lagen unter größter Lebensgefahr durchzubringen.«[63]
Emmerich von Godin, Jahrgang 1881, Oberst

»Wo die Ursache für den fanatischen Judenhass Hitlers lag, habe ich nie herausgebracht. Die Erfahrungen mit jüdischen Offizieren während des Weltkrieges konnten wenig dazu beigetragen haben. Wir hatten mehrere Juden als Offiziere im Regiment.«[64]
Fritz Wiedemann, ERLEBNISSE UND ERFAHRUNGEN

»Die Revolution war, glaube ich, nach russischem Muster geplant: rot, proletarisch, radikal. Es wurde dann aber eine durch und durch deutsche Revolution: wohlorganisiert, geordnet, sauber, nüchtern.«[65]
Vicki Baum, Musikerin, ERINNERUNGEN

TAGEBUCH, 14. OKTOBER 1918
»Deutschland nimmt die Bedingungen Wilsons, das besetzte Gebiet vor den Friedensverhandlungen zu räumen, an. In welchem Umfang wir geschlagen sind, wird uns erst später fassbar werden. Welch ein Unterschied zwischen Proletarier und Bourgeois in der Aufnahme der Ereignisse. Der eine befreit aufatmend, der andere Vergeltung fordernd.«[66]
Thea Sternheim, Jahrgang 1883, deutsch-jüdische Fabrikantentochter und Autorin

»Der Engländer belästigt die Stellung mit Artilleriefeuer und besonders mit Gas, wodurch Verluste zu beklagen sind, darunter ein großer Teil des Regimentsstabes.«[67]
Regimentsgeschichte des Bayerischen Reserve Infanterie Regiments 16

»In der Nacht vom 13. auf den 14. Oktober ging das englische Gasschießen auf der Südfront vor Ypern los; man verwendete dabei Gelbkreuz, das uns in der Wirkung noch unbekannt war, soweit es sich um die Erprobung am eigenen Leibe handelte. Ich sollte es noch in dieser Nacht selbst kennenlernen. Auf einem Hügel südlich von Werwick waren wir noch am Abend des 13. Oktober in ein mehrstündiges Trommelfeuer von Gasgranaten gekommen, das sich dann die ganze Nacht hindurch in mehr oder minder heftiger Weise fortsetzte. Schon gegen Mitternacht schied ein Teil von uns aus, darunter einige Kameraden gleich für immer. Gegen Morgen erfasste auch mich der Schmerz von Viertelstunde zu Viertelstunde ärger, und um sieben Uhr früh stolperte und schwankte ich mit brennenden Augen zurück, meine letzte Meldung im Kriege noch mitnehmend. Schon einige Stunden später waren die Augen in glühende Kohlen verwandelt, es war finster um mich geworden.«[68]
Adolf Hitler, MEIN KAMPF

»Aber dann kam der November des Jahres 1918. Die Spannung der Schicksalstage teilte sich dem Kind mit, das nichts von allem verstand. Die großen Worte: Ende des Krieges. Waffenstillstand, Ultimatum, Abdankung, Revolution.«[69]
Vilma Sturm, Jahrgang 1912, Journalistin, EIN UNORDENTLICHER LEBENSLAUF

»Es ist für die gesamte weitere deutsche Geschichte von verhängnisvoller Bedeutung gewesen, dass der Kriegsausbruch, trotz allem fürchterlichen Unglück, das
ihm folgte, für fast alle mit ein paar unvergesslichen Tagen größter Erhebung
und gesteigerten Lebens verbunden geblieben ist, während an die Revolution
von 1918, die doch schließlich Frieden und Freiheit brachte, eigentlich fast alle
Deutschen nur trübe Erinnerungen haben.

Schon dass der Kriegsausbruch bei prächtigem Sommerwetter und die Revolution bei nasskaltem Novembernebel vor sich ging, war ein schweres Handicap
für die Revolution.«[70]

Sebastian Haffner, Schüler in Berlin, DIE ERINNERUNGEN

TAGEBUCH, 5. OKTOBER 1918

»Prinz Max von Baden Reichskanzler!«

Henriette Schneider, Mrossen, Ostpreußen

»Die alte Sozialdemokratische Partei hat eine Revolution nicht gewollt. Als der
militärische Zusammenbruch da war, schickte sie noch einige ihrer Führer in die
Regierung ..., um bei Rettungsversuchen mitzuwirken.«[71]

Gustav Noske, Jahrgang 1868, Reichstagsabgeordneter der Mehrheitssozialdemokraten,
ERLEBTES

TAGEBUCH, 3. NOVEMBER 1918

»Mittags kommen Hindenburg und Groener zum Vortrag. Beide sind sehr ernst.
Bayern ist zur Republik erklärt! Nachmittags meldet Hintze, dass der Reichstag
bis auf die Konservativen die Abdankung des Kaisers verlangt. S.[eine] M.[ajestät]
lehnt scharf ab.

Abends spricht S.[eine] M.[ajestät] den Kanzler [Max von Baden] am Telefon:
›Du hast den Waffenstillstand eingeleitet, nun musst du ihn auch unterschreiben.
Der Reichstag allein kann mich nicht absetzen, dazu müssen Bundesfürsten und
Bundesrat gehört werden, die mich eingesetzt haben. Werdet ihr in Berlin nicht
anderen Sinnes, so komme ich nach Abschluss des Waffenstillstandes mit meinen
Truppen nach Berlin und schieße die Stadt zusammen, wenn es sein muss!‹«[72]

Sigurd von Ilsemann, Jahrgang 1884, Adjutant von Kaiser Wilhelm II., Spa, Belgien

TAGEBUCH, 9. NOVEMBER 1918

»Und dann erlebten wir in den Straßen Colmars ein außergewöhnliches und einen Tag zuvor noch unvorstellbares Schauspiel. Gruppen von zehn bis zwanzig
Soldaten mit roten Armbinden streiften durch die Stadt, verfolgten, verhafteten
und entwaffneten die Offiziere, rissen ihre Schulterstücke ab und schlugen die,
die sich wehrten, zusammen, drangen in die Verwaltungsgebäude ein, verjagten
die Beamten und warfen Stöße von Akten und Papieren auf die Straße, wo sie
sie verbrannten.

Der ›Soldatenrat‹, wie die revolutionäre Organisation sich nannte, bemächtigte sich schnell der militärischen und zivilen Gewalt in der ganzen Stadt.«[73]

Paul Stehlin, Jahrgang 1907, Schüler in Colmar, Elsass

TAGEBUCH, 7. NOVEMBER 1918

»Mittlerweile haben wir den blühenden Bolschewismus in Deutschland. Ausgangspunkt und Seele dieses Terrors ist unsere Marine. Der Kaiser ist von Neuem tief erschüttert, hofft aber, dass wir der Sache bald Herr werden.«[74]

Sigurd von Ilsemann, Adjutant von Kaiser Wilhelm II., Spa, Belgien

TAGEBUCH, 9. NOVEMBER 1918

»Der Kaiser hat abgedankt. Die Revolution hat in Berlin gesiegt.«[75]

Harry Graf Kessler, Jahrgang 1868, Publizist und Diplomat

TAGEBUCH, 9. NOVEMBER 1918

»Heut ist es wahr. Mittags nach 1 Uhr kam ich durch den Tiergarten zum Brandenburger Tor, wo gerade die Flugblätter mit der Abdankung verteilt waren. Aus dem Tor zog ein Demonstrationszug. Ich trat mit ein. Ein alter Invalide trat an den Zug und rief: ›Ebert Reichskanzler! – weitersagen!‹ Vor dem Reichstag Ansammlung. Von einem Fenster herab rief Scheidemann die Republik aus.«[76]

Käthe Kollwitz, Jahrgang 1867, Malerin und Bildhauerin

»Zwischen 5 und 6 Uhr ging ich zu Ebert, um Abschied von ihm zu nehmen … An der Tür wandte ich mich noch einmal zurück: ›Herr Ebert, ich lege Ihnen das Deutsche Reich ans Herz!‹ Er antwortete: ›Ich habe zwei Söhne für dieses Reich verloren.‹«[77]

Prinz Max von Baden, Jahrgang 1867, Reichskanzler, Cousin des Kaisers, ERINNERUNGEN

TAGEBUCH, 5. JANUAR 1919

»Ich fuhr nachmittags um fünf zum Alexanderplatz, um zu sehen, wie die Sache steht. Um diese Zeit war jedenfalls Spartakus im Besitz des Polizeipräsidiums. Davor staute sich eine dichte Menschenmenge, alle Elektrischen standen. Vom Balkon redete Liebknecht. Ich hörte ihn zum ersten Male; er redet wie ein Pastor, mit salbungsvollem Pathos, langsam und gefühlvoll die Worte singend. Man sah ihn nicht, weil er aus einem verdunkelten Zimmer sprach, man verstand nur einzelne von seinen Worten, aber der Singsang seiner Stimme tönte über die lautlos lauschende Menge bis weit hinten in den Platz. Am Schluss brüllte alles im Chore ›Hoch‹, rote Fahnen bewegten sich, Tausende von Händen und Hüten flogen auf. Er war wie ein unsichtbarer Priester der Revolution, ein geheimnisvolles, tönendes Symbol, zu dem diese Leute aufblickten. Halb schien das Ganze eine Messe, halb ein riesiges Konventikel.«[78]

Harry Graf Kessler, Publizist und Diplomat

»Berlin nach dem Krieg: das war Lärm, Gerücht, Geschrei, politische Parolen – was wird werden? Jetzt darf jeder reden, wie ihm der Schnabel gewachsen ist, und jetzt redet jeder von Putschen und Streiks, von Belagerungszustand und bevorstehenden Staatsstreichen.«[79]

George Grosz (eigentlich Georg Ehrenfried Groß), Jahrgang 1893, Maler, SEIN LEBEN, VON IHM SELBST ERZÄHLT

»Es war einige Minuten vor der elften Stunde des elften Monats. Ich stand an dem Fenster meines Zimmers in der Northumberland Avenue in der Nähe Trafalgar Square und wartete, dass Big Ben mir das Ende des Krieges verkündete. Nach all den Gefahren und all dem Herzeleid also ein Sieg in absoluter und unbeschränkter Form … Und dann plötzlich der erste Glockenschlag.«[80]

Winston Churchill, britischer Munitionsminister, 11. November 1918, WORLD IN TORNMENT

»Liebe Mutter! Sorge Dich nicht! Bisher ging alles glatt, ja imposant. Die jetzige Leitung scheint ihren Aufgaben wirklich gewachsen zu sein. Ich bin aber glücklich über die Entwicklung der Sache. Jetzt scheint es mir erst recht wohl hier. Die Pleite hat Wunder getan. Uns geht es allen gut … Ich schreibe Dir jetzt öfter, damit Du nicht in Sorge bist. Unter den Akademikern bin ich so eine Art Obersozi. Herzliche Grüße von Deinem Albert«[81]

Albert Einstein, Jahrgang 1879, Physiker am Berliner Kaiser-Wilhelm-Institut, Brief an die Mutter vom 11. November 1918

»Am 10. November kam der Pastor in das Lazarett zu einer kleinen Ansprache; nun erfuhren wir alles. Ich war, auf das äußerste erregt, auch bei der kurzen Rede anwesend. Der alte, würdige Herr schien sehr zu zittern, als er uns mitteilte, dass das Haus Hohenzollern nun die deutsche Kaiserkrone nicht mehr tragen dürfe, dass das Vaterland ›Republik‹ geworden sei, dass man den Allmächtigen bitten müsse, diesem Wandel seinen Segen nicht zu versagen und unser Volk in den kommenden Zeiten nicht verlassen zu wollen. Er konnte dabei wohl nicht anders, er musste in wenigen Worten des königlichen Hauses gedenken, wollte dessen Verdienste in Pommern, in Preußen, nein, um das deutsche Vaterland würdigen, und – da begann er leise in sich hineinzuweinen – in dem kleinen Saale aber legte sich tiefste Niedergeschlagenheit wohl auf alle Herzen, und ich glaube, dass kein Auge die Tränen zurückzuhalten vermochte. Als aber der alte Herr weiter zu erzählen versuchte und mitzuteilen begann, dass wir den langen Krieg nun beenden müssten, ja, dass unser Vaterland für die Zukunft, da der Krieg jetzt verloren wäre und wir uns in die Gnade der Sieger begaben, schweren Bedrückungen ausgesetzt sein würde, dass der Waffenstillstand im Vertrauen auf die Großmut unserer bisherigen Feinde angenommen werden sollte – da hielt ich es nicht mehr aus. Mir wurde es unmöglich, noch länger zu bleiben. Während es mir um die Augen wieder schwarz ward, tastete und taumelte ich zum Schlafsaal zurück, warf mich auf mein Lager und grub den brennenden Kopf in Decke und Kissen. Seit dem Tage, da ich am Grabe der Mutter gestanden, hatte ich nicht mehr geweint. Wenn mich in meiner Jugend das Schicksal unbarmherzig anfasste, wuchs mein Trotz. Als sich in den langen Kriegsjahren der Tod so manchen lieben Kameraden und Freund aus unseren Reihen holte, wäre es mir fast wie eine Sünde erschienen, zu klagen – starben sie doch für Deutschland! Und als mich endlich selbst … das schleichende Gas anfiel und sich in die Augen zu fressen begann und ich unter dem Schrecken, für immer zu erblinden, einen Augenblick verzagen wollte, da donnerte mich die Stimme des Gewissens an: Elender Jämmerling, du willst wohl heulen, während es Tausenden hundertmal schlechter geht als dir. Und so trug ich denn stumpf und stumm mein Los. Nun aber konnte ich nicht mehr anders. Nun sah ich erst, wie sehr alles persönliche Leid versinkt gegenüber dem Unglück des Vaterlandes.

Es war also alles umsonst gewesen. Umsonst all die Opfer und Entbehrungen, umsonst der Hunger und Durst von manchmal endlosen Monaten, vergeblich die Stunden, in denen wir, von Todesangst umkrallt, dennoch unsere Pflicht taten, und vergeblich der Tod von zwei Millionen, die dabei starben. Mussten sich nicht die Gräber all der Hunderttausenden öffnen, die im Glauben an das Vaterland einst hinausgezogen waren, um niemals wiederzukehren? Mussten sie sich nicht öffnen und die stummen, schlamm- und blutbedeckten Helden als Rachegeister in die Heimat senden, die sie um das höchste Opfer, das auf dieser Welt der Mann seinem Volke zu bringen vermag, so hohnvoll betrogen hatte? Waren sie dafür gestorben, die Soldaten des August und September 1914, zogen dafür die Freiwilligen-Regimenter im Herbst desselben Jahres den alten Kameraden nach? Sanken dafür diese Knaben von siebzehn Jahren in die flandrische Erde? War dies der Sinn des Opfers, das die deutsche Mutter dem Vaterland darbrachte, als sie mit wehem Herzen die liebsten Jungen damals ziehen ließ, um sie niemals wiederzusehen? Geschah dies alles dafür, dass nun ein Haufen elender Verbrecher die Hand an das Vaterland zu legen vermochte?«[82]
Adolf Hitler, MEIN KAMPF

»Als am 12. November 1918 die Republik Deutschösterreich ausgerufen wurde, wusste jeder, was an diesem Tag endete, doch nicht, was damit beginnen mochte. Das Reich der Habsburger war schon vorher zerfallen, die k. u. k. Armee hatte sich aufgelöst, niemand wollte mehr wissen, wofür sie gekämpft hatte, gegen wen und warum.«[83]
Manès Sperber, Jahrgang 1905, österreichisch-französischer Schriftsteller,
ALL DAS VERGANGENE

»Notwendig aber ist dieser Beschluss …, welcher sagt, dass die deutschösterreichische Republik ein Bestandteil der deutschen Republik ist, notwendig ist er im Verhältnis zu unserem Stammvolke … Das Volk … ist im Augenblicke tief gebeugt. Aber gerade in dieser Stunde, wo es so leicht und so bequem und vielleicht auch so verführerisch wäre, seine Rechnung abgesondert zu stellen … und vielleicht auch von der List der Feinde Vorteile zu erhaschen, in dieser Stunde soll unser deutsches Volk in allen Gauen wissen: Wir sind ein Stamm und eine Schicksalsgemeinschaft.«[84]

Karl Renner, Jahrgang 1870, Sozialdemokrat, Staatskanzler der Republik Deutschösterreich, Regierungserklärung vom 12. November 1918

»Diejenigen, die nie den Zusammenbruch ihres Vaterlandes erlebt haben, wie es der Zerfall der Österreichisch-Ungarischen Monarchie 1918 für die österreichischen Patrioten war, können kaum die schwere seelische Not nachempfinden, unter der aber gerade die jungen, patriotischen Österreicher angesichts des furchtbaren Ereignisses zu leiden hatten. Sie können auch nicht die verbitterte Wut ermessen, von der junge Kriegsteilnehmer einer jahrhundertealten und auch in den jüngsten Schlachten siegreichen Armee beherrscht wurden, die trotz aller Opfer, trotz aller Siege einen schmählichen Untergang miterleben mussten.«[85]

Ernst Rüdiger Fürst von Starhemberg, Fähnrich der k.u.k. Armee, MEMOIREN

»Wir betreten den Spiegelsaal. … In der Mitte steht ein hufeisenförmiger Tisch für die Delegierten. Davor steht wie eine Guillotine der Unterzeichnungstisch. ›Faites entrer les allemands‹, sagt Clemenceau. Durch die hintere Tür treten zwei Saaldiener mit silberner Kelle ein. Sie gehen hintereinander. Ihnen folgen vier Offiziere aus Frankreich, Großbritannien, Amerika und Italien. Und dann kamen, einsam und bemitleidenswert, die beiden deutschen Vertreter, Dr. Müller und Dr. Bell. Das Schweigen ist schrecklich. Ihre Schritte hallen doppelt auf dem Stück Parkett zwischen den Teppichen. Sie meiden den Blick der zweitausend starrenden Augen, fixieren die Decke. Sie sind totenblass. Sie sehen nicht aus wie Vertreter eines brutalen Militarismus. Der eine ist dünn und hat gerötete Lider, zweite Geige in einem Provinzorchester. Der andere hat ein Mondgesicht und leidet. Es ist alles furchtbar peinlich. Die beiden werden zu ihren Plätzen geführt. Sogleich beendet Clemenceau das Schweigen. ›Messieurs‹, schnarrt er, ›la séance est ouverte‹ und fügt noch einige unglückliche Worte an. ›Wir sind hier, um einen Friedensvertrag zu unterzeichnen.‹[86]

Harold Nicolson, Jahrgang 1886, britischer Diplomat, über die Unterzeichnung des Friedensvertrags in Versailles am 28. Juni 1919

»Ich aber beschloss, nun Politiker zu werden.«[87]

Adolf Hitler, MEIN KAMPF

Adolf Hitler auf Propaganda-Fahrt in Bayern 1923. Hitler weiß alles über Motoren und Automobile, besitzt aber zeitlebens nie einen Führerschein. Seine Chauffeure sind gehalten, nicht zu schnell zu fahren.

EIN VOLKSREDNER
1919 BIS 1921

»Er war eines dieser immer unerklärlichen geschichtlichen Naturereignisse,
die in der Menschheit in großen Zeitabständen auftreten.«[1]
Albert Speer, DIE KRANSBERG-PROTOKOLLE

Noch bevor die revolutionären Unruhen Berlin erreichen, beginnt am 7. November 1918 in München die Revolution. Am folgenden Tag bildet sich unter Führung des Journalisten und Schriftstellers Kurt Eisner, eines »unabhängigen« Sozialdemokraten, ein Arbeiter-, Bauern- und Soldatenrat, der in München die Republik ausruft. In Bayern entsteht als Regierung ein provisorischer Nationalrat aus rechten und linken Sozialdemokraten, in dem Eisner Ministerpräsident und Außenminister wird. Hundert Tage lang steht Kurt Eisner dieser Regierung vor. Teile von ihr streben eine Räteherrschaft an.

Am 21. November 1918 kehrt Adolf Hitler aus Pasewalk nach München zurück. Er wird einquartiert in die Oberwiesenfeldkaserne des 2. Bayerischen Infanterie Regiments. Hitler versucht der Demobilisierung zu entgehen und bleibt Soldat. Vom 4. Dezember 1918 bis sehr wahrscheinlich unmittelbar nach dem 23. Januar 1919 ist er gemeinsam mit seinem Kriegskameraden Ernst Schmitt nach Traunstein abkommandiert. »Hitler war aus dem Ersten Weltkrieg mit sich im Fluss befindlichen politischen Ideen und ohne eine klare Vorstellung von seiner Zukunft zurückgekehrt. Ein Österreicher mit pangermanischen Vorstellungen, der die Habsburgmonarchie aus tiefstem Herzen hasste und von einem großdeutschen Reich träumte. Doch darüber hinaus schwankte er zwischen verschiedenen kollektivistischen linken und rechten Ideen«[2], schreibt der Historiker Thomas Weber in seinem 2016 erschienenen Buch *Wie Adolf Hitler zum Nazi wurde*, das eine Lücke in der Zeitgeschichtsschreibung und Biographie Hitlers füllt.

Weber berichtet anhand neuer Quellenfunde. Akribisch wird dargestellt, wie sich in der Zeit zwischen dem Ende des Ersten Weltkriegs und der Niederschrift von *Mein Kampf* Hitlers Weltbild formte: Er stellt und beantwortet die Frage, wie die rapide Metamorphose der politischen Überzeugungen und der Persönlichkeit Hitlers innerhalb nur eines Jahres nach dem Ende des Kriegs von einem Einzelgänger ohne Führungseigenschaften und mit wechselnden politischen Einstellungen zu einem charismatischen Anführer, der immer Vabanque spielt, zu erklären ist.

Der Politiker Adolf Hitler ist stets bemüht, Herr über seine Biographie zu sein. Er lügt sie sich zurecht und tischt seinen Zeitgenossen Legenden auf. Eine dieser geschickten Lügen ist, dass Hitler in *Mein Kampf* behauptet, erst im März 1919 aus Traunstein wieder nach München zurückgekehrt zu sein.[3] So muss er sich nicht der Frage stellen, wie er sich in einem Zeitraum von fast drei Monaten zu den linken Revolutionären der Räterepublik verhalten hat.

Am 12. Februar 1919 wird Adolf Hitler in die sogenannte 2. Demobilmachungskompanie versetzt. Am 15. Februar lässt er sich zu einem der stellvertretenden Kasernenräte seines Regiments wählen, wird also ein Funktionär am unteren Ende der Hierarchie der von der extremen Linken geführten Republik. »Hitlers Wahl zum Vertrauensmann war ein echter Wendepunkt in seinem Leben, allerdings weniger aufgrund der politischen Auswirkungen als aufgrund der Tatsache, dass Hitler zum ersten Mal eine Führungsposition innehatte.«[4] Er gilt unter den Kameraden als Sozialdemokrat. Weber urteilt: »Hitler verteidigte ein Regime, von dem er später behauptete, es immer bekämpft zu haben.«[5]

Der »Jude« Eisner ist von Anfang an hemmungslosen antisemitischen Angriffen ausgesetzt. Der Ministerpräsident erhält Drohbriefe, es gibt öffentliche Aufrufe zu seiner Ermordung. Die Kampagne gegen Eisner endet damit, dass er nach der Wahl zur bayerischen Nationalversammlung, die die revolutionären Kräfte verlieren, am 21. Februar 1919, kurz vor Einreichung seines Rücktritts, von einem Studenten und ehemaligen Offizier auf offener Straße erschossen wird.

Nach einem Wochen währenden Machtvakuum wählt am 17. März der bayerische Landtag eine neue, von der Mehrheitssozialdemokratie geführte Landesregierung. Der gelingt es in München nicht, sich gegen die zentralen Rätegremien durchzusetzen. Vom Vorbild der in Ungarn errichteten Räterepublik angespornt, proklamieren die USPD-Mitglieder eines von den Münchner Arbeiter- und Soldatenräten eingesetzten »Zentralrats« am 7. April die »Baierische Räterepublik«. Ein gescheiterter Putsch einer regierungstreuen »Republikanischen Schutztruppe« am 13. April 1919 führt zum Sturz der ersten Räterepublik und zur Etablierung einer von Kommunisten beherrschten noch radikaleren zweiten. Zum Schutz dieser Räteregierung, deren Macht kaum über die Stadtgrenzen Münchens hinausreicht, stellt der Zentralrat eine »Rote Armee« auf.

Die Mehrheitssozialdemokratie, die in Bayern einer Regierung vorsteht, die nach Bamberg ausgewichen ist, und auch die Reichsregierung führt, lässt die Räteherrschaft Ende April/Anfang Mai 1919 von Reichswehrtruppen und Freiwilligenverbänden, den Freikorps, niederschlagen. Der Soldat Hitler meldet sich nicht zu einem rechten Freikorps und er kämpft auch nicht auf Seiten der linken Räte, sondern bleibt in München in der Kaserne.

Die Niederschlagung der Räteherrschaft beendet die Revolution. Es kommt auf beiden Seiten zu Grausamkeiten und Morden, die die Gesellschaft der Landeshauptstadt und Bayerns tief spalten. Der Sieg der Gegenrevolution führt zur Etablierung einer »Ordnungszelle« Bayern, in der die Sozialdemokraten bald keine Rolle mehr

Revolutionäre Soldaten in München im November 1918. Bayern ist das erste deutsche Land, das die Republik ausruft. Es war auch das deutsche Land, in dem die Kriegsmüdigkeit selbst nach Einschätzung Hitlers am größten war.

spielen. Obwohl sie sehr verschiedene politische Strömungen vertreten, finden sich in Gegnerschaft zur bolschewistischen und »marxistischen Linken« in München im Frühsommer 1919 bayerische Separatisten, Monarchisten, pangermanische Nationalisten und »völkische« Rassisten zu gemeinsamem politischem Handeln zusammen. Nach den Erschütterungen von Revolution und Räterepublik soll zunächst in Bayern »Ruhe und Ordnung« wiederhergestellt werden. Gehasst wird die Republik, die – um den Revolutionswirren in Berlin zu entgehen – in der Provinz, in Weimar gegründet wurde. Die »Ordnungszelle Bayern« will auf das gesamte Deutsche Reich ausstrahlen und den nationalen Wiederaufbau einleiten.

Adolf Hitler legt im Mai 1919 sein Amt als Vertrauensmann des Kasernenrats nieder. Er bezieht jetzt nachweislich Position und leugnet seine zumindest indifferente Haltung der Vormonate. »Unter den neuen Machthabern begann Hitler, seine eigene Vergangenheit neu zu erfinden, um sein Verhalten im vergangenen halben Jahr zu erklären. Auf subtile und nicht ganz so subtile Art begann Hitler, sich als fiktionalen Charakter neu zu erschaffen: als einen Mann, der stets in Opposition zu den verschiedenen Revolutionsregierungen gestanden hatte.«[6] Zunächst gehört Hitler einer Untersuchungskommission des 2. Infanterie Regiments an, die der Frage nachgeht, ob Mitglieder des Regiments »aktiven Dienst in der Roten Armee geleistet hatten«. Thomas Weber: »Die eigentliche Bedeutung der Tatsache, dass Adolf Hitler im Winter und Frühjahr 1919 ein Rädchen im Getriebe des Sozialismus war, liegt jedoch nicht im Politischen, sondern darin, dass sich seine Persönlichkeit aufgrund von Zweckdenken und Opportunismus plötzlich und radikal veränderte.«[7]

Die deutsche Gesellschaft, die in scheinbarer nationaler Geschlossenheit den Krieg begonnen hatte, beendete ihn völlig zerrissen und traumatisiert. Der am Rande der Gesellschaft lebende »Künstler« Adolf Hitler hätte ohne die Erschütterung der deutschen und österreichischen Gesellschaft durch die Kriegsniederlage kein größeres Publikum für seine bald beginnende Demagogie gefunden. Die gesellschaftlichen Verhältnisse der Kaiserzeit hätten den Aufstieg eines Mannes seiner Herkunft und Bildung nicht zugelassen.

Mit der Revolution gibt es keine bayerische Armee mehr. Aus den Armeen der Königreiche Preußen, Bayern, Sachsen und Württemberg ist die »Reichswehr« entstanden. Die in Bayern stationierten Reichswehrtruppen bewahren sich stur eine gewisse Unabhängigkeit vom Kriegsministerium in Berlin. Mehr noch, die bayerische Reichswehr wird zu einem Sammelbecken reaktionärer, antirepublikanischer Kräfte. Um »Aufklärungsarbeit« unter den Soldaten zu leisten, beginnt die Unterabteilung »Propaganda Ib/P« des bayerischen Reichswehrgruppenkommandos 4 im Mai 1919 mit der Truppenbetreuung von Mannschaftsdienstgraden und Offizieren, ihrer Schulung in nachrichtendienstlichen Aufgaben, vor allem aber in antibolschewistischer Rhetorik und Propaganda. Ihr Leiter ist Hauptmann Karl Mayr, dem Hitler im Mai 1919 erstmals begegnet. Mayr ist es, der den Anstoß zu Hitlers politischer Betätigung gibt. Adolf Hitlers Eintritt in die Politik geschieht im Sommer und Herbst 1919 in München.

1919 reicht der Einfluss Mayrs in der bayerischen Reichswehr weit über seinen Rang hinaus. Er erhält beträchtliche Geldmittel für den Aufbau eines Kreises von Agenten oder sogenannten »Vertrauensmännern«, die Träger von Aufklärungskursen für eine antibolschewistische und antimarxistische Schulung in politischem und ideologischem Denken sein sollen. Männer wie Hitler werden in Schnellkursen dazu ausgebildet, als Spitzel und Agitatoren dem Einfluss der Linken entgegenzuwirken. Der Reichswehrhauptmann Karl Mayr beobachtet seinen Untergebenen Hitler und entdeckt dessen agitatorische Fähigkeiten. Er ermöglicht Hitler vom 10. bis 19. Juli 1919 die Teilnahme am dritten Kurs der »antibolschewistischen Aufklärungskurse« in München.

Hier referieren der Generalstabsoffizier Karl Graf von Bothmer über die »Sozialdemokratie«, der Ingenieur Gottfried Feder über die »Brechung der Zinsknechtschaft« und der Historiker Karl Alexander von Müller über »deutsche und internationale Politik«. »Ursprünglich hatte Hitler seinen Gesinnungswandel aus opportunistischen Gründen vollzogen und sich deswegen auch für den Propagandakurs gemeldet, doch mit seinem Propagandakurs setzte eine genuine Politisierung und Radikalisierung

Hitler (x) und Ernst Schmitt (xx) mit Kameraden im Zivil- und Kriegsgefangenenlager Traunstein südlich von München Anfang 1919.

ein«[8], schreibt Thomas Weber. Die Referate in den Räumen der Museumsgesell-schaft, so weist Weber in seinem Buch nach, beeinflussen Hitlers Überzeugungen nachhaltig. »Er nahm zwar nicht alles an, was ihm bei seinem Kurs in der Museums-gesellschaft begegnete, doch sein Leben änderte sich dadurch für immer.«[9]

Die programmatischen Ideen, die Hitler aus dem Sortiment, das ihm im Ver-lauf des Propagandakurses präsentiert wurde, als Bausteine für die Errichtung seines eigenen Ideen-Gebäudes herausklaubt und sich endgültig zu eigen macht, finden sich schon vor dem Ersten Weltkrieg in vielen Ländern Europas. Sozialdarwinismus, bio-logischer Antisemitismus, Eugenik und Elitetheorien wurden in unterschiedlichen Mischungen von politischen Gruppen und Parteien angeboten. Hitler ist mit ihnen durch die Lektüre von Traktaten und Kleinschriften schon in Wien in Berührung gekommen. Nichts spezifisch »Deutsches« prägt die Ideen dieses antisemitischen Nationalismus, wenn auch manches davon in Deutschland und im deutschsprachi-gen Teil Österreich-Ungarns erstmals programmatische Gestalt annimmt. So gibt es in Gebieten des späteren Sudetenlandes ab 1903 schon eine antisemitische Deutsche Arbeiterpartei (DAP). Hitlers Nationalsozialismus gibt sich denn auch antikapitalis-tisch in der Hoffnung, so in die starke Subkultur der Arbeiterbewegung einbrechen zu können. Das ist 1919 und 1920 auch eine dem »Aufklärer Hitler« von seinen mili-tärischen Vorgesetzten gestellte Aufgabe.

Seit langem beschäftigt sich die Forschung mit der Frage, wann Hitler seine ent-scheidende antisemitische Prägung erhalten hat. Hitlers eigene Erklärungen hierzu sind – wie vieles bei ihm – wohl Erfindung. Sie passen nicht zu seinem Verhalten zwischen 1909 und 1919. Brigitte Hamann, der wir die meisten Kenntnisse über Hit-lers Wiener Zeit verdanken, hat überzeugend dargelegt, dass Hitler im Wien der Vorkriegsjahre noch kein radikaler Antisemit war. Thomas Weber hat in *Hitlers Erster Krieg* gezeigt, dass dessen politische Identität »noch vollkommen offen und form-bar«[10] war, als er aus dem Krieg zurückkehrte.

Der Historiker Othmar Plöckinger, einer der Herausgeber der vom Münchener Institut für Zeitgeschichte kommentierten Ausgabe von *Mein Kampf*, hat in seinem Buch *Unter Soldaten und Agitatoren – Hitlers prägende Jahre im deutschen Militär 1918–1920* ebenfalls die 17 Monate von der deutschen Kapitulation bis zu Hitlers Entlassung aus dem Heer am 31. März 1920 akribisch untersucht. Auch Plöckinger belegt, dass Hitler nach Kriegsende, trotz der politischen Unruhen jener Zeit, fast ein Jahr lang in Passivität und Orientierungslosigkeit verharrt. Erst im Oktober 1919 wird nach Plöckinger aus dem Soldaten ein Agitator, als er in Kontakt mit der antisemitischen »Deutschen Arbeiter Partei« kommt.

Der Historiker Thomas Weber ist bekannt für provokante Thesen. In *Wie Adolf Hitler zum Nazi wurde* korrigiert er viele Hitler-Biographen und in diesem Punkt auch den Zeithistoriker Plöckinger. Der Judenhass sei bei Hitler Mittel, nicht Zweck gewesen. »Antisemitismus und Rassismus waren wesentliche Bestandteile von Hitlers Weltanschauung, nicht aber ihr Ausgangspunkt; sie waren Funktionen für etwas anderes«[11] – nämlich nach Webers Ansicht funktionalisiert für die Infizierung der Deutschen und Österreicher mit einem extremen deutschen Nationalismus. Dieser bricht sich nach Weber beim Deutsch-Österreicher Hitler schon im Juli 1919 und nicht erst im Oktober 1919 Bahn.

Am 9. Juli 1919 unterschreiben Vertreter der deutschen Nationalversammlung in Versailles einen von den Siegern diktierten Friedensvertrag. »Der 9. Juli veränderte für Hitler alles: Die Ratifizierung des Friedensvertrages ließ auch ihn zu der verspäteten Erkenntnis kommen, dass Deutschland den Krieg wirklich verloren hatte. Das war Hitlers Damaskus-Erlebnis. Es war ihm nicht in seiner Zeit in Wien widerfahren, nicht in den Kriegsjahren, nicht in der Zeit des revolutionären Umbruchs und nicht als Ergebnis der kumulierten Erfahrungen seiner Kriegsjahre, des Krieges und der Revolution. Es resultierte vielmehr aus der verspäteten Erkenntnis der deutschen Niederlage im postrevolutionären München. Das war der Moment, in dem Hitlers politische Metamorphose und Radikalisierung einsetzten«[12], so Webers These.

Hitlers Antisemitismus in der Form eines kompromisslosen Rassismus ist ein Teil des radikalsten Nationalismus und wird die mächtigste Schubkraft des Nationalsozialismus. Hitlers Nationalismus hat eine Vision zu verkünden, den Wiederaufstieg Deutschlands und die Erringung einer privilegierten Stellung in der Welt. Sein Nationalismus führt zu einem immensen Rachebedürfnis. Da es zwecklos ist, dieses Rachebedürfnis gegen die alliierten Sieger des Weltkrieges auszuleben, richtet es sich gegen die vermeintlichen Verräter im Inneren, die geschlagenen radikal linken Revolutionäre, die Führer der traditionsreichen, aber blassen Arbeiterbewegung, die »Erfüllungspolitiker« in den bürgerlichen Parteien, die 1918 und 1919 in der Niederlage realistisch waren und nun den Vertrag von Versailles unterschrieben. Den Liberalismus und die repräsentative Demokratie sieht der Nationalismus Hitler'scher Prägung als Wegbereiter des Marxismus. Als »Internationalismus« ist dieser wiederum eine Verschwörung der vaterlandslosen Judenheit.

Reichswehrhauptmann Karl Mayr finanziert auch Publikationen, Organisationen und »patriotische« Parteien. Eine dieser Parteien ist die »Deutsche Arbeiterpartei«. Die DAP wird am 5. Januar 1919 im »Fürstenfelder Hof« vor allem von einer Gruppe von Eisenbahn-Arbeitern gegründet. Am 12. September 1919 wird der mittlerweile aus der Armee entlassene Hitler von Mayr zum Ausspähen zu dieser nationalistischen Splittergruppe geschickt. In der zweiten Septemberhälfte 1919 ist Hitler Mitglied der »Deutschen Arbeiterpartei« und nimmt nun regelmäßig an ihren Sitzungen teil. Er ist nicht, wie er später vorgibt, das siebte Mitglied. Ab Anfang Februar 1920 wird eine alphabetische Mitgliederliste geführt, die, um mehr Mitglieder vorzu-

Die Gaststätte Sterneckerbräu in der Münchener Altstadt. Sie dient der »Deutschen Arbeiter Partei«, der späteren NSDAP, als erste Geschäftsstelle.

täuschen, erst mit der Nummer 501 beginnt. Auf ihr erhält Hitler die Mitgliedsnummer 555.

Adolf Hitlers Eintritt in die Politik entspringt keiner bewussten Entscheidung. Als ein Mann, der kein berufliches Ziel verfolgt, macht er das Beste aus einer sich ihm bietenden Möglichkeit. Das Angebot, Agitator zu werden und so in der Armee bleiben zu können, ist diese erstbeste Möglichkeit, die sich ihm bietet. Dabei entdeckt er eine Begabung: vor großem Publikum beeindruckend reden zu können. In der DAP wird diese Begabung geschätzt. Hitler fühlt sich anerkannt und hat eine politische Heimat gefunden.

In der Partei konzentriert sich Hitler zunächst ausschließlich auf Propaganda. Am 16. Oktober 1919 hält er vor einem größeren Publikum eine effektvolle Ansprache, auf der seine Redegabe erstmals öffentlich wird. Am 24. Februar 1920 redet er im Hofbräuhaus zum ersten Mal vor mehr als tausend Zuhörern. Auf der Versammlung verkündet er auch das 25-Punkte-Programm der Partei, das formal ein Vierteljahrhundert, bis zum Untergang der NSDAP, gilt. An diesem 24. Februar nennt sich die Deutsche Arbeiterpartei in »Nationalsozialistische Arbeiterpartei Deutschlands« um. Die Namensänderung ist Strategie: Man will auch Anhänger aus dem linken Lager anziehen. Seine unbeschränkte Führungsstellung in der NSDAP erringt Hitler 1921 mit einem Austrittsultimatum. Am 29. Juli 1921 setzt er sich gegenüber dem

Parteigründer Anton Drexler mit der Forderung durch, »den Posten des 1. Vorsitzenden mit diktatorischer Machtbefugnis« zu bekommen.

In dieser Zeit bildet sich um Hitler ein Kreis treuer Anhänger, die seinen Lebensalltag teilen und die ihn fast 25 Jahre begleiten werden.

Adolf Hitler lernt Ernst Röhm kennen, einen aktiven Generalstabsoffizier, der einen Kontakt zu Angehörigen des ehemaligen Freikorps Erhardt vermittelt, die an der Niederschlagung der Münchner Räterepublik beteiligt waren. Ab Ende 1921 bildet die Truppe den Kern der Sturmabteilung der NSDAP. Saalschutz bei politischen Veranstaltungen und ein paramilitärisches Training sind die Aufgaben dieser Sturmabteilungen, der »SA«. Die millionenfache Kriegserfahrung, der Untergang der alten Ordnung, die damit verbundene Schwächung der Staatsgewalten sowie die gewalttätigen Umsturzversuche von Links und Rechts zwischen 1918 und 1923 senken in der deutschen Nachkriegsgesellschaft die moralische Toleranzschwelle für jede Form von Gewalt. Auch breite bürgerliche Kreise akzeptieren das bewusst gewalttätige Auftreten des frühen Nationalsozialismus.[13] Die NSDAP und ihre Sturmabteilungen stören immer wieder Veranstaltungen des politischen Gegners. Im September 1921 sprengen Hitler und seine Anhänger eine Veranstaltung des Bayernbundes, der eine Abspaltung Bayerns vom Reich anstrebt. Hitler wird wegen Landfriedensbruchs angeklagt und im Januar 1922 zu drei Monaten Haft verurteilt. Davon sind zwei Monate bei guter Führung zur Bewährung ausgesetzt. Zwischen dem 24. Juni und dem 27. Juli 1922 muss Adolf Hitler im Gefängnis München-Stadelheim einen Monat Haft absitzen.[14]

Der frühe Volksredner Hitler hat noch keine Melange eigener Überzeugungen und Ideen zu bieten. Die entsteht erst mit der Niederschrift von *Mein Kampf*. Was er sagt, gehört zu den Grundüberzeugungen völkischer Gruppen und Sekten. Hitler wirbt nur gekonnter als andere. Es überzeugt nicht, was er sagt, sondern wie er es sagt. Am Beginn seiner Karriere steht eine ganzheitliche Performance.[15] In den Jahren 1921 und 1922 ist Adolf Hitler nicht mehr als ein lokaler Bierkelleragitator, der hin und wieder in der bayerischen Nachbarschaft auftritt und gelegentlich nach Berlin reist, vor allem um dort Finanzquellen zu erschließen. Er sieht sich als »Trommler« der »nationalen Bewegung«. Er weissagt in seinen Reden zwar schon die Ankunft eines nationalen Führers, eines »Messias«, gibt aber vor, nur dessen Prophet zu sein. Die NSDAP kann außerhalb Oberbayerns zu diesem Zeitpunkt nur in wenigen Regionen eine nennenswerte Anhängerschaft mobilisieren.

Am 3. Februar 1921 hält die NSDAP zum ersten Mal eine Kundgebung im Zirkus Krone ab. Über 6 000 Menschen kommen zusammen, um Hitler sprechen zu hören. Bis 1928 redet Hitler noch ohne Mikrofon, muss also zu großen Menschenmengen kraft seiner Stimme durchdringen. Am 16. August 1922 spricht Hitler neben anderen Anführern der nationalistischen Vereinigungen bei einer großen Protestkundgebung der »Vereinigten Vaterländischen Verbände Bayerns« auf dem Königsplatz in München. Während der Kundgebung tritt die SA erstmals als paramilitärische Formation mit eigener Fahne öffentlich in Erscheinung. Zahlenmäßig fallen die kaum mehr als 800 Männer gegenüber den 30 000 Bewaffneten der anderen Verbände kaum auf.

Für die Entwicklung der NSDAP in Franken und den nördlichen Regierungsbezirken Bayerns ist es ein wesentlicher Schritt, dass der Lehrer Julius Streicher sich und seine Deutsch-Soziale Partei Hitler 1922 persönlich unterstellt. Damit verdoppelt die NSDAP praktisch ihre Mitgliedschaft. Nach rund 1 000 Mitgliedern Anfang 1921 und 6 000 zwölf Monate später zählt sie über Nacht ungefähr 20 000 Mitglieder. Franken, eine streng protestantische Region, in der der Antisemitismus schon vor dem Ersten Weltkrieg verbreitet war, bietet der NSDAP eine weit stärkere Bastion als das katholische Südbayern, in der die katholische Bayerische Volkspartei schon bald Wahlergebnisse von über 50 Prozent erzielen wird.

Hitlers Aufstieg beginnt mit einer charismatischen Herrschaft über den Personenkreis, den er persönlich erreichen kann. Sein Charisma erwächst aus seiner Rhetorik, zu der nicht nur die Art der Rede – die auch viele abschreckt –, sondern die Gesamtinszenierung seiner Auftritte gehört. Wichtig dabei ist auch die Fähigkeit, sich selbst zu stimulieren. Das Feindbild einer jüdischen Verschwörung bietet dem Rhetoriker Hitler ein einfaches Argumentationsmuster, um seinen großdeutschen Nationalismus zu propagieren.

Hitler steigert sich in seinen Antisemitismus autosuggestiv hinein; so intensiv, bis er selbst glaubt, was er sagt; umso fester, desto öfter er es wiederholt. In Interaktion mit seinen Zuhörer radikalisiert sich Hitler dabei selbst. Die Kunst der Verstellung bis zur Schauspielerei gehört zur Kombination der Talente, die Hitlers Wirkung speisen. Seine Schauspielkunst ist wohl Voraussetzung, dass der latente Lügner und Heuchler Hitler von Freund und vielen seiner Feinde und Gegner nicht überführt oder durchschaut wird.

Angezogen von Hitlers Ausstrahlung, filtert sich aus dem ihn umgebenden Kreis eine »charismatische Gemeinschaft der gläubigen Anhänger«[16] heraus, die wie Apostel und Jünger vom Charisma Hitlers künden. Dass diese Wirkung auch über Medien verbreitet werden kann, liegt an einer starken Symbolik des Nationalsozialismus, die bald mit wenigen Schlagworten aufgeladen ist und Gemeinschaftserlebnisse wie Kameradschaft und Kampfgemeinschaft symbolisiert und manifestiert. Symbole und Massenerlebnisse wirken als Fremdcharisma auf den Charismatiker Hitler zurück.

Der Architekturmaler Hitler entwirft früh eine Parteifahne in den alten Reichsfarben Schwarz-Weiß-Rot, deren Mittelpunkt das Hakenkreuz bildet – ein beliebtes Symbol in völkischen Kreisen, nachzuweisen bis in die älteste Geschichte, aber vor 1900 nicht allgemein bekannt. Die Parteifahne der NSDAP wird am 13. März 1933 neben der Fahne des Bismarck-Reichs, am 15. September 1935 dann leicht verändert zur einzigen Nationalflagge des Deutschen Reichs. Unter dieser Fahne werden Millionen deutsche Soldaten in einen Weltkrieg ziehen und die größten Verbrechen der Menschheitsgeschichte begehen.

Ansichten und Berichte

TAGEBUCH, 5. JANUAR 1919
»Am Schluss brüllte alles im Chore ›Hoch‹, rote Fahnen bewegten sich, Tausende von Händen und Hüten flogen in die Luft. ... Die Welle des Bolschewismus, die von Osten kommt, hat etwas von der Überflutung durch Mohammed im siebenten Jahrhundert. Fanatismus und Waffen im Dienste einer unklaren neuen Hoffnung, der weithin nur Trümmer alter Weltanschauungen entgegenstehen. Die Fahne des Propheten weht auch vor Lenins Heeren.«[17]
Harry Graf Kessler, Jahrgang 1868, Publizist und Diplomat

»Die Dynastie Wittelsbach ist abgesetzt! Bayern ist fortan ein Freistaat!«[18]
Kurt Eisner, Jahrgang 1867, Ministerpräsident, Proklamation vom 8. November 1918

»Das Proletariat wollte Eisners Begräbnis zu einem Trauer-Triumph gestalten. Der Ausgangspunkt des Zuges war die Theresienwiese ... Die Menschenansammlung soll ungeheuer gewesen sein; vor Tagesanbruch hingen sie schon an Bäume und Dächer geklammert wie Maikäfer. Als die Spitze des Zuges am Ostfriedhof anlangte, hatten die letzten die Theresienwiese noch nicht verlassen.«[19]
Ricarda Huch, Jahrgang 1864, deutsche Schriftstellerin und Historikerin, NACHLESE

»Am 2. Mai zogen viele Truppen [in München] ein, vom endlosen Jubel der Bevölkerung begrüßt. Die Freikorps machten [einen] ausgezeichneten Eindruck. Alles stramme, gut disziplinierte Kerle. Unter anderem kamen die Freikorps Lettow-Vorbeck, Garde-Kavallerie-Schützen-Division, Marinebrigade, Korps Lützow, Korps Görlitz. Viele sind unter Hintanstellung ihrer persönlichen Interessen im Winter dazugegangen. Man kann den Leuten nicht dankbar genug sein. Ohne sie wären wir in Bayern erledigt gewesen. Wir konnten in der Schnelligkeit nicht genügend Truppen in Bayern aufstellen, geschweige denn ausbilden.«[20]
Rudolf Heß, Jahrgang 1894, Student der Volkswirtschaft und Freikorps-Mitglied, Brief an die Eltern vom 18. Mai 1919

»Diese geistige Umstellung hat sich seit dem Weltkrieg und der Revolution überstürzt. Götter und Fürsten sind gefallen, führende Schichten entthront, das Eigentum ins Wanken geraten, Sittlichkeitsbegriffe umgewandelt, Familienbande zersprengt, Bildungsideale zertrümmert. Dabei ist dem deutschen Menschen mit der Unterwürfigkeit die Disziplin verloren gegangen. Es hat ihn dahin getrieben, Gebundenheiten zu lösen und die Ideale der Persönlichkeitsentwicklung und des Sich-frei-Auslebens zu erstreben, wie kümmerlich auch seine Wirklichkeit von diesem Ideal entfernt bleiben mag.«[21]
Erich Koch-Weser, Jahrgang 1875, liberaler Politiker, EINE DEUTSCHE NACHKRIEGS-BILANZ

Eine Gruppe russischer Kriegsgefangener im Trauerzug für Kurt Eisner am Münchner Ostfriedhof. Das Foto zeigt einen Soldaten (im Kreis), der den Zug beobachtet: Es könnte Adolf Hitler sein.

»Jenseits der Bildungsschicht heißt und hieß die große Gefahr des Lebens in Deutschland immer: Leere und Langeweile. (Ausgenommen vielleicht in gewissen geografischen Randgebieten: Bayern, Rheinland – wo etwas Süden, Romantik und Humor ins Bild kommen.) Über den großen Flächen Nord- und Ost-Deutschlands, in seinen farblosen Städten, hinter seinen allzu fleißig, gründlich und pflichtbewusst betriebenen Geschäften und Organisationen droht und drohte immer der Stumpfsinn. Und zugleich … der Wunsch nach ›Erlösung‹: Erlösung durch Alkohol, durch Aberglauben oder, am besten, durch einen großen alles überschwemmenden, billigen Massenrausch.«[22]
Sebastian Haffner, Jahrgang 1907, deutscher Publizist und Schriftsteller, ERINNERUNGEN

»München galt als die Hochburg der Reaktion, das Zentrum antidemokratischer Strömungen und Intrigen. Der Herausgeber einer Berliner linken Wochenschrift präsentierte alle Nachrichten aus der Isarstadt unter der Schlagzeile: ›Aus dem feindlichen Ausland‹. Die Münchener ihrerseits waren davon überzeugt, dass Berlin von einer Bande jüdischer Schieber und bolschewistischer Agitatoren regiert werde.«[23]
Klaus Mann, Jahrgang 1906, Sohn von Thomas und Katia Mann, EIN LEBENSBERICHT

»Damals fing die jämmerliche Provinzialisierung an, welche die einstige, mit vollem Recht anerkannte, international hochgeachtete Kunststadt München in geistiger, kultureller und gesellschaftlicher Hinsicht sehr schnell völlig bedeutungslos machte. Dazu trug vor allem das engstirnige, bösartig denunziatorische Verhalten des Bürgertums gegen alles ›Linke‹ und Außerbayerische bei, aber auch die wenigen Einsichtigen schwiegen.«[24]

Oskar Maria Graf, Jahrgang 1894, Schriftsteller, AUS MEINEM LEBEN

»Erloschen auch der liebenswürdige Charme der Isarstadt meiner Jugendjahre, abgelöst von einer grauen, lichtlosen Öde, die nichts mehr von dem verriet, was sich hier einst jung und fortschrittsfreudig gebärdet hatte. Ausgehöhlt durch jahrelange Unterernährung weiter Bevölkerungskreise, durch Währungsverfall, Arbeitslosigkeit sowie durch das Treiben eines üblen Schieber- und Raffketums, hatte sich auf dem Untergrund der desparaten politischen Situation ein Zustand der Hoffnungs- und Richtungslosigkeit herausgebildet.«[25]

Ernst Hanfstaengl, Jahrgang 1887, Verlegersohn, Bekannter Adolf Hitlers ab 1920, MEMOIREN

»Es waren nicht nur junge Menschen, die da auf den Straßen hin- und hermarschierten. Viele waren dabei, die konnten die Niederlage nicht verwinden. Dann waren viele dabei, die konnten in die normale Arbeitswelt … nicht zurückfinden. Denn diese Welt war versunken oder in Auflösung, und regelrechte Arbeit gab es nicht, selbst wenn einer zu arbeiten gewillt war.«[26]

George Grosz (eigentlich Georg Ehrenfried Groß), Jahrgang 1893, Maler, SEIN LEBEN VON IHM SELBST ERZÄHLT

»Hitler selbst war es nicht gelungen, in das Kleinbürgertum aufzusteigen. In den Jahren, als das Kleinbürgertum mit dem Fall der Mark hinabsank und später in der Weltwirtschaftskrise weiter verbittert wurde, bot er sich ihm als Retter an. Verzweifelt wollte es Träume; für den Moment bot er ihm diese und versprach für die Zukunft Sicherheit. Er lernte zu kämpfen und es machte ihn zum Gott – den Gott der Kleinbürger, gerade weil er dachte und aussprach, was noch unausgesprochen ihre Vorstellungen waren.«[27]

Stephen H. Roberts, Jahrgang 1901, australischer Historiker in Deutschland, THE HOUSE THAT HITLER BUILT

»Nicht jeder Kleinbürger kann zu einem Hitler werden, aber etwas von einem Hitler ist in jedem Kleinbürger.«[28]

Leo Trotzki, Jahrgang 1879, Revolutionär im mexikanischen Exil, FASCHISMUS

»Das Einzige, das mich hochhält, ist die Hoffnung auf den Tag der Rache, wenn er auch noch sehr fern ist. Ich erleb ihn vielleicht doch.«[29]

Rudolf Heß, Student der Volkswirtschaft und Freikorps-Mitglied, Postkarte an die Eltern vom 25. Juni 1919

»Nachmittags um fünf Vereidigung Eberts [als Reichspräsident] in der Nationalversammlung. Die Bühne war festlich geschmückt mit den neuen Reichsfarben,
Blattpflanzen und Blumen, Gladiolen und Chrysanthemen, unter denen ein
Theaterteppich, offenbar der Moosboden aus dem Sommernachtsraum, ausgebreitet war. Die Orgel spielte, und alles drängte sich in schwarzem Rock zwischen den Blattpflanzen wie bei einer besseren Hochzeit. Das Haus war dicht
besetzt bis auf die Deutschnationalen- und Unabhängigen-Bänke, die ostentativ
leer blieben. Einige Sekretäre und Stenografen verteilten sich, 115 Statisten, auf
die Plätze der Deutschnationalen. Ebert, im schwarzen Bratenrock, klein und
breitschulterig, mit einer goldenen Brille, kam nach einem Orgelvorspiel auf die
Bühne vor, gefolgt vom hinkenden Reichskanzler Bauer und dem Reichsministerium, die alle ebenfalls sehr feierlich schwarz waren. Ullsteins Berliner Illustrierte
hat es passend gefunden, gerade heute das Bild von Ebert und Noske in Badehosen zu bringen: eben wie der Wassermann aus der Versunkenen Glocke. Das
Bild schwebt bei der feierlichen Handlung über den Bratenröcken in der Luft.
Als Ebert den Eid leisten soll, fehlt das Manuskript. Es muss erst gesucht werden.
Peinliche Pause, da die Orgel aufgehört hat zu spielen. Fehrenbach [Präsident des
Reichstags] wird nervös. Schließlich kommt jemand mit dem Blatt durch die Bra-
tenröcke nach vorne gedrängt. Ebert spricht den Eid mit einer ganz sympathi-
schen hellen Stimme. Fehrenbach begrüßt ihn. Ebert redet. Alles sehr anständig,
aber schwunglos wie bei einer Konfirmation in einem gutbürgerlichen Hause.«[30]
Harry Graf Kessler, Publizist und Diplomat

»Das Erbe der Bebelschen Partei war großartig mit all den Organisationen, von
der Wiege bis zur Bahre, in denen nicht nur Ludwig und Martha Frahm sich
einzurichten wussten, und all dem Zukunftsglauben, der die Düsternis der Gegenwart für längere Augenblicke vergessen ließ. Großartig und doch nicht befriedigend, weil ohne jene Kraft und jenen Willen, deren es zur gründlichen demokratischen Erneuerung bedurft hätte.«[31]
Willy Brandt (eigentlich Herbert Frahm), Jahrgang 1913, Schüler in Lübeck,
ERINNERUNGEN

»Im Berlin des Jahres 1921 schien alles illusorisch. An den Fassaden der Häuser
klebten immer noch vollbusige Walküren aus Stein. Die Aufzüge waren in Betrieb, doch in den Wohnungen war es kalt, und das Essen war knapp. Der Stra-
ßenbahnschaffner half der Frau Geheimrat diensteifrig beim Aussteigen. Die
Streckenführung der Trambahn hatte sich nicht geändert, aber niemand wusste, für welche Strecke sich die Geschichte entscheiden werde. Die Katastrophe
mimte Ordnung. In den Schaufenstern fielen mir die rosafarbenen und blauen
Vorhemden auf; sie ersetzten die unerschwinglich gewordenen Hemden, sie wa-

ren das Aushängeschild wenn nicht des Wohlstandes, so doch der Wohlanstän-
digkeit.«[32]
Ilja Ehrenburg, Jahrgang 1891, sowjetischer Schriftsteller, MENSCHEN, JAHRE, LEBEN

»Das Kriegserlebnis, mehr noch, die furchtbare Enttäuschung der Niederlage
und das jahrelange verzweiflungsvolle Suchen nach einem Ausweg aus dem
trostlosen Zustand des Vaterlandes, machte mich – wie übrigens viele andere um
diese Zeit – für mystische Deutung empfänglich. So sah auch ich in Hitler das
Werkzeug einer höheren Macht, den vom Schicksal erkorenen Retter.«[33]
Ernst Rüdiger Starhemberg, Jahrgang 1899, österreichischer Freikorps-Angehöriger,
MEMOIREN

»Nach dem Ersten Weltkrieg war er nur einer der vielen tausend Ex-Soldaten,
die auf der Straße waren und nach Arbeit suchten. Er hatte es besonders schwer,
denn er hatte sich noch nicht von seinen Kriegsverletzungen erholt und stand
gänzlich ohne Familie da, zu der er hätte heimkehren können. Er hatte zu jener
Zeit noch nicht jene selbstmörderische Einstellung ›Deutschland oder den Tod‹,
die später so häufig als Beschreibung seiner Haltung genutzt wurde. In dieser
Zeit war Hitler bereit, von irgendjemandem einen Posten anzunehmen, der ihm
freundlich gesinnt war. Er hätte ebenso für einen jüdischen, französischen oder
arischen Arbeitgeber gearbeitet. Als ich ihn das erste Mal traf, glich er einem
müden streunenden Hund, der nach einem Herrn suchte.«[34]
Karl Mayr, Jahrgang 1883, Hauptmann der Reichswehr, ICH WAR HITLERS BOSS

»Das ist das Wunder unserer Zeit, dass ihr mich gefunden habt, dass ihr mich
gefunden habt unter fünfzig Millionen! Und dass ich euch gefunden habe, das ist
Deutschlands Glück!«[35]
Adolf Hitler, Rede auf dem Nürnberger Parteitag, 13. September 1936

»Nach dem Schluss meines Vortrages und der folgenden lebhaften Erörterung
stieß ich in dem sich leerenden Saal auf eine kleine Gruppe, die mich aufhielt. Sie
schien festgebannt um einen Mann in ihrer Mitte, der mit seiner seltsam gutturalen Stimme unaufhaltsam und mit wachsender Leidenschaft auf sie einsprach:
Ich hatte das sonderbare Gefühl, als ob ihre Erregung sein Werk wäre und zugleich wieder ihm selbst die Stimme gäbe. Ich sah ein bleiches, mageres Gesicht
unter einer unsoldatisch hereinhängenden Haarsträhne, mit kurz geschnittenem
Schnurrbart und auffällig großen, hellblauen, fanatisch kalt aufglänzenden Augen. Nach dem nächsten Vortrag wartete ich, ob er sich in der Aussprache melden würde, jedoch es geschah so wenig wie beim ersten Mal. ›Weißt du, dass du
einen rednerischen Naturtenor unter deinen Ausbildern hast?‹, fragte ich nach
der Stunde meinen alten Schulkameraden. ›Da scheint es weiterzureden, wenn
er einmal in Schuss kommt.‹ ›Wo sitzt er denn?‹ – Ich wies nach der Stelle. – ›So‹,

erwiderte er, ›das ist der Hitler vom List-Regiment. Sie Hitler, kommen's einmal raus da!‹ – und der Gerufene kam gehorsam, mit linkischen Bewegungen, wie mir schien in einer Art trotziger Verlegenheit, aufs Podium.«[36]

Karl Alexander von Müller, Jahrgang 1882, nationalkonservativer Historiker, ERINNERUNGEN

»Ich meldete mich eines Tages zur Aussprache. Einer der Teilnehmer glaubte, für die Juden eine Lanze brechen zu müssen, und begann sie in längeren Ausführungen zu verteidigen. Dieses reizte mich zu einer Entgegnung. Die weitaus überwiegende Anzahl der anwesenden Kursteilnehmer stellte sich auf meinen Standpunkt. Das Ergebnis aber war, dass ich wenige Tage später dazu bestimmt wurde, zu einem damaligen Münchener Regiment als sogenannter ›Bildungsoffizier‹ einzurücken. Die Disziplin der Truppe war zu dieser Zeit noch ziemlich schwach. Sie litt unter den Nachwirkungen der Soldatenratsperiode. Nur ganz langsam und vorsichtig konnte man dazu übergehen, an Stelle des ›freiwilligen‹ Gehorsams – wie man den Saustall unter Kurt Eisner so schön zu bezeichnen pflegte – wieder die militärische Disziplin und Unterordnung einzuführen. Ebenso sollte die Truppe selber national und vaterländisch fühlen und denken lernen. In diesen beiden Richtungen lagen die Gebiete meiner neuen Tätigkeit.«[37]

Adolf Hitler, MEIN KAMPF

»Besonders Herr Hitler ist, ich darf wohl sagen, ein geborener Volksredner, der durch seinen Fanatismus und sein populäres Auftreten in einer Versammlung die Zuhörer unbedingt zur Aufmerksamkeit und zum Mitdenken zwingt.«[38]

Soldat im Lager Lechfeld im August 1919

»Ein überragend kluger Kopf, ausgestattet mit einem ungewöhnlichen Gedächtnis, besonders für geschichtliche Daten, technische Zahlen, volkswirtschaftliche Statistiken, las er alles, was ihm unter die Augen geriet, und füllte so die Lücken seiner Bildung. Er überraschte immer wieder durch die zutreffende Wiedergabe des Gelesenen oder bei Vorträgen Gehörten.«[39]

Heinz Guderian, Jahrgang 1888, ab 1922 Oberleutnant im Reichswehrministerium, ERINNERUNGEN

»In die Tiefenschichten des Menschen sind Raubtierkräfte gebannt, das wissen die Wärter der Irrenanstalten, die mit der Zwangsjacke umgehen. Vermögen diese Kräfte sich einer Manie zu bedienen und Massenbewegungen zu beeinflussen, die aus einer sozialen Unordnung und Umordnung hervorgehen und für sie bereitliegen, so entstehen die Wirkungen des Typs Hitler, ohne dass das Genie und ein Wunder dazu nötig sind ... Solch ein Mensch lernt auf die Dauer sogar allerhand Kniffe zur Behandlung anderer Menschen: sie einschüchtern, anherrschen, kommandieren, Gefolgschaft erzwingen und sie täglich zu Tausenden sterben zu lassen, kurz, sich zu benehmen wie ein geborener Herrscher. Nur dass alles Schaum ist, was er schafft, Berge von Schaum, die nur denjenigen dauerhaft scheinen, die unter seiner Suggestion stehen, zuallererst ihm selbst.«[40]

Arnold Zweig, Jahrgang 1887, österreichischer Schriftsteller, DER TYPUS HITLER

»Eine weitere Versammlung im ›Sternecker‹ wurde für Anfang September 1919 festgesetzt. Als Redner sprang für den erkrankten Dietrich Eckart Gottfried Feder ein und hielt einen Vortrag über ›Brechung der Zinsknechtschaft‹. Anwesend waren ungefähr 80 Leute. Anschließend an den Vortrag entwickelte Anton Drexler wieder die Ziele der Deutschen Arbeiter Partei. In der Diskussion sprach ein Professor Baumann über separatistische Anschauungen und setzte sich für die Bildung der Donaulinie ein. Ein zweiter Redner meldete sich zu Wort und erledigte in kurzen markigen Worten diesen Prof. Baumann, so dass dieser seinen Hut nahm und ging. Es war dies … Adolf Hitler. Die Versammlung wurde kurz darauf von Drexler geschlossen, mit der Bitte an Adolf Hitler, wieder zu uns zu kommen, denn solche Leute konnten wir gebrauchen. Dabei übergab Drexler Hitler sein von ihm verfasstes ›Mein politisches Erwachen‹ mit der Bitte, es lesen zu wollen. Die Freude Anton Drexlers und die Aussicht auf Eintritt Adolf Hitlers in die Partei kam am besten mit den Worten zum Ausdruck: ›Jetzt haben wir einen Österreicher, der hat eine solche Goschen.‹ Einige Zeit später wurde bekanntlich dann Adolf Hitler die Mitteilung zugestellt, dass er als Mitglied in die Deutsche Arbeiter Partei aufgenommen sei.«[41]

Michael Lotter, Schlosser, erster Schriftführer der Deutschen Arbeiter Partei (DAP), Niederschrift für das NSDAP-Hauptarchiv

»Nicht anders beurteilte ich nach etwa zweistündigem Zuhören die ›Deutsche Arbeiterpartei‹. Als Feder endlich schloss, war ich froh. Ich hatte genug gesehen und wollte schon gehen, als die nun verkündete freie Aussprache mich doch bewog, noch zu bleiben. Allein auch hier schien alles bedeutungslos zu verlaufen, bis plötzlich ein ›Professor‹ zu Worte kam, der erst an der Richtigkeit der Federschen Gründe zweifelte, sich dann aber – nach einer sehr guten Erwiderung Feders – plötzlich auf den ›Boden der Tatsachen‹ stellte, nicht aber ohne der jungen Partei auf das angelegentlichste zu empfehlen, als besonders wichtigen Programmpunkt den Kampf um die ›Lostrennung‹ Bayerns von ›Preußen‹ aufzunehmen. Der Mann behauptete mit frecher Stirne, dass in diesem Falle sich besonders Deutschösterreich sofort an Bayern anschließen würde, dass der Friede dann viel besser würde und ähnlichen Unsinn mehr. Da konnte ich denn nicht anders, als mich ebenfalls zum Wort zu melden und dem gelehrten Herrn meine Meinung über diesen Punkt zu sagen – mit dem Erfolg, dass der Herr Vorredner … wie ein begossener Pudel das Lokal verließ. Als ich sprach, hatte man mit erstaunten Gesichtern zugehört, und erst als ich mich anschickte, der Versammlung gute Nacht zu sagen und mich zu entfernen, kam mir noch ein Mann nachgesprungen, stellte sich vor (ich hatte den Namen gar nicht richtig verstanden) und drückte mir ein kleines Heftchen, ersichtlich eine politische Broschüre, in die Hand, mit der dringenden Bitte, diese doch ja zu lesen.«[42]

Adolf Hitler, MEIN KAMPF

»Wir ersuchen Sie hiermit zu der am Mittwoch, 10. Dez.[ember] 1919 Abends punkt 7 Uhr Gasthaus ›Deutsches Reich‹, Dachauerstr. 145 stattfindenden Versammlung bestimmt zu

Handzettel, der Adolf Hitler als Redner einer Parteiversammlung der DAP am 10. Dezember 1919 ankündigt.

erscheinen. Redner: Herr Hitler über ›Deutschland vor seiner tiefsten Erniedrigung‹. Die Einladung dient als Ausweis. Der Saal ist geheizt. Der Ausschuss.

Josef Mayer, 1. Schriftführer, Andréstr. 10«[43], Deutsche-Arbeiter-Partei, Ortsgruppe München, 9. Dezember 1919

»Unter den verschiedenen rechtsradikalen Organisationen, die damals in Bayern den Ton angaben, war die NSDAP zwar keineswegs die stärkste, wohl aber die aktivste und geschlossenste Gruppe. Diese Bedeutung verdankte sie einzig und allein der Wirkung Hitlers, seiner Autorität und seiner Wirkung als Redner. Hitler war die Partei, und die Partei war Hitler.«[44]

Ernst Hanfstaengl, Verlegersohn, Bekannter Adolf Hitlers ab 1920, MEMOIREN

»Niemand weiß besser als Sie selbst, mein Führer, dass Sie niemals das siebte Mitglied der Partei, sondern höchstens das siebte Mitglied des Ausschusses waren, in den ich Sie bat, als Werbeobmann einzutreten. Und vor einigen Jahren musste ich mich bei einer Parteistelle beschweren, dass Ihre erste richtige Mitgliedskarte der DAP, die Schüsslers und meine Unterschrift trägt, gefälscht wurde, indem die Nummer 555 herausretuschiert und die Nummer 7 eingesetzt war.«[45]

Anton Drexler, Jahrgang 1884, Werkzeugschlosser, Parteigründer der DAP, nicht abgesandter Brief vom Januar 1940

»Deutsche Arbeiterpartei, Ortsgruppe München. Protestversammlung am 23. Januar 1920 gegen die ›Reichszertrümmerer und Französlinge‹. Der Redner, Herr Adolf Hitler, entlarvte mit bewundernswerter Gründlichkeit und rücksichtsloser Schärfe das feine Gelichter, das auf Winke von außen her die Zerstückelung Deutschlands und Preußens besorgt.«[46]

Bericht des Völkischen Beobachters, 23. Januar 1920

»Einen von ihnen sah ich damals, bald nach dem Kapp-Putsch, in einer langweiligen Stunde seltsame Figuren auf sein Heft kritzeln, immer wieder dasselbe:
Ein paar Striche, die sich auf überraschende und befriedigende Weise zu einem
symmetrischen, kästchenartigen Ornament formen konnten. Ich war gleich in
Versuchung, es nachzumachen. ›Was ist das?‹, fragte ich flüsternd, denn es war in
einer, wenn auch langweiligen, Schulstunde. ›Antisemitenabzeichen‹, flüsterte er
im Telegrammstil zurück. ›Haben die Ehrhardt-Truppen am Stahlhelm getragen.
Bedeutet: Juden raus. Muss man kennen.‹ Und er kritzelte geläufig weiter. Das
war meine erste Bekanntschaft mit dem Hakenkreuz. Es war das Einzige, was
der Kapp-Putsch Bleibendes hinterließ. Man sah es öfter in der nächsten Zeit.«[47]
Sebastian Haffner, Schüler in Berlin, ERINNERUNGEN

»Unser Bataillon ist fortgekommen von München, um an anderen Orten für Aufrechterhaltung der Ordnung zu sorgen. Mir ist es leider nicht möglich gewesen
mitzuziehen, da ich Herrn Hausleiter nicht allein lassen konnte. Die Bank war
aber so anständig, Alfred auf seine Bitten hin freizugeben. Strahlend zog er mit
all den Kameraden von dannen. Mit schwarz-weiß-roten Flaggen, mit Blumen
geschmückt, unter den Klängen der Musik, marschierten sie ab. Wohin sie sind,
weiß ich nicht. Es wird aber wohl bald Nachricht eintreffen. – Meine Leute, darunter auch Alfred, hatten sich jeder ein wunderschönes antisemitisches Hakenkreuz
auf den Stahlhelm gemalt. Leider mussten sie es aber auf höheren Befehl wieder
entfernen. Wahrscheinlich waren andere Kompagnien nicht ganz hasenrein.«[48]
Rudolf Heß, Student der Volkswirtschaft und Freikorps-Mitglied, Brief an die Eltern,
März 1920

»Auf prähistorischen Gefäßen und Geräten kommt das Swastikakreuz vor, welches auch bei den Buddhisten in Indien religiöses Symbol ist.«[49]
Meyers Konversations-Lexikon, Jahrgang 1888

»Das Hakenkreuz als Symbol der Arbeit, das Weiß als Zeichen unserer nationalen Gesinnung und das Rot als Zeichen unseres wahrhaft sozialen Gedankens. Im
Kreuz aber soll sich noch ein weiterer Sinn zeigen, nämlich der Geist, der allein
die Arbeit auf dieser Welt bedeutet, der Geist des Idealismus arischer Auffassung
und nicht der Geist des Juden.«[50]
Adolf Hitler, Rede zur Neugründung der NSDAP am 27. Februar 1925 im
Bürgerbräukeller

»Es bleibt ein unumstößliches Gesetz der Geschichte, dass sie gerade den Zeitgenossen versagt, die großen Bewegungen, die ihre Zeit bestimmen, schon in
ihren ersten Anfängen zu erkennen. So vermag ich mich nicht zu erinnern, wann
ich zum ersten Mal den Namen Adolf Hitlers gehört, diesen Namen, den wir
nun seit Jahren genötigt sind, jeden Tag, ja fast jede Sekunde in irgendeinem

Zusammenhang mitzudenken oder auszusprechen, den Namen des Menschen, der mehr Unheil über unsere Welt gebracht als irgendeiner in den Zeiten. Es muss jedenfalls ziemlich früh gewesen sein, denn unser Salzburg war mit seinen zweieinhalb Stunden Eisenbahndistanz eine Art Nachbarstadt Münchens, so dass auch dessen bloß lokale Angelegenheiten uns rasch vertraut wurden. Ich weiß nur, dass eines Tages – das Datum könnte ich nicht mehr rekonstruieren – ein Bekannter herüberkam und klagte, München würde schon wieder unruhig. Insbesondere sei da ein wüster Agitator namens Hitler, der Versammlungen mit wilden Prügeleien abhalte und in vulgärster Art gegen die Republik und die Juden hetze.«[51]

Stefan Zweig, österreichischer Schriftsteller, DIE WELT VON GESTERN

»1. Wir fordern den Zusammenschluss aller Deutschen auf Grund des Selbstbestimmungsrechtes der Völker zu einem Groß-Deutschland.
2. Wir fordern die Gleichberechtigung des deutschen Volkes gegenüber den anderen Nationen, Aufhebung der Friedensverträge von Versailles und St. Germain.
3. Wir fordern Land und Boden (Kolonien) zur Ernährung unseres Volkes und Ansiedlung unseres Bevölkerungsüberschusses.
4. Staatsbürger kann nur sein, wer Volksgenosse ist. Volksgenosse kann nur sein, wer deutschen Blutes ist, ohne Rücksichtnahme auf Konfession. Kein Jude kann daher Volksgenosse sein.«[52]

Aus dem 25-Punkte-Programm der NSDAP, 24. Februar 1920

»Die nationalsozialistische Arbeiter-Partei hat seit ihrer Gründung bewiesen, dass sie wirklich imstande ist, zu einen, statt noch weitere Gegensätze hervorzurufen. Und nur so kann man sich mit einer weiteren Partei einverstanden erklären, während wir deren übergenug haben. Es ist zu hoffen, dass diese mit der Zeit andere in sich aufnehmen wird. Denn tatsächlich gehören der Deutschen Arbeiterpartei ehemalige Mitglieder aller übrigen Parteien von rechts bis ganz links an. Es sind ehemalige Kommunisten und U.S.P.-Leute dabei, Idealisten, die vom Internationalen gründlich geheilt sind und sich wieder dem Nationalen zuwenden ... Die Bewegung ist national bis zum Äußersten und vereint damit soziale Bestrebungen, wie Bodenreform, Zinsbrechung usw. Die Zinsbrechung ist vor Aufhebung des Versailler Vertrages allerdings widersinnig, später wohl nur schwer durchführbar. Auf die Dauer mag sie aber den einzigen Weg bilden aus den Finanznöten des Reiches. Gegründet wurde die Partei hier vor 11 Jahren durch einen einfachen Eisenarbeiter. Inzwischen ist sie auf etwa 2 000 Mitglieder gestiegen, über die Hälfte Handarbeiter, vor allem dank dem glänzenden nationalen Redner Hitler. Letzterer fesselt allwöchentlich über 3 000 Zuhörer aller Stände zwei Stunden lang.«[53]

Rudolf Heß, Student der Volkswirtschaft und NSDAP-Mitglied, maschinenschriftliche Ausarbeitung, August 1920

»Er sprach sich alles von der Seele und uns allen aus der Seele ... (E)r sprach das, was im Bewusstsein aller vorhanden war, aus und verknüpfte die allgemeinen Erfahrungen zu einer klaren Erkenntnis und die allgemein vorhandenen Wünsche der Notleidenden und Hoffenden zu einem Programm. Er war sachlich sicher nicht original ..., aber er war der Berufene, um die Wortführung des Volkes zu übernehmen ... Er verhüllte damals ... nichts von dem Schrecken, der Not, der Verzweiflung, die vor Deutschland stand.«[54]

Hans Frank, Jahrgang 1900, Jura-Student und NSDAP-Mitglied,
IM ANGESICHT DES GALGENS

»Im Jahre 1920 höre ich von Hitler zum ersten Male. Zu dieser Zeit lese ich einige von ihm verfasste Aufsätze, die mir gut gefallen. Sie sind ganz nach meinem Geschmack. Mein Interesse für Hitler ist geweckt.«[55]

Karl Wahl, Jahrgang 1892, städtischer Angestellter in Augsburg,
ERLEBNISSE UND ERKENNTNISSE

»Auf Anregung von Scheubner-Richter, gefallen an der Feldherrnhalle 1923, fand im Laufe des Jahres 1920 mein erstes Treffen mit Hitler statt. Zugegen waren von Scheubner, Dr. Frenzel-Halle und Dr. Stadler, Mitglied des Stahlhelms. Hitler wurde für mich menschlich und politisch eine große Enttäuschung. Die übliche Hundepeitsche in der Hand, wie in einer Massenversammlung brüllend, jede ruhige Auseinandersetzung und irgendwelche Gegengründe ablehnend, so tobte dieser ›Ich-Besessene‹ sich aus. Ich schrieb in mein Notizbuch nur das Wort: ›Schmierenkomödiant‹.«[56]

Theodor Duesterberg, Jahrgang 1875, Mitglied der Deutschnationalen Volkspartei,
DER STAHLHELM UND HITLER

»Über ganz Oberschlesien waren die Angehörigen der geheimen Selbstschutzorganisation als landwirtschaftliche oder Straßenbauarbeiter verteilt. Statt mit dem in die Heimat zurückkehrenden Sturmzug nach Hause zu fahren, meldete ich mich, durch schlesische Kameraden veranlasst, zu dieser in Oberschlesien arbeitenden Geheimorganisation. Eine fieberhafte unterirdische Tätigkeit wurde hier entfaltet.

Hier lernte ich die abstoßende und scheußliche Seite der nationalen Kampforganisationen dieser Zeit kennen. Hier begegnete ich jenen Kreisen, die schon damals Fememord-Organisationen bildeten und aus denen Fememörder, politische Mörder und Terroristen späterer Zeiten hervorgingen. Hier herrschte schon damals jene brutale und barbarische Missachtung des Menschenlebens, die später den national-radikalen Terrorgruppen eigen war. Hier galt nur Treue und blinder Gehorsam der eigenen Organisation gegenüber. Keine anderen moralischen Gesetze hatten hier Geltung. Mit einem Zynismus sondergleichen wurden

Menschen beseitigt. ›Killen‹ nannte man das meuchlerische Abknallen missliebiger Persönlichkeiten.«[57]
Ernst Rüdiger Starhemberg, österreichischer Freikorps-Angehöriger, MEMOIREN

»Die Freicorps, von denen sich damals Ebert und Noske retten ließen, waren bis zur personellen Identität, und erst recht in Ansichten, Gehaben und Kampfstil einfach dasselbe wie die späteren Nazi-Sturmtruppen. Sie hatten bereits das ›Erschießen auf der Flucht‹ erfunden, sie waren schon ein gutes Stück weit in die Folterwissenschaft eingedrungen, und sie hatten bereits eine großzügige Art, unbedeutendere Kampfgegner einfach ohne viel Fragen und ohne Unterschied an die Wand zu stellen, die den 30. Juni 1934 vorausnimmt.«[58]
Sebastian Haffner, deutscher Publizist und Schriftsteller, ERINNERUNGEN

»Die Treue und Kameradschaft seiner ersten Gefährten bildeten in den Stunden der Niedergeschlagenheit für ihn ein Lebenselixier. Daraus erklärt sich die Nachsicht, die er ihnen gegenüber, selbst bei schwersten Vergehen, übte.«[59]
Christa Schroeder, Jahrgang 1908, persönliche Sekretärin Adolf Hitlers ab 1934, HITLER PRIVAT

»In der Staatsbibliothek sitzend, bei einer Arbeit über ›Dividende im Verhältnis zum Arbeitslohn‹, will ich Euch zwischenhinein doch schnell noch einen Gruß senden … In Plauen wird es jetzt wohl auch etwas unruhig sein. Hier u. dort streikelt u. rätelt es doch wieder mal, anlässlich des plötzlichen Hinüberschwebens des von den Arbeitern so vergötterten großen Milliardärs in den obersten jüdischen Himmel. Jetzt werden wahrscheinlich Arbeiter-Schutz-Bataillone gebildet für Großkapitalisten, so weit diese mauscheln. Woher es nur kommt, dass dieses Volk, das ›seine Geschicke selbst in die Hand genommen hat‹, so ganz von allen guten Geistern verlassen ist u. bald reif für's Irrenhaus wird? Hitler sitzt in Stadelheim für einen Monat. Wenigstens hat er aber Einzelhaft, kann für sich arbeiten, sich selbst ernähren, zweimal wöchentlich Besuch empfangen (ich will Montag hin), kann Zeitungen lesen. An sich tut die Ruhe Nerven u. Stimme sehr gut.«[60]
Rudolf Heß, Student der Volkswirtschaft und NSDAP-Mitglied,
Brief an die Eltern vom 7. Juli 1922

»Hitler hatte verboten, dass man ihn am Anfang fotografierte. Er wollte sich selbst keinen Steckbrief für den Staatsgerichtshof liefern. Nur 1922 fotografierte ihn heimlich ein Agent. Daraufhin ließ er sich von Hoffmann (damals ein Fotograf wie andere auch) aufnehmen. In Versammlungen konnte man ihn damals schwerlich fotografieren, weil die Beleuchtung zu schlecht war und es Blitzlicht noch nicht gab. Hoffmann war damals als PG [Parteigenosse] auch der Einzige, der das wagte. Hoffmann besaß schon ein Fotogeschäft.«[61]
Julius Schaub, Jahrgang 1898, ab 1925 persönlicher Mitarbeiter Hitlers, ERINNERUNGEN

»Am Ende der Tafel kam der Führer noch auf den schon in München weilenden Professor Hoffmann und das Fotografieren zu sprechen. Hoffmann sei durch die Leica von einem guten Fotografen zu einem Reporter geworden. Früher habe er oft eine halbe Stunde auf eine günstige Aufnahme gelauert, heute wild drauflos geknipst. Der Führer bedauerte, dass aus der Frühzeit der Bewegung in den Jahren 1919/20 fast gar keine Fotografien vorliegen. Er selbst habe sich bei den Aufnahmen im unpassendsten Moment, wobei dann noch die Blitzlicht-Glühbirne zersprang, oft sehr geärgert, aber für später seien diese Fotografien ein historisches Dokument.«[62]

Werner Koeppen, Jahrgang 1910, Adjutant von Reichsminister Alfred Rosenberg, Berichte aus dem Führerhauptquartier Wolfsschanze, 6. November 1941

»Erbärmlicher Zivilist mit schlecht sitzender Krawatte, der nichts wie Kunst im Kopf hatte, immer zu spät kam. Glänzender Redner von suggestiver Wirkung.«[63]

Gerhard Roßbach, Jahrgang 1893, Freikorps-Kommandant und NSDAP-Mitglied, ERINNERUNGEN UND BEKENNTNISSE

»Seitdem war er kein seltener Gast in unserm Heim und gab sich in seinem einfachen blauen Anzug so freundlich und bescheiden wie ein mittlerer Angestellter bei einem Besuch im Hause eines Vorgesetzten. Nur seine Augen, die Beweglichkeit seiner Gesten und seine sprachliche Gewandtheit fielen auf. Es wäre mithin töricht und unfair, wollte ich verschweigen, wie sehr mich in diesem ersten Stadium unserer Bekanntschaft seine anspruchslose Art beeindruckte, die nicht zuletzt auch im Umgang mit Kindern deutlich wurde.«[64]

Ernst Hanfstaengl, Verlegersohn, Bekannter Adolf Hitlers, MEMOIREN

»Es tat mir herzlich leid, dass ich Freitag nicht von Eurem Hiersein wusste. Ich hätte besonders Dich gern am selben Abend im Vortrag von Hitler gehabt, nachdem Du ihn noch nicht gehört. Lass Dir von Käthe über ihn erzählen. Er ist mir ein lieber Freund geworden. Ein Prachtmensch! … Stammt aus ganz einfachen Verhältnissen. Hat sich aber ein gewaltiges Wissen angeeignet, das ich immer wieder bestaune.«[65]

Rudolf Heß, Brief an die Kusine Milly Kleinmann vom 11. April 1921

»Der Parteiführer Hitler war zwar ein Homo novus, über dessen Herkommen niemand richtig Bescheid wusste. Dafür gehörte er der Frontgeneration an, und gerade sein Freisein von Bindungen an überkommene politische und gesellschaftliche Formen schien seinen Gefolgsleuten die Gewähr zu geben, dass er sie nicht unter falscher Flagge für anonyme Interessen marschieren ließ.«[66]

Albert Krebs, Jahrgang 1899, seit 1922 NSDAP-Mitglied in Frankfurt am Main, ERINNERUNGEN

»Hitler ist ohne Familienangehörige. Er ist vollkommen alleinstehend und wohnt in Aftermiete, Vermögen besitzt er nicht. Seit Oktober 1921 ist er Mitarbeiter des Hohen-Eichenverlages von Dietrich Eckart mit einem Monatsgehalt von 1 500 Mark. Von der Partei bezieht er keine Einnahmen. Was die Führung Hitlers anbelangt, so ist Nachteiliges gegen ihn nicht bekannt. Er ist ein überzeugter, ehrlicher Politiker, der aus seiner Gesinnung kein Hehl macht. Seine bisherigen Reden in öffentlichen Versammlungen waren stets im vaterländischen Sinne gehalten.«[67]
Stellungnahme der Fahndungsabteilung IVA der Polizeidirektion München, 6. Februar 1922

»Ich hörte über Jahre nichts von ihm, bis ich ihn schließlich 1921 in Wien wiedersah. Ich war in der Zwischenzeit selbst nach Wien gezogen. Aber was war in der Zwischenzeit alles in Europa geschehen, der Krieg und die Nachkriegsjahre mit dem so starken Leiden? Erst jetzt erfuhr ich von meinem Bruder, dass er im Jahr 1913 von Wien nach München gezogen war und begonnen hatte, Aquarelle zu malen. Mein Eindruck war, dass er erfolgreich war. Er erzählte mir von wunderbaren Kriegsabenteuern, der Kameradschaft, seiner Verwundung und der Blindheit im Lazarett in Pasewalk. Zu dieser Zeit war er bereits Führer der NSDAP. Ich muss gestehen, dass ich das Treffen mit meinem Bruder als großes und glückliches Ereignis empfand. Alleinstehend in bescheidenen Verhältnissen in Wien lebend, machte es mich glücklich, meinen Bruder zu treffen.«[68]
Paula Wolf, geborene Hitler, Jahrgang 1896, Verhör, Berchtesgaden, 5. Juni 1946

»Paula, seine Schwester, war oft in München zu Besuch; sie ähnelte ihrem Bruder. Alois, Halbbruder, hatte das Café Alois in Berlin am Wittenbergplatz. Zu ihm bestand gar kein Kontakt. H.[itler] äußerte sich niemals eingehend über seine Familienverhältnisse. Paula war in Wien bei einer Versicherung angestellt. Sie besaß eine kleine Wohnung. Als es herauskam, dass sie Hitlers Schwester sei, wurde ihr sofort von der Versicherung gekündigt. Daraufhin erbot sich eine Wiener Parteidienststelle, sie anzustellen. H. verbot dies. Paula hatte sich nie verheiratet, aber sie war mit einem Arzt liiert, ihrer großen Liebe. Sie besaß viel Wiener Charme im gut bürgerlichen Sinne, war freundlich, gefällig und gut angezogen, sonst aber unpolitisch.«[69]
Julius Schaub, ab 1925 persönlicher Mitarbeiter Adolf Hitlers, ERINNERUNGEN

»Als mein Bruder immer aktiver wurde und der Name ›Hitler‹ in Wien bekannt wurde, nahmen meine Schwierigkeiten solche Ausmaße an, dass ich am Ende gar aus meiner Stellung entlassen wurde. In dieser Zeit änderte ich meinen Namen in ›Wolf‹. Ich begab mich nach München und beschrieb meinem Bruder meine schwierigen Lebensverhältnisse. Voller Verständnis versicherte er, in Zukunft für mich sorgen zu wollen. So tat er es bis zu seinem Tode und zuerst überwies er den Betrag von 250 Mark, dann ab 1938 den Betrag von 500 Mark an mich. Außerdem erhielt ich jedes Jahr zu Weihnachten 3 000 Mark.«[70]

Paula Wolf, geborene Hitler, Verhör, Berchtesgaden, 5. Juni 1946

»Als ich in den Zwanzigerjahren wieder einmal in München war, sah ich überall riesengroße Plakate, die eine Versammlung im Zirkus Krone ankündigten und als Redner ... Adolf Hitler. Zufällig traf ich unseren ehemaligen Gerichtsoffizier des 16. Res.[erve] Inf.[anterie] Reg[imen]ts., Dr. Diess, und meinte: ›Ich lese da von einem Adolf Hitler als Versammlungsredner – das kann doch nicht unser Hitler sein, der kann doch gar nicht reden.‹ ›Das ist aber unser Hitler‹, antwortete Diess, ›den würdest du nicht mehr wiedererkennen. Der zieht sich jetzt, wie er glaubt, elegant an, hat sich den Schnurrbart gestutzt und hält Volksreden.‹«[71]

Fritz Wiedemann, Jahrgang 1891, Landwirt, ehemals Oberleutnant im Bayerischen Reserve Infanterie Regiment Nr. 16, ERLEBNISSE UND ERFAHRUNGEN

»Wenn ich jemals wieder etwas von meinem einstigen Jugendfreund erfahren würde, so nahm ich an, dann am ehesten die Nachricht, dass er ein bedeutender Architekt geworden wäre, zumindest ein Künstler, nicht aber irgendein belangloser Politiker, ausgerechnet in München.«[72]

August Kubizek, Jahrgang 1888, Linzer Jugendfreund Adolf Hitlers, MEIN JUGENDFREUND

»Ich bin nichts als ein Trommler und Sammler.«[73]

Adolf Hitler, Brief an den Schriftsteller Arthur Moeller van den Bruck, 1922

»Gestern Abend fand eine Versammlung der Kommunisten im Zirkus statt mit der Tagesordnung ›Das Todesurteil von Versailles‹. Den Rednern der Unabhängigen, die sich auch eingefunden hatten und sich für Verhandlungen mit den Westmächten aussprachen, wurde das Wort entzogen. Am Tage zuvor hatte ebenfalls im Zirkus eine große Versammlung der nationalsozialistischen Arbeiterpartei stattgefunden, zu der große rote in den schärfsten Ausdrücken abgefasste Plakate einluden, ebenso wie Flugblätter, die von einem Lastauto herab von Arbeitern in der Stadt verteilt wurden. Das Auto trug eine Fahne mit rotem Rand, weißem Feld und schwarzem Hakenkreuz. In der Versammlung sprach der Führer der Partei, Hitler.«[74]

Carl Moser von Filseck, Jahrgang 1869, Bericht des württembergischen Gesandten bei der bayerischen Staatsregierung, 5. Februar 1921

»Bot sich mir doch jetzt mit einem Male die Gelegenheit, vor einer größeren Zuhörerschaft zu sprechen; und was ich früher immer, ohne es zu wissen, aus dem reinen Gefühl heraus einfach angenommen hatte, traf nun ein: Ich konnte ›reden‹.«[75]

Adolf Hitler, MEIN KAMPF

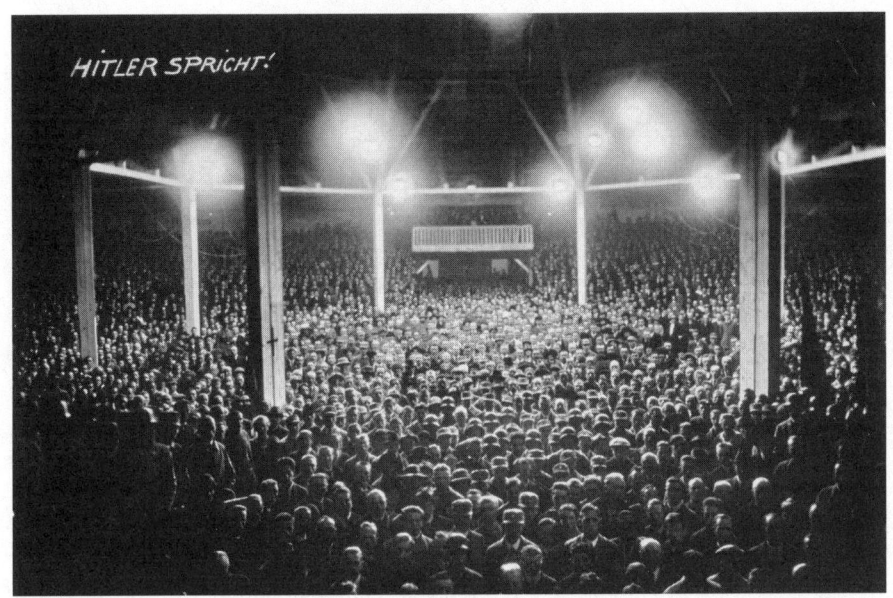

Der überfüllte Zirkus Krone bei einer Hitler-Rede im Jahr 1922 oder 1923, Postkarte.

»In dieser an sich erregenden und Überschwenglichkeiten Raum gebenden Stimmung begegnete ich Adolf Hitler, der in mitreißenden, innerste Leidenschaften aufwühlenden Worten verkündete, was eine verbitterte Schützengraben-Generationen und eine zu hemmungslosem nationalem Radikalismus entartete Kriegs- und Nachkriegsjugend wollte und fühlte. Von schicksalhafter Bedeutung wurde diese Begegnung für mich. In seinem Element, am politischen Kampfboden, am Rednerpult der Massenversammlung, traf ich ihn zum ersten Mal. Eine kurze, eindruckslose Vorsprache am Wege zum Freikorps nach Oberschlesien zählte nicht. Wie Hunderttausende war auch ich hingerissen. Mitreißend war er als Redner und unwiderstehlich in seiner Selbstverständlichkeit und scheinbar zwingenden Logik in dem, was er sagte und forderte.«[76]
Ernst Rüdiger Starhemberg, österreichischer Freikorps-Angehöriger, MEMOIREN

»Der Saal war überfüllt. Zwischen den dicht besetzten Tischen und Stühlen standen die Besucher. Es war alles ›Volk‹ in der umfassendsten Weite dieses Begriffs. Alte und Junge, Männer, Frauen, ja Greise, Bürger, Arbeiter, Soldaten, Studenten, Schüler. Ich stand an einem Tisch mit Verwundeten aus dem Krieg. Über allen lag der Massendunst von Not und Sorge, Spannung und Erwartung, von nervöser Unrast, aber auch von bereiter Energie. Viele trugen Mäntel aus ›auf Zivil‹ umgearbeiteten feldgrauen Uniformen, auch Frauen, manche sehr elend, bleich, krank, düster, verzweifelt. Und zu ihnen sprach nun ein Mann, im abgetragenen blauen Anzug, gänzlich ohne Schick. Die Krawatte hing lose am weichen Kragenhemd.«[77]

Hans Frank, Jura-Student und NSDAP-Mitglied, IM ANGESICHT DES GALGENS

»Fast stockend begann er, mit einer beinahe rau zu nennenden Stimme, die sich nach den ersten Sätzen dann erholte und an Kraft nichts zu wünschen übrig ließ. Zu Beginn war seine Rede ein gewisses Suchen und Tasten, das aber kaum länger als einige Minuten dauerte, bis der Kontakt mit der Menge hergestellt war, bis jenes geheimnisvolle Herüber- und Hinüberfluten einsetzte, das für alle, die dabei waren, die Rede zum unmittelbaren und unvergesslichen Erlebnis werden ließ – wie das auch später bei den Reden Adolf Hitlers immer der Fall war.«[78]

Hartmann Lauterbacher, Jahrgang 1909, Schüler in Kufstein, Tirol,
ERLEBT UND MITGESTALTET

»Ich begann zu sprechen und redete gegen zweieinhalb Stunden, und das Gefühl sagte mir schon nach der ersten halben Stunde, dass die Versammlung ein großer Erfolg werden würde. Die Verbindung zu all diesen tausend Einzelnen war hergestellt. Schon nach der ersten Stunde begann der Beifall in immer größeren spontanen Ausbrüchen mich zu unterbrechen, um nach zwei Stunden wieder abzuebben und in jene weihevolle Stille überzugehen, die ich später in diesem Raume so oft und oft erlebt habe und die jedem Einzelnen wohl unvergesslich bleiben wird. Man hörte dann kaum mehr als den Atemzug dieser Riesenmenge, und erst als ich das letzte Wort gesprochen, brandete es plötzlich auf, um in dem in höchster Inbrunst gesungenen ›Deutschland‹-Lied seinen erlösenden Abschluss zu finden.«[79]

Adolf Hitler, MEIN KAMPF

»Freilich musste man etwas Deutsch können, um die Gewöhnlichkeit dieser Sprache zu erfassen, dieses Tonfalls, dieser barbarischen Intonierung, dieser Laute aus einer Bierkehle, wie man sie im Alpenvorland von Droschkenkutschern und Gepäckträgern gewohnt war.«[80]

Arnold Zweig, österreichischer Schriftsteller, DER TYPUS HITLER

»Er war mittlerer Größe, sprach mit starker, klarer, leidenschaftlich bewegter, aber auch schreiender Stimme. Dieses Organ klang manchmal heiser und bewegte sich in merkwürdigen Lautstärkekontrasten. Ruhig anhebende Sätze erhoben sich mit einem Mal bei einem Wort oder gegen das Ende zu eindrucksvollster Tonkraft. Diese Kontraste aber schienen nicht oratorisch-deklamatorisch, berechnet auf Wirkungen angesetzt, sondern vermittelten den Eindruck eines ehrlich mitbewegten Herzens.«[81]

Hans Frank, Jura-Student und NSDAP-Mitglied, IM ANGESICHT DES GALGENS

»Hitler besaß die Gabe der Autosuggestion. Rasch aufspringende Begeisterung gab ihm Worte ein, von deren Schwung er selbst sich fortreißen ließ. So steigerte er sich in einen Zustand hinein, in dem er zu glauben begann, was er ursprünglich nur aufs Geratewohl oder um einen anderen Zweck zu erreichen berührt hatte. Er betrog sich selbst, aber damit auch seine Umgebung.«[82]

Lutz Graf Schwerin von Krosigk, Jahrgang 1887, Regierungsrat im Reichsfinanzministerium, ES GESCHAH IN DEUTSCHLAND

»Am 28. traten statt fünftausend sechstausend Mann SA auf dem Marsfeld an. Am Vorabend brauste Hitler im Auto von einer der zwölf Versammlungen zur andern. Im Löwenbräu hörte ich ihn damals zum ersten Mal öffentlich sprechen. Wie viele politische Versammlungen hatte ich schon in diesem Saal erlebt. Aber weder im Krieg noch in der Revolution hatte mich schon beim Eintreten ein solcher Gluthauch hypnotischer Massenerregung angeweht. Es war nicht nur die besondere Spannung dieser Wochen, dieses Tages. ›Eigne Kampflieder, eigne Fahnen, eigne Symbole, ein eigner Gruß‹, notierte ich, ›militärähnliche Ordner, ein Wald grellroter Fahnen mit einem schwarzen Hakenkreuz auf weißem Grund, die seltsamste Mischung von Soldatischem und Revolutionärem, von Nationalistischem und Sozialem – auch in der Zuhörerschaft: überwiegend der herabgleitende Mittelstand, in all seinen Schichten – wird er hier neu zusammengeschweißt werden?‹ Stundenlang ununterbrochen dröhnende Marschmusik, stundenlang kurze Reden von Unterführern. Wann würde er kommen? War doch noch ein Unerwartetes dazwischengetreten? Niemand beschreibt das Fieber, das in dieser Atmosphäre um sich griff. Plötzlich, am Eingang hinten, Bewegung. Kommandorufe. Der Sprecher auf dem Podium bricht mitten im Satz ab. Alles springt mit Heilrufen auf. Und mitten durch die schreienden Massen und die schreienden Fahnen kommt der Erwartete mit seinem Gefolge, raschen Schritts, mit starr erhobener Rechten zur Estrade. Er ging ganz nah an mir vorbei, und ich sah: Das war ein andrer Mensch als der, dem ich da und dort in Privathäusern begegnet war: die schmalen, bleichen Züge wie von einem besessenen Ingrimm zusammengeballt, kalte Flammen ausschleudernd aus den vorgewölbten Augen, die rechts und links nach Feinden auszuspähen schienen, um sie niederzuwerfen. War es die Masse, die ihm diese rätselvolle Kraft eingab? Strömte sie von ihm aus zu ihr? ›Fanatisierende hysterische Romantik, mit einem brutalen Willenskern‹, notierte ich mir. ›Wenn der herabsinkende Mittelstand ihn trägt, dieser Mann selbst gehört ihm nicht an, er muss aus ganz andern dunklen Tiefen kommen: ob er sich seiner nur als Sprungbrett bedient?‹ Seine Stimme war noch nicht so rau und bellend wie später, als alle Radiostationen rund um den Planeten sich einschalteten, um sie zu verbreiten: klarer, metallischer, ein mir ganz unerwarteter männlicher Ton. Er sprach nur etwa eine Viertelstunde lang, mit demagogischer, höhnischer, sich überschlagender Ironie, fast von Satz zu Satz von Stürmen des Beifalls, des Gelächters getragen. Und schon brach er wieder auf zur nächsten Versammlung, die nach ihm fieberte. Es war zum ersten Mal, dass ich in diesem seltsamen Mann nicht nur etwas Ungewöhnliches verspürte, sondern eine Kraft des Willens und der Massenbeherrschung, einen (wie ich damals schrieb) ›Fanatismus an sich‹, von denen unberechenbare politische Wirkungen ausgehen konnten.«[83]

Karl Alexander von Müller, nationalkonservativer Historiker, ERINNERUNGEN

»Mit dem gleichen mimischen Talent, mit dem er gelegentlich zur Erheiterung im engsten Kreise die typischen Eigenheiten eines Menschen, sein Gehabe und seine Sprechweise, verblüffend zu imitieren verstand, mit dem gleichen Einfühlungsvermögen vermochte er auch seine Absichten und Ziele in die Begriffswelt und in die Idiomatik seiner Zuhörer zu transponieren. So beherrschte er gleichermaßen das Vokabular der sorgenbeschwerten Hausfrau auf einem warenleeren Viktualienmarkt wie den Jargon des enttäuschten Landsers oder höheren Militärs, die Gedankenwelt des durch die Inflation enteigneten Besitzbürgers ebenso treffsicher wie die des korrekten, beiseite geschobenen Beamten.«[84]

Ernst Hanfstaengl, Verlegersohn, Bekannter Adolf Hitlers seit 1920, MEMOIREN

»Die Urteile über den Redner Hitler durchlaufen die ganze Skala von ›blödsinnig‹ bis ›herrlich-überwältigend‹. Wessen Gefühlsmembrane aber, sei es noch so leise, schwingt, weiß, dass Hitler der erste Redner Deutschlands ist. Er ›begründet‹ nichts, er heißt einen daran glauben. Daher ist er am stärksten, wenn er von den unsichtbaren Realitäten spricht, nicht von den sichtbaren. Ehre – Volk – Vaterland – Familie – Sippe – Treue – Opfer – all dies verlebendigt er. So, dass man es in die Hände nehmen kann. Hier liegt sein Zauber. Er hat recht eigentlich nie politische, nur ›philosophische‹ Reden gehalten. Geht er an eine politische Teilfrage heran, wird er flach bis zur Blamage. Er beginnt mit leiser, langsamer Tenorstimme. Und etwa nach 15 Minuten tritt ein, was man allein bei ihm am deutlichsten beobachten kann und was sich nur mit dem alten primitiven Bilde sagen lässt: Der Geist fährt in ihn. Dann spricht Schicksal aus ihm, Seele einer Neuzeit.«[85]

Weigand von Miltenberg (eigentlich Herbert Blank), Jahrgang 1899, Autor, ADOLF HITLER WILHELM III.

»Je öfter ich aber Hitler hörte, desto mehr schwächte sich der erste Eindruck ab. Ich merkte, dass die langen Reden Hitlers doch fast immer das Gleiche enthielten, dass ein Teil der Ausführungen für jeden national eingestellten Deutschen selbstverständlich ist und dass ein anderer Teil davon Zeugnis ablegt, dass Hitler der Wirklichkeitssinn und der Maßstab für das, was möglich und erreichbar ist, völlig abgeht.«[86]

Otto von Lossow, Jahrgang 1868, Reichswehrgeneral, im Hitler-Ludendorff-Prozess

Im Mai 1923 gründet Hitler als seine neue Leibwache den »Stoßtrupp Adolf Hitler«.

»Wir wussten alle noch nicht, wie genau jede dieser Kleinigkeiten in Kleidung und Benehmen schon damals auf Wirkung berechnet war, nicht anders wie das auffällige kurz geschnittene Schnurrbärtchen, das schmaler war als die unschön breitflügelige Nase. Der Mann, der hereinkam, war nicht mehr der trotzig-verlegene Ausbilder in einer schlecht sitzenden Uniform, der mir 1919 gegenübergestanden war; aus seinem Blick sprach schon das Bewusstsein des öffentlichen Erfolges: aber etwas seltsam Linkisches haftete ihm immer noch an, und man hatte das unangenehme Gefühl, er spürte es und nahm es einem übel, dass man es bemerkte.«[87]

Karl Alexander von Müller, nationalkonservativer Historiker, ERINNERUNGEN

»Denn hier in München fängt jetzt eine Bewegung an, so stark alle jungen, kräftigen und noch durch und durch gesunden Kräfte an sich zu ziehen ... Es ist die National-Sozialistische Deutsche Arbeiterpartei. Sie steht – um das vorauszuschicken – vollkommen auf deutsch-völkischem Boden, oder um es der Bewegung entsprechend negativ und klipp und klar auszudrücken: Wir sind Antisemiten. Und zwar konsequent und ohne Ausnahmen gelten zu lassen! In dem Sinn aber dieses Antisemitismus liegen die beiden Grundpfeiler unserer Bewegung verankert: national und sozial. Über jedem Eigennutz die Liebe zum Land und zum Volksgenossen.«[88]

Ilse Pröhl, spätere Heß, seit 1921 NSDAP-Mitglied, Brief an ihre ehemalige Lehrerin

Die Hauptangeklagten im Hitler-Ludendorff-Prozess Erich Ludendorff (links), Adolf Hitler (Mitte) und Friedrich Weber (mit Schirmmütze) in einer Verhandlungspause im Hof der Münchener Kriegsschule, in der das Volksgericht des Landgericht München I tagt.

EIN REVOLUTIONÄR
1922 bis 1923

»Hitler: das ist der Mob, der Nietzsche gelesen hat.
Das ist Mussolenin im Ausverkauf.«[1]
Alfred Kerr, deutsch-jüdischer Theaterkritiker

Die 1990er-Jahre markieren den Beginn der »Historisierung« des Nationalsozialismus. Die Generation derjenigen, die die Zeit aus eigener Anschauung kannte, trat ab. Einschneidende Folgen der Herrschaft Hitlers wie die Spaltung Deutschlands und Europas wurden überwunden. »Mit dem zunehmenden Abstand zum Geschehen wird es möglich, diese Zeit nüchterner und differenzierter zu sehen«[2], schreibt der Historiker Rainer Zitelmann im Vorwort zur zweiten Auflage seiner im Jahr 1987 erschienenen Biographie *Hitler. Selbstverständnis eines Revolutionärs.* Das Buch provozierte damals, weil es der Politik Hitlers Elemente als zentral unterstellte, die man in der historischen Wissenschaft dem italienischen Faschismus mit seiner frühen Verbindung zu den avantgardistischen Futuristen schon immer unterstellt hatte, dem Nationalsozialismus aber nicht.

Zitelmann geht es in seiner Biographie (und in einigen Vorarbeiten zu diesem Buch) darum, zu ergründen und zu belegen, was Hitler wirklich gewollt habe. Er definiert Hitler konsequent als »Revolutionär«. Hitler habe mehr als nur die Macht erobern, sein Programm von Lebensraum und Antisemitismus verwirklichen, er habe die Gesellschaft modernisieren wollen. Er sei ein »bewusster Vollstrecker«[3] eines »Modernisierungsprozesses«[4] nicht nur der Industrie, sondern auch der Gesellschaft gewesen. Es gibt eine Definition des Revolutionsbegriffs von Adolf Hitler, vorgetragen in einer Rede vom 24. Mai 1921, die Zitelmann zitiert: »Was ist eine Revolution? Sie ist die gewaltsame Änderung einer bestehenden Ordnung durch eine Minderheit, gestützt und erst möglich gemacht durch das Wollen der Mehrheit eines Volkes.«[5]

Hitler selbst habe sich immer als Revolutionär gesehen, schreibt auch der US-Historiker John Lukacs in *Hitler. Geschichte und Geschichtsschreibung (The Hitler of History)* 1997 und gibt damit scheinbar Zitelmann recht: »Er nannte sich den Führer einer nationalen Revolution. Das war nicht bloß Rhetorik oder Gewohnheit, Hitler verstand sich während seiner ganzen politischen Laufbahn, also in den letzten 26 Jahren seines Lebens, als Revolutionär.«[6] Lukacs kommt zu dem Schluss: »Am Nationalsozialismus und an Hitlers Ideen war tatsächlich vieles modern. Es ist nicht verwunderlich, dass diese, vielleicht etwas gewagte, Definition des Dritten Reiches und Hitlers als ›modern‹ jene zumeist deutschen Historiker schockierte, die Hitler wenn nicht als Reaktionär, so doch als Gegner der Moderne betrachteten, also als Gegner der progressiven, liberal demokratischen Welt «[7]

Um das Recht auf eine »Revolution« zu begründen, habe Hitler, so Zitelmann in seiner Biographie, eine revolutionäre Staatstheorie entwickelt: »Der Staat sei nicht, wie die konservativen Bewunderer des Obrigkeitsstaates dies meinten, ein ›Selbst-zweck‹, etwas Heiliges, das seine Rechtfertigung in sich selbst bzw. in der Tatsache seiner bloßen Existenz fände, sondern nur ›Mittel zum Zweck‹.«[8] Wo bei den Kom-munisten die Errichtung einer klassenlosen Gesellschaft Zweck der Revolution gewe-sen sei, sei das revolutionäre Ziel für Hitler die »Erhaltung des Volkes«[9] gewesen.

An die Stelle der Demokratie und ihres »Majoritätsprinzips« habe Hitler die Herr-schaft einer revolutionären Elite setzen wollen. Für diese elitäre Minorität habe er eine Theorie der Eliterekrutierung entwickelt, die Zitelmann so zusammenfasst: »Die Propaganda der revolutionären Partei habe möglichst radikal und kompromisslos zu sein, so dass sie die ›feigen‹ bürgerlichen Opportunisten von vornherein abstoße. Nur jene Elemente sollten angesprochen werden, die auch die mit dem Bekenntnis zu einer radikalen Ideologie verbundene gesellschaftliche Ächtung nicht scheuten.«[10]

Sollte Hitler diese Idee ernst gemeint haben, so hat sie in der Praxis nicht funk-tioniert. Wenn sich in der sogenannten »Kampfzeit« bis zur »Machtergreifung« auch sehr viele Parteimitglieder fanden, die Haft und Verlust der bürgerlichen Existenz nicht scheuten, so wandelte sich doch fast der gesamte Funktionärsapparat der Partei und ihrer Massenorganisationen in den Jahren ihrer totalen Macht in eine korrupte Nomenklatura, schon von Zeitgenossen als »Bonzenherrschaft« gesehen. Der Hit-lerstaat hat die gesellschaftlichen Besitzverhältnisse im Deutschen Reich nicht verän-dert. Er hat nur zu den alten Machteliten für kurze Zeit eine neue gesellt. An dieser neuen Machtelite jedoch war nichts revolutionär, es sei denn, der weiter bestehende Wille zur Gewalt sei der entscheidende Ausweis revolutionären Handelns.

Man kann die vermeintlich revolutionäre Haltung Hitlers und seiner Bewegung nicht an Taten zu einer wirklichen Veränderung der Gesellschaft ablesen. In seiner zwölfjährigen Herrschaft wurden die ökonomischen Machtverhältnisse und die sozi-ale Ordnung im Deutschen Reich nicht umgewälzt. Deshalb sind Zitelmann und Lukacs darauf ausgewichen, zu erforschen, was Hitler zwar nicht realisiert, aber »gewollt« habe. Man müsse sich, so Zitelmann, in »die innere Logik seiner Welt-anschauung hineindenken«. Seine revolutionäre Haltung könne man an seinen geschriebenen Gedanken und vor allem seinen Worten ablesen.[11]

Zitelmann beschreibt die von ihm angewandte Methode wie folgt: »Die sozia-len, ökonomischen und politischen Kernpunkte dieser Weltanschauung, die wir als ›Hitlerismus‹ bezeichnen wollen (denn die nationalsozialistische Weltanschauung gab es nicht), haben wir in dieser Arbeit an Hand der Äußerungen Hitlers rekonstruiert.«[12] Zu dieser Methode bekennt sich auch der Amerikaner John Lukacs: »Man muss Hitler beim Wort nehmen, um ihn zu verstehen. Man sollte darauf achten, was er meinte.«[13]

Muss man als Zeithistoriker Hitlers Ziele von seiner Politik und deren Ergebnissen trennen, also auch den Worten Gewicht geben, denen keine Taten folgten? Täte man das etwa hinsichtlich Hitlers Reden und Interviews zum Thema Krieg und Frieden in Europa, würde man Hitler als Aussöhner und Friedenspolitiker identifizieren. Aus seinen Worten zu filtern, was er wirklich meinte, war und ist schwer. Hitler war, und das ist unter Historikern hinlänglich bekannt, zeitlebens ein schamloser Lügner. Die wahren Fakten über die Folgen seiner Politik kannten außerhalb des nationalsozialistischen Herrschaftskreises – in einem Land ohne freie Presse und Wissenschaft – wenn überhaupt nur die ausländischen Geheimdienste. Hitler log in jeder Hinsicht, zu jedem Thema, gegenüber Freund wie Feind. Historiker müssen Hitlers aktenkundige oder überlieferte Worte immer wieder gewichten. Dies geschieht am überzeugendsten im Abgleich mit seinen Taten. In diesem Abgleich aber erweist sich Zitelmanns Methode deshalb als nicht anwendbar. Die Reden eines Lügners sind keine Indizien für seine wahre Überzeugung.

Auch das Heranziehen von Äußerungen vor Hitlers Machtantritt ist problematisch. Denn Hitler wechselt die ideologische Farbe je nach Umgebung, mal tönt er revolutionär, mal antirevolutionär. John Lukacs: »Zumindest in den zehn Jahren von 1924 bis 1934 war Hitler willens und in der Lage, Konservative mit einer antirevolutionären Rhetorik anzuziehen, obwohl er nach wie vor häufig die Arbeiterschaft überhöhte und der Oberschicht Egoismus vorwarf. Der Zauberer hatte es im politischen Geschäft zu solcher Meisterschaft gebracht, dass er im Bedarfsfall auch die ›konservative‹ Seite seiner Ideologie artikulieren konnte.«[14] Lukacs' 1997 in Deutschland publizierter Essay *Hitler, Geschichte und Geschichtsschreibung* ist in seiner Klassifizierung inkonsequent. Mal gesteht er Hitler wie Zitelmann zu, »Revolutionär« gewesen zu sein, mal typisiert er ihn so, wie ihn fast alle Biographen sehen: »Er war mehr als ein Demagoge, er war ein Populist.«[15]

Der frühe Politiker Hitler lehnt die Beteiligung an Parlamentswahlen ab, da er befürchtet, seine Bewegung würde ihren zur Schau gestellten revolutionären Charakter einbüßen und über eine Machtteilhabe nach und nach in das parlamentarische System eingebunden werden. Eine »Revolution« stellt sich Hitler lange als einen gewaltsamen Umsturz vor, in dem die alten Machthaber mit Gewalt beseitigt werden. Am 9. November 1923 versucht er einen solchen Putsch. Er soll den Umsturz in Italien kopieren, der 1922 durch Mussolinis »Marsch auf Rom« die Faschisten an die Macht gebracht hat.

Im Herbst 1923 herrscht im Deutschen Reich eine Hyperinflation, das Geld ist faktisch wertlos. In Sachsen und Thüringen bilden sich im Oktober »proletarische Arbeiterregierungen«. Im unruhigen Bayern ist seit dem 26. September die republikfeindliche Regierung des Generalstaatskommissars Gustav Ritter von Kahr mit diktatorischen Vollmachten an der Macht. Sie hat sich die in Bayern stationierten Einheiten der Reichswehr unterstellt und geht auf einen scharf rechtsgerichteten

Konfrontationskurs zur demokratischen Reichsregierung unter Gustav Stresemann. Während die Kommunisten in ganz Deutschland eine Revolution nach russischem Vorbild planen, halten völkische Nationalisten und extrem Konservative aus Industrie, Politik und Militär die Zeit reif für eine Diktatur. Im fernen Lübeck beobachtet der sozialdemokratische Redakteur Julius Leber im Oktober 1923 die rechten Umtriebe in Bayern: »Alles Republikanische wurde mit rücksichtsloser und schroffer Gewalt unterdrückt. Jedem ›nationalen‹ Mann lachte das Herz im Leibe, wenn er der ›Ordnungszelle‹ in Bayern gedachte. Von dort kommt das Licht, so tönte es über die Stammtische bierseliger Patrioten und aus dem Geschwätz halbwüchsiger Hakenkreuzbuben.«[16]

Als Hitler erkennt, dass er mit seiner Partei von den Kräften um von Kahr ausgeschlossen und ins politische Abseits gestellt werden soll, ruft er am Abend des 8. November 1923 die »nationale Revolution« aus und erklärt die bayerische sowie die Reichsregierung für abgesetzt. Der Putsch soll München und Bayern in die Hand der Aufständischen bringen und dann nach dem Vorbild Italiens mit einem »Marsch auf Berlin« das demokratische System stürzen. Die Putschisten überschätzen aus ihrer engen Münchener Perspektive die eigene Stärke. Sie rechnen mit einem Überlaufen der Reichswehrtruppen in Bayern und der bayerischen Polizei. Dies geschieht nicht. Ein einziger größerer Erfolg gelingt den Putschisten mit der Einnahme des Wehrkreiskommandos unter der Führung von Ernst Röhm. In seinem Gefolge marschiert ein junger Mann mit Nickelbrille – der 23-jährige Heinrich Himmler, ein arbeitsloser Diplom-Landwirt.

Hitlers dilettantisch durchgeführter Putschversuch bleibt isoliert. Am Morgen des 10. November ziehen zwar 2 000 teilweise schwer bewaffnete Putschisten vom Bürgerbräu über die Innenstadt zur Ludwigstraße vor dem Odeonsplatz. Der Marsch endet aber an der Feldherrnhalle im Feuer der Polizei.

Aus der Erfahrung des gescheiterten Putsches entwickelt Hitler in den nächsten Jahren das Konzept der »legalen Revolution«. Dabei geht es ihm darum, so Rainer Zitelmann, dass trotz des nun von ihm befolgten »Legalitätsprinzips« der revolutionäre Anspruch der Bewegung weiter konsequent vertreten und im Auftreten gezeigt wird. »Dass er den revolutionären Anspruch weiter glaubwürdig vertreten konnte, obwohl er sich nun zur ›Legalität‹ bekannte, verdankte Hitler, wie er selbst betonte, nicht zuletzt der Tatsache, dass er bereits im November 1923 bewiesen habe, dass er wirklich ein Revolutionär sei.«[17]

Der Putschversuch von 1923 gilt vielen Hitler-Anhängern später als blutiger Beweis, der Demagoge Hitler habe wirklich die Absicht, die Gesellschaft umzugestalten. Ein Beweis, dass Hitler ein Revolutionär gewesen sei, ist er so wenig wie seine Rhetorik einer »nationalen Revolution«. Der revolutionäre Umsturz war für Hitler nur eine Machtoption.

Ansichten und Berichte

TAGEBUCH, 29. OKTOBER 1922

»Die Faszisten haben durch einen Staatsstreich die Gewalt an sich gerissen in Italien. Wenn sie sie behalten, so ist das ein geschichtliches Ereignis, das für ganz Europa unabsehbare Folgen haben kann.«[18]
Harry Graf Kessler, Jahrgang 1868, Publizist und Diplomat

»Der Marsch auf Rom 1922 war einer der Wendepunkte der Geschichte. Die Tatsache allein, dass man das machen kann, hat uns einen starken Auftrieb gegeben.«[19]
Adolf Hitler, Tischgespräch im Führerhauptquartier Wolfsschanze,
aufgezeichnet von Heinrich Heim, Nacht vom 21. Juli auf den 22. Juli 1941

»Deutschlands Mussolini heißt Adolf Hitler.«[20]
Hermann Esser, Jahrgang 1900, Redakteur des Völkischen Beobachters,
NSDAP-Mitgliedsnummer 881

»Für Hitler war der Duce ein Vorbild. In seinem Büro im Braunen Haus in München befand sich neben einem Porträt Friedrichs II. nur eine Büste Mussolinis. Mein Mann bemerkte, dass Hitler den Tränen nahe war, als er Italien nach seinem Besuch im Mai 1938 wieder verließ ... Wenn ich Mussolini nach dem Grund für Hitlers Anhänglichkeit fragte, so erwiderte er, dass Hitler in Italien das Regime vorgefunden habe, das er nach seiner Machtergreifung in Deutschland zu verwirklichen suchte. Und er ahmte viele Details nach. Die Theorie des Lebensraums übernahm er von Mussolini, der für die Italiener neue Territorien suchte, auf denen sie leben und arbeiten konnten. Mussolini vergaß nie, dass in seiner Jugendzeit Millionen von Italienern auswandern mussten, um zu überleben. Hitler benutzte diese Idee zu einer hemmungslosen Expansionspolitik, die die Persönlichkeit der besetzten Nationen zerstörte, während sich die Italiener ihnen anpassten.«[21]
Rachele Mussolini, Jahrgang 1890, Ehefrau Benito Mussolinis, ERINNERUNGEN

»Blicke ich heute zurück auf die Monate, die nach der Ruhrbesetzung dem Novemberputsch vorausgingen, so empfinde ich selbst jetzt noch auf dem Untergrund längst abgeblasster Erinnerungen die fiebrige Spannung jener Tage. Das noch schwer durchschaubare Durcheinander von Aufmärschen, Massenversammlungen, Tagungen, Beratungen und die Auswirkungen eines beispiellosen Währungszusammenbruches kündigten eine Explosion an, die jeden Augenblick eintreten konnte.«[22]
Ernst Hanfstaengl, Jahrgang 1887, Bekannter Adolf Hitlers seit 1920, MEMOIREN

»Entweder nehmen die Dinge den Verlauf wie in Russland, und es kommt zu einer Diktatur des Proletariates, oder es geht wie in Italien mit der Diktatur eines Mussolini ... Ein Mittelding zwischen der Diktatur des Proletariates oder der Diktatur von rechts gibt es nicht.«[23]
Adolf Hitler, Rede in Zürich vor dem Nationalen Klub am 30. August 1923

»In einem Bierausschank am Alexanderplatz hörte ich zum ersten Mal den Namen Hitler. Ein Besucher erzählte hingerissen von den Bayern: das sind Kerle! Bald werden sie sich rühren. Das sind die Richtigen: Arbeiter und echte Deutsche. Die werden es allen geben: den Franzosen und den Juden, den Schiebern und den Russen. Die Nachbarn protestierten, aber der Anhänger eines gewissen Hitler wiederholte hartnäckig: ›Ich spreche als Deutscher und als Arbeiter‹.«[24]
Ilja Ehrenburg, Jahrgang 1891, russischer Schriftsteller, MENSCHEN, JAHRE, LEBEN

»1923 war München die große Hoffnung der Nationalpatrioten Österreichs und Deutschlands. Von der bayerischen Regierung begünstigt, erstand hier ein vaterländischer Kampfverband neben dem andern. Täglich peitschten Versammlungen die völkischen Leidenschaften auf und begeisternde Kundgebungen wechselten mit den dröhnenden Werbeaufmärschen der von Tag zu Tag wachsenden wehrhaften Verbände. Eine mitreißende nationale Stimmung, die zu den größten Erwartungen berechtigte, herrschte in der süddeutschen Hauptstadt. Verbissene Wut und trotzige Kampfentschlossenheit, vor allem bei der tatendurstigen, national empfindenden Jugend, löste die erfolgte Besetzung des Ruhrgebietes durch interalliierte Truppen aus. Gerüchte von weitgehenden Vorbereitungen für die Erhebung gegen die bei uns Nationalisten als volksfeindlich geltende Berliner Regierung und die demütigenden, als Vergewaltigung empfundenen Friedensverträge gingen um und ließen die Herzen höher schlagen.«[25]
Ernst Rüdiger Starhemberg, Jahrgang 1899, österreichischer Freikorps-Angehöriger, MEMOIREN

»Eigentlich war bis 1923 alles im Keim schon da: die sich jagenden Massenversammlungen, 46 in München im ersten Jahr!, die ›Sturm-Abteilungen‹ (SA), wie er die alten Ordner nach der ersten großen Saalschlacht im Hofbräuhaus benannte, die eigne Zeitung, das Hakenkreuz, außer Himmler und Goebbels der Kern der kommenden Spitzen der Partei, Heß und Rosenberg, Gregor Strasser und Feder, Streicher und Amann, Schwarz, Bouhler, Brückner, Christian Weber, als Letzter Ende 1922 auch Göring. Schon standen militärische Gönner hinter ihm, schon hatten sich ihm Häuser wie Bechstein, Hanfstaengl geöffnet. Seine Bewegung war längst nicht mehr auf München beschränkt. Während des Kapp-Putsches hatte er in Berlin Fuß gefasst: die dortigen Alldeutschen, dann Borsig waren die ersten, die seiner chronischen Geldnot zu Hilfe kamen. Er hatte dort ... Reden gehalten,

Ein SA-Trupp marschiert zur Fahnenweihe beim ersten Reichsparteitag der NSDAP auf dem Münchener Marsfeld am 27. Januar 1923.

Fühlung mit dem mitteldeutschen Stahlhelm aufgenommen: schon lag man ihm an, die Zentrale seiner Partei in die Reichshauptstadt zu verlegen; schon schlug man … vor, ihn zum Führer einer großen Koalition aller völkisch-sozialen Gruppen in Deutschland, Deutsch-Österreich und dem Sudetenland zu wählen.«[26]
Karl Alexander von Müller, Jahrgang 1882, nationalkonservativer Historiker, ERINNERUNGEN

»Als im Januar 1923 der erste Parteitag in München stattfindet, ist die Augsburger SA ganz stattlich vertreten. Auf dem Platz vor dem Zirkus Krone findet ein öffentlicher Aufmarsch statt, bei dem Hitler und von Xylander sprechen. Auch General Epp ist anwesend. Anschließend werden die ersten SA-Standarten verliehen. Zum ersten Male stehen wir nun in einem größeren Verband am Platze. Bund Oberland und die Reichskriegsflagge sind ebenfalls angetreten. Bei diesem ersten öffentlichen Aufmarsch habe ich den Eindruck: Es steckt etwas dahinter, wir stehen nicht allein da, die vaterländische Idee ist im Wachsen.«[27]
Karl Wahl, Jahrgang 1892, städtischer Angestellter in Augsburg, SA-Mitglied, ERLEBNISSE UND ERKENNTNISSE

»Unter den Freikorps-Führern gab es einige nationale Idealisten. Die Mannschaften waren Landsknechte, die aus dem Krieg nicht ins zivile Leben zurückgefunden hatten; sie kannten nur eine Tugend: Gehorsam. Auf Befehl waren sie für alles einzusetzen, scharf auf den Mann dressiert und zu allem fähig. Hitlers SA, die Sturm-Abteilungen, rekrutierten sich aus den Unzufriedenen und Erfolglosen, den Ehrsüchtigen, den Neid- und Hasserfüllten aller Schichten – zu Mord und Gewalttat bereit. An den Bräuhaus- und Bierhallen-Versammlungen Adolf Hitlers habe ich in dieser Zeit öfters teilgenommen. Ich wollte Bescheid wissen.«[28]

Carl Zuckmayer, Jahrgang 1896, deutscher Dramatiker,

ALS WÄR'S EIN STÜCK VON MIR

»Was Deutschland retten kann, ist die Diktatur des nationalen Willens und der nationalen Entschlossenheit. Da entsteht die Frage: Ist die geeignete Persönlichkeit da? Unsere Aufgabe ist es nicht, nach der Person zu suchen. Die ist entweder vom Himmel gegeben oder ist nicht gegeben. Unsere Aufgabe ist, das Schwert zu schaffen, das die Person brauchen würde, wenn sie da ist. Unsere Aufgabe ist, dem Diktator, wenn er kommt, ein Volk zu geben, das reif ist für ihn!«[29]

Adolf Hitler, Rede auf einer NSDAP-Versammlung in München am 4. Mai 1923

TAGEBUCH, 20. MAI 1923

»Ein seltsamer Wind weht von München und Nürnberg her. Die ›Nationalsozialistische Deutsche Arbeiterpartei‹ ist eine der neuen Parteien, die in München sehr viel Unruhe verursacht. Sie wird von Adolf Hitler geführt. Man erzählt, er verfüge über fast hypnotische Kräfte. Die bedeutendste Konkurrenzgruppe ist die ›Deutschsozialistische Partei‹. Ihr Führer in Nürnberg heißt Julius Streicher, ein Schullehrer von Beruf und ein Judenfresser aus Überzeugung. Er ist auch der Herausgeber einer pornografischen Zeitung ›Der Stürmer‹, die einen beträchtlichen Abonnentenkreis aufweisen kann.«[30]

Bella Fromm, Jahrgang 1890, jüdische Deutsche, Journalistin

»Mein Glauben an das Deutschtum hat nicht einen Augenblick gewankt, jedoch hatte mein Hoffen – ich gestehe es – eine tiefe Ebbe erreicht. Sie haben den Zustand meiner Seele mit einem Schlage umgewandelt. Dass Deutschland in der Stunde seiner höchsten Not sich einen Hitler gebiert, das bezeugt sein Lebendigsein ... Dass der großartige Ludendorff sich offen Ihnen anschließt und sich zu der Bewegung bekennt, die von Ihnen ausgeht: welche herrliche Bestätigung!«[31]

Houston Stewart Chamberlain, Jahrgang 1855, britischer Rassentheoretiker und Schriftsteller, Brief an Adolf Hitler vom 7. Oktober 1923

TAGEBUCH, 18. SEPTEMBER 1923

»Gegen ½ 10 Uhr traten wir die Reise an ..., gegen Mitternacht überschritten wir bei Hof die sächsische Grenze ... Weber und ich saßen hinter dem Führer im Wagen mit schussfertigen Pistolen in der Hand; jeden Augenblick zum Handeln bereit ... trafen wir gegen 2 Uhr in Berlin ein ... Dankbar erinnere ich mich, als er

mir von der Siegessäule aus das Häusermeer der Weltstadt zeigte, auf das Schloss und den Reichstag zeigend, zu mir sagte: ›Graf, wenn über diesen herrlichen Bauten unsere Hakenkreuzfahne weht, bin ich Führer des ganzen Volkes.‹«[32]
Ulrich Graf, Jahrgang 1878, erster Leibwächter Adolf Hitlers

»Es war der Beginn der Inflation, von der sich die heutige Jugend keine Vorstellung machen kann. Wenn man nicht das Essen vor zwölf Uhr bestellte, kostete es, wenn der neue Kurs herauskam, einige hundert Millionen mehr.«[33]
Robert Siodmak, Jahrgang 1900, Buchhalter in einer Dresdner Bank, ERINNERUNGEN

TAGEBUCH, NOVEMBER 1923
»Alles verschärft sich. Hier Plünderungen und versuchte Pogrome, Bayern im Kriegszustand gegen Norddeutschland. Hunger! Ein Brot 140 Milliarden! Dann wieder runtergesetzt auf 80 Milliarden. Hans Prengel ohne Arbeit, Alexander aus seiner Stellung entlassen! Hunger, Hunger überall.«[34]
Käthe Kollwitz, Jahrgang 1867, Malerin und Bildhauerin

TAGEBUCH, 23. NOVEMBER 1923
»Z. N. [Zur Nacht] bei Spechts … Mit Werfel und Alma über die immer schamloser werdenden Betrügereien der Verleger. Alma erhielt im Sommer für die Aufführung sämtlicher Mahlers der ganzen Welt … 250 000 M[ark] – an einem Tag, wo eine Tramfahrt schon 300 000 [Mark] kostete.«[35]
Arthur Schnitzler, Jahrgang 1862, österreichischer Schriftsteller

»Wo Hitler bei Aufmärschen, auf ›Deutschen Tagen‹, Kundgebungen und Veranstaltungen sprach, da gehörte ihm die begeisterte Zustimmung der Menschen. Sie waren überzeugt, durch ihn werde bald die große Wende kommen. Und wie einige Jahre später die Massenarbeitslosigkeit sein treuester Verbündeter auf dem Weg zur Macht war, so war es damals die durch den katastrophalen Währungszusammenbruch verursachte und teilweise bis zum nackten Hunger gesteigerte Notlage weiter Bevölkerungskreise, die ihm im Herbst 1923 Scharen neuer Anhänger vor allem in den Städten zutrieb.«[36]
Ernst Hanfstaengl, Verlegersohn, Bekannter Adolf Hitlers seit 1920, MEMOIREN

»Sie kennen Goethes Unterscheidung von Gewalt und Gewalt! Es gibt eine Gewalt, die aus dem Chaos stammt und zu Chaos hinführt, und es gibt eine Gewalt, deren Wesen es ist, Kosmos zu gestalten, und von dieser sagt er: ›Sie bildet regelnd jegliche Gestalt – und selbst im Großen ist es nicht Gewalt!‹«[37]
Houston Stewart Chamberlain, britischer Rassentheoretiker und Schriftsteller, Brief an Adolf Hitler vom 7. Oktober 1923

»Die echte Revolution hat noch gar nicht stattgefunden, sie marschiert unaufhaltsam heran. Sie ist keine Reaktion, sondern eine wirkliche Revolution mit all

ihren Kennzeichen und Äußerungen, ihre Idee ist die völkische, zu bisher nicht gekannter Schärfe geschliffen, ihr Banner das Hakenkreuz, ihre Ausdrucksform die Konzentration des Willens in einem einzigen Punkt – die Diktatur! Sie wird ersetzen das Wort durch die Tat, die Tinte durch das Blut, die Phrase durch das Opfer, die Feder durch das Schwert.«[38]
Ernst Jünger, Jahrgang 1895, Schriftsteller, im Völkischen Beobachter,
23. September 1923

»Wenn in Deutschland ein Mussolini erschiene ... dann würden die Leute auf die Knie fallen und ihn mehr anbeten als Mussolini je angebetet worden ist.«[39]
Adolf Hitler, Interview in der Daily Mail vom 2. Oktober 1923

TAGEBUCH, 17. OKTOBER 1923
»Gestern schenkte mir Else dieses Buch, und so will ich es gleich mit ihrem Namen anfangen ... Wie trostlos ist heute so ein Gang durch die Straßen der Stadt. An allen Ecken stehen Gruppen von Arbeitslosen und debattieren und spekulieren. Es ist eine Zeit zum Lachen und zum Weinen.«[40]
Joseph Goebbels, Jahrgang 1897, arbeitsloser Germanist in Elberfeld,
erster Eintrag in seinem Tagebuch

TAGEBUCH, 9. NOVEMBER 1923
»Heute vor fünf Jahren war der furchtbare Revolutionstag. Der Kaiser war sehr nachdenklich, ließ sich aber sonst nichts anmerken. Sehr interessierte ihn die Nachricht von der neuen nationalistischen Regierung in München, mit Ludendorff als Landeskommandanten.«[41]
Sigurd von Ilsemann, Jahrgang 1884, Adjutant von Kaiser Wilhelm II., Doorn,
Niederlande

»Vom ›Hitlerputsch‹, November 1923, erfuhren wir aus den Zeitungen. Ein wenig stolz war ich darauf, dass meine Heimatstadt, über welche Mitschüler aus Berlin sich mir gegenüber gern lustig machten – ›Gehst du in den Ferien ins Dorf?‹ –, dass sie während ein paar Tagen im Brennpunkt des Interesses stand.«[42]
Golo Mann, Jahrgang 1909, Sohn von Thomas und Katia Mann, ERINNERUNGEN

»Ludendorff, der ›gewaltige Heerführer‹ aus dem Weltkriege, zettelt in einer Münchener Bierwirtschaft einen kleinen Putsch an. Mit einigen Abenteurern verschanzt er sich. Um auf den ersten Schuss beide Hände hochzuheben und alle Schwüre der Welt herunterzuleiern, um sein bisschen Leben zu behalten. Deutschlands Held auf den Trümmern des Münchener Hofbräukellers! Noch mehr Helden müssen abkonterfeit werden. Hitler, der Große, feuert einen Revolverschuss in die Decke.«[43]
Julius Leber, Jahrgang 1891, Sozialdemokrat, 12. November 1923, BERICHT

SA-Mitglieder auf dem Weg zur Feldherrnhalle am Morgen des 10. November 1923.
An dem Marsch sollen etwa 2 000 Putschisten teilgenommen haben.

»Plötzlich ein kleiner Tumult am äußeren Eingang von der Straße her, die Schutz-
leute wurden beiseite gedrängt – herein stürmten Leute von uns im Stahlhelm,
die [Hakenkreuz-]Binde am Arm, Maschinengewehr-Pistolen in der Hand.«[44]
Rudolf Heß, Student der Volkswirtschaft und NSDAP-Mitglied, Brief an die Eltern vom
16. November 1923

»Vorgestern noch hatte Hitler dem General von Lossow und Oberst von Seißer
persönlich versprochen, nichts zu unternehmen, ohne vorher den Generalstaatskommissar [von Kahr] verständigt zu haben. Die Antwort auf dieses Ehrenwort
war, dass Hitler gestern Abend in einer geschlossenen Versammlung der vaterländischen Verbände mit der Pistole in der Hand vom Generalstaatskommissar
Dr. v. Kahr, General von Lossow und Oberst von Seißer eine Erklärung für die
nationale Diktatur erpresste. Gleichzeitig wurden die anwesenden Staatsminister
durch Hitlerleute in Haft genommen.«[45]
Bericht der Regierung von Oberbayern an die Vorstände der Bezirksämter,
München, 9. November 1923

»Im Saal entluden sich Erregung und Panik in einem wüsten Stimmengewirr.
Hitler zog jetzt vorwärtsschreitend seine Walther-Pistole – ein Beispiel, dem ich
mich notgedrungen anschließen musste – und drängte, von unserer Gruppe ge-

deckt, schräg gegen das Rednerpult vor, während rechts und links Maßkrüge zu Boden krachten und Stühle und Tische umkippten hinter denen sofort einige Oberängstliche – darunter auch Landwirtschaftsminister Wutzelhofer – in Deckung gingen. Dann gab es für einen Augenblicke eine kritische Situation: Inmitten der ängstlich beiseite drängenden Versammlungsteilnehmer fühlte sich ein gewisser Major Muxel, Leiter der Nachrichtenabteilung der bayerischen Division, bemüßigt, den Mutigen zu spielen und seinerseits zur Pistole zu greifen. Doch bevor ich noch in die Verlegenheit kam, das Funktionieren meines Schießeisens zu testen, besann sich Major Muxel eines Besseren und ließ sich widerstandslos von Ulrich Graf und Amann beiseite schieben. Inzwischen war Hitler auf einen Stuhl gesprungen; feuerte den berühmt gewordenen Schuss gegen die Decke und gebot Ruhe …, um dann über einen Tisch hinweg aufs Podium zu steigen, das Kahr inzwischen geräumt hatte. Mit vor Erregung bebender Stimme schrie Hitler: ›Die nationale Revolution ist ausgebrochen! Die bayerische Regierung ist abgesetzt! Eine provisorische Reichsregierung wird gebildet! Reichswehr und Landespolizei stehen auf unserer Seite! Unsere Fahnen flattern bereits über den Kasernen. Der Saal ist von sechshundert Schwerbewaffneten umstellt. Bitte, bewahren Sie Ruhe, sonst lasse ich ein Maschinengewehr auf die Galerie bringen.‹ Und dann im barschen Befehlston: ›Exzellenz von Kahr, Exzellenz von Lossow, Herr Oberst von Seißer – ich muss die Herren bitten, mit mir zu kommen. Ich garantiere für Ihre Sicherheit!‹«[46]

Ernst Hanfstaengl, Verlegersohn, Putsch-Teilnehmer, MEMOIREN

»Donnerstagabend 8.30 eilte nach Besetzung der Saaleingänge im Bürgerbräukeller Hitler an das Rednerpult, feuerte einen Pistolenschuss an die Decke, um Ruhe zu erhalten, bat nach wenigen Worten Kahr, Lossow und Seißer aus dem Saal in ein Nebenzimmer. Von irgendeiner Bedrohung mit der Waffe während dieser ganzen Verhandlung kann nicht die Rede sein. Irgendeine Waffe wurde nicht gezeigt. Hitler führte Kahr aus, was er jetzt als notwendig erachte und bat dann die einzelnen Herren, ihm zu erklären, dass sie die ihnen angetragenen Ämter annehmen. Lossow fragte, wie Ludendorff sich dazu stelle, da er auf sein Urteil großen Wert lege. Hitler ließ deshalb Ludendorff verständigen und durch Auto hinbringen. Nach seinem Eintreffen setzte Hitler nochmals die Beweggründe zu seiner Tat, die politische Lage und das, was jetzt zu geschehen habe, auseinander und richtete dann an Ludendorff die Frage, ob er bereit sei, die Führung der Nationalarmee mit diktatorischen Vollmachten zu übernehmen. Nach kurzem Überlegen erklärte er, dass er es als seine Pflicht erachte, in dieser Stunde Deutschlands wegen die Stelle anzunehmen.«[47]

Friedrich Weber, Jahrgang 1892, politischer Leiter des Bundes Oberland, Flugschrift, München, 10. November 1923

»Bleiben Sie ruhig und besonnen, sie haben ja Ihr Bier.«[48]
Hermann Göring, Jahrgang 1893, Hauptmann außer Dienst, SA-Führer,
am 9. November 1923

»Der Morgen findet entweder in Deutschland eine deutsche nationale Revolution oder uns tot.«[49]
Adolf Hitler, 9. November 1923

»Die 3 Herren kamen überein, auf die Vorschläge Hitlers zum Schein einzugehen, um aber nach Verlassen der Versammlung sofort Maßnahmen gegen den unter Beteiligung von Exz.[ellenz] Ludendorff und Pöhner durchgeführten Putsch zu treffen. Es wurden in der Nacht vom Donnerstag auf Freitag die entbehrlichen Teile der R.1V. [Erster Ausbildungsjahrgang, Reserve] und L.P. [Landespolizei] aus allen Garnisonen Bayerns zusammengezogen, sie trafen heute früh in München ein.«[50]
Bericht der Regierung von Oberbayern an die Vorstände der Bezirksämter,
München, 9. November 1923

TAGEBUCH, 10. NOVEMBER 1923
»In Bayern großer Putsch von rechts, mit Ludendorff an der Spitze.«[51]
Henriette Schneider, Jahrgang 1872, Rentnerin, Mrossen, Ostpreußen

»In der Frühe um zirka neun Uhr [10. November 1923] klopfte mich der Arbeiter Holzapfel, ein linker USP-Mann, aus dem Schlaf. Nachdem ich ihn ins Atelier gelassen hatte, berichtete er sehr aufgeregt vom Marsch der Hitlerischen zur Feldherrnhalle … ›Vom Rathaus haben sie den Bürgermeister und die Stadträte rausgeholt und sind weggefahren mit ihnen. Überall sind Drahtverhaue und Spanische Reiter. An der Isarbrücke haben sie die Landespolizei zusammengehauen, und Kanonen stehn dort. Oskar, mach, mach, dass wir davonkommen!‹, beschwor mich Holzapfel fast weinend, und ich zog mich rasch an, aber seltsamerweise glaubte ich an das alles einfach nicht. ›Da müssen wir in die Stadt‹, sagte ich. ›Unbedingt.‹«[52]
Oskar Maria Graf, Jahrgang 1894, Schriftsteller, AUS MEINEM LEBEN

»An der Spitze marschierte Streicher ganz allein. Scheubner-Richter ging neben Hitler. Graf stellte sich vor den Führer, als man schoss, und erhielt sechs oder sieben Schüsse. Scheubner-Richter erhielt einen Herzschuss, fiel rückwärts um und riss Hitler mit, der sich dabei ein Schulterblatt brach. Dr. Schulz (späterer Reichsstudentenführer) transportierte Hitler im Auto weg und brachte ihn in Hanfstaengls Landhaus am Staffelsee in Uffing.«[53]
Julius Schaub, Jahrgang 1898, Drogist, Teilnehmer am Hitlerputsch,
ERINNERUNGEN UND AUFZEICHNUNGEN

»Am 9. November 1923 wurde die Stat.[ion] Vorst.[adt] Mitte 2 ungefähr um 12.30 nachm.[ittags] in der Theatinerstraße in der Höhe des Kühbogens zur Abwehr einer aus Richtung Weinstraße anmarschierenden Hitlertruppe eingesetzt. Die Stat.[ion] Vorst.[adt] Mitte 2 war eben zur Linie aufmarschiert, als in der Residenzstraße ein wüstes Gebrüll und Geschrei einsetzte. Gleichzeitig winkten etliche Landespolizeiwachtmeister aus Richtung Feldherrnhalle / Theatinerkirche um Unterstützung für Residenzstraße. Ich eilte hierauf mit meinem Zug in die Theatinerstraße zurück um die Feldherrnhalle herum und erkannte, dass der Gegenstoß der Hitlertruppen, die mit Kriegsmaterial jeglicher Art ausgerüstet waren, durch die Postierungen in der Residenzstraße glänzend gelungen war. Ich trat hierauf mit dem Befehl: ›2. Sta.[tion] – Verstärkung Marsch! Marsch!‹ zum Gegenstoß gegen den gelungenen Durchbruch der Hitlertruppen an. Beim Einbruch in den Gegner wurden wir mit gefälltem Bajonett und entsichertem Gewehr und vorgehaltenen Pistolen empfangen.

Meine Leute arbeiteten mit Kolben und Gummiknüppeln. Ich persönlich hatte zu meiner Verteidigung, um nicht frühzeitig von meiner Pistole Gebrauch machen zu müssen, einen Karabiner genommen, parierte damit 2 mir vorgehaltene Bajonette und rannte die Betreffenden mit quer vorgehaltenem Karabiner über den Haufen. Plötzlich gab ein Hitlermann, der einen Schritt halblinks vor mir stand, einen Pistolenschuss auf meinen Kopf ab. Der Schuss ging an meinem Kopf vorbei und tötete einen hinter mir stehenden Wachtmeister meiner Stat.[ion] Vorst.[adt] Wie sich später herausstellte, den Unterwachtmeister Hollweg Nikolaus.

Für den Bruchteil einer Sekunde trat in meiner Stat.[ion] Vorst.[adt] eine Erstarrung ein. Noch bevor es mir möglich gewesen war, einen Befehl zu geben, gaben meine Leute Feuer, was die Wirkung einer Salve auslöste. Zu gleicher Zeit nahmen die Hitlertruppen das Feuer auf und es entspann sich etwa 20-25 Sekunden ein regelrechter Feuerkampf. Aus dem Preysingpalais und aus dem Haus der Konditorei Rottenhofer wurden wir von den Hitlertruppen mit starkem Feuer überschüttet. Gegen diesen Gegner nahm Zug Demmelmeyer von Mitte 5 den Feuerkampf auf.

In dem Moment der Feuerabgabe der Stat.[ion] Vorst.[adt] Mitte 2 sprangen 3 Mann derselben auf die Feldherrnhalle hinauf und nahmen das Feuer auf einen hinter dem Löwen am Kapellentor der Residenz in kniendem Anschlag feuernden Hitlerschützen auf. In einer Zeitspanne von höchstens 30 Sekunden ergriffen die Hitlertruppen die regellose Flucht. Zug Demmelmeyer sperrte hierauf die Residenzstraße-Preysinggasse und Theatinerstraße gegen Marienplatz ab, Mitte 2 rückte hierauf in die Residenz ein.«[54]

Michael Freiherr von Godin, Jahrgang 1896, Oberleutnant der Landespolizei, Bericht an das Kommando der Landespolizei München, 10. November 1923

»Euer Exzellenz!

Da ich weiß, wie sehr Sie um die Leute, die heute gekämpft haben, besorgt sind, erlaube ich mir, Ihnen anliegenden Bericht zu übermitteln. Es wurden heute am frühen Nachmittag in die Chirurgische Klinik eingeliefert an Verwundeten: 3 Sterbende, 8 Schwerverletzte, 8 Leichtverletzte. Mit ergebensten Empfehlungen und mit dem tiefen Wunsche, es möchte Ew. Exzellenz Regierung nun nicht mehr gestört werden, bin ich Ihr

Ferdinand Sauerbruch«[55], Jahrgang 1875, Leiter Chirurgische Universitätsklinik München, Bericht an Generalstaatskommissar von Kahr, 9. November 1923

»Erna Hanfstaengl erzählt, am 21. November, auf Grund authentischer Nachricht aus Uffing, dass das Gerücht von Hitlers Selbstmordgedanken vor der Festnahme vollkommen falsch sei. Er sei im Gegenteil ganz ruhig gewesen, habe sich, wie die Reichswehr ins Haus kam, auch nicht verborgen, sondern gleich gestellt. Man habe ihm angeboten, noch hier zu übernachten, er habe es aber, um Hanfstaengl keine Unannehmlichkeiten zu bereiten, abgelehnt. Sei darauf am Abend noch nach Weilheim gekommen, dort sehr schlecht untergebracht, dann am andern Tag nach Landsberg überführt worden. Am Freitag (9. November, nach seiner Flucht aus München) sei er ›dreckübserströmt‹ zu Fuß von Spatzenhausen gekommen, sie hätten ihn gleich ins Bad gesteckt. Erst große Schmerzen am Arm, später wieder besser. Sonst noch keine näheren Nachrichten darüber. Gerüchte sagen, er sei jetzt ganz erschöpft, deprimiert und krank und ins Krankenhaus gekommen. Erna glaubt es nicht.«[56]

Karl Alexander von Müller, nationalkonservativer Historiker, ERINNERUNGEN

TAGEBUCH, 10. NOVEMBER 1923

»Das Morgenblatt brachte die Nachricht von dem Misslingen des Münchener Staatsstreiches. Der Kaiser nahm nachher beim Pressevortrag die Meldung, dass Hitler und Ludendorff verhaftet seien, mit den Worten entgegen: ›Na, Gott sei Dank, dann hat diese unsinnige Geschichte wenigstens ihr Ende!‹«[57]

Sigurd von Ilsemann, Adjutant von Kaiser Wilhelm II., Doorn, Niederlande

»In diesem Jahr 1923 verschwanden die Hakenkreuze, die Sturmtrupps und der Name Adolf Hitlers fiel beinahe in Vergessenheit zurück. Niemand dachte mehr an ihn als einen möglichen Machtfaktor. Erst nach ein paar Jahren tauchte er wieder auf, und nun trug ihn die aufbrausende Welle der Unzufriedenheit rasch hoch.«[58]

Stefan Zweig, Jahrgang 1881, österreichischer Schriftsteller, DIE WELT VON GESTERN

»Der Münchner Putsch markiert das sichere Ende für Hitler und seine nationalsozialistischen Anhänger.«[59]

New York Times, November 1923

Adolf Hitler in seiner Zelle in der Festungshaftanstalt Landsberg im Jahr 1924.
Festungshäftlingen billigt man eine »ehrenhafte« Gesinnung zu. Es besteht kein
Arbeitszwang.

EIN IDEOLOGE
1924 bis 1925

»Der spätere ›Führer‹ sammelt die Kippen aller politischen Theorien
und raucht die Reste zu Ende. In den Enden steckt das meiste Gift.«[1]
Peter Sloterdijk, NOTIZEN

Am 12. November 1923 liefern 39 Wachmänner Adolf Hitler in das Festungsgefäng-
nis in Landsberg ein. Er erhält die Zelle Nr. 7. Die NSDAP ist nach dem Putschversuch reichsweit verboten. Der Historiker Thomas Weber: »Für die meisten Deutschen war Hitler noch immer gesichtslos – und für die meisten war der Putsch kein
Hitlerputsch gewesen. In der öffentlichen Wahrnehmung hatte es sich um einen
Ludendorffputsch gehandelt.«[2]

Der Hochverratsprozess gegen die führenden Putschisten beginnt am 26. Februar 1924 im Hauptlesesaal der Zentralen Infanterieschule in München. Unter den
zehn Angeklagten befinden sich neben Adolf Hitler und Erich Ludendorff die Nationalsozialisten Ernst Röhm, Wilhelm Frick, Wilhelm Brückner und Friedrich Weber.
25 Tage nehmen Zeugenaussagen und Befragungen in Anspruch. Am 27. März 1924
geben die Angeklagten abschließende Erklärungen ab. Am 1. April 1924 wird das
Urteil verkündet. Mit Ausnahme von Ludendorff werden alle Angeklagten für schuldig befunden, die Nationalsozialisten Brückner, Röhm und Frick aber nur der Beihilfe zum Hochverrat. Die Untersuchungshaft wird von der Strafzeit abgezogen, so
dass Frick, Röhm, Wagner und Brückner auf Bewährung freikommen. Adolf Hitler
wird zur Mindeststrafe von fünf Jahren Festungshaft nebst Geldbuße von 200 Gold-
mark verurteilt.

»Während des Prozesses wendete sich das Blatt plötzlich zugunsten Hitlers. In
den fünf Wochen der Verhandlung wandelte sich der Putsch im Nachhinein von
einem Ludendorff- zu einem Hitlerputsch«[3], schreibt Thomas Weber in *Wie Adolf
Hitler zum Nazi wurde.* »Mit einem Schlag wurde Hitler mitten auf die nationale
Bühne katapultiert.«[4] Die nationalsozialistische Propaganda beginnt sofort, den
Putsch zu einer heroischen Niederlage zu stilisieren.

In seinem etwa dreizehn Monate währenden Aufenthalt in der Festung Landsberg beginnt Adolf Hitler die Niederschrift seines programmatischen Buches *Mein
Kampf,* das seinen angeblichen Lebensweg und Werdegang zum Politiker darstellt
und seine Weltanschauung wiedergibt. Nachdem er zunächst auf Konzeptblättern
seine Gedanken in Stichworten zu Papier gebracht hat, tippt Hitler das Manuskript
seines Buches mit zwei Fingern auf einer Remington-Reiseschreibmaschine.

Die biographischen Teile von *Mein Kampf* sind weitgehend Legende, wie die historische Forschung später zeigen wird. Die von ihm zu Papier gebrachten politischen Ziele jedoch, das wird die Zukunft zeigen, meint Hitler todernst. Er leitet sie ab aus seinem Weltbild, dem er in *Mein Kampf* einen theoretischen Überbau zu geben versucht. Hitlers Blick auf die Welt ist voluntaristisch – er sieht die Welt, wie er sie sehen will. In ihm werden alle Erscheinungen des politischen Lebens auf wenige, von ihm selbst für wahr gehaltene Grundsätze reduziert.

Wie alle Antisemiten vor ihm konstatiert auch Hitler ein »Volk mit bestimmten rassischen Eigenarten«, eine eigene »jüdische Rasse«, die sich nur als Religionsgemeinschaft tarne. In der Geschichte sieht er die Juden durchweg als »Parasiten im Körper der anderen Völker«, selbst nicht produktiv, sondern ausbeuterisch von deren Schöpfertum lebend und das Blut der »arischen« Rasse verderbend. Hitler entwirft das Zerrbild einer angeblichen jüdischen Weltverschwörung, die sich die Ausrottung aller »Arier« zum Ziel gesetzt hat; eine paranoid-abstruse Verschwörungstheorie, die sich am Ende zu der Behauptung versteigt, das »internationale Judentum« habe sowohl den Bolschewismus als auch den globalen Kapitalismus nur ersonnen, um die Arier zu vernichten. Der Historiker Thomas Weber schreibt hierzu: »Es war dieser verschwörungstheoretische Antisemitismus, dieser Glaube an die Einheit von Bolschewismus und Finanzkapitalismus, der Hitler die Möglichkeit eröffnete, seinen Antibolschewismus stärker als bisher in seinen ursprünglich antikapitalistischen Antisemitismus einzubinden.«[5]

Dabei sind »die Juden« in den 1920er-Jahre überall auf der Welt so unterschiedlich wie nie zuvor in ihrer dreitausendjährigen Geschichte. Das konnte jeder Zeitgenosse sehen. »Juden« sind tief religiös oder stehen bis zum Atheismus entfernt vom Glauben der Vorfahren; viele sind ganz Teil der Nationen, auf deren Territorien sie leben, andere in ihren Geburtsländern bewusste »Zionisten« geworden, jüdische »Nationalisten« mit dem Traum eines neuen jüdischen Staates. In Deutschland wählen Juden deutschnational und kommunistisch, nationalliberal oder »freisinnig« bürgerlich links, ihre Familien sind oft schon vor Generationen zum Protestantismus oder zum Katholizismus konvertiert, haben enge oder lockere Bindungen zu ihren Synagogen-Gemeinden. Alles das sieht Hitler als Teil einer besonders raffinierten Verschwörung.

In der Landsberger Haft hat Hitler Ruhe, über seine politischen Ziele nachzudenken. Thomas Weber lässt sein Buch *Wie Adolf Hitler zum Nazi wurde* mit einem letzten Kapitel »Lebensraum« enden. Mit der Niederschrift von *Mein Kampf*, so Webers These, sei Hitlers Ideologiebildung abgeschlossen gewesen, er habe seine Ideen um einen zentralen Aspekt ergänzt. Weber sieht hierin die eigentliche Bedeutung von *Mein Kampf*.

Im Schreibvorgang habe Hitler drei neue Lehren entwickelt. Zum einen habe er der revolutionären Gewalt zur Erringung der Macht abgeschworen. Zum Beleg zitiert Weber eine Äußerung Hitlers aus den »Monologen« im Führerhauptquartier

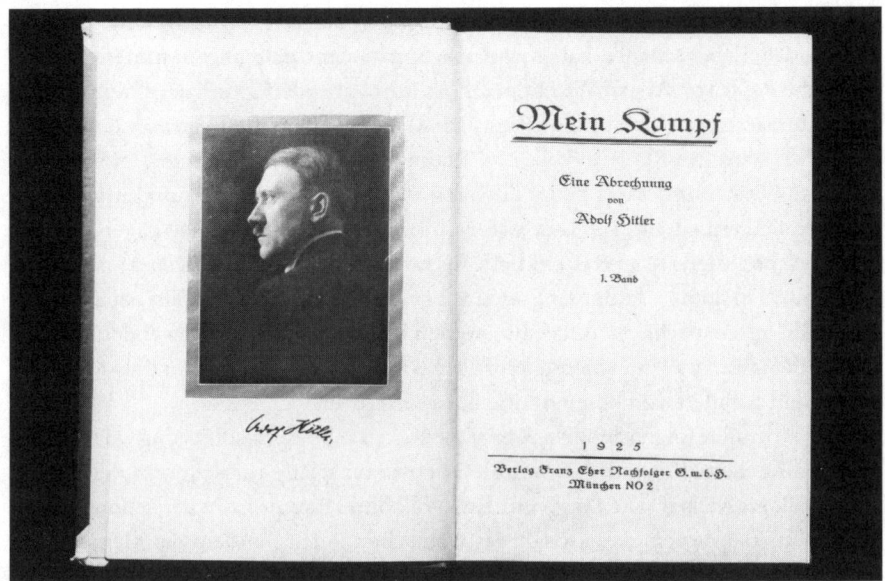

Titelvorsatz der Erstausgabe des ersten Bandes von Hitlers »Mein Kampf«, die 1925 im NSDAP-eigenen Eher-Verlag erscheint.

1942: »Mit Gewalt geht es nicht mehr. Der Staat ist schon sehr gefestigt, er besitzt die Waffen!«[6] Hitler habe ferner, so Weber, in einer zweiten und dritten »Lehre« Lösungen und Ziele, die er bislang angestrebt habe, damit Deutschland nie wieder einen großen Krieg verliere, verworfen. Sein Rassismus bezieht sich jetzt erklärtermaßen auch auf die slawischen Völker. Das Ziel, mit einem vom Bolschewismus befreiten Russland gemeinsam der angelsächsischen Welt entgegenzutreten, das er von 1921 an in seinen Reden proklamiert hat, verschwindet aus seinem politischen Kanon: »Er ersetzte sie durch die Theorie vom ›Lebensraum‹ und einem Rassismus im Sinne von F. K. Günther.«[7]

Der promovierte Philologe Hans Friedrich Karl Günther schreibt von 1920 bis 1922 im Auftrag seines mit Hitler bekannten Verlegers Julius Friedrich Lehmann sein Hauptwerk *Rassenkunde des deutschen Volkes*. In Hitlers Bibliothek stehen später vier Ausgaben dieser »Rassenkunde«, darunter eine »dem erfolgreichen Vorkämpfer des deutschen Rassengedankens« gewidmete des Autors. Die letzte Ausgabe in Hitlers Büchersammlung, heute in der Library of Congress in Washington D.C., trägt viele Gebrauchsspuren. Hitler dürfte Günther also gelesen haben.

Seine politischen Grundsätze leitet Hitler in *Mein Kampf* aus einer primitiv-darwinistischen Lehre vom »Kampf ums Dasein« ab, die den permanenten Lebenskampf aller gegen alle aus der Natur in die menschliche Gesellschaft überträgt. Dieser

Kampf ist in Hitlers Augen ein Ausleseprozess, in dem »hochwertige« Rassen eine größere Überlebenschance haben. An der Spitze steht eine angenommene weiße, nordische Rasse von Ariern, die Hitler als »Kulturbegründer« glorifiziert und zu deren Charakterisierung F. K. Günthers *Rassenkunde* die ideologischen Versatzstücke geliefert haben wird. Im Kapitel »Volk und Raum« in *Mein Kampf* über Ostorientierung oder Ostpolitik thematisiert Hitler die Rassenfrage, die bei ihm bis zum Putsch keine große Rolle gespielt hat. »Es lässt sich nicht mit absoluter Sicherheit sagen, wo das neu erwachte Interesse an Rassenkunde herkommt. Es fällt aber auf, dass just in dem Augenblick, in dem … Hitler eine andere Lösung finden muss, wie ein neues widerstandsfähiges Deutschland aufgebaut werden kann, er sich Ideen zuwendet, die ihm erlauben, Slawen zu Untermenschen zu erklären und den Osten damit als Kolonisationsgebiet definieren zu können«[8], heißt es bei Weber.

Die Formulierungen in *Mein Kampf* bedeuten eine Radikalisierung von Hitlers außenpolitischem Konzept. Es werden Lebensraumpläne für sein arisch-germanisches Volk entwickelt. Die Sorge um ein »Volk ohne Raum« ist in der schon weitgehend industrialisierten Gesellschaft des Deutschen Reichs, in dem die Menschen in die Städte streben, antiquiert. Aber sie hat in völkischen Kreisen, die ein bäuerliches Leben auf möglichst großer eigener Scholle anstreben, Konjunktur.

Als Hitler am 20. Dezember 1924 die Festung in Landsberg verlässt, verfügt er über ein Manuskript, das weit über sein Konzept hinausgegangen und in Teilen bereits druckfertig ist.[9] Nach der Entlassung schließt Hitler *Mein Kampf* ab, indem er einen zweiten Band verfasst. »Der zweite Band hingegen ist ein programmatisches politisches Manifest in Form einer Proklamation. Hier werden die schon im ersten Band entwickelten Ideen noch einmal detaillierter und in sachlicher Form präsentiert«[10], schreibt Thomas Weber. Hierzu zieht Hitler sich schon auf den Obersalzberg in die Pension »Moritz« des Ehepaars Büchner zurück, den späteren Platterhof.[11]

Im Jahr 2011 veröffentlicht der Historiker Othmar Plöckinger eine groß angelegte, umfängliche Studie zu *Mein Kampf*. Gleich zu Beginn nennt er den Grund: »Das Buch *Mein Kampf* ist wie keine andere Schrift zu einem Symbol des Nationalsozialismus und der nationalsozialistischen Herrschaft geworden.«[12] 2011 kann *Mein Kampf* in Deutschland noch nicht erscheinen, weil der Freistaat Bayern, der die Urheberrechte zugesprochen bekommen hat, einer Publikation nicht zustimmt. Eine Veröffentlichung in Deutschland wird erst nach der Siebzigjahrefrist möglich, nach der gemäß bundesdeutschem Recht Urheberrechte ablaufen. Das geschieht am 1. Januar 2016. Plöckinger bringt schon 2011 Licht in das Dunkel der Entstehungs- und frühen Publikationsgeschichte und untersucht schließlich die Rezeptionsgeschichte im In- wie im Ausland. Seine akribische Quellenrecherche deckt unbekannte Sachverhalte auf und legt von Legenden überwucherte Zusammenhänge frei. Und er belegt, dass die Zeitgenossen *Mein Kampf*, in dem Hitler seine zukünftige Politik ankündigt, weit häufiger gelesen haben, als sie nach Kriegsende zugeben werden.

Schon die schwer lesbare, weitschweifige, in verworrenem Stil geschriebene gedruckte Erstausgabe von *Mein Kampf* ist dank redaktioneller Eingriffe mehrerer Helfer eine beträchtliche Verbesserung des Manuskripts. Sie erscheint Ende August 1925 im Eher-Verlag und umfasst 392 Seiten, erregt allerdings außerhalb Hitlers Anhängerschaft weniger Aufsehen als Autor und Verlag sich erhofft haben. Bis zu den ersten Wahlerfolgen zu Beginn der 1930er-Jahre werden gerade einmal 29 000 Exemplare abgesetzt.

Unter Hitlers Anhängern etabliert sich *Mein Kampf* langsam als bedeutsames politisches Manifest. Nach Plöckinger muss man davon ausgehen, dass überzeugte und aktive Nationalsozialisten das Buch zumindest in wichtigen Teilen kannten. Es hat daher in den Jahren nach seinem Erscheinen eine wichtige Funktion für die parteiinterne Verständigung und wird von NSDAP-Funktionären und Propagandisten als eine Art »Parteibibel« gelesen.

Mein Kampf macht Hitler nicht erfolgreich. Umgekehrt: Erst Hitlers Aufstieg macht aus dem Buch einen Bestseller. Von Januar 1930 bis Januar 1933 werden fast 290 000 Exemplare einer einbändigen »Volksausgabe« verkauft. Als Hitler Reichskanzler wird, sind es bis Ende des Jahres weitere 854 000 Stück. Bis zu Hitlers Lebensende steigt die Auflage des Buches, in 18 Sprachen übersetzt, auf über 12 Millionen. Sicher haben nicht alle, die es nach 1936 als Hochzeitsgeschenk überreicht bekommen, es auch eingehend studiert. Dass viele Deutsche *Mein Kampf* gelesen haben müssen, zeigen die nachgewiesenen hohen Ausleihfrequenzen in öffentlichen Bibliotheken in den ersten Jahren der Diktatur.[13]

Othmar Plöckinger ist neben Christian Hartmann, Roman Töppel und Thomas Vordermayer einer der vier Herausgeber der vom Münchener Institut für Zeitgeschichte im Frühjahr 2016 vorgelegten kommentierten Gesamtausgabe von *Mein Kampf*. In der Herausgabe sieht das Institut einen Beitrag zur historisch-politischen Aufklärung, indem es zur Entmystifizierung des Werks beiträgt. Fußnoten kommentieren in der umfangreichen Edition jede einzelne Seite des Originals in der Fassung der ersten Auflage von 1925. Sie korrigieren die biographischen Angaben. Sie legen Hitlers Quellen und seine ideengeschichtlichen Wurzeln offen, erklären Zusammenhänge und ideologische Begriffe, berichtigen faktische Fehler. Um Hitlers Ideen und Überzeugungen zu neutralisieren, üben die Herausgeber in Ergänzung der historischen Einordnung auch Ideologiekritik. Das Editionsteam vergleicht zudem die Programmatik von Hitlers Buch mit seinem politischen Handeln während der Jahre 1933 bis 1945.

Die umfassende und akribische Vorgehensweise »pulverisiert«[14] (so die *Frankfurter Allgemeine Zeitung*) die manipulativen Verdrehungen, Beschwörungen und Lügen des Buches. Die kommentierte Ausgabe erreicht, was das Vorgängerblatt der *FAZ*, die liberale *Frankfurter Zeitung*, fälschlicherweise schon 1925 beim Erscheinen der Erstausgabe prophezeite: »Hitler ist – vollends nach diesem Selbstbekenntnis – erledigt.«[15]

Ansichten und Berichte

»Ich habe selbst einem Verhandlungstage beigewohnt und war unangenehm berührt davon, wie die Angeklagten lachend und plaudernd herauskamen und sich
begrüßten, wie das Publikum, dem man deutlich ansah, dass es zum größten
Teil den Hitler nahestehenden Kreisen angehörte, bei jeder Gelegenheit Zeichen
seiner Sympathie für die Angeklagten gab, ohne dass dies vom Vorsitzenden mit
den nötigen Nachdruck gerügt wurde. Auch die Tatsache, dass die Entlastungs-
zeugen vereidigt, die Belastungszeugen dagegen unbeeidigt vernommen wurden, muss auffallen.«[16]
Carl Moser von Filseck, Jahrgang 1869, württembergischer Gesandter bei der
Bayerischen Staatsregierung, Bericht vom 13. März 1924

»Es tat mir sehr leid, als ich hörte, dass Ihr die Zeitung mit den Prozessberich-
ten nicht zugeschickt bekamt. Inzwischen hat sie Erna aber doch abgeschickt
u. Hitlers Schlussrede geht anbei mit. Sie ist wohl eine der besten, gewaltigsten
Reden, die er je gehalten hat. Sie wirkt schon gedruckt stark – wie muss sie erst,
von Hitler mit seinem ganzen Temperament gesprochen, packen! Selbst die im
Verhandlungsraum anwesend Gewesenen, z. T. für Hitler nicht freundlich eingestellten Zuhörer, sollen tief erschüttert gewesen sein.«[17]
Rudolf Heß, Jahrgang 1894, Student der Volkswirtschaft und NSDAP-Mitglied,
Brief an die Eltern vom 2. April 1924

»Bezeichnend war, dass Hitler sich in seinen Tischgesprächen später wiederholt
über die bayerische Regierung lustig machte, die ihn für einige Zeit auf die Festung Landsberg schickte und dann wieder freiließ, anstatt ihn zu liquidieren. Er
selbst ließ keinen Zweifel daran, dass er im umgekehrten Falle ohne falsche Sentimentalität ›restlos durchgegriffen‹ hätte.«[18]
Fritz Wiedemann, Jahrgang 1891, Landwirt, ehemals Oberleutnant
im Bayerischen Reserve Infanterie Regiment Nr. 16, Adjutant Adolf Hitlers,
ERLEBNISSE UND ERFAHRUNGEN

»Gegen die 6 Monate, die Hitler absitzen muss vorerst, habe ich gar nichts einzuwenden. Er hat in der Zeit die Möglichkeit, sich in Ruhe weiter zu vertiefen u.
fortzubilden.«[19]
Rudolf Heß, Student der Volkswirtschaft und NSDAP-Mitglied,
Brief an die Eltern vom 2. April 1924

TAGEBUCH, 13. MÄRZ 1924
»Ich beschäftige mich mit Hitler und der nationalsozialistischen Bewegung und
werde das wohl noch lange tuen müssen. Sozialismus und Christus. Ethische

Ein Gerichtszeichner hält Hitler bei seiner Schlussrede am 27. März 1924 fest. »Mögen Sie uns tausendmal schuldig sprechen, die Göttin des ewigen Gerichtes der Geschichte wird lächelnd … das Urteil des Gerichtes zerreißen; denn sie spricht uns frei.«

Fundierung. Los vom erstarrten Materialismus. Zurück zur Hingabe und zu Gott! Aber die Münchener wollen Kampf, nicht letzte Versöhnung.«[20]
Joseph Goebbels, Jahrgang 1897, arbeitsloser Germanist in Elberfeld

»Nun in der Haft las er, wie er mir einmal erzählte, was er bekommen konnte: Nietzsche, Chamberlain, Ranke, Treitschke, Marx und anderes, Bismarcks ›Gedanken und Erinnerungen‹ und viele bis dahin veröffentlichte Kriegserinnerungen deutscher und alliierter Feldherrn und Staatsmänner.«[21]
Hans Frank, Jahrgang 1900, Jurist, Putschteilnehmer und NSDAP-Mitglied,
IM ANGESICHT DES GALGENS

»Landsberg war meine Hochschule auf Staatskosten. Ich erkannte die Richtigkeit meiner Anschauungen auf lange Sicht aus der Welt- und Naturgeschichte und wurde für mich zufrieden angesichts des ganzen widerspruchsvollen heuchlerischen Wissensgetues der Professoren und Universitätspfaffen überhaupt. Im Übrigen ist Wollen mehr als Wissen.«[22]
Adolf Hitler zu Hans Frank

»Ich komme kaum zum eigenen Arbeiten. Das Tippen bringt mich sehr herunter. Nur Hitler beschäftigt mich andauernd. Geistig ist dieser Mann ja nicht. Aber sein wunderbarer Elan, seine Verve, seine Begeisterung, sein deutsches Gemüt. Was tut das gut, wieder einmal Herzenstöne zu vernehmen. Man atmet ordentlich auf.«[23]

Joseph Goebbels, arbeitsloser Germanist in Elberfeld

»Man konnte Hitler wohl weder als gebildet noch als ungebildet bezeichnen. Er war etwas viel Schlimmeres, er war halbgebildet. Er war jener Typ, der in der Schule nicht mittut, sondern zu Hause für sich alles zusammenliest, was er bekommen kann, und dabei – weil richtige Anleitung und klares Urteil fehlen – in erster Linie zu populär geschriebenen, halbwissenschaftlichen Büchern greift. Es lag ihm nicht, durch harte Arbeit sich ein solides Wissen anzueignen. Außerdem bevorzugte er nur solche Bücher, die seinen Geschmack und seine Ansichten bestätigten. Daher rührt wohl auch seine eigentümliche Einstellung zur Rassenfrage.«[24]

Fritz Wiedemann, Landwirt, ehemals Oberleutnant und Kriegskamerad Adolf Hitlers,
ERLEBNISSE UND ERFAHRUNGEN

»Hitler hatte seine eigene Art zu lesen. Er überflog die Zeilen, mit den Augen. Manchmal sah es aus, als ob er nur einen Blick auf einen Absatz, einen ganzen Artikel geworfen hatte, und nachher wusste er, was drinstand. Aber er schaute meist nicht danach, wer ihn geschrieben hatte und welches die Zeitung war, in der er stand, sondern er nahm, was ihn interessierte, nur einfach in sich auf und registrierte es in seinem Gehirn an der Stelle, wo es hinpasste und seine eigenen Ideen oder seine Meinung bestätigte und vielleicht sogar begründete.«[25]

Otto Wagener, Jahrgang 1888, Wirtschaftsberater Adolf Hitlers vor 1933,
AUFZEICHNUNGEN EINES VERTRAUTEN

»Adolf Hitler arbeitet in der Stille von Landsberg, in der er möglichst ungestört sein will, an der Vollendung seines großen Buches ›4 ½ Jahre Kampf‹, das ein Meisterwerk zu werden verspricht.«[26]

Nürnberger Völkisches Echo, 11. Juli 1924

»Als ich ihm heute Mittag den Tee brachte, führte er mir die Einbanddeckel-Proben für sein Buch vor. Die Luxusausgabe in elfenbeinernem Pergament. Volksausgabe in Halbfranz. Als ich gehen wollte, hieß er mich bleiben; ich solle das Umgeschriebene anhören: Politische Betrachtungen zum Weltkriegsbeginn, Zusammenballen der Gewitterwolken, bis der Blitz des gewaltigen Geschehens niederzuckt, und in den Donner mischt sich das Grollen der Batterien des Weltkriegs.«[27]

Rudolf Heß, Student der Volkswirtschaft und NSDAP-Mitglied, Brief an
Ilse Pröhl von der Festung Landsberg, 29. Juni 1924

»Am 1. April 1924 hatte ich, auf Grund des Urteilsspruches des Münchner Volks-gerichts von diesem Tage, meine Festungshaft zu Landsberg am Lech anzutre-ten. Damit bot sich mir nach Jahren ununterbrochener Arbeit zum ersten Male die Möglichkeit, an ein Werk heranzugehen, das von vielen gefordert und von mir selbst als zweckmäßig für die Bewegung empfunden wurde. So habe ich mich entschlossen, in zwei Bänden nicht nur die Ziele unserer Bewegung klar-zulegen, sondern auch ein Bild der Entwicklung derselben zu zeichnen. Aus ihr wird mehr zu lernen sein als aus jeder rein doktrinären Abhandlung. Ich hatte dabei auch die Gelegenheit, eine Darstellung meines eigenen Werdens zu geben, soweit dies zum Verständnis sowohl des ersten als auch des zweiten Bandes nötig ist und zur Zerstörung der von der jüdischen Presse betriebenen üblen Legen-denbildung über meine Person dienen kann.«[28]

Adolf Hitler, Vorwort zu MEIN KAMPF

»Der Tribun glaubt bis Anfang nächste Woche mit seinem Buch fertig zu sein – ich glaub es nicht. Er hat mich feierlich eingeladen zum gemeinsamen Durch-korrigieren.«[29]

Rudolf Heß, Brief an Ilse Pröhl vom 4. August 1924

»Der schwarzhaarige Judenjunge lauert stundenlang, satanische Freude in sei-nem Gesicht, auf das ahnungslose Mädchen, das er mit seinem Blut schändet und [es] damit seinem, des Mädchens, Volke raubt. Mit allen Mitteln versucht er die rassischen Grundlagen des zu unterjochenden Volkes zu verderben. So wie er selbst planmäßig Frauen und Mädchen verdirbt, so schreckt er auch nicht davor zurück, selbst in größerem Umfange die Blutschranken für andere einzureißen. Juden waren und sind es, die den Neger an den Rhein bringen, immer mit den gleichen Hintergedanken, durch die zwangsläufig eintretende Bastardisierung die ihnen verhasste weiße Rasse zu zerstören, von ihrer kulturellen und politi-schen Höhe zu stürzen und selber zu ihrem Herren aufzusteigen.«[30]

Adolf Hitler, MEIN KAMPF

»Um herauszufinden, woher der Antisemitismus stammte, der ihn annehmen ließ, dass Himmlers Erklärung für die Ausrottung der Juden richtig sei, fragte ich ihn, wie er zu seinen antisemitischen Ansichten gekommen sei. Er sagte, er hätte seit Jahren jede Woche Goebbels' Leitartikel im ›Reich‹ gelesen, ebenso seine Bücher und seine verschiedenen Reden; ferner Rosenbergs ›Mythos des 20. Jahr-hunderts‹ und einige seiner Reden; und dann natürlich Hitlers ›Mein Kampf‹.«[31]

Gustave M. Gilbert, Jahrgang 1911, US-Militärpsychologe, Gespräch mit Rudolf Höß, ehemaliger Kommandant des Konzentrationslagers Auschwitz, NÜRNBERGER TAGEBUCH

»Zu den Bibeln des Deutschtums, wo es am knastrigsten ist, gehört auch ein dicker Wälzer ›Volk ohne Raum‹ von Hans Grimm. Der Mann hat in Deutsch-

Südwest gelebt und hat vor dem Kriege einige beachtliche Novellen veröffentlicht. (›Der Gang durch den Sand‹; alle seine Arbeiten sind bei Albert Langen in München erschienen.) Nach dem Kriege aber fuhr es in ihn; wie alle Deutschen ein schlechter Verlierer, kochte er die erlittene Niederlage metaphysisch auf und tat an der vorhandenen Überbevölkerung des deutschen Landes und vermittels eines mäßigen Romans dar, dass Deutschland wiederum Kolonien brauche.«[32]

Kurt Tucholsky, Jahrgang 1890, Journalist und Schriftsteller, DIE WELTBÜHNE vom 4. September 1928

»Du aber reckst überlegen den Kopf, du aber sagst, das deutsche Volk werde jedenfalls leben und allen Schicksalsfragen entgegen? Was heißt leben, Freund?? Es lebt der Sieche und lebt der Dieb und lebt die Hure und lebt das Gewürm, das einander frisst, aber der deutsche Mensch braucht Raum um sich und Sonne über sich und Freiheit in sich, um gut und schön zu werden. Soll es bald zwei Jahrtausende umsonst darauf gehofft haben? Und wenn du gerade und adlig zu sein vermagst von Körper und Sinn, und wenn deine Kinder noch nicht kranke Krüppel und verstohlene Diebe und arme Huren geworden sind, ist das dein Verdienst? Schau um dich, schau vor dich und bedenke die Enkel und Neugeborenen! Es gibt eine Sklavennot der Enge, daraus unverzwungene Leiber und Seelen nie mehr wachsen können. Ich aber, mein Freund, ich weiß, dass meine Kinder und mein Geschlecht und das deutsche Volk ein und dasselbe sind und ein Schicksal tragen müssen.«[33]

Hans Grimm, Jahrgang 1875, Schriftsteller, VOLK OHNE RAUM

»Damit ziehen wir Nationalsozialisten bewusst einen Strich unter die außenpolitische Richtung unserer Vorkriegszeit. Wir setzen dort an, wo man vor sechs Jahrhunderten endete. Wir stoppen den ewigen Germanenzug nach dem Süden und Westen Europas und weisen den Blick nach dem Land im Osten. Wir schließen endlich ab die Kolonial- und Handelspolitik der Vorkriegszeit und gehen über zur Bodenpolitik der Zukunft. Wenn wir aber heute in Europa von neuem Grund und Boden reden, können wir in erster Linie nur an Russland und die ihm untertanen Randstaaten denken.«[34]

Adolf Hitler, MEIN KAMPF

»Hitlers Buch, das er in seiner Gefangenschaft geschrieben hat, wird nun angekündigt. Es ist betitelt: ›Viereinhalb Jahre Kampf gegen Lüge, Dummheit und Feigheit, eine Abrechnung‹ von Adolf Hitler. Das Buch wird etwa 400 Druckseiten umfassen.«[35]

Fränkischer Kurier, 6. November 1924

»Hitler nennt sein Buch ›eine Abrechnung‹, aber wenn nur ein bisschen seelisches Leben in ihm flackerte, so hätte er – nach dem Zusammenbruch seiner

Bewegung – vor allem mit sich selbst abrechnen müssen ... Hitler ist ein Rhetor, und dem Rhetor ist ein nicht allzu großes Quantum Wahnsinn gestattet, ja, es befeuert ihn. Am Schreibtisch aber muss man dauerhaftere und tiefere Wirkungen erzielen, der Briefschreiber ist mit dem Leser allein, alle Versammlungshysterie fällt weg, da enthüllt sich jeder Kopf.«[36]
Wochenschrift »Das Tagebuch«, 7. November 1925

»Die wenigen unter den Schriftstellern, die sich wirklich die Mühe genommen hatten, Hitlers Buch zu lesen, spotteten, anstatt sich mit seinem Programm zu befassen, über die Schwülstigkeit seiner papiernen Prosa.«[37]
Stefan Zweig, Jahrgang 1887, österreichischer Schriftsteller, DIE WELT VON GESTERN

Zeitungslektüre in Landsberg. Um mit der Arbeit am Buch voranzukommen, bescheidet Hitler zahlreiche Besuchsanfragen abschlägig.

»Die Freunde konstruktiver Politik werden das Buch Hitlers zur Hand nehmen und daraus sehen, wie recht sie mit allem hatten, was sie dachten. Die Zeit ist weitergeschritten; Hitler aber ist – vollends nach diesem Selbstbekenntnis – erledigt.«[38]
Frankfurter Zeitung, 11. November 1925

»Man mag zu Hitler und seinem Lebenswerk stehen, wie man will – man muss ihm das Zeugnis ausstellen, dass er ein hoch befähigter Mensch ist, der mit ehrlichem Wollen seinen in hartem Lebenskampf errungenen Überzeugungen ein Vorkämpfer ist.

Wer die eigenartige Persönlichkeit Hitlers näher kennenlernen und Verständnis für sein Handeln gewinnen will, der greife zu seinem Buch; er wird es, ob zustimmend oder kritisch, mit Nutzen lesen.«[39]
Augsburger Neueste Nachrichten, 27. Dezember 1925

TAGEBUCH, 14. OKTOBER 1925
»Ich lese Hitlers Buch zu Ende. Mit reißender Spannung! Wer ist dieser Mann? Halb Plebejer, halb Gott! Tatsächlich der Christus, oder nur der Johannes?«[40]
Joseph Goebbels, arbeitsloser Germanist in Elberfeld

Adolf Hitler in einer nicht zur Veröffentlichung freigegebenen Aufnahme im Atelier Hoff-
mann. Bis 1923 versucht Hitler, Fotoaufnahmen von sich zu unterbinden. Als das miss-
lingt, entscheidet er sich, gezielt die Kontrolle über die Bildproduktion zu übernehmen.

EIN PARTEIFÜHRER
1925 bis 1929

»Ich glaube, mein Leben ist der größte Roman der Weltgeschichte!«[1]
Adolf Hitler, Brief an Adelheid Klein

Die *New York Times* kabelt am 20. Dezember 1924 in einem »Drahtbericht« aus München, der Häftling Adolf Hitler sei »durch das Gefängnis gezähmt« und deshalb entlassen worden. »Adolf Hitler, einst der Halbgott der reaktionären Extremisten, wurde heute vorzeitig aus der Haft entlassen. Er begab sich unverzüglich auf den Weg nach München. Heute macht er den Eindruck eines angeschlagenen, aber viel klügeren Mannes als im letzten Frühjahr, als er mit Ludendorff und anderen radikalen Extremisten wegen der Anklage der Verschwörung zur Absetzung der Regierung vor einem Münchener Gericht erscheinen musste. Sein Verhalten während der Haft hat die Behörden überzeugt, dass er ebenso wie seine Organisation, ›die Völkische‹, nicht länger eine Gefahr darstellt. Es wird allgemein angenommen, dass er sich ins Privatleben nach Österreich, seinem Geburtsland, zurückziehen wird.«[2]

Adolf Hitler wird am 20. Dezember 1924 um 12.15 Uhr aus der Haft entlassen. Die Reststrafe von »3 Jahren, 333 Tagen, 21 Stunden und 50 Minuten«, so der amtliche Vermerk, wird ihm wegen guter Führung erlassen.

Am 23. November 1923 war ein reichsweites Verbot gegen die NSDAP ergangen. Das gesamte Parteivermögen war konfisziert, die Geschäftsstelle in München geschlossen, die Parteizeitung *Völkischer Beobachter* verboten worden. Indem er sich jeder politischen Einflussnahme enthielt, hatte Hitler während seiner Haft die Partei vorsätzlich zerfallen lassen, damit keine Rivalen in die verwaiste Spitzenposition aufsteigen konnten. Anhänger der Bewegung gingen ein Bündnis mit anderen völkischen Kräften ein und kandidierten bei der Reichstagswahl vom 2. Mai 1924 auf einer gemeinsamen Liste. So hatte sich Erich Ludendorff in der Nationalsozialistischen Freiheitspartei engagiert, andere NSDAP-Mitglieder wie Julius Streicher und Alfred Rosenberg waren Mitbegründer einer »Großdeutschen Volksgemeinschaft« geworden. Besonders gute Ergebnisse erzielte die »Völkische Liste« mit 21 Prozent in Mecklenburg. Die guten Ergebnisse bestätigen Hitler in seinem Vorsatz, in Zukunft die Macht auf legalem Wege zu erobern.

Am 26. Februar 1925 erscheint erstmals wieder die Parteizeitung *Völkischer Beobachter*. Einen Tag später, am 27. Februar 1925, gründet Hitler die NSDAP im Bürgerbräukeller neu. Die Partei stellt die Zusammenarbeit mit anderen völkischen Gruppen ein. Adolf Hitler hat in Deutschland ein öffentliches Redeverbot, im Freistaat Preußen sogar bis 1928. Auf Parteiversammlungen aber darf er sprechen.

Am Aufstieg Hitlers in den Jahren nach 1928 haben seine Gegner auf der Linken großen Anteil. Hatte die SPD bei der Wahl zur Nationalversammlung am 19. Februar 1919 noch fast 38 Prozent der Stimmen erhalten, erringt sie in den nächsten acht Wahlen nie mehr 30 Prozent. Die Politik der Sozialdemokratie, seit der Rückkehr des rechten Flügels der Unabhängigen Sozialdemokratischen Partei im September 1922 organisatorisch gestärkt, erscheint selbst vielen jungen Mitgliedern bürokratisch erstarrt und verblendet von der scheinbaren Stärke der eigenen Organisation. Auf der äußeren Linken etablieren sich die Kommunisten als eine aufstrebende Kraft, sind aber lange in Richtungskämpfen geschwächt und auf die Moskauer Parteilinie festgelegt. Zu Kompromissen mit der SPD, der die älteren KPD-Mitglieder noch ein Jahrzehnt zuvor angehört haben, sind die Kommunisten in Verkennung der eigenen Stärke und der drohenden Gefahren von rechts nicht bereit. In den Jahren zwischen 1920 und 1932 pendeln sich die Wahlergebnisse der verfeindeten Arbeiterparteien bei sieben Reichstagswahlen zwischen 37 und 40 Prozent ein, wobei die Kommunisten ab 1928 immer stärker werden.

Der Sozialdemokrat Friedrich Ebert steht seit Januar 1919 als der vom Parlament gewählte Präsident als Nachfolger einer jahrhundertelangen Kette von Königen und Kaisern an der Spitze des Deutschen Reichs. In der Republik von Weimar ist das Amt des Präsidenten mächtig. Die Reichswehr scheint loyal zur Republik und ihrem Präsidenten zu sein, große Teile des Bürgertums aber können sich mit einem gewählten Präsidenten an der Spitze ihres Staates nicht anfreunden. Mit verfassungsänderndem Beschluss verlängert die Mehrheit der Reichstagsabgeordneten am 24. Oktober 1923 die Amtszeit Eberts bis zum 23. Juni 1925. Am 28. Februar 1925 stirbt Friedrich Ebert an einer verschleppten Blinddarmentzündung. Erstmals wird jetzt im Deutschen Reich ein Staatsoberhaupt direkt vom Volk gewählt.

Im ersten Wahlgang der Reichspräsidentenwahl am 29. März 1925 kandidiert Erich Ludendorff für ein Bündnis der neu gegründeten NSDAP mit anderen völkischen Gruppierungen. Er erhält nur 1,1 Prozent der Stimmen. Als im zweiten Wahlgang Paul von Hindenburg für die Parteien auf der Rechten, von der katholischen Bayerischen Volkspartei über die nationalliberale DVP bis zu den Deutschnationalen, antritt, weist Adolf Hitler seine Partei an, die Kandidatur des 77-jährigen Generalfeldmarschalls zu unterstützen. Paul von Hindenburg wird mit einer relativen Mehrheit vor dem gemeinsamen Kandidaten der Sozialdemokratie, des katholischen Zentrums und der linksliberalen DDP gewählt. Trotz seines Bekenntnisses zur Monarchie leistet von Hindenburg den Eid auf die Weimarer Verfassung und wird ein von den demokratischen Parteien in den nächsten sieben Jahren weitgehend anerkannter Präsident.

In Deutschland erholt sich die Wirtschaft ab 1924, es folgen die fünf »goldenen Jahre« der Weimarer Republik. Bei der Reichstagwahl vom 20. Mai 1928 gewinnen

SPD und KPD Stimmen auf Kosten der bürgerlichen Parteien und haben mehr als 40 Prozent der Wähler hinter sich. Die NSDAP erreicht nur 2,6 Prozent der Stimmen und erhält 12 Mandate. Der kleinen Fraktion gehören unter anderem Joseph Goebbels, Hermann Göring und Gregor Strasser an.

Adolf Hitler ist ab dem Sommer 1925 der unumstrittene alleinige Führer des völkisch-nationalen Lagers. Er organisiert die NSDAP völlig neu und richtet sie kompromisslos auf seine Person aus. Die Neuorganisation ist vor allem das Werk von Gregor Strasser. Bis zur sogenannten »Strasser-Krise« im Dezember 1932 ist der Apotheker aus Landshut nach Hitler der zweitmächtigste Mann der NSDAP. Seit 1921 ist er Gauleiter von Niederbayern, wurde wegen der Teilnahme am Hitler-Putsch zu Festungshaft verurteilt, aber frühzeitig entlassen, da er in den bayerischen Landtag gewählt worden war. Von 1924 bis 1933 ist Gregor Strasser Mitglied des Reichstages. Er steht für eine sozialrevolutionäre und russlandfreundliche Politik der Partei und gerät dadurch immer wieder in einen scharfen Gegensatz zu Hitler. Er teilt aber Hitlers grundlegende Ziele, selbst wenn er sie anders formuliert. Dem Führerkult steht er distanziert gegenüber, erkennt aber, wie unverzichtbar Hitler für die NSDAP ist.

In der Münchener Parteileitung übernimmt im März 1925 Philipp Bouhler den Posten des Geschäftsführers, Franz Xaver Schwarz den des Schatzmeisters. Neben ihnen spielen Rudolf Heß als Verbindungsmann zwischen dem »Führer« und der Reichsleitung sowie Max Amann, der Leiter des Parteiverlags, eine wichtige Rolle. Der Aufstieg von Joseph Goebbels in der NSDAP beginnt erst 1926. Der einstige SA-Führer Hermann Göring hat sich nach dem Putsch durch Flucht der Strafverfolgung entzogen. Nach einer vom Reichspräsidenten Paul von Hindenburg erlassenen Amnestie für politische Straftaten kehrt Göring 1927 nach Deutschland zurück. Er trifft Hitler wieder und nutzt seine gesellschaftlichen Beziehungen, um für die NSDAP Geldmittel zu erlangen.

Die zwischen 1925 und 1929 nur langsam wachsende Bewegung sticht vor allem durch ihre von Aktivismus, Dynamik, Elan, Jugendlichkeit und Kraft geprägte Außendarstellung hervor. Knapp 60 Prozent der in dieser Zeit neu in die Partei eintretenden Mitglieder sind unter dreißig Jahre alt. Ein vertraulicher Bericht des Reichsministers des Innern stellt im März 1927 fest, die NSDAP »komme nicht vorwärts«, und beschreibt die Partei als »eine zahlenmäßig unbeträchtliche ... radikal-revolutionäre Minderheitsgruppe, die auf die großen Massen der Bevölkerung und den Gang der politischen Ereignisse keinen merkbaren Einfluss auszuüben vermag.«[3]

Ungeachtet der fehlenden politischen Erfolge inszeniert sich die Partei ab 1927 bei den sogenannten Reichsparteitagen; ein Spektakel, das zunächst in München und Weimar, ab 1927 nur noch in Nürnberg stattfindet. Erstmals nach Aufhebung des Redeverbots in Preußen spricht Hitler am 16. November 1928 im Berliner Sportpalast vor angeblich 18 000 Anhängern. Und zum ersten Mal bedient er sich einer »elektroakustischen Beschallungsanlage« und spricht in ein Mikrofon. Erstmals sind seine Worte in jedem Winkel einer Halle oder eines Saales deutlich zu verstehen.

Adolf Hitler finanziert seinen Lebensunterhalt nach der Haftentlassung zunächst durch einen Vorschuss des NSDAP-eigenen Eher-Verlages, in dem *Mein Kampf* erscheint. Obwohl er Ende 1924 schon ein Auto besitzt, das ihm mitsamt einer monatlichen Zahlung von 200 Mark für den Chauffeur vom Ehepaar Bechstein geschenkt wird, kann er sich ein zweites Auto, einen Mercedes, leisten. Rudolf Heß berichtet in einem Brief: »Erworben hat ihn H.[itler] sich durch einen Teil des Vorschusses, den er für sein in Druck befindliches Buch bekommen hat.«[4] Dem Finanzamt München gibt Hitler an, er habe im Jahr 1924 und auch in den ersten drei Monaten des Jahres 1925 über keine Einnahmen verfügt. Er finanziere seinen Lebensunterhalt mit Hilfe eines Kredits. Er nimmt tatsächlich bei der Hansa-Bank AG, der Hausbank der NSDAP, ein Darlehen in Höhe von 45 000 Reichsmark auf. Dass ihm der Kredit bewilligt wird, verdankt er seinem Bürgen, dem Klavierfabrikanten Edwin Bechstein. Der zahlt letztlich einen größeren Teil des Kredites zurück und auch die Zinsen – im Ergebnis handelt es sich folglich um eine Schenkung.

»In finanziellen Fragen lästige Überlegungen anzustellen, war nicht sein Fall«, schreibt Ernst Hanfstaengl in seinen Memoiren. »Geld hatte einfach da zu sein, so selbstverständlich wie die Luft zum Atmen, und da er dank der Spenden seiner Verehrer und bei seiner wenig anspruchsvollen Lebensweise schon seit Jahren in dieser Auffassung zu keinen Korrekturen mehr genötigt worden war, so setzte er auch bei anderen ein derart unbelastetes Verhältnis zum Geld voraus.«[5] Hitlers Einnahmen reichen aus, die Kosten eines aufwendigen Lebensstils zu tragen. Die nach außen vorgeführte Bescheidenheit als einfacher Mann des Volkes betrifft vor allen Dingen Ernährung und Kleidung. Er beschäftigt aber einen persönlichen Stab von Leibwächtern und Bediensteten. Er wird chauffiert, wohnt in Luxusherbergen und hat in München und ab 1928 auf dem Obersalzberg zwei Residenzen. 1928 mietet er auf dem Obersalzberg den Berghof Haus Wachenfeld von der Witwe eines Geschäftsmannes aus Norddeutschland. Bald hat Hitler genug Geld zum Kauf von Haus Wachenfeld und erwirbt das Anwesen.

Die fortschreitende Zersplitterung des Parteienspektrums begünstigt den Aufstieg der NSDAP. Bei den Wahlen kann sie nach und nach die Wählerschaft der vielen Splitter- und Protestparteien zu sich herüberziehen und bei den Landtags- und Kommunalwahlen im Frühjahr und Sommer 1929 schon deutliche Zuwächse verbuchen. Ihr Stimmenanteil steigt bei der Landtagswahl im Freistaat Sachsen am 12. Mai 1929 von 1,6 auf 5 Prozent. Im Land Mecklenburg-Schwerin verdoppelte sie einen Monat später ihren Anteil auf 4,1 Prozent. Bei der Stadtratswahl in Coburg Ende Juni 1929 erobert sie zum ersten Mal in einer Kommune die Mehrheit der Sitze.[6]

Während der dreizehnmonatigen Festungshaft in Landsberg glaubt der zum Zeitpunkt der Entlassung 35-jährige Adolf Hitler seine eigentliche Berufung gefunden zu haben. Er will jetzt nicht mehr »Trommler« und »Prophet« eines zukünftigen nationalen »Messias« sein, er selbst will zum Führer der völkischen Bewegung werden. Er fühlt sich von der Vorsehung ausersehen, Deutschland auf den Weg zur nationalen »Erlösung« zu führen.

Dass ihm das gelingen wird, geht vor allem auf die Bereitschaft einer großen Masse Deutscher zurück, ihm Führer-Fähigkeiten zuzubilligen. So sieht es der britische Historiker Ian Kershaw, der zwischen 1998 und 2002 in zwei Bänden die bislang umfangreichste Hitler-Biographie geschrieben hat. »War das 20. Jahrhundert das Zeitalter Hitlers?«, fragt Kershaw und antwortet sich und dem Leser: »Sicherlich hat es kein Zweiter stärker geprägt als Adolf Hitler.«[7]

Der Historiker Kershaw von der Universität Sheffield, der jahrelang in Deutschland gelebt und am Münchner Institut für Zeitgeschichte geforscht hat, benötigt für seine Biographie mehr als 2 400 Buchseiten, weil er endgültig und schlüssig die wichtigsten Fragen zur NS-Herrschaft beantworten will: Warum sind die Deutschen Hitler verfallen? Wie konnte Hitler die allumfassende Machtposition des Alleinherrschers erreichen? Was entfesselte im Sommer 1939 die Dynamik des Kriegsausbruchs? Warum zog sich der Zweite Weltkrieg so lange hin, obwohl er doch erkennbar schon Mitte des Jahres 1944 verloren war?

Kershaws Hitler-Biographie beruht vor allem auf einer breiten und kenntnisreichen Auswertung der Forschungs-, aber auch der Erinnerungsliteratur. Der Autor wertet seine Quellen wenig spekulativ aus. Er vermeidet, sie durch eigene Reflexionen überzuinterpretieren. Kershaw wartet nicht mit grundlegend neuen Erkenntnissen auf. Doch seine Melange von biographischen Details, subjektiven Erinnerungen und »objektiven« Dokumenten zu gesellschaftlichen Bedingungen und Strukturen bringt neue und klarere Erkenntnisse.

Als Kershaws erster Band 1998 erscheint, ist der Streit zweier Historikerschulen zur Erklärung von Hitlers Aufstieg zur Macht und der Frage, wie es zur radikalen Umsetzung seiner proklamierten Ideen kommen konnte, noch auf der akademischen Tagesordnung. Die Fraktion der »Funktionalisten« ist wenig an der persönlichen Rolle Adolf Hitlers im »Dritten Reich« interessiert. Sie befasst sich vornehmlich mit den sich dynamisierenden Prozessen im Hitler-Staat, den Maschinerien des NS-Systems, die zur Katastrophe führten. Die Anhänger der Gegenschule der »Intentionalisten« sehen in der Person Hitlers den Ursprung der NS-Verbrechen, das »Dritte Reich« und seine Verbrechen als Ergebnis willentlicher Handlungen. Sie interessieren sich daher auch für psychologische Aspekte der Ausbildung von Hitlers Persönlichkeit.

Ian Kershaw beschreibt in seiner Biographie eine deutsche Gesellschaft, die Hitler ermöglichte. Er lässt in Zitaten Menschen zu Wort kommen, die in einer ökonomischen und gesellschaftlichen Krise ihre Hoffnungen auf einen »Führer« projizierten. »Eine überzeugende Hitler-Studie muss … gleichzeitig auch eine Geschichte des

Nationalsozialismus sein. Obwohl man dieses Ziel natürlich nicht nur mit Hilfe einer Biographie erreichen kann – das heißt, falls es überhaupt erreichbar ist –, spricht einiges dafür, sich auf die Figur Hitlers zu konzentrieren – die Person, die unbestreitbar die zentrale, oft entscheidende Rolle beim ›Amoklauf‹ des ›Dritten Reiches‹ gespielt hat.«[8]

Den Streit zwischen »Intentionalisten« und »Funktionalisten« legt Kershaw in seinem Buch auf diplomatische Weise bei. Er schreibt in den einleitenden Betrachtungen: »Hitler war kein Tyrann, der Deutschland aufgezwungen wurde. Obwohl er bei freien Wahlen nie die absolute Mehrheit der Stimmen errang, war er genauso legal wie seine Vorgänger zum Reichskanzler ernannt worden und wurde zwischen 1933 und 1940 zum unbestritten beliebtesten Staatsoberhaupt auf der Welt. Wer das verstehen will, muss offenbar unversöhnliche Gegensätze miteinander versöhnen: die personalisierte biographische Methode und die ihr entgegengesetzten Verfahren zum Studium der Gesellschaftsgeschichte und der Strukturen der politischen Herrschaft.«[9] Diese »Versöhnung« gelingt Kershaw in seinem Werk.

Der Autor wählt einen »charismatischen« Ansatz, um eine Verbindung von biographischen Intentionen und Gesellschaftsgeschichte herzustellen. Dabei greift er auf Max Webers Erklärungsansatz der »charismatischen Herrschaft« zurück, mit dem der Soziologe eine stark personalisierte Form politischer Herrschaft beschrieben hat. Der Bielefelder Historiker und Sozialgeschichtler Hans Ulrich Wehler hat fünf Jahre nach Kershaws erstem *Hitler*-Band in seiner *Deutschen Gesellschaftsgeschichte* in Bezug auf Hitler die gleiche Methode angewendet, weil sie auch seiner Meinung nach die methodisch überzeugendste Lösung zur Erklärung von dessen Aufstieg zur absoluten Macht darstellt. Kershaw blickt in seiner Darstellung wie später Wehler vor allem auf die deutsche Gesellschaft der 1920er-Jahre, die einer Persönlichkeit wie Hitler »Charisma« zubilligte. Der Charismatiker Hitler selbst interessiert dabei erst an zweiter Stelle. Die Person Hitler verschwindet nach Kershaw fast völlig hinter dem Machthaber, dem die Propaganda eine Legende erschafft.

Erklärt werden umfänglich auch die Beweggründe der Mehrheit der deutschen Gesellschaft, einem selbsternannten »Führer« zuzubilligen, sich die Macht zu »erschleichen«. »Unstrittig bleibt die Tatsache, dass die Angehörigen einer hochmodernen, entwickelten, pluralistischen Gesellschaft nach einem verlorenen Krieg die kollektive Erfahrung tiefreichender nationaler Erniedrigung, ökonomischen Bankrotts, akuter sozialer, politischer und ideologischer Polarisierung machten. Als sie nach einem Ausweg suchten, setzten sowohl jene, die Macht hatten, als auch die überwältigende Masse der Bevölkerung angesichts des totales Versagen eines diskreditierten politischen Systems in wachsender Zahl ihr Vertrauen in die messianische Vision eines selbsternannten politischen Retters.«[10] Am 6. Oktober 1998 hat der damalige Herausgeber der *Frankfurter Allgemeinen Zeitung* Frank Schirrmacher in seiner Rezension von Kershaws Buch die Biographie als »Jahrhundertende-Buch« gelobt und den Autor in einer seiner Thesen auf den Punkt gebracht: »Kershaws

Überzeugung lautet, dass Hitler hätte Hitler sein und doch nie Diktator werden können, wenn nicht eine gesellschaftliche Nachfrage nach ihm bestanden hätte.«[11]

Eine weitere These, die Ian Kershaw umfangreich belegt, ist, dass Hitlers chaotische Regierungsweise mit Improvisation, schnellen Kurswechseln und stetig verbreiteter Ungewissheit seine Herrschaft festigte statt zu schwächen. Möglicherweise zunächst ungeplant, habe Hitler an der Macht bald schon die in Preußen-Deutschland besonders klar ausgeprägten Formen kollektiver Regierungsverantwortung zerstört. Seine unstrukturierte und improvisierende Herrschaft habe im Staat, wie zuvor schon in seiner Bewegung, zu einer extremen Personalisierung der Macht in seiner Person geführt. Hitlers Herrschaft stützte sich auf Loyalität gegenüber ihm als Führer. Seine Macht habe er oft ohne erkennbares Konzept an seine Umgebung delegiert. Kershaw zeigt, dass Hitler Dinge geschehen lässt, weil er sie nicht unter Kontrolle hat – oder nicht haben will. Manches Ereignis, bei dem bislang wohlbedachte Planung vermutet wurde, so zeigt Kershaw an Beispielen, könnte ein Zufallsprodukt oder eine Momenteingabe gewesen sein, die sich bald danach strukturell verfestigt habe.

Besonders stellt Kershaw eine von ihm genau beschriebene Funktionsweise des »Dritten Reiches« heraus: Werner Willikens, schon 1928 einer der zwölf Abgeordneten der NSDAP im Deutschen Reichstag und ab 1933 Staatssekretär im preußischen Landwirtschaftsministerium, habe z.B. 1934 von den Parteigenossen gefordert, »dem Führer entgegen« zu arbeiten. »Jeder, der Gelegenheit hat, das zu beobachten, weiß, dass der Führer sehr schwer von oben her alles befehlen kann, was er für bald oder für später zu verwirklichen beabsichtigt. Im Gegenteil, bis jetzt hat jeder an seinem Platz im neuen Deutschland dann am besten gearbeitet, wenn er sozusagen dem Führer entgegenarbeitet.«[12] Jeder Nationalsozialist habe in seinem eigenen Umfeld nach diesem Verständnis die »nationalsozialistische Revolution« zu Ende zu bringen. Hitlers Willen erahnend und vorwegnehmend, werden demnach – im vorauseilenden Gehorsam – von nachgeordneten Stellen sich später selbst reproduzierende Handlungsanweisungen umgesetzt, schlussfolgert Kershaw. Hitler habe sie immer dann legitimiert, wenn sie seinen Vorstellungen nicht widersprochen hätten. Aus dieser Vorgehensweise ergebe sich »eine fortgesetzte Radikalisierung der Politik in einer Richtung, die Hitlers ideologische Gebote immer deutlicher als praktikable politische Optionen ins Blickfeld rückte.«[13]

Nach Kershaws Auffassung entfaltet auch die Verfolgung der Juden, fast ohne jeden direkten Einsatz Hitlers vorangetrieben vor allem von Kräften innerhalb der SS, aus diesem »Vorarbeiten« heraus ihre eigene Dynamik. Die »Entfernung der Juden« aus der deutschen Gesellschaft stand im Mittelpunkt von Hitlers Denken. Die »Endlösung« konnte so aus Hitlers Ideologie heraus den Schlusspunkt der Verfolgung bilden, ohne dass es hierfür schriftlicher Befehle Hitlers zum Holocaust bedurft hätte. Tatsächlich wurde ein derartiger Befehl bis heute nicht gefunden.

Ansichten und Berichte

»So wäre alles dagewesen, in München, was einladen konnte, das Leben wieder zu lieben, es sogar zu genießen – hätte es nicht eine Person zu viel gegeben. Der Herr vom Bürgerbräu war aus der Festung entlassen worden. Er war nicht müßig gewesen. Aus den verdörrten grauen Mauern hatte er ein dickes, blutendes Manuskriptbündel mitgebracht, das er Seinen Kampf nannte. Nun brauchte die Zukunft nicht mehr improvisiert zu werden, sie ließ sich Seite für Seite vom Blatt ablesen. Ungemütliche Mischung aus freier Kunst und ihrer angekündigten Versklavung, auch wenn man mit einkalkulierte, dass man den Sonderling nicht ernst nahm.«[14]
Friedrich Hollaender, Jahrgang 1896, deutscher Komponist und Musiktexter, REVUE MEINES LEBENS

TAGEBUCH, 23. DEZEMBER 1924
»Adolf Hitler ist frei! Nun werden wir uns von den reaktionären Völkischen trennen und wieder echte Nationalsozialisten sein. Heil, Adolf Hitler! Wir haben jetzt wieder Glauben an die Siegeskraft der Idee. Gegen Hitler spielen dunkle Mächte.«[15]
Joseph Goebbels, Jahrgang 1897, arbeitsloser Germanist, Gladbach

»Die Heroisierung, die Hitler erfuhr, war das letzte Schaustück der ersten nazistischen Periode. Als der Held dieses abstoßenden Theaters nach einigen Monaten – vorzeitig – aus der Haft entlassen wurde, war er ein vergessener Mann – so vergessen, dass man es nicht für nötig hielt, ihn über die österreichische Grenze in seine Heimat abzuschieben.«[16]
Rudolf Nissen, Jahrgang 1896, Mediziner, ERINNERUNGEN EINES CHIRURGEN

»Betreff: Gesuch um Entlassung aus der österreichischen Staatsbürgerschaft.
Hoher Magistrat!
Ich bitte um meine Entlassung aus der österreichischen Staatsbürgerschaft. Gründe: Ich befinde mich seit dem Jahre 1912 in Deutschland, habe nahezu 6 Jahre im deutschen Heere gedient, darunter 4 ½ Jahre an der Front und beabsichtige nunmehr die deutsche Staatsbürgerschaft zu erwerben. Da ich zurzeit nicht weiß, ob meine österreichische Staatsangehörigkeit nicht ohnehin bereits erloschen ist, ein Betreten des österreichischen Bodens durch eine Verfügung der Bundesregierung jedoch abgelehnt wurde, bitte ich um eine günstige Entscheidung meines Gesuches. Personalien: Adolf Hitler, geboren am 20. April 1889 zu Braunau am Inn, bisher zuständig nach Linz a. d. Donau. Meine Dokumente sind seit dem November 1923 nicht mehr auffindbar und vermutlich verloren gegangen.
Hochachtungsvoll **Adolf Hitler,** München, den 7. April 1925«[17]
Brief an den Magistrat der Landeshauptstadt Linz a.d. Donau

Adolf Hitler am Tag seiner Entlassung neben einem Kraftwagen, den der Mercedes-Benz-Niederlassungsleiter von München, Jakob Werlin, gestellt hat. Werlin, der Druckereibesitzer Adolf Müller und der Fotograf Heinrich Hoffmann holen Hitler in Landsberg ab.

»Das Oberste Landesgericht hat die staatsanwaltschaftliche Beschwerde gegen den Beschluss des Landgerichts, durch den Hitler und Kriebel Bewährungsfrist erteilt worden ist, nunmehr verworfen, so dass dieselben für den Rest ihrer Strafen Bewährungsfrist erhalten.«[18]
Carl Moser von Filseck, Jahrgang 1869, württembergischer Gesandter bei der
Bayerischen Staatsregierung, Bericht vom 20. Dezember 1924

TAGEBUCH, 14. JANUAR 1925
»Hitler will Ende dieses Monats einen Aufruf loslassen. Zur Gründung der alten nationalsozialistischen Deutschen Arbeiterpartei. Das einzig Richtige.«[19]
Joseph Goebbels, arbeitsloser Germanist, Gladbach

»Als kurz nach Hitlers Entlassung aus der Festung im Februar 1925 die Partei neu gegründet wurde, ging Mutter nach München und nahm an der ersten Versammlung teil ... In jenen Tagen war Hitler in ständiger Furcht um sein Leben, und so trafen wir ihn stets an anderen Orten ... Er zeigte uns seinen Revolver, den er, natürlich unerlaubterweise, trug – eine kleine Waffe, die, obwohl er sie mit der Handfläche bedecken konnte, zwanzig Schuss enthielt.«[20]
Friedelind Wagner, Jahrgang 1918, Tochter von Winifred Wagner, NACHT ÜBER BAYREUTH

»Man wird im Allgemeinen sagen können, dass die Regierung Held mit dem Redeverbot für Hitler das Richtige getroffen hat. Wenn man ihm den Mund verbindet, vernichtet man seine Zugkraft, denn nur mit seinem Phrasenschwall vermag er sich Anhänger zu schaffen. Seine Anhängerschaft ist stark zurückgegangen, der ›Völkische Beobachter‹ kämpft um seine Existenz, und es ist zu verwundern, woher er immer noch so viel Geld bekommt, um sich so halten zu können, wie er es tut.«[21]
Carl Moser von Filseck, württembergischer Gesandter bei der Bayerischen Staatsregierung, Bericht vom 29. September 1925

»Die Masse; die weltgeschichtliche Aufgabe der proletarischen Masse; die Massen sind alles, der Einzelne nichts; der Wille der Massen; das Massenbewusstsein – welch starker Klang eignete diesen Worten, ehe sie zu Klischees der revolutionären Phraseologie wurden! Das rote Wien, das rote Berlin, das rote Paris – ich habe sie gekannt. Ich bin in den Reihen ihrer Massen mitmarschiert – alle Straßen schienen in die Zukunft zu führen, in das weltumspannende Reich der Freiheit und Gleichheit für alle, alle, alle ...«[22]
Manès Sperber, Jahrgang 1905, jüdischer Österreicher aus Galizien, Schriftsteller, ALL DAS VERGANGENE

»Man musste nicht links sein, um die SPD als vergreist zu empfinden, um zu sehen, dass weite Teile der Jugend ohne Orientierung waren und den braunen Rattenfängern nachliefen.«[23]
Willy Brandt (eigentlich Herbert Frahm), Jahrgang 1913, Gymnasiast in Lübeck, ERINNERUNGEN

»Die deutsche Sozialdemokratie war in ihrem Kern gut. An ihrer demokratischen Grundrichtung wird man heute weniger rütteln wollen als je. Wir hatten zahllose begeisterte Anhänger, die bereit waren, für die sozialistische Weltanschauung jedes Opfer zu bringen. Allein die Leitung der Partei und der Gewerkschaften wusste schon 1918 mit diesem bildsamen Stoff wenig anzufangen. Sie besaß weder Geist noch politische Phantasie. So wurde aus unseren äußerlich glänzenden Organisationen ein leeres Getriebe, eine klappernde Mühle ohne Korn. Wir waren stets in die Verteidigung gedrängt und damit gewinnt man keine politische Schlacht. Wir waren in der Außenpolitik, aber auch in der Innenpolitik fast nur noch Anhängsel unserer bürgerlichen Verbündeten geworden. Die Führung hatte den Glauben an die sozialistische Idee verloren. Sie traute weder sich noch der Anhängerschaft etwas zu.«[24]
Wilhelm Hoegner, Jahrgang 1887, Staatsanwalt, SPD-Mitglied, Mitglied des bayerischen Landtags, ERINNERUNGEN

»Vier Monate Proben sind auch in Berlin kein schlechter Brocken. Von der Außenwelt abgeschnitten, auf unwegsamer Drehbühne gestrandet, erfährt man von den Ereignissen der Weltgeschichte nur dann etwas, wenn ein Orchestermusiker seine Wurststulle von der Gattin in die ›B.Z am Mittag‹ eingewickelt mitbekommen hat. Ach, Friedrich Ebert gestorben? Hindenburg zum Präsidenten gewählt? Mich haben sie gar nicht gefragt, meint einer. ›Ach so, ich war ja auf der Probe! Hitler gründet die NSDAP neu, die SS wird gebildet, ›Mein Kampf‹ erscheint? Na, prost! Willst du auch 'n Schluck?«[25]

Friedrich Hollaender, deutscher Komponist und Musiktexter, REVUE MEINES LEBENS

»Wir haben ein Kinderfräulein. Es stammt aus einem nördlichen Zwergstädtchen, wo die Einwohner national bis auf die Knochen sind. Jetzt hat sie ihren Urlaub in der Heimat verbracht. Auf die Frage, was die Menschen dort zu Eberts Tod gesagt haben, antwortet sie fast flüsternd und betrübt: ›So viel Pfropfen haben in unsrer Stadt, solange sie besteht, noch nicht geknallt, wie bei der Sterbenachricht.‹«[26]

Alfred Kerr, Jahrgang 1867, Schriftsteller, Theaterkritiker und Journalist, DAS WAR MEINE ZEIT

TAGEBUCH, 9. APRIL 1925

»Mittags bei Stresemann in seiner Villa. Frau Stresemann, die sich durch einen Bubikopf sehr verjüngt hat, empfing mich. Nachher eine Stunde allein mit Stresemann gesprochen. Er war über die Kandidatur Hindenburgs unverhohlen und ehrlich verzweifelt.«[27]

Harry Graf Kessler, Jahrgang 1868, Publizist und Diplomat

»So ist die Kandidatur Hindenburg nichts anderes als eine Spekulation auf die Dummheit und ein Aushängeschild für ganz egoistische Parteizwecke der Deutschnationalen Partei. Auf Schleichwegen hofft man so in den Besitz der Macht in der Republik zu gelangen, um sie von innen heraus auszuhöhlen. Hindenburg selbst hat sich noch vor vierzehn Tagen das Zeugnis ausgestellt, dass er wegen seines hohen Alters nicht mehr in der Lage sei, das Amt des Reichspräsidenten auszuüben. Er hat dabei immer wieder betont, dass er kein Staatsmann sei, sondern ein Militär. Trotzdem wurde er schließlich zur Kandidatur gepresst – wider Willen. Ihm selbst geschieht damit das größte Unrecht. Soll er sieben Jahre Reichspräsident bleiben?«[28]

Julius Leber, Jahrgang 1897, Redakteur, SPD-Reichstagsmitglied,
Bericht vom 24. April 1924

TAGEBUCH, 26. APRIL 1925

»Um 10 Uhr begann die Wahl; 86 Hindenburg, 28 für Marx, 11 Thälmann war das Resultat am Schluss ... In der Schule verbrüderte der Alkohol Rechts und Links im Gesang vaterländischer Lieder!«[29]

Henriette Schneider, Jahrgang 1872, Mrossen, Ostpreußen

»Erst spät nach Mitternacht kam die Nachricht: Hindenburg ist gewählt. Ich verehre diesen großen Soldaten aufrichtig. Aber ist er der Mann, den Deutschland gerade jetzt braucht? Ist er nicht zu alt? Zu leicht zu beeinflussen?«[30]
Bella Fromm, Jahrgang 1890, jüdische Deutsche, Lokaljournalistin in Berlin

»Um 2 Uhr letztes Resultat. Hindenburg mit 900 000 Vorsprung vor Marx gewählt. Unendlicher Jubel in den Massen. ›Hoch lebe Hindenburg!‹ Nun prangt die Stadt in schwarz weiß rot. Es ist eine Etappe zum Endziel. Nicht mehr und nicht weniger. Hindenburg soll leben!«[31]
Joseph Goebbels, arbeitsloser Germanist, Elberfeld

»Die Wahl Hindenburgs zum Reichspräsidenten im Jahre 1925 teilt die Epoche von Weimar in zwei Abschnitte von je sieben Jahren. Sie beendigte äußerlich und wesentlich den ersten Abschnitt, den man mit einiger Anstrengung den revolutionären nennen kann, und sie eröffnete zugleich den zweiten, der am treffendsten als gemäßigte Restauration zu bezeichnen ist.«[32]
Julius Leber, Redakteur, SPD-Reichstagsmitglied, BERICHT

»Auch die Parole ›Heil Hitler‹ begann sich ... durchzusetzen, entstanden aus der ursprünglich harmlosen Grußform ›Heil Soundso‹, wie man sich etwa in Österreich seit Generationen in Turn- und Radsportvereinen ... zu begrüßen pflegte. In Fortführung dieser vermutlich auf Turnvater Jahn zurückgehenden Deutschtümelei war dieser Heil-Gruß dann auch innerhalb der Bewegung zur Regel geworden, indem man also statt ›Guten Tag, Göring‹ ›Heil Göring‹ grüßte und damit zugleich eine gewisse Verbundenheit mit der Idee des Nationalsozialismus zum Ausdruck brachte. Mit der Parole ›Heil Hitler‹ wurde jedoch aus diesem Grußbekenntnis jetzt eine Anerkennung der unbedingten Führungsposition Hitlers ... Diesen Unfug mitzumachen ... habe ich mich stets geweigert. Entweder sagte ich nach wie vor ›Herr Hitler‹ zu ihm oder titulierte ihn nach 1933 in Anwesenheit Dritter mit ›Exzellenz‹ oder ›Herr Reichskanzler‹.«[33]
Ernst Hanfstaengl, Jahrgang 1887, Verlegersohn, Bekannter Adolf Hitlers, MEMOIREN

»Wieland, Wolfi, Verena und ich, wir alle liebten Wolf, weil uns seine Erzählungen der Abenteuer begeisterten, die er auf seinen Reisen durch Deutschland erlebte; vor allem die über jene pechschwarze Nacht, in der der Chauffeur Hitlers Wagen in ein gefährliches Loch fuhr und ihn nur unter den größten Schwierigkeiten wieder herausholen konnte. Sein Leben war spannend für uns, weil es so ganz anders war – alles war wie ein Märchen, sein Auftauchen bei uns so spät in der Nacht, seine Erzählungen über sein gefährdetes Dasein.«[34]
Friedelind Wagner, Tochter von Siegfried und Winifred Wagner, NACHT ÜBER BAYREUTH

Adolf Hitler bei einem Marsch durch Weimar anläßlich des Reichsparteitags der NSDAP am 3./4. Juli 1926. In Zivil rechts neben Hitler Artur Dinter, Gauleiter von Thüringen.

»Seit dem ersten Zusammentreffen im Löwenbräukeller war er zweifellos wieder gewachsen. Er war nun nicht mehr der Führer einer kleinen Partei, über die sich viele Leute mokierten und die man nicht recht ernst nahm; er war jetzt eine Macht, mit der man in der Politik rechnete. Das merkte man an seiner ganzen Haltung, an seinem selbstbewussten Auftreten.«[35]
Fritz Wiedemann, Jahrgang 1891, ehemaliger Kriegskamerad und späterer Adjutant Adolf Hitlers, ERLEBNISSE UND ERFAHRUNGEN

»Ich selbst habe keinen Instinkt für den Charakter, der sich in Gesichtern ausprägt. Ich habe lange Zeit von den Fotografien Hitlers zwar einen wenig angenehmen, aber keinen stark unsympathischen Eindruck gehabt.«[36]
Ludwig Quidde, Jahrgang 1858, deutscher Friedensnobelpreisträger von 1927, DEUTSCHLANDS RÜCKFALL IN DIE BARBAREI

»In dieser Zeit hatte Hitler sein bayerisches Kostüm mit einem billigen, dunkelblauen Anzug und dem berühmten Trenchcoat vertauscht und wechselte stets seinen Hut, um sein Aussehen zu verändern und zu verhindern, auf seinen Reisen erkannt zu werden. Handschuhe trug er nie, hielt aber stets eine Hundepeitsche in der Hand. Die Peitsche, der Trenchcoat und der Mercedes-Wagen – diese Aufmachung war seine Fabrikmarke in der Zeit zwischen dem Putsch und dem

Jahr 1933. Er erzählte uns, dass die Peitsche die einzige Waffe sei, die er bei sich trage, aber wir Kinder hatten den kleinen Revolver nicht vergessen.«[37]

Friedelind Wagner, Tochter von Siegfried und Winifred Wagner, NACHT ÜBER BAYREUTH

»Hitler ist völlig anspruchslos. Er kann sich mühelos freihalten von fast allen Genüssen des Lebens, die den anderen Menschen oft so viel, ja alles bedeuten. Er raucht nicht, er meidet den Alkohol, er ist Vegetarier. Er verzichtet auf eine Ehe, auf eine Familie. Rastlose Arbeit im Dienste seines Volkes ist ihm Genuss und Befriedigung genug. Was ist das doch Schönes in einer Zeit, da alles materiellen Gütern nachjagt! Ich will in einem Führer ein gutes Beispiel sehen. Das gibt Hitler, wie ich es bisher an Menschen nicht erlebt habe …

Alles, was ich bei nicht bescheidenen Ansprüchen unter einem Volksführer mir vorstelle, sehe ich in Hitler in höchster Vollendung vereinigt. Er verkörpert für mich den Typ des idealen, verehrungswürdigen, großen Patrioten. Dabei hat er im persönlichen Umgang etwas Gütiges, Taktvolles, Vornehmes. Züge von Brutalität, wie sie unverkennbar z. B. Streicher, Bormann u. a. zeigten, fehlten bei ihm damals vollkommen. Mit welch ungekünstelter Liebe kann er mit Kindern umgehen und diese mit ihm. Ein gutes Zeichen. Von seiner großen Tier- und Naturliebe ganz zu schweigen.

Freilich ist er etwas eigenwillig, ja manches Mal ausgesprochen herrschsüchtig. In gewissen Dingen kann er Widerspruch nicht gut vertragen. Diese Eigenschaften haben fast alle hervorragenden Persönlichkeiten. Ob Friedrich der Große, Bismarck oder viele andere geschichtlichen Personen, alle hatten, wie der Volksmund sagt, ihre Mucken. Das bringt menschliche Größe mit sich. Wo so viele und große Vorzüge sind, da dürfen auch ein paar kleine Fehler sein, sie fallen nicht ins Gewicht.

… In Hitler sah ich im Laufe der Jahre ein Genie, ein Naturgenie!«[38]

Karl Wahl, Jahrgang 1892, Ortsgruppenleiter der NSDAP in Augsburg, ERLEBNISSE UND ERKENNTNISSE

»In dem ersten Artikel, den ich im Mai 1933 in Oslo veröffentlichte, hatte ich gesagt, im Nationalsozialismus als Massenphänomen manifestiere sich zu einem nicht geringen Teil ein Stück Aufbegehren der jungen Generation; eine der Schwächen der Weimarer Sozialdemokratie war gewiss die mangelnde Anziehung, die sie auf diese junge Generation ausgeübt hatte. Der Faschismus habe das Generationenproblem nicht geschaffen, schrieb ich an anderer Stelle, er habe es für sich ausgenutzt.«[39]

Willy Brandt, SPD-Mitglied, MEIN WEG

»Auf den durchreisenden Fremden machte Berlin den Eindruck einer lebenslustigen und reichen Stadt. Elegante Privatwagen glitten Unter den Linden dahin, die

Cafés waren überfüllt von modisch gekleideten Damen und Herren. Weibliche Personen von zweifelhafter Aufmachung warfen den Männern vielverheißende Blicke zu, in den Restaurants bezahlten feine Schieber ohne Wimpernzucken Rechnungen, die hoch in die Tausende gingen. Doch nur wenige Schritte abseits von den Prachtstraßen Kurfürstendamm und Unter den Linden traf man auf Bilder des Verfalls, der Hoffnungslosigkeit und Not.«[40]

Louis P. Lochner, Jahrgang 1887, Leiter des US-Nachrichtenbüros von Associated Press in Berlin, ERINNERUNGEN AN DEUTSCHLAND

»Wenn ich jetzt zurückdenke, sehe ich den irrsinnigen Wirbel des Berlin von 1928 und 1929 als eine Art pompejanisches Gelage am Vorabend des Vesuvausbruches … Die begeisterten avantgardistischen Intellektuellen, die Maler, Musiker und Regisseure, die neue ästhetische Welten entdeckten, wetteiferten mit üblen Winkelbankschwindlern und korrupten Gestalten, die in Skandale verwickelt waren, bei denen – laut Zeitungsmeldungen – jüdische Immigration aus Polen eine führende Rolle zu spielen schienen, und Lasterklubs der Teenager, deren Orgien mit Mord und Selbstmord endeten.«[41]

Sefton Delmer, Jahrgang 1904, britischer Korrespondent des Daily Express in Berlin, DIE DEUTSCHEN UND ICH

»Die Nazis hassten die Kultur an sich. Kultur war ihrem Wesen nach etwas Internationales und damit eine Unterhöhlung des Nationalismus. Das, was man ›Nazikultur‹ nannte, stellte einen lokalen, pervertierten, nationalistischen Kult dar, der ein paar bedeutende und viele unbedeutende Künstler als Deutsche, nicht aufgrund ihres Talents ehrte, während alles andere als undeutsch, entartet und Beispiel für jüdische Kultur verdammt wurde.«[42]

Christopher Isherwood, Jahrgang 1904, britisch-amerikanischer Schriftsteller in Berlin, CHRISTOPHER UND DIE SEINEN

»Wenn der Kapellmeister Klemperer die Tempi anders nimmt als der Kollege Furtwängler, wenn ein Maler in eine Abendröte einen Farbton bringt, den man in Hinterpommern selbst am hellen Tage nicht wahrnehmen kann, wenn man für Geburtenregelung ist, wenn man ein Haus mit flachem Dach baut, so bedeutet das ebenso Kulturbolschewismus wie die Darstellung eines Kaiserschnitts im Film. Kulturbolschewismus betreibt der Schauspieler Chaplin, und wenn der Physiker Einstein behauptet, dass das Prinzip der konstanten Lichtgeschwindigkeit nur dort geltend gemacht werden kann, wo keine Gravitation vorhanden ist, so ist das Kulturbolschewismus und eine Herrn Stalin persönlich erwiesene Gefälligkeit.«[43]

Carl von Ossietzky, Jahrgang 1889, Redakteur und Herausgeber der Zeitschrift Die Weltbühne

»Berlin in den Zwanzigerjahren war allem voraus, was sich jetzt in der Welt als ›neu‹ in unserer Branche behauptet. Es gab alles, die großen Theater von Reinhardt, große Film-Studios, große Filme. Es gab klassische Konzerte und auch nicht klassische Konzerte. Es gab alles, was Menschen begehrten in der Kunst. Es gab die schönsten Lokale, auch schwule Lokale. Berlin war eine Großstadt – produktiv und reich an Ideen, reich an Organisation – reich an Idealen und zugleich praktisch, eine nie erreichte Kombination!«[44]
Marlene Dietrich, Jahrgang 1901, deutsche Schauspielerin und Sängerin, MEMOIREN

»Kunst und Leben gingen, so kam es mir vor, zum ersten Mal Hand in Hand, die Kunst war nicht mehr ein bloßer Schmuck des Lebens, sondern dessen unmittelbarer Ausdruck. Kubismus, Futurismus, Expressionismus – wie man auch etikettieren mag, so waren wir, so war unsere Welt, so aufgewühlt und erschüttert, dass die Wände nicht mehr gerade standen, dass Licht und Farbe dem Fieber, dem Hunger, dem Angsttraum entsprangen, dass alles eine Klarheit gewann, die realer als das Reale war. Surrealismus, jawohl, was sonst? Es verlangte uns nach den spitzen Winkeln, den aufgeschnittenen Formen, den Dissonanzen, dem gallebitteren Humor der jungen Dichter.«[45]
Vicki Baum, Jahrgang 1888, Journalistin und Schriftstellerin, ERINNERUNGEN

TAGEBUCH, 28. NOVEMBER 1926
»Montagmorgen Abfahrt. Nachmittags Ankunft. Essen. Terboven, Karl und Viktor an der Bahn. Sofort zum Chef. Er ist froh, dass ich komme. Zum Saalbau. Ein Riesensaal. Voll gefüllt mit Menschen bis zum letzten Platz. Ein Sturm. Hitler kommt. Dann spricht er 2 Stunden. Über Weltanschauung und Politik. Es wäre dumm, wollte ich in ein paar Zeilen darüber schreiben. Er war wieder der Führer, unter dem zu kämpfen eine helle Freude ist.«[46]
Joseph Goebbels, arbeitsloser Germanist, Gladbach

»Aber es war wohl gerade das Konfuse und Morbide, durch das sich immer größere Teile eines haltlos gewordenen Volkes angezogen fühlten. In Lübeck gebärdeten sich die Nazis nicht so laut – sie waren auch nicht so viele – wie in den angrenzenden ländlichen Provinzen oder im Durchschnitt des Reichs, doch ihre Wählerstimmen schnellten auch in der Stadt nach oben. Unter den Sozialdemokraten hoffte man, je schlechter die Lage, desto inbrünstiger, auf bessere Zeiten und tröstete sich auch über die schrillsten Alarmsignale hinweg. Man wähnte sich immer noch stark … und verkroch sich in seiner eigenen Welt.«[47]
Willy Brandt, Gymnasiast in Lübeck, ERINNERUNGEN

»Damals … lachten wir über diesen Hitler. Ein Verrückter, sagten wir, ein Hanswurst, ein Idiot; von der Sorte haben wir viele. Produkte des Krieges. Gesundbeter und stigmatisierte Jungfrauen und Propheten, Putschisten und Mörder und wer weiß, was sonst noch alles. Aber ihre Zeit ist vorbei. Nach und nach werden sie ja wohl zu sich kommen und den Mund halten.«[48]

Vicki Baum, Journalistin und Schriftstellerin, ERINNERUNGEN

»Persönlich bin ich Hitler zum ersten Mal Anfang Oktober 1927 begegnet. Er kam damals anlässlich der Bürgerschaftswahlen nach Hamburg, wo kurz zuvor das gegen ihn vom Senat erlassene Redeverbot aufgehoben worden war. Mit dem Geschäftsführer der Partei, Brinkmann, holte ich Hitler am Bahnhof ab. In seiner Begleitung war Rudolf Heß. Auf dem Wege zum Hotel ›Phönix‹ stellte Hitler einige Fragen nach Vorbereitung und Aussichten der Versammlung und erkundigte sich etwas nervös besorgt nach der Mentalität der Hamburger. Offenbar hatte er vor diesem seinem ersten Auftreten in Hamburg einen Anflug von Lampenfieber.

Im Hotel begab sich Hitler sofort auf sein Zimmer; Heß folgte ihm schnell, nachdem er uns die Bereitstellung von 20 Flaschen Mineralwasser am Rednerpult mit der Begründung aufgetragen hatte, dass Hitler während seiner großen Reden gewaltig in Schweiß geriete und durch den Wasserverlust bis zu fünf Pfund abnehme.«[49]

Albert Krebs, Jahrgang 1899, NSDAP-Gauleiter von Hamburg,
ERINNERUNGEN AN DIE FRÜHZEIT DER PARTEI

»Unter der tosenden Begrüßung der Zuschauer marschieren nun Braunhemden in Reih und Glied herein, voran zwei Reihen Trommler, dann die Fahne. Die Leute grüßen nach Faschistenart mit ausgestreckten Armen. Das Publikum jubelt ihnen zu. Auf der Bühne hat Hitler in gleicher Weise den Arm zum Gruß gestreckt. Die Musik rauscht. Fahnen ziehen vorüber, blitzende Standarten mit den Hakenkreuzen im Kranz und den Adlern, den altrömischen Feldzeichen nachgebildet.«[50]

Bayerischer Polizeibericht über eine NSDAP-Veranstaltung im Zirkus Krone,
München, 9. März 1927

»Für seine Rede hatte sich Hitler sorgfältig vorbereitet, wie mehrere mit Stichworten gefüllte Seiten eines Manuskripts zeigten. Da ich neben ihm saß, konnte ich an dem Umwenden der einzelnen Blätter feststellen, dass er sich auch an seinen Entwurf hielt. Selbst ganze Redewendungen und Sätze, die beim Vortrag spontan und improvisiert wirkten, waren schriftlich festgelegt. Hitler war kein Gefühlsredner, wie viele Leute, besonders unter seinen Gegnern, glaubten; er baute seine Reden systematisch auf und wusste genau, was er sagte und welche Wirkung er mit dem Gesagten erzielen wollte.«[51]

Albert Krebs, NSDAP-Gauleiter von Hamburg,
ERINNERUNGEN AN DIE FRÜHZEIT DER PARTEI

»[Hitler] spricht frei, zuerst mit langsamer Betonung, später überstürzen sich die Worte, bei mit übertriebenem Pathos vorgetragenen Stellen kommt die Stimme gepresst und nicht mehr verständlich zu Gehör.«[52]
Bayerischer Polizeibericht über eine Veranstaltung der NSDAP, München 1927

»Seine Gebärden sind unschön, unfrei. Die ausladende, eine Welt abzirkelnde Geste des Duce fehlt ihm ganz. Jede Bewegung zeigt den kleinen Mann mit dem großen Herzen. Irgendwas an ihm ist immer in der Beuge, die Arme, der Körper. Seine Anhänger und geschäftstüchtige Fotografen pflegen seine einzelnen Posen liebevoll zu knipsen. Es wird jedes Mal ein ästhetisches Malheur. Wenn Mussolini die Zähne fletscht oder die Lippen aufwirft, so wirkt das immer irgendwie antik. Bei Hitler sind dieselben Gebärden Krampf eines aufgeregten Steuerzahlers. Dennoch, er ist der Volksredner. Und heute auch der Mann derjenigen, die an zu viel Intellekt müde geworden sind.«[53]
Weigand von Miltenberg (eigentlich Herbert Blank), Jahrgang 1899, Autor, ADOLF HITLER WILHELM III.

»Hitler wählt beim Vortrag plumpe Vergleiche, ganz auf das Begriffsvermögen seiner Zuschauer zugeschnitten. … Der Satzbau liebt langatmige Perioden, deren Schluss leicht gekünstelt und oft zu Unrecht betont herauskommt … Die Worte und Ansichten werden mit diktatorischer Sicherheit hineingeschleudert, als wären sie unabänderliche, feststehende Grundsätze und Tatsachen.«[54]
Bayerischer Polizeibericht über eine NSDAP-Versammlung im Zirkus Krone, München, am 9. März 1927

»Gegen die Energie, die Überzeugungskraft des Redners musste ich mich wehren; was einem Freund, den ich mitgebracht hatte, rein jüdischer Abstammung, nicht gelang. ›Er hat ja recht‹, flüsterte er mir zu. Dieses ›Er hat ja recht‹ – wie oft habe ich es später hören müssen, von Mit-Zuhörern, von denen ich es nie erwartet hätte, Schweizer Freunden zum Beispiel.«[55]
Golo Mann, Jahrgang 1909, Internatsschüler, Sohn von Thomas und Katia Mann, ERINNERUNGEN

»Der ›Dritte Parteitag‹ fand im August 1927 in Nürnberg statt, war aber auch kein großer Erfolg. Die Stadt erschien vergleichsweise leer … Die Einheimischen nahmen das alles nicht ernst. Ihnen gefiel der Fackelzug, das war alles!«[56]
Stephen H. Roberts, Jahrgang 1901, australischer Politologe, THE HOUSE THAT HITLER BUILT

»Die Parteitage sind, so weit es sich um die geistige Vorbereitung und Planung handelte, zweifellos Hitlers persönliches Werk gewesen. So wie er sich etwa beim Aufbau der SA um kleinste Einzelheiten der Uniformentwürfe bis zur Farbgebung der Hemdenspiegel der landsmannschaftlich gegliederten Standarten

Adolf Hitler in der Luitpoldarena beim Reichsparteitag in Nürnberg 1927. Neben der Standarte Heinrich Himmler, links hinter Hitler Gregor Strasser.

kümmerte, so ließ er sich bei der Planung der Parteitage noch die Sitzordnung für die Ehrengäste oder die Ausschmückung der Kongresshalle mit Blumen und Blattgewächsen angelegen sein.«[57]

Albert Krebs, Gauleiter von Hamburg, ERINNERUNGEN AN DIE FRÜHZEIT DER PARTEI

TAGEBUCH, 22. AUGUST 1927

»Nachmittags im Kongress hält Hitler eine [fabel]hafte Rede. Kreuz und quer durch die Stadt. Unsere schöne blonde Freundin aus Schliersee fährt mit. Abends rede ich im Velodrom. Eine Begeisterung ohne Grenzen. Man trägt mich auf den Schultern zum Saal hinaus. Bis spät in der Nacht Siegesfeier ... Das ist der äußere Rahmen. Darin steckt eine Unsumme von Arbeit, Opfer und Erfolg. Nürnberg ist Etappe zum 3. Reich. Wir marschieren! Zur Revolution!«[58]

Joseph Goebbels, NSDAP-Gauleiter von Berlin-Brandenburg

»Fahnen, Begeisterung, Hitler, ganz Nürnberg ein braunes Heerlager. Das war der größte Eindruck. Und der andere: Das Erlebnis des einheitlichen Wollens von Nord und Süd, von Ost und West. Das Erlebnis deutscher Kameradschaft ... Geblieben ist nur der Gesamteindruck. Und der ist nachhaltig und tief.«[59]

Horst Wessel, Jahrgang 1907, Jura-Student und SA-Mitglied in Berlin,
AUTOBIOGRAPHIE

Der Parteiführer Adolf Hitler, inszeniert vom Fotografen Heinrich Hoffmann.

»Nach dem, was man von jenem Hitler in Uniform zu sehen und über seine Lebensweise und seine Mahlzeiten zu hören bekam, musste der Eindruck entstehen, dass er sparsam lebte. Das Gegenteil ist richtig.«[60]

Fritz Wiedemann, ehemaliger Kriegskamerad und späterer Adjutant Adolf Hitlers, ERLEBNISSE UND ERFAHRUNGEN

TAGEBUCH, 19. SEPTEMBER 1928

»Else schrieb, sie hat sich einen Bubikopf schneiden lassen. Ich bin entsetzt, hätte das nie für möglich gehalten, man muss sich eben über nichts mehr wundern in heutiger Zeit.«

Henriette Schneider, Mrossen, Ostpreußen

»Er war durchaus kein Feind von Lippenstift und lackierten Fingernägeln – im Gegensatz zu vielen Parteifanatikern. Als in der NSDAP die Bubiköpfe lächerlich gemacht und Frauen ›mit abgeschnittenen Haaren‹ aus den Versammlungen ausgeschlossen werden sollten, legte Hitler sein Veto ein.«[61]

Heinrich Hoffmann, Jahrgang 1885, Fotograf und Hitler-Freund, AUFZEICHNUNGEN

TAGEBUCH, 3. OKTOBER 1928

»Gestern kam Else, froh und vergnügt. Der Bubikopf steht ihr ausgezeichnet, trotzdem ist er mir ein Gräuel und wird es auch bleiben.«

Henriette Schneider, Mrossen, Ostpreußen

»Gelegentlich bemerkte er im Hinblick auf die Kampfzeit, es sei gut gewesen, dass er nicht verheiratet gewesen wäre, denn ›die größte Begeisterung für mich hatten doch mehr oder weniger die Frauen‹. – Er glaubte nicht, dass, wäre er verheiratet gewesen, er so viel Widerhall gefunden hätte.«[62]

Wilhelm Krause, Jahrgang 1911, Obermatrose,
10 JAHRE KAMMERDIENER BEI HITLER

»Und was war das für eine Szene! Das Berlin des Jahres 1928 bot einfach alles, wonach sich der Herausgeber einer populären Tageszeitung sehnt: Sex, Mord, politische Intrigen, Geld, Geheimnis und Blutvergießen. Vor allem Blutvergießen. Ja, mit der Zeit wurden die Straßenkämpfe zwischen den immer zahlreicher werdenden Nationalsozialisten und der ebenfalls anwachsenden Schar der Kommunisten so häufig, dass immer, wenn die Zeitung eine aufregende Story brauchte und sonst nirgends etwas los war, jemand bei mir anrief und fragte: ›Tom, alter Junge, könntest du uns nicht eine Straßenschlacht liefern?‹ Und meistens konnte ich das.«[63]

Sefton Delmer, Korrespondent des Daily Express in Berlin, DIE DEUTSCHEN UND ICH

»Man konnte übrigens auch zu einem Spottpreis Pistolen fabrikneu beziehen, Kal.[iber] 7,65. Eigentlich erwartete man jeden Tag einen Putsch. Die Luft war voll von derartigen Gerüchten. Zu Hause lagen immer die nötigsten Sachen gepackt.«[64]

Horst Wessel, Jura-Student und SA-Mitglied in Berlin, AUTOBIOGRAPHIE

»Und natürlich bildeten wir uns militärisch aus. Aber nicht um den Staat zu stürzen, sondern um uns zu wehren. Polizei und faschistische Schlägertrupps überfielen immer wieder Demonstrationen und prügelten Versammlungen auseinander. Wir hatten den Roten Frontkämpferbund und die Rote Jungfront. Wir übten … an den Elbeufern Griffe im Judo und lernten auch, wie man sich sicher und unauffällig nachts in Gruppen bewegt.«[65]

Horst Sindermann, Jahrgang 1915, Schüler in Dresden, Mitglied des Kommunistischen Jugendverbandes Deutschlands, AUTOBIOGRAPHIE

»Wir wussten nur, dass ein Wind vom Osten hereinwehte und ein anderer vom Westen – und dass der Sturm um die ganze Erde blies. Aber auch wie ein brodelnder Kessel war die Hauptstadt unserer neuen deutschen Republik. Wer den Kessel heizte, sah man nicht; man sah ihn nur lustig brodeln und fühlte die immer stärker werdende Hitze. An allen Ecken standen Redner, überall erschollen Hassgesänge. Alle wurden gehasst: die Juden, die Kapitalisten, die Junker, die Kommunisten, das Militär, die Hausbesitzer, die Arbeiter, die Arbeitslosen, die Schwarze Reichswehr, die Kontrollkommissionen, die Politiker, die Warenhäuser und nochmals die Juden.

Es war eine Orgie der Verhetzung, und die Republik war schwach, kaum wahrnehmbar. Das musste mit einem furchtbaren Krach enden.«[66]

George Grosz (eigentlich Georg Ehrenfried Groß), Jahrgang 1893, deutscher Maler, SEIN LEBEN VON IHM SELBST ERZÄHLT

»Demokratischer Kampfesmut hätte nicht nur den Nazis die Siegesgewissheit genommen, sondern auch kommunistische Anhänger – kaum die bolschewistischen Führer – beeindruckt. Dass die KP so viel Zulauf fand, hatte mit dem Kleinmut derer zu tun, mit denen sie konkurrierte.«[67]

Willy Brandt, Gymnasiast in Lübeck, ERINNERUNGEN

»Es gab die längst vor dem Kampf geschlagenen, vielfach blamierten Sozialde-
mokraten, und es gab schließlich die Kommunisten mit ihrem sektiererischen
Dogmatikerzug und dem Kometenschweif von Niederlagen hinter sich.«[68]
Sebastian Haffner, Jahrgang 1907, Jura-Student, DIE ERINNERUNGEN

»Die Schwungkraft der jungen Bewegung war ungeheuer … Straßenumzüge,
Pressewerbeaktionen, Propagandafahrten in die Provinz schufen eine Atmosphäre des Aktivismus und der Hochspannung, die der Bewegung nur dienlich sein
konnte. Zusammenstöße gab es unzählige Verwundete, sogar Tote blieben auf
dem Platze.«[69]
Horst Wessel, Jura-Student und SA-Mitglied in Berlin, AUTOBIOGRAPHIE

»Wenige Minuten später wurde ich von einer flüchtenden Menge quer über den
Bülowplatz mitgerissen, der als der ›Rote Platz‹ von Berlin bekannt war, weil
hier die KPD im Karl-Liebknecht-Haus ihr Hauptquartier hatte. Wir hatten allen
Grund, zu rennen. Denn am Ende des Platzes lag ein umgekippter Lastwagen.
Die Polizei feuerte darauf, und die Kommunisten, die dahinter hockten, schos-
sen zurück. Es war pures Glück, dass ich nicht getroffen wurde.«[70]
Sefton Delmer, britischer Korrespondent des Daily Express in Berlin, über den 1. Mai
1929, DIE DEUTSCHEN UND ICH

TAGEBUCH, 20. MAI 1928
»Wieder mal Wahl in deutschen Landen zum Reichstag und Landtag. Mrossen
wählte 5 Deutsch-Nationale, 21 Kommunisten, 17 Sozialdemokraten.«
Henriette Schneider, Mrossen, Ostpreußen

TAGEBUCH, 4. AUGUST 1929
»Ein Massenansturm, der unsere kühnsten Hoffnungen weit übertrifft …
   Abends: Kongress. Hierl redet. Über ›Heer und Politik‹. Eine kluge Rede.
Aber zu lang. Dann spricht Jung. Aber ich höre nicht mehr viel davon. Draußen
dröhnen schon die Trommeln. Fackelzug. Unendlich lang. 3 Stunden. Die Ruhr-
leute und die Badener fressen mich bald auf. Ende mit großem Jubel …
   Ins Massenquartier. Alles schläft schon. Hier und da eine schüchterne Begrüßung. Auf der … liegt die Hitlerjugend. Es ist rührend, diese Jungen dort schlafen
und träumen zu sehen. Es ist wieder 2 Uhr, als ich ins Bett komme. Ich kann
lange nicht einschlafen. Der Eindrücke sind zu viel. Es dämmert schon, als ich
hinübergehe.«[71]
Joseph Goebbels, NSDAP-Gauleiter von Berlin-Brandenburg, über den Nürnberger
Parteitag der NSDAP

»Da kam Bewegung in die Massen, Heil-Rufe ertönten von der Straße her und
breiteten sich auf dem ganzen Hügel und dann auch im ganzen Hain aus. Die

NSDAP Aufmarsch auf dem Marktplatz in Weimar im Oktober 1930. Hitler steht im Cabriolet, halblinks vor dem Auto Hermann Göring, rechts Rudolf Heß.

Arme hoben sich zum Deutschen Gruß und die Heil-Rufe steigerten sich zu einem brausenden Sturm, der kaum enden wollte. Adolf Hitler war angekommen und hatte sich auf die Terrasse und die Empore begeben, von der aus er den Blick über das weite Feld streifen ließ und dann zu seinen Männern sprach. Damals gab es noch keine Lautsprecheranlagen. Sie kamen gerade erst auf. Es war deshalb nicht möglich, dass die ganzen 100 000de die Worte des Führers verstehen konnten. Auch zu uns heroben kamen häufig nur Bruchteile, da wir zu schräg hinter der Rednertribüne saßen.«[72]

Otto Wagener, Jahrgang 1888, NSDAP-Mitglied, Wirtschaftsberater Hitlers,
AUFZEICHNUNGEN EINES VERTRAUTEN

TAGEBUCH, 5. AUGUST 1929
»Hitler kommt. Mit Jubel begrüßt. Epp spricht. Aber wir hören aus der Entfernung nichts. Und dann spricht Hitler zur Standartenübergabe. Hinreißend. Durch die Stadt. Ein Triumphzug. Alles jubelt uns zu und wirft Blumen. Vorbeimarsch. Nahezu 4 Stunden. Ein einziges Freuden- und Blumenmeer. Die Berliner schießen wieder den Vogel ab. Um 3 Uhr Schluss. Ich kann kaum fortfahren, so aus Rand und Band sind die Leute.«[73]

Joseph Goebbels, NSDAP-Gauleiter von Berlin-Brandenburg

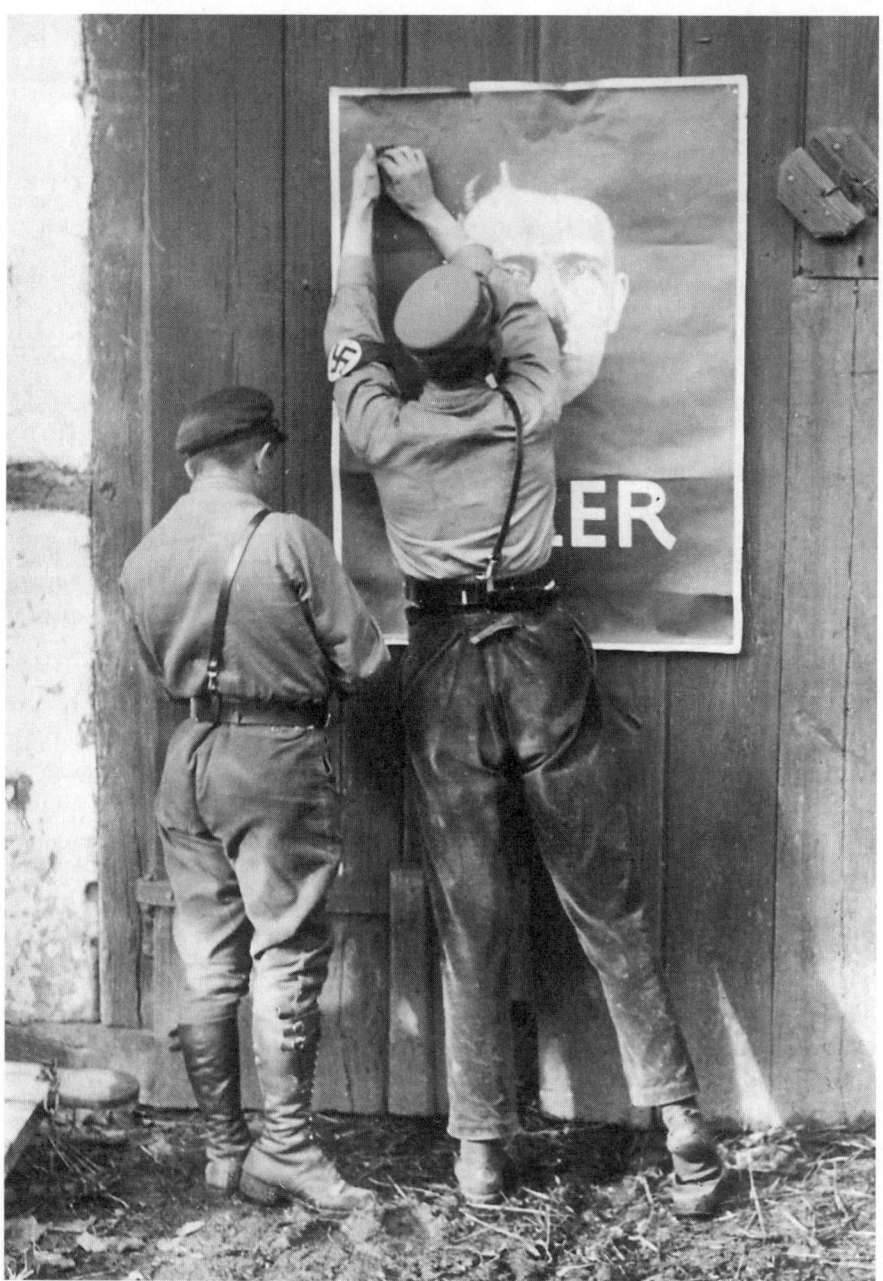

Kieler SA-Männer kleben für den zweiten Wahlgang zur Reichspräsidenten-Wahl 1932 Plakate für den Kandidaten der NSDAP. Mehr als ein Drittel der Deutschen werden ihm bei einer hohen Wahlbeteiligung von mehr als 83 Prozent ihre Stimme geben.

EIN WAHLKÄMPFER
1929 bis 1932

»Es ist nicht abzustreiten, dass eine gewisse Verwandtschaft
zwischen Hitler und dem deutschen Volke besteht.«[1]
Robert Coulondre, ERINNERUNGEN DES FRANZÖSISCHEN BOTSCHAFTERS

Der Historiker und Publizist Golo Mann hielt nichts von Hitler-Biographien: »Adolf Hitler taugt für eine Biographie traditionellen Stils überhaupt nicht. Sein persönliches Leben ist nichts wert, hat keinen Reiz, gibt nichts her. Nur die Jugendgeschichte ist an sich relevant: wie man sich ›Weltanschauungen‹ erwirbt, und solche; wie man sich darauf vorbereitet, Politiker zu werden, und so einer. Von dem Moment an, in dem das politische Leben im Ernst beginnt, sagen wir seit 1930 … wird Hitlers Leben zu einer Komponente der Zeitgeschichte, leider zur beherrschenden.«[2] Golo Mann schrieb das am 24. Juli 1987 in *Der Spiegel*, weil er mit einer Rezension des Buches *Anmerkungen zu Hitler* des studierten Juristen, jedoch als Journalist und Kolumnist tätigen Sebastian Haffner beauftragt war.[3]

Haffner, 1907 in Berlin geboren als Carl Pretzel, Sohn eines Beamten des preußischen Kulturministeriums, ist damals dank seiner regelmäßigen Teilnahme am sonntäglichen *Aktuellen Frühschoppen* des Westdeutschen Rundfunks allgemein bekannt. Golo Mann ist ihm »dankbar schon dafür«, dass *Anmerkungen zu Hitler* keine Biographie ist. »Hitler-Biographien haben wir nachgerade genug, man kann sich auf sie beziehen, braucht nicht alles zu wiederholen, was leicht in ihnen zu finden ist.«[4]

Die *Anmerkungen zu Hitler* haben nicht nur das Leben und Wirken Adolf Hitlers zum Inhalt. »Ein Leben Hitlers lässt sich so nicht schreiben. Alles, was daran zählt, verschmilzt mit der Zeitgeschichte, ist Zeitgeschichte.«[5] Haffners *Anmerkungen* sind ein subjektiver Essay, »zugleich klar, informativ und provokant« (Golo Mann). Auf weniger als 200 Seiten untersucht und analysiert Haffner in den sieben Abschnitten Leben, Leistungen, Erfolge, Irrtümer, Fehler, Verbrechen, Verrat die Spuren von Hitlers Existenz. Im Buch wird oft etwas vermutet und auch behauptet, ohne es immer mit den klassischen Instrumenten des Historikers zu belegen. Aber der Leser wird an vielen Stellen – wie an dieser – nicht widersprechen wollen: »Man muss sehr weit in der Geschichte zurückgehen – vielleicht bis zu Alexander dem Großen –, um einen Mann zu finden, der in einer unterdurchschnittlich kurzen Lebenszeit die Welt so grundstürzend und nachhaltig verändert hat wie Hitler.«[6]

Haffners Text ist allgemein verständlich. Er lässt trotz der Kürze keine bedeutenden Aspekte aus Hitlers Leben und Wirken unberücksichtigt. Das Buch ist ein

Werk ohne jede Fußnoten – ein Werk, das Golo Mann im Juli 1978 allerdings nur mit Einschränkungen lobt: »Ein geistvolles, durchaus originelles und klärendes Buch; ich bin dankbar dafür trotz mancher Einwände.«[7]

Haffner beschreibt Hitlers Leben bis 1930 auf wenigen Seiten als eine Reihe von Misserfolgen, der sich bis 1941 »Erfolge« anschließen, um dann wieder in Misserfolge bis zum Ende überzugehen. Nach Haffner konnte Hitler immer dann erfolgreich sein, wenn seine Gegner schwach, blind und zerfahren waren. »Ob Hitler der Weimarer Republik, ob er dem Pariser Friedenssystem den Todesstoß versetzte, ob er die deutschen Konservativen oder ob er Frankreich überrannte: Immer stürzte er nur das Fallende, tötete er nur das schon Sterbende.«[8]

Natürlich hatte Hitlers Erfolg persönliche Ursachen. »Er hatte alle die nicht verächtlichen politischen Talente spielen lassen, die er besaß: vor allem eine untrügliche Witterung für verborgene Schwächen eines Gegners, und eine Fähigkeit, solche Schwächen ›eiskalt‹ auszunutzen und dabei ›blitzschnell‹ zu schalten (›eiskalt‹ und ›blitzschnell‹ waren Lieblingsausdrücke Hitlers). Obendrein besaß er, wie er ebenfalls in diesem historischen Augenblick bewiesen hatte, eine durchaus seltene Kombination politischer und militärischer Talente.«[9]

Sebastian Haffner spricht Hitler die Kunst der Rede ab, aber nicht Wirkungsmächtigkeit: »Sie beruhte nicht eigentlich auf Redekunst – Hitlers Reden liefen langsam und stockend an, hatten wenig logischen Aufbau und manchmal kaum einen klaren Inhalt; außerdem wurden sie mit einer heiser-rauen, gutturalen Stimme vorgetragen –, sondern sie war eine hypnotische Fähigkeit, die Fähigkeit einer konzentrierten Willenskraft, sich eines kollektiven Unterbewusstseins, wo es sich zur Verfügung stellte, jederzeit zu bemächtigen. Diese hypnotische Massenwirkung war Hitlers erstes und lange Zeit sein einziges politisches Kapital.«[10]

Haffner glaubt, Hitler habe Überzeugungen gehabt, die aber nicht sehr fundiert gewesen seien. In der gesellschaftlichen Stimmung des Jahres 1978, in der sein Buch erscheint, ist es provokant, diese nicht eindeutig im rechten Spektrum zu verorten: »Hitler ist keineswegs so leicht als extrem rechts im politischen Spektrum einzuordnen, wie es viele Leute heute zu tun gewohnt sind. Er war natürlich kein Demokrat, aber er war ein Populist: ein Mann, der seine Macht auf Massen stützte, nicht auf Eliten; in gewissem Sinne ein zu absoluter Macht gelangter Volkstribun.«[11]

»Liebte er die Deutschen?«, fragt der Autor sich und seine Leser am Ende des Buches. Die Antwort ist typisch für Haffners Mut zur Formulierung deutlicher Aussagen: Hitler benutzte das Volk nur, für das er angeblich alle seine Taten vollbrachte: »Er hatte sich Deutschland ausgesucht – ohne es zu kennen; und eigentlich kennengelernt hat er es nie. Die Deutschen waren sein erwähltes Volk, weil sein eingeborener Machtinstinkt wie eine Magnetnadel auf sie hindeutete als auf das zu seiner Zeit größte Machtpotenzial Europas; was sie ja waren. Und nur als Machtinstrument haben sie ihn je wirklich interessiert. Er hatte großen Ehrgeiz für Deutschland, und darin traf er sich mit den Deutschen seiner Generation; die Deutschen waren damals ein ehrgeiziges Volk – ehrgeizig und zugleich politisch ratlos; beides zusammen gab Hitler seine Chance. Aber der deutsche Ehrgeiz und Hitlers Ehrgeiz für Deutschland waren nicht deckungsgleich – welcher Deutsche wollte je in Russland siedeln? –, und Hitler fehlte das Ohr für feinere Unterschiede.«[12]

Im Jahr 2004 publiziert Rafael Seligmann *Die Deutschen und ihr Führer*[13]. Der deutsch-israelische Politologe und Publizist, 1947 in Tel Aviv geboren, fragt darin nach der Ursache für die Loyalität der Deutschen zu Adolf Hitler. Seligmanns Buch ist ein Essay im Stil Haffners und kommt wie dieses auch ohne Fußnoten aus. Allerdings werden auf den 335 Seiten im Vergleich zu Haffner deutlich mehr Fakten referiert, um die Schlussfolgerungen zu belegen. Seligmann erklärt in seinem Buch, das von der Kritik verhalten aufgenommen wurde, die weitgehende Loyalität der deutschen Bevölkerung psychologisch damit, dass sie, wie auch ihr Führer, kollektiv Ängste vor der Moderne gehabt hätten und sich Hitler deshalb zum legitimen Vertreter der Deutschen habe aufschwingen können.

1965 war das Buch *Die Unfähigkeit zu trauern* des Psychoanalytiker-Ehepaares Margarete und Alexander Mitscherlich erschienen.[14] Darin stellten die Autoren fest, die Deutschen hätten Adolf Hitler »geliebt«. Die Bundesdeutschen des Wirtschaftswunders, so die Mitscherlichs, würden sich weigern, zur ihrer Vergangenheit zu stehen und diese zu verarbeiten. Sie würden keine »Trauerarbeit« um die Millionen Opfer von Hitlers Herrschaft leisten. Aber warum war das so? Diese Frage beantworten weder Joachim Fest noch Ian Kershaw in ihren Biographien, wahrscheinlich weil sie keine Psychoanalytiker sind.

Im Februar 1930 hat die NSDAP (bei etwas niedrigeren tatsächlichen Zahlen) offiziell 200 000 Mitglieder, die Sozialdemokratie zu diesem Zeitpunkt noch immer über eine Million. Das Durchschnittsalter der NSDAP-Mitglieder liegt unter dreißig Jahren – lediglich die KPD hat eine jüngere Gefolgschaft. Die NSDAP finanziert, bevor sie an die Macht kommt, ihre Arbeit überwiegend durch Mitgliedsbeiträge. Für Parteiveranstaltungen wird ein Eintrittsgeld erhoben. Schon zu dieser Zeit prophezeit Hitler, dass die NS-Bewegung binnen zweieinhalb bis drei Jahren an die Macht kommen werde.

Im März 1930 drängt Hitler den besonders in Norddeutschland starken »nationalrevolutionären Flügel« der Partei, der unter anderem die Verstaatlichung von Industrie und Banken fordert, aus der NSDAP heraus. Ihm hatte bis etwa 1927 auch Joseph Goebbels angehört. Mit den führenden Vertretern des Flügels, den Brüdern Gregor und Otto Strasser, steht Goebbels, jetzt Gauleiter von Berlin, im publizistischen Wettbewerb. Die Strassers haben in Berlin den »Kampfverlag« gegründet, der erbittert mit der von Goebbels herausgegebenen Tageszeitung *Angriff* konkurriert. In der Auseinandersetzung um die von Hitler verfolgte Legalitätspolitik der NSDAP wird Otto Strasser derart an den Rand der Partei gedrängt, dass er am 4. Juli 1930 austritt. Otto Strasser gründet eine eigene politische Bewegung, die vergeblich versucht, eine Spaltung der NSDAP zu erreichen. Gregor Strasser arrangiert sich noch einmal mit Hitler.

Die Reichstagswahlen 1928 hatte noch die SPD gewonnen. Sie führt seitdem eine Koalitionsregierung mit den bürgerlichen Parteien. Die zerbricht ein Jahr nach dem Tod des nationalliberalen Außenministers Gustav Stresemann im März 1930 an unüberbrückbaren sozialpolitischen Gegensätzen zwischen arbeitnehmerfreundlicher SPD und industriefreundlicher DVP, der Partei Stresemanns. Der Sturz des SPD-Reichskanzlers Hermann Müller und die Ernennung des Zentrumspolitikers Heinrich Brüning sind die ersten Schritte auf dem Weg zur Selbstaufgabe der Weimarer Republik durch ihre Gründerparteien. Die Schwierigkeiten einer demokratischen Mehrheitsbildung nach dem Rücktritt der Regierung Müller sind für Reichspräsident Hindenburg Anlass zur Einsetzung eines vom Parlament unabhängigen rechtskonservativen Präsidialkabinetts, das allein das Vertrauen des Staatsoberhaupts besitzt. Im Interesse der Industrie, der Großlandwirtschaft und der Reichswehrführung soll die SPD von einer weiteren Regierungsbeteiligung ausgeschlossen sein.

Ende März 1930 wird der Finanzexperte und Fraktionsvorsitzende des Zentrums, Heinrich Brüning, von Hindenburg zum neuen Reichskanzler ernannt. Brüning ist entschlossen, notfalls ohne Mehrheit mit Hilfe des Reichspräsidenten durch ein autoritäreres System von Präsidialverordnungen zu regieren. Brüning überredet den Reichspräsidenten, den Reichstag aufzulösen und mehr als 24 Monate vor dem regulären Wahltermin eine Neuwahl anzusetzen. Er riskiert dabei einen beträchtlichen Stimmenanteil für die Nationalsozialisten. Nur wenige Wochen zuvor hat die NSDAP bei der sächsischen Landtagswahl 14,4 Prozent der Stimmen errungen.

Die Voraussetzungen für Stimmengewinne der NSDAP sind günstig wie nie. Arbeitslosigkeit, wirtschaftliche Depression und politische Unzufriedenheit haben die kurze Ära der Zuversicht in der zweiten Hälfte der Zwanzigerjahre abgelöst. Hitlers Partei führt im Spätsommer und Frühherbst 1930 einen dreimonatigen Wahlkampf mit einer bis dahin in Europa noch nicht dagewesenen propagandistischen Materialschlacht. In den vier Wochen vor der Wahl plant die NSDAP nicht weniger als 34 000 Versammlungen. Hitler hält in den letzten sechs Wochen zwanzig große Reden und bringt es auf enorme Zuhörerzahlen.

Bei der Reichstagswahl am 14. September 1930, an der sich 82 Prozent der Wähler beteiligen, steigert die NSDAP ihre Mandatszahl von 12 auf 107 Sitze. Die KPD erhält 77, die SPD 143 Sitze. Die NSDAP erzielt 18,3 Prozent der Stimmen. Damit ist ihr der Durchbruch gelungen. Die SPD verzeichnet erhebliche Verluste, die KPD starke Gewinne. Zentrum und DVP verbuchen einen leichten Zuwachs. Von der um sieben Prozent gestiegenen Wahlbeteiligung hat die NSDAP stärker als andere Parteien profitiert. Sie hat vor allem Jungwähler und bisherige Nichtwähler gewonnen. Der Mittelstand ist in der NS-Wählerschaft mit einem Anteil von mindestens 40 Prozent überrepräsentiert. Aber die NSDAP ist keine reine Mittelstandspartei, denn die Hitlerbewegung hat in allen Gesellschaftsschichten, auch bei Industriearbeitern, nennenswerte Unterstützung gefunden. Sie kann sich jetzt die einzige »Volkspartei« im Deutschen Reich wähnen.

Am Tag nach der Wahl haben sich die politische Konstellation und das Klima in Deutschland grundlegend gewandelt. Die NSDAP ist von einer bayerischen Politsekte zur zweitgrößten Partei aufgestiegen. Sie steht in fundamentaler Opposition zur Weimarer Demokratie. »In den Straßen Berlins klirren Fensterscheiben, berittene Polizei reitet Attacken! Naziabgeordnete feiern Sieg bei Schnaps- und Biergläsern! Die Morgenröte des Dritten Reiches sendet ihre ersten Strahlen aus«[15], beschreibt der SPD-Reichstagsabgeordnete Julius Leber das neue Selbstbewusstsein der NSDAP-Mitglieder.

Gregor Strasser (links) und Joseph Goebbels mit seinem Stiefsohn Harald Quandt beobachten 1931 den Marsch der SA und SS durch Braunschweig.

Am 23. September 1930 beginnt vor dem Reichsgericht in Leipzig ein Hochverratsprozess wegen »Verbreitung von nationalsozialistischer Propaganda in der Truppe« gegen die NSDAP-nahen jungen Reichswehr-Offiziere Hanns Ludin, Richard Scheringer und Hans Friedrich Wendt. Der Prozess erregt in der Öffentlichkeit großes Aufsehen, denn Adolf Hitler muss vor Gericht als vereidigter Entlastungszeuge aussagen. Er erklärt, dass er die Macht mit ausschließlich legalen Mitteln anstrebe, lässt aber keinen Zweifel daran, dass danach »Köpfe rollen« würden. Die drei Offiziere werden zu eineinhalb Jahren Festungshaft verurteilt. Richard Scheringer bekennt sich am 18. März 1931 in einem aufsehenerregenden Schritt offen zu den Zielen der KPD und wendet sich von den Ideen des Nationalsozialismus ab. Die Nazi-Behörden lassen ihn nach 1933 weitgehend unbehelligt.

Immer öfter hält sich Hitler im ungeliebten Berlin auf, wo er schon seit Februar 1931 regelmäßig eine Suite im »Hotel Kaiserhof« am Wilhelmplatz gegenüber der Reichskanzlei bewohnt. Seit Beginn der Zwanzigerjahre sympathisieren die Betreiber des Hotels mit den rechtsnationalen, gegen den Weimarer Staat gerichteten Strömungen im Land.

Adolf Hitler beschließt am 2. Februar 1932 nach einer internen Besprechung in München in der Parteizentrale »Braunes Haus«, für den ersten Wahlgang der Reichspräsidentenwahl im März 1932 zu kandidieren. Am 22. Februar gibt Joseph Goebbels die Kandidatur bei einer Kundgebung im Berliner Sportpalast bekannt. Ein Problem: Adolf Hitler ist kein Staatsbürger des Deutschen Reiches. Das Deutsche Reich vergibt bis 1934 keine eigene Staatsbürgerschaft; »Reichsangehöriger« ist, wer die Staatsangehörigkeit eines der 24 deutschen Länder besitzt oder erwirbt. So hat Thomas Mann die »Staatsbürgerschaft der Freien Hansestadt Lübeck« und weist sich auch durch deren Pass aus. In den deutschen Ländern wird aber automatisch Deutscher, wer von der Landesregierung in ein Beamtenverhältnis berufen wird. Für Hitler gibt es 1932 nur eine Möglichkeit, noch rechtzeitig vor den nächsten Wahlen zum Reichspräsidenten eine deutsche Staatsangehörigkeit zu erhalten: Ein Land des Deutschen Reichs muss ihn zum Beamten machen.

Nach einer Landtagswahl im September 1930 bilden eine rechte »Bürgerliche Einheitsliste« und die NSDAP, die 22,2 Prozent der Stimmen errungen hat, im Land Braunschweig eine Koalitionsregierung, die die bisherige SPD-Regierung ablöst. In der neuen Regierung stellt die NSDAP den auch für die Beamten zuständigen Staatsminister für Inneres. Nachdem der Versuch, Hitler durch eine Professur in Braunschweig zum Beamten und damit zum deutschen Staatsbürger zu machen, fehlschlägt, wird eine Planstelle im Landeskultur- und Vermessungsamt gefunden und Hitler danach mit der Wahrnehmung der Geschäfte eines »Sachbearbeiters für wirtschaftliche Fragen« des Landes Braunschweig bei der braunschweigischen Gesandtschaft in Berlin beauftragt. Damit ist er Bürger des Deutschen Reiches und kann sich zur Wahl stellen. Der Beamte Hitler lässt sich umgehend beurlauben.

An ihrer Politik der Tolerierung halten die Sozialdemokraten auch während der Reichspräsidentenwahl 1932 fest, die nach Ablauf der siebenjährigen Amtsperiode Hindenburgs am 13. März 1932 ansteht. Im Februar ruft die SPD ihre Mitglieder auf, bei der Reichspräsidentenwahl für Paul von Hindenburg zu stimmen. Beim ersten Wahlgang am 13. März 1932 kann keiner der Kandidaten die erforderliche absolute Mehrheit der Stimmen auf sich vereinen.

Der amtierende Reichspräsident Hindenburg erhält 49,6 Prozent, Hitler 30,1 Prozent und der KPD-Vorsitzende Ernst Thälmann 4,98 Prozent der Stimmen. Da Hindenburg knapp die absolute Mehrheit verfehlt hat, ist ein weiterer Wahlgang nötig. Im zweiten Wahlgang am 10. April erhält Hindenburg 53 Prozent der Stimmen und bleibt damit Reichspräsident. Hitler kommt auf 36,8 Prozent, Thälmann auf 10,2 Prozent der Stimmen.

Bei den folgenden Landtagswahlen in Preußen, Bayern, Württemberg und Anhalt sowie den Bürgerschaftswahlen in Hamburg kommt es zu Stimmengewinnen der NSDAP. Außer in Bayern, wo die Bayerische Volkspartei (BVP) einen knappen Stimmenvorsprung hat, wird die NSDAP überall stärkste Fraktion. Auch die Koalitionsregierung in Preußen unter dem Sozialdemokraten Otto Braun verliert ihre Mehrheit und amtiert nur noch kommissarisch.

Nur kurze Zeit später, im Juni 1932, beendet die SPD ihre Tolerierungspolitik im Reichstag, nachdem Brüning von Hindenburg entlassen worden ist und die Reichskanzlerschaft auf Franz von Papen übergeht. Um sich eine Rückendeckung und eine längerfristige Tolerierung seiner Regierung zu sichern, will von Papen die NSDAP in die Präsidialdiktatur einbinden. Um mit Hitler ins Gespräch zu kommen, beugt sich von Papen dessen Forderung nach einer Reichstagneuwahl durch Auflösung des Parlaments. Reichskanzler von Papen ist erst vier Tage im Amt, als auf seinen Rat hin von Hindenburg Neuwahlen ansetzt.

Ein Sommer der politischen Gewalt beginnt, wie ihn Deutschland noch nicht erlebt hatte. Die Gegensätze zwischen Rechts und Links drohen sich zu einem offenen Bürgerkrieg auszuwachsen. Den »Altonaer Blutsonntag« am 17. Juli 1932 nehmen die reaktionären Kräfte um Hindenburg und von Papen zum Anlass, um unter Bruch der Verfassung mit dem sogenannten »Preußenschlag« durch Notverordnung und unter Ausrufung des militärischen Ausnahmezustands am 20. Juli 1932 die nur noch geschäftsführende preußische Regierung unter Otto Braun (SPD) abzusetzen. Mit der Beendigung der letzten wesentlichen Regierungsbeteiligung der Sozialdemokratie in der Weimarer Republik sollen mögliche Widerstände im »demokratischen Bollwerk« Preußen gegen die von Papen und den hinter ihm stehenden Kräften angestrebte Restaurationspolitik ausgeschaltet werden. »Es unterliegt keinem Zweifel, dass dieses Vorgehen bei ernsthafter Nachprüfung verfassungswidrig war und Hitler die Wege geebnet hat«[16] schreibt selbst der Bundesführer des deutschnationalen Stahlhelm, Theodor Duesterberg, nach dem Krieg.

Bei der Reichstagswahl wird die NSDAP mit 37,4 Prozent stärkste Fraktion vor der SPD mit 21,6 Prozent. Der spätere Bündnispartner der NSDAP, die Deutschnationale Volkspartei (DNVP), erhält 5,9 Prozent der Stimmen. Zugenommen hat auch der Stimmenanteil der Kommunisten, auf die 14,3 Prozent entfallen. Die Wahl ist vor allem eine Niederlage der parlamentarischen Demokratie. Fast 60 Prozent der Wähler entscheiden sich für undemokratische Parteien. Und sie ergibt keinerlei regierungsfähige Mehrheiten. Die NSDAP stellt jetzt die größte Fraktion im Reichstag und mit Hermann Göring den Reichstagspräsidenten. Ihr Sieg bei der Juli-Wahl ist allerdings ein Pyrrhussieg. Gegenüber den Präsidentschaftswahlen im Frühjahr hat sie sich kaum verbessert, obwohl alle propagandistischen Mittel ausgeschöpft wurden und die Partei sich stark verschuldet hat.

Reichspräsident Paul von Hindenburg empfängt am 13. August 1932 den von ihm gestützten Reichskanzler Franz von Papen und Adolf Hitler zu Gesprächen über die Regierungsbildung. Von Papen über das Vorgespräch am 12. August: »In dem sogleich stattfindenden Vortrage billigte der Präsident durchaus den von mir vertretenen Standpunkt. Für ihn kam die Berufung eines Mannes vom Schlage Hitlers auf den Kanzlerposten nicht infrage. Er werde, wenn Hitler sich morgen bei ihm melde, noch einmal einen starken Appell an dessen nationales Gewissen richten und ihn zu einer

Mitarbeit – auch ohne den Kanzlerposten – auffordern.«[17] Reichswehrminister General Kurt von Schleicher sei im Gespräch noch unnachgiebiger gewesen: »Um keinen Preis dürften wir das Heft aus der Hand geben. Sollte Hitler jede Mitarbeit ausschlagen, so werde dieser Entschluss sich verheerend·auf seine Bewegung auswirken.«[18]

Hitler lehnt das ihm angebotene Vizekanzleramt ab. Er fordert das Amt des Reichskanzlers. Als überragender Sieger der Wahl verlangt er kompromisslos die volle politische Macht. Die verweigert ihm Hindenburg im Sommer 1932 noch. Er könne, so Hindenburg zu Hitler, es vor Gott, seinem Gewissen und dem Vaterland nicht verantworten, wenn er die gesamte Regierungsmacht einer einzigen Partei übergebe. Er fordert Hitler in dem Gespräch auf, seine Opposition auf ritterliche Art zu gestalten. Er werde alle Terrorakte mit äußerster Strenge beantworten.

Das Kabinett Papen verfügt über keinen politischen Rückhalt. Noch am Tag der Parlamentseröffnung spricht ihr die Majorität der Abgeordneten das Misstrauen aus. Mit einer Order Hindenburgs wird der eben gewählte Reichstag wieder aufgelöst und Hindenburg setzt Neuwahlen für den 6. November 1932 an. Bei dem Votum vom 6. November büßt die NSDAP mehr als zwei Millionen Wähler ein. Bei den Landtagswahlen in Thüringen einen Monat später verliert die NSDAP sogar 40 Prozent ihrer Stimmen.[19]

Reichskanzler von Papen aber verfügt über keinen nennenswerten Rückhalt in der Wirtschaft, im Reichstag oder in der Bevölkerung. Für Hindenburg ist dies ein Grund, am 3. Dezember 1932 Reichswehrminister General Kurt von Schleicher als neuen Reichskanzler einzusetzen. Schleicher beabsichtigt mit einem Bündnis von Reichswehr, berufsständischen Organisationen und Gewerkschaften eine breite Basis in der Bevölkerung quer zum Parteiensystem zu gewinnen. Und der neue Kanzler von Hindenburgs Gnaden möchte die Konflikte zwischen dem linken Flügel der NSDAP und Hitler für seine Zwecke nutzen. Am 4. Dezember 1932 bietet er Gregor Strasser die Vizekanzlerschaft an. Strasser versucht, Hitler zu einer Tolerierung der Regierung Schleicher zu bewegen, was dieser ablehnt. Es kommt zur sogenannten »Strasser-Krise« der NSDAP. Strasser legt am 8. Dezember 1932 alle Parteiämter nieder. Für eine kurze Zeit scheint die NSDAP vor der Spaltung zu stehen. Doch Strasser geht es gar nicht um einen Machtkampf mit Hitler, er will lediglich nicht mehr für eine Politik verantwortlich zeichnen, die seiner Auffassung nach der Partei schweren Schaden zufügt. Nach Gregor Strassers Rückzug hat Hitler in der Partei keinen Gegner mehr.

Hitler wird die Kanzlerschaft nicht nach einem Wahlsieg, sondern einer Niederlage bei der Reichstagswahl im November angetragen werden. Er braucht die Hilfe von reaktionären Verbündeten in hohen Positionen, die glauben, mit Hilfe von Hitler Kommunisten und Sozialdemokraten endgültig ausschalten zu können. Diesen Kräften gelingt es innerhalb weniger Wochen im Dezember 1932 und im Januar 1933, den Reichspräsidenten umzustimmen und Adolf Hitler zum Reichskanzler zu ernennen.

Ansichten und Berichte

»Oktober 1929. Böser Herbst nach einem schönen Sommer, Regen und ruhiges Wetter und obendrein in der Luft etwas Drückendes, das nicht vom Wetter herrührte. Böse Worte an den Anschlagsäulen: auf den Straßen, zum ersten Mal, kotbraune Uniformen und unerfreuliche Gesichter darüber: das Rattern und Pfeifen einer ungewohnten, schrill-ordinären Marschmusik. In den Ämtern Verlegenheit, im Reichstag Lärmszenen, die Zeitungen voll von einer schleichenden, nicht endenden Regierungskrise.«[20]

Sebastian Haffner, Jahrgang 1907, Jura-Student, DIE ERINNERUNGEN

»1929 wurde ich Mitglied des Kommunistischen Jugendverbandes Deutschlands. Ich trug als äußeres Zeichen meiner Gesinnung eine Russenbluse mit farbiger Kordel als Gürtel, wollte in der Schule die Kleinschreibung einführen, was mir allerdings misslang, machte im Geschichtsunterricht historisch-materialistische Bemerkungen, was meiner Leistungsbewertung nicht zuträglich war.«[21]

Horst Sindermann, Jahrgang 1915, Schüler, AUTOBIOGRAPHIE

»Als ich in die Schule kam, traten meine Eltern in die Kommunistische Partei ein, und so wurde ich junger Pionier, genau wie später mein jüngerer Bruder Konrad. Stolz trugen wir unsere roten Halstücher und lauschten gebannt dem, was unsere Eltern erzählten, als sie von ihrer ersten Reise in die Sowjetunion zurückkamen, die uns wie ein zauberisches Märchenreich erschien.«[22]

Markus Wolf, Jahrgang 1923, Stuttgart, Sohn des deutsch-jüdischen Dramatikers Friedrich Wolf, ERINNERUNGEN

TAGEBUCH, 4. OKTOBER 1929

»Freitag. Alle Pariser Morgenzeitungen bringen die Nachricht vom Tode Stresemanns in größter Aufmachung. Es ist fast so, als ob der größte französische Staatsmann gestorben wäre. Die Trauer ist allgemein und echt. Man empfindet, dass es doch schon ein europäisches Vaterland gibt. Die Franzosen empfinden Stresemann wie eine Art von europäischem Bismarck.«[23]

Harry Graf Kessler, Jahrgang 1868, Publizist und Diplomat

»Man besprach die Nachricht vom Tode Gustav Stresemanns. Bruno Frank sagte: ›Es ist der Anfang vom Ende!‹, wobei er drohend nickte. … Wir wussten, er hatte recht. Ohne Frage, ein Abschnitt deutscher und europäischer Geschichte näherte sich seinem Ende. Ein Zwischenspiel trügerischen Wohlstandes, wohlgemeinter, aber insuffizienter Bemühungen, naiver Illusionen. Was nun kommen sollte, voraussagen ließ es sich nicht, versprach aber eher katastrophal zu werden.«[24]

Klaus Mann, Jahrgang 1906, Schriftsteller, EIN LEBENSBERICHT

»Es zeigt sich immer mehr, in welch gewaltigem Ausmaße das Volk an der Trauer-feier für Stresemann teilgenommen hat. Viele Hunderttausende haben sich vor seinem Sarge verneigt. Eine Zeitung sagt mit Recht, es war kein Staatsbegräbnis, sondern ein Volksbegräbnis.«[25]

Harry Graf Kessler, Publizist und Diplomat

»Hitler versichert mich in allem seines uneingeschränkten Vertrauens. Ich glaube, ich verdiene das auch. Ich übersehe nicht seine Fehler: er ist zu weich und arbeitet zu wenig. Aber dafür: er hat Instinkt, kann Menschen behandeln, ist ein genialer Tak-tiker und hat den Willen zur Macht. Aber ich glaube, zu viel Weibergeschichten.«[26]

Joseph Goebbels, Jahrgang 1897, NSDAP-Gauleiter von Berlin-Brandenburg

»Hitlers Anhängerschaft wuchs zusehends; schon saßen Nationalsozialisten in den Parlamenten …[E]s war mit Händen zu greifen, was dem deutschen Volke bevorstand, wenn diese abenteuerliche Existenz die Macht eroberte. Vorerst be-zweifelte ich noch, dass Hitlers Propaganda unter den Arbeitern Erfolg haben werde. Seine Reserven sah ich vor allem im nationalen Bürgertum.«[27]

Ernst Niekisch, Jahrgang 1889, Nationalbolschewist, BEGEGNUNGEN UND BEGEBNISSE

»Demokratie ist nicht Verbrecherfreiheit. Ließe der Staat sich das gefallen, dann hätten die recht, die ihn verspotten. Sie sollen nicht recht behalten! Die Arbei-terschaft erwartet von ihren Funktionären in Ministerstellen, dass sie mit rück-sichtsloser Energie gegen die faschistischen Banden vorgehen.«[28]

Julius Leber, Jahrgang 1891, SPD-Reichstagsabgeordneter, BERICHT

»Danach im Schöneberger Ratskeller. Göring schimpfte sehr über München, auch über Hitler, z.T. sogar bei ihm mit Recht. Er arbeitet zu wenig, kurz, er ist etwas faul. Und dann die Weiber, die Weiber. Aber dagegen steht ein Unmaß von Fähigkeiten und Tugenden: sein Charme, seine Güte, sein Instinkt, seine menschliche Größe. Freuen wir uns nun, dass wir ihn haben, und nehmen auch seine Schwächen in Kauf.«[29]

Joseph Goebbels, NSDAP-Gauleiter von Berlin-Brandenburg

»Hitler war ein schlechter Frauenkenner, weil er, selbst ein vollendeter Schau-spieler, nur schwer das Echte vom Falschen unterscheiden konnte. Fast alle Men-schen und besonders die Frauen, die sich ihm näherten, waren sichtlich bestrebt, sich ihm von der besten Seite zu zeigen, und nur zu oft nahm Hitler ihren heuch-lerischen Eifer für bare Münze.«[30]

Christa Schroeder, Jahrgang 1908, Privatsekretärin Hitlers ab 1933, HITLER PRIVAT

Adolf Hitler beim Bezug der NSDAP-Parteizentrale »Braunes Haus« in München, 1931.

»Ich kann neben jungen Frauen sitzen, die mich völlig kalt lassen, die ich gar nicht empfinde, ja die mich sogar stören. Und dann wieder so ein Mädel, z. B. die kleine Hoffmann [Henriette, die Tochter des Fotografen Heinrich Hoffmann] oder die Geli [Raubal, Hitlers Nichte], bei denen werde ich froh und heiter, und wenn ich ihre vielleicht törichten Plaudereien eine Stunde lang angehört habe – oder sie brauchen überhaupt nur neben mir zu sitzen –, dann ist alle Müdigkeit und Unlust weg und ich kann mich wieder erneut auf die Arbeit stürzen.«[31]
Adolf Hitler zu Otto Wagener, Wirtschaftsberater der NSDAP

»[H]ier war es, wo sie Herrn Hitler kennenlernte. Herr Hitler, über den die Zeitungen so interessante Dinge berichteten, und der oft und gern Karten für Opernvorstellungen verschenkte, der einen schwarzen Mercedes, einen Schäferhund und einen Chauffeur hatte und so reizende Komplimente machen konnte: ›Darf ich Sie in die Oper einladen, Fräulein Eva? Sehen Sie, ich bin immer von Männern umgeben, da weiß ich das Glück zu schätzen, mit einer Frau zusammen zu sein.‹«[32]
Henriette von Schirach, geborene Hoffmann, Jahrgang 1913,
DER PREIS DER HERRLICHKEIT

»Ein sympathischer Zug an Hitler war sein Verhältnis zu Frauen, denen er manchmal eine etwas scheue, aber im Grunde doch echt gemeinte Verehrung entgegenbrachte, und sein Verhältnis zu seiner nächsten Umgebung, zu seinen Sekretärinnen und anderen Angehörigen seines engsten Stabes.«[33]

Fritz Wiedemann, Jahrgang 1891, Kriegskamerad, ab 1933 Adjutant Hitlers, ERLEBNISSE UND ERFAHRUNGEN

»Zur Beantwortung der sexuellen Frage glaube ich bestimmt sagen zu können, dass es bei keiner der verschiedenen kürzeren oder längeren Liebschaften Hitlers zu einem intimen Verkehr gekommen ist. Er fürchtete wohl zu Recht, ein geschlechtlicher Verkehr hätte ihn nur an die Frau oder das Mädchen gebunden. In diesem Sinne sprach er oft. Er, der die Abwechslung liebte, wollte frei sein.«[34]

Emil Maurice, Jahrgang 1897, Leibwächter und Chauffeur Hitlers von 1925 bis 1929, Aussage im Entnazifizierungsverfahren

TAGEBUCH, 22. FEBRUAR 1930

»Hitler macht mir viel Sorge; er verspricht viel und hält wenig.«[35]

Joseph Goebbels, NSDAP-Gauleiter von Berlin-Brandenburg

»Hitler versprach den Deutschen außenpolitisch die Befreiung von den Ungerechtigkeiten von Versailles, innenpolitisch die Beseitigung der Arbeitslosigkeit und des Parteienhaders. Das waren Ziele, aufs Innigste zu wünschen, in denen er sich mit jedem guten Deutschen eins wissen konnte. Wer hätte diese Ziele nicht erstrebt?«[36]

Heinz Guderian, Jahrgang 1888, Oberstleutnant der Reichswehr, ERINNERUNGEN

»1930 war die Arbeitslosigkeit auf 3 076 000 gestiegen und die Nationalsozialisten erhöhten ihre Reichstagssitze auf 108 mit einem Stimmergebnis von 18 Prozent. Weniger als drei Jahre später, im Januar 1933, kam die Nationalsozialistische Partei an die Macht; die Arbeitslosigkeit war damals auf 6 014 000 angewachsen und die NSDAP erreichte 196 Reichstagsmitglieder. Es besteht nicht der geringste Zweifel, dass besonders der Anstieg der Arbeitslosigkeit sie an die Macht gebracht hat.«[37]

Sir Oswald Mosley, Jahrgang 1896, Gründer der British Union of Fascists, WEG UND WAGNIS

TAGEBUCH, 20. JULI 1930

»Wahlkampf in Grundzügen festgelegt. Nächsten Sonntag große Führertagung. Mittags einige Stunden mit Hitler im Café Heck. Schauderhafte Spießer! … Besichtigung des neuen Parteiheims. Pompös und großzügig. Hitler ist in seinem Element.«[38]

Joseph Goebbels, NSDAP-Gauleiter von Berlin-Brandenburg

Picknick in der Nähe des Starnberger Sees. Rechts in karierter Bluse Geli Raubal.

»Gestern: morgens gewählt. S.A. Lokale abgefahren. Viele Verwundete. Görings Essen. Frau [Karin] G.[öring] ist wieder da. Ich freue mich. Zur Gesch.[äft] St.[elle]. Lange Verhandlungen mit Polizei. Ich kriege unsere Gefangenen frei … Ich zittere vor Erregung. Die ersten Wahlresultate. Phantastisch. Sportpalast überfüllt. Einen so dröhnenden Jubel vernahm er noch nie. Jubel um Jubel, ein unglaublicher Aufstieg. Eine hinreißende Kampfstimmung. Die bürgerlichen Parteien sind zerschmettert. Wir haben bis jetzt 103 Mandate. Also eine Verzehnfachung. In Berlin 360 000 Stimmen. Das hätte ich nicht erwartet.«[39]
Joseph Goebbels, Tagebuch, 15. September 1930

»Die Reichstagswahl vom 14. September 1930 schlug dann auch wie eine Bombe ein. Hätte am 15. oder 16. September die nationalsozialistische Führung gleich nach der Macht gegriffen, sie wäre wahrscheinlich kaum auf Widerstand gestoßen. So sehr war alles über diesen Wahlausfall verblüfft oder erschrocken. In hellen Haufen wechselten innerhalb weniger Stunden Millionen von Schwankenden und Unentschlossenen aus den bürgerlichen Rechtsparteien zu Hitler hinüber. Im Lager der Sozialdemokratie herrschte tagelang Bedrückung und Hilflosigkeit. Denn vor ihren Toren wehten ja nicht nur die drohenden Fahnen des Nationalsozialismus, auch das Siegesgeschrei der Kommunisten hallte herüber.«[40]
Julius Leber, SPD-Reichstagsabgeordneter, BERICHT

»Die Nationalsozialisten haben in Bayern zwar auch wieder einen bedeutenden Aufschwung erfahren, derselbe stellt sich aber hier längst nicht als so durchschlagend dar wie im übrigen Reich. In den vier bayerischen Wahlkreisen konnten die Nationalsozialisten bei den Reichstagswahlen von 1928 insgesamt 215 930 Stimmen aufbringen, bei den jetzigen Wahlen haben sie es auf 677 507 gebracht, sie haben sich also in Bayern ungefähr verdreifacht, während sie sich im übrigen Reich fast verzehnfacht haben. In München selbst, der Hochburg Hitlers, haben die Nationalsozialisten 86 000 Stimmen erhalten, während sie im Jahre 1924 schon einmal 105 000 Stimmen errungen hatten.«[41]

Carl Moser von Filseck, Jahrgang 1869, Bericht des württembergischen Gesandten bei der Bayerischen Staatsregierung, 16. September 1930

»Seit dem Wahlsieg der Nationalsozialisten vom 14. September 1930, durch den sie von 13 auf 107 Reichstagssitze hinaufschnellten, war unsere Partei in die Verteidigung gedrängt. Wir mussten die Regierung Brüning stützen, um Hitler nicht sofort an die Macht kommen zu lassen. Wir mussten die bürgerlichen Parteien bei der Stange halten, damit sie nicht sogleich in hellen Haufen zu den Nationalsozialisten überliefen.

Zäh und verbissen verteidigten wir jeden Fußbreit Boden der parlamentarischen Demokratie, wichen schrittweise zurück, sammelten uns immer wieder, gaben auf Teilgebieten nach, um das Ganze zu retten.«[42]

Wilhelm Hoegner, Jahrgang 1887, bayerischer SPD-Reichstagsabgeordneter, ERINNERUNGEN

»Nach der Wahlniederlage vom 14. September 1930 spürte man zum ersten Mal einen starken Unmut gegen die eigene Führerschaft in den sozialdemokratischen Reihen. Seit Jahren hatte sowohl die kommunistische als auch die nationalsozialistische Propaganda mit allen Mitteln auf der sozialdemokratischen Führung herumgetrommelt. Ohne wesentliche Erfolge! Jetzt aber wurde es mit einem Schlage anders. Eine starke ›Bonzenmüdigkeit‹ kam über die sozialdemokratische Organisation.«[43]

Julius Leber, SPD-Reichstagsabgeordneter, BERICHT

»Das englische Sprichwort, wonach nichts besseren Erfolg haben kann als der Erfolg, bewährte sich; die Zahl der Anhänger wuchs mit jedem Monat, jedem Tag in beschleunigtem Tempo; dass ihre aggressiven, schlauen und brutalen Agenten im Schatten des Einen blieben, daß er sie stets in der Hand behielt und an rhetorischem Können sie alle überstrahlte, gab der ›Bewegung‹ ihre in der deutschen Geschichte beispiellose Anziehungskraft.«[44]

Golo Mann, Jahrgang 1909, Student in Heidelberg, Sohn von Thomas und Katia Mann, ERINNERUNGEN UND GEDANKEN

»Es ist 5 Uhr morgens. Ich fahre mit Görings nach Leipzig zum Hochverrats-prozess gegen die Reichswehroffiziere. Hitler spricht als Zeuge. Um 6 [Uhr] abends bin ich wieder zurück.«[45]
Joseph Goebbels

»Der Senat des Reichsgerichts nahm die Aussage des Zeugen Hitler zum Anlass, ihn generell über den tatsächlichen Charakter seiner Parteimethode im Kampf um die Regierungsmacht des Reiches und über den inneren Tatbestand seiner Absichten bei der Regierungsübernahme zu befragen. Und da kam das histori-sche Wort – als Verpflichtung hinrollend über den deutschen Raum.«[46]
Hans Frank, Jahrgang 1900, Rechtsanwalt, NSDAP-Mitglied, IM ANGESICHT DES GALGENS

»Ich will legal zur Macht kommen, wie jede andere politische Partei in Anwen-dung der Verfassung dies auch will. Ich habe einmal in meinem Leben, im No-vember 1923, unter außergewöhnlichsten Umständen einen Putsch unternom-men und bin dafür bestraft worden. Aber damals war das Reich schier aus den Fugen. Es drohte zu allen wirtschaftlichen Katastrophen der Abfall Bayerns vom Reich. Ich habe vielleicht gerade dies durch mein Unternehmen verhindert – wer weiß! Und keine der Handlungen, die ich seither beging oder meinen Partei-angehörigen befahl, ist irgendwie gegen diese meine Absicht.«[47]
Adolf Hitler, Zeugenaussage vor dem Reichsgericht in Leipzig im Prozess gegen die Reichswehroffiziere Hanns Ludin, Richard Scheringer und Hans Friedrich Wendt

»Und dann kam eine wohl einmalige Frage eines Gerichtspräsidenten an einen Zeugen: ›Herr Hitler, Sie sprechen oft in Ihren Reden von Strafe, die Sie den von Ihnen so genannten Verrätern Deutschlands auferlegen wollen, wenn Sie jemals etwas in Deutschland zu sagen haben sollten: klingt das nicht wie eine Gewalt-drohung?‹«[48]
Hans Frank, Rechtsanwalt, NSDAP-Mitglied, IM ANGESICHT DES GALGENS

»Ich stehe hier unter dem Eid vor Gott dem Allmächtigen. Ich sage Ihnen, dass wenn ich legal zur Macht gekommen sein werde, dann will ich in legaler Regie-rung Staatsgerichte einsetzen, die die Verantwortlichen an dem Unglück unseres Volkes gesetzmäßig aburteilen sollen. Dann werden möglicherweise legal einige Köpfe rollen!«[49]
Adolf Hitler, Zeugenaussage vor dem Reichsgericht in Leipzig im Prozess gegen die Reichswehroffiziere Hanns Ludin, Richard Scheringer und Hans Friedrich Wendt

»Zum Schluss fragt der Vorsitzende: ›Herr Hitler, wollen Sie mir folgende Frage beantworten: Können Sie bestätigen, dass Sie niemals nach dem Hitlerputsch, besonders nicht im Jahre 1929, versucht haben, die deutsche Verfassung gewaltsam zu ändern oder dass Sie Ihren Unterführern niemals Anweisung gegeben haben, derartige Versuche zu machen? Können Sie mir diese Frage verneinen?‹ Hitler: ›Ja, das kann ich.‹«[50]

Richard Scheringer, Jahrgang 1904, Leutnant der Reichswehr, Hitler-Anhänger, UNTER SOLDATEN

TAGEBUCH, 26. SEPTEMBER 1930

»Gestern: ganz großer Tag. 9 [Uhr] Leipzig. Vor dem Reichsgericht riesige Menschenmassen. Nach einigem Wenn und Aber werde ich eingelassen. Hitler sagt gerade aus: fest, sicher, bestimmt, manchmal in Pathos verfallend, aber dabei immer groß. Der Eindruck ist gewaltig. Es geht um die ›Legalität‹ der Partei. Hitler vergibt sich nichts, aber er bleibt doch klug und umsichtig. Ich hab ihn direkt gern. Die angeklagten Offiziere sind fabelhaft. Besonders Scheringer, ein ganzer Kerl. Ludin ist etwas weich.«[51]

Joseph Goebbels

TAGEBUCH, 12. NOVEMBER 1930

»Röhm kommt. Aus Bolivien, wo er in der Armee tätig war. Er ist sehr nett zu mir, und ich hab ihn auch gern. Eine offene, gerade Soldatennatur. Ein Charakter.«[52]

Joseph Goebbels

TAGEBUCH, 22. NOVEMBER 1930

»Überviel Deprimierendes. – Heute um 2 [Uhr] in Tolkewitz, Leichenfeier für Richard Müller, den Baumeister, Rektor von 1927. Siebenbürger Chauvin. Er starb mit 52 Jahren an Embolie nach Blinddarmoperation. Auf seinem Sarg Kranz mit Hakenkreuz, in Reden ›nationale Belange‹. Das Hakenkreuz marschiert überall.«[53]

Victor Klemperer, Jahrgang 1881, Professor der Romanistik in Dresden

»In den Dreißigerjahren war es weder exzentrisch noch Modesache, wenn man sich zum Kommunismus bekannte – es war vielmehr der spontane und naive Ausdruck eines aus Verzweiflung geborenen Optimismus: eine missglückte Revolution des Geistes, eine fehlgeschlagene Renaissance, ein falscher Ansatz der Geschichte. Sich von dem neuen Bekenntnis angezogen zu fühlen, war, wie ich immer noch glaube, ein ehrenhafter Irrtum. Wir handelten aus den richtigen Gründen falsch, und meinem Gefühl nach handelten, mit wenigen Ausnahmen, fast alle diejenigen, die von Anfang an die russische Revolution schmähten, vorwiegend aus Motiven, die weniger ehrenhaft waren als unser Irrtum. Zwischen dem desillusionierten Liebenden und dem der Liebe völlig Unfähigen liegt eine ganze Welt.«[54]

Arthur Koestler, Jahrgang 1905, österreichisch-ungarischer Schriftsteller, BERICHT EINES LEBENS

»Wer zur deutschen Linken gehörte, konnte leicht glauben, dass mit seltenen Ausnahmen alle charaktervollen, intelligenten Menschen links standen und dass sich da alle echten Intellektuellen zusammenfanden, sofern sie sich nicht an die Bourgeoisie verkauft hatten. Jeder Intellektuelle wusste das jeweils passende Zitat aus Marx, Lenin und Engels anzubringen und dank der marxistischen Krisentheorie darzulegen, dass sich der verfaulende Kapitalismus in Gewaltmärschen seinem unaufhaltsamen Ende näherte. Und dass die Bourgeoisie, besonders aber der Monopolkapitalismus Mussolini und Hitler in den Sattel heben mussten, um den Sieg der proletarischen Revolution hinauszuschieben.

Es geschah nur selten, dass einer die Stimmung, die solch einleuchtende Erklärung auslöste, durch die Frage störte: Wenn über 13 Millionen für Hitler stimmen, unter ihnen zweifellos Hunderttausende Arbeitslose, so kann man es wohl nicht daraus erklären, dass die Kapitalisten seine Propaganda und seine uniformierten Truppen finanzieren. Umgekehrt geben sie Hitler umso mehr Geld, je erfolgreicher er ist.

Warum glauben zweimal so viel Leute an die Versprechungen der Nazis als an die der Kommunisten?«[55]

Manès Sperber, Jahrgang 1905, jüdischer Österreicher aus Galizien, KPD-Mitglied, ALL DAS VERGANGENE

»Zweier Voraussetzungen hätte es bedurft, um 1930/31 die tödlichen Gefahren abzuwenden, die der demokratischen Republik drohten: eines klaren Machtwillens der demokratischen Kräfte und eines überzeugenden, konstruktiven Programms zur Bekämpfung der Wirtschaftskrise.«[56]

Willy Brandt (eigentlich Herbert Frahm), Jahrgang 1913, Mitglied der Sozialistischen Arbeiterpartei Deutschlands, MEIN WEG

»Ich sehe in der Wirtschaftskrise eine der Hauptursachen, weshalb das deutsche Volk der nazistischen Verführung erlag. Der Unbeteiligte kann sich nur schwer eine Vorstellung machen, wie niederdrückend jahrelange Beschäftigungslosigkeit gerade auf den gewissenhaften Arbeiter wirkt.«[57]

Paul Löbe, Jahrgang 1895, Abgeordneter der SPD, Präsident des Deutschen Reichstags, LEBENSERINNERUNGEN

»Ich ging in eine Naziversammlung. Sie fand in einer Bierhalle statt. Der Qualm der billigen Zigaretten zerfraß die Augen. Irgendein Nazi schrie, mit seinen langen Armen fuchtelnd, die Deutschen hätten das Hungern satt, nur die Juden hätten es gut, die Verbündeten hätten Deutschland ausgeplündert, den Franzosen und Polen müsste man richtig eins aufs Dach geben. Auch in Russland seien die Juden am Werk, folglich müsste man auch die Russen verdreschen. Hitler werde der Welt schon zeigen, was deutscher Sozialismus sei ...

Ich betrachtete die Besucher. Die einen tranken Bier, die anderen saßen vor leeren Tischen. Es waren viele Arbeiter darunter – und das tat furchtbar weh. Natürlich wusste ich auch früher, dass es unter den Nazis viele Arbeiter gab, aber es war nicht dasselbe, etwas in der Zeitung zu lesen oder mit eigenen Augen zu sehen.«[58]

Ilja Ehrenburg, Jahrgang 1891, russisch-jüdischer Schriftsteller und Journalist, MENSCHEN, JAHRE, LEBEN

»Das Land lebte im Zustand des Bürgerkriegs, der nicht gleichzeitig an allen Orten geführt wurde, sondern bald hier, bald dort aufflackerte. Jedoch überall, besonders aber in den Städten herrschte die Stimmung des Bürgerkriegs, nicht nur in den von herausfordernden Hassgesängen, wilden Drohrufen und Schüssen widerhallenden Straßen, sondern auch in den zahllosen Versammlungen, wo allabendlich die sogenannten Saalschlachten ausgefochten wurden. Die Gespräche verstummten zwischen Familienmitgliedern, zwischen Nachbarn, zwischen Leuten, die in der gleichen Werkstart arbeiteten, und natürlich auch zwischen den sonst so beredten Intellektuellen.«[59]

Manès Sperber, jüdischer Österreicher aus Galizien, KPD-Mitglied, ALL DAS VERGANGENE

TAGEBUCH, 17. MAI 1931

»Die Partei gerät mehr und mehr in die Gefahr der Bürgerlichkeit. Und dann der § 175. Da traue ich manchem nicht. Röhm? Man muss Hitler rechtzeitig warnen. Das wäre der Anfang vom Ende.«[60]

Joseph Goebbels

»Die Münchener Post hat Enthüllungen über Vorgänge im nationalsozialistischen Lager gebracht, die allgemeines Aufsehen hervorrufen. Ich beehre mich, die beiden Artikel dieses Blattes vorzulegen, in welchen dem sogenannten Stabschef Röhm der Vorwurf homosexueller Betätigung gemacht wird und die durch Veröffentlichung eines Briefes auch die sonstigen moralischen Zustände im Hitlerlager ziemlich grell beleuchten. Die Münchener Post setzt ihre diesbezüglichen Enthüllungen noch weiter fort. Wie ich gehört habe, sind diese Vorgänge, insbesondere die homosexuellen Neigungen Röhms, den amtlichen Stellen schon seit längerer Zeit bekannt.«[61]

Carl Moser von Filseck, Bericht des württembergischen Gesandten bei der Bayerischen Staatsregierung, 25. Juni 1931

»Erst als ich nach der Premiere des ›Blauen Lichts‹ mit meinem Film von Stadt zu Stadt kreuz und quer durch Deutschland reiste, kam ich mit der Bevölkerung in Berührung. Hier hörte ich zum ersten Mal den Namen Adolf Hitler. Als man mich fragte, was ich von diesem Mann erwarte, konnte ich nur verlegen antwor-

Adolf Hitler mit seinem ersten Leibwächter Ulrich Graf am 1. August 1929 bei der Ankunft zum Reichsparteitag.

ten: ›Keine Ahnung.‹ Wohin ich auch kam, überall wurde leidenschaftlich über Hitler diskutiert. Viele von ihnen sahen offenbar in ihm den Retter Deutschlands, andere wieder spotteten über ihn. Ich konnte mir kein Urteil bilden. Politisch war ich so unwissend, dass ich mir nicht einmal unter Begriffen wie ›rechts‹ oder ›links‹ etwas vorstellen konnte.«[62]
Leni Riefenstahl, Jahrgang 1902, Schauspielerin und Filmregisseurin,
MEMOIREN

TAGEBUCH, 11. DEZEMBER 1931
»Bei der Devisenbeschaffungsstelle fällt mir auf, dass die diensttuenden Beamten ihren Schnurrbart hitlerisch tragen.«[63]
Thea Sternheim, Jahrgang 1883, deutsch-jüdische Fabrikantentochter und Autorin

TAGEBUCH, 29. DEZEMBER 1931
»Karl abends zum SA-Treffen. Möchte ihre Arbeit zum Segen ausfallen.«[64]
Henriette Schneider, Jahrgang 1872, Mrossen, Ostpreußen

»Der Evangelist Hitler könnte eine neue Religion gründen. Der Schauspieler Hitler könnte gesteckt volle Theater hinreißen. Der Redner Hitler könnte eine Revolution machen. Vor zwölf Jahren plante Hitler eine Revolution. Mit sieben Mann gründete er die nationalsozialistische Partei. Vor neun Jahren versuchte er die Revolution. Hitler ging ins Gefängnis. Jahrelang war er vergessen. Heute ist der 43-jährige Adolf Hitler, der verwaiste Sohn eines österreichischen Zollbeamten, Inhaber eines Interim-Polizeiausweises, ein Staatenloser, nicht einmal deutscher Staatsbürger.«[65]

Hubert Renfro Knickerbocker, Jahrgang 1898, US-Journalist,
DEUTSCHLAND SO ODER SO

»Der politische Kampf in der Offiziersschule hatte aber zur Folge, dass ich mich definitiv entschloss, in die NSDAP und in die SA einzutreten! Beide waren damals noch unbedeutende Gruppen von einigen wenigen Idealisten … Gemeinsam war uns nur die Hoffnung auf eine große Heimat aller Deutschen unter starker Führung und die Verachtung über das ›Geschwätz der Demokraten‹ … Ich war damals ganze neunzehn Jahre alt … Ich suchte, ich brauchte ein neues Ideal, etwas, das dem Patriotismus, aber auch meinem sozialen Empfinden voll gerecht werden würde. Ähnlich dachten damals die meisten meiner Kollegen!«[66]

Reinhard Spitzy, Jahrgang 1912, Offiziersanwärter im österreichischen Heer,
BEKENNTNISSE EINES ILLEGALEN

»Ende 1930 kam Brückner als SA-Adjutant zu Hitler, seine Tätigkeit bestand jedoch mehr in der eines persönlichen Adjutanten (Chefadjutant) und ständigen Begleiters Hitlers. Brückner war nicht nur einer der bestaussehendsten Männer in Hitlers Umgebung, sehr groß, blond und blauäugig, sondern auch von gewinnendem Wesen. Er war immer liebenswürdig und gewandt, selbst wenn er schimpfte, konnte man ihm nicht böse sein.«[67]

Christa Schroeder, Privatsekretärin Hitlers ab 1933, ER WAR MEIN CHEF

»Julius Schaub. Er war das Faktotum von Hitler und begleitete ihn seit 1925 wie ein Schatten. Er war ein typischer Bayer und dürfte der einzige Mensch gewesen sein, der über alle intimen und persönlichen Angelegenheiten Hitlers informiert gewesen war. Schaub … hatte etwas vorquellende Augen, und da ihm im Ersten Weltkrieg einige Zehen erfroren waren, hatte er zuweilen einen etwas humpelnden Gang.«[68]

Christa Schroeder, Privatsekretärin Hitlers ab 1933, ER WAR MEIN CHEF

»Das Jahr 1931 hat die unter dem Befehl der Obersten SA-Führung zusammengefassten Einheiten der Bewegung innerlich und zahlenmäßig gestärkt und gefestigt. Das Heer der Braunhemden hat sich um Vielfaches vermehrt. Hohe Blutopfer hat die Bewegung tragen müssen: Für Ehre und für Freiheit des Volkes fielen: 46. Verwundet wurden: 4805. Ihrer wollen wir vor allem in Treue und Dankbarkeit gedenken. Die Opfer sind nicht umsonst gebracht. Aus dem Blute der Kämpfer spross der Keim zu neuer Kraft. Kameraden, ich danke Euch an der

Schwelle des Neuen Jahres für all das, was Ihr in entsagungs- und opferreichem Kampfe des vergangenen Jahres geleistet habt. Ich spreche allen Führern und Männern der SA, SS, HJ und des NSKK meine uneingeschränkte Anerkennung aus. Stolz auf das Erreichte des Jahres 1931, könnt Ihr mit froher Zuversicht in das Neue Jahr treten. Ihr seid die Hoffnung des deutschen Volkes. Seid Eurer Sendung wert!

Der Oberste SA-Führer:

Adolf Hitler«[69], Neujahrsbefehl an die SA, SS, Hitlerjugend und das Nationalsozialistische Kraftfahrkorps, 31. Dezember 1931

TAGEBUCH, 2. JANUAR 1932

»Hitler hat eine sehr gute Neujahrsbotschaft an die Nazis gesandt, die Welt wird aufhorchen, die Kommunisten werden sich vorsehen.«[70]

Henriette Schneider, Mrossen, Ostpreußen

TAGEBUCH, 22. JANUAR 1932

»Treffe in nebliger Morgenfrühe in Berlin ein. Suche Rumbold auf. Er erzählt mir, seiner Ansicht nach hätten die Hitleristen den Zug verpasst und verlören täglich an Boden.«[71]

Harold Nicolson, Jahrgang 1886, Abgeordneter der National Labour Party im Britischen Unterhaus

»Zusammenfassend: Ich sehe zwei Prinzipien, die sich schroff gegenüberstehen: das Prinzip der Demokratie, das überall, wo es sich praktisch auswirkt, das Prinzip der Zerstörung ist. Und das Prinzip der Autorität der Persönlichkeit, das ich als das Leistungsprinzip bezeichnen möchte.«[72]

Adolf Hitler, Rede vor dem Industrie-Club in Düsseldorf, 26. Januar 1932

»Für einen derart national eingestimmten Knaben vollzog sich der Übergang in der Euphorie der sich rasch ausbreitenden Hitlerbewegung fast selbstverständlich. Der Nationalsozialismus schien spätestens 1932 auch jenen bürgerlichen Familien, die bislang die ›Deutsche Volkspartei‹ oder die ›Deutschnationale Volkspartei‹ bevorzugt hatten, allein noch imstande zu sein, die nationalen und sozialen Versprechungen, die die Parteien der Rechten und der Mitte gemacht, aber unerfüllt gelassen hatten, einzulösen.

Was sich gegen Hitler und seine ›Bewegung‹, gegen die SA und die Hitlerjugend aus Argwohn und Widerwillen bis ins rechte bürgerlicher Lager regte, blieb zunächst ein diffuses Unbehagen, dem die meisten nicht weiter nachgingen, weil es zur NSDAP keine Alternative zu geben und ihr Siegeszug unter den Wählern unaufhaltsam zu sein schien.«[73]

Gerhard Szczesny, Jahrgang 1917, Schüler in Königsberg,

ALS DIE VERGANGENHEIT GEGENWART WAR

»Die Gesellschaft gewöhnt sich nach und nach an die ursprünglich als plebejisch empfundene nationalsozialistische Bewegung. Die Leute der Oberschicht nähern sich Hitler. Sie verschließen ihre Ohren vor seinen ständigen Ausfällen gegen die privilegierten Klassen und die ›feinen Leute‹. Mein Großvater hatte für diese Art von wetterwendischen Leuten eine treffende Formel: ›Du spuckst ihm in die Augen, und er fragt dich, ob es regnet.‹«[74]

Bella Fromm, Jahrgang 1890, jüdische Deutsche, Kolumnistin der Vossischen Zeitung

»Was sich in Deutschland vorbereitete, sah ich nach meinen sieben Monaten in den USA viel klarer als die gescheiten, gut informierten, erfahrenen politischen Köpfe bei Ullstein, der Hochburg des deutschen Liberalismus. Ihnen erschien es einfach unmöglich, dass Deutschland jemals wieder zu Militarismus und Autokratie zurückkehren könne. Hitler war für sie immer noch ein Unsinn babbelnder Clown, ein lächerlicher Wirrkopf mit einer fanatischen Gefolgschaft ebenso hirnverbrannter Wirrköpfe. Man lachte über ihn – vielleicht nicht mehr so herzhaft wie in den Jahren zuvor, aber ernst nehmen konnte man diesen Kerl doch wirklich nicht, wie?

In Amerika nahm man ihn ernst. In Amerika hielt man Hitler für eine Gefahr; die führenden amerikanischen und englischen Korrespondenten in Berlin waren gespannt auf die bevorstehenden Reichspräsidentenwahlen.«[75]

Vicki Baum, Jahrgang 1896, Schriftstellerin, ERINNERUNGEN

»Endlich, mit großer Verspätung, erschien Hitler, nachdem eine Blaskapelle Marsch um Marsch gespielt hatte. Die Leute sprangen von ihren Sitzen auf, schrien wie von Sinnen: ›Heil, Heil, Heil!‹ – minutenlang. Ich saß zu weit entfernt, um Hitlers Gesicht sehen zu können. Nachdem die Rufe verhallten, sprach Hitler: ›Volksgenossen, Volksgenossinnen‹. Merkwürdigerweise hatte ich im gleichen Augenblick eine beinahe apokalyptische Vision, die ich nie mehr vergessen konnte.

Mir war, als ob sich die Erdoberfläche vor mir ausbreitete – wie eine Halbkugel, die sich plötzlich in der Mitte spaltet und aus der ein ungeheurer Wasserstrahl herausgeschleudert wurde, so gewaltig, dass er den Himmel berührte und die Erde erschütterte. Ich war wie gelähmt.

Obgleich ich vieles in der Rede nicht verstand, wirkte sie auf mich faszinierend. Ein Trommelfeuer prasselte auf die Zuhörer nieder, und ich spürte, sie waren diesem Mann verfallen. Zwei Stunden danach stand ich fröstelnd auf der Potsdamer Straße. Ich war nicht in der Lage, ein Taxi anzuhalten, so stark wirkte das Erlebnis dieser Versammlung in mir nach. Kein Zweifel, ich war infiziert.«[76]

Leni Riefenstahl, Schauspielerin und Filmregisseurin, über eine Kundgebung im Berliner Sportpalast am 9. Februar 1932, MEMOIREN

»Mit Tonak durch den Zoo. Die scheußlichen Affen! Welch ein Weg von diesem Urvieh bis zum nordischen Menschen!«[77]
Joseph Goebbels

»Nach dem Kaffee erschien Frau Knispel mit der Neuigkeit, dass Hitler sich zur Reichspräsidentenwahl aufgestellt hat. Die Deutsch-Nationalen haben einen eigenen Kandidaten (Düsterberg). Wie töricht, sie stärken damit die Linksparteien.«
Henriette Schneider, Mrossen, Ostpreußen

»Nationalsozialisten, Nationalsozialistinnen!
Als letzten Versuch, das unheilvolle gegenwärtige System zu retten, haben sich die in hoffnungsloser Minderheit befindlichen Parteien der schwarz-roten Koalition entschlossen, den Generalfeldmarschall von Hindenburg zur Neuwahl als Reichspräsidenten vorzuschlagen. Damit soll die Politik des Zusammenbruchs, die ihre letzten Begründungen im Young-Plan und in den Notverordnungen gefunden hat, weiter fortgesetzt werden. Das nationale Deutschland wird darauf die einzig mögliche Antwort erteilen: Die nationalsozialistische Bewegung muss getreu ihrem Kampf gegen das System diese Kandidatur ablehnen. Die Stunde der Auseinandersetzung mit den Trägern des heutigen Systems ist damit gekommen. Wir bedauern, dass der Generalfeldmarschall von Hindenburg sich bewegen ließ, seinen Namen in diesem Kampf verbrauchen zu lassen.
gez. **Adolf Hitler«**[78], Der Führer an die Gefolgschaft: Zur Kandidatur des Marschalls, Tageszeitung »Der Angriff« vom 16. Februar 1932

»Ebenso hatte er es versäumt, den Status seiner reichsdeutschen Staatsbürgerschaft regeln zu lassen, ohne die eine Bewerbung um das hohe Amt überhaupt nicht denkbar war. De jure jedenfalls war Hitler immer noch Österreicher oder möglicherweise Staatenloser, da einerseits behördliche Schikane und andererseits wohl auch persönliche Nachlässigkeit seine ordnungsgemäße Einbürgerung immer wieder verzögert hatten. Jetzt allerdings war die Regelung dieser Frage nur noch eine Bagatelle-Affäre, nachdem die von Nazis und Deutschnationalen gebildete braunschweigische Landesregierung es jederzeit in der Hand hatte, ihm durch eine Proforma-Berufung in irgendein Beamtenverhältnis automatisch die deutsche Staatsangehörigkeit zu verschaffen.«[79]
Ernst Hanfstaengl, Jahrgang 1887, Auslandspressechef der NSDAP, MEMOIREN

»Die Planstelle Hitlers gehörte zum Landeskultur- und Vermessungsamt in Braunschweig. Hitler wurde mit der Wahrnehmung der Geschäfte eines Sachbearbeiters für wirtschaftliche Fragen des Landes Braunschweig bei der braunschweigischen Gesandtschaft in Berlin beauftragt, ein Amt, das er nie bekleidete.

Denn bereits am 1. März 1932 genehmigte ihm das Ministerium, dass er einstweilen seinen Wohnsitz in München beibehalten könne. Umso erstaunlicher ist, dass Adolf Hitler dennoch seinen offiziellen Wohnsitz nach Braunschweig verlegte. Sooft er nach Braunschweig kam, wohnte er im Börsenhotel, wo, ähnlich wie im Hotel Dreesen in Bad Godesberg, immer zwei Zimmer für ihn reserviert waren. Am 26. Februar 1932 erfolgte eine polizeiliche Abmeldung, und zwar im Hause Hohetorwall 7 II.«[80]

Hartmann Lauterbacher, Jahrgang 1909, HJ-Gauführer Süd-Hannover-Braunschweig, KRONZEUGE EINER EPOCHE

»Geschehen zu Berlin am 26. Februar 1932 in der Braunschweigischen Gesandtschaft. Vor mir erschien heute der laut Verfügung des Vorsitzenden des Braunschweigischen Staatsministeriums und des Herrn Braunschweigischen Finanzministers vom 25. Februar 1932 ... in braunschweigische Staatsdienste angestellte nunmehrige Regierungsrat Adolf Hitler, geboren am 20. April 1889 in Braunau a/Inn. Dieser leistete nach Eröffnung des Erforderlichen den durch die Verordnung des Staatsministeriums über die Vereidigung der öffentlichen Beamten vom 31. Oktober 1919 (G.u.U.S. Nr. 143 S. 407, [gelesen und unterschrieben]) vorgeschriebenen Diensteid, wie folgt: ›Ich schwöre Treue der Reichs- und Landesverfassung, Gehorsam den Gesetzen und gewissenhafte Erfüllung meiner Amtspflichten. Adolf Hitler« [vorgelesen und unterzeichnet], Ad. Hitler, Regierungsrat, Zur Beglaubigung **Boden, Gesandter,** Wirkl.[ich] Geheimer Rat«[80]

»Betreff: Urlaub.
Hiermit bitte ich, mir bis zum Ende des Reichspräsidenten-Wahlkampfes I [erster Wahlgang] Urlaub gewähren zu wollen.
Hochachtungsvoll!
Adolf Hitler«[82], Schreiben an die braunschweigische Gesandtschaft in Berlin, 28. Februar 1932

TAGEBUCH, 16. FEBRUAR 1932
»Welch ein seltsames Land, in dem die Möglichkeit einer Präsidentschaft zwischen Thälmann, Hitler oder Hindenburg gesucht werden muss. Hindenburg als Schoßkind der demokratisch Gesinnten. Als ich vor Jahren seine Wahl in Uttwil erfuhr, erbrach ich vor Schrecken, vor Entrüstung. Heute zittert in Anbetracht des drohenden Faschismus der Republikaner für Hindenburgs Erhaltung.«[83]
Thea Sternheim, deutsch-jüdische Fabrikantentochter und Autorin

»Uns sollte Hindenburg als Schutzschild gegen Hitlers Emporkommen dienen. Das war auch die Ursache, weshalb die Sozialdemokraten seine Wiederwahl im Jahre 1932 unterstützten. Damals waren die Stimmenzahlen für die Nationalso-

zialisten schon so angeschwollen, dass die Kandidatur Hitlers zum Reichspräsidenten nach Ansicht aller maßgebenden Kreise nur mit einer erneuten Wahl Hindenburgs zu Fall gebracht werden konnte.«[84]
Paul Löbe, SPD-Präsident des Deutschen Reichstages, LEBENSERINNERUNGEN

TAGEBUCH, 29. FEBRUAR 1932
»In den Zeitungen beginnt die Wahlhetze ... Wer wird siegen?«
Henriette Schneider, Mrossen, Ostpreußen

»Die stolze Sozialdemokratie, die mit starkem Arme einst alle Räder stehen lassen wollte, jetzt stehen sie still ohne ihre starken Arme. Die stolze Sozialdemokratie, die einen Staat, ein Volk revolutionieren, erobern und hinüberführen wollte in einen neuen Glückszustand. Die uns ausgespottet hat, die mich halb als Narren, halb als Idioten, dann wieder als Verbrecher hinstellte, die wagt heute nicht mehr, uns mit offenem Visier unter eigener Bezeichnung entgegenzutreten. Glauben Sie mir, hätte ich gar nichts erreicht in meinem Leben, als dass ich diese Partei zu den Füßen des Feldmarschalls gezwungen hätte, es wäre auch schon ein geschichtliches Verdienst gewesen.«[85]
Adolf Hitler, Rede in Hamburg in den Sagebiel-Sälen, 1. März 1932

TAGEBUCH, 12. MÄRZ 1932
»Hier im einsamen Dorf machen sich die Parteienkämpfe der morgigen Wahl schon bemerkbar. Ein Flieger wirft Hindenburgplakate herunter. SA klebt Zettel an, Sozis fischen im Trüben. Die Elite gibt das Rennen wohl überhaupt auf.«
Henriette Schneider, Mrossen, Ostpreußen

»Und im Reichstag hatte er hinzugefügt: ›Von der Wiederwahl Hindenburgs hängt es ab, ob die Welt glaubt, dass im deutschen Volk noch Ehrfurcht und Achtung vor der Geschichte und der geschichtlichen Person besteht.‹ Der zweite Wahlgang brachte Hindenburg mit 53 % der Stimmen eine kleine Majorität. Hitlers Anteil war auf 36,8 % angewachsen. Neuwahlen zum Reichstag – als Preis für Hitlers Zustimmung zur parlamentarischen Erledigung der Hindenburg-Wahl – hatte Brüning nicht bewilligen wollen. Jetzt hatten zwei Wahlkämpfe geführt werden müssen, bitterer als alle vorausgehenden und mit dem beängstigenden Ergebnis, dass Hitler mehr als ein Drittel der Stimmen des deutschen Volkes bei der Wahl des Staatsoberhauptes für sich buchen konnte.«[86]
Franz von Papen, Jahrgang 1879, Zentrumspolitiker, DER WAHRHEIT EINE GASSE

TAGEBUCH, 14. MÄRZ 1932
»Die Feststimmung war dahin, als Knispel per Telefon meldete, dass Hindenburg gewonnen hat. Das hatten wir nicht erwartet, und Trauer herrscht im Hitlerlager.«
Henriette Schneider, Mrossen, Ostpreußen

»Auf Vorruf erscheint der Zeuge Hitler. Nach Rechtsbelehrungen durch Herrn Vorsitzenden leistet er den Zeugeneid in der religiösen Form. Seine Personalien gibt er am Schlusse seiner Vernehmung wie folgt an: Adolf Hitler, 43 Jahre alt, Regierungsrat und Schriftsteller, München.«[87]
Zeugenaussage vor dem Untersuchungsausschuss des Thüringischen Landtags,
15. März 1932

»Hitler saß gewöhnlich auf dem linken oder rechten Vordersitz, starrte vor sich hin oder verglich die überflogene Gegend mit der Karte. Gelegentlich suchten die Mitreisenden seine Aufmerksamkeit zu gewinnen, doch das glückte nur selten. Meistens zog Hitler sich dann hinter eine Zeitung oder seine Aufzeichnungen zurück – die aber mit Sicherheit nicht von ihm waren. Denn typisch für ihn war, dass er nie ein Notizbuch besaß, nie eine Zeile aufschrieb. Selbst beim Autogrammgeben fehlte ihm meistens ein Bleistift oder ein Füllhalter. Sein Notizbuch war Schaub. Und so hieß es dann regelmäßig ›Schaub, schreiben Sie …‹«[88]
Ernst Hanfstaengl, NSDAP-Auslandspressechef, über den Deutschlandflug,
Wahlkampf zur zweiten Runde der Reichspräsidentenwahl, 5. April 1932, MEMOIREN

»Bald war Hitler in mürrische Apathie versunken. Er saß da und starrte teilnahmslos aus dem Fenster, das Kinn in die rechte Hand gestützt, Wattepfropfen in den Ohren. Nur hin und wieder veränderte er seine Stellung ein wenig oder kratzte sich im Nacken. Das war für mich ein völlig neues Hitler-Bild: das absolute Gegenteil des händeschüttelnden, auf Wirkung bedachten Mannes, der sich in Tempelhof von Magda Goebbels und den anderen verabschiedet hatte. Ich bin seitdem mit manchem großen Staatsmann gereist, aber bei keinem habe ich einen solchen Kontrast zwischen der öffentlichen und der privaten Persönlichkeit beobachtet wie bei Hitler.

Der Mann, den ich jetzt sah, war ein müder und nicht sehr erfolgreicher Handelsvertreter, der mit seinen Mustern zu einem Kunden flog, welcher keine große Lust hatte, sie anzusehen, und den zu besuchen er selbst keine große Lust hatte.«[89]
Sefton Delmer, Jahrgang 1904, britischer Korrespondent des Daily Express in Berlin,
DIE DEUTSCHEN UND ICH

»Er befand sich mitten im Wahlkampf für die Reichstagswahl, hielt vier oder fünf Reden am Tag, flog von einer Versammlung zur anderen. Es war eines der wenigen Male, dass ich ihn öffentlich sprechen hörte. Wir wurden auf das Podium geführt, wo wir uns bemühten, wach zu bleiben, während ein aristokratischer, aber stark beunruhigter Parteifunktionär sich bemühte, die Zeit auszufüllen, bis des Führers Flugzeug mit zwei und einer halben Stunde Verspätung ankam. Schließlich hörten wir das Dröhnen des Motors. Einige Minuten später

Beim zweiten »Deutschlandflug« im Wahlkampf zur Reichstagswahl vom 31. Juli 1932 salutiert ein preußischer Polizist auf dem Flugplatz Essen vor Hitler. Der hochgewachsene Mann im Hintergrund ist Hitlers Adjutant Wilhelm Brückner.

eilte Hitler mit hochgerötetem Gesicht zum Podium und begann seine Rede. Er war heiser vom vielen Sprechen, und seine misstönende Stimme, affektgeladen, fuhr über die Zuhörerschaft wie ein Sturmwind, der den Atem raubt, betäubt und die Menschen erregt zurücklässt. Erst nachdem er den letzten Schluck Wasser aus der Karaffe getrunken hatte und zum Flugzeug zurückgerannt war, rührte sich die Menge.«[90]

Friedelind Wagner, Jahrgang 1918, Tochter von Siegfried und Winifred Wagner, NACHT ÜBER BAYREUTH

»Ansonsten war es immer das Gleiche. Er gab seine Vorstellung, ließ die Koffer packen und ab ging's in die nächste Stadt. Zwischendurch war nur wenig Zeit zum Verschnaufen. Wir waren eigentlich nichts anderes als die Sekundanten eines Boxers, damit beschäftigt, Hitler zwischen den Rede-Runden wieder fit zu machen.«[91]

Ernst Hanfstaengl, Auslandspressechef der NSDAP, MEMOIREN

TAGEBUCH, 8. APRIL 1932

»Freitag Kundgebung der ›Eisernen Front‹ für Hindenburg im Lustgarten. Große Menschenmassen und ein Wald roter Fahnen, hinter denen die schwarz-rotgoldenen entschieden zurücktraten. Sonderbar, diese rote Demonstration für Hindenburg zu sehen.«[92]

Harry Graf Kessler, Publizist und Diplomat

»Wiederum war es Tolerierungspolitik, wenn die SPD ihre Wähler aufforderte, für Hindenburg zu stimmen; und wie treu die folgten! Frau Jaspers zu mir: ›Ihre Partei hat sich gut geschlagen.‹«[93]

Golo Mann, Student in Heidelberg, ERINNERUNGEN UND GEDANKEN

TAGEBUCH, 10. APRIL 1932
»Hindenburg endgültig gegen Hitler gewählt.«[94]

Harry Graf Kessler

»Beim Ausgang der Reichspräsidentenwahl, den meine Freunde, die ausländischen Korrespondenten, mit großer Begeisterung feierten, musste ich unwillkürlich denken: wenn der Sieg eines müden, senilen, nicht übermäßig gescheiten alten Soldaten wie Hindenburg über einen widerlichen, hysterischen Emporkömmling das Beste ist, was wir erreichen können – dann, Deutschland, gute Nacht!«[95]

Vicki Baum, Schriftstellerin, ERINNERUNGEN

»Lieber, guter Herr Hitler!
Zu Ihrem Geburtstage senden wir Ihnen aus warmen Kinderherzen unsere innigsten Wünsche. Als wir unseren Eltern sagten, dass es so schade ist, dass wir für Sie gar nichts tun können, weil wir erst 10 Jahre und 5 Jahre alt sind, sagten unsere Eltern: ›Ihr könnt aber jeden Tag für Adolf Hitler beten!‹ Und das wollen wir auch jeden Abend tun. Unser Gebet soll so heißen:

›Begleite, Gott, mit deinem Segen
Adolf Hitler auf allen Wegen!
Gib ihm Kraft mit starker Hand
Bald frei zu machen das Vaterland‹

Mit herzl.[ichem] Heilgruß
Ihre getreuen kl.[einen] Nazis, **Leonore und Erhard L.,**[96] Hamburg, 20. April 1932

24. APRIL 1932, MÜNCHEN
»Im Hotel Regina stellte sich ein Herr einem meiner Mitreisenden vor. Es war ›Putzi‹ Hanfstaengl, er sprach viel über ›den Führer‹, mit dem er offenbar in sehr engen Beziehungen stand. Da er ein lebhafter und gesprächiger Bursche zu sein schien und vortrefflich Englisch sprach, lud ich ihn zum Essen ein. Er erzählte höchst interessant über die Tätigkeit und die Pläne Hitlers. Er redete wie ein Behexter. Wahrscheinlich hatte man ihm die Weisung gegeben, sich mit mir in Verbindung zu setzen. Offensichtlich gab er sich die größte Mühe, mir einen guten Eindruck zu machen. Nach dem Essen ging er ans Klavier und spielte und

sang eine Reihe von Liedern und Melodien so bemerkenswert schön, dass wir alle die größte Freude hatten. Er schien alle englischen Weisen zu kennen, die ich gerne hörte. Er war ein trefflicher Gesellschafter, und er war damals, wie man jetzt weiß, ein Günstling des ›Führers‹. Er erklärte mir, ich müsste ihn kennenlernen und nichts wäre leichter, als das in die Wege zu leiten. Hitler kam jeden Tag gegen 17 Uhr in das Hotel und er würde sich sicherlich sehr freuen, mich zu sehen. Ich hatte damals kein nationales Vorurteil gegen Hitler. Von seiner Doktrin wusste ich wenig, ebenso von seiner Vergangenheit und gar nichts über seinen Charakter. Ich habe die größte Achtung vor Männern, die für ihr Land einstehen, wenn es besiegt ist, auch wenn ich im anderen Lager stehe. Hitler hatte durchaus das Recht, ein patriotischer Deutscher zu sein, wenn er das wollte. Ich hatte mir immer gewünscht, dass England, Deutschland und Frankreich befreundet sein sollten.«[97]

Winston Churchill, Jahrgang 1874, Abgeordneter des Britischen Unterhauses, DER ZWEITE WELTKRIEG

»Wir fuhren nach Nürnberg, um mit Julius Streicher irgendein törichtes Gespräch zu führen. Ich beugte mich während der Fahrt zu Hitler nach vorn und unterrichtete ihn über die wichtigsten Ergebnisse des vergangenen Abends. Natürlich verschwieg ich ihm auch nicht, was Churchill über die Möglichkeit eines deutschen Zusammengehens mit England und Frankreich gesagt hatte. Doch Hitler blieb verstockt und wollte nicht wahrhaben, dass er eine vielversprechende Chance versäumt hatte. Er hob nur abschätzig die Achsel und murrte vor sich in: ›Pah, was spielt Churchill denn schon für eine Rolle. Er sitzt in der Opposition, und keiner kümmert sich um seine Ansichten.‹«[98]

Ernst Hanfstaengl, Auslandspressechef der NSDAP, MEMOIREN

TAGEBUCH, 29. MAI 1932

»Am 16. Mai sahen wir wieder einmal ein zum Verkauf angebotenes Haus. Villa mit Garten, ›beinahe‹ für uns passend – wenn man sie umbaute ... Kurzum nicht passend. Interessant waren die Leute darin. Der Mann, ein alter Verlagsvertreter von Velhagen & Klasing. Vor zwei Jahren das Haus gekauft, jetzt muss er hinaus. Er, seine Frau, seine Tochter – bieder, ruhig u. ganz offenbar tief vergrämt. Am Schreibtisch: das Hakenkreuz. Es ist für diese Vergrämten, Verarmten nichts anderes als eine Kreuz-Hoffnung.«[99]

Victor Klemperer, Professor der Romanistik in Dresden

TAGEBUCH, 31. MAI 1932

»Lotte kommt am Sonntag. Sie plant eine Reise mit Karl nach Westerland! ... Gestern ist Brüning gegangen. Was wird nun?«

Henriette Schneider, Mrossen, Ostpreußen

»Der Führer erzählte eine Reihe von Geschichten aus der Endzeit des Parlamentarismus in den Jahren 1932/33. Der gefährlichste Gegner, der auch wirklich eine Reihe von Männern von Format hervorgebracht habe, sei ohne Zweifel das Zentrum gewesen. Man habe Brüning nicht als einen prinzipiell antinationalen Mann ansprechen können; sein größter Fehler sei es vor allem gewesen, dass er versucht habe, über Erfolge in der Außenpolitik eine Besserung der Lage im Innern durch Steigerung seiner Popularität herbeizuführen, während der Führer genau den umgekehrten Weg gegangen sei in der Erkenntnis, dass die Außenpolitik nie erfolgreich sein kann, wenn innenpolitisch die Voraussetzungen dazu fehlen. Brüning sei etwas krankhaft veranlagt gewesen, denn welcher gesunde Mensch wählt zu seiner ständigen Wohnung freiwillig ein Krankenhaus? Die größte Korruption habe in den Parteien der Mitte geherrscht, deren Politiker samt und sonders bestechliche und käufliche Subjekte gewesen seien. Den führenden Sozialdemokraten (Braun, Severing, Löbe) habe man dies in keiner Weise nachsagen können.«[100]

Werner Koeppen, Jahrgang 1910, Adjutant von Reichsminister Alfred Rosenberg, Berichte aus dem Führerhauptquartier Wolfsschanze

»Hitler sah und sprach ich zum ersten Mal in meinem Leben am 9.6.1932. Die Begegnung kam auf meinen Wunsch zustande, weil ich mich über die Abmachungen Schleichers persönlich zu informieren wünschte. Wir trafen uns in der Wohnung des Herrn W. von Alvensleben, Herrn von Schleichers Freund und Verbindungsmann zur NSDAP. Die ersten Eindrücke, die ich von Hitler erhielt, waren enttäuschend. Mit seiner kleinbürgerlichen äußeren Erscheinung, mit dem kurzen Schnurrbart und der bekannten Scheitellocke glich er eher einem Bohemien als einem Manne der Politik, den dreizehn Millionen Wähler an die Spitze des Reiches zu setzen wünschten. Von der magnetischen Anziehungskraft, die ihm zugeschrieben wurde, bemerkte ich wenig. Sein Benehmen war höflich und bescheiden. In der Unterhaltung brachte Hitler die üblichen Klagen vor über die staatsmännische Unmöglichkeit, eine so starke Partei nicht an der Regierung zu beteiligen und auf ihre Unterstützung zu verzichten, wenn man die volle Souveränität des Volkes wieder herzustellen suche. Ich pflichtete ihm darin bei, und er versprach, unsere Bemühungen in Lausanne positiv zu unterstützen. Bezüglich der Regierungsbeteiligung drückte er sich vage aus. Er wolle sich nicht binden, bevor das Ergebnis der Wahl bekannt sei. Aber er ließ doch durchblicken, dass er mein Kabinett nur als Zwischenlösung betrachte und den Kampf fortsetzen werde, um seine Partei zur stärksten des Landes und damit sich zum Kanzler zu machen.«[101]

Franz von Papen, Jahrgang 1879, Zentrumspolitiker, Reichskanzler seit Juni 1932, DER WAHRHEIT EINE GASSE

»Bei meinem ersten Besuch, bei dem ich Hindenburg zum ersten Male begegnete, war ich erschreckt über die völlig unpolitische Einstellung und geistige Schwerfälligkeit dieses Mannes, in dessen Hände das deutsche Volk die Macht gelegt hatte, die die Reichsverfassung dem Reichspräsidenten verleiht. Ein Mensch von soldatischem Pflichtgefühl, erfüllt von ehrlichem Willen, den Eid auf die republikanische Verfassung zu halten. Das war mein erster Eindruck. Klar wurde mir auch, dass für seine Amtsführung alles auf gute politische Berater ankam, deren erster der die Politik des Reiches bestimmende Reichskanzler sein musste. Dass ihm solche Ratgeber nicht immer beschieden waren, so dass er schließlich den Einflüsterungen eines von Bedenklichkeiten unbeschwerten kurzsichtigen Intriganten erlag, wurde ihm und dem deutschen Volker zum Verhängnis.«[102]
Otto Braun, Jahrgang 1872, Sozialdemokrat, Preußischer Ministerpräsident zwischen 1931 und 1933, VON WEIMAR ZU HITLER

»Der Held von Tannenberg. Heros der deutschen Republik (ja, auch wir hatten seiner Wiederwahl applaudiert!), rühmte sich öffentlich seines Analphabetentums. ›Seit meiner Kadettenzeit kein Buch angefasst‹, knurrte der alte Krieger. Wie konnte er für den versteckten Sinn magischer Bluthieroglyphen und Tapetenmuster irgendwelches Verständnis haben? Er war stumpfen Geistes, unser knurriger Feldmarschall, und robusten Gewissens. Mit echt germanischer Nibelungentreue verriet er den frommen Kanzler, dem er seine Macht verdankte: Brüning flog. Gegen seinen Nachfolger, den vergleichsweise liberalen General von Schleicher, setzten alsbald die muntersten Intrigen ein.«[103]
Klaus Mann, Schriftsteller, EIN LEBENSBERICHT

»Wir, die wir hier unterzeichnen, verfolgen die Entwicklung der politischen Ereignisse mit dem Eindruck, dass wir einer entsetzlichen Gefahr der Faschisierung entgegengehen. Zu beseitigen ist die Gefahr nach unserer Einsicht durch das Zusammengehen der beiden großen Arbeiterparteien im Wahlkampf. Das geschieht am besten durch Aufstellung gemeinsamer Listen. Die Verantwortung ist bei den Führern, wir betonen es mit dem stärksten Nachdruck. Entscheiden sollte nur das offenkundige Verlangen der Arbeiter, zusammenzustehen. Eine solche Entscheidung ist aber zugleich lebenswichtig für das ganze Volk.
Heinrich Mann, Käthe Kollwitz, Albert Einstein«[104]
Offener Brief an Theodor Leipart, Allgemeiner Deutscher Gewerkschaftsbund, Ernst Thälmann, Kommunistische Partei Deutschlands, Otto Wels, Sozialdemokratische Partei Deutschlands, Berlin, 17. Juni 1932

»Gala-Premiere eines Werner-Krauß-Films im Ufa-Palast in Berlin. Hitler und Hugenberg werden als Ehrengäste erwartet. Die Türen der ›Hofloge‹ sind schon geöffnet, zwei galonierte Diener flankieren sie. Der Beginn der Vorstellung hat sich bereits verzögert. Die Prominenzstufe eines Gastes lässt sich immer nach der Minutenzahl der Verspätung errechnen. Hier sind es schon zwanzig. Ziemlich hohe Stufe. Aber das Parkett ist trotzdem noch halbleer. Wo befindet sich das Volk des Führers? Protestiert es durch Abwesenheit? Gefehlt! Im Wandelgang stehen seine künftigen Opfer Spalier. Auch ich stehe da, in vorderster Reihe. Es gelüstet mich ordentlich, dies Gesicht noch einmal zu erforschen. Wenn es sich überhaupt einer Forschung preisgibt. Er kommt. Er kommt sehr nah. Seine Augen sind meilenfern. Aber für den Blitz einer langen Sekunde bleiben sie an mir hängen.«[105]

Friedrich Hollaender, Jahrgang 1896, deutscher Komponist und Musiktexter, REVUE MEINES LEBENS

TAGEBUCH, 14. JULI 1932

»E.[rika] im Carlton wiedergetroffen, mit Eugen Gürster, der jetzt bei Hartung in Darmstadt. Direkt am Nebentisch: Adolf Hitler in blödester Gesellschaft. Seine geradezu auffallende Minderwertigkeit. Äußerst unbegabt; die Faszination, die er übt, größte Blamage der Historie; gewisser sexualpathologischer Einschlag kann nicht alles erklären.«[106]

Klaus Mann, Schriftsteller

»Eines Abends lud der Professor mich in die ›Osteria Bavaria‹ ein, ein Lokal, das auch Hitler häufig besuchte. Wir saßen gerade beim Essen, als sich die Tür zu einem der hinteren Räume öffnete und Adolf mit Putzi Hanfstaengl im Gefolge und einer ganzen Kohorte seiner Anhänger herausmarschiert kam. Eine Frau, die am Nebentisch gesessen hatte, stürzte nach Hitlers Weggang sofort zu dessen Stuhl und bedeckte die Sitzfläche mit zahllosen Küssen.«[107]

Maria Gräfin von Maltzan, Freiin zu Wartenberg und Penzlin, Jahrgang 1909, Zoologin und Journalistin, ERINNERUNGEN

»Ich erinnere mich an eine Massenkundgebung in Königsbergs größtem Versammlungslokal, dem ›Haus der Technik‹ am Wallring. Es sprach der ›Führer‹. Ich stand ganz weit hinten, eingeklemmt in eine dichte Menschenmenge, die auf den Sitzbänken keinen Platz mehr gefunden hatte. Als die zwei- bis dreitausend Menschen nach dem Ende der Veranstaltung aufstanden und das Horst-Wessel-Lied sangen, rieselte es mir den Rücken hinunter. Ich habe die Szene mit den vielen auf mich eindringenden Geräuschen und sich schubsenden Menschen und dem weit vorne pathetisch gestikulierenden und immer wieder drohend seine Stimme hebenden Hitler, dem Scharren und dumpfen Rauschen und der plötzlichen Stille vor dem Einsetzen der Marschmusik noch heute vor Augen und im Gefühl. Sie schüchterte mich ein, und sie enthusiasmierte mich.«[108]

Gerhard Szczesny, Schüler in Königsberg, ALS DIE VERGANGENHEIT GEGENWART WAR

»Hitler heute in Lötzen. Um ½ 6 Uhr begaben sich Else und Frau Knispel auf den Weg zu Fuß nach Lyck zum Zug nach Lötzen [zu Hitlers Rede] … Hitler sprach wieder vorzüglich und sah gut aus. Morgen spricht er in Königsberg. Leider kann Lore nicht dabei sein. Ein Professor macht eine Exkursion.«
Henriette Schneider, Mrossen, Ostpreußen

»Ich hörte Adolf Hitler zum ersten Male am 16. Juli 1932 in Osterode; im Gegensatz zu den ostpreußischen Gutsbesitzern aus der Umgegend, mit denen ich den Vortrag besuchte, fand ich ihn weder interessant noch faszinierend. Ich hätte nach dem Eindruck seiner Persönlichkeit, wie ich ihn gewonnen hatte, ihn eher für einen Schwätzer gehalten als für einen Mann, der skrupellos über Leichen ging.«[109]
Helmuth von Glasenapp, Jahrgang 1891, Indologe, MEINE LEBENSREISE

»Die Feuerwehren der Nachbarschaft feiern eine große Zusammenkunft mit Umzug … Dabei geht es wenigstens friedlich zu. Sonst herrscht im Reiche geradezu der Bürgerkrieg. Alle Tage Zusammenstöße der Nazis und der Kommunisten mit Verwundeten und Toten. Viel Schuld hat das Uniformtragen, provozierend, wie es ist, freilich, ohne braunes Hemd würde der gute Hitler nicht halb so viel Zulauf haben. Das weiß der Mann ganz genau. So was lockt die Jugend, und ein bissel Strammheit nimmt auch andere für ihn ein.«[110]
Karl Windschild, Jahrgang 1867, pensionierter Pfarrer, Ballenstedt, Freistaat Anhalt

»In jenem Sommer des Jahres 1932 kam es zum ›Altonaer Blutsonntag‹, einer großen Schießerei in Ottensen; später habe ich gelesen, es habe dort siebzehn Tote gegeben. 1932 und 1933 gab es Prügeleien und Schießereien auch bei uns in der Schellingstraße in Einbek; wohin meine Eltern nach den Gehaltskürzungen der Weltwirtschaftskrise umgezogen waren. Kommunisten schossen in das von der SA besuchte Lokal, das in einem Nachbarhaus im Halbkeller lag (wir wohnten im vierten Stock); am nächsten Morgen sahen wir die an vielen Stellen durchlöcherten Scheiben. Ein anderes Mal waren es umgekehrt SA-Männer, welche geschossen haben, und einmal wurde sogar vom Dach des uns gegenüberliegenden Hauses geschossen. Eine Zeitlang durften wir nicht zu Bett gehen, ehe die Krawalle zu Ende waren; mein Vater ordnete an: ›Licht aus, unter die Fensterbank ducken!‹«[111]
Helmut Schmidt, Jahrgang 1918, Gymnasiast, KINDHEIT UND JUGEND UNTER HITLER

»Viel zu lange hatten wir uns damit begnügt, über den OSAF (Abkürzung für ›Oberster Sturm-Abteilungs-Führer‹), den ›Anstreicher Hitler‹, zu lachen und zu witzeln. Man fand, er sähe aus wie ein Friseur, ein Heiratsschwindler, ein Vorstadtkellner. Millionen deutscher Frauen und Jugendlicher, die in der ›freiesten Republik‹ das Wahlrecht hatten, fanden, er sähe aus wie ein Edelmann oder gar wie ein Filmschauspieler, was damals schon höher im Kurs stand. Wir verlachten sein schlechtes Deutsch, machten uns über seine geschwollenen Phrasen lustig und waren überzeugt, dass ein solches Unmaß an Halbbildung in Deutschland, im Volk der Doktoren, Professoren, Gelehrten, niemals ernst genommen würde oder eine Führungschance hätte.«[112]

Carl Zuckmayer, Jahrgang 1896, deutscher Dramatiker,
ALS WÄR'S EIN STÜCK VON MIR

TAGEBUCH, 22. JULI 1932
»In den Zeitungen, dass alle preußischen Minister abgesetzt. Über Berlin und Brandenburg ist der Belagerungszustand verhängt. – Wie erinnern diese Zeiten an den August 1914. Was werden wir noch erleben?«
Henriette Schneider, Mrossen, Ostpreußen

»Das Wahlrecht der Frau hat kaum eine Veränderung in der Zusammensetzung der politischen Parteien mit sich gebracht. Die Frauen wählen im Großen und Ganzen wie die männlichen Wähler derselben Bevölkerungsschicht, nur mit der Ausnahme, dass sie klerikalen Bindungen stärker unterliegen als die Männer und vor dem Gehabe der Kommunistischen Partei zurückschrecken. Wie wenig der ›Masse Frau‹ im Gegensatz zu den Frauenführerinnen, die sie führen möchten, am Wahlrecht liegt, geht daraus hervor, dass nicht einmal eine ausgesprochen frauenrechtsfeindliche Partei wie die Nationalsozialisten die Abneigung weiblicher Wähler zu spüren hat.«[113]
Erich Koch-Weser, Jahrgang 1875, liberaler Reichsinnenminister der Weimarer Republik,
EINE DEUTSCHE NACHKRIEGS-BILANZ

TAGEBUCH, 31. JULI 1932
»Furchtbar der Hass der Parteien. Um 10 Uhr Wahlbeginn, ohne Wilhelm, den ich am Nachmittag mit Lotte besuchte. Die Nervenschmerzen plagen ihn.«
Henriette Schneider, Mrossen, Ostpreußen

»Die Reichstagswahl des 31. Juli erbrachte einen weiteren Beweis, dass die Nation mit der langen Reihe von Regierungen zu brechen wünschte, die von den Weimarer Koalitionsparteien gebildet worden waren. Von insgesamt 36,8 Millionen Stimmen erhielten die nur 12,9 Millionen. Die Nationalsozialisten konnten 13,7 Millionen Stimmen für sich buchen und eroberten 230 Sitze gegenüber 110 bei der letzten Wahl. Ihr Anteil von 36,8 % an der Gesamtzahl der Stimmen war gegenüber dem zweiten Wahlgang der Reichpräsidentenwahl fast unverändert.«[114]
Franz von Papen, Reichskanzler,
DER WAHRHEIT EINE GASSE

»(A)b nach München. Ein heißer Tag. Ich lese Emil Ludwigs ›Gespräche mit Mussolini‹. Der typische Jude! Aber in manchen sachlichen Angaben sehr interessant. So, dass Muss.[olini] täglich 10 Stunden am Schreibtisch sitzt. Armer Hitler! Schlaf. Drückende Hitze! Endlich München. Alle holen mich ab. Heß macht Blödsinn mit der Verabredung. Ich schlafe. Wir warten dann stundenlang auf Hitlers Anruf. Zum Kotzen! Braunes Haus. Großer Betrieb. Wahlergebnis: wir haben eine kleine Kleinigkeit gewonnen. Der Marxismus sehr. Wir 230 Mandate. In Berlin etwas unter der Lügenkampagne verloren. Resultat: Jetzt müssen wir an die Macht und den Marxismus ausrotten. So oder so! Etwas muss geschehen. Die Zeit der Opposition ist zu Ende. Jetzt Taten! Hitler ist auch der Meinung. Nun müssen sich die Ergebnisse abklären und dann sind Entschlüsse zu fassen. Zur absoluten Mehrheit kommen wir so nicht. Also anderen Weg einschlagen.«[115]
Joseph Goebbels

»Die ›Schlacht gegen Hitler‹, war verloren, ehe sie begonnen hatte. Nach dem 30. Juli 1932 war es mit Ausnahme von uns jedermann klar, dass die KPD, die stärkste kommunistische Partei in Europa, ein kastrierter Riese war, dessen Prahlerei und Großmäuligkeit nur dazu diente, den Verlust seiner Mannhaftigkeit zu verbergen.«[115]
Arthur Koestler, österreichisch-ungarischer Schriftsteller, BERICHT EINES LEBENS

»Sonntagnachmittags bei Frau Förster-Nietzsche. Das Nietzsche-Archiv ist jetzt, wie sie selbst sagt, ›mitten in der Politik‹. Zu seinem Vorsteher haben sie einen Nazi-Professor Emge aus Jena berufen, einen Professor der Rechtsphilosophie, der sogar als Nazi-Minister in der thüringischen Regierung in Aussicht genommen ist. Im Archiv ist alles vom Diener bis zum Major hinauf Nazi. Nur sie selbst ist noch, wie sie sagt, deutschnational.

Sie erzählte, wie Hitler sie besucht hat nach der Premiere von Mussolinis Stück im National-Theater … Ich fragte sie, welchen Eindruck Hitler menschlich auf sie gemacht habe? Ob er nach ihrem Gefühl Format habe? Sie sagte: Aufgefallen seien ihr vor allem seine Augen, die faszinierend seien und einem durch und durch blickten. Aber er habe mehr den Eindruck eines religiös als politisch bedeutenden Menschen auf sie gemacht. Den Eindruck, dass er ein großer Politiker sei, habe sie nicht gehabt.«[116]
Harry Graf Kessler, Publizist und Diplomat

»Hitler hat am Sonnabend abgelehnt, unter Papen in die Regierung einzutreten.«
Henriette Schneider, Mrossen, Ostpreußen

»Als dann nachmittags Hitler in Begleitung von Dr. Frick bei mir erschien, erklärte ich ihm: ›Der Herr Reichspräsident ist heute nicht gewillt, Ihnen den Kanzlerposten anzuvertrauen, weil er Ihre Persönlichkeit zu wenig kennt. Sie haben Ihre Partei bisher nur in der Opposition geführt und ein Programm aufgestellt, dem wir in vielen Punkten nicht zustimmen können. Auf der anderen Seite enthält Ihr Programm bezüglich der schwierigsten Frage unseres innerpolitischen Lebens – dem sozialen Problem – ein durchaus annehmbares positives Bekenntnis. Auch über die Wirtschaftspolitik werden wir uns verständigen können. Der Reichspräsident ist dabei der Ansicht, es sei Ihre vaterländische Pflicht, die von Ihnen geschaffene, von politischer Dynamik getragene Bewegung jetzt in den Dienst des Landes zu stellen. Die Stunde erfordert die Mitwirkung aller guten Deutschen.‹ Hitler hörte mich schweigend an. Ich fuhr fort, er müsse nicht glauben, dass ich eine verantwortungsbewusste Mitarbeit seiner Partei am Staate etwa hindern wolle, weil ich ihm nicht den Kanzlerposten antrage. Ich klebe nicht an diesem Posten. Zum Beweis dessen, wolle ich ihm vorschlagen, dass er heute mit einigen seiner bewährten Mitarbeiter als Vizekanzler in meine Regierung eintrete. Ich wolle ihm mein Wort geben, dass ich zurücktreten würde, wenn nach einer vertrauensvollen und fruchtbringenden Zusammenarbeit mit seiner Bewegung der Reichspräsident ihn besser kennen gelernt haben werde. Hitler schien von der Aufrichtigkeit meiner Darlegung nicht unberührt. Aber er versuchte mich zu überzeugen, wie unmöglich es für ihn als Führer dieser großen Bewegung sei, sich einem anderen Kanzler unterzuordnen. Die Bewegung verlange, ihn an der Spitze der Regierungsgeschäfte zu sehen. Er hege keinen Zweifel an der Ehrlichkeit meines Angebotes, aber er könne es nicht annehmen.«[117]

Franz von Papen, Reichskanzler, DER WAHRHEIT EINE GASSE

»Als mir Papen seinerzeit die Vizekanzlerschaft angetragen hatte, stellte ich ihm vors Auge: Ein Vizekanzler tritt nur in Aktion, wenn der Kanzler krank ist. Wenn ich Vizekanzler bin, werden Sie nie krank. Deshalb verzichte ich auf die Vizekanzlerschaft!«[118]

Adolf Hitler, Tischgespräch, Führerhauptquartier Wolfsschanze, Abend des 24. Januar 1942, protokolliert von SS-Standartenführer Heinrich Heim

»Lieber Herr Hitler!
Darf ich hoffen, dass Sie mir diese Anrede erlauben, da mein Brief nichts anderes bezweckt, als in einer Zeit schwerer Hemmungen Sie meiner unveränderlichen Sympathie zu versichern ... Sie können auf mich zählen als Ihren zuverlässigen Helfer. Ich hatte das Bedürfnis, Ihnen das zu schreiben, weil in unserer Zeit so wenige begreifen, dass alles heute auf die innere Kraft ankommt.
Mit einem kräftigen ›Heil‹
Ihr **Dr. Hjalmar Schacht**«[119], Reichsbankpräsident a. D, Brief vom 29. August 1932

Hitler im Herbst 1932 im Hotel Kaiserhof am Wilhelmplatz gegenüber der Reichskanzlei in Berlin. Zu dieser Zeit pflegt er bei seinen Berlin-Besuchen in dem Luxushotel abzusteigen. Das obere Stockwerk des Hotels wird dann zur provisorischen Parteizentrale.

»Dass der Chef Schacht für Auslandsverhandlungen in der Rückhand behält, zeigt die Tatsache, dass er ihn 1939 – (wie er erzählte) – nach Verabfolgung einiger ›Spritzen‹ mit dem amerikanischen Staatssekretär Sumner Welles bei dessen Deutschlandbesuch verhandeln ließ. Übrigens schreibt Schacht als Einziger an ihn: ›Sehr geehrter Herr Hitler‹ statt ›Mein Führer‹ und ›mit bestem Gruß (Ihr ergebener Schacht)‹ statt des sonst allgemein üblichen ›Heil Hitler‹ oder ›Mit deutschem Gruß.«[120]
Henry Picker, Jahrgang 1912, Oberregierungsrat im Stab von Martin Bormann, Aufzeichnungen eines Tischgesprächs in der Wolfsschanze, 22. April 1942

Tagebuch, 30. August 1932
»Das Unvermeidliche ist eingetreten: Hermann Göring, Adolf Hitlers enger Vertrauter, ist zum Präsidenten des Reichstages gewählt worden.«[121]
Bella Fromm, jüdische-deutsche Kolumnistin der Vossischen Zeitung

»Am Abend war im Saal des Gasthauses eine Versammlung der NSDAP angesagt. Ich hatte noch nie solch eine Versammlung miterlebt und beschloss, schon aus Neugierde, daran teilzunehmen. Die am 6. Juli 1930 von der Regierung als Notverordnung bewilligte ›Hilfe für die notleidenden Ostgebiete‹ – vier Milliarden Reichsmark – hatten die Nazis und deren Drahtzieher gezielt genutzt. Im Erntesommer 1931 wurden ganze Scharen von SA-Leuten vor allem national-sozialistisch eingestellte Studenten, in Ostpreußen als Erntehelfer eingesetzt. Sie hatten nicht nur die Ernte einbringen helfen, sondern – und das war das Ver-hängnisvollste – auch ihre Propaganda ungehindert in alle Dörfer tragen kön-nen. Die Bauern waren begeistert und glaubten, das wäre Nationalsozialismus in Aktion.

Auch in Praßlauken war Ende August mit Hilfe dieser Kräfte die Getrei-deernte so gut wie beendet, so dass fast alle Bauern Zeit gefunden hatten, die Versammlung zu besuchen. Die Erntehelfer, braun gebrannt und gut genährt, säumten den Saal. Der Redner zog alle Register: ›Brechung der Zinsknechtschaft, Tilgung der Schmach von Versailles, deutsches Grenzland im Osten, Erbhofbau-ern auf eigner Scholle‹. Die Bauern, fast ausnahmslos Mittelbauern, Salzburger Abstammung, sparten nicht mit Beifall. Die ›Ritter‹ rundum des Saales schauten mutig drein. Dann zog der Redner die letzte Karte, sein ›Trumpf-As‹: ›Wenn wir an die Macht kommen, das verspreche ich euch, werden die Praßlauker Bauern keine Steuern mehr zahlen!‹

Einen triumphaleren Abgang hat selten ein Redner gehabt. Ich war entsetzt und erschüttert zugleich, ahnte damals schon, was auf uns zukommt und sich auch bei der nächsten Wahl bestätigte: In einem einzigen Erntesommer hatten die Nationalsozialisten die Sympathie der ostpreußischen Bevölkerung im Sturm erobert.«[122]

Otto A. Schneidereit, Jahrgang 1912, Drucker, Praßlauken, Ostpreußen,
ZWISCHEN ZWEI WELTKRIEGEN

»In einem großen Teil dieser abgelegenen Dörfer erhielt Hitler bei den Reichs-tagswahlen im Juli die absolute Mehrheit, ja, oft sogar zwei Drittel aller Stimmen. In diesem Strelitzer Dorf zum Beispiel votierten von 160 Wählern 114 für Hitler. Äußerlich merkt man nichts von dieser Vorliebe für das Hakenkreuz. Uniformen, Fahnen, Abzeichen bleiben unsichtbar.

Heute entdeckt man auch im Gespräch nichts von Sympathien für die Nazis. Wie ist überhaupt ihr Erfolg hier zu erklären? Züchtet diese Abgeschiedenheit auch Rückständigkeit? Das ist nur zum Teil richtig. Die Unzufriedenheit (und sie sind unzufrieden mit der Kargheit, zu der sie verurteilt sind) äußert sich nicht nur durch einfaches Schimpfen, sondern auch durch Versuche, einen revoluti-onären Ausweg zu finden. Wie? Durch Steuerstreiks, durch Verweigerung der Zahlung der hohen Zinsen. Vorläufig bleibt alles verzweifelte Einzelaktion, aber die Grundstimmung ist überall Unzufriedenheit. Die Nazis kamen auf die Dör-fer, schimpften mit den Bauern und versprachen ihnen das Blaue vom Himmel: keine Zinsknechtschaft, keine untragbaren Steuern mehr, keine hohen Zölle, die

die Viehhaltung, die einzige Verdienstmöglichkeit der Kleinbauern, unmöglich machen.«[123]

Maria Leitner, Jahrgang 1892, deutschsprachige ungarische Journalistin und Kommunistin, Reportage für die Arbeiter Illustrierte Zeitung

TAGEBUCH, 21. SEPTEMBER 1932

»Sympathie habe ich für keinen, buchstäblich keinen der jetzt Ringenden. Überall ist eine scheußliche Mischung einiger guter Elemente mit sehr widerwärtigen.«[124]

Victor Klemperer, Professor der Romanistik in Dresden

»Beim Vorübergehen sah ich im Ladenfenster unseres Schusters nicht mehr nur den Querstreifen ›Deutsche, kauft nur bei Deutschen‹, jetzt stand auch noch vor zwei überkreuzten Fähnchen – blutrot mit schwarzem Hakenkreuz im weißen Feld das eine und in den früheren Reichsfarben Schwarz-Weiß-Rot das andere – ein großes, schön gerahmtes Bild Hitlers.«[125]

Oskar Maria Graf, Jahrgang 1894, Schriftsteller, AUS MEINEM LEBEN

TAGEBUCH, 21. OKTOBER 1932

»Lotte meldete, dass sie Adolf gesehen und dass er ihr sehr gut gefallen hat ... Auch Lore hörte ihn, sah ihn aber nicht so gut, konnte sich einen so teuren Platz (5 M[ark]!) nicht leisten.«

Henriette Schneider, Mrossen, Ostpreußen

»An den Litfaßsäulen in Berlin verkündet ein deutschnationales Plakat in Riesenbuchstaben, dass Hitler ›Die Mode von gestern‹ sei. An diesem Hugenbergplakat ist nichts auszusetzen. Es ist schön, es ist treffend, es ist sogar wahr. Hitler ist tatsächlich heute nur noch die große Mode von gestern.«[126]

Julius Leber, Sozialdemokratischer Politiker, 22. Oktober 1932, BERICHT

TAGEBUCH, 6. NOVEMBER 1932

»Durch die Wahl viel Unruhe im Haus. Hier 138 Nazis, 30 Kommunisten, 10 Deutsch-Nationale. Einige Stimmen fehlten.«

Henriette Schneider, Mrossen, Ostpreußen

»Unter dem enttäuschenden Eindruck, dass die Nazis trotz des überwältigenden Wahlsieges im Juli nicht an die Regierung gekommen waren, trat für sie bei der Wahl im November ein Rückschlag ein, der erste Rückschlag auf einer nun schon seit Jahren aufwärts führenden Erfolgsbahn. Immerhin blieben sie auch jetzt noch mit 34 Prozent aller Stimmen die weitaus stärkste Partei und weitaus stärker, als sie bei den Präsidentenwahlen im Frühjahr 1932 gewesen waren. Aber eine grundlegende Änderung trat nicht ein, jedenfalls keine Stärkung des Kabinetts Papen.«[127]

Lutz Graf Schwerin von Krosigk, Jahrgang 1887, Reichsfinanzminister, MEMOIREN

»Die Nazis verloren 35 Sitze – etwas viel, doch soll man den Mut nicht sinken lassen, 195 Abgeordnete blieben ja noch. Dafür gewannen die Kozis [Kommunisten] 11 und haben 103 Sitze, etwas viel. Sozis haben verloren, Zentrum auch.«
Henriette Schneider, Mrossen, Ostpreußen

»Selbstkritisch muss jedoch eingeräumt werden, dass auch die KPD Fehler gemacht hat. Auf der Brüsseler Parteikonferenz 1935 wurde dies klar festgestellt. Nicht die SPD und ihre als ›sozialfaschistisch‹ bekämpfte Politik war der Hauptgegner. Diese Linie hatte zu einem Bruderkampf geführt und die bestehenden Gräben zwischen SPD und KPD weiter vertieft.«[128]
Horst Sindermann, Jungkommunist, Autobiographie

»Bei den Wahlen am 6. November verloren die Nazis zwei Millionen Stimmen und vierunddreißig Reichstagssitze, während die Kommunisten eine dreiviertel Million Stimmen und elf Sitze gewannen. Viele Linke, darunter auch ein paar politkundige Beobachter, glaubten, dass Hitler sich nie wieder von diesem Rückschlag erholen werde und er keine Gefahr mehr darstelle.«[129]
Christopher Isherwood, Jahrgang 1904, britisch-amerikanischer Schriftsteller, CHRISTOPHER UND DIE SEINEN

»Bei den Reichstagswahlen im November 1932 erhielt die NSDAP 11,75 Millionen Stimmen, die SPD 7,25 und die KPD etwa 6 Millionen; so waren die beiden Arbeiterparteien zusammen noch immer weit stärker als die Nazis. Aber die kommunistische Führung blieb bei ihrer Generallinie und wiederholte immer wieder: ›Die SPD ist nach wie vor die soziale Hauptstütze der Bourgeoisie. Unsere strategische Hauptaufgabe besteht nach wie vor darin, den Hauptstoß innerhalb der Arbeiterklasse gegen die SPD zu richten, zur Loslösung von Millionen von Arbeitern aus der Gefolgschaft der SPD-Führer.‹«[130]
Manès Sperber, jüdischer Österreicher aus Galizien, KPD-Mitglied, ALL DAS VERGANGENE

»Um 5 Uhr in der Klasse Gottesdienst. Pfarrer Radtke benahm sich in der Wohnung nicht sehr, spielte sich als Nazifeind auf, und das bei uns!«
Henriette Schneider, Mrossen, Ostpreußen

»Baldur [von Schirach] suchte die blaue Blume der Romantik im Irrgarten der Politik, aber ihm fehlte der Faden der Ariadne, der ihn hätte herausführen können. Und wenn ich hier versucht habe, für einen Augenblick den frühen Hitler zu beschwören, so nur, um das Täuschende seiner Verwandlung zu zeigen; der späte Hitler war dem frühen so unähnlich, wie eine Rauhnachtsmaske dem Baum nicht mehr ähnelt, aus dem sie geschnitzt wurde. Es gab zwei Hitler, den

mitreißenden Revolutionär, der uns verhexte, da wir zu jung und zu ehrgeizig waren, und es gab den Dilettanten, der durch Menschenverachtung, Starrsinn und Selbstgerechtigkeit die revolutionäre Einsicht zunichte machte.«[131]
Henriette von Schirach, geborene Hoffmann, Jahrgang 1913, DER PREIS DER HERRLICHKEIT

TAGEBUCH, 14. DEZEMBER 1932
»Gesellschaft zu Ehren von Ernst Lubitsch, einem großartigen und witzigen Regisseur … Ich fragte Lubitsch, warum er nicht länger in Deutschland arbeiten wolle. ›Das ist vorbei‹, sagte er, ›ich gehe in die Vereinigten Staaten. Hier wird es für lange Zeit nichts Gutes mehr geben. In Hollywood scheint die Sonne alle Tage.‹«[132]
Bella Fromm, jüdische Deutsche, Kolumnistin der Berliner Zeitung

»Die linksextremistischen Intelligenzler ihrerseits lebten trotz ihrer besseren Einsicht in der Stimmung eines steten Aufstiegs: ihre Gedichte und Lieder, ihre satirischen und politischen Theaterstücke und Kabarettnummern, die von zahllosen kleinen Truppen in Sälen, aber auch in Wohnhöfen und auf Dorfplätzen aufgeführt wurden, ihre Artikel, ihre Bücher und Polemiken – all das fand so starken Widerhall, dass ihnen war, als stünden sie am Webstuhl der Zeit. Die Parteiredner kamen von den Propagandareisen begeistert zurück; in allen Veranstaltungen waren sie einer Kampfstimmung begegnet, dergleichen sie seit 15 Jahren, seit den Revolutionstagen, nicht erlebt hatten.«[133]
Manès Sperber, ALL DAS VERGANGENE

»Der dicke Schnee fiel schon, und die Auslagenfenster waren festlich geschmückt, und am Viktualienmarkt und in der Au rummelten sich die Leute im engen Gewinkel der leuchtenden Buden des Weihnachtsmarktes. In den vollen prachtvoll dekorierten Warenhäusern war kaum ein Durchkommen vor Leuten. Der neue General-Kanzler [von Schleicher] löste gar nicht den Reichstag auf. Es gab also, Gott sei Dank, keine neuen Wahlen, man ließ das Volk in Ruhe friedlich-feierliche Weihnacht und heitere Silvesternacht feiern. Kniehoher Schnee lag auf den Straßen, und der Andrang der hungernden Erwerbslosen für die Schneeräumearbeiten war so stark, dass die Geräte und Schaufeln nicht ausreichten.«[134]
Oskar Maria Graf, Schriftsteller, AUS MEINEM LEBEN

TAGEBUCH, 31. DEZEMBER 1932
»Hitler ist knorke. Radikal bis zum Äußersten. Nur so können wir gewinnen. Wir haben vom Jahre 1918 gelernt. Keine falsche Klugheit, die sich der Gefahr entziehen will. … Hitler redet über Autarkie. Wie immer sehr klug und originell. Er ist ganzer Machtpolitiker. … Heute Silvester. Wir bleiben auf dem Berge. Das erste Neujahr mit Hitler zusammen. 1933 wird voll von Krisen und Kämpfen sein. Und uns vielleicht den Sieg bringen. Das walte Gott!«[135]
Joseph Goebbels

Adolf Hitler hält am 10. September 1934 auf dem Reichsparteitag in Nürnberg seine Schlussrede. Zu dieser Zeit ist er bereits als »Führer und Reichskanzler« der Alleinherrscher in Deutschland.

EIN MÖRDER
1933 bis 1934

»Deutschland wurde zwölf Jahre lang von Irren beherrscht,
die ihre Wärter eingesperrt hatten.«[1]
Hans Habe, österreichisch-US-amerikanischer Publizist,
ERFAHRUNGEN

Der ehemalige preußische Offizier Reichspräsident Paul von Hindenburg hat seine
Gründe, Adolf Hitler zu seinem Reichskanzler zu machen. Erich Koch-Weser, von
1928 bis zum 13. April 1929 für die linksliberale DDP Reichsjustizminister, benennt
sie in seinem erst 1945 in New York auf Englisch erscheinenden Buch *Hitler und seine
Hintermänner:* »Am 30. Januar 1933, dem Ratschlag von Papens folgend, der gegen
[Reichskanzler] Schleicher opponierte, machte Hindenburg Hitler zum Kanzler. Hindenburgs Staatssekretär Meißner und von Papen, sein maßgeblicher Ratgeber, über-
zeugten den alten Herrn, dass der krönende Abschluss seines Lebenswerks ein gut
bestelltes Reich mit militärischer Macht wäre. Er glaubte ihnen.«[2]

Mit dem Begriff »Machteroberung« klassifiziert Joachim Fest in seinem schlicht
Hitler. Eine Biographie genannten Buch den Prozess der Etablierung der Alleinherr-
schaft, der mit der Ernennung Adolf Hitlers zum Reichskanzler am 30. Januar 1933
beginnt und mit der Ernennung zum »Führer und Reichskanzler« durch ein Gesetz
vom 1. August 1934 endet. »Hitlers Konzept der Machteroberung, das trotz aller
Anleihen bei der erprobten bolschewistischen und vor allem faschistischen Staats-
streichpraxis zu den wenigen wirklich eigenen, originellen Elementen seines Aufstiegs gehört, ist in seinem Ablauf noch immer das klassische Modell für die totalitäre Überwältigung demokratischer Institutionen von innen her, das heißt mit Hilfe
und nicht im Widerstreit mit der Staatsmacht.«[3]

Die neuere wissenschaftliche Literatur setzt Begriffe wie »Machteroberung« und
»Machtergreifung« durchgängig in Anführungszeichen. Obwohl Joachim Fest die
»Hilfe« der Staatsmacht, die Hitler bei Übernahme der Kanzlerschaft zuteil wird,
benennt, qualifiziert er sie nicht als das, was sie war: eine »Machtübergabe«. »Machtergreifung« – diesen Begriff benutzt Fest auch – wird bis in die 1970er-Jahre die erste
zwanzigmonatige Phase von Hitlers Herrschaft von Historikern und Publizisten allgemein genannt. Seine Verwendung verschleiert den Anteil der alten Eliten, die auch in
der jungen Bundesrepublik noch das Sagen haben, an Hitlers Herrschaft. Deshalb setzt
sich mehr und mehr der Begriff »Machtübergabe« durch, den zunächst vor allem linke
Historiker verwenden. Heinrich-August Winkler hat den Vorgang noch griffiger als
»Auslieferung des Staates« bezeichnet. Deutschnationale, konservative und auch

rechtsliberale Politiker und Parteien sind unzweifelhaft am Übergang der Macht auf Hitler beteiligt, am deutlichsten durch die Zustimmung zum 4. Ermächtigungsgesetz im Reichstag vom März 1933. Die »Machtübertragung« – auch dieser Begriff wird verwendet – ist ein willentlicher und wissentlicher Vorgang. Tragen damit vor allem die daran beteiligten Kräfte die Schuld an den Verbrechen der nächsten zwölf Jahre? Oder ist die »Machtübergabe« ein Versagen, sozusagen ein »fahrlässiger« Unfall, der Machteliten?

Als Ursache von Hitlers Herrschaft muss ein Versagen der konservativen Eliten ebenso wie ein Versagen der parlamentarisch-demokratischen Kräfte festgestellt werden. Aber dem Vorgang wohnt außerdem ein skrupelloser Betrug inne. Der 30. Januar 1933 ist keine Revolution, sondern ein Regierungswechsel. Hitler wird durch seine Ernennung durch den gewählten Reichspräsidenten zum Kanzler einer Koalitionsregierung. Er schwört der Weimarer Reichsverfassung Treue und die Einhaltung der Gesetze. Damit täuscht er den Reichspräsidenten, die jetzt mit ihm kollaborierenden Eliten, die Wähler und die Weltöffentlichkeit. Hitler erschwindelt sich die Macht durch Lüge und den fortwährenden Bruch von Zusagen an andere Parteien. Der 30. Januar 1933 ist der Beginn einer vollständigen, allumfassenden »Machterschleichung«. Gegen diesen Vorgang sind die jungen demokratischen Institutionen institutionell nicht gewappnet.

Zur Durchsetzung und Festigung ihrer Herrschaft nutzt die NSDAP auch illegale Mittel und zahlreiche Terrormaßnahmen, mit denen politische Gegner eingeschüchtert, verhaftet und ermordet werden. Hitlers Verhalten im ersten Jahresviertel 1933 zeigt das Muster seiner zukünftigen Politik. »In erster Linie täuschte er das deutsche Volk, und zwar wissentlich, mit kaltem Zynismus, er täuschte seine Partei, er täuschte die Wehrmacht und die Schwerindustrie, die auf ihn gesetzt hatten; er täuschte die auswärtigen Regierungen ... schließlich und endlich aber hat er sich auch selbst getäuscht, indem er sich für ein Genie hielt und wohl auch wirklich an einen Auftrag der Vorsehung glaubte«[4], schreibt der Diplomat Robert Coulondre in seinen *Erinnerungen des französischen Botschafters*.

Joachim Fests fast 1 200 Seiten starke Hitler-Biographie erscheint im Jahr 1973. Sie wird bald in zahlreiche Sprachen übersetzt und beherrscht über Monate die mediale und wissenschaftliche Diskussion. Bis zu Ian Kershaws Doppelbiographie gilt sie als das Standardwerk über Hitler. Sie nähert sich Hitlers Leben, seinen Motiven und seiner Wirkung mit psychologischen Erklärungen und in gedanklicher Auseinandersetzung. Der Historiker Fest verzichtet, wie später Kershaw, auf eigene Quellenforschung. Seine Stütze ist die gedruckte Literatur, er ist also abhängig von den Recherchen anderer. Fast fünf Jahre hat Fest an seinem Buch gearbeitet.

Hitler. Eine Biographie ist in einem Stil geschrieben, der zur Zeit ihres Erscheinens als herausragend galt. Es überwiegen heute gewöhnungsbedürftig lange Satzkonstruktionen, was auch der Tatsache geschuldet ist, dass Fest versucht, Adjektive zu vermeiden. Er behauptet nicht, er erklärt und entwickelt Gedanken. An zentralen Punkten hat Fest Exkurse eingeschoben, die Probleme des Geschichts- und Gesellschaftsverständnisses reflektieren, so etwa nach dem Kapitel zum 30. Januar 1933.

Golo Mann kritisiert im *Spiegel*, Fest habe eine Biographie geschrieben, wo doch zum Thema Hitler zu 99,9 Prozent Zeitgeschichte hätte geschrieben werden müssen. Der Vorwurf ist nicht richtig. Fest will neben den ideengeschichtlichen auch die subjektiv-persönlichen Prägungen und Einflüsse offenlegen, die Hitlers Charisma begründeten. Das kommt der in den 1970er-Jahren populären Tendenz zu psychologischen Erklärungen entgegen. Im Kern aber beschreibt Fest wie viele der späteren Hitler-Biographen die »Persönlichkeit«

Reichspräsident von Hindenburg mit seiner Tochter 1933 auf Gut Neudeck.

Hitlers nicht als die Ursache von dessen Macht, sondern als Ausdruck von gesellschaftlichen Tendenzen und Projektionen. Fest schreibt Zeitgeschichte. Das Buch nutzt biographische und allgemeine Geschichtsschreibung zur Erklärung des »Phänomens Hitler«, ist also eine frühe Verknüpfung von »intentionalistisch« und »funktionalistisch« gestimmter Geschichtswissenschaft.

Es ist bekannt, dass Joachim Fest Hitlers Architekt und Rüstungsminister Albert Speer bei der Herausgabe von dessen Memoiren und des *Spandauer Tagebuchs* die Feder geführt hat. So nimmt es nicht wunder, dass die Zeugnisse Speers in Fests Buch als Quelle eine herausragende Rolle spielen. Hitlers Baumeister ist es auch geschuldet, dass Fest in Hitlers Selbstverständnis als Künstler eine Erklärung seines Charismas findet. Vierzig Jahre später ist dieser Ansatz wieder aktuell: Hitlers Verständnis von Theatralik jeder Art, seine visuelle Kompetenz wird 2015 Wolfram Pyta zum Ausgangspunkt von *Hitler. Der Künstler als Politiker und Feldherr. Eine Herrschaftsanalyse* machen.

Dass Fests Biographie heute schon ein Dokument der Wissenschafts- und Rezeptionsgeschichte ist, liegt nicht nur daran, dass sie letztlich vor allem die in den Sechziger- und Siebzigerjahren verbreiteten Vorstellungen vom Nationalsozialismus zu einer personalisierten Erzählung zusammenfasst. Es liegt auch am Material, dessen sich Fest bedient. Wenn auch vor vierzig Jahren deutlich weniger Memoirenliteratur, Brief-Editionen und Tagebuch-Veröffentlichungen verfügbar waren, so hätten doch mehr Augenzeugenberichte in die Erzählung eingewoben werden können – vor allem von der Seite der Opfer. Reden, Protokolle und Akten spiegeln immer die Herrschafts-, bei Hitler ab 1933 die Täterseite. Eine solche Quellenauswertung führt leicht zur Fixierung auf die Täter. Die Opfer kommen zu kurz. Fest lässt im Übrigen die Nürnberger Rassengesetze komplett aus. Die Pogromnacht vom 9. November 1938 wird nur mit wenigen Worten abgehandelt. Den Holocaust, Hitlers »Endlösung«, erwähnt Fest auf gut drei Seiten – von 1 200.

Viele damalige Kritiker warfen Fest vor, dass er sich die Frage nach Hitlers historischer Größe schon im ersten Satz stellt. »Die bekannte Geschichte verzeichnet keine Erscheinung wie ihn; soll man ihn ›groß‹ nennen?«[5] Heute interpretiert man solche Fragestellung als Eitelkeit eines Autors, der seinen Gegenstand erhebt, um seiner Arbeit selbst Bedeutung zuzufächeln: »Und in grandioser Weise hat er noch einmal Geschichte gemacht, die schon zu seiner Zeit anachronistisch wirkte und so wohl nie mehr gemacht werden wird: als eine Kette subjektiver Einfälle, mit überraschenden Coups und Schwenkungen, atemberaubenden Treulosigkeiten, ideologischen Selbstverleugnungen, aber immer mit einer zähen Vision im Hintergrund.«[6] Albert Speer beschreibt Adolf Hitler in den *Kransberger Protokollen* und seinen Büchern als eine »große Unperson«. Eine solche Unperson kann – wie Hitler – ein grandioser Alleinherrscher, ein skrupelloser Diktator, ein Massenmörder sein – aber sicher kein im Sinne einer Wertung auch nur irgendwie »großer« Mensch.

Fest fragt in einem »gedanklichen Experiment«, wie die Geschichte urteilen würde, wenn aus dem 20. Jahrhundert sechseinhalb Jahre gestrichen werden könnten, und behauptet: »Wenn Hitler Ende 1938 einem Attentat zum Opfer gefallen wäre, würden nur wenige zögern, ihn einen der größten Staatsmänner der Deutschen, vielleicht den Vollender ihrer Geschichte, zu nennen.«[7] Doch so viele Spuren hätten Hitlers überlebende Paladine und Epigonen gar nicht verwischen können, dass ihn Historiker nicht als Mörder hätten bezeichnen müssen.

Adolf Hitler beginnt nach seiner Ernennung zum Reichskanzler am 30. Januar 1933 umgehend, eine von jeder Kontrolle durch den Reichstag befreite Regierung zu etablieren. Wie zuvor auch schon in Landesregierungen, in die Nationalsozialisten eingezogen waren, bemächtigen sich seine Gefolgsleute des Polizeiapparats. In Hitlers Kabinett der »nationalen Konzentration« tritt Wilhelm Frick, der schon am Hitler-Putsch beteiligt war, als Reichsinnenminister ein, Hermann Göring als Minister ohne Geschäftsbereich. Göring erhält zudem mit dem »Reichskommissariat für das preußische Innenministerium« die Kontrolle über die preußische Polizei. Er entlässt 22 der 32 Polizeipräsidenten und besetzt deren Positionen mit Nationalsozialisten. Er verstärkt die Polizei durch 50 000 Angehörige der SA, der SS und des Stahlhelm als »Hilfspolizisten«. Nach der Wahl im März wird Heinrich Himmler zum Polizeipräsidenten von München und beginnt schon in dieser Funktion mit dem Aufbau des Konzentrationslagers Dachau. Am 1. April, nach der Absetzung der bayerischen Regierung durch die Reichsregierung, übernimmt Himmler das Amt des Politischen Polizeikommandeurs in Bayern. Der Prozess der Verschmelzung von SS und Polizei setzt zwei Monate nach dem Beginn von Hitlers Kanzlerschaft ein.

Am 27. Februar 1933 brennt der Reichstag. Im brennenden Parlament wird der niederländische Anarchist Marinus van der Lubbe festgenommen. Er erklärt, die Brandstiftung allein unternommen zu haben, um die deutsche Arbeiterschaft zum Widerstand gegen das NS-Regime aufzurufen. Die NSDAP propagiert die Brandstiftung jedoch als Fanal eines kommunistischen Umsturzversuchs. Mit dem Reichstagsbrand verändern sich die politischen Bedingungen im Deutschen Reich schlagartig. Die nationalsozialistische Führung nutzt ihn, um die Verfolgung von Regimegegnern, vor allem Kommunisten, zu verschärfen.

Eine »Legalisierung« erfährt diese Verfolgung durch eine von Innenminister Wilhelm Frick entworfene »Verordnung zum Schutz von Volk und Staat«, die einstimmig vom Kabinett verabschiedet und am Nachmittag des 28. Februar vom Reichspräsidenten unterzeichnet wird. Sie setzt die wesentlichen Grundrechte der Verfassung außer Kraft und geht damit über ihren angegebenen Zweck der »Abwehr kommunistischer staatsgefährdender Gewaltakte« weit hinaus. Das Land befindet sich ab jetzt in einem – juristisch korrekt verhängten – Ausnahmezustand. Der verleiht den Unterdrückungsmaßnahmen gegen Oppositionelle den Schein der Legalität. Politische Gegner können nun ohne Anklage und Beweise in gerichtlich nicht kontrollierbare »Schutzhaft« genommen und regimekritische Zeitungen verboten werden. Zehntausende Oppositionelle werden innerhalb der nächsten Wochen in noch von der SA improvisierte Konzentrationslager verschleppt.

Auf den Straßen terrorisiert zwar die SA Andersdenkende, die Reichstagswahl vom 5. März ist aber noch relativ frei. Deshalb ist sie die letzte Wahl im Deutschen Reich, deren Ergebnisse aussagekräftig sind. Die NSDAP profitiert bei der Wahl von der hohen Wahlbeteiligung von 88,8 Prozent und erreicht 43,9 Prozent der Stimmen. Gemessen an dem hohen Maß an Einschüchterung und propagandistischer Beeinflussung sind diese 43,9 Prozent für die NSDAP eine Enttäuschung. Sie muss mit den Deutschnationalen koalieren, die als Kampffront Schwarz-Weiß-Rot antreten und 8 Prozent der Stimmen erringen. »Dass bei so viel Terror, bei mit so viel Intensität und höchster Kunst betriebener Massenberauschung die Wahlen des 5. März den Nazis zwar starken Zuwachs, aber noch immer keine absolute Mehrheit brachten, eine äußerst knappe nur zusammen mit ihren verblendeten Bundesgenossen, mochte man als erstaunlich ansehen; es änderte nichts mehr«[8], stellt Golo Mann in *Erinnerungen und Gedanken* fest.

Trotz aller Repressalien geben 12,3 Prozent der Wähler den Kommunisten ihre Stimme. Drei Tage nach der Reichstagswahl jedoch werden auf Grundlage der »Reichstagsbrandverordnung« alle politischen Mandate von Mitgliedern der KPD annulliert. Der Sozialdemokrat Paul Löbe, damals stellvertretender Präsident des Reichstages, schreibt in seinen Lebenserinnerungen zu den Folgen: »Indem man den 81 kommunistischen Abgeordneten den Zutritt zu weiteren Reichstagssitzungen unmöglich machte, verübte das Naziregiment einen weiteren Verfassungsbruch und veränderte entscheidend die Mehrheitsverhältnisse des Reichstages.«[9]

Am 13. März 1933 wird Joseph Goebbels Minister des neu errichteten »Reichsministeriums für Volksaufklärung und Propaganda«. Zwei Tage nach dem von Goebbels inszenierten »Tag von Potsdam«, der feierlichen Reichstagseröffnung, stimmt der Reichstag am 23. März 1933 über ein von Hitler vorgelegtes »Gesetz zur Behebung der Not von Volk und Reich« ab. Hitler fordert mit diesem »Ermächtigungsgesetz« von den Abgeordneten die legale Zustimmung zu ihrer eigenen Entmachtung. Für die Annahme braucht das Gesetz zur Beschlussfähigkeit die Anwesenheit von zwei Dritteln der gesetzlichen Mitglieder und zwei Drittel der abgegebenen Stimmen. Diese Mehrheiten sind ihm durch die Zustimmung der beiden katholischen Parteien Zentrum und Bayerische Volkspartei sicher. Hitler hätte für sein Gesetz eine Zweidrittelmehrheit auch erhalten, wenn die gewählten Abgeordneten der KPD ihre Mandate hätten wahrnehmen können.

Artikel 1 des Gesetzes sieht die Übertragung der Gesetzgebungskompetenz vom Parlament auf die Regierung vor, Artikel 2 dehnt die Vollmacht des Kabinetts auch auf Verfassungsänderungen aus und Artikel 3 überträgt das Ausfertigungsrecht der Gesetze vom Reichspräsidenten auf den Reichskanzler. Legislative und Exekutive werden eins. Hitler und seine Regierung werden in den nächsten 24 Monaten alle den katholischen und liberalen Parteien gegebenen Zusagen brechen. Die scheinbar legalen Machtbefugnisse können sie sich dank der Naivität und Feigheit der Vertreter der bürgerlichen Parteien erschwindeln. Einzig die Sozialdemokraten stimmen geschlossen gegen das Ermächtigungsgesetz.

Mit dem »Gesetz zur Wiederherstellung des Berufsbeamtentums« vom 7. April 1933 können »nichtarische« Beamte in den Ruhestand versetzt werden. Hiervon ausgenommen sind nach einer Intervention von Reichspräsident Paul von Hindenburg zunächst jüdische Kriegsteilnehmer sowie die Hinterbliebenen von jüdischen Gefallenen des Ersten Weltkriegs. Im Mai wird von allen Arbeitern und Angestellten des öffentlichen Dienstes ein »Ariernachweis« gefordert. »Nichtarisch« ist nach einem Gesetz vom 7. April 1933, wer ein Eltern- oder Großelternteil jüdischen Glaubens hat.

Seit März 1933 werden von der SA und der SS nach dem Vorbild Dachaus »staatliche Konzentrationslager« errichtet, in denen, wie in Sachsenhausen bei Oranienburg nördlich von Berlin, Gefangene misshandelt und häufig schon ermordet werden. Jeder auch nur potenzielle Hitler-Gegner muss damit rechnen, in »Schutzhaft« genommen zu werden. Aus den ersten improvisierten »wilden«, von der SA betriebenen Lagern entsteht nach der Übernahme der Konzentrationslager durch Himmlers

»Schutzstaffel« der »SS-Staat«. Nach dem Vorbild der Lagerordnung des KZ Dachau werden in den nächsten Jahren die Stammlager Sachsenhausen (1936), Buchenwald (1937), Ravensbrück (1938/39), Neuengamme (1938) und Flossenbürg (1938) errichtet. Ihnen werden zahlreiche Außen- und Arbeitslager angegliedert.

Am 22. Juni 1933 erklärt der NSDAP-Reichsinnenminister Wilhelm Frick die SPD zur staats- und volksfeindlichen Partei, was ihre Auflösung zur Folge hat. Ende Juni beginnt mit der Verhaftung von 2 000 Funktionären durch die von Himmler geführte bayerische Politische Polizei das Ende der katholischen Bayerischen Volkspartei, die sich am 4. Juli auflöst, einen Tag später auch das Zentrum. Seit Mai 1933 firmiert die Deutschnationale Partei (DVNP), Hitlers Koalitionspartner, als »Deutschnationale Front«, Ende Juni 1933 wird sie zur Selbstauflösung gezwungen. Am 14. Juli 1933 sorgt ein »Gesetz gegen die Neubildung von Parteien« dafür, dass die NSDAP in Deutschland die einzige zugelassene politische Partei ist.[10]

Adolf Hitler strebt keine Verabschiedung einer neuen, am nationalsozialistischen Gedankengut ausgerichteten Verfassung an. In seinem »Führerwillen« will er sich nicht durch geschriebene Rechtsnormen festlegen lassen. Das »Führerwort« besitzt als veröffentlichter »Führerbefehl« bald Gesetzeskraft. Offiziell existiert die Weimarer Verfassung bis zur Kapitulation 1945 formal weiter.

»Erst Hitler hat den öffentlichen Angelegenheiten durch unentwegte Vernebelungstaktiken, durch theatralische Szenerien, Rausch und Vergötzungstumult die vertraute Gestalt gegeben. Ihr trefflichstes Symbol waren die Strahlendome: Wände aus Magie und Licht gegen die finstere drohende Außenwelt«[11], schreibt Joachim Fest in seiner Hitler-Biographie über die Bedeutung der Bühne, auf der der »Führer« seine Politik inszeniert. Neben der von Joseph Goebbels verantworteten Propaganda im Reichsrundfunk, in Zeitschriften, in den Wochenschauen und in Kinofilmen prägen zwei Personen das öffentliche Bild Hitlers.

Im März 1933 wird der junge Architekt Albert Speer von Joseph Goebbels mit dem Umbau des Propagandaministeriums beauftragt. Von Goebbels erhält er auch den Auftrag, das Aufmarschgelände für einen der ersten NS-Massenaufmärsche am 1. Mai 1933 auf dem Berliner Tempelhofer Feld zu gestalten. Adolf Hitler ist von Speers Organisationstalent beeindruckt. Er bestimmt ihn als technischen Assistenten des von ihm favorisierten Architekten Paul Ludwig Troost und beauftragt ihn mit dem Umbau der Reichskanzlei. Seit dieser Zeit gehört Speer zu Hitlers engsten Vertrauten. Er übernimmt die Planung und Gestaltung von Großkundgebungen der NSDAP. Mit dem Einsatz gigantischer Lichteffekte inszeniert er die Nürnberger Reichsparteitage. Nach Troosts Tod, im Januar 1934, wird Speer Hitlers Architekt.

Ihren ersten Parteitagsfilm *Sieg des Glaubens* realisiert die Regisseurin Leni Riefenstahl, die Adolf Hitler seit 1932 persönlich kennt, noch mit kleinem Budget. Sie engagiert auf eigene Rechnung drei Kameramänner, darunter Walter Frentz. Walter Frentz wird der bevorzugte Kameramann Hitlers während des Zweiten Weltkriegs werden. Von ihm stammen die letzten Filmaufnahmen Hitlers. Die Premiere von *Sieg des Glaubens* findet am 1. Dezember 1933 im Ufa-Palast am Berliner Zoo statt. Aufgezogen wird sie wie ein Staatsakt. Neben Hitler, Goebbels, Röhm und Heß nehmen auch Vizekanzler von Papen, Reichsaußenminister von Neurath, Innenminister Frick und Reichswehrminister von Blomberg daran teil. Über den NS-Parteitag des Jahres 1934 dreht Leni Riefenstahl mit deutlich größerem Aufwand den Film *Triumph des Willens*. Sie setzt dafür 16 Kamerateams mit über hundert Mitarbeitern ein. Durch spezielle Kameraeinstellungen und ungewöhnliche Schnitte werden die führenden Nationalsozialisten vor der von Albert Speer gestalteten Kulisse in eine mysthische Sphäre gerückt. Die Symmetrie der Aufmärsche und die Ausdruckskraft von Symbolen wie dem Hakenkreuz, von Flaggen-Wäldern und übergroßen Reichsadlern werden durch Licht- und Musikeffekte betont.

Im Januar 1931 hat Ernst Röhm Hitlers Angebot angenommen, erneut oberster SA-Führer zu werden. Röhm baut die SA zu einer mobilisierungsstarken Massenorganisation auf. Die SS ist zu dieser Zeit noch Teil der SA. Während der Wirtschaftskrise hat die SA besonderen Zulauf von ehemaligen Frontkämpfern und Arbeitslosen, die sich mit den politischen Gegnern Saalschlachten und Straßenkämpfe liefern. Teile der SA sind vor 1933 noch revolutionär eingestellt und äußern immer wieder Kritik an Hitlers Legalitätspolitik.

Im März 1933 wird Röhm bayerischer Staatskommissar und Staatssekretär. Im Dezember 1933 erfolgt seine Berufung ins Reichskabinett als Reichsminister ohne Geschäftsbereich. Seine Bemühungen, die seit Jahresbeginn von 400 000 auf viereinhalb Millionen Mitglieder angewachsene SA in einer »zweiten Revolution« zum Kern eines neuen Volksheers zu machen, dem er auch die Reichswehr einverleiben will, bringen ihn in Rivalität zur Reichswehr. Die hat sich mit Zustimmung Hindenburgs, der immer noch ihr Oberbefehlshaber ist, mit Hitler arrangiert und von Hitler im Februar 1933 die Unabhängigkeit zugesichert bekommen.

Den schwelenden Konflikt zwischen SA und Reichswehr muss Hitler entscheiden. Röhm gibt sich zwar loyal, aber seine sozialrevolutionären Vorstellungen verschrecken das Bürgertum und die Eliten. Zudem zeigt Röhm mit Massenaufmärschen seiner SA immer wieder auch seinen Machtanspruch. Die innerparteilichen Rivalen Röhms – vor allem Heinrich Himmler, Hermann Göring, aber auch Joseph Goebbels – bestärken Hitler in seinem Entschluss, nicht die SA-Standarten, sondern die Reichswehr zu einer modernen, möglichst schnell kriegsfähigen Armee auszubauen. Himmlers SS schürt gezielt Gerüchte über einen bevorstehenden Putsch der SA und streut Informationen über die – seit Langem bekannte und offen ausgelebte – homosexuelle Veranlagung Röhms. Hitler hat bis 1934 keinen Anstoß an der sexuellen Orientierung seines Duz-Freundes genommen. Nach den moralischen Maßstäben der Zeit wird sie jedoch von großen Teilen der deutschen Öffentlichkeit als skandalös empfunden.

Anlässlich einer Führertagung wird am 30. Juni 1934 die gesamte SA-Führung liquidiert. Die Gewalttaten des sogenannten »Röhm-Putsches« werden auf Befehl Hitlers und Görings von der SS ausgeführt. SS-Obergruppenführer Sepp Dietrich erhält für seine »Leibstandarte-SS Adolf Hitler« von der Reichswehr Waffen für einen »geheimen und sehr wichtigen Auftrag des Führers«. In der Niederschlagung des angeblich geplanten »Röhm-Putsches« werden von Hitler auch alte Rechnungen beglichen, denen selbst »alte Kämpfer« der Partei wie Gregor Strasser, ebenso wie NS-Gegner zum Opfer fallen. Gustav Ritter von Kahr, der sich 1923 dem Hitler-Putsch widersetzt hat, wird von der SS in seinem Haus getötet. Widerspruchslos nimmt die Reichswehr es hin, dass auch der letzte Reichskanzler der Weimarer Republik, der General Kurt von Schleicher, zusammen mit seiner Frau ermordet wird. Mit seinem Vorgehen besänftigt Hitler die durch Übergriffe und Machtmissbrauch der SA verbreitete Missstimmung in bürgerlichen Bevölkerungskreisen. Der Reichswehr versichert er sich als eines zuverlässigen Verbündeten.

Am Abend des 30. Juni empfiehlt Hermann Göring, die »Aktion« zu beenden. Nach Aussagen Görings stimmt Hitler nur widerwillig zu.[12] Am 2. Juli verkündet Hitler offiziell das Ende der »Säuberungsaktion«. Am selben Tag befiehlt Göring der Polizei, alle mit der Affäre in Verbindung stehenden Akten zu verbrennen. In den verbliebenen Akten sind noch 85 Opfer aufgeführt, von denen 50 der SA angehörten. Nach Schätzungen soll sich die Zahl der Getöteten insgesamt auf 150 bis 200 Personen belaufen haben. Später wird amtlich verlautbart, dass im Zusammenhang mit dem »Röhm-Putsch« allein auf Görings Befehl 1 124 Personen verhaftet worden sind.[13] Joachim Fest: »Innere wie äußere Konsequenzen haben den 30. Juni 1934 zum entscheidenden Datum der nationalsozialistischen Machteroberung nach dem 30. Januar gemacht, auch wenn Hitler unverzüglich daran ging, die Bedeutung des Ereignisses durch Bilder der wiederhergestellten Normalität zu verschleiern.«[14]

Nach der Ermordung Röhms nimmt auch die bis dahin noch nicht gezielt betriebene Verfolgung Homosexueller drastisch zu. Bei Razzien werden Ende 1934 Hunderte Homosexuelle verhaftet, viele von ihnen im Anschluss in Konzentrationslager verschleppt. Im Sommer 1935 wird der Strafrechtsparagraph 175 erheblich verschärft. Nun sind nicht mehr nur die »widernatürliche Unzucht«, sondern auch schon eindeutige Anbahnungsversuche strafbar. Nach dieser Verschärfung setzt eine neue Verfolgungswelle ein. Über 100 000 Männer werden polizeilich erfasst, rund 50 000 Männer werden bis 1945 nach dem neuen § 175 des Strafgesetzbuches verurteilt.

Die Mordaktion rechtfertigt die Reichsregierung am 2. Juli 1934 nachträglich per Gesetz als »Staatsnotstand«. Die SS, bislang formal noch der SA angegliedert, wird für ihre blutigen Dienste belohnt. Sie wird eine eigenständige Organisation im Rahmen der NSDAP. Damit hat sich Hitler die entscheidende Waffe seines Staates geschmiedet. Die SA aber wird nach dem »Röhm-Putsch« zu einer Art Trachtenverein der NSDAP.

Ansichten und Berichte

»Hitler war an dem Abend gut gelaunt und unterhaltsam wie in den frühen Zwanzigerjahren, als wir ihn kennenlernten ... Er gab auch manche Reminiszenzen an frühere Besuche zum Besten und plauderte in so gelöster Stimmung, wie ich ihn später kaum mehr erlebt habe. Bevor er ging, setzte er unter die Eintragung im Gästebuch den Zusatz: ›Am 1. Tag des neuen Jahres.‹ Dann sah er mich an und sagte mit unterdrückter Erregung: ›Dieses Jahr gehört uns. Das gebe ich Ihnen schriftlich.‹«[15]
Ernst Hanfstaengl, Jahrgang 1887, Auslandspressechef der NSDAP, MEMOIREN

»Rückblickend glaubt man leicht, ›Geschichte‹ vorausgesehen zu haben, nicht genau, aber ungefähr. Die Wahrheit ist, dass ich gar nichts voraussah, noch am 31. Januar 1933 nicht. Meine Tagebücher geben genügend Zeugnis davon.«[16]
Golo Mann, Jahrgang 1909, Student in Heidelberg, ERFAHRUNGEN UND GEDANKEN

»Der Höhepunkt der Partei war damals nach meiner festen Überzeugung überschritten. Die Parteiverschuldung war eine ungeheure. Nach Otto Strasser betrug sie etwa 10 – 11 Millionen Mark.«[17]
Theodor Duesterberg, Jahrgang 1875, Bundesführer des Stahlhelm,
DER STAHLHELM UND HITLER

»Nachdem sich Hindenburg gegen Brüning entschieden hatte, fand der Reichspräsident seinen natürlichen politischen Ort innerhalb der großagrarisch-schwerindustriellen Koalition, die mit Hitler gemeinsam gegen Brüning operiert hatte. Mit den Augen dieser Koalition blickte er auf Hitler: man musste Anstalten treffen, den Massenführer richtig einzuspannen. Die Wiederherstellung und der weitere Ausbau der großagrarischen und schwerindustriellen Machtstellungen in Deutschland sollte in Angriff genommen werden, nicht aber die Auslieferung der Macht an den Nationalsozialismus.«[18]
Ernst Niekisch, Jahrgang 1889, Nationalbolschewist, BEGEGNUNGEN UND BEGEBNISSE

»Die Verfassung der Deutschen ist zwar demokratisch, aber nicht parlamentarisch. Er gibt dem direkt vom Volk gewählten Präsidenten mehr Macht als den Spitzen der meisten demokratischen Staaten, vielleicht mit Ausnahme der Vereinigten Staaten.«[19]
Erich Koch-Weser, Jahrgang 1875, deutscher Emigrant in Brasilien,
HITLER UND SEINE HINTERMÄNNER

»Am 26. Januar 1933 fand eine Besprechung Papens mit Hugenberg, Seldte und mir statt. Diese eröffnete Papen mit einer kurzen Ansprache, in der er auf die zwingende Notwendigkeit einer neuen Regierung unter Hitler als Reichskanzler hinwies. Er schloss mit der Forderung, dass wir uns alle Hitler zu unterstellen hätten, auch der Stahlhelm. Seldte, dem inzwischen Papen mit Erfolg den von mir abgelehnten Ministerposten angeboten hatte, erklärte seine grundsätzliche Bereitschaft. Ich widersprach und warnte vergeblich vor der Dynamik der Hitlerschen Natur und seiner fanatischen Massenbewegung. Hugenberg suchte meine Gedanken mit dem Hinweis zu entkräften, dass ja nichts passieren könne. Hindenburg bliebe Reichspräsident und Oberbefehlshaber der Wehrmacht. Papen würde Vizekanzler, er übernähme die ganze Wirtschaft, einschließlich der Landwirtschaft, Seldte das Arbeitsministerium. ›Wir rahmen also Hitler ein.‹«[20]

Theodor Duesterberg, Bundesführer des Stahlhelm, DER STAHLHELM UND HITLER

»Ich habe gestern die größte Dummheit meines Lebens gemacht: Ich habe mich mit dem größten Demagogen der Weltgeschichte verbündet.«[21]

Alfred Hugenberg, Jahrgang 1865, Reichswirtschaftsminister, am Tag nach Hitlers Ernennung zum Reichskanzler

TAGEBUCH, 30. JANUAR 1933

»Else kam aus der Schule mit dem Ruf ›Heil Hitler!‹ Da wussten wir, Hitler ist Reichskanzler geworden – endlich. Gebe Gott ihm die Kraft, dass alles zum guten Ende kommt.«[22]

Henriette Schneider, Jahrgang 1872, Mrossen, Ostpreußen

»Im Namen des Reichs ernenne ich Herrn Adolf Hitler zum Reichskanzler.
Berlin, den 30. Januar 1933
Der Reichspräsident
von Hindenburg«[23], Ernennungsurkunde

»Der 30. Januar 1933 hatte im Zuge der demokratischen Spielregeln Hitler an die Regierung gebracht – und ich war sein Vizekanzler geworden. Es war noch nicht der Hitler, wie er uns nach Abschluss einer zwölfjährigen geschichtlichen Entwicklung erscheint.«[24]

Franz von Papen, Jahrgang 1879, Vizekanzler, DER WAHRHEIT EINE GASSE

»Wenn einst die Geschichte des deutschen Volkes geschrieben wird, dann wird das Ende Ihrer Reichspräsidentschaft als die schwärzeste Zeit deutscher Geschichte geschrieben werden.«[25]

Erich Ludendorff, Jahrgang 1865, Generaloberst der Infanterie a. D., Brief an Reichspräsident Paul von Hindenburg vom 18. November 1933

TAGEBUCH, 30. JANUAR 1933

»Es scheint von ironischer Vorbedeutung zu sein, dass das Hitlerkabinett seine Arbeit ohne einen Justizminister beginnt.«[26]

Bella Fromm, Jahrgang 1890, Kolumnistin der Vossischen Zeitung

»Gestern Mittag Kaiserhof: wir warten alle. Endlich kommt er. Ergebnis: Er Reichskanzler. Frick Reichs-, Göring preuß.[ischer] Innen. Der Alte hat nachgegeben. Er war zum Schluss ganz gerührt. So ist's recht. Jetzt müssen wir ihn ganz gewinnen. Uns allen stehen die Tränen in den Augen. Wir drücken Hitler die Hand. Er hat's verdient. Großer Jubel. Unten randaliert das Volk.«[27]

Joseph Goebbels, Jahrgang 1897, NSDAP-Gauleiter von Berlin-Brandenburg

»Ich habe Hitler zum ersten Mal am 30. Januar 1933 gesehen, als im Zimmer des Reichspräsidenten das neue Kabinett vereidigt wurde. Äußerlich besaß er nichts, was ansprach. Dem Gesicht fehlte alles Besondere, man musste sich schon dazu denken, dass dies der Mann mit dem Massenerfolg war, um aufzumerken. Seine Züge hatten nichts Harmonisches, aber auch nicht jene Unregelmäßigkeit, die den eigentümlich geprägten Geist bezeugt. Die in die Stirn fallende Haarsträhne und der nur zwei Finger breite Bartstummel gaben ihm einen Zug von Komödiantenhaftem, über den farblosen Backen fiel das intensive Lila der Augen auf. Die nervösen Hände waren zartgliedrig, fast feminin. Dieser Mann ist als das größte Genie gepriesen, das je aus deutschem Stamm entsprossen sei, und der schlimmste Verbrecher aller Zeiten genannt worden, ein Vorläufer des Antichrist wie Nero und Dschingis Chan. Er selbst hielt sich für etwas Einmaliges, von der Vorsehung dazu berufen, das deutsche Volk zu einer noch nie erreichten Höhe zu führen.«[28]

Lutz Graf Schwerin von Krosigk, Jahrgang 1887, Reichsfinanzminister in den Kabinetten von Papen, Schleicher und Hitler, ES GESCHAH IN DEUTSCHLAND

»Jetzt steht es klar vor aller Augen: Hitler Kanzler – Papen Vizekanzler – Hugenberg Wirtschaftsminister. Was wird diese Regierung tun? Ihre Ziele kennen wir. Von ihren nächsten Maßnahmen weiß niemand. Ungeheuer sind die Gefahren. Aber unerschütterlich ist die Festigkeit der deutschen Arbeiterschaft. Wir fürchten die Herren nicht. Wir sind entschlossen, den Kampf aufzunehmen.«[29]

Julius Leber, Jahrgang 1891, SPD-Reichstagsabgeordneter, SCHRIFTEN

»Ich war in Politologie eingeschrieben und hatte einen Professor, den das Geschehen in Deutschland sehr interessierte. Als Hitler 1933 an die Macht kam, war ich noch im College. Mein Professor machte uns alle verrückt wegen der Nazis und versetzte auch mich in Aufregung.«[30]

Richard Widmark, Jahrgang 1914, Student am Lake Forest College, Illinois

»Am Abend begab sich Hitler in die Reichskanzlei und nahm vom ersten Stock aus den von Goebbels improvisierten Fackelzug ab, in dem SA, SS und Reichswehr mitmarschierten. Goebbels hatte eine Meisterleistung vollbracht. Diese imposante Kundgebung zeigte, dass er von Propaganda eine ganze Menge ver-

Adolf Hitler am Abend des 30. Januar 1933, dem Tag der Ernennung zum Reichskanzler, am Fenster der Reichskanzlei. Der Aufmarsch der SA und der nationalen Verbände und der Jubel der Menge wird vom Reichsrundfunk in einer Reportage übertragen.

stand. ›Dieser Doktor ist ein Hexenmeister‹, sagte Hitler zu mir, ›wo hat er nur in der kurzen Zeit die vielen Fackeln aufgetrieben?‹«[31]

Heinrich Hoffmann, Jahrgang 1885, Fotograf, AUFZEICHNUNGEN SEINES LEIBFOTOGRAFEN

»Sieh sie dir nur genau an. Das sind Schlächtertypen. Mit den heruntergezogenen Sturmriemen und den Dolchen sind sie zu allem fähig. Du wirst es noch erleben, wie sie mit ihren Fackeln erst Deutschland und dann Europa in Brand stecken. Wart es nur ab, dir werden sie auch bald eine Uniform anziehen.«[32]

Arvid Harnack, Jahrgang 1901, Jurist und Regierungsrat im Reichswirtschaftsministerium

»Die Dunkelheit war bereits hereingebrochen, als wir Bayern am Abend dieses Tages vom Reichstag am Rande des Tiergartens entlang zum Anhalter Bahnhof gingen. Zahllose Stahlhelmer und SA-Leute strömten gegen das Brandenburger Tor. Jugend, nichts als Jugend, ohne Bartflaum, frische Knabengesichter, hastig, eifrig, ›im Dienst‹. Sie eilten zum Fackelzug, der an diesem Abend Hindenburg und Hitler dargebracht wurde. Leuchtende Helle kam von der Straße ›Unter den Linden‹ her. Wir schlichen müde und zerschlagen von den Aufregungen dieser Tage im Dunkel dahin. Nur rasch weg von Berlin, wir hatten hier nichts mehr zu suchen!«[33]

Wilhelm Hoegner, Jahrgang 1887, bayerischer SPD-Reichstagsabgeordneter, ERINNERUNGEN

TAGEBUCH, 31. JANUAR 1933

»›Großmutter ist tot!‹ Das war die Parole für die SA. Als dieses Losungswort erklang, legten sie los. In einem Meer von Fackeln zogen sie durch die Stadt, vom Westen zum Knie, durch den Tiergarten zur Wilhelmstraße. Ein Meer von Braun, eine Nacht des Schreckens, ein Ungeheuer in Gestalt von 20 000 Fackeln. Hindenburg stand mit Meissner an dem bekannten Fenster, im ersten Stock links. Ich weiß nicht, ob es nur Einbildung war, aber als die braunen und schwarzen Massen vorbeistampften, schien sein Gesicht, das sonst wie aus Bronze gegossen zu sein scheint, bestürzt und erschrocken.«[34]

Bella Fromm, Kolumnistin der Vossischen Zeitung

»Im Nachhinein meint man leicht, die Miterlebenden seien sich der historischen Bedeutung eines Vorgangs stets bewusst. Tatsächlich verhält es sich meist anders. Die erhaltenen Wochenschauen vom Tag der ›Machtergreifung‹ geben das Bild einer exaltierten und außer sich geratenen Stadt wieder und suggerieren damit den Aufbruch eines ganzen Volkes. In Wirklichkeit blieben die sonderbar voreiligen Triumphfeiern auf die Innenstadt und einige wenige von den Nationalsozialisten beherrschten Quartiere beschränkt.«[35]

Max Schmeling, Jahrgang 1905, deutscher Schwergewichtsboxer, ERINNERUNGEN

»Wir gehen auf der breiten Holzbrücke über den Schlossteich und treten in ein Lokal, aus dem uns Rauchschwaden und Glühweinbrodem und die Lautsprecherstimme aus Berlin entgegendringen. Die Stimme bringt die Nachricht von der Machtübernahme durch die Nationalsozialistische Partei, Hitler von Hindenburg zum Reichskanzler eingesetzt, Hitler von der auf der Wilhelmstraße wartenden Menge und einem Fackelzug begeistert begrüßt. Der Jubel der Berliner, dieses abgehackte und drohende Sieg-Heil, Sieg-Heil, mischt sich mit dem Jubel der Zuhörer in Königsberg: während wir heimgehen, brennen auch hier Fackeln, und die Stiefelschritte der SA lassen die alte Holzbrücke erdröhnen. Wir konnten nicht einstimmen, jeder, der damals anderen Sinnes war, wird sich an das Gefühl des ohnmächtigen Zornes, des völligen Alleinseins in der allgemeinen Hochstimmung erinnern.«[36]
Marie Luise Kaschnitz, Jahrgang 1901, Schriftstellerin, über den 30. Januar 1933 in Königsberg, AUFZEICHNUNGEN

»Ich habe ein Baby und kann es sogar allein baden, ohne dass es mir aus den Händen rutscht, das Baby hat eine Menge hübscher kleiner Jacken und Hemden und einen hellblauen Mantel, denn natürlich wurde ein Sohn erwartet. Baldur hat es zwar nur einen Augenblick gesehen, denn er reiste kreuz und quer durch Deutschland, und an eben diesem 30. Januar sprach er in einer Versammlung in Herford in Westfalen. Aber im Februar wollen wir zum Schilaufen in die Hohen Tauern, er hat es mir fest versprochen. Plötzlich höre ich Musik, Singen, Rufen; ein ferner, beunruhigender Lärm aus den Straßen. Ich klingle. Die Nachtschwester kommt und schaltet das Blaulicht an. Mit ihrer Flügelhaube sieht sie nun wie eine himmlische Erscheinung aus. ›Schwester Maurella, was ist denn los draußen?‹ Maurella weiß es. ›Irgendetwas ist geschehen‹, sagt sie, ›eine Revolution oder eine nationale Erhebung, der nette Herr Hitler, der Sie besucht hat, ist Reichskanzler geworden. Wir haben seine Rosen ganz nah an die Madonna in der Taufkapelle gestellt. Mutter Oberin lässt für ihn beten. Wir beten alle für ihn, für ihn und Deutschland.‹«[37]
Henriette von Schirach, geborene Hoffmann, Jahrgang 1913, Ehefrau von Baldur von Schirach, DER PREIS DER HERRLICHKEIT

TAGEBUCH, 31. JANUAR 1933
»In Berlin soll es in der Nacht hoch hergegangen sein. 3 ½ Stunden zog die Menge an Hindenburg vorbei. Großer Fackelzug.«
Henriette Schneider, Mrossen, Ostpreußen

»M[ein] l[iebes] kl[eines] M[ädele]!
Träum' ich oder wach' ich – das ist hier die Frage! Ich sitze im Arbeitszimmer des Kanzlers in der Reichskanzlei am Wilhelmplatz. Ministerialbeamte nähern sich

auf weichen Teppichen geräuschlos, um Akten ›für den Herrn Reichskanzler‹ zu bringen, der augenblicklich dem Ministerrat vorsitzt und die ersten Regierungs-handlungen vorbereitet. Draußen steht die Menge geduldig Kopf an Kopf und wartet, bis ›er‹ abfährt – stimmt das Deutschlandlied an und bringt Heil-Rufe auf den ›Führer‹ oder auf den ›Reichskanzler‹ aus ... Der Chef tritt hier mit unerhör-ter Sicherheit auf. Und die Pünktlichkeit!!! Stets einige Minuten vor der Zeit!!! Ich habe mich entschließen müssen, mir sogar eine Uhr zu kaufen! Eine neue Zeit und eine neue Zeiteinteilung sind angebrochen!«[38]
Rudolf Heß, Leiter der Politischen Zentralkommission der NSDAP, handschriftlicher Brief an Ilse Heß vom 31. Januar 1933

»Dass die Nazis Feinde seien – Feinde für mich und für alles, was mir teuer war –, darüber täuschte ich mich keinen Augenblick. Worüber ich mich freilich voll-kommen täuschte, war, wie furchtbare Feinde sie sein würden.«[39]
Sebastian Haffner, Jahrgang 1907, Justizreferendar, DIE ERINNERUNGEN

»Im Jänner 1933 kam in Deutschland Hitler an die Macht. Die Begeisterung unter uns war ungeheuer. Mit Heißhunger verschlang ich alle Nachrichten. Meine Ka-meraden und ich lebten im siebten Himmel. Nun konnte es auch in Österreich nicht mehr lange dauern, bis dass der Nationalsozialismus die Macht ergriff.«[40]
Reinhard Spitzy, Jahrgang 1912, österreichischer Nationalsozialist, BEKENNTNISSE EINES ILLEGALEN

TAGEBUCH, 3. FEBRUAR 1933
»Überall im Reich roter Terror, man kann sich nicht an Hitler gewöhnen.«
Henriette Schneider, Mrossen, Ostpreußen

»Hitler war die Macht nicht übergeben worden, ohne dass er zuvor Bedingungen eingegangen wäre. Er musste die Weimarer Verfassung anerkennen, musste sich verpflichten, die bestehenden Gesetze zu achten und überhaupt den Boden der Legalität nicht zu verlassen. In das Kabinett, das er bildete, durfte er nur wenige Nationalsozialisten aufnehmen. Die Mehrzahl seiner Minister waren Deutschna-tionale ... Die Deutschnationalen verachtete er von Grund auf und war davon überzeugt, dass er sich ihrer eines Tages doch entledigen könne. Um dazu im-stande zu sein hatte er eine Bedingung gestellt, die ihm der Reichspräsident auch bewilligte. Er wollte die Vollmacht, den Reichstag aufzulösen und neu wählen zu lassen. Der neue Reichstag sollte, so hoffte er, ihm eine Mehrheit bringen.«[41]
Ernst Niekisch, Nationalbolschewist, BEGEGNUNGEN UND BEGEBNISSE

»Entsetzlich war der Wahlkampf. Hier leistete Hitler Stärkeres als je zuvor und je nachher, wissend, dass er, zum allerletzten Mal, im neuen Reichstag eine Mehr-heit brauchte. Dass von den Vorwürfen, welche er gegen ›vierzehn Jahre Marxismus« erhob, keiner stimmte, was verschlug es? Marxismus war ein bequemer Sammelname, um alles, was in jenen vierzehn Jahren düster und elend gewesen war, zu benennen, den Gegner zu verteufeln, als jemand, der vom Bolschewismus sich nicht wesentlich unterschied. Zweifelnde Analysen waren das Letzte, was Hitlers Zuhörern lag. Ihn am Rundfunk zu hören, wie ich es abends im benachbarten Landgasthof tat, die große Rede im Sportpalast, der Höhepunkt der Kampagne – qualvoll. Die Stimme ›bellend‹ zu nennen, wäre eine Beleidigung der Hunde; sie hatte mit jenen nur gemeinsam, dass sie sich immer auf der gleichen Höhe und in der gleichen Lautstärke hielt, damit aber noch Steigerungen zu verbinden schien, wo solche gar nicht mehr möglich waren.«[42]

Golo Mann, Student in Heidelberg, ERINNERUNGEN UND GEDANKEN

»Deutsches Volk, gib uns vier Jahre Zeit, dann richte und urteile über uns! Deutsches Volk, gib uns vier Jahre und ich schwöre dir, so wie wir und ich in dieses Amt trat, tat ich es nicht um Lohn und Gehalt, ich tat es um deiner selbst willen. Es ist der schwerste Entschluss meines Lebens gewesen. Ich habe ihn gewagt, weil ich überzeugt bin, dass nun nicht mehr länger gezögert werden darf. Ich habe es gewagt, weil ich der Überzeugung bin, dass endlich unser Volk doch wieder zur Besinnung kommen wird. Und dass, wenn es auch heute uns ungerecht beurteilt und wenn Millionen uns verfluchen mögen, einmal die Stunde kommt, da sie doch hinter uns marschieren werden, da sie einsehen werden: Sie haben wirklich nur das Beste gewollt.«[43]

Adolf Hitler, Rundfunkansprache am 1. Februar 1933

»Ich kann mich nicht entfernen von der Liebe zu diesem meinem Volk und hege felsenfest die Überzeugung, dass eben doch dann einmal die Stunde kommt, in der die Millionen, die uns heute verfluchen, hinter uns stehen und mit uns begrüßen werden dann das gemeinsam geschaffene, mühsam erkämpfte, bitter erworbene neue deutsche Reich der Größe und der Ehre und der Kraft und der Herrlichkeit und der Gerechtigkeit. Amen.«[44]

Adolf Hitler, Rede im Berliner Sportpalast, 10. Februar 1933

»Berlin ist nicht Rom. Hitler ist nicht Mussolini. Berlin wird niemals die Hauptstadt eines Faschistenreiches werden.«[45]

Der Vorwärts, Tageszeitung des SPD-Parteivorstandes, 18. Februar 1933

TAGEBUCH, 24. FEBRUAR 1933
»Nun Hitler an der Macht, es regnet Verordnungen gegen die Roten.«

Henriette Schneider, Mrossen, Ostpreußen

»Ab Ende Februar 1933 erfuhren wir im Saargebiet aus dem Munde unserer Genossen, die illegal vom ›Reich‹ herüberkamen, mehr grauenhafte Einzelheiten über den Terrorfeldzug, dem die deutsche Arbeiterbewegung ausgesetzt war. Wir hatten von den Faschisten nichts Gutes erwartet und das Schlimmste befürchtet. Doch was wir nun erfahren mussten über Verhaftungen, Folter und Konzentrationslager (KZ), Mord und Totschlag, über Einschüchterung, Erpressung und Bespitzelung, über die brutale Behandlung auch von Frauen und Kindern, das war in seinem Ausmaß und in seiner zynischen Systematik so ungeheuerlich, dass es selbst in der schlimmsten Phantasie nicht vorstellbar und voraussehbar gewesen wäre.«[46]

Erich Honecker, Jahrgang 1912, Bezirksleiter des Kommunistischen Jugendverbandes Deutschland im Saargebiet, AUS MEINEM LEBEN

»Preußen und andere Teile des Reichs standen schon unter dem Nazi-Terror; aber Bayern trotzte noch, freilich nicht mehr lange … Immerhin, es bleibt bemerkenswert, dass der süddeutsche Katholizismus die totale ›Gleichschaltung‹ ein wenig verzögerte. Im Februar 1933 – kurz vor dem Reichstagsbrand und besonders nach diesem Ereignis – gab es manchen politisch oder rassisch Kompromittierten, der vorsichtshalber seinen Wohnsitz von den Ufern der Spree nach der Isarstadt verlegte. Leute, die man in Berlin schon eingesperrt und misshandelt hätte, erfreuten sich in München noch vollkommener Freiheit: Sie durften im Englischen Garten spazieren gehen oder sich auf Maskenbällen amüsieren.«[47]

Klaus Mann, Jahrgang 1906, Schriftsteller, EIN LEBENSBERICHT

»Vier Dinge brachte dieser März, als deren Ergebnis schließlich die unangreifbare Nazi-Herrschaft dastand: Terror; Feste und Deklamationen; Verrat; und schließlich einen kollektiven Kollaps – einen millionenfachen simultanen individuellen Nervenzusammenbruch.«[48]

Sebastian Haffner, Justizreferendar, DIE ERINNERUNGEN

TAGEBUCH, 1. MÄRZ 1933
»Der Rundfunk meldete gestern, dass das Reichstagsgebäude brennt. Heute in der Zeitung, dass ein holländischer Kommunist … zu den Brandstiftern gehört.«

Henriette Schneider, Mrossen, Ostpreußen

»Dann brannte der Reichstag, und dieser Anlass brachte neuen Zulauf auch aus jenen Kreisen, die Hitler bis dahin zurückhaltend oder ablehnend gegenüberstanden hatten. Inzwischen ist viel über den Reichstagsbrand geschrieben worden. Auch ich habe früher nicht geglaubt, dass es die Kommunisten gewesen waren. Aber ich habe später, als ich selbst in Berlin war und die Männer kennenlernte, die es eigentlich hätten wissen müssen, nie herausgebracht, wer eigentlich dahintersteckte.«[49]

Fritz Wiedemann, Jahrgang 1891, ehemaliger Kriegskamerad, ab 1934 Adjutant Adolf Hitlers, ERLEBNISSE UND ERFAHRUNGEN

Ein SA-Hilfspolizist im thüringischen Schutzhoflager »Altenburg«. Überall im Deut-schen Reich entstehen im März 1933 solche Lager, für die sich in der Bevölkerung schon bald der Name »Konzentrationslager« einbürgert.

»Zwischen einem Tango und einem Walzer erzählte man sich die neuesten Schreckensnachrichten aus Berlin. Wir tanzten im Regina-Palast-Hotel, während in der Hauptstadt das Reichstagsgebäude in Flammen stand. Wir tanzten im Hotel Vier Jahreszeiten, während die Brandstifter Unschuldige des Verbrechens bezichtigten, das sie begangen hatten. Das war am 28. Februar – Faschingsdiens-tag – und tags darauf war Aschermittwoch. Als der Anarchist Erich Mühsam, der Pazifist Carl von Ossietzky und der Kommunist Ernst Thälmann von der Gesta-po verhaftet wurden, kehrte man in München Luftschlangen und Konfetti von den Straßen. Man war verkatert. Der Fasching war vorüber.«[50]
Klaus Mann, Schriftsteller, EIN LEBENSBERICHT

»An die Machtergreifung der Nazis erinnere ich mich genau. Damals erfuhr ich zum ersten Mal, dass wir Juden waren und von den neuen Machthabern nicht nur aus politischen Gründen verfolgt wurden. Nach dem Reichstagsbrand muss-te mein Vater im Februar 1933 ins Ausland fliehen, und es dauerte nicht lange, bis Kriminalbeamte in Begleitung uniformierter SA-Leute vor unserer Tür standen, um Haussuchungen durchzuführen. Mir drohte man, ich käme auf den Heuberg, falls ich nicht verriet, wo Vater sich aufhielt. Der Heuberg war das erste Konzentrationslager in Württemberg.«[51]

Markus Wolf, Jahrgang 1923, Sohn des deutsch-jüdischen Dramatikers Friedrich Wolf, ERINNERUNGEN

»1933 – ich war damals vierzehn Jahre alt – sagte mein Vater zu mir: ›Diese Wahl bedeutet Krieg.‹ Auf meine Frage meinte er nur: ›Ich kann es dir nicht erklären, ich will dich nicht beeinflussen.‹ Seine ernsten Worte habe ich nie vergessen.«[52]

Hannelore »Loki« Schmidt, geborene Glaser, Jahrgang 1919, Schülerin, KINDHEIT UND JUGEND UNTER HITLER

»Der Wahlsonntag ist in Berlin ruhig verlaufen, ruhiger noch, als sein letzter Vorgänger, am ruhigsten von allen sechs Wahlsonntagen, die wir in den letzten zwölf Monaten erlebt haben. Schon äußerlich war das Bild dieses Tages ein vollkommen anderes: Man sah nur schwarzweißrote und Hakenkreuz-Fahnen, beide in ungeheuer großer Zahl, nicht selten auch eine Kombination von beiden. Rote Fahnen sah man nirgends, weder die mit dem Sowjetstern noch den drei Pfeilen, selbst nicht im Norden oder Osten der Stadt. Ob sie offiziell verboten oder inoffiziell nicht geduldet waren, entzog sich selbst der genauen Kenntnis amtlicher Stellen. Die Polizei, verstärkt durch hauptsächlich der SA entnommene Hilfspolizei, stand während des ganzen Tages in höchster Alarmbereitschaft.«[53]

Deutsche Allgemeine Zeitung, 5. März 1933

»Der Terror, der sich seit dem 28. Februar überall fühlbar machte, engte zwar die Wahlfreiheit ein, beeinflusste aber das Ergebnis nur wenig beziehungsweise nur dort, wo die Wähler fürchten mussten, dass das Geheimnis der Abstimmung nicht geschützt wäre. Die Nazis gewannen Stimmen, in erster Reihe auf Kosten ihrer Verbündeten, indes die katholische Zentrumspartei und die SPD ihren Wählerbestand behielten. Die KPD verlor zwar 19 Mandate, aber im Hinblick auf die Berserkerwut, mit der das neue Regime die KP angriff, blieb der Verlust erstaunlich gering.«[54]

Manès Sperber, Jahrgang 1905, KPD-Mitglied, ALL DAS VERGANGENE

TAGEBUCH, 5. MÄRZ 1933

»Wahltag, große Beteiligung bei uns, Resultat blendend: 160 Nazis, 2 Sozis, 5 Deutsch Nationale, 15 Kozis (Kommunisten).«

Henriette Schneider, Mrossen, Ostpreußen

TAGEBUCH, 5. MÄRZ 1933

»Abends mit Vater in Auerbachs Keller, unserem alten Stammlokal, um die Wahlergebnisse zu hören. Der ›Sieg‹ ist keineswegs so groß, wie wir erwarteten, an den Vorbereitungen gemessen, sogar überraschend knapp. Die Nationalsozialisten allein sind noch weit von der absoluten Mehrheit entfernt, und das, nachdem es keine kommunistische Partei mehr gibt! Mit dem Verräterblock Schwarz-Weiß-Rot zusammen haben sie eine knappe Mehrheit von 51,8 Prozent.«[55]

Erich Ebermayer, Jahrgang 1900, Vetter von NSDAP-Reichsleiter Philipp Bouhler, Schriftsteller, Leipzig

TAGEBUCH, 6. MÄRZ 1933

»Die Nazis haben 288 Mandate und 43,9 Prozent des Reichstags (gegen 196 und 33,1 Prozent am 6. November und 230 und 37,3 Prozent am 31. Juli). Die Sozialdemokraten haben trotz des unerhörten Druckes und der völligen Lahmlegung ihrer Propaganda nur hunderttausend Stimmen verloren, die KPD nur eine Million; das ist erstaunlich und bewundernswert als Beweis der Unerschütterlichkeit der ›marxistischen‹ Front.

Die Nazis und die Deutschnationalen haben jetzt für vier Jahre vollkommene, verfassungsmäßige Bewegungsfreiheit; aber keine Zweidrittel-Mehrheit für Verfassungsänderungen.«[56]

Harry Graf Kessler, Jahrgang 1868, PUBLIZIST UND DIPLOMAT

»Die (rote) Einheitsfront? Hitler und Goering haben sie geschaffen, indem sie sowohl die Zeitungen der S.P.D. wie der K.P.D. verboten, ihre Gewerkschaftshäuser besetzten und ihre Führer gleichermaßen einlochten. Sogar das Zentrum wurde in diese mit Fußtritten zusammengerückte Einheitsfront einbezogen. Und die gute, pflaumenweiche Staatspartei. Die K.P.D. ist nicht verboten. Sie existiert nicht mehr. Am stärksten wird jetzt noch auf die Kommunisten gedrückt, auf den linken Flügel der ›Einheitsfront‹. Dann wird der Hobel nach rechts gehn, bis das Ganze nur noch ein Strich ist, über den kein Fuß mehr stolpert.«[57]

René Schickele, Jahrgang 1883, deutsch-elsässischer Schriftsteller in Frankreich, DIE BLAUEN HEFTE

»Nun, wir sollten eines nicht vergessen (was sich in Europa heute kaum mehr jemand bewusst macht), dass Hitler nämlich vom Volke gewählt, also durch Volkes Willen an die Macht kam; dass – und dies meinen alle – die Märzwahlen nicht gefälscht wurden. Hitler regiert also rechtmäßig: Die Provokation mit dem Reichstagsbrand ist so gesehen ein unerfreulicher, nach Brand stinkender Vorfall, den man am liebsten schnell wieder vergessen möchte. Der Brand hat dem Ansehen des Dritten Reiches aber letztendlich nicht ernsthaft geschadet.«[58]

Antoni Graf Sobański, Jahrgang 1898, polnischer Literat und Essayist, NACHRICHTEN AUS BERLIN

»In den normalen Verhältnissen einer zivilisierten parlamentarischen Regierung hätte eine so starke Minderheit großen Einfluss gehabt und die ihr gebührende

Beachtung im Staat gefunden. Im neuen Nazi-Deutschland aber sollten die Minoritäten erfahren, dass sie keine Rechte besaßen.«[59]

Winston Churchill, Jahrgang 1874, Mitglied des Britischen Unterhauses,
DER ZWEITE WELTKRIEG

»Die Ära Hindenburgs fand so ein schmähliches Ende, aber auch die politischen Parteien einschließlich der Sozialdemokratie und der Gewerkschaften haben in diesen Wochen keinen überragenden Beweis von Umsicht und Tapferkeit gegeben. Die Frage, ob die Machterschleichung der Nazis durch gewaltsamen Widerstand abgewendet werden könne, war umstritten. Das Gros unserer Anhänger hat diesen aktiven Widerstand erwartet, die Führer aber waren von der Nutzlosigkeit des damit sicher verbundenen Blutbades überzeugt. Die so hervorgerufene Tatenlosigkeit betraf alle Parteien. Auch die verfolgten Kommunisten, die sich ihrer Aktivität so oft gerühmt hatten, flüchteten oder unterwarfen sich ohne Widerstand genau wie der Stahlhelm und die Parteigänger Hugenbergs.«[60]

Paul Löbe, Jahrgang 1875, Sozialdemokrat, Vizepräsident des Reichstages,
LEBENSERINNERUNGEN

»Die Reichstagswahlen hatten am 5. März 1933, es war ein Sonntag, stattgefunden. Ihr Ausgang hatte das Selbstgefühl der nationalsozialistischen Organisation gewaltig gestärkt. Die SA fühlte sich als Herr der Straße und des Staates überhaupt. Sie glaubte dazu berufen zu sein, mit Terrorakten die Gegner Hitlers einzuschüchtern. Überall, wo man ›Staatsfeinde‹ vermutete, wurden Haussuchungen vorgenommen, willkürlich wurden Männer und Frauen in SA-Kasernen verschleppt und dort in der Regel grauenvoll misshandelt. Schon fühlte sich die SA befugt, Mordtaten ungestraft zu vollbringen.«[61]

Ernst Niekisch, Nationalbolschewist, BEGEGNUNGEN UND BEGEBNISSE

»Nach den Wahlen schlug das Wetter plötzlich um. Es wurde mild und warm, und die Frau des Portiers von Nollendorfstraße 17 nannte es ›Hitlerwetter‹. In der Straße selbst waren, wie in allen anderen, schwarz-weiß-rote Hakenkreuzfahnen gehisst; es war unklug, sie nicht auszuhängen. Uniformierte Nazis marschierten mit langen Schritten und streng offiziellen Gesichtern die Gehsteige entlang; es war ratsam, ihnen Platz zu machen. Sie kamen auch in Cafés und Speiselokale, um büchsenklirrend für die Partei zu sammeln; es war nötig, dass man ihnen etwas gab. Auf dem Nollendorfplatz und an anderen öffentlichen Plätzen befanden sich Radiolautsprecher, die Reden von Göring und Goebbels hinausschmetterten. ›Deutschland ist erwacht‹, hieß es.

Die Menschen saßen vor den Cafés und hörten ihnen zu – wie Vieh, selbstzufrieden, mit stumpfer Neugier; man akzeptierte, was geschehen war, aber nicht die Verantwortung dafür. Viele hatten ja noch nicht einmal gewählt, wie konnten sie da verantwortlich sein? Die Stadt wimmelte von Gerüchten über das, was hinter den Kulissen vorginge, in den SA-Quartieren, wohin man die politischen Gefangenen gebracht hatte.«[62]

Christopher Isherwood, Jahrgang 1904, britisch-amerikanischer Schriftsteller, CHRISTOPHER UND DIE SEINEN

»Im Zug traf ich die junge tapfere Genossin Lotte Branz, die wir alle gern mochten. ›Du gehst auch, du –? Mein Gott!‹, sagte sie nur, lehnte sich an mich und weinte hemmungslos, obgleich ich ihr sagte, ich käme ja in knapp einem Monat zurück. ›Mein Gott, mein Gott, was haben wir alles versäumt!‹, jammerte sie noch einmal. Schwer trennten wir uns in Wien. Lotte erwies sich als ungemein mutige illegale Grenzgängerin der Sozialdemokratie während der Jahre, da ihre Genossen noch in Österreich und in der Tschechoslowakei bleiben konnten. Ihren Mann Gottlieb haben sie in Buchenwald in sieben Jahren zum menschlichen Wrack geschlagen.«[63]

Oskar Maria Graf, Jahrgang 1894, Schriftsteller, AUS MEINEM LEBEN

»Solange mir eine Möglichkeit offensteht, werde ich mich nur in einem Land aufhalten, in dem politische Freiheit, Toleranz und Gleichheit aller Bürger vor dem Gesetz herrschen. Zur politischen Freiheit gehört die Freiheit der mündlichen und schriftlichen Äußerung politischer Überzeugung eines Individuums. Diese Bedingungen sind gegenwärtig in Deutschland nicht erfüllt. Es werden dort diejenigen verfolgt, die sich um die Pflege internationaler Verständigung besonders verdient gemacht haben.«[64]

Albert Einstein, Jahrgang 1879, Nobelpreisträger für Physik und preußischer Beamter, Presseerklärung vom 10. März 1933

TAGEBUCH, 10. MÄRZ 1933
»Täglich bringen die Zeitungen Neues über Hitlers Machtentfaltung. Die Hohen der Behörden verlieren ihre Pöstchen, dass es eine Freude ist. Es wird in Deutschland reingefegt. Die Kommunisten sind bald von der Bildfläche verschwunden, das ist Hitlers Ziel.«

Henriette Schneider, Mrossen, Ostpreußen

»Das Büro des Reichstages hat an die neugewählten Abgeordneten die Einladungen zu der Eröffnungssitzung ergehen lassen, die auf Dienstag, den 21. März, 5 Uhr nachmittags, in der Kroll-Oper anberaumt worden ist. An die kommunistischen Mitglieder des Reichtages sind einer Weisung gemäß keine Einladungen gesandt worden. Das gleiche Verfahren wird auch in Preußen geübt. Die Einladung zu der ersten Sitzung des Landtages, die Mittwoch, dem 22. März, nachmittags, 3 Uhr, stattfinden soll, ist in der Form erfolgt, dass den neu gewählten Abgeordneten eine entsprechende Verordnung des Staatsministeriums, gezeichnet von den Reichskommissaren von Papen und Göring, zugestellt worden ist. Die kommunistischen Abgeordneten sind dabei übergangen worden. Die Zahl der zum Reichstag gewählten kommunistischen Abgeordneten beträgt 81, der Abgeordneten zum Landtag 63.«[65]

Vossische Zeitung, Berlin, Pressemeldung über die Nichtzulassung der gewählten Abgeordneten der KPD zum Reichstag und zum Preußischen Landtag, 12. März 1933

TAGEBUCH, 15. MÄRZ 1933

»Dr. Joseph Goebbels ist diese Woche zum Minister für Volksaufklärung und Propaganda ernannt worden. Das neue Ministerium wird großzügig in dem alten Palais Prinz Friedrich Karl untergebracht. Obwohl Goebbels der klügste und glänzendste Kopf der braunen Führer ist, hat er bisher noch nicht die seinen Fähigkeiten zukommende Rolle gespielt. Jetzt ist ihm plötzlich von Hitler ungeheure Macht in die Hand gegeben worden. Die Herrschaft über die Presse wurde den fettgepolsterten Fingern Görings entrissen und in die geschickten Klauen des hinkenden Ungeheuers gelegt.«[66]

Bella Fromm, Kolumnistin der Vossischen Zeitung

TAGEBUCH, 21. MÄRZ 1933

»Um 12 hören wir uns im Radio die Feier zur Eröffnung des Reichstags in der Garnisonkirche in Potsdam an ... Abends findet auch hier wie überall auf Anordnung von oben ein Fackelzug statt. Das muss man sagen: Propaganda und Aufmachung verstehen sie meisterhaft. Musikkapellen. Böllerschüsse. Massenaufgebot. Festreden, als hätten wir einen großen Sieg errungen. Und in Potsdam mit Hitler wie 1914 Berlin mit dem Kaiser und wie mit Jesu in Jerusalem. Hoffentlich endet es aber anders.«[67]

Karl Windschild, Jahrgang 1867, pensionierter Pfarrer, Ballenstedt, Freistaat Anhalt

»Wir rückten zur Breiten Straße ab, wo wir am Eingang zum Lustgarten Aufstellung nahmen. Kompanie reihte sich an Kompanie, vom Alten Markt bis zur Garnisonkirche stand als eiserne Wehr im schlichten Grau der Standort Potsdam. Uns gegenüber standen, acht Reihen tief, die SA, SS und der Stahlhelm. Kernige Gestalten, stämmige Bauernburschen aus der Mark, daneben die Berliner Stürme. So warteten wir auf die Beendigung des Gottesdienstes in den beiden Kirchen. Ein altes Soldatensprichwort erfüllte sich einmal wieder: ›Neun Zehntel seines Lebens wartet der Soldat vergebens!‹, aber nicht vergebens sollte dieses Warten sein. Unser Reichswehrminister, gefolgt von den beiden Chefs der Heeres- und Marineleitungen, schritten die Front der Potsdamer Truppenteile ab. Von fernher erschallten auf einmal brausende Heilrufe ... Die Reichsregierung kam langsamen und gemessenen Schrittes durch das Spalier zur Garnisonkirche geschritten. Der Reichskanzler Adolf Hitler schritt vorweg, gefolgt vom Vizekanzler von Papen, dem wiederum die übrigen Regierungsmitglieder folgten. Unter abermaligem Jubel der Massen erschien das Auto mit unserem ehrwürdigen Herrn Reichspräsidenten, begleitet von seinem Sohn, dem Herrn Oberst von Hindenburg. Nachdem der Herr Reichspräsident die Front der Ehrenkompanie abgeschritten hatte, begaben sich die Reichsregierung und der neue Reichstag, mit Ausnahme der Kommunisten und Sozialdemokraten, in die Garnisonkirche.«[68]

Wilhelm Ernst Bierstedt, Jahrgang 1913, Obergrenadier, Infanterie-Regiment 9, ERINNERUNGSBERICHT

»Hitler – in dem ominösen Frack – empfing am Kircheneingang nunmehr den Reichspräsidenten in großer Generalfeldmarschallsuniform, der in einem tiefen Sessel im Kirchenschiff Platz nahm. Die Mitglieder des Kabinetts standen oder saßen um ihn halbkreisförmig. [Nuntius] Orsenigo saß in seiner violetten Tracht auf der Empore. Nicht nur die nationale, sondern auch die religiöse Einigung schien der Zauberkünstler Hitler zu bringen.«[69]

Theodor Duesterberg, Bundesführer des Stahlhelm, DER STAHLHELM UND HITLER

TAGEBUCH, 21. MÄRZ 1933
»Am Vormittag Übertragung der Feiern in Potsdam über den Rundfunk. Alles geschickt, eindrucksvoll, ja hinreißend, jedenfalls für die Massen. Aber auch wir können und dürfen die Augen nicht verschließen vor dem, was hier geschieht. Heute und hier gelang die Vermählung, wenn nicht für ewig, so doch auf Zeit, zwischen den von Hitler geführten Massen und dem ›Geist von Potsdam‹, dem Preußentum, repräsentiert durch Hindenburg. Welch großartige Inszenierung durch den Meisterregisseur Goebbels!«[70]

Erich Ebermayer, Vetter von NSDAP-Reichsleiter Philipp Bouhler, Schriftsteller, Leipzig

»Potsdam: ein großartig aufgemachter Schwindel, um den Konservativen einen Gefallen ohne Wirklichkeit zu tun. Hitler im Gehrock und Zylinder; sanft wie nie zuvor und nie später. Die Stimme Hindenburgs dumpf, wie aus dem Grabe: ›Preußisches Pflichtgefühl heiße Vaterlandsliebe, Gottesfurcht.‹ Und dass es nun wieder eine klare Mehrheit im Parlament gebe, streng im Sinn der Verfassung, auf die er seinen Eid geleistet habe. Es war seine letzte Rede von Gewicht, ohne dass er es wusste, seine Abdankung; nun wurde er nicht mehr gebraucht.«[71]

Golo Mann, Student, ERINNERUNGEN UND GEDANKEN

TAGEBUCH, 21. MÄRZ 1933
»Dann spricht Hitler. Es ist nicht zu leugnen: Er ist gewachsen. Aus dem Demagogen und Parteiführer, dem Fanatiker und Hetzer scheint sich – für seine Gegner überraschend genug – der wirkliche Staatsmann zu entwickeln. Also doch ein Genie, in dessen rätselhafter Seele ungeahnte und unerhörte Möglichkeiten liegen. Die Regierungserklärung zeichnet sich durch auffallende Mäßigkeit aus.

Kein Wort des Hasses auf die Gegner, kein Wort von Rassenideologie, keine Drohung nach innen oder außen. Nur was sie wollen, davon spricht Hitler.«[72]
Erich Ebermayer, Vetter von NSDAP-Reichsleiter Philipp-Bouhler, Schriftsteller

»Ich werde ja nie Nazi, aber nachdem ich Hitler hörte, Regierungserklärung in Potsdam ... bin ich von ihm als Persönlichkeit restlos begeistert. Der Mann kann doch unser Mussolini werden.«[73]
Lisa Keitel, Ehefrau von Wilhelm Keitel, Oberstleutnant der Reichswehr, Brief an ihre Mutter, 26. März 1933

»Mit Gott zu neuer Zukunft! Ein neuer Anfang staatlicher Geschichte steht immer irgendwie im Zeichen der Gewalt. Denn der Staat ist Macht. Neue Entscheidungen, neue Orientierungen, Wandlungen und Umwälzungen bedeuten immer den Sieg des einen über den anderen. Und wenn es um Leben und Sterben der Nation geht, dann muss die staatliche Macht kraftvoll und durchgreifend eingesetzt werden, es sei nach außen oder nach innen. Wir haben von Dr. Martin Luther gelernt, dass die Kirche der rechtmäßigen staatlichen Gewalt nicht in den Arm fallen darf, wenn sie tut, wozu sie berufen ist. Auch dann nicht, wenn sie hart und rücksichtslos schaltet.«[74]
Otto Dibelius, Jahrgang 1880, evangelischer Generalsuperintendent der Kurmark, Predigt in der Nikolaikirche Potsdam am 21. März 1933

TAGEBUCH, 24. MÄRZ 1933
»Es ist unmöglich für mich, die politische Umwälzung anders als in Verbindung mit der Judenfrage zu sehen. Die Bitterkeit ist unüberwindlich. An Anstand und Gesinnung will ich mich mit allen Nazis messen. Wer moralischer ist, werfe den ersten Stein. Warum macht man uns zu Parias? Kann man in allen Reden den Allmächtigen anrufen und seine Kreaturen, wenn sie Juden sind, mit Füßen treten?«[75]
Kurt F. Rosenberg, Jahrgang 1900, deutsch-jüdischer Rechtsanwalt in Hamburg

»Zurzeit geht Gewalt vor Recht. Die ›nationale Revolution‹ setzt sich durch mit Hilfe ihres ›Propagandamonopols‹ und mit Terror. Gewaltsame Ausschaltung aller, die unbequem werden können. Bevorzugung der ... Parteigenossen, materieller und wirtschaftlicher Druck auf die Zögernden ... Aktiver Widerstand wäre nicht nur zurzeit unmöglich, sondern auch Unrecht und schädlich:
1. Wir sind auch der jetzigen Regierung Ehrfurcht und Gehorsam schuldig.
2. Wir stimmen innerlich weitgehend vielen ihrer Ziele zu.
3. Wir begrüßen freudig ihren Kampf gegen Liberalismus, Marxismus, Gottlosigkeit, öffentliche Unsittlichkeit u.s.w.
4. Wir würden uns mit schwerer Schuld belasten, wenn wir irgendwie daran mitschuldig würden, dass das jetzige Regime zusammenbricht, worauf wahrscheinlich die bolschewistische Diktatur folgen würde.

Dennoch: Die Katholiken müssen Stellung nehmen, irgendwie klar erkennbar eine Front bilden:

1. Weil die katholische Kirche stets, vom Urchristentum an, die Vertreterin und der Hort von Recht und Freiheit gewesen ist, und sie gerade dadurch auch für Gott und Gottes Willen eintritt.

2. Weil wenn wir die Regierung bedingungslos stützen, ohne gegen die Vergewaltigung des Rechtes die Stimme zu erheben, unser Volk irre wird und das Vertrauen nicht nur auf seine bisherigen Führer, auch den Klerus verlieren und damit auch das Vertrauen auf die bisher immer als unantastbar verkündeten Grundsätze.

3. Weil, wenn die sicher einsetzende Enttäuschung eintritt, wir nicht es darauf ankommen lassen dürfen, dass die Enttäuschten einzig im jetzt gewaltsam unterdrückten Sozialismus und Kommunismus jene Vertretung von ›Recht und Freiheit‹ sehen, die nicht gewankt hat, sondern standhaft für Freiheit und Recht gelitten, als Gewalt vor Recht ging.«[76]

Clemens August Graf von Galen, Jahrgang 1878, Bischof von Münster, Schreiben an Franz von Galen, Zentrums-Abgeordneter des Preußischen Landtags

»Meldungen aus Berlin: I. Festnahmen: Vom 20. zum 22. März eingeliefert 114 Personen, davon zum Isoliergewahrsam 92, wegen Beleidigung der Reichsregierung (11), wegen unbefugten Waffenbesitzes bzw. Gebrauchs (13), wegen Herstellung bzw. Vertriebs illegaler Druckschriften (20), wegen Teilnahme an verbotener Versammlung (20) …
III. Allgemeines … 6. Gestriger Fackelzug ohne Störung verlaufen. Etwa 100 Ohnmachtsanfälle. Ein Toter (Herzschlag) … Schaufensterscheibe von der ›Vorwärts‹-Filiale Utrechter Straße von Unbekannten mit Stein eingeworfen.«[77]

Abteilung I (Politische Polizei), Polizeipräsidium Berlin,
Tätigkeitsbericht 22. März 1933

TAGEBUCH, 25. MÄRZ 1933

»Die Reichstagssitzung vorgestern muss grauenhaft gewesen sein. Die Abgeordneten mussten durch eine Abteilung von SA-Leuten, die den Weg zum Sitzungssaal flankierten, hindurchschreiten. Ein höchst unangenehmes Spießrutenlaufen.«[78]

Bella Fromm, Kolumnistin der Vossischen Zeitung

»Zwei Tage später saß ich mit in der Krolloper, nicht als Reichstagsabgeordneter. Das wurde ich erst im Oktober 1941 für einen ostpreußischen Wahlkreis. Ich war Zuhörer und erlebte am 23. März 1933 die Reichstagssitzung, in der das ›Gesetz zur Behebung der Not von Volk und Reich‹ mit 441 zu 94 Stimmen verabschiedet wurde.«[79]

Artur Axmann, Jahrgang 1913, Mitglied der Reichsleitung der Hitlerjugend, ERINNERUNGEN

»Im Brennpunkt dieser Betrachtung stehen die Verhandlungen des Reichstages. Sie hätten selbstverständlich beginnen müssen mit einem geharnischten Protest gegen den schnöden Verfassungsbruch, durch den mehr als 80 voll legitimierte kommunistische Abgeordnete dem Reichstag ferngehalten wurden. Nicht ein einziges Wort wurde darüber gesagt. Stillschweigend wurde von allen Parteien, auch von den Sozialdemokraten, dieser Verfassungsbruch hingenommen. Die Sozialdemokraten verlangten nur die Freilassung ihrer eigenen in Haft befindlichen Kollegen ...

Die Sozialdemokratie lehnte wenigstens das Ermächtigungsgesetz ab; das Zentrum aber, die Bayerische Volkspartei und die Staatspartei nahmen es an und begründeten ihre Zustimmung in ihren Erklärungen. Die Begründung lief darauf hinaus, dass die Erklärungen, die Herr Hitler in seiner großen Rede zu Beginn der Sitzung abgegeben hätte, ihre schweren Bedenken gegen das Ermächtigungsgesetz gemildert hätten.«[80]

Ludwig Quidde, Jahrgang 1858, deutscher Friedensnobelpreisträger von 1927, TEXTE DES EXILS

»Unsere Antwort auf die Regierungserklärung erteilte der Vorsitzende des sozialdemokratischen Parteivorstandes, Otto Wels. Seine Rede war nach Form und Inhalt ein Meisterwerk, ein letzter Gruß an das verblichene Zeitalter der Menschlichkeit und des Menschenrechts. Die Vorwürfe und Verleumdungen der Nationalsozialisten gegenüber der Sozialdemokratie wurden in würdiger Form zurückgewiesen.«[81]

Wilhelm Hoegner, bayerischer Reichstagsabgeordneter der SPD, ERINNERUNGEN

»Vor dem Reichstag standen währenddessen S.A.-Formationen und schrien im Sprechchor: ›Wir wollen das Ermächtigungsgesetz, sonst gibt es Zunder.‹«[82]

René Schickele, deutsch-elsässischer Schriftsteller, DIE BLAUEN HEFTE, 21. MÄRZ 1933

»Bemerkenswert war, dass auch Theodor Heuss, der spätere Präsident der Bundesrepublik Deutschland, ebenso mit Ja stimmte wie die früheren Reichskanzler Josef Wirth, Heinrich Brüning und Franz von Papen ... Nur die Sozialdemokraten stimmten gegen das ›Ermächtigungsgesetz‹. Als Sprecher seiner Partei begründete Otto Wels die Ablehnung des Gesetzes. Trotz meiner Überzeugung vom Versagen der Sozialdemokraten ... ließ mich die Rede von Wels und die Art, wie er sie vorgetragen hatte, nicht unbeeindruckt. Danach folgte eine schneidende Abrechnung Hitlers mit der Politik der letzten 14 Jahre, die die Zustimmung des Hauses und natürlich auch meine innere Zustimmung fand.«[83]

Artur Axmann, Mitglied der Reichsleitung der Hitlerjugend, ERINNERUNGEN

»Ein Ungewitter entlud sich über die Sozialdemokratie, wie wir es in all diesen Jahren im Reichstag nie erlebt haben. Welch ein Debatter ist Hitler! Mühelos

flogen ihm die Argumente zu, um den Gegner unter dem tosenden Beifall der Braunhemden niederzureden. Wer dies mit ansah, weiß, wenn er es nicht schon wusste, warum Hitler der Sieger von 1933 ist.«[84]
Frankfurter Zeitung, 6. März 1933

»Weder die Existenz des Reichstages noch des Reichsrates soll dadurch bedroht sein. Die Stellung und Rechte des Herrn Reichspräsidenten bleiben unberührt. ... Der Bestand der Länder wird nicht beseitigt, die Rechte der Kirchen werden nicht geschmälert, ihre Stellung zum Staate nicht geändert.«[85]
Adolf Hitler, Reichstagsrede vom 23. März 1933

»Die Zentrumspartei trägt durch ihre Zustimmung die Verantwortung für alles, was Hitler auf Grund des Ermächtigungsgesetzes getan hat, für die Ächtung und Verfolgung der Juden, für die verfassungswidrigen Eingriffe in die Verwaltung und die Rechtspflege, für die Knebelung der Presse, der Vereine und Versammlungen, für die terroristische ›Gleichschaltung‹ aller öffentlichen Körperschaften. Dieselbe Verantwortung trifft die Bayerische Volkspartei, die Staatspartei und die anderen bürgerlichen Splitterparteien.«[86]
Ludwig Quidde, deutscher Friedensnobelpreisträger von 1927, TEXTE DES EXILS

»Da die Regierung an sich über eine klare Mehrheit verfügt, ist die Zahl der Fälle, in denen eine innere Notwendigkeit vorliegt, zu einem solchen Gesetz Zuflucht zu nehmen, an sich eine begrenzte. Umso mehr aber besteht die Regierung der nationalen Erhebung auf der Verabschiedung dieses Gesetzes. ... Sie bietet den Parteien des Reichstages die Möglichkeit einer ... Verständigung; sie ist aber ebenso entschlossen und bereit, die Bekundung der Ablehnung und damit die Ansage des Widerstandes entgegenzunehmen. Mögen Sie, meine Herren, nunmehr selbst die Entscheidung treffen über Frieden oder Krieg.«[87]
Adolf Hitler, Reichstagsrede vom 23. März 1933

»Welche Motive die Zentrumspartei, die zur Erreichung der Zweidrittelmehrheit unbedingt gebraucht wurde und also eine noch immer starke Stellung hatte, zur Zustimmung veranlasst haben, lässt sich nur vermuten. Es scheint, dass Hitler stark mit Drohungen gearbeitet hat. Darauf deutet schon der Schluss seiner Reichstagsrede.«[88]
Ludwig Quidde, deutscher Friedensnobelpreisträger von 1927, TEXTE DES EXILS

»Er überwand die Verfassung mit der Verfassung und gewann dadurch im Kampf um die unbeschränkte Macht die erste und entscheidende Runde.«[89]
Lutz Graf Schwerin von Krosigk, Reichsfinanzminister, ES GESCHAH IN DEUTSCHLAND

TAGEBUCH, 25. MÄRZ 1933
»Gestern hatte ich meine letzte Handarbeitsstunde ... Hitler hat bei der Eröff-

nung des Reichstags eine wunderbare Rede gehalten. Es ist etwas Wunderbares um unsere Revolution. Jetzt beginnt das große Reinemachen!«
Henriette Schneider, Mrossen, Ostpreußen

»Die Nazis haben recht zu betonen, wie glimpflich ihre Revolution verlaufen sei. Nur ist das nicht ihr Verdienst. Es hat sich ja niemand gewehrt. Alle Resolutionen wurden erst blutig, als sie auf Widerstand stießen, die Grausamkeit wuchs im selben Maße wie der Widerstand.«[90]
René Schickele, deutsch-elsässischer Schriftsteller, DIE BLAUEN HEFTE, 27. MÄRZ 1933

»Aber schon in jenen Tagen sah ich die ersten Flüchtlinge. Sie waren nachts über die Salzburger Berge geklettert oder durch den Grenzfluss geschwommen. Ausgehungert, abgerissen, verstört starrten sie einen an; mit ihnen hatte die panische Flucht vor der Unmenschlichkeit begonnen, die dann über die ganze Erde ging. Aber noch ahnte ich nicht, als ich diese Ausgetriebenen sah, dass ihre blassen Gesichter schon mein eigenes Schicksal kündeten, und dass wir alle, wir alle Opfer sein würden der Machtwut dieses einen Mannes.«[91]
Stefan Zweig, Jahrgang 1887, österreichischer Schriftsteller, DIE WELT VON GESTERN

»Die Stadt war in jenen fiebrigen Wochen noch mehr als sonst der Ort erwünschter oder zufälliger, bizarrer oder folgenreicher Begegnungen. … In den nicht enden wollenden Diskussionen kehrte man immer wieder zur Frage zurück: Wie war das alles möglich? Die stärkste kommunistische Partei außerhalb der Sowjetunion, ein seit vielen Jahrzehnten gewerkschaftlich organisiertes Proletariat, eine sozialdemokratische Massenorganisation, die trotz allen Rückschlägen intakt geblieben war – das als vorbildlich gerühmte deutsche Proletariat akzeptiert kampflos, widerstandslos eine Niederlage, deren Folgen für ganz Europa, ja für die ganze Welt katastrophal zu werden drohen?«[92]
Manès Sperber, KPD-Mitglied, ALL DAS VERGANGENE

»Die deutsche Katastrophe hatte die Laufbahn sehr vieler glänzender junger Gelehrter in Deutschland zerstört, die meist von einem Tag auf den andern aus ihren Stellungen entfernt und auf die Straße gesetzt worden waren. Männer von Weltruf, die der Wissenschaft – und Deutschland – unschätzbare Dienste geleistet hatten, wurden, einer nach dem andern, vertrieben, und es war oft schwer zu sagen, worunter sie mehr litten, unter der äußeren physischen oder der inneren seelischen Tragödie.«[93]
Chaim Weizmann, Jahrgang 1874, britischer Chemiker und Zionist, MEMOIREN

»Die in Deutschland gegenwärtig herrschenden Zustände veranlassen mich, meine Stellung bei der Preußischen Akademie der Wissenschaften hiermit niederzulegen … Ich weiß, in wie hohem Maß ich ihr zu Dank verpflichtet bin. Ungern

Reichskanzler Adolf Hitler beim »Westfalen-Treffen« der SA in Dortmund am 9. Juli 1933. Es marschieren 80 000 SA-Männer auf.

scheide ich aus ihrem Kreise auch der Anregungen und der schönen menschlichen Beziehungen wegen, die ich während dieser langen Zeit als ihr Mitglied genoss und stets hoch schätzte. Die durch meine Stellung bedingte Abhängigkeit von der Preußischen Regierung empfinde ich aber unter den gegenwärtigen Umständen als untragbar.

Mit aller Hochachtung.

Albert Einstein« [94], Nobelpreisträger für Physik und preußischer Beamter, Erklärung vom 28. März 1933

»Am 10. und 12. März hatte Hitler auf unser Drängen scharfe Erlasse gegen die Fortsetzung der antijüdischen Ausschreitungen veröffentlicht. Als dies nicht genügte, ordnete ich an, dass meine Vizekanzlei auswärtige Diplomaten und Journalisten mit Material versorgte. Vielleicht würde Hitler, wenn er die Reaktion auf die Ausschreitungen im Auslande sah, sich wenigstens von dem politischen Schaden überzeugen lassen ... Zu dieser Zeit kam auch der König von Schweden durch Berlin und erkundigte sich bei mir sehr eingehend über die Begebnisse der letzten Monate und Hitlers Persönlichkeit. Ich bat den König eindringlich, Hitler zu sagen, welch üblen Eindruck die antijüdischen Exzesse im Ausland gemacht hätten und wie sehr der Kredit seiner Regierung darunter leiden müsse. Leider blieb auch dieser Hinweis ohne den gewünschten Erfolg, denn er hatte

dem überraschten Monarchen entgegnet: ›Man wird mir noch in tausend Jahren
für die Maßnahmen gegen die Juden danken.‹«[95]
Franz von Papen, Vizekanzler, DER WAHRHEIT EINE GASSE

»Göring erklärte einleitend, die Regierung sei erschrocken, empört und schließlich fassungslos gewesen über das, was im Auslande über die Zustände in
Deutschland geschrieben werde. In Wirklichkeit habe Deutschland seine nationale Auferstehung gefeiert, und ein Volk habe sich endlich zusammengefunden.
Seit dem 30. Januar habe sich eine Revolution in Disziplin vollzogen und, abgesehen von einigen bedauerlichen Ausnahmen, sei in Deutschland niemandem etwas zuleide getan worden, jedenfalls bei weitem nicht so viel wie 1918 ... Es gäbe
in Deutschland nicht einen Menschen, dem ein Fingernagel abgehackt oder ein
Ohrläppchen abgezwickt worden sei, und das Augenlicht hätten alle behalten.

Die Zahl der Toten sei täglich nicht höher gewesen als die der politischen
Zwischenfälle der vergangenen Jahre. Es haben sich nicht einmal ein Dutzend
Zusammenstöße ereignet, bei denen es Tote gegeben habe. In der ausländischen Presse seien maßlose und schamlose Entstellungen über die Zustände in
Deutschland. Er bestreite nicht, dass mehrere tausend kommunistische Funktionäre verhaftet worden seien, aber diese würden genauso behandelt, wie jeder
andere Gefangene auch ... Es habe auch Fälle gegeben, wo Juden festgenommen
und geschlagen worden seien ... Die Regierung und ich selber dulden niemals,
erklärte der Minister, dass jemand einer Verfolgung ausgesetzt ist, nur deshalb,
weil er Jude ist.«[96]
Deutsche Allgemeine Zeitung vom 26. März 1933, Bericht über eine Erklärung
Hermann Görings vor Vertretern der Auslandspresse am 25. März 1933

»Die Nationalsozialisten tendieren dazu, keinen Unterschied zwischen Kommunismus, Marxismus und dem Judentum zu machen. Der Hass gegenüber den Juden war von Beginn an eine der Haupttriebfedern für die Hitlerpropaganda. Die
Nazis haben ihn dermaßen benutzt und missbraucht, dass sie gewissermaßen
dazu verurteilt sind so zu tun, diesen Antisemitismus in die Tat umzusetzen.«[97]
André François-Poncet, Jahrgang 1887, französischer Botschafter in Deutschland,
Bericht Nr. 305 an die Direction politique et commerciale d'Europe, 30. März 1933

TAGEBUCH, 31. MÄRZ 1933
»Morgen früh wird der offizielle Boykott beginnen. Alle jüd.[ischen] Geschäfte
werden durch schwarze Schilder mit gelben Punkten gekennzeichnet, vor alle
Geschäfte werden S.A.-Leute postiert, die aufmerksam machen sollen, dass es
sich um Juden handelt. Massenversammlungen werden veranstaltet. Die Zeitungen hetzen. Das Radio hetzt. Redner hetzen. Broschüren werden verkauft von
angeblichen Rabbinerlehren. Die jüd.[ischen] Geschäfte u. Büros dürfen ihren

Angestellten nicht kündigen, müssen ihnen aber 2 Monate Lohn im Voraus zahlen. Jüdische Angestellte sind fristlos zu entlassen. Im Inlande sind in zahlreichen Städten jüd.[ische] Anwälte in Schutzhaft genommen. Ich sage den Meinen, sie möchten sich nicht ängstigen, wenn ich nicht heimkomme. Ich rechne mit meiner Verhaftung. An zahlreichen Gerichten sind die jüd.[ischen] Anwälte bereits ausgeschlossen. Bei uns ist es eine Frage von Tagen, vielleicht Stunden. Die Tonart und die Begründungen des Vorgehens sind nicht wiederzugeben. Jedes Wort würde zu einer Richtigstellung herausfordern.«[98]
Kurt F. Rosenberg, deutsch-jüdischer Rechtsanwalt in Hamburg

»Um 9 Uhr fuhren Flave Clark und ich über die Berge, via Charleston in West-Virginia, nach Frederick in Maryland. Dort kaufte ich einige Sachen, die ich nach Berlin mitnehmen will. Wir fuhren weiter nach Gettysburg, wo ich in einem netten Restaurant zu Mittag aß. Der Leiter der Gaststätte gestattete nicht, dass Flave, ein Neger, sein Essen im Speisesaal einnahm. Er musste durch einen Hintereingang in die Küche gehen, genauso, wie man es in den Südstaaten in Charleston oder Atlanta von ihm verlangt hätte. Flave beschwerte sich nicht.«[99]
William Edward Dodd, Jahrgang 1869, Botschafter der Vereinigten Staaten in Berlin,
TAGEBUCH, 7. MAI 1934

TAGEBUCH, 31. MÄRZ 1933
»Göring hat über Rundfunk den Judenboykott angekündigt. Er ist für morgen geplant.«[100]
Bella Fromm, Kolumnistin der Vossischen Zeitung

TAGEBUCH, 1. APRIL 1933
»Mein altes Buch liegt abgeschlossen vor mir. Es birgt viel Liebes und Trübes, und Gott weiß, was ich euch, ihr Blätter, anzuvertrauen haben werde ... Die Zeit ist schwer, Adolf Hitler will sie meistern, möchte es ihm gelingen.«[101]
Henriette Schneider, Mrossen, Ostpreußen

TAGEBUCH, 1. APRIL 1933
»Gestern: Kabinett Gleichschaltung beschlossen. Sonst nichts von Belang. Alle die anderen haben Angst vor dem Boykott. Niemann verhandelt mit Herbert Samuel. England will Gräuelhetze verurteilen. Ministerium: ein paar Unannehmlichkeiten. Besuch von Methodisten-Bischof Nuelsen. Feiner Herr! Zu Hause Berge von Arbeit.

Mit Hitler und Göring Boykotttage besprochen. Ergebnis: heute Boykott in aller Schärfe. Dann bis Mittwoch Pause. Ist Hetze zu Ende, dann Schluss, sonst aber Kampf. Ich gebe Erklärungen vor der Presse ab. Atemlose Stille. Die Juden haben eine Judenangst.«[102]
Joseph Goebbels, Reichsminister für Volksaufklärung und Propaganda

»Nach anderthalb Stunden Warten erschien endlich Hitler in einem seiner blauen Dorfschullehreranzüge. Er sah müde aus; die Tränensäcke unter seinen Augen waren noch stärker als gewöhnlich, und seine Lider hatte er nur halb offen, doch er schien wegen des Boykotts in bester Stimmung zu sein. Wir gingen in den Speisesaal ...

Während er seine wenig schmeichelhaften Bemerkungen über die Braunhemden und die Parteigenossen machte, die ihn an die Macht gebracht hatten, bemerkte ich, dass seine Zähne in Ordnung gebracht waren; seine merkwürdigen kleinen Vorderzähne waren ausgefüllt, und sein ganzer Mund glitzerte von Gold. Die Fingernägel waren aber noch immer zu weit mit Haut bewachsen, und beim Reden kaute er dauernd daran; zuweilen unterbrach er diese Beschäftigung und betrachtete den einen oder anderen kritisch.«[103]

Friedelind Wagner, Jahrgang 1918, Internatsschülerin, Tochter von Siegfried und Winifred Wagner, NACHT ÜBER BAYREUTH

»An jedem Eingang standen zwei oder drei uniformierte SA-Soldaten, die sich keineswegs aggressiv verhielten, sondern die Einkaufswilligen nur daran erinnerten, dass dies ein ›Judengeschäft‹ sei.«[104]

Christopher Isherwood, britisch-amerikanischer Schriftsteller, CHRISTOPHER UND DIE SEINEN

»Beim Betreten des Ladens sagt jeweils der SA-Mann in durchaus höflichem, diszipliniertem Ton: ›Jüdisches Geschäft!‹ Wir, ebenso höflich und diszipliniert: ›Danke, wir wissen Bescheid!‹ Erstaunter Blick des SA-Mannes, aber nirgends eine Anpöbelei. Es bleibt immer wieder bewundernswert, wie die Partei ihre Leute bis hinunter zum kleinsten SA-Mann an der Strippe hat.«[105]

Erich Ebermayer, Schriftsteller

»In der Stadt war Trubel! Aber nicht Begeisterung, sondern Neugierde. Jeder wollte sehen, wie der Boykott aussah. Schilder an der Ladentür, beklebte Schaufensterscheiben, überall SA-Posten.«[106]

Hugo Linck, Jahrgang 1890, Pfarrer, Königsberg, KIRCHENKAMPF IN OSTPREUSSEN

»Auf der Graupenstraße ein Gewoge von ›kleinen Leuten‹ und bei der Firma Blasse, die auch von Nazis blockiert ist, wird verkauft wie sonst. Die ›kleinen Leute‹ drängen eben ins Geschäft und lassen sich durch die mit riesigen Plakaten behangenen Nazis und ihre Helfer gar nicht stören! An allen jüdischen Firmen sieht man die Schaufenster mit weißen, etwa fünfzig bis achtzig Zentimeter großen Buchstaben beschmiert: ›Jude‹. Daneben kleben, oder werden gerade geklebt, kleine rote Zettel: ›Deutsche, kauft nicht beim Juden!‹«[107]

Walter Tausk, Jahrgang 1890, jüdisch-deutscher Handelsvertreter und esoterischer Schriftsteller in Breslau

»An die Schaufenster waren Unflätigkeiten geschmiert, und die Ladeninhaber hatten sich meistens unsichtbar gemacht. Neugieriges Volk lungerte vor den Geschäften herum, halb ängstlich, halb schadenfroh. Der ganze Vorgang wirkte unbeholfen und stagnierend, so als erwarteten alle noch irgendetwas, wüssten aber im Moment nicht recht was. Nach öffentlichem Blutvergießen sah es nicht eigentlich aus.«[108]

Sebastian Haffner, Justizreferendar, DIE ERINNERUNGEN

»In den Hafenstädten (hauptsächlich in Hamburg), wo man im Gegensatz zum Rheinland nur sehr schwer antisemitische Stimmungen erzeugen kann und wo selbst der Tag des Boykotts mit einem Fiasko endete, konnte man am frühen Nachmittag keine Blumen mehr bekommen, weil sie alle in die jüdischen Wohnungen gewandert sind, versandt von beschämten und mitfühlenden Ariern. Dies und andere Solidaritätszeichen, zum Beispiel das Vorlassen der Juden in den Warteschlangen, waren leider nur eine oberflächliche Auflehnung gegen die herrschende, oder besser gesagt aufgezwungene Stimmung, sie können daher auf längere Sicht nur wenig Trost bieten. Ich sage deutlich: Irgendwelche Beispiele von Courage, den Boykott von arischer Seite zu unterlaufen, wurden keine vermeldet, und das erwähnte Mitgefühl beschränkte sich auf Visitenkarten, Blumen und Besuche bei jüdischen Bekannten.«[109]

Antoni Graf Sobański, polnischer Literat und Essayist,
NACHRICHTEN AUS BERLIN

»Alles dies erregte, was man den Deutschen nach den letzten vier Wochen kaum mehr zugetraut hätte, weit verbreiteten Schrecken. Ein gewisses Murmeln der Missbilligung, unterdrückt, aber hörbar, lief durch das Land. Feinfühlig merkten die Nazis, dass sie im Moment einen zu großen Schritt gemacht hatten, und ließen nach dem 1. April einen Teil der Maßnahmen wieder fallen, aber nicht, ohne vorher den vollen Schrecken haben wirken zu lassen.«[110]

Sebastian Haffner, DIE ERINNERUNGEN

»Nicht der 30. Januar, der Tag der Machtergreifung, nicht der Tag von Potsdam, der 23. März 1933, sondern der 1. April dieses Jahres ist die große Wende. Es war die große, deutliche, unübersehbare Demonstration: Der Rechtsstaat ist zu Ende. Anstelle des Rechts trat der nackte Terror.«[111]

Paul Ronge, Jahrgang 1901, Rechtsanwalt in Königsberg,
IM NAMEN DER GERECHTIGKEIT

»Wir empfangen Blumen und Briefe von unseren christlichen Freunden, die uns auf solche Weise ihre Gesinnung dartun wollen. Um jeden Gruß solcher Art sind wir dankbar, denn er erhält den Glauben an Menschen, wenn auch nicht an den Menschen schlechthin.«[112]

Kurt F. Rosenberg, deutsch-jüdischer Rechtsanwalt in Hamburg

»Mein Vater hat, wohl auch mit Blick auf seine Kinderschar, im Jahr 1933 einen Aufnahmeantrag in die NSDAP gestellt. Als er die Antwort bekam, jetzt könne er noch nicht aufgenommen werden, es gebe da eine Bewährungsfrist, zog er den Antrag mit der Bemerkung zurück, er sei kein Sträfling und brauche keine Bewährung. Eine solche Unbotmäßigkeit konnte er sich 1933 noch leisten, später hätte er sich dies zweimal überlegt. 1937 wurde er dann doch Mitglied, für Direktoren wohl die letzte Gelegenheit.«[113]

Erhard Eppler, Jahrgang 1926, Schüler in Schwäbisch-Hall, ERINNERUNGEN EINES WERTKONSERVATIVEN

»Als Hitlers Herrschaft im Januar 1933 begann, war ich soeben vierzehn Jahre alt geworden. Die Pubertät, auch die ersten kleinen Ansätze zu selbständigem Denken hatten soeben begonnen. Aus der Rückschau betrachtet, hätte ich damals durchaus dem Zeitgeist erliegen und – wenigstens anfänglich – ein kleiner Nazi werden können, wenn nicht mein jüdischer Großvater gewesen wäre. Doch obwohl diese Möglichkeit nicht Gestalt angenommen hat, obwohl ich kein Nazi geworden bin, hat die Informations- und Erziehungsdiktatur der zwölf Hitlerjahre meine Jugend beeinflusst. 1937, als ich achtzehn wurde, wusste ich immerhin deutlich, dass ich ›dagegen‹ war; aber selbst am Ende des Zweiten Weltkriegs wusste ich noch nicht, wofür ich hätte sein sollen.«[114]

Helmut Schmidt, Jahrgang 1918, Hamburg, KINDHEIT UND JUGEND UNTER HITLER

»Es ist ein merkwürdiger Gedanke, dass das Wesen eines einzelnen Mannes eine ganze Gesellschaft umschichten und verwandeln kann wie ein Magnet, der über einen Haufen Metallstücke gezogen wird.«[115]

Karen Blixen, Jahrgang 1885, dänische Schriftstellerin, Reportage für die Zeitung Politiken, Kopenhagen

»Mein Sohn, damals neun Jahre alt, wurde vom ersten Tage an von seinem Klassenlehrer auf eine Bank allein gesetzt, die anderen Kinder saßen zu zweit in der Bank. Als ihm einmal ein Bleistift auf die Erde fiel und ein Kamerad diesen Bleistift aufheben wollte, rief der Lehrer: ›Willst du wohl den Juden den Bleistift allein aufheben lassen!‹«[116]

Hugo Moses, Jahrgang 1887, deutsch-jüdischer Besitzer der Wäschefabrik »Progress« in Köln, BERICHT

»Ich war zufällig in Palästina, als der erste Strom deutscher Einwanderer ankam. Da waren sie nun, diese deutsche Juden, die an ein regelmäßiges und sicheres Leben gewöhnt waren, die meist ein solides Geschäft besessen oder einen festen Beruf ausgeübt hatten, die soziale Erdbeben dieser Art, die für das osteuropäische Judentum etwas Alltägliches waren, gar nicht kannten. Daher fehlte ihnen die Anpassungsfähigkeit und Wendigkeit der russischen und polnischen Juden; sie hielten starrer an ihren Sitten und Gewohnheiten fest und nahmen sich ihr Unglück – das 1932/33 noch den alten russischen Austreibungen ähnelte, wo die bestialische Einrichtung der Gaskammern noch nicht bestand – viel mehr zu Herzen.«[117]

Chaim Weizmann, britischer Chemiker und Zionist, MEMOIREN

TAGEBUCH, 19. APRIL 1933
»Morgen ist Hitlers Geburtstag. Seit heute Mittag ist die Stadt geflaggt. Selbst die Straßenbahnen tragen Hakenkreuzfahnen. Heute Abend ist Fackelzug der S.A. Seit 7 Uhr stehen schon Wartende auf dem Rathausmarkt.«[118]

Kurt F. Rosenberg, Rechtsanwalt in Hamburg

»Als wir beim Nachtisch waren, kam ein SA-Führer zur Tür herein … ›Herr Schmeling, der Führer bittet Sie, mit ihm in der Reichskanzlei zu essen‹ … Kaum aber war ich zum Fenster getreten, als sich die Tür öffnete und Hitler erschien, umgeben von Göring, Goebbels und fast der ganzen Reichsregierung. Ohne Umschweife kam Hitler direkt auf mich zu … Er war kleiner, als ich ihn mir vorgestellt hatte, vor allem aber fehlte ihm das Verkrampfte und Überspannte seiner öffentlichen Auftritte. Wenn wir auf dem Weg nach Saarow-Pieskow in Dörfern und Kleinstädten in den letzten Jahren an Plakatwänden mit seinem Foto vorbeigekommen waren, hatte Anny ihn zuweilen amüsiert mit Charlie Chaplin verglichen. Aber zumindest in diesem Augenblick hatte er nichts von dem Komiker, er bewegte sich vollkommen gelöst, er war liebenswürdig und behandelte seine Umgebung mit einer ruhigen Sicherheit.«[119]

Max Schmeling, deutscher Schwergewichtsboxer, ERINNERUNGEN

»An den Herrn Kanzler des deutschen Reiches, Adolf Hitler, Berlin.
Hochzuverehrender Herr Reichskanzler!
Der unzertrennliche Begleiter und treue Beschützer des ersten Kanzlers des deutschen Reiches war eine Deutsche Dogge, der deutsche Nationalhund. Schon bei der von mir vor 4 Jahren durchgeführten Vereinigung sämtlicher deutscher Doggen-Klubs zu einem Deutschen Doggen-Verein, dem auch Österreich angehört, gab ich der Hoffnung Ausdruck, dass es mir vergönnt sein möge, dem Vollender der deutschen Einheit eine Deutsche Dogge namens des Deutschen Doggen-Vereins verehren zu dürfen. Diese Stunde ist nun gekommen.
Es würde für den Deutschen Doggen-Verein die höchste Ehre bedeuten, wenn

Sie, hochzuverehrender Herr Reichskanzler, sich entschließen könnten, zu Ihrem Geburtstage eine Deutsche Dogge von dem Deutschen Doggen-Verein entgegenzunehmen.«[120]

Heinrich S., Bürodirektor des Evangelischen Landeskirchenamtes Wiesbaden, Biebrich am Rhein, Brief an den Reichskanzler vom 10. April 1933

TAGEBUCH, 4. MAI 1933

»Wer immer unsere Zeit aus historischer Perspektive kennenlernen wird, wird nicht ermessen können, wie tief die Dinge in unser tägliches Leben eingreifen, vom überwachten Briefe u. Telefongespräch an. Bevor ich schlafen gehe, blicke ich auf die schlafenden Kinder.«[121]

Kurt F. Rosenberg, Rechtsanwalt in Hamburg

»Also nicht, dass Reichsbanner und Gewerkschaften versagen und versagten mussten, ist das Beschämende – beschämend vielleicht nur, weil man vorher so große Worte gemacht hatte. Beschämend ist die Würdelosigkeit, mit der so viele sich der Gewalt beugten, statt sich, wenn schon kein Widerstand möglich war, mit Anstand zurückzuziehen.«[122]

Ludwig Quidde, seit März 1933 im Schweizer Exil

»Das Wetter war in diesem Sommer wundervoll, die Sonne war unermüdlich, und ein spöttischer Gott ließ gerade 1933 in Deutschland einen Weinjahrgang reifen, von dem die Kenner noch lange singen und sagen werden.«[123]

Sebastian Haffner, DIE ERINNERUNGEN

»Seit die Nazis die Staatsmacht erobert, sich das Medienmonopol ausgebaut hatten, war es immer schwerer geworden, Widerstand zu organisieren oder auch nur die Verbindung zu Gleichgesinnten wachzuhalten. Polypenähnlich legte sich die NSDAP mit ihren Organisationen um nahezu alle Teile der Gesellschaft. Berichte über Folterkeller und aus Sklavenlagern verbreiteten Furcht und Schrecken.«[124]

Willy Brandt (eigentlich Herbert Frahm), Jahrgang 1913, Mitglied der illegalen Sozialistischen Arbeiterpartei Deutschlands, MEIN WEG

»Im Frühjahr 1933 hatte ich es noch ausschließlich mit kriminellen Gefangenen zu tun. Im Sommer 1933 kamen dann viele politische. Diese ersten Funktionäre der antifaschistischen Opposition wurden nicht zu Zuchthaus verurteilt, sie erhielten noch ›milde‹ Strafen, durchschnittlich zwei Jahre Gefängnis. Es waren SPD- und KPD-Funktionäre. Ein ganz anderer Menschenschlag als die kriminell Verurteilten ... aufrechte Männer mit normalen sozialen und familiären Bindungen und vielseitigen Interessen.«[125]

Harald Poelchau, Jahrgang 1903, evangelischer Gefängnispfarrer im Gefängnis Berlin-Plötzensee, ERINNERUNGEN

In Essen/Ruhr zwingen im Sommer 1933 als Hilfspolizisten eingesetzte SA-Männer jüdische Bürger, Anti-NSDAP-Parolen von Wänden und Fassaden zu entfernen.

TAGEBUCH, 30. MAI 1933

»Gestern kam Edgar an, um vor seiner Auswanderung Abschied zu nehmen. Er ist ganz erfüllt von allen Plänen und kennt Palästina, ohne es gesehen zu haben. Er ist zukunftsfreudig und steht auf einem geistigen Fundament, das ihm das Recht dazu gibt.

Heute standen wir am Bahnhof und winkten, bis der Zug die Halle längst verlassen hatte. Ein Schicksalswind wehte uns an. Da Theklein gestern in Hummelsbüttel war, fuhren wir noch spät hinaus. Ich hatte den Wunsch, Edgar möchte das Kind und das Kind Edgar noch einmal sehen. Es waren das so bewusst erlebte Augenblicke, zu denen die Unbekümmertheit des Kindes nicht zu passen schien.«[126]

Kurt F. Rosenberg, Rechtsanwalt in Hamburg

»Eines der ersten Gesetze, die Hitler erließ, nachdem der neue Reichstag ihm das Recht, auf eigene Faust jederlei Art von Gesetzen zu machen, geschenkt hatte, war, die Guillotine durch die Axt oder, in besonders schmählichen Fällen, durch den Galgen zu ersetzen; die Guillotine sei eine undeutsche Erfindung. Also die Axt, etwa zwei Jahre lang. Dann wurde sie in aller Stille wieder abgeschafft und ersetzt durch ein Ding, welchem man den schönen deutschen Namen Fallschwert-Maschine gab; Guillotine durfte nun einmal nicht sein. Offenbar hatte es mit der Axt so grässliche Zwischenfälle gegeben, dass die notwendigen Zeugen am Ende protestierten.«[127]

Golo Mann, Student in Heidelberg, ERINNERUNGEN

»In Wirklichkeit waren wir Deutschen für die illegale Arbeit ziemlich unbegabt. Wer im Untergrund ausharrte, musste vor allem aufs Durchhalten und Überleben bedacht sein. Die Mitglieder der antinazistischen Gruppen luden sich eine schwere Last auf. Weltfremde Parolen und falsche Prognosen machten es nicht leichter, diese Last zu tragen. Doch jene Minderheit, die in Zirkeln des deutschen Untergrunds zusammengeschlossen blieb, brachte mit Treue und Unerschrockenheit ihre Opfer. Ihr wurde ein hoher Blutzoll abverlangt. Oft hat man im Ausland nicht zur Kenntnis nehmen wollen, dass die Konzentrationslager zunächst für deutsche Antinazis errichtet worden waren, von denen viele Tausende zugrunde gingen, bevor der Krieg begonnen hatte und fremde Länder okkupiert wurden.«[128]

Willy Brandt, Mitglied der illegalen Sozialistischen Arbeiterpartei Deutschlands, MEIN WEG

»Wir haben immer mit dem Tode gerechnet. Wir wussten: Wenn wir in die Hände der Gestapo geraten, bedeutet es das Ende.«[129]

Julius Fučík, Jahrgang 1903, tschechischer Journalist und Kommunist, UNTER DEM STRANG GESCHRIEBEN

»Jeder, der den Hitlerstaat nicht bekämpft hat, hat ihm eigentlich gedient. – Ich habe gesehen, wie angesehene Juden von der Stadtverwaltung in Königsberg angestellt wurden, um Schnee zu schippen – rasch ging man vorbei –, und ich wusste, dass durch Staßfurt Autobusse mit verhangenen Fenstern fuhren und die Menschen sich zuraunten: ›Das sind Irre, die werden fortgeschafft, wer weiß, wohin!‹ Ich habe gehört, wie die im Morgengrauen aus Königsberg ausziehenden Truppen Lieder sangen mit dem Refrain: ›Die Juden schickt ins Meer, die Wogen schlagen zu, die Welt hat Ruh.‹ – Da schauerte uns in unserem gemütlichen Stadtquartier. Aber dabei blieb es.«[130]

Esther Gräfin von Schwerin, Jahrgang 1904, ostpreußische Gutsbesitzerin, ERINNERUNGEN

»Ich, von Natur feige und mit einer quälenden Vorstellungskraft ausgestattet, hielt den Mund.«[131]

Marie Luise Kaschnitz, Schriftstellerin, AUFZEICHNUNGEN

»Der Mensch hängt am Leben, die viel zitierte Todessehnsucht der Deutschen unter der Diktatur. Gewiss, man konnte mitmachen, aber man konnte sich auch klein, unsichtbar machen.«[132]

Oda Schaefer, Jahrgang 1900, Schriftstellerin, ERINNERUNGEN

»Von den Schrecken der Konzentrationslager habe ich erst 1945 in Nürnberg tatsächliche Kenntnis erhalten.«[133]
Franz von Papen, Vizekanzler, DER WAHRHEIT EINE GASSE

»In der Einrichtung der Konzentrationslager lag der Keim für alle späteren Verbrechen. Die unbegrenzte Gewalt über Leib und Leben ließ die Sadisten groß werden, die ihr grausames Handwerk mit dem Anspruch ausübten, an Feinden der Gesellschaft ein Werk der Vergeltung zu vollziehen.«[134]
Lutz Graf Schwerin von Krosigk, Reichsfinanzminister, ES GESCHAH IN DEUTSCHLAND

»Bei der Aufforderung Himmlers, in die aktive SS, in die Wachtruppe eines Konzentrationslagers [einzutreten], hatte ich mir über ... das Konzentrationslager ... gar keine Gedanken gemacht. Der Begriff war mir zu fremd. Ich konnte mir darunter gar nichts vorstellen.«[135]
Rudolf Höß, Jahrgang 1900, SS-Mitglied seit November 1934,
AUTOBIOGRAPHISCHE AUFZEICHNUNGEN

»Es gab damals schon Konzentrationslager in Deutschland, u.a. eines in Oranienburg. Es stimmt, dass Hermann Göring die ersten eingerichtet hat, als er noch Chef der preußischen Polizei war. Sie waren aber nicht für Juden gedacht, sondern für kommunistische Staatsfeinde. Es war bekannt, dass es in Berlin ausgesprochen rote Bezirke gab und dass von hier aus die Widerstandsarbeit gegen das Dritte Reich den stärksten Antrieb erhielt. Um des politischen Friedens willen beschloss Hermann Göring, dass bekannte Kommunisten, fanatische und extreme Altmarxisten, aus Berlin entfernt und zu einer regelrechten Umschulung ins sogenannte Konzentrationslager eingewiesen wurden.«[136]
Emmy Sonnemann, verheiratete Göring, Jahrgang 1893, Schauspielerin,
BEGEBENHEITEN UND BEKENNTNISSE

»Von den rund 360 000 Mitgliedern der KPD im Dezember 1932 wurden bereits in den ersten sechs Wochen des Naziregimes mindestens 18 000 eingekerkert und viehisch gefoltert ... Allein das im März 1933 eingerichtete KZ Dachau hatte 5 000 Antifaschisten aufzunehmen. Nach unvollständigen Angaben der Roten Hilfe wurden bis Mitte 1935 rund 5 000 Antifaschisten, vor allem Kommunisten, ermordet, 21 000 vor Gericht gezerrt, 19 000 zum Tode oder zu langjährigen Zuchthausstrafen verurteilt.«[137]
Erich Honecker, Bezirksleiter des Kommunistischen Jugendverbandes Deutschland im Saargebiet, AUS MEINEM LEBEN

»In den Betrieben gibt es fast überall ›Arbeiter‹ der Gestapo, die unvorsichtige Äußerungen zu sammeln verstehen.«[138]
Robert Coulondre, Jahrgang 1885, französischer Diplomat, ERINNERUNGEN

»Anfang Juni 1933 verhaftete die Gestapo in Dresden eine ganze Reihe Jugendge-
nossen. Auch ich wurde ohne Angabe von Gründen am 14. Juni in ›Schutzhaft‹
genommen und in die ›Mathilde‹ eingeliefert. Es fanden keine Verhöre statt, man
hatte uns nur ›zum Schutz des Reiches‹ inhaftiert. Die Bedingungen in der ›Mathilde‹, einem Zellengefängnis, waren noch ziemlich normal. Zu dritt oder zu
viert lagen wir in einer Zelle, alles Genossen, und harrten unseres Schicksals.
Eines Tages wurde ein Transport zusammengestellt. Wir kamen nach Colditz
bei Leipzig.

Dort hatten die Nazis im Schloss ein Konzentrationslager eingerichtet, das
von der SA bewacht wurde. Es handelte sich um dumme und brutale Burschen,
die uns den ganzen Tag ›scheuchten‹, wie sie es nannten. Wir mussten exerzieren
und stumpfsinnige Tätigkeiten verrichten. Nachts lagen wir auf Strohsäcken in
den Schlosssälen. Da es sich ausnahmslos um Genossen aus Sachsen handelte,
war das Klima erträglich. Das zog sich ein halbes Jahr hin. Zum Weihnachtsfest
erließ der ›Führer und Reichskanzler‹ eine Amnestie. Ein Großteil der Genossen
wurde entlassen. Ich blieb.«[139]

Horst Sindermann, Jahrgang 1915, Funktionär des Kommunistischen Jugendverbandes
Deutschlands, AUTOBIOGRAPHIE

»Nach 20 bis 25 Minuten Fahrzeit hatten wir das Lager erreicht, auf das wir
schon von weitem durch ein Labyrinth von Stacheldrahtverhau aufmerksam
wurden. Vor dem Verwaltungsgebäude stand schon eine ganze Horde SA- und
SS-Männer, die zum größten Teil nicht nur ihre Langlaufpistolen, sondern auch,
wie der Kommandant des Lagers, 60 bis 70 cm lange Ochsenziemer in ihren
mit Arbeiterblut befleckten Händen hielten. Noch nicht die Hälfte hatte das
Auto verlassen, da erhob sich schon ein Gebrüll, weil die Leute noch nicht in
›Front zu zwei Gliedern‹ vor den braunen Söldnern angetreten waren.«[140]

Hans Beimler, Jahrgang 1895, Reichstagsabgeordneter der KPD,
IM MÖRDERLAGER DACHAU

»Genau erinnerlich ist mir die erste Prügelstrafe, die ich sah. Nach Eickes Anordnung musste beim Vollzug dieser körperlichen Züchtigung mindestens eine
Kompanie der Truppe zugegen sein. Zwei Häftlinge, die in der Kantine Zigaretten gestohlen hatten, waren zu je 25 Stockhieben verurteilt. Die Truppe war
im offenen Viereck angetreten, unter Gewehr. In der Mitte stand der Prügel-
stock. Die beiden Häftlinge wurden von Blockführern vorgeführt. Es erschien
der Kommandant. Schutzhaftlagerführer und der dienstälteste Kompanieführer
meldeten. Der Rapportführer verlas den Straftenor, und der erste Häftling, ein
kleiner verstockter Arbeitsscheuer, musste sich auf den Block legen. Zwei Mann
aus der Truppe hielten Kopf und Hände fest und zwei Blockführer vollzogen,
Schlag um Schlag wechselnd, die Strafe. Der Häftling gab keinen Laut von sich.

Anders der zweite, ein starker, breiter Politischer. Schon beim ersten Hieb schrie er wild auf und wollte sich losreißen. Es blieb auch beim Schreien bis zum letzten Schlag ... Ich stand im ersten Glied und war nun gezwungen, den ganzen Vorgang genau anzusehen.«[141]

Rudolf Höß, SS-Obersturmbannführer, ab 1936 Rapportführer im KZ Dachau, AUTOBIOGRAPHISCHE AUFZEICHNUNGEN

»Mit dem Urteil habe ich mich noch einige Male in Gedanken beschäftigt. Die Strafe selbst interessiert mich wenig. Es haben viele vor mir für das bisschen Menschenrecht, das das Leben auch der niedrig Geborenen lebenswert macht, längere Strafen abgesessen ... Du weißt, dass mich die Haft nicht irgendwie bedrückt, was sollte ich zurzeit draußen anfangen? Mit gedemütigtem Herzen und eingezogenen Schultern den traurigen Blicken der Lübecker Arbeiter achselzuckend standhalten und ihnen sagen, dass ich es auch nicht ändern könnte? Da ist es schon besser, selbst äußerlich unfrei zu sein und innerlich mit stolzer Seele das Gesicht der Zukunft zuzuwenden.«[142]

Julius Leber, SPD-Reichstagsabgeordneter, Brief aus dem Untersuchungsgefängnis Lübeck vom 7. Juni 1933

»Die SS-Leute waren Unmenschen mit wenigen Ausnahmen. Der Kommandant ... hatte stets seine Reitpeitsche bei sich, und nicht umsonst. Roh und gemein war alles. Wir hießen ›Der jüdische Sauhaufen‹.«[143]

Karl Schwabe, Jahrgang 1891, Kaufhausbesitzer in Hanau, Bericht aus dem Jahr 1939

»Sie tragen für die Zustände der Rechtlosigkeit im Reiche heute die Verantwortung vor Ihrem Gott, vor Ihrem Eide auf die Verfassung und vor dem deutschen Volke.«[144]

Erich Ludendorff, General a. D., Brief an Reichspräsident von Hindenburg, 6. Juli 1933

TAGEBUCH, 21. JUNI 1933
»Die Geschäftsstelle der Deutschnationalen in Berlin besetzt. Stahlhelm im Rheinland und Anhalt u. a. aufgelöst, Vermögen sichergestellt, Häuser verschlossen. Über 100 Führer der D. N. Kampfstaffeln [der Deutschnationalen Volkspartei] verhaftet. D. N. Kampfring aufgelöst, Haussuchungen u. Beschlagnahmen bei der Bayr.[ischen] Volkspartei.«[145]

Kurt F. Rosenberg, Rechtsanwalt in Hamburg

»Du fandest meinen letzten Brief allzu kurz. Ich auch. Aber was soll man schreiben? Das tägliche Allerlei interessiert nicht oder doch wenig. Außerdem ist es ein Einerlei, und das, was Dich am meisten interessiert, das seelische Befinden nach dieser langen Absperrung, ist in Ordnung wie nur je.«[146]

Julius Leber, KZ-Häftling, Brief aus dem Konzentrationslager Esterwegen vom 31. Juli 1935

»Der Stahlhelm ist der N.S.D.A.P eingeordnet, das Deutschn.[ationale] Parteibüro besetzt, die D.N. Kampfringe und zahlreiche Verbände aufgelöst. Die christlichen Arbeitergewerkschaften sind als Staatsfeinde bezeichnet und aufgelöst worden. Für die evangel.[ische] Kirche ist ein Staatskommissar ernannt. Der jüngst mit erdrückender Majorität gewählte Pfarrer Bodelschwingh hat seinen Rücktritt erklärt.

Eine Zahl führender Sozialdemokraten ist in Schutzhaft genommen worden, unter ihnen der alte, ehemalige Reichstagspräsident Löbe.«[147]
Kurt F. Rosenberg, Rechtsanwalt in Hamburg

»Langer Brief von Frau Homm. Die Gute trauert sehr um den verflossenen Hugenberg und dass die Partei nun aufgelöst.«
Henriette Schneider, Mrossen, Ostpreußen

»Immer mehr zeigte sich, dass Taktik eine der wesentlichsten Künste ist, die man in einer Diktatur bcherrschen muss. Zu Anfang wurde im Kabinett noch diskutiert, Hitler freute sich, wenn er seine dialektische Begabung vorführen konnte, und war bereit, guten Argumenten auch mal nachzugeben. Aber immer mehr füllten die Vorträge der jeweils zuständigen Minister zur Tagesordnung und die Monologe Hitlers die Kabinettsitzungen aus; sie wurden zu einer Art Befehlsempfang, bei dem Diskussionen nur noch selten vorkamen.«[148]
Lutz Graf Schwerin von Krosigk, Reichsfinanzminister, ES GESCHAH IN DEUTSCHLAND

»Wilhelm kehrte gestern früh sehr angetan von Reichenhall, der großen SA-Führertagung, heim. Er war richtig verjüngt u. so energisch. Er hat länger mit Hitler gesprochen, war oben bei s.[einem] Häuschen und ist direkt begeistert von Hitler. Die Augen wären fabelhaft u. wie der Mensch redete.«[149]
Lisa Keitel, Ehefrau von Wilhelm Keitel, Gutsbesitzerin in Helmscherode,
Brief an die Mutter, 5. Juli 1933,

»Zur Gare de l'Est, von wo die Gräfin Keyserling nach Deutschland abreiste, während Hermann Keyserling noch bis morgen hier bleibt. Wir setzten uns zusammen nachher auf die Terrasse und tranken zwei Flaschen Champagner, wobei Keyserling sehr interessant über die Nazis und Hitler sprach. Er wiederholte, dass die Nazis eine viel radikalere Revolution als die Bolschewisten vorhätten; denn sie wollten nicht bloß die politische und soziale, sondern auch die geistige Struktur des deutschen Volkes von Grund auf ändern. Es sei in Wirklichkeit eine religiöse Erhebung, wie die Mohammeds, allerdings mit betont lokalem Charakter. Sie seien dabei, den Protestantismus und Katholizismus, ja überhaupt das

Christentum abzuschaffen, um zu dem, was sie für den altgermanischen Glauben hielten, zurückzukehren. Daher hätten sie auch weder Zeit noch Interesse für Außenpolitik und machten Zugeständnisse, die keine frühere Regierung gemacht hätte. Ja, sie könnten wie Trotzki in Brest-Litowsk den andren Nationen sagen: ›Warum so wenig? Wollt ihr nicht auch noch das und das haben?‹

Hitler, den er genau studiert habe, sei nach Handschrift und Physiognomie ein ausgesprochener Selbstmördertyp, jemand, der den Tod suche, und verkörpere damit einen Grundzug des deutschen Volkes, das immer in den Tod verliebt gewesen sei und dessen immer wiederkehrendes Grunderlebnis die Nibelungennot sei.«[150]

Harry Graf Kessler, Publizist und Diplomat

TAGEBUCH, 6. JULI 1933

»Nachdem alle Parteien schlafen gegangen sind, hat sich nun auch das Zentrum aufgelöst. Wer hätte das vor einem Jahr gedacht!«

Henriette Schneider, Mrossen, Ostpreußen

»Es war kurz nach Hitlers Machtergreifung, im Sommer 1933. Wir trafen Thomas und seine Frau zum Lunch in einem Restaurant in Manhattan … Bald saßen wir an einem kleinen Tisch vor den frisch gefüllten Wassergläsern. Bier gab es, glaube ich, noch nicht – oder wenn, dann war es noch sehr dünn und ähnelte dem sogenannten ›Nearbeen‹ –, aber Thomas Mann war ja Gott sei Dank keiner jener deutschen Landsleute, die alles in der Fremde nach der Qualität des dort gebrauten Biers beurteilen. Das Lunch war jedenfalls reichhaltig, auf riesigen Platten serviert. Bald waren wir mitten in einer Debatte über Hitler, seine Nazis und deren Aussichten. Thomas Mann vertrat die Auffassung, Hitler könne sich unmöglich länger als höchstens sechs Monate an der Macht halten, eine Auffassung, die er allerdings mit einer ganzen Reihe sehr gut informierter Menschen teilte.«[151]

George Grosz (eigentlich Georg Ehrenfried Groß), Jahrgang 1893, deutscher Maler im Exil, SEIN LEBEN VON IHM SELBST ERZÄHLT

»In kleinen Städten war es wahrscheinlich schwerer, unbehelligt zu leben, und auf dem Lande besonders. Man wusste genau, es gab in Deutschland Gegenden, die waren sehr stark nazi und andere nicht, und das wieder auf verschiedene Weise und, wie ich später merkte, auch in Hamburg gab es noch sehr stark den ›Weimarer Geist‹, den Geist der liberalen, halblinken, deutsch-jüdischen Kultur. Anderswo gab es auch eine Art von Anti-Nazismus, aber wieder ganz anders, das war auf den hinterpommerschen Rittergütern, wo man sich sagte, diese Rabauken, diese Proleten. Andere Gegenden waren sehr nazi, nach Süddeutschland hin wurde es zum Beispiel schlimmer.«[152]

Sebastian Haffner, DIE ERINNERUNGEN

»Ob die Deutschen ein Volk von Mystikern sind, ist durchaus strittig. Jedenfalls kann man nicht leugnen, dass das deutsche Volk, wenn auch unbewusst, gegenwärtig eine Phase des Messianismus durchlebt. Schon in einigen Reden Hitlers war der Ton eines Zwiegesprächs mit Gott, des Statthalters mit seinem Monarchen, nicht zu überhören. Außerdem gibt es in Deutschland einen gewissen kultischen Hang zur Symbolik, einer zweifellos eher degenerierten Form des Mystizismus. Fahnen, Abzeichen, Uniformen, Mensur, Führer, Wagner, Hakenkreuz, goldene Zöpfe – all das sind Symbole.«[153]

Antoni Graf Sobański, polnischer Literat und Essayist, NACHRICHTEN AUS BERLIN

TAGEBUCH, 6. SEPTEMBER 1933

»Alles wäre bereits besser geworden, erklärt meine besonders überzeugte Kusine, die Arbeitslosigkeit nähme stündlich ab, alle Verbrecher würden exemplarisch bestraft und dann – bei diesem Passus steigt den altem Mädchen die Rührung in den Hals – sei fortan vor allem das Leben aller Katzen, Hunde und Kaninchen durch den tierfreundlichen Göring-Erlass garantiert … Natürlich ist sie überzeugt, dass weder Juden noch Sozialisten verfolgt würden. Einzig den Kommunisten, die ja den Reichstagsbrand verursachten, wird mit Recht auf den Leib gerückt.«[154]

Thea Sternheim, Jahrgang 1883, deutsch-jüdische Fabrikantentochter und Autorin

TAGEBUCH, 7. SEPTEMBER 1933

»Immer zahlreichere Bekannte wandern aus.«[155]

Kurt F. Rosenberg, Rechtsanwalt in Hamburg

TAGEBUCH, 12. SEPTEMBER 1933

»Monsieur François-Poncet behauptete fest, es sei so gut wie sicher, dass es zum Krieg kommen werde. Meiner Meinung nach hat sich die wirtschaftliche Lage gebessert, seitdem ich hier bin. Die Nazis haben die Presse und ihre Redakteure so unter Disziplin und Kontrolle, dass ich glaube, für eine gewisse Zeit, vielleicht für ein Jahr, besteht keine Gefahr.[156]

William Edward Dodd, Botschafter der Vereinigten Staaten in Berlin

TAGEBUCH, 14. OKTOBER 1933

»Um dreiviertel sieben erschien Otto atemlos: Hitler spricht. Alle zogen wir in Emils Stube und vernahmen wieder Worte, wie sie eben nur Hitler spricht. U. a. erläuterte er die Notwendigkeit unseres Austritts aus dem Völkerbund und verkündete die Auflösung des Reichstags und Neuwahlen im November.«

Henriette Schneider, Mrossen, Ostpreußen

TAGEBUCH, 17. OKTOBER 1933

»Adolf Hitler erschien in einem einfachen Straßenanzug. Er sieht etwas besser aus als auf den Pressefotos … Die Unterredung hatte fünfundvierzig Minuten

Adolf Hitler beim Vorbeimarsch westfälischer SA-Männer. Leicht verdeckt hinter ihm
SA-Stabschef Ernst Röhm, rechts neben ihm Heinrich Himmler, der Reichsleiter der SS.

gedauert. Wir hatten noch viele andere Themen berührt. Ich gewann den Eindruck, dass er kriegswütig und sehr selbstbewusst ist.«[157]
William Edward Dodd, Botschafter der Vereinigten Staaten in Berlin

»Bis 1934 waren die KPD und die SPD an der Ruhr noch eine Macht. Allein in einer einzigen Straße, der Rheinischen Straße von Dortmund, stimmten am 12. November 1933 über 2000 mit Nein. Hitler hatte diese ›Reichstagswahl‹ mit einer ›Abstimmung‹ über den Austritt Deutschlands aus dem Völkerbund gekoppelt. Jeder, der zum ›Wahllokal‹ kam, erhielt eine Anstecknadel ›Ja‹. Damit sollte psychologischer Druck auf die ›Wähler‹ ausgeübt werden. Dennoch blieben über zwei Millionen Deutsche der ›Abstimmung‹ fern, und über drei Millionen stimmten mit Nein.«[158]
Erich Honecker, KPD-Funktionär im Untergrund, AUS MEINEM LEBEN

TAGEBUCH, 24. OKTOBER 1933
»Abends hörten wir im Rundfunk Hitlers erste Wahlrede, die er in Berlin im Sportpalast hielt. Sie war vorzüglich angelegt und fand die Billigung der Zuhörer, die tosend ihren Beifall kundgaben.«
Henriette Schneider, Mrossen, Ostpreußen

TAGEBUCH, 25. NOVEMBER 1933

»Abfahrt von Köln. Über Nacht ist Schnee gefallen. Weiße Landschaft. In meinem Abteil erzählt mir die von Düsseldorf kommende holländische Dame, wie ihre Düsseldorfer Freundin Tränen vergießt, sobald Hitler am Radio spräche. ›Sie betet ihn an. Er ist ihr Gott, ihr Alles.‹«[159]

Thea Sternheim, deutsch-jüdische Fabrikantentochter und Autorin

TAGEBUCH, 3. DEZEMBER 1933

»Julius brachte Witze mit heim, die zeigen, wie man die Lage beurteilt: ... ›Adolf Hitler ist ein großer Tierfreund. Eine Parteigenossin hat ihm eine schöne Katze geschenkt. Adolf nimmt sie auf den Arm und fragt sie: ›Wie gefällt es dir denn im Dritten Reich?‹ Die Mieze erwidert: ›Mau‹.«[160]

Karl Windschild, Pfarrer im Ruhestand, Ballenstedt, Freistaat Anhalt

TAGEBUCH, 25. DEZEMBER 1933

»Die Sitten der Deutschen sind ungewöhnlich: Auf jedem öffentlichen Platz und in jedem Haus habe ich Weihnachtsbäume gesehen. Fast möchte man meinen, die Nazis glauben wirklich an Jesus oder befolgen gar seine Lehren!«[161]

William Edward Dodd, Botschafter der Vereinigten Staaten in Berlin

TAGEBUCH, 31. DEZEMBER 1933

»Alles rüstet zum Silvester. Wir laden ein. Beim Chef großer Abend. Alles wird da sein. Letzter Tag des Jahres, das groß und berauschend war. Im Kaiserhof Mittag. Die kleine Sigi Laffert ist da. Gleich starte ich mit meiner Rundfunkrede. Dann Fledermaus und dann Abschluss des Jahres. Es war segensreich und groß. Wir danken dem Schicksal dafür.«[162]

Joseph Goebbels, Reichsminister für Volksaufklärung und Propaganda

TAGEBUCH, 3. JANUAR 1934

»Zum Jahresanfang sind einige nette neue Verordnungen herausgekommen, vor allem das Gesetz über die Sterilisierung ›Zur Verhütung erbkranken Nachwuchses‹. Ein so unmenschliches Gesetz haben nicht einmal die Wilden zustande gebracht.«[163]

Bella Fromm, ehemalige Kolumnistin der Vossischen Zeitung

TAGEBUCH, 30. JANUAR 1934

»Ein Jahr ist Hitler Reichskanzler, wie lange noch? ... Wir gingen um 3 Uhr zu Kulliks ins Nebenhaus und hörten dort mit W.[ilhelm], Frida und Heta die große Eröffnungsrede des Reichstags vom Kanzler. Er sprach wieder vorzüglich 2 ½ Stunden. Die Rede floss wie aus einem Guss. Und was er sagte! Das kann sich mancher hinter die Ohren schreiben.«

Henriette Schneider, Mrossen, Ostpreußen

»(A)m Nachmittag begab ich mich mit unserm Botschafter zu Hitler ... Wir wurden in einem riesigen Raum von Palais-de-danse-Ausmaßen empfangen, nachdem wir viele Gänge mit postierten Wachen und dem Dekor der Diktatur durchschritten hatten.

Hitler ... war kleiner und schmächtiger, als ich es nach den Fotos, die ich von ihm kannte, erwartet hatte. Trotz seiner sonderbaren Uniform gab er eine smarte, beinahe elegante Erscheinung ab. Er war beherrscht und freundlich. Obwohl er ziemlich lange redete, wenn er einmal in Fahrt kam, ging er auf Einwürfe oder Fragen stets bereitwillig ein.

Man sagte mir später, er sei ruhiger gewesen als sonst ... Während ich sprach, fixierte er mich ruhig mit seinen hellen, blaugrünen Augen. Seine Augäpfel traten etwas hervor, eine Erscheinung, die man meist mit übermäßiger Schilddrüsentätigkeit in Zusammenhang bringt. Während dieser Besprechungen gewann ich den Eindruck, dass Hitler weitaus mehr war als ein Demagoge. Er wusste, worüber er sprach, und bewies im Lauf der langen Unterredungen, dass er seinen Gegenstand vollauf beherrschte.«[164]

Anthony Eden, Jahrgang 1897, Lord-Siegelbewahrer, über eine Begegnung am 20. Februar 1934, MEMOIREN

TAGEBUCH, 6. APRIL 1934

»Karl fuhr schon am Vormittag ab ... Joswig kam des Luftschutzes wegen. Ich bin Hauswart geworden, auch ein Amt im 3. Reich!«

Henriette Schneider, Mrossen, Ostpreußen

»Das erste Mal traf Mussolini Adolf Hitler am 14. Juni 1934 in Venedig. Die Situation der beiden Staatsmänner war sehr unterschiedlich: Hitler machte seine ersten Schritte in der internationalen Politik, der Duce war seit zwölf Jahren an der Macht. Der erste Eindruck, den mein Mann von Hitler gewann, war keineswegs überwältigend: ›Er hat ein gewalttätiges Wesen und ist unfähig, sich zu beherrschen. Er ist eher starrköpfig als intelligent, und unsere Unterredung hat zu keinem positiven Ergebnis geführt.‹«[165]

Rachele Mussolini, Jahrgang 1890, Ehefrau Benito Mussolinis, ERINNERUNGEN

TAGEBUCH, 15. JUNI 1934

»Hitler bei Mussolini! Der gestrige Tag wird nun plastisch. ›Führerwetter‹ auch an der Lagune – wie könnte es anders sein! Der Duce am Flugzeug. Fahrt der beiden durch den Canal Grande, wie ein bürgerliches Hochzeitspaar. Südländische Begeisterung.

Am Nachmittag die erste Unterredung der beiden Staatsmänner unter vier Augen. Abgesehen von dem politischen Ereignis der ersten Begegnung der Führer des Faschismus, dieser beiden großen Unruhestifter, ist zu bedenken, dass

Hitler gestern zum ersten Mal in seinem Leben ein fremdes Land betrat. Ob er eine Ahnung vom Zauber dieser Stadt, dieses Landes bekommen wird? Noch nie hat dieser Mann, dem nun Deutschland sein Schicksal anvertraut hat, eine Grenze überschritten (außer der deutsch-österreichischen!)«[166]
Erich Ebermayer, Schriftsteller

»Es war auch das erste Mal, dass Hitler ins Ausland reiste. Er machte neben der gestrafften Persönlichkeit Mussolinis keine sehr gute Figur. Zivil stand ihm schon gar nicht, und so wirkte er neben den glänzenden Uniformen der Italiener recht unscheinbar. Auch in seinem Auftreten drückte sich noch Unsicherheit aus, und er hielt sich offenbar etwas zurück.«[167]
Fritz Wiedemann, Jahrgang 1891, ehemaliger Kriegskamerad, Adjutant Adolf Hitlers, ERLEBNISSE UND ERFAHRUNGEN

»Er war wie ein Grammophon, das nur sieben Schallplatten hat und, einmal abgespielt, wieder von vorne anfängt.«[168]
Benito Mussolini, Jahrgang 1883, Ministerpräsident von Italien, nach dem Treffen mit Adolf Hitler

TAGEBUCH, 20. JUNI 1934
»Also breche ich schleunigst auf, rette mich in die stillere Galerie Simon. Dort ist eine Kleeausstellung zu sehen. Als ich mit Kahnweiler plaudernd in dessen Büro sitze, tritt plötzlich Picasso herein. Wie sehr ist Picasso gealtert, seit ich ihn das erste Mal in seiner Wohnung sah! Jetzt sei auch der Junge, der damals auf dem Teppich gespielt hatte, erwachsen. Man spricht über Flechtheim, über die Zustände in Deutschland. Noch viel Unheil werde sich über der Welt entladen, meint Picasso.«[169]
Thea Sternheim, deutsch-jüdische Fabrikantentochter und Autorin

TAGEBUCH, 20. JUNI 1934
»Wie es heißt, sind bei allen Wachen der führenden Nazis Anzeichen einer Revolte festzustellen. Gleichzeitig berichten Leute, die im Lande umherkommen, dass Flug- sowie Exerzierübungen und Manöver des Militärs immer mehr zum alltäglichen Bild gehören.«[170]
William Edward Dodd, Botschafter der Vereinigten Staaten in Berlin

TAGEBUCH, 28. JUNI 1934
»Man erzählt, dass Röhm S.A.-Führer Chargen in der Reichswehr geben wollte und dass v.[on] Blomberg sich zur Wehr gesetzt habe. Daraufhin habe Röhm seinen Urlaub angetreten. Gerüchte über Gerüchte. Man könnte Seiten füllen.«[171]
Kurt F. Rosenberg, Rechtsanwalt in Hamburg

»Die schwersten Siege und die notwendigsten, die ein Herrscher erficht, sind nicht die über Feinde, sondern über die eigene Anhängerschaft, die Prätorianer, die ›Ras‹, wie sie in Italien hießen. Damit beweist sich der geborene Herr.«[172]

Oswald Spengler, Jahrgang 1880, deutsch-nationaler Geschichtsphilosoph und Gegner der NSDAP, JAHRE DER ENTSCHEIDUNG

TAGEBUCH, 28. JUNI 1934

»Im Übrigen will der Führer gegen die ganze Reaktion noch nichts unternehmen. Die Rücksicht auf Hindenburg ist geradezu rührend. Er erzählt, noch nie sei der alte Herr so freundlich gewesen als beim letzten Besuch ... Er stützte sich nur noch auf seinen Arm u. sagte: ›Jetzt stützen Sie mich auch auf diese Weise, mein Kanzler.‹

Hitler will ihm allen Gram ersparen, da er glaubt, dass es mit Hindenburg nicht mehr lange dauern kann.«[173]

Alfred Rosenberg, Jahrgang 1892, Schriftsteller und Journalist, Leiter des Außenpolitischen Amts der NSDAP

»Ich hin in der ersten Hälfte des Jahres 1934 wegen der Finanzierung der SA wiederholt bei Hitler gewesen. Regelmäßig nahm Röhm, der inzwischen zum Reichsminister ohne Portefeuille ernannt worden war, an den Besprechungen teil. Obwohl die Unterhaltung zwischen Hitler und Röhm im Tone alter Kameradschaft geführt wurde, spürte man hintergründige Spannungen.«[174]

Lutz Graf Schwerin von Krosigk, Reichsfinanzminister, ES GESCHAH IN DEUTSCHLAND

»Röhms Beziehungen zu Hitler waren undurchsichtig. Er war der Einzige, der sich mit Hitler duzte. Röhm, ein tapferer Soldat, schwer verwundet, die eine Backe war durch Granatsplitter weggerissen, war nach 1919 bei Epp im Stabe der aufgestellten bayr.[ischen] Division in München.«[175]

Theodor Duesterberg, Bundesführer des Stahlhelm, DER STAHLHELM UND HITLER

»Es gab nur zwei Leute, die immer erreichen konnten, dass Hitler unter vier Augen mit ihnen sprach. Der eine war Göring, der nur zum Essen erscheinen und zu sagen brauchte: ›Mein Führer, ich muss Sie vorher wirklich allein sprechen.‹ Der andere war Himmler, der nicht selten hereingeschlendert kam, nachdem er – zu unserer Überraschung – eine halbe Stunde mit Hitler in irgendeinem Nebenraum verbracht hatte.«[176]

Ernst Hanfstaengl, Auslandspressechef der NSDAP, MEMOIREN

»Es ist zurzeit so viel, was einen beschäftigt. Und man ist hier ja den Dingen etwas näher. Man munkelt doch, dass Röhm nicht mehr von seinem Urlaub zurückkehrt.«[177]

Eduard Wagner, Jahrgang 1894, Major im Generalstab der Reichswehr, Brief an Elisabeth Wagner vom 21. Juni 1934

»Als Dietrich Eckardt 1923 starb, blieben vier Männer mit Hitler auf freund-schaftlichem ›Du‹, Esser, Christian Weber, Streicher und Röhm. Beim ersten be-nutzte er nach 1933 eine passende Gelegenheit, das ›Sie‹ wieder einzuführen, dem zweiten ging er aus dem Weg, den dritten behandelte er unpersönlich, und den vierten ließ er ermorden.«[178]

Albert Speer, Jahrgang 1905, Architekt, ERINNERUNGEN

»Hitlers Meinung nach war Röhm ein Anarchist, der um jeden Preis an die Macht kommen wollte und dem zur Erreichung dieses Ziels jedes Mittel recht war. Röhm sei eine Landsknechtsnatur gewesen, und nicht das nationalsozia-listische Ideal oder der Gedanke einer neuen Staatsordnung hätten ihn gelei-tet, sondern einzig und allein das Verlangen, die Wehrmacht in die Hand zu bekommen.«[179]

Christa Schroeder, Jahrgang 1908, Privatsekretärin Adolf Hitlers, ERLEBNISBERICHT

TAGEBUCH, 24. JUNI 1934

»Politisch stinkt es. Niemand weiß Genaues. Dr. Erdei hat über die ungarische Gesandtschaft allerlei munkeln hören. Ein Machtkampf zwischen SA und SS soll bevorstehen. Andere behaupten, zwischen SA und der jungen Wehrmacht, von der eine die andere schlucken will. Optimisten glauben, dass in ein paar Wochen der ganze Albtraum des Nazireiches vorbei sei.«[180]

Erich Ebermayer, Schriftsteller

TAGEBUCH, 1. JULI 1934

»Meuterei der SA-Führer in München mit Röhm an der Spitze. Hitler hat die Bande selbst verhaften helfen und sieben totschießen lassen! Dann sollte in Berlin Schleicher verhaftet werden. Er setzte sich mit der Waffe zur Wehr und wurde mit der Frau im Handgemenge erschossen. Um 7 Uhr hörten wir Goebbels im Rundfunk, in Deutschland ist Ruhe, die SA hält Hitler die Treue.«

Henriette Schneider, Mrossen, Ostpreußen

»Diese sogenannte ›Röhmrevolte‹ war ja eine Mache von Goebbels und Göring, um sich unbequemer Mitwisser und gefährlicher Rivalen zu entledigen.«[181]

Theophil Wurm, Jahrgang 1868, Landesbischof der Evangelischen Landeskirche in Württemberg, ERINNERUNGEN

TAGEBUCH, 30. JUNI 1934

»Heute Mittag … kam William zurück und berichtete, er sei Unter den Linden entlanggefahren; die Straßen seien gesperrt, und im Hauptquartier Stabschef Röhms seien höhere SA-Leute verhaftet worden. Es kursieren Gerüchte, dass es in München zu Gewalttätigkeiten gekommen sei …

Im Reichssicherheitshauptamt in Berlin 1936: Gewinner des »Röhm-Putsches«, der Reichsführer SS Heinrich Himmler (2. v. r.) und Reinhard Heydrich (2. v. l.), der Leiter des Reichssicherheitshauptamts.

Obgleich in den Straßen Berlins heute keinerlei Zeichen von Unruhe bemerkbar war, wird überall heimlich von Massenhinrichtungen geredet. Vizekanzler von Papen und seine Familie werden als Gefangene in ihrem Haus festgehalten; wie verlautet, sollen Mitglieder seines Stabes ermordet oder eingekerkert worden sein. Es war ein turbulenter Tag, doch die Zeitungen brachten nur Nachrichten wie gewöhnlich.«[182]
William Edward Dodd, Botschafter der Vereinigten Staaten in Berlin

»(S)päter saßen wir an einem herrlichen Juniabend bei Kranzler am Kurfürstendamm auf dem Balkon, als unversehens vom Zoo her die Joachimsthaler Straße entlang Lastwagen mit liegenden gefesselten Leuten schnell vorüberfuhren. Wir konnten sie vom Balkon aus sehen und waren entsetzt. Der Abend war uns verdorben, wir schwiegen. Am nächsten Tag erfuhren wir von Röhms Liquidierung. Die Gefesselten waren zur ehemaligen Lichterfelder Kadettenanstalt gefahren und erschossen worden. Das Morden hatte begonnen.«[183]
Oda Schaefer, Schriftstellerin, ERINNERUNGEN

TAGEBUCH, 7. JULI 1934
»Mit einem SS-Begleitkommando war der Führer nach Wiessee gefahren u. hatte zart an Röhms Tür geklopft: Meldung aus München, sagte er mit verstellter

Stimme. ›Komm doch rein‹, rief Röhm der Ordonnanz zu, ›die Tür ist ja offen‹. Da riss Hitler die Tür auf, stürzte auf den im Bett liegenden Röhm zu, packte ihn an der Gurgel und schrie: ›Sie sind verhaftet, Sie Schwein!‹ Und übergab den Verräter der SS.«[184]
Alfred Rosenberg, Leiter des Außenpolitischen Amts der NSDAP

»Langsam sickerten die Nachrichten über die Geschehnisse durch … Ernst Röhm, so besagte das Kommunique, habe mit anderen SA-Führern einen Putsch geplant, um die Macht an sich zu reißen. Hitler und Göring hätten die Verschwörung aufgedeckt und rechtzeitig niedergeschlagen.«[185]
Sefton Delmer, Jahrgang 1904, britischer Korrespondent des Daily Express in Berlin, DIE DEUTSCHEN UND ICH

»Im Dienstzimmer unten wieder angekommen – es ging schon gegen Abend –, kamen nun furchtbare Stunden. Sepp Dietrich und Prinz Waldeck traten in SS-Uniform zu mir ins Zimmer und sagten, sie hätten Befehl, alle SA-Führer sofort zu erschießen, der Führer selbst hätte ihnen eine Liste geschickt, auf der etwa einhundertzehn SA-Führer ›angemerkt‹ waren, durch einfachen Bleistiftstrich, die Todeskandidaten. Ich sagte den beiden, dass komme auf gar keinen Fall in Frage, und war nur sehr zufrieden, in den Zellenkorridoren unsere Landespolizei zu wissen, über die die SS-Führer keinerlei Befehlsgewalt hatten. Die beiden sagten: ›Aber der Führer selbst hat es befohlen! Die Verantwortung tragen Sie!‹ Ich sagte: ›Ja, die trage ich. Sie sind hier auf Justizboden.‹ Dietrich rief den Führer an, ich saß daneben – Hitler war offenbar im Braunen Haus – und sprach mit Heß, ihm von meiner Weigerung berichtend. Es trat eine Pause ein. Dietrich hielt den Hörer am Ohr und wartete schweigend. Das Summen des Todes war im stillen Raum. Dann gab er mir den Hörer und sagte: ›Der Führer will Sie sprechen.‹

Ich meldete mich am Apparat. ›Sie weigern sich, einem Befehl von mir zu gehorchen? Sind Sie mit diesen verbrecherischen Lumpen denn mitleidig? Diese Burschen werde ich ausrotten mit Stumpf und Stiel!‹ Ich sagte ihm, dass man mir keinen schriftlichen Befehl übergeben hätte, sondern nur eine große Namensliste mit einer Fülle bezeichneter Namen. Er: ›Ja, ich habe sie bezeichnet. Diese Herrschaften sind Verbrecher gegen das Reich. Reichskanzler bin ich. Es ist also eine Reichssache, die niemals Ihrer Zuständigkeit untersteht. Diese Männer sind nur bei Ihnen im Gefängnis, weil ich keinen anderen festen Raum hatte, um sie unterzubringen. Sie sind nur Ihre Gäste. Ich und das Reich verfügen darüber, nicht Bayern!‹ Ich sprach zurück, doch plötzlich war Heß am Apparat und sagte mir, der Befehl müsse vollzogen werden … Ich wies Heß darauf hin, dass die meisten SA-Führer aus dem Zug, die anderen aus ihren Betten heraus verhaftet worden wären, ohne Waffen, ohne Wissen, ohne Pläne und keineswegs den Eindruck machten, von einer bewaffneten Putschbewegung weggeholt worden zu sein … Heß sagte mir zu, noch einmal mit dem Führer sprechen zu wollen. Ich wartete also weiter.

Die Exekutionskommandos drängten und machten mich darauf aufmerksam, dass es schon abendlich dunkel würde, was das ›Schießen sehr erschwere‹. Ich saß und wartete und rauchte mit dem guten Direktor. Es war eine schauerliche Spannung.

Da läutete endlich das Telefon. Eine persönliche Aussprache mit mir hatte Hitler abgelehnt. Heß teilte mir mit, dass Hitler mit Einwilligung des Herrn Reichspräsidenten Vollmacht habe, unmittelbar alle Maßnahmen ohne Einschränkung durchzuführen, die geeignet sind, den drohenden Putsch zu verhindern. Die Hauptschuldigen seien auf seine Weisung zu erschießen. Ich fragte dann: ›Welche?‹ Und, die Liste in der Hand, hörte ich aus dem Telefon neunzehn Namen. Mit Rotstift strich ich jeden an … Röhm war nicht mit auf der Liste.«[186]
Hans Frank, Reichsleiter des Rechtsamtes der NSDAP, bayerischer Justizminister, über den 30. Juni 1934 im Zuchthaus München-Stadelheim, ERLEBNISSE UND ERKENNTNISSE

TAGEBUCH, 7. JULI 1934
»Hitler wollte Röhm nicht erschießen lassen. ›Er stand doch einst neben mir vor dem Volksgerichtshof‹, sagte er zu Amann. A.[mann] aber: ›Das größte Schwein muss weg.‹ Und zu Heß: ›Ich werde den Röhm selbst erschießen.‹ Heß entgegnete: ›Nein, das ist meine Pflicht, auch wenn ich nachher erschossen werden sollte.‹«[187]
Alfred Rosenberg, Leiter des Außenpolitischen Amts der NSDAP

»Hitler war äußerst erregt und, wie ich noch heute glaube, innerlich davon überzeugt, eine große Gefahr heil überstanden zu haben. Immer wieder erzählte er in diesen Tagen, wie er in Wiessee in das Hotel ›Hanselmayer‹ eingedrungen sei, vergaß dabei nicht, seinen Mut zu demonstrieren: ›Wir waren ohne Waffen, denken Sie, und wussten nicht, ob die Schweine uns bewaffnete Wachen entgegenstellen konnten!‹ Die homosexuelle Atmosphäre habe ihn angeekelt. ›In einem Zimmer überraschten wir zwei nackte Jünglinge.‹«[188]
Albert Speer, Architekt, ERINNERUNGEN

»An diesem Tag, an dem es um Tod oder Leben ging, offenbarte er seinen ganzen furchtbaren Charakter … Mit jener ›Nacht der langen Messer‹, wie sie genannt wurde, war die Einheit des nationalsozialistischen Deutschland hergestellt worden, um seinen Fluch über die ganze Welt zu tragen.«[189]
Winston S. Churchill, Mitglied des britischen Unterhauses, DER ZWEITE WELTKRIEG

»Röhm war eines der letzten Opfer. Am 2. Juli 1934 wurde er erschossen.«[190]
Hans Frank, Reichsleiter des Rechtsamtes der NSDAP, bayerischer Justizminister, ERLEBNISSE UND ERKENNTNISSE

»Ich war in Lyck ... Überall, wo einige Leute zusammenstehen, hört man, dass Hitler richtig gehandelt, indem er die Verräter gleich erschießen ließ.«
Henriette Schneider, Mrossen, Ostpreußen

»Als Hitler am 30. Juni 1934 sich seiner Gegner durch Mord entledigte, entrüstete sich das deutsche Volk im Allgemeinen nicht. Viele sprachen das beliebte Wort nach: ›Wo gehobelt wird, da fallen Späne‹, und als Hitler erklärte, er nähme die Verantwortung auf sich, beruhigte man sich.«[191]
Ricarda Huch, Jahrgang 1864, Schriftstellerin, SCHRIFTEN

»Damals hielt Hitler immerhin noch eine Entschuldigung wegen des Mordes an General von Schleicher gegenüber dem Offizierskorps für notwendig, dem er versprach, dass sich solche Ereignisse nicht wiederholen würden.«[192]
Heinz Guderian, Jahrgang 1888, Oberst der Reichswehr,
ERINNERUNGEN

»Hitler hat Hindenburg in Neudeck über seine scharfen Maßnahmen den Verrätern gegenüber Bericht erstattet. Der alte Herr billigt voll und ganz sein Tun. Hitler hat uns vor Schlimmem bewahrt.«
Henriette Schneider, Mrossen, Ostpreußen

»An Hitler: Aus den mir erstatteten Berichten ersehe ich, dass durch Ihr entschlossenes Zugreifen und das tapfere Einsetzen Ihrer Person alle hochverräterischen Umtriebe im Keim erstickt worden sind. Sie haben das deutsche Volk vor einer schweren Gefahr gerettet. Ich spreche Ihnen meinen tief empfundenen Dank und meine Anerkennung aus.
Mit herzlichen Grüßen
von Hindenburg, Reichspräsident« [193], Telegramm vom 2. Juli 1934

»Im Hinblick auf die großen Verdienste der SS, besonders im Zusammenhang mit den Ereignissen des 30. Juni 1934, erhebe ich dieselbe zu einer selbständigen Organisation im Rahmen der NSDAP.«[194]
Adolf Hitler, Veröffentlichung im Völkischen Beobachter

»Im Ausland betrachtete man Hitler als einen Gangster, der seine Gangsterrivalen umlegte. In Deutschland war er ein neuer Siegfried, der den gefürchteten und verhassten Drachen tötete.«[195]
Sefton Delmer, britischer Korrespondent in Berlin, DIE DEUTSCHEN UND ICH

»Abends groß angelegte Hitler-Rede. Er motivierte sein Tun am 30. Juni den Verrätern gegenüber vor Deutschland und dem Ausland. Wir sind stolz auf unseren Führer. Gebe Gott, dass er uns erhalten bleibt.«

Henriette Schneider, Mrossen, Ostpreußen

»Es konnte vom Monat Mai ab keinen Zweifel mehr geben, dass Stabschef Röhm sich mit ehrgeizigen Plänen beschäftigte, die im Falle ihrer Verwirklichung nur zu schwersten Erschütterungen führen konnten …

Meutereien bricht man nach ewig gleichen eisernen Gesetzen. Wenn mir jemand den Vorwurf entgegenhält, weshalb wir nicht die ordentlichen Gerichte zur Aburteilung herangezogen hätten, dann kann ich ihm nur sagen: In dieser Stunde war ich verantwortlich für das Schicksal der deutschen Nation und damit des deutschen Volkes oberster Gerichtsherr! …

Ich habe den Befehl gegeben, die Hauptschuldigen an diesem Verrat zu erschießen, und ich gab weiter den Befehl, die Geschwüre unserer inneren Brunnenvergiftung und der Vergiftung des Auslandes auszubrennen bis auf das rohe Fleisch.«[196]

Adolf Hitler, Rede im Reichstag am 13. Juli 1934

»Niemand wusste, was er sagen, was er denken sollte, die Leute wagten nur miteinander zu flüstern, Gerüchte wucherten. In Wahnfried ersuchte Mutter jeden, dieses Thema vor Hitler, der zur Eröffnung der Festspiele erwartet wurde, nicht zu berühren. ›Armer Führer‹, sagte sie. ›Was für ein schrecklicher Schlag muss es für ihn gewesen sein, als er herausfand, dass er von seinen besten Freunden verraten wird.‹

Als Hitler eintraf, war die Atmosphäre gespannt, es gelang ihm aber schon am ersten Tag, sie zu klären, indem er mit kühlem Abstand von der ›Säuberung‹ sprach.

Da wir bemerkten, dass er nichts dagegen hatte, darüber zu sprechen, gaben wir unsere taktvolle Zurückhaltung auf und fragten ihn aus. Hitler schwor, es seien nur siebenundsiebzig Menschen hingerichtet worden. Es sei unvermeidlich gewesen, dass verschiedene versehentlich erschossen wurden, wie zum Beispiel ein gewisser Willi Schmidt in München; die SS habe es etwas eilig gehabt, den ersten Willi Schmidt, der ihr über den Weg lief, zu verhaften und ohne gerichtliche Verhandlung zu erschießen, und man müsse bedenken, wie viele Willi Schmidts es in München gebe.«[197]

Friedelind Wagner, Internatsschülerin, NACHT ÜBER BAYREUTH

Dienstraum der Elektrizitätswerke der Stadt Worms. Am 2. August 1934 ist Reichs-präsident Paul von Hindenburg im Alter von 86 Jahren gestorben. Das Reichskabinett vereint dessen Amt mit dem des Kanzlers. Hitler ist jetzt »Führer und Reichskanzler«.

DER FÜHRER
1934 bis 1938

»Als ich ihn verließ, musste ich an die Jungfrau von Orléans denken.
Er ist eindeutig ein Mystiker. Er ist zurückhaltend in seinen Gewohnheiten
und Vorgehensweisen.«[1]
William Lyon Mackenzie King, Premierminister von Kanada

Mit einer »Volksabstimmung über das Staatsoberhaupt des Deutschen Reichs« am 19. August 1934 nach dem Tod von Reichspräsident Hindenburg ist, was als »Machterschleichung« begonnen hat, zu einer »Machtergreifung« geworden. Hitler war jetzt »Führer und Reichskanzler«. In nur wenigen Monaten war es ihm gelungen, seine bürgerlichen Bündnispartner auszumanövrieren, alle politischen Gegenkräfte auszuschalten und die Reichswehr zu neutralisieren. Schritt für Schritt hatte er Deutschland in eine Führerdiktatur verwandelt. Nach der Gleichschaltung von Parteien und Verbänden, der Vereinigung des Amtes des Reichspräsidenten mit dem des Reichskanzlers und der Vereidigung der Reichswehr, die 1935 zur »Wehrmacht« wird, auf ihren neuen Oberbefehlshaber, vereinigt Hitler eine Machtfülle auf sich, wie sie kein deutscher Herrscher jemals besessen hat.

Mit dem Ermächtigungsgesetz hatte das Reichskabinett 1933, befristet auf angeblich vier Jahre, die Parlamentsfunktion und Aufgaben des Reichspräsidenten übernommen. Im System des ungeregelten Nebeneinanders von Führerherrschaft, von vielen alten und neuen – immer rivalisierenden Machtzentren – in Partei und Staat, verlieren die Ministerämter immer mehr an Bedeutung. Zwischen Juni und Dezember 1933 tagt das Reichskabinett noch zwanzigmal, im ganzen Jahr 1934 neunzehnmal, 1935 zwölfmal, 1936 viermal und 1937 sechsmal. Am 5. Februar 1938 findet eine letzte Kabinettssitzung statt. Anstelle der Entscheidungen eines Kabinetts treten immer mehr »Führerbefehle«, die oft, aber nicht immer, im Reichsgesetzblatt veröffentlicht werden.

Manchmal nur durch ein hingeworfenes Wort trifft Hitler eine Entscheidung, und seine Umgebung, vor allem der verbeamtete Jurist Hans Heinrich Lammers – ab 1937 Minister –, die Oberkommandierenden der Wehrmacht und Heinrich Himmler, Reichsführer der SS, später vor allem Reichsleiter Martin Bormann, geben diese als »Führerbefehle« weiter. Minister, Staatssekretäre und hohe NSDAP-Funktionäre entwickeln Methoden, in »günstiger« Stunde oder Minute solche »Führerbefehle« zu ergattern und dann in Verordnungen und Gesetze zu administrieren. Zugang zu Hitler haben aus der Führungsriege jederzeit nur Goebbels, Göring und Himmler, später auch Albert Speer und fast jederzeit Martin Bormann. Lammers obliegt die

Organisation des politischen Tagesgeschäfts. Er kontrolliert – später mit Martin Bormann – den Zugang anderer Regierungsvertreter zum »Führer«. Jeder Erlass muss über Lammers eingereicht werden.

Hitlers unbürokratischer, personalisierter Herrschaftsstil ermutigt nachgeordnete Instanzen, mit eigenen Initiativen vorzupreschen, um damit einen vermuteten »Führerwillen« zu erfüllen. Selten nur unterschreibt Adolf Hitler ein Regierungsdekret. Die Funktionäre seines Systems, auch untere Instanzen, meinen zu wissen, was ihr »Führer« wünscht. Sie verüben eigenmächtig nach ihrer Interpretation von Hitlers Absichten die Verbrechen, für die Hitler verantwortlich ist. »Dem Führer entgegenarbeiten« hat der britische Historiker Ian Kershaw diesen Prozess der Radikalisierung in einem Schlüsselwort für die Haltung eines aktiven Teils der deutschen Gesellschaft genannt; ein sich mit der Festigung und Erweiterung der Macht beschleunigender Prozess, der Hitler zwar nicht von Schuld befreit, der aber auf Strukturen der deutschen Gesellschaft hinweist, die ihn ermutigten und dessen passiver Teil ihn zuließ. Volker Ullrich hat in seiner Hitler-Biographie von 2013 Kershaws Ansicht aus dessen zweibändigem Werk von 1998 und 2000 in ihrer Plausibilität zugestimmt.

Die Auflösung der herkömmlichen Formen des Regierungshandelns wird verstärkt durch die Einsetzung von »Sonderbevollmächtigten« durch Hitler, die in der Regel ihm gegenüber direkt verantwortlich sind. Einer dieser Sonderbevollmächtigten ist Albert Speer, zunächst nur als »Generalbauinspektor für die Reichshauptstadt«. Speer wird zu einer Art Bühnenbildner des Nationalsozialismus. Er übernimmt die Planung und Gestaltung von Großkundgebungen der NSDAP. Mit dem Einsatz geschickter Lichteffekte inszeniert er die Nürnberger Reichsparteitage. Neben dem Münchener Fotografen und Fotografie-Unternehmer Heinrich Hoffmann bereitet Speer gemeinsam mit dem »Reichsbühnenbildner« und Architekten Benno von Arent dem Nationalsozialismus und »Führer« die Kulisse, in der Hitler in der geschichtlichen Rückschau vor allem auftritt. Zu diesen drei Männern gesellt sich mit dem Nürnberger Parteitag von 1933 eine Frau: Leni Riefenstahl.

Die Reichsparteitage sind, neben den jährlichen Traditionsmärschen zur Feldherrnhalle am 9. November und den Reichserntedankfesten auf dem Bückeberg bei Hameln, die Höhepunkte der Festkultur des Nationalsozialismus. Im Laufe der Jahre wird ihr Ablauf »kanonisiert«. Die Form, äußert Hitler gegenüber Albert Speer in einer Nachbesprechung des Parteitags 1938, müsse, solange er noch lebe, »zum unabänderlichen Ritus« werden. Die Kanonisierung des Rituals soll seine potenziellen Nachfolger mit einem von Hitler geliehenem Charisma ausstatten und zu einer Liturgie des »Dritten Reiches« werden.[2]

Hitlers Name steht Mitte der 1930er-Jahre für die Leistungen und Erfolge des Regimes. Innerhalb von drei Jahren habe sein Genie, so behauptet die Propaganda und so glaubt die Mehrheit der Bevölkerung, den Aufschwung der Wirtschaft, die Beseitigung der Arbeitslosigkeit und die Wiederherstellung von Ruhe und Ordnung erreicht. Hitler habe den Versailler Vertrag außer Kraft gesetzt und Deutschland auch militärisch zu einem Faktor gemacht. Jeder patriotisch fühlende Deutsche scheint diese »Leistungen« anzuerkennen. Hitler gewinnt auch bei den Teilen der Bevölkerung an Popularität, die dem Nationalsozialismus früher kritisch gegenüberstanden.[3]

Die unter dem Eindruck der sichtbaren Leistungen von Hitlers Politik Bekehrten oder mit einer Restskepsis halb Bekehrten werden im Allgemeinen keine Nationalsozialisten; sie werden »Führergläubige«. Das sind auf den Höhepunkten der allgemeinen Führergläubigkeit wohl mehr als 90 Prozent aller Deutschen.

Diese umfassende »Führergläubigkeit« kann nicht an den noch bis 1938 stattfindenden Wahlen und Befragungen abgelesen werden. Die Bevölkerung im Deutschen Reich ist nach der letzten relativ freien Wahl vom 5. März 1933 zu drei weiteren Wahlen zum Reichstag aufgerufen. Die Abstimmungen sind in Form, Ablauf und Umständen Scheinwahlen. Am 12. November 1933 verbucht die NSDAP bei einer Reichstagswahl 92,2 Prozent der Stimmen, am 29. März 1936 kommt sie auf 99 Prozent. Mit dem Reichsbürgergesetz vom 15. September 1935, einem der Nürnberger Gesetze, verlieren Juden und sogenannte »jüdische Mischlinge« das Wahlrecht. Am 10. April 1938 wird nach dem Anschluss Österreichs der sogenannte »Großdeutsche Reichstag« gewählt (99 Prozent für die NSDAP). Bei diesen Wahlen können nur Mitglieder der NSDAP sowie einige parteilose »Gäste« als Kandidaten auf einer Einheitsliste gewählt werden.

Der deutsche Journalist und Publizist Konrad Heiden, jüdischer Abstammung und Sozialdemokrat, veröffentlicht in den Jahren 1936 und 1937 im Züricher Europa-Verlag eine im französischen Exil geschriebene zweibändige Hitler-Biographie, die zeitgleich mit englischen, amerikanischen und französischen Ausgaben erscheint. Der erste Band *Adolf Hitler – Das Leben eines Diktators – Das Zeitalter der Verantwortungslosigkeit* verbreitet sich in 31 000 Exemplaren, der zweite Band *Adolf Hitler – Eine Biographie – Ein Mann gegen Europa* in 15 500 Exemplaren. In seinem Werk arbeitet Heiden vor allem mit persönlichen Materialien und Erfahrungen, die er über die Jahre zusammengetragen hat. Die Fülle des Materials, seine Präsentation und die sehr populäre Darstellung der biografischen Daten über Adolf Hitler lassen Heidens Biographie in den folgenden 25 Jahren zur Grundlage fast aller folgenden Lebensbeschreibungen Hitlers werden.[4]

So findet Heiden im Exil auch sprachgewaltige Worte für die Machterschleichung Hitlers im Jahr 1933: »Die nationalsozialistische Partei scheint wie eine Dampfwalze über die deutsche Politik hinzufahren, die dünnen Gerüste der Staatsmacht und der Parteien brechen wie unter dem Druck einer Naturkraft zusammen. Das ist das äußere Bild; die wirkliche Politik jener Jahre aber ist ein feines und erbittertes diplomatisches Ringen zwischen Hitler und seinen Gegenspielern.«[5] Dieses Ringen in den ersten drei Jahren von Hitlers Herrschaft schildert Heiden in den heute noch bedeutenden Kapiteln seiner Biographie. Er beweist, dass die Zeitgenossen Hitlers skrupellosen Weg in Krieg und Massenmord hätten erkennen können. Heidens Fazit vor fast 80 Jahren: »Wir kennen jetzt den Mann. Wir kennen das Instrument.«[6]

Konrad Heiden hat Hitler zugehört und ihm zugetraut, was er angekündigt hat. Er benennt Hitlers Schritte zur Ausschaltung der Gegner im Westen: »Zu den objektiven Tatsachen gehört ferner eine Anzahl politischer Handlungen, die, im Gegensatz zu den Friedenserklärungen, sich gegen Frankreich richteten und dessen Sicherheit verminderten. Die wichtigsten dieser Handlungen waren: der Austritt aus dem Völkerbund am 14. Oktober 1933, die Wiedereinführung der Wehrpflicht am 16. März 1935 und die Besetzung des Rheinlandes am 7. März 1936.«[6] Heiden sieht schon Mitte der 1930er-Jahre klar, dass Hitler sich in seiner Außenpolitik verrechnen könnte. »Im Laufe seiner Regierung gewann er eine geringschätzigere Auffassung von der englischen Macht und kam so allmählich auf die Linie, den ehemaligen Feind nicht mehr an der eigenen Seite als Bundesgenossen zu aktivieren, sondern durch eine wechselnde Folge von Freundlichkeiten und Herausforderungen einzuschüchtern und zu neutralisieren.«[8] Hitler wird sich verrechnen, die Briten werden 1939 bereit sein, einen hohen Preis zu zahlen.

Den ersten außenpolitischen Erfolg erzielt Adolf Hitler 1935. Nach dem Ersten Weltkrieg war das Saarland, ein hochindustrialisierter Teil der preußischen Rheinprovinz, mit seinen rund 800 000 Einwohnern durch die Bestimmungen des Versailler Vertrages Mandatsgebiet des Völkerbunds. Wie im Vertrag von Versailles vorgesehen, findet am 13. Januar 1935 unter Aufsicht des Völkerbunds eine Volksabstimmung statt. Zu entscheiden haben die Saarländer über die Zugehörigkeit des Gebietes zum Deutschen Reich, zu Frankreich oder die Beibehaltung des Status quo. Von den rund 540 000 Stimmberechtigten votieren 90,5 Prozent für Deutschland. Für den Anschluss an Frankreich sind nur 0,4 Prozent. Mindestens zwei Drittel der früheren Anhänger der beiden Linksparteien befürworten die Rückkehr nach Deutschland.

Am 7. März 1936 überqueren auf Befehl Hitlers 30 000 Soldaten der Wehrmacht, wie die Reichswehr seit 1935 heißt, die Rheinbrücken und besetzen das entmilitarisierte Rheinland. Sie errichten Garnisonen in Städten wie Aachen, Trier und Saarbrücken. Mit der Besetzung der fünfzig Kilometer breiten Zone westlich des Rheins bricht Hitler sowohl den Versailler Vertrag als auch den Locarno-Pakt aus dem Jahr 1925. Er rechtfertigt den Vertragsbruch mit dem Verweis auf das deutsche Selbstbestimmungsrecht und auf einen im Mai 1935 zwischen Frankreich und der Sowjetunion geschlossenen Beistandspakt, den er als Bruch von Locarno bezeichnet. Eine französische Division hätte genügt, um den Einmarsch der Wehrmacht in das Rheinland zu beenden. Doch wie Hitler richtig vorausgesagt hat, sind weder die Franzosen noch die Briten bereit, für die Nachkriegsordnung von Versailles in den Krieg zu ziehen. Schon am Abend des 16. März ist offensichtlich, dass der Coup ein voller Erfolg ist.

Die Rückkehr des Saarlandes »ins Reich« ist der erste Schritt von Hitlers Expansionspolitik. In der Republik Österreich, der 1919 von den Siegern des Zweiten Welt-

Solch ekstatische Begeisterung ist keine Inszenierung. Die Mehrheit liebt ihren Führer.

kriegs der Anschluss an das Deutsche Reich verwehrt worden war, gibt es eine starke nationalsozialistische Bewegung. Seit ihrem Putschversuch vom 25. Juli 1934 ist die NSDAP in Österreich verboten. Trotzdem agiert sie im Untergrund weiter für einen Anschluss. Am 12. Februar 1938 zitiert Adolf Hitler den österreichischen Bundeskanzler Kurt Schuschnigg auf den Obersalzberg und diktiert ihm eine Vereinbarung, die das Verbot der österreichischen Nationalsozialisten aufhebt, sie an der Regierung beteiligt und der NSDAP mit dem Innenministerium die Polizeigewalt übergibt. Damit sind die Voraussetzungen für eine nationalsozialistische Machtübernahme in Österreich geschaffen. Ein Ultimatum, das mit dem Einmarsch deutscher Truppen in Österreich droht, zwingt Schuschnigg am 11. März 1938 zum Rücktritt. Als der österreichische Bundespräsident Wilhelm Miklas sich am selben Tag weigert, den Nationalsozialisten Arthur Seyß-Inquart zum Nachfolger Schuschniggs zu ernennen, gibt Hitler den Befehl zum Einmarsch.

Am 25. März 1938 beginnt Hitler die letzte Wahlkampagne seines Lebens. Vom 3. bis 9. April setzt er die Kampagne in den österreichischen Städten fort: von Graz über Klagenfurt, Innsbruck, Salzburg, Linz bis nach Wien. Hitler rechnet mit 80 Prozent Zustimmung in Österreich. Umso überraschter ist er, als am Abend des 10. April das Abstimmungsergebnis bekannt wird: 99,75 Prozent haben für den Anschluss votiert – mehr noch als im »Altreich«. Aber Wahlergebnisse besagen im Deutschen Reich seit dem März 1933 nichts mehr.

Ansichten und Berichte

»Ich gehe mit traumwandlerischer Sicherheit den Weg, den mich die Vorsehung gehen heißt.«[9]
Adolf Hitler, Rede in München, 14. März 1936

»Einmal zu Beginn sagte ich ihm, noch stünde das Volk hinter ihm, aber wenn es mit der Korruption, der Unterdrückung der freien Meinung und der Ausschaltung jeglicher Kritik so weitergehe, würde eines Tages die Masse des Volkes die Gefolgschaft verweigern. ›Ach, Wiedemann‹, antwortete er mir, ›ich bin doch auch nur ein Werkzeug des Schicksals und kann nicht immer so handeln, wie ich gerne möchte.‹«[10]
Fritz Wiedemann, Jahrgang 1891, Adjutant Adolf Hitlers, ERLEBNISSE UND ERFAHRUNGEN

»Auch für diejenigen, die ihn jahrelang kannten und in seiner Entwicklung beobachten konnten, ist es schwierig, über ihn ein zutreffendes Urteil abzugeben, da er ein Einzelgänger war, der sich argwöhnisch verschloss und nur wenige – und auch diese nur gelegentlich – einen Einblick in sein Inneres tun ließ.«[11]
Otto Meissner, Jahrgang 1880, Staatssekretär unter Ebert, Hindenburg und Hitler,
ERINNERUNGEN

»(A)m Radio habe ich die raue, schreiende, drohende, fordernde Stimme des Führers gehört und lerne … einen Hitler mit warmer, ruhiger, freundlicher, verständnisvoller Stimme kennen. Welcher ist nun der wahre? Oder sind sie beide wahr?«[12]
Robert Coulondre, Jahrgang 1885, ab 1938 französischer Botschafter in Berlin,
ERINNERUNGEN

»Die Geschichte ist voller Beispiele von Männern, die mit Hilfe strenger, brutaler und sogar beängstigender Methoden an die Macht gelangten, die aber dennoch, wenn ihr Leben als Ganzes betrachtet wird, als große Persönlichkeiten angesehen wurden, deren Leben die Geschichte der Menschheit bereichert hat. Womöglich verhält es sich mit Hitler ebenso.«[13]
Winston Churchill, Jahrgang 1874, Abgeordneter des Britischen Unterhauses,
GROSSE ZEITGENOSSEN

TAGEBUCH, 1. AUGUST 1934
»Die B.Z. bringt ein Bulletin Sauerbruchs von 8.30 morgens: ›Die Schwäche nimmt zu. Der Herr Reichspräsident ist bei klarem Bewusstsein und fieberfrei. Puls schwächer.‹ Also, es geht zu Ende. Dieser Tod kommt in keiner guten Stunde. Was wird werden? steht auf allen Gesichtern … In den Spätausgaben das

neue Bulletin Sauerbruchs: ›Benommenheit beginnt. Die Herzkraft lässt nach.‹
Es ist, als lege sich ein Schleier über die Menschen.«[14]
Erich Ebermayer, Jahrgang 1900, Schriftsteller

TAGEBUCH, 2. AUGUST 1934

»Der alte Hindenburg schlief gegen 9 Uhr für immer ein. Ergriffen steht das
deutsche Volk an seiner Bahre. Er hat Hitler noch zu seinem Nachfolger ohne
jede Wahl ernannt. Hitler war gestern dort.«[15]
Henriette Schneider, Jahrgang 1872, Mrossen, Kreis Lyck, Ostpreußen

TAGEBUCH 2. AUGUST 1934

»Dann spricht der Führer über private Dinge, über andere außenpolitische Fra-
gen, über das Mystische, dass Hindenburg am 2. August gestorben sei und sagt:
›Den allerbesten Nachruf über ihn haben Sie geschrieben, Rosenberg.‹ Über ganz
Deutschland liegt tiefe Trauer. Ein Großer ist dahin.«[16]
Alfred Rosenberg, Jahrgang 1892, Schriftsteller und Journalist, Leiter des
Außenpolitischen Amts der NSDAP

»In der ersten Sitzung des Reichskabinetts nach dem Tode des Reichspräsidenten
erzählte Hitler in einer Ergriffenheit, die echt zu sein schien, von dem letzten
Besuch, den er dem sterbenden Feldmarschall abgestattet habe, wie er überhaupt oft mit den Ausdrücken der Verehrung von Hindenburg sprach. Der alte
Reichspräsident habe ihm Deutschlands Aufgabe und sein Verhältnis zu den europäischen Völkern in Worten dargelegt, deren hohe Weisheit schon den Dingen
dieser Welt entrückt gewesen sei. Er habe ihm besonders ans Herz gelegt, die
Freundschaft mit England zu pflegen und ihm zum Schluss – sich mühsam aus
dem Bett aufrichtend – auf die Schulter geklopft und gesagt: ›Und nun, mein
lieber Reichskanzler, trauen Sie den Italienern nicht zu sehr!‹ Dieses Wort habe
ihn gepackt.«[17]
Lutz Graf Schwerin von Krosigk, Jahrgang 1887, Reichsfinanzminister von 1932 bis 1945,
ES GESCHAH IN DEUTSCHLAND

TAGEBUCH, 2. AUGUST 1934

»Hitler wird nun sicher keinen über sich lassen. Man wird wohl wählen, aber
man wird es schon einzurichten wissen, dass es eine freie Wahl doch nicht wird.
Und so wird die Zeit noch mit einem weiteren Naziterror rechnen lassen. Ob
hier einmal doch die Bäume in den Himmel wachsen? Die Zeitung bringt unter
der Todesnachricht Hindenburgs folgendes: ›Berlin, 2. August. Die Reichsregierung hat das folgende Gesetz beschlossen, das hiermit verkündet wird:
1. Das Amt wird mit dem des Reichskanzlers vereinigt. Infolgedessen gehen die
bisherigen Befugnisse des Reichspräsidenten auf den Führer und Reichskanzler
Adolf Hitler über. Er bestimmt seinen Stellvertreter.

2. Dieses Gesetz tritt mit Wirkung von dem Zeitpunkt des Ablebens des Reichspräsidenten von Hindenburg in Kraft.«»[18]

Karl Windschild, Jahrgang 1867, Pfarrer im Ruhestand, Ballenstedt, Land Anhalt

TAGEBUCH, 2. AUGUST 1934

»Die Funktionen des Präsidenten des Dritten Reiches, des Führers der Nationalsozialistischen Partei und Kanzlers des Reiches sind jetzt in einer Person vereinigt. Der unreife Österreicher, der 1923 sein Putschgeschäft begann und zur Festigung seiner Macht Hunderte Gegner ermorden ließ, stellt jetzt die Verkörperung des Dritten Reiches dar. Und all das wurde in einer Stunde erledigt. Die Mitglieder des Kabinetts erhoben sich und riefen Hitler ›Heil‹ zu, nachdem dieser seine neue Funktion bekanntgegeben hatte. Es wurde auch angeordnet, dass die Reichswehr, die alten Militärs, sogleich einen Treueid auf Hitler ablegen müssen. Für eine Opposition oder einen Putsch in Berlin, den so viele Menschen erwartet und Tausende zweifellos erhofft hatten, blieb kaum Zeit.«[19]

William Edward Dodd, Jahrgang 1869, Botschafter der Vereinigten Staaten in Berlin von 1933 bis 1937

»Das Wort ›Der Führer‹ wird in zehn Jahren ein überpersönlicher Begriff sein. Ich brauche den offiziellen Titel nur dahin festzulegen: Der Führer, dann ist der Begriff Reichskanzler verschwunden. Bei der Wehrmacht heißt es jetzt auch: Der Führer. Unter dem Begriff müssen sich später selbst solche Personen halten können, die ihrer Persönlichkeit nach vielleicht nicht das sind. Dieser Titel vermeidet, dass irgendein Klimbim dazukommt, dabei ist wunderschön, dass die Deutschen sagen dürfen: Mein Führer, während die anderen nur sagen können: Führer.«[20]

Adolf Hitler, Tischgespräch, protokolliert von SS-Standartenführer Heinrich Heim, Führerhauptquartier Wolfsschanze, Nacht vom 3. auf den 4. Januar 1942

»Ein Mann ist mit einer Macht ausgestattet worden, die kein gegenwärtig lebender Mensch zuvor besessen hat ... Jetzt ist er mächtiger als jeder Souverän, mächtiger als der Präsident der Vereinigten Staaten, mächtiger als Mussolini ... und mächtiger als der Ghazi in Ankara. Alle Macht ist in einer Person vereinigt, deren bisheriges Leben, Ausbildung und politische Karriere nicht gerade Anlass gibt zu glauben, dass man hier das allumfassende Genie gefunden habe, das Deutschland aus der Lage, in der es sich gegenwärtig befindet, retten könne. Es ist möglich, dass Herr Adolf Hitler, selbst wenn er nicht glaubt, dass er dieses Genie ist, doch visionär daran glaubt, dass er auserwählt ist.«[21]

Herluf Zahle, Jahrgang 1873, dänischer Gesandter in Berlin, Depesche an das dänische Außenministerium, Berlin, 4. August 1934

»Den Feldherrnstab, der Hitler zur letzten Befriedigung seines Machthungers noch fehlte, ihn hielt er nun in der Hand! Den Oberbefehl über die Wehrmacht übernahm er selbst, den des Heeres übertrug er noch einmal einem General. Aus der Politik kommend, gestützt auf die diktatorische Vollmacht als Staatsoberhaupt, hat Hitler sich auf den Feldherrnstuhl gesetzt und Deutschlands größte Niederlage aller Zeiten herbeigeführt.«[22]

Friedrich Hossbach, Jahrgang 1894, Major, Heeresadjutant bei Hitler, ZWISCHEN WEHRMACHT UND HITLER

»Ich schwöre bei Gott diesen heiligen Eid, dass ich dem Führer des Deutschen Reiches und Volkes, Adolf Hitler, dem Oberbefehlshaber der Wehrmacht, unbedingten Gehorsam leisten und als tapferer Soldat bereit sein will, jederzeit für diesen Eid mein Leben einzusetzen.«[23]

Eid der Reichswehr auf Adolf Hitler, 2. August 1934

TAGEBUCH, 17. OKTOBER 1934

»Ein Gesetz ist gemacht: Hitler bleibt auf Lebenszeit Führer des deutschen Volkes.«

Henriette Schneider, Mrossen, Ostpreußen

»Als wir aus dem Hotel traten, gewahrten wir mitten auf der Straße eine lebhaft gestikulierende Menschenmenge. Wir traten näher, um zu erfahren, was passiert war. Aus dem Straßenbahnwagen wurde ein junges Mädchen grob hinausgezerrt und gestoßen. Wir sahen ein gequältes Gesicht von der Farbe verdünnten Absinths. Sie war schrecklich anzusehen. Ihr Kopf war vollkommen rasiert, und auf ihrer Brust hing ein Plakat. Wir gingen ihr eine Weile nach und beobachteten, wie die Menge sie verhöhnte. Quentin und mein Bruder wandten sich mit Fragen an einige Passanten. Ihren Antworten entnahmen wir, dass es sich um ein arisches Mädchen handelte, das ein Verhältnis mit einem Juden gehabt hatte. Auf dem Plakat stand: ›Ich hatte ein Verhältnis mit einem Juden!‹«[24]

Martha Dodd, Jahrgang 1908, Tochter von William Edward Dodd, Botschafter der Vereinigten Staaten in Berlin, AUS DEM FENSTER DER BOTSCHAFT

TAGEBUCH, 1. APRIL 1935

»Gestern war hier im Ufa-Palast die überfestliche Uraufführung des Reichsparteitagsfilms ›Triumph des Willens‹, gestaltet von Leni Riefenstahl. Ich habe nicht die Absicht, ihm neunzig Minuten zu opfern. Mir genügt, dass die lieben Berliner ihm bereits einen anderen Titel gegeben haben: ›Triumph des Brüllens‹.«[25]

Erich Ebermayer, Schriftsteller

»Im Laufe der Jahre hat Hitler sogar erheblich an Haltung gewonnen und wuchs immer mehr in seine Rolle als oberster Repräsentant des deutschen Volkes hinein. Der kleine Mann, der Emporkömmling, verblasste in ihm immer mehr.«[26]

Fritz Wiedemann, Adjutant Adolf Hitlers, ERLEBNISSE UND ERFAHRUNGEN

»Als ich im Herbst 1934 auf Beschluss des Politbüros des Zentralkomitees der KPD aus der illegalen Arbeit im ›Reich‹, zuletzt in den Bezirken Pfalz, Hessen, Baden und Württemberg, zum bevorstehenden Abstimmungskampf in das Saargebiet zurückgeholt wurde, fuhr ich mit Herbert Wehner – damals Kandidat des Politbüros des Zentralkomitees der KPD ... – auf einer Rundreise auch durch Wiebelskirchen. Wehner, seinerzeit unter dem illegalen Namen Kurt Funk bekannt, fragte mich, wie der Ort wohl stimmen werde. Ich sagte: ›Höchstens 30 bis 35 Prozent!‹ Er wollte es nicht glauben. Am 13. Januar 1935 waren es dann noch viel weniger. Die Mehrheit stimmte für den Anschluss an das ›Reich‹, obwohl es sich seit 1933 um das ›Dritte Reich‹ der Hitlerfaschisten handelte. Die Saarbewohner waren mehrheitlich keineswegs für Hitler, sondern gegen ihn, aber sie erlagen der nationalistischen Propaganda. Am 1. März 1935 hat Hitler sie dann ›heimgeholt‹, um sie am 1. September 1939 in den zweiten Weltkrieg zu stürzen. Mit dem ›Dritten Reich‹ erlebte das Saargebiet nur viereinhalb Jahre Frieden.«[27]

Erich Honecker, Jahrgang 1912, kommunistischer Funktionär im Untergrund, AUS MEINEM LEBEN

TAGEBUCH, 15. JANUAR 1935

»Der Tag im Zeichen der Saarabstimmungsergebnisse ... [G]roße Rede des Führers an die Saarländer, Verkündung durch Goebbels, Flaggenhissen, Schulen frei bekommen, Fackelzüge ... Es ist ein erhebendes Gefühl, diese große Zeit mitzuerleben.«

Henriette Schneider, Mrossen, Ostpreußen

»Draußen hört man Schritte und Kommandorufe. Dann klingt plötzlich eine grammophonartige Männerstimme an mein Ohr: ›Achtung, Achtung, wir bringen jetzt die Ergebnisse der gestrigen Saarabstimmung.‹ Ein Lautsprecher ist eigens zu diesem Zweck auf der Kommandobrücke des Sternbaues, der ›Zentrale‹, montiert worden ... ›Achtung, Achtung: Merzig – 89 % für den Anschluss, Saarlouis – 91 % für ...‹, Saarbrücken – 86 %, 90 %, 94 %, 95 % –.‹ Keulenschlag auf Keulenschlag, Keulenschlag auf Keulenschlag. Das also war die Quittung für unsere Opfer: 90 % für Hitler – bei freier Abstimmung! 90 % für das Dritte Reich – in einem Industrierevier! 90 % – nach dem Brandstifterprozess, nach dem Röhm-Putsch!«[28]

Rudi Goguel, Jahrgang 1908, KPD-Funktionär, Untersuchungsgefängnis Düsseldorf-Derendorf, 15. Januar 1935, ES WAR EIN LANGER WEG

»Ich habe oft erklärt, dass nach der Rückkehr des Saargebiets Deutschland keine territorialen Forderungen mehr an Frankreich stellen wird. Ich habe diese Erklärung heute vor aller Welt verbindlich wiederholt. Es ist dies ein geschichtlich schwerer Verzicht, den ich damit im Namen des deutschen Volkes ausspreche.

Ich tue es, um durch dieses schwerste Opfer beizutragen zur Befriedung Europas. Mehr kann man von Deutschland nicht verlangen.«[29]
Adolf Hitler, Interview vom 15. Januar 1935 mit Pierre Huss, Korrespondent der Hearst-Presse, Obersalzberg

TAGEBUCH, 15. JANUAR 1935
»Also feierlicher Verzicht auf Elsass und Lothringen! Diese Erklärung müsste in Frankreich Wunder wirken und die Lage in Europa tatsächlich entspannen. Natürlich gibt es Unverbesserliche bei uns, die auch diese Erklärung Hitlers nicht überzeugt. Er wird an Frankreich keine territorialen Forderungen mehr stellen – aber wird er sich eines Tages mit der Waffe nehmen, was er haben will?«[30]
Erich Ebermayer, Schriftsteller

»Der Lehrer hat uns heute erklärt, dass das Saargebiet nun endlich wieder an Deutschland angegliedert ist. Dieses Gebiet, das früher einmal zu Deutschland gehört hat, stand seit 1918 unter französischer Verwaltung. Mehr als 90 Prozent der Saarländer wollten wieder Deutsche sein, endlich also ging ihr Wunsch in Erfüllung. Damit ist Frankreich jetzt ein Stück kleiner und Deutschland ein Stück größer. Das sind immerhin fast eine Million Deutsche mehr. Ich bin stolz auf mein Land. Unser Führer hat ein Land erobert, ohne dass ein Schuss fiel, hat der Lehrer gesagt. Dann hat er noch gesagt, wir sollten den Hitlergruß machen. Wir sind alle aufgestanden und haben ›Heil Hitler!‹ gerufen.«[31]
Edgar Feuchtwanger, Jahrgang 1924, Schüler, ALS HITLER UNSER NACHBAR WAR

»Meine beiden Unterredungen mit Hitler im April 1935 und Oktober 1936 waren unkompliziert, weil es keinen Interessengegensatz gab … Hitler hat auch zur damaligen Zeit in keiner Weise den Eindruck eines Geisteskranken gemacht, und diese Überzeugung hat sich durch sein privates Auftreten in kleinen Gesellschaften verstärkt, die er gab, wenn Diana und ihre Schwester anwesend waren. Sie schilderte ihn als einen ungewöhnlich begabten Mimiker, der vor einem verschwiegenen Zuschauerkreis ebenso gut spielen konnte wie irgendein Schauspieler«[32]
Oswald Mosley, Jahrgang 1896, Führer der British Union of Fascists,
WEG UND WAGNIS

»Nur Hitler gegenüber waren bestimmte Anrederituale einzuhalten. Wir Jüngeren sprachen ihn mit ›Mein Führer‹ an, die ›Alten‹ sagten ›Chef‹ zu ihm oder auch bloß ›Herr Hitler‹. Untereinander war er allerdings für uns alle nur der ›Chef‹ – niemand verwendete dann das Wort ›Führer‹. Im Freien, wenn man die Wagentür öffnete, war der Hitlergruß Pflicht.«[33]
Rochus Misch, Jahrgang 1917, SS-Leibstandarte, Telefonist in der Reichskanzlei,
DER LETZTE ZEUGE

»Die Zauberformeln: ›Der Führer hat befohlen‹ oder: ›Der Führer wünscht‹ oder: ›Der Führer genehmigt‹ oder: ›Der Führer verbietet‹ oder: ›Der Führer bevollmächtigt‹ waren die völlig neuen, mit den sämtlichen bisherigen Formen des deutschen Staatslebens aufräumenden Legitimationsdokumente und Rangpatente geworden. Sie entsprachen der fast völligen Militarisierung des Staatsstils, der Wehrmachtsführung und des Parteilebens. Ergänzt wurde das durch Görings Stellung im Vierjahresplan für die gesamte Wirtschaft, durch Todts Vollmachten für das Hoch- und Tiefbauwesen, durch Darrés Vollmachten für die Ernährung und durch Himmlers Vollmachten für die Polizei.«[34]

Hans Frank, Jahrgang 1900, Jurist, Reichsrechtsführer, ERLEBNISSE UND ERKENNTNISSE

»An die Stelle des Reichskabinetts trat bei allen wichtigen Entscheidungen der anonyme Kreis der Männer, die dem Führer am nächsten standen. Das waren Göring, Goebbels, Ribbentrop, Heß, später an seiner Stelle mit wachsendem Einfluss Bormann, Himmler und bei allen militärischen Entscheidungen Blomberg, Keitel und die Befehlshaber der Wehrmachtsteile.«[35]

Lutz Graf Schwerin von Krosigk, Reichsfinanzminister, ES GESCHAH IN DEUTSCHLAND

»In diesen Jahren machte sich auch im persönlichen Auftreten und im Verkehr Hitlers ein gewisser Wandel bemerkbar. Er wurde in zunehmendem Maße zurückhaltender im Empfang politischer Besucher, wenn sie von ihm nicht beordert waren. In dem gleichen Maße verstand er es, sich auch innerlich von seiner Umgebung zu distanzieren. Während sie vor der Machtübernahme die Möglichkeit besaß, ihm auch ihre abweichende politische Meinung vorzubringen, entzog er sich als Staatsoberhaupt und Respektsperson strikt jeder ungebetenen politischen Aussprache ... Er wollte reden, aber nicht zuhören, er wollte Hammer, aber nicht Amboss sein.«[36]

Otto Dietrich, Jahrgang 1897, Reichspressechef der NSDAP, 12 JAHRE MIT HITLER

»Alle politischen, d. h. innen- und außenpolitischen Anordnungen sowie Befehle, erteilte Hitler den Reichsleitern, dem RFSS Reichsführer SS Heinrich Himmler, den Ministern bzw. deren Vertretern als auch dem Minister des Auswärtigen Amtes selbst mündlich ... Von seinen jeweiligen Gesprächspartnern wurden dann die empfangenen Anordnungen und Befehle durchgeführt, bzw. schriftlich festgehalten und ihm später zur Unterschrift vorgelegt.«[37]

Christa Schroeder, Jahrgang 1908, persönliche Sekretärin Hitlers seit 1933, ER WAR MEIN CHEF

»Beschlüsse wurden von Hitler nur allein gefasst und Staat und Partei als vollendete Tatsachen lediglich mitgeteilt! Gegen diese Entschlüsse duldete Hitler keinen Widerspruch.«[38]

Otto Dietrich, Reichspressechef der NSDAP, 12 JAHRE MIT HITLER

Mit Velourshut. Hitler trägt ihn gegen die Sonne mit extra breitem Rand.

»Nach außen war ein System nicht zu erkennen. Es gab aber kaum ein Gebiet, das nicht zwei- oder mehrgeteilt war. Er [Hitler] liebte es, auch an seinen unmittelbaren Mitarbeitern vorbei, mit deren Untergebenen, selbstständig und ohne Information des Chefs Besprechungen abzuhalten und Weisungen zu geben.«[39]
Albert Speer, Jahrgang 1905, Generalbauinspektor für die Reichshauptstadt,
DIE KRANSBERG-PROTOKOLLE

»Wenn Spannungen und Streitigkeiten zwischen führenden Parteileuten auftraten, hielt sich Hitler heraus. Er versteckte sich hinter einer wohlwollenden Neutralität, beobachtete aber die Entwicklung der Intrigen ganz genau. Oft hatte ich den Eindruck, dass die Machtkämpfe zwischen Heß und Göring, zwischen Göring und Himmler, zwischen Goebbels und Göring, zwischen Goebbels und Ribbentrop usw. Hitler belustigten. Wenn er jedoch festzustellen glaubte, dass solche Rivalitäten der Staatsführung schadeten, dann äußerte sich·sein Missfallen in heftigen Ausdrücken. Als ich ihn einmal fragte, warum er diese Streitigkeiten nicht gleich im Anfang schlichtete, ... antwortete er ausweichend: ›Das sollen die Herren unter sich ausbaden. Ich denke nicht daran, mich in Kompetenzstreitigkeiten einzumischen. Ich stehe darüber.‹ ... (W)enn er es auch nicht eingestand, so verfolgte er doch offensichtlich den Zweck, die Entstehung einer gegen seinen Despotismus gerichteten Einheitsfront zu verhüten.«[40]
Christa Schroeder, persönliche Sekretärin Hitlers seit 1933, ER WAR MEIN CHEF

»Es [ist] die Pflicht eines jeden, zu versuchen, im Sinne des Führers ihm entgegenzuarbeiten.«[41]

Werner Willikens, Jahrgang 1893, SS-Mitglied, Staatssekretär im Preußischen Landwirtschaftsministerium, vor Vertretern der Landwirtschaftsminister der Länder, am 21. Juni 1934

»Zu groß Gewordene ließ er gerne etwas sinken, Gestrandeten half er wieder auf die Beine.«[42]

Reinhard Spitzy, Jahrgang 1912, österreichischer SS-Hauptsturmführer, seit 1936 Adjutant von Joachim von Ribbentrop, BEKENNTNISSE EINES ILLEGALEN

»Er war in all diesen Dingen überhaupt merkwürdig unentschlossen. Der Außenstehende stellt sich A.H. als einen sehr scharfen, schnell und brutal reagierenden Diktator vor. Dass er zögernd und sogar fast ängstlich vor Entscheidungen sich vorbeidrückte, wird unfassbar sein. Es war aber so.«[43]

Albert Speer, Generalbauinspektor für die Reichshauptstadt, DIE KRANSBERG-PROTOKOLLE

»Die Nichtjuden waren alle in der Hitler-Jugend, einige in einer angeblich vornehmeren Formation, der Marine-Hitler-Jugend, die auf der Havel übte. Einer war ein hoher Jungvolk-Führer. Oft kamen sie in Uniform in die Schule, gern berichteten sie über ihre Erlebnisse und Abenteuer, taten es aber nicht gerade in Gesprächen mit den Juden.

Freilich erinnere ich mich immer noch an jenen Schulkameraden, der an einem der Nürnberger Parteitage teilnehmen durfte und der sich dann in der Klasse mit erregter Stimme rühmte: ›Ich stand nicht weit vom Führer. Ich habe ihn gesehen, ich werde seine blauen Augen nie vergessen.‹«[44]

Marcel Reich-Ranicki, Jahrgang 1920, geborener Marceli Reich, Schüler in Berlin, MEIN LEBEN

»Die Jugend liebt Hitler wirklich, in grenzenlos ekstatischer Verehrung … weil er ihre kindlichen Impulse aufnimmt und sie darin sogar noch ermuntert. Das Indianerspielen der Jugendlichen wird in der Kriegsvorbereitung beibehalten. Hitler gleicht darin dem Schöpfer eines freien Jugendstaats. Hitler nimmt ihnen gegenüber nicht die strafende Vater-, sondern vielmehr die Mutterrolle ein, Quell allen Vergnügens und aller Liebe. Er gestaltet ihnen pseudorevolutionäre Freiheiten des Trieb- und Sexuallebens, was seine Attraktivität erhöht.«[45]

Karl Otten, Jahrgang 1889, deutscher Schriftsteller im Exil, DAS TÄGLICHE GESICHT DER ZEIT

TAGEBUCH 17. AUGUST 1937

»Brachen über die Alpen nach Deutschland auf … Kamen gegen acht in München an und gingen gleich ins Hofbräuhaus, was sehr interessant war. Hitler scheint hier so beliebt zu sein wie Mussolini in Italien, wenngleich Propaganda wohl seine stärkste Waffe ist.«[46]

John F. Kennedy, Jahrgang 1917, Student auf Europa-Reise

»Etwas Vergleichbares muss man selbst erlebt haben, um die Macht, die Hitler über das Volk hatte, begreifen zu können, um die Dynamik der von ihm begründeten Bewegung zu erfassen und erkennen zu können, welche disziplinierte Kraft in den Deutschen steckt.«[47]

William L. Shirer, Jahrgang 1904, Korrespondent der Nachrichtenagentur Universal News Service in Berlin, September 1934, THE NIGHTMARE YEARS

TAGEBUCH, 18. AUGUST 1937

»München spät aufgestanden, nicht gerade frisch. Mit dem Besitzer unterhalten, der ein großer Hitler-Fan ist. Es besteht kein Zweifel, dass diese Diktatoren im eigenen Land aufgrund ihrer wirkungsvollen Propaganda beliebter sind als außerhalb.«[48]

John F. Kennedy, Student auf Europa-Reise

»Ich war zunächst erstaunt, dass es den meisten Deutschen wenig auszumachen schien, dass ihre persönliche Freiheit eingeschränkt und ein großer Teil ihrer glänzenden Kultur zerstört wurde. Stattdessen wurde diese Kultur von Barbaren durch Widerwärtigkeiten im ›Blut-und-Boden‹-Stil ersetzt. Die Deutschen schienen sich ebenso wenig daraus zu machen, dass ihr Leben und ihre Arbeit in einem Ausmaß eingeschränkt wurden, das auch einem Volk, das über Generationen hinweg von einer Obrigkeit in Schach gehalten wurde, unbekannt sein dürfte. Freilich wurde schnell offensichtlich, dass die Menschen aus Angst vor dem KZ alles duldeten. Insbesondere Juden, frühere Kommunisten und Sozialisten sowie all jene, die der Regierung zu liberal oder zu pazifistisch gesonnen waren, fürchteten sich davor, denn die gewaltsamen Juni-Säuberungen hatten allzu deutlich gemacht, dass Hitler kompromisslos eingriff. Allerdings bemerkte ich auch, dass verhältnismäßig wenig Deutsche von dem Naziterror der frühen Jahre unmittelbar betroffen waren. Die meisten schienen sich nicht weiter darum zu kümmern, was einigen wenigen Kommunisten, Sozialisten, Pazifisten, aufmüpfigen Priestern und Pastoren sowie den Juden geschah. Ein von außen kommender Beobachter musste jedoch nach und nach zu dem Schluss kommen, dass sich die Bevölkerung insgesamt nicht tyrannisiert und unterdrückt fühlte. Es schien mir vielmehr sogar, dass sie das System mit ehrlicher Begeisterung unterstützten. Hitler gab ihnen neue Hoffnung, neues Vertrauen und einen bemerkenswerten neuen Glauben an die Zukunft ihres Landes.«[49]

William L. Shirer, Korrespondent der Nachrichtenagentur Universal News Service, THE NIGHTMARE YEARS

»Abfahrt nach Köln über Frankfurt, wo wir anhielten, um nach weiteren Dackeln zu schauen, weil Offie so süß ist. Hatten aber kein Glück, fuhren also weiter rheinaufwärts. Sehr schön, da an der Strecke viele Burgen liegen. Die Städte sind alle sehr reizend, was zeigt, dass die nordischen Rassen den romanischen gewiss überlegen zu sein scheinen. Die Deutschen sind wirklich zu gut – deshalb rottet man sich gegen sie zusammen, um sich zu schützen.«[50]

John F. Kennedy, Student auf Europa-Reise

TAGEBUCH, 11. SEPTEMBER 1934

»Diese Massenversammlung ist ein starkes, betäubendes Gift. Nicht alle Ausländer sind imstande, bei diesem überwältigenden Schaugepränge einen klaren Kopf zu behalten.«[51]

Bella Fromm, Jahrgang 1890, jüdische Deutsche, bis 1933 Kolumnistin der Vossischen Zeitung

»Wir fuhren den Rhein hinunter, sahen wieder die Fahnen und die Marschkolonnen, die braunen Uniformen. Der kriegerische Charakter des Landes war unübersehbar. Am Rhein schien er nicht so spontan zu sein wie in anderen Gegenden Deutschlands, so dass wir uns fragten, wenn wir unterwegs mit Leuten sprachen, welche Vorbehalte sie wohl hatten. Die Embleme und Symbole der Nazis waren diesem dunklen und energischen Volk gleichsam aufgepfropft.«[51]

Martha Dodd, Tochter des Botschafters der Vereinigten Staaten, AUS DEM FENSTER DER BOTSCHAFT

»Der Privatmann Hitler war ein normaler, ein einfacher Mann, der einfachste Mensch, den ich kannte. Nur nach außen schlüpfte er in seine ›Führerrolle‹, dann musste alles protokollgerecht ablaufen, die Inszenierung perfekt sein. Aber privat – und wir vom Begleitkommando gehörten zu seinem Privatleben – war er unkompliziert.«[52]

Rochus Misch, Telefonist in der Reichskanzlei, DER LETZTE ZEUGE

»Hitler wirkte bescheiden, durchschnittlich, farblos und schüchtern – und dazu kam diese eigenartige Sanftheit und anziehende Hilflosigkeit.«[53]

Martha Dodd, Tochter des Botschafters der vereinigten Staaten, AUS DEM FENSTER DER BOTSCHAFT

»Das einfache, in dem sonst üblichen Rahmen kleinbürgerliche Leben fiel ihm nicht schwer. Es entsprach ihm, es wirkte dadurch natürlich, und es war kein Opfer für ihn. Es trug ihm viele Sympathien ein und wurde am meisten im Volk besprochen. Es gab ihm viel Kredit für andere unpopuläre Entscheidungen. Im Übrigen war seine Einfachheit auch bewusste politische Absicht. Er betonte oft: ›Wenn ich einfach bin, dann muss meine Umgebung mit Orden behängt und prunkvoll ausgestattet sein. In diesem Rahmen wirkt meine Einfachheit stärker.‹«[54]

Albert Speer, Generalbauinspektor für die Reichshauptstadt, DIE KRANSBERG-PROTOKOLLE

»Wenn ich eine Charakteristik Hitlers in einigen kurzen Worten zu geben hätte, so würde ich sagen, dass er der fanatischste, fast am Rande des Wahnsinns stehende Mensch ist, der unter allen Staatsmännern der modernen Welt nicht seinesgleichen hat.«[55]

Martha Dodd, Tochter des Botschafters der Vereinigten Staaten, AUS DEM FENSTER DER BOTSCHAFT

»In einer totalitären Diktatur muss man nicht vom Volk geliebt werden, es reicht aus, gefürchtet zu werden, so wie Stalin in der Sowjetunion. Und dennoch konnte es keinen Zweifel daran geben, dass die Masse des deutschen Volkes – so beängstigend das auf mich und das Ausland auch wirkte – Hitler liebte, und Göring stand ihm in der Bevölkerung darin kaum nach. Er wurde geschätzt wegen seines gellenden Humors, seiner unverhohlenen Art zu sprechen, seiner Jovialität und direkten Art. Er machte auf die Menschen eher den Eindruck eines Kumpels, und es schien sie gar nicht zu stören, dass er zugleich ein skrupelloser Mörder war.«[56]

William L. Shirer, Korrespondent der Nachrichtenagentur Universal News Service, THE NIGHTMARE YEARS

»So erinnere ich mich, dass er einmal sehr vergnügt sagte, er habe in die Bestimmungen über die Schaffung des Ranges des Reichsmarschalls hineingeschrieben, ›der Reichsmarschall bestimmt seine Uniform selbst. Jetzt kann er sich umhängen, was er will!‹ Das war eine Anspielung auf die allgemein bekannte Neigung Görings zum theatralischen Auftreten in Pose und Kleidung.«[57]

Franz von Sonnleithner, Jahrgang 1905, ab 1939 Legationsrat im Auswärtigen Amt, ALS DIPLOMAT IM FÜHRERHAUPTQUARTIER

»Man hat vielfach behauptet, dass Hitler mit einer unerschütterlichen Treue an seinen ›alten Kämpfern‹ hing. Was den Reichsmarschall anbetrifft, so stimmt diese Annahme leider. Er hat ihn zwar oft scharf getadelt, aber nie die Folgerungen aus seiner klaren Erkenntnis gezogen.«[58]

Heinz Guderian, Jahrgang 1888, Generalmajor, Kommandeur der 2. Panzer-Division, ERINNERUNGEN EINES SOLDATEN

»Den Rest des Abends erzählte er [Hitler] Witze über Goebbels und Göring, die sie mit lautem Gelächter anhörten. ›Kennt ihr den Unterschied zwischen Goebbels und Göring?‹, fragte er, und als niemand sein Rätsel lösen konnte, antworte-

te er selbst: ›Goebbels ist die Summe von Unsinn, die ein Mann in einer Stunde sagen kann, und Göring ist die Summe von Blech, die sich ein Mann an seine Brust hängen kann.‹«[59]
Friedelind Wagner, Jahrgang 1918, Tochter von Siegfried und Winifred Wagner, NACHT ÜBER BAYREUTH

»Hitlers böser Geist in der zweiten Etappe seiner Laufbahn war Goebbels.«[60]
Ernst Hanfstaengl, Jahrgang 1887, Auslandspressechef der NSDAP bis 1937, MEMOIREN EINES POLITISCHEN AUSSENSEITERS

»Am gleichen Abend sah ich Goebbels zum ersten Mal, einen kleinen Mann mit übergroßem Kopf auf einem Kindkörper; seine Hässlichkeit, noch betont durch eine Hakennase und abstehende Ohren, war überraschend; sein Gebrechen – er hatte einen Klumpfuß – minderte kaum die Antipathie, die er einflößte. Er war jedoch sehr intelligent und nach Hitler der beste Redner der Partei.«[61]
Paul Stehlin, Jahrgang 1907, Luftwaffen-Attaché in der französischen Botschaft in Berlin, AUFTRAG IN BERLIN

»Wenn Goebbels in einer besonders guten Stimmung war und mich unterhalten wollte, parodierte er bei Tisch seine Ministerkollegen, allen voran Hermann Göring, von dem er übrigens keine allzu große Achtung hatte – oder sogar Hitler. Mit seiner wahrlich schauspielerischen Begabung konnte er noch weitere Nazigrößen nachmachen und amüsierte sich selbst köstlich darüber. So imitierte er etwa den Arbeitsfrontleiter Robert Ley ganz fabelhaft, worüber wir beide herzhaft lachten.«[62]
Lida Baarova, Jahrgang 1914, tschechische Schauspielerin und Goebbels-Geliebte, DIE SÜSSE BITTERKEIT

»Nach Ansicht der Nazis ist Lahmheit ein Grund dafür, einem Menschen das Recht auf Nachkommenschaft abzusprechen, denn Lahmheit sei das Produkt einer Mischehe. Besäßen die nazistischen Sterilisierungsgesetze einen Tropfen Logik und Objektivität, so hätte man Dr. Goebbels schon längst sterilisiert. Vorläufig produziert er aber mit allgemeiner Zustimmung so viele Nachkommen seiner Art, wie seine Gattin mag. Goebbels hat drei oder vier Töchter sowie einen Stiefsohn aus der ersten Ehe seiner Frau.«[63]
Martha Dodd, AUS DEM FENSTER DER BOTSCHAFT

»Ich pfeife darauf, was man meint und glaubt und denkt, und erkläre offen: Goebbels war ein interessanter Mensch. Er missfiel mir nicht. Erst gegen Ende veränderte er sich, da wurde er töricht – und gefährlich.«[64]
Zarah Leander, Jahrgang 1907, schwedische Sängerin und Schauspielerin, MEIN LEBEN

»Er [Goebbels] war wohl imstande, die Fehler und Schwächen des nationalsozialistischen Systems zu erkennen, aber er hatte nicht den Mut, seine Erkenntnisse

vor Hitler zu bekennen und zu vertreten. Vor Hitler war er – wie Göring und Himmler – ein kleiner Mann.«[65]
Heinz Guderian, Kommandeur der 2. Panzer-Division, ERINNERUNGEN EINES SOLDATEN

»Ich kenne die Schrecken des Krieges: Gemessen an seinen Opfern sind alle Gewinne unbefriedigend ... Ich habe nicht gesehen, dass der Krieg das höchste Glück ist, sondern im Gegenteil, ich sah nur tiefstes Leid. Ich spreche daher zwei Bekenntnisse ganz offen aus: 1. Deutschland wird von sich aus niemals den Frieden brechen, und 2. wer uns anfasst, greift in Dornen und Stacheln. Denn ebenso wie wir den Frieden lieben, lieben wir die Freiheit.«[66]
Adolf Hitler im Interview mit Ward Price, Sonderkorrespondent der Londoner Daily Mail, 17. Januar 1935

TAGEBUCH, 16. MÄRZ 1935
»Abends hörten wir eine Proklamation an das Deutsche Volk ... von Dr. Goebbels. Als Antwort auf die gestern in Frankreich angenommene Dienstzeit von zwei Jahren hat Hitler die allgemeine Wehrpflicht in Deutschland eingeführt! Das war ein Jubel in Berlin!«
Henriette Schneider, Mrossen, Ostpreußen

TAGEBUCH, 17. MÄRZ 1935
»Hitler hat es gewagt, er hat die allgemeine Wehrpflicht angekündigt. Obwohl niemand überrascht ist, bedeutet das doch einen schweren Schlag. Wenn bloß das Ausland sich nicht durch Hitlers Friedensgeschwätz im Rundfunk einschläfern lässt.«[67]
Bella Fromm, bis 1933 Kolumnistin der Vossischen Zeitung

»Bei dieser zweiten Begegnung erhielt ich einen äußerst ungünstigen Eindruck von Hitler. Im Unterschied zu Stalin, so wie ich ihn kennenlernen sollte, oder zu Mussolini wirkte er auf mich negativ, jedenfalls nicht imponierend; auch war er ziemlich verschlagen. Stalin und Mussolini waren, jeder auf seine Weise, markante Persönlichkeiten, während Hitler im Grunde ein Durchschnittsmensch war.«[68]
Anthony Eden, Jahrgang 1897, britischer Außenminister von 1935 bis 1938, MEMOIREN

»Ich empfand ihn an jenem Morgen und während der ganzen Verhandlungen mit den Engländern als einen Mann, der mit Geschick und Intelligenz unter voller Wahrung der Formen, wie ich sie für solche politischen Gespräche gewohnt war, seinen Standpunkt so vertrat, als habe er jahrelang nichts weiter getan, als derartige Unterhaltungen geführt.«[69]
Paul Otto Schmidt, Jahrgang 1899, Chefdolmetscher des Auswärtigen Amtes, ERLEBNISSE

»Nachdem die offiziellen Besucher gegangen waren, hatte Hitler einen kleinen Kreis von Freunden zurückbehalten, bei denen er über seinen diplomatischen

Erfolg jubelte, sich auf die Knie schlug und wie ein Schuljunge in die Hände klatschte. ›Ich bin so glücklich, ich muss mich gehen lassen!‹, rief er. ›Alles klappt wunderbar. Fabelhafte Burschen, diese Engländer! Selbst wenn sie lügen, tun sie das großzügig, nicht so wie diese verniggerten Franzosen.‹«[70]

Friedelind Wagner, Tochter von Siegfried und Winifred Wagner, NACHT ÜBER BAYREUTH

»Gehe zum Frühstück zu Lord Baldwin ... Er sprach über Winston Churchill und sagte, ihm fehle es an Seele. Ich meinte, Winston besitze viel Mitgefühl mit dem Unglück anderer. Er entgegnete: ›Ich bestreite nicht, dass Winston eine sentimentale Ader hat.‹ Und fährt dann fort: ›Zudem kann er wirklich nicht lügen. Deshalb ist er so ein schlechter Verschwörer.‹«[71]

Harold Nicolson, Jahrgang 1886, Abgeordneter der National Labour Party im Britischen Unterhaus, TAGEBUCH, 8. Dezember 1937

»Ich kann nicht lügen für mich persönlich, das werde ich nie tun. Aber wenn ich für mein Land lüge, für Deutschland, dann ist mir jede Lüge recht.«[72]

Adolf Hitler zu Generalleutnant Erhard Milch, Staatssekretär im Luftfahrtministerium

TAGEBUCH, 21. MAI 1935
»Abends sprach Hitler über 2 Stunden im Reichstag über unseren Friedenswillen.«
Henriette Schneider, Mrossen, Ostpreußen

»Das Blut, das auf dem europäischen Kontinent seit 300 Jahren vergossen wurde, steht außer jedem Verhältnis zu dem völkischen Resultat der Ereignisse. Frankreich ist am Ende Frankreich geblieben, Deutschland Deutschland, Polen Polen, Italien Italien usw. ... Wer in Europa die Brandfackel des Krieges erhebt, kann nur das Chaos wünschen. Wir aber leben in der festen Überzeugung, dass sich in unserer Zeit nicht erfüllt der Untergang des Abendlandes, sondern seine Wiederauferstehung. Dass Deutschland zu diesem großen Werk einen unvergänglichen Beitrag liefern möge, ist unsere stolze Hoffnung und unser unerschütterlicher Glaube.«[73]

Adolf Hitler, »Friedensrede« vor dem Reichstag, 21. Mai 1935

»Vor diesem Hintergrund hielt Hitler am Abend des 21. Mai eine weitere, den Frieden beschwörende Ansprache vor dem nur aus Marionetten bestehenden Reichstag – mit Sicherheit eine der eloquentesten, ausgeklügeltsten und irreführendsten seiner Reichstagsreden, die ich mir pflichtbewusst anhörte.

Zum ersten Mal hörte ich, dass er den Frieden so leidenschaftlich und so mitreißend beschwor. Mehrmals während dieser packenden zweistündigen Rede musste ich feststellen, dass ich von seinen Worten ergriffen wurde. Doch dann fasste ich mich wieder und dachte: Nichts als Rauch ohne Feuer.«[74]

William L. Shirer, Korrespondent der Nachrichtenagentur Universal News Service, THE NIGHTMARE YEARS

»Man mag über ihn denken, was man will, jedenfalls ist diese Rede eine große staatsmännische Leistung. Sie bietet in ihren dreizehn Punkten eine Grundlage, die, wenn sie ehrlich ausgebaut wird, den europäischen Frieden auf Jahrzehnte sichern könnte.«[75]

Harry Graf Kessler, Jahrgang 1879, Schriftsteller im Exil in Palma

»Schenke Gott uns den Frieden, das ist unser tägliches Denken. Es sieht böse aus, überall Rüstungen ohne Ende.«

Henriette Schneider, Mrossen, Ostpreußen

»Der Saal war ziemlich voll. Wir blieben rückwärts am Eingang stehen. Hitler saß in malerischer Pose am Ende des Saales und redete. Ein Kranz von jüngeren Frauen und befrackten Herren hatte sich um ihn geschart. Es herrschte eine feierlich intime Atmosphäre. Hitler redete im Ton eines vortragenden Professors von Kanonen, Tanks, Maschinengewehren. Deutschland müsse Bomben produzieren, erklärte er, auch größere und schnellere Kampfflugzeuge als die anderen. Es sei zum Beispiel den Franzosen ohne weiteres möglich, innerhalb weniger Stunden, ja Minuten, das Zentrum Berlins zu erreichen und zu zerschlagen, und das müsse durch den Bau noch schnellerer Bombenflugzeuge unbedingt und raschest verhindert werden.«[76]

Luis Trenker, Jahrgang 1892, Regisseur und Schauspieler, über einen Künstlerempfang in der Reichskanzlei, GESCHICHTEN AUS MEINEM LEBEN

»An den Führer und Reichskanzler Deutschlands in Berlin
Als ehemaliger Angehöriger der SPD verfolgt der Unterzeichnete Ihre Politik, nicht erst seit der Machtübernahme durch Sie, sondern auch schon vorher und konnte, ehrlich gesprochen, zuerst nicht begreifen, dass alle mit Ihnen in Berührung kommenden Volkskreise Deutschlands von Ihrem Programm und Ihrer Person begeistert waren, bis mir nach der Machtübernahme durch Ihre Taten klar wurde, dass der unbeugsame Wille, die Verhältnisse sowohl die politischen wie die wirtschaftlichen in Deutschland von Grund auf so umzugestalten, dass es einem ordentlichen, ehrliebenden Menschen Freude bereitete, als Deutscher in Deutschland leben zu können. Schon die Beseitigung aller Parteien und Interessentengruppen war in damaliger Zeit eine große Tat. Die weitaus größere folgte unmittelbar: Die Vereinheitlichung des Reiches ... Groß wird diese Tat noch dadurch, dass Sie dieses nicht mit Kriegstrompeten begleiten, sondern die größte Friedensidee seit 1918 in demselben Moment verkündet haben, welche, wenn sich auch einige europäische Staatsmänner noch dagegen sträuben, geeignet sein wird, dem alten zerrissenen Europa ein ganz neues Gesicht zu geben. Ich habe

die feste Zuversicht, dass Ihnen dieses trotz aller Hemmnisse durch Ihren zielsicheren Willen gelingt. Ihnen hierfür zu danken ist mir Bedürfnis, wenn Ihnen an dem Dank eines einfachen Mannes gelegen ist.

Heil mein Führer Adolf Hitler

gez: **Wilhelm E.,** Trompet bei Moers am Rhein«[77], Brief vom 20. März 1936

»Ich sah, dass die Menschen wieder Arbeit hatten und die Stimmung nicht überschwänglich, auch nicht betont regimefreundlich war, doch erst recht nicht regimefeindlich. Warum sich nicht klarmachen, dass auch Menschen, die früher links gewählt hatten, sich beeindruckt zeigten? Die Vollbeschäftigung und die Zugeständnisse und die Passivität der einstigen Siegermächte – die Besetzung des Rheinlandes lag erst wenige Monate zurück – hatten ihre Wirkung nicht verfehlt, die noch durch Angst und Terror, Pomp und Propaganda, Anpassung und Mitläuferei gesteigert wurde. Dennoch teilte ich nicht Urteile ausländischer Korrespondenten, dass die Deutschen sich leichten Herzens mit dem Verlust politischer Freiheit abgefunden hätten oder ein einzig Volk von Nazis geworden seien.«[78]

Willy Brandt (eigentlich Herbert Frahm), Jahrgang 1913, sozialdemokratischer Funktionär im Untergrund, ERINNERUNGEN

»Im Sommer 1935 wirkte Berlin äußerlich noch wie jene Weltstadt, die es vor 1933 gewesen war. Viel Verkehr, Reklame, Trubel, Touristen und hektische Betriebsamkeit. Der Opernplatz, auf dem Goebbels am 10. Mai 1933 … die Bücher ungezählter progressiver deutscher Dichter und Denker in die Flammen eines riesigen Scheiterhaufens hatte werfen lassen, trug keine erkennbaren Brandspuren. Die Vertreibung vieler Künstler und Wissenschaftler war nicht sogleich offenkundig. Doch sah man genauer hin, las man die von Goebbels ›gleichgeschaltete‹ Presse, hörte man den von ihm dirigierten Rundfunk, schaute man den Bewohnern der Arbeiterviertel ins Gesicht, dann bemerkte man schon den Unterschied … Nicht nur an der sichtlich gewachsenen Zahl der Uniformierten auf den Straßen konnte man ablesen, dass Berlin nun zum Hauptquartier für die Vorbereitung eines neuen Weltkrieges geworden war. In Hitlers ›Reichshauptstadt‹ konnte man schon im Herbst 1935 Schlangen vor Lebensmittelgeschäften sehen.«[79]

Erich Honecker, kommunistischer Funktionär im Untergrund, AUS MEINEM LEBEN

»Die wirtschaftlichen Erfolge in Deutschland waren offenkundig. Die Arbeitslosen verschwanden von den Straßen, die Rüstungsindustrie wurde aufgebaut. Die Menschen neigten dazu, alles zu beschönigen, weil es ihnen wirtschaftlich besser ging. Es war fast unmöglich, ihnen begreiflich zu machen, dass Hitler nicht ein Mann des Friedens war.«[80]

Maria Gräfin von Maltzan, Freiin zu Wartenberg und Penzlin, Jahrgang 1909, Kabarettistin und Pferdepflegerin, ERINNERUNGEN

»Ich komme mit der Überzeugung nach Deutschland, dass die überwältigende Mehrheit des Volkes das gegenwärtige politische System des Dritten Reiches nicht als Unrecht oder Unglück empfindet; im Gegenteil, ich bin davon überzeugt, dass viele Millionen Menschen von Hitlers Sieg profitierten, vor allem die Arbeitslosen und all jene, deren Leben nun von Nationalstolz erfüllt ist. Ich bin überzeugt, dass das System den Menschen zwar gewisse moralische Werte ... genommen hat, ihnen dafür aber materielle und materialistische Vorteile, zumindest einen primitiven, niederen mystischen Gewinn beschert hat.«[81]

Antoni Graf Sobański, Jahrgang 1898, polnischer Literat und Essayist, NACHRICHTEN AUS BERLIN

TAGEBUCH, 15. SEPTEMBER 1935

»Abends gibt der Rundfunk die heutigen Reichstagsbeschlüsse kund, d.h. die Gesetze, die die NSDAP-Abgeordneten ihrer Regierung gutgeheißen haben: Die Deutsche Flagge ist fortan die rote mit dem Hakenkreuz. Schwarzweißrot gilt nur noch als Erinnerungszeichen an früher. Ferner die Antijudengesetze. Die Heirat eines Ariers mit einer Nichtarierin verboten. Ferner: Ein Jude darf nur über 45 Jahre alte arische Mädchen in seinem Geschäft anstellen.«[82]

Karl Windschild, Pfarrer im Ruhestand, Ballenstedt

»Am 15. des Monats kamen die Ausführungsbestimmungen zu den Nürnberger Judengesetzen heraus. Ich selbst bin also ab 15.11.1935 auch, rein rassisch gesehen, nach dieser Ideologie der Ausführungsbestimmungen, ein ›Jude‹, aber die Juden sind mir damit in keiner Weise sympathischer geworden. Denn ihr Gros ist ›mies‹, und jenen miesen Juden habe ich alles das zu verdanken, was ich durch sie passiv erleide. Ich bin auch kein ›Reichsbürger‹ mehr und kein ›Volksgenosse‹, aber darum wird man heute von solchen Leuten beneidet! Ich bin nur noch ein ›Einwohner‹, der an dem Geschehen in Deutschland in weitem Bogen herumgehen kann, was er gern tut.«[83]

Walter Tausk, Jahrgang 1890, deutscher Jude, Breslau, esoterischer Schriftsteller, Tagebuch, 17. November 1935

»Auf einem Schild an der Eingangstür eines Geschäfts habe ich gelesen: ›Für Hunde und Juden verboten.‹«[84]

Edgar Feuchtwanger, Schüler, ALS HITLER UNSER NACHTBAR WAR

»Eines Vormittags hatte ich in der Nähe des Potsdamer Platzes zu tun. Als ich müde wurde, fühlte ich das Bedürfnis, etwas Kaffee zu trinken. Ich ging zu einer bekannten Konditorei, in der ich früher manche Stunde gesessen hatte – an der stand: ›Juden unerwünscht‹. Nach Überquerung des Potsdamer Platzes sah ich am Kaffee Fürstenhof und daneben an sämtlichen Drehtüren des Café Aschinger die gleiche Inschrift. Ich war schlapp, nervös und durstig. Da merkte ich, wie mir der Ekel hochstieg und die Gefahr nahe rückte, dass ich die Nerven verlöre und irgendeine Dummheit machte. Jetzt fasste ich den Entschluss, auf dem schnellsten Wege nach Palästina auszuwandern.«[85]

Martin Freudenheim, Jahrgang 1876, Rechtsanwalt in Berlin, AUGENZEUGENBERICHT

TAGEBUCH, 7. OKTOBER 1935

»Gestern hörten wir im Radio die Feierlichkeiten auf dem Bückeberg. Hitler sprach wieder ganz vorzüglich. Überall in der Welt Krieg, Streiks, Unruhen, bei uns tiefer Friede. Das Volk weiß dies, sonst würde es ihn nicht so feiern.«

Henriette Schneider, Mrossen, Ostpreußen

»Am Erntedankfest 1935 sah ich Hitler auf dem Bückeberg bei Hameln ... Zu beiden Seiten standen die Bäuerinnen in ihren schmucken Trachten aus Bückeburg, aus dem Weserbergland, aus dem Westfälischen, und alle drängten auf ihn zu, um ihn zu sehen, um ihm die Hand zu drücken und um in seine blauen Augen zu schauen.

Strahlendes Lächeln war auf seinem Antlitz, und plötzlich stand er vor mir, keinen Meter weit, und sah mir sekundenlang in die Augen. Er übte unbestritten eine starke Wirkung aus. Die Begeisterung der Tausenden, die ohne Pause ›Heil‹ riefen, steigerte jeden Einzelnen in einen Rausch hinein, und das erhöhte noch die Wirkung, welche die Persönlichkeit dieses Mannes ausübte. Überall griff er nach Händen, die sich ihm in dichter Fülle entgegenstreckten, streichelte Wangen und strich über Haare. Dicht hinter ihm kamen Göring mit breitem Grinsen, Goebbels und Heß und die andern, alle in bester Laune und nach allen Seiten grüßend.«[86]

Konrad Warner, (eigentlich Helmuth Grossmann), Berlin-Korrespondent Schweizer Zeitungen, TATSACHENBERICHT

TAGEBUCH, BERLIN, 10. DEZEMBER 1935

»Das ›Erbgesundheitsgesetz‹ ist erlassen und sieht gewichtige Untersuchungen und Prüfungen der Brautpaare vor, ehe sie sich fürs Leben verbinden wollen. Wenn es so weitergeht, müssen wir bald ein Geschlecht von Über-Edelmenschen sein.«[87]

Erich Ebermayer, Schriftsteller

»Weihnachten, von Neuem verblasst das Regime: Das alte Deutschland der Frömmigkeit und der Wälder ersteht in allen Heimen wieder. Erneut verbreitet sich im frischen Tannenduft das heimelige Leben in den Einkaufsstraßen mit den bereits mittags hell erleuchteten Auslagen, ›O Heilige Nacht!‹ O heilige Nacht des Gemütlichen, in der ich von Neuem das Herz meines alten ›geliebten Germaniens‹ schlagen fühle.«[88]

Denis de Rougemont, Jahrgang 1906, Schweizer, Lektor für Französisch an der Universität Frankfurt/Main, Journal d'Allemagne, 24. DEZEMBER 1935

Deutschland soll nach Görings Vierjahresplan autark werden. Pimpfe der Hitler-Jugend sammeln 1937 in Aschaffenburg Altstoffe.

»Hitler hat seine Unterschrift unter den Kriegsschuldparagraphen des Versailler Vertrags zurückgezogen. Keiner der Staaten, mit denen der Friedensvertrag geschlossen wurde, hat dagegen protestiert. Da sie keinen Einspruch erhoben, kann er behaupten, dass dieser Paragraph keine Gültigkeit mehr habe. Unfassbar, dass die Mächte das einfach hinnahmen. Obwohl die deutsche Kriegsschuld von uns nie anerkannt und auch von der Weimarer Demokratie für nicht zu Recht bestehend gehalten wurde, bleibt doch unverständlich, dass man ausgerechnet Hitler etwas wortlos zubilligt, das seinen Machtansprüchen Geltung gibt, auch wenn man diese Geltung nicht aussprach. Unvermeidlich ist jetzt, dass er nun erst recht in seinem Stil fortfahren wird, nachdem er diesen Erfolg errungen hat.«[89]
Frank Thiess, Jahrgang 1890, Schriftsteller, FRAGMENTE ERLEBTER GESCHICHTE

TAGEBUCH, 7. MÄRZ 1936
»Vormittags in Leicester. Dann hinaus nach Sissinghurst. Hitler kündigt Locarno und marschiert ins Rheinland ein.«[90]
Harold Nicolson, Abgeordneter der National Labour Party im Britischen Unterhaus

»Die Sondernummern verkünden die ›Befreiung des Rheinlands‹. Befreien heißt in diesem Land bewaffnen. Da sind wir zurückversetzt in die Zeit der Franken und Westgoten, als die Würde eines freien Mannes durch das Recht bekundet

wurde, eine Kriegswaffe zu tragen und sie in Friedenszeiten an seinem Herd auf-
zubewahren. Die gesamte Stadt ist beflaggt. Gruppen von Braunhemden ziehen
singend umher. Die Truppen habe ich nicht gesehen: Sie sind im Morgengrauen
in Richtung Rhein gezogen.«[91]
Denis de Rougemont, Schweizer Schriftsteller und Lektor für Französisch
an der Universität Frankfurt/Main, Journal d'Allemagne, 7. März 1936

»Hitler selbst hat in meiner Gegenwart einmal erklärt, dass die 24 Stunden nach
dem Einmarsch in das Rheinland zu den aufregendsten seines ganzen Lebens
gehört hätten. ›Wären die Franzosen damals nach Deutschland eingerückt, so
wie ich es während dieser 24 Stunden für möglich hielt, dann hätte ich mich mit
Schimpf und Schande wieder zurückziehen müssen.‹«[92]
Paul Otto Schmidt, Chefdolmetscher des Auswärtigen Amtes, ERLEBNISSE

»Ja, Frankreich ist untätig geblieben. Das ist einer der größten moralischen und
intellektuellen Zusammenbrüche seiner Geschichte.«[93]
Paul Reynaud, Jahrgang 1878, konservativer französischer Politiker, MEMOIREN

TAGEBUCH, 7. MÄRZ 1936
»Um 12 Uhr hielt der Führer die angekündigte Rede. Er geißelte den Pakt, den
Frankreich mit den Bolschewiki schloss, um Deutschland zu verderben. Damit
ist der Locarno-Vertrag nichtig, und Hitler hat die entmilitarisierte Zone im Wes-
ten besetzt ... Der Reichstag ist aufgelöst, die Neuwahl ist am 29. März.«
Henriette Schneider, Mrossen, Ostpreußen

TAGEBUCH, 7. MÄRZ 1936
»Hitler war in seiner Rede wie immer anklagend, schmähend, schmeichelnd,
triumphierend, kriegslüstern und friedliebend, letzteres aber nur, solange er bekommt, was er wünscht.«[94]
Bella Fromm, bis 1933 Kolumnistin der Vossischen Zeitung

»Ein entschlossenes ... französisches Oberkommando hätte sich risikolos dem
deutschen Vorgehen widersetzen können und müssen, auch ohne britische Unterstützung, die auf jeden Fall zu spät gekommen wäre. Stattdessen verschanzte
es sich ohne Grund hinter der Notwendigkeit einer Mobilmachung, vor der, wie
General Gamelin sehr wohl wusste, die Regierung zurückschrecken musste. So
hatten wir die letzte große Chance verpasst, das nationalsozialistische Regime
entscheidend zu treffen und den Frieden zu retten.«[95]
Paul Stehlin, Luftfahrt-Attaché in Berlin, AUFTRAG IN BERLIN

TAGEBUCH, 8. MÄRZ 1936
»Man erzählt, dass die Generale bis spät in die Nacht gewartet haben, ob die Alliierten irgendwelche Schritte gegen die Rheinlandbesetzung unternehmen. Die

Gegenmaßnahme der Alliierten war – Schweigen. Hitler weiß nun, dass er alles tun kann, was er will.«[96]
Bella Fromm, bis 1933 Kolumnistin der Vossischen Zeitung

»Jeder in Großbritannien (außer Winston Churchill gab es noch viele andere), der darauf drängte, mehr Schiffe und Flugzeuge und Tanks zu bauen, wurde als Kriegshetzer verschrien; das Unterhaus, unser aller Herr und Meister, wie Churchill es zu nennen pflegte, verweigerte aber die Bewilligung der notwendigen Mittel, oder bewilligte sie nur nach langem Zögern und in völlig ungenügendem Umfang. Auch wir blickten ebenso wie Frankreich nur in den Spiegel der Vergangenheit und erwachten erst zur Wirklichkeit, als der Spiegel vor unseren Augen zersprang.«[97]
Nevile Henderson, Jahrgang 1882, britischer Botschafter in Berlin von 1937 bis 1939, EPISODEN EINER DIPLOMATISCHEN LAUFBAHN

»Hitler war sich nicht klar bzw. wollte sich nicht klarmachen, dass bei der Stimmabgabe weniger die wirkliche Meinung des Volkes zum Ausdruck kam als die Geschicklichkeit seiner Gauleiter, die für diese Stimmung und damit die Zahl der Ja-Stimmen verantwortlich waren. Die Wahlparolen wurden meist so geschickt gewählt, dass es wohl vielen Menschen, die dem System ablehnend gegenüberstanden, nicht immer leicht fiel, mit ›Nein‹ zu stimmen. Aber dass die Hoheitsträger vom Ortsgruppenleiter bis zum Gauleiter auch noch das Ihrige taten, um ein möglichst günstiges Resultat zu erzielen, das wusste man in Deutschland allgemein.«[98]
Fritz Wiedemann, Adjutant Adolf Hitlers, ERLEBNISSE UND ERINNERUNGEN

TAGEBUCH, 26. MÄRZ 1936
»Der Führer hält täglich Wahlreden, möchte sein Hals nicht versagen.«
Henriette Schneider, Mrossen, Ostpreußen

TAGEBUCH, 29. MÄRZ 1936
»Das Jungvolk zog mit Fahnen und Plakaten durch die Gegend. Um 2 Uhr mit Anna zur Wahl im alten, wohlbekannten Raum.«
Henriette Schneider, Mrossen, Ostpreußen

»Dem Gauleiter von Köln blieb es jedoch allein vorbehalten, beim ›Zusammenzählen‹ der Ja-Stimmen auf 103 Prozent zu kommen. Er hatte an zu viele Vertrauensleute zweite Wahlscheine ausgegeben. Als dieses Ergebnis spät abends in der Reichskanzlei bekannt wurde, wurde es mit ... allgemeiner Heiterkeit begrüßt. Mehr nicht!«[99]
Fritz Wiedemann, Adjutant Adolf Hitlers, ERLEBNISSE UND ERFAHRUNGEN

»Die Wahlergebnisse sehr gut, 98,95 %, noch nie dagewesen!«

Henriette Schneider, Mrossen, Ostpreußen

»Selbstverständlich fühlte ich mich hochgeehrt, als ich das erste Mal an so einem Essen in der Reichskanzlei teilnehmen durfte. Ich prägte mir jedes Wort ein, das der Führer sprach, und himmelte ihn an wie ein Backfisch den Erkorenen seines Herzens. Ich glaube, jeder von uns Adjutanten und jungen Leuten hätte sich gern und zu jeder Zeit für diesen Mann in Stücke hauen lassen. Unsere Begeisterung und unser Idealismus waren grenzenlos und aufrichtig.«[100]

Reinhard Spitzy, Jahrgang 1912, österreichischer SS-Hauptsturmführer, persönlicher Referent Joachim von Ribbentrops, BEKENNTNISSE EINES ILLEGALEN

»(E)s hat mich immer wieder in Erstaunen versetzt, zu sehen, wie Leute zu Narren wurden, wenn sie in Hitlers Nähe kamen. Es wollte mir nicht in den Kopf, wieso Männer und Frauen, die sonst völlig normal zu sein schienen, in seiner Gegenwart offensichtlich den Verstand verloren … Eines der merkwürdigsten Phänomene war, wie die Stimmen dieser Menschen durch den Führer verändert wurden. Oft hoben sie, wenn sie mit ihm sprachen, ihre Stimme ganz unbewusst um mindestens eine Oktave.«[101]

Friedelind Wagner, Tochter von Siegfried und Winifred Wagner,
NACHT ÜBER BAYREUTH

»Ja, er besitzt die außergewöhnliche, einmalige Begabung für Propaganda. Dieses Wort lässt ihn nachts nicht schlafen, unablässig wiederholt er es bei der Ausarbeitung seines Parteiprogramms, wie Don Basilio immer wiederholte: ›Verleumdet nur, verleumdet nur, es wird immer etwas hängen bleiben.‹

Er hat sich diese langen Banner ausgedacht, die beim Klang der Fanfaren im Winde flattern und deren Anblick die Seele der Menge in Wallung bringt; er hat jene Fahne geschaffen, deren rotes Tuch die Massen anzieht, deren Hakenkreuz mit den gebrochenen Armen allen, die von der Folter zerbrochen wurden, wie ein Symbol ihres Schicksals erschien. In öffentlichen Versammlungen zeigt er sich nicht eher, als bis die Atmosphäre genügend erhitzt und ein ihm entsprechendes Klima geschaffen ist.

Doch geben diese Regiekünste noch keine hinreichende Erklärung dafür, dass seine Reden die Massen in einem Ausmaß elektrisierten, das ihn als den fraglos größten Menschenbeschwörer erscheinen lässt, den die Welt seit Mohammed gekannt hat. Ich glaube nicht, dass er die Menge hypnotisiert, ebenso wenig wie den einzelnen Menschen, den er vor sich hat. Aber das Ergebnis ist das gleiche.«[102]

Robert Coulondre, französischer Botschafter in Berlin von 1938 bis 1939,
ERINNERUNGEN

»Am 20. April [1936] feierte Deutschland Hitlers Geburtstag. Ich erlebte auf einer Tribüne gegenüber der Technischen Hochschule in Charlottenburg den fast drei Stunden dauernden Vorbeimarsch einer ganzen Division. Zum ersten Mal sah ich auch Hitler aus der Nähe. Er fuhr, in einem offenen Wagen stehend, an der Tribüne vor. Das Gebrüll der Menge übertönte sogar das Spiel eines Musikzuges. Hitler trug Parteiuniform, braunes Hemd und braunen Rock, Hakenkreuzarmbinde, schwarze Hose. Die hohe und breitrandige Mütze, viel zu tief in die Stirne gedrückt, sah eher lächerlich aus.

Tosendes Schreien und Rufen begleitete Hitler bis zu seinem Tribünenplatz, dann beruhigten sich die Massen, um dafür in Sprechchören, Gebeten an eine Gottheit gleich, zu skandieren: ›Wir grüßen unseren Führer – wir wollen unseren Führer sehen – wir lieben unseren Führer – wir folgen unserem Führer – ein Volk, ein Reich, ein Führer.‹«[103]

Paul Stehlin, Luftwaffen-Attaché in der französischen Botschaft in Berlin,
AUFTRAG IN BERLIN

»Ich habe noch häufig an den Ausspruch einer einfachen Berlinerin mittleren Alters denken müssen. Sie gehe zu allen Kundgebungen und stehe in jedem Spalier, wo der Führer vorbeikäme, aber sie habe ihn eigentlich noch nie richtig gesehen, denn immer, wenn er in die Nähe gekommen sei, hätten ihre Augen in Tränen geschwommen.«[104]

Erich Kordt, Jahrgang 1903, Leiter eines Ministerbüros im Auswärtigen Amt,
NICHT AUS DEN AKTEN

»Man hat Herrn Hitler unterschätzt, oder man hat ihn nicht verstanden, was auch begreiflich ist, da seine Persönlichkeit so merkwürdig zusammengesetzt ist, dass die Weltgeschichte wohl kaum eine Parallele aufweist. Solange Herr Hitler an der Spitze Deutschlands steht, glaube ich daran, dass das System halten wird … Meine Schlussfolgerung ist also, dass das System fortbestehen kann, größtenteils aufgrund der rätselhaften, aber alles überschattenden Persönlichkeit des Reichskanzlers, einer Persönlichkeit, die auf eine für mich unbegreifliche Weise, auch durch Reden, die in Wirklichkeit sehr wenig beinhalten, auf die Massen einwirkt. Aber er ist nun mal ein Symbol geworden, eine Art Prophet für die nationale Erhebung Deutschlands, mindestens genauso wie Herr Mussolini in Italien.«[105]

Herluf Zahle, dänischer Gesandter in Berlin, Depesche an das dänische
Außenministerium, 31. Januar 1936

»Mein Führer,
heute schreibt Ihnen ein B.D.M. Mädel aus Lauenburg, Elbe. Gestern hörte ich, mein Führer, die große Rede, die Sie in Essen veranstalteten. Ich war ganz begeistert wie viel Neues Sie Ihrem Volk wieder zu erzählen hatten. Mein Führer, wenn

wir manchmal im B.D.M. Heimabende hatten, wurde immer wieder die Frage hervorgebracht: ›Wie kann unser Führer blos immer wieder Neues vollbringen!‹ Einer von uns sagte einmal: ›Wo hat unser Führer blos die Kraft her; er hat doch nicht studiert.‹ Aber mein Führer gestern haben Sie gesagt, die Kraft haben Sie aus dem Volke. Und, mein Führer; obgleich ich erst 14 Jahre alt bin, kann ich Ihnen nur sagen, dass so ein Führer wie Sie sind, nicht aus meinem Gedächtnis verschwindet. Wie Sie mein Führer durch Lauenburg kamen, habe ich Sie einmal angesehen und mir war als stände Gott vor mir …

Sieg Heil!

Lotti L., Lauenburg/Elbe«[106], Brief vom 28. März 1936

»Auch den Sport lehnte er für sich persönlich ab. Er war ihm auch bei seinen Mitarbeitern unsympathisch, da er Ausfall durch Sportverletzungen fürchtete. Er hielt aber sehr viel von einer sportlich durchtrainierten Jugend und war übrigens wohl einer der begeistertsten Besucher der Berliner Olympiade. Er sah im Sport einen Teil seines Ideals einer ›hellenistischen‹ Lebensauffassung‹.«[107]

Albert Speer, Generalbauinspektor für die Reichshauptstadt, DIE KRANSBERG-PROTOKOLLE

»Wie Millionen Deutsche war auch ich nach Hitlers Machtübernahme davon überzeugt, dass ›Adolf der Gütige‹, wie man ihn spöttisch nannte, tatsächlich bessere Zeiten bringen würde. Er holte die Arbeitslosen von der Straße, er ließ Autobahnen bauen, er demonstrierte der Welt bei den Olympischen Spielen in Berlin, zu welcher sportlichen Größe die Deutschen fähig waren. Ich ließ mich blenden – wie Millionen andere auch.«[108]

Beate Uhse, geborene Köstlin, Jahrgang 1919, Schülerin in einem Internat in Hessen, AUTOBIOGRAFIE

TAGEBUCH, 23. JULI 1936

»Unsere Straßen haben sich seit kurzem zu ihrem Vorteil verändert. Man hat die ›Stürmer‹-Schaukästen weggenommen, damit sich die Besucher der Olympischen Spiele durch dieses Hetzblatt nicht verletzt fühlen.«[109]

Bella Fromm, bis 1933 Kolumnistin der Vossischen Zeitung

»In jenem Sommer 1936 erreichte Hitlers Ruhm den Gipfelpunkt, jeder wollte diesen außergewöhnlichen Mann kennenlernen und ihn gesehen haben.«[110]

Paul Stehlin, Luftwaffen-Attaché in Berlin, AUFTRAG IN BERLIN

TAGEBUCH, 6. AUGUST 1936

»Der Führer mit Gefolge ist schon da, als wir unsere Plätze einnehmen. Ich kann ihn gut von der Seite beobachten … Der totale Sieger Hitler ist von einer Suite Uniformierter umgeben: Generale der Wehrmacht und der SS, hohe Parteifunktionäre, dazwischen einige Minister in Sommeranzügen. Ich erkenne dicht bei

Hitler Philipp Bouhler. Die Damen der Führergruppe scheinen anderswo untergebracht zu sein. Das Bemerkenswerte an Hitler ist die heitere Ruhe, die sichere Gelassenheit des Glückhaften und Erfolgreichen, die jetzt von ihm ausgeht.«[111]
Erich Ebermayer, Schriftsteller

TAGEBUCH, 15. AUGUST 1936

»Der Mangel an sportsmännischem Geist bei dem ersten Manne Deutschlands fällt unangenehm auf. Er benahm sich wie ein Verrückter, sprang von seinem Sitz auf und schrie Beifall, wenn die Hakenkreuzflagge gehisst wurde oder wenn die Japaner oder Finnen einen Sieg errangen. Die Sieger anderer Nationen ließen ihn kalt, ja es schien, als ob er durch ihre Siege über die ›nordischen‹ Kämpfer beleidigt wäre.«[112]
Bella Fromm, bis 1933 Kolumnistin der Vossischen Zeitung

»Von vielen deutschen Siegen geprägt, werden die Olympischen Spiele eine außergewöhnliche Verherrlichung des Nationalgefühls herbeigeführt haben; gleichzeitig werden sie die Bewunderung und die Verbundenheit des Landes mit dem Führer verstärkt haben, dem die öffentliche Wirkung zweifellos das Verdienst der Ernte friedlicher Lorbeeren des jungen Deutschlands zuschreibt.«[113]
André François-Poncet, Jahrgang 1887, französischer Botschafter in Berlin von
1931 bis 1938, Bericht an die Direction politque et commerciale Europe,
Berlin, 18. August 1936

»Die Journalisten, die während der letzten drei Jahre aus Deutschland so viele düstere und kriegerische Bilder gezeichnet hatten, schienen übertrieben zu haben. Aber der polnische Botschafter Josef Lipski sagte zu Henri de Baillet-Latour: ›Wir müssen auf der Hut sein vor einem Volk, das so zu organisieren versteht. Eine Mobilmachung in Deutschland wird genauso reibungslos funktionieren.‹ Das Wort machte bei uns die Runde! Kaum waren die letzten Gäste abgereist, kehrte Berlin zum Alltag zurück. Der ›Stürmer‹ hing wieder an den Kiosken, und die ausländischen Zeitungen waren von einem Tag auf den anderen verschwunden.«[114]
Max Schmeling, Jahrgang 1905, Boxweltmeister im Schwergewicht,
ERINNERUNGEN

TAGEBUCH, 31. DEZEMBER 1936

»So geht auch ein Jahr wieder schlafen ... Trübe hängen die Wolken auch am politischen Horizont, wird Hitler einen Ausweg finden? Gott helfe ihm!«
Henriette Schneider, Mrossen, Ostpreußen

»Wenn ich auf die fünf Jahre, die hinter uns liegen, zurückblicke, dann darf ich doch sagen: Das ist nicht Menschenwerk allein gewesen. Wenn uns nicht die Vorsehung geleitet hätte, würde ich diese schwindelnden Wege oft nicht gefunden haben.«[115]

Adolf Hitler, Rede in Würzburg, 27. Juni 1937

»Das Brandenburger Tor und der Pariser Platz waren von einem wirklichen Bühnenbildner, Benno von Arent, in eine richtiggehende Theaterdekoration mit Pylonen, Liktorenbündeln, riesigen Adlern, Hakenkreuzen, Fahnenmasten und gerafften, geballten oder künstlerisch verknoteten Fahnentüchern in italienischen und deutschen Farben verwandelt worden. Als wir in die Wilhelmstraße einbogen, hatte ich den Eindruck, Statist einer gigantischen Opernaufführung zu sein. Fahnentücher hingen gestaffelt die Häuserfronten auf beiden Seiten vom Dach bis zum Erdgeschoss hinab. Große Scheinwerfer holten im Abenddämmern auch noch das Letzte an Farbwirkungen aus dem italienischen Grün-Weiß-Rot und dem nationalsozialistischen Rot der Hakenkreuzflagge heraus. Funkelnd blitzten die Standartenspitzen der spalierbildenden Verbände, während die Faschistenhymne aus dem Ehrenhof des alten Reichspräsidentenpalais ertönte. Brausender Beifall, Heil- und Duce-Rufe bildeten einen eindrucksvollen akustischen Hintergrund.«[116]

Paul Otto Schmidt, Chefdolmetscher des Auswärtigen Amtes, ERLEBNISSE

TAGEBUCH, 28. SEPTEMBER 1937

»Mussolini ist hier. Er wurde mit augusteischem Pomp an dem kleinen Bahnhof Heerstraße – einer kleinen Vorortstation – empfangen … Es waren wenig freiwillige Zuschauer da. Das deutsche Volk ist es endlich müde geworden, stundenlang zu warten, um einen kurzen Blick auf irgendeine bedeutende Persönlichkeit zu erhaschen. Sie finden keinen Geschmack mehr daran, ihre Fähnchen zu schwenken und Willkommen zu rufen. Läden, Schulen und Fabriken waren natürlich geschlossen … Die ›sich drängende Volksmenge‹ bestand in der Hauptsache aus SA-Männern in Zivil.«[117]

Bella Fromm, bis 1933 Kolumnistin der Vossischen Zeitung

TAGEBUCH, 29. SEPTEMBER 1937

»Gestern hörten wir sehr gut die Reden vom Führer und dem Duce (Mussolini) in Berlin … Mir ist wieder sehr koddrig zumut.«

Henriette Schneider, Mrossen, Ostpreußen

»Der Höhepunkt seines Besuchs war Berlin, wo eine beeindruckende Kundgebung die andere ablöste. Der Duce hielt eine Rede auf Deutsch. Anschließend rief er mich an, um mich zu fragen, ob ich sie gehört hätte und was ich davon hielte. Dann fuhr er fort: ›Es ist unvorstellbar, was ich hier gesehen habe. Die Organisation ist fantastisch, und das deutsche Volk ist von ungewöhnlichem Schlag. Mit diesen Trümpfen kann Hitler alles wagen.‹«[118]

Rachele Mussolini, Jahrgang 1890, Ehefrau Benito Mussolinis, ERINNERUNGEN

»Fast bis zum Ende empfand Hitler eine echte und tiefe Freundschaft für Mussolini. Er fühlte sich ihm schon durch die große Ähnlichkeit ihres Schicksalsweges aufs engste verbunden. Er bedauerte nur, dass Mussolini nicht ebenso unumschränkt walten konnte wie er selbst, sondern in einem gewissen Abhängigkeitsverhältnis zum italienischen Königshaus stand.«[119]

Christa Schroeder, persönliche Sekretärin Hitlers seit 1933,
HITLER PRIVAT

TAGEBUCH, 3. MAI 1937
»Gespräch mit George Lansbury. Er hat gerade Hitler besucht. Er sagt, für Augenblicke entdecke man in Hitlers Augen den Ausdruck eines echten Idealismus, dem aber plötzlich der Blick eines missmutigen Gangsters folge.«[120]

Harold Nicolson, Abgeordneter im Britischen Unterhaus

»Schon aus der Luft konnte ich das weite Zeltlager bei Langwasser und das Menschengewirr innerhalb der Parteibauten auf der Zeppelinwiese erkennen, als wir die alte Reichsstadt von Westen anflogen. Auf dem Wege vom Flugplatz in das Hotel Hitlers, den Deutschen Hof, umfing mich die Siedehitze dieses uniformierten Volksfestes schlagartig. Marschmusik, Kolonnen, aufwirbelnder Staub, Hakenkreuzfahnen an allen möglichen und unmöglichen Stellen, und die Bürgersteige der Straßen schwarz oder vielmehr braun von Menschen. Zeitungshändler, Wurstverkäufer und Andenkenbuden.«[121]

Paul Otto Schmidt, Chefdolmetscher des Auswärtigen Amtes, Nürnberg,
3. bis 13. September 1937, ERLEBNISSE

»Aber erstaunlich und nicht zu beschreiben ist die Atmosphäre der allgemeinen Begeisterung, in die die alte Stadt eingetaucht ist, dieser eigenartige Rausch, von dem Hunderttausende von Männern und Frauen ergriffen sind, die romantische Erregung, mystische Ekstase, eine Art heiligen Wahns, dem sie verfallen. Während acht Tagen ist Nürnberg ... eine Stadt, die unter einem Zauber steht, ja fast eine Stadt der Entrückten.«[122]

André François-Poncet, französischer Botschafter in Berlin von 1931 bis 1938,
ALS BOTSCHAFTER IN BERLIN

»Die Organisation, die dieses Menschenmeer unterbrachte, ernährte, zähmte und führte, war ohne Fehl. Sie trug mindestens ebenso sehr wie die Parteiveranstaltungen selbst dazu bei, jene mystische Begeisterung der deutschen Menge und ihre irrationale Hingabe an ein Regime und an einen Führer hervorzubringen und zu pflegen, von dem diese Masse sich Friede und Wohlstand im Schutze der in Nürnberg zur Schau gestellten Stärke versprach.«[123]

Paul Stehlin, Luftwaffen-Attaché in der französischen Botschaft in Berlin,
AUFTRAG IN BERLIN

»Ich gestehe, dass auf mich vieles von dem Gebotenen einen außerordentlichen Eindruck machte, und dass ich den glänzenden, reibungslosen Ablauf der Tage hindurch dauernden Veranstaltungen bewunderte.«[124]
Albert Kesselring, Jahrgang 1885, General der Flieger, Oberbefehlshaber der Luftflotte 1, SOLDAT BIS ZUM LETZTEN TAG

»Der Marsch an ihm vorüber dauerte vier Stunden und buchstäblich während der ganzen Zeit hielt er seinen rechten Arm zum Nazi-Salut ausgestreckt. Hinterher fragte ich ihn, wie er das fertigbrächte. Seine Antwort lautete: ›Willensstärke‹.«[125]
Nevile Henderson, britischer Botschafter in Deutschland, FEHLSCHLAG EINER MISSION

»Nicht jeder von euch sieht mich und nicht jeden von euch sehe ich. Aber ich fühle euch, und ihr fühlt mich! Es ist der Glaube an unser Volk, der uns kleine Menschen groß gemacht hat ...

Ihr kommt, um aus der kleinen Umwelt eures täglichen Lebenskampfes und eures Kampfes um Deutschland und für unser Volk einmal das Gefühl zu bekommen: Nun sind wir beisammen, sind bei ihm und er bei uns, und wir sind jetzt Deutschland!«[126]
Adolf Hitler, »Parteitag der Ehre«, Rede in Nürnberg, 1936

»Überraschenderweise brachte er es aber fertig, in Nürnberg beim Vorbeimarsch der SA stundenlang den rechten Arm zum Gruß zu erheben, eine ganz erstaunliche Kraftleistung. Wie der Parteigenosse Esser, der als Uraltparteigenosse neben dem Führerwagen stand, konnte er es ja nicht machen: Der schien Stunde um Stunde mit ausgestrecktem Arm keine Müdigkeit zu kennen. Hitler war nahe daran, ihn um seine Kraftleistung zu beneiden, als er auf einmal bemerkte, wie Esser ganz unauffällig den rechten Arm herunternahm und dafür den linken hob. Wie Hitler uns später gestand, hätte er es Esser am liebsten nachgemacht.«[127]
Fritz Wiedemann, Adjutant Adolf Hitlers, ERLEBNISSE UND ERFAHRUNGEN

»Mir fiel jedes Mal wieder von Neuem auf, mit welchem Gesichtsausdruck einer fast biblischen Hingabe die Menschen Hitler wie verzückt und verzaubert ansahen. Es war wie ein Massentaumel, der Tausende und Abertausende den ganzen langen Weg über beim Anblick Hitlers erfasste. Wie im Delirium streckten die Menschen ihm die Arme entgegen und begrüßten ihn mit lauten Schreien und Heilrufen.«[128]
Paul Otto Schmidt, Chefdolmetscher des Auswärtigen Amtes, ERLEBNISSE

»Aber in Nürnberg empfand ich auch am deutlichsten das Vorgefühl einer drohenden Gefahr, die das Hitler-Regime für uns darstellte. Die Wiederaufrüstung Deutschlands steckte noch in ihren Anfängen, aber die Bekehrung des deutschen Volkes zum Nationalsozialismus war aufrichtig und vollständig.«[129]
Paul Stehlin, Luftwaffen-Attaché der französischen Botschaft, AUFTRAG IN BERLIN

Hitler 1933 mit Angehörigen der SA und der NS-Studentenschaft im Braunen Haus.

TAGEBUCH, 31. DEZEMBER 1937

»Um sechs zurück in die Eiswüste, wo uns um zehn das festliche Silvesterdiner erwartete. Mit Wenzel Lüdecke und seinen Jungmannen gleiten wir dann nach 1938 hinüber. Was mag es bringen? Dem Einzelnen – und unserem Volk? Das Ende der Naziherrschaft? Oder weitere Festigung des Dritten Reiches und Ausdehnung seiner Vorherrschaft in Europa? Die Chancen stehen gut für Adolf Hitler.«[130]

Erich Ebermayer, Schriftsteller, San Martino

TAGEBUCH, 11. JANUAR 1938

»Zweite Luftschutzübung, wir lernten die Gasmaske und ihren Gebrauch kennen.«

Henriette Schneider, Mrossen, Ostpreußen

»Am 4. Februar 1938 ... übernahm [Hitler] selbst das Oberkommando der Wehrmacht ... Soweit es für einen einzelnen Mann möglich ist – wie begabt und mächtig er auch sein mag und wie furchtbare Strafen er auch verhängen kann –, seinen Willen über so ausgedehnte Gebiete durchzusetzen, übernahm der Führer nicht nur die direkte Leitung der Staatspolitik, sondern auch der Militärmaschine. Er besaß damals ähnliche Macht wie Napoleon nach Austerlitz und Jena, zwar ohne den Ruhm, durch seine persönlichen Befehle aus dem Sattel große Schlachten gewonnen zu haben, aber mit Triumphen auf politischem und diplomatischem

Gebiet, von denen seine ganze Umgebung und Gefolgschaft wussten, dass sie ausschließlich ihm und seinem Urteil und Wagemut zu verdanken waren.«[131]

Winston Churchill, Abgeordneter des Britischen Unterhauses, DER ZWEITE WELTKRIEG

»Eine Reihe von Zeichen ging der Katastrophe voraus. Einige Wochen vorher erschien ein Nordlicht über ganz Österreich. Nordlichter sind in diesem Teil der Welt ungemein selten, die meisten Leute kennen sie nur vom Hörensagen. Man behauptete, seit dem Jahr 1866, in dem die Österreicher von den Preußen besiegt wurden, hätte sich keins mehr gezeigt. Dieses im Jahr 1938 flammte so stark und flackerte so grell, dass es aussah wie eine mächtige Feuersbrunst. Es erschien um Mitternacht, und in Henndorf rückte die Feuerwehr aus, weil man ernstlich glaubte, es brenne im nächsten Ort. Um die gleiche Zeit wurde in Wien der ›Pestvogel‹ gesehen, sein Auftauchen sogar von Ornithologen bestätigt: eine albinohafte Spielart des Sperlings, mit seltsamen fahlen Tupfen und Flecken im Gefieder. Angeblich soll er sich nur vor großen Seuchen oder vor einem Kriegsausbruch zeigen.«[132]

Carl Zuckmayer, Jahrgang 1896, deutscher Schriftsteller im Exil, Henndorf, Salzburger Land, ALS WÄR'S EIN STÜCK VON MIR

»So weit ich zurückdenken kann, hatten der Aufstieg Hitlers und die Machtübergabe an die Nazis im mächtigen Nachbarland bedrohliche Schatten zu uns herübergeworfen. Was Wunder, dass man den Begriff ›Auswanderung‹ erörterte, längst ehe er ein Synonym für Lebensrettung wurde. Man sprach von Australien, von Amerika und selbstverständlich auch von Palästina, ohne freilich den verzweifelten Mut und die nötigen Mittel zur Ausführung solcher Pläne aufzubringen.«[133]

Egon Schwarz, Jahrgang 1922, österreichisch-jüdischer Gymnasiast in Wien, KEINE ZEIT FÜR EICHENDORFF

»Ohne Zweifel war Hitler von seiner zum Rassenwahn gesteigerten deutschen Mission zutiefst erfüllt und durchdrungen. Sein Glaube und seine auch im Februar 1938 schon beträchtlichen Erfolge hatten Millionen mitgerissen; weitere Millionen standen zur Gefolgschaft bereit, solange die Sonne schien. Dagegen kam die ›Stimme des Gewissens‹ nicht auf, die sich immer wieder zumal in den Kirchen regte und darüber hinaus von jenseits der Grenzen vernehmlich machen konnte. Der innere Widerstand schien damals auf verlorenem Posten; lautstark zugedeckt – oder erstickt in Blut und Tränen. Man hat wohl gelegentlich über die neue Geßlerhut-Mode gewitzelt. Aber man wusste von Dachau und Oranienburg – neue Begriffe mit sehr bestimmtem Inhalt, an die sich die erschreckte Welt damals bereits zu gewöhnen schien. Man sprach nicht gerne davon.«[134]

Kurt Schuschnigg, Jahrgang 1896, Bundeskanzler der Republik Österreich von 1934 bis 1938, IM KAMPF GEGEN HITLER

»Kurz vor dem Anschluss Österreichs wurde er merklich offizieller. Er wurde von der Wehrmacht derartig mit Beschlag belegt, dass dem Einzelnen von selbst der Mut verging, künftighin in privaten Sachen, so wie früher, zu ihm zu gehen. Vieles wurde ihm durch die Adjutanten, vor allem durch Martin Bormann, ferngehalten, so dass Hitler bei weitem nicht mehr alles erfuhr. Auch ich persönlich, der ich doch stündlich um ihn war, vermochte mit ihm kaum noch ein Gespräch zu beginnen oder über dieses und jenes Fragen an ihn zu stellen. Er war wie abgeschnitten.«[135]

Wilhelm Krause, Jahrgang 1911, Obermatrose der Reichsmarine,
Diener Adolf Hitlers, 10 JAHRE KAMMERDIENER BEI HITLER

»Abgesehen von seinem Entschluss, alle germanischen Rassen im Reich zu vereinigen, den er in ›Mein Kampf‹ so deutlich darlegt, hatte Hitler zwei Gründe, auf die Einverleibung der österreichischen Republik hinzuzielen. Es öffneten sich dadurch Hitler-Deutschland sowohl das Tor zur Tschechoslowakei wie die breiteren Tore Südosteuropas.«[136]

Winston Churchill, Abgeordneter des Britischen Unterhauses, DER ZWEITE WELTKRIEG

»Führerbefehl, 11. März 1938, ausgegeben um 20.45 Uhr: ›Operation Otto‹ Weisung Nr. 2
1. Die Forderungen des deutschen Ultimatums an die österreichische Regierung sind nicht erfüllt worden ...
3. Um weiteres Blutvergießen in österreichischen Städten zu vermeiden, wird der Einmarsch der Deutschen Wehrmacht in Österreich gemäß der Weisung Nr. 1 bei Tagesanbruch am 12. März beginnen.«[137]

Adolf Hitler

»Am Freitag, dem 11. März 1938, übertrug der Wiener Rundfunk ein leichtes Musikprogramm. Es war 7.45 Uhr am Abend, als sich plötzlich der Sprecher einschaltete. Der Kanzler werde sprechen. Schuschnigg ging auf Sendung, sagte, dass er, um Blutvergießen zu vermeiden, vor Hitlers Wünschen kapituliert habe. Die Grenzen würden geöffnet. Er beendete seine Ansprache mit den Worten: ›Gott schütze Österreich.‹«[138]

Dr. Eduard Bloch, Jahrgang 1872, Interview mit Collier's Illustrated Weekly, 15. März 1941

»Als am Morgen des 12. März, einem freundlichen und hellen Sonntag, die ersten reichsdeutschen Truppen über die Innbrücke kamen, hielten sie vorerst noch etwas zaghaft ihren Einzug in Braunau. Bald mussten sie aber erkennen, dass es sich um keine kriegerische Besetzung, sondern um einen festlichen Empfang handelte, den die Braunauer ihren reichsdeutschen Brüdern bereiteten. Den ganzen Tag über kamen und gingen Truppen, führen Wagen und Geschütze über die Brücke und durch die Stadt, meist in der Richtung nach Linz weiter. Um 4 Uhr nachmittags hielt der Führer, von vielen Tausenden sehnsüchtig erwartet, den festlichen Einzug in seine Vaterstadt – in Österreich. Er sah angegriffen aus und innerlich bewegt. Adolf Hitlers Worte an den Kreisleiter Reithofer, der ihn als Erster an der Brücke begrüßte, gipfelten in dem Gedanken, er werde seine teure Heimat von nun an mit festen Händen halten und nicht mehr von ihr lassen.«[139]

Eduard Kriechbaum, Jahrgang 1887, GESCHICHTE DER STADT BRAUNAU AM INN

»Mittags fuhren wir, von der Bewohnerschaft in nicht enden wollendem Jubel begrüßt, langsam durch die Geburtsstadt Adolf Hitlers, Braunau. Er zeigte uns seine Schule, die Wohnung seiner Eltern, er war sichtlich ergriffen. Abends endeten wir, gehemmt durch das Überholen der Truppe und die begeistert drängende Menschenmenge in jedem Ort und Dorf, in Hitlers zweiter Vaterstadt Linz a. d. Donau. Es war schon dunkel, als wir mit dem vor der Stadt hinzugestiegenen österreichischen Minister Seyß-Inquart in Linz eintrafen. Dort sprach Hitler zu einer auf dem Marktplatz dicht gedrängte Menschenmenge vom Balkon des Rathauses.«[140]

Wilhelm Keitel, Jahrgang 1882, Chef des Oberkommandos der Wehrmacht,
ERINNERUNGEN

»Das Deutsche Reich duldet es aber nicht, dass in diesem Gebiet von jetzt an noch Deutsche verfolgt werden wegen ihrer Zugehörigkeit zu unserer Nation oder ihrem Bekenntnis zu bestimmten Auffassungen. Es will Ruhe und Ordnung. Ich habe mich daher entschlossen, den Millionen Deutschen in Österreich nunmehr die Hilfe des Reiches zur Verfügung zu stellen. Seit heute Morgen marschieren über alle Grenzen Deutsch-Österreichs die Soldaten der deutschen Wehrmacht. Panzertruppen, Infanterie-Divisionen und die SS-Verbände auf der Erde und die deutsche Luftwaffe im blauen Himmel werden, selbst gerufen von der neuen nationalsozialistischen Regierung in Wien, der Garant dafür sein, dass dem österreichischen Volk nunmehr endlich in kürzester Frist die Möglichkeit geboten wird, durch eine wirkliche Volksabstimmung seine Zukunft und damit sein Schicksal selbst zu gestalten. Hinter diesen Verbänden aber steht der Wille und die Entschlossenheit der ganzen deutschen Nation. Ich selbst als Führer und Kanzler des deutschen Volkes werde glücklich sein, nunmehr wieder als deutscher und freier Bürger jenes Land betreten zu können, das auch meine Heimat ist …
Berlin, den 12. März 1938

Adolf Hitler«[141], Proklamation, verlesen von Joseph Goebbels am 12. März 1938 um 12.00 Uhr über alle deutschen Sender

»Wenn heute noch gelegentlich behauptet wird, Hitler habe Österreich mit Waffengewalt überfallen und gegen den Willen der Österreicher besetzt, so steht das nicht in Übereinstimmung mit meinen eigenen Beobachtungen. Die Begeisterung, mit der die deutschen Truppen empfangen wurden, war einhellig. Ich kam mir vor wie jene alliierten Offiziere, die ich im November 1918 hatte durch Brüssel fahren sehen.«[142]

Fritz Wiedemann, Adjutant Adolf Hitlers, ERLEBNISSE UND ERFAHRUNGEN

»Der Leser sollte nicht an der Popularität des Anschlusses mit Deutschland zweifeln. Die Bevölkerung wollte es so.«[143]

Dr. Eduard Bloch, Jahrgang 1872, ehemaliger Hausarzt der Familie Hitler, Interview mit Collier's Illustrated Weekly, 15. März 1941

TAGEBUCH, 13. MÄRZ 1938

»Mittags hörten wir die sehr gute Ansprache Görings an die Wehrmacht, abends die Bekanntgabe der neuen Gesetze für Österreich, vom Führer in Linz herausgegeben. Adolf Hitler ist nun auch Befehlshaber aller Truppen in Österreich. Der Bundespräsident ist heute zurückgetreten.«

Henriette Schneider, Mrossen, Ostpreußen

»Unsere Feier in der Schule.
Am 21. März 1938 hatten wir in der Schule eine große Feier. In der Mitte des Turnsaales hing ein großes Bild Adolf Hitlers. Links und rechts des Bildes waren zwei Hakenkreuzfahnen befestigt. Der Herr Direktor stieg auf das Podium und hielt eine Ansprache und erklärte den Schulkindern, was in diesen Tagen vorgefallen war … Dann sangen wir noch die 1. Strophe vom Deutschlandlied und vom Horst-Wessel-Lied und damit war die Feier beendigt. Sieg Heil!«[144]

Margarethe B., Klasse B der Hauptschule Wien XIII. Bezirk, Brief an Adolf Hitler, März 1938

»An diesem Abend brach die Hölle los. Die Unterwelt hatte ihre Pforten aufgetan und ihre niedrigsten, scheußlichsten, unreinsten Geister losgelassen. Die Stadt verwandelte sich in ein Albtraumgemälde des Hieronymus Bosch: Lemuren und Halbdämonen schienen aus Schmutzeiern gekrochen und aus versumpften Erdlöchern gestiegen. Die Luft war von einem unablässig gellenden, wüsten, hysterischen Gekreische erfüllt, aus Männer- und Weiberkehlen, das tage- und nächtelang weiterschrillte. Und alle Menschen verloren ihr Gesicht, glichen verzerrten Fratzen: die einen in Angst, die andren in Lüge, die andren in wildem, hasserfülltem Triumph.«[145]

Carl Zuckmayer, deutscher Schriftsteller im Exil, Henndorf, Salzburger Land, ALS WÄR'S EIN STÜCK VON MIR

»Sehr geschäftige Patrioten trugen Armbinden mit dem Hakenkreuz, besonders Frauen schmückten sich gerne mit diesen Emblemen des Nationalsozialismus, die sie als Medaillon oder Anstecknadel zur Schau trugen. In den Auslagen der Geschäfte tauchten Bilder des Führers sowie der übrigen Parteigenossen auf. Am Abend gab es festlich beleuchtete Fenster. Demgegenüber herrschte unter den Gegnern des Nationalsozialismus Angst und Schrecken. Besonders unter den Juden führte die Angstpsychose zu überstürzten Handlungen und Selbstmorden.«[146]

Egon Basch, Jahrgang 1930, deutsch-österreichischer Gymnasiast in Wien, St. Pölten, Niederösterreich, LEBENSERINNERUNGEN

TAGEBUCH, 14. MÄRZ 1938

»Wir hörten den triumphalen Einzug Hitlers in Wien, wo er einstmals als einfacher Bauarbeiter gelebt hat ... Der Jubel darüber dort ist unbeschreiblich.«

Henriette Schneider, Mrossen, Ostpreußen

»Erst der Anschluss Österreichs und die Etablierung des Großdeutschen Reiches machte mich noch einmal schwankend. Noch einmal das Reich! Das Reich unterm Doppeladler, das Reich der Brudervölker war wiedererstanden! Das Jahr 1806 war ausgelöscht, Friedrich der Große und Maria Theresia sanken sich in die Arme. Die Nachrichten an jenem Märztag 1938 bewegten mich zu Tränen. Konnte ein Führer schlimm sein, der etwas so Erhabenes zustande brachte?«[147]

Vilma Sturm, Jahrgang 1912, Journalistin in Berlin, ERINNERUNGEN

»Als der Führer und Kanzler der deutschen Nation und des Reiches melde ich vor der Geschichte nunmehr den Eintritt meiner Heimat in das Deutsche Reich.«[148]

Adolf Hitler, Rede vom Balkon der Hofburg, Heldenplatz, 15. März 1938

TAGEBUCH, 15. MÄRZ 1938

»Um 11 Uhr hörten wir den Führer ... Man fragt sich, kann das möglich sein, dass wir ohne Krieg ein großes einiges Reich geworden sind? ... Abends stand Kurt Rievers Verlobung in der Zeitung.«

Henriette Schneider, Mrossen, Ostpreußen

»Alle in den Jahren der Erstarkung gemachten Erfahrungen, alle bis dahin verabschiedeten Gesetze, einschließlich der 1935 in Nürnberg erlassenen und später erheblich vermehrten Judengesetze, wurden nicht allmählich wie im Reich, sondern mit einem Mal und mit großer Härte auf das neue Gebiet übertragen und sein ganzes staatliches und soziales Leben sozusagen über Nacht umgekrempelt. Die zweite Anmerkung soll meinen tiefsitzenden Zweifel an dem weit verbreiteten Mythos anmelden, dass Österreich, wie etwa später die Tschechoslowakei, ein frühes, unschuldiges, womöglich sogar widerstrebendes Opfer des deutschen Faschismus geworden ist, dass das Land gegen den Willen der Bevölkerung und nicht etwa mit ihrem Einverständnis dem Dritten Reich einverleibt wurde.«[149]

Egon Schwarz, österreichisch-jüdischer Gymnasiast in Wien, KEINE ZEIT FÜR EICHENDORFF

TAGEBUCH, 16. MÄRZ 1938

»Um 17 Uhr hörten wir Hitlers Einzug in Berlin ... unbeschreiblicher Jubel.«
Henriette Schneider, Mrossen, Ostpreußen

TAGEBUCH, 20. APRIL 1938

»Hitlers Geburtstag überall gefeiert.«
Henriette Schneider, Mrossen, Ostpreußen

»In P.[aul] [Zsolnay]s Hause sind, wie sich bei der ›Großdeutschen Wahl‹ herausstellte, alle Angestellten vom Chauffeur bis zum Zimmermädchen Mitglieder
der Partei. Wahrscheinlich waren sie es schon früher. Die allgemeine Beglückung
zeigt eine Fieberhöhe, die fürchten macht. Nicht nur, dass jetzt selbstverständlich
alles herrlich und gut ist, sondern – noch dümmer – die von der seligen Pest Er-
griffenen erwarten, dass ein zweites Habsburger Weltreich entstehen wird, fester
als das erste und so machtvoll, dass kein auswärtiger Staat noch wagen werde,
sich dagegen aufzulehnen. Alle taumeln in einer Euphorie, die mit den typisch
epidemischen Anzeichen auftritt: sogar die weit Entfernten sind der Ansteckung
ausgesetzt. Genau das gleiche, was ich 1933 erlebt hatte.«[150]
Frank Thiess, deutscher Schriftsteller, FRAGMENTE ERLEBTER GESCHICHTE

»(S)agen Sie Mussolini bitte, ich werde ihm das nie vergessen ... Wenn die österreichische Sache jetzt aus dem Wege geräumt ist, bin ich bereit, mit ihm durch
dick und dünn zu gehen, das ist mir alles gleichgültig. Passen Sie mal auf – ich
mache jetzt auch jedes Abkommen – ich fühle mich jetzt auch nicht mehr in der
furchtbaren Lage, die wir doch eben hatten für den Fall, dass ich in den Konflikt
gekommen wäre ... Ich lasse ihm wirklich danken, ich werde ihm das nie, nie
vergessen. Ich werde ihm das nie vergessen, es kann sein, was sein will. Wenn
er jemals in irgendeiner Not oder irgendeiner Gefahr sein sollte, dann kann er
überzeugt sein, dass ich auf Biegen oder Brechen zu ihm stehe, da kann sein, was
da will, wenn sich auch die Welt gegen ihn erheben würde.«[151]
Adolf Hitler, Telefonat mit dem deutschen Botschafter in Rom Prinz Philipp von Hessen
am Abend des 10. März 1938

TAGEBUCH, 3. MAI 1938

»Hitler reiste gestern nach Italien, mit großem Gefolge! ›Welch ein Wunder,
durch Gottes Fügung!‹ ... Wir hörten Hitlers Einzug in Rom.«
Henriette Schneider, Mrossen, Ostpreußen

»Die endgültige Liste umfasste einschließlich der mitreisenden Journalisten
schließlich etwa fünfhundert Personen. Selbst verglichen mit mittelalterlichen
Kaiserzügen nach Italien eine ganz stattliche Zahl!«[152]
Erich Kordt, Leiter eines Ministerbüros im Auswärtigen Amt, NICHT AUS DEN AKTEN

»Hitler wurde am 3. Mai 1938 von Viktor Emanuel III. in großer Galauniform auf dem Bahnhof in Rom empfangen. Mein Mann hielt sich protokollgemäß etwas abseits, was Hitler überhaupt nicht schätzte und ihn bereits in schlechte Laune versetzte.

Alles, was mit dem Königshaus zusammenhing, wurde von ihm mit abfälligen Bemerkungen bedacht. Da er in einer Karosse abgeholt wurde, fragte er, ob das Haus Savoyen schon einmal von der Existenz des Automobils gehört habe, den Quirinal-Palast bezeichnete er als Antiquitäten-Museum, den königlichen Hof als reaktionär und antifaschistisch.

Er gab sogar ein hartes Urteil über die Tafel des Königs ab, er fand, dass die Bedienung zu wünschen übrig ließe und die Gerichte eher armselig seien. Ich muss zugeben, dass ich seine Meinung weitgehend teilte.«[153]
Rachele Mussolini, Ehefrau von Benito Mussolini, ERINNERUNGEN

»Auch in Italien haben wir in den nächsten sieben Tagen jubelnde Menschenmassen gesehen. An jeder Station, die wir auf der Fahrt passierten, waren faschistische Jugendverbände aufgebaut, von denen die Mädchen ganz besonders nett anzusehen waren.

Ward Price, der langjährige Berichterstatter der ›Daily Mail‹, der bei den Diktatoren besonders gut angeschrieben war, hat den Beifall, glaube ich, richtig gedeutet: Mussolini wollte Hitler den militärischen Geist des neuen Italien vorführen. Die große Masse der Italiener aber wollte den Deutschen zeigen, wie stolz sie damals auf ihren Duce war.«[154]
Erich Kordt, Leiter eines Ministerbüros im Auswärtigen Amt,
NICHT AUS DEN AKTEN

TAGEBUCH, 6. MAI 1938
»Hitler wird in Italien wie ein Kaiser gefeiert.«
Henriette Schneider, Mrossen, Ostpreußen

»Aber es war wundervoll in Rom. Italien ist ein zauberhaftes Land, aber es hat eine sehr faule Bevölkerung.«[155]
Adolf Hitler zu seiner Sekretärin Traudl Junge

TAGEBUCH, 26. MAI 1938
»Adolf Hitler legte den Grundstein des Werkes zum Bau des Volkswagens, den er KdF [Kraft durch Freude]-Wagen taufte.«
Henriette Schneider, Mrossen, Ostpreußen

»Die Volkswagen seien – das könne man schon aufgrund der bisherigen Kriegserfahrungen mit ihnen sagen – die Wagen der Zukunft. Allein schon die Art und Weise, wie diese Volkswagen den Obersalzberg hinaufsausten und dabei wie die

Hummeln seine großen Mercedes-Wagen umschwirrten und überholten, könne einem imponieren.

Der Volkswagen werde in einer alle Kriegserfahrungen auswertenden Konstruktion nach dem Kriege der europäische Volkswagen schlechthin sein, zumal er mit seiner Luftkühlung auch im Winter unbeschränkt verwendbar sei. Er könne sich vorstellen, dass der Volkswagen jährliche Lieferzahlen von einer bis einein-halb Millionen erreiche.«[156]

Henry Picker, Jahrgang 1912, Aufzeichnung eines Tischgesprächs, Reichskanzlei Berlin, 22. Juni 1942

»Viele waren von seinen Erfolgen und seiner pompösen Machtentfaltung narko-tisiert, fast neidisch darauf, und das ›Volk‹ lässt sich überall leicht verblenden, in allen Nationen. In den Pariser Pissoirs fand man das Hakenkreuz an die Wän-de geschmiert wie einst im NS-Mai, und las da in dicken Kreidebuchstaben: »La morte aux Juifs!‹ Man fühlte sich fast wie zu Hause. Und in England hatte mir, als ich zum ersten Mal nach der Besetzung Österreichs hinkam, noch unfähig darüber zu schweigen, ein distinguierter Herr, der noch dazu Mitglied des Un-terhauses war, nachsichtig auf die Schulter geklopft: ›This man Hitler‹, sagte er dazu, ›why, isn't he quite a good chap? I think we need him, all of us, as a bulwark against Communism.‹«[157]

Carl Zuckmayer, ALS WÄR'S EIN STÜCK VON MIR

»Es gab eine Zeit, als die Deutschen Hitler noch liebten. Wenn seine Gestalt im Kino auf der Leinwand erschien, applaudierte das Publikum sogar. Während der letzten beiden Jahre meines Aufenthaltes in Berlin sahen die Zuschauer im Kino aufmerksam auf das vor ihnen sich abwickelnde Bild, wenn aber Hitler zu spre-chen aufhörte oder in seinem Gang vor den Truppen innehielt, blieb der Saal in dem gleichen gespannten Schweigen.«[158]

Martha Dodd, AUS DEM FENSTER DER BOTSCHAFT

TAGEBUCH, 26. MAI 1938

»Ich werde nun, sobald ich kann, abreisen. Ich habe um die Erlaubnis zur Aus-wanderung nachgesucht, aber es wird Wochen dauern, ehe alle Papiere und Genehmigungen beisammen sind. Cybe Follmer, mein alter Freund vom ame-rikanischen Konsulat, hat deshalb den 18. August als Datum für mein Visum festgesetzt. ›Bis dahin‹, sagte er, ›werden wohl alle Ihre Papiere in Ordnung sein.‹ Ich hoffe.

Ich fühle, dass ich Deutschland verlassen muss, ehe es zu spät ist. Der Krieg scheint unvermeidlich, er wird, fürchte ich, ganz Europa, wenn nicht die ganze Welt umfassen.«[159]

Bella Fromm, bis 1933 Kolumnistin der Vossischen Zeitung

Schlafzimmer der Eltern von Eva Braun mit Porträts von Eva Braun und Adolf Hitler auf einem Toilettentisch, Foto von Heinrich Hoffmann 1935.

EIN BIEDERMANN
1934 bis 1938

»Niemand, der das nicht miterlebt hat, kann sich die tödliche Langeweile
vorstellen, die während dieser Teestunden herrschte.«[1]
Baldur von Schirach, Reichsjugendführer der Hitlerjugend, ICH GLAUBTE AN HITLER

Adolf Hitler hatte Familie. Seine Beziehungen zu den Verwandten sind jedoch von
bewusstem Abstandhalten gekennzeichnet. Das dürfte zum einen der Vernebelung
seiner Herkunft gedient haben, aber auch Teil der Stilisierung eines ohne jede Bindung rastlos für sein Volk arbeitenden Führers gewesen sein. Eine Ausnahme stellt
lediglich in den Jahren 1928 bis 1935 die Beziehung zu seiner Halbschwester Angela
und zu deren Töchtern Angela Maria (»Geli«) und Elfriede Raubal dar. Angela Raubal
hatte von Linz aus 1924 zum inhaftierten Hitler Kontakt aufgenommen und durfte
ihn am 17. Juni in der Festungshaft in Landsberg besuchen.[2] 1928 dann ziehen die
Raubals zu Hitler auf den Obersalzberg, wo Angela dem Bruder fast sieben Jahre den
Haushalt führt.

Zu seinem älteren Halbbruder Alois Hitler, der ab 1934 in Berlin am Wittenbergplatz das Restaurant »Alois« betreibt, hat Hitler keinen Kontakt. Seine jüngere
Schwester Paula hat er nach dem Verlassen von Linz 1908 nicht mehr gesehen; er
trifft sie erst in Wien im Jahr 1921 wieder und kommt auch in den nächsten drei
Jahren noch einige Male mit ihr zusammen. »Etwa ein Jahr später hat er mich noch
einmal besucht. Wir haben das Grab unserer Eltern in Leonding besucht. Er wollte
dahin gehen. Dann trennten wir uns, er ging nach München und ich ging nach Linz.
1923 habe ich ihn in München besucht. Das war vor dem 9. November. Er machte
auf mich keinen veränderten Eindruck. Seine politische Tätigkeit hatte ihn nicht verändert.«[3]

Paula Hitler wird von ihrem Bruder ab dieser Zeit finanziell unterstützt. In seinem ersten überlieferten Testament vom Mai 1938 bedenkt er seine Schwestern
ebenso wie seine Freundin Eva Braun mit einer Rente, seinen Halbbruder Alois mit
einem einmaligen größeren Betrag. Für seine Verwandten in Spital im Waldviertel
legt Hitler eine einmalige Zahlung von 30 000 Mark fest, »die Verteilung dieses Betrages bestimmt meine Schwester Paula Hitler in Wien«. Paula Hitler hält den Kontakt zu den Nachkommen ihrer Tante Theresia Schmidt, geb. Pölzl, der jüngsten
Schwester der Mutter. Sie besucht die Tante, die im Jahr 1935 stirbt, und bringt ihr
Geschenke im Auftrag des Bruders. Hitler selbst meidet jeden Kontakt zur bäuerli-
chen Verwandtschaft.

Mit Ausnahme des damals fünfjährigen Neffen Adolf Koppensteiner wird Hitlers Verwandtschaft aus dem Waldviertel im Jahr 1945 wohl auf Befehl Stalins in die Sowjetunion gebracht, wo Hitlers Cousine Maria Koppensteiner, geb. Schmidt, 1953 und sein Cousin Eduard Schmidt 1951 in der Haft sterben. Dessen Sohn Johann Schmidt (Jahrgang 1925), Hitlers Großneffe, kehrt erst 1955, nach zehn Jahren in verschiedenen sowjetischen Gefängnissen und Lagern, aus der Haft zurück.

Zwei von Hitlers Halbneffen werden im Zweiten Weltkrieg Soldat. Heinrich Hitler (Jahrgang 1920), Sohn von Alois Hitler, gerät als Unteroffizier der Fernmeldetruppe beim Rückzug vor Moskau im Januar 1942 in sowjetische Gefangenschaft und stirbt nach wenigen Wochen nach Verhören und Misshandlungen am 21. Februar 1942 im Prominentengefängnis Butyrka in Moskau. Leo Raubal (Jahrgang 1906), der Sohn von Halbschwester Angela, ist Leutnant der Pioniertruppe und wird vor Stalingrad gefangen genommen. Die Gefangenschaft währt bis 1955.

Aus erster Ehe mit der Irin Bridget Elizabeth Downing hat Alois Hitler jun., der nach der Jahrhundertwende einige Jahre in London lebte, einen Sohn William Patrick Hitler (Jahrgang 1911). Dieser geht im Jahr 1939 mit seiner Mutter nach New York und tritt 1944 als Freiwilliger in die US Navy ein. Zu seinem Halbonkel hatte er nie Kontakt.

Ungeklärt, aber in jedem Fall von besonderer Nähe gekennzeichnet, ist das Verhältnis von Hitler zu seiner Nichte Geli Raubal (Jahrgang 1908). Angela Maria, genannt Geli, ist die Tochter von Angela Raubal und lebt mit ihr und ihrer jüngeren Schwester Elfriede seit 1928 auf dem Obersalzberg. 1929 zieht Geli in Hitlers Münchner Wohnung ein. Hitler hat einen starken Einfluss auf die junge Frau. So zwingt er sie, eine Liebesbeziehung zu seinem damaligen Chauffeur Emil Maurice zu beenden. Am 19. September 1931 wird Geli Raubal in Hitlers Wohnung tot aufgefunden – erschossen mit seinem Revolver. Es wird Selbstmord angenommen. Der ungeklärte Tod der jungen, lebenslustigen Frau wird in der hitlerfeindlichen Presse zum Skandal, irritiert aber seine Anhänger scheinbar nicht.

Hitler belässt das Zimmer der Nichte in seiner Wohnung unverändert und macht es für andere Personen unzugänglich. Er zelebriert bis zu seinem Tod einen gewissen Kult um »Geli«. Joachim Fest hat über das Verhältnis geschrieben: »Sie war seine einzige und, so eigentümlich unangemessen es klingen mag, große Liebe, voll der Verbotsgefühle, der Tristanstimmungen und der tragischen Sentimentalität.«[4]

In den Jahren 1925 bis 1932 etabliert sich um Hitler ein fester Kreis von Männern. Sie sind nicht Familienersatz, aber doch so etwas wie ständige Begleiter. »Mit gelegentlichen Veränderungen bestand die Begleitgruppe aus den Adjutanten Brückner und Schaub, dem späteren SS-General Sepp Dietrich als Leibwächter, Otto Dietrich, Heinrich Hoffmann und mir selbst«[5], berichtet Ernst Hanfstaengl in seinen Memoiren über die von ihm »Chauffeureska« genannte Gruppe. Hanfstaengl selbst hält sich bis Ende 1935 fast ständig in der Umgebung Hitlers auf und fungiert für ihn auch als Dolmetscher.

Wenn Hitler sich überhaupt bespricht, dann mit den Mitgliedern dieses engsten Kreises aus Adjutanten, Leibwächtern, Ordonanzen, Fahrern und langjährigen Kumpanen, die auch seiner ständigen Unterhaltung zu dienen haben.[6] Dies gelingt dem Fotografen Heinrich Hoffmann vor allem durch das Erzählen von Witzen und Ernst Hanfstaengl durch dessen virtuoses Klavierspiel, das selbst Winston Churchill loben wird.[7] Für die gute Laune ist Hitlers erster Adjutant, Wilhelm Brückner, zuständig, gut aussehend, liebenswürdig und gewandt. Brückner steigt zum Chefadjutanten auf, als 1933, 1935 und 1938 drei weitere Adjutanten hinzukommen.

Julius Schaub ist bis 1933 der »bessere Kammerdiener« Hitlers. Christa Schroeder: »Er war das Faktotum von Hitler und begleitete ihn seit 1925 wie ein Schatten. Er war ein typischer Bayer und dürfte der einzige Mensch gewesen sein, der über alle intimen und persönlichen Angelegenheiten Hitlers informiert gewesen war.«[8] Nachdem Hitler Kanzler wird, bleibt es Schaub vorbehalten, alle vertraulichen Dinge für Hitler zu erledigen. Er hält die Geheimakten Hitlers in einem Panzerschrank unter Verschluss. »Da Hitler selbst nie einen Bleistift o. ä. bei sich trug, hieß es in den ersten Jahren nach der Machtübernahme immer: ›Schaub, schreiben Sie!‹, d. h. bevor Martin Bormann in die nähere Umgebung Hitlers aufrückte, war Schaub Hitlers Notizbuch gewesen.«[9] Hitler wird Wilhelm Brückner im Oktober 1940 entlassen. Julius Schaub, der in der Memoirenliteratur als trinkfest und etwas tumb beschrieben wird, übernimmt dann die Position des »persönlichen Chefadjutanten«.

Nachdem Hitler Kanzler geworden ist, erweitert sich der Adjutantenkreis. Hitler holt 1934 seinen ehemaligen Vorgesetzten im Regiment List, Hauptmann a. D. Fritz Wiedemann, als weiteren Adjutanten der Partei in die Reichskanzlei. Albert Bormann, ein jüngerer Bruder des NSDAP-Reichsleiters Martin Bormann, leitet die »Privatkanzlei Adolf Hitler« bis Kriegsende. Drei, später vier militärische Adjutanten der Wehrmacht sorgen für die Verbindung zu den Spitzen von Reichswehr bzw. Wehrmacht, zum Heer, zur Marine und zur Luftwaffe. Im Krieg stellt auch die Waffen-SS einen Adjutanten.

1938 wird Walter Hewel, 1923 als Fahnenträger des Stoßtrupps Hitler, des Vorläufers der SA, am Hitler-Putsch beteiligt, Verbindungsbeamter des Auswärtigen Amtes beim »Führer und Reichskanzler«. Wie Luftwaffen-Adjutant Nicolaus von Below und Heeres-Adjutant Gerhard Engel gehört er zum engeren Kreis der vornehmlich jüngeren Männer, die Hitler auf seiner Residenz Obersalzberg mit ihren Ehefrauen ebenso wie seinem Begleitarzt Karl Brandt und Albert Speer um sich versammelt, um sich abzulenken und zu entspannen. Theo Morell, der als Hitlers Privatarzt sein besonderes Vertrauen genießt, Wilhelm Brückner und Heinrich Hoffmann sind einige Jahre älter als Hitler, gehören aber zu diesem Kreis ebenso wie Hitlers Sekretärinnen Christa Schroeder, Gerda Christian, Traudl Junge und Johanna Wolf, die Hitler in die diversen Führerhauptquartiere begleiten und in nächtlichen Teestunden seinen Monologen lauschen müssen. Ob jemand in den karrierefördernden Kreis um

Hitler aufgenommen wird, hängt ab 1935 auch von der Sympathie ab, die Eva Braun ihm und seiner Familien entgegenbringt.

Hitler hat die damals achtzehnjährige Verkäuferin 1929 im Fotogeschäft Heinrich Hoffmanns in München kennengelernt. Nach Geli Raubals Tod verstärkt er den Kontakt zu der Frau, die so sehr an der Beziehung zu ihm zu leiden scheint. Im November 1932 versucht Eva Braun, sich durch einen Pistolenschuss selbst zu töten, 1935 unternimmt sie einen weiteren Selbstmordversuch, diesmal mit einer Überdosis Schlafmittel. Nachdem Hitlers Halbschwester Angela Raubal 1935 aus dem Berghof auszieht, beginnt sich Eva Braun auf dem Obersalzberg einzurichten. Auch ihre Familie und ihre Freundinnen verkehren jetzt in der Umgebung Hitlers.

Seine Umgebung kennt das Verhältnis der beiden, ist aber verschwiegen. Dennoch bleibt die Existenz einer Freundin des »Führers« in der Öffentlichkeit nicht völlig unbekannt. So berichtet das amerikanische Nachrichtenmagazin *Time* in seiner Ausgabe vom 18. Dezember 1939 unter Hinweis auf einen zwei Tage zuvor in der *Saturday Evening Post* veröffentlichten Artikel von der Liaison Hitlers.

Im Herbst 2013 erscheint fünfzehn Jahre nach Ian Kershaws Doppelbänden eine Biographie, die sich den ersten fünfzig Jahren von Hitlers Leben, also den Jahren bis zum Kriegsbeginn widmet. Der Ansatz von *Adolf Hitler. Die Jahre des Aufstiegs 1889 bis 1939* ist ein anderer als der Kershaws. Der Historiker, zeitweilige *Zeit*-Redakteur und *Zeit*-Autor Volker Ullrich will in seiner Biographie den Mythos eines Mannes ohne Eigenschaften widerlegen und die Persönlichkeit Hitlers in den Mittelpunkt rücken. Für Ullrich ist Hitler, wie *die tageszeitung* ihn in einer Besprechung interpretiert, keine »Marionette« der Geschichte, sondern ihr Akteur, ohne dessen Fähigkeiten sich der Nationalsozialismus nicht erklären lasse.[10]

In der *Zeit* schreibt Ullrich am 26. September 2013 bei Erscheinens seines Buches, es habe ihn überrascht, »was in den Archiven noch zu entdecken ist, wie viel nie angerührt oder bis heute kaum ausgewertet wurde«.[11] Er nennt die unveröffentlichten Erinnerungen des bayerischen Generalstaatskommissars Gustav Ritter von Kahr, den Hitler im Zuge des Röhm-Putsches im Juni 1934 hat ermorden lassen, die Tagebücher Rudolf Buttmanns (NSDAP-Fraktionsvorsitzender im Bayerischen Landtag), die ihm »unerwartete Einblicke in die innerparteilichen Kämpfe nach Hitlers Entlassung aus der Haft Ende 1924« gegeben hätten. Der Nachlass von Rudolf Heß im Schweizerischen Bundesarchiv enthalte ein Vielfaches dessen, was der Heß-Sohn Wolf Rüdiger Heß 1987 im Jahr des Todes seines Vaters im Spandauer Gefängnis als Brief-Dokumentation veröffentlicht hat. Ullrich wertete auch die Nachlässe von Alfred Hugenberg und von Hitlers Finanzminister Lutz Graf Schwerin von Krosigk aus, ebenso den von Hitlers erstem Außenminister Konstantin Freiherr von Neurath. »Geradezu mit Händen lässt sich darin greifen, wie rasch sich das Projekt der nationalkonservativen Eliten, Hitler durch Beteiligung an der Macht zu ›zähmen‹ und den eigenen reaktionären Zwecken verfügbar zu machen, als grandiose Illusion entpuppte.«[12]

Hitler und seine Nichte Geli Raubal im Sommer 1931, Wiese beim Haus Wachenfeld.

Mehr als Ian Kershaw und auch Joachim Fest beschreibt Ullrich entlang der Chronologie der Ereignisse Hitler als Akteur. Ohne immer zu analysieren, verdichtet er dessen Leben zu einer Erzählung, in die häufig Schlaglichter und Anekdotisches aus Tagebüchern, Briefen und der Erinnerungsliteratur einfließen. Das macht Ullrichs Buch gut lesbar. Die Verwendung dieser individuellen »biographischen« Quellen erhebt das Werk zwar nicht zu einer Gesellschaftsgeschichte. Sie zeigt die Reaktion von Hitlers Umwelt und die Sicht seines Umfelds auf seine Selbstinszenierung und macht so die gesellschaftlichen Ursachen für seinen Erfolg nachvollziehbar.

Ullrich versteht sein Buch als eine Korrektur der Versuche, Hitler nur als Projektionsfläche einer Massensehnsucht ernst zu nehmen. Hitler habe auch ein Leben gehabt. Das versucht er vor allem in drei »privaten« Kapiteln zu beschreiben: »Hitler und die Frauen«, »Der Mensch Hitler« und »Die Berghof-Gesellschaft«. Der Autor zeichnet ein lebendiges Bild des Politikers Hitler. Er zeigt einen Mann, der mit seinen Fähigkeiten die erstaunliche Energie der nationalsozialistischen Bewegung freisetzt. Hitler ist der Kern, von dem alles ausgeht und um den sich alles dreht. Hitlers tatsächliches Privatleben, der Öffentlichkeit unbekannt, war Ort der Aufladung für diese Energie. Der öffentliche Hitler ist nicht nur eine Stilisierung seiner Propagandisten, sondern des »begabten Schauspielers« selbst. Ullrich glaubt, Hitler habe sich autosuggestiv in Rauschzustände versetzen können. In einem Interview mit Jan Fleischhauer für den *Spiegel* klassifiziert Ullrich Hitlers Verstellungskunst als »bemerkenswert«:

»Es wird oft übersehen, was für ein formidabler Schauspieler er war. Es gibt nur ganz selten Situationen, wo man sagen kann: Da war er authentisch. Deshalb ist die Frage, wie er als Mensch war, so schwer zu beantworten. Er konnte sehr liebenswürdig sein, selbst zu Leuten, die er verabscheute. Dann wieder war er auch gegenüber ihm sehr nahestehenden Menschen von enormer Gefühlskälte.«[13]

In einer äußerst kritischen Auseinandersetzung mit Volker Ullrichs Buch weist Thomas Weber in der *Frankfurter Allgemeinen Zeitung* auf ein grundlegendes Problem jeder biographischen Beschäftigung mit der Person Hitler und besonders von Ullrichs Ansatz hin: »Die Beantwortung der Frage, ob Hitlers Rollenspiel und Selbstinszenierung grenzenlos war, ist auch aus einem anderen Grunde vonnöten. Denn wenn es grenzenlos war, müssen wir uns logischerweise wohl oder übel damit abfinden, dass wir nur die Resultate von Hitlers Wirken erforschen können, nicht aber, ob sie und aus welchem Grunde sie beabsichtigt und unbeabsichtigt waren.«[14] Erfasst also der Biograph den Menschen oder nur die Maske? Lohnt es, den Menschen Hitler zu beschreiben? Oder fordern nicht die Resultate von Hitlers Leben die ganze Aufmerksamkeit?

War Hitler, zum Beispiel, der jedem Luxus abgeneigte Asket, als der er sich stilisierte? Ab 1935 erfolgt die Abriegelung des gesamten Obersalzberges. Auf dem zum »Führerschutzgebiet« erklärten Gelände zwingt der Hitler-Vertraute und NSDAP-Reichsleiter Martin Bormann die übrigen dort ansässigen Haus- und Pensionsbesitzer zum Verkauf ihres Eigentums an die NSDAP. Bis in die Kriegsjahre hinein ist der Obersalzberg eine Großbaustelle. Hitler pflegte seinen öffentlich verkündeten spartanischen Lebensstil im Umfeld eines unerhörten Luxus. Neben der Alpenresidenz auf dem Obersalzberg bei Berchtesgaden unterhält er seine private Wohnung in München und seine amtliche in der Berliner Reichskanzlei. 1934 wird ein anhängiges Steuerhinterziehungsverfahren wegen zu gering angegebener Einnahmen aus den Buchverkäufen von *Mein Kampf* eingestellt. Das Reichsfinanzministerium erklärt gegenüber dem Oberfinanzpräsidenten von München, dass Hitler aufgrund »seiner verfassungsrechtlichen Stellung nicht mehr steuerpflichtig« sei. Ab dem Jahr 1934 zahlt der Reichskanzler keine Steuern mehr.

Hitler ist zwischen 1933 und 1938 mit umfangreichem Gefolge fast ständig innerhalb Deutschlands unterwegs. Dafür stehen ihm auf Staatskosten ein Sonderzug mit elf Waggons und Schlafabteilen, eine Wagenkolonne und drei Flugzeuge zur Verfügung. Dass Hitler vor seiner Kanzlerschaft auch einmal in einen Pferdeschlitten gestiegen ist, wissen wir mitsamt genauem Datum seit einer gewichtigen Veröffentlichung im April 2016.

2 432 großformatige Seiten und mehr als 2 000 Abbildungen umfasst *Hitler. Das Itinerar. Aufenthaltsorte und Reisen von 1889 bis 1945*[15] des Coburger Lokalhistorikers Harald Sandner. Sandner hat versucht, »Tag für Tag« die Aufenthalte Adolf Hitlers zu recherchieren. Er suchte dafür nach Spuren und Hinweisen in Autobiographien,

Biographien und Tagebüchern von Personen aus der Umgebung Hitlers, in internationalen, nationalen und lokalen Archiven, in Zeitungsberichten, vor allem aber in örtlichen und zeitlichen Zuweisungen von Zehntausenden von Fotografien.

Sandner ermittelte in gut fünfundzwanzig Jahren Arbeit für möglichst jeden Tag im Leben Hitlers die wesentlichen politischen, militärischen und persönlichen Ereignisse, die Gründe für eine Reise oder auch den einfachen Tagesablauf. In *Das Itinerar* wird der jeweilige Tag oft auch mit – so weit überliefert – der Tageszeit der Geschehnisse in chronologischer Reihenfolge dargestellt.

In der Geschichtswissenschaft ist ein Itinerar die Rekonstruktion von Aufenthalten und Wegen von früh- und hochmittelalterlichen Herrschern, die oft noch keine Residenzen bewohnten, sondern von Pfalz zu Pfalz reisten und vor Ort ihre Macht demonstrierten und zelebrierten. Adolf Hitler ist ein solcher »Reiseherrscher«. Oft fällt er unter dem Einfluss seiner Umgebung Entscheidungen spontan. Deshalb ist es nach Sandners Meinung wichtig, Hitlers Aufenthaltsorte zu kennen. »Er führte wohl das kurioseste Privatleben, das ein Mann mit höchster politischer und militärischer Macht je hatte. Spätestens seit den Jahren 1926/1927 war das eigentliche Machtzentrum der NSDAP dort zu finden, wo sich Hitler aufhielt«[16], schreibt Sandner in seinem Vorwort.

Spezifische Muster hat Sandner in Hitlers Reisen nicht erkennen können. Auch könne man nicht zwischen beruflichen und privaten Reisen unterscheiden, denn es existiere kein »Privatmann Hitler«. Es gab offizielle Termine, oft verbunden mit öffentlichen Reden und Auftritten, mit örtlichen Parteikadern und Gefolgsleuten, dazu Treffen mit Gönnern und Günstlingen fast an jedem Aufenthaltsort. Akribisch werden auch Friseurtermine, Zahnarztbehandlungen und Theaterbesuche registriert.

Die Philosophin Hannah Arendt hat in der Unstetigkeit des Reisens ein Herrschaftsmittel erkannt: »Die Uneindeutigkeit des Machtzentrums ist das entscheidende Charakteristikum totaler Herrschaft. Die geografische Verlagerung von Macht hat zur Folge, dass – abgesehen von dem im Führer verkörperten Willen – niemals feststehen kann, wo sich das Machtzentrum des Herrschaftsapparates befindet.«[17] Wer diesem Ansatz folgt, wird *Das Itinerar* auch inhaltlich gewichtig finden. »Tag für Tag« wird belegt, dass Hitler durch Anwesenheit Kontrolle ausübte und Loyalitäten schuf. Und durch Abwesenheit seine Herrschaft festigte, weil er persönlich nichts entschied und seine Paladine im Vakuum Macht und Ohnmacht austarierten.

Nicht nur für die Wissenschaft ist *Das Itinerar* ein Pfund. Sandner hat beispielsweise herausgefunden, dass Adolf Hitler am 10. Mai 1919, also kurz nach Niederschlagung der Räterepublik in München und weit vor seinem Eintritt in die Deutsche Arbeiterpartei, in Garmisch die Rückkehr des Freikorps Werdenfels beobachtet hat. In einem Film der Münchener *Lichtspielkunst* von 1919 steht eine Menschenmenge am Bahnhofsvorplatz. Bisher spekulierten Historiker nur, ob in einem hageren Zivilisten mit Oberlippenbart der junge Adolf Hitler zu erkennen wäre. Nach Sandners Recherchen ist es wahrscheinlich, dass diese Szene die erste Filmaufnahme Hitlers ist.

Ansichten und Berichte

»Erbärmlicher Zivilist mit schlecht sitzender Krawatte, der nichts wie Kunst im Kopf hatte, immer zu spät kam.«[18]
Gerhard Roßbach, Jahrgang 1893, Freikorpsführer, MEIN WEG DURCH DIE ZEIT

»Er konnte bezaubernd sein und wenig später Ansichten äußern, die erschreckende Abgründe ahnen ließen. Er konnte große Gedanken entwickeln und primitiv bis zur Banalität sein. Er konnte Millionen mit der Überzeugung erfüllen, dass nur sein eiserner Wille und seine charakterliche Stärke den Sieg verbürge, und dabei selbst bis in seine Kanzlertage hinein ein Bohemien bleiben, dessen Unzuverlässigkeit seine Mitarbeiter zur Verzweiflung trieb.«[19]
Ernst Hanfstaengl, Jahrgang 1887, Auslandspressechef der NSDAP,
MEMOIREN

»Er hatte ein überdurchschnittliches Gedächtnis für Gesichter und Gelegenheiten.«[20]
Christa Schroeder, Jahrgang 1908, Hitlers persönliche Sekretärin, ER WAR MEIN CHEF

»Ein überragend kluger Kopf, ausgestattet mit einem ungewöhnlichen Gedächtnis, besonders für geschichtliche Daten, technische Zahlen, volkswirtschaftliche Statistiken, las er alles, was ihm unter die Augen geriet, und füllte so die Lücken seiner Bildung. Er überraschte immer wieder durch die zutreffende Wiedergabe des Gelesenen oder bei Vorträgen Gehörten: ›Vor sechs Wochen haben Sie mir etwas ganz anderes gesagt‹ – war eine gefürchtete Redewendung des späteren Kanzlers und Obersten Befehlshabers der Wehrmacht, denn er kontrollierte bei Widerspruch die ihm gemachten Angaben anhand der bei jeder Besprechung angefertigten Stenogramme.«[21]
Heinz Guderian, Jahrgang 1888, Oberst der Reichswehr, ERINNERUNGEN

»Sein Sehvermögen hatte sich im Laufe der Jahre erheblich vermindert. Da er um jeden Preis vermeiden wollte, in der Öffentlichkeit mit Brille zu erscheinen, hatte er Schreibmaschinen mit 12 mm großen Typen anfertigen lassen. Diese Schriftgröße erlaubte ihm das Ablesen seiner Reden ohne Brille.«[22]
Christa Schroeder, Hitlers persönliche Sekretärin, HITLER PRIVAT

»Ungefähr seit 1936 bestand meine Aufgabe dann nicht zuletzt darin, dafür Sorge zu tragen, dass Hitlers Brille stets griffbereit war, wenn er sie brauchte. Öffentlich zeigte er sich niemals mit einer Brille. ›Der Führer‹, so hatte er mich belehrt, ›darf keine Brille tragen.‹«[23]
Heinz Linge, Jahrgang 1913, SS-Leibstandarte, Kammerdiener Adolf Hitlers,
BIS ZUM UNTERGANG

»Hitler hatte eben ein Buch angesehen, es lag noch aufgeschlagen vor ihm, die Brille auf den offenen Seiten, denn immer, wenn er beim Lesen überrascht wurde, nahm er schnell die Brille ab. Aus purer Koketterie wollte er nicht, dass ihn jemand mit Brille sähe. Tatsächlich sah er damit auf eine beruhigende Art gemütlich aus. Er sperrte sie umständlich in ein Futteral, rieb sich die Augen und sagte: ›Sehen Sie, ich brauche eine Brille, ich werde alt, und deshalb führe ich auch den Krieg lieber mit fünfzig als mit sechzig.‹«[24]
Henriette von Schirach, Jahrgang 1913, Ehefrau von Reichsjugendführer Baldur von Schirach, DER PREIS DER HERRLICHKEIT

»Hitler liebte lange Gespräche und opferte viel Zeit für nächtliche Unterhaltungen bis lange nach dem Abendessen, wo er dann mit seinen Mitarbeitern oder Gästen sprach, die von seiner Gesprächsgabe begeistert waren. In dieser Hinsicht zumindest ähnelte er Churchill.«[25]
Oswald Mosley, Jahrgang 1896, Führer der British Union of Fascists, WEG UND WAGNIS

»Die Unterhaltungen zogen sich oft bis in die tiefe Nacht hinein. Stundenlange politische Monologe …waren die obligate Kost. Hitlers Gedächtnis erwies sich dabei als phänomenal. Auch war er ein amüsanter Geschichtenerzähler und konnte Leute glänzend imitieren. An ihm war ein Schauspieler verloren gegangen.«[26]
Reinhard Spitzy, Jahrgang 1912, österreichischer SS-Hauptsturmführer und persönlicher Referent Joachim von Ribbentrops, BEKENNTNISSE

»Ich erinnere mich nicht, dass Adolf jemals müde geworden wäre. Überhaupt hatte die Nacht eine anfeuernde Wirkung auf ihn. Dafür konnte er schon damals selbst mit einem noch so schönen Morgen wenig anfangen.«[27]
August Kubizek, Jahrgang 1888, Linzer Jugendfreund Adolf Hitlers, MEIN JUGENDFREUND

»Bei der Verabschiedung vor dem Schlafengehen gab Hitler vor seinen ausgesprochenen Privaträumen mir die Zeit bekannt, zu der er am nächsten Morgen geweckt werden wollte. Die Worte lauteten ›9 Uhr 30 werde ich geweckt. Um 8 Uhr die Meldungen und Zeitungen auf dem Hocker an der Schlafzimmertür. Gute Nacht!‹ (Oft durch Handschlag.)«[28]
Wilhelm Krause, Jahrgang 1911, Obermatrose der Reichsmarine, Diener Hitlers, 10 JAHRE KAMMERDIENER

»Hitler schlief immer hinter verschlossener und abgeriegelter Tür. Sein Diener klopfte zur bestimmten Stunde – gewöhnlich gegen 11 Uhr morgens – bei ihm an und rief: ›Guten Morgen, mein Führer, es ist Zeit!‹ Dabei legte er die Tageszeitungen und Meldungen vor die Tür. Hitler holte sie zu sich herein und las sie durch.«[29]
Christa Schroeder, Hitlers persönliche Sekretärin, HITLER PRIVAT

»Wenn Hitler auf dem Obersalzberg weilte, war es noch schlimmer. Dort kam er grundsätzlich erst gegen 14 Uhr aus seinem Zimmer. Dann ging's zum Essen. Den Nachmittag füllte meist ein Spaziergang aus und abends wurden gleich nach dem Abendessen Filme vorgeführt: Von einer Arbeitsweise, wie sie uns von Friedrich dem Großen oder Napoleon berichtet wird, konnte bei Hitler keine Rede sein.«[30]

Fritz Wiedemann, Jahrgang 1891, Adjutant Hitlers bis 1939, ERLEBNISSE UND ERFAHRUNGEN

»Als Arbeitsraum im ›Braunen Haus‹ verfügte Hitler über ein großes Eckzimmer im ersten Stock, an dessen Einrichtung ich mich schon deshalb kaum noch erinnere, da ich ihn dort nur selten erlebt habe. Selbst das große Fridericus-Rex-Gemälde an der Wand konnte ihn nicht bewegen, seinen Arbeitsstil der präzisen Pflichterfüllung des von ihm so hoch verehrten Preußenkönigs auch nur im entferntesten anzunähern.«[31]

Ernst Hanfstaengl, Auslandspressechef der NSDAP, MEMOIREN

»Aktenstudium liebte er nicht. Manche Entscheidung, auch solche über sehr wichtige Dinge, habe ich von ihm eingeholt, ohne dass er sich jemals von mir die Unterlagen geben ließ. Er war der Ansicht, dass sich vieles von selbst erledigte, wenn man nur nicht daran rühre. Und er hat damit nicht einmal so sehr Unrecht gehabt.«[32]

Fritz Wiedemann, Adjutant Hitlers bis 1939, ERLEBNISSE UND ERFAHRUNGEN

»Hitler sieht sehr gern Filme. Manche Nachtstunde verbringt er in seinem Privatkino. Zwei oder drei Filme von normaler Länge muss man ihm manchmal hintereinander vorführen, um ihn zufriedenzustellen.«[33]

Bella Fromm, Jahrgang 1890, ehemalige Kolumnistin der Vossischen Zeitung, TAGEBUCH, 17. MÄRZ 1933

»Das Abendessen wurde meist im engeren Rahmen als das Mittagessen eingenommen, und danach folgte der unvermeidliche Film. Dass Hitler Ablenkung brauchte, ist verständlich. In die öffentlichen Vorstellungen der Theater und in den ›Wintergarten‹ konnte er nicht zu oft gehen. Aber warum mussten es nun täglich Filme sein? Das Jahr hat 365 Tage, und es gab nicht viele Tage, an denen die Filmvorführungen ausfielen.«[34]

Fritz Wiedemann, Adjutant Hitlers bis 1939, ERLEBNISSE UND ERFAHRUNGEN

»Dann öffnete er eine andere Tür und zeigte uns zwei Kino-Vorführungsapparaturen und ein Archiv, das Hunderte von Filmen aus allen Ländern enthielt. Schnell ging er mit uns wieder in den großen Raum und drückte dort auf einen Knopf: die Tapete wich von beiden Wänden zurück, machte auf der einen Seite eine Film-

leinwand frei und auf der anderen Seite die Luken für die Projektionsapparate.«[35]
Friedelind Wagner, Jahrgang 1918, Internatsschülerin, Tochter von Siegfried und
Winifred Wagner, NACHT ÜBER BAYREUTH

»Adolf Hitler hat bis Kriegsanfang jeden Film in- und ausländischer Produktion,
der in Deutschland gelaufen ist, gesehen. Er sah auch die Filme, über welche sich
die Filmprüfstelle des Propaganda-Ministeriums in Hinblick auf die Freigabe für
Deutschland noch nicht einig war. Hitler fällte dann selbst die Entscheidung.«[36]
Wilhelm Krause, Obermatrose der Reichsmarine, Diener Hitlers, 10 JAHRE KAMMERDIENER

»Einer seiner Lieblingsfilme war King Kong, bekanntlich die Geschichte eines riesigen Affen, der eine menschliche Frauenfigur, nicht größer als seine Hand, liebt und
darüber zum Berserker wird. Eine scheußliche Geschichte, die Hitler faszinierte.«[37]
Ernst Hanfstaengl, Auslandspressechef der NSDAP, MEMOIREN

»Ich schenke dem Führer 32 Klassefilme der letzten 4 Jahre und 12 Micky-Maus-
Filme mit einem wunderbaren Kunstalbum zu Weihnachten. Er freut sich sehr
darüber. Ist ganz glücklich über diesen Schatz.«[38]
Joseph Goebbels, Jahrgang 1897, Minister für Volksaufklärung und Propaganda,
TAGEBUCH, 22. DEZEMBER 1937

»Greta Garbo verehrte er glühend und erklärte, wenn diese Frau je nach Deutsch-
land käme, würde er ihr einen Empfang bereiten wie dem größten Staatsmann.
Hitler war an Filmen überhaupt sehr interessiert und kritisierte sie sachkundig.
Er anerkannte kühl die Kunst jüdischer Regisseure und wünschte nur, dass unse-
re Regisseure endlich auch gut werden sollten.«[39]
Reinhard Spitzy, österreichischer SS-Hauptsturmführer, BEKENNTNISSE

»War er einmal besonders schlecht gelaunt, so wurde einer der Adjutanten zu
ihm geschickt, der ihn aufheitern musste, oder irgendein lustiger Film aufgeführt, so z. B. ›Der zerbrochene Krug‹, den Hitler 3 oder 4 mal gesehen hat.«[40]
Wilhelm Krause, Diener Hitlers, 10 JAHRE KAMMERDIENER

»Filme sah er im Kriege nicht mehr an, mit Ausnahme der Wochenschauen,
die er selber zensierte.«[41]
Christa Schroeder, Hitlers persönliche Sekretärin, HITLER PRIVAT

»Hitler erklärte nämlich jedes Mal: ›Ich kann während des Krieges, wo das Volk
so viele Opfer bringen muss und ich so schwere Entscheidungen zu treffen habe,
keinen Film sehen. Außerdem muss ich meine empfindlichen Augen schonen für
das Lesen der Landkarten und Frontmeldungen.‹«[42]
Gertraud Junge, Jahrgang 1920, 1942 bis 1945 Privatsekretärin Hitlers,
BIS ZUR LETZTEN STUNDE

»Er besaß ein riesiges Schallplatten-Archiv.«[43]
Heinrich Hoffmann, Jahrgang 1885, Reichsbildberichterstatter, HITLER, WIE ICH IHN SAH

»Wenn Adolf die Musik Wagners hörte, war er wie verwandelt. Dann fiel alle Heftigkeit von ihm ab, er wurde still, fügsam, lenkbar. Die Unruhe schwand aus seinem Blick. Was ihn tagsüber bewegte, versank ins Nichts. Das eigene Schicksal, so schwer es auf ihm lastete, wurde ausgelöscht. Er fühlte sich nicht mehr als ein von der menschlichen Gesellschaft Ausgestoßener, ein Verkannter, Einsamer. Wie ein Rausch, eine Ekstase kam es über ihn. Willig ließ er sich in jene mythische Welt emportragen, die für ihn viel wirklicher war als die reale Welt des Tages.«[44]
August Kubizek, Linzer Jugendfreund Adolf Hitlers, MEIN JUGENDFREUND

»Wagners Musik war ihm nun einmal zur zweiten Natur geworden. Ich möchte sogar behaupten, dass es zwischen dem Aufbau des Meistersinger-Vorspiels und seinen Reden ausgesprochene Parallelen gab. Hier wie dort das gleiche Verwobensein der Leitmotive, die Fülle der Verzierungen, die Kontrapunktik und schließlich der gewaltige Ausbruch, ähnlich dem Schall Wagnerscher Posaunen-Aktschlüsse und Lisztscher Rhapsodien-Finale.«[45]
Ernst Hanfstaengl, Auslandspressechef der NSDAP, MEMOIREN

»Seine Liebe galt den Wagner-Opern, höchstens noch den Symphonien von Beethoven und Bruckner oder den Liedern von Richard Strauß. Von der leichten Muse schätzte er ›Die Fledermaus‹ und ›Die lustige Witwe‹. Bormann bewies sein musikalisches Verständnis dadurch, dass er die Platten wechselte.«[46]
Heinrich Hoffmann, Reichsbildberichterstatter, HITLER, WIE ICH IHN SAH

»Bormann bediente die Apparatur. Es war fast immer das gleiche Repertoire, das Hitler spielen ließ. Lehárs Operetten, Lieder von Richard Strauß, Hugo Wolf und Richard Wagner. Als einzigen Schlager ließ Hitler die ›Donkey-Serenade‹ spielen. Sie bildete meist den Abschluss des Konzerts.«[47]
Gertraud Junge, 1942 bis 1945 Privatsekretärin Hitlers, BIS ZUR LETZTEN STUNDE

»Er hatte ohne Zweifel großes schauspielerisches Talent und die Fähigkeit, Menschen zu imitieren.«[48]
Christa Schroeder, ER WAR MEIN CHEF

»Als Künstler konnte ich ihn im privaten Leben kennenlernen. Hier hatte er durchaus ›Gemüt‹ wie jeder andere Mensch auch. Er hatte dabei eine fast bürgerliche Lebensauffassung. Er versuchte, als guter ›Hausvater‹ zu wirken. Gutmütig, zu Scherzen aufgelegt, für harmlose Witze anderer empfänglich. Selbst humorvoll und mit viel Selbstironie.«[49]
Albert Speer, Jahrgang 1905, Architekt, DIE KRANSBERG-PROTOKOLLE

»Jeder, der nachträglich sagt, Hitler sei ein humorloses Monstrum gewesen, hat ihn einfach nicht gekannt. Hitler hatte Humor und Witz, und er konnte sich auch lauthals lachend amüsieren. Wenn er ganz besonders guter Laune war, dann schlug er sich dabei auf die Oberschenkel.«[50]

Hartmann Lauterbacher, Jahrgang 1909, NSDAP-Gauleiter Süd-Hannover-Braunschweig, ERLEBT UND MITGESTALTET

»Jedoch muss ich auch sagen, dass ich ihn kein einziges Mal habe von Herzen lachen hören. Wenn ihn etwas belustigte oder die Freude der andern ihn ansteckte, gab er höchstens ein gellendes Glucksen von sich, wie er es auch beim Lesen tat, wenn er Schadenfreude empfand. Aber in einem echten natürlichen Lachen konnte Hitler seine Freude nicht äußern.«[51]

Christa Schroeder, HITLER PRIVAT

»Er lachte gern, doch im Grunde immer auf Kosten anderer.«[52]

Albert Speer, Architekt, ERINNERUNGEN

»Über Göring hat er sich nicht lustig gemacht, auch nicht über seinen Uniformfimmel. Dabei hörte er Witze, auch politische Witze, recht gern. Solange gute Witze gemacht würden, meinte er einmal, dann wäre das ein Zeichen dafür, dass der Mann beliebt sei.«[53]

Wilhelm Krause, 10 JAHRE KAMMERDIENER

»Er besaß einen so ursprünglichen Humor und konnte in jenen Jahren noch voll echter Fröhlichkeit und Herzlichkeit sein. Umso tragischer mutete mich im Laufe der Zeit die Veränderung seines Wesens an. Natürlich war auch die Überbelastung durch sein schweres Amt eine der Ursachen.«[54]

Emmy Göring, Jahrgang 1893, Schauspielerin, Ehefrau von Hermann Göring, BEGEBNISSE UND BEKENNTNISSE

»Hitlers Lachen hatte stets einen Beigeschmack von Hohn und Sarkasmus. Es verriet Spuren vergangener Enttäuschungen und unterdrückter Ambitionen. Mussolini dagegen konnte aus vollem Halse unbeschwert lachen. Es war ein befreiendes Lachen und zeigte, dass dieser Mann Sinn für Humor hatte.«[55]

Paul Otto Schmidt, Jahrgang 1899, Chefdolmetscher im Auswärtigen Amt, ERLEBNISSE

»Später sah ich ihn auch hin und wieder, wenn ich mit einigen Simplizissimus-Redakteuren abends in der italienischen Osteria Bavaria beim Wein saß ... Da saß der Mann mit einigen seiner Paladine, saß da wie nicht für den Zivilanzug geschaffen und war unbeschreiblich öd anzuschauen, wenn er sich leger gab und ab und zu kurz auflachte. Pflichtschuldigst, immer mit dem Blick auf ihn, lachten dann die anderen auch, und besonders eifrig und laut lachte dabei stets der Kleinste unter ihnen, der im ›Dritten Reich‹ zum Professor ernannte Leibfoto-

graf des nachmaligen ›Führers‹, Heinrich Hoffmann, welcher schließlich auch noch das Amt des allgemeinen Kunstexperten dazu bekam.«[56]
Oskar Maria Graf, Jahrgang 1894, Schriftsteller, AUS MEINEM LEBEN

»Hitler war den Damen gegenüber ein sehr liebenswürdiger und freundlicher Gastgeber. Er forderte uns auf, zuzugreifen, fragte, ob wir noch Wünsche hätten, und sprach heiter und mit einem gewissen Humor von früheren Reisen in diesem Zug und von seinem Hund, und er machte Witze über seine Mitarbeiter.«[57]
Gertraud »Traudl« Junge, 1942 bis 1945 Privatsekretärin Hitlers, BIS ZUR LETZTEN STUNDE

»Ich bin ein Tierliebhaber, und Hunde habe ich besonders gern. Aber zu einem Boxer zum Beispiel habe ich kein inneres Verhältnis. Wenn überhaupt ich einen Hund noch haben möchte, dann einen Schäferhund; am liebsten wäre mir eine Hündin. Es käme mir wie ein Treuebruch vor, wenn ich mir einen anderen Hund zulegen wollte. Was sind das für wunderbare Tiere! Scharf und ihrem Herrn anhänglich, tapfer, kühn und schön! Der Blindenhund ist eine der rührendsten Sachen. Er lässt jeden anderen Hund stehen, nur mit einer Hündin in der läufigen Zeit ist nichts zu wollen. Er hängt am Menschen mehr als an seinesgleichen. Er geht zu einer Freundin hin, aber er kehrt sofort wieder zurück mit schlechtem Gewissen.«[58]
Adolf Hitler, Tischgespräch im Führerhauptquartier Wolfsschanze vom 10. März 1942, protokolliert von SS-Standartenführer Heinrich Heim

»Blondi war im Übrigen eine Idee aus dem Begleitkommando gewesen. Vor Blondi hatte Hitler einen nahezu schwarzen Schäferhund besessen, der Muck hieß. Einen neuen schaffte sich Hitler nach dessen Tod zunächst nicht an, bis die ›Alten‹ aus dem Begleitkommando beschlossen, dass er unbedingt wieder einen haben müsse. Das Tier habe immer eine positive Wirkung auf Hitler gehabt, ihn abzulenken und aufzuheitern vermocht. Ein RSD-Angehöriger hatte gehört, dass die Schäferhündin von Gerdy Troost, einer Architektin und Ehefrau des Speer-Vorgängers Paul Ludwig Troost, in München Welpen geworfen hatte. Aus diesem Wurf stammte die Hundedame Blondi, die ihren Namen ihrem sehr hellen Fell verdankte, also optisch das Gegenteil von Muck war.«[59]
Rochus Misch, Jahrgang 1917, SS-Oberscharführer, Angehöriger des Führerbegleitkommandos, DER LETZTE ZEUGE

»Es gibt nur zwei Wesen in der Welt, die mir treu geblieben sind: Eva Braun und meine Hündin Blondi.«[60]
Adolf Hitler am 21. April 1945 im Führerbunker zu Reichsjugendführer Artur Axmann

»Er ist doch sehr einsam. Hat bei Frauen kein Glück. Weil er ihnen zu weich ist. Das lieben die Frauen nicht. Sie müssen den Herrn über sich fühlen.«[61]
Joseph Goebbels, NSDAP-Gauleiter von Berlin, TAGEBUCH, 14. SEPTEMBER 1931

Eva Braun und Hitler mit Blondi und Eva Brauns Scotch-Terrier Negus, Berghof 1942.

»Es gab eine Zeit, da kämpfte der Liberalismus für die ›Gleichberechtigung‹ der Frauen, aber das Gesicht der deutschen Frau, des deutschen Mädchens war hoffnungslos, trübe und traurig. Und heute? Heute sehen wir unzählige strahlende und lachende Gesichter.«[62]

Adolf Hitler, Rede vor der NS-Frauenschaft in Nürnberg, 13. September 1939

»Was gibt es doch für schöne Frauen! Wir saßen im Ratskeller in Bremen. Kam da eine Frau herein: Da hat man wirklich geglaubt, der Olymp hat sich aufgetan! Einfach strahlend! Die Gäste haben Messer und Gabel niedergelegt, und alle Augen haben an dieser Frau gehangen!«[63]

Adolf Hitler, Tischgespräch im Führerhauptquartier Wolfsschanze vom 10. März 1942, protokolliert von SS-Standartenführer Heinrich Heim

»Viele Frauen hängen an mir, weil ich unverheiratet bin. Das war besonders wichtig in der Kampfzeit. Es ist so wie bei einem Filmschauspieler: Wenn er heiratet, verliert er für die ihn anhimmelnden Frauen ein gewisses Etwas, er ist nicht mehr so sehr ihr Idol.«[64]

Adolf Hitler zu Albert Speer

»Es ist ein Glück für mich, dass ich nicht geheiratet habe: Das wäre eine Katastrophe geworden! Es gibt einen Punkt, wo die Frau den Mann nie versteht, das ist, wenn in einer Ehe der Mann die Zeit nicht aufbringt, welche die Frau für sich

glaubt beanspruchen zu müssen. Soweit es sich um fremde Männer handelt, ja, da sagen sie alle: Ich begreife die Frau nicht, ich würde nicht so sein! Aber dem eigenen Mann gegenüber ist darin jede Frau gleich unvernünftig. Man muss das verstehen: Eine Frau, die ihren Mann liebt, geht doch ganz auf in ihm; erst wenn sie Kinder hat, erfährt sie, dass es noch etwas anderes für sie gibt; so verlangt sie vom Mann, dass er in gleicher Weise ihr lebt! Der Mann jedoch ist der Sklave seiner Gedanken, seine Aufgaben und Pflichten beherrschen ihn, und es mag Augenblicke geben, wo er wirklich sagen muss: Was schert mich Weib, was schert mich Kind!«[65]
Adolf Hitler, Tischgespräch im Führerhauptquartier Wolfsschanze vom 10. März 1942, protokolliert von SS-Standartenführer Heinrich Heim

»Er wusste, dass er andere Frauen in großer Zahl haben könnte. Er lehnte dies ab; denn er wüsste nicht, wie er spaßend sagte, ob sie ihn als ›Reichskanzler‹ oder als Adolf Hitler bevorzugten.«[66]
Albert Speer, Architekt, DIE KRANSBERG-PROTOKOLLE

»Auf den Intellekt kommt es bei einer Frau gar nicht an. Verglichen mit den gebildeten intellektuellen Frauen war meine Mutter ganz gewiss eine ganz kleine Frau. Sie hat ihrem Mann und ihren Kindern gelebt. In der Gesellschaft unserer gebildeten Frauen würde sie sich wohl schwer getan haben, aber: Sie hat dem deutschen Volk einen großen Sohn geschenkt!«[67]
Adolf Hitler, Tischgespräch im Führerhauptquartier Wolfsschanze vom 10. März 1942, protokolliert von SS-Standartenführer Heinrich Heim

»Für ihn war sie [Eva Braun] bloß ein attraktives junges Ding, in der er trotz oder vielleicht gerade wegen ihres unscheinbaren und dümmlichen Aussehens die Art von Entspannung und Ruhe fand, die er suchte.«[68]
Heinrich Hoffmann, Reichsbildberichterstatter, HITLER, WIE ICH IHN SAH

»›Geistreiche‹ Frauen wollte er nicht in seiner Nähe haben.«[69]
Albert Speer, Architekt, DIE KRANSBERG-PROTOKOLLE

»Eva Braun war die Frau seines Lebens. Sie hat in diskretester Zurückhaltung die schwierige Position dieser Aufgabe getragen. In vorbildlicher Bescheidenheit harrte sie weitab von dem triumphalen Dasein ihres natürlichen Mannes aus. Niemals trat sie bei öffentlichen Empfängen Hitlers im Geringsten in Erscheinung. Sie war stets unsichtbar und lebte ihr Leben, hinter allen amtlichen Entwicklungen Hitlers ranglos zurückgeblieben.«[70]
Hans Frank, Jahrgang 1900, Reichsrechtsführer, ERLEBNISSE UND ERKENNTNISSE

»Ich sah Eva Braun nur einmal. Das war 1934 in Nürnberg. Mein Bruder hat darüber mit mir nie gesprochen.«[71]
Paula Wolf, geborene Hitler, Jahrgang 1896, Verhör, Berchtesgaden, 5. Juni 1946

»Eva entsprach nicht gerade dem Ideal eines deutschen Mädchens.«[72]
Rochus Misch, SS-Oberscharführer, Angehöriger des Führerbegleitkommandos,
DER LETZTE ZEUGE

»Sie war ein nett aussehendes, blondes Mädchen, gut gewachsen mit blauen Augen, mit einem bescheidenen, fast zaghaften Charme.«[73]
Ernst Hanfstaengl, MEMOIREN

»Menschlich, privat, war Hitler durchaus nett, Eva Braun liebte ihn sehr und er liebte sie auch.«[74]
Herta Schneider, Freundin Eva Brauns, Juni 1949

»Sie wurde auch kaum beachtet. Auf Hitler machte sie einen günstigen Eindruck, weil sie ihre Zusammenkünfte mit ihm völlig diskret behandelte.«[75]
Christa Schroeder, HITLER PRIVAT

»Nach dem Essen fragte ich Brückner, den alten Chefadjutanten des Führers: ›Obergruppenführer, sagen Sie mir bitte, wer ist diese Frau?‹ Darauf er: ›Mein Lieber, du bist neu hier. Auch unser Führer hat ein Recht auf Privatleben, und ich rate dir, alles, was du in dieser Hinsicht gesehen und gehört hast, niemals irgendjemandem zu erzählen, deinen Eltern nicht, noch deinen Geschwistern und niemals deiner Geliebten! Am besten ist, du selbst vergisst es, denn sonst ... Ich glaube, mehr brauche ich dir nicht zu sagen. Die Folgen für dich wären nicht abzusehen. Hast du mich verstanden?‹ ›Jawohl, Obergruppenführer!‹, war meine Antwort, und ich reihte mich gehorsam in die Verschwörung des Schweigens ein, die zum Staunen der Welt bis nach dem Kriege gehalten hat.«[76]
Reinhard Spitzy, österreichischer SS-Hauptsturmführer, BEKENNTNISSE

»Gestern ist er ganz unvermutet gekommen und es war ein entzückender Abend. Das Schönste aber war, dass er sich mit dem Gedanken trägt, mich aus dem Geschäft zu nehmen ... – ich will mich aber lieber noch nicht so freuen – mir ein Häuschen zu schenken. Ich darf einfach nicht daran denken, so wunderschön wäre das. Ich müsste nicht mehr unseren ›ehrenwerten Kunden‹ die Türe öffnen und Ladenmädchen machen. Lieber Gott gib, dass es wirklich wahr ist und in absehbarer Zeit Wirklichkeit wird ... Ich bin so unendlich glücklich, dass er mich so lieb hat, und bete, dass es immer so bleibt. Ich will nie Schuld haben, wenn er mich einmal nicht mehr gern hat.«[77]
Eva Braun, Jahrgang 1912, Tagebuch, 18. November 1934 [?]

»Ich habe nie irgendwelche Intimitäten zwischen Hitler und Eva beobachtet. Meine Kameraden ebenfalls nicht, jedenfalls sprach nie jemand darüber. Ich hätte es auch nicht getan, wenn mir etwas aufgefallen wäre.«[78]
Rochus Misch, SS-Oberscharführer, Führerbegleitkommando, DER LETZTE ZEUGE

»Nach meinen Beobachtungen waren die sexuellen Beziehungen zwischen Hitler und Eva Braun zeitweilig besonders aktiv. Wer der Aktivere von beiden war, weiß ich allerdings nicht. Eva Braun wirkte sehr sexy, um den heute üblichen Begriff zu verwenden, doch Hitler war es auch.«[79]

Heinz Linge, SS-Leibstandarte, Kammerdiener Adolf Hitlers, BIS ZUM UNTERGANG

»Ich wünsche mir nur eines, schwer krank zu sein und wenigstens 8 Tage von ihm nichts mehr zu wissen. Warum passiert mir nichts, warum muss ich alles das durchmachen? Hätte ich ihn doch nie gesehen. Ich bin verzweifelt. Jetzt kaufe ich mir wieder Schlafpulver, dann befinde ich mich in einem halben Trancezustand und denke nicht mehr so viel darüber nach. Warum holt mich der Teufel nicht. Bei ihm ist es bestimmt schöner als hier … Er braucht mich nur zu bestimmten Zwecken, es ist nicht anders möglich. (Blödsinn) Wenn er sagt, er hat mich lieb, so meint er nur in diesem Augenblick. Genauso wie seine Versprechungen, die er nie hält. Warum quält er mich so und macht nicht gleich ein Ende?«[80]

Eva Braun, Tagebuch, 11. März 1935

»Eva Braun beging damals ihren ersten Selbstmordversuch. Diese Verzweiflungstat beeindruckte Hitler … stark … Von diesem Augenblick an trat sie offiziell ins Leben des ›Führers‹ ein. Hitler schenkte ihr eine kleine Villa in München und einen Wagen. Er überschüttete sie förmlich mit Schmuck und Kleidern und setzte ihr eine Rente aus, mit der sie sich jeden Wunsch erfüllen konnte.«[81]

Christa Schroeder, HITLER PRIVAT

»Offiziell war Eva als Hauswirtschafterin vorgestellt worden. Schon die Anordnung der Räumlichkeiten in der Reichskanzlei und auf dem Berghof verriet etwas anderes. Wir sollten Eva Braun mit ›Gnädiges Fräulein‹ anreden, daran hielt sich aber keiner, sie war einfach ›Fräulein Braun‹. Und das war ihr auch völlig recht so.«[82]

Rochus Misch, DER LETZTE ZEUGE

»Politisch war sie, genau wie alle anderen Frauen in Hitlers Umgebung, völlig ahnungslos. Hitler vermied in Gegenwart von Frauen jedes politische Gespräch über in Gang befindliche oder geplante Aktionen. Oft hörte man Eva Braun klagen: ›Ich weiß überhaupt nichts, vor mir wird alles geheim gehalten!‹«[83]

Christa Schroeder, ER WAR MEIN CHEF

»Von Eva Braun wusste niemand außerhalb des inneren Kreises und der SS bis zum letzten Jahr des Krieges etwas. Im Vertrauen war mir von einem Kollegen berichtet worden, dass eine Frau auf dem Berghof leben würde, die Hitler bei seinen Reise begleite; aber ich kannte ihren Namen nicht und ich muss gestehen, dass ich geneigt war zu glauben, dass ihre Aufgabe nur darin bestand, der engeren Umgebung des Führers zu demonstrieren, dass er geschlechtlich nicht unnormal war."[84]

Charles Bewley, Jahrgang 1888, bevollmächtigter Minister und Gesandter des Irischen Freistaats in Berlin, MEMOIREN

»In den letzten Augusttagen ist das Objekt seiner Zuneigung – ein blondes bayerisches Mädchen genannt Evi Helen Braun – in seinen offiziellen Berliner Amtssitz, die Große Reichskanzlei in der Wilhelmstraße, eingezogen. Sie nimmt dort die bezahlte Stellung einer für Deutschland typischen Hauswirtschafterin ein – und führt sich auf, als ob sie die Frau des Nazi-Diktators sei. Obwohl sich alle Augen der Welt auf dieses Gebäude in Berlin gerichtet haben, ist ihre Ankunft in Berlin der Öffentlichkeit entgangen … In Deutschland ist nie ein Foto von Eva Braun erschienen; die, die in den Vereinigten Staaten in diesem Herbst veröffentlicht wurden, waren außer Landes geschmuggelt worden … Natürlich haben Europas Geheimdienste seit langem Kenntnis von der Beziehung zwischen Evi und Hitler.«[85]

Saturday Evening Post, 16. Dezember 1936

»Hitler hatte sich an den aufbrausenden Charakter seiner Freundin gewöhnt, aber er gab ihr keineswegs in allen Dingen nach. Sie war allerlei strengen Vorschriften unterworfen. Zum Beispiel durfte sie keine Sonnenbäder nehmen, denn er liebte an ihr nicht die braune Haut. Wenn sie tanzte, tat sie es nur heimlich, weil Hitler das verabscheute. Solche Beispiele könnten beliebig vermehrt werden.«[86]

Christa Schroeder, HITLER PRIVAT

»Außer Fräulein Braun nehme ich niemanden mit; Fräulein Braun und meinen Hund. Ich werde einsam sein. Wie soll es auch jemand freiwillig lange bei mir aushalten? Keiner wird mehr Notiz von mir nehmen. Alle laufen sie dann meinem Nachfolger nach!«[87]

Adolf Hitler zu Albert Speer

»Auch in dem Bemühen, Hitler zu privatem Tanzunterricht zu animieren, um ihn so für das gesellschaftliche Leben aufgeschlossen zu machen, hatten meine Frau und ich kein Glück. Dabei wollten wir ihm keineswegs etwa den damals heftig grassierenden Charleston zumuten, sondern meinten nur, dass ein musikalisch so begabter Mensch wie er doch auch durch einen gut getanzten Walzer viel an innerer Harmonie und äußerem Schliff gewinnen könnte. Doch ebenso gut hätten wir einem Panzerschrank das Walzertanzen empfehlen können. ›Nein‹, erklärte er kategorisch, für einen Staatsmann ist das Tanzen eine unwürdige Beschäftigung. ›Aber, Herr Hitler«, wandte ich ein, ›vergessen Sie doch nicht, dass Friedrich der Große und George Washington in ihren besten Zeiten auf dem Tanzparkett zu Hause waren.‹ ›Nein, nein, da mache ich nicht mit. Diese ganzen Ballveranstaltungen sind reine Zeitverschwendung, und außerdem ist dieses Walzertanzen viel zu weibisch für einen Mann. Gerade diese Walzermanie hat mir Wien so verhasst gemacht, wie sie überhaupt mit dazu beigetragen hat, den Zerfall des Habsburger Reiches zu fördern.«[88]

Ernst Hanfstaengl, MEMOIREN

»Der Csárdás ist was Schönes, er ist auch für den Mann ein schöner Tanz, genauso wie der Schuhplattler; während ich die Gesellschaftstänze als etwas maßlos Weibisches empfinde!«[89]

Adolf Hitler, Tischgespräch im Führerhauptquartier Werwolf vom 10. März 1942, protokolliert von SS-Standartenführer Heinrich Heim

»Ich habe keine Aktie, ich habe keinen Anteil an irgendeinem Unternehmen. Ich beziehe keine Dividende.«[90]

Adolf Hitler, am 27. März 1936 in den Krupp-Werken, Essen

»Für Geld und Gut hatte Hitler keinerlei realen Sinn, sie waren ihm vage Begriffe.«[91]

Christa Schroeder, HITLER PRIVAT

»In finanziellen Fragen lästige Überlegungen anzustellen, war nicht sein Fall. Geld hatte einfach da zu sein, so selbstverständlich wie die Luft zum Atmen, und da er dank der Spenden seiner Verehrer und bei seiner wenig anspruchsvollen Lebensweise schon seit Jahren in dieser Auffassung zu keinen Korrekturen mehr genötigt worden war, so setzte er auch bei anderen ein derart unbelastetes Verhältnis zum Geld voraus.«[92]

Ernst Hanfstaengl, MEMOIREN

»Da auf seinem Verlagskonto beim Franz Eher-Verlag stets beträchtliche Summen standen, 7 oder 8 Millionen Mark waren es 1944, konnte er hier recht großzügig schalten und walten.«[93]

Heinz Linge, SS-Leibstandarte, Kammerdiener Adolf Hitlers, BIS ZUM UNTERGANG

»Andererseits rühmte er sich in der Öffentlichkeit wiederholt, dass er der einzige Staatsmann sei, der kein Bankkonto besäße. Das hatte er allerdings auch nicht nötig, verfügte er doch ohne jede Kontrolle über alle Gelder der Partei und des Staates.«[94]

Fritz Wiedemann, Adjutant Adolf Hitlers, ERLEBNISSE UND ERFAHRUNGEN

»Der letzte Postminister kam auf den Gedanken, an nationalen Gedenktagen oder aus anderen Anlässen Briefmarken mit Sonderstempel herauszugeben. Der beträchtliche Erlös wurde einem besonderen Fonds, dem ›Briefmarkenfonds‹, überwiesen, über den Hitler frei verfügen konnte.«[95]

Christa Schroeder, HITLER PRIVAT

»Beträge, die in die Millionen gingen! Ich war selbst einmal dabei, als Reichspost-minister Ohnesorge Hitler einen 50-Millionen-Scheck überbrachte.«[96]
Heinrich Hoffmann, Reichsbildberichterstatter, HITLER, WIE ICH IHN SAH

»Bormann war als Stabsleiter der Vertreter von Rudolf Heß in seinen umfassen-den Parteivollmachten. Die Daten hierüber sind mir nicht bekannt. Etwa 1935 muss er die persönlichen finanziellen Angelegenheiten A.[dolf] H.[itler]s über-nommen haben. Er verwaltete die Einnahmen aus den Büchern und die daraus erstellten persönlichen Bauten, z.B. auf dem Obersalzberg (Berghof), oder den Ankauf von Kunstgegenständen für den persönlichen Besitz A. H.s. Für alle üb-rigen Bauten, für Geländeerwerbungen, Straßenanlagen auf dem Obersalzberg oder für den Erwerb von Kunstgegenständen für geplante öffentliche Sammlun-gen (z. B. für Linz), hat Bormann die ›Adolf-Hitler-Spende‹ geschaffen, die aus Mitteln der Industrie es ihm ermöglichte, allen diesen Wünschen finanziell Rech-nung zu tragen.«[97]
Albert Speer, DIE KRANSBERG-PROTOKOLLE

»Wenn er große Entscheidungen zu fällen hatte, dann ging er auf den Obersalz-berg. Hier war das Leben weitgehend auf ihn privat abgestellt. Fräulein Braun, die in Berlin bis auf die letzten ein bis zwei Jahre niemals in Erscheinung trat, gesellte sich zu ihm, und auch sonst war der Kreis, wie bereits beschrieben, ein durchaus unpolitischer. Stundenlanges Auf- und Abgehen mit seinen militäri-schen Adjutanten und Rekapitulieren derselben Probleme oft in vielfach wieder-holten Gesprächen, um mit sich selbst mit immer neuen Nuancen ins Klare zu kommen. Spaziergänge vom Obersalzberg, Einkehr in kleinen Gasthöfen brach-ten ihm, wie er sagte, die innere Ruhe und Sicherheit zu den für die Welt überra-schenden Entscheidungen.«[98]
Albert Speer, DIE KRANSBERG-PROTOKOLLE

»Inzwischen hatte sich nämlich beim Platterhof der Brauch herausgebildet, dass alle Menschen, die ihren Führer sehen wollten, sich nachmittags dort versam-melten, oft bis zu 2 000. Ein Adjutant gab das Zeichen, und dann marschierten alle bergab an Hitler vorbei, ein rührendes Schauspiel spontaner Huldigung. Nie-mand hatte die Leute gezwungen, den beschwerlichen Weg auf den Obersalz-berg zu machen und oft stundenlang zu warten. Sie kamen aus allen Gegenden des Reiches, viele auch aus dem benachbarten Österreich. Alte und Junge, Män-ner, Frauen und Kinder zogen hier mit leuchtenden Augen an Hitler vorbei und waren glücklich, dem Mann einmal kurz in die Augen zu sehen, von dem sie sich das Heil für Deutschland erhofften. Es klingt fast blasphemisch, aber irgendwie hatte diese Verehrung etwas Religiöses an sich. Die Menschen wurden weder durch Marschmusik noch das Heilrufen einer Menge in eine künstliche Erregung

hineingesteigert. Schweigend zogen sie vorbei mit einem Ausdruck, dem man anmerkte, dass es für sie einer der großen Augenblicke ihres Lebens war.«[99]
Fritz Wiedemann, ERLEBNISSE UND ERFAHRUNGEN

»Das Gelände um Hitlers Berghof war selbstverständlich abgesperrt, man konnte aber drum herum wandern und aus einiger Entfernung auf die Häuser schauen. Als wir oben am Gatterzaun standen, wurde plötzlich ein Tor geöffnet. In Abständen wurden die Menschen, die draußen warteten, eingelassen und durften auf verschlungenen Wegen durch das abwärtsfallende Gelände am Berghof vorbeigehen.

Plötzlich stand Hitler vor seinem Berghof und grüßte die abwärts wandernden Menschenschlangen. Als wir, die Studentinnen aus München, etwa seine Höhe erreicht hatten, kam von oben ein Adjutant gelaufen. Er sagte zu uns: ›Der Führer will euch begrüßen.‹ Wir scherten aus der Menschenschlange aus und folgten ihm zum Berghof. Da stand auch schon Hitler und begrüßte uns mit Handschlag. Er fragte: ›Wollt ihr Tee mit mir trinken?‹ Das fanden wir natürlich ganz aufregend, und so wurden wir auf die Terrasse geführt ... Hitler nahm mich am Arm und führte mich an die Brüstung, von der aus man ins Salzburger Land nach Österreich sah. Er sagte zu mir: ›Ich frage mich oft, ob es mir wohl so gehen wird wie Moses, der das Gelobte Land sah, aber nicht selbst erreichte.‹ Zwei Jahre später kam der Anschluss Österreichs an Deutschland.«[100]
Elisabeth Noelle-Neumann, Jahrgang 1916, Studentin in München, DIE ERINNERUNGEN

»Auf den Obersalzberg lud sich A.[dolf] H.[itler] einen Kreis von Personen ein, der unpolitisch ausgewählt war. Er suchte sich diejenigen aus, die ihm persönlich sympathisch sind und nicht durch politische Gespräche seine Gedanken störten. Daher bestand der Kreis dort aus Künstlern, aus einigen Damen, Fräulein Braun, meist die Sekretärinnen, den persönlichen und den Wehrmachtsadjutanten, Botschafter Hewel, Sepp Dietrich, Professor Morell, Esser und deren Frauen. Zu diesem Kreis gehörten neben Bormann auch Brandt und ich. Der private Charakter wurde auch dadurch aufrechterhalten, dass es vollständig ausgeschlossen war, dass z.B. Göring mit seiner Frau, auch wenn er am Obersalzberg in seinem Haus war, gesellschaftlich eingeladen wurde. Auch die übrigen politischen Persönlichkeiten wurden nur zu Besprechungen bestellt und selten zum Essen gebeten.«[101]
Albert Speer, DIE KRANSBERG-PROTOKOLLE

»Gewöhnlich fand nach dem Essen gleich wieder eine Besprechung statt. Anschließend wurde dann ein Spaziergang zum kleinen Teehaus gemacht, das eine halbe Stunde Fußweg vom Berghof entfernt lag. Hitler ging mit dem jeweiligen Ehrengast voraus. Die andern folgten in so großem Abstand, dass sie außer Hör-

weite waren. Die Gesellschaft traf sich wieder auf dem unterhalb des Teehauses gelegenen Plateau, von dem aus man eine weite Sicht über die Alpen hatte.«[102]
Christa Schroeder, HITLER PRIVAT

»Das beliebteste Fahrzeug für die Reise war für Hitler das Auto. An zweiter Stelle stand der Zug und – nur aus Zeitersparnis! – an dritter Stelle das Flugzeug! … Die Wagenkolonne, die auf Reisen ging, bestand meistens aus vier bis sechs Wagen, außer bei offiziellen Fahrten, bei denen es oft mehr wurden. Erster Wagen: Führerwagen, dann SS-Begleitwagen, Adjutantenwagen, und zuletzt der Gepäckwagen. Die Kolonne bestand nur aus Mercedes-Fahrzeugen, denn Hitler liebte es nicht, wenn in der Kolonne ein Fahrzeug anderer Marke mitfuhr.«[103]
Wilhelm Krause, 10 JAHRE KAMMERDIENER

»Bei meinem gestrigen Rückflug ins FHQu. [Führerhauptquartier] bin ich in der Führermaschine, einer sehr geräumigen Focke-Wulff, enorm schnell geflogen. Übrigens ist diese Maschine schlicht und ohne allen Protz eingerichtet. Hitler hat als Besonderheit nur einen Schreibtisch vor seinem Platz.«[104]
Henry Picker, Jahrgang 1912, Oberregierungsrat, Tischgespräch im Führerhauptquartier Wolfsschanze vom 10. März 1942

»Der Führer sprach dann davon, dass eine Autobahn nach Drontheim und eine andere bis zur Krim gebaut werden müsse. Nach dem Kriege müsse der deutsche Volksgenosse mit seinem Volkswagen die Gelegenheit erhalten, sich auch persönlich die eroberten Gebiete anzusehen, da er dann im Eventualfall auch bereit sein wird, für sie zu kämpfen. Man dürfe nicht in den Fehler der Vorkriegszeit verfallen, wo der koloniale Gedanke nur das Eigentum weniger Kapitalisten oder Gesellschaften war. Die Straße oder Autobahn werde in Zukunft eine ungleich größere Rolle spielen als die Eisenbahn, die den Gütertransport zu erledigen habe. Nur durch eine Fahrt auf der Straße lerne man ein Land kennen.«[105]
Werner Koeppen, Jahrgang 1910, Adjutant von Reichsminister Alfred Rosenberg,
BERICHTE AUS DEM FÜHRERHAUPTQUARTIER

»Zwei Mann des Begleitkommandos gingen vor dem Auto, an jeder Seite drei weitere, während sich der Wagen im Schritttempo durch die andrängende Menge zwängte. Ich saß, wie meist, auf dem Notsitz dicht hinter Hitler, und nie werde ich diesen Anprall von Jubel, diesen Taumel vergessen, der sich in so vielen Gesichtern ausdrückte.«[106]
Albert Speer, ERINNERUNGEN

»Es ist vorgekommen, dass Frauen in dem Augenblick, in dem sie Hitler sahen, wie vom Schlage gerührt stehen blieben und von den Wagen seines Gefolges angefahren wurden. Die jeden Verkehr hindernde dicht gedrängte Menge musste häufig zurückgestoßen werden. Dann stellten sich die Männer des Begleitkommandos auf die Trittbretter des Wagens, um die Fanatischen davon zurückzuhalten, den Wagen zu erstürmen.«[107]

Christa Schroeder, HITLER PRIVAT

»Für ihn sei das Autofahren jetzt nur noch auf den Autobahnen möglich, wo den Streckenwärtern das telefonische Alarmieren der Strecke und Nachbardörfer strengstem verboten sei. Sonst könne er sich nur noch durch Fliegen oder Eisenbahnfahrten retten. Aber zum Beispiel einer Dame in München oder sonst wo einen privaten Besuch abzustatten, sei restlos unmöglich. Schon 1 Stunde vorher stünden 12 Schupos vor der Haustür und dahinter drängten sich dann (nach und nach) die Massen. Er sei glücklich, dass wenigstens die Terrasse des Hauses der Deutschen Kunst in München so hoch sei, dass er dort im Sommer mal in Ruhe sitzen könne, ohne dass ihm ständig Hände und Autogrammbitten heraufgereicht werden könnten.«[108]

Henry Picker, Oberregierungsrat, Tischgespräch im Führerhauptquartier Wolfsschanze vom 10. März 1942

»Eine einzige Kette von SS-Männern trennte ihn von der Menge. Ich stand in der ersten Reihe, zwei Meter von ihm entfernt. Ein guter Schütze hätte ihn leicht abknallen können. Aber in hundert ähnlichen Situationen hat sich dieser gute Schütze nie gefunden. Das ist das Wichtigste, was ich über Hitler weiß. Darüber können Sie nachdenken. Nachdenken oder sogar phantasieren.«[109]

Denis de Rougemont, Jahrgang 1906, Schweizer Lektor für Französisch an der Universität Frankfurt am Main, JOURNAL D'ALLEMAGNE, März 1936

»Er hatte ganz bestimmte Vorlieben und Antipathien, über die er immer wieder dozieren konnte. So zum Beispiel hielt er Pferde für äußerst dumme Tiere, weil sie aus Nervosität vor einem im Winde tanzenden Papier ausbrechen und so eine ganze Parade ruinieren konnten. Motoren waren ihm alles, Pferde aber snobistischer Atavismus. Konstrukteure, Rennfahrer und Autoindustrielle besuchten Hitler oft. So erlebte ich, wie Porsche seinen Volkswagen vorführte, und hörte die begeisterten Ausführungen Hitlers. Über Autobahnen und Volkswagen konnte er stundenlang reden. Künstlerische Trassenführungen, die Wichtigkeit von Kurven, die Qualität des Bodenbelages in Ebene und Gebirgsland, die Fahrtgeschwindigkeit und der Reifenverbrauch, die Propagandawirkung der deutschen Rennsiege, die Eleganz von Brücken, Bogen und Serpentinen, all dies waren unerschöpfliche Themen endloser Ausführungen.«[110]

Reinhard Spitzy, BEKENNTNISSE

»Die Deutschen essen lieber Schweine- und Kalbfleisch als Rindfleisch und Schaf und kochen es auch besser. Aber das Grundnahrungsmittel aus Fleisch ist die

Blick in das Wohnzimmer der Privatwohnung Hitlers mit zwei Ölporträts seiner Eltern.

Wurst. Die beste deutsche Wurst wird kalt gegessen, und es gibt Hunderte von Sorten. Zwei hervorragende Wurstsorten sind die Mettwurst und die Leberwurst.«[111]
Leitfaden für britische Soldaten in Deutschland, 1944

»Für diese Wiedersehensfeier hatten wir ein weihnachtliches Mahl mit Truthahn als Hauptgericht sowie mehrere Süßspeisen und Wiener Gebäck als Nachtisch vorbereitet, da wir ja Hitlers Vorliebe für derartige Leckereien kannten. Er entwickelte auch einen recht gesunden Appetit, sprach aber kaum dem Wein zu ... Die Erklärung für diese Zurückhaltung sollte ich bald erfahren: Um sein Übergewicht wieder loszuwerden, begann er in dieser Zeit, den Genuss von Fleisch und Alkoholika einzuschränken, bis er daraus in seiner fanatischen Art schließlich ein Dogma machte und nur noch vegetarische Speisen und alkoholfreie Getränke zu sich nahm. ›Ich habe die Erfahrung gemacht‹, pflegte er in dieser Übergangzeit zu äußern, ›dass Fleisch und Alkohol meinem Körper schaden. Und ich bin entschlossen, die erforderliche Willenskraft aufzubringen, auf beides zu verzichten, so gern ich es auch genieße.‹«[112]
Ernst Hanfstaengl, Erinnerung an den Weihnachtsabend 1924, MEMOIREN

»Seit jeher litt Hitler unter Magen- und Darmbeschwerden. Nach und nach aber hatte sich das Leiden derart gesteigert, dass er sich einer äußerst strengen Diät un-

terwerfen musste. Da er bereits seit 1931 vegetarisch lebte, verringerte sich die ohnehin beschränkte Zahl der Gerichte, die seine Köchin ihm zubereiten durfte.«[113]
Christa Schroeder, HITLER PRIVAT

»Das Frühstück setzte sich immer folgendermaßen zusammen: zwei Tassen mundwarme Vollmilch, bis 10 Stück Leibnitz-Keks-Zwieback und ⅓ bis ½ Tafel zerkleinerte, halbbittere Schokolade.«[114]
Wilhelm Krause, 10 JAHRE KAMMERDIENER

»Er trank keinen Tropfen Alkohol, aß nie Fleisch, rauchte nicht. Seine Askese war echt und nicht gekünstelt. Er war überzeugt, dass diese Dinge schädlich seien und er seine Kräfte gerade dadurch bewahre, dass er sich aller dieser Genüsse enthielt.«[115]
Hans Frank, Reichsrechtsführer, ERLEBNISSE UND ERKENNTNISSE

»Ihn störte nicht, wenn seine Umgebung trank. Jedoch waren ihm Betrunkene zuwider.«[116]
Heinz Linge, BIS ZUM UNTERGANG

»Am Tage vorher hatte Hitler sich durch seinen Adjutanten Diätkost erbeten. Seinem Wunsche wurde entsprochen, und während die anderen sich die guten, wenn auch einfachen Gerichte schmecken ließen, verzehrte er ein wenig vegetarische, mit Tee und Wasser hinuntergespülte Kost. Einer der Anwesenden fragte seinen Leibarzt, ob die Gesundheit den Reichskanzler wirklich zu einer so strengen Diät zwänge, und erhielt die Antwort, dass dies nicht der Fall wäre und die spartanischen Gewohnheiten hauptsächlich psychologische Gründe hätten.«[117]
Gustaf Mannerheim, Jahrgang 1867, Feldmarschall der Republik Finnland,
ERINNERUNGEN

»Die Küche auf dem Obersalzberg war bayerisch. Hitler erhielt wie immer seine vegetarische Kost, die ihm längere Zeit eine hervorragende Wiener Köchin bereitete, bis Bormann ihre arische Abstammung widerlegte. Doch Hitler veranlasste, dass sie blieb.«[118]
Heinrich Hoffmann, HITLER, WIE ICH IHN SAH

»General Jodl setzte seinen Bericht über seinen Besuch bei General Dietl [in Norwegen] fort und erzählte interessante Einzelheiten über Verpflegung, Natur, Klima und Tierwelt der Gegend. Seine Bemerkung, dass die Kartoffel dort eine besondere Delikatesse sei, benutzte der Führer, um ein kleines Resümee über die Bedeutung der Kartoffel für die Ernährung des Volkes zu halten. Bei uns schätze die Kartoffel niemand so richtig ein, da sie überall wächst. Leider sei mit der Kartoffel auch der Tabak aus Amerika gekommen! Der Führer trägt sich mit dem Gedanken, nach Beendigung des Krieges die Sojabohne in großem Maßsta-

be in Deutschland anbauen zu lassen. Die Sojabohne sei die ergiebigste Ölfrucht und schließe die gefährlichste Lücke in unserer Ernährungswirtschaft.«[119]
Werner Koeppen, Adjutant von Reichsminister Alfred Rosenberg, BERICHTE AUS DEM FÜHRERHAUPTQUARTIER

»Im Übrigen versuchte der Führer während des Essens, den Fleischessern ihre Lust an der Mahlzeit zu verekeln. Er wollte zwar niemanden zum Vegetarier bekehren, aber er begann plötzlich zu erzählen, wie scheußlich es in einem Schlachthaus zugehe.«[120]
Gertraud »Traudl« Junge, BIS ZUR LETZTEN STUNDE

»Nach Tisch gab es schwarzen Kaffee, aber – nichts zu rauchen. Tabak nämlich war in der gesamten Reichskanzlei strengstens verboten, auch auf den Korridoren und in den Toiletten. Dort konnte man Staatsminister und Generale überraschen, die wie Schuljungen die Fenster öffneten und mit Handtüchern ihren Zigarettenrauch hinausfächelten. Hitler hatte einen ausgezeichneten Geruchssinn, und ich wusste von seinen Adjutanten und Dienern, dass er sehr böse werden konnte, wenn er entdeckte, dass irgendwo geraucht worden war.«[121]
Reinhard Spitzy, BEKENNTNISSE

»Er gab die ersten Rauchversuche und auch das erste schmachvolle Besäufnis zum Besten: ›Als kleiner Junge hatte ich eine Zigarette geraucht, d.h. ich schaffte nur die Hälfte. Mir wurde furchtbar schlecht, ich lief nach Hause und musste mich dauernd erbrechen. Der Mutter, die in furchtbarer Sorge war, sagte ich, dass ich eine Tollkirsche gegessen hätte, worauf sie den Arzt kommen ließ. Er untersuchte mich, schaute mir in den Mund, wurde sehr misstrauisch und kontrollierte dann meine Hosentasche, aus der er den Zigarettenstummel hervorholte. Später kaufte ich mir eine lange Porzellanpfeife. Ich rauchte wie ein Schlot, selbst dann, wenn ich im Bett lag.‹«[122]
Christa Schroeder, ER WAR MEIN CHEF

»Der Fleischgenuss, meinte er, erzeuge den Wunsch nach Alkohol: der Alkohol wiederum reize zum Rauchen, und so zöge ein Laster das andere nach sich und richte unermesslichen Schaden unter den Menschen an. Nikotin war nach seiner Meinung noch fürchterlicher als Alkohol. Er betrachtete ihn als ein unheimliches Gift, dessen unselige Folgen sich erst nach Jahren zeigen.«[123]
Christa Schroeder, HITLER PRIVAT

»Ich bin überzeugt, wenn ich Raucher wäre, ich würde den Sorgen nicht standgehalten haben, die mich seit so langer Zeit belasten. Vielleicht verdankt dem das deutsche Volk seine Rettung!«[124]
Adolf Hitler, Tischgespräch im Führerhauptquartier Wolfsschanze, 11./12. März 1942

»Er hat tatsächlich mit dem Gedanken gespielt, das Rauchen in Deutschland völlig zu verbieten. Die Aktion sollte damit eingeleitet werden, dass auf die Zigarettenschachteln ein Totenkopf gedruckt werden sollte.«[125]
Christa Schroeder, ER WAR MEIN CHEF

»Bei seiner Geringschätzung alles dessen, was sich auf den Körper bezog, bedeutete ihm auch der Sport, der damals eben mächtig im Aufschwung begriffen war, nur wenig. Irgendwo las ich einmal, wie kühn der jugendliche Hitler die Donau durchschwommen habe. Ich kann mich nicht daran erinnern.«[126]
August Kubizek, Linzer Jugendfreund Adolf Hitlers, MEIN JUGENDFREUND

»Durch den gestrigen Schneefall veranlasst, kam der Führer auf den Skisport zu sprechen. Er spottete über diesen ›gesunden Sport‹, der von einem bestimmten Zeitpunkt an alle Münchner Krankenhäuser überfülle mache. Der Skisport habe ihm schon solche Ausfälle in der Führung der Partei gebracht, dass er die praktische Nutzanwendung dieser Sportart bezweifeln müsse.«[127]
Werner Koeppen, Adjutant von Reichsminister Alfred Rosenberg,
BERICHTE AUS DEM FÜHRERHAUPTQUARTIER WOLFSSCHANZE

»Beim Mittagessen wurden überwiegend Späße gemacht, über die der Chef herzlich lachte, indem er sich mehrfach die Hand schräg über die Nase vors Gesicht hielt. Er machte dabei einige persönliche Bemerkungen und bemerkte unter anderem, dass er früher sehr gut Ski gefahren sei, dass er es aber aufgegeben habe, je mehr er in das Scheinwerferlicht der Öffentlichkeit getreten sei. Als Führer dürfe man sich nämlich nur noch auf den Gebieten produzieren, auf denen man völlig firm sei, weil sonst alle missgünstig Gesinnten ein kleines Missgeschick zum Anlass nähmen, Verleumdungen auszustreuen.«[128]
Henry Picker, Tischgespräch im Führerhauptquartier Wolfsschanze, 3. April 1942

»Es ist noch zu erwähnen, dass Hitler keinerlei Sport betrieb … Vor dem Wasser hatte er große Scheu. Ich glaube nicht, dass er schwimmen konnte.«[129]
Christa Schroeder, HITLER PRIVAT

»Nach dem Staatsakt begab sich Hitler an Bord der ›Grille‹ und nahm im Kreis der Admirale und höheren Seeoffiziere ein Frühstück ein. Hitler hielt sich immer gern bei der Marine auf, obwohl ihm, wie Puttkamer es ausgedrückt hatte, ›die See unheimlich war‹. Er war nicht seefest und hatte kein Verhältnis zur Seefahrt. Das, was ihn an der Marine faszinierte, war die Technik.«[130]
Nicolaus von Below, Jahrgang 1907, ALS HITLERS ADJUTANT

»Ein auffälliges Symptom für Hitlers gestörte Umweltbeziehungen war auch seine heillose Angst vor dem Wasser. So erzählte mir Esser eines Tages von einer Bootspartie auf dem Tegernsee, an der Hitler mit ein paar jungen Damen teilgenommen und dabei laufend Befürchtungen wegen eines möglichen Kenterns des Bootes geäußert hatte. Zwar hatte er krampfhaft versucht, seine panische Angst zu verbergen, hatte sich aber offensichtlich äußerst unbehaglich gefühlt und immer wieder Gründe vorgebracht, warum die Damen schnellstens wieder an Land gebracht werden müssten. Auch die Tatsache, dass Hitler nicht schwimmen konnte und sich verbissen weigerte, es zu lernen oder wenigstens ein Freibad zu besuchen, entsprang zweifellos dieser seltsamen Wasserscheu.«[131]

Ernst Hanfstaengl, MEMOIREN

»Er badete täglich, ja, nach jeder Rede, die er hielt, nahm er ein heißes Bad, kleidete sich frisch an. Dagegen mochte er nicht im Freien baden.«[132]

Wilhelm Krause, 10 JAHRE KAMMERDIENER

»Mehr noch als unter Hunger litt er unter der mangelnden Reinlichkeit. Adolf war ja allem Körperlichen gegenüber von einer geradezu krankhaften Empfindlichkeit. Mit allen Mitteln hielt er sich wenigstens in Bezug auf Wäsche und Kleidung sauber.«[133]

August Kubizek, MEIN JUGENDFREUND

»Großen Wert legte Hitler auf Hygiene. Er badete täglich, oft mehrmals am Tage, vor allem nach Versammlungen und Reden, von denen er ganz verschwitzt zurückkam. Seine Haut wirkte sehr zart. Wahrscheinlich rasierte er sich deshalb auch immer selbst.«[134]

Christa Schroeder, ER WAR MEIN CHEF

»Er glaubte, wenn ihn jemand in Badehosen sehen und fotografieren würde, wäre sein Respekt beim Volk dahin.«[135]

Heinrich Hoffmann, HITLER, WIE ICH IHN SAH

»Zu dieser Abneigung kam seine geradezu altjüngferliche Abneigung, sich unbekleidet zu zeigen.«[136]

Ernst Hanfstaengl, MEMOIREN

»Später vertraute mir Morell an, dass Hitler auch als Patient schwierig sei. Man könne ihn nicht dazu bewegen, eine Röntgenaufnahme von sich machen zu lassen. Wenn er ihm eine Spritze gebe oder ihn untersuchen wolle, dürfte nur der benötigte Körperteil entblößt werden. Sein Diener sei angewiesen, unterdessen das Zimmer zu verlassen.«[137]

Heinrich Hoffmann, HITLER, WIE ICH IHN SAH

»Hitler hatte immer Angst, sich selbst lächerlich zu machen. So war er sehr vorsichtig mit jedem neuen Kleidungsstück und jeder neuen Kopfbedeckung. Zuerst wollte er genau wissen, wie ihm der Zylinder oder eine Mütze stand.

Aus diesem Grunde musste ich ihn in der neuen Ausstaffierung fotografieren, und erst wenn er sich auf den Aufnahmen gefiel, wurden die Bekleidungsstücke akzeptiert. Von 1933 an vermied er es, sich in der von ihm bis dahin so beliebten ›Kurzen‹, der Lederhose, sehen zu lassen. Er ersuchte mich sogar, Aufnahmen, die ihn in der Lederhose zeigten, aus dem Handel zu ziehen und keine Neuauflagen zu machen.«[138]

Heinrich Hoffmann, HITLER, WIE ICH IHN SAH

»Die wohlverdiente Auszeichnung, das EK I, hat Hitler täglich getragen.«[139]

Fritz Wiedemann, ERLEBNISSE UND ERFAHRUNGEN

»In dieser Zeit hatte Hitler sein bayerisches Kostüm mit einem billigen, dunkelblauen Anzug und dem berühmten Trenchcoat vertauscht und wechselte stets seinen Hut, um sein Aussehen zu verändern und zu verhindern, auf seinen Reisen erkannt zu werden. Handschuhe trug er nie, hielt aber stets eine Hundepeitsche in der Hand. Die Peitsche, der Trenchcoat und der Mercedes-Wagen – diese Aufmachung war seine Fabrikmarke in der Zeit zwischen dem Putsch und dem Jahr 1933.«[140]

Friedelind Wagner, Internatsschülerin, Tochter von Siegfried und Winifred Wagner, NACHT ÜBER BAYREUTH

»Ich schlage einen freundlichen interessierten Ton an und lächle mütterlich: ›Sagen Sie, Herr Reichskanzler, haben Sie eigentlich je versucht, etwas mit Ihrem Haar zu machen?‹ Hitler zuckt zusammen und wendet sich mir blitzschnell zu. Als er feststellt, dass ich nur freundlich und teilnehmend aussehe, lächelt er mir zaghaft zu und nimmt den Gesprächsfaden mit bekümmertem Ernst auf. Eingehend schildert er seinen Kampf mit der Tolle: ›Sie ahnen nicht, was ich schon alles versucht habe, ich habe es mit Öl, Pomade, Haarwachs und allen möglichen komischen Tinkturen versucht. Doch nichts hilft. Die Haare fallen mir immer wieder in die Stirn. Es ist einfach hoffnungslos.‹«[141]

Zarah Leander, Jahrgang 1907, schwedische Schauspielerin, MEIN LEBEN

»Er hasste nichts mehr als Anproben beim Schneider. Um ihnen möglichst zu entgehen, ließ er immer gleich drei oder vier Anzüge auf einmal machen, die dann auch alle im gleichen Schnitt und oft auch aus dem gleichen Stoff gearbeitet waren.«[142]

Christa Schroeder, HITLER PRIVAT

»Doch wir konnten in einen der bei unserem Eintritt offen stehenden Kleiderschränke hineinsehen. Nickel und ich wechselten vielsagende Blicke. Es war wie in einem Disney-Film; in langer Reihe hingen auf Bügeln braune Hemden, eines

neben dem anderen, mindestens fünf-
unddreißig bis vierzig, jedes mit der
Hakenkreuzbinde am linken Ärmel.
Wir machten feierliche Gesichter, so
wie Hitler es tat, wenn er das Bild sei-
ner Mutter betrachtete.«[143]
Friedelind Wagner, Internatsschülerin,
Tochter Siegfried und Winifred Wagners,
NACHT ÜBER BAYREUTH

»Zur Zeit meines Dienstanfangs besaß
Hitler einen Frack, einen Smoking,
einen Cutaway (den er während meiner Zeit niemals angezogen hat, dem
Vernehmen nach zum letzten Mal
am ›Tag von Potsdam‹, dem 21. März
1933, einen Teeanzug (den er niemals
mehr anzog), einen blauen, einen braunen und einen hellen Straßenanzug.
Dazu kamen die Uniformen: fünf Rö-
cke, zwei davon zum Umschnallen,

Hitlers Uniformen wurden in Berlin, die
Zivilanzüge in München geschneidert.

also für Koppel (Hitler nannte es nicht Koppel, sondern nur ›Gehänge‹), drei
lange schwarze Hosen und vier Stiefelhosen. Die Zivilsachen (vor allem die Stra-
ßenanzüge) waren dermaßen abgetragen, dass sie auch ein mittlerer Beamter
nur noch zum Dienst getragen hätte. Auf mein Drängen hin hat er erst nach
geraumer Zeit, dem Ersuchen von Frau Goebbels, von Frau Troost und nicht
zuletzt Eva Brauns nachgebend, sich mehrere Anzüge sowie Frack, zweireihigen
Smoking und Uniformen anfertigen lassen. Die Uniformen wurden in Berlin,
die Zivilanzüge in München gemacht. Mäntel wurden im Konfektionsgeschäft
Herpich, Berlin, Leipziger Straße gekauft. Selten nur ließ Hitler vom Schneider
Maß nehmen oder Anproben machen.«[144]
Wilhelm Krause, 10 JAHRE KAMMERDIENER

»Jede Anprobe von Kleidungsstücken war Hitler lästig. Da er seine Reden durch
lebhafte Hand- und Armbewegungen unterstrich und es auch liebte, beim Auf-
und Abgehen während des Sprechens, besonders bei ihn erregenden Themen,
seinen Körper zu dehnen, was vorwiegend durch das Hochziehen der rechten
Schulter geschah, hatte er eine Aversion gegen eng anliegende Kleidung. Der
Schneider war angewiesen, alle Anzüge und Uniformen so bequem zu arbeiten,
dass er in seiner Bewegungsfreiheit nicht behindert wurde.«[145]
Christa Schroeder, ER WAR MEIN CHEF

»Er war nie ein Herr. Auch später nicht im Frack.«[146]
Gerhard Rossbach, Freikorpsführer, MEIN WEG DURCH DIE ZEIT

»Während er am Tage bei den Verhandlungen in einem braunen Uniformrock und der roten Hakenkreuzbinde um den linken Arm angetreten war, erschien er jetzt im Frack, einem Kleidungsstück, das sich irgendwie gegen ihn zu sträuben schien. Ich habe ihn auch nur bei wenigen Gelegenheiten in diesem ›plutokrati-schen‹ Festanzug gesehen, und jedes Mal wirkte Hitler darin wie jemand, der sich einen Frack zu irgendeiner seltenen Veranstaltung geliehen hat.«[147]
Paul Otto Schmidt, Chefdolmetscher im Auswärtigen Amt, ERLEBNISSE

»In den Kriegsjahren trug er zur Uniform eine Krawatte, die fertig gebunden war und nur am Kragen angeknöpft zu werden brauchte. Er glaubte, damit die kost-bare Zeit zum Binden zu sparen.«[148]
Christa Schroeder, HITLER PRIVAT

»Er, Hitler, habe nach menschlichem Ermessen nicht mehr sehr lange zu leben. In seiner Familie würden die Menschen nicht alt … Es sei daher notwendig, die Probleme … möglichst bald zu lösen, damit dies noch zu seinen Lebenszeiten geschehe … Nur seine Person sei dazu in der Lage.«[149]
Waldemar Vogt, Jahrgang 1912, Gaupropagandaleiter Mainfranken, Aufzeichnung von Hitlers Rede vor NSDAP-Propagandaleitern

»Zu Händen des Ministers Lammers
Mein persönliches Testament.
Es ist sofort nach meinem Tod im Beisein des Reichsschatzmeisters der Partei zu eröffnen. Die Pg. [Parteigenossen] Bormann und Schaub sind unmittelbar zu verständigen.

Mein Testament –

Für den Fall meines Todes verfüge ich:
1.) Mein Leichnam kommt nach München wird dort in der Feldherrnhalle auf-gebahrt und im rechten Tempel der ewigen Wache beigesetzt. (Also der Tempel neben dem Führerbau). Mein Sarg hat dem der übrigen zu gleichen.
2.) Mein gesamtes Vermögen vermache ich der Partei. Die mit dem Parteiverlage abgeschlossenen Verträge werden dadurch nicht berührt. Über die noch vorhan-denen oder künftigen Einnahmen aus meinen Werken verfügt die Partei
3.) Die Partei muss dafür folgende Beträge jährlich zur Auszahlung bringen:
a.) An Fräulein Eva Braun – München auf Lebenszeit monatlich 1 000 Mark (ein tausend Mark) also jährlich 12 000 Mark.
b.) An meine Schwester Angela – Dresden auf Lebenszeit monatlich 1 000 Mark (eintausend Mark) also jährlich 12 000 Mark.

Sie hat davon ihre Tochter Elfriede zu unterstützen.

c.) An meine Schwester Paula – Wien auf Lebenszeit monatlich 1 000 Mark (eintausend Mark) also jährlich 12 000 Mark.

d.) An meinen Stiefbruder Alois Hitler einen einmaligen Betrag von 60 000 Mark (sechzigtausend Mark).

e.) An meine Haushälterin Frau Winter, München auf Lebenszeit monatlich 150 Mark (einhundertfünfzig Mark).

f.) An meinen alten Julius Schaub den einmaligen Betrag von 10 000 Mark und auf Lebenszeit eine monatliche Rente von 500 Mark (fünfhundert Mark).

g.) Für meinen Diener Krause eine Rente von monatlich 100 Mark (einhundert Mark) auf Lebenszeit.

h.) Für die Diener Linge und Junge einmalig je 3 000 (dreitausend) Mark.

i) Für meine Verwandten in Spital Niederösterreich den einmaligen Betrag von 30 000 Mark (dreißigtausend) Mark, die Verteilung dieses Betrages bestimmt meine Schwester Paula Hitler in Wien.

4.) Die Einrichtung des Zimmers in meiner Münchener Wohnung, in dem einst meine Nichte Geli Raubal wohnte, ist meiner Schwester Angela zu übergeben.

5.) Meine Bücher und Briefschaften sind von Pg. [Parteigenosse] Julius Schaub zu sichten und so weit sie persönlich privater Art sind entweder zu vernichten oder meiner Schwester Paula zu übergeben. Pg. Julius Schaub hat darüber allein zu entscheiden.

6.) Meine sonstigen Wertsachen, mein Haus auf dem Obersalzberg, meine Möbel, Kunstwerte, Bilder, u.s.w. gehen in das Eigentum der Partei über. Sie sind vom Reichsschatzmeister zu verwalten. Soweit sich diese Gegenstände in meiner Berliner Wohnung in der Reichskanzlei befinden, sind sie von Pg. Schaub festzustellen.

7.) Der Reichsschatzmeister ist berechtigt kleinere Gegenstände als Andenken zur Erinnerung an ihren Bruder meinen beiden Schwestern Angela und Paula zu überlassen.

8.) Ich verordne, dass die Partei für meinen Adjutanten Brückner und für den Adjutanten Wiedemann auf Lebenszeit würdig sorgt. Ebenso für Herrn und Frau Kannenberg.

9.) Zum Vollstrecker dieses Testaments bestimme ich die Pg. Franz. H. Schwarz als den Reichsschatzmeister. Im Falle seines Ablebens oder seiner Verhinderung den Pg. Reichsleiter Martin Bormann.

Berlin, den 2. Mai 1938
Adolf Hitler«[150]

1. Januar 1940. Heinrich Himmler (2. v. l.), der seit dem 23. August 1934 den Titel
»Reichsführer SS« trägt, überreicht Adolf Hitler ein Gemälde, das im besetzten
Polen als Beutekunst beschlagnahmt wurde.

EIN BRANDSTIFTER
1938 bis 1939

»Was nun?«[1]
Adolf Hitlers Frage an Joachim von Ribbentrop
nach Erhalt der britischen Kriegserklärung

In der Nacht vom 9. zum 10. November 1938 brennen im jetzt Großdeutschen Reich die jüdischen Gotteshäuser. Mindestens 1 400 Synagogen oder Gebetshäuser werden in dieser Nacht in Deutschland und Österreich stark beschädigt oder zerstört. Vor allem SA- und SS-Angehörige zertrümmern Schaufenster jüdischer Geschäfte, demolieren die Wohnungen jüdischer Bürger und misshandeln ihre Bewohner. An den Aktionen beteiligen sich auch Mitglieder der Hitlerjugend und weiterer NS-Organisationen. 7 500 verwüstete Geschäfte und 91 Tote sind die offizielle Bilanz des Terrors. Tatsächlich sterben während und in unmittelbarer Folge der Ausschreitungen wohl mehr als 1 300 Menschen.

Die Pogromnacht ist kein spontaner Akt des »Volkszorns«. Die Nationalsozialisten nutzen gezielt den Anschlag auf den Legationssekretär an der deutschen Botschaft in Paris, Ernst vom Rath, am 7. November 1938 durch den erst siebzehnjährigen Herschel Grynszpan. Grynszpan will durch seine Tat auf die Abschiebung von 17 000 jüdischen Polen, die oft schon seit Jahrzehnten in Deutschland lebten – unter ihnen seine Familie –, nach Polen aufmerksam machen. Vom Rath stirbt an den Folgen des Attentats am 9. November 1939.

Seit einem Aufsatz in den *Vierteljahresheften für Zeitgeschichte*[2] des Instituts für Zeitgeschichte von 2008 ist belegt, dass Adolf Hitler wahrscheinlich der Anstifter für die Exzesse der Pogromnacht im November 1938 war. Die Historikerin Angela Hermann, Mitherausgeberin der Goebbels-Tagebücher, hat dessen Eintragungen vom 10. November 1938 analysiert. Zwar dürfen Goebbels' tägliche Notizen nicht als ein subjektiv ehrliches Tagebuch angesehen werden. Sie sind eher eine Materialsammlung, die Goebbels für künftige Artikel und Bücher benötigt und wohl auch als Quelle des eigenen Nachruhms angelegt. Angela Hermann stellt aber in ihrer Untersuchung fest, dass an der Authentizität und Verlässlichkeit von Goebbels' Einträgen dieses Tages nicht zu zweifeln ist.

In München findet anlässlich des 15. Jahrestages des Hitlerputsches am 9. November 1938 ein traditionelles Kameradentreffen mit dem jährlichen Gedenkmarsch zur Feldherrnhalle statt. Nach dem Marsch wird das Treffen ab 18.00 Uhr im Alten Rathaus der Stadt weitergeführt. Unter den 400 geladenen Gästen sind 39 ehemalige

Mitglieder des »Stoßtrupps Hitler«, die an diesem Spätnachmittag beim Rednerpult in Hitlers Nähe sitzen und ihre historischen Stoßtruppuniformen tragen. Der »Stoßtrupp Hitler«, wohl *die* Keimzelle der SS, existiert nach 1923 als Veteranenvereinigung weiter.

Goebbels berichtet Hitler am Rande der Veranstaltung von den Ausschreitungen der letzten Tage in Teilen des Reichs. Tatsächlich hat es schon am 7. und 8. November in Nordhessen und im Gau Magdeburg-Anhalt Gewaltexzesse gegen jüdische Bürger gegeben. »Ich gehe zum Parteiempfang im alten Rathaus. Riesenbetrieb. Ich trage dem Führer die Angelegenheit vor«, schreibt Goebbels am 10. November 1938. Und weiter: »Er bestimmt: Demonstrationen weiterlaufen lassen. Polizei zurückziehen. Die Juden sollen einmal den Volkszorn zu verspüren bekommen.«[3] Im Münchener Zentrum, in der Nähe des Alten Rathauses, kommt es etwa gegen 22.30 Uhr zur Zerstörung einiger jüdischer Geschäfte und der Synagoge Ohel Jakob. In Goebbels' Tagebuch heißt es: »Der Stoßtrupp Hitler geht gleich los, um in München aufzuräumen. Das geschieht auch gleich. Eine Synagoge wird in Klump geschlagen.«[4] Da die »alten Kämpfer« des »Stoßtrupps« Wert darauf legen, ausschließlich ihrem »Führer« zu folgen, sieht Angela Hermann die Rolle dieser gut drei Dutzend Veteranen in den folgenden Stunden als eindeutigen Beleg dafür, dass Hitler persönlich die Exzesse der »Kristallnacht« angeordnet hat.

Am 10. November um 1.20 Uhr schickt Reinhard Heydrich, Leiter des Reichssicherheitshauptamtes, aus München ein Fernschreiben an alle Polizeichefs und weist die Polizei an, die Vernichtung der Synagogen nicht zu beeinträchtigen. Es seien möglichst viele männliche Juden zu verhaften, insbesondere die wohlhabenden, so weit es die Aufnahmefähigkeit der Gefängnisse zulasse.[5]

SS und Gestapo organisieren in den nächsten Tagen die Verschleppung einer nicht exakt festgestellten Zahl jüdischer Männer und Jugendlicher – etwa 26 000 – in die Konzentrationslager Buchenwald, Dachau und Sachsenhausen. Etliche von ihnen kommen dort infolge von physischen und psychischen Schikanen um. Anderen wird der Verzicht auf ihr Eigentum abgezwungen. Die Masse der Inhaftierten kommt erst frei, nachdem sie sich bereit erklärt haben, mit ihren Familien auszuwandern. Obgleich sie von den NS-Behörden schikaniert werden, nur wenige Habseligkeiten retten können und die meisten Länder ihnen die Einreise erschweren, gelingt es bis zum Beginn des Zweiten Weltkriegs noch rund 120 000 deutschen und österreichischen Juden, ihre Heimat zu verlassen. Die Flucht erst zu diesem Zeitpunkt beweist, dass die Mehrheit der deutschen Juden die Bedrohung erst sehr spät erkennt. Bei Kriegsbeginn leben noch rund 160 000 Juden in Deutschland.

Die Tagebücher von Joseph Goebbels gehören zu den bedeutendsten Quellen der NS-Zeit und jeder Hitler-Biographie. Der Umgang mit ihnen ist unter Historikern umstritten. Joseph Goebbels' Tagebücher gelten vielen als doppelbödig; es heißt, sie seien halb subjektiv-authentisch, halb Eigenpropaganda. Dass Goebbels seine Niederschriften für die Öffentlichkeit verfasst hat, belegt allein der Verkauf der Rechte an seinen künftigen Tagebüchern an den NSDAP-eigenen Eher Verlag schon 1936 für 100 000 Mark, jährlich zu Lebzeiten zu zahlen. Die Bücher sollen zwanzig Jahre nach seinem Tod veröffentlicht werden. Wie Hitler ist Goebbels ein notorischer Lügner. Ist er in seinen Tagebüchern sich selbst gegenüber ehrlich oder schreibt er ein Heldenlied auf sich und seinen Führer für künftige Generationen?

Goebbels' Eintragungen zum Novemberpogrom 1938 und zum Mord an den Juden (Tagebuch, 27. März 1942: »Es wird dabei ein ziemlich barbarisches und nicht näher zu beschreibendes Verfahren angewandt, und von den Juden selbst bleibt nicht mehr viel übrig.«[6]) haben unbestreitbar auch als Quelle Wert. In seinen Tagebüchern berichtet Goebbels zwar auch über Persönliches, über seine Ehe, seine Liebschaften und Erziehungsmethoden, es vermittelt sich aber der Eindruck, dass es sich dabei um Beiwerk eines fähigen Dramatikers handelt, der damit die eigene politische Legendenbildung befördert.

Der Hauptteil der Goebbels-Tagebücher war bei Kriegsende in die Sowjetunion gelangt. 1972 schleusten Ost-Berliner Archivare lückenhafte Verfilmungen in den Westen, die nach langwierigen Rechtsstreitigkeiten als »Sämtliche Fragmente« von der Historikerin Elke Fröhlich für die Jahre 1924 bis 1941 in vier Bänden herausgegeben wurden. Nach der Epochenwende 1989/90 entdeckte die Herausgeberin im Jahr 1992 im heutigen russischen Zentrum für die Aufbewahrung historisch-dokumentarischer Sammlungen die Glasplatten, auf denen die Tagebücher bei Kriegsende mikrofichiert worden waren. Sie wurden mit Zustimmung der russischen Archivverwaltung vom Institut für Zeitgeschichte in Moskau reproduziert. In den nächsten Jahren brachte das IfZ unter Leitung von Elke Fröhlich die Goebbels-Tagebücher heraus.

Neben Joseph Goebbels hat nur ein weiterer hochrangiger NS-Funktionär Tagebücher hinterlassen: Alfred Rosenberg. Dank seiner deutschbaltischen Herkunft und russischen Sprachkenntnisse gilt er innerhalb der NSDAP als Russland- und Bolschewismus-Experte. Er macht sich auch einen Ruf als führender Parteiideologe. 1930 veröffentlicht er *Der Mythos des 20. Jahrhunderts*, das neben Adolf Hitlers *Mein Kampf* als zweites Schlüsselwerk des Nationalsozialismus gilt. Rosenberg steht bis 1941 eher in der zweiten Ebene der Parteihierarchie, sein »Außenpolitisches Amt der NSDAP« ganz im Schatten des Außenministeriums. Erst das Amt als »Reichsminister für die besetzten Ostgebiete« in der Sowjetunion macht ihn 1941 einflussreich. Er ist verantwortlich für viele Verbrechen im Osten Europas. Im Nürnberger Prozess wird er zum Tode verurteilt.

Die Tagebücher Alfred Rosenbergs galten seit 1946 als verschollen. Der Nürnberger US-Ankläger Robert Kempner hatte sie, ein Beweismittel der Nürnberger Prozesse, bis zu seinem Tode 1993 in Privatbesitz, ohne dass dies bekannt war; sie wurden im Jahr 2013 in Kempners Nachlass im United States Holocaust Museum gefunden. Seit 2015 liegen Rosenbergs *Tagebücher 1934 bis 1944* erstmals als Gesamtausgabe vor, herausgegeben von Frank Bajohr (Zentrum für Holocaust-Studien, München) und Jürgen Matthäus (US Holocaust Memorial Museum, Washington).

Rosenbergs nur unregelmäßig geführtes Tagebuch verdeutlicht dessen unbedingte Ergebenheit gegenüber Hitler und zugleich die erbitterte Konkurrenz innerhalb der Funktionselite um den »Führer«, insbesondere eine Feindschaft zwischen Rosenberg und Joseph Goebbels. Jede Gunstbezeugung Hitlers vermerkt Rosenberg dankbar und freut sich gleichzeitig zutiefst über jedes schlechte Wort Hitlers oder auch Himmlers über seine Rivalen. Und das Tagebuch zeigt, dass Rosenbergs Rolle bei der Vorbereitung und Umsetzung des Holocaust lange unterschätzt wurde.

Nicht wenige der Männer und Frauen aus der engeren privaten Umgebung Hitlers wie Heinrich Hoffmann, Ernst Hanfstaengl, Fritz Wiedemann, Gerhard Engel, Nicolaus von Below, Christa Schroeder, Traudl Junge und natürlich Albert Speer schreiben in den Jahrzehnten nach dem Krieg ihre Erinnerungen. Ihre Seriosität als Quelle ist von Aussage zu Aussage zu wägen und zu überprüfen. Sie geben aber ebenso wie die Bücher von Hitlers Leibdienern Karl Wilhelm Krause und Heinz Linge ein plastisches Bild von Hitlers Verhalten, liefern zitierfähige Aussagen und zeigen die Lebensumstände des »Führers« in Frieden und Krieg.

Albert Speers Erinnerungen, in denen er sich als schöngeistiger Nazi inszeniert, der von den Verbrechen des Regimes nichts gewusst haben will, werden ebenso wie seine *Spandauer Tagebücher* weltweit ein Verkaufserfolg; auch deshalb, weil sie theatralisch-dramaturgischen Stil haben, von Joachim Fest betreut und von Wolf Jobst Siedler lektoriert und verlegt werden. Speer beschreibt in seinem *Spandauer Tagebuch* seinen Gefängnisalltag, reflektiert aber auch seine Mitwirkung am Dritten Reich. Stilistisch gekonnt, leitet er sie mit den Worten ein: »Ich war sechsundzwanzig, als ich Hitler ... erstmals reden hörte; ich war dreißig, als er mir die Welt zu Füßen legte.«[7]

Kein Verkaufserfolg trotz Buchclubausgabe werden die Erinnerungen von Speers Mitgefangenem in Spandau, Baldur von Schirach, *Ich glaubte an Hitler*, die 1967 im Hamburger Mosaik-Verlag erscheinen. Schirach macht sich nicht Speers vor Gericht und in der Öffentlichkeit wirksame Entlastungsstrategie – »Ich hätte wissen können, wenn ich hätte wissen wollen, ich wusste aber nichts« – zu Eigen und bekennt sich auch nicht im raffinierten Stil Speers unwissend schuldig. Er sieht sich von Hitler verführt und verblendet. Von Schirach ist einer von fünf Gauleitern der NSDAP, die nach 1945 Erinnerungen herausbringen. Aus den Erinnerungen von Hermann Lauterbach, Rudolf Jordan und Karl Wahl wird zumindest das Selbstverständnis und auch die Verblendung der nationalsozialistischen Elite deutlich.

Zwei Erinnerungsbücher hat ein weiterer der Spandauer Häftlinge hinterlassen, Karl Dönitz. Er verfasst sie, anders als Speer, der heimlich in der Zelle Kassiber schreibt, nach der Entlassung. Nicht zu einer Freiheitsstrafe, sondern zum Tode verurteilt wurde Hans Frank, Hitlers höchster Jurist und später Generalgouverneur des besetzten Polen. Er hat im Nürnberger Justizgefängnis *Im Angesicht des Galgens. Deutung Hitlers und seiner Zeit auf Grund eigener Erlebnisse und Erkenntnisse* geschrieben, ebenso Wilhelm Keitel seine Lebenserinnerungen, die in Auszügen zum Teil 1961 posthum – auch Keitel wird in Nürnberg gehängt – und 1998 von Werner Maser herausgegeben als *Mein Leben – Pflichterfüllung bis zum Untergang* noch einmal erscheinen.

Otto Dietrich, Reichspressechef der NSDAP, ist schon drei Jahre tot, als 1955 seine Erinnerungen *12 Jahre mit Hitler* in einem kleinen Verlag veröffentlicht werden. Lebenserinnerungen verfassen auch Hitlers Architekt Hermann Giesler und der Bildhauer Arno Breker, die darin einige Episoden und Erlebnisse mit Hitler anschaulich wiedergeben. Als wissenschaftliche Quellen sind sie unergiebig. Sie erscheinen nicht in großen Publikumsverlagen, weil die Autoren sich nicht klar und deutlich vom Nationalsozialismus distanzieren. Sie werden in Verlagen publiziert, die ihr Publikum am rechten Rand der bundesrepublikanischen Gesellschaft finden.

Ein Erfolg werden die Erinnerungen von Hitlers jüngster Sekretärin. Traudl Junges erst im Jahr 2002 erscheinendes Buch *Bis zur letzten Stunde: Hitlers Sekretärin erzählt ihr Leben* hat aber erklärtermaßen eine Co-Autorin. Der Erfolg liegt auch darin begründet, dass André Heller und Othmar Schmiderer im gleichen Jahr zur Berlinale ihre neunzigminütige Interview-Dokumentation mit Traudl Junge *Im toten Winkel* herausbringen.

Keine Tagebuchnotiz, sondern das Protokoll einer Konferenz Hitlers am 5. November 1937 in der Berliner Reichskanzlei schreibt im November 1937 Oberst Friedrich Hoßbach, zu dieser Zeit Adjutant der Wehrmacht bei Adolf Hitler. Hoßbach notiert Stichworte und ihm besonders wichtig erscheinende Aussagen. Einige Tage später fertigt er eine Niederschrift an, in der er die Rede Hitlers vor Reichskriegsminister Generalfeldmarschall Werner von Blomberg und den Oberbefehlshabern von Heer, Marine und Luftwaffe, Generaloberst Werner von Fritsch, Generaladmiral Erich Raeder, Generaloberst Hermann Göring, ausführlich und die folgende Debatte summarisch festhält. Aus der Niederschrift werden die außenpolitischen Pläne Hitlers in ihrer grundsätzlichen Zielsetzung wie auch in den geplanten nächsten taktischen Schritten deutlich. Hoßbachs Gedächtnisprotokoll ist 1945 im Nürnberger Prozess Beweismittel. Wenn auch die Echtheit der im Prozess vorgelegten Kopie umstritten ist, sagen doch die in Nürnberg befragten Zeugen aus, der Text gebe Hitlers Pläne in Bezug auf Österreich und die Tschechoslowakei in den Grundzügen richtig wieder.

Adolf Hitler strebt mit seiner Außenpolitik eine deutsche Vormachtstellung in Europa an und will das Deutsche Reich als Weltmacht etablieren. Während er öffentlich den Frieden propagiert, soll Deutschland gezielt für einen geplanten Krieg aufgerüstet und wirtschaftlich autark gemacht werden. Frühe außenpolitische Erfolge stärken das nationale Selbstbewusstsein der Deutschen und steigern Hitlers Popularität. Bereits am 3. Februar 1933 hatte der gerade eingesetzte Reichskanzler in einer Geheimrede vor den ranghöchsten Offizieren der Reichswehr die Forderung erhoben, das Deutsche Reich müsse neuen »Lebensraum im Osten« erobern und diesen »rücksichtslos germanisieren«. Seit diesem Zeitpunkt kennen die Spitzen der Reichswehr Hitlers Ziele. Um sie umzusetzen, haben eine schnelle Aufrüstung und die Wiedererlangung der militärischen Stärke Deutschlands für Hitler höchste Priorität.[8] Dafür geht er überraschende außenpolitische Bündnisse ein.

Im Mai 1933 beginnt Hitler aus taktischen und nicht zuletzt aus wirtschaftspolitischen Gründen eine Annäherung an Polen, in den 1920er- und frühen 1930er-Jahren *der* Gegner jeder deutschen Ostpolitik. Der deutsch-polnische Nichtangriffspakt vom 26. Januar 1934 markiert einen radikalen Bruch mit der seit 1919 gegen Polen gerichteten deutschen Revisionspolitik. Er wird in der deutschen Öffentlichkeit mit Staunen zur Kenntnis genommen. Die auf dem Vertrag beruhende Entspannungspolitik belebt die deutsch-polnischen Wirtschafts- und Kulturkontakte merklich.

Nur wenige Wochen nach einem deutsch-italienischen Eingreifen in den Spanischen Bürgerkrieg auf Seiten der putschenden Einheiten unter General Franco spricht Benito Mussolini am 1. November 1936 in Mailand zum ersten Mal von einer »Achse Berlin – Rom«. Italien hat sich zu dieser Zeit durch seine Annexion Abessiniens international isoliert, will aber weiterhin in Nordafrika und auf dem Balkan eine aggressive Außenpolitik führen. Für die hofft es auf deutsche Unterstützung. Hitler strebt schon lange eine engere Verbindung mit dem faschistischen Italien an. Die »Achse Berlin – Rom« meint bis 1939 eine gradlinige Annäherung beider Staaten hinsichtlich einer antikommunistischen Politik sowie die Unterstützung der jeweiligen Expansionsinteressen. In der Frage der Zugehörigkeit Österreichs zum Reich gibt Mussolini Hitlers Ambitionen als Folge dieser Annäherung nach.

Das Deutsche Reich und das Kaiserreich Japan verbindet in den 1930er-Jahren eine antikommunistische Grundeinstellung. Auf japanische Initiative hin schließen die beiden Länder am 25. November 1936 den auf fünf Jahre befristeten Antikominternpakt. In ihm vereinbaren die beiden Staaten die Bekämpfung der 1919 gegründeten Kommunistischen Internationale (Komintern) und gegenseitige Informationen und Konsultationen. In einem geheimen Zusatzprotokoll verpflichten sie sich zu Neutralität im Fall eines nicht provozierten Angriffs der Sowjetunion und versichern, keine Verträge mit der Sowjetunion abzuschließen, die dem antikommunistischen Geist des Abkommens zuwiderlaufen. Ohne Kenntnis des geheimen Zusatzprotokolls treten dem Abkommen bis 1941 nach und nach Italien, der japanische Satellitenstaat Mandschukuo, Ungarn, Spanien, Bulgarien, Kroatien, 1940 das besetzte Dänemark, Finnland, das von Japan eroberte »Nanking-China«, Rumänien und die Slowakei bei.

Die immer stärkere Annäherung von Deutschland und Italien findet im »Stahlpakt« vom 22. Mai 1939 ihren sichtbarsten Ausdruck. Der Pakt sieht eine enge militärische Zusammenarbeit und gegenseitige Unterstützung im Fall eines Angriffskriegs vor. Er ist für Hitler eine der Grundlagen für seine Planungen des deutschen Überfalls auf Polen wenige Monate später.

Bereits im August 1936 hat Hitler in einer geheimen Denkschrift zum Vierjahresplan erklärt, die Wehrmacht müsse in »vier Jahren einsatzfähig, die deutsche Wirtschaft in vier Jahren kriegsfähig sein«[9]. Am 5. November 1937 eröffnet er in der von Friedrich Hoßbach protokollierten Konferenz, der deutsche Lebensraum würde »inmitten von Europa« liegen und mit dem Anschluss Österreichs und der »Tschechei« an das Reich für Generationen gesichert sein. Dies wolle er bis Mitte der 1940er-Jahre notfalls mit Gewalt sicherstellen. Größeren Kriegsplänen oder der Eroberung von »Lebensraum im Osten« erteilt er noch eine Absage. Man müsse vielleicht aber mit einem Angriff Polens rechnen, was er aber nicht hoffe.[10]

In Hitler Plänen sehen vor allem Reichskriegsminister von Blomberg und der Oberbefehlshaber des Heeres, Generaloberst von Fritsch, ein großes Risiko. Sie halten den von Hitler befohlenen Aufbau der Wehrmacht zu einer modernen und schlagkräftigen Armee innerhalb von nur wenigen Jahren für nicht realisierbar und bringen immer wieder Einwände vor.

Um die Vorbereitungen für den beabsichtigten Krieg ungehindert voranbringen zu können, ist Hitler an der Entmachtung der ihn hemmenden Wehrmachtsführung gelegen. Die Gelegenheit dafür bietet sich ihm zu Jahresbeginn 1938. Im Januar heiratet der sechzigjährige verwitwete Werner von Blomberg die dreiundzwanzigjährige Margarethe Gruhn. Himmlers und Heydrichs Polizei bleibt die Vergangenheit der Braut als Prostituierte und Aktmodell nicht verborgen. Da von Blomberg durch die Heirat den von ihm selbst verschärften Sittenkodex für Wehrmachtsangehörige bewusst missachtet, muss er nach Bekanntwerden des Lebenslaufs seiner Frau als Reichskriegsminister zurücktreten. Die NS-Führung nutzt die Affäre, um am 4. Februar 1938 neben von Blomberg auch ihren Kritiker Werner von Fritsch aus der Wehrmacht zu entlassen. In einer von Hermann Göring und Heinrich Himmler geführten Intrigenkampagne wird von Fritsch fälschlicherweise der Homosexualität beschuldigt und zunächst vom Dienst suspendiert. Ein Militärgericht spricht von Fritsch aber im März 1938 von allen Vorwürfen frei. In sein Amt zurück kehrt er nicht.

Hitler nutzt die Affären um Blomberg und Fritsch dazu, das Kriegsministerium gänzlich abzuschaffen. An dessen Stelle tritt das ihm direkt unterstellte Oberkommando der Wehrmacht (OKW) unter Leitung von Generaloberst Wilhelm Keitel, das die geforderten Kriegsvorbereitungen widerspruchslos umsetzt. Hitler ersetzt im Rahmen der »Blomberg-Fritsch-Krise« auch Außenminister Konstantin Freiherr von Neurath durch den vormaligen Londoner Botschafter Joachim von Ribbentrop.

Mit einer Politik, deren erster Schritt der Anschluss Österreichs an das Deutsche Reich ist, erzeugt Hitler ab dem Frühjahr 1938 außenpolitische Spannungen. In den Randgebieten der Tschechoslowakei zum Deutschen Reich und zur Republik Österreich leben circa 3,5 Millionen Deutschsprachige. Die »Deutsche Sozialdemokratische Arbeiterpartei in der Tschechoslowakischen Republik« ist lange die wichtigste deutsche Partei im Land, von 1929 bis 1938 ist sie an allen tschechoslowakischen Regierungen beteiligt.

Im Jahr 1931 hat der Turnlehrer Konrad Henlein die »Sudetendeutsche Heimatfront« (SHF) gegründet. 1935 erfolgt die Umbenennung der SHF in Sudetendeutsche Partei (SdP). Bei den Parlamentswahlen am 19. Mai 1935 erzielt die SdP, der viele Nationalsozialisten angehören, einen großen Erfolg und wird mit 44 Mandaten zweitstärkste Partei in der Tschechoslowakei. Sie vertritt etwa zwei Drittel der deutschen Bevölkerung. Konrad Henlein trifft am 28. März 1938 heimlich mit Hitler zusammen. Hitler selbst legt dabei eine Strategie zur Herbeiführung einer Krise fest: Die Partei Henleins solle stets etwas mehr fordern, als die Regierung in Prag gewähren könne.

Propagandaminister Joseph Goebbels initiiert eine »Heim ins Reich«-Kampagne, die unter Hinweis auf das Selbstbestimmungsrecht der Völker auch den Anschluss des mehrheitlich von Deutschsprachigen besiedelten »Sudetenlandes« an das Deutsche Reich erreichen will. Gewalt und Provokationen des »Sudetendeutschen Freikorps« verschärfen die politische Krise in der Tschechoslowakei. Hitler droht mit dem Einmarsch der Wehrmacht. Es kommt im September 1938 zur »Sudetenkrise«.

Nach Monaten der von Hitler provozierten Kriegsgefahr schließen am 30. September 1938 Großbritannien, Frankreich, Italien und das Deutsche Reich das Münchener Abkommen, in dem die Abtretung des Sudetengebietes durch die Tschechoslowakei an Deutschland festgelegt wird. Hitler setzt sich vor allem dank seiner Beteuerungen durch, dies sei seine letzte territoriale Forderung. Vor allem die Regierung Großbritanniens glaubt, durch das Abkommen den Frieden in Europa gesichert zu haben. Der neue Grenzverlauf zwischen dem Deutschen Reich und der Tschechoslowakei wird am 7. Oktober durch einen Internationalen Ausschuss gegen die Stimme des tschechoslowakischen Vertreters bestimmt. Ein Gebiet mit 690 000 tschechischen Einwohnern, auch mit rein tschechischen Ortschaften, wird dem Deutschen Reich eingegliedert. Das abzutretende Gebiet umfasst circa 22 500 Quadratkilometer. Bereits am 1. Oktober beginnt der Einmarsch von Wehrmachtseinheiten in die erste der fünf festgesetzten Zonen. Am 10. Oktober ist die Besetzung der letzten Zone beendet. Der Annexion folgt die Schaffung des »Reichsgaus Sudetenland« mit dem Reichskommissar Konrad Henlein.

Das Münchener Abkommen, in dem alle einen Triumph Hitlers sehen, empfindet dieser selbst als Niederlage. Er hätte sich lieber mit Gewalt genommen, was er mit dem Abkommen friedlich bekommt. Die breite Friedenssehnsucht auch unter den Deutschen irritiert ihn. Bei einer Rede in Saarbrücken am 9. Oktober 1938 setzt Hitler seine Strategie der Drohungen und Werbungen fort. Vorbereitungen zur Entfesselung eines bewaffneten Konfliktes, den er sich beim nächsten Mal nicht nehmen lassen will, beginnen bereits zur Jahreswende von 1938 auf 1939.

Am 13. Februar 1939 teilt Hitler einigen wenigen Vertrauten mit, er beabsichtige, Mitte März gegen die Tschechen aktiv zu werden. Die deutsche Propaganda wird darauf eingestimmt. Mit dem Einmarsch deutscher Truppen in Prag am 15. März 1939 erfolgt die »Zerschlagung der Rest-Tschechei«. Der einrückenden Wehrmacht folgen Hitlers SS und Heydrichs Geheimpolizei. Böhmen und Mähren werden deutsches »Reichsprotektorat«, die nun völkerrechtlich souveräne Slowakei ein deutscher Satellitenstaat. Nach späteren Schätzungen fallen der Wehrmacht mit der Besetzung der Rest-Tschechei genug Waffen in die Hände, um zwanzig deutsche Divisionen auszurüsten.[11] Am 23. März 1939 marschieren Wehrmachtseinheiten auch im Memelgebiet ein. Durch einen unter Druck erfolgten Rückgabevertrag mit Litauen wird das Gebiet im Norden Ostpreußens wieder Bestandteil des Deutschen Reiches.[12]

Hitlers Bruch des Münchener Abkommens zeigt den Westmächten, dass ihm nicht zu trauen ist. Sie stellen ihre Diplomatie um und garantieren die Unabhängigkeit des polnischen Staates. 16 Tage nach Hitlers Einzug in Prag verkündet der britische Premierminister im Unterhaus das Ende ihrer Appeasement-Politik und gibt eine Garantie- und Beistandsverpflichtung für die Republik Polen ab. Großbritannien führt am 26. April die allgemeine Wehrpflicht ein. Die englische und französische Garantieerklärung für Polen nimmt Hitler am 28. April 1939 zum Anlass, sowohl das deutsch-britische Flottenabkommen als auch den deutsch-polnischen Nichtangriffspakt einseitig zu kündigen. Unverzüglich setzt eine polenfeindliche Propaganda ein. Hitler aber zielt darauf, auch Polen zu einem deutschen Satellitenstaat zu machen, die »Freie Stadt Danzig« dem Reich anzugliedern und durch den sogenannten »Polnischen Korridor«, der Ostpreußen vom Reich trennt, eine exterritoriale Autobahnverbindung zu erhalten.

Artikel 104 des Versailler Vertrags hatte Danzig zur »Freien Stadt« mit eigener, autonomer Verwaltung unter der Regie eines vom Völkerbund ernannten Hochkommissars bestimmt. Zur »Freien Stadt« gehören neben der Stadt Danzig fünf Landkreise, die »Freie Stadt Danzig« hat damit etwa 388 000 Einwohner. Die Leitung der auswärtigen Angelegenheiten Danzigs obliegt nach dem Vertrag der polnischen Regierung. Nach Artikel 104 gehört Danzig von 1920 an außerdem zu Polens Zollgebiet. Die Danziger Wasserstraßen und der gesamte Hafen stehen den Polen ohne Einschränkung zur Benutzung zur Verfügung. Polen überwacht den Eisenbahn- und Wasserstraßenverkehr in Danzig und Umgebung. Die Post und Telefonverbindungen von Polen in den Hafen – allerdings nur diese – werden polnischen Behörden übertragen.

Mit den Wahlen im Mai 1933, bei denen die NSDAP 50,1 Prozent der Stimmen erringt, regieren in der Freien Stadt Danzig Nationalsozialisten, die auch den Regierungschef stellen. Die Danziger NSDAP ist eine Untergliederung der NSDAP, ihr Gauleiter Albert Forster, ein gebürtiger Franke, seit 1930 Mitglied des Reichstages. Bei den Volkstagswahlen 1935 kann die NSDAP ihre absolute Mehrheit ausbauen, nachdem die anderen Parteien wie die Sozialdemokraten, das Zentrum und die

Deutschnationalen im Wahlkampf eingeschüchtert und benachteiligt worden waren und es auch zu – später gerichtlich festgestellten – Wahlfälschungen kommt. Von etwa 10 500 jüdischen Danzigern verlassen 5 000 die »Freie Stadt« in den nächsten Monaten. Auch in Danzig kommt es zu einer Pogromnacht und zu Massenverhaftungen. 1 500 Juden fliehen in den Folgetagen über die Grenze nach Polen. Am 20. November 1938 werden auch in der Freien Stadt Danzig die »Nürnberger Rassengesetze« eingeführt.

Am 23. Mai 1939 erklärt Hitler vor den Oberbefehlshabern der Wehrmacht, Polen militärisch niederwerfen zu wollen. Ende Juli 1939 legen Außenminister Ribbentrop und Staatssekretär von Weizsäcker mit Zustimmung Hitlers die Grundlagen für eine Vereinbarung mit der Sowjetunion fest, die in einem geheimen Zusatzprotokoll schon die Teilung Polens und der baltischen Staaten regelt.

Der sogenannte Hitler-Stalin-Pakt, ein Nichtangriffsvertrag, vom 23. August 1939 ermöglicht es beiden Staaten, einen Krieg gegen Polen zu führen, ohne die jeweiligen Interessensphären des Vertragspartners zu tangieren. An Hitlers eigentlichem außenpolitischem Ziel, der Gewinnung von »Lebensraum« im Osten, ändert das rein taktische Bündnis mit der Sowjetunion nichts. Hitler hat es jetzt eilig: Im Herbstregen glaubt er im rückständigen Polen keinen motorisierten Krieg führen zu können. Für das Königreich Italien, mit dem Deutschen Reich im »Stahlpakt« eng verbündet, stellt der Duce Benito Mussolini in einem Brief an Hitler fest, sein Land sei »nicht kriegsfähig«. Am Abend des 25. August 1939 kündigt Mussolini den erst drei Monate zuvor geschlossenen Pakt. Italien sei nicht in der Lage, das Reich wirksam militärisch zu unterstützen, lässt er Hitler mitteilen.[13]

Am 1. September 1939 beginnt Hitler mit dem Überfall auf Polen den Zweiten Weltkrieg. Er nimmt den Kriegseintritt der Weltmächte in Kauf, da er sich nahezu unfehlbar wähnt. Wie er dem rumänischen Außenminister Gafencu bei dessen Berlin-Besuch sagt, will er einen Krieg lieber im Alter von fünfzig als von fünfundfünfzig oder sechzig Jahren beginnen. Zudem hat die Wehrmacht 1938 und 1939 einen Rüstungsvorsprung vor Briten und Franzosen, der aber in wenigen Jahren verspielt sein wird. Ian Kershaw diagnostiziert im zweiten Band seiner Hitler-Biographie: »Nachdem sich ein außerordentlicher Triumph nach dem anderen ereignet hatte, war sein Selbstvertrauen zu ausgewachsenem Größenwahn geworden. Selbst vor seinen privaten Gästen auf dem Berghof verglich er sich häufig mit Napoleon, Bismarck und anderen großen historischen Gestalten.«[14]

Die Deutschen folgen Adolf Hitler in den ungewollten Krieg. Ihre Motive sind unterschiedlich, sie reichen von der »Liebe« zum Führer über eine weniger emphatische »Treue«, den in Generationen gelebten Reflex von Befehl und Gehorsam bis hin zur Furcht vor dem Terror des Repressionsapparats aus Gestapo, gleichgeschalteter Justiz, Standgericht und KZ-Haft. Diese Gefühle und Ängste sind stärker als die Furcht vor dem Krieg.

Ansichten und Berichte

»Ob es wohl je so etwas wie dieses Dritte Reich gegeben hat? Von den Erscheinungen, die ich in meinem Leben persönlich kennengelernt habe, ist diejeni-
ge, die ihm am nächsten kommt, der Islam, die mohammedanische Welt und
Weltanschauung. Das Wort Islam bedeutet Hingabe, es ist wohl dasselbe wie
das, was das Dritte Reich mit seinem Handaufheben zum Ausdruck bringt: Dein
im Leben und im Tod. Von diesen beiden ist der Islam das höhere Ideal, weil es
edler ist, Gott zu dienen als einem Vaterland oder einer Rasse.«[15]
Karen »Tania« Blixen, Jahrgang 1885, dänische Schriftstellerin,
BETRACHTUNGEN

»So wie seine volksnahe Erscheinung dazu beiträgt, ihn populär zu machen,
hat ihm auch die Einfachheit seiner Lebensführung und seiner Ansprüche im
deutschen Volk Sympathie erworben; zusammen mit dem Ansehen, das ihm die
Bewältigung großer Aufgaben verschaffte, hat sie sich nach und nach zu einer
andächtigen Ergebenheit gesteigert. Es ist ihm gelungen, sein Volk durch ein
mystisches Band an sich zu fesseln, das nicht einmal abhängig ist von der Nationalsozialistischen Partei, die ihm zur Macht verholfen hat. Ich habe oft Gelegenheit, dies während meines Aufenthalts in Berlin festzustellen, und zwar in allen
Gesellschaftskreisen.«[17]
Robert Coulondre, Jahrgang 1885, französischer Botschafter in Berlin 1938 und 1939,
ERINNERUNGEN

»Aber er genoss die Gabe rednerischer Eindringlichkeit, und die Leute schienen
das, was er sagte, gutzuheißen ... Um sich von seiner Größe zu überzeugen,
hatte man sich seiner Taten zu erinnern und aus Tatsachen Schlüsse zu ziehen.
An den Tatsachen selbst war nicht zu zweifeln. Er hatte Deutschland seine Selbst-
achtung wiedergegeben und aus dem Chaos und Elend, die eine Folge seiner
Niederlage von 1918 waren, Ordnung geschaffen.«[18]
Nevile Henderson, Jahrgang 1882, Britischer Botschafter in Deutschland 1937 bis 1939,
FEHLSCHLAG EINER MISSION

»Die Zeitungen und im Kino die Wochenschauen barsten von den Nachrichten, im Radio wurden Hitlers Hetzreden gegen die Juden übertragen. Juden aus
Deutschland flohen über die Grenze, viele von ihnen zu uns in die Tschechoslowakei, und versuchten, von da weiter zu fliehen. Sie informierten uns über das
Geschehen in Deutschland, doch lebten viele von uns tschechischen Juden in
dem Glauben, dass sich das alles in Deutschland abspiele und es uns in der Tschechoslowakei ja nicht betreffen werde.«[19]
Ruth Elias, Jahrgang 1922, Tschechin jüdischen Glaubens, Schülerin, MEIN WEG

»Am 19. Dezember verließen wir Berlin und fuhren nach Hamburg. Dort bestiegen wir die ›Manhattan‹, ein amerikanisches Schiff. Als wir uns auf dem Schiff umsahen, stellten wir fest, dass mehr als die Hälfte der Passagiere zweiter Klasse Deutsche waren, die hofften, sich in den Vereinigten Staaten ansiedeln zu können. Etwa die Hälfte von ihnen waren Juden.«[20]

William Edward Dodd, Jahrgang 1869, Botschafter der Vereinigten Staaten in Berlin 1933 bis 1937, TAGEBUCH, 20. SEPTEMBER 1938

»Die Geschichte der sudetendeutschen Freiheitsbewegung ist auf das Engste mit dem Nationalsozialismus Adolf Hitlers verknüpft. Wenngleich wir aus staatlichen und außenpolitischen Gründen niemals eine organisatorische Gemeinschaft mit den Nationalsozialisten im Reiche haben durften, so konnten doch keine künstlichen Zollschranken es verhindern, dass der Geist Adolf Hitlers immer größere Massen der Sudetendeutschen an sich zog. Die Hakenkreuzfahnen flatterten auf den Straßen der sudetendeutschen Bezirke und Städte, die marschierenden Kolonnen einer gläubigen und bis zum Tode verschworenen deutschen Jugend brachen den marxistischen Terror und überall erklang ihre Parole: ›Sudetendeutsche erwachet!‹, bis sich selbst in den rötesten marxistischen Hochburgen zahllose Männer und Frauen die Hände zum Kampf auf Gedeih und Verderb gereicht hatten.«[22]

Hans Krebs, Jahrgang 1888, NSDAP-Reichshauptstellenleiter, ehemaliger Abgeordneter der Deutschen Nationalsozialistischen Arbeiterpartei der Tschechoslowakei, SUDETENDEUTSCHLAND MARSCHIERT

»An Sonntagen unternahmen wir oft Spaziergänge in die Umgebung. Troppau lag knapp an der deutschen Grenze, und unser Weg führte uns öfter dorthin. Ob dies von unseren Erzieherinnen beabsichtigt war, liegt mir fern zu beurteilen. Aber immer, wenn wir an die deutsche Grenze kamen, lösten sich einige Zöglinge von der Gruppe, liefen über die Grenze, knieten sich auf den Boden und küssten die ›deutsche Erde‹. Zuerst verstand ich diese Handlung nicht, doch später erfuhr ich, dass dies Kinder von Volksdeutschen waren, welche zur Liebe zu Deutschland und zum Hass gegenüber der Tschechoslowakei, in welcher sie lebten, erzogen wurden.«[23]

Ruth Elias, Tschechin jüdischen Glaubens, Schülerin, MEIN WEG

»Bis zum Jahre 1936 durfte der Name des Führers in keiner Versammlung öffentlich genannt werden. Aber der Geist des Nationalsozialismus in allen Versammlungen der Bewegung Konrad Henleins lebte, das empfand jeder, der einmal selbst dabei gewesen ist.«[24]

Franz Höller› Jahrgang 1909, ab 1938 Gaupropagandaleiter des NSDAP-Gaus Sudetenland, VON DER SDP ZUR NSDAP

»Abends hörten wir den Abschluss des Parteitags [in Nürnberg] ... Adolf Hitler richtete den Appell an Benesch: Wenn die Sudetendeutschen nicht geschützt werden, wissen wir, was wir zu tun haben! ... Ein Wort, das viel zu denken gibt. Bewahre uns Gott den Frieden.«[25]
Henriette Schneider, Jahrgang 1872, Lyck, Ostpreußen

»Im Radio wird just in diesem Augenblick Hitlers Rede aus Nürnberg übertragen. Mein Radiogerät ist kaputt, aber von der Etage unter mir oder vielleicht von der gegenüberliegenden Straßenseite erreichen mich ab und zu Bruchstücke der Rede. Was er sagt, kann ich nicht hören, doch ich erkenne Hitlers kehlige Stimme nur zu gut. Vor allem hört man auch die Hurrarufe, die ihn ständig unterbrechen, eigentlich keine Hurrarufe, eher ein völlig irrsinniges Gebrüll.«[26]
Mihail Sebastian (eigentlich Iosif Hechter), Jahrgang 1907, jüdisch-rumänischer Journalist und Schriftsteller, Bukarest

»Dieses Elend der Sudetendeutschen ist ein namenloses. Man will sie vernichten. Menschlich werden sie in unerträglicher Weise unterdrückt und entwürdigend behandelt ... (W)enn man die 3,5 Millionen Deutschen wegen jeder nationalen Lebensäußerung wie das hilflose Wild jagt und hetzt – dann mag dies den würdigen Vertretern unserer Demokratien vielleicht gleichgültig ... sein ... Ich kann aber den Vertretern dieser Demokratien nur sagen, dass uns dies nicht gleichgültig ist ... Ich bin keineswegs gewillt, hier mitten im Herzen Deutschlands durch die Tüchtigkeit anderer Staatsmänner ein zweites Palästina entstehen zu lassen. Die armen Araber sind wehrlos und vielleicht verlassen. Die Deutschen in der Tschecho-Slowakei sind weder wehrlos, noch sind sie verlassen.«[27]
Adolf Hitler, Rede auf dem Nürnberger Parteitag, 12. September 1938

»Mein 66. Geburtstag ... Politisch sieht es trübe aus. Weiter werden Sudetendeutsche erschossen, Flüchtlinge kommen über die Grenze ... Beim Führer ist heute Englands Premierminister Chamberlain.«
Henriette Schneider, Lyck, Ostpreußen

»September 1938, das war der günstigste Augenblick, wo ein Angriff für uns das geringste Risiko bedeutete. Dazu der Vorteil, eine weltweite Ausdehnung des Krieges auszuschließen. Wir hätten also die sich so oder so anbietende bewaffnete Auseinandersetzung erzwingen sollen, ohne Rücksicht darauf, oder gerade weil die Gegner bereit waren, bis zum letzten i-Tüpfelchen nachzugeben.«[28]
Adolf Hitler, Niederschrift eines Tischgesprächs von Martin Bormann, Reichskanzlei, 21. Februar 1945

»Jede Stunde kann der Krieg ausbrechen. Die Tschechoslowakei hat gestern die Mobilmachung ausgerufen. Frankreich scheint das Gleiche getan zu haben, ohne ausdrücklich den Begriff ›Allgemeine Mobilmachung‹ zu benützen. Heute Nacht stand der Krieg unmittelbar bevor. In der Stadt war gegen drei Uhr nachts Panikstimmung zu spüren. Vielleicht nicht einmal Panik, eher eine Art abgekämpfte Blässe von Menschen, die sich ihrem Schicksal ergeben.«[29]

Mihail Sebastian, jüdisch-rumänischer Journalist und Schriftsteller, Bukarest

»Bei unserer Bevölkerung hatte der britische Premier einen sehr guten Eindruck hinterlassen. Leider aber war er nicht der richtige Mann für Hitler gewesen. Er war nämlich viel zu gütig und anständig. Als Verhandlungspartner für Hitler hätte man einen anderen Typus suchen müssen: eine Bulldogge wie Churchill oder noch besser einen scharfen Kolonialgeneral. Ein solcher … hätte mehr imponiert als der gütige Onkel Chamberlain mit seinem Regenschirm, der einem Mann wie Hitler einfach nicht verständlich machen konnte, dass die ganze Macht eines Empires hinter ihm stand. Auch die gewählte Ausdrucksweise der Engländer mit ihren typischen Understatements war nicht jene Sprache, die ein Hitler verstand. Höflichkeit und schonende Formulierungen waren für ihn Schwächezeichen, und die Beamten, Sir Horace Wilson, Strang und andere, die mit Chamberlain erschienen waren, machten am Obersalzberg den Eindruck einer Schar ›bürokratischer Nussknacker‹.«[30]

Reinhard Spitzy, Jahrgang 1912, persönlicher Referent des Reichsaußenministers Joachim von Ribbentrop, BEKENNTNISSE

»Allein, ebenso will ich nun vor dem deutschen Volk erklären, dass in Bezug auf das sudetendeutsche Problem meine Geduld jetzt zu Ende ist! Ich habe Herrn Benesch ein Angebot gemacht, das nichts anderes ist als die Realisierung dessen, was er selbst schon zugesichert hat.

Er hat jetzt die Entscheidung in seiner Hand! Frieden oder Krieg! Er wird entweder dieses Angebot akzeptieren und den Deutschen jetzt endlich die Freiheit geben, oder wir werden diese Freiheit uns selbst holen! … Wir sind entschlossen! Herr Benesch mag jetzt wählen!«[31]

Adolf Hitler, Rede im Berliner Sportpalast, 26. September 1938

»Gestern Abend sprach Hitler zum deutschen Volk. Wenn Benesch seine Forderungen nicht annimmt, ziehen wir am 1. Oktober ein! Das ist Krieg!«

Henriette Schneider, Lyck, Ostpreußen

»Aber es gab auch andere Töne in dieser Rede. Hitler fand freundliche und anerkennende Worte für Chamberlain und sprach den später noch oft zitierten, be-

Adolf Hitler 1935 bei einer Ortsgruppenfeier der NSDAP in Rosenheim.

deutsamen Satz: ›Ich habe Herrn Chamberlain versichert, dass ich in dem Augenblick ..., in dem die Tschechen sich mit ihren Minderheiten auseinandergesetzt haben ..., am tschechischen Staat nicht mehr interessiert bin. Und das wird ihm garantiert! Wir wollen gar keine Tschechen!‹«[32]

Paul Otto Schmidt, Jahrgang 1899, Chefdolmetscher des Auswärtigen Amtes,
ERLEBNISSE

TAGEBUCH, 28. SEPTEMBER 1938
»Roosevelt sandte ein Telegramm an den Führer, er möchte den Krieg vermeiden ... Morgen in München eine Zusammenkunft von Hitler, Daladier, Chamberlain und Mussolini.«

Henriette Schneider, Lyck, Ostpreußen

»Trotz der Härte und Rücksichtslosigkeit, die ich in seinem Gesicht zu entdecken glaubte, gewann ich den Eindruck, es hier mit einem Mann zu tun zu haben, auf dessen Wort man sich verlassen kann.«[33]

Neville Chamberlain, Jahrgang 1869, britischer Premierminister,
Brief an seine Schwester Ida Chamberlain vom 19. September 1938

»Es war schmerzvoll zu sehen, wie gerade die höchste Tugend der Engländer, ihre Loyalität, ihr ehrlicher Wille, ohne Gegenbeweis jedem zunächst Glauben zu schenken, von einer musterhaft inszenierten Propaganda missbraucht wurde. Immer wurde von Neuem vorgegaukelt, Hitler wolle doch nur die Deutschen der Randgebiete an sich ziehen, dann sei er zufrieden und werde als Dank dafür den Bolschewismus ausrotten; dieser Köder wirkte vortrefflich. Hitler brauchte nur einmal das Wort ›Frieden‹ auszusprechen in einer Rede, und leidenschaftlich jubelnd vergaßen die Zeitungen alles Begangene und fragten nicht weiter, wozu eigentlich Deutschland so tollwütig rüste.«[34]

Stefan Zweig, Jahrgang 1881, österreichischer Schriftsteller, Exilant in London,
DIE WELT VON GESTERN

SUDETENDEUTSCHES TAGEBUCH, 30. SEPTEMBER 1938

»Wir sitzen abends, wie immer, in der kleinen Gaststube mit unseren Soldaten und den Bauern zusammen um den Rundfunk. Draußen ist eine herrliche Sternennacht. Wir singen Landsknechtslieder.

Da kommt durch den Rundfunk die Nachricht von dem Zusammentreffen der vier Staatsmänner in München … Wir sehen uns stumm an, einer meint, dass das der Friede sei, und wir, die wir schon ganz in unserem Denken und Handeln auf das Äußerste, den Krieg, eingestellt sind, die wir die Furcht vor seinen Schrecken längst hinter uns gelassen haben und uns mit dem Unabwendbaren ganz abfanden, uns kommt das Wort Friede wie ein fremdes, unbekanntes Wort vor, und wir brauchen lange, um es auszusprechen und auf seinen Sinn wieder zu hoffen.«[35]

Benno von Arent, Jahrgang 1898, Architekt und Reichsbühnenbildner,
Offizier der Reserve

TAGEBUCH, 30. SEPTEMBER 1938

»Die Verhandlungen in München sind zum glücklichen Abschluss gekommen. Die Tschechen müssen das Sudetenland morgen räumen, die deutschen Truppen dürfen einziehen und das Land besetzen … Hitler und Chamberlain sind überein gekommen, dass es zwischen Deutschland und England nie zum Krieg kommen soll! … Morgen zieht Hitler, unser Friedensfürst, in Berlin ein.«

Henriette Schneider, Lyck, Ostpreußen

TAGEBUCH, 1. OKTOBER 1938

»Hitler hat wie immer schnell gearbeitet. Bereits gestern wurde ein ›Erlass des Führers und Reichskanzlers über die Verwaltung der sudetendeutschen Gebiete‹ veröffentlicht. Ein Reichskommissar‹ wurde ernannt. Wer er ist, braucht man nicht dreimal zu raten: der liebe Turnlehrer Henlein. Ab gestern gilt in den eroberten Gebieten Reichsrecht. So werden auch Himmlers Heerscharen nun dort Einzug halten.«[36]

Erich Ebermayer, Jahrgang 1900, Schriftsteller und Drehbuchautor

»Der Glaube an den Führer und an das Reich hat uns während der bittersten Stunden unserer Kampfzeit durchhalten lassen. Unsere Politik war immer Dienst an der Idee des Führers gewesen.«[37]

Konrad Henlein, Jahrgang 1898, Vorsitzender der Sudetendeutsche Partei (SdP), Geleitwort zum Buch VON DER SDP ZUR NSDAP

»Chamberlain kehrte nach England zurück. Bei seiner Landung in Heston schwenkte er die gemeinsame Erklärung, deren Unterzeichnung er von Hitler erreicht hatte, in der Hand und las sie den Würdenträgern und andern, die ihn empfingen, vor. Als sein Auto durch die am Flugplatz versammelte jubelnde Menge fuhr, sagte er zu Halifax, der neben ihm saß: ›Das alles wird in drei Monaten vorüber sein‹; aber von den Fenstern in Downing Street aus schwenkte er sein Blatt abermals und sagte wörtlich: ›Dies ist das zweite Mal in unserer Geschichte, dass aus Deutschland ein ehrenvoller Friede in die Downing Street gebracht wird. Ich glaube, er bedeutet Frieden für unsere Zeit.‹«[38]

Winston Churchill, Jahrgang 1874, Abgeordneter des Britischen Unterhauses, DER ZWEITE WELTKRIEG

SUDETENDEUTSCHES TAGEBUCH, 8. OKTOBER 1938
»Die Sonne lacht, und wir sind so stolz, deutsche Soldaten zu sein. Vor uns erscheint das deutsche Zollgebäude, die Zollbeamten salutieren, der Grenzpfahl ist mit Grün umwunden und hoch aufgereckt offen wie ein grüßender Arm. Die tschechischen Pfähle mit den Ortsschildern stören unsere Panzer, und der erste von ihnen fährt jedes Mal dicht an sie heran, setzt sich ein paar Schritte davor, fährt rückwärts auf sie zu, und krachend werden sie zermalmt.«[39]

Benno von Arent, Architekt und Reichsbühnenbilder, Offizier der Reserve

TAGEBUCH, 4. OKTOBER 1938
»Der Einmarsch vollzieht sich programmgemäß. Bisher keinerlei Zwischenfälle.«[40]

Joseph Goebbels, Jahrgang 1897, Reichsminister für Volksaufklärung und Propaganda

TAGEBUCH, 5. OKTOBER 1938
»Der Führer im befreiten Sudetenland, umjubelt von den Menschen.«

Henriette Schneider, Lyck, Ostpreußen

»Das Genie des Führers und seine Entschlossenheit, sogar einen Weltkrieg nicht einmal zu vermeiden, haben wieder einmal den Sieg errungen, ohne dass Gewaltanwendung erforderlich war.«[41]

Alfred Jodl, Jahrgang 1890, Generalmajor der deutschen Wehrmacht, TAGEBUCHEINTRAG

»Wann ich hier wegkomme, ist ganz ungewiss, da noch nicht feststeht, wann wir die Verwaltung des Sudetengaues an Henlein übergeben. Es wird morgen vom Oberbefehlshaber entschieden, und wenn ich ein paar Tage wegkomme, muss ich zuerst nach dem Westen ... Die Besetzung geht reibungslos vor sich. Leider haben wir rund 500 000 Tschechen mit geschluckt.«[42]

Eduard Wagner, Jahrgang 1894, Oberst im Generalstab der deutschen Wehrmacht, Brief an Elisabeth Wagner vom 9. Oktober 1938

»Ich sage jetzt für 1940/41 spätestens, vermutlich aber schon kommendes Frühjahr, den Weltkrieg mit außerdem Klassenkrieg in Europa voraus. Und ich behaupte, dass Österreich und die Tschechoslowakei die beiden ersten Schlachten des neuen Krieges gewesen sind.«[43]

Harro Schulze-Boysen, Jahrgang 1909, Mitarbeiter in der Nachrichtenabteilung des Reichsluftwaffenministeriums, Brief an Marie Luise Boysen vom 11. Oktober 1938

SUDETENDEUTSCHES TAGEBUCH, 19. OKTOBER 1938

»Wir haben für Deutschland im Auftrage unseres Führers ein neues Stück Deutschland besetzen dürfen. Wir waren zusammen alle bereit, für diese Aufgabe unser Bestes, unser Leben, zu geben.«[44]

Benno von Arent, Architekt und Reichsbühnenbilder, Offizier der Reserve

»Im Herbst 1938 wurde nach meinen Feststellungen in der Arbeiterschaft allgemein mit einem Krieg gerechnet. Ich kann heute nicht mehr angeben, ob dies auf die politischen Ereignisse im Herbst vorigen Jahres allein oder auch auf andere Gründe zurückzuführen war. In der Arbeiterschaft herrschte deswegen große Unruhe. Auch ich vermutete, dass es wegen der Sudetenfrage schiefgeht, d.h. dass es zu einem Krieg kommt. Nach der Münchener Besprechung kehrte in der Arbeiterschaft wieder Ruhe ein, der Krieg wurde als erledigt betrachtet. Ob weiterhin von einem Krieg unter der Arbeiterschaft gesprochen wurde, kann ich heute nicht mehr sagen. Ich war bereits voriges Jahr um diese Zeit der Überzeugung, dass es bei dem Münchener Abkommen nicht bleibt, dass Deutschland anderen Ländern gegenüber noch weitere Forderungen stellen und sich andere Länder einverleiben wird und dass deshalb ein Krieg unvermeidlich ist, d. h. ich hatte die Vermutung, dass es so kommen wird. Dies war meine eigene Auffassung.«[45]

Georg Elser, Jahrgang 1903, Hitler-Attentäter vom November 1939, Protokoll der Vernehmungen in Berlin im Geheimen Staatspolizeiamt, 21. November 1939

TAGEBUCH, 2. NOVEMBER 1938

»Montag, den 7. November 1938, geht der polnische – aber staatenlose – siebzehnjährige jüdische Junge Grynszpan, der in Paris lebt, auf die deutsche Botschaft, verlangt einen der Legationsräte zu sprechen, egal welchen, wird zu dem

diensttuenden Legationsrat vom Rath ... geführt, hat mit ihm angeblich einen kurzen Wortwechsel und schießt den betreffenden Herrn an: Steckschuss in die linke Schultergegend und Schuss in die Milz. Grynszpan wird verhaftet und erklärt das Motiv zu der Tat mit den Worten: Er habe Rache für seine Glaubensgenossen nehmen wollen, nämlich für die ausgetriebenen polnischen Juden aus Deutschland, zu denen auch sein Vater, ebenfalls staatenlos, gehört habe.«[46]
Walter Tausk, Jahrgang 1890, deutscher Jude, Handelsvertreter und esoterischer Schriftsteller

»Ernst vom Rath ist heute, am 9. November, gestorben, trotz einer Behandlung durch Hitlers Leibarzt. In München wird mit großem Pomp der gescheiterte Putsch von 1923 gefeiert: Die SS zieht durch die ganze Stadt. Im Radio wird bekannt gegeben, dass der Diplomat gestorben sei. Auf der Straße sind Schreie zu hören, Explosionen, klirrendes Glas. In der Nacht färbt sich der Himmel orangerot. Meine Mutter sagt nichts.«[47]
Edgar Feuchtwanger, Jahrgang 1924, deutsch-jüdischer Nachbar Adolf Hitlers, ERINNERUNGEN

TAGEBUCH, 10. NOVEMBER 1938
»In Kassel und Dessau große Demonstrationen gegen die Juden, Synagogen in Brand gesteckt und Geschäfte demoliert. Nachmittags wird der Tod des deutschen Diplomaten vom Rath gemeldet ... Ich gehe zum Parteiempfang im alten Rathaus. Riesenbetrieb. Ich trage dem Führer die Angelegenheit vor. Er bestimmt: Demonstrationen weiterlaufen lassen. Polizei zurückziehen. Die Juden sollen einmal den Volkszorn zu verspüren bekommen. Das ist richtig. Ich gebe gleich entsprechende Anweisungen an Polizei und Partei. Dann rede ich kurz dementsprechend vor der Parteiführerschaft. Stürmischer Beifall. Alles saust gleich an die Telefone. Nun wird das Volk handeln ... Ich will ins Hotel, da sehe ich den Himmel blutrot. Die Synagoge brennt. Gleich zum Gau. Dort weiß noch niemand etwas. Wir lassen nur so weit löschen, als das für die umliegenden Gebäude notwendig ist. Sonst abbrennen lassen. Der Stoßtrupp verrichtet fürchterliche Arbeit. Aus dem ganzen Reich laufen nun die Meldungen ein: 50, dann 7[5] Synagogen brennen. Der Führer hat angeordnet, dass 2[5]–30 000 Juden sofort zu verhaften sind. Das wird ziehen. Sie sollen sehen, dass nun das Maß unserer Geduld erschöpft ist.«[48]
Joseph Goebbels, Reichsminister für Volksaufklärung und Propaganda

»An alle Stapoleit- und Stapostellen, an alle SD.OA. und alle UA.
Blitz, dringend, sofort vorlegen!
Dringend sofort dem Leiter oder seinem Stellvertreter vorlegen.
Betrifft: Maßnahmen gegen Juden in der heutigen Nacht.

Auf Grund des Attentats gegen den Leg. Sekr. [Legationsrat] v.[om] Rath in Paris sind im Laufe der heutigen Nacht – 9./10.11.38 – im ganzen Reich Demonstrationen gegen die Juden zu erwarten. Für die Behandlung dieser Vorgänge ergehen folgende Anordnungen

1.) Die Leiter der Staatspolizeistellen oder ihre Stellvertreter haben sofort nach Eingang dieses Fernschreibens mit den für ihren Bezirk zuständigen Politischen Leitungen – Gauleitung oder Kreisleitung – fernmündlich Verbindung aufzunehmen und eine Besprechung über die Durchführung der Demonstrationen zu vereinbaren, zu der der zuständige Inspekteur oder Kommandeur der Ordnungspolizei zuzuziehen ist. In dieser Besprechung ist der Politischen Leitung mitzuteilen, dass die Deutsche Polizei vom Reichsführer der SS und Chef der Polizei die folgenden Weisungen erhalten hat, denen die Maßnahmen der Politischen Leitungen zweckmäßig anzupassen wären:

a) Es dürfen nur solche Maßnahmen getroffen werden, die keine Gefährdung deutschen Lebens oder Eigentums mit sich bringen (z.B. Synagogenbrände nur, wenn keine Brandgefahr für die Umgebung ist).

b) Geschäfte und Wohnungen von Juden dürfen nur zerstört, nicht geplündert werden. Die Polizei ist angewiesen, die Durchführung dieser Anordnung zu überwachen und Plünderer festzunehmen.

c) In Geschäftsstraßen ist besonders darauf zu achten, dass nicht jüdische Geschäfte unbedingt gegen Schäden gesichert werden.

d) Ausländische Staatsangehörige dürfen – auch wenn sie Juden sind – nicht belästigt werden.

2.) Unter der Voraussetzung, dass die unter 1) angegebenen Richtlinien eingehalten werden, sind die stattfindenden Demonstrationen von der Polizei nicht zu verhindern, sondern nur auf die Einhaltung der Richtlinien zu überwachen …

Der Empfang dieses Fernschreibens ist von den Stapoleitern oder seinen Vertretern durch FS. an das Geheime Staatspolizeiamt – z. Hd. SS-Standartenführer Müller – zu bestätigen.

gez. [Reinhard] **Heydrich**, SS-Gruppenführer«[49], Jahrgang 1904, Fernschreiben vom 10. November 1938, 01.20 Uhr

TAGEBUCH, NOVEMBER 1938

»Ein jüdischer polnischer 17-jähriger Mensch macht ein Attentat auf den deutschen Gesandten in Paris, das mit dem Tod des Gesandten endet. In der Nacht, die die Nachricht von dem Tode bringt, bricht in ganz Deutschland ein Pogrom aus. Alle Synagogen brennen. In allen jüdischen Läden werden die Fensterscheiben zertrümmert, die Ware zerstört. Bis in die Wohnungen wird eingedrungen. Tausende von jüdischen Männern werden verhaftet und in Konzentrationslager gesperrt.«[50]
Käthe Kollwitz, Jahrgang 1867, Malerin und Bildhauerin

Die zerstörte Synagoge in der Berliner Fasanenstraße, in der Nacht vom 9. auf den 10. November in Brand gesetzt.

TAGEBUCH, 11. NOVEMBER 1938
»Die Wut und Scham ist etwas verraucht. Vorgestern fuhr ich früh zum WA [Waffenamt] … um von F.[ührer] angeforderte Unterlagen zu holen. Auf der Rückfahrt über Tauentzien, Kleiststr.[aße], Lützowplatz fallen mir viele Scherben auf, die weggefegt werden. Auf Frage an meinen Fahrer Stegmeyer, was das wäre, erzählt mir dieser, dass in der Nacht die SA den Juden alle Schaufensterscheiben eingeworfen habe. Ich war selten so empört.«[51]
Gerhard Engel, Jahrgang 1906, Major, Heeresadjutant bei Hitler

»Nach der Reichskristallnacht (9. November 1938) fuhr ich, nichts ahnend, mit dem Fahrrad zur Wilmersdorfer Straße in Charlottenburg. Es wurde eine Fahrt durch Glasscherben. Die Straße entlang sah ich verwüstete Geschäfte, SA-Männer taten sich wichtig, stolzierten mit Plakaten wie ›Juden raus!‹. An der Straßenecke von der Kant- zur Wilmersdorfer Straße stockte der Verkehr. ›Das gibt Krieg‹, flüsterte ein Grauhaariger zu seinem Nachbarn. Meine Mutter dämpfte diese Voraussage, meinte aber auch, es rieche nach Gewalt und Bösem. Mir wurde unbehaglich zumute. (Es wäre unaufrichtig, hier Gedanken einzufügen, die mir erst später kamen, als ich begann, das alles zu begreifen und vieles zu erkennen. Ich war ja erst vierzehn Jahre alt.)«[52]
Rainer Barzel, Jahrgang 1924, Schüler in Berlin, ERINNERUNGEN

»Als ich die Kirchhofstraße herunterging, brannte die Synagoge in voller Ausdehnung. Das war ein Erlebnis und ich schaute bestimmt eine halbe Stunde mit anderen Schaulustigen zu. Ich wusste nicht, dass es eine Brandstiftung der SA war. Jetzt dachte ich wieder an meine Schule, stürmte in die Klasse und rief: ›Die Judenkirche brennt.‹ Der Klassenlehrer Steiner sagte zu mir: ›Setz dich bitte hin.‹«[53]

Karl Heinz Biegemann, Jahrgang 1929, Schüler, über den 10. November 1938 in Osterode, Ostpreußen, JUGENDERINNERUNGEN

»Als am Morgen dieser Unheilsnacht die nicht als Polizei oder SA-Mannschaft beteiligte Bevölkerung erwachte und das Zerstörungswerk erblickte, trat eine Folge ein, die die Urheber nicht erwartet hatten. Unverkennbar bemächtigte sich ein tiefes Gefühl der Depression und der Beschämung des Publikums. Zum ersten Male wagten sich Kreise der übrigen Bevölkerung heraus, um uns ihr Mitgefühl zu zeigen. ›Ich schäme mich, ein Deutscher zu sein‹, bekam man zu hören.«[54]

Rudolf Bing, Jahrgang 1876, deutsch-jüdischer Kaufmann, Nürnberg, BERICHT

»Mir hat einmal ein Mann gesagt: ›Hören Sie, wenn Sie das machen, dann geht Deutschland in sechs Wochen zugrunde.‹ Ich sage: Das deutsche Volk hat einst die Kriege mit den Römern überstanden. Das deutsche Volk hat die Völkerwanderung überstanden. Das deutsche Volk hat dann die späteren großen Kämpfe des frühen und späten Mittelalters überstanden. Das deutsche Volk hat dann die Glaubenskämpfe der neueren Zeit überstanden. Das deutsche Volk hat dann später die Napoleonischen Kriege, die Freiheitskriege, es hat sogar einen Weltkrieg überstanden, sogar die Revolution von 1918 – es wird auch mich überstehen!«[55]

Adolf Hitler, Geheimrede im Führerbau am Königlichen Platz, München, vor Verlegern und Redakteuren am 10. November 1938

»Ich bin damals im November abends von München von der traditionellen Zusammenkunft der ›Alten Kämpfer‹ abgereist. In der Nacht weckte mich mein Adjutant in der Gegend von Halle und zeigte mir einen großen Brand, der die Wolken erleuchtete. Ich wusste aber noch nicht, was das zu bedeuten hatte. Erst als ich am anderen Morgen sehr früh durch Berlin zu meinen Diensträumen fuhr, sah ich den Salat. Ich habe eine Stinkwut bekommen und bin mit verschiedenen Herren, vor allem Dr. Goebbels, scharf aneinandergeraten. Am 11. November, mittags, hat sich Goebbels wegen des schweren Zusammenstoßes mit mir beim Führer beklagt, besser, er hat regelrecht gepetzt und zwar beim Mittagessen mit dem Führer.«[56]

Hermann Göring, Jahrgang 1893, Gespräch mit Rechtsanwalt Werner Bross während des Nürnberger Prozesses

»Hermann kam einen Tag danach von einer militärischen Reise zurück und hatte jetzt erst erfahren, was geschehen war. Er schrie in höchster Erregung: ›Diese verdammten Idioten! Mich lassen sie einen Vierjahresplan durchführen, ich muss jeden alten Eimer und jede alte Zeitung Deutschlands sammeln, und dann geht so eine Horde Rowdies hin und vernichtet in einer Nacht Millionenwerte!‹ Mir ging es nicht um die Millionenwerte, sondern um die Methode, mit der das neue Regime seine politischen Gegner behandelte. – Tief erschüttert sagte ich zu Hermann: … ›Das Schicksal hat eure Partei so gesegnet, versündigt euch nicht!‹«[57]

Emmy Göring, Jahrgang 1893, Ehefrau von Hermann Göring, BEGEBENHEITEN UND BEKENNTNISSE

»Göring gab nochmals unverhohlen seinem Widerwillen Ausdruck, erließ aber trotzdem eine Fülle von Einzelmaßnahmen und Verordnungen idiotischster und abstoßendster Art, etwa, dass Juden keine Kinos, Theater, Museen, Kurorte und Strandbäder besuchen und keine Autos besitzen oder fahren sollten. Göring selbst sagte in der Sitzung, er möchte nicht mehr als Jude in Deutschland leben. Er hoffte aber, dadurch die Emigrationen zu beschleunigen, die mit allen Mitteln gefördert werden sollten. Er beabsichtigte, das Projekt ›Madagaskar als Heimstätte für die Juden‹ zu verfolgen.«[58]

Hans Kehrl, Jahrgang 1900, Generalreferent für Sonderaufgaben im Reichswirtschaftsministerium, über die Sitzung im großen Sitzungssaal des Luftfahrtsministeriums am 10. November 1938, ERINNERUNGEN

»Die arischen Nachbarn der Straße, die mich alle seit vielen Jahren kannten, bereiteten mir einen beinahe herzlichen Empfang. Der Briefträger, der Gemüsehändler, der Drogist, alle bekundeten sie mir ihre Sympathie. Auch unsere Portierfrau, das frechste und zänkischste Weib des Bezirks, erklärte mir unter Tränen, dass sie mit allen diesen Dingen nichts zu tun haben wollte.«[59]

Fritz Goldberg, Jahrgang 1910, deutsch-jüdischer Dramaturg in Berlin, BERICHT

»Ebenso wie die Röhm-Affäre hielten wir auch die Kristallnacht für eine unvermeidbare Randerscheinung der von uns im Übrigen bejahten nationalsozialistischen Machtergreifung, die erst jetzt ihren revolutionären Charakter offenbarte.«[60]

Rudolf Wolters, Jahrgang 1903, Architekt und Stadtplaner, Mitarbeiter Albert Speers, LEBENSABSCHNITTE

TAGEBUCH, 14. NOVEMBER / 3. DEZEMBER 1938
»Gleich nach dem 9. November fuhren wir nach hier, denn H.[einrich Himmler] hat Urlaub. Wetter herrlich. H.[einrich] ist dafür, jeden Tag etwas zu unternehmen … Ich nähe, lese u. schreibe, die erste Nachricht von Püppi. Alles geht ordentlich. Diese Judengeschichte, wann wird das Pack uns verlassen, damit man auch seines Lebens froh wird … Habe heute Nacht schlecht geschlafen. Meine Füße sind nicht sehr schön.«[61]

Margarethe (Marga) Himmler, Jahrgang 1893, Ehefrau von Heinrich Himmler

»Die letzten Tage in Deutschland benutzte ich dazu, Abschied von der alten Heimat zu nehmen. Mit meinen Kindern ging ich noch einmal durch den Frühling die alten vertrauten Wege, die ich in vier Jahrzehnten so manches Mal gegangen war. Die Wege durch die Wälder und Felder, die ich zum ersten Male an der Hand meiner Eltern gegangen war, jeder Baum und jedes Haus eine Stätte der Erinnerung.

Nie mehr in meinem Leben sollte ich diese Wege gehen, gewaltsam aus dem Herzen sollten wir uns die Erinnerung an fast ein halbes Jahrhundert erlebtes Leben reißen. Da kommt ein Mensch, der Führer eines Achtzigmillionenvolkes, und erklärt, dass ein Jude keine Heimat haben könne. Dass die Juden Nomadenvölker seien, Angehörige asiatischer Wüstenvölker, die nie sesshaft sein könnten. Die immer nur wandern müssen und hinter sich eine verwüstete Welt zurücklassen.«[62]

Hugo Moses, Jahrgang 1887, deutsch-jüdischer Besitzer der Wäschefabrik »Progress« in Köln, BERICHT

TAGEBUCH, 6. DEZEMBER 1938

»In Berlin – und analog im Reich – ist ein Judenbann eingeführt. Juden dürfen ab sofort Straßen, Plätze, Anlagen und Gebäude über die, wie es in der Verordnung des Polizeipräsidenten etwas verwirrend heißt, ›der Judenbann verhängt (?) ist‹, nicht mehr betreten. Der Judenbann ist in Berlin verhängt über sämtliche Theater, Kinos, Kabaretts, Konzert- und Vortragsräume, Museen, Rummelplätze, Funkturm, Deutschlandhalle und Sportpalast. Ferner über sämtliche Badeanstalten und Hallenbäder, sowie über die Wilhelmstraße von der Leipzigerstraße bis Unter den Linden, über die Voßstraße und das Reichsehrenmal mit der nördlichen Gehbahn von der Universität bis zum Zeughaus.«[63]

Erich Ebermayer, Schriftsteller und Drehbuchautor

»Ich will heute wieder ein Prophet sein: Wenn es dem internationalen Finanzjudentum in und außerhalb Europas gelingen sollte, die Völker noch einmal in einen Weltkrieg zu stürzen, dann wird das Ergebnis nicht die Bolschewisierung der Erde und damit der Sieg des Judentums sein, sondern die Vernichtung der jüdischen Rasse in Europa. Denn die Zeit der propagandistischen Wehrlosigkeit der nicht-jüdischen Völker ist zu Ende. Das nationalsozialistische Deutschland und das faschistische Italien besitzen jene Einrichtungen, die es gestatten, wenn notwendig, die Welt über das Wesen einer Frage aufzuklären, die vielen Völkern instinktiv bewusst und nur wissenschaftlich unklar ist.«[64]

Adolf Hitler, Rede vor dem Reichstag, Krolloper, 30. Januar 1939

»Der Herbst verging, der Winter kam, und es wurde klar, dass die Deutschen selber nicht recht wussten, was mit dem Reststück Tschechoslowakei geschehen sollte, das beim Münchener Abkommen übriggeblieben war, und welchen festen Platz sie ihm bei der Neuordnung Europas zuweisen sollten.«[65]

George F. Kennan, Jahrgang 1904, Sekretär an der US-Botschaft in Prag, MEMOIREN

»In der Natur der Diktatoren liegt es, dass sie niemals satt sind. Napoleon, der in vierzig Schlachten gesiegt hatte, wurde dennoch nicht satt – um wie viel weniger sein unberufener Nachahmer, der nie gesiegt, nie gekämpft hat. Gesetzt, er könnte seinen Größenwahn beherrschen, was er mitnichten kann, dann bliebe noch immer seine ruhelose Furcht vor der Bestrafung und der Wendung des Schicksals. Sogar Napoleon hat seine späteren Feldzüge aus Furcht unternommen. Und jetzt der armselige Nazi-Diktator, der überhaupt nur aus Furcht besteht!«[66]

Heinrich Mann, Jahrgang 1871, deutscher Schriftsteller im Pariser Exil,
DAS FÜHRERPRINZIP

TAGEBUCH, 14. MÄRZ 1939

»Wie von ausländischen Sendern zu hören ist, ist der tschechoslowakische Staatspräsident Dr. Hácha heute Abend in Berlin eingetroffen und wird von Hitler empfangen. Die tschechische Armee soll mobil gemacht haben. Der deutsche ›Aufmarsch‹ an der gesamten deutsch-tschechischen Grenze ist seit langem ein offenes Geheimnis. Also doch Krieg?«[67]

Erich Ebermayer, Schriftsteller und Drehbuchautor

»Er hat immer bedauert, dieses Land, wie er sagte, in München nicht ›zertreten‹ zu haben. Er schlägt aus Rache zu, aber auch aus Raubgier, um das Kriegsmaterial der Škoda-Werke, das Gold der Staatsbank und den jüdischen Besitz, mit dem er seine Helfershelfer bezahlen will, an sich zu reißen. Um leicht und ungestraft zuschlagen zu können, lockt er Hácha in einen Hinterhalt. Das sind Räubereien im Stil des Mittelalters, sind Gangstermethoden.«[68]

Robert Coulondre, französischer Botschafter in Berlin, ERINNERUNGEN

»In der Zwischenzeit kümmerte ich mich im Sekretariat um die Reinschrift der nur wenige Zeilen umfassenden Erklärung, in der es hieß:
›Bei der Zusammenkunft [zwischen Hitler und Hácha] ist die durch die Vorgänge der letzten Wochen auf dem bisherigen tschechoslowakischen Staatsgebiet entstandene ernste Lage in voller Offenheit einer Prüfung unterzogen worden. Auf beiden Seiten ist übereinstimmend die Überzeugung zum Ausdruck gebracht worden, dass Ziel aller Bemühungen die Sicherung von Ruhe, Ordnung und Frieden in diesem Teile Mitteleuropas sein müsse. Der tschechoslowakische Staatspräsident hat erklärt, dass er, um diesem Ziel zu dienen und um eine endgültige Befriedung zu erreichen, das Schicksal des tschechischen Volkes und Landes vertrauensvoll in die Hände des Führers des Deutschen Reiches legt. Der Führer hat diese Erklärung angenommen und seinem Entschluss Ausdruck gegeben, dass er

das tschechische Volk unter den Schutz des Deutschen Reiches nehmen und ihm eine seiner Eigenart gemäße autonome Entwicklung seines völkischen Lebens gewährleisten wird.‹ Um 3 Uhr 55 am Morgen des 15. März wurde dieser Text, der von Hitler vorher bereitgehalten worden war, von ihm und Hácha sowie von Ribbentrop und Chvalkovský unterzeichnet. Dass dieses Ende der Tschechoslowakei gleichzeitig die Einleitung des Finis Germaniae sein würde, war wohl nur wenigen der Beteiligten klar, die kurz danach erschöpft und übermüdet das große, graue Gebäude am Wilhelmplatz verließen.«[69]

Paul Otto Schmidt, Chefdolmetscher des Auswärtigen Amtes, ERLEBNISSE

»Seit drei Stunden führte Hitler eine Besprechung mit Hácha, dem Präsidenten der Tschechoslowakei. Wir wussten alle, dass die Besprechung ernst war, dass es um Krieg oder Frieden ging. In unserem Büro folgten wir ängstlich dem unendlich langsamen Ablauf der Stunden. Plötzlich öffnet sich die Tür. Hitler stürzt heraus, das Gesicht wie verwandelt, und ruft: ›Kinder, jetzt gebt mir mal jede da und da (auf seine Wangen zeigend) einen Kuss.‹ Wir führten ganz verblüfft den ungewohnten Befehl aus. Bald darauf rief Hitler: ›Kinder, eine gute Nachricht. Hácha hat unterschrieben. Das ist der größte Tag meines Lebens. Ich werde als der größte Deutsche in die Geschichte eingehen.‹«[70]

Christa Schroeder, Jahrgang 1908, Privatsekretärin Hitlers bis 1945, HITLER PRIVAT

»Der Führer ist heute Nachmittag bereits um 16 Uhr von Lobositz nach Prag gefahren, was einiges Unbehagen bei uns wegen der persönlichen Sicherheit auslöste. Er wohnt auf dem Hradschin, und morgen wird Parade sein – sein Traum ist also erfüllt.«[71]

Eduard Wagner, General der Artillerie der deutschen Wehrmacht, Brief an Elisabeth Wagner vom 15. März 1939

TAGEBUCH, 16. MÄRZ 1939
»Der Führer hat von der Prager Burg aus im Rundfunk den Wortlaut der 13 Artikel zur Errichtung des Protektorats verkünden lassen.«

Henriette Schneider, Lyck, Ostpreußen

TAGEBUCH, 20 MÄRZ 1939
»Ich las die Zeitung noch auf der Straße, die Einzelheiten über den Einmarsch Hitlers in Prag. Ich hatte Tränen in den Augen. Das ist so etwas Demütigendes und Erbärmliches, dass es alles erschüttert, was ich einmal von den Menschen zu wissen meinte.«[72]

Mihail Sebastian, jüdisch-rumänischer Journalist und Schriftsteller in Bukarest

»Unser Leben änderte sich mit einem Schlage. Sofort musste ich die Schule verlassen, denn es war eine deutsche Schule, zu der nun nur noch Arierinnen Zutritt hatten. Der jüdische Schuldirektor musste sofort seine Stelle aufgeben. Die ersten Anordnungen gegen die Juden kamen heraus.«[73]

Ruth Elias, tschechische Schülerin jüdischen Glaubens, MEIN WEG

»Der Tscheche ist von allen Slawen der gefährlichste, weil er fleißig ist. Er hat Disziplin, hat Ordnung, er ist mehr mongoloid als slawisch. Hinter einer gewissen Loyalität weiß er seine Pläne zu verbergen. Sie werden jetzt arbeiten, weil sie wissen, dass wir unbarmherzig und brutal sind. Ich verachte sie nicht, es ist ein Schicksalskampf. Ein fremder Rassensplitter ist in unser Volkstum eingedrungen, einer muss weichen, er oder wir.«[74]

Adolf Hitler, Tischgespräch im Führerhauptquartier Wolfsschanze, 25. Januar 1942, protokolliert von SS-Standartenführer Heinrich Heim

»Am 1. November 1938 war allerdings der Kriegs- und Belagerungszustand, der durch den litauischen Staat seit Jahren noch immer über das Memelland verhängt war, aufgehoben worden und danach hatten wir auch für die Jugendgruppe des Memeler Segelflieger-Vereins HJ-ähnliche Uniformen erhalten. Wir sahen das alles als selbstverständlich an. Es erfüllte uns mit Stolz, in dieser Zeit ein Deutscher zu sein. Ich weiß, heute ist so ein Satz vielleicht unverständlich. Ich glaube, es lag einfach an der Erziehung und der damaligen Zeit. Man lief, marschierte und sang mit, und wir hatten oft im Chor mit den Kameraden zusammen ›Wir wollen heim ins Reich‹ gerufen. Auch sahen wir den seit Monaten sichtbaren Wegzug der jüdischen Mitbevölkerung. Doch durch die sich überstürzenden Ereignisse registrierten wir das gar nicht. Wir hatten langjährige Schul- bzw. Klassenkameraden jüdischen Glaubens, in Försterei hatten wir zeitweise sogar jüdische Nachbarn, wir kauften unsere Textilien in einem jüdischen Geschäft und oft auch konsultierten die Eltern mit uns einen bekannten jüdischen Arzt. Und dennoch muss ich gestehen, dass ich in der Zeit des politischen Umbruchs das Verschwinden dieses Teils der Bevölkerung überhaupt nicht bewusst zur Kenntnis genommen habe. Heute frage ich mich oft, wieso bemerkten wir das nicht?«[75]

Wilhelm Kittel, Jahrgang 1923, Schüler, Stadt Memel, JUGENDZEIT IN OSTPREUSSEN

TAGEBUCH, 21. MÄRZ 1939

»Abends große Verdunkelung in ganz Ostpreußen.«

Henriette Schneider, Lyck, Ostpreußen

TAGEBUCH, 21./22. MÄRZ 1939

»Beim Führer zu Mittag. Ribbentrop hat dem litauischen Außenminister in ziemlich ultimativer Form des Führers Forderung auf Rückgabe des Memellandes überreicht. Aus Kowno kommt ein Kommuniqué-Vorschlag. Der ist so unbrauchbar. Wir redigieren ihn vollkommen um. Aber noch keine endgültige Entscheidung. Unterdes veröffentlicht Kowno das von ihm vorgeschlagene Kom-

muniqué, und dann gehen die Minister dort schlafen. Nun schlägt's aber dreizehn. Unser Gesandter wird beauftragt, sie aus den Betten zu holen und ihnen die Pistole auf die Brust zu setzen. Entweder – oder. Diese kleinen Ganoven von Versailles müssen nun den Raub herausrücken. Sonst gibt's Saures.«[76]
Joseph Goebbels, Reichsminister für Volksaufklärung und Propaganda

TAGEBUCH, 22. MÄRZ 1939
»Um 8 Uhr die Meldung: das Memelland ist frei. Ribbentrop verlangte es im Auftrag des Führers zurück, und die Litauer gaben es heraus.«
Henriette Schneider, Lyck, Ostpreußen

»Was sagst Du heute beim Aufwachen? – Memel ... Der Führer ist bereits auf dem Panzerschiff und wird morgen in Memel einziehen. Doch darüber wird in der Welt kein Aufhebens gemacht werden.«[77]
Eduard Wagner, General der Artillerie der deutschen Wehrmacht,
Brief an Elisabeth Wagner vom 22. März 1939

TAGEBUCH, 23. MÄRZ 1939
»Ich ging zur Schule ... über die Töpferstraße in die Polangenstraße. Und dort hörte ich plötzlich aus den geöffneten Fenstern des Landratsamtes laute Marschmusik. War das schon ungewöhnlich, so war ich noch überraschter, als ich aus den Fenstern des daneben liegenden Polizeigebäudes die Polizisten die deutsche Nationalhymne singen hörte. Gleichzeitig wurden hier und da Hakenkreuzfahnen aus den Fenstern nach außen gehängt. Es durchfuhr mich wie ein Blitz: ›Es ist so weit, Hitler hat uns heimgeholt!‹«[78]
Wilhelm Kittel, Schüler, Stadt Memel, JUGEND IN OSTPREUSSEN

»Alle erwarten weitere Schritte Hitlers; allgemein wird hier (Stimme der Masse) vermutet, dass er nach dem Anschluss von Memel zur Regulierung der Ansprüche an Polen übergehen müsse, in erster Linie zur Übernahme Danzigs und des ›Korridors‹. Die Lösung dieser Fragen würde bei der deutschen Bevölkerung auf Verständnis und Anerkennung stoßen. Alle reden darüber, und man unterhält sich gern über dieses Thema, wobei man zum Ausdruck bringt. dass dies auf dem Wege der Verständigung zwischen beiden Staaten geschehen müsse.«[79]
Feliks Chiczewski, Jahrgang 1889, polnischer Generalkonsul in Leipzig, Geheimbericht an Botschafter Jozef Lipski in Berlin

»Wir waren beim letzten Akt des Dramas angelangt, und der Vorhang hatte sich an jenem bedeutungsvollen 31. März gehoben, als Mr. Chamberlain im Unterhaus unser Abkommen mit Polen bekannt gab. Beide Parteien gingen nun in Position.«[80]
Nevile Henderson, britischer Botschafter in Deutschland, FEHLSCHLAG EINER MISSION

»Um die Haltung der britischen Regierung in der Zwischenzeit völlig klarzustellen ... fühle ich mich veranlasst, dem Hause mitzuteilen, dass ... für den Fall irgendeiner Aktion, die klarerweise die polnische Unabhängigkeit bedroht und die polnische Regierung daher für so lebenswichtig hält, dass sie ihr mit ihren nationalen Streitkräften Widerstand leistet, die britische Regierung sich verpflichtet fühlen würde, der polnischen Regierung alle in ihrer Macht stehende Hilfe sofort zu gewähren. Sie hat der polnischen Regierung eine derartige Zusicherung gegeben. Ich kann hinzufügen, dass die französische Regierung mich autorisiert hat darzulegen, dass sie die gleiche Haltung in dieser Frage einnimmt wie die britische Regierung.«[81]

Neville Chamberlain, britischer Premierminister, Rede im Britischen Unterhaus am 31. März 1939

»Die Garantieerklärung an Polen wurde von den Führern aller Parteien und Gruppen im Unterhaus gutgeheißen. ›Gott stehe uns bei, wir können nicht anders‹, sagte ich dazu. An dem Punkte, den wir erreicht hatten, war es ein notwendiger Schritt. Aber niemand, der die Lage erfasste, konnte daran zweifeln, dass er aller menschlichen Voraussicht nach einen großen Krieg bedeutete, in den auch wir dann verwickelt werden mussten.«[82]

Winston Churchill, Mitglied des Britischen Unterhauses, DER ZWEITE WELTKRIEG

TAGEBUCH, 17. APRIL 1939
»Roosevelt hat an den Führer ein Telegramm gesandt mit der Bitte, sich zu seinen Friedensbedingungen zu äußern. Hitler hat den Reichstag zum 28. April einberufen, um seine Antwort an Roosevelt zu verkünden ... Der 20. April ist zum Nationalfeiertag erklärt worden.«

Henriette Schneider, Lyck, Ostpreußen

TAGEBUCH, 20. APRIL 1939
»Hitlers Geburtstag!«

Henriette Schneider, Lyck, Ostpreußen

»Die Krise macht eine Pause, was mir Unbehagen bereitet. Das ist eine der übelsten Sachen bei dieser Spannung. Wenn Hitler nichts tut, werden wir alle unruhig, und wenn er etwas tut, kriegen wir es mit der Angst.«[83]

Harold Nicolson, Abgeordneter des Britischen Unterhauses, Brief an Vita Sackville-West, 20. April 1939

»Seit einer Woche liefen die Vorbereitungen zur – wie später bestätigt wurde – größten Parade in der Geschichte Berlins. Riesige Tribünen für eine Unzahl von Ehrengästen säumten die Charlottenburger Chaussee, die traditionelle Aufmarschstraße seit den preußischen Königen. Durch Speer hatte ich einen Platz genau gegenüber der Ehrentribüne bekommen, auf der ein erhöhtes Podium den Platz Hitlers anzeigte.

Das große Ereignis begann auf die Sekunde bei strahlendem Sonnenschein und azurblauem, wolkenlosem Himmel. Für den Laien war es ein unheimliches, ja unfassbares Aufgebot aller Waffengattungen mit Geschützen, Panzern wie anderen neuesten Waffen, von deren Existenz niemand etwas geahnt hatte – eine völlige Überraschung, von Hitler provoziert für die Militärattachés der akkreditierten Länder und die Reporter der ausländischen Presse, die vollzählig vertreten war. Ich sehe noch die bedrückten, ja bestürzten Mienen der professionellen Zuschauer, das Entsetzen im Gesicht des Chefs der französischen Militärmission, der sich weit vorbeugte, um den Schluss der nicht enden wollenden Schlange der vorbeiziehenden Waffengattungen zu erspähen. Vergebens – der Vorbeimarsch dauerte etwa dreieinhalb Stunden, die Hitler stehend, ohne eine Spur von Ermüdung überwand, jeden Gruppenkommandanten fest ins Auge nehmend, um den bestehenden engen Kontakt zwischen ihm und der Truppe zu symbolisieren. In der Tat behauptete später jeder der Beteiligten stolz, dass Hitler ihn mit seinem Blick erfasst habe.«[84]

Arno Breker, Jahrgang 1900, Bildhauer und Architekt, über den 20. April 1939, IM STRAHLUNGSFELD

»Ich weiß noch, wie ich die Katze meiner Tante aus dem Fenster im ersten Stock geworfen habe. Sie kam gesund und heil unten an. Sie bekam Junge, und mein Cousin erhielt den Auftrag, diese umzubringen. Er nahm sie der Reihe nach auf und warf sie wie Schneebälle gegen eine Wand. Es war ein ganz eigenartiges Geräusch, das die Kätzchen machten, wenn sie zerplatzten und wie schlaffe, leblose Säckchen zu Boden fielen. Eigentlich war das meine erste Erfahrung von Tod durch Gewalt und ein Vorgeschmack dessen, was die Nazis den Elsässern antun sollten.«[85]

Tomi Ungerer, Jahrgang 1931, MEINE KINDHEIT IM ELSASS

»Lieber De Lemmer,
bin jetzt in Warschau, wo ich seit letzter Woche bei Botschafter Biddle wohne. Es ist verdammt interessant, ich war ein paar Tage oben in Danzig. Danzig ist vollständig nazifiziert – jede Menge Heil Hitler usw. Habe dort mit den Nazichefs und sämtlichen Konsuln gesprochen.

Die Situation ist sehr kompliziert, aber in etwa folgendermaßen: 1. Der Streit um Danzig ist vom Streit um den Korridor [nicht] zu trennen. Sie [die Deutschen] sind der Meinung, dass beides zurückgegeben werden muss. Wenn das geschieht, ist Polen ganz von der Ostsee abgeschnitten. Geben sie nur Danzig zurück – die Hälfte des polnischen Außenhandels geht über Danzig, und die wichtigste Bahnlinie nach Gdingen, dem anderen polnischen Hafen, verläuft durch die Freie

Stadt –, so könnten sie den polnischen Handel kontrollieren, da sie Gdingen mit Geschützen beherrschen würden (siehe Karte), sodass sich all die Judenkaufleute aus Angst dazu gezwungen sähen, ihren Handel über Danzig abzuwickeln. …

Die ganze Sache hat viele Gesichtspunkte, aber ich denke, wenn Hitler aus der Angelegenheit herauskommen kann, ohne sein Gesicht zu verlieren, wird er das tun, denn er hat inzwischen so viel erreicht, dass er für seinen Rückzieher einen hohen Preis aushandeln könnte. Sollten sich allerdings Ribbentrop und die Radikalen durchsetzen, wird er wohl in etwa 6 Wochen über Danzig einen Putsch anzetteln, und es wird spannend werden, zu sehen, wie die Sache ausgeht.«[86]
John F. Kennedy, Jahrgang 1916, Student auf Europa-Reise, Brief an Kirk »Lem« Billings, Mai 1939

»Im Juli wohnten wir einer Gesellschaft bei, die Wehrmachtdekan Schieber in sein Haus in Ludwigsburg eingeladen hatte. Es waren auch zwei Generale anwesend. Das Gespräch kam natürlich auch auf die politische Lage, und einer der Generale äußerte: ›Ich verstehe gar nicht, warum die Herrschaften so düster in die Zukunft sehen. Niemand kann Krieg führen außer Adolf Hitler, und der führt keinen.‹ Ich erwiderte: ›Über die Absichten von Hitler bin ich nicht informiert, aber ich fürchte, dass seine Politik von selbst zum Kriege führt; dann haben wir wieder England zum Feind, und was das bedeutet, wissen wir vom letzten Krieg.‹ Darauf antwortete der General: ›Dann machen wir aus London einen Aschenhaufen!‹ Das Gespräch brach ab. So viel Vermessenheit hätte ich für unmöglich gehalten.«[87]
Theophil Wurm, Jahrgang 1868, Landesbischof der Evangelischen Landeskirche in Württemberg, ERINNERUNGEN

»Der Sommer 1939 ist mir immer als eine seltsame Irrealität kosmisch gestörter Weltzusammenhänge in Erinnerung geblieben, als eine tragödienträchtige, beängstigende Windstille vor dem Sturm.«[88]
Arno Breker, Bildhauer und Architekt, IM STRAHLUNGSFELD

»Was wird Hitler tun? Ist er dabei, die Erde in die Luft zu jagen? Die Erde ist ein sehr schweres Teil, um sie in die Luft zu jagen! Ein Mann im Zenit seiner Macht mag eine große Explosion verursachen können, aber die zivilisierte Welt wird davon nicht erschüttert werden. Die großen Brocken und die kleinen Kaliber könnten auf seinen Kopf herabstürzen und ihn und alle, die um ihn herum stehen, zerstören – aber die Erde wird sich weiter drehen. Die Zivilisation wird nicht unterliegen, die arbeitende Klasse nicht wieder geknechtet werden.«[89]
Winston Churchill, Abgeordneter des Britischen Unterhauses, Rede im Carlton Club London, 28. Juni 1939

»An Herrn Hitler, Berlin, Deutschland

Lieber Freund,

Bekannte haben mich gedrängt, Sie im Namen der Menschlichkeit anzuschreiben. Lange bin ich dieser Bitte nicht nachgekommen, weil ich glaubte, ein Brief von mir könnte als anmaßend empfunden werden. Doch etwas sagt mir, dass Kalkül hier fehl am Platz ist und ich mein Anliegen vorbringen muss, egal, ob es von Erfolg gekrönt ist oder nicht.

Es ist offenkundig, dass Sie derzeit die einzige Person auf der Welt sind, die einen Krieg verhindern kann, der die Menschheit wieder in die Barbarei zurückfallen lassen könnte. Sind Sie wirklich bereit, einen derart hohen Preis zu bezahlen, egal, was Sie sich davon versprechen mögen? Werden Sie auf jemanden hören, der kriegerische Mittel ganz bewusst ablehnt und damit nicht unbeachtliche Erfolge erzielen konnte? Sollte sich das Anliegen meines Briefes als unbegründet herausstellen, so bitte ich Sie um Vergebung.

Ich verbleibe als Ihr Freund

M. K. (Mohandas Karamchand) Gandhi«[90], Jahrgang 1869, As.[hram] at Wardha, C.[ongress] P.[arty] of India, 23. Juli 1939

»Es ist seltsam, wenn man daran denkt, dass es selbst in diesen letzten Augusttagen des Jahres 1939 noch Menschen in hohen Stellungen gab, die glaubten, ein Krieg wäre noch zu vermeiden.«[91]

Chaim Weizmann, Jahrgang 1874, Präsident des Jüdischen Weltkongresses, MEMOIREN

»Sonst? Ach sonst, mein Lieber. Der hier befindliche Hugo Haas hat einen Vorschlag zur Lösung der Judenfrage ausgearbeitet, und zwar gleich bei der Beschneidung: die Vorhaut behalten und den Juden wegschmeißen. Es ist dem kaum etwas hinzuzufügen …

Als die Euren«[92]

Friedrich Torberg (eigentlich Friedrich Ephraim Kantor-Berg), Jahrgang 1908, österreichisch-tschechischer Schriftsteller jüdischer Herkunft, Brief aus Paris an William S. Schlamm vom 29. Juli 1939

»Von diesem Hexenkessel Deutschland will ich nicht viel schreiben. Derjenige, der 1933 mitgemacht hat, wie Du, hat noch lange keine Vorstellung von 1938/39. Worte können nicht wiedergeben, in welche Verzerrung dieses vortreffliche Volk geraten ist.«[93]

Otto Toeplitz, Jahrgang 1881, deutscher Mathematiker jüdischer Herkunft, Brief an Max Born vom 1. August 1939

»Sir, … Im Verlauf der letzten vier Monate ist es – durch die Arbeiten von [Frédéric] Joliot [Curie] in Frankreich wie auch [Enrico] Fermi und [Leó] Szilard in Amerika – wahrscheinlich geworden, dass es möglich werden kann, eine nukleare Kettenreaktion in einer großen Masse von Uran auszulösen, wodurch ein gewaltiger Umfang an Energie und große Mengen von neuen Elementen erzeugt werden würden. Jetzt scheint es nahezu sicher, dass dies in der unmittelbaren Zukunft erreicht werden könnte. Das neue Phänomen würde auch zum Bau von Bomben führen, und es ist vorstellbar – obwohl weit weniger gewiss –, dass auf diesem Wege extrem starke Bomben eines neuen Typs konstruiert werden können. Eine einzige Bombe dieser Art, auf einem Schiff befördert und in einem Hafen explodiert, könnte sehr wohl den ganzen Hafen zusammen mit Teilen des umliegenden Gebiets zerstören. Es könnte sich allerdings herausstellen, dass solche Bomben für einen Lufttransport zu schwer wären.

In den Vereinigten Staaten finden wir nur wenige Uranerze in ausreichender Qualität. Es gibt einige gute Erze in Kanada und der früheren Tschechoslowakei, aber das größte Vorkommen von Uranium stellt Belgisch-Kongo dar.

In Anbetracht der Situation sollten Sie einen intensiveren Kontakt zwischen der Regierung und der Gruppe von Physikern, die in Amerika die Kettenreaktion erforschen, in Betracht ziehen. Eine Möglichkeit hier wäre es, eine Persönlichkeit mit dieser Frage zu betrauen, die Ihr Vertrauen besitzt und die vielleicht über inoffizielle Befugnisse verfügt …

Ich habe erfahren, dass Deutschland den Verkauf von Uran aus dem von ihm übernommenen tschechoslowakischen Bergwerken eingestellt hat. Dass Deutschland so frühzeitig handelte, mag seinen Grund darin haben, dass der Sohn des Deutschen Staatssekretärs im Auswärtigen Amt von Weizsäcker mit dem Kaiser-Wilhelm-Institut in Berlin verbunden ist, wo einige der amerikanischen Arbeiten über Uran jetzt wiederholt werden.

Ihr sehr ergebener

Albert Einstein«[94], Jahrgang 1879, Schweizer Staatsbürger im US-Exil, Physik-Nobelpreisträger, Brief an US-Präsident Franklin D. Roosevelt vom 2. August 1939

»Diese letzten Sommertage waren schwül und die vielen Cafés und Biergärten in Danzig waren voller Menschen, die trotz des bevorstehenden Krieges, der nun in aller Munde war, das Leben genossen. Nur selten zeigte sich Beklemmung in ihren Gesichtern. In dem nahe gelegenen Ostseebad Zoppot auf Danziger Gebiet drängten sich die Urlauber, die hier ein Bad nahmen und, wenn es Abend wurde, ins Casino strömten. Es war kaum zu glauben, dass solche Menschen in den Krieg ziehen oder dafür sorgen könnten, dass ihretwegen ein Krieg ausbrach.«[95]

William L. Shirer, Jahrgang 1904, Rundfunkreporter der Columbia Broadcasting System in Berlin, THE NIGHTMARE YEARS

»Wenn Hitler den Krieg nicht eröffnet, so wird es keinen Krieg geben. Niemand anderer beabsichtigt, Krieg zu führen. England und Frankreich sind entschlossen, nur

zur Selbstverteidigung oder zur Verteidigung ihrer Alliierten Blut zu vergießen. Niemandem ist es auch nur im Traum eingefallen, Deutschland anzugreifen.«[96]
Winston Churchill, Abgeordneter des Britischen Unterhauses, Rundfunkrede vom 8. August 1939

»Mit ebenso erstaunlicher Beherrschung konnte Hitler Geheimnisse bewahren. Er war überzeugt, dass ein jeder nur das zu wissen hat, ›was er unbedingt zur Ausübung seines Amtes braucht‹. Niemals hat er uns seine geheimen Absichten verraten oder uns über seine Pläne aufgeklärt. Er würde auch niemals eine Andeutung über eine bevorstehende Operation gemacht haben.«[97]
Christa Schroeder, Privatsekretärin Hitlers bis 1945, HITLER PRIVAT

»Ich musste mich immer einzwängen, weil ich als Stellvertreter Hitlers oft selbst nicht über Pläne und Vorhaben Bescheid wusste. Insgeheim war nämlich festgesetzt, und 1936 auch den Ministern mitgeteilt worden, dass ich als Nachfolger des Führers zu gelten hätte. Trotzdem unterrichtete mich der Führer häufig nicht von wichtigen Maßnahmen.«[98]
Hermann Göring, Feldmarschall, Gespräch mit Rechtsanwalt Werner Bross während des Nürnberger Prozesses

»Am nächsten Tage fuhren wir zu Hitler. In dem großen Besprechungszimmer auf dem Berghof herrschte Gewitterschwüle. Hitler war ... vollständig auf Krieg eingestellt ... ›Die Engländer sind an allem schuld‹, war das Leitmotiv, ›die Polen haben eine schwere Lektion nötig, die Demokratien sind Deutschland unterlegen und werden nicht kämpfen‹, war der Kehrreim, und die militärische und technische Überlegenheit des Reiches bildete den immer wiederkehrenden Grundton der Ausführungen des deutschen Diktators ... Am nächsten Tage wurde Ciano noch einmal auf dem Berghof empfangen. Hitler sprach bei dieser Gelegenheit den Satz aus, dessen Klang mir noch heute im Ohr liegt ...«[99]
Paul Otto Schmidt, Chefdolmetscher des Auswärtigen Amtes, über den 13. August 1939 auf dem Obersalzberg, ERLEBNISSE

»Ich bin felsenfest davon überzeugt, dass weder England noch Frankreich in einen allgemeinen Krieg eintreten werden.«[100]
Adolf Hitler, zitiert nach Paul Otto Schmidt

TAGEBUCH, 12. AUGUST 1939
»Ich kehre nach Rom zurück, angeekelt von Deutschland, von seinen Führern, von seiner Handlungsweise. Sie haben uns belogen und betrogen. Und heute sind sie im Begriff, uns in ein Abenteuer hineinzureißen, das wir nicht gewollt haben.«[101]
Galeazzo Ciano, Graf von Cortellazzo und Buccari, Jahrgang 1903, Außenminister des Königreichs Italien

»Der Duce ist ein hervorragender Staatsmann. Er kennt die Mentalität seines Volkes, und was er in der kurzen Zeit aus Italien mit seinem faulen Volk geschaffen hat, ist wirklich erstaunlich. Aber er hat keinen leichten Standpunkt, er steht zwischen der Kirche und dem Königshaus. Der König ist allerdings ein Trottel, aber er hat viele Anhänger.«[102]
Adolf Hitler zu seiner Sekretärin Gertraud »Traudl« Junge

»Hitler hatte von den Generalen Keitel, dem Chef des Generalstabs, und von Brauchitsch, dem Oberbefehlshaber des Heeres, einen schriftlichen Bericht darüber angefordert, ob unter den zur Zeit gegebenen Verhältnissen ein allgemeiner Krieg zugunsten Deutschlands entschieden werden könne. Beide hatten die zwei Möglichkeiten berücksichtigt, ob Russland aus dem Konflikt herausgehalten würde oder nicht. Für den ersteren Fall hatte Keitel mit ›ja‹ geantwortet, Brauchitsch mit ›wahrscheinlich‹. Beide hatten erklärt, Deutschland habe, wenn es gleichzeitig auch gegen Russland kämpfen müsse, alle Aussichten, den Krieg zu verlieren.«[103]
Robert Coulondre, französischer Botschafter in Berlin, ERINNERUNGEN

»Wenn ich auf den Sommer 1939 zurückblicke, dann stelle ich fest, dass ich so gut wie nichts von den geheimen Annäherungen Nazi-Deutschlands an die Sowjetunion bemerkt habe, durch die der Zweite Weltkrieg erst unabwendbar wurde. Es gab Hinweise aus Moskau, die darauf hindeuteten, dass die Sowjetunion nicht die Absicht hatte, ohne Weiteres den Franzosen und Briten gegen Nazi-Deutschland zur Seite zu stehen. Trotzdem wäre mir nie in den Sinn gekommen, dass sich solche ideologischen Todfeinde, wie Hitler und Stalin es waren, verbünden könnten.«[104]
William L. Shirer, Rundfunkreporter der Columbia Broadcasting System in Berlin,
THE NIGHTMARE YEARS

TAGEBUCH, 19. AUGUST 1939
»Coup de théâtre: Ankündigung eines deutsch-russischen Nichtangriffspaktes! Schon morgen soll der deutsche Außenminister den Pakt zu unterzeichnen, nach Moskau fliegen. Und die Stalinmorde? Die Hitlermorde? Der Antikominternpakt? Der spanische Bürgerkrieg? Quelle vaste blague! Für die es aber weiß Gott nicht zu leben, noch weniger zu sterben lohnt!«[105]
Thea Sternheim, Jahrgang 1883, deutsch-jüdische Kunstsammlerin und
Autorin im Exil in Paris

»Am 19. August hat Stalin Hitlers Hand ergriffen, nachdem Hitler ihm eine Interessensphären-Teilung im Baltikum in den Schoß gelegt. Am 20. August, ehe ich die Ereignisse des vorhergehenden Tages kannte, hielt ich das Konkurrenzrennen mit den Engländern und Franzosen um die russische Gunst für noch immer

unentschieden. Wenn aber, notierte ich mir, Ribbentrop wie angeboten in der kommenden Woche nach Moskau reist, so bedeutet das: Russland lädt Hitler zum Angriff auf Polen ein und fürchtet sich wohl nicht vor einem neuen 1812.«[106]
Ernst von Weizsäcker, Jahrgang 1882, Staatssekretär im Auswärtigen Amt, ERINNERUNGEN

»Ich danke für den Brief. Ich hoffe, dass deutsch-sowjetischer Nichtangriffspakt eine Wendung zur ernsthaften Besserung der politischen Beziehungen zwischen unseren Ländern schaffen wird.

Die Völker unserer Länder bedürfen friedlicher Beziehungen zueinander; das Einverständnis der deutschen Regierung mit dem Abschluss eines Nichtangriffspaktes schafft die Grundlage für die Liquidierung der politischen Spannung und für die Aufrichtung des Friedens und die Zusammenarbeit zwischen unseren Ländern.

Die Sowjetregierung hat mich beauftragt, Ihnen mitzuteilen, dass sie einverstanden ist mit dem Eintreffen des Herrn von Ribbentrop in Moskau am 23. August. **J.[oseph] Stalin.**«[107] (eigentlich Iosseb Bessarionis Dschughaschwili), Jahrgang 1878, »Führer« [»Vožd«], Vorsitzender der Kommunistischen Partei der Sowjetunion, Telegramm an den Reichskanzler Deutschlands Herrn A. Hitler, 21. August 1939

»Die Reichsregierung und die Sowjetregierung sind übereingekommen, einen Nichtangriffspakt miteinander abzuschließen. Der Reichsminister des Auswärtigen von Ribbentrop wird am Mittwoch, den 23. August, in Moskau eintreffen, um die Verhandlungen zum Abschluss zu bringen.«[108]
Amtliche Bekanntmachung des Deutschen Nachrichtenbüros, Berlin, 21. August 1939

TAGEBUCH, 22. AUGUST 1939
»Deutschland hat mit den Sowjets einen Nichtangriffspakt vereinbart. Ribbentrop fährt heute zur Unterzeichnung nach Moskau! Was hat Hitler nun wieder fertig gebracht! ... Die ganze Welt ist starr, die Westmächte toben, schreien: Verrat von Russland!«
Henriette Schneider, Lyck, Ostpreußen

»Im Sand, in der blendenden Sonne liegend, hörten wir die erstaunliche Nachricht aus Rodmans tragbarem Radio: Nicht-Angriffs-Pakt zwischen der Sowjet- und der Nazi-Regierung vereinbart. Ribbentrop in Moskau ... Die kommunistische Tageszeitung ›Daily Worker« schwieg.«[109]
Jessica Mitford, Jahrgang 1917, Tochter von David Bertram Ogilvy Freeman-Mitford, 2. Baron Redesdale, seit 1939 Mitglied der Kommunistischen Partei der USA, MEMOIREN

»Dieser unvermittelte und unnatürliche Kurswechsel der russischen Politik war eine Schwenkung, deren nur totalitäre Staaten fähig sind. Vor kaum zwei Jahren noch waren die Führer der russischen Armee, Tuchatschewski und einige Tausend der erfahrensten Offiziere, wegen genau derselben Neigungen hingerichtet worden, die nun einer Handvoll von besorgten Machthabern im Kreml genehm wurden. Damals hatte Deutschfreundlichkeit als Ketzerei und Verrat gegolten.«[110]

Winston Churchill, Abgeordneter des Britischen Unterhauses, DER ZWEITE WELTKRIEG

TAGEBUCH, 24. AUGUST 1939
»Gestern ist nun Ribbentrop in Moskau eingetroffen. Es hat wie eine Bombe eingeschlagen. Heini hat die Freude des Führers darüber auf dem Berghof erleben dürfen. Er war ganz glücklich darüber.«[111]

Margarete (Marga) Himmler,
Ehefrau von Heinrich Himmler

Für die Mehrheit der Briten ist Winston Churchill bis zum Eintritt in die Regierung ein Politiker ohne Zukunft.

»Der Nichtangriffspakt zwischen Stalin und Hitler kostete uns viel Nachdenken. Wir begriffen, dass die Westmächte hofften, die kommunistische Sowjetunion und das nazistische Deutschland würden sich gegenseitig kaputtmachen und sie der lachende Dritte sein; dem sollte ein Riegel vorgeschoben werden. Aber man musste die Emotionen ausschalten und nur den Verstand benutzen, um richtig zu reagieren.«[112]

Ruth Werner (eigentlich Ursula Kuczynski), Jahrgang 1907, deutsche Kommunistin, Agentin des sowjetischen Geheimdienstes GRU in der Schweiz, SONJAS RAPPORT

»Sieben Jahre lang hatte ich im wahrsten Sinne des Wortes Albträume wegen der Nazis, teils auch nur, weil sich nirgends Widerstand gegen sie erhob; die Nazis schienen, wie schon Anne Morrow Lindbergh sie beschrieben hatte, die Welle der Zukunft zu sein. Sie waren eine Welle der tiefsten Dunkelheit, wie ich es sah, eine Regierung aus Perversen, Verbrechern und wütenden Irren.

Wie nur konnte ich mich mit der Vorstellung beruhigen, ein Sieg der Nazis sei nicht folgenreicher als ein Sieg der Engländer und Franzosen – wie korrupt und dekadent die auch waren; und wie feige sie sich auch fast ein Jahrzehnt lang Hitlers Forderungen untergeordnet hatten?«[113]

Arthur Miller, Jahrgang 1915, US-Schriftsteller jüdischer Abstammung, TIMEBENDS

»Der Führer sagte vor etwa 4 Jahren in meiner Gegenwart zu einem Ausländer (Goga?): ›Er könne nicht mit Moskau zusammengehen, weil es nicht möglich sei, dem d.[eutschen] Volk das Stehlen zu verbieten und zugleich mit Dieben Freundschaft zu halten.‹«[114]

Alfred Rosenberg, Jahrgang 1892, Leiter des Außenpolitischen Amtes der NSDAP

»Bedeutete das Abkommen auch innenpolitisch einen ›Burgfrieden mit den Kommunisten‹? Ängstliche Gemüter wurden bald beruhigt. Hitler selbst gab die Richtlinie: Der Vertrag war ›Außenpolitik‹ und nicht ›Innenpolitik‹, die Publizistik beider Vertragspartner enthielt sich der bisherigen Polemik. Das war alles.«[115]

Rudolf Jordan, Jahrgang 1902, NSDAP-Gauleiter von Magdeburg-Anhalt, ERLEBT UND ERLITTEN

»Im Osten gab es seit jeher eine tiefe Urangst vor dem ›Bolschewisten‹. Tilsit lag nur dreißig Kilometer von der russischen Grenze entfernt, und Grenzvölker reagieren einerseits patriotischer, verkehren in Friedenszeiten mit den Nachbarn an der Grenze umgänglicher, haben andererseits aber auch mehr Angst vor gewalttätigen Übergriffen als Provinzen in der sicheren Mitte. Das war in Elsass-Lothringen und im Saarland ebenso.

Wir fürchteten damals die ›Russen‹. Den Pakt von Hitler und Stalin begriff 1939 in Tilsit kein Mensch.«[116]

Joachim Kaiser, Jahrgang 1928, Gymnasiast in Tilsit, Ostpreußen, ICH BIN DER LETZTE MOHIKANER

»Forderungen des Führers an die militärischen Führer … Vernichtung Polens = Beseitigung seiner lebendigen Kraft. Es handelt sich nicht um Erreichen einer bestimmten Linie oder einer neuen Grenze, sondern um Vernichtung des Feindes, die auf immer neuen Wegen angestrebt werden muss. Mittel gleichgültig. Der Sieger wird nie interpelliert, ob seine Gründe berechtigt waren. Es handelt sich nicht darum, das Recht auf unserer Seite zu haben, sondern ausschließlich um den Sieg.«[117]

Franz Halder, Jahrgang 1884, General der Artillerie, Chef des Generalstabs der Wehrmacht

»Ich sitze abends auf dem Kurfürstendamm im Pilsner, lasse das Straßenleben an mir vorbeifluten, Menschen, auf denen etwas lastet, die wohl wissen, worum es geht, etwas gedrückt und nachdenklich.«

Eduard Wagner, General der Artillerie

»Was bei den Deutschen angenehm ist, ist, dass sie einen immer vorwarnen, wenn sie etwas Böses im Sinn haben. Leider nützt einem das nichts, denn ihr Plan ist so enorm, dass niemand ihn glaubt.«[118]

Paul Reynaud, Jahrgang 1878, vorletzter Ministerpräsident der Dritten Republik Frankreichs, AU CŒUR DE LA MÊLÉE

»Die Besprechung oder vielmehr die Ansprache, die Hitler an die militärischen Führer richtete … fand in dem großen Empfangsraum des Berghofs mit dem Blick gen Salzburg statt … Für uns Generale, die wir nicht zu dem Kreise der militärischen obersten Führung gehörten, war der Eindruck von Hitlers Ausführungen wohl folgender:

Die absolute Entschlossenheit Hitlers, die deutsch-polnische Frage nunmehr zur Entscheidung zu bringen, auch um den Preis eines Krieges. Falls Polen dem – angesichts des im Gange befindlichen, wenn auch noch getarnten deutschen Aufmarsches nunmehr dem Höhepunkt zustrebenden – deutschen Druck jedoch nachgeben sollte, schien eine friedliche Lösung keineswegs ausgeschlossen; es war die Überzeugung Hitlers, dass die Westmächte letzten Endes wiederum nicht zum Schwert greifen würden.

Er begründete diese seine Ansicht besonders eingehend. Seine Argumente waren im Wesentlichen: der Rückstand, in dem sich die britischen und französischen Rüstungen, insbesondere bezüglich der Luftwaffe und der Luftabwehr, befanden; die praktische Unmöglichkeit für die Westmächte, Polen anders als durch einen Angriff gegen den Westwall wirksam helfen zu können, einen Angriff, den beide Völker im Hinblick auf die hohen Blutopfer kaum riskieren würden …«[119]

Erich von Manstein, Jahrgang 1887, Generalleutnant, Kommandeur der schlesischen 18. Infanterie-Division der deutschen Wehrmacht, über eine Besprechung vom 22. August 1939, VERLORENE SIEGE

»Es wurde mir klar, dass bei einer Auseinandersetzung mit dem Westen Polen uns angreifen würde. Polen strebt den Zugang zum Meer an. Nach der Besetzung des Memelgebietes zeigt sich die weitere Entwicklung, und es wurde mir klar, dass u. U. [unter Umständen] eine Auseinandersetzung mit Polen zu einem ungünstigen Zeitpunkt kommen könnte.

Als Gründe für diese Überlegung führe ich an: …

Wesentlich hängt es von mir ab, von meinem Dasein, wegen meiner politischen Fähigkeiten. Dann die Tatsache, dass wohl niemand wieder so wie ich das Vertrauen des ganzen deutschen Volkes hat. In der Zukunft wird es wohl niemals wieder einen Mann geben, der mehr Autorität hat als ich. Mein Dasein ist also ein großer Wert-Faktor. Ich kann aber jederzeit von einem Verbrecher, von einem Idioten beseitigt werden.

Der zweite persönliche Faktor ist der Duce. Auch sein Dasein ist entscheidend. Wenn ihm etwas zustößt, wird die Bündnistreue Italiens nicht mehr sicher sein.«[120]
Adolf Hitler, Ansprache vor den Oberbefehlshabern der deutschen Wehrmacht, 22. August 1939

TAGEBUCH, 26. AUGUST 1939

»Um neun Uhr morgens, als ich im Bette behaglich im Herodot studierte, brachte Louise den Mobilmachungsbefehl herauf, der mich zum 30. August nach Celle einberuft und den ich ohne große Überraschung empfing, da sich das Bild des Krieges von Monat zu Monat und von Woche zu Woche schärfer abzeichnete.«[121]
Ernst Jünger, Jahrgang 1895, Schriftsteller, Hauptmann der Reserve

TAGEBUCH, 27. AUGUST 1939

»Briefwechsel zwischen Hitler und Chamberlain. Hitler will Danzig und den Korridor für Deutschland.«
Henriette Schneider, Lyck, Ostpreußen

TAGEBUCH, 28. AUGUST 1939

»Die Ereignisse in Europa nehmen eine schlimme Wendung. Hitler ist offensichtlich dabei, Polen zu vernichten. Die Zeitungen sind voll von Neuigkeiten und der BBC Lang- und Kurzwellensender schickte den ganzen Tag Bulletins über den Äther.«[122]
Geoffrey Paul Duff, Jahrgang 1909, Lehrer, Tarras, Central Otago, Neuseeland

TAGEBUCH, 28. AUGUST 1939

»Drückend schwüle Tage voll von Angst und Erwartung, von Erinnerungen an die Kindheitserlebnisse 1914, von Zukunftsbildern. Große Stille, keine Flieger, nur noch wenig Autos, aber Züge, Züge, fast ununterbrochen, schrill pfeifend. Man kann nichts tun, nichts denken, nichts fühlen als nur das eine: keinen Krieg.«[123]
Marie Luise Kaschnitz, Jahrgang 1901, Schriftstellerin

TAGEBUCH, 28. AUGUST 1939

»Briefwechsel zwischen Hitler und Daladier ... Wir glauben, dass es zum Krieg kommt ... Die Polen haben alle Grenzen besetzt ... Seit gestern sind für Milch, Fette, Kaffee, Stoffe u. a. Karten eingeführt. Kartoffeln, Mehl, Backwaren, Gemüse, Eier sind frei.«
Henriette Schneider, Lyck, Ostpreußen

TAGEBUCH, 30. AUGUST 1939

»Am Montagabend schien der Krieg noch unausweichlich. Gestern Abend schien der Friede möglich. Heute früh sind die Dinge wieder völlig unklar. Wird Hitler nachgeben? Oder bereitet man in London wieder einen Verrat in letzter Minute vor?«[124]
Mihail Sebastian, rumänisch-jüdischer Journalist und Schriftsteller in Bukarest

»Man ist seit dem 30. August abends offenbar fest entschlossen gewesen, den Krieg auf alle Fälle zu führen. Ich vermute, dass der Rat Ribbentrops den Ausschlag gab. Denn er schnitt alle Fäden ab, die sich noch boten. Warum aber Hitler ohne Italien und gegen die Westmächte den Krieg eröffnet, während er beide Eventualitäten bisher ablehnte, ist mir unklar. Ich verstand sein Ziel bis zum 30. August als einen sehr hoch gespannten Bluff mit der Absicht, schließlich doch einzulenken.«[125]
Ernst von Weizsäcker, Staatssekretär im Auswärtigen Amt, Notiz vom 30. August 1939, ERINNERUNGEN

»Anstelle eines polnischen Beauftragten traf die Nachricht von der polnischen Mobilmachung ein. Hitler ließ Brauchitsch und Keitel kommen und legte am Nachmittag dieses 30. August den Angriffsbeginn auf Freitag, den 1. September, früh 4 Uhr 45, fest.«[126]
Nicolaus von Below, Jahrgang 1907, Adjutant der Luftwaffe bei Adolf Hitler, ALS HITLERS ADJUTANT

TAGEBUCH, 30. AUGUST 1939
»Stundenlang zogen am Nachmittag Truppen in voller Kriegsausrüstung zur Grenze hin ... Polen hatte die Mobilmachung ausgerufen!«
Henriette Schneider, Lyck, Ostpreußen

»Ich hatte genug gehört, um davon überzeugt zu sein, dass Hitler mich als seinen Feind erkannte. Mein ehemaliger Detektiv von Scotland Yard, Inspektor Thompson, war im Ruhestand. Ich bat ihn, nach Chartwell zu kommen und seine Pistole mitzubringen. Meine eigenen Waffen, die in gutem Zustand waren, legte ich bereit. Während der Nacht legten wir uns abwechselnd je einer zum Schlafen nieder, während der andere wachte. Auf diese Weise konnte keiner von uns überrascht werden. Zu dieser Stunde schon wusste ich, dass, wenn es Krieg gab – und wer konnte noch daran zweifeln? –, eine schwere Last mir zufallen werde.«[127]
Winston Churchill, britischer Unterhausabgeordneter, über die Nacht vom 30. auf den 31. August 1939, DER ZWEITE WELTKRIEG

TAGEBUCH, 31. AUGUST 1939
»Schwül, abends Gewitter. – Politik sehr ängstlich. Mobilmachung in Holland verstärkt, ebenso in England. – Vormittags ein Tischler, repariert sehr geschickt meinen Schreibtisch, verlangt aber 2 Gulden.«[128]
Otto Blumenthal, deutsch-jüdischer Mathematiker im Exil, Oud-Zuilen bei Utrecht, Niederlande

TAGEBUCH, 31. AUGUST 1939
»Die europäische Situation verschlechtert sich weiter. Aus den Nachrichten ist zu

entnehmen, dass Deutschland entschlossen ist, gegen Polen zu marschieren. In diesem Fall werden Großbritannien und Frankreich ihre Beistandsgarantie einhalten und das wird die Welt in einen schrecklichen Konflikt stürzen.«[129]

Geoffrey Paul Duff, Lehrer, Tarras, Central Otago, Südinsel Neuseeland

»Vormittags versuchte ich, mir in den Straßen Berlins ein Bild zu machen, wie die Bevölkerung die Gefahr eines Krieges einschätzte. Alle sind gegen einen Krieg, notierte ich in mein Tagebuch. Die Menschen äußern sich ganz frei. Wie kann ein Land in einen so folgenreichen Krieg ziehen, wenn die Bevölkerung so sehr dagegen ist?«[130]

William L. Shirer, Rundfunkreporter der Columbia Broadcasting System in Berlin, über den 31. August 1939, THE NIGHTMARE YEARS

»Geheime Kommandosache, Chefsache, nur durch Offizier 8 Ausfertigungen, 2. Ausfertigung …

1) Nachdem alle politischen Mittel erschöpft sind, habe ich mich entschlossen, die polnische Frage mit Waffengewalt zu lösen …

2.) Der Angriff gegen Polen ist nach den für Fall Weiß getroffenen Vorbereitungen zu führen mit den Abänderungen, die sich beim Heer durch den inzwischen fast vollendeten Aufmarsch ergeben …

4.) Eröffnen England und Frankreich die Feindseligkeiten gegen Deutschland, so ist es Aufgabe der im Westen operierenden Teile der Wehrmacht, unter möglichster Schonung der Kräfte die Voraussetzungen für den siegreichen Abschluss der Operationen gegen Polen zu erhalten. Im Rahmen dieser Aufgabe sind die feindl.[ichen] Streitkräfte und deren wehrwirtschaftl.[iche] Kraftquellen nach Kräften zu schädigen. Den Befehl zum Beginn von Angriffshandlungen behalte ich mir in jedem Fall vor.«[131]

Adolf Hitler, Der Oberste Befehlshaber der Wehrmacht, Berlin, den 31. August 1939

TAGEBUCH, 31. AUGUST 1939

»Es wird einem unheimlich vor der Größe der Verantwortung, die er trägt und übernimmt. Die abendliche Verlautbarung ist außerordentlich geschickt und wirkt zweifellos sehr günstig. Vielleicht gelingt es, den Westen draußen zu halten.«[132]

Eduard Wagner, General der Artillerie der deutschen Wehrmacht

PRIVATES KRIEGSTAGEBUCH, 22. AUGUST 1939

»Forderungen des Führers an die militärischen Führer … Vernichtung Polens = Beseitigung seiner lebendigen Kraft. Es handelt sich nicht um Erreichen einer bestimmten Linie oder einer neuen Grenze, sondern um Vernichtung des Feindes, die auf immer neuen Wegen angestrebt werden muss. Mittel gleichgültig. Der Sieger wird nie interpelliert, ob seine Gründe berechtigt waren.

Es handelt sich nicht darum, das Recht auf unserer Seite zu haben, sondern ausschließlich um den Sieg.«[133]
Franz Halder, General der Artillerie, Chef des Generalstabs der Wehrmacht

»Damals kam er mir wie ein Held der antiken Sage vor, der, ohne zu zögern, im Bewusstsein der Stärke, die abenteuerlichsten Unternehmungen einging und souverän bestand.«[134]
Albert Speer, Jahrgang 1905, Generalbauinspektor für die Reichshauptstadt,
ERINNERUNGEN

TAGEBUCH, 1. SEPTEMBER 1939
»Zur Reichskanzlei. Alles ganz ruhig. Der Führer hat seinen Entschluss fest gefasst. Lipski war noch bei Ribbentrop. Aber er hatte keine Vollmachten. Damit ist alles entschieden. Der Führer ist für niemanden außerhalb mehr zu sprechen. Beraten. Göring meint, dass eine geringe Hoffnung besteht, dass London nicht mittut. Ich bin da vorläufig noch sehr skeptisch. Aber auch so kann man uns im Westen wenig anhaben. Pakt mit Moskau einstimmig ratifiziert. Molotow hält eine glänzende Rede für uns und gegen die Einkreiser. Das kommt uns gerade recht. Dann schmettern wir das Memorandum des Führers heraus. Es erregt in der ganzen Welt ungeheures Aufsehen. Damit auch nach außen hin Abbruch der Verhandlungen … Wir bleiben noch bis Mitternacht in der Reichskanzlei. Der Führer studiert mit uns Karten. Dann ist Schluss für heute. Wir müssen etwas Schlaf haben. Zu Hause noch Magda etwas erzählt. Sie wartet voll Ungeduld. Und dann Schlaf. In der Nacht wird das Schicksal seinen Weg nehmen.«[135]
Joseph Goebbels, Reichsminister für Volksaufklärung und Propaganda

»Um 4 Uhr 45 hat der Panzerkreuzer ›Schleswig-Holstein‹ das Feuer gegen die Westerplatte aus allen Rohren eröffnet. Die Beschießung dauert an.«[136]
Henryk Sucharski, Jahrgang 1898, Major des polnischen Heeres, Meldung Kommandant Westerplatte an das Kommando der polnischen Kriegsmarine in Gdingen,
1. September 1939, 4 Uhr 50

KRIEGSTAGEBUCH, 1. SEPTEMBER 1939, 7. MOB.[ILISIERUNGS] TAG
»06.30 Uhr: Grenze überall überschritten; … Westerplatte, Landungs-K[om] p[anie].; Aufruf Führer an Wehrmacht … 08.00 Uhr: Dirschau anscheinend nicht gelungen, 1. Fliegerangriff anscheinend nicht gewirkt … Brücke gesprengt … 10.00 Uhr Reichstagsrede des Führers (Oberbefehlshaber im Reichstag).«[137]
Franz Halder, General der Artillerie, Chef des Generalstabs der Wehrmacht

TAGEBUCH, 1. SEPTEMBER 1939
»Um 22.00 Uhr hörten wir, dass Deutschland in Polen einmarschiert ist und so der Konflikt begonnen hat. Wir hörten bis 1.30 Uhr den Meldungen zu und

verfolgten so auch einen Bericht eines Sprechers vom Bahnhof Waterloo über die Evakuierung von Kindern aus London.«[138]

Geoffrey Paul Duff, Lehrer, Tarras, Central Otago, Neuseeland

TAGEBUCH, 1. SEPTEMBER 1939

»Beginn des zweiten Weltkriegs. Herrliches Wetter. – Morgens Nachricht von der Angliederung Danzigs. 10 Uhr Führerrede im Reichstag. Den Tag über ungefähr alle Stunde ans Radio gelaufen.«[139]

Otto Blumenthal, deutsch-jüdischer Mathematiker im Exil, Oud-Zuilen bei Utrecht, Niederlande

»In den frühen Morgenstunden des 1. September, gegen fünf Uhr, während die Soldaten unserer Artilleriedivision friedlich schliefen, donnerte unentdeckt die deutsche Luftwaffe heran, überflog unsere Kaserne und bedeckte die ganze Region mit einem Teppich aus Brandbomben. Gleichzeitig rollten Hunderte starke, moderne deutsche Panzer über die Grenze und schleuderten Granaten in die schwelenden Ruinen. Das Ausmaß von Tod, Zerstörung und Chaos, das die Angriffe in diesen drei kurzen Stunden verursachten, war unvorstellbar. Bis wir uns so weit gefasst hatten, dass wir die Situation auch nur begriffen, war klar, dass wir keinerlei ernsthaften Widerstand leisten konnten.«[140]

Jan Karski, Jahrgang 1914, Diplomatenanwärter, Offizier der Reserve der polnischen Armee, MEIN BERICHT AN DIE WELT

»Im Morgengrauen des 1. Septembers schlug der Feind zu. Hoch über uns konnten wird Staffel auf Flugzeugstaffel in Formation Richtung Warschau fliegen sehen, wie Kraniche. Gleich darauf meldeten unsere Vorposten, dass die Deutschen die Grenze überschritten hätten.«[141]

Władysław Anders, Jahrgang 1892, Oberst der polnischen Armee, EINE ARMEE IM EXIL

TAGEBUCH, 1. SEPTEMBER 1939

»6 Uhr Aufruf des Führers an die Wehrmacht: ›Ich erwarte, dass jeder Soldat seine Pflicht bis zum Letzten erfüllen wird.‹ 7 Uhr 25 Erklärung Danzigs zum Reichsgebiet.«[142]

Eduard Wagner, Generalquartiermeister des Heeres

TAGEBUCH, 1. SEPTEMBER 1939

»Polen hat Hitlers Angebot abgelehnt. Der Krieg ist vor der Tür ... Das Radio meldete das Vorgehen unserer Truppen in ganz Polen ... Alle Männer von 16 bis 55 Jahren mussten nach Lötzen.«

Henriette Schneider, Lyck, Ostpreußen

»In der Nacht, in der der Krieg erklärt wurde, saßen Vernon [Old] und ich zu Hause vor dem Radioempfänger. Es schien, als wären wir überhaupt nicht anwesend. Bis auf die Radiostimme des Ansagers schien das Zimmer ganz leer zu sein. Keine Angst, keine Verzweiflung, kein Gefühl. Nur Leere.«[143]

Christopher Isherwood, Jahrgang 1904, britisch-amerikanischer Schriftsteller, Los Angeles, TAGEBUCH, 1. OKTOBER 1939

»Kurz vor 10 Uhr fuhr er, nun bereits feldgrau gekleidet, zur Reichskanzlei, um an der Reichstagssitzung teilzunehmen. SA-Formationen und SS hatten, um 8 Uhr früh beginnend, auf dem Wege von der Wilhelmstraße bis zur Krolloper, Spalier gebildet, was an diesem Tage kaum nötig gewesen wäre; denn sehr viele Leute säumten die Straßen nicht.

Von dem Jubel, der 1914 den Kriegsbeginn begleitet hatte, war nichts zu spüren. Zwar gab es Ovationen; aber sie waren dünn und hielten sich im Vergleich zu vorausgegangenen ›Huldigungen‹ sehr in Grenzen. Im Reichstag angekommen, fand er volle Reihen vor, obwohl noch rund 100 Abgeordnete fehlten. Göring, der Reichstagspräsident, hatte rasch vorgesorgt und ›kraft der Vollmacht‹, über die er als Reichstagspräsident verfügte, ›Ersatz-Abgeordnete‹ auf den leeren Sitzen Platz nehmen lassen.«[144]

Heinz Linge, Jahrgang 1913, SS-Leibstandarte, Diener Adolf Hitlers, BIS ZUM UNTERGANG

»Dann erschien Hitler – ernst, todernst – diesmal nicht im gewohnten braunen Uniformrock der Partei, sondern erstmals in feldgrauer Uniform. Stumm – wie damals am 19. Juli 1934 – erheben sich die Abgeordneten. Über dem Plenum liegt erwartungsvolle, spannungsgeladene Stille. Die Diplomaten- und die Presseplätze im Rang über unseren Sitzen sind bis auf den letzten Platz gefüllt. Dann spricht Hitler – nur nach Notizen, in freier Rede; kurz umreißt er die Geschichte des deutsch-polnischen Konfliktes, schildert die Ereignisse der letzten Tage. Dann fällt der Satz: ›Ich habe mich daher nun entschlossen, mit Polen in der gleichen Sprache zu reden, die Polen seit Monaten uns gegenüber anwendet.‹ Und einige Minuten später folgt die Erklärung: ›Seit 5.45 Uhr wird jetzt zurückgeschossen.‹«[145]

Rudolf Jordan, NSDAP-Gauleiter von Halle-Merseburg und Magdeburg-Anhalt, ERLEBT UND ERLITTEN

»Ich habe damit wieder jenen Rock angezogen, der mir selbst der heiligste und teuerste war. Ich werde ihn nur ausziehen, nach dem Sieg – oder ich werde dieses Ende nicht mehr erleben! Sollte mir in diesem Kampf etwas zustoßen, dann ist mein erster Nachfolger Parteigenosse Göring. Sollte Parteigenossen Göring etwas zustoßen, ist sein Nachfolger Parteigenosse Heß. Sie würden diesem dann als Führer genauso zu blinder Treue und Gehorsam verpflichtet sein wie mir!«[146]

Adolf Hitler, Rede vor dem Reichstag, Krolloper, 1. September 1939

»Gehe um halb sechs ins Unterhaus. Sie haben bereits das Gebäude verdunkelt und die Beleuchtung gedämpft. In der Vorhalle ist es äußerst dunkel, und der Sitzungssaal, der gewöhnlich wie ein dämmriges Aquarium wirkt, erscheint vergleichsweise grell. Der Speaker erscheint pünktlich um sechs Uhr, und wir verneigen uns alle vor ihm. Lloyd George und Winston Churchill sitzen sich bereits auf ihren Plätzen gegenüber. Es wird gebetet. Der Kaplan fügt ein besonderes kleines Gebet hinzu: ›Lasst uns an diesem Tage um Klugheit und Mut bei der Verteidigung des Rechts beten.‹«[147]

Harold Nicolson, Abgeordneter des Britischen Unterhauses

»Abermals sahen wir uns gezwungen, zur Verteidigung der Rechte eines schwachen Staates, den man vergewaltigt und grundlos überfallen hatte, das Schwert zu zücken. Abermals mussten wir um Leben und Ehre gegen die ganze Macht und Wut der tapferen, in Kriegszucht geübten und erbarmungslosen deutschen Rasse kämpfen. Abermals. So sollte es denn sein.«[148]

Winston Churchill, DER ZWEITE WELTKRIEG

»Den Tag des Kriegsausbruchs habe ich noch konkret in Erinnerung: In der Nacht zuvor wurde mein Vater, obwohl er die Fünfzig bereits erreicht hatte, als erfahrener Frontoffizier des Ersten Weltkriegs eingezogen, um am Polenfeldzug teilzunehmen. Es herrschte große Aufregung. Ich stand mit meiner Mutter und meinem vier Jahre älteren Bruder an der Auffahrtsrampe zur Rheinbrücke von Ludwigshafen nach Mannheim. Die Erwachsenen waren sehr ernst. Viele Frauen weinten. Auf der Rheinbrücke zogen die ersten Flüchtlinge des Zweiten Weltkriegs vorbei: Bauern aus südpfälzischen Dörfern, die aus der ›roten Zone‹ am Westwall, dem bedrohten Gebiet hinter den vielgerühmten Festungswerken Hitlers entlang der deutsch-französischen Grenze, evakuiert wurden und nun mitsamt der spärlichen Habe, die sie mitführen durften, zu Sammelstellen fuhren. Kühe zogen die ärmlichen Fuhrwerke.«[149]

Helmut Kohl, Jahrgang 1930, Schüler in Ludwigshafen, ERINNERUNGEN

»Man kann heute gelegentlich lesen, die Deutschen seien Hitler begeistert in den Krieg gefolgt, doch das ist das Gegenteil der Wahrheit. Wahrscheinlich jedem, der die Tage nach Kriegsausbruch in Deutschland erlebt hat, hat sich die Atmosphäre der Niedergeschlagenheit, der Verzweiflung, die das Land beherrschte, tief eingeprägt.«[150]

Elisabeth Noelle-Neumann, Jahrgang 1916, Studentin, München, ERINNERUNGEN

»Die Mutter weinte, weil sie an ihre Söhne dachte und an die Hungersnot im letzten Krieg. Sie sagte: ›Hoffentlich geht der Krieg bald zu Ende, ehe die Jungens Soldaten werden müssen!‹ und: ›Jetzt fängt das schreckliche Hungern wieder an!‹

Auch E.[va] weinte in den Septembertagen des Jahres 1939, weil ihr kleiner heiß-geliebter Dackel von der Straßenbahn überfahren wurde.«[151]
Eva Sternheim-Peters, Jahrgang 1925, Schülerin und BDM-Aktivistin, Boke / Paderborn,
EINE JUGEND IM NATIONALSOZIALISMUS

»Während des Tages hatte sich Feldmarschall Göring sehr aktiv gezeigt. Ich neh-me an, dass Göring persönlich eine friedliche Lösung vorgezogen hätte, aber in derartigen Fällen galt einzig und allein Hitlers Entscheidung.«[152]
Neville Henderson, britischer Botschafter in Berlin, FEHLSCHLAG EINER MISSION

»Am frühen Abend suchten wir in den Wäldern um Carinhall gemeinsam Ent-spannung. Es war ein warmer Abend nach einem brütend heißen Tag. Jeder Schritt fiel uns in dieser Atmosphäre schwer. Wir gingen lange still nebeneinan-der her. Als sich Hermann bei mir einhakte, meinte er: ›Wer weiß, vielleicht ist es der letzte Abend, an dem wir hier zusammen gehen können.‹ Ich ließ diese Worte eine Weile auf mich wirken. Es war mir klar, dass von nun an vieles nicht mehr so sein würde wie bisher. Die Zukunft, sie erhob sich vor mir an diesem Abend wie eine dunkle, undurchdringliche Wand. Noch standen wir vor dieser Wand, hinter der sich die Ungewissheit verbarg. Keine Auswirkung eines Krieges war bis jetzt zu verspüren. Noch leuchteten die Sterne auf die Erde nieder, deren Menschen immer noch an den Frieden glaubten. – Wir waren stehen geblieben. Ganz unwillkürlich. Jeder mit seinen Gedanken allein.«[153]
Emmy Göring, Ehefrau von Hermann Göring, BEGEBENHEITEN UND BEKENNTNISSE

»Einmal mehr hat Hitler, dieses Genie des Bösen, seine Stunde zu wählen ge-wusst. Wie am 7. März 1936, wie für den Anschluss, wie für München. Im Au-gust 1939 hat er verstanden, dass man – ohne zu fragen – Polen regeln musste, bevor Frankreich und England in der Lage waren, eine schnelle Offensive auszu-lösen … Im Mai 1940 war England erst am Beginn seiner Anstrengungen. Unsere Luftwaffe war noch nicht bereit. Wir steckten in einer politischen Krise.«[154]
Maurice Gamelin, Jahrgang 1872, General, Befehlshaber der französischen Streitkräfte,
DER KRIEG

TAGEBUCH, 2. SEPTEMBER 1939
»Personenzüge verkehren nicht … Wo mag Karl stecken? … Keine Nachricht.«
Henriette Schneider, Lyck, Ostpreußen

»Am 1. September 1939 brach der Krieg aus; tags darauf, am 2. September gegen Abend, fiel unser Sohn Heinrich. In der Tucheler Heide am Bahnübergang bei Klonowo ist der Ort, wo Heinrich als Leutnant und Führer des 1. Zuges des Infan-terie-Regimentes Nr. 9, seinen Leuten voran gegen polnische Schützen vorgehend, sein frühes, schnelles Ende fand. Unser Sohn Richard, im gleichen Regiment, hat

am 3. September bis in die frühen Morgenstunden bei seinem Bruder gewacht.«[155]
Ernst von Weizsäcker, Staatssekretär im Auswärtigen Amt, Vater von Carl Friedrich, Heinrich und Richard von Weizsäcker, ERINNERUNGEN

»Nach meiner Rückkehr aus Skandinavien erste Nachricht: Heinrich Weizsäcker gefallen. Ich besuchte gestern Nachmittag den Vater, der mich sehr rührte. Er hat neulich zu jemand gesagt, seine Lage sei besonders beneidenswert: zwei, wahrscheinlich bald drei Söhne im Felde, vergeblich für den Frieden arbeitend, in der Geschichte wahrscheinlich als einer der Kriegsmacher verewigt. Dass er das Gegenteil war, kann ich bezeugen, ohne dass er freilich ein Mann von Durchschlagskraft war; oder muss man sagen: von Durchschlagskraft sein konnte?«[156]
Ulrich von Hassell, Jahrgang 1881, deutscher Diplomat, TAGEBUCH, 10. September 1939

TAGEBUCH, 2. SEPTEMBER 1939
»Den ganzen Tag über erhielten wir vom BBC-Sender Daventry weitere Erklärungen, die letzte sagte, dass die Deutschen in Polen vorrückten und Britannien und Frankreich Deutschland davon unterrichtet hätten, dass sie, falls es seine Truppen nicht zurückzöge und an den Verhandlungstisch zurückkehre, sie sich gezwungen sähen, den Krieg zu erklären.«[157]
Geoffrey Paul Duff, Lehrer, Tarras, Central Otago, Neuseeland

»In den frühen Morgenstunden (4 Uhr) des 3. Septembers erhielt ich dementsprechend von Seiner Majestät Regierung die Weisung, eine Zusammenkunft mit dem Außenminister für 9 Uhr morgens zu vereinbaren … Ich händigte infolgedessen um Punkt 9 Uhr Dr. Schmidt das endgültige Ultimatum … aus, wobei ich darauf hinwies, dass über vierundzwanzig Stunden verflossen seien, seitdem ich um sofortige Beantwortung unseres Warnungsschreibens vom 1. September gebeten hatte, dass die Angriffe auf Polen sich seitdem verschärft hätten, und dass, sofern Seiner Majestät Regierung nicht bis 11 Uhr vormittags britischer Sommerzeit befriedigende Versicherungen bezüglich der Aufhebung aller Kampfhandlungen gegen Polen und der Zurückziehung der deutschen Streitkräfte aus diesem Land erhalten habe, von dieser Stunde an ein Kriegszustand zwischen unseren beiden Ländern bestehen. Dr. Schmidt erhielt diese Erklärung und übernahm es, sie seinem Chef sofort zu unterbreiten.«[158]
Neville Henderson, britischer Botschafter in Berlin, FEHLSCHLAG EINER MISSION

»Der Dolmetscher Schmidt, Mitglied von Ribbentrops Ministerbüro, begab sich sofort in die Reichskanzlei, wo Hitler und Ribbentrop im Wintergarten auf und ab gingen. Sie wussten bereits, dass Henderson eine Note überreichen wollte. Ribbentrop hatte sich verleugnen lassen, weil es ihm klar war, dass das nur die Kriegserklärung sein konnte.«[159]
Nicolaus von Below, Adjutant der Luftwaffe bei Adolf Hitler, ALS HITLERS ADJUTANT

Premierminister Neville Chamberlain berichtet am 3. September 1939 um 11.15 Uhr in der BBC seinen Landsleuten von der Kriegserklärung an Deutschland.

»In dem Raum vor Hitlers Arbeitszimmer waren die meisten Kabinettsmitglieder und prominenten Parteileute versammelt. Es herrschte ein ziemlich starkes Gedränge, so dass ich einige Mühe hatte, zu Hitler vorzudringen. ›Was gibt es denn Neues?‹, fragten mich mehrere etwas ängstlich klingende Stimmen. Ich entgegnete nur achselzuckend: ›Die Schule fällt aus‹ und betrat das danebenliegende Zimmer, in dem Hitler an seinem Arbeitstisch saß, während Ribbentrop etwas rechts von ihm am Fenster stand. Beide blickten gespannt auf, als sie mich sahen. Ich blieb in einiger Entfernung vor Hitlers Tisch stehen und übersetzte ihm dann langsam das Ultimatum der britischen Regierung. Als ich geendet hatte, herrschte völlige Stille … Wie versteinert saß Hitler da und blickte vor sich hin. Er war nicht fassungslos, wie es später behauptet wurde, er tobte auch nicht, wie es wieder andere wissen wollten. Er saß völlig still und regungslos an seinem Platz. Nach einer Weile, die mir wie eine Ewigkeit vorkam, wandte er sich Ribbentrop zu, der wie erstarrt am Fenster stehen geblieben war. ›Was nun?‹, fragte Hitler seinen Außenminister mit einem wütenden Blick in den Augen, als wolle er zum Ausdruck bringen, dass ihn Ribbentrop über die Reaktion der Engländer falsch informiert habe. Ribbentrop erwiderte mit leiser Stimme: ›Ich nehme an, dass die Franzosen uns in der nächsten Stunde ein gleichlautendes Ultimatum überreichen werden.‹ Da meine Aufgabe nun erledigt war, zog ich mich zurück und sagte den draußen

im Vorzimmer Wartenden, die mich umdrängten: ›Die Engländer haben uns soeben ein Ultimatum überreicht. In zwei Stunden besteht zwischen England und Deutschland Kriegszustand.‹ Auch hier im Vorraum herrschte bei dieser Ankündigung Totenstille. Göring drehte sich zu mir um und sagte: ›Wenn wir diesen Krieg verlieren, dann möge uns der Himmel gnädig sein!‹«[160]
Paul Otto Schmidt, Chefdolmetscher des Auswärtigen Amtes, ERLEBNISSE

»Als Coulondre in die Botschaft zurückkehrte, war ihm seine Erschütterung anzusehen. Ohne ein Wort zu sagen, setzte er sich an den Tisch des großen Konferenzsaals, in dem wir ihn erwartet hatten, schien zu überlegen, was er sagen sollte, und berichtete uns schließlich von den dramatischen Minuten, die er eben in der Reichskanzlei erlebt hatte. Er sprach kaum fünf Minuten, hielt dann einen Augenblick inne – und plötzlich brach dieser Mann, der eine Woche lang trotz kurzen, durch Telefonate immer wieder unterbrochenen Nächten eisern durchgehalten hatte, vor uns in Tränen aus.«[161]
Paul Stehlin, Luftwaffenattaché der französischen Botschaft, über den
3. September 1939, AUFTRAG IN BERLIN

KRIEGSTAGEBUCH, 3. SEPTEMBER 1939 (SONNTAG). 9. MOB.[ILISIERUNGS]-TAG
»Kriegserklärung Englands 11.30 Uhr. Frankreich 17.00 Uhr. Umstellung auf Kriegswirtschaft befohlen.«[162]
Franz Halder, General der Artillerie, Chef des Generalstabs der Wehrmacht

TAGEBUCH, 3. SEPTEMBER 1939
»Für 11.00 Uhr die Ankündigung einer Premierminister-Ansprache im Radio. Ich ging zur 11.00 Uhr Messe. Während der Messe ging, gerade als der Priester die Kanzel bestieg, ein Messdiener vom Altar zum Pfarrhaus und kam mit einer Notiz zurück, die er zur Kanzel hoch reichte. Der Priester nahm die Notiz und sagte: ›Ich bedaure, aber das Unvermeidliche ist geschehen. Wir befinden uns eben jetzt im Krieg mit Deutschland.‹ Er hielt dann eine hervorragende Predigt. Er ermahnte uns, für die toten Polen zu beten, und auch für die deutschen Toten, da die jetzt nicht länger unsere Feinde seien. Wir müssten Nächstenliebe walten lassen und versuchen, auch das deutsche Volk zu lieben, das von schlechten Menschen in die Irre geführt worden sei.«[163]
Christopher Tomlin, Jahrgang 1911, Zeitungsverkäufer aus Preston, Lancashire, England

»Wir wurden um 6 Uhr in der Frühe von einem Mann in einem Beiboot längst unserer Jacht geweckt. ›Leute, seid ihr Engländer?‹ Wir lugten leicht verschwommen über die Reling. ›Ja.‹ ›Also, wünsche viel Glück, ihr habt soeben Deutschland den Krieg erklärt!‹ Keiner sprach ein Wort. Wir gingen unter Deck und schenkten uns zwei Becher mit warmem Gin ein. Als wir endlich in Catalina ankamen und zu den anderen stießen, trafen wir auf eine Trübsal blasende verstörte Truppe. Keiner wusste so recht, was zu tun sei. Wie Millionen überall auf der Welt begann uns zu dämmern, dass wir die Bauernopfer in einem Spiel sein würden, das außer Kontrolle geraten war.«[164]

David Niven, Jahrgang 1910, britischer Hollywood-Schauspieler, REMINISZENZEN

TAGEBUCH, 3. SEPTEMBER 1939

»Kriegserklärungen Englands u. Frankreichs. – Bis Mittag trocken, warm, nachmittags Gewitter, zeitweise starker Regen. – Gedrückte Stimmung. Nachmittags mit Auspacken der Bücher begonnen.«[165]

Otto Blumenthal, deutsch-jüdischer Mathematiker im Exil, Oud-Zuilen bei Utrecht, Niederlande

»Als die Uhr auf dem Kamin des Salons, in dem wir unsere Freunde empfingen, 5 Uhr nachmittags schlug, sahen wir Franzosen uns an und schwiegen einige Sekunden lang: an der Grenze zwischen Deutschland und Frankreich begannen in diesem Augenblick die Feindseligkeiten!«[166]

Paul Stehlin, Luftwaffenattaché der französischen Botschaft, AUFTRAG IN BERLIN

»Die Nachricht vom deutschen Überfall auf Polen haben wir dann, so unwahrscheinlich dies auch anmuten mag, mit Erleichterung, mit befreitem Aufatmen zur Kenntnis genommen. Und als am 3. September Frankreich und Großbritannien Deutschland den Krieg erklärten, konnte sich das Volk vor lauter Glück kaum beherrschen: Die Stimmung war – und nicht nur in Warschau – enthusiastisch. Ich schickte meiner Schwester, die zusammen mit ihrem Mann seit wenigen Wochen in London lebte, gleich eine Postkarte: Es werde gewiss nicht leicht, ja vielleicht schrecklich werden, aber wir seien guten Mutes, denn an der Niederlage Deutschlands hätten wir nicht den geringsten Zweifel.«[167]

Marcel Reich-Ranicki, Jahrgang 1920, Arbeitsloser in Warschau, MEIN LEBEN

»Ich meinerseits bin hier in Nizza hängen geblieben und warte. Tschechen werden vorläufig noch nicht genommen, nur Ex-Autrichiens und Staatenlose, die offenbar in französische Truppen aufgeteilt werden sollen. Die Tschechen sollen (offizielle Verlautbarung der Gesandtschaft) eine eigene Legion bilden, über deren Formierung noch verhandelt wird ... Der Eure«[168]

Friedrich Torberg, österreichisch-tschechischer Schriftsteller,
Brief an William S. Schlamm vom 3. September 1939

»In ein paar Stunden verlassen wir Berlin ... Für mich heißt es nun, mit dem Chef durch dick und dünn zu gehen. Dass es zum Letzten kommt, daran will ich noch nicht denken, aber wenn – dann liegt mir an meinem Leben nichts mehr.«[169]

Christa Schroeder, Privatsekretärin Hitlers bis 1945, Brief an die Freundin Johanna Nusser vom 3. September 1939

Am 10. und 11. Mai 1940 nehmen deutsche Fallschirmjäger, die mit Lastenseglern auf dem Dach landen und Hohlladungen in die Luftschächte werfen, das belgische Fort Eben Emael ein. Der strategische Plan hierzu stammt von Adolf Hitler persönlich.

EIN FELDHERR
1939 bis 1941

»Dem Tode zur Weihe sind wir genug,
dem Land wohl zum Verlust;
den Wenigen, überlebend, viel der Ehre wär' gewiss.«
William Shakespeare, HEINRICH DER V. VON ENGLAND, St. Crispins-Tag-Rede

Seit dem Frühjahr 1939 verstärkt die Propaganda die in großen Teilen der deutschen Bevölkerung vorhandenen antipolnischen Vorurteile. In den letzten Wochen vor Kriegsbeginn berichten Zeitungen und Rundfunk fast täglich über Gewalt gegen die deutsche Minderheit in Polen. Ein Krieg gegen Polen soll als Strafaktion erscheinen.

Obwohl die polnische Staats- und Armeeführung über die deutschen Kriegsvorbereitungen unterrichtet ist, überrascht sie der Angriff in den frühen Morgenstunden des 1. September 1939. Die polnischen Generale haben die Masse ihrer Streitkräfte entlang der 1 900 Kilometer langen Grenze aufmarschieren lassen. Die Personalstärke der polnischen Armee entspricht in etwa der deutschen, sie ist dieser an Bewaffnung und Beweglichkeit aber deutlich unterlegen. Die Wehrmacht führt in Polen einen Bewegungskrieg; neu ist dabei das enge Zusammenwirken von Luftwaffe und Bodentruppen. Die deutschen Panzer operieren zudem in geschlossenen Verbänden. Nach einer Woche sind alle polnischen Verteidigungslinien durchbrochen und die polnische Armee auf dem Rückzug, wobei ihre Einheiten von den schnellen deutschen Divisionen eingekesselt werden.

Mit dem Angriff von zwei Heeresgruppen der Roten Armee auf Ostpolen am 17. September ist die polnische Niederlage unvermeidbar. Entsprechend den geheimen Zusatzvereinbarungen im »Hitler-Stalin-Pakt« rücken die sowjetischen Verbände zur Linie Narew–Weichsel–San vor, in Gebiete mit gemischter polnischer, weißrussischer und ukrainischer Bevölkerung, die Russland 1920 an Polen verloren hatte. Die Hauptstadt Warschau kapituliert nach schweren Artillerie- und Luftangriffen am 27. September bedingungslos, die Festung Modlin am 28. September. Letzte polnische Truppenteile ergeben sich am 6. Oktober bei Kock und Lublin. Nach einem deutsch-sowjetischen Grenz- und Freundschaftsvertrag vom 28. September 1939 zieht sich die Rote Armee hinter den Bug zurück.

Nach dem deutschen und dem sowjetischen Überfall und der Niederlage der polnischen Armee wird Polen als selbstständiger Staat aufgelöst und zwischen Deutschland und der Sowjetunion aufgeteilt. In den deutsch besetzten Gebieten entstehen die Reichsgaue »Danzig-Westpreußen« und »Wartheland«. Diese sollen nach dem

Willen Hitlers innerhalb von zehn Jahren vollständig »eingedeutscht« sein. Die SS organisiert eine »rassische Flurbereinigung«, bei der die Besatzer vor allem jüdische Polen und Angehörige der polnischen Eliten ermorden. Nicht »eindeutschungsfähige« Polen werden zu Hunderttausenden nach Restpolen, jetzt das »Generalgouvernement«, abgeschoben. Ihren Platz nehmen »Volksdeutsche« aus dem Baltikum, dem rumänischen Bessarabien und dem südukrainischen Wolhynien ein, die »heim ins Reich« geholt werden. Das als Generalgouvernement zusammengefasste Restpolen mit Städten wie Krakau, Warschau, Radom und Lublin wird in den nächsten Jahren mit Terror regiert und wirtschaftlich rücksichtslos ausgebeutet. Die Zivilverwaltung liegt bei »Reichsrechtsführer« Hans Frank als Generalgouverneur. Der Terror der SS richtet sich im Generalgouvernement besonders gegen die jüdische Bevölkerung. Juden werden öffentlich gedemütigt und gequält, ihre Synagogen entweiht und zerstört, jüdische Wohngebiete geräumt und ihre Bewohner insbesondere nach 1940 in Ghettos zusammengepfercht.

Der Beginn des Zweiten Weltkriegs verändert umfassend Hitlers Herrschaftsstil. Er zieht sich mehr und mehr aus der politischen Führung zurück und geht zunehmend in der Rolle des obersten Kriegsherrn auf. Er widmet sich nahezu ausschließlich der Lenkung des Krieges.[1] Dieser Wandel ist auch eine Bruchstelle in dem Buch *Hitler. Der Künstler als Politiker und Feldherr*. Sein Autor Wolfram Pyta, Leiter der Forschungsstelle Ludwigsburg zur NS-Verbrechensgeschichte, nennt es nicht, wie der Haupttitel vermuten lässt, eine »Biographie« sondern *Eine Herrschaftsanalyse*.[2] Diese bietet nicht nur eine überraschend neue Sicht auf Hitler; sie will erklären, wie er an die Macht kommen, sich an der Macht halten konnte, vor allem aber will sie Hitlers Rolle in der Führung des von ihm initiierten Krieges neu bewerten. Dafür hat Pyta auch bislang nicht oder wenig beachtete Quellen, wie zum Beispiel die Tagebücher des Staatssekretärs Walter Hewel aus dem Jahr 1941, die unveröffentlichten Tagebücher Generalleutnant Erich von Mansteins oder den Privatnachlass von Heinrich Heim herangezogen. Heim hatte als Martin Bormanns Adjutant Hitlers Mittags- und Abendtafeln mitstenografiert und aus der Erinnerung auch die nächtlichen Teegespräche im vertrauten Kreis seiner engsten Mitarbeiter zusammengefasst.

Pytas Studie ist in zwei Teile gegliedert. Der erste behandelt die Frage, warum seine Anhänger Hitler Charisma zugestanden haben und es ihm später gelingen konnte, sich als Genie zu geben. »Erfüllte Hitler das Anforderungsprofil an einen Nachkriegspolitiker besser als herkömmliche Politiker, weil er auf der Theaterbühne eine Schulung erfahren hatte, die ihn zu spektakulären politischen Auftritten befähigte?«, fragt der Autor und beantwortet die Frage positiv.[3] Die komplex gedachte, aber auch sperrig geschriebene Studie sieht in Hitlers Selbstverständnis als Künstler und seinen frühen Leitbildern wie den Wagner-Opern die entscheidenden Elemente seines Aufstiegs und der schnellen Festigung seiner Macht nach 1933.

Pytas Herrschaftsanalyse berichtet zunächst vom unpolitischen Werdegang Hitlers während seiner ersten 30 Lebensjahre. In ihr wird bezweifelt, dass er »zwei disparate Leben« gelebt habe – »ein vermeintlich unpolitisches Leben, das von 1889 bis 1918 währte, und ein zweites, in dem aus einem politisch unbeschriebenen Blatt ein ›Politjunkie‹ wurde.«[4] Hitlers erster, erfolgloser Lebensabschnitt bedingt nach Pyta die Erfolge des zweiten. In seiner Jugend sammelt Hitler die Eindrücke und Erfahrungen, die er bei seinem Aufstieg nutzen wird.

Pyta sieht im »Politiker Hitler« stets auch den »Künstler Hitler«. Sein Interesse für die Oper und die Architektur hätten ihn sensibilisiert für die theatralischen Inszenierungen seiner politischen Auftritte. Das zeigten zum Beispiel die Nürnberger Reichsparteitage, auf denen Hitler Theater- und Architekturelemente zusammenführen ließ und sich eine große Bühne für seine Reden schuf. Durch massentaugliche Aufführungen kann Hitler schon früh sein Publikum in den Bann schlagen. Er ist zunächst aber vor allem ein Redekünstler: »Besonders rhetorische Qualitäten stehen am Anfang der politischen Karriere Hitlers.«[5]

Nach Pyta will der Politiker Hitler seine Anhänger mit seinen Auftritten weder überzeugen noch überreden, er will sie überwältigen. Spätestens seit 1943 tritt Hitler in der Öffentlichkeit und im Rundfunk kaum noch auf, worunter sein Charisma leidet. Um den Bindungsverlust zu kompensieren, habe er einen »Geniekult« installieren lassen. Als scheinbar charismatischer Führer gelingt Hitler in der Phase der Erfolge die Zuschreibung als Genie. »Ian Kershaw hat herausgearbeitet, dass das Charisma Hitlers erst Ende 1944 verblasste. Hitlers Ansehen muss bei einem Großteil der Deutschen mithin so gefestigt gewesen sein, dass es nahezu zwei Jahre lang einen militärischen Rückschlag nach dem anderen zu überstehen vermochte.«[6]

Pyta fragt, wie zu erklären ist, dass Hitler so lange seinen Herrschafts- und Gefolgschaftsanspruch durchsetzen konnte, obwohl er in den Kriegszeiten gegen eine Bedingung charismatischer Herrschaft, die Notwendigkeit zur Omnipräsenz, verstößt. Die Antwort des Autors: »Die besondere politische Sprengkraft des Geniekonzepts liegt darin, dass einer Person unter Verweis auf eine einmalige und unvergleichbare Fähigkeit eine Generalermächtigung zuerkannt wird. Die zum Genie erhobene Person ist insofern erhaben, als alle Maßstäbe für sie ihre Gültigkeit verlieren.«[7]

Nur diese Erhabenheit erklärt Pyta zufolge, warum Hitlers Herrschaft mit der in Stalingrad beginnenden Kette von Misserfolgen nicht verfällt. »Der Charismatiker … kommuniziert auf interaktive Weise mit seiner Gefolgschaft. Das Genie hingegen hat sich seine Gefolgschaft gefügig gemacht, die sich mit bedingungsloser Treue und blindem Glauben dem ungezügelten Anspruch des Genies unterwirft.«[8] Ein Genie kann also anders als ein Charismatiker auf Kommunikation verzichten. Für Pyta ist »Genie« freilich kein positiver Begriff, vielmehr könne ihm auch etwas Dämonisch-Zerstörerisches innewohnen. Eine solche destruktive Kraft entfaltet Hitler während des Zweiten Weltkriegs.

Der Betrachtung des »Künstlers als Feldherr« ist daher der umfangreichere zweite Teil des Buches von Pyta gewidmet. »Hitler übte seine Hoheit über den Krieg schließlich nicht dadurch aus, dass er wie Wilhelm II. als oberster Kriegsherr formal den Krieg leitete, vielmehr füllte die tägliche Beschäftigung mit dem Krieg seinen Alltag aus und veränderte seine Lebensgewohnheiten.«[9] Hitler begibt sich »in die selbst gewählte Isolation seines militärischen Hauptquartiers und widmet sich nahezu ausschließlich der geradezu detailbesessenen Leitung des Krieges«.[10] Er verachtet die Professionalität der generalstabsmäßig geschulten Oberbefehlshaber und vertraut auf Intuition, Phantasie und – gebeugt über den Kartentisch – die visuelle Erfassung von Räumen.

Sogar nach dem Untergang der 6. Armee gelingt es Hitler, seinen Anspruch auf Genialität gegenüber dem Generalstabswissen durchzusetzen. »Hitlers Wille war das oberste Gebot im charismatischen Herrschaftssystem des nationalsozialistischen Deutschland, mündliche Anweisungen an ausführende Organe hatten den Status eines militärischen Befehls im Krieg. Dieser militärische Führungsstil übertrug sich auch auf die wenigen Politikfelder, denen sich Hitler nach der Übernahme der obersten Kriegsführung überhaupt noch zuwandte. Unter diesen stand die Judenvernichtung im Zentrum.«[11]

Am 3. September 1939 erklären auch die mit Großbritannien im Commonwealth verbundenen Dominions Australien und Neuseeland sowie das Indische Kaiserreich dem Deutschen Reich den Krieg, das Dominion Südafrikanische Union am 6. September, Kanada am 10. September.[12] Trotz der am 3. September erfolgten britischen und französischen Kriegserklärungen an das Deutsche Reich ist es an der Westfront für sieben Monate relativ ruhig. Briten und Franzosen kommen ihrem Beistandspakt mit Polen nur politisch nach.

Hitler lässt an der Westfront häufig nur wenig motorisierte, frisch aufgestellte und mit Reservisten aufgefüllte Divisionen aufmarschieren. Sie sind dem französischen Heer mit Sicherheit unterlegen. Der französische Oberbefehlshaber Maurice Gamelin überschätzt jedoch die Kampfkraft der Wehrmacht und hält den kaum fertiggestellten deutschen Westwall für unüberwindlich. Das Gros seiner Streitkräfte verharrt hinter der stark befestigen Maginot-Linie. Frankreich wartet auf britische Unterstützung. Allerdings gibt es Artilleriegefechte über die Grenze hinweg und auch Grenzscharmützel.

Seit dem Herbst 1939 lässt Adolf Hitler Planungen für einen Feldzug gegen Frankreich ausarbeiten. Der bereits für November vorgesehene Angriff wird jedoch wiederholt verschoben. Auf deutscher Seite ist auf rund 400 Kilometer Länge eine etwa zehn Kilometer breite »Rote Zone« von der Bevölkerung geräumt worden. Die Bewohner dieses Bereichs, etwa eine Million Menschen, sind die ersten Vertriebenen des Zweiten Weltkriegs. Sie werden bis zum Ende der Kämpfe in Frankreich teilweise bis nach Mitteldeutschland evakuiert.

Für die Sowjetunion gehört Finnland zu den »baltischen« Staaten, die bis 1917 Teil des Zarenreichs waren. Im Geheimen Zusatzprotokoll des deutsch-sowjetischen Nichtangriffsvertrags vom 23. August 1939 wurden die baltischen Staaten der Interessensphäre der Sowjetunion zugeschlagen. Hitler will Stalin hier freie Hand lassen. Stalin zwingt nach Ende des Krieges in Polen die drei kleinen baltischen Republiken, »Beistandspakte« mit der Sowjetunion abzuschließen, und verleibt sie seinem Reich dann ganz ein. Finnland aber widersetzt sich schon dem ersten Schritt dieser Eskalation. Es weist die Forderungen der Sowjetunion zurück, finnisches Territorium im Vorfeld von Leningrad und strategisch wichtige Inseln abzugeben. Man hofft auf schwedische Hilfe oder ein Bündnis mit Hitler-Deutschland. Das Zusatzprotokoll des deutsch-sowjetischen Pakts ist den Finnen unbekannt.

Zielbewusst treibt Stalin den Konflikt voran. Am 15. November 1939 lässt er den Militärbezirk Leningrad in Alarmbereitschaft versetzen und einen Angriff auf Finnland vorbereiten. Am 30. November 1939 greifen sowjetische Truppen in der dreifachen Stärke des finnischen Heeres in Karelien an. Der sogenannte »Winterkrieg« beginnt. Stalin lässt die Hauptstadt Helsinki bombardieren. Die unter ihrem zu diesem Zeitpunkt 72 Jahre alten Feldmarschall Gustaf Mannerheim bei winterlichen Verhältnissen geschickt operierenden Finnen leisten trotz technischer Unterlegenheit die ersten Monate an der sogenannten »Mannerheim-Linie« zwischen Ostsee und Ladoga-See erfolgreich Widerstand. Hitler lobt Mannerheim dafür später als »Mordssoldat«[13]. Erst als Stalin Divisionen aus anderen Militärbezirken an die Front beordert und die Angriffsstrategie ändert, erlahmen die finnischen Kräfte. Während die Kämpfe weitergehen, beginnen am 8. März 1940 in Moskau Friedensverhandlungen, die am 13. März in einem Friedensvertrag enden. Finnland hat seine zweitgrößte Stadt Wiborg und größere Territorien in Karelien an die Sowjetunion abzutreten. Die Ergebnisse des Winterkriegs treiben Finnland im Juni 1941 an Hitlers Seite.

Am 18. Juni 1935 haben das Deutsche Reich und Großbritannien ein Flottenabkommen geschlossen. Das erlaubt den Deutschen wieder den Bau echter Großkampfschiffe, setzt aber auch Grenzen. Die deutsche Flotte darf künftig nur ein Drittel der britischen Flotte umfassen. Mit dem Stapellauf des Schlachtschiffs »Scharnhorst« beginnt 1936 die gezielte Flottenaufrüstung. Bei Kriegsbeginn verfügt die 50 000 Mann starke Kriegsmarine über drei Panzerschiffe, zwei schwere sowie sechs leichte Kreuzer, 22 Zerstörer, 16 Torpedoboote und 57 U-Boote.

Sofort nach dem deutschen Überfall auf Polen beruft Premierminister Neville Chamberlain seinen innerparteilichen Widersacher Winston Churchill als Ersten Lord der Admiralität (Marineminister) in sein Kabinett. Großbritannien verhängt eine Blockade über Deutschland und blockiert die Nordseeausgänge. Churchill weiß um die Bedeutung der Versorgung der deutschen Industrie mit schwedischem Erz. Das wird über den norwegischen Hafen Narvik entlang der westlichen Küste Norwegens verschifft. Zur Vorbereitung einer Besetzung Norwegens beginnt die Royal

Navy ab dem 8. April 1940 mit der Verminung der norwegischen Küstengewässer. Bereits zu Beginn des Krieges hat das Oberkommando der Wehrmacht (OKW) aus kriegswirtschaftlichen Gründen auf eine Invasion in Norwegen gedrängt. Seit Jahresbeginn 1940 fordert die Marine die Besetzung des Landes, um Marinestützpunkte für die Seekriegsführung im Atlantik zu besitzen. Im Wettlauf mit den Briten beginnt Deutschland am 8./9. April 1940 ohne Kriegserklärung in einer kombinierten Luft- und Seeoperation eine Invasion des neutralen Norwegens. Bis zum Juni 1940 werden ca. 130 000 deutsche Soldaten dorthin überführt. Ihnen stehen sechs norwegische Divisionen mit zusammen 60 000 Mann gegenüber. Unterstützung erhalten diese von knapp 35 000 englischen, französischen und exilpolnischen Soldaten, die ab dem 14. April bei Narvik, Namsos und Åndalsnes landen.

Die Royal Navy erleidet im Kampf um Norwegen schwere Verluste. Die Reichsmarine versenkt einen Flugzeugträger, zwei leichte Kreuzer, neun Zerstörer und sechs U-Boote. Die deutschen Verluste aber wirken schwerer. Die Kriegsmarine verliert rund ein Drittel ihres Bestands an schweren Überwassereinheiten. In Süd- und Mittelnorwegen rückt die Wehrmacht trotzdem zügig ins Landesinnere vor. Im hohen Norden des Landes wird eine erbitterte Schlacht um Narvik erst Ende Mai 1940 entschieden, weil die Alliierten ihre Truppen aus Nord-Norwegen abziehen. Auf Weisung des nach London geflüchteten Königs Håkon VII. kapitulieren die norwegischen Streitkräfte am 10. Juni 1940.

Zeitgleich mit der deutschen Invasion in Norwegen besetzen ab dem 9. April 1940 zwei deutsche Infanteriedivisionen und eine Schützenbrigade zur Sicherung der Ostseezugänge und der Nachschubverbindungen Dänemark. Die Besetzung des Landes trifft auf keine nennenswerte militärische Gegenwehr. In einem Ultimatum wird die Regierung Dänemarks aufgefordert, den Einmarsch als Schutzmaßnahme gegenüber einer unmittelbar bevorstehenden Invasion der Alliierten anzuerkennen. Angesichts einer drohenden Bombardierung Kopenhagens durch die Luftwaffe erklärt Dänemark einen Tag nach dem Einmarsch seine Kapitulation. Im Gegenzug sichert das Deutsche Reich dem Land trotz Errichtung eines Besatzungsregimes innenpolitisch die Unabhängigkeit zu. Heer, Flotte und Polizei bleiben unter dänischer Führung, König Christian X. bleibt im Land.

Den »Sitzkrieg« im Westen beendet Hitler am 10. Mai 1940 mit einem für Briten und Franzosen überraschenden Angriff. Die defensive französische Strategie hat Generalleutnant Erich von Manstein die Gelegenheit zur detaillierten Ausarbeitung eines verwegenen Planes gegeben. Zu dieser Zeit kann sich niemand einen Panzereinsatz im Gebirge vorstellen. Wie Wolfram Pyta beschreibt, ist Hitlers Anteil an von Mansteins erfolgreichem Plan bedeutend. »Wem es gelang, Frankreich militärisch niederzuwerfen, dem war ein Platz in den Annalen sicher. Daher war für Hitler die Verlockung groß, sich bei der operativen Planung dieses vermeintlich entscheidenden Feldzugs vom Oberkommando des Heeres endgültig zu emanzipieren und einen siegverbürgenden Kriegsplan auszubrüten, dessen Urheberrechte er für sich allein reklamieren konnte.«[14]

Der Feldherr Hitler ist nicht in konventionellen Vorstellungen befangen, er kann sich von »Kriegslisten inspirieren lassen, wie sie die Abenteuerliteratur und insbesondere der von ihm in dieser Hinsicht geschätzte Karl May bereithielten.«[15] Der militärischen Elite fehle es an der dazu nötigen Fantasie, bemängelt Hitler. »Diese Generale sind zu korrekt, sie wurzeln in überholten Begriffen, ... ihnen fallen keine Listen ein. Sie hätten mehr Karl May lesen sollen!«[16]

In Hitlers Kopf spukt schon lange die vage Idee, die Offensive durch einen Panzervorstoß durch die Ardennen in Südbelgien ausführen zu lassen. Er wird dann auf die Vorschläge Erich von Mansteins, dem Chef des Generalstabs der Heeresgruppe A, aufmerksam. Doch diese haben Hitlers Generalstäbler zuvor schon abgelehnt. »Sieht keine Bedenken, Panzer durch die Berge zu führen. Befiehlt neue Ausarbeitung, sagt aber noch nichts Konkretes, wie er es sich denkt«[17], schreibt Hitlers Heeresadjutant Gerhard Engel in seinen Aufzeichnungen vom 6. Dezember 1939.

Erich von Manstein akzeptiert Hitlers Genieanspruch: »Ich trug das Wesentliche ... vor. Fand volle Zustimmung. Überhaupt ein erstaunliches Einleben in diese Dinge von den gleichen Gesichtspunkten, die wir auch von Anfang an vertreten haben. Aber es fehlt dem Genie eben die Ergänzung eines wirklich operativ geschulten und dabei von gleichem Siegeswillen beseelten Generals, um die Dinge auch in der wahrscheinlichen Entwicklung bis ans Ende zu durchdenken.«[18] Die praktikable Umsetzung will der professionelle Generalstabsoffizier dann doch lieber Fachleuten wie ihm überlassen wissen. »Hier kündigte sich schon der strukturelle Konflikt zwischen Hitler mit seinem allmächtigen Genieanspruch und ... Manstein an, der 1943 zum offenen Streit und 1944 zu von Mansteins Entlassung führen sollte«[19], so Pyta.

Trotz eines wochenlangen Aufmarsches kommt der Zeitpunkt der Westoffensive für die Alliierten unerwartet. Erich von Manstein will in seinem Plan des Sichelschnitts die stark befestigte französische Maginot-Linie im Norden umgehen. Dazu sieht sein Plan ein Vordringen der Heeresgruppe B aus den neutralen Niederlanden und Belgien Richtung Nordfrankreich vor. Nach dem zu erwartenden Einrücken der französischen Armee und der britischen Expeditionsarmee nach Belgien soll die Heeresgruppe A aus der Eifel durch die dicht bewaldeten Ardennen bis zur französischen Kanalküste vorstoßen.

Durch das Überraschungsmoment begünstigt, gelingt es im sogenannten »Westfeldzug« 141 deutschen Divisionen, einen an militärischer Stärke gleichwertigen Gegner in wenigen Wochen zu besiegen. Die Niederlande kapitulieren am 15. Mai 1940, Belgien ohne Abstimmung mit den Franzosen und Briten am 28. Mai. Wolfram Pyta: »Der Feldzugsplan des Gespanns Hitler-Manstein ging auf und bescherte dem Deutschen Reich binnen sechs Wochen einen überwältigenden militärischen Triumph im Westen.«[20]

Den durch den »Sichelschnitt« von ihren Verbindungen abgeschnittenen britischen und französischen Truppen nördlich des Flusses Somme bleibt nur die Evakuierung bei Dünkirchen über den Kanal nach Großbritannien bei Zurücklassen aller schweren Waffen.

Mit dem Vormarsch deutscher Truppen auf die französische Verteidigungslinie entlang von Somme und Aisne beginnt am 5. Juni eine zweite Phase des Westfeldzuges. Die Wehrmacht durchbricht die Verteidigungslinien in Nordfrankreich und schwenkt dann nach Südosten in den Rücken der Maginot-Linie ein. Die Masse der französischen Truppen wird in Ostfrankreich eingekesselt; die Maginot-Linie aus dem rückwärtigen Raum heraus genommen. Am 17. Juni unterbreitet der neue französische Ministerpräsident Henri Philippe Pétain angesichts der aussichtslosen militärischen Lage Deutschland das Angebot für einen Waffenstillstand. Dieser wird am 22. Juni 1940 im Wald von Compiègne in Anwesenheit von Adolf Hitler unterzeichnet.

Am 10. Juni 1940 erklärt auch das Königreich Italien Frankreich und Großbritannien den Krieg. Benito Mussolini will von Hitlers Siegen profitieren und einen Anteil an Ruhm und Beute erhalten. Vom 21. bis zum 24. Juni 1940 unternimmt die italienische Armee einen Angriff, der wegen des hartnäckigen Widerstands der französischen Alpenarmee kaum Fortschritte macht. Auf Drängen Hitlers muss Frankreich auch mit Italien einen Waffenstillstand unterschreiben. Das geschieht am 24. Juni 1940 in Rom.

Benito Mussolini entsendet im September 1940 80 Fiat-Bomber, unterstützt von Fiat-Jagdflugzeugen, auf deutsche Militärflugplätze im besetzten Belgien. Das Geschwader »Corpo Aereo Italiano« soll die deutschen Verbündeten bei den seit August geführten Luftangriffen unterstützen, mit denen Großbritannien niedergerungen werden soll. Die »Luftschlacht um England« beginnt. Um eine geplante Invasion der britischen Insel vorzubereiten, soll ab dem 13. August 1940 zunächst die Lufthoheit über England errungen werden. Die Großangriffe der Luftwaffe konzentrieren sich zunächst auf britische Flottenverbände, Rüstungsindustrien, Luftabwehrstellungen und Stützpunkte der Royal Air Force in Südengland. Im Verlauf der Schlacht stellt sich heraus, dass die deutschen Piloten den britischen nicht, wie von Göring behauptet, deutlich überlegen sind. Die Briten produzieren schon zu dieser Zeit pro Monat doppelt so viele Jagdflugzeuge wie das Deutsche Reich.

Nach schweren Verlusten werden die deutschen Großangriffe bei Tage Mitte September eingestellt. Um die Wirtschafts- und Verteidigungskraft Großbritanniens und die Moral der Bevölkerung zu brechen, werden aber die Nachtangriffe auf englische Industriestädte fortgesetzt. Am 24. August 1940 fallen die ersten Bomben auf Londoner Stadtgebiet. Trotz zehnfacher zahlenmäßiger Überlegenheit der deutschen Bomberkräfte und sechsfach längerer Anflugstrecke veranlasst Winston Churchill umgehend die Bombardierung Berlins. Britische Nachtangriffe folgen. Sie verfehlen ihre Wirkung auf Hitler nicht. Am 4. September verkündet er die Absicht, London

»auszuradieren«. Indem Görings Luftwaffe ihre Bombenangriffe auf London konzentriert, erhält die englische Luftverteidigung eine dringend benötigte Atempause. Im Frühjahr 1941 wird der Luftkrieg gegen England schließlich eingestellt, da Hitler die Flugzeuge für den geplanten Krieg gegen die Sowjetunion benötigt.

Italiens Kriegserklärung an Großbritannien am 10. Juni 1940 führt zur Ausdehnung des Krieges auf Nordafrika. Als Folge eines italienisch-türkischen Krieges hält das Königreich Italien seit 1912 in Nordafrika die lybischen Landesteile Tripolitanien, Cyrenaika und Fezzan besetzt. 1934 hat Benito Mussolini diese Gebiete zur italienischen Kolonie Libyen erklärt. Über 100 000 italienische Kolonisten lassen sich im Land nieder, in dem 1940 auch etwa 38 000 Juden leben.

Im September 1940 beginnen italienische Streitkräfte von Libyen aus eine Offensive gegen das unter britischer Herrschaft stehende Ägypten. Eine Gegenoffensive führt die britische Achte Armee bis Anfang Februar 1941 nach El Agheila an der Großen Syrte. Der drohende Verlust seiner Kolonie veranlasst Benito Mussolini, Hitler um militärischen Beistand zu bitten. Eine Stärkung der Briten im Mittelmeerraum könnte eine britische Invasion in Italien und die Eröffnung einer neuen Front in Südeuropa zur Folge haben. Deshalb und um eine Instabilität Italiens zu verhindern, kommt Hitler der Bitte nach. Unter Generalleutnant Erwin Rommel landet am 11. Februar 1941 ein deutsches Afrikakorps in Tripolis. Rommel beginnt Ende März mit der Rückeroberung der Cyrenaica. Mit der Taktik eines mobilen Wüstenkriegs werfen seine Truppen die zunächst überlegenen britischen Verbände über 800 Kilometer zurück. Wegen Nachschubmangels läuft sich der Vormarsch Mitte April bei der ägyptischen Grenzstadt Sollum fest.

Vom 8. April bis 12. April 1939 besetzten italienische Truppen ohne großen Widerstand Albanien, das zu dieser Zeit ein Königreich ist. Eingeengt zwischen Jugoslawien und Griechenland, in denen albanische Minderheiten leben, hatte sich das kleine Albanien bis 1939 am faschistischen Italien orientiert und ist zunehmend von diesem abhängig. Am 16. April wird Albanien in Personalunion mit dem Königreich Italien verbunden.

Im Herbst 1940 zettelt Benito Mussolini ohne Abstimmung mit seinem deutschen Verbündeten einen Krieg gegen Griechenland an. Unter dem Vorwand, die albanische Minderheit im Epirus befreien zu wollen, überfallen italienische Divisionen gemeinsam mit albanischen Hilfstruppen am 28. Oktober 1940 Albaniens Nachbarland. Großbritannien unterstützt Griechenland durch die Entsendung mehrerer Staffeln der Royal Air Force. Als Vorkehrung gegen eine italienische Landung werden im November eine britische Brigade auf der Insel Kreta verlegt und weitere Einheiten im Raum Athen stationiert. Das Angebot Churchills im Januar 1941, auch Panzer- und Artillerieeinheiten an die Front zu entsenden, wird von der griechischen Regierung, die Hitler nicht zum Eingreifen provozieren will, abgelehnt. Insgesamt aber marschieren bis April 1941 Truppen der Briten und des Commonwealth im Umfang von rund vier Divisionen mit insgesamt etwa 57 000 Soldaten in Griechenland auf. Für die deutschen Militärs bedeutet die Landung der Briten im Falle des Krieges mit der Sowjetunion eine strategische Gefahr. Eine britische Front in Südosteuropa würde die rumänischen Erdölfelder bedrohen, von denen Deutschland abhängig ist und die in den Aktionsradius britischer Bomber gelangen könnten.

Eine Welle des Patriotismus ergreift die Griechen. Was nach Aussagen Mussolinis ein »Spaziergang nach Athen« werden sollte, weitet sich für die Italiener zur Katastrophe aus. Das gebirgige Grenzland ist nur mühsam zu durchqueren. Es gelingt der griechischen Armee, die Angreifer nach Albanien zurückzudrängen. Bis Ende des Jahres erobern die Griechen den Süden Albaniens. Zwischen Ende Dezember 1940 und März 1941 wogen die Kämpfe hin und her, ohne dass eine Seite entscheidende Erfolge erringt.

Während seit Dezember 1940 die deutschen Planungen für einen Überfall auf die Sowjetunion laufen, sieht sich Adolf Hitler gezwungen, dem italienischen Bündnispartner auch auf dem Balkan militärische Hilfe zu leisten. Zur Abwendung einer italienischen Niederlage ordnet Hitler am 20. November 1940 deutsche Hilfe und am 13. Dezember 1940 die Vorbereitung eines Angriffs auf Griechenland an.

Am 1. März 1941 tritt das Königreich Bulgarien dem Dreimächtepakt bei und erlaubt die Stationierung deutscher Truppen auf seinem Gebiet. Ende März 1941 entschließt sich Hitler, Jugoslawien anzugreifen, nachdem es in Belgrad zu einem Putsch gegen die deutschfreundliche Regierung gekommen war. Die neue Führung weigert sich, die Unterzeichnung des Dreimächtepakts zu bestätigen. Daraufhin fertigt Hitler am Tag des Staatsstreichs die Führer-Weisung Nr. 25 aus, nach der Jugoslawien als feindlicher Staat zu vernichten sei. Am 6. April 1941 greift die Wehrmacht mit insgesamt 680 000 Soldaten Griechenland und Jugoslawien an.

Die Wehrmacht und italienische Verbände besetzen bis zum 30. April das griechische Festland. Großbritannien kann den Großteil seiner Soldaten vom Festland evakuieren. Einzig Kreta wird noch von 32 000 Briten, Australiern und Neuseeländern sowie 10 000 griechischen Soldaten gehalten. Am 20. Mai 1941 leitet das Unternehmen »Merkur«, das größte Luftlandeunternehmen des Zweiten Weltkriegs, die Eroberung des strategisch bedeutenden Luft- und Seestützpunkts im Mittelmeer ein. Ein Großteil der 15 000 deutschen Fallschirmjäger wird bereits in der Luft erschossen oder verwundet.

Doch mit der Ausweitung des Landekopfes beim Flughafen Maleme fällt am 26. Mai eine militärische Entscheidung zu Gunsten der deutschen Truppen. Das britische Oberkommando fasst in der Nacht zum 27. Mai den Entschluss, Kreta zu räumen. Griechenland ist damit in deutscher Hand. Doch mit den Kämpfen im April und Mai 1941, die mit der Kapitulation Jugoslawiens und Griechenlands enden, ist Hitlers Zeitplan für den Überfall auf die Sowjetunion in Verzug geraten.

Ansichten und Berichte

»Der bange Herbst von 1939. Denn plötzlich geht ein Zittern um die Welt. Ein lang aufgeschobenes, immer wieder tapfer abgewehrtes Zittern. Hitler überfällt Polen, Englands Schutzkind. Radiert Warschau mit Frauen und Kindern und Ghetto blitzartig von der Karte. Und alle Träume sind aus.«[21]

Friedrich Hollaender, Jahrgang 1896, deutscher Komponist und Musiktexter, REVUE MEINES LEBENS

»Unbelehrbar blieb er bei der Meinung, dass der Westen zu schwächlich sei, zu mürbe und zu dekadent, um ernstlich den Krieg zu beginnen. Wahrscheinlich war es ihm auch peinlich, seiner Umgebung und vor allem sich selbst zuzugeben, dass er sich so entscheidend geirrt habe.

Ich erinnere mich noch der Verblüffung, als die Meldung eintraf, dass Churchill als Marineminister in das britische Kriegskabinett eintreten werde. Die unheilvolle Pressemeldung in der Hand, trat Göring aus der Tür zu Hitlers Wohnhalle. Er ließ sich in den nächsten Sessel fallen und sagte müde: ›Churchill im Kabinett. Das bedeutet, dass der Krieg wirklich beginnt. Jetzt erst haben wir Krieg mit England.‹«[22]

Albert Speer, Jahrgang 1905, Generalbaumeister für die Reichshauptstadt, ERINNERUNGEN

»Winston und ich würden nie wieder zusammenarbeiten. Ich würde bald mit ihm aneinander geraten … Winston liebt Krieg: Ich nicht!«[23]

David Lloyd George, Jahrgang 1863, ehemaliger britischer Premierminister, im Mai 1940

TAGEBUCH, 4. SEPTEMBER 1939
»Mitternacht vorüber und kein Luftangriff, obwohl die Briten und Franzosen in den Krieg eingetreten sind. Ist es denkbar, dass man in diesem neuen Weltkrieg zu guter Letzt doch keine Bomben auf die großen Städte, die Metropolen, die Zivilisten, die Frauen und Kinder in ihren Wohnungen werfen wird?«[24]

William L. Shirer, Jahrgang 1905, Rundfunkreporter der *Columbia Broadcasting System* in Berlin

»Ich habe mich freiwillig zum Militärdienst gemeldet, aber nicht, um für König und Vaterland zu kämpfen, auch wenn ich Patriot war. Der Grund war meine Abenteuerlust. Wie hätte ich erahnen können, in welche Hölle ich geraten sollte?«[25]

Denis Avey, Jahrgang 1919, Soldat, 2. Rifle Bataillon, Prince of Wales's North Staffordshire Regiment, Rifle Brigade, THE MAN WHO BROKE INTO AUSCHWITZ

»Kriegsfreiwillige kann man normalerweise in zwei Gruppen einteilen. Da sind die wirklich mutigen, die es reizt, dem Feind an die Gurgel zu gehen; und dann die ruhelosen, die sich zu allem melden würden, was sie von der Langeweile ihrer momentanen Existenz befreien würde. Es gab einige in meiner Kategorie, aber die meisten Kerle, unter die ich kam, waren aus dem harten Holz geschnitzt.«[26]

David Niven, Jahrgang 1910, Schauspieler, Oberleutnant der Britischen Armee, REMINISZENZEN

TAGEBUCH, 6. SEPTEMBER 1939

»Wir werden bis zum Letzten kämpfen und vielleicht siegen – aber ich muss gestehen, ich sehe keine Möglichkeit, wie!«[27]

Sir Alexander Cadogan, Jahrgang 1884, britischer Unterstaatssekretär für Äußere Angelegenheiten

TAGEBUCH, 7. SEPTEMBER 1939

»Noch herrscht Ruhe vor dem Sturm. Aber bald sind die Deutschen in Warschau.«[28]

Astrid Lindgren, Jahrgang 1907, Stenografin in Stockholm, Schweden

»Fleiß. Die Deutschen schmücken sich mit ihren Arbeitsstunden, wie Kampfflieger ihre Flugzeuge mit den Kreuzchen abgeschossener Flugzeuge dekorierten. Man ist in Deutschland arriviert, wenn man länger im Büro bleiben darf. Manager tragen den Herzinfarkt wie das Ritterkreuz.

Zum Teil hängen auch die militärischen Qualitäten der Deutschen mit ihrem Fleiß zusammen. Aus dem Krieg braucht man um sechs Uhr abends nicht heimzugehen.«[29]

Hans Habe, Jahrgang 1911, ungarisch-österreichisch-amerikanischer Schriftsteller und Publizist, ERFAHRUNGEN

TAG- UND NACHTBÜCHER, 18. MAI 1940

»Der deutsche Soldat ist deshalb der stärkste und furchtbarste, als Soldat an sich, weil er nicht zu wissen braucht, wofür er kämpft, und es eigentlich seit der preußischen Hegemonie auch niemals faktisch gewusst hat. Er fragt gar nicht danach. Er ist einfach hypnotisiert von seinem Lieblingsberuf, für den er ein so immenses Talent hat.«[30]

Theodor Haecker, Jahrgang 1879, katholischer deutscher Kulturkritiker

»Nun sind wir im Kampf. Gebe Gott, dass nicht alles, was gut und wertvoll ist, dabei vollends zugrunde geht. Je kürzer er dauert, desto besser. Doch muss man bedenken, dass die Gegner mit Adolf Hitler und mit Herrn v.[on] Ribbentrop keinen Frieden schließen werden. Was das bedeutet? – Wer würde das nicht sehen!«[31]

Ernst von Weizsäcker, Jahrgang 1882, Staatssekretär im Auswärtigen Amt, Notiz vom 5. September 1939

»Mein lieber Tom – wir durchleben harte Zeiten – die Welt und wir selbst. Vor einigen Tagen verließ ich Pretoria in der Erwartung, bald aus der Regierung austreten zu können, und begann die Zukunft, befreit von den öffentlichen Angelegenheiten, zu planen. Plötzlich änderte sich die gesamte Situation. Der Premierminister sprach sich für Neutralität aus und ich für den Abbruch der Beziehungen zu Deutschland. Das Parlament unterstützte mich, mit dem Ergebnis, dass ich jetzt Premierminister dieses Landes bin.

… Es ist schon kurios, das ich auf Monat und Woche genau vor 25 Jahren verantwortlich war für eine Entschließung des Parlaments, die Deutschland den Krieg erklärte. Ich habe mir nicht geträumt, zeitlebens noch einmal in die gleiche Situation zu kommen, aber jetzt ist sie da.«[32]

Jan Smuts, Jahrgang 1870, Feldmarschall, Premierminister der Südafrikanischen Republik, Brief an Thomas W. Lamont, Kapstadt, 6. September 1939

»Während von der nahen Grenze der Geschützdonner zu uns herüberdrang, dem meine Großmutter mit erbitterten Chorälen antwortete, stand ich im erregten Spalier der Lycker und beobachtete die Soldaten, die heiter das Nachbarland überfielen, die fröhlich und selbstgewiss, aber auch hochmütig vorbeizogen, beschenkt und mit Blumen dekoriert, siegessicher wie alle Soldaten zu Beginn, wohlgenährt, rasiert natürlich. Panzerwagen zogen drohend vorbei – zum fantastischen Rendezvous mit der besessenen polnischen Kavallerie.«[33]

Siegfried Lenz, Jahrgang 1926, Schüler, Lyck, Ostpreußen, SELBSTVERSETZUNG

»Unvergesslich ist das Erlebnis der ›Feuertaufe‹. Man muss es erst lernen, im Feuer feindlicher Infanteriewaffen oder der Artillerie zu liegen. Ich kenne niemanden, der dabei nicht Angst empfunden hätte. Aber man kann die Angst überwinden. Der Vorgesetzte hat es dabei leichter; auf ihn richten sich die Augen der Untergebenen, von ihm erwarten sie beispielhaftes Verhalten. Der Zwang zum Handeln überdeckt die Angst, die Erwartungen der Untergebenen wirken als Ansporn.«[34]

Ulrich de Maizière, Jahrgang 1912, Hauptmann der deutschen Wehrmacht,
IN DER PFLICHT

»Wird hinter der Front aus einem Hause geschossen, so wird das Haus niedergebrannt … Der Ortsvorstand oder, wo ein solcher nicht vorhanden, angesehene Ortseinwohner sind wegen dringenden Verdachts der Beihilfe vor Gericht zu stellen. Wird aus einem Dorf hinter der Front geschossen, und ist das Haus, aus dem das Feuer kam, nicht festzustellen, so wird das ganze Dorf niedergebrannt – sofern es zur Unterbringung der Truppe nicht gebraucht wird.«[35]

Fedor von Bock, Jahrgang 1880, General, Oberbefehlshabers der Heeresgruppe Nord, Tagesbefehl vom 10. September 1939, KRIEGSTAGEBUCH DER 19. INFANTERIEDIVISION

TAGEBUCH, 9. SEPTEMBER 1939

»Gestern sind unsere Panzer in Warschau eingezogen ... Gott strafe England, das allein schuld am Krieg ist ... Karl bleibt noch in Königsberg.«[36]

Henriette Schneider, Jahrgang 1874, Lyck, Ostpreußen

TAGEBUCH, 9. SEPTEMBER 1939

»Ich muss an die polnischen Juden denken, die unter die Okkupation Hitlers geraten sind. Wer jetzt eine Pistole oder ein Gewehr hat, schießt, so viel er kann – und hebt die letzte Kugel für sich selbst auf. Und was machen die anderen?«[37]

Mihail Sebastian (eigentlich Iosif Hechter), Jahrgang 1907, rumänisch-jüdischer Journalist in Bukarest

TAGEBUCH, 14. SEPTEMBER 1939

»Ich bin in Berlin ... Das Lazarett wird langsam eingerichtet. Ich bin froh, dass ich dabei sein kann. Wenn alle Menschen richtig mithelfen, wird ja bald Schluss mit dem Kriege sein, u. England denkt für immer an uns.«[38]

Margarete (Marga) Himmler, Jahrgang 1893, Ehefrau von Heinrich Himmler

TAGEBUCH, ANFANG SEPTEMBER 1939

»Die Siegeszuversicht wird ... hier und da etwas herabgedrückt durch die gesetzlichen Maßnahmen. Insbesondere ist es die Einführung der Lebensmittelkarten.«[39]

Friedrich Kellner, Jahrgang 1885, Justizinspektor, Laubach, Hessen

KRIEGSTAGEBUCH, 13. SEPTEMBER 1939

»Längere Zeit wurde unsere Geduld auf die Probe gestellt. Dann erfüllte sich unsere Hoffnung. Die Wagenkolonne des Führers sauste vorbei. Wir sahen unseren Führer. Er fuhr dorthin, wo wir hergekommen waren, zur Front.«[40]

Gerhard M., Jahrgang 1914, Soldat, Flensburg

»Hitler tat, als befände er sich in einem Manöver. Mit einem Panzerspähwagen fuhr er, wenn er sich zur Front begab, fast täglich durch Wälder und andere unübersichtliche Gebiete, in denen überall noch polnische Scharfschützen in ihren Verstecken saßen. Einmal trafen wir bei der Durchfahrt durch ein Waldstück an der Weichsel auf eine 20 Minuten zuvor von polnischen Soldaten niedergemetzelte deutsche Sanitätskolonne.«[41]

Heinz Linge, Jahrgang 1913, SS-Leibstandarte, persönlicher Diener Adolf Hitlers, BIS ZUM UNTERGANG

»Geheime Kommandosache, Führerhauptquartier, an die Oberste Heeresleitung, Reichskommissar für Luftfahrt/Oberkommando der Luftwaffe, nachrichtlich Oberkommando der Marine, Reichsführer-SS und Chef der Deutschen Polizei.

»1) Ich wünsche, dass unverzüglich alle organisatorischen und Aufbaumaßnahmen ausgeschöpft werden, um die gesamte wehrfähige Manneskraft des Volkes

Adolf Hitler mit Heinrich Himmler und SS-Obergruppenführer Sepp Dietrich (rechts),
dessen SS-Leibstandarte als motorisiertes Infanterieregiment am Polenfeldzug teilnimmt.

unter Berücksichtigung der kriegs- u. rüstungswirtschaftlichen Erfordernisse zur
Schaffung einer höchstmöglichen Zahl von voll kriegsverwendungsfähigen Verbänden auszunutzen. Daneben soll eine Umschichtung zu dem Zweck erfolgen,
um die jüngeren wehrfähigen Geburtsjahrgänge zur Verwendung in Kampfver-
bänden, die älteren Jahrgänge in rückwärtigen Diensten, Besatzungs-, Landes-
schützen-Verbänden pp. einzusetzen. Die ältesten Jahrgänge (über 45 Jahre) sind
baldmöglichst zu entlassen.
2.) In Verfolg dieser Richtlinien ordne ich an, dass die in den SS-Totenkopfver-
bänden und in den Verbänden der Ordnungspolizei befindlichen Wehrpflichti-
gen jüngerer Jahrgänge für die Dauer des mobilen Verhältnisses geschlossen mit
ihren Führern und Unterführern, soweit sie für Verwendung als Kampftruppen
vorderer Linie geeignet erscheinen, zu Regimentern zusammengefasst und nach
Aufstellung bzw. Ausstattung mit den fehlenden Div.[isions-] Truppen möglichst
zu Kampfdivisionen geformt und ausgebildet werden. ...
gez. **Adolf Hitler**«[42], 18. September 1939

»Es ist unmöglich, nicht, den ganzen Tag hindurch, von der Willenskraft und
dem unermesslichen Arbeitsvermögen dieser Nation stark beeindruckt zu werden. ›Glauben Sie‹, so wird man in Berlin gefragt, ›dass eine andere Nation in
der Lage gewesen wäre, all dies in sieben Jahren hervorzubringen?‹ – ›Nein‹,

antwortet man, ›und ich hätte es bei Gott nie geglaubt, wenn ich es nicht mit eigenen Augen gesehen hätte.‹ Auch nachdem ich es gesehen habe, ist es mir unerklärlich, wie es möglich gewesen ist, so etwas innerhalb so kurzer Zeit zu schaffen – und dann auch: Warum musste all dies so schnell geschaffen werden? Es ist ein übermenschliches, ein unmenschliches Tempo. Das ist kein Wachstum, es ist eine tour de force, und darin steckt irgendwo Angst, man weiß nicht recht, ob beim Zuschauer oder bei den Baumeistern.«[43]

Karen Blixen, Jahrgang 1885, dänische Schriftstellerin, BRIEFE AUS EINEM LAND IM KRIEG

TAGEBUCH, 25. SEPTEMBER 1939

»Heute kämmte ich mein Haar, und ein Sonnenstrahl schien auf meinen Kopf, und ich war schockiert zu sehen, wie verstaubt mein Haar war. Ich hatte keine grauen Haare in meinem glänzenden Schopf – oder nur sehr wenige – vor dem Krieg, aber wenn ich so weitermache, werde ich bis Weihnachten weiß sein.«[44]

Nella Last, Jahrgang 1889, Hausfrau, Barrow-in-Furness, Lancaster, England

TAGEBUCH, 26. SEPTEMBER 1939

»Der Premierminister erhebt sich, um seine Erklärung abzugeben. Er ist in tiefe Trauer gekleidet, von der sich nur ein weißes Taschentuch und eine dicke goldene Uhrkette abheben. Man fühlt, wie das Vertrauen und die Zuversicht des Hauses Zoll um Zoll sinken … Die ganze Rede hindurch hat Winston Churchill mit hochgezogenen Schultern neben ihm gesessen; er sah aus wie der chinesische Gott des Überflusses, der an akuten Darmstörungen leidet … Die Wirkung von Winstons Rede war unendlich viel größer, als man der bloßen Lektüre entnehmen kann. Sein Vortrag war wirklich verblüffend. Er schlug alle Töne an, von tiefster Besorgnis bis zu Leichtfertigkeit, von Entschlossenheit bis zu Jungenhaftigkeit. Man merkte, wie sich die Stimmung des Hauses mit jedem Wort besserte. Nachher war ganz deutlich, dass selbst Chamberlains überzeugtesten Anhängern klargeworden war, wie unzulänglich er ist und dass er keinerlei Begeisterung einflößen kann. In diesen zwanzig Minuten ist Churchill dem Amt des Premierministers näher gekommen, als er ihm je gewesen ist.«[45]

Harold Nicolson, Jahrgang 1886, Abgeordneter im Britischen Unterhaus

»Die Erwartung, dass die Franzosen wenigstens durch Angriffe auf die westdeutschen Grenzgebiete der polnischen Armee zu Hilfe kommen würden, wurde enttäuscht. Hörte oder las man die täglichen Communiqués des französischen Hauptquartiers, so gewann man den Eindruck, dass Patrouillengänge und Aktionen von winzigem Ausmaß eine große Offensive vorbereiteten, die in wenigen Stunden oder Tagen einsetzen musste. Es geschah nichts.«[46]

Manès Sperber, Jahrgang 1905, österreichischer Schriftsteller jüdischer Abstammung im französischen Exil, ALL DAS VERGANGENE

»Warschau ist endlich gefallen. Die Verteidigung war seit langem Wahnsinn, sinnlos die Zerstörung der Stadt, sinnlos die Opfer an Menschenleben. Berge von Leichen sind fortzuschaffen. Die Russen sind in Polen einmarschiert und rücken bis zu einer vereinbarten Demarkationslinie vor. Versprengte polnische Divisionen führen immer noch, durch englische Radiomeldungen falsch unterrichtet, einen heldenhaften Verzweiflungskampf.«[47]

Udo von Alvensleben, Jahrgang 1897, Hauptmann der 16. Panzerdivision der deutschen Wehrmacht

»Innerhalb eines Monats war alles vorüber. Ein Volk von 31 Millionen fiel unter die erbarmungslose Herrschaft von Leuten, die nicht nur erobern, sondern gewaltige Mengen von Menschen versklaven und tatsächlich austilgen wollten. Wir hatten ein vollkommenes Beispiel des modernen Blitzkrieges mitangesehen: die enge Zusammenarbeit von Armee und Luftwaffe auf dem Schlachtfeld, die unaufhörliche Bombardierung aller Verbindungswege und jeder Stadt, die ein aussichtsreiches Ziel zu bieten schien, den Einsatz einer aktiven, bewaffneten Fünften Kolonne, zahlreicher Luftlandetruppen und Spione, vor allem aber das unwiderstehliche Vorstürmen großer Massen von Panzern. Die Polen waren nicht die Letzten, die diese furchtbare Prüfung durchmachen sollten.«[48]

Winston Churchill, Jahrgang 1874, Erster Lord der Admiralität, DER ZWEITE WELTKRIEG

»Zur Feier des Sieges über Polen läuten die sonst verstummten Glocken aller Kirchen Kölns. Der Himmel ist von dem Brausen dieses dunklen Tonmeeres erfüllt. Man spürt, die Herzen schwingen nicht mit. Die Beflaggung der Straßen ist schwach.«[49]

Udo von Alvensleben, Hauptmann der 16. Panzerdivision der deutschen Wehrmacht

»Am nächsten Tag fand in Warschau ein Vorbeimarsch der kämpfenden Truppen vor Hitler statt. Sepp Allgaier und die Brüder Lantschner filmten ihn. Ich stand neben Allgaier in Hitlers Nähe und erlebte, wie die vorbeimarschierenden Männer ihn wie hypnotisiert anschauten. Sie erschienen mir ausnahmslos bereit, alles für Hitler zu tun, wenn er es befehlen würde, auch für ihn zu sterben.«[50]

Leni Riefenstahl, Jahrgang 1902, Schauspielerin und Regisseurin, MEMOIREN

»Leistungen und Erfolge des polnischen Feldzuges dürfen nicht darüber hinwegsehen lassen, dass einem Teil unserer Offiziere die feste innere Haltung fehlt. Eine bedenkliche Anzahl von Fällen, wie unrechtmäßige Betreibung, unerlaubte Beschlagnahme, persönliche Bereicherung, Unterschlagung und Diebstahl, Misshandlung oder Bedrohung von Untergebenen teils in Erregung, teils in sinnloser Trunkenheit, Ungehorsam mit schwersten Folgen für die unterstellte

Truppe, Notzuchtverbrechen an einer verheirateten Frau usw. geben ein Bild von Landsknechtmanieren, die nicht scharf genug verurteilt werden können.«[51]
Walther von Brauchitsch, Jahrgang 1881, Oberkommandierender des Heeres

»Aus Anlass der siegreichen Beendigung des uns aufgezwungenen Feldzuges in Polen bestimme ich: ... Taten, die in der Zeit vom 1. September 1939 bis zum heutigen Tag in den besetzten polnischen Gebieten aus Erbitterung wegen der von den Polen verübten Gräuel begangen worden sind, werden strafrechtlich nicht verfolgt.«[52]
Adolf Hitler, Befehl vom 4. Oktober 1939

TAGEBUCH, 7. OKTOBER 1939
»Das Dorfleben ist verändert durch die 1 055 Männer, die Mehrheit der männlichen Bevölkerung, die bereits fort sind. Es herrscht ein Mangel an Männern, die Boote an den Strand ziehen können.«[53]
Tilly Rice, Jahrgang 1903, Hausfrau und Mutter zweier Kinder, bei Kriegsbeginn aus der Grafschaft Surrey nach Cornwall evakuiert

»Die Monate, die Hitlers Blitzsieg und der Teilung Polens (dessen Regierung sich noch kurz zuvor am Zerfleddern der Tschechoslowakei beteiligt hatte) folgten, erschienen mir, wie vielen anderen, auf eigentümliche Weise unwirklich. Der Krieg im Westen fand nicht statt, noch nicht. Mir persönlich ging es so gut wie selten. Erst über Weihnachten, dann wieder zu Ostern war ich in den Bergen auf Skiurlaub – als sei die Welt noch in Ordnung.«[54]
Willy Brandt (eigentlich Herbert Frahm), Jahrgang 1913, im Exil in Norwegen,
MEIN WEG

»Churchill war wieder in der Admiralität – ...und am 17. Dezember, drei Tage vor meiner Abreise, besuchte ich ihn in seinem Büro im Marineministerium ... Er empfing mich nicht nur herzlich, er war auch voller Zuversicht in Bezug auf den Krieg. Ungefähr seine ersten Worte, nachdem er mich begrüßt hatte, waren: ,Also, Dr. Weizmann, wir haben sie schon so gut wie geschlagen.‹ Ich war nun nicht ganz seiner Meinung und sagte auch nichts dergleichen.«[55]
Chaim Weizmann, Jahrgang 1874, Präsident des Jüdischen Weltkongresses,
MEMOIREN

TAGEBUCH, 13. OKTOBER 1939
»Gedankengänge des Führers über Fall Gelb ... ›Wir gewinnen diesen Krieg und wenn er 100 mal einer Generalstabsdoktrin widerspricht, weil wir die besseren Truppen, die bessere Ausrüstung, die besseren Nerven und eine geschl.[ossene] zielbewusste Führung haben.«[56]
Alfred Jodl, Jahrgang 1890, Generaloberst der deutschen Wehrmacht

»Während er vor 1940 mutig war und auf seinen Reisen oft alle Vorsichtsmaß-
nahmen außer Acht ließ, z.B. in Cafés, Restaurants usw. einkehrte, wurde die
Sorge um sein Leben mit Beginn des Krieges immer größer. Es war sein Standpunkt, schon 1942 in Gesprächen, dass nur er die Härte habe, diesen Krieg durchzustehen. Er betonte, dass außer ihm jeder an dieser Aufgabe scheitern würde.«[57]
Albert Speer, Generalbaumeister für die Reichshauptstadt, DIE KRANSBERG-PROTOKOLLE

»Nach dem Kriege musste ich oft lesen, dass Hitler sich vor Attentätern so gefürchtet habe, dass selbst die Jalousien der Fenster geschlossen werden mussten,
wenn er mit der Eisenbahn gefahren sei. Das ist absurd. Seine Augen vertrugen
die Sonne nicht. Selbst helles Kunstlicht tat seinen Augen weh. So mussten denn
auch seine Mützen stets besonders große Schirme aufweisen.«[58]
Heinz Linge, SS-Leibstandarte, persönlicher Diener Adolf Hitlers, BIS ZUM UNTERGANG

TAGEBUCH, 9. NOVEMBER 1939
»Um 7 Uhr meldete Radio, dass gestern Abend in München, als Hitler abgefahren
war, eine Explosion erfolgte ... 8 Tote und 60 Verwundete ... Hitler sollte sterben,
ein Schrei der Entrüstung geht durch Deutschland. 50 000 RM Belohnung, wer
den Mörder angibt.«
Henriette Schneider, Lyck, Ostpreußen

»Der Führer kam dann auf Attentatsversuche gegen ihn zu sprechen, und er-
zählte, durch welche zufälligen Glücksumstände er seinem sicheren Tode schon
entgangen sei ... Die Tatsache, dass er dem Sprengstoffattentat im Hofbräukeller
[Bürgerbräukeller] am 9.11.39 nicht zum Opfer gefallen sei, verdanke er ledig-
lich dem Umstand, dass im letzten Augenblick wegen des schlechten Wetters die
Benutzung des Flugzeuges unterblieb und dafür entsprechend früher mit dem
Sonderzug gefahren wurde.«[59]
Werner Koeppen, Jahrgang 1910, Adjutant von Reichsminister Alfred Rosenberg,
Erinnerungsprotokoll der Mittagstafel im Führerhauptquartier Wolfsschanze,
6. September 1941

»Frage: ›Was haben Sie gedacht, als Sie in der Nacht vom 7. auf 8. November zum
letzten Mal das Werk in Augenschein genommen und die Türen verschlossen
haben?‹ ...
Frage: ›Dachten Sie daran, dass eine Reihe von Personen getötet werden könnten?‹
Antwort: ›Ja.‹
Frage: ›Wollten Sie das? Und wen wollten Sie treffen?‹
Antwort: ›Ja. Ich wollte die Führung treffen.‹
Geschlossen, gez. Kappler, gez. Schmidt, gez. Seibold, Kriminalkommissare«[60]
Protokoll der Vernehmungen Georg Elsers zwischen dem 19. und 23. November 1939
in Berlin im Geheimen Staatspolizeiamt

»Heute sollte Bußtag sein, der wurde auf den Totensonntag verlegt. Das deutsche Volk hat Besseres zu tun als heute zu beten! ... Radio meldet, dass der Hitler-Attentäter entdeckt wurde. Die Sache ging von England aus.«
Henriette Schneider, Lyck, Ostpreußen

TAGEBUCH, 31. DEZEMBER 1939
»Ich bleibe nicht auf, um das neue Jahr einziehen oder das alte Jahr ausziehen zu sehen. Ich schreibe diesen Eintrag um 11.45 Uhr und werde nicht länger warten. Das alte Jahr ist übel und das neue erschreckend. Während ich zu Bett gehe, denke ich an Nigel und Ben, an Ben und Nigel. Wie dumm das Leben ist. Nicht böse, nur dumm. Was werde ich nächstes Jahr um diese Zeit zu berichten haben?«[61]
Harold Nicolson, Abgeordneter im Britischen Unterhaus

»Euer Ruhm ist ohne Glanz. Er leuchtet nicht. Man spricht von euch, weil ihr die besten Maschinen habt – und seid. In diesem Staunen der Welt ist kein Funke von Liebe. Und nur Liebe gibt Glanz. Ihr haltet euch für auserwählt, weil ihr die besten Maschinen, Kriegsmaschinen baut und sie am besten bedient.«[62]
Theodor Haecker, Kulturkritiker und Schriftsteller, AN DIE DEUTSCHEN

»Die im Gefolge des Krieges auftretenden üblichen Einschränkungen und Unbequemlichkeiten vergrößerten den Druck noch – übrigens empfand ich sie in Berlin erheblich stärker als in London, das ich während des Krieges ebenfalls erlebte. Vor allem der erste Kriegswinter – 1939/1940 – war schwierig. Die Kanäle waren zugefroren; Heizmaterial war knapp. Einige riesige Wohnblocks konnten überhaupt nicht geheizt werden; sie wurden, als die Temperatur unter null sank, evakuiert. Rationierung und Verdunklung wurden streng gehandhabt. Private Autofahrten waren ganz verboten. Auch die Luftschutzmaßnahmen wurden strikter durchgeführt als in London. Während eines Fliegeralarms durfte niemand auf der Straße sein.«[63]
George F. Kennan, Jahrgang 1904, Sekretär an der US-Botschaft in Berlin, MEMOIREN

»Wir fanden Amerika in jener eigenartigen Vorkriegsstimmung, die man sich heute so schwer zurückrufen kann. Die Katastrophe von Pearl Harbor stand noch zwei Jahre bevor. Amerika blieb, sozusagen, leidenschaftlich neutral und machte verzweifelte Anstrengungen, das Leben im normalen Geleise fortzusetzen. Man musste äußerst vorsichtig sein mit dem, was man sagte.«[64]
Chaim Weizmann, Präsident des Jüdischen Weltkongresses, MEMOIREN

TAGEBUCH, 2. JANUAR 1940
»Bin in das Studio gegangen, um Chaplin in seinem neuen Diktator-Film zuzusehen ... Chaplin als Hitler spricht in der von ihm erfundenen Kunstsprache (die

weniger wie Deutsch, eher wie Dänisch klingt) zu den Gästen, kramt in einer Schachtel mit Orden herum und heftet ›Hering‹ eine Medaille an die Brust. ›Hering‹ bricht vor Rührung in Tränen aus. Chaplins Technik ist erstaunlich. Sein Timing ist so perfekt, dass selbst die abgedroschensten Gags, etwa Hering ins Auge spucken oder ihn mit der Ordensnadel pieksen, verblüffend witzig wirken. Seine Beherrschung der Kunstsprache ist unglaublich. Dieser Film, sagt Meltzer, ist ungeheuer anstrengend für Chaplin.«[65]

Christopher Isherwood, Jahrgang 1904, britisch-amerikanischer Schriftsteller

»Dem harten Winter folgte ein sanfter Frühling. Die Anlagen an der Seine … waren eingehüllt in ein bezauberndes Grün. Paris war schön wie immer. Der Krieg schien weit zu sein. Man schlug sich irgendwo in den Vogesen oder am Rhein. Zwischen der französischen Hauptstadt und dem Feind stand ›die unüberwindliche Maginotlinie‹. Wozu sich Sorgen machen?«[66]

Julius Deutsch, Jahrgang 1884, österreichischer Sozialdemokrat jüdischer Abstammung im französischen Exil, LEBENSERINNERUNGEN

»Im Jahr 1940 sah ich ein Berlin ohne Autos, die Berliner Wagen rasten über die Straßen Europas, das Dritte Reich eroberte die Welt. Doch die Fußgänger erstarben trotzdem, wenn sie Rotlicht sahen.«[67]

Ilja Ehrenburg, Jahrgang 1891, sowjetisch-jüdischer Schriftsteller, MENSCHEN, JAHRE, LEBEN

»Eine große Gruppe unter den militärgerichtlich Verurteilten bildeten die ›Ernsten Bibelforscher‹, die meist nicht wegen ›Kriegsdienstverweigerung‹, sondern schon wegen ›Eidesverweigerung‹ verurteilt wurden. Sie gingen für ihre Überzeugung ohne Schwanken in den Tod. Das Reichskriegsgericht hatte sich in den ersten Jahren des Krieges, 1939 bis 1940, nur schwer entschließen können, die Todesurteile an Bibelforschern vollstrecken zu lassen. Die Strafanstaltsgeistlichen wurden immer wieder ersucht, die Bibelforscher mit theologischen Argumenten zum Kriegsdienst zu überreden … Mir ist kein Fall bekannt geworden, wo die Bemühungen des Geistlichen oder auch der Verwandten zu einem ›positiven‹ Ergebnis geführt hätten.«[68]

Harald Poelchau, Jahrgang 1903, evangelischer Gefängnisgeistlicher im Gefängnis Berlin-Plötzensee, DIE LETZTEN STUNDEN

»Die Polen sind kein staatsbildendes Volk. Es fehlen ihnen die einfachsten Voraussetzungen dazu. Ich bin an der Seite des Reichsführers SS kreuz und quer durch das Land gefahren. Ein Land, das so wenig Sinn für das Wesen der Siedlung hat, so dass es nicht einmal für den Stil eines Dorfes reicht, hat keinen Anspruch auf irgendeine selbstständige Machtstellung im europäischen Raum. Es ist Kolonialland.«[69]

Hanns Johst, Jahrgang 1890, Schriftsteller, SS-Oberführer, EINE OSTFAHRT

»F.[ührer] sprach lange und eingehend über die im Gange befindliche Eingliederung der früheren Ostprovinzen Posen und Westpreußen. Hierbei erörterte er die künftige Stellung des Polentums, die Wiederbesiedlung durch Deutsche und die Behandlung der breiten Masse. Diejenigen Volksschichten, welche rassisch für wertvoll gehalten würden, könnten eingedeutscht werden. Grundsatz müsse das rassische Aussehen und die Erbanlage sein. Ursprünglich seien ja vor Jahrhunderten, nach der Besiedlung durch den Deutschen Orden, diese Volksstämme sowieso zur Hälfte mit slawischem und deutschem Blut durchsetzt gewesen. Deutsche Siedlerbauern, die nach dem Magdeburger Erbrecht auswanderten und nach Ostland zogen, hätten sich dort bald Frauen gesucht. Da Deutsche nicht vorhanden waren, wären es eben Slawinnen gewesen, und diese heißblütigen Weiber hätten dann sehr schnell einen starken Einfluss auf ihre braven Ehemänner gehabt. Die Frau sei volkstumsmäßig immer die stärkere, und somit sei viel deutsche Art verloren gegangen, das müsse man jetzt in Ordnung bringen. Es werde eine besondere Volkstumsgruppe geschaffen, und die Sprache sei hierbei das Wichtigste. Die Kinder müssen das Polnische vergessen und nur noch Deutsch lernen, die Eltern könnten es sowieso meistens noch. Dann könne man schon in der nächsten Generation den Umwandlungsprozess fühlen. Wesentlich sei, dass in erster Linie die bäuerliche Bevölkerung erhalten bliebe. Auf die polnische Intelligenz lege er keinen Wert.«[70]

Gerhard Engel, Jahrgang 1906, Heeresadjutant bei Hitler

»Alle Angehörigen der Intelligenz und alle Polen, die Besitz hatten, waren aus der Stadt [Posen] vertrieben worden. Dasselbe geschah in allen Teilen des Distrikts, den die Deutschen dem Reich eingegliedert hatten. Nur die Polen durften bleiben, die als Deutsche registriert oder bereit waren, ein Leben als Ausgestoßene zu ertragen. Die Demütigungen dieser letzten Gruppe kannten keine Grenzen. Ein Pole, der sich nicht als Deutscher hatte registrieren lassen wollen, musste vor jedem, der an seiner Uniform oder anderen Zeichen als Deutscher zu erkennen war, den Hut ziehen. Wenn ein Pole einem Deutschen begegnete, musste er den Bürgersteig verlassen. Polen durften nicht mit dem Auto oder dem Bus fahren und keine Fahrräder besitzen. Sie standen komplett außerhalb des Schutzes der Gesetze, die deutschen Behörden konnten über ihren gesamten Besitz, die bewegliche wie die unbewegliche Habe, verfügen.«[71]

Jan Karski, Jahrgang 1914, Kurier des Polnischen Untergrunds,
MEIN BERICHT AN DIE WELT

»Ich versuchte in den Gesichtern der vielen Menschen zu erkennen, was sie an diesem Ostertag bewegte. Aber die Gesichter waren leer. Offensichtlich mögen sie den Krieg nicht, doch sie werden tun, was man ihnen sagt. Zum Beispiel sterben.«[72]

William L. Shirer, Rundfunkreporter der Columbia Broadcasting System in Berlin

»Sprach in der verg.[angenen] Woche in Ludwigshafen, Münster, Hannover. Besuchte Saarbrücken, die Spicherner Höhen, die zerschossenen Dörfer im Niemandsland. Verlassene alte französische Gräben mit Matratzen und Decken. Ein franz.[ösisches] Café ausgebaut als kl.[eines] Betonfort. Ununterbrochener Bunkerbau. Vor uns schanzende Franzosen. Offiziere u. Soldaten in fabelhafter Stimmung.

Unheimlich wirkt das von der ganzen Bevölkerung geräumte Saarbrücken. Häuser der Dörfer: Trümmerhaufen. Herabhängende Wände, Löcher in den Mauern. Wenn so einst der ganze Westen aussehen sollte, wäre es schauerlich. Die Menschen in der Pfalz scheinbar ruhig, ruhiger als manche in Berlin.«[73]

Alfred Rosenberg, Jahrgang 1892, Leiter des Außenpolitischen Amtes der NSDAP, Tagebuch, 11. April 1940

TAGEBUCH, 9. APRIL 1940

»Vormittags Hausarbeit, Besorgungen. Dabei erfahren, dass Deutsche in Dänemark und Norwegen eingerückt sind! Gott weiß, was jetzt kommt!«[74]

Otto Blumenthal, Jahrgang 1876, deutsch-jüdischer Mathematiker im Exil, Oud-Zuilen bei Utrecht, Niederlande

»Nach dem Kriege müssen doch die Engländer gefragt werden, wie es bei ihrer täglichen Behauptung, dass sie die Meere beherrschen, [für Deutschland] möglich gewesen ist, an 6 Stellen Truppen in Norwegen zu landen. So befanden sich allein in Narvik [Nord-Norwegen] 10 deutsche Kriegsschiffe u. eine große Anzahl Transportschiffe. Eine überaus schlechte englische Luftaufklärung u. eine nicht viel bessere ›Beherrschung der Meere‹.«[75]

Friedrich Kellner, Justizinspektor, Laubach, Hessen, Tagebuch, 18. April 1940

TAGEBUCH, 9. APRIL 1940

»Norwegen befindet sich seit dem frühen Morgen im Kriegszustand mit Deutschland. Dänemark ist von den Deutschen besetzt worden, die die ganze Verwaltung des Landes übernommen haben, ohne auf Widerstand zu stoßen. Die Telefonverbindung nach Norwegen ist unterbrochen, aber die Norweger leisten anscheinend noch Widerstand. Der offizielle Grund, warum Deutschland ›den bewaffneten Schutz von Norwegens Neutralität‹ übernommen hat, ist der, dass die Engländer gestern oder vorgestern die norwegischen Gewässer vermint haben, um die Erztransporte von Narvik nach Deutschland zu verhindern. Aber der deutsche Überfall war sicher seit langem geplant.«[76]

Astrid Lindgren, Stenografin, Stockholm, Schweden

»Aus den gestrigen Zeitungen war ersichtlich, dass es in Norwegen durchaus nicht glattgegangen ist, dass die Norweger sich wehren und dass die Engländer ihnen energisch zu Hülfe kommen ... Eine im Oslofjord liegende Festung hat man mit Stukas zusammengeschlagen. In ein friedliches Land ist der Krieg hineingetragen worden.«[77]

Willy Cohn, Jahrgang 1888, deutsch-jüdischer Gymnasiallehrer in Breslau

»Aus all diesen Fehlschlägen und dieser Verwirrung hob sich eine Tatsache von überragender Bedeutung hervor, die den ferneren Verlauf des Krieges weitgehend beeinflussen sollte. In ihrem verzweifelten Kampf gegen die britische Flotte hatten die Deutschen ihre eigene zugrunde gerichtet, bevor noch der Höhepunkt des Krieges erreicht war.«[78]

Winston Churchill, Erster Lord der Admiralität, DER ZWEITE WELTKRIEG

»Der englische Sieg in Narvik am Samstagmittag (habe erst spät in der Nacht davon erfahren, nachdem ich die bittere Notiz von oben schon geschrieben hatte) und vor allem die gestern angekündete Landung der britischen Truppen an der norwegischen Küste bringen etwas Hoffnung, etwas Zuversicht. Manchmal sehe ich eine düstere Hitler-Welt auf uns zukommen, doch dann löst sich dieser hässliche Traum wieder auf, und ich beginne an ein Europa zu glauben, das auch ich vielleicht noch erleben werde – ein freies Europa ohne Schrecken und Irrglauben. Dann fühle ich mich jünger, mutiger und bin froh, dass ich am Leben bin. Die Wahrheit ist, dass ich mir trotz meines persönlichen Unglücks von ganzem Herzen wünsche, lange genug zu leben, um mit eigenen Augen den Zusammenbruch von Hitlers Herrschaft zu erleben.«[79]

Mihail Sebastian, rumänisch-jüdischer Journalist in Bukarest

»Wenn man einige Zeit lang versucht hat, das Dritte Reich kennenzulernen und über dessen Organisation, soziale Einrichtungen, Kunst, Architektur und Philosophie und Ideale einiges erfahren hat, kann es vorkommen, dass man auf der Straße stehen bleibt und mit einem Gefühl der Befreiung die Soldaten ansieht, die nach Westen marschieren und sich jetzt mit Völkern einer anderen Art auseinandersetzen müssen.

Ja, man kann auf den Gedanken verfallen, dass es für eine Rasse, die in sich selbst ihr Ideal und ihren Zweck hat und die in ihrem Credo Blutmischung verbietet, zu einer Notwendigkeit wird, Krieg zu führen, und zwar jeglichen Krieg, um den Fluss des Blutes in Ordnung zu halten.«[80]

Karen Blixen, dänische Schriftstellerin, BRIEFE AUS EINEM LAND IM KRIEG

»Ich fragte meine Zeitungskäufer, ob es Neuigkeiten von Chamberlain gäbe. ›Nein, er ist noch nicht zurückgetreten. Es ist noch da.‹ Und ich antwortete: ›Er wird nicht gehen, wir werden ihn wohl rauskatapultieren müssen.‹«[81]
Christopher Tomlin, Jahrgang 1911, Zeitungsverkäufer aus Preston, Lancashire, England

»Es ist ein schwerer Gang, den das deutsche Heer morgen antritt, er wird viel Blut und Seufzer kosten, aber alles ist sprungbereit und einsatzbereit, und wir können hoffen, dass wir die Besseren sind ... Ihr könnt ruhig schlafen und sollt gute Nerven haben.«[82]
Eduard Wagner, Jahrgang 1894, General der Artillerie, Brief an Elisabeth Wagner, Hqu. [Hauptquartier], 9. Mai 1940

TAGEBUCH, 9. MAI 1940
»Falls sich nichts ändert, wird mich Herr Greiner morgen früh mit dem Dienstwagen abholen. Koffer zum 5. Mal gepackt, auf letzten Stand gebracht. Dumm, dass nicht klar ist, wohin es wirklich geht. Ziemlich aufgeregt, weil so viel auf dem Spiel steht – allgemein!«[83]
Marianne Feuersenger, Jahrgang 1919, Sekretärin im Wehrmachtsführungsstab des Oberkommandos der Wehrmacht OKW

»Am 9. [Mai] mittags verließen wir unter größter Heimlichkeit Berlin von einem kleinen Bahnhof im Grunewald [aus], fuhren bei Tageslicht Richtung Hamburg, wo der Führer für den nächsten Tag angesagt war, kehrten den Zug bei Eintritt der Dunkelheit um und trafen 3 Uhr früh in Euskirchen bei Aachen ein. Noch in dunkler Nacht, bei wunderbarem Sternenhimmel, fuhren wir im Kraftwagen auf den Gefechtsstand, das F. [ührer]H. [aupt]Qu. [artier] ›Felsennest‹, das weitab von Ortschaften auf einer bewaldeten Bergkuppe von der O.T. [Organisation Todt] als Bunker-Lager gebaut war.«[84]
Wilhelm Keitel, Jahrgang 1882, General der Artillerie, Chef des Oberkommandos des Heeres, LEBENSERINNERUNGEN

TAGEBUCH, 10. MAI 1940
»Mit Greiner früh zum Standort vom Zug unserer Abteilung. Auch er innerlich erregt. Straßen in Potsdam menschenleer, alles so ruhig. Noch weiß keiner, was bald durch Radio bekannt gegeben wird: Die Westoffensive hat begonnen.«[85]
Marianne Feuersenger, Sekretärin im Wehrmachtsführungsstab des OKW

»Ich werde niemals vergessen, wie wir im Morgengrauen des 11. Mai 1940 am ›Felsennest‹ ankamen. Hitler versammelte seinen kleinen persönlichen Stab um sich und verkündete mit fester, deklamierender Stimme, dass am Morgen die

Offensive gegen Frankreich begonnen habe. Er stand vor dem kleinen, auf einen Hügel gebauten Bunker. Der Nebel lag noch über dem Land, im feuchtfrischen Gebüsch zwitscherten die ersten Vögel, und von fern drang der Donner der Geschütze zu uns herüber.«[86]

Christa Schroeder, Jahrgang 1908, Hitlers persönliche Sekretärin bis 1945, HITLER PRIVAT

KRIEGSTAGEBUCH, 10. MAI 1940

»9. Mai 1940, 18.00 Uhr. Ab Zossen mit Greiffenberg, Heusinger, Liss, Thiele, Nolte und der 1. Staffel im Sonderzug nach Godesberg. 22.15 Uhr Nordhausen: Fernmündlich ›Danzig‹ [Durchführung], keine besonderen Ereignisse.«[87]

Franz Halder, Jahrgang 1884, Generaloberst, Chef des Generalstabs des Heeres

»Am 10. Mai 1940 begann Deutschland seine große Offensive, nachdem zuvor Dänemark und fast ganz Norwegen in deutsche Hand geraten waren …

Innerhalb von nur einer Woche war das Schicksal besiegelt. Eine Reihe von Irrtümern hatten unsere Armee, den Staat und ganz Frankreich auf einen falschen Weg geleitet, der nun rasant ins Verderben führte. Wir hatten dreitausend moderne französische Panzer und achthundert Maschinengewehre, die auf Lastwagen montiert waren. Mehr hatten die Deutschen auch nicht.«[88]

Charles de Gaulle, Jahrgang 1890, Oberst der französischen Streitkräfte, Kommandeur einer Panzerdivision, MEMOIREN

»Irgendwo in Frankreich gab es auch eine englische Panzerbrigade, die dem Oberkommando direkt unterstand. Ich selbst habe jedoch von ihren Panzern weder im Laufe des Winters noch während der Kämpfe im Mai etwas gesehen. Dabei hatten wir Engländer den Panzer erfunden und ihn 1916 als Erste in der Schlacht eingesetzt! Zu unserer Schande muss es gesagt werden, dass wir unsere Armee völlig unzureichend bewaffnet und ausgerüstet in diesen vom Gegner mit allen Mitteln der Neuzeit geführten Krieg geschickt haben. Wir Engländer hatten uns also selbst die Schuld an den Katastrophen zuzuschreiben, die uns, als der Kampf 1940 begann, auf dem Schlachtfeld ereilten.«[89]

Bernard Law Montgomery, Jahrgang 1887, Major General, Kommandeur der 3rd United Kingdom Division, MEMOIREN

TAGEBUCH, 10. MAI 1940

»Herrliches Wetter. Kriegsbeginn. – 4 Uhr aufgewacht durch Geschützfeuer und Fliegerlärm. Mindestens 10 Flugzeuge … Sehr gegen Willen zur Überzeugung gekommen, dass Krieg ist. 8 Uhr ausgegangen, um Briefe in den Kasten zu tun … Nachmittags mehrfach Flak und MG. Schließlich begonnen, einfache Schutzmaßnahmen zu treffen … Karten an die Kinder geschrieben.«[90]

Otto Blumenthal, deutsch-jüdischer Mathematiker im Exil, Oud-Zuilen bei Utrecht

»Im frühen Morgengrauen des 10. Mai sind deutsche Truppen ›in breitester Front‹ in Holland, Belgien und Luxemburg eingedrungen. Und der Kampf, der heute beginnt, soll gemäß Hitlers Tagesbefehl, das ›Schicksal der deutschen Nation für die nächsten tausend Jahre‹ entscheiden. Es geht zweifellos nicht nur um das Schicksal des deutschen Volkes, über das entschieden wird, sondern womöglich um das Schicksal der ganzen Menschheit. Jetzt hat der Krieg wohl wirklich angefangen.«[91]

Astrid Lindgren, Stenotopystin, Stockholm, Schweden

Winston Churchill als Premierminister vor dem Amtssitz Downing Street 10 mit optimistischer Geste, dem Victory-V.

»Churchill und ich tranken Tee im Garten, während der Premierminister anderes zu erledigen hat, bevor wir alle zusammen um 18.05 Uhr Attlee und Greenwood treffen werden. Als wir zusammenkamen, erläuterte Chamberlain ihnen seine Position, dass sie ihre Organe am nächsten Tag vor die Entscheidung stellen sollten, ob die Labour Party sowohl unter Chamberlain oder nur unter jemand anderem in die Regierung eintreten würde. Um sechs Uhr am nächsten Morgen [10. Mai] fanden der belgische und der niederländische Botschafter sich bei mir in meinem Zimmer im Dorchester Hotel ein, um mir vom Einmarsch in ihre Länder zu berichten. Diese neuen Entwicklungen gaben Chamberlain für kurze Zeit das Gefühl, dass die Neubildung der Regierung zu warten hätte, bis sich die Lage stabilisiert habe. Das war völlig unmöglich. Und da die Labour Party ihm geantwortet hatte, sie würden zwar nicht unter ihm, aber unter jemandem anderen in die Regierung eintreten, begab sich Chamberlain zum König und ließ nach Churchill schicken.«[92]

Lord Halifax, Edward Frederick Lindley Wood, 3. Viscount of Halifax, Jahrgang 1881, britischer Außenminister von 1939 bis 1941, über die Regierungsentscheidungen in Großbritannien am 9./10. Mai 1940, DIE FÜLLE DER TAGE

»Ich wurde sofort zum König geleitet. Seine Majestät empfing mich höchst liebenswürdig und bat mich, Platz zu nehmen. Er schaute mich einige Augenblicke lang forschend und lächelnd an und sagte dann: ›Sie wissen wohl nicht, weshalb ich Sie zu mir gebeten habe?‹ Ich ging auf seinen Scherz ein und antwortete: ›Majestät, ich könnte mir wirklich nicht vorstellen warum.‹ Er lachte und sagte: ›Ich möchte Sie ersuchen, eine Regierung zu bilden.‹«[93]

Winston Churchill, designierter britischer Premierminister, DER ZWEITE WELTKRIEG

»Das Symbol für Englands Erwachen zur Wirklichkeit war Chamberlains Rücktritt und Churchills Ernennung zum Premierminister. Die Illusion des ›phoney war‹ hatte sich verflüchtigt; Europa war von den Nazis überrannt worden, und England wusste, dass es, für einige Zeit wenigstens, allein stand.«[94]

Chaim Weizmann, Präsident des Jüdischen Weltkongresses, MEMOIREN

»So übernahm ich in der Nacht des 10. Mai, in den Anfängen der gewaltigen Schlacht, die oberste Macht im Staate, die ich fortan in ständig wachsendem Ausmaß während fünf Jahren und drei Monaten des Weltkrieges ausüben sollte, nach deren Ablauf ich, als alle unsere Feinde entweder bedingungslos kapituliert hatten oder schon im Begriffe waren, es zu tun, von der britischen Wählerschaft unverzüglich von jeder weiteren Führung ihrer Geschäfte entlassen wurde. Nicht einen einzigen Augenblick hatte in diesen letzten erregten Tagen mein Puls schneller als sonst geschlagen. Ich nahm alles so, wie es kam. Aber ich darf dem Leser dieses wahrheitsgetreuen Berichtes nicht verheimlichen, dass ich, als ich gegen drei Uhr früh zu Bett ging, eine tiefe Erleichterung empfand. Endlich verfügte ich über die Autorität, in jeder Richtung maßgebende Weisungen zu erteilen. Mir war zumute, als ob das Schicksal selber mir den Weg wiese, als wäre mein ganzes bisheriges Leben nur eine Vorbereitung auf diesen Augenblick gewesen und auf diese Prüfung.«[95]

Winston Churchill, britischer Premierminister, DER ZWEITE WELTKRIEG

TAGEBUCH, 11. MAI 1940

»Mr. Chamberlain hat endlich sein Amt niedergelegt. Ein unglaublich trauriger Trottel ist damit endgültig verschwunden. Jetzt wird dem hirnverbrannten Nazivolk gezeigt werden, was es heißt, mit der ganzen Welt sich zu verfeinden.«[96]

Friedrich Kellner, Justizinspektor, Laubach, Hessen

»In den 1. Wehrmachtsbericht am 10. Mai mittags hatte ich den Satz aufgenommen: ›Der Führer hat den Oberbefehl über die im Westen operierende Wehrmacht persönlich übernommen.‹ Wohl eine halbe Stunde habe ich mit ihm über die Zustimmung zu dieser Veröffentlichung gerungen; er erklärte, er wolle anonym bleiben und seinen Generalen den Kriegsruhm nicht verkleinern. Ich ließ aber nicht locker, denn es musste einmal ausgesprochen werden, dass er den Oberbefehl auch tatsächlich ausübte und der Feldherr des Krieges selbst war. Schließlich gab er nach.«[97]

Wilhelm Keitel, Chef des Oberkommandos des Heeres, LEBENSERINNERUNGEN

»In diesem Zusammenhang betonte der Führer, dass er nicht den Ehrgeiz habe, ein großer Feldherr zu sein, sondern vielmehr Wert darauf lege, als Führer seines Volkes den kulturellen und sozialen Aufstieg der deutschen Nation zu sichern. Andere hätten ihn gezwungen, Feldherr zu sein.«[98]

Aufzeichnung über die Unterredung zwischen dem Führer und dem französischen Admiral François Darlan auf dem Berghof

»Der Westfeldzug 1940 offenbarte aber noch einen weiteren Charakterzug Hitlers. Hitler war sehr kühn in der Aufstellung seiner Entwürfe. Norwegen war ein kühner Plan, der Panzerdurchbruch über Sedan desgleichen. In beiden Fällen stimmte er den kühnsten Vorschlägen zu. Als aber in der Ausführung die ersten Schwierigkeiten auftraten, fiel er — im Gegensatz zu seiner unerschütterlichen Beharrlichkeit angesichts politischer Schwierigkeiten — in diesen militärischen Fragen um, weil er wohl instinktiv seinen Mangel an Begabung auf diesem Gebiet fühlte.«[99]

Heinz Guderian, Jahrgang 1888, General der Panzertruppe der deutschen Wehrmacht, ERINNERUNGEN EINES SOLDATEN

TAGEBUCH, 11. MAI 1940

»Sondermeldung: Unsere Truppen sind in Holland, Belgien und Luxemburg einmarschiert. Nun beginnt der Krieg erst wirklich ... Siegen wird unsere gerechte Sache ... Chamberlain trat ab und Churchill wurde sein Nachfolger! Ein Schlimmer ging, ein noch Schlimmerer kam.«

Henriette Schneider, Lyck, Ostpreußen

TAGEBUCH, SAMSTAG, 11. MAI 1940

»Als Mr. Churchill in Barrow war, um zu sehen, wie der Flugzeugträger einsatzbereit gemacht wurde, waren die Arbeiter der Werft sehr beeindruckt durch das gewisse ›Etwas‹, das er hatte. Ein Mann sagte: ›Neben ihm zu stehen fühlte sich an, als ob er mehr Ausstrahlungsenergie als gewöhnliche Leute hätte.‹ Seine direkte Art hatte sie alle angesprochen. Wenn ich mein ganzes Leben mit einem Mann verbringen müsste, würde ich Mr. Chamberlain wählen, aber ich glaube, wenn es einen Sturm gäbe und ich schiffbrüchig wäre, wäre Mr. Churchill schneller zur Stelle. Er hat ein lustiges Gesicht, wie eine Bulldogge in unserer Straße.«[100]

Nella Last, Hausfrau, Barrow-in-Furness, Lancaster, England

»Freitagabend erhielt ich den Auftrag Seiner Majestät, eine neue Regierung zu bilden ... Eine Regierung von solchem Ausmaß und solcher Vielgestaltigkeit zu bilden, ist an sich eine schwere Aufgabe; man muss aber bedenken, dass wir uns im Anfangsstadium einer der größten Schlachten der Weltgeschichte befinden ... Ich möchte dem Hause dasselbe sagen, was ich den Mitgliedern dieser Regierung gesagt habe: ›Ich habe nichts zu bieten als Blut, Mühsal, Tränen und Schweiß.‹

Uns steht eine Prüfung von allerschwerster Art bevor. Wir haben viele, viele lange Monate des Kämpfens und des Leidens vor uns. Sie werden fragen: Was ist unsere Politik? Ich erwidere: Unsere Politik ist, Krieg zu führen, zu Wasser, zu Lande und in der Luft, mit all unserer Macht und mit aller Kraft, die Gott uns verleihen kann; Krieg zu führen gegen eine ungeheuerliche Tyrannei, die in dem finsteren, trübseligen Katalog des menschlichen Verbrechens unübertroffen bleibt. Das ist unsere Politik.

Sie fragen: Was ist unser Ziel? Ich kann es in einem Wort nennen: Sieg – Sieg um jeden Preis, Sieg trotz allem Schrecken, Sieg, wie lang und beschwerlich der Weg dahin auch sein mag; denn ohne Sieg gibt es kein Weiterleben. Möge man sich darüber im Klaren sein: kein Weiterleben für das britische Weltreich; kein Weiterleben für all das, wofür das britische Weltreich eingetreten ist; kein Weiterleben für den jahrhundertealten Drang und Impuls des Menschengeschlechts, seinem Ziel zuzustreben.«[101]

Winston Churchill, britischer Premierminister, Rede im Britischen Unterhaus, 13. Mai 1940

TAGEBUCH, 13. MAI 1940

»Winston gibt eine kurze, aber treffende Erklärung (Blut, Schweiß und Tränen) ab. Später erhebt sich Lloyd George und hält eine sehr bewegende Rede, worin er Winston sagt, wie sehr er ihm zugetan sei. Winston weint ein wenig und wischt sich die Augen.«[102]

Harold Nicolson, Abgeordneter im Britischen Unterhaus

»Und nach der Niederlage Frankreichs bewährte Churchill sich in der Stunde der britischen Gefahr mit staunenswerter Zähigkeit. Hitler, der im Juni und Juli 1940 die Einigung mit England ersehnte, fragte sich, worauf denn Churchill eigentlich noch baue: offenbar warte er auf Freunde, alte oder neue, Amerika oder Russland; beides sei eine Fehlrechnung.«[103]

Ernst von Weizsäcker, Staatssekretär im Auswärtigen Amt, ERINNERUNGEN

»Die Engländer sind eine erstaunliche Nation, und ich denke, es stimmt, dass ihnen nichts so gut bekommt wie Katastrophen. Wenn sie wirklich in der Klemme sitzen, machen ihre negativen Eigenschaften einen großartigen Salto ins Positive. Langsamkeit, Understatement, Selbstzufriedenheit verwandeln sich in Ausdauer, Unerschrockenheit und Stolz, den Vater der Selbstdisziplin. In einer früheren und unschuldigeren Epoche prägte Edmund Wilson einen Satz über Russland: ›Die moralische Spitze der Welt, wo das Licht niemals ganz ausgeht.‹ Während des Krieges war diese moralische Spitze England.«[104]

Martha Gellhorn, Jahrgang 1908, Kriegsberichterstatterin des US-Magazins Collier's Weekly, REPORTAGE

»Mitternacht, erschreckende Nachrichten von Winston, der in Paris ist. Die nächsten drei oder vier Tage werden entscheiden. Wenn der deutsche Vormarsch nicht gestoppt werden kann, wird die französische Armee zusammenbrechen und die britische Expeditionsarmee wird abgeschnitten sein.«[105]

Neville Chamberlain, Jahrgang 1869, Lord President of the Council, ehemaliger Premierminster

»Am 15. [Mai 1940], um halb acht Uhr morgens, rufe ich Churchill an ... Ich wiederhole meine Bitte, die ich schon einige Stunden zuvor an ihn gerichtet hatte. Der Einsatz der in England stationierten Luftwaffe ist unerlässlich. Die Intervention muss ebenso massiv wie umgehend erfolgen. Churchill scheint so überrascht, dass ich wiederhole: ›Wir sind geschlagen. Wir haben die Schlacht verloren.‹ ›Unmöglich! Die Erfahrung hat gezeigt, dass jede Offensive nach einiger Zeit von selbst anhält. In fünf oder sechs Tagen sind sie gezwungen zu stoppen, um auf ihren Nachschub zu warten.‹ ›Alles ist anders. Das ist eine Flut von Panzern, die vorwärts rollt.‹ ... Churchill dachte, dass wir uns noch im Krieg von 1918 befinden würden. Ich wusste, dass es sich um eine völlig andere Art des Krieges handelt.«[106]

Maurice Gustave Gamelin, Jahrgang 1872, Befehlshaber der französischen Streitkräfte, DER KRIEG

»Wir kamen gerade aus dem Dorf, waren noch vor unserem Wohnhaus, als die Wachen am Eingang zum Gelände Haltung annahmen für eine Gruppe, die den Fahrweg herunterkam. Der Führer mit Gefolge. Wir blieben stehen, ein paar Soldaten auch, grüßten. Kurzer Blick streifte uns, die Hand dankend leicht erhoben. Die große Schirmmütze verdeckte die Augen. Gerade Haltung, mittelgroß, in hohen Stiefeln, einfacher Uniformrock mit Koppel. Wieder keine besondere Wirkung auf mich. Ich hatte mich auf diesen Mann, der so viel Macht vereinigt, der dieses ganze Geschehen ausgelöst hat, so konzentriert, dass ich gar nicht weiß, wer neben und hinter ihm ging. So nah habe ich ihn ja bisher noch nie gesehen. Aber – außer der Verkörperung der Macht nichts Besonderes, und das reicht ja wohl auch.«[107]

Marianne Feuersenger, Sekretärin im Wehrmachtsführungsstab des OKW, Felsennest

»Die deutschen Panzer – die gefürchteten ›chars allemands‹ – rollten ungehindert über das offene Land und von motorisierten Transportmitteln unterstützt und versorgt, legten sie 40 bis 50 Kilometer am Tag zurück. Sie waren durch Dutzende von Städten und Hunderte von Dörfern gefahren, ohne dem leisesten Widerstand zu begegnen, und ihre Offiziere schauten aus den offenen Geschütztürmen und winkten den Einwohnern triumphierend zu.«[108]

Winston Churchill, britischer Premierminister, DER ZWEITE WELTKRIEG

TAGEBUCH, 19. MAI 1940

»Es scheint mir, dass unsere einzige Hoffnung auf Roosevelt und den Vereinigten Staaten ruht. Unglücklicherweise sind sie aber selbst so unvorbereitet, dass sie uns jetzt nur wenig helfen können.«[109]

Neville Chamberlain, Lord President of the Council, ehemaliger Premierminister

TAGEBUCH, 21. MAI 1940

»Unsere Heere 130 km vor Paris, der Kanal ist erreicht!«

Henriette Schneider, Lyck, Ostpreußen

»Ich denke, wenn es gelingt, die ganze Bewegung in Fluss zu halten – und daran zweifle ich nicht –, dass in sechs Wochen Frankreich erledigt ist, denn sie haben so gut wie nichts augenblicklich zum Einsatz und müssen froh sein, wenn sie eine zusammengekratzte Armee als Flankenschutz für Paris aufbauen können ... Dann muss England dran, und diese Burschen müssen noch ans Messer.«[110]

Eduard Wagner, General der Artillerie, Brief an Elisabeth Wagner, 23. Mai 1940

TAGEBUCH, 26. MAI 1940

»Die Zeitungen düster, das Wort ›Victory‹ verschwunden und umgeschaltet auf ›Defense‹ ... Die wirklich geschulte Armee Englands scheint zum Großteil erledigt, die rasch ausgebildeten Rekruten können der technisch durch Jahre durchgemuskelten Mannschaft Deutschlands, diesen totalitären Kriegsmaschinen, nur ein Kanonenfutter abgeben ... Jedenfalls, man täte gut, ein Fläschchen mit Morphium jederzeit bereit zu haben. Vielleicht wird man es brauchen.«[111]

Stefan Zweig, österreichischer Schriftsteller im Exil in Bath, England

»Wir haben es geschafft! Die Luftwaffe vernichtet die Engländer dort am Strand. Ich habe Hitler überreden können, dass das Heer angehalten wird ... Das Heer spielt jetzt den Kavalier – die Ritterlichen, die nehmen die Engländer ohne Verluste gefangen. Der Führer will, dass sie ordentlich einen Denkzettel bekommen.«[112]

Hans Jeschonnek, Jahrgang 1899, Generalstabschef der Luftwaffe, am 23. Mai 1940 zu Erhard Milch, Staatssekretär im Reichsluftfahrtministerium

TAGEBUCH, 24. MAI 1940

»Der Ring schließt sich enger um die feindlichen Armeen in Nordfrankreich.«

Henriette Schneider, Lyck, Ostpreußen

KRIEGSTAGEBUCHAGEBUCH, 26. MAI 1940

»Die Panzer und motorisierten Verbände stehen nach allerhöchstem Befehl wie angewurzelt auf den Höhen ... Ausgesprochene Nervosität des OBdH [Oberbefehlshabers des Heeres], ... das Stehenbleiben auf höheren Befehl an einer Stelle, an der der Rücken des Feindes durch Zugriff offen liegt, ist völlig unverständlich.«[113]

Franz Halder, Generalstabschef des Heeres, Dünkirchen

TAGEBUCH, 27. MAI 1940

»Calais ist gefallen!«

Henriette Schneider, Lyck, Ostpreußen

ERINNERUNGEN IN TAGEBUCHFORM, 27. MAI 1940

»Feldmarschall landet mit Storch. Aussprache mit F.[ührer] ... Göring meldet Erfolge im Hafen Dünkirchen, sagt wörtlich: ›Nur Fischkutter kommen herüber [sic]; hoffentlich können die Tommies gut schwimmen.‹«[114]

Gerhard Engel, Heeresadjutant bei Hitler

»Als die englischen Truppen 1940 bei Dünkirchen flüchteten und eine Verfolgung nach England erwogen wurde, bestärkte Göring den zögernden Hitler in dem Beschluss, auf eine Invasion zu verzichten. Seine Luftwaffe, so versicherte er großsprecherisch, sei jederzeit in der Lage, die Versorgung Englands zu verhindern, wenn sich dies als nötig erweisen solle. Hitler, der meinte, dass jeder heil auf die Insel zurückgekehrte Soldat ein ›Garant‹ für eine baldige Übereinkunft mit London sein würde, hörte Görings Versprechen offenbar nur zu gern. Doch wie hier, so konnte er auch in Stalingrad nicht halten, was er versprochen hatte.«[115]

Heinz Linge, SS-Leibstandarte, persönlicher Diener Adolf Hitlers, BIS ZUM UNTERGANG

TAGEBUCH, 1. JUNI 1940

»Heute gab es solch ein ängstliches Gefühl in der Stadt, und Frauen fragten einander eifrig, ob Söhne oder Ehemänner schon in England angekommen seien. Ich hörte von Telegrammen, die erhalten worden waren, und ebenso von solchen, die ängstlich erwartet wurden. Ein großer Trupp von Soldaten stieg aus dem Zug, um zum Fort in Walney zu marschieren. Sie sahen verschwitzt und müde aus ... Schweiß und der seltsam bittere Geruch von feuchtem Khaki und Leder warf die Frage nach der Misere unserer zurückkehrenden Armee auf.«[116]

Nella Last, Hausfrau, Barrow-in-Furness, Lancaster, England

»Die britische Armee? Ich habe sechs oder sieben tote Neger und vielleicht zwanzig oder dreißig andere Tote gesehen. Die Masse der britischen Armee ist unbehelligt auf die andere Seite entkommen. Die haben ihre Ausrüstung zurückgelassen und sind davongekommen.«[117]

Erhard Milch, Jahrgang 1892, General der deutschen Luftwaffe, zu Hermann Göring am 5. Juni 1940

»Als wir aber auf dem Vormarsch in den Wäldern von St. Mihiel haltmachten ... hörte ich unseren Oberst sagen: ›Mon Général ... von meinen zweitausendeinhundert Mann haben achthundert keine Gewehre. Wollen wir ohne Waffen Krieg führen?‹ Der Marsch an die Front glich einer Flucht nach vorwärts.«[118]

Hans Habe, Freiwilliger der Armee der Französischen Republik, MEINE LEBENSGESCHICHTE

»Die französischen Truppen kämpfen nicht wie früher. Das war es! Die glorreiche Armee Frankreichs, die vor fünfundzwanzig Jahren in einer nicht minder gefährlichen Situation heroisch standgehalten hatte, brach jetzt in wenigen Wochen zusammen.«[119]

Julius Deutsch, österreichischer Sozialdemokrat im französischen Exil, LEBENSERINNERUNGEN

»Heute Nachmittag hielt Winston die schönste Rede, die ich je gehört habe. Das Haus war tief bewegt.«[120]

Harold Nicolson, Brief an Victoria Mary Sackville-West, 4. Juni 1940

»Das britische Weltreich und die Französische Republik, verbunden durch eine gemeinsame Sache und einen gemeinsamen Kampf, werden ihren Heimatboden bis zum letzten Mann verteidigen und einander als gute Kameraden mit all ihren Kräften unterstützen. Mögen große Teile Europas und viele altberühmte Staaten dem Griff der Gestapo und dem abscheulichen Machtapparat der Nazi-Herrschaft verfallen sein oder noch verfallen: Wir werden nicht wanken noch weichen.

Wir werden ausharren, wir werden in Frankreich kämpfen, wir werden auf den Meeren und Ozeanen kämpfen, wir werden mit wachsender Zuversicht und zunehmender Stärke in der Luft kämpfen, wir werden unsere Insel verteidigen, was immer es uns auch kosten möge, wir werden auf den Dünen kämpfen, wir werden auf den Landungsplätzen kämpfen, wir werden auf den Feldern und in den Straßen kämpfen, wir werden auf den Hügeln kämpfen; wir werden uns niemals ergeben; und selbst wenn – was ich nicht einen Augenblick lang glauben kann – diese Insel oder ein größerer Teil von ihr unterjocht oder ausgehungert wäre, dann würde unser Weltreich jenseits der Meere, bewaffnet und beschützt von der Britischen Flotte, den Kampf fortführen, bis – sobald es Gott gefällt – die Neue Welt, mit all ihrer Kraft und Macht, vortritt zur Rettung und Befreiung der Alten Welt.«[121]

Winston Churchill, Rede im Britischen Unterhaus am 4. Juni 1940

»Nach der Sonntagsmesse bat mich Churchill zu einem Spaziergang in seinen Hausgarten. Er sprach ziemlich ausführlich über Gemüse und die Freude, sein eigenes anzubauen. Er stellte klar, dass für lange Zeit die Rationierung dazu führen würde, dass wir jeden Quadratmeter unserer Insel beackern müssten. Er befragte mich zu den Problemen junger Offiziere in der Armee und lauschte meinen Antworten aufmerksam. Ich bedaure sehr, dass ich zwar das enorme Glück hatte, mehrere dieser ›Garten-Wanderungen‹ mit diesem einmaligen menschlichen Wesen unternehmen zu können, aber so wenig von dem behalten habe, was er jeweils sagte. An diesem ersten Wochenende pries er die Virtuosität von

Deanna Durbin [kanadische Schauspielerin], ›ein gewaltiges Talent‹; und wann immer er von Hitler sprach, sprach er ihn als ›Corporal Hitler‹ oder als ›Herr Schickelgruber‹ an.«[122]

David Niven, Schauspieler, Oberleutnant der Britischen Armee, REMINISZENZEN

»Gestern Nachmittag flog ich noch nach der Gegend von Arras. Ein einfach erschütterndes Bild: unabsehbare Kolonnen französischer Regimenter, demoralisiert, zerlumpt und heruntergekommen, dass man sich einfach abwenden musste. Eine geschlagene Armee ist schon das Schlimmste, was man als Soldat sehen kann.«[123]

Eduard Wagner, General der Artillerie der deutschen Wehrmacht,
Brief an Elisabeth Wagner vom 5. Juni 1940

»1940 zwangen die Siegesmeldungen, die ihm Hitler regelmäßig übermittelte, Mussolini zu der Erkenntnis, dass er schnell handeln musste, wenn er sich als Sieger mit an den Verhandlungstisch setzen wollte. ›Wie kann ich einen Teil der eroberten Gebiete beanspruchen, wenn Italien nur zuschaut? Diesen Luxus kann es sich auf Grund seines Prestiges und seiner Stellung in der Welt nicht leisten.‹«[124]

Rachele Mussolini, Jahrgang 1890, Ehefrau Benito Mussolinis, ERINNERUNGEN

TAGEBUCH, 8. JUNI 1940

»Ich nehme an, das Italien eingreifen wird … Es sind schwere Zeiten für alle, denen es um die Freiheit geht.«[125]

Neville Chamberlain, Lord President of the Council, ehemaliger Premierminister

»Am Morgen des 9. Juni kam ich mit dem Flugzeug nach London … Churchill empfing mich in der Downing Street, es war das erste Mal, dass ich ihn traf. Mein Eindruck von ihm stützte meine Gewissheit, dass Großbritannien mit einem solchen Kämpfer an der Spitze nicht nachgeben werde. Churchill schien mir jeder noch so beschwerlichen und außerordentlichen Arbeit gewachsen.«[126]

Charles de Gaulle, Oberst der französischen Streitkräfte, MEMOIREN

»Am Tag, nachdem Italien England den Krieg erklärte, wurde die 7. britische Panzerdivision, zu der auch 2 RB [Rifle Bataillon] gehörten, an die libysche Grenze verlegt. Zu den modernsten Streitmächten der Welt zählten wir nun nicht unbedingt. Einige unserer Panzerwagen waren alte Rolls Royce Silver Ghosts, die schon im Ersten Weltkrieg von Lawrence von Arabien eingesetzt worden waren, doch wir eroberten zügig einen Grenzposten nach dem anderen.«[127]

Denis Avey, Soldat, 2. Rifle Bataillon, THE MAN WHO BROKE INTO AUSCHWITZ

»In der Einigkeit Amerikas werden wir zwei Ziele gleichzeitig verfolgen: Wir werden die materiellen Mittel unserer Nation den Gegnern der Gewalt zur Verfügung stellen, und wir werden zugleich den Gebrauch dieser Mittel beschleunigt steigern, damit wir auf diesem Kontinent gerüstet und in der Lage sind, uns in jeder Notlage zu behaupten und zu verteidigen.«[128]

Franklin D. Roosevelt, Jahrgang 1882, Präsident der Vereinigten Staaten von Amerika, Rede in Charlotteville am 10. Juni 1940

TAGEBUCH, 11. JUNI 1940

»Man ist einfach immer wieder erschüttert von der Größe des Ablaufs der Ereignisse. Gestern Italien, heute die Marne überschritten … der Franzose aus der Maginotlinie im Rückzug, morgen tritt Witzleben aus dem Westwall heraus an, alles ist im Fluss, und meine Organisation, besser Improvisation, steht und ist auch noch größeren Anforderungen gewachsen. Man ist glücklich, dass man an diesem Geschehen mitarbeiten kann …

Und worin liegt das Geheimnis dieses Sieges? Doch wohl in der ungeheuren Dynamik des Führers.«[129]

Eduard Wagner, General der Artillerie

»Die Deutschen? Man stelle sich meine Verblüffung vor, als sie wirklich einmarschierten. Zuerst Kräder mit Beiwagen, dann die Infanterieeinheiten, diszipliniert, singend, mit schönen Stiefeln an den Füßen, richtigen Rucksäcken, richtigen Gewehren … Ich stand mit meiner Spielzeugpistole vor dem Haus, ich warf sie zu Boden, da ich Angst hatte, für einen Freischärler gehalten zu werden. Es war Juni 1940, um die Mittagszeit, es war heiß.

Das Regiment macht vor dem Haus Rast, die Gewehre werden zusammengestellt, eine von einem Pferd gezogene Feldküche trifft ein. Mit einem breiten Lächeln bietet mir ein Soldat an, von seiner Suppe zu kosten. Zum ersten Mal in meinem Leben sah ich richtige Soldaten. Im Gleichschritt, singend, zogen sie weiter. Es waren nicht die Hunnenhorden, die Hansi uns angekündigt hatte, und zu allem Überfluss waren sie sympathisch. Ich stolperte über mein erstes Fragezeichen.«[130]

Tomi Ungerer, 1931, Schüler, Colmar im Elsass, MEINE KINDHEIT IM ELSASS

»Zur französischen Nation konnte gehören, wer dazu gehören wollte, wer Teil von ihr sein wollte. Und die Elsässer, fast alle, wollten. Die neuen Besatzer hatten dafür kein Organ. Wer Deutsch sprach, war eben ein Deutscher. Punkt. Und wer sich nicht so verhielt, für den gab es das Strafgesetz.«[131]

Erhard Eppler, Jahrgang 1926, Schüler, Ulm, ERINNERUNGEN

TAGEBUCH, 14. JUNI 1940

»Um 1 Uhr die Nachricht, Paris von unseren Truppen ohne Kampf besetzt. Für drei Tage die Fahne gehisst.«

Henriette Schneider, Lyck, Ostpreußen

TAGEBUCH, 14. JUNI 1940

»Alles wird von den Vorgängen in Paris überschattet. Man hatte es kommen sehen, aber dann war es wie ein Keulenschlag. Ich habe lange genug dort gelebt, dass mir die Stadt noch in den Knochen steckt. Jetzt steigt ein wenig das Gefühl eines wirklichen Krieges in einem hoch. Das Gefühl, man sollte dasselbe Berlin antun und solche Dinge. Ruth sagte, sie fühle das Gleiche, sagte auch, sie denke, eine Menge Leute hätten wohl versucht, solche Gefühle nicht aufkommen zu lassen, aber das würde jetzt schwieriger.«[132]

Naomi Mitchison, Jahrgang 1897, Schriftstellerin, Carradale, Kintyre, Schottland

TAGEBUCH, 14. JUNI 1940

»Es hat den Anschein, als sei das Schicksal Frankreichs besiegelt. Das ist der Tod der Demokratie. Selbstverschuldet selbstverständlich. Es ist unmöglich, einen Diktator mit einer demokratischen Einrichtung zu bekämpfen. Der Stärkere siegt. Das ist die deutsche Diktatur ... Es war nach meiner Meinung bei den Gegnern nur ein einziger Mann, der die Gefahr erkannte, u. das war Churchill.«[133]

Friedrich Kellner, Justizinspektor, Laubach, Hessen

TAGEBUCH, 14. JUNI 1940

»Der Regen dauert unvermindert an ... Abends kurz Besorgungen ... Paris ohne Widerstand übergeben. Das ist die beste Lösung.«[134]

Otto Blumenthal, deutsch-jüdischer Mathematiker im Exil, Oud-Zuilen bei Utrecht

»Es bestätigte sich allenthalben, dass die Aufgabe von Paris der entscheidende Demoralisierungs-Faktor gewesen war. Von diesem Tag an konnten, nach wörtlicher Aussage eines Offiziers, die Deutschen nicht mehr so schnell vorrücken, wie die Franzosen liefen.«[135]

Friedrich Torberg, Jahrgang 1908, tschechisch-österreichischer Schriftsteller jüdischer Abstammung, Brief an William S. Schlamm, Juni 1940

TAGEBUCH, 17. JUNI 1940

»Gestern Gerüchte, dass das ganze Frankreich zusammenbricht. Die deutsche Fahne auf dem Eiffelturm. Desgleichen in Versailles. Das Hauptquartier, 17.6.1940: ›Der Präsident der neugebildeten franz[ösischen] Regierung, Marschall Pétain, erklärte in einer Rundfunkansprache an die französische Bevölkerung, dass Frankreich gezwungen ist, die Waffen zu strecken. Er verwies dabei auf die soeben von ihm unternommenen Schritte, um die deutsche Regierung von dieser Entscheidung in Kenntnis zu setzen und die Bedingungen in Erfahrung zu bringen, zu denen die Deutschen bereit sind, die französischen Wünsche zu erfüllen.

Reichskanzler Hitler wird mit dem königlich-italienischen Premier Benito Mussolini zu Beratungen zusammentreffen, bei denen der Standpunkt beider

Staaten festgelegt werden wird. (Sondernummer des ›Nowy Kurier Warszawski‹ vom Montag, dem 17. Juni 1940, 20.30 Uhr.)«[136]

Adam Czerniaków, Jahrgang 1880, Vorsitzender des »Judenrats« im Warschauer Ghetto

»Frankreich bat am 17. Juni um Waffenstillstand. Niemals wieder habe ich Hitler so freudig gesehen wie an diesem Tage. Begeistert schlug er sich auf die Schenkel und tanzte so etwas wie einen Schuhplattler. Gar nicht schnell genug konnte die Siegesnachricht verbreitet werden.«[137]

Heinz Linge, SS-Leibstandarte, persönlicher Diener Adolf Hitlers, BIS ZUM UNTERGANG

»An diesem Tag in Brûly-de-Pesche war Hitler sehr gelöst und glücklich. Auf dem Weg zwischen Kirche und Schulhaus inmitten seiner Offiziere stehend, wurde ihm das Friedensangebot Frankreichs zur Kenntnis gebracht. Lebhaft schlug er sich auf den Oberschenkel und sein befreiendes Lachen klang zu uns beiden Sekretärinnen herüber. Etwas abseits stehend, beobachteten wir die Szene, die Walter Frentz damals filmte. Keitel hielt anschließend eine Rede, in der er Hitler als den größten Feldherrn aller Zeiten hochleben ließ.«[138]

Christa Schroeder, Hitlers persönliche Sekretärin bis 1945, ER WAR MEIN CHEF

»Am 17. Juni 1940 erhielt Hitler in seinem Hauptquartier ›Wolfsschlucht‹, das bei Brûly-de-Pesche in der Nähe von Brüssel lag, die Nachricht von der Kapitulation Frankreichs. Für einen Augenblick vergaß er seine Würde als Oberbefehlshaber der Wehrmacht und schlug sich vor Freude klatschend auf die Knie. Damals prägte Keitel, mitgerissen von diesem Gefühlsausbruch, den verhängnisvollen Satz: ›Mein Führer, Sie sind der größte Feldherr aller Zeiten!‹«[139]

Heinrich Hoffmann, Jahrgang 1895, Reichsbildberichterstatter, AUFZEICHNUNGEN

»Es gehörte die in Übertreibung schwelgende Selbstverherrlichung des Dritten Reiches dazu, den Begriff des ›größten Feldherrn aller Zeiten‹ zu prägen. Es gehörte die sich nach den ersten militärischen Erfolgen rasch steigernde Selbstvergottung des Diktators dazu, selbst daran zu glauben. Nun gut, wird man sagen, das Wort vom ›größten Feldherrn aller Zeiten‹ mag eine propagandistische Übertreibung sein. Aber Hitler hat doch tatsächlich auf den rein militärischen Gebieten der Organisation und der Bewaffnung und ganz besonders auf dem Gebiete der hohen Truppenführung Einmaliges geleistet. Er war doch der schöpferische Geist und der treibende Motor und hatte daher das Recht, die militärischen Erfolge für sich zu buchen.«[140]

Franz Halder, Generaloberst der deutschen Wehrmacht, HITLER ALS FELDHERR

»Standhaftigkeit ist eine große Soldatentugend, aber nicht das Spezifische der Feldherrnkunst. Standhaftigkeit und vorwärtstreibende Energie waren die großen Führereigenschaften, die Hitler in seiner militärischen Laufbahn aufs höchste entwickelte. Er war der revolutionäre Geist und das pulsierende Element der deutschen Wehrmacht und ihrer auch von den Gegnern anerkannten großartigen Organisationsmaschinerie. Er kannte ihre Tendenz zu übertriebener Gründlichkeit und zu bürokratischer Erstarrung; dagegen hat er unermüdlich angekämpft.«[141]

Otto Dietrich, Jahrgang 1897, Reichspressechef der NSDAP, 12 JAHRE MIT HITLER

»Hitler nahm den Erfolg dieses westlichen Feldzuges für sich in Anspruch. An der Spitze aber stünde er. Seine Kraft, sein Wille, seine Energie würden alle kommenden Schwierigkeiten überwinden.«[142]

Albert Speer, Generalbaumeister für die Reichshauptstadt, ERINNERUNGEN

TAGEBUCH, 17. JUNI 1940

»Frankreich legt die Waffen nieder! Pétain, der heute Nacht den Platz Reynauds eingenommen hat, kündigte um zwei Uhr morgens an, er wolle ›versuchen‹, die Feindseligkeiten zu beenden. Durch Vermittlung Spaniens hat er die Deutschen gebeten, ihm die Bedingungen der Kapitulation mitzuteilen.«[143]

Mihail Sebastian, rumänisch-jüdischer Journalist in Bukarest

»Die Männer, die seit vielen Jahren an der Spitze der französischen Armeen stehen, haben eine Regierung gebildet. Diese Regierung hat sich unter dem Vorwand der Niederlage unserer Armeen mit dem Feind in Verbindung gesetzt, um den Kampf einzustellen. Gewiss waren und sind wir überschwemmt von der mechanischen Übermacht des Feindes zu Lande und in der Luft. Unendlich viel mehr noch als ihre Zahl haben uns die Panzer, die Flugzeuge, die Taktik der Deutschen zurückweichen lassen. Die Panzer, die Flugzeuge, die Taktik der Deutschen haben unsere Heerführer so überrascht, dass sie nicht mehr ein noch aus wissen. Aber ist das letzte Wort gesprochen? Muss die Hoffnung weichen? Ist die Niederlage endgültig? Nein!

Glaubt mir, denn ich weiß, wovon ich rede, und sage euch, dass für Frankreich nichts verloren ist. Dieselben Mittel, die uns überwältigt haben, können eines Tages den Sieg herbeiführen. Denn Frankreich ist nicht allein! Es ist nicht allein! Es ist nicht allein! Es hat ein großes Weltreich hinter sich. Es kann zusammengehen mit dem britischen Weltreich, das die Meere beherrscht und weiterkämpft. Wie England kann es von der unermesslichen Industrie der Vereinigten Staaten uneingeschränkten Gebrauch machen. Dieser Krieg ist nicht auf unser unglückliches Mutterland beschränkt. Dieser Krieg ist durch die Schlacht von Frankreich nicht entschieden. Dieser Krieg ist ein Weltkrieg. Allen Fehlern, allem Nachhinken, allen Leiden zum Trotz gibt es in der weiten Welt doch die Mittel, eines Tages unsere Feinde zu vernichten. Wie uns heute die mechanische Übermacht zu Boden warf, können wir morgen durch überlegene technische Macht siegen. Hierin ist das Schicksal der Welt umschlossen.

Ich, General de Gaulle, zurzeit in London, fordere die französischen Offiziere und Soldaten, die sich bewaffnet oder unbewaffnet in England befinden oder dorthin kommen, fordere die Ingenieure und Facharbeiter der Rüstungsindustrie, die sich auf britischem Boden befinden oder befinden werden, auf, sich mit mir in Verbindung zu setzen.

Was auch geschieht: Die Flamme des französischen Widerstandes darf und wird nicht erlöschen.«[144]

Charles de Gaulle, Oberst der französischen Streitkräfte, Radioansprache in der BBC, 18. Juni 1940

KRIEGSTAGEBUCH, 19. JUNI 1940

»Neue Erfolgsnachrichten laufen ein; auf dem Münster von Straßburg weht die deutsche Kriegsflagge; Toul ist in unserer Hand, nachdem gestern Belfort gefallen ist. An der Kanalküste ist Cherbourg erreicht. In der Front unserer Armeen ist die Loire fast überall erreicht, zum Teil überschritten.«[145]

Franz Halder, Generaloberst der deutschen Wehrmacht

»Ich bin für morgen zu dem Waffenstillstandsakt im Salonwagen des Marschalls Foch im Wald von Compiègne befohlen. Es ist eine hohe Anerkennung für mich, da außer Halder nur noch der Chef der Operationsabteilung teilnimmt. Wir fliegen mit dem OB [Oberbefehlshalber Generaloberst von Brauchitsch] um 9 Uhr 15 ab, um 12 Uhr 30 wird mit dem Führer gefrühstückt. Dass ich Freude empfinde, kann ich nicht sagen. Denn man tritt seinem Feind doch nicht gern so gegenüber ... Ich hoffe nun doch, dass allmählich der Krieg für uns zu Ende ist.«[146]

Eduard Wagner, General der Artillerie, Brief an Elisabeth Wagner vom 20. Juni 1940

»Nach meiner Uhr kamen die beiden Abordnungen um 18 Uhr 42 zur Unterschrift im Sitzungswagen zusammen ... Während der Unterzeichnung war es so still, dass man das Kratzen der Federn hören konnte. Es war 18 Uhr 50. Einige zurückhaltend geäußerte französische Bemerkungen konnte ich nicht verstehen, dann forderte Generaloberst Keitel die Anwesenden auf, sich zur Ehrung der tapferen deutschen und französischen Soldaten, die für ihr Vaterland Blut und Leben ließen, von den Plätzen zu erheben.«[147]

William L. Shirer, Rundfunkreporter der CBS, THE NIGHTMARE YEARS

»Abends fand noch eine kurze Feierstunde im Speisesaal des Führer-Kasinos statt. Nach der Musik des Zapfenstreiches folgte der Choral ›Nun danket alle Gott.‹ Ich richtete an den Führer als den siegreichen Feldherrn einige Worte, die in einer gemeinsamen Führer-Ehrung endeten. Er reichte mir nur wortlos die Hand und verließ den Raum. – Dieser Tag war der Höhepunkt meines Lebens als Soldat.«[148]

Wilhelm Keitel, General, Chef des Oberkommandos der Wehrmacht, LEBENSERINNERUNGEN

ERINNERUNGEN IN TAGEBUCHFORM, 20. Juni 1940

»F.[ührer] verlangt das Kommen von Breker und anderen Künstlern und Baube-
auftragten ins FHQu. [Führerhauptquartier]. Wenn die Betreffenden von Krieg
und Politik auch nichts verständen, seien sie [doch] für die Entfaltung der deutschen Kunst unentbehrlich. Schm.[undt] fragt: In welchem Anzug? F.[ührer] antwortet: ›Beliebig, möglichst Phantasiekluft, da in Uniform nur komische Figuren.‹«[149]

Gerhard Engel, Heeresadjutant bei Hitler

»In der Nacht des 25. Juni 1940, um 1.35 Uhr, sollte die Waffenruhe in Kraft treten. Wir saßen mit Hitler in der einfachen Stube seines Bauernhauses um einen
Holztisch herum. Kurz vor der vereinbarten Zeit befahl Hitler, das Licht auszumachen und die Fenster zu öffnen. Still saßen wir im Dunkeln, beeindruckt von
dem Bewusstsein, einen historischen Augenblick so nahe bei seinem Urheber
mitzuerleben. Draußen blies ein Trompeter das traditionelle Signal zum Ende
der Kampfhandlungen. In der Ferne musste ein Gewitter aufgezogen sein, denn
wie in einem schlechten Roman zuckte gelegentlich ein Wetterleuchten durch
den dunklen Raum. Jemand, von Rührung übermannt, schnäuzte sich. Dann
kam die Stimme Hitlers, leise, unbetont: ›Diese Verantwortung …‹ Und einige
Minuten später: ›Nun machen Sie das Licht wieder an.‹ Die belanglose Unterhaltung ging weiter, aber für mich blieb es ein seltenes Ereignis. Ich glaubte, Hitler
als Mensch erlebt zu haben.«[150]

Albert Speer, Generalbaumeister für die Reichshauptstadt, ERINNERUNGEN

»Nach der Unterzeichnung des deutsch-französischen Waffenstillstandsvertrages
im Walde von Compiègne erließ Hitler einen ›Führer-Befehl‹, der die Beflaggung
der Häuser auf zehn Tage anordnete. Bis dahin hatten Erlasse Fricks und Goebbels' die Bevölkerung zu derartigen Kundgebungen ersucht – dem Führer-Befehl
wurde jetzt Gesetzeskraft zugeschrieben!«[151]

Carl Severing, Jahrgang 1875, Sozialdemokrat, MEIN LEBENSWEG

»Wir nähern uns den Vorstädten von Paris und landen in Le Bourget. Eine Auto-
kolonne erwartet uns. Hitler nimmt im ersten offenen Wagen neben dem Chauffeur Platz, hinter ihm sitze ich, neben mir Speer und Giesler. Schnell nähern
wir uns auf menschenleeren Straßen der Banlieue, den Vororten, passieren in
Zick-Zack-Fahrt die noch von französischer Seite aufgerichteten Betonbarrika-
den. Die ersten deutschen Posten lassen uns stramm salutierend hindurch. Wir
erreichen die Porte La Villette, nehmen die Rue de Flandre; die abschüssige Rue
La Fayette gibt uns bald den Blick auf das grüne Kupferdach der Oper frei. Paris
ist ausgestorben, tot – keine menschliche Seele ist zu sehen. Wie Phantome, wie
vom Leben abgetrennt wirken die Häuserblocks. Welches Leben herrschte ehe-

mals hier im Brennpunkt der Millionenstadt; ein unendliches Strömen in allen Richtungen, strotzend von Vitalität und der Freude am Dasein. Der makabre Eindruck scheint auch Hitler zu deprimieren. Wortlos, verkrampft kauert er auf seinem Platz, bis wir bei der Oper an der Treppe der Hauptfassade halten.«[152]

Arno Breker, Jahrgang 1900, Bildhauer und Architekt,
PORTRÄTS, BEGEGNUNGEN, SCHICKSALE

»Anschließend fuhren wir über die Champs Élysées, an der Madeleine vorbei zum Trocadéro, dann zum Eiffelturm, wo Hitler wiederum anhalten ließ, vorbei am Triumphbogen mit dem Grabmal des unbekannten Soldaten und zum Invalidendom, wo er lange vor dem Sarkophag Napoleons stehen blieb. Schließlich besichtigte Hitler das Panthéon, dessen Proportionen ihn sehr beeindruckten. Dagegen zeigte er kein besonderes Interesse an den schönsten architektonischen Schöpfungen von Paris: der Place des Vosges, dem Louvre, dem Justizpalast und der Sainte Chapelle. Er lebte erst wieder auf, als er die einheitliche Häuserzeile der Rue de Rivoli sah. Endpunkt unserer Fahrt war die romantische, süßliche Nachahmung frühmittelalterlicher Kuppelkirchen, die Kirche ›Sacre Coeur‹ auf dem Montmartre, eine selbst für Hitlers Geschmack überraschende Wahl. Hier stand er lange, umgeben von einigen kräftigen Männern seines Schutzkommandos, während zahlreiche Kirchgänger ihn zwar erkannten, aber nicht beachteten. Nach einem letzten Blick über Paris ging es in schneller Fahrt zurück zum Flughafen. Um neun Uhr morgens war die Besichtigung zu Ende. ›Es war der Traum meines Lebens, Paris sehen zu dürfen. Ich kann nicht sagen, wie glücklich ich bin, dass er sich heute erfüllt hat.‹ Einen Augenblick lang empfand ich etwas Mitleid mit ihm: drei Stunden Paris, das einzige und das letzte Mal, machten ihn glücklich, als er auf der Höhe seiner Erfolge stand.«[153]

Albert Speer, ERINNERUNGEN

ERINNERUNGEN IN TAGEBUCHFORM, 26. JUNI 1940
»F.[ührer] spricht immer wieder über Fahrt nach Paris, die ihn stark beeindruckt hat; lobt Napoleon und französ.[ische] Könige, die wirklich im Großen gedacht und geplant hätten. Ein Glück, dass er Künstler hätte, die Paris kennen und für die es Vorbild sei. Speer und Breker hätten ohne Kenntnis der Schönheiten von Paris sich niemals so entwickeln können.«[154]

Gerhard Engel, Heeresadjutant bei Hitler

»Der Führer war vorgestern früh um 5 Uhr in Paris mit Speer, ließ sich führen, war eine Stunde in der hell erleuchteten Oper, wo er alles, einschließlich Bühnenhaus, eingehend ansah, Arc de Triomphe, Grab von Napoleon ganz incognito. Ich glaube, dass er Berlin abreißen wird nach den Eindrücken dieser Stadt.«[155]

Eduard Wagner, General der Artillerie, Brief an Elisabeth Wagner, 29. Juni 1940

TAGEBUCH, 24. JUNI 1940

»Was kommt jetzt? Los gegen England – das ist wahrscheinlich das nächste Kapitel. In England werden Kinder evakuiert – manche bis nach Australien, Kanada und Neuseeland.«[156]

Astrid Lindgren, Stenotypistin, Stockholm, Schweden

TAGEBUCH, 25. JUNI 1940

»Hitler, so wurde mir berichtet, wird um den 18. August in London sein.«[157]

Maggie Joy Blunt (eigentlich Jean Lucey Pratt), Jahrgang 1909, Slough, Berkshire, England

»Nichts erregt einen Engländer so sehr wie die Drohung einer Invasion, die sich seit tausend Jahren nicht mehr verwirklicht hatte. Viele waren entschlossen, zu siegen oder zu sterben. Es war gar nicht nötig, ihren Mut durch Beredsamkeit aufzupeitschen.«[158]

Winston Churchill, DER ZWEITE WELTKRIEG

»Die Einstellung der meisten Leute hier ist so: wie der Krieg ausgeht, ist egal, wenn nur mein Sohn oder Mann bald wieder gesund heimkommt. Es hat den Anschein, als ob es den Franzosen auch nur um ihre gutbürgerliche Ruhe gegangen wäre. Es hätte mir mehr imponiert, sie hätten Paris verteidigt bis zum letzten Schuss, ohne Rücksicht auf die vielen wertvollen Kunstschätze, die es birgt, selbst wenn es, wie sicher war, keinen Nutzen gehabt hätte, wenigstens keinen unmittelbaren. Aber Nutzen ist heute alles, Sinn gibt es nicht mehr. Ehre gibt es wohl auch nicht mehr. Die Hauptsache, dass man mit dem Leben davonkommt.«[159]

Sophie Scholl, Jahrgang 1921, im Arbeitsdienst für die weibliche Jugend, Brief an Fritz Hartnagel vom 28. Juni 1940

»Hitler stand auf der Höhe seiner Macht, er war Europas Herr.«[160]

Gustaf Mannerheim, Jahrgang 1867, Feldmarschall der Republik Finnland, ERINNERUNGEN

»Auch in der Heimat wandelte sich die Stimmung. Die anfängliche Ängstlichkeit hatte einem strahlenden Selbstbewusstsein Platz gemacht. Wenn die Siegesfanfaren ertönten, konnten auch die bisherigen Gegner Hitlers ihre Freude nicht unterdrücken. Ich solle mich nicht von der allgemeinen Begeisterung anstecken lassen, warnte mich der frühere Chef der Heeresleitung, General Hammerstein. Aber ich merkte an mir selbst, wie schwer es ist, sich nicht von der allgemeinen Woge des Gefühls hinreißen zu lassen.«[161]

Lutz Graf Schwerin von Krosigk, Jahrgang 1887, Reichsfinanzminister, MEMOIREN

»Nicht einer der amerikanischen Journalisten, die im nördlichen Flachland Frankreichs waren, glaubt, wir könnten den zu erwartenden Bombardements standhalten. Aber es scheint mir, sie stellen nicht in Rechnung, was unsere Luftwaffe unter ihren Bombern anrichten könnte. Alle Berichte scheinen darauf hinzuweisen, dass die Invasion diese oder nächste Woche beginnt.«[162]

Neville Chamberlain, Lord President of the Council, ehemaliger Premierminister

»Die Welt ändert sich jetzt stündlich. Ich erinnere mich, wie nach und nach immer mehr verschwand. Erst gab es noch die Zeitungen, deutsche in Österreich, Tschechoslowakei, Schweiz, Saarland. Eine nach der andern ging ein, kam nicht mehr; das Radio blieb. Aber eines Tages schwieg Wien, eines andern Tages Prag. Warschau hörte man noch länger. Dann schwieg Warschau, und Kopenhagen und Oslo brachten nur noch die deutschen Sendungen. Jetzt gibt es Paris nicht mehr. Da ist nur noch London geblieben von den Demokratien des Westens. Für wie lang?«[163]

Bertolt Brecht, Jahrgang 1898, deutscher Dramatiker im Exil in Finnland

»Als der Frankreichfeldzug bereits sechs Wochen später, im Juni 1940, überraschend schnell zu Ende war, glaubten die meisten, der Krieg sei so gut wie gewonnen und werde nun bald vorüber sein. Auch viele französische Soldaten, die in Friesenheim als Kriegsgefangene von einem alten Landser bewacht wurden und in Handwerksbetrieben der Umgebung arbeiteten, waren der Meinung, bald gäbe es Verhandlungen und sie könnten wieder nach Hause fahren.«[164]

Helmut Kohl, Jahrgang 1930, Schüler in Ludwigshafen, ERINNERUNGEN

»Hitlers Nimbus verschließt sich der Analyse. Er war aber Tatsache. Da war ein Geheimnis um den Mann. Die Götter oder das Glück müssen selbst totalitär sein. Oder er oder sie liebten diesen Mann. Er verlor nie. Ihm war vorherbestimmt, zu gewinnen. Oder sah es nur so aus? [165]

Howard K. Smith, Jahrgang 1914, Korrespondent der Columbia Broadcasting System in Berlin 1940/41, EREIGNISSE, DIE ZU MEINEM TOD FÜHRTEN

»Im September 1939 stand die Partie der Großmächte für England 2:1, umgekehrt im Sommer 1940 wie 1:2. Die Küste des Atlantik vom Nordkap bis zur spanischen Grenze war in deutscher Hand, das britische Heer war geschlagen und fast ohne Waffen auf die Insel geflohen. Die Luftherrschaft auf dem Kontinent war bei den Deutschen. Eine Invasion der Insel schien sich vorzubereiten.«[166]

Ernst von Weizsäcker, Staatssekretär im Auswärtigen Amt, ERINNERUNGEN

»Beim Abendessen erzählte der Chef, dass er von einem Zivilarbeiter an der Atlantikküste bei einer Besichtigung der dortigen Bauten mit der Bemerkung angesprochen worden sei: ›Hier gehen wir doch nicht wieder weg, mein Führer! Das wäre ja doch ewig schade um die viele Arbeit!‹«[167]

Henry Picker, Jahrgang 1912, Oberregierungsrat, Mitarbeiter von Martin Bormann, Aufzeichnung eines Tischgesprächs im Führerhauptquartier Wolfsschanze, 13. Mai 1942

TAGEBUCH, 5. JULI 1940

»Ich bin glücklich, im Jahr 1940 zu leben. Ich hasse den Gedanken, das alles zu missen, selbst um die Gefahr, eine Bombe aufs Haupt zu bekommen. Ich denke, die Menschen messen dem Getötetwerden zu viel Bedeutung bei. Seit Anbeginn werden Menschen getötet und verstümmelt. Ich denke, wir sollten in diesen Dingen unseren Sinn für die Verhältnismäßigkeit beibehalten und uns auf keinen Fall nervös machen lassen. Es kann jeder auf die eine oder andere Weise ein gewalttätiges Ende finden (und auch in Zeiten des Friedens angesichts der Zahl von Verkehrstoten). Mit Sicherheit ist es richtig, aus der verbleibenden Zeit so viel wie möglich herauszuholen, statt die Zeit mit Sorgen zu vergeuden. Das Leben wird so leicht gewonnen wie zerstört.«[168]

Tilly Rice, britische Hausfrau, schwanger, evakuiert nach Cornwall

»In der Reichskanzlei gab es häufig hohen Besuch. Vor allem der japanische Außenminister Yōsuke Matsuoka wurde mit besonderen Ehren empfangen. Die Japaner brachten immer die tollsten Gastgeschenke mit. In Erinnerung geblieben ist mir eine sehr alte Seekarte, auf der zu sehen war, wie man noch trockenen Fußes vom Festland nach Großbritannien gelangen konnte.«[169]

Rochus Misch, Jahrgang 1917, SS-Leibstandarte, Führerbegleitkommando, DER LETZTE ZEUGE

»In der Nacht stirbt nach mehrstündigem Stehen während des Strafappells der erste Häftling im KL [Konzentrationslager] Auschwitz, der Jude Dawid Wingoczewski [Dawid Wongczewski]. Ins Lager ist er am 20. Juni aus dem Gefängnis in Wisnicz Nowy eingeliefert worden mit Spuren unmenschlicher Folterung, fortgeschrittener Lungentuberkulose, Mastdarmvorfall und fortgeschrittener Nekrose.«[170]

Kalendarium der Ereignisse im Konzentrationslager Auschwitz-Birkenau, 7. Juli 1940, nach einem Bericht des Häftlings Kazimierz Szczerbowski

»Nach den leicht errungenen Siegen über Polen und Frankreich bemächtigte sich unser ein Überlegenheitsgefühl, ja fast so etwas wie Euphorie, die sich während des Russlandfeldzuges aber schnell verflüchtigen sollte.«[171]

Bernd Freytag von Loringhoven, Jahrgang 1914, Leutnant im Panzer-Regiment 2 der deutschen Wehrmacht, MIT HITLER IM BUNKER

»Thomas und Frau Mann waren zum Mittagessen da. Trotz ihrer großen Angst um Heinrich und Golo (die in Frankreich interniert waren und möglicherweise an die Nazis ausgeliefert wurden) war Thomas liebenswürdig wie immer. Wenn die Engländer die Demokratie retten, sagte er, würde er sofort all ihre Fehler tolerieren, selbst ihren Akzent.«[172]

Christopher Isherwood, britisch-amerikanischer Schriftsteller, Los Angeles

»Hunderttausende von Menschen strömen in das Reich, werden im Ostraum angesiedelt ... und alles geschieht, während die Nation im größten Abwehrkampf um ihre Existenz steht ... In solchen Augenblicken verstehe ich fast den Hass der westlichen Welt auf alles Deutsche. Nichts wurde von je so angefeindet als Überlegenheit, als natürliche Überlegenheit, kraft des Glaubens an eine Idee, kraft der Leistungen und kraft der Erfolge.«[173]

Hanns Johst, Schriftsteller, SS-Oberführer und Präsident der Reichsschrifttumskammer, EINE OSTFAHRT

KRIEGSTAGEBUCH, 10. JULI 1940

»Mein Geburtstag. Viele freundliche Glückwünsche. Vom Oberbefehlshaber des Heeres Bild mit freundlicher Widmung.

11.00 Uhr Unterredung mit v.[on] Weizsäcker [der Auffassung Hitlers mitteilt]: .... ›Für Friedensbildung noch keine handgreiflichen Unterlagen ...England wird voraussichtlich noch einer Demonstration unserer militärischen Gewalt bedürfen, ehe es nachgibt und uns den Rücken freilässt für den Osten.‹«[174]

Generaloberst Halder, Generaloberst der deutschen Wehrmacht

»Wenn der Führer allerdings mit Damen sprach, unterhielt er sich oft sehr eingehend über politische Dinge, so dass der uneingeweihte Zuhörer sich an den Kopf fasste. Wer jedoch, wie ich, Gelegenheit hatte, häufig solche Gespräche anzuhören, dem wurde bald klar, dass der Führer unaufhörlich in diesen Gesprächen seine Stellung und seine Absichten wechselte. Hörte man, dass man das englische Volk ausrotten müsse, so konnte man 24 Stunden später wieder Zeuge einer Äußerung werden, in der er die Notwendigkeit eines deutsch-englischen Bündnisses und die Wichtigkeit der englischen Leistung für die weiße Rasse hervorhob.«[175]

Hermann Göring, Jahrgang 1893, Reichsmarschall, Gespräch mit seinem Anwalt Werner Bross in Nürnberg 1945

TAGEBUCH, 20. JULI 1940

»Hitler sprach im Reichstag, machte England ein Friedensangebot.«

Henriette Schneider, Lyck, Ostpreußen

»Der Hitler, den wir heute Abend im Reichstag erlebt haben, war der große Eroberer. Und er war sich dessen bewusst. Doch zugleich auch der großartige Schauspieler, äußerst geübt im Umgang mit der deutschen Seele, der die volle Überzeugung des Eroberers auf geschickte Weise mit jener Demut zu mischen verstand, die den Massen so leicht eingeht, wenn sie dem Mann an der Spitze lauschen. Seine Stimme war leiser heute Abend, er brüllte nicht wie gewöhnlich und verfiel nicht ein einziges Mal in hysterisches Kreischen ... Er befand sich in Hochform ... Erneut stellte ich auch seine Gabe fest, mit dem Gesicht, mit den Augen ... und mit Drehungen seines Kopfes ironische Wendungen in der Rede zu verstärken. Davon gab es heute Abend viele, besonders, wenn er von Churchill sprach. Ebenfalls nicht zum ersten Mal die Beobachtung, dass er mit ungerührtem Gesicht Lügen von sich gibt.«[176]

William L. Shirer, Radio Korrespondent der Columbia Broadcasting System in Berlin, über den 19. Juli 1940, ERINNERUNGEN

TAGEBUCH, 30. JULI 1940

»Durch meine Arbeit für das Rote Kreuz weiß ich sicher, dass Hitler Churchill diese Woche zwei Friedensangebote unterbreitet hat ... Ich war zuerst wütend und verzweifelt, als ich davon gehört hatte. Aber dann habe ich nachgedacht ... Churchill liebt Kriege. Er macht kein Geheimnis darum, prahlt sogar damit ... Im Moment ist Churchill in die Enge getrieben. Kein Kriegsbefürworter wie er wird ein Angebot begrüßen, wenn er mit dem Rücken zur Wand steht. Er wird es als Kapitulation oder Untergang begreifen, nicht als Frieden. Ohne Zweifel sagt ihm aber der gesunde Menschenverstand, was uns Schlimmes bevorsteht. Churchill glaubt aber ohne Zweifel, dass er einen militärischen Sieg oder ähnliches braucht, bevor er mit Hitler spricht ... Es gibt aber keinerlei Anzeichen.«[177]

Joe L. Sawyer, Bomber-Pilot der Royal Air Force

KRIEGSTAGEBUCH, 31. JULI 1940

»Englands Hoffnung ist Russland und Amerika. Wenn Hoffnung auf Russland wegfällt, fällt auch Amerika weg, weil Wegfall Russlands eine Aufwertung Japans in Ostasien in ungeheurem Maß folgt ... Entschluss: Im Zuge dieser Auseinandersetzung muss Russland erledigt werden. Frühjahr 1941. Je schneller wir Russland zerschlagen, umso besser. Operation hat nur Sinn, wenn wir Staat in einem Zug schwer zerschlagen. Gewisser Raumgewinn allein genügt nicht, Stillstehen im Winter bedenklich ... Ziel: Vernichtung der Lebenskraft Russlands.«[178]

Franz Halder, Generaloberst, Generalstabschef des Heeres

ERINNERUNGEN IN TAGEBUCHFORM, 10. AUGUST 1940

Nur F.[ührer], Hewel, Lorenz, Schaub, A.[lbert Bormann], [Engel]. Flug nach dem Berg [Obersalzberg]. F.[ührer] hat ausführliche Berichte [von] Guderian üb[er] Eindrücke und Erfahrungen mit Roter Armee September/Oktober 1939 in Brest-Litowsk usw. erhalten. Berichte sehr ungünstig üb[er] Bewaffnung und Haltung der Sowjets. Besonders Panzerfahrzeuge alt und unmodern. Nachrichtenmittel ebenfalls sehr rückständig. F.[ührer] spricht am Abend lange üb[er] die Aufzeichnungen und sagt: ›Wenn man diesen Koloss erst mal richtig anpackt, dann bricht er schneller zusammen, als die ganze Welt ahnt. Wenn man sie nur vernichten könnte.‹«[179]

Gerhard Engel, Heeresadjutant bei Hitler,

»Ein Aufenthalt von wenigen Tagen in der englischen Hauptstadt genügte, um den gewaltigen Unterschied zwischen London und Paris zu erkennen. In London herrschte eine unbedingte Kampfentschlossenheit. Hier gab es einfach niemanden, der an eine Kapitulation dachte.«[180]

Julius Deutsch, österreichischer Sozialdemokrat im britischen Exil, LEBENSERINNERUNGEN

»Erst nachdem Frankreich am Boden lag, erholte sich Großbritannien dank seiner insularen Lage von den Folgen der Niederlage und bewies angesichts der Gefahr, vernichtet zu werden, eine nationale Entschlossenheit, die der Deutschlands ebenbürtig war.«[181]

Winston Churchill, DER ZWEITE WELTKRIEG

TAGEBUCH, 20. AUGUST 1940
»Winston hält im Unterhaus eine große Rede.«[182]

Harold Nicolson, Parlamentarischer Staatssekretär im Informationsministerium

»Die Krieg führenden Nationen sind in ihrer Gesamtheit in den Kampf einbezogen; nicht bloß die Soldaten, nein, die ganze Bevölkerung, Männer, Frauen und Kinder. Die Front ist überall. Die Schützengräben werden in Städten und Straßen gegraben. Jedes Dorf ist befestigt; jede Straße versperrt. Die Frontlinie läuft durch die Fabriken hindurch. Die Arbeiter sind Soldaten, mit anderen Waffen, aber vom gleichen Mut erfüllt. Das sind große deutliche Veränderungen gegenüber dem, was viele von uns in dem Krieg vor einem Vierteljahrhundert sahen … Seitdem die Deutschen die Juden vertrieben und ihr technisches Niveau herabgesetzt haben, ist unsere Wissenschaft entschieden der ihren voraus. Unsere geografische Lage, die Herrschaft über die Meere und die Freundschaft der Vereinigten Staaten setzen uns in den Stand, die Hilfsquellen der ganzen Welt zu benutzen und Waffen jeglicher Art zu erzeugen, besonders solche von ganz hervorragender Art und in einem Ausmaße, das bisher nur Deutschland erreichen konnte …

Die Dankbarkeit jeder Familie auf dieser Insel, in unserem Weltreich, ja auf der ganzen Welt – die Wohnsitze der Schuldigen ausgenommen – gilt den britischen Fliegern, die furchtlos vor der Überlegenheit des Feindes – unermüdlich ständi-

ger Bedrohung und Todesgefahr trotzend, den Ausgang des Weltkrieges durch ihre Kühnheit und Hingabe bestimmen. Niemals in der Geschichte menschlicher Kämpfe hatten so viele eine so große Dankesschuld an so wenige.«[183]
Winston Churchill, Rede im Britischen Unterhaus, 20. August 1940

»Bewunderung für England. Mit welcher Würde es durch den Mund Winston Churchills spricht! Seine Reden haben eine Erhabenheit, die in unserer Zeit fast anachronistisch wirkt. Aber diese naiv-gewaltige, rührend große Renaissance-Figur rettet vielleicht die Zivilisation des zwanzigsten Jahrhunderts.«[184]
Klaus Mann, Jahrgang 1906, Schriftsteller im Exil in den USA, EIN LEBENSBERICHT

TAGEBUCH, 20. AUGUST 1940
»Letzte Nacht hatten wir den ersten großen Luftangriff in diesem Krieg ... Zum ersten Mal überflogen britische Bomber direkt die Innenstadt und warfen Bomben ab. Eine solche gewaltige Konzentration von Luftabwehrfeuer habe ich noch nie erlebt. Der Anblick war grandios, furchterregend. Und das Abwehrfeuer blieb merkwürdig ineffektiv. Nicht ein einziges Flugzeug wurde abgeschossen; den Suchscheinwerfern, die während der ganzen Nacht hektisch hin und her huschten und den Himmel abtasteten, gelang es nicht einmal, eines im Lichtkegel zu erfassen. Die Berliner sind sprachlos. Sie hatten das nicht für möglich gehalten. Bei Kriegsbeginn hatte ihnen Göring versichert, so etwas sei ausgeschlossen. Er prahlte, kein feindliches Flugzeug könne je den äußeren und inneren Ring der Luftverteidigungsanlagen der Hauptstadt durchbrechen. Die Berliner sind leichtgläubige, schlichte Menschen. Sie glaubten ihm.«[185]
William L. Shirer, Rundfunkreporter der *Columbia Broadcasting System* in Berlin

»In der Wochenschau wurden amerikanische Filmaufnahmen von den deutschen Luftangriffen auf London gezeigt. Der Film begann mit Bildern von deutschem Bodenpersonal beim Verladen großer Fliegerbomben ... Dann sah man die deutschen Flugzeuge in den Wolken. Unten am Boden zeichneten sich die Umrisse der Themse ab. Die Bomben wurden ausgeklinkt ... Dann folgten die amerikanischen Aufnahmen von den Londoner Trümmern. König George und Königin Elizabeth sahen sich das Zerstörungswerk an. Die Haltung der Zuschauer war sehr aufschlussreich. Die Bombardierung Londons endete mit einer Nahaufnahme von Winston Churchill, zu der die Stimme des deutschen Kommentators rief: ›An alldem ist Winston Churchill schuld!‹ Jedes andere Publikum, zumal einer kriegführenden Nation, hätte wütend auf den Regierungschef des Feindes reagiert, wahrscheinlich empörte Racherufe ausgestoßen, doch die deutschen Zuschauer saßen stumm und ruhig da.«[186]
Harry Flannery, Jahrgang 1900, Radio-Korrespondent der Columbia Broadcasting Systems in Berlin 1940/41, DIENSTLICH IN BERLIN

»Die Prinzessinnen würden nicht ohne mich gehen – und ich nicht ohne den König – und der König wird natürlich niemals das Land verlassen.«[187]
Königin Elizabeth, Jahrgang 1900, Gattin von Englands König Georg VI. auf die Frage, ob sie nicht ins sichere Kanada ziehen wolle

»Die Luftangriffe auf London verstärkten sich, bis sie mit nahezu mathematischer Genauigkeit jede Nacht erfolgten. Das Essen wurde knapp, schlafen war fast unmöglich, und wir kamen bald in einen Zustand, dass wir nie mehr in den Luftschutzkeller unseres Hotels in Dorchester gingen, sondern mit Fatalismus in unsern Zimmern blieben. Wir wollten, wenn es zum Schlimmsten kam, lieber in unseren eigenen Betten sterben als in einem überfüllten Keller, wo zu der Gefahr eines plötzlichen Todes durch Explosion auch noch die Gefahr kam, verschüttet zu werden und zu ersticken.«[188]
Chaim Weizmann, Präsident des Jüdischen Weltkongresses, MEMOIREN

TAGEBUCH, 31. AUGUST 1940
»Heute Nacht sind zum dritten Mal englische Flieger in Berlin gewesen. Der Krieg nimmt insofern eine Wendung, als die Herren in Berlin endlich auch einmal etwas vom Kriege am eigenen Leibe spüren. Die ›Unantastbarkeit‹ Berlins, von der reichlich oft die Rede war, hat sich als eitler Dunst erwiesen.«[189]
Friedrich Kellner, Justizinspektor, Laubach, Hessen

»Amerika, darüber kann kein Zweifel herrschen, steht am Rande des Verhängnisses, und ich bin mir der erschreckenden Verantwortung bewusst, die der Präsident und seine Ratgeber in dieser dunklen Stunde auf sich nehmen. Ich hoffe, der Präsident wird es offen aussprechen und Amerika auch das Schlimmste wissen lassen, so wie Churchill es in England getan hat, damit wir uns stählen können für die uns bevorstehenden Prüfungen, die das amerikanische Volk noch nicht völlig begriffen hat ... Gott gebe, dass es noch nicht zu spät sei.«[190]
William Hodson, Jahrgang 1891, Wohlfahrtskommissar in New York City, Brief an US-Präsident Franklin D. Roosevelt

»Wir befinden uns heute in Kriegsgefahr, nicht weil Europäer versuchten, sich in unsere inneren Angelegenheiten einzumischen, sondern weil Amerikaner versuchen, sich in die inneren Angelegenheiten Europas einzumischen. Unsere Gefahren sind innerer Natur. Eine Invasion brauchen wir nicht zu fürchten, wenn nicht wir Amerikaner selbst sie auf uns ziehen dadurch, dass wir uns streitsüchtig in die Vorgänge im Ausland einmischen. Wenn wir den Frieden wünschen, brauchen wir nur aufzuhören, uns nach Krieg umzusehen. Niemand wünscht, uns anzugreifen, und niemand ist in der Lage, das zu tun.«[191]
Charles Lindbergh, Jahrgang 1902, US-Flugpionier, landesweit übertragene Rundfunkansprache, 4. August 1940

»Immerhin habe ich mich häufig gefragt, was geschehen wäre, wenn zweihunderttausend Mann deutscher Sturmtruppen sich an unseren Küsten festgesetzt hätten. Es wäre für beide Seiten ein großes, grimmiges Blutbad geworden. Keiner hätte Gnade oder Erbarmen gekannt. Der Feind hätte zum Terror gegriffen, und wir waren bereit, vor gar nichts zurückzuschrecken. Ich hatte vor, das Schlagwort auszugeben: ›Du kannst immer einen mit dir nehmen!‹ Ich rechnete sogar darauf, dass das Grauen solch eines Schauspiels schließlich in den Vereinigten Staaten den Ausschlag gegeben hätte.

Doch es sollte nicht so weit kommen. Weit draußen auf den grauen Wassern der Nordsee und des Kanals kreuzten und patrouillierten die treuen, eifrigen Flottillen und spähten durch die Nacht. Hoch in den Lüften schwebten die Jagdpiloten, oder sie warteten gelassen bei ihren vortrefflichen Maschinen, jederzeit bereit, wieder aufzusteigen.

Es war eine Zeit, da es ebenso gut war, zu leben wie zu sterben.«[192]

Winston Churchill, DER ZWEITE WELTKRIEG

»Unerfreuliche Besprechung im FHQ [Führerhauptquartier], dabei Göring, v.[on] Br.[auchitsch], Keitel. Das erste Mal bezweifelt F.[ührer] auf Grund engl. [ischer] und anderer Pressenachrichten Erfolge der Luftwaffe und Abschusszahlen. Eigenartigerweise sekundiert Jodl das erste Mal Reichsmarschall und glaubt auch, dass Briten letzte Jäger mit Fluglehrern und Kommandeuren in den Kampf werfen, da sie nichts anderes mehr hätten. F.[ührer] ist sichtlich deprimiert. Eindruck, dass er im Augenblick nicht weiß, wie es weitergehen soll.«[193]

Gerhard Engel, Heeresadjutant bei Hitler, ERINNERUNGEN IN TAGEBUCHFORM,
4. NOVEMBER 1940

»Wie auch immer, die deutsche Marine war nicht annähernd stark genug, ihre Invasionskräfte vor der mächtigen britischen Flotte zu beschützen. Hitlers Versuch, die Luftherrschaft über Britannien zu erringen, begann im Juli 1940. Im August und September wurden die Angriffe verstärkt und trafen auf einen Widerstand, die eine Schlacht genannt werden konnte, die Schlacht um England. Die R.A.F. [Royal Air Force] erwies sich als überraschend stark, so dass die Idee einer Invasion aufgeben werden musste. Die deutsche Luftwaffe erhielt die Anweisung, vom Versuch der Beherrschung des Luftraums zu, nach Hitlers Worten, Terrorangriffen auf die Bevölkerung, besonders Londons, überzugehen.«[194]

Howard K. Smith, Korrespondent der Columbia Broadcasting Systems in Berlin
1940/41, EREIGNISSE, DIE ZU MEINEM TOD FÜHREN

TAGEBUCH, 3. OKTOBER 1940

»Wie unangenehm es auch sein mag: Wenn es jemals eine Zeit der Prüfung für eine Nation gegeben hat, dies ist sie. Es ist eine Erfahrung, auf die ich nicht freiwillig verzichten wollte. Ihr Führer (Churchill) ist ein außergewöhnlicher Mensch, zwar adliger Abstammung, aber ein abgebrühter Kämpfer ohne Skrupel. Er ist perfekt darin, sich mit Hitler und Mussolini herumzuschlagen.«[195]

General Raymond I. Lee, Jahrgang 1886, Chef des US-Militärgeheimdienstes in Großbritannien

17. NOVEMBER 1940

»Wir sammelten uns nahe der libyschen Grenze, 64 Kilometer vom Meer entfernt, in einer unwirschen, uns nun jedoch schon vertrauten Landschaft aus Sand und Geröll mit vielen kleinen Salzpfannen, die einmal Seen gewesen waren. Am Tag darauf, um sechs Uhr früh am 18. November, durchtrennten wir den Drahtzaun der Grenzabsperrung und brachen auf. Als die Sonne aufging, war sie hell, aber nicht heiß. Es gab keine Luftspiegelungen, und überall sahen wir Panzer und andere Fahrzeuge, die durch die Wüste auf dem Weg Richtung Tobruk waren.«[196]

Denis Avey, Soldat, 2. Rifle Bataillon, THE MAN WHO BROKE INTO AUSCHWITZ

»Am 10. Dezember erlitten die Italiener eine schwere Niederlage in Afrika, bei Sidi Barani. Es hätte den gemeinsamen Interessen Deutschlands und Italiens mehr entsprochen, auf das griechische Abenteuer zu verzichten und stattdessen die Lage in Afrika zu festigen. Nun bat Marschall Graziani von dort um deutsche Flugzeuge; Mussolini erwog, die Entsendung zweier deutscher Panzer-Divisionen nach Libyen zu erbitten. Im Laufe des Winters gingen Bardia, Derna und Tobruk verloren.«[197]

Heinz Guderian, General der Panzertruppe, ERINNERUNGEN EINES SOLDATEN

»Doch jetzt tauchte eine neue Gestalt auf der Bühne des Weltgeschehens auf — ein deutscher Soldatenführer, der seinen Platz in der Kriegsgeschichte behaupten wird … Als Rommel unter italienischem Oberkommando den Befehl über das wachsende deutsche Kontingent übernahm, beschränkten sich die italienischen Hoffnungen darauf, Tripolitanien zu halten. Sofort bemühte er sich, offensiven Schwung in die Kampagne zu bringen … Während der ganzen Kampagne in Afrika bewährte sich Rommel als ein Meister in der Handhabung beweglicher Formationen, insbesondere bei der schnellen Umgruppierung nach einer Operation und in der Auswertung von Erfolgen. Auf dem Schlachtfeld war er ein vortrefflicher und kühner Spieler, die Nachschubprobleme beherrschte er, Widerspruch überging er. Nachdem das Oberkommando der Wehrmacht ihn losgelassen hatte, war es anfänglich über seine Erfolge erstaunt und neigte dazu, ihn zurückzuhalten. Wir erlitten durch seinen hitzigen Wagemut sehr schmerzliche Niederlagen, aber er verdient den Tribut, den ich ihm gezollt habe, als ich – nicht ohne einigen Vorwurf seitens der Öffentlichkeit – im Januar 1942 im Unterhaus

sagte: ›Wir haben es mit einem äußerst kühnen und geschickten Gegner zu tun, mit einem großen Feldherrn, wenn ich so etwas über die Schrecken des Krieges hinweg sagen darf.‹«[198]
Winston Churchill, DER ZWEITE WELTKRIEG

»Am nächsten Tag, dem 20. November, begruben wir meinen Freund Bill Manley. Guter alter Bill. Ein sauberer Schuss muss ihn getroffen haben, denn er war bereits tot, als ich ihn erreichte, und ich kann mich nicht erinnern, dass sein Körper weitere Wunden aufwies. Im ersten Morgenlicht betteten wir ihn zur Ruhe. Es gab keine Zeremonie, kein Gebet, nichts. Ich kniete mich hin, schaufelte so viel feinen Sand weg, wie ich konnte, und versuchte zu verhindern, dass er in die flache Grube nachrutschte.

Wir brachen Bills Erkennungsmarke ab, die er um den Hals trug, und legten ihn in das flache Grab in der Wüste. Ich bemühte mich, ihm nicht ins Gesicht zu blicken, während ich ihn mit Sand bedeckte. Bill war einer von den Jungs gewesen, die gern über die Heimat sprachen, über die Familie und über Dinge, die wirklich von Bedeutung waren. Das taten wir anderen im Allgemeinen nicht. Keiner von uns wollte enge Bindungen eingehen, und in Augenblicken wie diesem, wo man im Sand kniete und ihn auf die Leiche eines Menschen schaufelte, wusste man, weshalb man nicht darüber sprach. Wir häuften sämtliche Steine, die wir finden konnten, auf das Grab, damit die Leiche vor streunenden Hunden geschützt war. Dann standen wir auf, ohne gebetet zu haben. Ich entfernte den Schlagbolzen aus Bills Gewehr, pflanzte das Schwert auf und rammte es mit dem Lauf nach unten in den Sand zu seinen Füßen. Dann drehte ich mich um und ließ ihn allein in der Wüste zurück.«[199]
Denis Avey, Soldat, 2. Rifle Bataillon, THE MAN WHO BROKE INTO AUSCHWITZ

TAGEBUCH, 1. DEZEMBER 1940
»Für die meisten Deutschen ist das ein absoluter Wert; stark zu sein, darauf läuft nach ihrer Lebensanschauung alles hinaus. Hier taucht das primitive Stammesbewusstsein der frühen heidnischen Germanen in den weiten Waldregionen des Nordens wieder auf, denen rohe Kraft nicht nur als Mittel zum Überleben, sondern als letzter Zweck des Lebens galt. Es ist dieser primitive Rasseinstinkt des ›Blut und Boden‹, den die Nazis in der deutschen Seele erfolgreicher wiedererweckt haben als ihre modernen Vorgänger und der bewiesen hat, dass der Einfluss des Christentums und der westlichen Zivilisation auf Leben und Kultur der Deutschen nur ein dünner Firnis war.«[200]
William L. Shirer, Rundfunkreporter der Columbia Broadcasting System in Berlin

»Geheime Kommandosache Chef Sache, nur durch Offizier, 9 Ausfertigungen, 2. Ausfertigung. Weisung Nr. 21, ›Fall Barbarossa‹.

Die deutsche Wehrmacht muss darauf vorbereitet sein, auch vor Beendigung des Krieges gegen England Sowjetrussland in einem schnellen Feldzug niederzuwerfen (Fall Barbarossa) ...

Die im westlichen Russland stehende Masse des russischen Heeres soll in kühnen Operationen unter weitem Vortreiben von Panzerkeilen vernichtet, der Abzug kampfkräftiger Teile in die Weite des russischen Raumes verhindert werden.

In rascher Verfolgung ist dann eine Linie zu erreichen, aus der die russische Luftwaffe reichsdeutsches Gebiet nicht mehr angreifen kann. Das Endziel der Operation ist die Abschirmung gegen das asiatische Russland aus der allgemeinen Linie Wolga – Archangelsk. So kann erforderlichenfalls das letzte Russland verbleibende Industriegebiet am Ural durch die Luftwaffe ausgeschaltet werden.«[201]

Adolf Hitler, Führer und oberster Befehlshaber der Wehrmacht, Führerhauptquartier, 18. Dezember 1940

ERINNERUNGEN IN TAGEBUCHFORM, 18. DEZEMBER 1940

»Weisung für Barbarossa ist ergangen! ObdH [Oberbefehlshaber des Heeres von Brauchitsch] befiehlt zu ergründen, ob F.[ührer] tatsächlich Waffengang will oder nur bluffen. Meine Überzeugung, dass F.[ührer] selbst noch nicht weiß, wie es weitergehen soll.«[202]

Gerhard Engel, Heeresadjutant bei Hitler

»Hitler, der mit so scharfen Worten die deutsche politische Leitung von 1914 kritisiert hatte, weil sie nicht verstanden habe, uns den Zweifrontenkrieg zu ersparen, wollte nun vor der Beendigung des Krieges gegen England aus eigenem Entschluss gegen Russland zu Felde ziehen und damit den Zweifrontenkrieg selbst herbeiführen, vor dem ihn alle Soldaten so eindringlich gewarnt hatten und den er selbst so oft als fehlerhaft bezeichnet hatte.«[203]

Heinz Guderian, General der Panzertruppe, ERINNERUNGEN EINES SOLDATEN

»In Kürze wird das alte Jahr vergangen sein. Mit Sicherheit hat es einen Rekord, einen beneidenswerten Rekord, in der Geschichte aufgestellt. Ein großer Historiker hat einmal gesagt, dass die, die die Götter lieben, von ihnen mit unendlichen Freuden und unendlichem Leiden überschüttet werden. Mit Sicherheit hatte das vergangene Jahr viel von alle dem. Es ist die Geschichte von Rückschlägen und unermesslichen Leiden. Aber bei alledem gab es hoffnungsvolle Lichtblicke, und in der zweiten Hälfte des Jahres haben sich diese Lichtblicke in ein beständiges Leuchten gewandelt.«[204]

Jan Smuts, Premierminister der Südafrikanischen Republik, Radioansprache, in Großbritannien übertragen am 31. Dezember 1940

TAGEBUCH, 31. DEZEMBER 1940

»Das Jahr 1940 wird heute zu Grabe getragen. Welches unsagbar großes Leid hatte es der versklavten Welt gebracht? Und was steht noch bevor? Es ist nur zu ahnen. Wissen kann es niemand. Schon 1939 war der ,Blitzsieg‹ prophezeit worden. Morgen schreiben wir 1941.«[205]

Friedrich Kellner, Justizinspektor, Laubach, Hessen

TAGEBUCH, 1. JANUAR 1941

»Wir hörten im Rundfunk des Führers Botschaft an das deutsche Volk, wunderbar und voll Siegeszuversicht ... Willimzig fand sich auch ein, und es wurde ein gemütlicher Skat.«

Henriette Schneider, Lyck, Ostpreußen

»Lieber Mr. Präsident,

Oberst Lee, der mit Halifax heimkehrt, nimmt diese Aufzeichnungen mit. Bitte bewahren Sie sie auf, bis ich zurückkomme, damit ich sie dann in lesbare Form bringen kann.

Die Leute hier mit Churchill an der Spitze sind erstaunlich, und wenn der Sieg allein vom Mut abhinge, dann wäre das Resultat gesichert. Aber sie brauchen dringend unsere Hilfe, und ich bin sicher, Sie werden keine Hindernisse in dieser Sache dulden. Einige der Minister und Unterbeamten sind ein bisschen schwierig, aber nicht mehr als anderswo auch. Churchill ist die ganze Regierung im vollen Sinne des Wortes – er kontrolliert die gesamte Strategie und oft die Details – die Arbeiterschaft vertraut ihm – das Heer, die Marine, die Luftwaffe stehen geschlossen hinter ihm. Die Politiker und die oberen Zehntausend tun wenigstens so, als hätten sie ihn gern. Ich kann gar nicht stark genug betonen, dass er die Persönlichkeit und der Einzige ist, mit der Sie sich gründlich verständigen müssen ...

Diese Insel hier, Herr Präsident, braucht unsere Hilfe sofort, mit allem, was wir aufbringen können. Ich habe keine Zeit, außerhalb Londons zu sein, daher bleibe ich hier. Bomben sind nicht sehr nett und scheinen keine persönlichen Rücksichten zu nehmen. Churchill hat mir ein sogenanntes bombensicheres Zimmer angeboten – Schutzhelm und Gasmaske wurden geliefert – der Schutzhelm sieht bestenfalls noch schlechter aus als mein eigener Hut und passt nicht – die Gasmaske krieg ich nicht an – also alles in Ordnung.«[206]

Harry Hopkins, Jahrgang 1890, Freund und Sondergesandter Franklin D. Roosevelts, Aufzeichnung für den US-Präsidenten vom 10. Januar 1941

ARBEITSJOURNAL, 20. JANUAR 1941

»England hat sein Empire in den Krieg gebracht und die USA an sich gebunden ... Der Ausfall der französischen Armee beraubt England der Initiative einem even-

tuell besiegten Deutschland gegenüber. Es hat keine Kontinentalarmee mehr. Die Invasionsgefahr ist nach wie vor sehr groß. Die Aufrüstung der USA kommt sehr langsam in Schwung, inzwischen geht die Destruktion der englischen Industrie weiter. Die UdSSR hat sich bisher einer Verwicklung in den Weltkrieg entzogen und hat Zeit, sich gegen den Sieger zu rüsten.«[207]
Bertolt Brecht, deutscher Dramatiker im Exil in Finnland

»In klaren Nächten konnte ich vom Dach des hohen Columbus-Hauses am Potsdamer Platz den Anflug der britischen Bomber beobachten. Je näher sie kamen, desto mehr Suchscheinwerfer tasteten den Himmel ab, und die nadelfeinen Blitze von explodierenden Granaten zuckten nicht mehr zu Dutzenden, sondern zu Hunderten durch die Luft. An einem kleinen Horizontausschnitt zählte ich 75 Lichtbündel: 75 Suchscheinwerfer und viele Hunderte Flaks allein in diesem kleinen Sektor. Um Berlin herum müssen folglich Tausende von solchen Geschützen stationiert sein.«[208]
Howard K. Smith, Korrespondent der United Press in Berlin, EREIGNISSE, DIE ZU MEINEM TOD FÜHREN

»Vor kurzem gab Präsident Roosevelt seinem Gegner bei der letzten Wahl ein Einführungsschreiben an mich. Darin schrieb er mit eigner Hand einen Vers von Longfellow, weil er ›auf das Volk passt wie auf uns‹. Das ist der Vers:

Segel, des Staates Schiff!
Segel, unser Stärke Inbegriff!
In Furcht die ganze Menschenheit
Mit Hoffen auf der Zukunft Zeit
Vertraut sie deiner Fertigkeit

Das ist die Antwort, die ich Präsident Roosevelt geben werde: Setzt euer Vertrauen in uns. Glaubt an uns, segnet uns, und mit Gottes Hilfe wird alles gut gehen. Wir werden nicht nachlassen und nicht schwanken; wir werden nicht schwach und nicht müde werden. Weder die plötzliche Erschütterung der Schlacht noch die lang dauernden Prüfungen des Wachens und der Anspannung werden uns den Mut rauben. Gebt uns das Werkzeug, wir werden die Arbeit tun.«[209]
Winston Churchill, Rede im Britischen Unterhaus am 9. Februar 1941

TAGEBUCH, 3. FEBRUAR 1941, Z. D. A. (ZU DEN AKTEN)
»Schlechte Lage in NA [Nordafrika], unsere Bundesgenossen bald am Ende. Neue Pläne! Marita (Griechenland), Sonnenblume (deutsche Truppen zur Unterstützung der Italiener nach Nordafrika), Barbarossa (Offensive gegen Russland). Mir ist ganz elend.«[210]
Marianne Feuersenger, Sekretärin im Wehrmachtsführungsstab des OKW, Felsennest

»Am 18. Februar 1941 fuhren wir von Berchtesgaden aus mit Dr. Todt zu Hitlers Haus auf dem Obersalzberg mit dem fantastischen Blick auf die deutsche und österreichische Alpenlandschaft. Hitler empfing uns in der Eingangshalle mit ihrem übergroßen Fenster, das die Schmalseite des großen Raumes voll ausfüllte und den Blick auf den Untersberg freigab ... Eineinviertel Stunden lang gab Hitler einen Abriss über die Entwicklung der Panzerwaffe. Er sprach frei, ohne Stichworte zu benutzen, ohne einmal anzustoßen und schloss die Charakteristik der Panzerwaffe mit der Feststellung, an erster Stelle stehe die Geschwindigkeit, an zweiter Stelle stehe die Bewaffnung, mit Abstand folge an dritter Stelle schließlich die Panzerung. Seine Auffassung begründete er mit dem knappen Satz: ›Der Panzerwagen ist keine Lebensversicherung.‹ Damit war die Entscheidung für eine stärkere Bewaffnung gefallen. Alle Beteiligten waren von Hitlers Ausführungen sehr beeindruckt, denn nicht einer der Anwesenden hatte Anlass, daran Kritik zu üben oder eine Ergänzung hinzuzufügen.«[211]
Walter Rohland, Jahrgang 1898, Industrieller und Beauftragter für Panzerproduktion im Reichsrüstungsministerium, ERINNERUNGEN

TAGEBUCH, 21. FEBRUAR 1941
»Nach London. Es liegt noch Schnee. Die ersten typischen Ballon-Sperren – silbrig schimmernd, Klein-Zeppeline, einige Tausend Fuß hoch. Nicht gereiht, sondern einzeln oder in kleinen Gruppen.«[212]
Robert Menzies, Jahrgang 1894, Ministerpräsident des Commonwealth of Australia

TAGEBUCH, 24. FEBRUAR 1941
»Um 17 Uhr sprach der Führer aus Anlass der Parteigründung vor 21 Jahren. Klar umriss er seine große Aufbauarbeit in dieser Zeit und schloss mit dem Glauben an unseren Sieg.«
Henriette Schneider, Lyck, Ostpreußen

»Bis Ende März war ich weder davon überzeugt, dass Hitler entschlossen war, sich auf einen mörderischen Kampf mit Russland einzulassen, noch wusste ich, wie nahe dieser bevorstand ... Dass sich Deutschland in einem Stadium, in dem die Lage auf dem Balkan noch nicht geklärt war, auf einen weiteren Großkrieg mit Russland einlassen wollte, schien mir zu schön, um wahr zu sein.«[213]
Winston Churchill, DER ZWEITE WELTKRIEG

TAGEBUCH, 7. MÄRZ 1941
»Warum betrachten die Menschen Zeiten wie diese als ›verlorene Jahre des Lebens‹, wenn außer Frage steht, dass dies die wirklich interessanten sind? Warum betrachten wir Geschichte als Angelegenheit der Vergangenheit und vergessen dabei, dass wir sie gerade schreiben?«[214]
Robert Menzies, Ministerpräsident des Commonwealth of Australia

»F.[ührer] äußert sich lang und ausgiebig über das Pacht- und Leihgesetz mit häufigen Ausfällen gegen die Amerikaner, insbesondere gegen Roosevelt. Endlich hätten die Amerikaner die Katze aus dem Sack gelassen; wenn man wolle, könne man darin schon einen Kriegsgrund sehen. Er könnte es ohne weiteres zu einem Kriege kommen lassen. Im Augenblick passe es ihm aber noch nicht in den Kram ... Bedauerlich sei nur, dass es noch keine Flugzeuge gebe, die amerikanische Städte bombardieren könnten. Diese Lektion würde er gern den amerikanischen Juden erteilen ... Zusammenfassend sagte F.[ührer], dass das Wertvolle an dem an sich unangenehmen Pacht- und Leihgesetz sei, dass die Amerikaner ihm einen Kriegsgrund gegeben hätten. Anwesend waren Speer, Pfleiderer, Keitel, Bormann und Jodl.«[215]

Gerhard Engel, Heeresadjutant bei Hitler

»Hitler betrachtete die Serben als das auf dem Balkan am meisten staatsbildende und somit auch gefährlichste Volk.«[216]

Milovan Djilas, Jahrgang 1911, jugoslawischer Kommunist aus Montenegro, MEMOIREN

»Gestern, oder war es vorgestern, hat sich Jugoslawiens Regierung der Achse angeschlossen – und heute steht in riesigen Lettern in den Abendzeitungen, dass der junge König Peter die Macht übernommen hat, Prinz Paul ist geflohen und die Regierung gestürzt worden. Das jugoslawische Volk jubelt – denn es will sich nicht Deutschland anschließen. Jetzt wird man sehen, was das bedeutet. Wahrscheinlich kommt es zum Krieg zwischen Deutschland und Jugoslawien. Die Türkei steht immer noch außen vor – und hält zu Griechenland. Es ist ungeheuer interessant zu verfolgen, wie sich die Dinge auf dem Balkan weiterentwickeln. Rumänien und Bulgarien sind Deutschlands gehorsames Werkzeug – es ist wirklich wunderbar, dass Jugoslawien die Wende verweigert.«[217]

Astrid Lindgren, Mitarbeiterin der Abteilung für Briefzensur des schwedischen Nachrichtendienstes in Stockholm

»Samstag soll nun in aller Frühe der Angriff auf Jugoslawien und Griechenland beginnen. Bei Griechenland suchen wir möglichst schnell Saloniki zu erreichen. Jugoslawien wird von Bulgarien und Ungarn ebenfalls angegriffen. Die Operation dauert hoffentlich nicht allzu lange. Der Staat wird aufgelöst. Italien bekommt die Küste, Bulgarien Mazedonien und unsere Ostmarkgaue die früheren österreichischen Provinzen. Der Rest kommt unter einen Militärbefehlshaber.«[218]

Joseph Goebbels, Jahrgang 1897, Reichsminister für Volksaufklärung und Propaganda

»Die Invasion Hitlers hatte niedergehaltene, jahrhundertealte Finsternis emporkommen lassen und sie in ein neues Kleid gehüllt, ihr eine neue Motivation
gegeben. Kein Volk ist frei von ähnlichen Erscheinungen: Der Nachbar hatte
friedlich neben dem Nachbarn gelebt, und beide hätten es, wie ihre Großväter,
ein Leben lang so gehalten, nun aber plündern sie und rotten einander plötzlich aus! ... Ich überlegte auch, ob dies nicht ein ›sozial bedingtes‹ Übel sei, das
mit der Errichtung der neuen, unterdrückungsfreien Gesellschaft verschwinden
würde.«[219]
Milovan Djilas, jugoslawischer Kommunist aus Montenegro, MEMOIREN

TAGEBUCH, 6. APRIL 1941
»Deutschland erklärt Jugoslawien den Krieg. Ähnlichkeit mit den früheren Er-
klärungen, die vor den Invasionen Polens, Norwegens, Belgiens und Hollands
abgegeben wurden. ›Die deutschen Truppen haben den Befehl erhalten, die
Ordnung auf dem Balkan wiederherzustellen‹, sagte Hitler. Die Serben werden
Widerstand leisten, aber für wie lange? Zu dieser Stunde greift die Wehrmacht
Jugoslawien und Griechenland an. Einzelheiten sind nicht bekannt, aber bis heu-
te Abend sollten wir weitere Nachrichten haben.«[220]
Mihail Sebastian, rumänisch-jüdischer Journalist in Bukarest

TAGEBUCH, STOCKHOLM, 6. APRIL 1941
»Es wird bis zum Äußersten spannend zu sehen, ob die Deutschen im Balkan
genauso schnell vorankommen wie in Norwegen, Holland, Belgien und Frankreich. Und wie die Italiener in Albanien mit Griechenland auf der einen und Jugoslawien auf der anderen Seite fertig werden. Hitler hat einen seiner üblichen
schwülstigen und jämmerlichen Tagesbefehle ausgegeben.«[221]
Astrid Lindgren, Mitarbeiterin der Abteilung für Briefzensur des schwedischen
Nachrichtendienstes

TAGEBUCH, 9. APRIL 1941
»Wetter wie gestern, mittags etwas stärker bewölkt, weiter kalt. – Zum ersten
Mal am Waschtisch gebadet, was gut geht. Vormittags Besorgungen. Zu Mit-
tag Demuths, bleiben bis 19 Uhr. Zum Tee auch Frau Buss. Etwas anstrengend.
Abends Brief von van Veen, der befürchtet, dass ich ihm seine Kritik meiner
Arbeit übelgenommen hätte. Sogleich geantwortet und Zusatzmanuskript ge-
schickt. Abends van Veens 1. Brief studiert und Finanzen. – Saloniki von den
Deutschen besetzt.«[222]
Otto Blumenthal, deutsch-jüdischer Mathematiker im Exil, Utrecht, Niederlande

TAGEBUCH, 14. APRIL 1941
»Die Lage in Libyen wird schlimmer und Ägypten wird bedroht. Auf dem
Balkan sind die Jugoslawen dabei, zusammenzubrechen, und da die Griechen ihre

albanischen Divisionen nicht zurückgezogen haben, wird die albanische Linie (die griechische Hauptverteidigungsposition) wahrscheinlich zurückgenommen werden, und unsere griechische Position wird sich als unhaltbar herausstellen. Im Kriegskabinett spricht WC [Winston Churchill] als der Master-Stratege. ... Winston ist ein Diktator; er kann nicht überstimmt werden, und seine Kollegen fürchten ihn. Die Leute haben ihn erhoben zu etwas nur wenig Geringerem als Gott, und seine Macht ist deshalb fürchterlich.«[223]

Robert Menzies, Ministerpräsident des Commonwealth of Australia

TAGEBUCH, 21. APRIL 1941

»Verlieren wir wirklich diesen Krieg? Die Nazis rauschen ohne jeden Fehler geradeheraus von Triumph zu Triumph, während wir viele Fehler machen.«[224]

Maggie Joy Blunt, Slough, Berkshire, England

TAGEBUCH, 21. APRIL 1941

»Der Führer feierte gestern seinen Geburtstag an der Front auf dem Balkan.«

Henriette Schneider, Lyck, Ostpreußen

»Die Völker des Britischen Empire und der Vereinigten Staaten zählen in den Mutterländern beinahe 200 Millionen Menschen und ebenso viele in den Britischen Dominions. Sie besitzen unbestreitbar die Herrschaft der Meere, bald werden sie auch die entscheidende Überlegenheit in der Luft besitzen ... Sie sind entschlossen, es nicht zuzulassen, dass die Sache der Freiheit mit Füßen getreten, noch dass der Strom des Fortschritts dieser Welt von zwei verbrecherischen Diktatoren aufgehalten wird ... Als ich das letzte Mal zu Ihnen sprach, zitierte ich die Verse Longfellows, die Präsident Roosevelt mir abgeschrieben hatte. Ich habe heute einige Verse, die ... zu unseren Schicksalen ebenso zu passen und ihnen angemessen zu sein scheinen. Und ich glaube, so werden sie auch aufgenommen werden, wo die englische Sprache gesprochen wird oder die Fahne der Freiheit flattert.

Während Wellen sich vergebens brechen
Und dabei niemals Land gewinnen
Durch vieler Buchten Wasserflächen
Zu uns das Meer wir sehen rinnen.

Nicht nur durch Fenster, ostwärts gehend,
Kommt mit dem Tagbeginn das Licht.
Die Sonne, langsam sich nur hebend,
Bringt westwärts helles Land in Sicht.«[225]

Winston Churchill, Rundfunkansprache, 27. April 1941

Adolf Hitler vor seiner Rede im Berliner Sportpalast am 30. Januar 1942.

TAGEBUCH, 27. MAI 1941

»Im Ganzen scheint die Lage des Empire sich zu verschlechtern. Deutschland verfügt über ein zu riesiges Kriegspotential, als dass man es im Augenblick aufhalten könnte. Andererseits bin ich überzeugt, dass dieses Potential, je weiter es sich von dem Krater entfernt, sich wie Lava abkühlen und verlangsamen wird. … Zugleich muss ich sagen: Ich habe nie geglaubt und sehe auch nicht, wie das Britische Empire Deutschland besiegen soll ohne die Hilfe Gottes oder Onkel Sams. Vielleicht wird es beide nötig haben. Bisher war Gott ohne Zweifel auf der Seite der starken Bataillone, aber er mag die Partei wechseln.«[226]
General Raymond I. Lee, Chef des US-Militärgeheimdienstes in Großbritannien

»Unsere Truppen werden auch aus Griechenland evakuiert. Wir halten noch Tobruk. Churchills Rede in der letzten Nacht – sehr gut … Aber dank der Uneinigkeit unter unserer Führung und der verrückt machenden Uneffizienz droht uns, so denke ich, die Niederlage. Es gibt Menschen, die wollen eine neue soziale Ordnung, aber nicht die Hitlers. Es gibt Menschen, zur alten Schule gehörend, die erschrecken vorm Sozialismus und Hitler. Da sind die machtvollen Eliten, anscheinend auch im Krieg die Kontrolle behaltend, die versuchen, die ›Demokratie‹ zum eigenen Vorteil zu bewahren. Die ist schrecklich.«[227]
Maggie Joy Blunt, Slough, Berkshire, England

»Am 1. Mai 1941 hatte mir ein Gewährsmann in Hitlers Stab dessen Meinung wörtlich so geschildert: ›Russland kann gewissermaßen nebenbei und ohne Beeinträchtigung des Kampfes gegen England erledigt werden. England fällt noch in diesem Jahr, mit und ohne den Russlandkrieg. Das britische Empire ist dann aufrecht zu erhalten, aber Russland muss unschädlich gemacht werden.«[228]

Ernst von Weizsäcker, Staatssekretär im Reichsaußenministerium, ERINNERUNGEN

TAGEBUCH, 5. MAI 1941

»Wir hörten gestern Abend den Führer. Er gab seinem Volk einen Rechenschaftsbericht über den Balkankrieg, 1 100 Gefallene, 4 000 Verwundete.«

Henriette Schneider, Lyck, Ostpreußen

»Manch einer hat Hitlers Eroberungen mit denen Napoleons verglichen. Es kann sein, dass … in Russland bald ein weiteres Kapitel dieses Themas aufgeschlagen wird. Es muss aber daran erinnert werden, dass Napoleons Armeen vor dem Wind der wilden, befreienden und brüderlichen französischen Revolution getrieben waren, während Hitlers Reich für nichts anderes steht als für Rassenwahn, Spionage, Diebstahl und Korruption und den preußischen Stiefel.«[229]

Winston Churchill, Rede im Britischen Unterhaus, 7. Mai 1941

TAGEBUCH, 25. MAI 1941

»So friedvoll lebt es sich im Jahr 1941 in Stockholm, aber die Welt rundherum sieht traurig aus. Das Schlachtschiff ›Hood‹, das größte Kriegsschiff der Welt, ist vor Grönland von dem deutschen Schlachtschiff ›Bismarck‹ versenkt worden. Es hatte 1 300 Mann Besatzung, wovon vermutlich nur wenige gerettet wurden. Innerhalb eines Augenblicks 1 300 Männer weniger auf der Welt!«[230]

Astrid Lindgren, Mitarbeiterin der Abteilung für Briefzensur des schwedischen Nachrichtendienstes

»Schiff manövrierunfähig. Wir kämpfen bis zur letzten Granate. Es lebe der Führer.«[231]

Günther Lütjens, Jahrgang 1889, Admiral, Flottenchef der Deutschen Kriegsmarine, Funkspruch von Bord des Schlachtschiffes »Bismarck« am 24. Mai 1941, 21.40 Uhr

TAGEBUCH, 28. MAI 1941

»Und dann war die ›Bismarck‹ an der Reihe, durch Torpedos eines englischen Kreuzers versenkt zu werden. Auf den Aushängen habe ich gelesen, dass sie 3 000 Mann an Bord hatte. Das ist vielleicht übertrieben, aber sicher nicht sehr. Der Verlust der ›Bismarck‹ muss für die deutsche Flotte mehr bedeuten als die ›Hood‹ für die englische.«[232]

Astrid Lindgren, Mitarbeiterin des schwedischen Nachrichtendienstes

»Ganz Deutschland ist bei euch. Was noch geschehen kann, wird getan. Eure Pflichterfüllung wird unser Volk im Kampf um sein Dasein stärken.«[233]

Adolf Hitler, Funkspruch aus dem Führerhauptquartier an die Besatzung des Schlachtschiffes »Bismarck«

»Am 1. Juli 1939 lag der Mannschaftsbestand der amerikanischen Armee – Luftwaffe, Landtruppen und Etappen-Organisationen – unter 130 000; von drei voll und sechs teilweise aufgestellten Infanteriedivisionen kam keine an ihre Kriegsstärke heran; es gab zwei Kavalleriedivisionen mit weniger als halber Stärke, keine einzige Panzerdivision, und die Gesamtzahl der Mannschaften, die bei vereinzelten Panzereinheiten standen, lag unter 1 500; die gesamte Luftwaffe bestand aus annähernd 1 175 Kampfflugzeugen und 17 000 Mann Bodenpersonal. In Übersee lagen 45 300 Soldaten in Garnisonen, die vom Polarkreis bis zum Äquator und von Panama nach dem 12 800 km entfernten Corregidor reichten.«[234]

Dwight D. Eisenhower, Jahrgang 1890, Stellvertretender Chef des US-Generalstabs, KREUZZUG IN EUROPA

TAGEBUCH, 1. JUNI 1941
»Und Russland? Kann es einen Krieg geben zwischen Russland und Deutschland?«[235]

Mihail Sebastian, rumänisch-jüdischer Journalist in Bukarest

»Manchmal wünschte ich, ich wäre eine religiöse Frau und würde Trost und Vertrauen darin finden, Gott mit Bitten und Begehren zu bombardieren, wenngleich ich glaube, dass Menschen dazu geboren sein müssen. Ich versuche manchmal zu beten, dass Cliff nicht nach Frankreich gehen müsste – aus der Armee rauskäme – fühle mich aber in seltsamer Weise vermessen und bitte nur um Trost und Hilfe auf seiner Reise. Meine Nachbarin von nebenan nimmt rund um die Uhr religiöse Dienste wahr und findet darin ihren Trost. Ich wünschte, ich könnte das auch. Sie sagt, sie bitte Gott, Hitler zu schlagen. Ich kann nicht umhin zu denken, dass, wenn Gott das tun wollte, würde er nicht warten, bis Mrs. Helm ihn darum bittet.«[236]

Nella Last, Barrow-in-Furness, Lancaster, England, Tagebuch, 29. November 1939

TAGEBUCH, 14. JUNI 1941
»Wieder Verhaftungen, Terror, Konzentrationslager, willkürliches Abholen von Vätern, Brüdern, Schwestern. Man sucht nach dem Sinn des Lebens und fragt sich, ob es überhaupt noch einen Sinn hat. Aber das ist eine Sache, die jeder mit sich allein und mit Gott ausmachen muss.«[237]

Etty Hillesum, Jahrgang 1914, jüdisch-niederländische Lehrerin in Amsterdam

Besuch Benito Mussolinis am 25. August 1941 im Führerhauptquartier Wolfsschanze in Ostpreußen. Rechts im Bild General Rudolf Schmundt, Adjutant der Wehrmacht bei Hitler. Er stirbt im September 1944 an den Folgen des Attentats vom 20. Juli 1944.

DER BEHERRSCHER
1941 bis 1943

»Falls Hitler diesen Krieg gewinnt, würde wieder das Mittelalter herrschen,
aber ohne durch die Barmherzigkeit Christi erleuchtet zu sein.«[1]
Paul Reynaud, französischer Ministerpräsident

Der Begriff »Tyrann« wird heute als Synonym für einen Gewaltherrscher verwendet. Das war Hitler in jedem Fall. Aber war er ein Tyrann im klassischen Sinne? Die griechische Antike bezeichnete so Herrscher, denen die Beherrschten jede dynastische oder gar demokratische Legitimität absprachen – Männer, die sich die Macht als Usurpatoren angeeignet hatten und die kein überkommenes Recht gelten ließen. Der Zweck ihrer Gewaltherrschaft war allein der Machterhalt und in einigen Fällen auch die Machtvererbung. Hitler aber war im Jahr 1933 nach den Buchstaben der Weimarer Verfassung an die Macht gekommen und hatte sich – wenn auch mit Lug und Betrug – diese Macht auf formal korrektem Weg in Gesetzen festschreiben lassen.

1952, nur sieben Jahre nach dem Ende der nationalsozialistischen Herrschaft, veröffentlicht der britische Historiker Alan Bullock mit *Hitler: A Study in Tyranny* (*Hitler – Eine Studie über Tyrannei*) die nach Konrad Heidens Büchern aus den 1930er-Jahren zweite große Biographie über Adolf Hitler. Bullock leitet seine Interpretation Hitlers als »Tyrann« von der in den unmittelbaren Nachkriegsjahren noch sehr präsenten Brutalität von dessen Herrschaft ab. Ein Usurpator, mit Gewalt zur Herrschaft gelangt, war Hitler aber nicht, das weiß Bullock: »Hitler hat die Macht nicht ergriffen; er ist durch Hintertreppenintrigen in sein Amt geschoben worden.«[2] Der Historiker verzichtet in seiner Biographie auf jede gesellschaftsphilosophische oder geschichtstheoretische Ableitung seiner Darstellung. Er erzählt und vermittelt Informationen. Seine bedeutendsten Quellen sind dabei die Dokumente der Nürnberger Prozesse. Bullock fasst in seinem Buch den Kenntnisstand seiner Zeit zusammen.[3]

Die Prozesse von Nürnberg gaben Bullock den Anstoß für seine Biographie. »Zwei Fragen bewegten mich, als ich diese Studie über Hitler begann. Bei der ersten, zu der ich durch viele der Aussagen im Nürnberger Prozess angeregt wurde, galt es festzustellen, wie groß die Rolle gewesen ist, die Hitler in der Geschichte des Dritten Reiches gespielt hat, und ferner, ob es nicht eine Übertreibung war, wenn Göring und die anderen Angeklagten behaupteten, es sei unter der Naziherrschaft der Wille eines Mannes – und nur dieses einen einzigen Mannes – maßgebend gewesen.«[4]

Bullocks Hauptthese ist 1952, dass Hitler ein prinzipienloser Opportunist gewesen sei, dem es nur um die Macht ging. Doch schon bald nach dem Erscheinen seines Buches gilt es für Historiker als ausgemacht, dass Hitler ein Überzeugungstäter war, der sein in *Mein Kampf* dargelegtes Programm aus einer Weltanschauung heraus umsetzte. Alan Bullock akzeptiert diese Widerlegung, schreibt sein Buch bis zum Jahr 1964 um und hält es dadurch für weitere Jahrzehnte auf einem aktuellen Stand. Die *New York Times* urteilt noch bei Bullocks Tod 2004, *Hitler: A Study in Tyranny* habe den »wissenschaftlichen Maßstab zum Thema« gesetzt.[5]

Bullock führt eine geschickte Feder. Er kann in seiner *Studie über Tyrannei* einen Hitler zeichnen wie kaum einer der nachfolgenden Biographen. »Im Frühjahr 1938, am Vorabend seiner größten Triumphe, trat Adolf Hitler in sein 50. Lebensjahr. Seine äußere Erscheinung war nicht sehr eindrucksvoll, sein Auftreten immer noch linkisch. Die in die Stirn fallende Haarsträhne und der kleine Schmutzfleck von Schnurrbart fügten dem groben und seltsam durchschnittlichen Gesicht, in dem nur die Augen auffallend waren, nichts hinzu. Zumindest seiner Erscheinung nach konnte Hitler beanspruchen, ein Mann aus dem Volke zu sein. Er war durch und durch ein Plebejer und besaß kein einziges der körperlichen Merkmale rassischer Überlegenheit, auf die er sich immer berief. Seinem Gesicht war allerdings eine große Beweglichkeit gegeben, die Fähigkeit, die äußerst rasch wechselnden Stimmungen zum Ausdruck zu bringen.«[6]

Bullock, zeit seines Lebens sozialdemokratisch eingestellt, hatte in seinen ersten Berufsjahren als Historiker dem konservativen, stilsicheren Winston Churchill zugearbeitet. Wohl auch deshalb empfindet er den Redner Hitler als nicht überzeugend: »Als Redner hatte Hitler ganz offensichtlich Mängel. Das Timbre seiner Stimme war rau, ganz im Gegensatz zu Goebbels schönem, klangvollem Organ. Seine Reden waren zu lang; er wiederholte sich zu oft und war zu wortreich; es mangelte ihm an Klarheit, und er verlor sich in nebelhafte Phrasen.«[7] Trotzdem ist der Biograph überzeugt: »Um zu vollbringen, was er vollbracht hat, brauchte Hitler – und er besaß diese auch – ungewöhnliche Gaben, die in ihrer Gesamtheit ein politisches Genie ergaben, mochten ihre Früchte auch noch so böse sein.«[8] Dennoch, so Bullock weiter in seiner Analyse der Person: »Diese Mängel jedoch bedeuteten nur wenig neben dem Eindruck von außergewöhnlicher Kraft, von der Unmittelbarkeit der Leidenschaft, von der Intensität des Hasses, des Drohens und der Wut, den unabhängig vom Gesagten allein schon der Klang seiner Stimme hervorrief.«[9]

Hitler – Eine Studie über Tyrannei zitiert zweimal den Brief, den Adolf Hitler am 21. Juni 1941, dem Vorabend des Angriffs auf die Sowjetunion, an Benito Mussolini diktiert. Der Brief ist die offizielle Mitteilung seiner dem italienischen Verbündeten vorher unbekannten Absichten: »Duce! Ich schreibe Ihnen diesen Brief im Augenblick, nachdem ich mich nach Monaten des sorgenvollen Überlegens und dauernden nervenzerreißenden Wartens zu der schwersten Entscheidung meines Lebens durchgerungen habe. Ich glaube, dass ich – nach Einsicht in die letzten Situationsberichte aus Russland und nach Prüfung zahlreicher anderer Berichte – es nicht verantworten kann, noch länger zu warten, und vor allem glaube ich, dass es keine andere Möglichkeit gibt, der Gefahr zu begegnen – es sei denn durch weiteres Warten, was aber zwangsweise in diesem oder spätestens im nächsten Jahr zum Verhängnis führen wird.«[10] Hitler erklärt Mussolini, die Partnerschaft mit Stalin sei für ihn oft bedrückend gewesen, »denn so oder so war sie ein Bruch mit meiner ganzen Herkunft, meinen Ideen und meinen ehemaligen Bindungen. Ich bin nun glücklich, von dieser Qual befreit zu sein.«[11]

Eine Woche nach dem deutschen Angriff auf die Sowjetunion überrascht Italiens Diktator seine Militärführung mit dem Befehl, drei Divisionen an die Ostfront zu verlegen. Mussolini biedert sich seinem Verbündeten an, weil er Angst hat, hinter den anderen Parteigängern Deutschlands zurückzustehen und sein privilegiertes Verhältnis zu Hitler zu gefährden. Am 27. Juni 1941 erklärt auch das Königreich Italien der Sowjetunion den Krieg.

Am 22. Juni 1941 hat das Deutsche Reich auf breiter Front zwischen der Ostsee und den Karpaten den Krieg gegen die offensichtlich überraschte Sowjetunion begonnen. Der Wehrmacht stehen für den »Ostfeldzug« 153 Divisionen mit knapp über drei Millionen Soldaten, 3 600 Panzern und 600 000 Motorfahrzeugen zur Verfügung. Im Norden greift gleichzeitig die Finnische Republik die Sowjetunion an. Der finnische Generalstab war bereits am 25. Mai 1941 von der deutschen Führung über den geplanten Angriff unterrichtet worden. Ohne formal ein Bündnis einzugehen, tritt Finnland im »Fortsetzungskrieg« an die Seite des Deutschen Reichs, um seine im finnisch-sowjetischen Winterkrieg von 1939/40 verlorenen Gebiete zurückzugewinnen.

Hitler lässt die Sowjetunion durch drei Heeresgruppen angreifen. Ziel der Heeresgruppe Nord ist Leningrad, das aber 1941 aus der Bewegung heraus nicht erobert werden kann. Die Wehrmacht setzt deshalb auf die Aushungerung der Zivilbevölkerung. Leningrad hält bis zur Gegenoffensive der Roten Armee Anfang 1944 der Belagerung erfolgreich stand.

Die Heeresgruppe Mitte ist 1941 die stärkste der drei deutschen Heeresgruppen. Während die Heeresführung Moskau als ihr Hauptziel favorisiert, ist Hitler die Einnahme der Hauptstadt nicht wichtig. Am 19. Juli 1941 ordnet er deshalb eine Schwächung der Heeresgruppe Mitte an. Sie muss Panzerkräfte an die Heeresgruppen Nord und Süd abgeben. Für einen Angriff auf Moskau wird die Heeresgruppe im Oktober dann doch wieder verstärkt. Der deutsche Vormarsch nähert sich in den nächsten Wochen bis auf etwa 40 Kilometer der Stadtgrenze von Moskau, bis er am 5./6. Dezember durch eine sowjetische Gegenoffensive gestoppt wird.

Die Heeresgruppe Süd geht aus ihren Bereitstellungsräumen vom südlichen Polen, aus der Slowakei, Ungarn und Rumänien in Richtung Dnepr und Kiew vor und beginnt nach dem Erreichen dieser Ziele einen Vormarsch ins Donezbecken. Nach der Einnahme Odessas dringen Teile im Oktober auf die Krim vor und belagern den Schwarzmeerhafen Sewastopol. Anderen Truppen der Heeresgruppe gelingt die Einnahme von Charkow und zeitweilig von Rostow am Don.

Nach einer Kriegserklärung greift auch die rumänische Armee im Gefolge der Heeresgruppe Süd die Sowjetunion an. Im Juni 1940 hatten nach der Vereinbarung in einem geheimen Zusatzprotokoll zum deutsch-sowjetischen Abkommen vom August 1939 sowjetische Truppen das rumänische Bessarabien und die Nordbukowina besetzt. Diese Gebiete will Rumänien zurückgewinnen. Ungarn erklärt der Sowjetunion am 27. Juni 1941, ohne von Hitler gedrängt worden zu sein, aus eigener Initiative den Krieg. Seine Regierung will sich in den territorialen Konflikten mit seinen Nachbarn Rumänien und der Slowakei die Sympathie Hitlers sichern. Aus dem gleichen Grund zieht auch die Slowakei, nicht mehr als ein Vasallenstaat des deutschen Reichs, in den Krieg gegen die Sowjetunion, ebenso der »unabhängige Staat Kroatien« mit eigenen Truppen und Freiwilligenkontingenten unter deutscher und italienischer Führung. Das faschistische Spanien schickt zum Dank für Hitlers Unterstützung im Spanischen Bürgerkrieg »Freiwillige« in einer »Blauen Division« an die Ostfront.

In den ersten Kriegsmonaten 1941 marschieren mehr als 600 000 Soldaten aus den verbündeten Staaten Finnland, Italien, Kroatien, Slowakei, Rumänien und Ungarn mit der Wehrmacht nach Osten. Im Jahr 1942 wird sich ihre Zahl verdoppeln, weil Hitler die Verbündeten zur Bereitstellung von größeren Truppenkontingenten drängt, als die Wehrmacht die Verluste nicht mehr durch Rekrutierungen im »Großdeutschen Reich« ausgleichen kann.

An der libysch-ägyptischen Grenze herrscht seit April 1941 ein Stellungskrieg. Den beenden Verbände des Commonwealth unter britischem Oberbefehl am 18. November 1941 mit einem Angriff überlegener Kräfte. Der britische Angriff wirft die in der Panzerarmee Afrika zusammengefassten italienischen und deutschen Verbände, die unter Nachschubmangel leiden, bis Ende des Jahres 1941 auf ihre Ausgangsstellung am Westrand der Cyrenaica zurück. Durch massive Angriffe der von der Ostfront nach Nordafrika verlegten deutschen »Luftflotte 2« kann das Afrikakorps im Januar 1942 aber die Initiative zurückgewinnen. Es beginnt einen erfolgreichen Gegenangriff. Die Panzerarmee Afrika gelangt bis Ende Juni nach El Alamein, 100 Kilometer vor Alexandria. An Nachschubproblemen und an der Überlegenheit der gegnerischen Truppen scheitert im Herbst 1942 der Durchbruch durch die britische Verteidigungslinie zum Suez-Kanal.

Die Erfolge der Wehrmacht in Nordafrika versteht das Hitler-Regime propagandistisch zu nutzen, als die deutsche Front vor Moskau wankt. Am 2. Dezember 1941 ist die Wehrmacht trotz der ungünstigen Witterung fast bis auf die sowjetische Hauptstadt vorgestoßen. Angesichts der Kälte von bis zu minus 50 Grad Celsius und des Fehlens angemessener Unterstützung, entscheidet Generaloberst Heinz Guderian, der Kommandeur der Panzergruppe 2, am Abend des 5. Dezember, seine Truppen auf Verteidigungsstellungen zurückzuziehen. Die deutsche 3. Panzerarmee und die 4. Panzerarmee sind gezwungen, das Gleiche zu tun. Am 5. Dezember beginnt ein sowjetischer Gegenangriff mit frischen, aus Sibirien herangeführten Truppen. Die deutsche Front scheint unter dem Ansturm von 100 sowjetischen Divisionen in Auflösung.[12]

Die kommandieren Heeresgenerale wollen ihre Truppen zurückziehen. Das verbietet Hitler, der weiß, dass keine rückwärtigen Auffanglinien zur Verfügung stehen, und fürchtet, dass die Rote Armee bis zur Reichsgrenze vorstoßen könnte. Er spricht ein kategorisches Rückzugsverbot aus, entlässt Generaloberst Guderian und den Oberkommandierenden des Heeres von Brauchitsch und übernimmt selbst den Oberbefehl über das Heer.[13] Das Rückzugsverbot und das enorme Ansehen Hitlers bei seinen Soldaten zu dieser Zeit – aber auch der Terror seines Herrschaftsapparats – haben einen entscheidenden Anteil an der militärischen Leistung der Wehrmacht. Es gelingt, mit zu dieser Zeit zahlen- und waffenmäßig unterlegenen Truppen die Frontlinie für einige Wochen zu stabilisieren und die Kampfkraft aufrecht zu halten.[14]

Um die Front zu verkürzen und so Kräfte zu sparen, befiehlt Hitler am 15. Januar 1942 der Heeresgruppe Mitte doch den Rückzug auf eine leichter zu verteidigende »Winterstellung«. Die zu einem großen Teil zu Fuß zurückweichenden deutschen Truppen lassen aus Mangel an Pferden, Zugmaschinen und Treibstoff das gesamte schwere Gerät zurück.

Während die deutsche Front sich vor Moskau zurückzieht, tobt die Atlantikschlacht. Nach der Versenkung des Schlachtschiffs »Bismarck« am 27. Mai 1941 westlich von Brest durch britische Torpedo-Flugzeuge und Kriegsschiffe setzt Hitler im Seekrieg nicht mehr auf Großkampfschiffe, sondern auf die U-Boot-Waffe. Deutsche U-Boote greifen gegnerischer Konvois und Geleitzüge an, um die Zufuhr von Versorgungs- und Kriegsgütern nach Großbritannien zu unterbinden. Das Ziel einer totalen Blockade der britischen Inseln von See her kann zu keinem Zeitpunkt verwirklicht werden, führt aber zu schweren britischen Tonnageverlusten und Versorgungsengpässen in Großbritannien. Zwischen Januar und Juli 1942 versenken U-Boote der Reichsmarine 229 alliierte Handelsschiffe. Das sind die größten Erfolge des U-Bootkriegs. Im Nordatlantik sichert ab Beginn des Jahres 1943 ein alliierter Luftschirm von Langstreckenbombern und Geleitflugzeugträgern die Nachschublinien. Das führt in den nächsten zwei Jahren bei geringen Erfolgen zu hohen deutschen Verlusten im U-Bootkrieg.

Bis zum Angriff auf die Sowjetunion steht das Königreich Großbritannien mit seinen Commonwealth-Verbündeten allein im Kampf gegen Hitler-Deutschland. Gekämpft wird in Nordafrika, auf See und in einem sich monatlich verschärfenden Bomberkrieg über den von Deutschland beherrschten Gebieten. Außerhalb

Nordafrikas kämpfen die Armeen des Commonwealth und Deutschland an Land nur in einer halbherzig durchgeführten Landungsoperation mit 7 500 Soldaten am 19. August 1942 im deutsch besetzten Nordfrankreich gegeneinander. Die Landung am Hafen von Dieppe wird vor allem von kanadischen Truppen durchgeführt. Sie soll die Kampfkraft der Wehrmacht in Frankreich prüfen. Die ist im Sommer 1942 an der Westfront noch schlagkräftig. Deshalb endet das Unternehmen mit dem Aufreiben der Invasionstruppen und der Gefangennahme der Masse der an Land gegangenen Soldaten.

Großbritannien wird in seinem Kampf schon vor dem Kriegseintritt der USA politisch und materiell durch die amerikanische Regierung unterstützt. Die öffentliche Meinung in den USA ist allerdings bis zum Dezember 1941 gegen einen Krieg mit Hitler-Deutschland. Am 7./8. Dezember 1943 greift Deutschlands Verbündeter Japan ohne Vorwarnung den US-Militärstützpunkt Pearl Harbor auf Hawaii an. Mehr als 2 400 Amerikaner finden den Tod. Das verändert die innenpolitische Lage in den USA. Einen Tag später erklärt daraufhin bei einer Gegenstimme der US-Kongress dem Kaiserreich Japan den Krieg. Hitler muss mit einem baldigen Kriegseintritt der USA auch in Europa rechnen.

Bis zur gleichzeitig beginnenden sowjetischen Gegenoffensive vor Moskau hatte Hitler gehofft, die USA aus dem europäischen Kriegsgeschehen militärisch heraushalten zu können. Um der Agierende zu bleiben, gibt er am 11. Dezember in einer Rede vor dem Reichstag die deutsche Kriegserklärung an die USA bekannt. Die Kriegserklärung des Königreichs Italien erfolgt gleichzeitig. Die Vertreter der Regierungen Deutschlands, Italiens und Japans unterzeichnen zudem ein Abkommen, das den Regierungen separate Waffenstillstands- oder Friedensverhandlungen mit den USA und Großbritannien verbietet. Die Kriegserklärung ist allerdings auch die Konsequenz der offensichtlichen US-amerikanischen Unterstützung für Großbritannien und die Sowjetunion und zahlreicher Zusammenstöße der US-Navy mit deutschen U-Booten im Nordatlantik.

Am 26. April 1942 tagt der nur noch aus Nationalsozialisten bestehende »Großdeutsche Reichstag« zum letzten Mal. Mit Hinweis auf den Krieg und die Position Hitlers als Führer, Regierungschef, Oberbefehlshaber und oberster Gerichtsherr räumt das Scheinparlament in der Form eines Ermächtigungsgesetzes Hitler einstimmig Rechte ein, die ihn über alle Gesetze stellen, auch die von ihm selbst autokratisch erlassenen: »Es kann keinem Zweifel unterliegen, dass der Führer in der gegenwärtigen Zeit des Krieges, in der das deutsche Volk in einem Kampf um Sein oder Nichtsein steht, das von ihm in Anspruch genommene Recht besitzen muss, alles zu tun, was zur Erringung des Sieges dient oder dazu beiträgt. Der Führer muss daher – ohne in seiner Eigenschaft als Führer der Nation, als Oberster Befehlshaber der Wehrmacht, als Regierungschef und oberster Inhaber der vollziehenden Gewalt, als oberster Gerichtsherr und als Führer der Partei – jederzeit in der Lage sein, nötigenfalls jeden Deutschen – sei er einfacher Soldat oder Offizier, niedriger oder hoher Beamter oder Richter, leitender oder dienender Funktionär der Partei, Arbeiter oder Angestellter – mit allen ihm geeignet erscheinenden Mitteln zur Erfüllung seiner Pflichten anzuhalten und bei Verletzung dieser Pflichten nach gewissenhafter Prüfung ohne Rücksicht auf so genannte wohl erworbene Rechte mit der ihm gebührenden Sühne zu belegen, ihn im Besonderen ohne Einleitung vorgeschriebener Verfahren aus seinem Amte, aus seinem Rang und seiner Stellung zu entfernen.«[15] Damit kann jeder Staatsdiener aus seinem Amt entlassen und willkürlich bestraft werden. »Die letzten Überreste eines Verfassungsstaats waren beseitigt. Nun war der Wille Hitlers das Gesetz«, stellt Ian Kershaw in seiner Hitler-Biographie fest.[16]

Im Mai 1942 beginnt die Rote Armee in einem Frontbogen bei Charkow eine Großoffensive mit dem Ziel der Einschließung der hier operierenden deutschen 6. Armee, der 17. Armee und der 1. Panzerarmee. Die Einschließung der deutschen Truppen gelingt nicht. Die nachlassende sowjetische Offensivkraft nutzt die 1. Panzerarmee zu einer Gegenoffensive, die Ende Mai 1942 in der »Zweiten Schlacht bei Charkow« mit einem deutschen Sieg endet.

Nach diesem Sieg befiehlt Hitler am 28. Juni 1942 eine große Sommeroffensive. Durch die Schwächung der Wehrmacht im Winter 1941/42 beschränkt sich der Angriff auf einen 800 Kilometer breiten Abschnitt im Bereich der Heeresgruppe Süd. Hitler will die kaukasischen Ölfelder erobern, das Kaspische Meer erreichen und über den Kaukasus nach Persien vorstoßen. Schon wenige Tage nach Beginn der Sommeroffensive erreicht die Heeresgruppe Süd den Don bei Woronesch.

Eine Einkesselung großer Verbände der Roten Armee wie bei den Vormärschen des Jahres 1941 und in der Schlacht um Charkow misslingt, denn die sowjetischen Truppen ziehen sich strategisch hinter die Don-Wolga-Linie zurück. Der dadurch ermöglichte rasche Vormarsch lässt Hitler vermuten, die Rote Armee hätte entscheidend an Schlagkraft verloren. Eine Weisung für die Sommeroffensive sieht daher zwei parallele Operationen der Heeresgruppe Süd vor. Eine »Heeresgruppe B« soll auf Stalingrad, eine »Heeresgruppe A« durch den Kaukasus zum Kaspischen Meer vorstoßen.

Mit der vollständigen Eroberung der Krim und dem Vordringen zum Kaukasus erreicht Hitlers Herrschaftsbereich im Spätsommer 1942 seine größte Ausdehnung. Im nördlichen Frontabschnitt führt die Sommeroffensive Ende August zum Eindringen in Stalingrad, doch gelingt es der 6. Armee nicht, die sowjetischen Verteidiger aus der Stadt zu vertreiben. Statt des erhofften Triumphs entwickeln sich die erbitterten Kämpfe für die 6. Armee, der auch rumänische und kroatische Truppen unterstellt sind, zur Katastrophe. Eine überraschende Großoffensive der Roten Armee Mitte November 1942 führt zu ihrer Einschließung.

Am 23. Oktober 1942 gehen auch in Nordafrika bei El Alamein die Commonwealth-Truppen zum Gegenangriff über und durchstoßen die deutsche Verteidigungslinie. Das Afrika-Korps zieht sich gegen Hitlers Befehl nach West-Libyen zurück. Über 100 000 amerikanische und britische Soldaten bilden nach Landungen am 8. bzw. 9 November 1942 in Marokko und Algerien eine zweite Front im Rücken der deutschen und italienischen Kräfte, die so in eine aussichtslose Position geraten.

Vom 14. bis zum 24. Januar 1943 halten die Kriegsgegner Deutschlands im marokkanischen Casablanca eine Konferenz ab. Nach zehntägiger Beratung teilen die Westalliierten erstmals ihre offiziellen Kriegsziele mit. Sie fordern die bedingungslose Kapitulation Deutschlands, Italiens und Japans.

Für einen erfolgreichen Entsatz der in Stalingrad eingekesselten 6. Armee verfügt die Wehrmacht über keine Reserven. Einen Ausbruch verbietet Hitler. Die von Hermann Göring, dem Oberkommandierenden der Luftwaffe, versprochene Versorgung mit Nachschub aus der Luft erweist sich als unmöglich. Am 22. Januar 1943 muss der letzte Flugplatz im Kessel aufgegeben werden. Am 26. Januar gelingt es den Sowjets, den schon auf das Stadtgebiet beschränkten Kessel von Stalingrad aufzuspalten. Generalleutnant Erhard Milch, Staatssekretär im Reichsministerium der Luftfahrt und Stellvertreter Hermann Görings, ist von Hitler am 15. Januar mit der Luftversorgung der zu dieser Zeit noch mehr als 100 000 Eingeschlossenen beauftragt worden. Befehl um 20.00 Uhr am Abend des 2. Februar 1943 unterrichtet ihn der Kommandeur des VIII. Fliegerkorps, Generalleutnant Martin Fiebig, dass drei nach Stalingrad entsandte Flugzeuge im »Nordkessel nichts gesehen« hätten.[17]

Am 31. Januar stellen die deutschen Truppen im Südkessel, am 2. Februar auch die im Nordkessel die Kampfhandlungen ein. Im von der Wehrmacht eingeschlossenen Leningrad vermerkt die Schriftstellerin Vera Inber am 4. Februar in ihrem Tagebuch: »Die 6. Deutsche Armee bei Stalingrad ist nicht mehr.«[18] Einen Tag später schreibt Marianne Feuersenger, Sekretärin im Wehrmachtsführungsstab des Oberkommandos der Wehrmacht, einen Brief an ihre Schwester. »Im Radio spielt man schon wieder Märsche – man sollte doch auch lieber vier Tage Funkstille machen! Aber aus allem, auch dem größten Opfer wird ein Kinostück gemacht, so ein richtiges Kolportagestück – aufregend, dramatisch, schwülstig und kitschig.«[19] Noch am 30. Januar 1933, zum 10. Jahrestag der nationalsozialistischen Machtübernahme, sendet der Oberkommandierende der 6. Armee, Generaloberst Friedrich Paulus, ein Telegramm an Adolf Hitler: »Zum Jahrestag Ihrer Machtergreifung grüßt die 6. Armee ihren Führer. Noch weht die Hakenkreuzfahne über Stalingrad. Unser Kampf möge den lebenden und kommenden Generationen ein Beispiel dafür sein, auch in der Hoffnungslosigkeit nie zu kapitulieren, dann wird Deutschland siegen. Heil mein Führer, Paulus, Gen.Oberst« Am gleichen Tag ~~von~~ befördert Hitler zum Generalfeldmarschall: »Mein Generaloberst Paulus. Schon heute blickt das ganze deutsche Volk in tiefer Ergriffenheit zu dieser Stadt. Wie immer in der Weltgeschichte, wird auch dieses Opfer kein vergebliches sein. In Gedanken immer bei Ihnen und Ihren Soldaten. Ihr Adolf Hitler.« Das Telegramm kann auch als Aufforderung zum Selbstmord (zum Selbstmord) gelesen werden. Äußerungen von Hitler gegenüber seiner militärischen Umgebung belegen das.

Ansichten und Berichte

»Bis 1942 brauchte er ein gewisses Dekorum und riesige Räume, um über wichtige diplomatische Aktionen oder geplante Offensiven nachzudenken. Der Berghof eignete sich wundervoll dafür. ›In der majestätischen Ruhe des Gebirges sind meine besten Entschlüsse gereift‹, versicherte er. ›Ich habe dort oben das Gefühl, turmhoch über dem irdischen Elend zu stehen, über den unvergleichlichen Prüfungen, die mein Volk betroffen haben, über den Plackereien und Schwierigkeiten, die jeder Tag aufs Neue bringt.‹«[20]
Christa Schroeder, Jahrgang 1908, Privatsekretärin Hitlers bis 1945,
HITLER PRIVAT

»In der Wohnhalle des Berghofes stand ein großer Globus ... Bedeutungsvoll deutete einer der Wehrmachtsadjutanten auf einen einfachen Bleistiftstrich: ein Strich von Nord nach Süd, am Ural. Hitler hatte ihn zur Kennzeichnung der zukünftigen Abgrenzung seines Interessengebietes mit der japanischen Einflusssphäre eingezeichnet.«[21]
Albert Speer, Jahrgang 1905, Reichsminister für Bewaffnung und Munition,
ERINNERUNGEN

»Hitlers strategische Ziele beruhten vorwiegend auf politischen und kriegswirtschaftlichen Erwägungen. Sie waren einmal die Wegnahme von Leningrad, das er als die Wiege des Bolschewismus ansah, und die ihm zugleich die Verbindung mit den Finnen und die Herrschaft über die Ostsee bringen sollte. Zum anderen die Inbesitznahme der Rohstoffgebiete der Ukraine und der Rüstungsstätten des Donezgebietes, später der Erdölfelder des Kaukasus.«[22]
Erich von Manstein, Jahrgang 1887, Generaloberst der deutschen Wehrmacht,
VERLORENE SIEGE

»Stalin sprach über Hitler und Deutschland ... Die Deutschen, sagte er, seien imstande, ohne mit der Wimper zu zucken, heute einen Vertrag zu unterzeichnen, ihn morgen zu brechen und übermorgen einen neuen Vertrag abzuschließen.«[23]
Harry Hopkins, Jahrgang 1890, Berater und Freund von US-Präsident Roosevelt,
Brief an Franklin D. Roosevelt, 27. Juli 1941

TAGEBUCH, 9. JUNI 1941
»Hier wieder großer Betrieb, die Straßen voll mit Militär aller Gattungen, die vorüberziehen zur Grenze!«[24]
Henriette Schneider, Jahrgang 1872, Lyck, Ostpreußen

»Meine heißgeliebte Gis!
Du wirst Dich wundern, aber der Krieg hat neben allem Furchtbaren sein Schönes.

Es macht einen erst voll zum Mann, wenn man in Lagen war, in denen das eigene bisschen Leben nichts wert war im Vergleich zu anderen größeren Dingen. Dann ist man nicht mehr wie in ruhigen Zeiten ein nutzloser Fresser, sondern doch etwas mehr.«[25]

Horst Rocholl, Jahrgang 1908, Regimentsarzt aus Kassel, Panzer-Regiment 24, Brief vom 12. Juni 1942

TAGEBUCH, 19. JUNI 1941

»Die Leute behaupten, dass um halb sechs Uhr abends Radio London von einem deutsch-rumänischen Ultimatum an Russland sprach. Ich selbst hörte gestern Abend zwischen zehn und elf Uhr denselben Sender (bei Alice), doch diese Nachricht wurde nicht gesendet. Es hieß nur, dass zahlreiche deutsche Divisionen an den russischen Grenzen stationiert seien, und dass in einigen Tagen die Situation ›so oder so‹ eine Klärung finden werde.«[26]

Mihail Sebastian (eigentlich Iosif Hechter), Jahrgang 1907, rumänisch-jüdischer Schriftsteller in Bukarest

»Am 21. Juni 1941, dem Vortag des Angriffs auf die Sowjetunion, rief Hitler mich nach einem gemeinsamen Essen in seine Berliner Wohnhalle und ließ mir aus ›Les Preludes‹ von Liszt ein paar Takte vorspielen: ›Das werden Sie in der nächsten Zeit oft zu hören bekommen, denn es wird unsere Siegesfanfare für den russischen Feldzug sein. Funk hat sie ausgesucht. Wie gefällt sie Ihnen?‹«[27]

Albert Speer, Jahrgang 1905, Reichsminister für Bewaffnung und Munition, ERINNERUNGEN

DIENSTKALENDER, 21. JUNI 1941

»10.45 – 11.30 h Dr. Gutensohn, Persönliches

10.00 – 11.30 h Photograph Bauer

– 13 h Dr. Brand Postvortrag

13.30 – 16.00 h Mittagessen (mit Hitler) (Reichskanzlei)«[28]

Heinrich Himmler, Jahrgang 1900, Reichsführer SS, Reichsministerium des Innern

»Ein eigenartiges Gefühl ist es immer vor dem Kampf. Man ist ... in einer Art Stimmung, wie bei einem Fest.«[29]

Horst Rocholl, Regimentsarzt aus Kassel, Panzer-Regiment 24, Brief vom 14. Juni 1942

KRIEGSTAGEBUCH, 21. JUNI 1941 LAGEBESPRECHUNG:

a) Stichwort »Dortmund« [Befehl zum Angriffsbeginn] (Durchführen) ist gegeben ...

e) Art. Verhältnis Deutschland + Rumänien: Russland zahlenmäßig = 2,2 : 2,9« [30]

Franz Halder, Jahrgang 1884, Generaloberst der deutschen Wehrmacht

»Am 21. Juni rief mich abends der Chef des Stabes vom Kiewer Wehrkreis, Generalleutnant M. A. Purkajew, an und meldete, dass ein deutscher Feldwebel zu den

Adolf Hitler wird Ende August 1941 auf einem Feldflugplatz in der Ukraine bei Uman von seinen Soldaten enthusiastisch gefeiert. Er wird an diesem Tag von Benito Mussolini begleitet.

Grenzposten übergelaufen sei, der behauptete, die deutschen Truppen würden in ihre Bereitstellungen zum Angriff einrücken, der am 22. Juni früh beginnen solle. Ich benachrichtigte sofort den Volkskommissar und Stalin, der mir befahl: ›Kommen Sie mit dem Volkskommissar in den Kreml.‹«[31]
Georgi Schukow, Jahrgang 1896, Chef des Generalstabs der Roten Armee, ERINNERUNGEN UND GEDANKEN

»Zum 50. Geburtstag Ribbentrops im Jahr 1943 schenkten ihm einige engere Mitarbeiter eine prächtige, mit Halbedelsteinen geschmückte Kassette, die sie mit Fotokopien aller vom Außenminister abgeschlossenen Verträge und Abmachungen füllen wollten. ›Wir kamen in große Verlegenheit‹, meinte Botschafter Hewel, Ribbentrops Verbindungsmann zu Hitler, beim Abendessen, ›als wir die Kassette füllen wollten. Es gab nur noch wenige Verträge, die wir nicht unterdessen gebrochen hatten.‹ Hitler tränten die Augen vor Lachen.«[32]
Albert Speer, Reichsminister für Bewaffnung und Munition, ERINNERUNGEN

KRIEGSTAGEBUCH, 22. JUNI 1941
»Beginn des Angriffs. Alle Vorbereitungen sind planmäßig verlaufen ... 3.05 [Uhr] auf ganzer Heeresgruppenfront Grenze überschritten.«[33]
Robert Freiherr von Griessenbeck, Jahrgang 1891, Major der Heeresgruppe Nord

»Es war der 22. Juni 1941, um 3.05 Uhr morgens. Die Nacht war wundervoll warm und voller Blütenduft. Die Nachtigallen schlugen so schön wie nie zuvor. Unendlich viele gab es davon an den Ufern der Jura ... Am Abend bekamen wir Befehl, das Haus nicht mehr zu verlassen. Darauf bat meine Mutter einen Offizier dringend, uns zu sagen, was vorginge. Er sagte nur kurz, dass der Krieg früh um 3.00 Uhr anfangen würde ... Dann schlug es eins – zwei – drei Uhr, und es blieb totenstill. Ganz tief holten wir Luft und sagten: ›Gott sei Dank.‹ Aber schon in den nächsten Sekunden brach ein Kanonendonner los, und die Erde drohte zu bersten.«[34]

Anita von Goldammer, Jahrgang 1918, Motzischken, Memelland, ERINNERUNGEN

TAGEBUCH, 22. JUNI 1941
»Um 3.10 Uhr wachte ich auf und vernahm den Kanonendonner von der Grenze und wusste, dass die Stunde geschlagen hat.«

Henriette Schneider, Lyck, Ostpreußen

»Um 4 Uhr 10 meldeten der westliche und der Baltische Wehrkreis den Beginn der deutschen Offensive in den Gebieten dieser Wehrkreise. Um 4 Uhr 30 waren alle Mitglieder des Politbüros beisammen ... J. W. Stalin saß bleich am Tisch, die gestopfte Pfeife in der Hand ... Ich ... schlug vor, sofort alle in den Grenzwehrkreisen verfügbaren Mittel gegen die durchgebrochenen Truppen des Gegners einzusetzen und ihren weiteren Vormarsch aufzuhalten. ›Nicht um sie aufzuhalten, sondern um sie zu vernichten‹, präzisierte S. K. Timoschenko. ›Erteilen Sie die Weisung‹, sagte J. W. Stalin.«[35]

Georgi Schukow, Chef des Generalstabs der Roten Armee,
ERINNERUNGEN UND GEDANKEN

»Eines Tages hörten wir in Moskau eine Bombenexplosion und Flugabwehrfeuer. Ich wurde von meinen Gefühlen überwältigt. Jetzt war auch die Sowjetunion, Hitlers Verbündeter, in den Krieg hineingeraten. Mein geschultes Ohr hatte mich nicht getäuscht. Am nächsten Tag begannen sie alle Fenster blau zu streichen und Sandsäcke wurden in den Gefängnisfluren gestapelt. Die Behörden hatten verkündet, es hätte sich nur um Luftabwehrübungen gehandelt. Aber die Luftangriffe gingen weiter. Der kurze fünfzehnminütige Hofgang wurde ausgesetzt. Auch meine Mitgefangenen stellten fest, dass wohl mehr als nur Übungen stattgefunden haben müssten.«[36]

Władysław Anders, Jahrgang 1892, polnischer Brigadegeneral, Gefangener in einem Moskauer NKWD-Gefängnis, EINE ARMEE IM EXIL

»Als ich an jenem sommerblauen Tag zum ersten Mal die Russland-Fanfare im Radio hörte, eine meisterhafte Nutzung von Liszts Les Préludes, war es wie die Ankündigung eines Erdbebens, das titanische Kräfte freisetzt. Von diesem Augen-

blick an war der Krieg verloren, und keine Siegesfanfare und keine Meldung Hunderttausender von Gefangenen konnte an dieser Gewissheit Zweifel wecken.«[37]
Egon Bahr, Jahrgang 1922, Lehrling in Berlin, ZU MEINER ZEIT

»Ich wiederhole, dass ich trotzdem aus strategischen und politischen Erwägungen gegen einen deutschen Angriff in diesem Zeitpunkt gewesen war, moralische Bedenken dagegen habe ich nie gehabt und ich halte auch heute noch den deutschen Krieg gegen die Sowjetunion für eine Leistung, die das Deutsche Reich, gewollt oder ungewollt, für Europa gemacht hat.«[38]
Hermann Göring, Jahrgang 1893, Reichsmarschall, GESPRÄCHE IN NÜRNBERG

»Vor den endlosen Korn- und Getreideflächen, vor den riesigen Sonnenblumenwäldern erlebe ich nun abermals den Krieg in der Präzision seiner metallenen Ordnung, im stählernen Leuchten seiner Maschinen, im ununterbrochenen, gleichmäßigen Dröhnen seiner tausend Motoren (Honegger, Hindemith). Der Geruch von Benzin überwältigt wiederum den Geruch von Mensch und Pferd.«[39]
Curzio Malaparte, Jahrgang 1898, italienischer Schriftsteller, DIE WOLGA ENTSPRINGT IN EUROPA

TAGEBUCH, 22. JUNI 1941
»Ich ertappe mich dabei, dass ich allen verkünde, die Rote Armee wird all das leisten, das man sich immer erhoffte. Ich erwarte zwar, dass sie [die Deutschen] 300 Meilen durch die Ukraine, die ich mir als sehr menschenleer vorstelle, vorrücken werden, aber ich sehe nicht, dass sie viel weiter kommen.«[40]
Naomi Mitchison, Jahrgang 1897, Schriftstellerin, Carradale, Kintyre, Schottland

»Niemand ist in den letzten 25 Jahren ein unbedingterer Gegner des Kommunismus gewesen als ich. Ich werde kein Wort zurücknehmen, das ich jemals darüber geäußert habe. Aber all dieses schwindet dahin vor dem Schauspiel, das jetzt abrollt ... Dieser blutdürstige Landstreicher muss seine mechanisierten Armeen auf neue Gefilde der Schlächterei, der Plünderung und Verwüstung werfen. Arm wie die russischen Bauern, Arbeiter und Soldaten sind, muss er ihnen ihr täglich Brot stehlen; er muss ihre Ernten auffressen; er muss sie des Öls berauben, das ihre Pflüge treibt, und so eine Hungersnot verursachen, die in der menschlichen Geschichte ohne Beispiel ist. Und selbst Gemetzel und der Ruin, den sein Sieg – sollte er ihn gewinnen, aber er hat ihn noch nicht gewonnen – dem russischen Volk zufügen wird, wird auch nur der erste Schritt sein zu dem Versuch, die 400 oder 500 Millionen Menschen, die in China leben, und die 350 Millionen Menschen in Indien in jenen Abgrund menschlicher Entwürdigung zu stürzen, über dem das teuflische Emblem des Hakenkreuzes prunkt. Es ist an diesem Sommerabend nicht zu viel gesagt, wenn ich behaupte, dass Leben und Glück von rund

einer Milliarde Menschen jetzt von der brutalen Nazigewalt bedroht werden.«[41]
Winston Churchill, Jahrgang 1874, Britischer Premierminister, Rede im Britischen
Unterhaus am 22. Juni 1941

»Ist er toll, dieser Hitler? Er hätte sich mit dem England Chamberlains gegen das
kommunistische Russland verbünden können oder mit dem kommunistischen
Russland gegen die angelsächsisch-kapitalistische Welt. Er aber greift beide an!
Ja, er ist toll – Gott sei Dank!«[42]
Klaus Mann, Jahrgang 1906, Schriftsteller im US-Exil, EIN LEBENSBERICHT

TAGEBUCH, 26. JUNI 1941
»Gegen Morgen Träume von Erdbeben – ich sah, wie die Häuser verschluckt
wurden. Der Anblick war verwirrend wie ein Malstrom und drohte einen Taumel hervorzurufen, in welchem die Besinnung verloren ging. Ich sträubte mich
zunächst dagegen und stürzte mich dann doch in den Vernichtungswirbel wie in
einen rotierenden Schacht. Der Absprung war mit Lust verbunden, die das Entsetzen begleitete und überwand, als ob der Körper sich in eine bösartige atomis-
tische Musik auflöste. Wie eine Fahne, die versinkt, war zugleich Trauer da.«[43]
Ernst Jünger, Jahrgang 1895, Schriftsteller, Hauptmann der Reserve in Paris

»Abgesehen vom ›Felsennest‹ in der Eifel hatten Hitlers Hauptquartiere alle
Namen, in denen das Wort ›Wolf‹ vorkam: ›Wolfsschanze‹, ›Werwolf‹, ›Wolfs-
schlucht‹.«[44]
Heinrich Hoffmann, Jahrgang 1885, Reichsbildberichterstatter, HITLER, WIE ICH IHN SAH

»Wir stehen weiter unter der fürchterlichen Mückenplage. Eine dümmere Gegend konnte man schwerlich aussuchen. Laubwald mit moorigen Tümpeln,
Sandboden und stehende Seen, der ideale Boden für dieses widerliche Getier.
Dazu die feuchtkalten Bunker, in denen wir nachts zum Gotterbarmen frieren
wegen des dauernden starken Rauschens der elektrischen Lüftungsanlage, die
scheußliche Zugluft verursacht. Wir schlafen daher unruhig und wachen morgens mit Kopfschmerzen auf. Wäsche und Uniform sind immer feuchtkalt.«[45]
Helmuth Greiner, Jahrgang 1892, Ministerialrat, Kriegstagebuchführer des Oberkommandos der Wehrmacht, Brief aus dem Führerhauptquartier Wolfsschanze in Ostpreußen an seine Frau vom 27. Juni 1941

»Die schreckliche Mückenplage machte auch Hitler sehr zu schaffen. Er meinte,
man habe das sumpfigste, mückenreichste und klimatisch ungünstigste Gebiet
für ihn ausgesucht. Trotzdem zeigte er damals aber noch Humor, er deutete
›Kompetenzschwierigkeiten‹ an und meinte, nachdem jeder Jagd auf die Mücken
machte, hier sei nur die Luftwaffe zuständig.«[46]
Christa Schroeder, Privatsekretärin Hitlers bis 1945, ER WAR MEIN CHEF

»Von der Bahnstation holte mich ein Adjutant in einer schwarzen Limousine ab. Er erklärte mir, dass das Hauptquartier aus drei großen Ringen bestünde, die untereinander nochmals durch elektrisch geladene Zäune und Alarmvorrichtungen abgesichert seien, und dass wir drei Sperren passieren müssten, deren Kontrollen nur von Offizieren ausgeübt werden durften. Sie lächelten mir zu. Bestimmt war ich Gesprächsstoff für die nächsten Tage ... Eine Art Zauberwald, aber ein böser. Überall standen Schilder: Wer sich vom Weg entfernt, wird erschossen!«[47]

Heinz Rühmann, Jahrgang 1902, Schauspieler, Regisseur und Filmproduzent, ERINNERUNGEN

TAGEBUCH, 28. JUNI 1941

»An der Ostfront stehen sich die größten Truppenmassen der Weltgeschichte gegenüber. Es ist gruselig, überhaupt daran zu denken. Als ob Armageddon bevorstünde!«[48]

Astrid Lindgren, Jahrgang 1907, Mitarbeiterin der Abteilung für Briefzensur des schwedischen Nachrichtendienstes, Stockholm

»Der Anfang war ja auch so verheißungsvoll gewesen. In den ersten 2 Tagen in der Wolfsschanze waren Dara und ich sogar bei den Lagebesprechungen dabei, wo die improvisierten Lagebesprechungen im Kasino stattfanden. So hörten wir den Chef vor einer großen Karte von Europa stehend und auf Moskau zeigend, sagen: ›In einigen Wochen sind wir in Moskau, daran ist nicht zu zweifeln. Und dann werde ich Moskau dem Erdboden gleichmachen. Ich werde ein Staubecken dort anlegen. Der Name Moskau muss vollständig ausgelöscht werden.‹«[49]

Christa Schroeder, Privatsekretärin Hitlers bis 1945, ER WAR MEIN CHEF

»Mein Schwiegervater erzählte mir einige Wochen später bei einem Besuch in Wien, dass er Hitler im Hauptquartier gefragt habe, was er nach den Siegen über die Sowjetunion mit Stalin machen werde. Hitler habe, so sagte Hoffmann, ernsthaft geantwortet: ›Ich werde dem Mann das Schloss Kleßheim bei Salzburg zur Verfügung stellen. Dort kann er dann, isoliert von der Außenwelt, als gefangenes Staatsoberhaupt sein Leben fristen.‹«[50]

Baldur von Schirach, Jahrgang 1907, Gauleiter von Wien, ICH GLAUBTE AN HITLER

»Wir eroberten Minsk und Smolensk und drangen so rasch in Richtung Moskau vor, dass wir den Eindruck hatten, die Sowjets mit unserem Angriff tatsächlich überrascht zu haben, denn ihre Abwehr wirkte zunächst völlig unkontrolliert.«[51]

Bernd Freytag von Loringhoven, Jahrgang 1914, Leutnant im Panzer-Regiment 2, MIT HITLER IM BUNKER

»Inmitten dieser Toten, sagte ich, liegen zwei Russen. Groß, kräftig, mit langen Armen. Ihre hellen, klaren Augen sind weit geöffnet. Es sind zwei Spezialisten, zwei Stachanow-Arbeiter. Einige deutsche Soldaten betrachten sie schweigend. Einer von ihnen schaut sich nach Blumen um; es gibt nur ein paar rote Blumen im Kornfeld, eine Art Mohn. Der Soldat zögert vor diesen Blumen; dann reißt er ein Bündel Ähren aus und bedeckt mit diesen die Gesichter der beiden Toten. Die anderen Soldaten sehen schweigend zu, sie knabbern an einem Stück Brot.«[52]

Curzio Malaparte, Jahrgang 1898, italienischer Journalist, DIE WOLGA ENTSPRINGT IN EUROPA

TAGEBUCH, 13. JULI 1941

»Mops Wedel ist gefallen. 18 Jahre, SS. Dieser Junge, rassisch hervorragend, klug u. dabei bescheiden u. jungenhaft. Arme Mutter, u. man kann nicht trösten u. helfen.«[53]

Marga Himmler, Jahrgang 1893, Ehefrau von Heinrich Himmler

»Baldiger Zusammenbruch [Russlands] ist aber in deutschem Interesse notwendig, da man Russland nicht erobern kann. Aus dieser Lage heraus fragt sich der Führer mit Besorgnis: ›Wie viel Zeit habe ich noch, um mit Russland fertig zu werden, und wie viel Zeit brauche ich noch?‹«[54]

Wilhelm Keitel, Jahrgang 1882, Generalfeldmarschall, Chef des Oberkommandos der Wehrmacht, zu Generalfeldmarschall Fedor von Bock am 25. Juli 1941

»Die Köche schlachteten Rinder und Schweine unterwegs und requirierten Erbsen, Bohnen und Gurken überall. Aber die Mittagssuppe genügte bei diesen Strapazen nicht. So nahmen wir den Frauen und Kindern das letzte Stück Brot, ließen uns Hühner und Gänse zubereiten, steckten ihre geringen Vorräte an Butter und Schmalz zu uns, beluden unsre Fahrzeuge mit Speckseiten und Mehl aus den Vorratsbunkern, tranken die überfette Milch und kochten und brieten in ihren Öfen ... Ihr Stroh verschwendeten wir für unsere Pferde und unser Nachtlager, vertrieben sie von ihren Betten und schliefen auf ihren Öfen.«[55]

Willy Peter Reese, Jahrgang 1921, Gefreiter aus Duisburg, HINTERLASSENES MANUSKRIPT

»Stalin versicherte mehrmals, er unterschätze die deutsche Armee keineswegs. Die deutsche Organisation, sagte er, sei hervorragend, und sie verfüge, wie er glaubt, über große Reserven von Nahrungsmitteln, Menschen, Material und Treibstoff ... Er glaubt daher, dass die deutsche Armee, soweit es ihre Truppenmengen, Material, Nahrung und Treibstoff betrifft, fähig sei, einen Winterfeldzug in Russland zu führen. Er glaubt indessen, es würde für die Deutschen schwierig sein, nach dem 1. September, wenn die schweren Regengüsse einsetzten, offensiv zu operieren, und nach dem 1. Oktober würde das Gelände so schlecht sein, dass sie sich auf die Defensive verlegen müssten.«[56]

Harry Hopkins, Berater und Freund von US-Präsident Roosevelt, Bericht an Franklin D. Roosevelt vom 31. Juli 1941

»Mir ist es wirklich unverständlich, dass die Engländer keine Vernunft annehmen. Nachdem wir uns nach dem Osten ausbreiten, brauchen wir ihre Kolonien nicht. Ich finde es ja auch viel praktischer, wenn wir alles schön beieinander haben. Die Ukraine und die Krim sind so fruchtbar, da können wir alles anbauen, was wir gebrauchen ...

Gebe Gott, dass den Engländern bald die Vernunft kommt.«[57]
Christa Schroeder, Privatsekretärin Hitlers bis 1945, Brief an Johanna Nusser vom 20. August 1941

TAGEBUCH, 28. AUGUST 1941
»Die Straße nach Mga, unsere letzte Straße, haben die Deutschen uns nun gesperrt.«[58]
Vera Inber, Jahrgang 1890, jüdisch-russische Schriftstellerin in Leningrad

»Gestern beim Führer ... Der Führer war zunächst sehr schweigsam, grübelte vor sich hin ... Dann wurde er aber recht lebhaft und sprach allein wohl über eine Stunde über unsere tapferen, wagemutigen italienischen Bundesgenossen, die ihm manche Sorgen machten ... Seine klaren Einsichten und Urteile sind aber immer wieder erstaunlich.

Er sah im Übrigen recht wohl aus; es scheint ihm ganz gut zu gehen, obwohl er fast keine Nacht vor 5 bis 6 Uhr morgens zu Bett geht.«[59]
Helmuth Greiner, Ministerialrat, Kriegstagebuchführer des Oberkommandos der Wehrmacht, Brief an seine Frau vom 12. Juli 1941

»Als Mussolini die russische Front besichtigte, war er von dem Kontakt zwischen den deutschen Offizieren und ihren Soldaten sehr beeindruckt. Hitler und er selbst hatten zusammen mit einfachen Soldaten gegessen, und ihnen stand das gleiche Essen zu.«[60]
Rachele Mussolini, Jahrgang 1890, Ehefrau von Benito Mussolini, ERINNERUNGEN

»Der Führer erwiderte, dass er stets für die italienisch-deutsche Freundschaft eingetreten sei. Dieser Gedanke sei in seinen Schriften und Reden, immer wieder zum Ausdruck gekommen. In dem Verhältnis Italien – Deutschland ergäbe sich der in der Geschichte seltene Fall, dass zwei benachbarte Länder keinerlei entgegengesetzte Interessen hätten. Deutschland sei am Mittelmeerraum uninteressiert, ebenso wie Italien keine Interessen im Nord- und Ostseeraum besäße. Außerdem käme noch ein persönliches Element hinzu: Er (der Führer) schätze in Mussolini einen großen Zeitgenossen, mit dem ihn eine tiefe persönliche Sympathie verbinde. Sollte Mussolini etwas zustoßen, so würde sich der Führer direkt vereinsamt fühlen.«[61]
Aufzeichnung über den Abschiedstee des italienischen Botschafters Bernado Attolico und seiner Frau beim Führer, 9. Mai 1940

»Der Führer ist sehr erbost über die Italiener, weil sie tatsächlich nichts leisten. ›Für die Ostfront eignen sie sich nicht, für Nordafrika eignen sie sich nicht, für den U-Bootkrieg eignen sie sich nicht; sie eignen sich nicht einmal für die Heimatflak.‹ Der Führer fragt mit Recht, warum sie denn überhaupt Krieg führen.«[62]

Joseph Goebbels, Jahrgang 1897, Reichsminister für Volksaufklärung und Propaganda, TAGEBUCH, 8. MÄRZ 1942

»Man rechnete im OKW [Oberkommando der Wehrmacht] und im OKH [Oberkommando des Heeres] so sicher mit dem Abschluss des Feldzuges bis zum Beginn des Winters, dass im Heere nur für jeden fünften Mann Winterbekleidung vorgesehen wurde. Erst am 30. August 1941 beschäftigte sich das OKH mit der Frage der Winterausrüstung für größere Heeresteile ernstlich.«[63]

Heinz Guderian, Jahrgang 1888, Generaloberst der deutschen Wehrmacht, ERINNERUNGEN EINES SOLDATEN

»Am 22. Juni morgens setzte nun dieser größte Kampf der Weltgeschichte ein. Seitdem sind etwas über dreieinhalb Monate vergangen, und ich darf hier zunächst eine Feststellung treffen: Es ist alles seitdem planmäßig verlaufen. Was immer auch vielleicht im Einzelnen der Soldat oder die Truppe an Überraschungen erleben konnte – der Führung ist in dieser ganzen Zeit in keiner Sekunde das Gesetz des Handelns aus der Hand entwunden worden. Im Gegenteil, bis zum heutigen Tage ist jede Aktion genau so planmäßig verlaufen wie einst im Osten gegen Polen, dann gegen Norwegen, und endlich gegen den Westen und endlich auf dem Balkan.

Nur eines muss ich hier feststellen: Wir haben uns nicht getäuscht in der Richtigkeit der Pläne. Wir haben uns auch nicht getäuscht in der Tüchtigkeit, in der einmalig geschichtlichen Tapferkeit des deutschen Soldaten. Wir haben uns auch nicht getäuscht in der Güte oder über die Güte unserer Waffen. Wir haben uns nicht getäuscht über das reibungslose Funktionieren unserer ganzen Organisation der Front, ihrer gigantischen hinteren Räume. Und auch nicht haben wir uns getäuscht über die deutsche Heimat.

Wir haben uns allerdings über etwas getäuscht: Wir hatten keine Ahnung davon, wie gigantisch die Vorbereitungen dieses Gegners gegen Deutschland und Europa waren und wie ungeheuer groß die Gefahr war, wie haarscharf wir vorbeigekommen sind diesmal an der Vernichtung nicht nur Deutschlands, sondern Europas, das kann ich heute aussprechen.

Ich spreche das hier heute aus, weil ich es heute sagen darf, dass dieser Gegner bereits gebrochen ist und sich nie wieder erheben wird.«[64]

Adolf Hitler, Rede anlässlich der Eröffnung des »Kriegswinterhilfswerks« im Berliner Sportpalast am 3. Oktober 1941

»Meine liebe Mami!
War heute Mittag u. Nachmittag beim Führer u. ging mit ihm spazieren. Es geht
ihm auch wieder recht gut. In einer ½ Stunde ist Abendessen u. so schreibe ich
dir aus dem eigentlichen Führer-Hauptquartier. Es geht alles sehr gut. Überhaupt, wenn man bedenkt morgen, 1. September haben wir 2 Jahre Krieg, was
haben wir alles erreicht! ... Und nun alle guten Wünsche u. viele herzliche Grüße
u. Küsse, Dein Pappi.«[65]
Heinrich Himmler, Jahrgang 1900, Reichsführer SS, Reichsministerium des Innern, Brief
an Marga Himmler vom 31. August 1941

»Anlässlich der Eroberung von Schlüsselburg äußerte sich der Führer über das
Schicksal von Petersburg. Es soll hier ein Exempel statuiert werden und die Stadt
wird vollkommen vom Erdboden verschwinden. Seit drei Tagen schießen 24cm-
Geschütze in die Stadt. Ein Angriff des Jagdgeschwaders Richthofen hat das gro-
ße Wasserwerk zerstört.«[66]
Werner Koeppen, Jahrgang 1910, Adjutant von Reichsminister Alfred Rosenberg,
Bericht aus dem Führerhauptquartier vom 10. September 1941

»Ich hatte einen schwer zu erschütternden Glauben in die Voraussicht und Klugheit des deutschen Generalstabs. Ich konnte mir nicht denken, dass diese strategisch und taktisch geschulten Köpfe sich – nach der Erfahrung von 1914/18 – auf
einen Zweifrontenkrieg einlassen würden, wenn sie nicht sicher seien, ihn mit ihrer Blitztechnik, durch die Überlegenheit ihrer Panzer- und Luftwaffen, siegreich
durchführen zu können ... Ich hielt es für wahrscheinlich, dass es zum Ende
Russlands kommen werde, wie es zum Ende Frankreichs gekommen war. Dass
es keine Macht mehr gäbe, die dem Siegeslauf Hitlers Einhalt gebieten könne.
Ich hatte unrecht.«[67]
Carl Zuckmayer, Jahrgang 1896, deutscher Dramatiker im Exil,
ALS WÄR'S EIN STÜCK VON MIR

»Der von Hitler zum 1. Oktober 1941 vorhergesagte Frieden mit Russland kam
nicht. Stattdessen dämmerte in unserem Hauptquartier im August die Einsicht,
dass es doch nicht so schnell gehen werde. Aufschlussreich war die Stimmung,
in der ich Ribbentrop am 5. September in Ostpreußen auf dem Lehndorfschen
Gut Steinort antraf.
    Im Winter, sagte er, werde Russland als ernsthafter Alliierter Englands nicht
mehr zählen. Der russische Feldzug sei aber schwer und hart, es sei ein großes
Glück, dass wir damit nicht bis 1942 gewartet hätten. Vielleicht komme der russische Kollaps noch.«[68]
Ernst von Weizsäcker, Jahrgang 1882, Staatssekretär im Auswärtigen Amt,
ERINNERUNGEN

»Morgen werden die Straßen trocken sein, dann kommt der Schlamm wieder, und immer Tote, niedergebrannte Häuser, Scharen abgerissener Gefangener, mit Augen wie kranke Hunde, und immer wieder Aas von Pferden und Maschinen, Aas von Panzern, von Flugzeugen, von Lkw, von Kanonen, von Offizieren, Unteroffizieren und Soldaten, von Frauen, von Alten, von Kindern, von Hunden, Aas von Häusern, von Dörfern, von Städten, von Flüssen, von Wäldern, nichts zu machen, nichts zu machen, in die Ferne, immer weiter, tief in den ›russischen Kontinent‹ hinein, zum Bug, zum Dnjepr, zum Donetz, zum Don, zur Wolga, zum Kaspischen Meer. Ja ja, jawohl. ›Wir kämpfen um das nackte Leben.‹ Und dann wird der Winter kommen. Der liebliche Winter. Und dann wieder Staub und Regen, Staub und Schlamm, bis es wieder Winter werden wird, der liebliche Winter des heiligen Russlands, der Winter der Sowjetunion aus Stahl und Zement, das ist der Krieg gegen Russland 1941. ›Da, da, da.‹ Wir siegen uns zu Tode.«[69]

Curzio Malaparte, italienischer Journalist, im September 1941 in Petschanko, DIE WOLGA ENTSPRINGT IN EUROPA

TAGEBUCH, 22. SEPTEMBER 1941

»Gestern haben unsere Truppen Kiew aufgegeben. Es ist mir bange. Was wird mit Leningrad werden? Es rührte und ergriff mich, dass in diesen Tagen in der belagerten Stadt, ungeachtet der Bomben, Schostakowitsch eine Symphonie komponiert.«[70]

Vera Inber, Schriftstellerin in Leningrad

TAGEBUCH, 1. OKTOBER 1941

»Hatte keine Zeit, heute groß über den Krieg nachzudenken, hatte aber mitbekommen, dass eine Nachricht besagte, die Rumänen gingen ›stiften‹ – wenn die Deutschen sie nur lassen würden!! Wenn es den Rumänen gelingen würde, sich erfolgreich zurückzuziehen, werden die Finnen, Ungarn und Italiener das Gleiche tun. 22 Uhr 5 – Ich glaube, es klingt nach Flak-Feuer.«[71]

Amy Briggs, Jahrgang 1910(?), Krankenschwester in Leeds, England

»Wir hatten endlich, nach langen Bitten, die Erlaubnis erhalten, an die Front zu gehen. Auf unserem Wege dorthin erlebten wir, was ›verbrannte Erde‹ bedeutet – Dörfer, die nur noch aus ein paar Häufchen Asche bestanden. An der Front, die damals in der Nähe von Smolensk verlief, lernte ich das kennen, was der russische Volksmund ›General Schlamm‹ nannte. Wir fuhren durch tiefen, zähen Schlamm nach vorn … Wir fuhren über Ebenen, besät mit den Stahlhelmen der Toten, über Schlachtfelder, die an den Weltuntergang erinnerten.«[72]

Margaret Bourke-White, Jahrgang 1904, Fotoreporterin des US-Magazins Life, MEIN LEBEN UND MEINE BILDER

»Bis Mittag Regen, W; nachmittags trocken, NW, abends leichte Aufklarung. Das Laub fällt in Massen ... Der Krieg in Russland anscheinend entschieden.«[73]
Otto Blumenthal, Jahrgang 1876, deutsch-Jüdischer Mathematiker im Exil, Oud-Zuilen bei Utrecht, Niederlande

»Aber unser aller Leben änderte sich dramatisch, als am 22. Juni 1941 Hitlers Truppen in die Sowjetunion einmarschierten. Im Herbst standen sie vor Moskau; meine Hochschule wurde in das sechstausend Kilometer entfernte Alma Ata, die Hauptstadt Kasachstans, verlegt, und wie viele Mitglieder des Schriftstellerverbandes wurde mein Vater mit seiner ganzen Familie evakuiert. Die dreiwöchige Bahnfahrt war ein Albtraum: Beinahe stündlich wurde unser Zug auf Nebengleisen abgestellt, um die Züge durchzulassen, die an die Front im Westen fuhren.«[74]
Markus Wolf, Jahrgang 1923, Sohn des deutsch-jüdischen Dramatikers Friedrich Wolf, naturalisierter Sowjetbürger, Student des Flugzeugbaus, IM GEHEIMEN KRIEG

»Z. Zt. schneit's in Russland, was wir nicht gut vertragen können.«[75]
Eduard Wagner, Jahrgang 1894, Generalquartiermeister der Wehrmacht

»Hatte eigentlich irgendjemand bemerkt, dass eine bedrohliche Meldung besagte, um 1.00 Uhr in der Nacht des 6. Oktober sei in Russland erster Schnee auf die deutschen Panzer gefallen, ein bisschen früh.«[76]
Howard K. Smith, Jahrgang 1914, Reporter der Columbia Broadcasting in Berlin, EREIGNISSE, DIE ZU MEINEM TOD FÜHREN

»Wie Sie wissen, gibt es einen Winter in Russland. Einige Monate lang sinken die Temperaturen ziemlich tief. Da gibt es Schnee, da gibt es Frost und all diese Dinge. Hitler vergaß den russischen Winter. Er muss wohl eine schlechte Bildung genossen haben. Wir hatten das in der Schule gelernt, aber er hatte es vergessen.«[77]
Winston Churchill, britischer Premierminister

»H.[einrich] ruft oft an. Er ist gesund. Der Krieg geht herrlich vorwärts. Alles verdanken wir dem Führer.«[78]
Marga Himmler, Ehefrau von Heinrich Himmler

»Alles ist in Dreck und Schlamm rettungslos festgefahren, Kraftwagen können sich nicht mehr bewegen, zu 100 m braucht man Zugmaschinen, und die Versorgung machen wir derzeit mit Panzerschlepp, weil man auf andere Weise nirgends mehr hinkommt. Panzerdivisionen haben sich Panjekolonnen in Massen angebändigt ... Wie die Truppe aussieht, das kann sich gar kein Mensch vorstellen ... Aber die Stimmung ist überall gut, nur das ›Wie lange?‹ und vor allem der Winter beschäftigt die Leute.«[79]

Eduard Wagner, General der Artillerie der deutschen Wehrmacht

»Besonders bedenklich ist der Zustand des Schuhzeuges; 30 % unbrauchbar, 50 % reparaturbedürftig, die Strümpfe bis zu 100 % verbraucht. Mangel an Wäsche, seit 3–4 Wochen nicht mehr gewechselt. Es fehlt vollkommen jegliche Winterausrüstung.«[80]

Zustandsbericht der 9. Division der deutschen Wehrmacht vom 2. November 1941

TAGEBUCH, 23. NOVEMBER 1941

»›Ich bin die Auferstehung und das Leben.‹ Einfach, trostreich. Nachher M.[ali] bei Frau Hintze, ich bei St.[efanie] O.[ppenheim], die sehr freundlich ist. Nachmittags im Grimsehl-Tomaschek Kapillarität studiert. Vor Abendessen kurz Ziegel zu juristischer Beratung. Nach Abendbrot Brief an Bohr aufgesetzt. Tonelli begonnen. Bibellesen. – Wieder großer Krieg in Libyen.«[81]

Otto Blumenthal, deutsch-jüdischer Mathematiker im Exil, Oud-Zuilen bei Utrecht, Niederlande

TAGEBUCH, 29. NOVEMBER 1941

»Ein schwarzer Tag heute: Frau Wedig brachte die traurige Nachricht, dass Helmut Willimzig am 3. November vor Petersburg gefallen ist ... Dr. Müller schrieb mir, dass sein ältester Sohn im Osten am 28. Oktober fiel.«

Henriette Schneider, Lyck, Ostpreußen

»Churchill lud mich zu einem weiteren Nutzgartenspaziergang. Die Lage war finster. Der Krieg in der Wüste war an seinem Tiefpunkt angelangt, als Rommel an den Toren Alexandrias anklopfte; und nach deren spektakulärem Erfolg auf Kreta zeichnete sich die Möglichkeit einer Invasion des Vereinigten Königreichs mit Luftlandetruppen statt einer konventionellen ab. Nahrung wurde immer knapper und knapper und ein Blick auf die Karte trieb einem Schauer über den Rücken. Ganz Europa wurde von Deutschland beherrscht ...

›Glauben Sie, euer Ehren, dass die Amerikaner jemals in diesen Krieg eingreifen werden?‹ Er schaute mich fest mit seinem einschüchternden Blick an und ließ sein berühmtes Bulldoggen-Geknurre vernehmen. ›Merken Sie sich meine Worte: Es wird etwas Katharsisches geschehen!‹ Vier Wochen später griffen die Japaner Pearl Harbor an.«[82]

David Niven, Jahrgang 1910, Schauspieler, Oberleutnant der Britischen Armee, REMINISZENZEN

»Wir rückten in eine Scheinstellung vor die kleine Stadt Walowa, während ein anderer Teil den eigentlichen Angriff durchführte. Mit allen leichten und schweren Infanteriewaffen befeuerten wir die Widerstandsnester, aber die Russen wichen keinen Schritt. Wir knieten oder lagen im Schnee, die Knie froren uns am Boden fest, zwischen Rock und Mantel sammelte sich Eis. Wir schlugen die gefühllosen Füße auf den Boden.

Die Hände froren am Metall der Waffen fest, denn nur wenige besaßen brauchbare Handschuhe, blutige Fetzen rissen dann aus dem Fleisch und froren zu, ehe das Blut gerann. Viele Erfrierungen gab es, und verzweifelt sprangen viele auf. Schon auf dem Anmarsch hatte es Ausfälle gegeben, nun mehrten die Verwundeten und Toten sich.«[83]
Willy Peter Reese, Gefreiter der deutschen Wehrmacht

»Ich aß mit dem Präsidenten heute an seinem Schreibtisch im Oval Office zu Mittag. Wir sprachen über allerlei Dinge, die gar nicht mit dem Krieg zu tun hatten, als etwa um 1.40 Uhr Staatssekretär Knox anrief und sagte, sie hätten einen Funkspruch von dem Oberbefehlshaber unserer Streitkräfte aus Honolulu aufgefangen, mit der Meldung an alle Stationen, ein Luftangriff sei im Gange und es sei diesmal ›keine Übung‹.

Ich sagte, mir schiene da ein Missverständnis vorzuliegen, Japan werde doch bestimmt nicht in Honolulu angreifen. Um 2.28 Uhr rief Admiral Stark den Präsidenten an und bestätigte die Meldung, es sei ein sehr heftiger Angriff, und die Flotte habe schon einigen Schaden und Verluste an Menschenleben erlitten. Er besprach mit dem Präsidenten kurz die nächsten Schritte, und der Präsident ersuchte ihn, die für den Fall eines Ausbruchs der Feindseligkeiten im Pazifik vereinbarten Befehle an die Armee und Flotte in Kraft zu setzen. Churchill telefonierte aus England. Der Präsident sagte ihm, wir säßen jetzt alle in demselben Boot.«[84]
Harry Hopkins, Berater und Freund von US-Präsident Roosevelt

»Während des Krieges suchte Goebbels das Hauptquartier nur auf, wenn er von Hitler gerufen wurde. In der Winterkrise 1941 / 1942, als die Bevölkerung zur Spende von Winterkleidung für die Fronttruppen aufgerufen werden sollte, war ich während des Gespräches dabei, das Hitler mit Goebbels führte. Unbeirrt behauptete Goebbels, dass Moskau hätte erobert werden können, wenn nur 10 Prozent mehr Soldaten eingesetzt worden wären. Eine totale Kriegsführung wäre, so betonte er, hier nötig gewesen.«[85]
Heinz Linge, Jahrgang 1913, SS-Leibstandarte, persönlicher Diener Adolf Hitlers,
BIS ZUM UNTERGANG

»Nach dem Abendessen hören wir um 9 Uhr die Nachrichten. Die Japaner haben Pearl Harbor bombardiert. Das glaube ich nicht. Dann drehen wir die deutschen und französischen Nachrichten an und hören Genaueres. Roosevelt hat die Mobilmachung der amerikanischen Streitkräfte befohlen und die Flotte angewiesen, ihre geheimen Befehle auszuführen. Ich bin wie betäubt von diesen Nachrichten.«[86]

Harold Nicolson, Jahrgang 1886, Parlamentarischer Privatsekretär des britischen Informationsministers

»Wir können den Krieg gar nicht verlieren … Wir haben jetzt einen Bundesgenossen, der in 3 000 Jahren nicht besiegt worden ist.«[87]

Adolf Hitler zu Walter Hewel, Adjutant des Reichsaußenministers bei Hitler, am 8. Dezember 1941

TAGEBUCH, 9. DEZEMBER 1941

»Durch den Ausbruch des Krieges zwischen Japan und USA ist eine vollkommene Verschiebung des allgemeinen Weltbildes eingetreten. Die Vereinigten Staaten werden jetzt kaum noch in der Lage sein, nennenswertes Material nach England oder gar nach der Sowjetunion zu transportieren.«[88]

Joseph Goebbels, Reichsminister für Volksaufklärung und Propaganda

TAGEBUCH, 9. DEZEMBER 1941

»Lunch mit de Gaulle im Connaught Hotel. Ich kann mich nicht entscheiden, ob ich ihn eigentlich mag. Seine Arroganz und sein Faschismus ärgern mich. Aber um die Augen hat er etwas von einem edlen Jagdhund … De Gaulle sagt, er glaube, die Deutschen müssten auf weitere Feldzüge in Russland verzichten und würden Moskau nicht einnehmen.«[89]

Harold Nicolson, Parlamentarischer Privatsekretär des britischen Informationsministers

TAGEBUCH, 11. DEZEMBER 1941

»Um 15 Uhr hörten wir den Führer aus dem Reichstag. Der Krieg mit Amerika ist nun auch offiziell geworden … Der Führer wird alles zum guten Ende bringen.«

Henriette Schneider, Lyck, Ostpreußen

TAGEBUCH, 11. DEZEMBER 1941

»Adolf Hitler u. Mussolini haben USA den Krieg erklärt! Bei meiner Einstellung erübrigt es sich, dass ich hierzu einen Kommentar schreibe. Wen Gott vernichten will, den hat er zu allen Zeiten mit Blindheit geschlagen. Der neutrale und normale Mensch wird bei Betrachtung der Lage, selbst wenn er sie wohlwollend für Deutschland untersucht, nur zu der einen Lösung kommen können, dass diese Kriegserklärungen günstigenfalls den Krieg verlängern. Tatsächlich kann als

Endergebnis nur die totale Niederlage der Vertragspartner Deutschland, Italien u. Japan herauskommen.«[90]

Friedrich Kellner, Jahrgang 1885, Justizinspektor, Laubach, Hessen

»Es ist beinah unmöglich, an irgendetwas zu denken außer an die ›großen Ereignisse‹. Amerika ist im Krieg mit Nazi-Deutschland. Ich will in die amerikanische Armee. (Bin aber noch kein ›citizen‹, darf mich also nicht freiwillig melden, sondern muss hübsch warten, bis man mich holt).«[91]

Klaus Mann, Schriftsteller im US-Exil,
EIN LEBENSBERICHT, 12. Dezember 1941

»Seltsam, dass wir mit Hilfe Japans die Positionen der weißen Rasse in Ostasien vernichten und dass England mit den bolschewistischen Schweinen gegen Europa kämpft.«[92]

Adolf Hitler, zitiert nach dem Tagebuch von Walter Hewel vom 16. Dezember 1941

»Hitler war sich durchaus bewusst, dass seine japanfreundliche Politik im schärfsten Widerspruch zu seinen Rassetheorien stand. Während des Krieges sagte er uns einmal: ›Man wirft mir vor, dass ich mit den Japanern sympathisiere. Was heißt sympathisieren? Die Japaner sind uns wesensfremd, sie sind gelbhäutig und schlitzäugig. Aber die Hauptsache ist, sie kämpfen gegen Amerika.‹«[93]

Christa Schroeder, HITLER PRIVAT

»Der Widerstand gegen entschlossenes Handeln an Stelle von Kompromissen konnte erst völlig gebrochen werden, als Pearl Harbor einen Kampf auf Leben und Tod heraufbeschworen hatte. Daraufhin stampften die Vereinigten Staaten innerhalb von dreieinhalb Jahren jenen Kriegsapparat aus dem Boden, der bei der Bezwingung Deutschlands eine nicht wegzudenkende Rolle spielen sollte, obwohl das Land, zur gleichen Zeit, fast ganz auf sich allein gestellt, einen Entscheidungskampf gegen das japanische Kaiserreich auszufechten hatte. Diese revolutionäre Verwandlung Amerikas kam nicht über Nacht zustande; dass sie überhaupt möglich wurde, ist der Standhaftigkeit der Verbündeten und der großen Entfernung zuzuschreiben, die Amerika vom Kriegsschauplatz trennte.«[94]

Dwight D. Eisenhower, Jahrgang 1890, stellvertretender Chef des US-Generalstabs,
KREUZZUG IN EUROPA

»Ich erlebte, wie eine Demokratie, die für einen modernen Krieg in keiner Weise gerüstet war, in wenigen .Monaten eine Kriegsmaschinerie aufbaute ... Und diese ungeheure Leistung wurde zum großen Teil von Männern vollbracht, die nicht für den Militärdienst erzogen waren. Fabrikdirektoren und Bankbeamte, Ziviltechniker, Ingenieure und Facharbeiter verwandelten sich über Nacht in Hauptleute und Majore, in Oberste und Generäle – und sie machten ihre Sache

nicht nur ebenso gut, sondern oft sogar besser als die von sich eingenommenen Berufsoffiziere der deutschen, italienischen oder japanischen Militärkaste.«[95]
Julius Deutsch, Jahrgang 1884, österreichischer Sozialdemokrat im US-Exil,
LEBENSERINNERUNGEN

»Auf Veranlassung von Dr. Todt berichtete ich zunächst über die Eindrücke meiner Frontreise, anschließend wies ich auf das große Rüstungspotenzial der Angelsachsen hin, dass ich auf meinen Auslandsreisen sowohl in den USA wie in England kennengelernt hatte. Ich versäumte es nicht, auch die Härte der russischen Kampfmethoden besonders herauszustellen. Meine Überlegungen gipfelten in der klaren Konsequenz, dass nach dem Kriegseintritt der USA schon allein unter Berücksichtigung des Rüstungspotenzials der Krieg nicht zu gewinnen sei. Dr. Todt ergriff nach mir das Wort und ergänzte meine Ausführungen, die er aufgrund seiner Erfahrungen im Bereich des Rüstungsministeriums nur bestätigen konnte. Seine Schlussfolgerung war unzweifelhaft: ›Dieser Krieg ist militärisch nicht mehr zu gewinnen!‹ Hitler hatte sich in aller Ruhe unsere Ausführungen angehört und stellte nun die Frage: ›Wie soll ich dann diesen Krieg beenden?‹ Darauf Todt: ›Er ist nur noch auf politischem Wege zu beenden.‹ Hitlers Antwort war: ›Ich sehe aber kaum noch einen Weg, politisch zu einem Ende zu kommen. Wir werden uns hierüber noch einmal unterhalten müssen.‹«[96]
Walter Rohland, Jahrgang 1898, Industrieller und Beauftragter für Panzerproduktion im Reichsrüstungsministerium, 2. November 1941, ERINNERUNGEN

»Am 17. Dezember suchte ich die Kommandierenden Generale des XXIV. [14.] und XXXXVII. [47.] Panzer-Korps sowie des UVII. [7.] A.K. .[7. Armee-Korps] auf, um mich erneut über den Zustand der Truppe zu unterrichten und über die Lage auszusprechen. Die drei Generale waren der Auffassung, dass es mit den vorhandenen Kräften nicht möglich sei, eine nachhaltige Verteidigung ostwärts der Oka durchzuführen. Es käme darauf an, die Kampfkraft der Truppe zu erhalten, bis durch Zuführung frischer Kräfte eine Verteidigung aussichtsreich sei. Sie berichteten, dass die Truppe an der obersten Führung zu zweifeln beginne, die den letzten, verzweifelten Vorstoß in vollkommen falscher Feindeinschätzung befohlen habe. Wenn wir noch beweglich wären und die früheren Gefechtsstärken hätten, wäre es ein Kinderspiel. Glatteis erschwert alle Bewegungen. Der Russe ist für den Winter eingerichtet und ausgerüstet und wir haben nichts.«[97]
Heinz Guderian, Generaloberst der deutschen Wehrmacht,
ERINNERUNGEN EINES SOLDATEN

KRIEGSTAGEBUCH, 17. DEZEMBER 1941
»Mitternacht zum Führer befohlen: ›Von Absetzen kann keine Rede sein. Nur an einigen Stellen tiefere Feindeinbrüche. Rückwärtige Linien aufzubauen, ist

Phantasie. Die Front krankt nur an einem: Der Feind ist zahlreicher an Soldaten. Er hat nicht mehr Artillerie. Er ist viel schlechter als wir.«\«[98]

Franz Halder, Generaloberst der deutschen Wehrmacht

»Aber die Arbeitslast und die wachsenden Sorgen infolge der Rückschläge im Laufe des Krieges hatten Hitlers Gesundheit untergraben. Vom Winter 1941/42 an überwachte Morell ihn Tag und Nacht. Er machte ihm fast jeden dritten Tag intravenöse sowohl wie intramuskuläre Injektionen. Zum Schluss erhielt Hitler fast jeden Tag diese geheimnisvollen Spritzen. Sie enthielten, wie Morell mir erklärte, Traubenzucker, Vitamine A, B, C, E und Hormone.«[99]

Christa Schroeder, HITLER PRIVAT

ERINNERUNGEN IN TAGEBUCHFORM, 18. DEZEMBER 1941

»Guderian war bei F.[ührer], sein psychischer Zustand war erschreckend und verfehlte auf F.[ührer] einen Eindruck nicht. Sprach ganz gegen seine Art über Unmöglichkeit, Front zu halten. Rückzug möglicherweise bis zur Demarkationslinie. Erschütternde Schilderungen vom Zustand der Truppe. Schwere Vorwürfe gegen OKH wegen Versorgung und Winterbekleidung. F.[ührer] ist sich im Klaren, dass Guderian unmöglich noch führen kann.«[100]

Gerhard Engel, Jahrgang 1906, Heeresadjutant bei Hitler

20. DEZEMBER 1940

»Gegen 18 Uhr wurde ich in Gegenwart von Keitel, Schmundt und einigen anderen Offizieren von Hitler empfangen. Weder der Chef des Generalstabes des Heeres noch ein anderer Vertreter des OKH [Oberkommando des Heeres] nahm an diesem Vortrag bei dem nunmehrigen Oberbefehlshaber des Heeres, zu welchem sich Hitler nach der Ablösung des Feldmarschalls von Brauchitsch gemacht hatte, teil. Ich stand somit ... dem Gremium des OKW [Oberkommando der Wehrmacht] allein gegenüber.

Während Hitler sich zur Begrüßung auf mich zu bewegte, empfand ich zum ersten Male mit Befremden einen starren, feindseligen Blick, einen Zug in seinen Augen, der in mir die Überzeugung entstehen ließ, dass er von anderer Seite gegen mich voreingenommen sei. Die düstere Beleuchtung des kleinen Raumes verstärkte den unbehaglichen Eindruck.«[101]

Heinz Guderian, Generaloberst der deutschen Wehrmacht,
ERINNERUNGEN EINES SOLDATEN

»Unter persönlichem Einsatz der Befehlshaber, Kommandeure und Offiziere ist die Truppe zum fanatischen Widerstand in ihre Stellungen zu zwingen ohne Rücksicht auf durchgebrochenen Feind in Flanke und Rücken. Nur durch eine derartige Kampfführung ist der Zeitgewinn zu erzielen, der notwendig ist, um

Verstärkung aus der Heimat und dem Westen heranzuführen, die ich befohlen habe.«[102]

Adolf Hitler, mündlicher Haltebefehl vom 16. Dezember 1941 an die Wehrmacht

TAGEBUCH, 22. DEZEMBER 1941
»Der Führer verkündet, dass er den Oberbefehl über die gesamte Wehrmacht übernommen hat. Was mag der Grund dafür sein? ... Müllerchen dankte mir für meine Teilnahme zum Heldentod seines Sohnes.«

Henriette Schneider, Lyck, Ostpreußen

»Als Meldungen kamen von Div.[ision-]-Gefechtsstärken 6-800 Mann, ließ sich F.[ührer] Verpflegungsstärken melden, die wesentlich höher waren, da Verluste, auch durch Erfrierungen, nicht so stark, wie angenommen, auf Grund der ersten Meldungen. F.[ührer] ganz brutal: Wer frisst, soll auch kämpfen!«[103]

Walter Scherff, Jahrgang 1898, Oberst im Generalstab, Beauftragter des Führers für die militärische Geschichtsschreibung

ARBEITSJOURNAL, 23. DEZEMBER 1941
»Die Russen haben Hitlers ›größte Armee der Welt‹ zerbrochen: Hitler setzt seine Generäle ab und übernimmt selber das Kommando. Churchill fliegt nach Washington, mit Roosevelt zu konferieren.«[104]

Bertolt Brecht, Jahrgang 1898, deutscher Schriftsteller im US-Exil

TAGEBUCH, 24. DEZEMBER 1941
»Nach dem Abendbrot kam die Feier, die Lottchen mit Beethoven einleitete. Weihnachtslieder folgten, der Baum brannte, Bilder aus vergangener glücklicher Friedenszeit zogen in der Erinnerung vorüber ... Um 21 Uhr sprach Goebbels ... Wie wird es Weihnachten 1942 sein?«

Henriette Schneider, Lyck, Ostpreußen

TAGEBUCH, 24. DEZEMBER 1941
»Am 19. Dezember 1941 hat Adolf Hitler ›im Bewusstsein einer inneren Berufung‹ die Befehlsgewalt über die gesamte Wehrmacht persönlich übernommen, nicht ohne auch dieses Mal den Herrgott anzurufen. Der Schlusssatz des Aufrufs an die Soldaten vom 19.12.41 lautet: ›Der Herrgott aber wird den Sieg seinen tapfersten Soldaten nicht verweigern!‹ Ich meine, der Herrgott wird schon wissen, was er zu machen hat.«[105]

Friedrich Kellner, Justizinspektor, Laubach, Hessen

TAGEBUCH, 26. DEZEMBER 1941
»Wenn man frühmorgens durch unser Hintertor zu den Mauern des Sezierhauses am Ufer des Flüsschens Karpowka geht, hat man einen unheimlichen Anblick. Da ist, unter freiem Himmel, die Totenkammer unseres Stadtteils. Jeden

Tag werden mit Handschlitten acht bis zehn Leichen hergeschafft. Da liegen sie im Schnee. Die Särge werden immer rarer, woraus soll man sie auch herstellen. In Bettlaken, Tischtücher, Fetzen, Flanelldecken, mitunter auch in Portieren gehüllt, liegen die Leichen da. Eines Tages sah ich eine kleine, offenbar sehr leichte Kinderleiche, in Packpapier eingewickelt und mit Bindfaden umschnürt.

Das alles liegt unheilverkündend im Schnee. Hie und da ragt ein Arm oder Bein aus dem Schnee hervor. In diesen bunten Lappen scheint noch Leben zu glimmen. Aber die Reglosigkeit ist die des Todes. Das alles erinnert an eine Schlacht und zugleich an ein Nachtasyl. Das Sezierhaus ist überfüllt. Es fehlt an Lastwagen für die Friedhöfe. Eigentlich nicht so sehr an Lastwagen als an Benzin. Und die Hauptsache – die Lebenden sind zu sehr entkräftet, um die Toten bestatten zu können.«[106]
Vera Inber, Schriftstellerin in Leningrad

»Auf die Frage, was aus Leningrad werde solle, erklärte der Chef: Leningrad müsse verfallen. Wie einer der drei mit dem Eichenlaub zum Ritterkreuz ausgezeichneten heutigen Gäste berichtet habe, sei die Einwohnerzahl Leningrads aufgrund der Hungersnot bereits auf 2 Millionen herabgesunken. Wenn man bedenke, dass es nach dem Bericht des türkischen Gesandten in Russland selbst in der Diplomatenstadt nichts Gescheites mehr zu essen gäbe, und wenn man weiter bedenke, dass die Russen noch und noch von dem Fleisch krepierter Pferde lebten, so könne man sich ausmalen, wie die Bevölkerung Leningrads weiter schrumpfen würde. Die Zerstörung der Stadt durch Bombenwurf und Artilleriebeschuss habe auch bereits das ihrige zu dem Zerstörungswerk beigetragen.«[107]
Henry Picker, Jahrgang 1912, Oberregierungsrat im Stab von Martin Bormann, Aufzeichnungen eines Tischgesprächs in der Wolfsschanze, 5. April 1942

TAGEBUCH, 27. DEZEMBER 1941
»Heut ist der junge Oncken bei mir. Er ist bei der Marine und war in Brest. Dort hat er erlebt, dass für 2 erschossene deutsche Soldaten 100 französische Soldaten erschossen wurden. Er hat es mitangesehn. Durch Krankheit eine Weile dem Kriege entzogen, muss er jetzt wieder heraus. Sein Bruder ist gefallen, sein Schwager ist gefallen und zwei Vettern. Er ist der Letzte.«[108]
Käthe Kollwitz, Jahrgang 1867, Malerin und Bildhauerin

»Am Silvesterabend 1941 errangen Hitlers Willensstärke und Standhaftigkeit ihren größten Sieg. Generalfeldmarschall von Kluge wollte mit der Heeresgruppe Mitte zurück. Er war fest entschlossen dazu, und Hitler telefonierte um Mitternacht aus seinem Hauptquartier mit ihm, um ihn zum Halten zu bewegen, da er die Einsturz der gesamten Ostfront befürchtete.«[109]
Otto Dietrich, Jahrgang 1897, Reichspressechef der NSDAP,
12 JAHRE MIT HITLER

»Die Aussichten für Deutschland sind wirklich nicht lustig. Es ist nicht zu verbergen, wie schlecht es seit einiger Zeit in Russland steht! Trotz allem müssen wir seufzen und hoffen: Möge Deutschland Russland gewachsen sein! Denn was soll werden, wenn nicht?«[110]

Astrid Lindgren, Mitarbeiterin der Abteilung für Briefzensur des schwedischen Nachrichtendienstes, Stockholm

»Es ist das erste Mal, dass in diesem Kriege von mir der Befehl zum Zurücknehmen eines größeren Frontabschnittes gegeben wird. Ich erwarte, dass dieses Zurückgehen sich in einer Form vollzieht, die des deutschen Heeres würdig ist. Das Überlegenheitsgefühl der Truppe über den Gegner und der fanatische Wille, ihm den größtmöglichen Schaden zuzufügen, muss auch die Rückwärtsbewegung beherrschen.«[111]

Adolf Hitler, schriftlicher Rückzugsbefehl an das Ostheer, 15. Januar 1942

»Napoleon sagte 1812: ›Die Kälte hat mich zugrunde gerichtet.‹ Hitlers Wille hat die Lage gemeistert, seine Standhaftigkeit das Verhängnis gebannt. Die Frage allerdings, was letzten Endes dem Schicksal des deutschen Volkes dienlicher gewesen wäre, der Rückzug oder der Vorstoß ins Uferlose, der ein Jahr später den Zusammenbruch und die Niederlage einleitete, wird damit nicht beantwortet.«[112]

Otto Dietrich, Reichspressechef der NSDAP, 12 JAHRE MIT HITLER

»Wir hatten keine Winterkleidung und wurden niemals wirklich warm. Die dauernd kalten Füße schmerzten. Jedes Auftreten quälte, aber wir mussten laufen und die Glieder bewegen. Jede Erfrierung konnte als Selbstverstümmelung ausgelegt werden. Unsere erkälteten Eingeweide hielten die Nahrung nicht. Jeder hatte Durchfall, manche bekamen die Ruhr. Einer war so geschwächt, dass er auf dem Weg zum Arzt zusammenbrach und erfror.«[113]

Willy Peter Reese, Gefreiter, 18./19. Januar bei Urynok am Tim, HINTERLASSENES MANUSKRIPT

»Der Führer sprach heute zum großen Aufstieg in den letzten 9 Jahren! Er sprach wieder so treu und zuversichtlich, bliebe er uns erhalten!«

Henriette Schneider, Lyck, Ostpreußen

»Während wir mit dem Führer im Zimmer allein blieben, sprach der Führer uns an. Im Zimmer war es sehr kalt, und in seiner persönlichen Fürsorglichkeit für uns meinte er, wir würden wohl frieren, er werde uns daher eine Heizsonne unter unseren Platz stellen lassen, womit wir wenigstens von unten her warm

Adolf Hitler bei einer Lagebesprechung mit Heer-Führern am 1. Juni 1942 in Poltawa.

würden. Er selbst könne die Wärme, wenn er über den Kartentisch gebeugt sei, nicht vertragen, dann bekomme er Kopfschmerzen. Dr. Reynitzs Bemerkung: Wenn die Soldaten draußen Kälte, Schnee und Eis vertragen, werden wir das hier wohl auch aushalten, brachte den Führer darauf, in einer besonders für uns nicht gewohnten Weise uns gegenüber von der Front zu sprechen.«[114]
Karl Thöt, Jahrgang 1900, Stenograf im Führerhauptquartier

»Meine Frau und ich hatten uns vorgenommen, am 13. Februar nach New York zu fliegen, und waren am 12. Februar in Bristol, wo wir übernachteten. Früh am nächsten Morgen – wir saßen schon im Auto, um zum Flugplatz zu fahren – wurde ich ans Telefon gerufen. Unser Freund Simon Marks sprach aus London und teilte mir die entsetzliche Nachricht mit, dass unser Sohn Michael seit der Nacht vom 11. als vermisst gemeldet worden sei. Als ich die Treppe langsam und vollkommen gebrochen herunterkam, fragte meine Frau nur: ›Ist er tot oder vermisst?‹ ... Diese Hoffnung hegten wir jahrelang und sie starb erst, als der Krieg zu Ende war.«[115]
Chaim Weizmann, Jahrgang 1874, Präsident des Jüdischen Weltkongresses, MEMOIREN

»Man sah damals ein ungewöhnliches Schauspiel: die gleiche hitlerische Armee, die in ihre harten Stahlgehäuse von Panzerwagen und Fahrzeugen gehüllt die russische Grenze überschritten hatte, verwandelte sich nach und nach in eine

Infanteriemasse, bewaffnet, ausgerüstet, ausgebildet und gegliedert nach den überlieferten Methoden früherer Heere. Die deutschen Soldaten rückten zu Fuß vor, unter der Last ihres Gepäcks, das Gewehr über der Schulter, die langstieligen Handgranaten an der Koppel und in den Stiefelschäften, genauso wie ich sie einst im Juli 1918 in Frankreich, an der Champagnefront, gegen uns vorgehen sah.«[116]

Curzio Malaparte, italienischer Journalist, DIE WOLGA ENTSPRINGT IN EUROPA

TAGEBUCH, 3. MÄRZ 1942

»Kennzeichen der Lage: 1) Immer größere Erfolge der Japaner, 2) Innerpolitische Verschiebung in London nach links, 3) Weitere Abnutzung der deutschen Kräfte in Russland, 4) Langsam weitere Verschlechterung der Wirtschafts- und Ernährungslage in Deutschland. Pfaff sagt für Frühjahr 43 volle Pleite voraus; vermutlich etwas übertrieben.«[117]

Ulrich von Hassell, Jahrgang 1881, deutscher Diplomat und Widerstandskämpfer, Ebenhausen

»Ich bin nicht im Komsomol, bewerbe mich aber jetzt darum, Mitglied der Partei zu werden. Meiner Meinung nach ist eine Frau in der Armee genauso nützlich wie ein Mann, natürlich mit Ausnahmen, aber diese Ausnahmen gibt es auch in Friedenszeiten. Manchmal kränkt es mich sehr, wenn eine Frau mit Verachtung behandelt wird: Was, eine Frau, noch dazu in der Armee? Ich weiß, dass ich zur Armee gegangen bin, um meine Pflicht zu erfüllen.«[118]

Vera Leontjewna Gurowa, Krankenschwester, 13. Garde-Schützenregiment der 62. Armee, Stenogramm vom 7. Januar 1943, STALINGRAD-PROTOKOLLE

TAGEBUCH, 20. MÄRZ 1942

»Das gesundheitliche Aussehen des Führers ist etwas täuschend. Wenn man ihn nur flüchtig anschaut, so hat man den Eindruck, dass er sich in allerbester körperlicher Verfassung befindet. Das ist aber in der Tat nicht der Fall. Er sagte mir in einer intimen Aussprache, dass er sich in letzter Zeit etwas krank gefühlt habe. Hin und wieder habe er mit stärksten Schwindelanfällen zu kämpfen gehabt. Der lange Winter habe dermaßen auf seine seelische Verfassung eingewirkt, so dass das nicht spurlos an ihm vorübergegangen sei.«[119]

Joseph Goebbels, Reichsminister für Volksaufklärung und Propaganda

TAGEBUCH, 20. MÄRZ 1942

»Der Führer zeigt sich überzeugt, den Sieg in der Tasche zu haben. Gab zu, dass er sich geirrt habe über den Widerstand, die Kampfkraft der Russen. Hätte er das geahnt, hätte er nicht den Entschluss gefasst, sie anzugreifen! Jetzt sei er aber froh darüber. ›Dieses Hauptquartier wird ein historisches Denkmal werden‹, weil von hier aus die neue Weltordnung begründet wurde! Anerkennung für Stalin –

großer Mann! Eine künftige Geschichtsschreibung wird von der Tatsache auszugehen haben, dass die jetzigen historischen Ereignisse durch das Zusammen- und Gegeneinanderspiel von welthistorischen Figuren erfüllt sind, die einer solchen Zusammenballung nur einmal in Jahrhunderten vorkommen.«[120]

Marianne Feuersenger, Jahrgang 1919, Sekretärin im Wehrmachtsführungsstab des OKW, Wiedergabe eines Gesprächs mit ihrem Chef Walter Scherff, Oberst im Generalstab, Beauftragter des Führers für die militärische Geschichtsschreibung

»Zu Hitlers Geburtstag 1942 sollte der Porsche-Tiger (noch ohne Turm) Hitler vorgeführt werden. Beim Vorversuch versagte der Prototyp. In der Nacht wurde eine andere Schaltung eingebaut, damit das Fahrzeug wenigstens bergab eine brauchbare Geschwindigkeit erreichte. In diesem Zustand erfolgte am 20. April 1942 in Rastenburg die Vorführung im Beisein des ganzen Stabes. Göring, der gerade einmal in Ungnade gefallen war, vergoss Tränen der Begeisterung; Hitler gab die Fertigung von hundert Porsche-Tigern frei. Als Panzer kamen sie nie zum Einsatz … Im Übrigen waren diese Besichtigungen stets eine große Schau. Adolf Hitler inmitten seiner Generäle und seiner engsten Mitarbeiter. Sofern Hitler nicht von Natur aus eitel war, musste er es durch die devote Haltung seiner Umgebung unweigerlich werden.«[121]

Walter Rohland, Industrieller und Beauftragter für Panzerproduktion, ERINNERUNGEN

TAGEBUCH, 28. APRIL 1942

»Die Engländer bombardieren Lübeck, Rostock, Köln und vernichten damit Kirchen, Kulturdenkmale und Menschenleben. Der Führer befiehlt nun, Gleiches mit Gleichem zu vergelten, und es hat bereits begonnen.«

Henriette Schneider, Lyck, Ostpreußen

»Amerikanischer Luftangriff auf Tokio; Lübeck von der RAF bombardiert. Gut so! … Ich schreibe dies hin und erschrecke. Wie, ist man schon so verhärtet, so entmenscht, dass man der Apokalypse Beifall klatscht? Denn apokalyptisch geht es ja wohl zu beim Bombardement einer modernen Stadt … Die Agonie unschuldiger Kinder, die Panik der Massen, das gehäufte Elend, die Zerstörung von Kathedralen und Krankenhäusern, Tempeln und Theatern, Gärten, Schulen, Arbeiterwohnungen und Bibliotheken – ist das ›gut‹? Nicht gut, aber unvermeidlich! Hitler muss fallen. Alles, was ihn schwächt und seine Niederlage näher bringt, hat meinen Beifall. Die Bombardements schwächen Hitler. Ich bin für die Bombardements.«[122]

Klaus Mann, deutscher Schriftsteller im US-Exil, EIN LEBENSBERICHT

TAGEBUCH, 1. MAI 1942

»Die englische Luftwaffe teilt schwere Schläge aus. Rostock und Lübeck sind buchstäblich dem Erdboden gleichgemacht worden. Köln ist schwer getroffen worden. Die Deutschen antworten und greifen die englischen Städte an, aber weniger heftig.

Das beruhigt die deutsche Bevölkerung nur teilweise, denn sie war daran gewöhnt, nur Schläge auszuteilen und keine einzustecken. Das führt viele dazu, nachdem sie halb Europa verwüstet haben, über die englische Brutalität zu jammern, die viele unschuldige preußische Familien ihres Heims beraubt. Und was schlimmer ist, sie sind guten Glaubens, wenn sie das sagen.«[123]

Galeazzo Ciano, Jahrgang 1903, Außenminister des Königsreichs Italien

TAGEBUCH, 30. MAI 1942

»Gott sei Dank erfreut sich der Führer einer ausgezeichneten Gesundheit. Er ist bei bester Laune und strahlt Energie und Vitalität aus. Er hat sich einen jungen Schäferhund angeschafft, mit Namen ›Blondi‹, dem sein ganzes Herz gehört. Es ist direkt rührend, als er mir erzählt, er gehe deshalb so gern mit diesem Hund spazieren, weil er bei ihm allein die Gewissheit habe, dass er nicht anfangen werde, vom Kriege oder von der Politik zu sprechen.

Man kann immer und immer wieder feststellen, dass der Führer nach und nach anfängt, einsam zu werden. Sein Spiel mit diesem jungen Schäferhund ist geradezu rührend. Das Tier hat sich so an ihn gewöhnt, dass es ohne ihn fast keinen Schritt mehr macht. Es ist sehr schön, den Führer mit seinem Hund zu beobachten. Dieser Hund ist im Augenblick das einzige Lebewesen, das ständig um ihn ist. Es schläft nachts vor seinem Bett, es wird im Sonderzug in seine Schlafkabine hineingelassen und genießt dem Führer gegenüber eine ganze Reihe von Vorrechten, die sich ein Mensch niemals herausnehmen dürfte und könnte.«[124]

Joseph Goebbels, Reichsminister für Volksaufklärung und Propaganda

»Hier sind auch viele Bundesgenossen von uns, Ungarn, Slowaken und Spanier habe ich schon gesehen. Die Italiener und Rumänen sind woanders. Die Ungarn gefallen mir sehr gut. Sie haben besonders schöne Pferde. Da bekomme ich oft Sehnsucht nach unseren Pferden.«[125]

Horst Rocholl, Regimentsarzt, Panzer-Regiment 24,
Brief an Frau und Kinder aus Russland vom 7. Juni 1942

TAGEBUCH, 28. JUNI 1942

»Unklar, ob das englische Debakel in Libyen zu Ende ist. Es finden nun Kämpfe in Ägypten, jenseits von Sidi el Barrani in Marsa Matruh, statt. Wenn Rommel innehält, dann bleibt die ganze Operation innerhalb des gewohnten Rahmens des Afrikakrieges. Doch wenn er Alexandria besetzt und nach Kairo gelangt, dann würde der Krieg gänzlich anders aussehen. Sewastopol ist noch nicht gefallen.«[126]

Mihail Sebastian, rumänisch-jüdischer Schriftsteller in Bukarest

TAGEBUCH, 2. JULI 1942

»Gestern Abend hörten wir noch die Einnahme von Sewastopol ... In Russland gab es im vergangenen Jahr 271 612 Gefallene und 65 730 Vermisste. ... Alle im Kino ›Eine Nacht in Venedig‹.«

Henriette Schneider, Lyck, Ostpreußen

TAGEBUCH, 3. JULI 1942

»Wenig bewölkt, Temperatur normal, abends leicht bedeckt, NW schwach. – M.[ali] recht aufgeregt, nach Spaziergang besser, wäscht und stopft Strümpfe. – Vormittags zu Hause Kolloquium ... Die Judenverordnung ist in der Tat so zu verstehen, dass wir Nichtjuden nicht besuchen dürfen. Scheußlich! Abends M.[ali] bei St.[efanie] O.[ppenheim]. Sehr schlechte Stimmung. Früher zu Bett. – Die russische Front auf 300 km Breite durchbrochen.«[127]

Otto Blumenthal, deutsch-jüdischer Mathematiker im Exil, Oud-Zuilen bei Utrecht

TAGEBUCH, 4. JULI 1942

»Der Kampf um Alexandria geht weiter. Ich erwartete den Fall der Stadt von Stunde zu Stunde. Doch bis auf weiteres hält sich die Front bei El Alamein. Das gestrige deutsche Kommuniqué kündigte noch an, dass sie diese Position schon besetzt und hinter sich gelassen hätten, doch das heutige Kommuniqué spricht von ›starken Verteidigungslinien‹ und ›bedeutenden Verstärkungen des Feindes‹ an ebendieser Position. Sollten sich die Engländer wieder erholen?«[128]

Mihail Sebastian, rumänisch-jüdischer Schriftsteller in Bukarest

»Hinter uns liegt eine Woche schwere Sorge über das Geschehen im Norden [Nordafrika, gesehen von Südafrika]. Ich bin sehr glücklich, dass die 1. Südafrikanische Division Rommel bei El Alamein in schweren dreitägigen Kämpfen zum Stehen gebracht hat. Es war sehr eng da, und wäre El Alamein gefallen und Rommel wäre nach Alexandria marschiert, wäre der Verlust weit ernster gewesen als der Singapurs und all des anderen, was wir im Fernen Osten schon verloren haben. Aber einmal mehr steigerten sich die Männer von Abessinien, von Amba Alagi oder Sidi Rezegh, als es darauf ankam ... In dem Moment, in dem die indische Brigade auf ihrer Linken überrannt wurde, war die Lage finster, aber sie wurde noch einmal gefestigt. Dann kamen die Neuseeländer als Verstärkung, dann die Australier; und damit kam es nicht nur zu einer Festigung, sondern zu einer großen Veränderung der Lage. Ich bin für die Zukunft guter Dinge.«[129]

Jan Smuts, Jahrgang 1870, Feldmarschall, Premierminister der Südafrikanischen Republik, Brief an Margaret Clark Gillett vom 10. Juli 1942

»Als ihm eine auf einwandfreien Unterlagen aufgebaute Zusammenstellung vorgelegt wurde, nach der Stalin noch im Jahre 1942 im Bereich nördlich Stalingrad westlich der Wolga über Neuaufstellungen von 1 bis 1 ½ Millionen, im Bereich des östlichen Kaukasus und nördlich desselben von mindestens ½ Million Mann würde verfügen können, und schließlich der Beweis erbracht wurde, dass der Ausstoß der russischen Produktion an frontfähigen Panzern monatlich mindestens 1200 Stück betrage, da ging Hitler mit Schaum in den Mundwinkeln und mit geballten Fäusten auf den Vortragenden los und verbat sich ein solches idiotisches Geschwätz.«[130]

Franz Halder, Generaloberst der deutschen Wehrmacht, KRIEGSTAGEBUCH, 9. September 1942

12. JULI 1942

»Es wird immer deutlicher, dass in Kürze Kampfhandlungen auf dem Annäherungsweg nach Stalingrad stattfinden werden.«[131]

Alexej Tschujanow, Jahrgang 1905, 1. Sekretär des Parteikomitees Gebiet Stalingrad, DIE STALINGRAD-PROTOKOLLE

»Agentennachrichten über energische Maßnahmen des Feindes zum Schutz von Stalingrad.«[132]

Franz Halder, Generaloberst der deutschen Wehrmacht, KRIEGSTAGEBUCH, 15. Juli 1942

TAGEBUCH, 19. JULI 1942

»In Woronesch, wo die Russen Widerstand leisten und Gegenangriffe fahren, wird weiterhin gekämpft. Weiter südlich haben die Deutschen Woroschilowgrad besetzt und greifen nun Rostow an. Eine neue Offensive zielt auf Stalingrad. Doch die bloße Lektüre der Zeitungen hinterlässt bei mir den Eindruck, dass die Situation, jenseits der Rhetorik, nicht sonderlich schlimm ist.«[133]

Mihail Sebastian, rumänisch-jüdischer Schriftsteller in Bukarest

»Am 3. August 1942, genau ein Jahr, nachdem mein Vater in den Krieg gezogen war, tauchten Motorräder mit deutschen Kundschaftern auf. Innerhalb von drei Tagen zogen die deutschen Truppen in Priwolnoje ein. Um sich vor den Bombenangriffen zu schützen, tarnten sie sich und fällten alle unsere Gartenbäume, die wir in jahrzehntelanger Arbeit hochgezogen hatten. Von Rostow drangen die Deutschen bis zur Hauptstadt von Kabardino-Balkarien, Naltschik, vor, ohne auf Widerstand zu stoßen. Die sowjetischen Truppen waren in Auflösung begriffen. Aber hinter Naltschik traten Sperrabteilungen in Aktion, zu deren Aufgabe die Umsetzung des Befehls Nr. 227 von Stalin gehörte: ›Keinen Schritt zurück.‹«[134]

Michail Gorbatschow, Jahrgang 1931, Sohn von Kolchosbauern, MEIN LEBEN

KRIEGSTAGEBUCH, 16. JULI 1942 (390. TAG)

»Nach verlässlichen Feindnachrichten ist damit zu rechnen, dass der Feind alle Mittel anwendet, Stalingrad zu halten.«[135]

Franz Halder, Generaloberst der deutschen Wehrmacht

Anfang Februar 1943 am Stadtrand von Stalingrad. Ein Rotarmist nimmt einen deutschen Soldaten der 6. Armee, einen der zu dieser Zeit noch 91 000 Überlebenden, gefangen.

»Wie General Schmundt und Oberst Scherff mir (am 26.7. abends) erzählten, ist der verblüffend erfolgreiche Angriffsplan … gegen den Don, dessen Beginn die Sowjets bei Rostow, nie aber bei Woronesch vermutet hatten, ausschließlich Hitlers Werk. Wie Keitel einmal schmunzelnd meinte, nach den Lehren der Kriegsakademie ein Fehler und trotzdem oder gerade deshalb: siegreich.«[136]

Henry Picker, Oberregierungsrat im Stab von Martin Bormann,
Aufzeichnung im Führerhauptquartier Werwolf, 26. Juli 1942

»Und gegen ein Heer von Landarbeitern, unterstützt durch die Panzereinheiten der Fabrikarbeiter, brandete an der Wolga die deutsche Armee. Von Woronesch aus östlich bis zur Wolga hatte der sowjetische Rückzug den Charakter einer regellosen Flucht angenommen. Die nichtrussischen Truppen (Tataren, Weißrussen, Kosaken, Kaukasier) ergaben sich in Massen, ohne einen Gewehrschuss abzufeuern, sie verlangten, in die hitlerische Armee eingegliedert zu werden, um gegen die Bolschewiki zu kämpfen. Doch an der Wolga stand ein Arbeiterheer.«[137]

Curzio Malaparte, italienischer Journalist, DIE WOLGA ENTSPRINGT IN EUROPA

KRIEGSTAGEBUCH, 30. JULI 1942 (404. TAG)
»Bei Heeresgruppe B tobt bei 6. Armee im Bogen des Don westlich von Stalingrad eine wilde Schlacht, deren Lage im einzelnen z.Z. nicht zu übersehen ist.«[138]

Franz Halder, Generaloberst der deutschen Wehrmacht

»Ich wollte zur Wolga kommen, und zwar an einer bestimmten Stelle, an einer bestimmten Stadt.«[139]

Adolf Hitler, Rede am 8. November 1942 im Münchner Löwenbräukeller

»Damals rauschte das Leben freundlich an mir vorüber, ich genoss den Sommer an den Seen mitten in den weiten Wäldern. Fast fehlt mir heute, wenn ich zurückdenke, die Erinnerung daran, was im Jahre 1942 in der Welt Furchtbares geschah. Die deutsche Wehrmacht ging Stalingrad entgegen, und die Städte der Heimat begannen den Krieg aus der Luft zu fühlen.‹«[140]

Gertraud Junge, Jahrgang 1920, seit 1942 Sekretärin Adolf Hitlers, BIS ZUR LETZTEN STUNDE

TAGEBUCH, AUGUST 1942

»Verflucht sei, wer diese Stellung befiehlt, verflucht sei Hitler, der diesen Krieg begann: verflucht seien alle Generäle, Obersten und Rüstungsindustriellen, alle, alle, die Schuld am Kriege tragen und ihn wollen, verflucht sei diese Zeit.«[141]

Willy Peter Reese, Gefreiter der deutschen Wehrmacht

»Darum hatte er auch kein persönliches Verhältnis zur Fronttruppe, wie es den wirklich großen Soldaten zu allen Zeiten ausgezeichnet hat. In den äußerst seltenen Fällen, in denen er zum Besuch einer Frontkommandostelle zu bewegen war, folgte die Fahrt zwischen Flugplatz und Kommandostelle eilig und unter Vermeidung fast jeder Berührung mit der Truppe.«[142]

Franz Halder, Generaloberst der deutschen Wehrmacht, HITLER ALS FELDHERR

»Form des Krieges: Völlig anders wie das deutsche Schema. Begann bereits anfangs mit dem Fehlen fester Fronten (die es nur 1914–18 gab) und gesicherter Flanken; erst dem Heer unangenehm, heute ist es ›flankenfest‹. Krieg aber räubermäßig. F.[ührer] sagt, man muss Karl May lesen, um sich in ihn hineinzufinden. R.[rundstedt] vor Witebsk! In Brayk Wehrbezirkskd.[komando] eingerichtet, Truppen eingezogen und Schulgefechtsschießen abgehalten, weil hinter der Front. Kein Anhalt mehr über eigene und russische Stärken. Alles unsicher. Sicherheit des F.[ührer] keineswegs absolut. Gibt zu, mitunter Hundeangst gehabt zu haben. Wenn es hart auf hart kommt, aber immer kraftvoll. Beginn des persönlichen Eingreifens bei Rostow. Hingeflogen ohne Jagdschutz in unstatischer Hochleistungsmaschine, mit der Todt abgestürzt ist.«[143]

Walter Scherff, Oberst im Generalstab, Beauftragter des Führers für die militärische Geschichtsschreibung, stenografische Mitschrift der Lagebesprechung, 5. August 1941

»Eine Bezahlung der Kriegsschuld durch den Gegner kann ich nicht erzwingen. Ich glaube nicht, dass wir von den Engländern etwas kriegen. Wenn der Engländer morgen kommen würde, er möchte jetzt Frieden schließen auf der Basis, jeder trägt seine Kosten, da würde ich wahrscheinlich sagen: Gut. Eigentlich sind wir bezahlt! Der Nutznießer dieses Krieges werden wir sein. Dick und fett werden wir aus diesem Krieg hervorgehen. Hergeben tun wir nichts mehr; wir nehmen alles, was wir brauchen können. Wenn die anderen protestieren, das ist mir gänzlich wurscht. Wir haben die rentabelste Kolonie der Welt. Erstens liegt sie dicht daran, zweitens ist es ein gesundes Volk, drittens: Wir haben dort alles bis auf den Kaffee. In fünf oder zehn Jahren sind die Kolonien der anderen entwertet! Das billigste für uns ist der Frieden!«[144]

Adolf Hitler, Tischgespräch im Führerhauptquartier Werwolf, 11. August 1942, protokolliert von SS-Standartenführer Heinrich Heim

KRIEGSTAGEBUCH, 16. AUGUST 1942

»Verluste: 22. Juni 1941 – Oktober 1942 im Osten:

Gefallen: 307 339, davon 11 130 Offiz[iere]

Verwundet; 1 098 614, davon 31 269 Offiz[iere]

Vermisst: 66 812, davon 958 Offiz[iere]

Gesamt 1 472 765, davon 43 357 Offiz[iere]

d.i. [das ist] 46,02 % bei einer durchschnittlichen Ist-Stärke des Heeres von 3,2 Millio[nen] Mann in Ostheer (ohne Kranke).«[145]

Franz Halder, Generaloberst der deutschen Wehrmacht

»Mutter sagt: ›Vater ist am 22. August gefallen. Er hat sich freiwillig an die Front gemeldet. Er wurde nach Werchnij Gniloy nordwestlich von Stalingrad abkommandiert. Er war Regimentskommandeur einer aus Rumänen und Deutschen zusammengesetzten schwierigen Truppe, als ihn ein Granatsplitter am Kopf traf. Er ist tot‹. Ina neben mir scheint zu schrumpfen, als würde sie noch kleiner und schmaler. Peter schluchzt. Mutter weint nicht. Sie sagt es ernst und sachlich. Es ist nicht das erste Mal, dass sie den Tod eines Soldaten mitteilt. Sie hält ein Papier in der Hand. Ein amtliches Papier. Wohl ein Telegramm. Darauf ist Vaters Tod besiegelt. Keiner kann ihn anzweifeln. Es gibt keinen Ausweg. Und doch scheint mir Vaters Tod unwirklich. Als sei die Nachricht, die ich gehört habe, noch nicht bei mir angekommen.«[146]

Werburg von Wedemeyer, Jahrgang 1932, Pätzig, Neumark,
EINE KINDHEIT JENSEITS DER ODER

»Am 23. August 1942 begann der Angriff auf Stalingrad. Die deutschen Truppen hatten Brückenköpfe über den Don gebildet, aus denen wir vorstießen … Durch die schweren Kämpfe am Don war die Zahl aber auf etwa 60 bis 70 abgesunken. Das Regiment erhielt den Auftrag, bis zur Wolga nördlich von Stalingrad vorzustoßen. Die Entfernung zwischen Don und Wolga betrug etwa 60 Kilometer – eine baumlose Steppe mit ein paar Dörfern. Da sich unser Angriff nicht auf die Stadt

Stalingrad selbst richtete, stießen wir auf wenig Widerstand. Meine Kompanie war in der Front am rechten Flügel des Regiments eingesetzt. Wir kamen so gut voran, dass ich mit meiner Kompanie als Erster die Wolga erreichte. Wie bei allen großen russischen Flüssen war das Westufer der Wolga stark überhöht, während das Ostufer flach verlief. Uns bot sich ein unvergesslicher Anblick. Von der Höhe blickten wir auf den riesigen, breiten, silbern schimmernden Strom, auf dem sich eine Unmenge von Schiffen aller Art bewegte: Dampfer, Schlepper mit riesigen Prähmen, Motorboote, Segler und Ruderer. Wenn man nach Süden schaute, sah man kilometerhohe schwarze Wolken, aus denen rote Flammen zuckten. Die Luftwaffe griff mit unzähligen Bombern und Stukas die an der Wolga lang hingezogene Stadt Stalingrad an, Feuer, Angst, Schrecken und Tod verbreitend.«[147]

Bernd Freytag von Loringhoven, Leutnant im Panzer-Regiment 2, MIT HITLER IM BUNKER

»Unter außerordentlich harten Kämpfen (mit Kulminationspunkten um die Flüsse Aidar und Tschir) stießen unsere Panzer durch die Tatarensteppe vor bis zum Don, der in der Nacht vom 22. zum 23. August 1942 unterhalb Kalatsch überschritten wurde, und in einer glänzend geführten Aktion, von der Luftwaffe in großem Stil unterstützt, noch am gleichen Tage weiter bis zur Wolga am Nordrande von Stalingrad. Allein, ohne Anschlüsse meilenweit entfernt, stärkster Feindaktivität ausgesetzt, blieben unsere Panzer und motorisierten Teile dort von den Sowjets eingekesselt liegen, bis nach etwa zehn Tagen durch nachrückende Infanterie die Verbindung hergestellt wurde. Hubes Vorschlag, uns von der Wolga wieder abzusetzen, lehnte Hitler ab.«[148]

Udo von Alvensleben, Jahrgang 1897, Hauptmann der Reserve der deutschen Wehrmacht, IM DIENSTE DES MARS

»Am 23. August erhielten wir die Mitteilung, dass der Gegner bis ans Traktorenwerk herangekommen war. Das war um 14 Uhr ... Ich schaute durchs Fernglas und beobachtete den Angriff der Deutschen. Den ersten Stoß bekamen die Werksarbeiter ab ... Der Gegner wurde aufgehalten, bis unsere Truppen mit Ausrüstung, Panzern und Gewehren übersetzten.«[149]

Wladimir Demtschenko, Jahrgang, Major, Kommandant der Roten Armee in Stalingrad, STALINGRAD-PROTOKOLLE

»Hier hätte man das Parteiaktiv zurücklassen sollen, damit jede Wohnung, jedes Haus das Feuer erwidert hätte, dann wären die Deutschen nicht nach Stalingrad hineingekommen. Sie sind uns ja auf den Fersen gefolgt. Wir hatten keine Unterstützung. Die Stadt setzte sich nicht zur Wehr ... Der Fall ist klar – die Stadt wurde aufgegeben, nicht verteidigt.«[150]

Iwan Wassiljew, Jahrgang 1889, Brigadekommissar, 62. Armee, STALINGRAD-PROTOKOLLE

»Meine heißgeliebte Gis!
Die Kämpfe um Stalins Stadt sind härtest. Der Feind hat sich fest eingegraben, das Gelände sehr stark vermint, was nicht einmal den Panzerwagen gleichgültig ist, wenn es auch den Besatzungen meist wenig ausmacht. Die Luft ist stundenweise für unsere und die feindlichen Flieger freigegeben, so dass keine Verkehrsunfälle entstehen. Um 5.00 Uhr waren Russenbomber da, um 5.45 deutsche, um 5.50 Russen, die uns erfolglos aus ihren Bordwaffen berotzten. Die Bomber hatten sie für uns jedoch nicht übrig. Nächst Sewastopol wird diese Stadt das Schwerste sein, was 1942 gemacht wird. Hier hat Iwan noch mal alles zusammen, was er anderswo nicht dringend braucht. Danach haben wir eine schöne Linie, gegen die er nicht so leicht anrennen kann.«[151]
Horst Rocholl, Regimentsarzt, Panzer-Regiment 24, Brief vom 23. August 1942

»In der Nacht vom 4. zum 5. September, morgens zwischen zweieinhalb und drei Uhr wurde unser Haus bei einem feindlichen Fliegerangriff von zahlreichen Brandbomben getroffen und brannte mit der Einrichtung (Hausrat, Bibliothek, Bilder usw.) vollständig aus. Von den Sachen sind nur wenige gerettet, aber wir Menschen sind alle unversehrt geblieben. In unserer Nähe an der Weißenburger-straße ging eine Sprengbombe nieder: Hätte sie unser Haus getroffen, lebte von den vierzehn Menschen, die in dieser Nacht in unserem Haus waren, niemand mehr … Von mir selbst will ich nur noch hervorheben, dass ich völlig ruhig blieb, aber merkwürdig unentschlossen war.«[152]
Theodor Spitta, Jahrgang 1873, ehemaliger Bürgermeister und Senator der Freien Han-sestadt Bremen, TAGEBUCHEINTRAGUNG

»Der erste Ausflug, um festzustellen, wie es in der Wohnung in Weißensee aussah, führte mich über den Antonplatz. Schräg gegenüber dem Ufa-Theater hatte es ein kleines Kino gegeben. Es war ausgebrannt. Aber von Trümmern und herabhän-genden Oberleitungen umgeben, war noch der Titel des letzten Films zu erken-nen, trotz fehlender und schief hängender Buchstaben: ›Es fing so harmlos an‹.«[153]
Egon Bahr, Lehrling in Berlin, ZU MEINER ZEIT

TAGEBUCH, 8. SEPTEMBER 1942
»Radu Cioculescu aus Russland zurück. Er glaubt, dass der Krieg noch zwei Jahre dauern wird, denn die Moral der Deutschen ist bestens, sie sind ausgezeichnet vorbereitet auf den nächsten Winter und verfügen über den alten Kampfgeist. Der Kampf um Stalingrad geht weiter.«[154]
Mihail Sebastian, rumänisch-jüdischer Schriftsteller in Bukarest

»Am 11. September wurde ich in den Frontstab zu Jerjomenko und Chruscht-schow beordert, sie sagten mir, ich solle die 62. Armee übernehmen, mein Auf-trag lautete: Stalingrad verteidigen. Sie sagten: ›Fahren Sie hin und finden Sie heraus, welche Truppen dort sind‹, weil ihnen selbst nicht klar war, was das für Divisionen waren, die hier kämpften.

Die Deutschen hatten zwei Stoßrichtungen: Ein Stoß wurde über Kalatsch von Westen direkt auf die 62. [Armee] geführt, er endete nördlich von Spartakowka und Rynok, der zweite Stoß erfolgte von Zimljanskaja und Kotelnikowo aus, also aus Südwesten. Dann schlossen sich diese Zangen bei Stalingrad und stemmten sich gegen die 62. Armee, weil die 64. [Armee] nach Beketowka abgerückt war. Dort kam der Deutsche nicht hin. Ich persönlich glaube, er wollte Stalingrad so schnell wie möglich als strategischen Punkt einnehmen und die Armee damit so demoralisieren, dass sie sich keinen Ausweg mehr wusste. Stalingrad war für ihn wichtig als Punkt, von dem aus er nach Norden schwenken wollte. Die Zangen schlossen sich im Raum Karpowka-Nariman, alle marschierten nach Stalingrad, wo sich nur die 62. Armee befand, alles andere blieb außerhalb der Einkreisung [des Gegners] …

Nachdem ich den Auftrag erhalten hatte, nach Stalingrad zu fahren, wurde ich von Nikita Chruschtschow gefragt: ›Wie sehen Sie das?‹ (Jerjomenko wollte es ebenfalls wissen. Er kennt mich seit langem.) Was soll ich ihm sagen? Ich sage: ›Ich verstehe den Auftrag sehr gut, werde ihn erfüllen, werde versuchen, ihn zu erfüllen, also entweder werde ich sterben oder Stalingrad verteidigen.‹ Weitere Fragen hatten sie nicht. Sie boten mir Tee an, aber ich lehnte ab, setzte mich ins Auto und fuhr nach Stalingrad.«[155]

Wassili Tschuikow, Jahrgang 1900, Generalleutnant der Roten Armee, STALINGRAD-PROTOKOLLE

»Der Scheitelpunkt des Krieges war erreicht: etwas Ungeheures überbot das in kühnsten Träumen für möglich Gehaltene. Nordkap, Pyrenäen, Sahara und Wolga bezeichneten die Grenzen eines über Nacht geschaffenen Machtbereiches. Gewiss, es gab größere Imperien, aber dieses umfasste Europa mit seinen Nationen. Es war ein tolles Stück, im Dienste des Mars bald auf der Akropolis, in Narvik, in der Normandie, bald in Stalingrad oder am Golf von Salerno zu stehen, wie es mir beschieden gewesen ist. Aber es bestand kein Anlass zur Freude. Man wusste, was den Völkern, was uns selbst bevorstand, da das Missverhältnis der Kräfte zu offenkundig war.«[156]

Udo von Alvensleben, Hauptmann der deutschen Wehrmacht, IM DIENSTE DES MARS

»Wir ergriffen sofort die repressivsten Maßnahmen den Feiglingen gegenüber. Am 14. erschoss ich den Kommandeur und den Kommissar eines Regiments, kurze Zeit darauf erschoss ich zwei Brigadekommandeure und -kommissare. Alle waren verblüfft. Wir unterrichteten sofort alle Soldaten über die Vorfälle, insbesondere die Kommandeure.

Wenn jemand zur Wolga ging, sagte man ihm: Der Armeestab ist vorne. Und er ging wieder an seinen Platz. Wäre ich über die Wolga getürmt, hätte man mich drüben erschossen, und mit Recht. Die Situation diktierte, dass man es so machen musste.«[157]

Wassili Tschuikow, Generalleutnant der Roten Armee, Stenogramm vom 5. Januar 1943, STALINGRAD-PROTOKOLLE

»Meine liebe Sophie!

... Die letzten drei Tage war ich auf unserem neuen Platz, um die Arbeiten für den Ausbau unserer Winterquartiere vorzubereiten. Dabei war ich gestern auch in Stalingrad, um die Möglichkeit der Holzbeschaffung zu erkunden. Es war wohl der erschütterndste Eindruck von Elend und Trostlosigkeit, den ich in diesem Feldzug gewonnen habe. Schon die ganze Straße vom Don nach Stalingrad ziehen Tausende von Flüchtlingen, Frauen und kleine Kinder und alte Männer, ohne eine Unterkunft, ohne etwas zu essen, denn aus dem Land gibt es nichts zu holen, da ist eine endlos öde Steppe, durch die der Weg in mehreren hundert Metern Breite, wie ein wilder Fluss mit vielen Nebenarmen, dahinzieht. Da saßen sie auf ihren pa[a]r Habseligkeiten im Regen und warteten, bis sie von einem deutschen Auto mitgenommen wurden, oder quälten sich mit einem Handkarren mühselig vorwärts. Ich habe auf dem Rückweg, so viel ich unterbringen konnte, einen alten Mann, der kaum mehr gehen konnte, eine ältere und eine junge Frau, mitgenommen ... Mir ist es noch ein Rätsel woher wir für diesen Winter Brennholz bekommen sollen. Aber auch dafür muss es noch eine Lösung geben ... Dein Fritz. Gruß und Dank an Inge«[158]

Fritz Hartnagel, Jahrgang 1917, Leutnant, Brief vom 14. September 1942 an seine Verlobte Sophie Scholl

TAGEBUCH, 26. SEPTEMBER 1942

»Weiterer erheblicher Barometersturz. Stalingrad fängt an, eine Rolle wie Verdun zu spielen.«[159]

Ulrich von Hassell, deutscher Diplomat und Widerstandskämpfer, Ebenhausen

TAGEBUCH, 26. SEPTEMBER 1942

»S.[auerbruch] meinte, er sei jetzt unzweifelhaft verrückt. Nach Bock [15.7.] hat er auch List [12.9.] und Ruoff [Juli] als Heeresgruppenbefehlshaber, ferner mehrere Kommandierende Generale, darunter den klugen Wietersheim, und schließlich auch Halder [24.9.] hinausbefördert.«[160]

Ulrich von Hassell, deutscher Diplomat und Widerstandskämpfer, Ebenhausen

»Ich bitte Sie, sofort am 29. September vormittags als erstes dem dänischen Außenminister mit dem ausdrücklichen Ersuchen, den König von Dänemark sofort hiervon in Kenntnis zu setzen, mit betonter Schärfe mündlich Folgendes zu eröffnen:

Der Führer hat dem König von Dänemark zu seinem Geburtstag einen freundlichen Glückwunsch geschickt. Der König hat dies damit quittiert, dass er lediglich eine Art kurze Empfangsbestätigung übersandt hat. Es scheint demnach, dass der dänische König in völliger Verkennung der ihm zukommenden Stellung sich nicht darüber im Klaren ist, dass ein Glückwunsch des Führers des Großdeutschen Reiches für einen König von Dänemark eine ganz besondere Ehrung darstellt. Die Form der Antwort … stellt daher einen bewussten Affront … dar, und es werden Mittel und Wege gefunden werden, um ein für allemal eine Wiederholung eines solchen Vorkommnisses unmöglich zu machen. Der Führer hat angeordnet, dass der deutsche Gesandte in Kopenhagen sofort zurückberufen wird und dass der dänische Gesandte in Berlin gleichfalls seinen Posten verlässt.«[161]

Joachim von Ribbentrop, Jahrgang 1893, Reichsaußenminister, Depesche an die Gesandtschaft in Kopenhagen, 28. September 1942

TAGEBUCH, 1. OKTOBER 1942

»›Wenn Stalingrad bis zum 1. Oktober noch steht, sind die Deutschen verloren‹, meinte Antoine Bibescu vor einem Monat zu mir in Corcova. Jetzt schreiben wir also den 1. Oktober. Stalingrad steht noch, aber die Deutschen sind nicht verloren. Alle unsere Voraussagen und Kalkulationen sind völlig willkürlich. Der Krieg ist ein Mysterium, das wahrscheinlich erst im letzten Augenblick gelöst wird, und wann dieser letzte Augenblick sein wird, weiß niemand genau.«[162]

Mihail Sebastian, rumänisch-jüdischer Schriftsteller in Bukarest

TAGEBUCH, 5. OKTOBER 1942

»Aber bei Stalingrad geht es immer noch langsam voran. In der Stadt ist kein Stein auf dem anderen geblieben, trotzdem weichen die Russen nicht.«[163]

Astrid Lindgren, Mitarbeiterin der Abteilung für Briefzensur des schwedischen Nachrichtendienstes

ERINNERUNGEN IN TAGEBUCHFORM, 18. OKTOBER 1942

»F.[ührer] ist gehobener Stimmung, da ›Roter Oktober‹·[Traktorenwerk] genommen. Glaubt an baldige Einnahme von ganz Stalingrad, habe in Wochenschauen Wirken und Leistung der s.IG. [schwere Infantiegeschütze] im Häuserkampf gesehen und ist begeistert; wird Produktion der Inf.[anterie-]Geschütze steigern lassen. Gemeldete, von der F[ern]-Aufklärung festgestellte Zusammenziehungen ostw.[ärts] der Wolga deutet F.[ührer] für Absichten, am ostwärtigen Ufer der Wolga neue Abwehrfront zu errichten.«[164]

Gerhard Engel, Heeresadjutant bei Hitler

»Betrachtet man die Armee als Ganzes, so gab es überhaupt keine operativen Gefechtspausen. Am 13. und 14. September hatten wir mit dem Feind Berührung, verkrallten uns ineinander und droschen aufeinander ein. Wir wussten ge-

nau, dass Hitler nicht einhalten und immer mehr Streitkräfte an die Front werfen würde. Aber er spürte, dass hier nicht auf Leben, sondern auf Tod gekämpft wurde.«[165]
Wassili Tschuikow, Generalleutnant der Roten Armee, STALINGRAD-PROTOKOLLE

»Glauben Sie, die Grenadiere Friedrichs des Großen wären gerne gestorben? Sie wollten auch leben, und dennoch war der König berechtigt, das Opfer ihres Lebens von ihnen zu verlangen. Ich halte mich gleichfalls für berechtigt, von jedem deutschen Soldaten das Opfer seines Lebens zu fordern.«[166]
Adolf Hitler zu Heinz Guderian am 20. Dezember 1940

»Ich hatte nichts mehr. Ein Bataillon war untergegangen, und das 34. [Regiment] war vollkommen zerrüttet. Mir sind hier mehr als viertausend Mann ums Leben gekommen. Das geschah nicht einfach so. Ein Geschütz kämpfte, schoss drei Panzer bewegungsunfähig. Dann wurde der Mann schwer verwundet, bis der vierte Panzer anrollte und ihn zermalmte, wich kein Einziger zurück. Es gab keinen Augenblick, da irgendwo zurückgewichen und Beute gemacht wurde. Dort wurde gestorben, aber die Leute wichen nicht.«[167]
Alexander Rodimzew, Jahrgang 1905, Generalmajor der Roten Armee, Kommandeur der 13. Garde-Schützendivision der 62. Armee, STALINGRAD-PROTOKOLLE

»Wenige Wochen später, am 26. Oktober 1942, fällt Max. Er ist mit zwanzig Jahren Bataillonsadjutant. Seine Truppe kämpft im Kessel von Sterlizy, in der Nähe von Leningrad. Einen Kessel nennt man ein vom Feind umzingeltes Gebiet. An diesem Tag sollte sein Bataillon den Zugang zum Kessel erweitern, einen Weg, über den die Truppe versorgt wurde. Max hatte den Auftrag, mit seiner Gruppe einen kleinen Hügel einzunehmen. In ihr kämpften viel ältere und erfahrenere Soldaten, aber er war der Offizier, und sie mussten ihm gehorchen. Die Russen wollten den Hügel nicht hergeben, und den Männern in Max‹ Trupp wurde klar, dass sie ihn nicht erobern konnten. Sie zogen sich zurück. Als Max merkte, dass ihm seine Soldaten nicht folgten, ging er allein und fiel. Es sieht so aus, als sei dies nun zu viel für Mutter zu tragen.«[168]
Werburg von Wedemeyer, Pätzig, Neumark, EINE KINDHEIT JENSEITS DER ODER

TAGEBUCH, 8. NOVEMBER 1942
»Der Führer sprach aus dem Münchener Hofbräukeller. Er rechnete wieder mit den Kriegsverbrechern ab. Amerika ist in dieser Nacht in Algier gelandet.«
Henriette Schneider, Lyck, Ostpreußen

»Auch eine andere Macht, die einst in Deutschland sehr gewärtig war, hat unterdes die Erfahrung gemacht, dass die nationalsozialistischen Prophezeiungen keine Phrasen sind. Es ist die Hauptmacht, der wir all das Unglück verdanken: das internationale Judentum. Sie werden sich noch der Reichstagssitzung erinnern, in der ich erklärte: Wenn das Judentum sich etwa einbildet, einen internationalen Weltkrieg zur Ausrottung der europäischen Rassen herbeiführen zu könne, dann wird das Ergebnis nicht die Ausrottung der europäischen Rassen, sondern die Ausrottung des Judentums in Europa sein.

Man hat mich immer als Propheten ausgelacht. Von denen, die damals lachten, lachen heute Unzählige nicht mehr, und die jetzt noch lachen, werden es vielleicht in einiger Zeit auch nicht mehr tun. Diese Erkenntnis wird sich über Europa hinaus über die ganze Welt verbreiten. Das internationale Judentum wird in seiner ganzen dämonischen Gefahr erkannt werden, dafür werden wir Nationalsozialisten sorgen. In Europa ist diese Gefahr erkannt, und Staat um Staat schließt sich unseren Gesetzgebungen an.«[169]

Adolf Hitler, Rede im Bürgerbräukeller, München, am 8. November 1942

TAGEBUCH, 9. NOVEMBER 1942

»Gestern sprach er in München. Eine seiner üblichen Reden bei einem Parteifest, von den Ereignissen überrascht und somit nicht besonders aufschlussreich, es sei denn durch die an den Tag gelegte Konzeptionslosigkeit. Nur an einer Stelle war Hitler eindeutig: Dort, wo er ankündigte, dass er die Juden ausrotten wird.«[170]

Mihail Sebastian, rumänisch-jüdischer Schriftsteller in Bukarest

»Bis kurz vor Stalingrad hielt er starrsinnig an der Behauptung fest, der Russe liege in den letzten Zügen. Nur Schwächlinge könnten sich von seinen ›letzten Zuckungen‹ beeindrucken lassen. Der greifbar nahe endgültige Sieg über Russland brauche keine neuen Kräfte, nur eisernen Willen.«[171]

Franz Halder, Generaloberst der deutschen Wehrmacht,
HITLER ALS FELDHERR

»Dass ich die Sache nun nicht immer so machte, wie die anderen es gerade wollen – ja, ich überlege mir eben, was die anderen wahrscheinlich glauben, und mache es dann grundsätzlich anders. Wenn also Herr Stalin erwartet hat, dass wir in der Mitte angreifen – ich wollte gar nicht in der Mitte angreifen. Nicht nur deswegen nicht, weil vielleicht Herr Stalin daran glaubte, sondern weil mir daran gar nicht so viel lag. Ich wollte zur Wolga kommen, und zwar an einer bestimmten Stelle, an einer bestimmten Stadt. Zufälligerweise trägt sie den Namen von Stalin selber. Aber denken Sie nur nicht, dass ich aus diesem Grunde dorthin marschiert bin – sie könnte auch ganz anders heißen –, sondern weil dort ein ganz wichtiger Punkt ist. Dort schneidet man nämlich 30 Millionen Tonnen Verkehr ab, darunter fast 9 Millionen Tonnen Ölverkehr. Dort floss der ganze Weizen aus diesen gewaltigen Gebieten der Ukraine, des Kubangebietes, zusammen, um nach Norden transportiert zu werden. Dort ist das Manganerz befördert worden;

dort war ein gigantischer Umschlagplatz. Den wollte ich nehmen und – wissen Sie – wir sind bescheiden, wir haben ihn nämlich! Es sind nur noch ein paar ganz kleine Plätzchen da. Nun sagen die anderen: ›Warum kämpfen sie dann nicht schneller?‹ – Weil ich dort kein zweites Verdun haben will, sondern es lieber mit ganz kleinen Stoßtrupps mache. Die Zeit spielt dabei gar keine Rolle.«[172]

Adolf Hitler, Rede am 8. November 1942 im Bürgerbräukeller, München

TAGEBUCH, 10. NOVEMBER 1942

»Weit mehr als diese Dinge beschäftigt mich die Landung der Amerikaner in Nordafrika. Die Art der Anteilnahme, die ich in mir der zeitgenössischen Geschichte gegenüber beobachte, ist die eines Menschen, der sich weniger in einen Weltkrieg als in einen Weltbürgerkrieg verwickelt weiß. Bin deshalb in ganz andere Konflikte als jene der kämpfenden Nationalstaaten verstrickt. Diese müssen nebenbei absolviert werden.«[173]

Ernst Jünger, Jahrgang 1895, Schriftsteller, Hauptmann der Reserve, STRAHLUNGEN

»Meiner Meinung nach gab es während der gesamten Schlacht um Stalingrad keinen Fall, dass unsere Truppen gewichen und geflüchtet wären, wenn es galt, ein Gefecht durchzuziehen. Welche Kompanie man auch nehmen wollte, das gab es nicht. Der Soldat wird sich hinsetzen, wo ihn der Morgen erreicht hat, weil man sich tagsüber nicht bewegen darf, man würde zerfetzt werden, und bis zum Abend dort bleiben. Sie kämpften bis zum Letzten. Den Rückzug kannten wir nicht. Damit hat Hitler nicht gerechnet und sich verrechnet.

Die Männer waren im Alter verschieden, die meisten zwischen 30 und 35 Jahre alt. Es gab junge Leute, besonders die Matrosen, die aus dem Fernen Osten kamen, aber es gab auch viele alte Männer. ... Aus irgendeinem Grund war jedem Kämpfer klar, dass er aus Stalingrad nicht weg konnte. Er wusste, dass das ganze Land darüber sprach, dass man Stalingrad nicht aufgeben dürfe, dass Stalingrad die Ehre der Sowjetunion verteidige.«[174]

Wassili Tschuikow, Generalleutnant der Roten Armee, Stenogramm vom 5. Januar 1943, STALINGRAD-PROTOKOLLE

TAGEBUCH, 9. NOVEMBER 1942

»Landungen der Amerikaner in Marokko.«

Henriette Schneider, Lyck, Ostpreußen

»Unter unseren Ordonnanzen sieht man tüchtig. Ab Jahrgang [19]01 gilt jetzt fast jeder als kv [kriegsverwendungsfähig], wenn er nicht wirklich ein auffallendes Leiden hat! Aus Graz erhielten wir wieder traurige Nachricht. Annelieses Mann ist am 5. Oktober, dem Begräbnistag ihres Vaters, gefallen im Kaukasus. 10 Tage sind sie zusammen gewesen Ende Juli und nun ist Annelies schon Witwe. Wenn

sie auch sicher wieder heiraten wird, so ist der Schmerz jetzt doch sehr groß. Gretels Mann ist auch im Osten. Das Geschäft führen die drei Frauen weiter.«[175]
Marianne Feuersenger, Sekretärin im Wehrmachtsführungsstab des OKW,
Brief an die Schwester vom 12. November 1942

»Wir haben großes Glück im Mittelmeerraum, größer als es zu erwarten war, das erste Anzeichen echten Glücks, das wir in diesem Krieg haben. Auf die öffentliche Moral wirkt das elektrisierend … Als einer, der sich immer für diesen Kriegsschauplatz stark gemacht hat, fühle ich mich sehr glücklich.«[176]
Jan Smuts, Feldmarschall, Premierminister der Südafrikanischen Republik,
Brief an US-Präsident Franklin D. Roosevelt vom 15. November 1942

»Hitler sagte: ›Ich gehe von der Wolga nicht weg!‹ Ich antwortete laut: ›Mein Führer, die 6. Armee in Stalingrad zu belassen ist ein Verbrechen. Es bedeutet den Untergang oder die Gefangennahme von einer Viertelmillion Menschen. Sie aus diesem Kessel zu befreien, wird schon unmöglich, aber eine solche ungeheure Armee zu verlieren bedeutet, der gesamten Ostfront das Rückgrat zu brechen.‹ Hitler wurde blass, aber er sagte nichts und drückte, indem er mir einen eisigen Blick zuwarf, auf einen Knopf an seinem Schreibtisch. Als der Adjutant, ein SS-Offizier, in der Tür erschien, sagte er: ›Rufen Sie Feldmarschall Keitel und General Jodl.‹«[177]
Kurt Zeitzler, Jahrgang 1895, General der Infanterie, seit September 1942
Generalstabschef des Heeres, am 19. November 1942

»Offen gesagt, die meisten Divisionskommandeure hatten keine Lust, hier zu sterben. Kaum erhöht sich der Druck, geht es schon los: ›Erlauben Sie, über die Wolga überzusetzen.‹ Du schreist: ›Ich sitze auch noch hier‹ und schickst ein Telegramm: ›Wenn du auch nur einen Schritt machst, erschieße ich dich.‹ Dem Kommandeur der 112. Division wurde ein Telegramm geschickt, Gorochow, Andrussenko und Gurjew auch. Rodimzew kämpfte sich mit knapper Not zu mir auf den Gefechtsstand und sagte: ›Wir werden im Kampf fallen, aber nicht weichen.‹«[178]
Wassili Tschuikow, Generalleutnant, 5. Januar 1943,
STALINGRAD-PROTOKOLLE

»Im Jahre 1953 fragte ich Winston einmal nach den beiden angstvollsten Monaten des Krieges. Er zögerte nicht mit der Antwort: ›September und Oktober neunzehnhundertzweiundvierzig.‹ Und doch, wenn ich mich auf mein Tagebuch verlassen kann, machte ich mir damals nicht über Gebühr Sorgen. Es ist wahr, sooft ich in [Downingstreet] Nr. 10 vorsprach, schien ihm eine neue Last auf der Seele zu liegen, aber er stellte sich diesen Herausforderungen mit solch unbändiger Tatkraft, dass ich das Gefühl hatte, seine Reserven seien kaum angerührt.«[179]
Charles McMoran Wilson, Jahrgang 1882, Leibarzt Winston Churchills,
AUS DEM TAGEBUCH

TAGEBUCH, 26. NOVEMBER 1942

»Abends erklärte mir Oberstleutnant Schuchardt an der großen Karte die Lage, die in diesen Tagen der russische Durchbruch bei der benachbarten Heeresgruppe geschaffen hat. Der Stoß zertrümmerte zunächst die von Rumänen besetzten Teile der Front und führte zur Einschließung der 6. Armee. Ein solcher Kessel muss durch Flugzeuge versorgt werden, bis eine Landbrücke zu ihm geschlagen werden kann. Das Leben in diesen von der Vernichtung umringten Räumen stellt die äußersten Anforderungen; es gleicht in seiner Bedrohung dem der belagerten antiken Städte, in denen Gnade nicht zu erwarten war. Das gilt auch moralisch; man sieht den Tod von weitem, über Wochen und Monate, herannahen.«[180]

Ernst Jünger, Schriftsteller, Hauptmann der Reserve in Woroschilowsk,

TAGEBUCH, 11. DEZEMBER 1942, AUF DER REISE ZUM HAUPTQUARTIER HITLERS

»Ich habe die Protokolle meiner Unterredung im Wald von Görlitz verfasst und meine allgemeinen Eindrücke verzeichnet. Hier wie gewöhnlich nur einige Einzelheiten.

Die Atmosphäre ist lastend. Vielleicht tragen zu den schlechten Nachrichten noch der Eindruck dieses feuchten Waldes bei und auch die Unannehmlichkeiten des kollektiven Lebens in den Baracken des Hauptquartiers. Man sieht nicht einen einzigen farbigen Fleck, nicht einen einzigen lebhaften Ton. Die Vorzimmer sind voll von rauchenden, essenden und plaudernden Leuten. Geruch von Küchen, Uniformen, schweren Stiefeln. Alles ist zum größten Teil überflüssig, mindestens für eine große Menge von Leuten, die gar nicht hier zu sein brauchten. Vor allem Ribbentrop, der den größten Teil seiner Beamten zu einem Troglodytenleben zwingt, das zu nichts führt und sogar das normale Funktionieren des Auswärtigen Amtes behindert.«[181]

Galeazzo Ciano, Jahrgang 1903, Außenminister des Königreichs Italien

TAGEBUCH, 15. DEZEMBER 1942

»Schlaf schlecht, Profundol (wegen militärischer Lage); 20% Traubenzucker und Gr. Pr. i. v. plus Tonophosphan forte plus Vitamultin-Ca. i. m. Blutdruck 130 mm Hg. (Nachwirkung vom Profundol). Schlechte Stimmung wegen Lage. Noch für vier weitere Tage Enterofagos herausgegeben.«[182]

Dr. Theo Morell, Jahrgang 1886, Privatarzt Adolf Hitlers

»Im Winter 1943, während der Krise um Stalingrad, beschlossen Bormann, Keitel und Lammers, den Ring um Hitler fester zu schließen. Nur noch über diese drei Männer sollten dem Staatschef Anordnungen zur Unterschrift vorgelegt und damit der unbedachten Abzeichnung von Erlassen und dem dadurch verursachten Befehlswirrwarr Einhalt geboten werden. Hitler genügte es, die letzte Entscheidung zu behalten. Unterschiedliche Auffassungen verschiedener Antragsteller sollten in Zukunft durch den Dreier-Ausschuss ›vorgeklärt‹ werden. Hitler verließ sich dabei auf eine objektive Unterrichtung und unparteiische Arbeitsweise.«[183]

Albert Speer, Reichsminister für Bewaffnung und Munition, ERINNERUNGEN

»Eine Erkenntnis aber beseelt alle. Es ist unser Krieg, nicht wie die Feindpropaganda uns erzählen möchte, Hitlers Krieg. Sie wissen nicht, dass Hitler einer von uns ist, Soldat wie wir. Nichts hat er auf der Welt außer seiner Aufgabe, für die er lebt und schafft, Tag und Nacht. Das weiß jeder von uns. Wir wissen, dass er alles für uns tut, was irgend getan werden kann. Das gibt uns in jeder, selbst der schwersten Lage ein unbegrenztes Vertrauen. Der Führer lässt keinen Kameraden im Stich, und wenn er einem nicht hilft, dann gab es Größeres als diese Hilfe, Wichtigeres, denn vor uns kommt Deutschland, dann noch vielmals Deutschland. Dann erst wir, zu allerletzt. Der Führer ist unser bester Kamerad. Das wissen wir alle, alle, die wir hier zusammen sind, ebenso wie alle anderen deutschen Soldaten.«[184]

Horst Rocholl, Regimentsarzt, Heeresgruppe Süd, Brief am Vorabend des Weihnachtsfestes 1942

»Draußen brüllt der Krieg. Die gewaltigste Niederlage aller Zeiten beginnt sich abzuzeichnen: Stalingrad. Durch unzählige Kanäle und Kanälchen rieseln die Nachrichten vom Katastrophenwinter im Osten herein, Besucher aus allen Teilen Deutschlands, Neuankömmlinge aus Etappengefängnissen, verurteilte Soldaten, beurlaubte Beamte – alle wissen von den Schrecken des russischen Winterkrieges zu berichten.«[185]

Rudi Goguel, Jahrgang 1908, Kommunist, Häftling im Zuchthaus Hameln, ES WAR EIN LANGER WEG

»Ende 1942, als die Schlacht um Stalingrad in ein bedrohliches Stadium trat, begann seine linke Hand zu zittern. Er hatte große Mühe, dies zu unterdrücken und vor Fremden zu verbergen. Die linke Hand an den Körper gepresst – oder mit der rechten festgehalten –, so versuchte er, seinen Zustand zu verbergen, was ihm sehr schwer fiel, zumal bald ähnliche Symptome auch sein linkes Bein plagten.«[186]

Heinz Linge, SS-Leibstandarte, persönlicher Diener Adolf Hitlers, BIS ZUM UNTERGANG

TAGEBUCH, NEUJAHRSNACHT 1942/43

Deutschlands Aussichten sind finster. In Russland und Afrika geht es schlecht: es könnte in einer Katastrophe enden, so wie es aussieht. In Deutschland sagen die Leute: ›Den Krieg haben wir schon verloren.‹ Und das glaube ich auch.«[187]

Astrid Lindgren, Mitarbeiterin der Abteilung für Briefzensur des schwedischen Nachrichtendienstes

»Die Temperatur fiel bei Nebel und Schnee auf weniger als minus 20 Grad. Die Nahrungsmittel wurden knapp. Anfang Januar 1943 hatten wir jeder nur noch eine Scheibe Brot pro Tag. Unter diesen Umständen zu kämpfen, war unmenschlich, aber die Moral blieb erstaunlich gut. Bis zum Ende glaubten die Soldaten an Hitlers Versprechen, sie aus dem Kessel herauszuholen. Ich wusste, dass dies eine fürchterliche Lüge war.«[188]

Bernd Freytag von Loringhoven, Major der deutschen Wehrmacht, als einer der Letzten aus dem Kessel von Stalingrad ausgeflogen, MIT HITLER IM BUNKER

TAGEBUCH, 23. JANUAR 1943

»Von den Fronten keine guten Nachrichten ... Tripolis aufgegeben.«

Henriette Schneider, Lyck, Ostpreußen

»Ich habe bereits meine Glückwünsche zur Einnahme von Tripolis und Tripolitanien und den Abschluss einer brillanten Kampagne zur Einnahme des italienischen Nordafrika an Alexander und Montgomery gesandt. Aber an Sie, deren Planen und unablässiges Antreiben den Feldzug all die Jahren getragen hat, sende ich meine herzlichen Glückwünsche zu einem Sieg, der ebenso der Ihre wie ihrer ist. Diese entscheidende Niederlage zusammen mit dem Vormarsch der russischen Armee und unserer wachsenden Luftüberlegenheit wird uns ein gutes Stück des Weges zum Sieg leiten. Ich erwarte gute Neuigkeiten von Französisch-Afrika.«[189]

Jan Smuts, Feldmarschall, Premierminister der Südafrikanischen Republik, Telegramm an Winston Churchill vom 23. Januar 1943

»Mein Bruder schreibt an die Eltern aus Stalingrad letzte Briefe. Er hat die Krankheit der 6. Armee. Gelbfieber, geschwollene Gliedmaßen, Nierenleiden. Ungenügende Ernährung. Er geht in ein Lazarett. Es ist ein Pferdestall ohne Heizung, nur teilweise überdeckt. Im russischen Winter. Ein furchtbares Elend. Tote aus Hunger und Erschöpfung. Er schreibt das nächste Mal. Er ist nicht besser dran, es ist schlimmer geworden mit ihm. Aber er hielt es nicht mehr aus in dem Sterben im Lazarett-Stall. Er hat sich wieder zu seinen Kameraden geschleppt, zu seiner Beobachtungsstelle des Artillerieregimentes. Dort unter den Kameraden fühle er sich wohler. Aber gehen könne er nicht mehr, dazu sei er zu schwach geworden und seine Gliedmaßen zu sehr angeschwollen. Das Schicksal von Zehntausenden. Er ist verschollen.«[190]

Albert Speer, Reichsminister für Bewaffnung und Munition, DIE KRANSBERG-PROTOKOLLE

»Aus Nordafrika trafen noch weitere schlechte Nachrichten ein. Der Druck Montgomerys auf Rommels Kräfte hatte weiter zugenommen. Am 23. Januar fiel Tripolis und damit fast ganz Libyen in englische Hände. Von Westen waren die Amerikaner bis an die Grenze von Tunis vormarschiert und lagen dort den deutschen Stellungen gegenüber. Es war zu erkennen, dass Nordafrika nicht mehr lange gehalten werden konnte. Erschütternd war der rapide schwindende italienische Einsatz.«[191]

Nicolaus von Below, Jahrgang 1907, Luftwaffen-Adjutant Adolf Hitlers, ALS HITLERS ADJUTANT

TAGEBUCH, 26. JANUAR 1943

»Lotte und Else schrieben. Aus ihren Zeilen spricht die Sorge um ›die Helden Stalingrads‹. Wie wird es dort enden? Sind sie alle dem Tode verfallen? ... Frau Rievers schrieb, beide Söhne in Russland.«

Henriette Schneider, Lyck, Ostpreußen

TAGEBUCH, 29. JANUAR 1943

»Die Liquidierung der 6. Deutschen Armee bei Stalingrad ist im Wesentlichen beendet.«[192]

Vera Inber, Schriftstellerin in Leningrad

TAGEBUCH, 30. JANUAR 1943

»10 Jahre sind seit der Machtergreifung vorüber. Göring sprach sehr packend zur Wehrmacht und Goebbels verkündete eine Botschaft des Führers. Es war ergreifend.«

Henriette Schneider, Lyck, Ostpreußen

TAGEBUCH, 31. JANUAR 1943

»Eine sehr traurige Nachricht: Ein Teil der in Stalingrad Eingeschlossenen ist gefangen!«

Henriette Schneider, Lyck, Ostpreußen

ERINNERUNGEN IN TAGEBUCHFORM, 1. FEBRUAR 1943

»Alles unter dem Eindruck des Endes von Stalingrad. F.([ührer] ist tief bedrückt, sucht überall Fehler und Versäumnisse. Versucht, Denkschrift von P.[aulus] an ihn zu entkräften, und kritisiert auf das heftigste das Verhalten von P.[aulus]. Wie kann man in solcher Lage den Weg in die Ewigkeit meiden? Wie kann man angesichts des Heldentums der Truppe im letzten Augenblick diese im Stich lassen! Wir diskutieren sehr erregt im Anschluss daran. Nur Schmundt ist ganz der Ansicht vom Führer – wir nicht, d. h. wir Soldaten.«[193]

Gerhard Engel, Heeresadjutant bei Hitler

»Im Deutschen Reich haben im Frieden jährlich 18 bis 20 000 Menschen den Freitod gewählt, ohne irgendwie in einer solchen Lage zu sein. Hier kann ein Mann sehen, wie 50 bis 60 000 seiner Soldaten sterben und mit Tapferkeit bis zum letzten sich verteidigen – wie kann er sich da den Bolschewisten ergeben.«[194]

Adolf Hitler, Stenogramm der Mittagslage in der Wolfsschanze vom 1. Februar 1943

»Die 6. Armee unter Generalfeldmarschall Paulus hat aufgehört zu existieren. Über 300 000 Mann tot oder in Gefangenschaft. Hitler hatte verlangt, dass sich die Truppen bis zum letzten Manne aufopfern. 100 % Generale = 24 Stück haben es aber vorgezogen, lebend in russische Gefangenschaft zu wandern. Der Heldentod ist nur für die Dummen. Die deutsche Armee hat unter dem ›genialsten Feldherr aller Zeit‹ (wie Hitler nach dem Siege über Frankreich genannt wurde) die größte Niederlage aller Zeiten erlitten.«[195]
Friedrich Kellner, Justizinspektor, Laubach, Hessen

»Die haben sich da absolut formgerecht übergeben. Denn im anderen Fall stellt man sich zusammen, bildet einen Igel und schießt mit der letzten Patrone sich selbst tot.«[196]
Adolf Hitler, Stenogramm der Mittagslage in der Wolfsschanze vom 1. Februar 1943

»In der Nacht vollzog sich das Schicksal Stalingrads, wo die 6. Armee aufgehört hat zu sein. Ich verstehe nicht, wie es dazu kam. Ich trauere mit unserem lieben Vaterland und Adolf Hitler. Bis zum 7. Februar sind alle Lustbarkeiten im Reich untersagt.«
Henriette Schneider, Lyck, Ostpreußen

»Der Hauptgrund für unsere Kapitulation ist: fehlende Nahrung, fehlende Kräfte, fehlende Munition, aber auch die Unmöglichkeit, die physische Unmöglichkeit, den Kampf weiterzuführen. Die Qualität der Soldaten war miserabel (die meisten von ihnen stammten ja aus dem Tross). Wir hungerten, die meisten waren frostgeschädigt. Sogar die Offiziere konnten sich vor Müdigkeit und Hunger kaum auf den Beinen halten. Der Mensch kommt an die Grenze seiner Möglichkeiten, und diese Grenze war am 2. Februar erreicht. Wir ergaben uns. Die Kapitulation erfolgte spontan. Um 6 Uhr morgens wurde mir gesagt, dass russische Panzer zu unserem Unterstand gekommen seien, ich begann zu weinen, ging aus dem Unterstand hinaus und legte die Waffe nieder.«[197]
Herrmann Strotmann, Jahrgang 1918, Leutnant, Adjutant des 1. Bataillons des 79. Panzergrenadierregiments, Verhörprotokoll in der Kriegsgefangenschaft

»Wir sind nunmehr gezwungen, die Aufgabe Stalingrads dem deutschen Volke mitzuteilen. Das ist ein sehr bitterer, aber notwendiger Entschluss. Wir bringen die Nachricht als Sondermeldung nachmittags gegen 4 Uhr im Runfunknachrichtendienst und machen sie mit einem entsprechenden heroischen Zeremoniell auf. Ich stimme alle Einzelheiten mit dem Führer persönlich ab, der sich meinen Vorschlägen im Ganzen anschließt.

Bei Gelegenheit der Bekanntgabe der Aufgabe von Stalingrad erlasse ich eine Kundmachung, nach der für das ganze Reichsgebiet bis einschließlich Sonnabend sämtliche Theater, Kinos und Vergnügungsstätten geschlossen werden. Ich glaube, dass diese Maßnahme den Empfindungen des Volkes entspricht. Das Volk ist jetzt sehr ernst und gehalten … und erwartet von der Führung in dieser schweren Stunde ein Wort des Trostes und der Aufrichtung, aber auch der Stärkung der Gemüter.«[198]

Joseph Goebbels, Reichsminister für Volksaufklärung und Propaganda

TAGEBUCH, 6. FEBRUAR 1943

»Stalingrad ist gefallen. Dreihunderttausend deutsche Soldaten kehren nicht mehr zurück. Ihr Befehlshaber, General Paulus, lebt. Warum überleben immer die den Krieg, die ihn arrangieren? Und fast niemals die, die ihn ausführen müssen? Aus Theresienstadt kommt die Nachricht, dass Frau Lehmann gestorben sei. Auch der Arrangeur dieses ›Feldzuges‹ erfreut sich bester Gesundheit.«[199]

Ruth Andreas-Friedrich, Jahrgang 1901, Journalistin, Berlin

»Am 3. Februar 1943 hörte ich gemeinsam mit Inge Hubbe und Lieschen Sabbarth bei Camilla Fiochi die hochdramatische Radiosendung, mit der die Kapitulation der 6. Armee in Stalingrad bekanntgegeben wurde. Diese Nachricht löste bei mir eine Erregung am, die alles überstieg, was ich bis dahin durchlebt hatte. Für mich war völlig klar: Der Krieg ist entschieden, die Alliierten werden siegen, die Weltgeschichte behält ihren Sinn. Die Menschheit und auch Deutschland werden vor dem endgültigen Verderben gerettet. Mitten in diese Nachrichtensendung hinein, in die Schilderung der Katastrophe durch den braunen Berichterstatter, sagte Camilla plötzlich: ›Mein Gott, mein Neffe Günther!‹ Dieser Verwandte von ihr, so wurde ihr plötzlich bewusst, war wahrscheinlich im Kessel von Stalingrad gefallen.«[200]

Marie Jalowicz Simon, Jahrgang 1922, in Berlin untergetauchte deutsche Jüdin,
EINE JUNGE FRAU ÜBERLEBT IN BERLIN

»Für alle urteilsfähigen Köpfe war nach der Katastrophe von Stalingrad klar, dass dies den Anfang vom Ende bedeutete. Was mich betraf, so hatte ich schon seit dem Scheitern vor Moskau im Jahr 1941 Zweifel, ob dieser Krieg noch gewonnen werden konnte, ja, ob er überhaupt noch einen Sinn hatte. In den langen Monaten, die ich dann an der Front verbracht hatte, war mir klar geworden, dass der Krieg verloren sei, wenngleich ich mit niemandem darüber sprach.«[201]

Bernd Freytag von Loringhoven, Major der deutschen Wehrmacht,
MIT HITLER IM BUNKER

»Stalingrad hatte uns erschüttert – nicht nur die Tragödie der Soldaten der 6. Armee, sondern mehr noch fast die Frage, wie sich unter Hitlers Befehl eine derartige Katastrophe ereignen konnte. Denn bis dahin konnte jedem Rückschlag ein Erfolg entgegengehalten werden, der alle Einbußen, Verluste oder Niederlagen wettmachte oder doch vergessen ließ. Zum ersten Mal hatten wir eine Niederlage ohne Äquivalent erlitten.«[202]

Albert Speer, Reichsminister für Bewaffnung und Munition, ERINNERUNGEN

»Hitler eröffnete unsere Aussprache ... mit der vorbehaltlosen Anerkennung seiner alleinigen Verantwortung für die Tragödie der 6. Armee, die wenige Tage vorher zu Ende gegangen war. Ich hatte damals den Eindruck, dass er an dieser Tragödie nicht nur schwer trug, weil sie einen eklatanten Misserfolg seiner Führung darstellte, sondern dass ihn auch rein menschlich das Schicksal dieser Soldaten, die im Vertrauen auf ihn so tapfer und pflichttreu bis zuletzt gekämpft hatten, sehr bedrückte. Später ist in mir allerdings der Zweifel vorwiegend geworden, ob Hitler überhaupt ein Herz für die Soldaten, die ihm so vorbehaltlos Vertrauen schenkten und Treue hielten, gehabt haben mag, ob er sie – vom Feldmarschall bis zum Grenadier – nicht allein als Werkzeug seiner Kriegspolitik angesehen hat.«[203]

Erich von Manstein, Generalfeldmarschall der deutschen Wehrmacht, über die Besprechung am 6. Februar 1943, VERLORENE SIEGE

»Wann darf man den Krieg als verloren ansehen? Meiner Ansicht nach erst sehr spät.«[204]

Albert Speer, Reichsminister für Bewaffnung und Munition, DIE KRANSBERG-PROTOKOLLE

»Bis zum Ende behielt er seine schwerfällige goldene Taschenuhr, die er ohne Kette in der Seitentasche seines Rockes trug. Diese Uhr ging meistens nicht. Er vergaß regelmäßig, sie aufzuziehen, so dass er häufig seine Angestellten oder seine Besucher nach der Uhrzeit fragen musste. Er tat es stets in guter Laune und mit Selbstironie: ›Mein Regulator ist wieder mal stehen geblieben.‹«[205]

Christa Schroeder, Privatsekretärin Hitlers bis 1945, HITLER PRIVAT

»Zu den Gewohnheiten Hitlers, die trotz aller unserer Bemühungen nicht abzustellen waren, gehörte vor allem während des Krieges, dass er ungewöhnlich oft nach der Uhrzeit fragte. Immer wieder hörten wir, ›Linge, wie spät ist es?‹, ›Schaub, wieviel Uhr ist es?‹, ›Doktor, welche Uhrzeit haben wir?‹ Da uns dies lästig wurde, legten wir zusammen und kauften ihm zu Weihnachten eine goldene Uhr. Zwei Tage trug er sie. Dann hieß es wieder, ›Linge, welche Uhrzeit haben wir denn jetzt?‹ Die Uhr lag in seiner Nachttisch-Schublade.«[206]

Heinz Linge, SS-Leibstandarte, persönlicher Diener Adolf Hitlers, BIS ZUM UNTERGANG

»Ich höre grundsätzlich immer erst fünf Minuten nach zwölf auf.«[207]

Adolf Hitler im November 1942

Adolf Hitler mit dem Reichsführer SS, Heinrich Himmler, und Reinhard Heydrich (links) im Hradschin, der Prager Burg. Heydrich, Leiter des »Reichssicherheitshauptamtes«, ist zugleich Stellvertretender Reichsprotektor von Böhmen und Mähren.

EIN MASSENMÖRDER
1939 bis 1945

»Nicht sechs Millionen Juden wurden ermordet. Ein Jude wurde ermordet und das ist sechs Millionen Mal geschehen.«[1]
Abel Jacob Herzberg, niederländischer Schriftsteller und Häftling in Bergen-Belsen

Neben Adolf Hitler entziehen sich bei Kriegsende vier andere führende Persönlichkeiten des Nationalsozialismus ihrer Strafe durch Selbstmord: Joseph Goebbels (1. Mai 1945, Berlin, Kopfschuss), Martin Bormann (2. Mai 1945, Berlin, Blausäurekapsel). Heinrich Himmler (23. Mai 1945, Lüneburg, Blausäurekapsel) und Hermann Göring (15. Oktober 1946, Nürnberg, Blausäurekapsel). Es werden aber auch Henker gehängt. Die Siegermächte und Gerichte in den ehemals von Hitlers Armeen besetzten Staaten schicken Tausende von Angehörigen der NSDAP, der SS, der Polizei, der Wehrmacht und der europäischen Kollaborateure Hitlers in den Tod durch den Strang und vor die Erschießungskommandos.

Nur von den wenigsten im Millionenheer der Opfer von Hitlers Herrschaft sind die letzten Stunden und Minuten ihres Lebens übermittelt. Von einigen prominenten Henkern kennen wir sie.

Das erste Nürnberger Kriegsverbrecher-Tribunal erklärt Wilhelm Keitel, Chef des Oberkommandos der Wehrmacht, in allen vier Anklagepunkten – Verschwörung zur Planung eines Angriffskrieges, Verbrechen gegen den Frieden durch Überfälle auf andere Länder, Kriegsverbrechen, Verbrechen gegen die Menschlichkeit – für schuldig und verurteilt ihn zum Tode durch den Strang. Der verurteilte Kriegsverbrecher Keitel ist Hitlers ranghöchster Militär, ab 1940 im Range eines Generalfeldmarschalls. Er ist gemeinsam mit seinem Oberbefehlshaber Hitler verantwortlich für den Tod, oft für die Ermordung, von Millionen von Kriegsgefangenen. Wilhelm Keitel bringt angesichts des Galgens noch umfangreiche Erinnerungen zu Papier.

Keitels Henkersmalzeit besteht aus Kartoffelsalat mit Wurst, Aufschnitt, Schwarzbrot und Tee. Er nimmt sie am 16. Oktober 1946 um Mitternacht ein. Die meisten der neun an diesem Tag mit Keitel gehängten Hauptkriegsverbrecher rühren ihr Essen nicht an. Als Henry Gerecke, Captain in der US-Army und Pastor der amerikanischen lutherischen Kirche der Missouri Synode, Keitels Zelle betritt, hat er sein Bett gemacht, die Wachen um Besen und Staubtuch gebeten und die Zelle ein letztes Mal gereinigt. Der Kommandant des Nürnberger Kriegsverbrecher-Gefängnisses, Colonel Burton C. Andrus, hatte dem einstigen Generalfeldmarschall kurz zuvor mitgeteilt, dass seine Hinrichtung unmittelbar bevorstehe.

Keitel begreift, dass sein Leben vorbei ist. Der US-Militärgeistliche und der Verurteilte knien auf dem Zellenboden nieder. Gerecke beginnt auf Deutsch zu beten. Keitels soldatische Haltung zerbricht. Seine Stimme versagt, er beginnt zu weinen, er zittert und ringt nach Luft. Gerecke spricht den von Keitel gewünschten Segen (4. Mose 6, 24-16), ins Deutsche übertragen von Martin Luther: »Der Herr segne dich und behüte dich; der Herr lasse sein Angesicht leuchten über dir und sei dir gnädig; der Herr hebe sein Angesicht über dich und gebe dir Frieden.« Dann wird der Pfarrer in die nächste Zelle gerufen und lässt Keitel in seiner Todesstunde einige Zeit allein.[2]

Als Gerecke zurückkommt, hat er bereits Joachim von Ribbentrop zum Galgen begleitet. In Keitels Zelle beten beide erneut. Der Verurteilte weint wieder. Dann ist es Zeit. Keitel, an einen Wärter gekettet, geht hinter Gerecke und dem Kommandanten Andrus in die Gefängnisturnhalle, die die Amerikaner als Hinrichtungsstätte hergerichtet haben. Andrus klopft an die Tür der Turnhalle, das Signal, dass der nächste Gefangene bereit ist. Ein US-Militärpolizist öffnet. In der Halle links stehen zwei schwarze Galgen, rechts ein dritter. Dieser Galgen ist die Reserve, falls einer der beiden anderen seinen Dienst versagen sollte. Hinter ihm verdeckt ein Vorhang elf Holzsärge. In einem liegt Hermann Göring, der sich in den Stunden zuvor vergiftet hat.

An Klapptischen sitzen zwölf Vertreter der Presse. Ein Militärpolizist nimmt Keitel die Handschellen ab. Die Zeugen berichten, Keitels Augen seien erst jetzt zu den Galgen gewandert. Er muss das stramm gespannte, sich drehende Seil gesehen haben und weiß vermutlich, dass an ihm von Ribbentrop hängt. Der Todeskampf von Hitlers Außenminister hat fünfzehn Minuten gedauert. Die Fallhöhe der Nürnberg Galgen ist zu gering berechnet worden. Das Genick der Verurteilten bricht beim Fallen nicht, so dass sie durch den Strick erwürgt werden.

Zwei Militärpolizisten führen Keitel, begleitet von Pastor Gerecke, vor die Richter, die ihn auffordern, seinen Namen zu nennen. »Wilhelm Keitel«, sagt Hitlers Generalfeldmarschall laut und deutlich. Dann dreht er sich um und steigt rasch zu dem zweiten Galgen hoch. Gerecke folgt und spricht ein deutsches Gebet. Keitel fällt in das Gebet ein. Man fragt ihn, ob er noch etwas äußern wolle. Keitel sagt: »Ich rufe den Allmächtigen an, er möge sich des deutschen Volkes erbarmen. Über zwei Millionen deutsche Soldaten sind vor mir für das Vaterland in den Tod gegangen. Ich folge meinen Söhnen nach. Alles für Deutschland.«[3] Er dankt dem neben ihm stehenden Pastor. Dann zieht der Henker, Master-Sergeant John C. Woods, an einem Hebel und die Falltür öffnet sich unter Keitels Füßen.

Wie jeder der Hingerichteten an diesem Tag wird Keitels zweimal fotografiert, einmal bekleidet und einmal nackt. Am Morgen des 17. Oktober fahren Lastwagen der US-Armee vor dem Krematorium des Münchner Ostfriedhofs vor. In den Särgen liegen angeblich gefallene amerikanische Soldaten, tatsächlich sind es die Hingerichteten von Nürnberg, deren Leichen verbrannt werden. Ihre Asche wird anschließend an einer geheim gehaltenen Stelle in einen Seitenarm der Isar verstreut.

Der aus Österreich stammende SS-Hauptsturmführer und Kommandant des Konzentrationslagers Plaszow Amon Göth wird lange nach seinem Tod durch den Film *Schindlers Liste* weltweit als SS-Sadist bekannt.[4] Acht Tage nach dem Urteilsspruch gegen ihn wird Göth am 13. September 1946 im Montelupich-Gefängnis in Krakau hingerichtet. Als er kurz vor 18.00 Uhr zum Galgen geführt wird, sind ihm die Hände auf den Rücken gebunden. Nachdem der »Henker von Plaszow« das Podest unter der Schlinge bestiegen hat, verliest der polnische Staatsanwalt die Entscheidung über ein Gnadengesuch des Delinquenten. Der Präsident des polnischen Nationalen Volksrates habe von seinem Recht auf Begnadigung keinen Gebrauch gemacht. Das Todesurteil sei deshalb zu vollstrecken.[5]

Bei Göths Hinrichtung kommt es zu zwei Verzögerungen. Die Henker haben ein zu langes Seil vorbereitet. Die Schlinge muss noch einmal über den Kopf gestreift und der Strick verkürzt werden. Göth bewahrt Ruhe, auch als das Seil noch ein zweites Mal verkürzt werden muss – die Henker haben offenbar seine Körpergröße unterschätzt. Erst im dritten Anlauf passt die Länge des Seils. Bevor der Henker zum Hebel greift und den Fallmechanismus auslöst, kann Göth noch zwei Worte sprechen: »Heil Hitler!«

Anders als viele Nazi-Größen begeht der erste Kommandant des KZ Auschwitz, Rudolf Höß, keinen Selbstmord. Seine Giftphiole, die er wie viele SS-Angehörige mit sich trägt, ist ihm angeblich zwei Tage vor seiner Verhaftung im Norden Schleswig-Holsteins zerbrochen. So muss Höß sich seinen Richtern stellen, wie Göth jedoch nicht vor einem alliierten Kriegsverbrecher-Tribunal auf deutschem Boden. Er wird am 25. Mai 1946 mit Göth von den Briten an Polen ausgeliefert. Die lassen sich mit seiner Verurteilung Zeit. Höß wird erst ein Jahr später zum Tod durch den Strang verurteilt. Im Untersuchungsgefängnis Krakau verfasst er in dieser Zeit auf 114 beidseitig beschriebenen Blättern seine Autobiographie *Meine Psyche, Werden, Leben und Erleben*.

Die polnischen Behörden lassen die Hinrichtung dort durchführen, wo Höß zum Massenmörder geworden war. Im ehemaligen Konzentrationslager Auschwitz steht noch heute der Galgen, an dem Rudolf Höß' Leben am 16. April 1946 endet.[6] Deutsche Kriegsgefangene haben den mit einer Falltür ausgestatteten Galgen im Morgengrauen des Hinrichtungstages errichtet. Um 8.00 Uhr trifft der zum Tode Verurteilte auf dem Gelände des bis 1944 von ihm geleiteten Lagers ein. Er wird zunächst in das Gebäude gebracht, das einst sein »Büro des Kommandanten« beherbergte. Dort bittet er um eine Tasse Kaffee. Nachdem er den Kaffee getrunken hat, wird er in eine Zelle im »Todesblock« des Lagergefängnisses im Block 11 eingeschlossen. Um 10.00 Uhr führen Wächter Höß aus dem ehemaligen Lagergefängnis heraus. Er ist ruhig. Mit energischen Schritten geht er die Lagerstraße entlang. Da seine Hände hinter seinem Rücken mit Handschellen gefesselt sind, helfen ihm die Henker auf den Hocker, der auf der Falltür platziert ist. Ein Priester, nach dem Höß verlangt hat, ist anwesend, ein Staatsanwalt verliest das Urteil des polnischen Gerichts. Der Henker legt Rudolf Höß die Schlinge um. Höß ändert ihren Sitz durch eine Bewegung seines Kopfes. Als der Henker den Hocker wegzieht, fällt Höß' Körper auf die Falltür. Diese öffnet sich. Es ist 10.08 Uhr. Höß hängt am Seil. Der Priester beginnt ein Gebet für die Sterbenden. Um 10.21 Uhr erklärt ein Arzt Höß für tot.

Nach dem 8. Mai 1945 sterben etliche Männer am Galgen, die in den zwölf Jahren von Hitlers Herrschaft zu Henkern geworden sind. Sie fanden sich in den Spitzen des Staates, der NSDAP und der Armee. Vor allem aber stellte die SS Hitler bereitwillige Henker. Sie mordeten in den Konzentrations- und Vernichtungslagern.

Es gibt unübersehbar viele Quellen und Forschungsarbeiten zum System der Konzentrationslager. Ihre ersten Autoren waren nach 1945 ehemalige Insassen. Das Buch *Der SS-Staat – Das System der deutschen Konzentrationslager* von Eugen Kogon ist für Jahrzehnte die wohl anschaulichste Darstellung. Eugen Kogon war ab 1939 als Gefangener der Gestapo sechs Jahre lang Arztschreiber des Beauftragten für die Fleckfieberversuche, Dr. Erwin Ding-Schuler, im Konzentrationslager Buchenwald. Unmittelbar nach der Befreiung am 11. April 1945 beginnt er mit der Niederschrift seines Buches *Der SS-Staat*. Es erscheint im Frühjahr 1946. Die amerikanische Psychological Warfare Division, die gleich hinter den ersten Panzereinheiten einrückte, hatte Kogon und andere Häftlinge gebeten, einen ausführlichen Bericht über die Rolle der Konzentrationslager im nationalsozialistischen Staat und ihre Organisation zu verfassen. Diese Berichte hat Kogon im *SS-Staat* verarbeitet.

Das mit wissenschaftlicher Sachlichkeit geschriebene Buch ist eine Analyse des NS-Terrorsystems und ein bis heute gültiges zeithistorisches Dokument. *Der SS-Staat* schreibt nicht die Geschichte der Konzentrationslager, es erschüttert nicht mit einer Aufzählung von Grausamkeiten. Es ist vor allem ein soziologisches Werk.

Kogon, unehelicher Sohn einer jüdischen Mutter, wird katholisch erzogen, studiert Volkswirtschaft und Soziologie und promoviert 1927 in Wien. Er arbeitet im Deutschen Reich für katholische Verlage und pflegt weiter intensive Kontakte zu katholischen Kreisen in Österreich. Zwischen 1936 und 1939 wird er mehrmals von der Gestapo wegen angeblicher Arbeit für antinazistische Kräfte außerhalb des Reichgebiets festgenommen und im September 1939 auf Dauer in Buchenwald inhaftiert.

In Kogons Buch wird deutlich, warum die Existenz der Konzentrationslager für den Machterhalt des Nationalsozialismus unverzichtbar ist: Sie dienen der Einschüchterung der passiven Gegner des Nationalsozialismus, eliminieren die aktiven Oppositionellen und liefern besonders während des Krieges ein Reservoir von Arbeitskräften. »Die deutschen Konzentrationslager waren eine Welt für sich, ein Staat für sich – eine Ordnung ohne Recht, in die der Mensch geworfen wurde, der nun mit all seinen Tugenden und Lastern – mehr Lastern als Tugenden – um die nackte Existenz und das bloße Überdauern kämpfte. Gegen die SS allein? Beileibe nicht; genauso, ja noch mehr gegen seine eigenen Mitgefangenen! Das Ganze hinter den eisernen Gitterstangen einer terroristischen Disziplin ein Dschungel der Verwilderung, in den von außen hineingeschossen, aus dem zum Erhängen herausgeholt, in dem vergiftet, vergast, erschlagen, zu Tode gequält, um Leben, Einfluss und Macht intrigiert, um materielle Besserstellung gekämpft, geschwindelt und betrogen wurde, neue Klassen und Schichten sich bildeten, Prominente, Parvenüs und Parias innerhalb der Reihen der Sklaven, wo die Bewusstseinsinhalte sich wandelten, die sittlichen Wertmaßstäbe bis zum Zerbrechen sich bogen, Orgien begangen und Messen gefeiert, Treue gehalten, Liebe erwiesen und Hass geeifert, kurzum die tragoedia humana in absonderlichster Weise exemplifiziert wurde.«[7]

Im von Kogon beschriebenen SS-Staat spielen Sondereinheiten wie die Geheime Staatspolizei und der Volksgerichtshof eine bedeutende Rolle. Der Volksgerichtshof ist ein erklärtermaßen politisches Gericht zur Ausschaltung der Gegner des NS-Regimes, mit Gesetz vom 24. April 1934 zunächst als Sondergericht geschaffen. Seine Richter werden von Adolf Hitler ernannt. Durch ein weiteres Gesetz wandelt sich der Volksgerichtshof am 18. April 1936 in ein »ordentliches Gericht«. Er ist nun außer für Anklagen wegen Hoch- und Landesverrats nach und nach auch für die Aburteilung von Wehrmittelbeschädigung, Feindbegünstigung, Spionage und »Wehrkraftzersetzung« zuständig. Der Volksgerichtshof ist erste und letzte Instanz, Rechtsmittel gibt es nicht. Gegen ein Urteil kann nur ein Gnadengesuch bei Hitler eingereicht werden, das dieser in der Regel ablehnt. In einem Tischgespräch am 20. August 1942 äußert sich Adolf Hitler gegenüber dem an diesem Tag zum neuen Reichsjustizminister ernannten Otto Georg Thierack, bis dahin Präsident des Volksgerichtshofs, und dem neuen Staatssekretär Curt Rothenberger über seine Auffassung von der Rolle des Richterstandes: »Ausrotten muss man den Gedanken, der Richter sei dazu da, ein Recht zu sprechen, selbst auf die Gefahr hin, dass darüber die Welt zugrunde geht. Das ist ein heller Wahnsinn. Umgekehrt müsste es sein: Die menschliche Gesellschaftsordnung zu sichern, ist die primäre Aufgabe!«[8]

Im Jahr 2007 erscheint von dem Historiker Nikolaus Wachsmann der Band *Gefangen unter Hitler – Justizterror und Strafvollzug im NS-Staat*. Das Buch, eine Überarbeitung der Dissertation Wachsmanns, widmet sich einem bis dahin nur wenig untersuchten Aspekt der NS-Herrschaft. Auf breiter Quellenbasis und aus unterschiedlichen Perspektiven verfolgt Wachsmann die Praxis des Strafvollzugs im Hitler-Staat. In seiner Schlussbetrachtung attackiert er den Historiker Götz Aly und dessen Buch *Hitlers Volksstaat*, das er eine Beschreibung einer »Wohlfühl-Diktatur« nennt. Auch wirft er Aly vor, mit der halben Wahrheit einer Statistik Thesen belegt zu haben. Aly hatte geschrieben, Ende 1936 seien von 60 Millionen Deutschen gerade einmal 4761 in einem Konzentrationslager inhaftiert gewesen. Wachsmann: »Eine verschwindend kleine Zahl von Gefangenen, möchte man ihm zustimmen – wären da nicht noch die 117756 Männer und Frauen gewesen, die zur gleichen Zeit in Strafanstalten der Justiz einsaßen und von ihm übersehen wurden.«[9]

Wachsmanns Buch zeigt, wie NSDAP, Reichsbehörden und der Polizei- und Justizapparat die konventionellen Strafanstalten in das System der Terrorherrschaft integrieren. Es erzählt zudem vom immer grausamer werdenden Alltag der Häftlinge, der von Abschreckung, Terror, Ausbeutung, Vergeltung und gegen Ende von Hitlers Herrschaft immer mehr Auslöschung geprägt wird. Hitler in einem Tischgespräch am 8. Februar 1942 zum Reichsführer SS, Heinrich Himmler: »Nach zehn Jahren Zuchthaus ist der Mensch sowieso für die Volksgemeinschaft verloren. Wer will ihm dann noch Arbeit geben? So einen Kerl steckt man entweder auf Lebenszeit in ein Konzentrationslager, oder man tötet ihn. In dieser Zeit ist das Letztere wichtiger: der Abschreckung wegen.«[10]

2014 publiziert Nikolaus Wachsmann auf Englisch, ein Jahr später auf Deutsch sein Buch *KL – Die Geschichte der nationalsozialistischen Konzentrationslager*. Die Konzentrationslager sind nur ein Teil des nationalsozialistischen Mordsystems, zu denen die »Heilanstalten« mit ihrer Funktion in der Euthanasie, die Kriegsgefangenenlager, die Zwangsarbeit, der Terror der Gestapo, die Strafkompanien der Wehrmacht, das Gefängnis- und Zuchthaussystem sowie die Einsatzgruppen von SS und Polizei gehören. In den Lagern aber laufen fast alle Stränge der Unterdrückungs- und Verfolgungsaktionen zusammen. »Unter Führung des Reichsführers SS Heinrich Himmler, des wichtigsten Schergen Hitlers, wurden die KL zu einem Spiegel der glühenden Obsessionen der NS-Führung: der Schaffung einer einheitlichen ›Volksgemeinschaft‹ durch die Ausschaltung politischer, sozialer und rassischer Außenseiter; der Opferung des Individuums auf dem Altar von Rassenhygiene und mörderischer Wissenschaft; dem Rückgriff auf Zwangsarbeit zum Ruhm des Vaterlandes; der Herrschaft über Europa durch die Versklavung fremder Nationen und die Kolonisierung von ›Lebensraum‹; der Rettung Deutschlands vor seinen Feinden durch Massenvernichtung; und, am Ende, der Entschlossenheit, eher in Flammen unterzugehen als zu kapitulieren.«[11]

Für seine *Geschichte der Konzentrationslager* hat Wachsmann die fast unüberschaubare Menge an Quellen und Forschungsliteratur ausgewertet, darunter Tagebücher und Briefe der Lagerinsassen, Prozessunterlagen, SS- und Polizeiakten. Die Entwicklung des Lagersystems und seine wechselnden Funktionen, seine Struktur, die Mentalität der SS-Bewacher, aber auch die Richtungsentscheidungen Hitlers, Görings und Himmlers werden über die gesamte Zeitspanne ihrer Existenz hinweg verfolgt. Das Buch ist auch eine »Ereignisgeschichte«. Wo immer möglich, greift der Historiker auf Augenzeugenberichte zurück. Mit deren mikrohistorischen Zeugnissen lockert Wachsmann seine Erzählung nicht nur auf, er schöpft und gestaltet aus solchen Episoden und Anekdoten, untermischt mit Fakten und Strukturanalysen, allgemeine Erkenntnisse.

Am 7. August 1935 werden der »Jude« Julius Rosenberg und seine Partnerin Elisabeth Makowiak von Bewohnern der Stadt Gelsenkirchen wegen »Rassenschande« angeprangert. Auf einem Schild heißt es: »Ich blonder Engel schlief mit diesem Judenbengel«.

Im kollektiven historischen Bewusstsein haben sich die überfüllten Lager der Jahre 1944 und 1945, die Bilder der Todesfabriken als Eindruck des SS-Lagersystems eingebrannt. Etwa 2,3 Millionen Menschen werden zwischen 1933 und 1945 in die Lager verschleppt, rund 1,7 Millionen sterben in ihnen. Nikolaus Wachsmann widmet sich in seiner Darstellung den »normalen« Lagern, in denen Vernichtung durch sadistische Haftbedingungen, Hunger, Vernachlässigung und medizinische Versuche sowie die Vernichtung durch Arbeit das Leben und in großer Zahl das Sterben bestimmen.

Das System Konzentrationslager und der Mord an den europäischen Juden in den Vernichtungslagern werden oftmals gleichgesetzt. Deshalb ist es dem Autor nicht nur wichtig, hier zwar Berührungspunkte deutlich werden zu lassen, er fordert aber auch auf, deutlich zwischen diesen Bereichen zu trennen. Wachsmann unterscheidet die »normalen« KZ von den reinen »Vernichtungslagern« wie Belzec oder Sobibor. Nur Auschwitz-Birkenau und Majdanek sind zugleich auch Lager für den »industriellen« Massenmord. Nach Wachsmann werden wahrscheinlich rund ein Viertel der Opfer des Holocaust im System der »normalen« Konzentrationslager ermordet, nicht nur in den Gaskammern, mit zahlenmäßig weniger zur Anwendung kommenden Mordtechniken wie Massenerschießungen, sondern auch durch die für Juden besonders unmenschlich gestalteten Haft- und Arbeitsbedingungen.

Wachsmann unterscheidet in seinem Buch zudem zwischen den frühen Lagern der SA und der SS ab 1933, den staatlichen, der SS nur unterstellten ab 1936 sowie generell zwischen Lagern der Vorkriegs- und Kriegszeit. Er beginnt seine Darstellung mit dem »improvisierten Charakter des frühen NS-Terrors«, der sich in hunderten lokalen Lagern abspielt, die oft schon bald wieder aufgegeben werden. Der Leser erfährt, dass es in den ersten Jahren der NS-Herrschaft noch Staatsanwaltschaften gibt, die – wenn sie vom gewaltsamen Tod eines Häftlings erfahren – Ermittlungen gegen SS-Männer einleiten. Die Konzentrationslager wären, wie es den Vorstellungen Hermann Görings entsprach, aufgelöst worden, hätte sich Adolf Hitler nicht im Jahr 1935 für ihre Erhaltung neben den Gefängnissen und Zuchthäusern der Justiz ausgesprochen. Bei einem Treffen mit Himmler bestätigt er am 20. Juni 1935, dass die Lager noch auf Jahre hinaus benötigt werden. Er genehmigt Himmler die Erhöhung des Mannschaftsbestands der SS-Wachtruppen.

Bis zu den Massenverhaftungen nach der Reichspogromnacht 1938 sind nur relativ wenige KZ-Insassen aus vermeintlich rassischen Gründen inhaftiert. Selbst für das große Lager Sachsenhausen nennt Wachsmann für das Jahr 1937 nur etwa fünfzig inhaftierte jüdische Männer. 1938 erhöht sich diese Zahl infolge der Pogrome vom 9. und 10. November dramatisch. SS und Gestapo verschleppen zu diesem Zeitpunkt 27 000 jüdische Jungen und Männer.

Der Krieg gegen die Sowjetunion ändert die Funktion der Lager. Wachsmann sieht das Jahr 1941 als den Anfangspunkt des Massenmordens. Es beginnt die systematische, massenhafte Tötung kranker und arbeitsunfähig gewordener Häftlinge; die Lager übernehmen auch Aufgaben im Rahmen der Euthanasie. Nach dem Angriff auf die Sowjetunion 1941 macht Himmlers SS mit Hilfe der vielen sowjetischen Kriegsgefangenen, die die Wehrmacht bereitwillig überstellt, die Lager zu einer Zwangsarbeits-Organisation, die bei der Kolonisierung des Ostens helfen soll. Die SS-Lager verschmelzen mit der Kriegswirtschaft, die hier ein Heer von Sklavenarbeitern findet. Im August 1944 sind in den Konzentrationslagern 714 211 Menschen inhaftiert. Die Zahl der Insassen hat sich in zehn Jahren verdreihundertfacht.

Die Geschichte der Gaskammern beginnt in Auschwitz. Sie dienen zunächst der Ermordung zehntausender »sowjetischer Kommissare«. Als sich der Krieg gegen die Sowjetunion festläuft und nicht mehr massenhaft sowjetische Kriegsgefangene ankommen, sind die Gaskammern bereits erprobt. Die SS nutzt sie jetzt zur Ermordung der Juden, vor allem von Kindern, Müttern, Alten und Kranken.

In der apokalyptischen Schlussphase des Nationalsozialismus kommt es bei Verlagerungen und Gewaltmärschen zu einer letzten Steigerung der Mordexzesse. Der Befreiung der Lager, aus deren fotografischer und filmischer Hinterlassenschaft die Öffentlichkeit ihr optisches Gedächtnis bezieht, ist in Wachsmanns Buch kein eigenes Kapitel mehr gewidmet. Sie ist als Teil des Epilogs der Nachgeschichte der Lager zugeordnet.

Mit der Verkündung des Grundgesetzes der Bundesrepublik am 23. Mai 1949 ist im Westen Deutschlands die Todesstrafe abgeschafft.[12] Trotzdem finden hier bis zum 7. Juni 1951 noch Hinrichtungen statt – die Abschaffung der Todesstrafe durch das Grundgesetz gilt nicht für die US-Justiz in ihrer deutschen Besatzungszone.

In der Strafanstalt Landsberg war 1918 eine Abteilung für politische Häftlinge eingerichtet worden war, in der Adolf Hitler insgesamt 264 Tage inhaftiert war. In Landsberg wurden auch in der Zeit des Nationalsozialismus Menschen hingerichtet. Nach dem Ende der nationalsozialistischen Diktatur sind es von November 1945 bis zum Juni 1951 insgesamt 285, darunter 33 Häftlinge wegen »Nachkriegsdelikten«, häufig Mord oder Raubmord. In Landsberg wird für die Hinrichtungen unterhalb der einstigen Gefängniszelle Hitlers der Galgen aufgestellt, manchmal sind es auch zwei. Die Amerikaner dokumentierten auch hier die Hinrichtungen genauestens. Sie fotografieren die Delinquenten vor der Exekution und ihre Leichen.

Anfang Juni 1951 werden in Landsberg am Lech unter der einstigen Gefängniszelle Hitlers Galgen aufgestellt. Am 7. Juni 1951 kurz nach Mitternacht wird hier an sieben Männern die Todesstrafe vollstreckt. Am Vortag um 23.00 Uhr hatte ihnen der Anstaltsleiter Oberst Walter R. Graham in ihren Zellen die unmittelbar bevorstehende Vollstreckung der Urteile verkündet. Unter den Gehängten ist der einstige ranghohe SS-Offizier Oswald Pohl, Leiter des SS-Wirtschafts- und Verwaltungshauptamtes. Im sogenannten »Pohl-Prozess« machen die Amerikaner ihn für die Verwaltung der Konzentrationslager verantwortlich und beschuldigen ihn, die Zerstörung des Warschauer Ghettos geleitet und in den Konzentrationslagern Gefangene für medizinische Versuche ausgewählt zu haben. Otto Ohlendorf (44), Befehlshaber der Einsatzgruppe D, Erich Naumann (46), Chef der Einsatzgruppe D, Werner Braune (42), Chef des Einsatzkommandos 11 B, und Paul Blobel (56), Chef des Einsatzkommandos A, werden als Führer der in der Sowjetunion operierenden Einsatzgruppen der Massentötung von Juden, Zigeunern und anderen »unerwünschten Elementen« für schuldig befunden. Die Verurteilten Georg Schallermair (56) und Hans-Theodor Schmidt (51) waren in der Hierarchie hoch stehende KZ-Bewacher in Dachau.

Die *Schwäbische Zeitung* kommentiert am 2. Februar 1951 die Bekanntgabe von 21 kurz zuvor ausgesprochenen Begnadigungen zum Tode Verurteilter durch den Hohen Kommissar der Vereinigten Staaten in der Bundesrepublik Deutschland John McCloy und – nach einer langen Reihe von Revisionsverfahren – die Ankündigung der sieben letzten Hinrichtungen in Landsberg. Anders als die Mehrheit der Bundesdeutschen will die in Ravensburg erscheinende Tageszeitung nicht, dass Gnade vor Recht ergeht: »Nicht diese Todeskandidaten sind wirklich zu beklagen, sondern ihre zahllosen unglücklichen Opfer, deren Tod Sühne verlangt. Die irdische Gerechtigkeit ist stets mit Schwächen behaftet.«[13]

Ansichten und Berichte

»Würde Deutschland jährlich eine Million Kinder bekommen und 700 000 bis 800 000 der Schwächsten beseitigen, dann würde am Ende das Ergebnis vielleicht sogar eine Kräftesteigerung sein.«[14]
Adolf Hitler, Rede auf dem Nürnberger Parteitag 1929

TAGEBUCH, 16. JUNI 1937
»Diniere im Fremdenspeisesaal mit Hugh Dalton und Albrecht Bernstorff. Dieser spricht wie üblich sehr offen. Er sagt, wir irrten uns alle bei unserer Einschätzung der Machtverteilung in Deutschland. Einerseits übertrieben wir die Macht des Generalstabes, unterschätzten jedoch Görings Intelligenz und hätten eine ziemlich sentimentale Einstellung zu Hitler. Er selbst hält Hitler für einen sehr gefährlichen, nachtragenden und bösen Menschen. Er glaubt, er werde sehr bald verrückt und müsse dann als eine Art Groß-Lama nach Berchtesgaden verbannt werden.

›Die einzige Methode‹, sagt er, ›um Hitler loszuwerden, besteht darin, ihn zum Gott zu machen.‹«[15]
Harold Nicolson, Jahrgang 1886, Abgeordneter der National Labour Party im Britischen Unterhaus

»Seine Mutter ging am Sonntag immer mit der kleinen Paula zur Messe. Ich kann mich nicht entsinnen, dass Adolf einmal seine Mutter in die Kirche begleitet hätte, auch nicht daran, dass ihm Frau Klara deshalb Vorstellungen gemacht haben würde. So fromm und gläubig sie selbst war, hatte sie sich anscheinend damit abgefunden, dass ihr Sohn eine andere Bahn einschlug.«[16]
August Kubizek, Jahrgang 1888, Linzer Jugendfreund Adolf Hitlers,
MEIN JUGENDFREUND

»Ein beliebtes Thema war immer die Kirche. Hitler hatte keine Bindung an die Kirche. Er hielt die christliche Religion für eine überlebte heuchlerische und menschenfängerische Einrichtung. Seine Religion waren die Naturgesetze.«[17]
Christa Schroeder, Jahrgang 1908, persönliche Sekretärin Hitlers von 1933 bis 1945,
ER WAR MEIN CHEF

ERINNERUNGEN IN TAGEBUCHFORM, 6. AUGUST 1938
»Sehr langes und auffallend ruhiges Gespräch mit Führer über Kirchen und Religion.

Bormann hatte sich bei F.[ührer] über den dienstlichen Kirchgang bei Heer und Marine beschwert. Offensichtlich Beschwerden von bei E.[rgänzungs)-Einheiten kurzfristig dienenden Parteigrößen. Führer hatte erstaunlicherweise ein Eingreifen abgelehnt. Sprach über seine Einstellung zu den Kirchen. Er sei nach wie vor Mitglied der kath.[olischen] Kirche und bleibe es auch. Die Kirche sei viel zu klug, ihn zu exkommunizieren.«[18]

Gerhard Engel, Jahrgang 1906, Major, Heeresadjutant bei Hitler

»Einmal besuchte er die Marienkirche in Wilhelmshaven. Als wir sie wieder verließen und Hitler die Stufen hinunterschritt, machte ich eine Aufnahme. Das goldene Kreuz des Torgitters stand in diesem Augenblick gerade über seinem Kopf. Vom fotografischen Standpunkt aus war das Foto sehr originell. Doch die Kirchengegner in der Partei waren anderer Meinung. Als das Bild in meinem Fotobuch ›Hitler, wie ihn keiner kennt‹ erschien, verlangte Heß, dass es entfernt würde! ›Es ist wahr, dass ich die Kirche besucht habe. Was ich dachte, konnten Sie nicht fotografieren. Und das Kreuz, das zufällig über meinem Kopf steht, haben Sie nicht hingestellt, Hoffmann. Lassen Sie das Bild ruhig in Ihrem Buch! Wenn das Volk denkt, ich sei ein frommer Mann, so kann das nicht schaden!«[19]

Heinrich Hoffmann, Jahrgang 1885, Reichsbildberichterstatter und Vertrauter Hitlers, HITLER, WIE ICH IHN SAH

»Ich kann mit Sicherheit sagen, dass ich bereits vor meiner Abreise nach San Francisco Kenntnis erlangt habe von der Absicht Hitlers, im Kriegsfall unheilbare Kranke − nicht nur unheilbare Geisteskranke − zu vernichten. Als Motiv wurde angegeben, es handle sich um unnötige Esser.«[20]

Fritz Wiedemann, Jahrgang 1891, persönlicher Adjutant Adolf Hitlers 1934 bis 1939, ERLEBNISSE UND ERFAHRUNGEN

ERINNERUNGEN IN TAGEBUCHFORM, 8. AUGUST 1939

»Heute erlebten wir etwas Grausames. Bouhler und Bormann führten F.[ührer] den Film ›Unwertes Leben‹ vor. Er behandelt das Leben und Gebaren unheilbar Geisteskranker in einer Anzahl von Heilanstalten … Es wurde noch lange darüber diskutiert. F.[ührer] hat eine sehr scharfe Einstellung über Pflichten und Verantwortung der Ärzte in Bezug auf Erhaltung oder Nichterhaltung solchen Lebens. Wenn er so ein Kind hätte, würde er auf jeden Fall darum bitten, dasselbe zu erlösen, nicht zuletzt auch der Mitmenschen wegen. Die Ostvölker machten das viel besser und praktischer, indem sie Neugeborene in kaltes Wasser legen oder in den Schnee stecken, um festzustellen, ob die Kreatur lebensfähig sei. Zum Schluss kam wieder die Rassenplatte dran und die Auswahl in die SS.«[21]

Gerhard Engel, Major, Heeresadjutant bei Hitler

»Reichsleiter Bouhler und Dr. med. Brandt sind unter Verantwortung beauftragt, die Befugnisse namentlich zu bestimmender Ärzte so zu erweitern, dass nach menschlichem Ermessen unheilbar Kranken bei kritischster Beurteilung ihres Krankheitszustandes der Gnadentod gewährt werden kann.«[22]

Adolf Hitler, Ermächtigung aus dem Oktober 1939, datiert auf den 1. September 1939

»Sehr ernstes und interessantes Gespräch mit Brandt. Br.[andt] war in Münster beim Bischof Gr.[af] Galen gewesen und [hat] mit diesem kirchliche und sonstige Probleme besprochen. Offensichtlich hat der Bischof nicht hinter dem Berg gehalten und ihm vieles über Stimmung, Kriegsstimmung und Einstellung der Bevölkerung gesagt. Auch die Juden- und Häftlingsfrage ist anscheinend vom Bischof schonungslos behandelt worden. Br.[andt] ist von der Persönlichkeit tief beeindruckt und sehr nachdenklich in vielem. Auf meine Frage, ob [er] das alles dem Führer vortragen wolle, antwortet er ausweichend und sagt wörtlich: ›Wenn ich dem Führer das alles sage, was Gr.[af] Galen mir gesagt hat, sperrt er den Bischof und mich ein.‹«[23]

Gerhard Engel, Major, Heeresadjutant bei Hitler

»Eines Tages überraschte uns eine Nachricht, die besagte, dass in Schwaben ein Euthanasieunternehmen im Gange war. Anscheinend wurden ›lebensunwerte‹ Volksgenossen wie Unheilbare, Erbkranke und Verrückte euthanasiert und anschließend eingeäschert. Danach erhielten die Angehörigen diese Asche mit der amtlichen Mitteilung zugestellt, der teure Verblichene sei an einer Lungenentzündung oder an einer Infektionskrankheit leider ganz plötzlich verstorben. Durch fehlerhafte Übermittlung solcher Kondolenzen und gelegentlich doppelte Zustellung von Urnen sei Unruhe unter der Bevölkerung und in der Geistlichkeit entstanden.«[24]

Reinhard Spitzy, Jahrgang 1912, SS-Mitglied, Sonderführer des Amtes Ausland/Abwehr des Oberkommandos der Wehrmacht, BEKENNTNISSE EINES ILLEGALEN

»Exzellenz, Hochverehrter Herr Minister!
Wir beehren uns, Ew. Exzellenz Nachfolgendes als dringende Angelegenheit vorzutragen:
   Aus den Reihen des Volkes, sowohl Württembergs als auch Badens, sind wir davon unterrichtet worden, dass in den letzten Wochen schon eine sehr große Anzahl von Geisteskranken und Geistesschwachen in den staatlichen wie auch in den privaten Anstalten der Euthanasie verfallen sind. Namentlich die Angehörigen der Verstorbenen, denen nur die Aschenurne überlassen worden ist, unter Mitteilung einer auffälligen Todesursache, der wenig Glauben geschenkt wird, sind tief erschüttert. Viele der Verstorbenen waren durchaus arbeitsfähig, so dass sie keine Belastung für den Staat gebildet haben.
Wir fühlen uns im Gewissen verpflichtet, Ew. Exzellenz dringend zu bitten, doch Ihren weitgehenden Einfluss geltend zu machen, damit das durch das Naturrecht und christliche Gesetz verbotene Verfahren eingestellt werde. Wir denken dabei aus patriotischen Gründen auch an die Wirkung, die das Bekanntwerden obiger Vorgänge in der ganzen kultivierten Welt hervorrufen müsste. Wir erklären uns

bereit, auf caritativem Wege für alle die Unkosten aufzukommen, die dem Staat durch die Pflege der zum Tod bestimmten Geisteskranken erwachsen. Wir weisen endlich darauf hin, dass der Krieg mit den Opfern, die er an das Volk stellt, die ungeeignetste Zeit ist, um das Volksgemüt durch Maßnahmen der Euthanasie zu belasten. Ew. Exzellenz werden verstehen, wie sehr uns diese Angelegenheit auf dem Gewissen liegt und wie herzlich und dringend darum unsere Bitte ist, es möchte unverzüglich diesen Dingen ein Ende bereitet werden.
Mit dem Ausdrucke unserer ganz besonderen Verehrung und Wertschätzung
Conrad Gröber, Erzbischof von Freiburg
Dr. Max Kottmann, Generalvikar von Rottenburg«[25],
Brief an Reichsminister Hans Heinrich Lammers,vom 1. August 1940

»Im Frühjahr dieses Jahres hörte man zum ersten Mal munkeln von Maßnahmen, die in Anstalten für Geisteskranke und Schwachsinnige ergriffen würden, um diese Kranken aus dem Leben zu schaffen und das Volk von dieser Last zu befreien. Als ich im Juli so viel Material beieinander hatte, um eine zuverlässige Unterlage zu haben, schrieb ich dem Innenminister einen ausführlichen Brief, worin ich ihm vorhielt, dass der Staat sich mit einem solchen Vorgehen völlig außerhalb der christlichen Gesittung stelle und dass sich das furchtbar rächen müsse. Zugleich setzte ich mich mit Bodelschwingh in Verbindung, der bei den Ministerien in Berlin auch vorstellig wurde. Einer seiner nächsten Mitarbeiter, Pastor Braune in Hoffnungstal, wurde aber wegen einer Denkschrift, die er verfasst hatte, von der Gestapo verhaftet und musste mehrere Wochen im Gefängnis zubringen. Ich erhielt lange keine Antwort. Endlich, als ich zweimal gemahnt hatte, traf ein Wertbrief von 1 200 RM ein, von dem Reichsärzteführer Conti unterzeichnet, der besagte, dass diese Maßnahmen einer gesetzlichen Grundlage nicht entbehrten, dass diese aber aus innen- und außenpolitischen Gründen jetzt nicht veröffentlicht werden könnten.«[26]
Theophil Wurm, Jahrgang 1868, Landesbischof der Evangelischen Landeskirche in Württemberg, ERINNERUNGEN AUS MEINEM LEBEN

»Was aber die hiesige, hauptsächlich katholische Einwohnerschaft tief empört, sind die immer zahlreicher werdenden Aufhebungen von Klöstern, deren Insassen einfach auf die Straße gesetzt werden. Dieser Empörung gab der Bischof von Münster in verschiedenen Predigten Ausdruck. Darin geißelt er auch die immer häufiger angeordneten Tötungen von Geistesschwachen mir größter Schärfe. Nicht ohne Mühe habe ich ein Exemplar dieser Predigten beschaffen können – ihr Weitergeben wird mit Zuchthaus bestraft –, die ich Ihnen hiermit zur gefälligen Kenntnis zustellen möchte. Die erste dieser Predigten hielt der Bischof von Münster, Clemens August Graf von Galen, am 13. Juli 1941 in der Lambertikirche in Münster.«[27]
Franz-Rudolf von Weiss, Jahrgang 1885, Konsul der Schweizer Eidgenossenschaft in Köln, Mitteilung an den Schweizer Gesandten in Berlin, 13. August 1941

»So müssen wir damit rechnen, dass die armen, wehrlosen Kranken über kurz oder lang umgebracht werden. Warum? Nicht, weil sie ein todeswürdiges Verbrechen begangen haben! Nicht etwa, weil sie ihren Wärter oder Pfleger angegriffen haben ... Nein, nicht aus solchen Gründen müssen jene unglücklichen Kranken sterben, sondern darum, weil sie nach dem Urteil irgendeines Amtes lebensunwert geworden sind ... Hast du, habe ich nur so lange das Recht zu leben, solange wir produktiv sind, solange wir von anderen als produktiv anerkannt werden? Wenn man die unproduktiven Mitmenschen gewaltsam beseitigen darf, dann wehe unseren braven Soldaten, die als schwer Kriegsverletzte, als Krüppel, als Invalide in die Heimat zurückkehren. Wenn einmal zugegeben wird, dass Menschen das Recht haben, unproduktive Mitmenschen zu töten ..., dann ist der Mord an uns allen, wenn wir alt und altersschwach und damit unproduktiv werden, freigegeben. Dann ist keiner von uns seines Lebens mehr sicher.«[28]

Clemens August Graf von Galen, Jahrgang 1878, Bischof von Münster, Predigt in der Lambertikirche in Münster am 3. August 1941

TAGEBUCH, 19. JANUAR 1941

»Ich dachte nie, dass ich Hitler je für irgendetwas, das er tut, bewundern würde. Aber heute, als ich im ›Sunday Express‹ las, dass er ›schmerzlos‹ einige Tausend Geisteskranke ›vergast‹ hatte, da tat ich es. Ich glaube fest an Euthanasie in unheilbaren Fällen, sei es aufgrund von Krebs oder einer Geisteskrankheit. Ich bin weit davon entfernt, grausam zu sein; ich glaube, es ist genau umgekehrt und grausam im anderen Extrem, das ›Geschenk des Schlafes‹ zurückzuhalten. Wenn ich jemals in das Stadium gelangen sollte, wo ich jemandem eine Last oder endlose Sorge sein würde, würde ich selber etwas tun. Nicht in einer spektakulären Art und Weise – ganz ruhig, mit der geringstmöglichen Aufregung und Qual – und rechnen Sie es nicht SM zu.

Ich habe oft mit Schwestern gesprochen und ihren Ansichten zugehört und war manchmal überrascht über die Übereinstimmung mit meinen – dass denjenigen, die ihr Leben zu hart finden, um es zu ertragen, der Tod gebracht werden sollte. Ich habe so oft das Argument gehört: ›Wer will darüber urteilen?‹ Oder: ›Wer soll die Verantwortung übernehmen?‹ Aber andererseits, wer darf Menschen zu fürchterlichen Schmerzen verdammen oder zu dem Horror unheilbaren Schwachsinns und regelrechten Wahnsinns und ihnen den Schluck verweigern, der sie befreien würde?

Ich fühlte mich in einer Auseinandersetzung und legte los, aber zu meiner großen Überraschung stimmte mein Mann von Herzen zu, er ging sogar weiter. Er meinte, dass jede körperlich taugliche Schwester und jeder Arzt, ja sogar gewöhnliche Leute, genug damit zu tun haben würden, die geistig Gesunden zu unterstützen und gesund zu machen, und dass alle Nahrung und alle Dienste für die Kranken und Verwundeten gebraucht würden. Als er fertig war, hatte ich das Gefühl, ich müsste die andere Seite vertreten und argumentierte von dort aus. Manchmal bin ich entsetzlich ausgeglichen und kann beide Seiten sehen – die Stärken und Schwächen beider Standpunkte.«[29]

Nella Last, Jahrgang 1889, Hausfrau, Barrow-in-Furness, Lancaster, England

»Anlässlich der Testamentseröffnung meines Vaters am 17. Februar 1942 beim Amtsgericht in Peine kam ich an dem Abend auf dem Bahnhof in Lehrte in ein Gespräch mit einer etwa 45-jährigen Frau. Sie war aus Königslutter bei Braunschweig und erzählte, dass die Heilanstalt für Geisteskranke dort einen Stadtteil ausmache. In dem größten Teil der Heilanstalt seien jedoch jetzt Verwundete. Die unheilbaren Geisteskranken seien nach Göttingen gebracht, bekämen dort die Spritze und damit erlischt das Leben. – Bis dahin hatte ich [davon] nur erst über den englischen Sender gehört und zwar, dass der Papst sich mehrmals Rundfunk aufgehalten hatte über Massentötungen von Krüppeln und Geisteskranken in Deutschland. Übrigens war auch die obige Frau keinesfalls damit einverstanden.«[30]

Karl Dürkefälden, Jahrgang 1902, Ingenieur, Celle, AUFZEICHNUNGEN

»Die Rassenlehre, so glaubten damals viele, sei nur eine Theorie und nichts als Wahlpropaganda.«[31]

Leni Riefenstahl, Jahrgang 1902, Schauspielerin und Filmregisseurin, MEMOIREN

»Es kam der Krieg und mit ihm die große Wende im Leben der KL [Konzentrationslager] … Am ersten Kriegstage hielt Eicke eine Ansprache an die Führer der Ersatzformationen, die die aktiven SS-Einheiten an den Lagern abgelöst hatten. Darin betonte er, dass nun die harten Gesetze des Krieges ihr Recht verlangten. Jeder SS-Mann habe nun ohne Rücksicht auf sein bisheriges Leben sich voll und ganz einzusetzen. Jeder Befehl müsse ihm heilig sein, und auch den schwersten und härtesten hätte er ohne Zögern auszuführen … Nur die SS könne den nationalsozialistischen Staat vor allen Gefahren im Innern schützen. Allen anderen Organisationen fehle dazu die notwendige Härte.«[32]

Rudolf Höß, Jahrgang 1900, SS-Hauptsturmführer, Kommandant des Konzentrationslagers Auschwitz, AUTOBIOGRAPHISCHE AUFZEICHNUNGEN

TAGEBUCH, 16. SEPTEMBER 1938

»Unser Einrichter hieß Max Schulz und war schon seit vielen Jahren bei Siemens. Er war frommer Katholik und wohnte in einer Kleingartenkolonie in Lübars. Ursprünglich stammte er aus der Gegend von Bromberg. ›Auf Polnisch heißt das Bydgoszcz‹ erklärte er. Er war ein sogenannter Wasserpolake, ein Oberschlesier mit einem polnischen Dialekt als Muttersprache. Max Schulz begann jeden zweiten Satz mit dem Hinweis: ›Mein Priester hat gesagt.‹ Er ging nicht nur zur Beichte, sondern auch zu regelmäßigen Aussprachen mit diesem Geistlichen.

›Mein Priester hat gesagt, alle Menschen sind Brüder und Schwestern und ich soll euch so viel Liebe erweisen wie irgend möglich. Mein Priester hat gesagt, die Nazis sind die größten Verbrecher in der Menschheitsgeschichte.‹ Im Laufe der Zeit sagte er solche Sätze immer offener.«[33]

Marie Jalowicz Simon, Jahrgang 1922, deutsche Jüdin, EINE JUNGE FRAU ÜBERLEBT IN BERLIN

»Immer wieder höre ich, Hitler kann nicht alles gewusst haben. Das ist glatter Unsinn. Ich war zwar nicht dabei, wenn Hitler und Himmler über diese Dinge sprachen – niemand war dabei; aber ich weiß aus persönlichen Beobachtungen und Bemerkungen Hitlers, dass er alles wusste. Oft war ich zugegen, wenn Hitler mit funkelnden Augen und bebender Stimme davon sprach, dass er jederzeit jeden, der sich ihm in den Weg stelle, rücksichtslos ausschalten werde.«[34]

Heinz Linge, Jahrgang 1913, SS-Leibstandarte, Kammerdiener Adolf Hitlers, BIS ZUM UNTERGANG

»In dem Gespräch stellte ich ihm unter anderem folgende Frage: ›Hier in Berlin lebt ein alter Freund von mir, der mir einmal sehr geholfen hat. Er ist Jude, war im Krieg Offizier und hat sich hohe Auszeichnungen geholt. Wie soll ich mich ihm gegenüber verhalten?‹ Hitler antwortete mir in seinem mildesten Tonfall: ›Ach, Wiedemann, ich würde mich an Ihrer Stelle menschlich anständig verhalten, vielleicht ist es gut, wenn Sie sich in ihrer jetzigen Stellung nicht zu oft mit ihm in der Öffentlichkeit sehen lassen. Aber wie gesagt, ich würde mich menschlich anständig verhalten.‹«[35]

Fritz Wiedemann, Jahrgang 1891, bis Januar 1939 persönlicher Adjutant Adolf Hitlers, EREIGNISSE UND ERFAHRUNGEN

»Zur Zeit des Polenfeldzuges bemerkte Hitler gelegentlich, dass bereits der während der Fahrten durchs Land gewonnene Augenschein dazu zwinge, auch in Polen als nunmehrigem deutschem Einflussgebiet die Judenfrage zu lösen, sobald dies möglich sei. Obwohl die Juden in Polen keinen besonders großen Einfluss auf die Politik ausgeübt hätten, wäre es notwendig, in dieser Hinsicht konsequenter durchzugreifen, als es nach den Nürnberger Gesetzen im Reich geschehen sei. Mit den in Vorbereitung befindlichen Ghettos in Lublin und Lodz allein sei es nicht getan.«[36]

Heinz Linge, SS-Leibstandarte, Kammerdiener Adolf Hitlers, BIS ZUM UNTERGANG

TAGEBUCH, 4. OKTOBER 1939
»Mit Hippler einen Ghettofilm besprochen, den ich nun in Polen drehen lasse. Das muss die schneidendste antisemitische Propaganda werden, die man sich denken kann.«[37]

Joseph Goebbels, Jahrgang 1897, Reichsminister für Volksaufklärung und Propaganda

»Heute rief mich d.[er] Führer um 4 h in die R.[eichs]-Kanzlei, um den Vorschlag de R.[opp]s zu besprechen. Zunächst schilderte er nur eine Stunde lang
den Feldzug in Polen. Die Armee heute stehe unvergleichlich über der von 1914,
eine ganz andere Bindung zwischen Führung und Truppe: die Generäle mit der
Mannschaft, Einheitsküche, die Generäle vorn an der Front. Wenn er, wie am
San die Bataillone vorbeiziehen sehe: ein solches Menschtum gebe es nicht wieder. Die Polen: eine dünne germanische Schicht, unten ein furchtbares Material.
Die Juden, das Grauenhafteste, was man sich überhaupt vorstellen konnte. Die
Städte starrend von Schmutz. Er habe viel gelernt in diesen Wochen. Vor allem:
hätte Polen noch ein paar Jahrzehnte über die alten Reichsteile geherrscht, wäre
alles verlaust und verkommen, hier könne jetzt nur eine zielsichere Herrenhand
regieren.«[38]
Alfred Rosenberg, Jahrgang 1892, Leiter des Außenpolitischen Amtes der NSDAP

»So war es: Jeder Deutsche, der eine Uniform trug und eine Waffe hatte, konnte
in Warschau mit einem Juden tun, was er wollte. Er konnte ihn zwingen, zu singen oder zu tanzen oder in die Hosen zu machen oder vor ihm auf die Knie zu
fallen und um sein Leben zu beten. Er konnte ihn plötzlich erschießen oder auf
langsamere, qualvollere Weise umbringen ... Den Deutschen, die sich diese Späße leisteten, verdarb niemand das Vergnügen, niemand hinderte sie, die Juden
zu misshandeln und zu morden, niemand zog sie zur Verantwortung. Es zeigte
sich, wozu Menschen fähig sind, wenn ihnen unbegrenzte Macht über andere
Menschen eingeräumt wird.«[39]
Marcel Reich-Ranicki, Jahrgang 1920, polnisch-deutscher Jude in Warschau, MEIN LEBEN

»Die Juden aus dem Danziger Gebiet kommen, genau wie die polnischen Juden
aus Wien, in die Gegend um Lublin, wo ein Judenstaat projektiert ist. Wieweit
deutsche Juden in dieses Deportationsprojekt verschickt werden, muss man eben
abwarten. ›Jude‹ gilt hierbei immer rassisch und politisch, niemals, wie bis vor
1933, ›religiös‹.«[40]
Walter Tausk, Jahrgang 1890, deutscher Jude, Handelsvertreter
und esoterischer Schriftsteller

»Heß gab ... dem Führer den Bericht eines deutschen Kapitäns, der nach vielen
Jahren wieder in Odessa gewesen war. Dieser erklärte, im Gegensatz zu früher
hätte er keinen einzigen Juden mehr in den Behörden getroffen. Dies gab Anlass zu
den jetzt häufigen Betrachtungen, ob sich in dieser Hinsicht in Russland wirklich
ein Wandel vorbereitet. Ich meinte, wenn wirklich diese Tendenz beginne, würde

sie mit einem furchtbaren Judenpogrom enden. Der Führer sagte: Vielleicht würde das dann verängstigte Europa ihn bitten, für die Humanität im Osten zu sorgen ... Alle lachten. F.[ührer]: ›Und Rosenberg müsste der Schriftführer eines von mir präsidierten Kongresses zur humanen Behandlung der Juden sein.‹«[41]

Alfred Rosenberg, Leiter des Außenpolitischen Amtes der NSDAP

»Zwei Tage später besuchte ich zusammen mit dem Bund-Führer und einem weiteren Mitglied des jüdischen Untergrunds das Warschauer Ghetto. Die Deutschen hatten selbstverständlich den ärmlichsten Bezirk Warschaus als Standort für das Ghetto auserkoren. Die Häuser waren allesamt alt und heruntergekommen und hatten nur zwei oder drei Stockwerke. Eine etwa zweieinhalb Meter hohe Mauer war um das verwahrloste Gebiet herum errichtet worden, aus dem man sämtliche ›Arier‹ evakuiert hatte, um mehr als vierhunderttausend Juden dort einzupferchen ...

Wenn man diese Mauer passierte, betrat man eine andere Welt, die sich von allem unterschied, was man sich je hätte vorstellen können. Es hatte den Anschein, als würde die gesamte Ghettobevölkerung auf der Straße leben. Überall herrschte dichtes Gedränge. Als wir uns unseren Weg durch Dreck und Trümmer bahnten, huschten Schattengestalten, die einmal Männer und Frauen gewesen waren, auf der Suche nach irgendwem oder irgendetwas an uns vorbei, während ihr Blick vor Hunger oder Gier wirr flammte ... Immer wieder kamen wir an Leichen vorüber, die nackt auf der Straße lagen.«[42]

Jan Karski, Jahrgang 1914, Kurier des Polnischen Untergrunds, MEIN BERICHT AN DIE WELT

»Am 16. Juli wurden alle Juden, die noch da waren, auf die Polizei bestellt. Mit einem Koffer, 2 000 Francs, Essen für vier Tage und dem Verbot, Schmuck oder Eheringe aus Gold zu tragen, wurden sie mit Lastwagen nach Frankreich gebracht. Sie wurden von den Deutschen nicht in Konzentrationslager transportiert, wie sonst in Europa.«[43]

Tomi Ungerer, Jahrgang 1931, Schüler, MEINE KINDHEIT IM ELSASS

KRIEGSTAGEBUCH, 27. FEBRUAR 1941

»Als ich zu Marian kam, ging gerade ein Mann von der Waffen-SS weg, den er aus Litzmannstadt (vom Verbeugen bei ›Jud Süß‹) kennt. Der Besuch hatte eben viel von den ›Fällen‹ erzählt, die er in Polen erledigen musste. Das heißt von dem Ermorden von Polen, Juden usw., z. B. von Juden, die beim Schwarzschlachten ertappt wurden ...

›Dieser Mann‹, sagte Marian, ›ist dabei ein Mensch, dem ich, wenn ich ein Gut hätte, sofort den Verwalterposten antragen würde; so zuverlässig, ehrlich, bieder usw. Und seine Frau gab ihm recht.«[44]

Erich Kästner, Jahrgang 1899, Schriftsteller, Berlin

»Die Post aus Europa, sowohl Prag wie Zürich, ist auch alles eher als erfreulich … (W)as Prag betrifft, so scheint die Evakuierungs-Welle nun auch dorthin überzugreifen, und dass es für mich nicht sehr schön ist, in solchem Zusammenhang an meine nun 63-jährige und gar nicht gesunde Mutter zu denken, wirst Du mir glauben. Ein Bruder von ihr ist jetzt in Wien, eben in diesem Zusammenhang, gestorben.

Was mich noch nicht einmal so erschüttert hat wie ein Abschiedsbrief, den ich von den Eltern meines in Frankreich verschollenen Freundes Thorn bekam und von dem ich noch immer nicht genau weiß, ob die ›große Reise‹, auf die sie sich vorbereiten, wirklich nur die Evakuierung ist.«[45]

Friedrich Torberg (eigentlich Friedrich Ephraim Kantor-Berg), Jahrgang 1908, tschechisch-österreichischer Schriftsteller im US-Exil, Brief aus Hollywood vom März 1941

»Im Keller traf ich die ersten ihres Transportes. Hautüberzogene Skelette und Jammergestalten, die mich und jeden Eingeborenen um Brot und Essen anbettelten. – Aus Celle war ein Transport mit zirka 50 Juden eingetroffen. Wohlgemerkt – nicht aus einem KZ, sondern aus dem preußischen Zuchthaus Celle. Viele mit schlecht vernarbten Striemen auf Arsch und Rücken, der älteste fast 70 Jahre, der jüngste 19 Jahre alt. Der Transport kommt geschlossen auf meinen Saal. Sie erhalten den Davidstern auf ihre Uniform und ein kleines Ghetto in der Abteilung eingerichtet – Tische, an denen sie abgesondert sitzen und arbeiten. Wir verhandeln mit dem Küchenbullen und mit dem Sanitäter. Der humane Flügel der Beamten unter Führung des Werkmeisters, eines streng religiösen 65-jährigen Beamten mit unerschütterlichen Grundsätzen, des Arbeitssekretärs, eines Katholiken und unbeugsamen Antifaschisten, und des Oberinspektors, eines alten Kämpfers der NSDAP – jawohl, trotzdem! – setzt durch, dass alle Juden Essenzulage erhalten. Bald werden viele von ihnen auf Außenarbeit gehen und in einigen Monaten bis zu 30 Pfund zunehmen.«[46]

Rudi Goguel, Jahrgang 1908, Zuchthaus Hameln, im Jahr 1941,
ES WAR EIN LANGER WEG

»Wir haben also keinerlei Anlass zum für uns nur lebensgefährlichen Mitleid gegenüber Juden, eingefleischten Bolschewisten und anderen eingefleischten Feinden. Den einfachen Mann der anderen Seite aber können wir für unsere Sache gewinnen.«[47]

Horst Rocholl, Jahrgang 1908, Regimentsarzt im Panzer-Regiment 24 der deutschen Wehrmacht, Brief vom 18. Juni 1941

»Auschwitz sollte nach dem Willen des RFSS [Reichsführer SS] eine gewaltige Häftlings-Rüstungs-Zentrale werden. Seine Verlautbarungen bei seinem Besuch im März 1941 waren ja in dieser Hinsicht deutlich genug. Das Lager für 100 000

Kriegsgefangene, der Ausbau des alten Lagers für 30 000 Häftlinge, die Bereitstellung für Buna von 10 000 Häftlingen sprachen deutlich genug dafür.«[48]
Rudolf Höß, SS-Hauptsturmführer, Kommandant des Konzentrationslagers Auschwitz, AUTOBIOGRAPHISCHE AUFZEICHNUNGEN

»Von Konzentrationslagern wussten wir so gut wie nichts. In der Nähe meiner Garnison Lüneburg lag der Truppenübungsplatz Bergen. Unmittelbar neben Bergen muss sich das Vernichtungslager Belsen befunden haben. Ich habe diesen Namen weder vor noch im Kriege jemals gehört, geschweige denn gewusst, dass dort ein Konzentrationslager war.

Den Ortsnamen Auschwitz las ich zum ersten Mal im September 1944 als Generalstabchef der Westfront. Er kam öfter auf der mir täglich vorzulegenden Liste der bei uns eingegangenen Eisenbahnzüge mit Munition, Benzin usw. vor. Ich fragte, wo Auschwitz liege. Die Antwort lautete, in Oberschlesien, es habe früher zu Polen gehört, Oswiecim geheißen und besitze eine wichtige Ölraffinerie. Kein Wort von Konzentrationslager. Mit Sicherheit wussten das die Auskunft erteilenden Generalstabsoffiziere ebenso wenig wie ich.«[49]
Siegfried Westphal, Jahrgang 1902, Oberst im Generalstab, ERINNERUNGEN

»Als nun die Einrichtung Auschwitz akut wurde, brauchte man bei der Inspektion nicht lange nach einem Kommandanten zu suchen … So wurde ich Kommandant des neu zu errichtenden Quarantänelagers Auschwitz. Das war weit ab, das lag dahinten in Polen. … Ich sollte in kürzester Frist aus dem bestehenden, zwar gebäudemäßig gut erhaltenen, aber vollständig verwahrlosten und von Ungeziefer wimmelnden Komplex ein Durchgangslager für 10 000 Häftlinge schaffen.«[50]
Rudolf Höß, SS-Hauptsturmführer, Kommandant des Konzentrationslagers Auschwitz, AUTOBIOGRAPHISCHE AUFZEICHNUNGEN

»Juden müssen ihre Fahrräder abgeben; Juden dürfen nicht mit der Straßenbahn fahren; Juden dürfen nicht mit einem Auto fahren, auch nicht mit einem privaten; Juden dürfen nur von 3–5 Uhr einkaufen; Juden dürfen nur zu einem jüdischen Frisör; Juden dürfen zwischen 8 Uhr abends und 6 Uhr morgens nicht auf die Straße; Juden dürfen sich nicht in Theatern, Kinos und an anderen dem Vergnügen dienenden Plätzen aufhalten; Juden dürfen nicht ins Schwimmbad, ebenso wenig auf Tennis-, Hockey- oder andere Sportplätze; Juden dürfen nicht rudern; Juden dürfen in der Öffentlichkeit keinerlei Sport treiben; Juden dürfen nach acht Uhr abends weder in ihrem eigenen Garten noch bei Bekannten sitzen; Juden dürfen nicht zu Christen ins Haus kommen; Juden müssen auf jüdische Schulen gehen und dergleichen mehr.«[51]
Anne Frank, Jahrgang 1929, untergetauchte deutsch-jüdische Schülerin in Amsterdam, Tagebuch, 20. JUNI 1942

»In die Wohnung im Erdgeschoss zogen nun die feldgrauen Besatzer ein. Es war ein Waffenmeister, der sich äußerst höflich, mit einem diskreten Zusammenschlagen der Hacken und dem ersten ›Heil Hitler!‹, das an meine Ohren drang, bei meiner Mutter vorstellte. Mit dem strahlenden Lächeln des Fanatikers verkündete er, er habe drei Söhne, von denen zwei bereits für den Führer gefallen seien, und dass er bereit sei, zum Ruhme des Dritten Reichs auch den dritten zu opfern. Die Augen von wagnerianischer Sehnsucht verschleiert, deutete er auf die Kastanienbäume, die vor dem Haus standen, und sagte: ›Frau Ungerer, der Tag wird kommen, an dem an jedem Ast dieser schönen Bäume ein Jude hängt!‹«[52]

Tomi Ungerer, Schüler, MEINE KINDHEIT IM ELSASS

»Die gelegentliche an bestimmte Ereignisse geknüpfte Bemerkung ›wenn das der Führer wüsste‹ ging bezüglich der ›Stimmungsberichte‹ von völlig falschen Vorstellungen aus. Hitler erfuhr und wusste alles.«[53]

Heinz Linge, SS-Leibstandarte, Kammerdiener Adolf Hitlers, BIS ZUM UNTERGANG

»Wenige Wochen später fuhr ich mit meiner Nichte und dem uns ständig begleitenden SS-Mann mit der U-Bahn zum Einkaufen nach Berlin. Es war die Zeit, in der das Volk täglich aufgefordert wurde, auch mit den Dingen zu sparen … Jedenfalls hielt ich es für unpassend, meine Besorgungen in der Stadt mit dem Mercedes zu erledigen. – Die Bahn war ziemlich voll, stadteinwärts wurde es immer enger. Unterwegs stieg eine ältere Dame ein, eine Jüdin mit einem gelben Stern auf ihrem Mantel. Meine 19-jährige Nichte erhob sich sofort und bot der Dame ihren Platz an. Dass einige der Mitfahrenden darüber böse Bemerkungen machten, war das Wenigste. Ich war kaum zu Hause, als das Telefon durch das ganze Haus schrillte. Adolf Hitler selbst war am Apparat und diktierte mit harter Stimme eine Bitte, die nur als strikter Befehl zu verstehen war: ›Ich wünsche nicht, dass Sie auch nur ein einziges Mal noch mit der U-Bahn fahren. Sie fahren im Wagen oder gar nicht.‹«[54]

Emmy Sonnemann, verheiratete Göring, Jahrgang 1893, Schauspielerin, BEGEBNISSE UND BEKENNTNISSE

ERINNERUNGEN IN TAGEBUCHFORM, 2. FEBRUAR 1941

»Wieder einmal wird eingehend, von Ley angeschnitten, die Judenfrage zu erörtern [sic]. F.[ührer] trägt in längeren Ausführungen vor, wie er sich alles denkt. Erstens würde der Krieg die Lösung dieser Frage beschleunigen, andererseits träten aber auch viel zusätzliche Schwierigkeiten auf. Habe ursprünglich nur in seiner Macht gelegen, die jüdische Macht höchstens in Deutschland zu brechen, müsse jetzt das Ziel sein, den jüdischen Einfluss im gesamten Machtbereich der Achse auszuschalten. In einigen Ländern, wie in Polen, in der Slowakei, könne er das mit seinen Organen allein machen. In Frankreich sei das nach dem Waffenstillstand schon bedeutend schwieriger, und gerade dort sei es besonders wichtig. Wenn er nur wüsste, wo man die paar Millionen Juden hintun könnte; so viel seien es ja gar nicht. Er werde an Frankreich herantreten und die Franzosen auffordern, auf der Insel Madagaskar Raum für eine Umsiedlung zur Verfügung zu stellen. Auf Frage von Bormann, wie die denn im Krieg dahin kommen sollten, antwortete der F.[ührer], das müsste man überlegen. Am liebsten stelle er seine ganze KdF-Flotte zur Verfügung, aber das sei eben im Krieg schwierig, denn er wolle nicht, dass deutsche Besatzungen durch den Torpedo eines feindlichen U-Bootes untergingen. Er dächte über manches jetzt anders, nicht gerade freundlicher.«[55]

Gerhard Engel, Major, Heeresadjutant bei Hitler

»Der P.M. [Premierminister Winston Churchill] bemerkte: ›Hitler sagt, die 16 Millionen Juden sollten nach Australien gehen und dort leben. Was sagen Sie dazu?‹«[56]

Hugh Dalton, Jahrgang 1887, Minister für Kriegswirtschaft, Diner des australischen Premierministers Robert Gordan Menzies mit Winston Churchill in Chequers, dem Landsitz des britischen Premierministers, TAGEBUCH, 8. MÄRZ 1941

»Als der Führer einmal wieder einige der Himmlerschen detaillierten Anweisungen durchsah, meinte er scherzhaft: ›Himmler ist Lehrer wie sein Vater. Eigentlich ein idealer Reichskultusminister‹ – und nach einer kurzen Pause: ›Aber ich brauche ihn da, wo er ist.‹ Was alles auf sein Konto kam, erfuhr ich erst nach dem Kriege, da Hitler mit ihm stets nur unter vier Augen die Dinge besprach, die ich ihm niemals zugetraut hätte: die Massenvernichtung der Juden. Himmler hat befohlen, Juden und andere Menschen zu töten; aber selbst war er schwerlich … in der Lage, jemanden umzubringen.«[57]

Heinz Linge, SS-Leibstandarte, Kammerdiener Adolf Hitlers, BIS ZUM UNTERGANG

»Führerhauptquartier, Führer, Wolfsschanze. 18.XII.41 16 h (18. Juli 1941, 16.00 Uhr), Judenfrage, als Partisanen auszurotten; Neuorganisation d.[er] Waffen SS.«[58]

Heinrich Himmler, Jahrgang 1900, Reichsführer SS, Dienstkalender, Vortragsnotiz, 18. Juli 1941

»Im Sommer 1941, den genauen Zeitpunkt vermag ich z. Zt. nicht anzugeben, wurde ich plötzlich zum Reichsführer SS nach Berlin befohlen, und zwar direkt durch seine Adjutantur. Entgegen seiner sonstigen Gepflogenheit eröffnete er mir, ohne Beisein eines Adjutanten, dem Sinne nach folgendes: Der Führer hat die Endlösung der Judenfrage befohlen, wir – die SS – haben diesen Befehl durchzuführen. Die bestehenden Vernichtungsstellen im Osten sind nicht in der Lage, die beabsichtigten großen Aktionen durchzuführen. Ich habe daher Auschwitz dafür bestimmt, einmal wegen der günstigen verkehrstechnischen Lage und zweitens lässt sich das dafür dort zu bestimmende Gebiet leicht absperren und tarnen. Ich hatte erst einen höheren SS-Führer für diese Aufgabe ausgesucht; um aber Kompetenzschwierigkeiten von vornherein zu begegnen, unterbleibt das, und Sie haben nun diese Aufgabe durchzuführen. Es ist eine harte und schwere Arbeit, die den Einsatz der ganzen Person erfordert, ohne Rücksicht auf etwa entstehende Schwierigkeiten. Nähere Einzelheiten erfahren Sie durch Sturmbannführer Eichmann vom RSHA [Reichssicherheitshauptamt], der in nächster Zeit zu Ihnen kommt.«[59]

Rudolf Höß, SS-Hauptsturmführer, Kommandant des Konzentrationslagers Auschwitz, AUTOBIOGRAPHISCHE AUFZEICHNUNGEN

»In Ergänzung der Ihnen bereits mit Erlass vom 24.1.1939 übertragenen Aufgabe, die Judenfrage in Form der Auswanderung oder Evakuierung einer den Zeitverhältnissen entsprechend möglichst günstigen Lösung zuzuführen, beauftrage ich Sie hiermit, alle erforderlichen Vorbereitungen in organisatorischer, sachlicher und materieller Hinsicht zu treffen für eine Gesamtlösung der Judenfrage in deutschen Einflussgebieten in Europa.«[60]

Hermann Göring, Jahrgang 1893, Reichsmarschall, Bestallungsschreiben an Reinhard Heydrich, 31. Juli 1941

»Wie Hermann immer versuchte, alles Unangenehme von mir fernzuhalten, so schien er auch einer Unterhaltung mit mir über diese Einrichtungen ausweichen zu wollen. Dennoch kann ich mir nicht vorstellen, dass er über das Ausmaß der späteren schrecklichen Vorkommnisse in einem Lager außerhalb Deutschlands – bei Auschwitz – unterrichtet gewesen sei.«[61]

Emmy Göring, Ehefrau von Hermann Göring, BEGEBENHEITEN UND BEKENNTNISSE

»Ich glaube nicht, dass mein Bruder das Verbrechen an den ungezählten menschlichen Wesen in den Konzentrationslagern angeordnet hat oder überhaupt von diesen Verbrechen gewusst hat. Es könnte wohl möglich sein, dass die harten Jugendjahre in Wien zu seiner antijüdischen Haltung geführt haben. Er hat viel gehungert in Wien und er glaubte, dass sein Scheitern in der Malerei daran gelegen hat, dass der Kunsthandel in jüdischer Hand war.«[62]

Paula Wolf, geborene Hitler, Jahrgang 1896, Verhör, Berchtesgaden, 5. Juni 1946

»Allerdings bin ich fest überzeugt davon, auch ohne schriftliche Beweise, dass die Vernichtung der Juden auf eine ausdrückliche Anweisung Hitlers zurückgeht, da es undenkbar ist, dass Himmler und Göring so etwas ohne sein Wissen unternommen hätten. Sicher hat Himmler Hitler nicht über jede Einzelheit unterrichtet, aber in dieser Angelegenheit mit seiner Billigung und in gänzlicher Übereinstimmung mit ihm gehandelt.«[63]

Nicolaus von Below, Jahrgang 1907, Adjutant der Luftwaffe bei Adolf Hitler, ALS HITLERS ADJUTANT

»Im Radio hörten wir, wie nahe das deutsche Militär Wilna bereits schon war. Unruhe breitete sich aus, und wir hielten den Atem an: Was würde geschehen? Vom Hoftor aus beobachteten wir die vorbeifahrenden Lastwagen, die russische Familien samt ihrem Hab und Gut transportierten. Sie flohen. Auch einzelne Rotarmisten huschten vorbei. Auf unsere Frage, was los sei, antworteten sie: ›Seid ruhig, alles wird gut. Die Rote Armee geht voran!‹ … Erst am frühen Morgen wurde es ruhig und still wie auf einem Friedhof. Wir … suchten unsere Wohnungen auf, um ein bisschen auszuruhen. Bereits am nächsten Tag erschienen die SS-Banditen und hängten Plakate mit verschiedenen Verordnungen auf: ›Juden haben ihre Pelze, Radios, Fahrräder abzugeben!‹ usw. Sie machten Jagd auf Menschen, holten die Juden sogar aus ihren Wohnungen und verschleppten sie zur Zwangsarbeit.«[64]

Paje Wapner-Levin, Jahrgang 1921, polnisch-litauische Jüdin in Wilna, Juli 1941, ERINNERUNGEN

»Im August erschien zum ersten Mal Goebbels – auf Wunsch Hitlers – im FHQ [Führerhauptquartier]. In den zwei Tagen seines Aufenthalts traf er mehrmals mit Hitler zu Gesprächen unter vier Augen zusammen. Erst nach und nach sickerte durch, dass sie das Juden-Problem erörtert hatten. Goebbels und Heydrich drängten auf eine Lösung dieser Frage. Goebbels betrieb die Ausweisung der noch in Berlin lebenden 70 000 Juden und wollte sich des Einverständnisses Hitlers zu seinen Maßnahmen versichern.

Hitler war dazu noch nicht bereit, sondern willigte nur ein, dass die Juden besonders gekennzeichnet würden, wie wir hörten. Eine im Reichsgesetzblatt veröffentlichte Polizei-Verordnung vom 1. September 1941 bestimmte, dass alle Juden künftig sichtbar an ihrer Kleidung einen gelben Judenstern zu tragen hätten. Grundsätzlich sollte dieses Problem erst nach Abschluss des Russlandfeldzuges gelöst werden, in ›großzügiger Weise‹, hieß es.

Den unglaublichen Zynismus dieser Bemerkung habe ich erst nach dem Kriege begriffen, als in den Sommermonaten 1945 und dann im Nürnberger Prozess gegen die Hauptkriegsverbrecher das ganze Ausmaß der Judenvernichtung bekannt wurde.«[65]

Nicolaus von Below, Adjutant der Luftwaffe bei Adolf Hitlers, ALS HITLERS ADJUTANT

»Beim Abendessen bemerkte der Chef unter anderem: In diesem II. Weltkrieg als einem Ringen auf Leben und Tod dürfe nie vergessen werden, dass das Weltjudentum nach der Kriegserklärung des Weltzionistenkongresses und seines Führers Chaim Weizmann (in seiner Botschaft an Englands Premier Chamberlain) der unerbittlichste Gegner des Nationalsozialismus, der Feind Nummer 1 sei. Geschäftlich suche das Judentum Europa. Europa müsse es aber schon aus Sacroegoismus [›heiliger‹ Egoismus] ablehnen, da das Judentum rassisch härter sei. Nach Beendigung des Krieges werde er sich rigoros auf den Standpunkt stellen, dass er Stadt für Stadt zusammenschlage, wenn nicht die Drecksjuden rauskämen und nach Madagaskar oder einem sonstigen jüdischen Nationalstaat abwanderten. Die Beseitigung der Juden aus Wien sei am vordringlichsten, da in Wien am leichtesten gemeckert werde. Auch aus München müssten die letzten anderthalbtausend baldmöglichst verschwinden. Er freue sich, dass wenigstens Linz bereits heute schon ganz judenfrei sei.«[66]

Henry Picker, Jahrgang 1912, Oberregierungsrat im Stab von Martin Bormann, Aufzeichnungen des Tischgesprächs in der Wolfsschanze, 27. Juli 1942

»Ich wusste nichts von der Existenz der SS-Einsatzgruppen, die Juden und andere Volksgruppen hinter der Front töteten.«[67]

Bernd Freytag von Loringhoven, Jahrgang 1914, Major und Adjutant des Heeres bei Adolf Hitler, MIT HITLER IM BUNKER

TAGEBUCH, 30. MÄRZ 1942

»Claus Valentiner kehrte aus Berlin zurück. Er erzählte von einem schauerlichen Burschen, früherem Zeichenlehrer, der sich gerühmt hatte, in Litauen und anderen Randgebieten ein Mordkommando geführt zu haben, das zahllose Menschen schlachtete. Man lässt die Opfer, nachdem sie zusammengetrieben sind, zuerst die Massengräber ausheben, dann sich hineinlegen und schießt sie von oben in Schichten tot. Zuvor beraubt man sie des Letzten, der Lumpen, die sie am Leibe tragen, bis auf das Hemd.«[68]

Ernst Jünger, Jahrgang 1895, Schriftsteller, Hauptmann der Reserve in Paris

»Also z. B. in Lettland, bei Dünaburg, da sind also Massenerschießungen von Juden gewesen. Das waren SS oder SD. Der SD war mit ungefähr fünfzehn Mann da, und da waren, sagen wir mal, sechzig Letten da, die ja bekanntlich als die rohesten Menschen der Welt gelten. Da liege ich in der Früh am Sonntag im Bett, und da höre ich immer zwei Salven und dann noch hinterher so Kleingewehrfeuer. Ich stehe auf und gehe raus, da sage ich: ›Was ist das für eine Schießerei hier?!‹ Die Ordonnanz sagt zur mir: ›Herr Oberst, da müssen Sie hingehen, da werden Sie was sehen.‹

Ich bin da bloß in die Nähe gegangen, das hat mir genügt. Aus Dünaburg wurden dreihundert Mann rausgetrieben, die gruben eine Grube aus, Männer und Frauen gruben ein Massengrab und marschierten dann heim.«[69]

Helmut Kittel, Generalleutnant, abgehörtes Gespräch in britischer Kriegsgefangenschaft

»Mein Gedächtnis hat stark Not gelitten, und ich vergesse sehr schnell: Wenn ich nun gefragt werde, ob mir von Judenerschießungen etwas bekannt geworden ist, so muss ich sagen, dass ich einmal mit Fahlbusen den Befehl erhielt, als Zuschau-

er an einer Judenerschießung teilzunehmen ... Ich weiß noch, dass wir beide um 20 Uhr des genannten Tages an der Erschießungsstätte sein mussten.«[70]
Bootsführer der Kriegsmarine beim Hafenkapitän Libau, Gesprächsprotokoll

»Aus Neugierde und um zu sehen, was vor sich ging, folgte ich diesem Lkw mit meinem Fahrzeug. Die Fahrt ging nach Norden bis in das Gebiet am Kriegshafen. In Strandnähe wurde Halt gemacht. Ich sah dort [SS-Untersturmführer] Kügler mit einigen SD-Leuten und einer Anzahl von Juden, die im Gelände hockten. Die Juden mussten in Gruppen von etwa 10 an einen Graben treten. Sie wurden hier von lettischen Zivilisten erschossen. Die Exekutionsstelle war von zahlreichen deutschen Zuschauern von der Marine und der Reichsbahn besucht.«[71]
Führer der 2. Kompanie des Reserve-Polizei-Bataillons 13, Gesprächsprotokoll

»Die Erschießung fand unter der Aufsicht der SS statt. Ich weiß heute nicht mehr genau, aus welchen Leuten das Erschießungskommando bestand, ob dies Letten oder SD-Leute waren; ich glaube aber, dass es SD-Leute waren. Einer gab ein Kommando, und es fiel dann eine Salve.

Die Opfer standen mit dem Gesicht zu uns zu. Ich habe noch genau in Erinnerung, dass nach der Salve die Opfer zusammenbrachen. Das Blut spritzte. Der SS-Offizier gab mit seiner Pistole Fangschüsse ab, das habe ich heute noch sehr gut in Erinnerung.«[72]
Bootsführer der Kriegsmarine beim Hafenkapitän, Libau, Gesprächsprotokoll

»Die in der Berichtszeit durchgeführte Exekution der Juden bildet immer noch das Gesprächsthema der hiesigen Bevölkerung. Vielfach wird das Los der Juden bedauert, und es sind zunächst wenig positive Stimmen für die Beseitigung der Juden zu hören. Unter anderem ist das Gerücht im Umlauf, dass die Exekution gefilmt worden sei.«[73]
SS- und Polizeistandortführer Libau, Schreiben an den SS- und Polizeiführer Livland, 3. Januar 1942

»Übrigens sollen diese Erschießungen nicht mehr stattfinden, da man zur Vergasung der Opfer übergegangen ist.«[74]
Ernst Jünger Schriftsteller, Hauptmann der Reserve, TAGEBUCH, 21. APRIL 1943

»Hier ist ja auch das große neue Krematorium noch im Bau, mit, außer den 4 Öfen, mehreren kleinen Kammern ohne Fenster, in welche Röhren führen, und angeblich einer großen unterirdischen Kammer, auch ohne Fenster, mit hineinführenden Röhren. – Man hat das Töten modernisiert. – Erschießen macht Geräusch und Aufsehen, vergasen kann man Menschen ganz im Stillen, so quasi zu Hause.«[75]
Edgar Kupfer-Koberwitz, Jahrgang 1906, KZ-Häftling in Dachau, Tagebuch, 6. Februar 1943

Kinder im jüdischen Ghetto von Warschau, Aufnahme aus dem Jahr 1941.

»Aus den Zeitungen wenig zu ersehn. Hans will nicht daran glauben – dass der Krieg für Deutschland unglücklich ausgeh'n könne. Die furchtbaren Judenaktionen jetzt. Die Massen-Zwangsverschickungen, die Grausamkeiten jeder Art. ›Die Juden sind Schuld an dem Kriege‹ – wie immer: ›Haut den Juden!‹«[76]
Käthe Kollwitz, Jahrgang 1867, Malerin und Bildhauerin, TAGEBUCH, DEZEMBER 1941

TAGEBUCH, 8. SEPTEMBER 1941
»Stärker bewölkt, nicht unfreundlich, kühl. Vormittags Besorgungen, Wiskunde-Leeszaal. Sehr lieber Geburtstagsbrief an M.[ali] von Mutter Weber; gründlicher juristischer Brief von Kaufmann. Nachmittags angenehmer Besuch von ter Meulen. Gleich nach seinem Weggang, in Abwesenheit von M.[ali], Besuch von Gebhardt. Abends juristisch bei Ziegel. Danach gelesen. – Die Juden müssen jetzt in Deutschland ein Abzeichen tragen und können ihren Wohnsitz nur mit Erlaubnis verlassen.«[77]
Otto Blumenthal, Jahrgang 1876, deutsch-jüdischer Mathematiker im Exil,
Utrecht, Niederlande

»Von der Straßenbahn aus sah ich Kinder mit dem Stern auf dem Mantel und ein altes jüdisches Paar, das ein Wägelchen vor sich herschob. Mit Interesse bemerkte ich, dass die meisten Deutschen, selbst am ersten Tag dieser neuen Verfügung, nicht auf die Juden achteten. Weder in Frankfurt noch in Berlin oder sonstwo

habe ich einen arischen Deutschen einen Juden anstarren sehen. Niemand achte-
te auf den Davidstern, und die Juden trugen ihn mit erkennbarem Stolz.«[78]

Harry Flannery, Jahrgang 1900, CBS-Journalist von November 1940 bis Herbst 1941 in
Berlin, ASSIGNMENT TO BERLIN

TAGEBUCH, 18. SEPTEMBER 1941

»Der ›Judenstern‹ schwarz auf gelbem Stoff, darin mit hebraisierenden Buchstaben ›Jude‹, auf der linken Brust zu tragen, handtellergroß, gegen 10 Pf.[ennig]
uns gestern ausgefolgt, von morgen, 19.9. ab zu tragen. Der Omnibus darf nicht
mehr, die Tram nur auf dem Vorderperron benutzt werden. – Eva wird, wenigstens vorläufig, alles Besorgen übernehmen, ich will nur im Schutz der Dunkelheit ein bisschen Luft schöpfen.«[79]

Victor Klemperer, Jahrgang 1881, deutsch-jüdischer Romanistik-Professor, Dresden

»Sieg wird zum Segen aller Völker der Erde werden, außer für den Juden, der
nicht weiter herrschen darf. Ich wünsche auch, dass der deutsche Sieg dem Rus-
senvolk neues, schöneres Leben geben wird. Es wird dazu viel ehrliche, begeisterte Arbeit nötig sein.«[80]

Horst Rocholl, Regimentsarzt im Panzer-Regiment 24 der deutschen Wehrmacht,
Herbst 1941, Feldpostbrief an seine Frau

»Zuerst mussten wir den ›gelben Stern‹ tragen. Dann hieß es: Juden dürfen sich
nur bis 18 Uhr auf den Straßen aufhalten, haben im Rinnstein zu gehen (zusammen mit den Pferden), dürfen den Bürgersteig nicht betreten, man jagte und
verschleppte sie ohne Rücksicht auf ihr Alter zu schwerer Arbeit, nahm Geiseln,
die mit viel Geld freigekauft werden konnten.«[81]

Paje Wapner-Levin, polnisch-litauische Jüdin in Wilna, Herbst 1941, ERINNERUNGEN

TAGEBUCH, 20. OKTOBER 1941

»Leicht bewölkt, W-NW, milde. – Vormittags Besorgungen, teilweise + M. Zum
koffie Koppenhout. Nachmittags Kolloquium sehr interessant: Wolff, Phragmen-
Lindelöe. Karte an Onkel. Abends bei Frau Magnus, Lektüre über Johannes den
Täufer. Die arme Frau sehr aufgeregt und besorgt. – Zeitungsnachricht über De-
portationen deutscher Juden nach Polen.«[82]

Otto Blumenthal, deutsch-jüdischer Mathematiker im Exil in Utrecht, Niederlande

»Wenn ich heute den Juden herausnehme, dann wird unser Bürgertum unglücklich: Was geschieht denn mit ihm? Aber haben sich die gleichen darum gekümmert,
was aus den Deutschen werden würde, die auswandern mussten? Man muss es
schnell machen, es ist nicht besser, wenn ich einen Zahn alle drei Monate um ein
paar Zentimeter herausziehen lasse – wenn er heraussen ist, ist der Schmerz vorbei.
Der Jude muss aus Europa heraus. Wir kriegen sonst keine europäische Verständi-

gung. Er hetzt am meisten überall. Letzten Endes: Ich weiß nicht, ich bin kolossal human. Zur Zeit der päpstlichen Herrschaft in Rom sind die Juden misshandelt worden. Bis 1830 wurden acht Juden jedes Jahr durch die Stadt getrieben, mit Eseln. Ich sage nur, er muss weg. Wenn er dabei kaputtgeht, da kann ich nicht helfen. Ich sehe nur eines: die absolute Ausrottung, wenn sie nicht freiwillig gehen.«[83]

Adolf Hitler, Tischgespräch im Führerhauptquartier Wolfsschanze am 25 Januar 1942, protokolliert von SS-Standartenführer Heinrich Heim

»Es kamen nun im Frühjahr 1942 die ersten Judentransporte aus Oberschlesien, die alle zu vernichten waren. Sie wurden nach Bauerngehöft – Bunker I – von der Rampe über die Wiesen des späteren Bauabschnitts II geführt. Aumeier, Palitzsch und noch einige Blockführer führten sie und unterhielten sich mit ihnen möglichst harmlos, frugen nach Berufen und Kenntnissen, um so zu täuschen. Am Gehöft angekommen, mussten sie sich ausziehen. Sie gingen auch zuerst ganz ruhig in die Räume, wo sie desinfiziert werden sollten.«[84]

Rudolf Höß, SS-Hauptsturmführer, Kommandant des Konzentrationslagers Auschwitz, AUTOBIOGRAPHISCHE AUFZEICHNUNGEN

»Es wird u. a. Folgendes ausgeführt:
›Zur Behebung aufgetretener Zweifelsfragen gebe ich bekannt, dass Juden der nachstehend aufgeführten Länder
1. ehemals Polen, 2. ehemals Luxemburg, 3. Slowakei, 4. Kroatien, 5. Serbien, 6. Rumänien, 7. Bulgarien, 8. Griechenland, 9. Niederlande, 10. Belgien, 11. Frankreich, 12. ehemals Estland, 13. ehemals Lettland, 14. ehemals Litauen, 15. Norwegen und staatenlose Juden in sämtliche im dortigen Bereich gegen die Juden allgemein getroffenen oder noch zu treffenden Maßnahmen einzubeziehen sind. Juden italienischer, finnischer, schweizerischer, spanischer, portugiesischer, dänischer und schwedischer Staatsangehörigkeit ist bis zum 31. März 1943 Gelegenheit zu geben, in ihre sogenannten ›Heimatländer‹ zurückzukehren, soweit nicht besondere sicherheitspolizeiliche Belange dagegen sprechen ... Juden anderer Länder, sowohl von Feindstaaten, neutralen oder verbündeten, dürfen in die Judenmaßnahmen nicht einbezogen werden.‹«[85]

Auswärtiges Amt, Runderlass vom 20. Februar 1942 an die Vertreter des Auswärtigen Amtes bei den Militärbefehlshabern bzw. Reichskommissaren in den besetzten Ländern

TAGEBUCH, 2. MÄRZ 1942

»Wir schaffen nun die Juden endgültig aus Berlin hinaus. Sie sind am vergangenen Samstag schlagartig zusammengefasst worden und werden nun in kürzester Frist nach dem Osten abgeschoben. Leider hat sich auch hier wieder herausgestellt, dass die besseren Kreise, insbesondere die Intellektuellen, unsere Judenpolitik nicht verstehen und sich zum Teil auf die Seite der Juden stellen. Infolgedessen ist unsere Aktion vorzeitig verraten worden, so dass uns eine ganze Menge von Juden durch die Hände gewischt sind. Aber wir werden ihrer doch noch habhaft werden. Jedenfalls werde ich nicht ruhen, bis die Reichshauptstadt wenigstens gänzlich judenfrei geworden ist.«[86]

Joseph Goebbels, Reichsminister für Volksaufklärung und Propaganda

»An einem Morgen, es muss so um Mitte Mai gewesen sein, kam Walter Mei-endresch, der auch zu ›unserem Kreis‹ gehörte, totenbleich von seinem Nacht-dienst. Er übergab sich mehrmals, und wir dachten, er wäre ernsthaft erkrankt. Für mehrere Tage war er tatsächlich dienstunfähig. Erst am zweiten oder dritten Tag kam Dr. Fliegner hinter die Ursachen dieses plötzlichen Kollapses. Walter war nämlich von Natur aus sehr robust und widerstandsfähig. In der fraglichen Nacht hatte er ein Gespräch zwischen Himmler und Bormann mitgehört. In diesem brachte der Reichsführer SS dem Reichsleiter Bormann eine ›erfreuliche Nachricht aus Auschwitz‹, wie er sagte, für den Führer. Wieder seien, ganz plan-gemäß, dort 20 000 Juden ›liquidiert‹, ›äh‹, verbesserte er sich umgehend, ›evaku-iert‹ worden. Bormann habe ihn daraufhin wütend angefahren und scharf dar-auf hingewiesen, dass solche Meldungen, wie ausgemacht, nur schriftlich durch Kuriere … zugestellt werden dürften. Er verbat sich energisch, jegliche weitere Benachrichtigung über dieses Thema auf anderen Wegen.«[87]

Alfons Schulte, Jahrgang 1921, Gefreiter der Luftwaffe in der Nachrichtenzentrale des Führerhauptquartiers, 21. April 1942, DREI JAHRE IN DER NACHRICHTENZENTRALE

»Das Schlimmste für uns Juden aber war das völlige Ausgeliefertsein und na-türlich die Angst vor der Deportation. Verglichen damit erschien die Aussicht, durch eine Bombe ums Leben zu kommen, geradezu tröstlich.«[88]

Ernö Szép, Jahrgang 1884, ungarisch-jüdischer Schriftsteller, ZERBROCHENE WELT

TAGEBUCH, 27. MÄRZ 1942
»Es wird dabei ein ziemlich barbarisches und nicht näher zu beschreibendes Ver-fahren angewandt, und von den Juden selbst bleibt nicht mehr viel übrig. Im Großen kann man wohl feststellen, dass 60 % davon liquidiert werden müssen, während nur noch 40 % in die Arbeit eingesetzt werden können.«[89]

Joseph Goebbels, Reichsminister für Volksaufklärung und Propaganda

TAGEBUCH, 22. Juni 1942
»Wie gestern, aber wärmer, im Schatten mittags 22° C. – Vormittags Austausch des Schrankes in unserem Zimmer, (gelesen) bequemer Ordnung gemacht … Besorgungen Stadt (Thermosflasche). Abends Adressenverzeichnis. Abschieds-brief von Frau Amberg vor Deportation aus Aachen. Maas und Frau haben den Tod der Deportation vorgezogen. Trauriges Schicksal, mutige Menschen.«[90]

Otto Blumenthal, deutsch-jüdischer Mathematiker im Exil, Utrecht, Niederlande

»Liebste Mali, mein lieber Otto! Nun hat auch mich das Geschick ereilt. Am 20. Juli muss ich mich einem ›Alterstransport‹ nach Theresienstadt im Protektorat anschließen. Die Weisung kam völlig überraschend, aufgrund einer neuen Verfügung, die ausschließlich Personen meiner besonderen Gesamtlage erfasst, der Soldatentod unseres Jungen kommt als Milderungsgrund nicht in Frage. Elsabe kam auf telegrafische Benachrichtigung sofort angereist. Sie ist ruhig und verständig.

Alles Äußerliche wird leicht erledigt. Springer wird von mir benachrichtigt. Leider sind meine guten Freunde, auch die beiden Pastoren, in Urlaub, dennoch werde ich verwöhnt, beschenkt und, glaube ich, betrauert. B.'s sind viel bei mir. Ich hoffe und vertraue mit Gottes Beistand auf meine gesunde, zähe und bedürfnisarme Natur und will meinen ganzen Willen einsetzen, um mich dem neuen Leben anzupassen.«[91]

Anna Storm, Bonn, Brief an die Schwester Mali Blumenthal vom 17. Juli 1942

»Wenige Menschen verstehen es, mit Würde in den Tod zu gehen, und oft sind es nicht die, von denen man es erwartet.«[92]

Primo Levi, Jahrgang 1919, Chemiker, italienisch-jüdischer Partisan, Notiz im Waggon nach Auschwitz, IST DAS EIN MENSCH?

»Im gleichen Jahr erfuhr ich aus dem Munde eines Augenzeugen, was in Polen geschah. Der junge Mann, der mir an einem verregneten Nachmittag in unaufhaltsamem Wortschwall mit quälender Genauigkeit berichtete, was er in mehreren jüdischen Städten und in Treblinka erlebt hatte, war dem Tode durch gute und üble Wunder entkommen.

Er glaubte, dass er gerettet war, doch war es offenbar, dass er fortab sich selbst nur noch ein Überlebender sein würde.«[93]

Manès Sperber, Jahrgang 1905, österreichischer Jude aus Galizien, ab 1942 im Schweizer Exil, ALL DAS VERGANGENE

»In der Ukraine gibt es keine Juden mehr, was nicht geflüchtet ist, wurde erschossen. Gefangen genommene Juden und Kommissare werden gleich erschossen.«[94]

Karl Dürkefälden, Ingenieur, Celle, AUFZEICHNUNGEN

»Der Reichsführer SS sah sich anlässlich seines Besuches im Sommer 1942 den gesamten Vorgang der Vernichtung genau an, angefangen von der Ausladung bis zur Räumung des Bunkers II. Zu der Zeit wurde noch nicht verbrannt. Er hatte nichts zu beanstanden, hat sich aber auch nicht darüber unterhalten. Zugegen waren der Gauleiter Bracht und Obergruppenführer Schmauser. Kurze Zeit nach dem Reichsführerbesuch kam Standartenführer Blobel von der Dienststelle Eichmann und brachte den RFSS [Reichsführer SS]-Befehl, wonach sämtliche Massengräber freizulegen und die Leichen zu verbrennen seien. Ebenso sollte die Asche so beseitigt werden, da man in späterer Zeit keinerlei Rückschlüsse über die Zahl der Verbrannten ziehen könne.«[95]

Rudolf Höß, Kommandant des Konzentrationslagers Auschwitz, AUTOBIOGRAPHISCHE AUFZEICHNUNGEN

»In den letzten Wochen sind die letzten Juden in Hamburg abtransportiert worden, wohin, weiß man nicht. Aber schaurige Geschichten kursieren darüber im Volke. Sie sollen in Massen an offenen Gräbern oder auf freiem Felde mit Frauen und Kindern durch Massenerschießungen getötet sein ...

Man kann kaum von solchen Gräueln mehr hören, es wird einem übel, wenn man davon hört. Unsere Taten schreien zum Himmel, u. das d.[eutsche] Volk, das sich diese Untaten lüstern erzählt u. Erschrecken heuchelt, ist das unschuldig an unsern Massengräueln? Nein, das ist es nicht, nur bei einem Volke mit einer solchen kritiklosen Gesinnung können solche Roheitsverbrechen vorkommen.«[96]

Hermann Frielingsdorf, Jahrgang 1871, Malermeister in Hamburg, Sozialdemokrat

TAGEBUCH, 25. JULI 1942

»Nachmittags M.[ali] Besorgungen. Brief an Tante Anna. Nach Abendbrot Donnernachricht: meine arme Schwester am 20. Juli nach Theresienstadt deportiert. Abends Teegesellschaft bei Mr.[Meester] en Mevr.[ouw] mit allen Hausbewohnern, die gehen können. Recht behaglich.«[97]

Otto Blumenthal, Utrecht

»Heute haben wir einen Juden gefangen, einen Unterleutnant, der ein typisches Verbrechergesicht hatte und log, dass sich die Balken bogen. Seine Soldaten, bes. [onders] ein 20-Jähriger, wollten, dass er totgeschossen würde. – Einen lieben, ganz langen Kuss

Dein oller Paps«[98]

Horst Rocholl, Regimentsarzt Panzer-Regiment 24 der deutschen Wehrmacht, Brief an die Ehefrau vom 16. August 1942

»Anfang Oktober 1942 war mein Schwager Walter Kaßler aus der Ukraine zurück im Urlaub und besuchte uns auch einmal. Er war in Korosten im Kiew-Gebiet gewesen und erzählte nun, dass es in der Ukraine keine Juden mehr gäbe, außer den wenigen, die aus Ungarn geholt seien und von den Ungarn beschäftigt würden. Auch die letzten Juden in Kiew, von denen ich schrieb, seien nun alle getötet.

Die Deutschen haben sie erst zur Arbeit aus Polen geholt, um sie dann umzubringen. Ich fragte meinen Schwager, ob die Bevölkerung jetzt mehr zu essen habe. Antwort: Noch weniger, man will sie anscheinend verhungern lassen.«[99]

Karl Dürkefälden, Ingenieur, Celle, AUFZEICHNUNGEN

ERINNERUNGEN IN TAGEBUCHFORM, 16. NOVEMBER 1942

»F.[ührer] – Schm.[undt] – Jodl

Eine grausige, düstere Stimmung. F. hatte lange Bespr.[echung] mit Himmler, und dann ist die Atmosphäre immer entsprechend.«[100]

Gerhard Engel, Major, Heeresadjutant bei Hitler

»Uns war es klar, dass es Konzentrationslager gab … Ich selbst konnte nie verstehen, wie sich so viele Deutsche nach dem Krieg wehrten und sagten: ›Wir wussten nichts davon!‹ Ich war im Sommer 1942 bei der Bauernfamilie Hassenforder in Regisheim als Ferienkind wunderbar aufgenommen worden. Das Essen war prächtig, und ich erinnere mich, dass damals schon erzählt wurde, dass die Seifen aus Judenknochen hergestellt wurden.«[101]

Tomi Ungerer, Schüler, MEINE KINDHEIT IM ELSASS

»Hitler hat mir gegenüber nie etwas über die Behandlung der Juden gesagt. Außenpolitisch kam das Thema ja auch nur auf, wenn aus irgendeinem Lande die Juden abtransportiert werden sollten. Das AA [Auswärtige Amt] war immer der Auffassung, dass es besser sei, nichts in dieser Richtung zu unternehmen, um in einem ruhigen Land nicht Unruhe zu stiften.«[102]

Franz von Sonnleithner, Jahrgang 1905, seit 1939 Legationsrat im Auswärtigen Amt, ALS DIPLOMAT IM FÜHRERHAUPTQUARTIER

»Warschau / Nalbcki 47 / 19, Mit der höflichen Bitte, einzuwerfen.

Heute sind wir aus Plonsk fort, unsere gesamte Familie, und alle Juden sind gefahren. Ihr sollt wissen, dass wir zur Hochzeit fahren.

Auf Wiedersehen,

David«[103]

Brief vom 16. Dezember 1942 aus Warschau

(»zur Hochzeit« gleichbedeutend mit »zur Vernichtung«)

»Es gab aber auch einen andern Grund für unsere Abneigung, das Grauenhafte für wahr zu halten: die tiefe, unzerstörbare Bindung an die deutsche und an die österreichische Kultur. Hitler durfte man jedes Verbrechen zutrauen, aber wie sollte man es für möglich halten, dass sich Deutsche und Österreicher zu Tausenden bereitfinden könnten, diese völlig sinnlose Ausrottung unschuldiger, völlig wehrloser Menschen wie ein Tageswerk zu betreiben? Millionen Deutsche mussten es wissen. Wogegen wehrte ich mich denn so lange, dass noch viele Monate vergehen mussten, ehe ich imstande war, den Gerüchten von der industriell betriebenen Massenvernichtung zu trauen? Ich wehrte mich gegen den Bruch mit Deutschland.«[104]

Manès Sperber, jüdisch-österreichischer Schriftsteller im Schweizer Exil, ALL DAS VERGANGENE

»Es gibt Juden, und es gibt sie sogar hier, die unverbesserliche Bewunderer der Deutschen sind. Sie preisen diese I.G. Farben, Solingen und die Zeiss-Werke, loben den deutschen Ordnungssinn, den Fleiß und die Reinlichkeit der Deutschen, berufen sich auf Goethe, Wagner, Beethoven, Koch und Behring. Ihnen blutet natürlich das Herz, weil es mit Deutschland jetzt so weit gekommen ist ... Unter uns gab es natürlich auch solche, die der Meinung waren, man müsse die Deutschen mit Stumpf und Stiel bis zum letzten Mann von der Erde tilgen.«[105]

Ernö Szép, ungarisch-jüdischer Schriftsteller, ZERBROCHENE WELT

KRIEGSTAGEBUCH, 18. FEBRUAR 1943

»Von den Judenerschießungen im Osten erzählte jemand, dass vorher ein SS-Mann mit einem Pappkarton von einem zum anderen geht und ihnen die Ringe und Ohrringe abzieht.«[106]

Erich Kästner, Schriftsteller, Berlin

TAGEBUCH, 3. MÄRZ 1943

»In unserem Viertel sieht man so etwas nie. Hier werden die Juden des Nachts geholt ... Wie schnell haben wir uns alle an den Anblick des Judensterns gewöhnt. Die meisten reagieren mit vollkommener Gleichgültigkeit, so wie T., der neulich zu mir sagte: ›Was interessieren mich die Juden, ich denke nur an meinen Bruder bei Rshew, alles andere ist mir völlig gleichgültig.‹ Ich glaube, das Volk verhält sich anständiger als die sogenannten Gebildeten oder Halbgebildeten. Typisch dafür ist die Geschichte von dem Arbeiter, der in einer Trambahn einer Jüdin mit dem Stern Platz machte: ›Setz dir hin, olle Sternschnuppe‹, sagte er, und als ein PG [Parteigenosse] sich darüber beschwerte, fuhr er ihn nur an: ›Üba meenen Arsch verfüje ick alleene.‹«[107]

Ursula von Kardorff, Jahrgang 1911, Journalistin

»In der Nacht war ein Luftangriff auf Berlin ... Am Morgen in grauen, herbstlichen Nebel gehüllt, zitterte der Kurfürstendamm. In der Luft roch es nach Rauch. Die Bürgersteige wie auch der Fahrdamm waren mit Glassplittern und Steinen übersät. Fetzen von Zeitungen und Papier flogen in der Luft über dem Staub der Straßen. An den Straßenbahnhaltestellen warteten durchgefrorene Menschen auf ein zufällig vorbeifahrendes Lastauto. Die Straßenbahnverbindung war noch nach dem Alarm unterbrochen. In einer Nebenstraße inmitten der Ruinen erhoben sich stolz einige wenige beschädigte Häuser. Ein schwarzer geschlossener Lastwagen fuhr langsam an eines der Häuser heran. ›Der holt wieder Juden ab!‹, bemerkte mit einer geschäftigen Miene ein kleines Männchen, welches am gegenüberliegenden Hause Glassplitter wegfegte.«[108]

Vera Lourié, Jahrgang 1901, Dichterin, Exilrussin in Berlin,
ERINNERUNGEN AN DAS RUSSISCHE BERLIN

»Für uns Polen ging es um Krieg und Besatzung. Für sie, für die notleidenden polnischen Juden, war es das Ende der Welt. Weder sie noch ihre Brüder hatten auch nur die geringste Chance. Doch das war nur ein Teil der Tragödie und nur teilweise der Grund für ihre quälende Verzweiflung. Sie hatten keine Angst vor dem Tod an sich und nahmen ihn als beinahe unausweichlich an. Doch zu dieser Erkenntnis kam das bittere Wissen, dass es für sie in diesem Krieg keinerlei Hoffnung auf einen Sieg gab, keinerlei Genugtuung, die gelegentlich die Aussicht auf den bevorstehenden Tod ein wenig mildern kann.«[109]

Jan Karski, Jahrgang 1914, Kurier des Polnischen Untergrunds,
MEIN BERICHT AN DIE WELT

TAGEBUCH, 23. APRIL 1943
»Was über uns ergangen ist, lässt sich mit Worten nicht beschreiben. Es ist etwas vorgefallen, das unsere kühnsten Träume übersteigt. Die Deutschen sind zweimal aus dem Ghetto ausgerissen. Eine Kompanie der Unseren hielt 40 Minuten stand und die andere über fünf Stunden. Die im Bürstnergelände gelegte Mine ist hochgegangen. Einige Kompanien Unsriger griffen die fliehenden Deutschen an. Unsere Verluste an Menschen sind ganz gering. Auch das ist ein Erfolg. Gefallen ist [Uechiel]. Er fiel als Krieger und Held am Maschinengewehr. Ich spüre, dass große Dinge geschehen und dass das, was wir auszuführen gewagt haben, von ungeheuer großem Wert ist ... Der Traum meines Lebens hat sich erfüllt. Der bewaffnete jüdische Widerstand und die Rache sind zur Tat geworden. Ich bin Zeuge wunderbaren heldenhaften Kämpfens der jüdischen Kämpfer geworden.«[110]

Mordechai Anielewicz, Jahrgang 1919, polnisch-jüdischer Widerstandskämpfer im Warschauer Ghetto

TAGEBUCH, 15. MAI 1943
»Erschütternde Berichte des braven Zähringer [SS Obersturmbannführer Max Frauendorfer] aus Polen. Während Frank öffentlich erklärt, man wolle Polen ein menschenwürdiges freies Dasein geben und während man – vergeblich – die Welt durch die bolschewistischen Morde in Katyn abzulenken sucht, haust die SS in Polen weiter in unvorstellbarer beschämendster Weise. Unzählige Juden werden in besonders dazu gebauten Hallen vergast, jedenfalls Hunderttausende. Aber auch die polnische ›Intelligenz‹ wird nach wie vor systematisch dezimiert ... Das sind Zustände, die unglaublich klängen, wenn man nicht schon so abgestumpft wäre. Inzwischen setzte sich der unglückliche Judenrest im Warschauer Ghetto zur Wehr, und es kam zu schweren Kämpfen, die wohl mit völliger Ausrottung durch die SS enden werden. Hitler hat den Deutschen zum verabscheuten wilden Tier in der ganzen Welt gemacht.«[111]

Ulrich von Hassell, Jahrgang 1881, deutscher Diplomat und Widerstandskämpfer, Ebenhausen

»Liebe Brüder,
Die erste Antwort auf unseren Ruf an unsere Brüder in den freien Ländern er-reichte uns mit Eurem Brief vom 22. Tammuz [11. Juli] dieses Jahres. Wir danken Euch sehr, liebe Brüder, dafür, dass Ihr unsere Stimme hörtet und zu unserer Hilfe geeilt seid. Gott ist mit Euch, er wird Eure Kinder nicht verlassen …
a) Versucht herauszufinden, was mit 53 000 unserer Brüder geschehen ist, die nach Polen und in die Tschechoslowakei vertrieben wurden, und lasst ihnen auf die eine oder andere Weise Nahrung, Kleidung und Medikamente zukommen.
b) Erhebt Eure Stimme, auf dass sie auf der ganzen Welt gehört werde, und fordert ihre Freilassung.
c) Die Flüchtlinge, die hierher gekommen sind, haben kein Geld, keine Nahrung und keine Kleidung. Sorgt dafür, dass das Internationale Rote Kreuz ihnen Brot-scheine …«[Ende des Briefs][112]
Ohne Absender, Athen, den 15. Aw 5703 [15. August 1943]

»Ich bitte Sie, das, was ich Ihnen in diesem Kreise sage, wirklich nur zu hören und nie darüber zu sprechen. Es trat an uns die Frage heran: Wie ist es mit den Frauen und Kindern? – Ich habe mich entschlossen, auch hier eine ganz klare Lösung zu finden. Ich hielt mich nämlich nicht für berechtigt, die Männer auszu-rotten – sprich also, umzubringen oder umbringen zu lassen – und die Rächer in Gestalt der Kinder für unsere Söhne und Enkel groß werden zu lassen. Es musste der schwere Entschluss gefasst werden, dieses Volk von der Erde verschwinden zu lassen.«[113]
Heinrich Himmler, Jahrgang 1900, Reichsführer SS, Chef der Deutschen Polizei, Rede am 6. Oktober 1943 im Posener Rathaus vor allen Reichs- und Gauleitern, anwesend u. a. Reichsjugendführer Artur Axmann, die Reichsminister Albert Speer und Alfred Rosenberg

»Den Alten des Lagers sagt die Nummer alles: die Zeit des Lagereintritts, den Transport, mit dem man gekommen ist, und demnach auch die Nationalität. Je-der wird die Nummern von 30 000 bis 80 000 mit Achtung behandeln: Nicht mehr als einige hundert sind es, die Überlebenden der polnischen Ghettos. Man muss die Augen gut offen halten, wenn man sich mit einem 116 000er oder 117 000er in Geschäfte einlässt: Fünfzig sind es jetzt vielleicht noch, aber es sind Saloniki-Griechen, man darf sich nicht übers Ohr hauen lassen.«[114]
Primo Levi, italienisch-jüdischer Partisan, ab Oktober 1944 Häftling in Auschwitz,
IST DAS EIN MENSCH?

»Auch hierzu gibt es eine charakteristische Erinnerung, und zwar aus dem Jahr 1943. Ich war mit einem Reportageauftrag nach Stuttgart geschickt worden, um von einem Tag der Auslandsdeutschen zu berichten. Die Veranstaltung war prak-

tisch vorbei, und wir saßen – der Bürgermeister hatte mich eingeladen – beim Mittagessen. Plötzlich wurde die Tür aufgerissen. Ein SS-Offizier kam herein und sagte zu der versammelten Runde: ›Es geschehen entsetzliche Dinge!‹ Und dann berichtete er so detailliert über die Verschleppung und Ermordung der Juden, wie ich es selbst von Erich Peter Neumann noch nicht erfahren hatte. Die ganze Runde erstarrte geradezu durch diesen Bericht, der da von außen, sozusagen ganz frisch, hereingetragen wurde.«[115]
Elisabeth Noelle-Neumann, Jahrgang 1916, Journalistin, August 1943, ERINNERUNGEN

»Morgen Umzug in holländisches Judenlager. Getaufte werden nicht außerhalb Hollands weitergeschickt. Sind gesund und zuversichtlich. Bleibt es auch! Versuchen Briefwechsel fortzusetzen. Alle lieben Grüße.«[116]
Otto und Mali Blumenthal, Brief an die Tochter Margrete Blumenthal in England vom 21. April 1943

TAGEBUCH, 22. APRIL 1943 [LETZTER EINTRAG]
»Ab nach Vught [Konzentrationssammellager].«[117]
Otto Blumenthal, Utrecht

»Mutter heute Krankenhaus Lager Westerbork (Holland) Lungenentzündung gestorben. Sie ist erlöst, dachte viel Eurer. Bleibt stark, ehrt ihr Andenken! Euch die beste Zukunft!
Otto Blumenthal«[118], Rotkreuz-Brief an die Tochter Margrete Blumenthal

»Einen großen Schock versetzte uns in dieser Zeit die Mitteilung einer neu eingestellten Kollegin aus einem Nachbardorf, dass ihr gerade auf Urlaub gekommener Bruder Bewacher in einem Konzentrationslager wäre, in dem täglich 15 000 Menschen, Hauptsache Juden, vergast werden. Wir kannten die Kollegin nicht näher, aber wir zweifelten nicht an ihrer Glaubwürdigkeit, da Gerüchte über solche Verbrechen schon zu uns gedrungen waren.«[119]
Otto A. Schneidereit, Jahrgang 1912, NSDAP-Mitglied seit 1943, Drucker, Lasdehnen, Ostpreußen, ZWISCHEN ZWEI WELTKRIEGEN

»Das Judentum hat weitere schwere Einbußen in anderen Räumen Europas zu verzeichnen. Die Kerngebiete jüdischer Zusammenballung, die wir in Polen wie in Warschau oder Lublin fanden, sind heute ebenso neutralisiert, wie das zur Zeit mit den Siedlungen der 1½ Millionen Juden in Ungarn geschieht. Damit sind allein in diesen Ländern fünf Millionen Juden ausgeschaltet. In anderen europäischen Ländern verschärfen sich die seit langem getroffenen gesetzlichen Maßnahmen gegen das Judentum ebenfalls in steigendem Maße.
gezeichnet: **Wilhelm Löbsack«,**[120] NSDAP-Gaupropagandaleiter von Danzig-Westpreußen, Tageszeitung Danziger Vorposten vom 13. Mai 1944

»Während einer militärischen Lagebesprechung etwa im Herbst 1944 kam der Reichspressechef Dietrich … mit einer englischen Meldung, einem Zeitungsbericht … In dieser Zeitungsnotiz wurde behauptet, dass die Russen ein deutsches Konzentrationslager mit Namen Majdanek erobert hätten. In diesem seien zweifellos Menschen gewesen, die man vernichtet hätte. Bilder zeigten große Gestelle, auf denen eine sehr große Zahl von Kämmen zu sehen war, wohlgeordnet, wie sich es der Ausländer von einer deutschen Institution erwartet. Ich glaube, es waren auch andere Einrichtungen zu sehen, Zellen oder sogar Verbrennungsanlagen, das weiß ich heute nicht mehr. Der Text besagte, dass hier Menschen vernichtet worden seien. Dietrich legte die Pressemeldung Hitler vor, und wir hingen an seinem Mund, was er wohl dazu sagen würde. Die Antwort kam rasch: ›Das sind die abgehackten Hände der belgischen Kinder während des Ersten Weltkrieges, nichts als feindliche Propaganda!‹ Ich glaube, dass ich die Aussage Hitlers wörtlich richtig zitiert habe; jedenfalls fiel uns allen ein Stein vom Herzen, man konnte förmlich das Aufatmen hören.«[121]

Franz von Sonnleithner, Legationsrat im Auswärtigen Amt,
ALS DIPLOMAT IM FÜHRERHAUPTQUARTIER

»Jeder nahm auf seine Weise Abschied vom Leben. Einige beteten, andere betranken sich, wieder andere berauschten sich an letzter, abscheulicher Leidenschaft. Doch die Mütter sorgten die Nacht hindurch mit liebevoller Hingabe für die Reisezehrung, wuschen die Kinder, richteten das Gepäck, und in der Morgendämmerung hingen die Stacheldrähte voller Kinderwäsche, die der Wind trocknen sollte; sie dachten auch an die Windeln, die Spielsachen, die Kissen und die hunderterlei kleinen Dinge, die ihnen wohlvertraut sind und von Kindern stets benötigt werden. Tätet ihr's nicht ebenso. Würde man euch und euer Kind morgen ums Leben bringen, gäbt ihr ihm dann heute nicht zu essen?«[122]

Primo Levi, Notiz im Waggon auf dem Weg nach Auschwitz, IST DAS EIN MENSCH?

»Höß' Zelle: Als Vorbereitung auf Kaltenbrunners Verteidigung untersuchte ich Rudolf Franz Ferdinand Höß, 46, den Kommandanten des Konzentrationslagers Auschwitz, der kürzlich gefangen genommen worden war. Nachdem sein Test abgeschlossen war, unterhielten wir uns über seine Tätigkeit in der Zeit von Mai 1940 bis Dezember als Kommandant des Konzentrationslagers Auschwitz … Auf meine etwas naive Frage, wie viele Menschen in einer Stunde umgebracht werden könnten, erklärte er, man müsse dabei von einem 24-stündigen Tag ausgehen, und es sei möglich, bis zu 10 000 Menschen im Zeitraum von 24 Stunden umzubringen. Es waren 6 Vernichtungskammern vorhanden. In den zwei großen konnten je 2 000 Menschen und in den 4 kleineren bis zu 1 500 Menschen untergebracht werden, was eine Gesamtkapazität von 10 000 ergibt. Ich versuchte, mir auszumalen, wie das vor sich ging, aber er korrigierte mich. ›Nein, Sie stellen es sich nicht richtig vor. Das Töten selbst nahm die wenigste Zeit in Anspruch. Man konnte 2 000 Menschen in einer halben Stunde erledigen, aber das Verbrennen kostete so viel Zeit.«[123]

Gustave Mark Gilbert, Jahrgang 1911, US-amerikanischer Gefängnispsychologe, NÜRNBERGER TAGEBUCH

»Ich und meine Kameraden waren die ersten Opfer dieses Krieges. Am dritten Tag des Krieges nahe Grodno (Belarus) wurde ich verwundet. Als ich zu mir kam, lagen viele Verwundete auf dem Boden, wir waren in der Gewalt deutscher Soldaten. Nach einiger Zeit wurden die, die sich bewegen konnten, weitergetrieben. Meine Kameraden haben mir unter die Arme gegriffen, weil die, die umfielen, sofort erschossen wurden.«[124]

Dmitro Dmytrijenko, sowjetischer Soldat, Jahrgang, Brief an »Kontakte«

»Ein Zug Gefangener wartet, bis er die Brücke passieren kann. Sie stehen längs der Mauern eines zerfallenen Hauses, die Köpfe schwanken vor Müdigkeit und Hitze hin und her ... Es sind meistens Ukrainer und Bessarabier. Auf alle meine Fragen antworten sie unausweichlich ›da‹, ja. Sie schauen mich mit weit aufgerissenen Augen an, in denen die Angst ein kurzes dunkles Leuchten aufglänzen lässt.

Der deutsche Soldat, der sie bewacht, sagt mir, dass sie Angst haben. Sie fürchten, jeden Augenblick erschossen zu werden. Der deutsche Soldat lacht.«[125]

Curzio Malaparte, Jahrgang 1898, Schriftsteller und Kriegsberichterstatter der italienischen Tageszeitung Corriere della Sera, Soroca am Dnjestr, 4. August 1941, DIE WOLGA ENTSPRINGT IN EUROPA

»Wenige Tage vor Beginn der Offensive erhielten wir einen Befehl des OKW [Oberkommandos der Wehrmacht], der später unter dem Namen ›Kommissarbefehl‹ bekannt geworden ist.

Sein wesentlicher Inhalt war, dass alle in Gefangenschaft geratenen politischen Kommissare der Roten Armee als Träger der bolschewistischen Ideologie sofort erschossen werden sollten ... Mochte man aber über den völkerrechtlichen Status der Kommissare denken, wie man wollte, es musste jedem soldatischen Empfinden widersprechen, sie nach ihrer Gefangennahme im Kampf einfach zu erschießen. Ein Befehl, wie der Kommissarbefehl war unsoldatisch von Grund auf.«[126]

Erich von Manstein, Jahrgang 1887, General der Infanterie, Kommandeur des LVI. [56.] Armeekorps, VERLORENE SIEGE

»Wir arbeiteten zwar nicht mit Messer und Strick, sondern erschossen eben einfach jeden, der uns von einer politischen Formation in die Hände fiel. Diese Todfeindschaft hat sich eingeprägt und in verstärktem Maße bis zum heutigen

Tage erhalten. Eine von beiden politischen Formationen ist zu viel auf Erden und muss fallen. Das ist nicht nur jedem SS-Mann klar, sondern auch eine Tatsache für jeden russischen Kommissar.«[127]

Fritz Swoboda, Jahrgang 1922, SS-Oberscharführer, abgehörtes Gespräch im US-Kriegsgefangenenlagers Fort Hunt

»Wir haben im Anfang keine russischen Gefangenen gemacht. Der Führer hat doch selber gesagt, das sind keine Menschen, das sind Bestien. Dann haben sie auch ohne [Wort unverständlich] jeden, den sie als Kommissar erkannten, erschossen.«[128]

Fritz Sandrart, Oberst der Flak der deutschen Wehrmacht, abgehörtes Gespräch im US-Kriegsgefangenenlagers Fort Hunt

»Das erste Lager, ein mit Stacheldraht umzäuntes Gelände unter freiem Himmel, befand sich unweit der Stadt Ebenrode. Man ließ uns mehr oder weniger verhungern.«[129]

Maxim Tebenko, sowjetischer Kriegsgefangener aus der Ukraine, Brief an »Kontakte«

»Die Nachrichten aus dem Osten sind wieder schrecklich. Wir haben offenbar doch sehr, sehr große Verluste. Das wäre aber noch erträglich, wenn nicht Hekatomben von Leichen auf unseren Schultern lägen. Immer wieder hört man Nachrichten, dass von Transporten von Gefangenen oder Juden nur 20 Prozent ankommen, dass in Gefangenenlagern Hunger herrscht, dass Typhus und alle anderen Mangel-Epidemien ausgebrochen seien.«[130]

Helmut James von Moltke, Jahrgang 1907, Mitarbeiter der Amtsgruppe Abwehr im Nachrichtendienst der Wehrmacht, Brief an seine Frau, Berlin, den 26. August 1941

»Nicht arbeitende Kriegsgefangene … haben zu verhungern. Arbeitende Kriegsgefangene können im Einzelfalle auch aus Heeresbeständen ernährt werden.«[131]

Eduard Wagner, Jahrgang 1894, General der Artillerie, Generalquartiermeister der deutschen Wehrmacht, Befehl

»Das Einzige, was man für die Leute tat, war, dass jeden Tag ein Auto kam und so 20–30 abschleppte, die an Hungertyphus gestorben waren. Die Leute konnten im Boden Löcher scharren und Baumrinde fressen, wenn sie welche fanden. Und das wurde erst … anders, als man die Russen zur Arbeit brauchte. Und die konnten ohne Fressen nicht arbeiten. Da hat man erst mal die Kräftigsten rausgezogen und angefangen, die wieder zu ernähren, weil man sie brauchte. Aber die unmenschliche Behandlung vorher war vollkommen überflüssig.«[132]

Herbert Heroven, Gefreiter, über die Kriegsgefangenenlager Bergen-Belsen und Senne, abgehörtes Gespräch im US-Kriegsgefangenenlager Fort Hunt

»Das Schicksal der sowjetischen Kriegsgefangenen ist eine Tragödie größten Ausmaßes ... Ein großer Teil von ihnen ist verhungert oder durch die Unbilden der Witterung umgekommen.«[133]

Alfred Rosenberg, Reichsminister für die besetzten Ostgebiete, Brief an Generalfeldmarschall Wilhelm Keitel, Chef des Oberkommandos der Wehrmacht

»Die Bedenken entsprechen der soldatischen Auffassung vom ritterlichen Krieg. Hier handelt es sich um die Vernichtung einer Weltanschauung. Deshalb billige ich diese Maßnahmen und decke sie.«[134]

Wilhelm Keitel, Jahrgang 1882, Feldmarschall, Chef des Oberkommandos der Wehrmacht, Brief an den Reichsminister für die besetzten Ostgebiete, Alfred Rosenberg

»Von Ostrow Mazowiecka wurden wir in das Lager gebracht, wo wir sehr schlecht verpflegt wurden, es starben ca. 20 bis 30 Soldaten pro Tag. Das Lager war in einem dichten Wald untergebracht, einem Kiefernwald; wir kratzten mit einem Nagel die Rinde ab und ernährten uns so. Nach einiger Zeit war so der ganze Wald weggegessen.«[135]

Boris Scheremet, sowjetischer Kriegsgefangener, Brief an »Kontakte«

»Ich hatte ca. 5 000 Russen eine Zeitlang fast täglich beim Entladen der Kohlrübenzüge eingesetzt. Der ganze Bahnkörper war schon verstopft. Zu Bergen lagen die Rüben an den Bahngleisen. Es war kaum zu schaffen. Die Russen konnten physisch einfach nicht mehr. Stumpf trotteten sie sinn- und ziellos umher, oder verkrochen sich irgendwo an einer geschützten Stelle, um irgendetwas Essbares, das sie gefunden, zu verschlucken, hinunterzuwürgen oder still irgendwo zu sterben.«[136]

Rudolf Höß, AUTOBIOGRAPHISCHE AUFZEICHNUNGEN

»Der Führer erklärt ganz eindeutig in längerer Ausführung, dass er mit der schlechten Ernährung der Russen nicht einverstanden sei. Die Russen müssen eine absolut ausreichende Ernährung erhalten und Sauckel habe dafür zu sorgen, dass diese Ernährung bei [Herbert] Backe [Staatssekretär im Reichsministerium für Ernährung und Landwirtschaft] nun sichergestellt wird ... Der Führer wundert sich, dass die Zivilrussen hinter Stacheldraht wie Kriegsgefangene behandelt werden. Ich erkläre ihm, dass dies auf eine Anordnung von ihm zurückzuführen sei. Der Führer weiß nichts von einer derartigen Anordnung.«[137]

Albert Speer, Jahrgang1905, Reichsminister für Bewaffnung und Munition, Konferenzprotokoll

»Am Montag, dem 19. Januar 1942, sagte mir Ing. H.[ildebrandt], dass am Donnerstag, dem 15. Januar, drei Waggons russische Gefangene auf die Kleinbahn rangiert wurden. Man machte nun die Viehwagen auf, angeblich um den Russen

Brot zu geben. Kein Lebender war mehr darin. In jedem Waggon lagen 50 tote Russen. Diese Angaben machte ein dem Herrn H.[ildebrandt] bekannter Eisenbahner in der Bahnhofswirtschaft Celle-Vorstadt. ›Was macht ihr nun mit den Russen?‹ ›Die werden mit einer Hacke herausgezerrt, in eine Kieskuhle gebracht und zugeworfen.‹«[138]

Karl Dürkefälden, Ingenieur, Celle, AUFZEICHNUNGEN

»Meine Rettung war, dass ich als Kriegsgefangener nach Österreich kam und dort in einem Betrieb arbeitete, wo Watte und Garn hergestellt wurden (ich weiß nicht mehr, wo das war) und beim Straßenbau. Danke den österreichischen Arbeitern, die uns heimlich Essen gaben. Gegen Ende des Krieges wurde ich wieder nach Deutschland transportiert, wo wir Schützengräben aushoben. Viele Gefangene kamen unter den amerikanischen Bomben ums Leben, da es uns verboten war, uns im Luftschutzkeller aufzuhalten.«[139]

Fjodor Tschernjak, sowjetischer Kriegsgefangener, Brief an »Kontakte«

»Es hat lange gedauert, Tod, bevor du gekommen bist. Und doch habe ich gehofft, dass ich mit dir erst nach vielen Jahren bekannt werde. Dass ich noch das Leben eines freien Menschen leben werde, dass ich noch viel arbeiten und viel lieben und viel singen und durch die Welt wandern werde. Ich bin doch erst jetzt reif geworden und hatte noch sehr viel Kraft. Ich habe sie nicht mehr. Sie geht zu Ende.«[140]

Julius Fučík, Jahrgang 1903, tschechischer Journalist und Schriftsteller, kommunistischer Widerstandskämpfer, am Tag seiner Hinrichtung, UNTER DEM STRANG GESCHRIEBEN

»Hitler wusste offenbar schon von Anfang an, was er vorhatte: Bereits Ende 1933 bestellte er zwanzig Guillotinen. Sie wurden von Insassen des Gefängnisses Tegel hergestellt, das eine gute Schlosserei und Härterei besaß. Von Ende 1934 an wurde der Handbetrieb der Menschenvernichtung endgültig durch den maschinellen Betrieb abgelöst.«[141]

Harald Poelchau, Jahrgang 1903, evangelischer Gefängnisgeistlicher in Berlin-Plötzensee, ERINNERUNGEN

»Was fast allen Führenden im Kampfe gegen Hitler fehlte, war ein Schuss Höllenfeuer im Blute, das sie den Gegnern ebenbürtig gemacht hätte. An Schlangenklugheit und Schlangengefährlichkeit waren sie Hitler und seinen Genossen nicht gewachsen. Hat das Fehlen der Unbedenklichkeit eines dämonischen Machtbegehrens und Herrscherwillens unsere Helden des Erfolges beraubt, so lässt es ihre Ehrenhaftigkeit umso klarer hervorleuchten.«[142]

Ricarda Huch, Jahrgang 1864, Schriftstellerin, DER KAMPF GEGEN DAS BÖSE

»Zu dieser Zeit arbeitete ich in einer großen Autoreparaturwerkstatt in Königsberg (Ostpreußen). Der Hitlergruß wurde eingeführt, und ich erhielt die Aufforderung, an einer paramilitärischen Ausbildung teilzunehmen. Jetzt musste ich mich entscheiden: Auf welcher Seite wollte ich stehen! Ich wusste sehr wohl, dass ›Heil‹, also ›Rettung‹, nicht von Hitler, sondern nur von Jesus Christus zu erwarten sei. Mein Entschluss lautete daher: Verweigerung des Hitlergrußes und Absage der paramilitärischen Ausbildung.«[143]

Josef Rehwald, Jahrgang 1911, Königsberg, »Ernster Bibelforscher« [Zeuge Jehovas]

»Anders war es aber mit den übrigen neun Zehnteln des Lagers: einer Kompanie [aus] Juden, Emigranten, Homosexuellen, Bibelforschern, einer Kompanie Asozialer und sieben Kompanien politischer Häftlinge, zumeist Kommunisten. Die ungewisse Haftdauer – oft abhängig von der Willkür völlig subalterner Beamter – war nach meiner Erfahrung und Beobachtung der Faktor, der die schlimmste, die stärkste Wirkung auf die Psyche der Häftlinge ausübte. Der Berufsverbrecher, der z. B. zu 15 Jahren Zuchthaus verurteilt war, wusste, dass er spätestens zu dieser Zeit wieder in die Freiheit käme, wahrscheinlich aber schon erheblich früher. Der politische Häftling in einem KL [Konzentrationslager], der oft nur aufgrund einer vagen Anzeige eines ihm Übelwollenden verhaftet worden war, wurde auf unbestimmte Zeit in ein KL eingewiesen. Das konnte ein Jahr, das konnte zehn Jahre dauern.«[144]

Rudolf Höß, AUTOBIOGRAPHISCHE AUFZEICHNUNGEN

»Gleich hinter dem Krematorium standen die schönen, großen, modernen Gewächshäuser. Hier zogen die Gefangenen die Blumen, die die SS-Offiziere liebten. Neben den Gewächshäusern befanden sich die Gemüsegärten, und zwar sehr üppige, in denen die ausgehungerten Gefangenen die vitaminreichen Lebensmittel anbauten, an denen sich die SS stärkte. Aber wenn jemand, vor Hunger sterbend, heimlich einen Salatkopf herauszog und ihn gierig verschlang, wurde er geschlagen, bis er ohnmächtig war. Vor dem Krematorium, durch einen Gartenstreifen davon getrennt, stand eine lange Reihe gut gebauter, geräumiger Häuser. Darin wohnten die Familien der SS-Offiziere; ihre Frauen und Kinder lebten dort glücklich und zufrieden, während die Schornsteine des Krematoriums endlosen, mit menschlicher Asche gesättigten Rauch ausspien.«[145]

Martha Gellhorn, Jahrgang 1908, Kriegsberichterstatterin der US-Armee, Dachau, Mai 1945

»Ich kam in Einzelhaft ins Gefängnis Stuhm (Westpreußen). Kurz danach traf ich in diesem Gefängnis meine drei Brüder wieder, die ebenfalls dort inhaftiert waren. Nach Ende meiner Haftzeit wurde ich wiederholt von der Gestapo verhört und kam schließlich – weil ich an meiner Überzeugung festhielt – ins Konzentrationslager Sachsenhausen.«[146]

Josef Rehwald, »Ernster Bibelforscher« [Zeuge Jehovas]

»Als die Hinrichtungen zunahmen, waren die Scharfrichter weder zeitlich in der Lage noch finanziell genötigt, einen anderen Beruf neben ihrem Hauptberuf auszuüben. Sie wurden gut bezahlt. Für jede Hinrichtung erhielt, wie ich erfuhr, der Scharfrichter 300 Mark, die Gesellen je 50 Mark. Außerdem gab es oft noch Sonderzuteilungen.«[147]

Harald Poelchau, evangelischer Gefängnisgeistlicher in Berlin-Plötzensee, ERINNERUNGEN

»Hier [in der ›Annahme‹ des Königsberger Gefängnisses] werden die Hingerichteten registriert, über ihre Habseligkeiten und über ihr Begräbnis wird hier verhandelt. Hier ist die Endstation menschlichen Leides. Vor der Theke steht ein hochgewachsener, alter Mann, der jüdische Kaufmann Hirschfeld aus Allenstein. Seine Hände liegen auf dem Leib, Fesseln – die bekannte ›Acht‹ – umschließen sie. Zwei der Beamten und Frau Abel sehen unsicher zu ihm hinüber, der dritte Beamte wendet ihm den Rücken zu und blättert an einem Pult in einer Akte. Ich kenne den Fall dieses Juden. Er ist wegen ›Wirtschaftsverbrechens‹ zum Tode verurteilt worden, weil er eine ihm gehörende Nähmaschine gegen eine Gans eingetauscht hat.

Kaum bin ich im Raum, öffnet sich die Tür. Ein Staatsanwalt im Straßenanzug tritt ein, sieht den alten Kaufmann an, blättert in seiner Handakte, sieht dann wieder den alten Mann an und sagt, äußerlich gleichgültig: ›Der Führer und Reichskanzler hat von seinem Gnadenrecht keinen Gebrauch gemacht. Ich habe Ihnen zu eröffnen, dass Ihre Hinrichtung heute um fünfzehn Uhr stattfindet.‹ Und mit kühlem Interesse sieht er auf den Todeskandidaten. Der aber hebt ganz langsam seine Hände mit den Fesseln bis zum Herzen, verbeugt sich leicht vor dem Staatsanwalt, sieht durch ihn hindurch in ferne Weiten und sagt nur zwei Worte: ›Bitte sehr.‹«[148]

Paul Ronge, Jahrgang 1901, Rechtsanwalt, Königsberg, IM NAMEN DER GERECHTIGKEIT

»Der gefesselte Delinquent wurde mit entblößtem Oberkörper in den Hinrichtungsschuppen geführt. Nach der Verlesung des Urteils in Gegenwart der üblichen Zeugen wandte sich der Staatsanwalt an den Scharfrichter mit der feststehenden Formel: ›Scharfrichter, walten Sie Ihres Amtes!‹ Nun erst riss der Scharfrichter mit einem harten Ruck den schwarzen Vorhang auf. Niemals werde ich dieses knirschende Geräusch vergessen können! Jetzt wurde die Guillotine im Schein des elektrischen Lichtes sichtbar.

Der Verurteilte hatte sich an ein hochgeklapptes, am Kopfende ausgekehltes Brett zu stellen. Ehe er sich besinnen konnte, warfen ihn die Henkersknechte auf das Brett, das in einem Scharnier befestigt war und um neunzig Grad umschlug. Der Delinquent kam mit dem umgeklappten Brett blitzschnell in eine Lage, in der sich sein Kopf genau unter dem Fallbeil befand. Es war die ›Kunst‹ der Gesellen, die Länge des Opfers vorher richtig einzuschätzen. In derselben Sekunde drückte der

Scharfrichter auf den Knopf. Das Fallbeil sauste herab, der Kopf des Verurteilten flog in einen bereitgestellten Weidenkorb.«[149]

Harald Poelchau, ERINNERUNGEN

»Das Standgericht Kattowitz kam gewöhnlich alle vier bis sechs Wochen nach Auschwitz und tagte im Zellenbau. Die meist schon einsitzenden oder auch kurz vorher eingelieferten Standgerichtshäftlinge wurden vorgeführt, von dem Vorsitzenden durch Dolmetscher über ihre Aussagen und ihr Eingeständnis befragt. Die Häftlinge, die ich dabei erlebte, gaben frei, offen und sicher ihre Tat zu. Besonders einige Frauen traten mutig für ihr Handeln ein. In den meisten Fällen wurde das Todesurteil ausgesprochen und auch anschließend sofort vollstreckt.«[150]

Rudolf Höß, AUTOBIOGRAPHISCHE AUFZEICHNUNGEN

»Wer so die Stimme des Blutes in sich verrät, wer alles daran setzt, Deutschland seine Freunde zu entfremden und Deutschlands Feinden zu helfen, weil ihr Sieg für unser Volk weniger schlimm sei als unser Sieg – ein solcher Deutscher hat für immer, für unser Geschlecht und für die Reihe der deutschen Geschlechter nach uns, seine Ehre verwirkt und muss deshalb als verräterischer Helfer unserer Kriegsfeinde (§ 91 b StGB) mit dem Tode bestraft werden.«[151]

Der Volksgerichtshof, Todesurteil wegen Feindbegünstigung gegen Jakob Grapp SM (Marianist), Pfarrer in Reutte, Tirol, vom 2. Juli 1943, vollstreckt am 13. August 1943 in Berlin-Plötzensee durch Erhängen

»Der Arzt versicherte stets, der Erhängte verliere sehr rasch das Bewusstsein, sobald die Blutzirkulation abgedrosselt sei, der Tod träte durch Bruch des Halswirbels ein. Es dauerte aber viel länger als bei der Guillotine. Die Vorschrift lautete, den Erhängten frühestens nach zwanzig Minuten wieder abzunehmen, vorher dürfe man mit dem sicheren Eintreten des Todes nicht rechnen.«[152]

Harald Poelchau, ERINNERUNGEN

»Als im Frühjahr 1943 verstohlen die Mitteilung weitergegeben wurde, in München seien zwei Studenten und eine Studentin hingerichtet worden, weil sie in Flugblättern zur Beseitigung der nazistischen Regierung aufgefordert hätten, dachten Tausende: Diese jungen Menschen haben getan, was wir hätten tun sollen und nicht zu tun wagten.«[153]

Ricarda Huch, Schriststellerin, DIE AKTION DER MÜNCHENER STUDENTEN

TAGEBUCH, 11. MAI 1943

»Beim Abenddienst gab mir heute Fiedler ein Flugblatt aus München von Studenten, die verhaftet und hingerichtet worden sind. Bin tief beeindruckt. Endlich wieder die Sprache, die das Wort ›Vaterland‹ mit einem neuen Klang erfüllt. Auf einem zweiten Blatt stand zu lesen, wie diese beiden jungen Menschen, ein Geschwisterpaar Scholl, gestorben sind. Mit überlegener Haltung dem geifernden Freisler gegenüber.

Schrieb beide Blätter in großer Eile mit acht Durchschlägen ab. Gab einen Durchschlag M., der ihn vervielfältigen lassen will, um ihn an die Front zu schicken. Möchte mich mehr an solchen Dingen beteiligen, obwohl bei der Vorstellung KZ mein ganzer Mut in ein Häufchen Feigheit zusammensinkt.«[154]

Ursula von Kardorff, Journalistin, Berlin

DACHAUER TAGEBUCH, 24. DEZEMBER 1944

»Der Tag brachte eine neue, schwarze Kunde: – Das Präzifix war zum Baden im Lager. – Als sie wieder zurückmarschierten, wurden drei Kameraden aus dem Bunker geholt und mussten mitgehen. – Das ganze Kommando musste zum Krematorium marschieren, dort, vor dem Gebäude, war ein Galgen errichtet, und die drei wurden vor aller Augen erhängt – zwei Russen und ein Pole. – Angeblich, weil sie einen Meister bedrohten, sagten, er solle nur bis nach dem Kriege warten, dann werde er seinen Lohn erhalten. – Die Russen sollen sehr tapfer gewesen sein.«[155]

Edgar Kupfer-Koberwitz, Häftling im Konzentrationslager Dachau

»Auf meiner Station ist eine Menge von meinen Kameradinnen, die das gleiche Urteil haben. Sie alle trösten mich und kümmern sich um mich. Sie selbst sind ruhig und haben keine Angst, was ich nicht verstehe. Ich war während der Gerichtsverhandlung sehr krank. Ich musste mich schrecklich übergeben, ich hatte Nasenbluten und schreckliche Bauchschmerzen. Einmal bin ich im Gerichtssaal fast ohnmächtig geworden. Die Kommissare haben mich ausgezeichnet behandelt. Am Tage der Gerichtsverhandlung wurde extra für mich ein Arzt gerufen, der dann nach meiner Gesundheit fragte. Dies alles wird ›human‹ genannt. Remus war meine ganze Stütze und mein Halt. Ich möchte Dich so sehr wiedersehen, besonders jetzt, wenn man noch Hoffnung hat. Wenn man meine seelischen Leiden mit den physischen multiplizieren würde, so denke ich, dass jeder Mensch schon längst verrückt geworden oder tot wäre, aber die menschliche Seele steht alles durch. Während ich dies alles schreibe, füllen sich meine Augen mit Tränen, wenn ich nur daran denke, wie Du Arme leidest, meine geliebte Koschka. Ich umarme und küsse Dich, Deine Lana.«[156]

Liane Berkowitz, Jahrgang 1923, Mitglieder der Widerstandsgruppe »Rote Kapelle«, Kassiber vom 3. März 1943

»Bet.: Gnadengesuch von 17 vom Reichskriegsgericht im Strafsachenkomplex ›Rote Kapelle‹ zum Tode und zum dauerhaften Verlust der bürgerlichen Ehrenrechte Verurteilten

Angestellter *Karl Böhme*, Urteil vom 20.1.1943, wegen Vorbereitung zum Hochverrat in Tateinheit mit Feindbegünstigung und wegen Beihilfe zur Spionage;

Fräser *Stanisaus Wesolek*, Urteil vom 10.2.1943, wegen Beihilfe zur Vorbereitung eines hochverräterischen Unternehmens und zur Spionage;

Rentner *Emil Hübner*, Urteil vom 10.2.1943, wegen Beihilfe zur Vorbereitung eines hochverräterischen Unternehmens und wegen Feindbegünstigung; .

Ehefrau *Frieda Wesolek*, Urteil vom 10.2.1943, wegen Beihilfe zur Vorbereitung eines hochverräterischen Unternehmens und zur Spionage;

Studentin *Ursula Götze*, Urteil vom 18.1.1943, wegen Vorbereitung zum Hochverrat und wegen Feindbegünstigung;

Telefonistin *Marie Terwiel*, Urteil vom 26.1.1943, wegen Vorbereitung eines hochverräterischen Unternehmens und zur Feindbegünstigung;

Ehefrau *Rose Schlösinger*, Urteil vom 20.1.1943, wegen Spionage;

Ehefrau *Hilda Coppi*, Urteil vom 20.1.1943, wegen Vorbereitung zum Hochverrat in Tateinheit mit Feindbegünstigung, Spionage und Rundfunkverbrechen;

Stenotypistin *Klara Schnabel*, Urteil von 30.1.1943, wegen Feindbegünstigung;

Abteilungsleiterin *Else Imme*, Urteil vom 30.1.1943, wegen Feindbegünstigung;

Wissenschaftliche Assistentin *Eva Buch*, Urteil vom 30.1.1943, wegen Vorbereitung eines hochverräterischen Unternehmens und Feindbegünstigung;

Geschäftsinhaberin *Anna Krause*, Urteil vom 12.2.1943, wegen Beihilfe zur Spionage;

Ehefrau *Ingeborg Kummerow*, Urteil vom 27.1.1943, wegen Beihilfe zur Spionage;

Keramikerin *Cato Bontjes van Beek*, Urteil vom 18.1.1943, wegen Beihilfe zur Vorbereitung des Hochverrats und zur Feindbegünstigung;

Schülerin *Liane Berkowitz*, Urteil vom 18.1.1943 wegen Beihilfe zur Vorbereitung des Hochverrats und zur Feindbegünstigung.

Ich lehne einen Gnadenerweis ab.

(Paraphe) **Adolf Hitler**

Der Chef des Oberkommandos der Wehrmacht

(Paraphe) **Wilhelm Keitel**«[157]

»Maria Terwiel starb am 5. August 1943. Das war ein denkwürdiger Tag. An diesem Tag wurden auch noch andere Frauen und Mädchen der ›Roten Kapelle‹ hingerichtet: Hilde Coppi, die ich schon erwähnt habe, die junge Tänzerin Oda Schottmüller, die zarte neunzehnjährige Studentin Liane Berkowitz, die Keramikerin Catho Bontjes van Beek und die zweiundzwanzigjährige frische, lebensfrohe Studentin Eva-Maria Buch. ... Sie war die Freundin des versonnenen und nachdenklichen Paul Guddorf, der ihr im Tode vorausging. Er wurde am 13. Mai 1943 hingerichtet. Ich konnte ihr berichten, wie sehr Guddorf in seinen letzten Tagen an sie gedacht hatte. Das kleine Bildchen von ihr, das er mir vor seinem Tode gegeben habe, bewahrte ich noch lange bei mir. Erst 1945 konnte ich es den Eltern zustellen.«[158]

Harald Poelchau, ERINNERUNGEN

Adolf Hitler im Führerhauptquartier Wolfsschanze bei der Vorführung neuer Waffen im März 1942 im Zugkraftwagen »Sd.Kfz.7«, einer Artilleriezugmaschine. Neben ihm mit Hut: der Konstrukteur Ferdinand Porsche.

EIN KRIEGSVERBRECHER
1943 bis 1945

»*Wen die wilden Tiere ihren Gewahrsam gesprengt haben und unters Volk gelaufen sind, muss eben jeder, der einen starken Arm hat, nach der Waffe greifen.*«[1]
Hans Scholl, Student und Widerstandskämpfer

Am 10. Dezember 2015 zieht Ulrich Herbert, Professor für Neuere Geschichte an der Universität Freiburg, das Fazit einer Buchbesprechung in der Wochenzeitschrift *Die Zeit*: »Und so wird uns wohl auch weiterhin alle paar Jahre ein weiterer Autor mit einer dicken Hitler-Biographie beglücken, so wie jeder Regisseur doch auch mal den ›Faust‹ inszenieren will. Oder die ›Dreigroschenoper‹.«[2] Das Bild, das die historische Forschung heute vom »Dritten Reich« zeichne, sei so kompliziert und setze so viel voraus, dass die Reduktion auf die Person »die Sache« zudem einfach mache. Ulrich Herbert bespricht die wenige Wochen zuvor erschienene Hitler-Biographie von Peter Longerich. Longerich ist Professor für moderne Geschichte am Royal Holloway College der Universität London und Gründer des dortigen Holocaust Research Center.

Longerich stellt Hitlers Persönlichkeit in den Mittelpunkt seines im nüchternen Stil geschriebenen 1 200-Seiten-Buches, er erscheint als der entscheidende Akteur nationalsozialistischer Herrschaft. »Hitler war in wesentlich größerem Umfang in den verschiedensten Politikbereichen aktiv tätig, als dies bisher vielfach angenommen wurde. Die Bedingungen dafür schuf er sich selbst: Er ließ den traditionellen staatlichen Machtapparat Schritt für Schritt in seine Bestandteile zerfallen, sorgte dafür, dass sich keine neuen, übersichtlichen Machtstrukturen herausbildeten, und vergab stattdessen weitgesteckte Aufträge an Personen, die ihm persönlich verantwortlich waren. Diese konsequent personalistische Führung erlaubte es ihm, in den unterschiedlichsten Bereichen weitgehend willkürlich zu intervenieren, und diese Möglichkeiten hat er in seiner Regierungspraxis ausgiebig genutzt, wie gerade die Forschung der letzten beiden Jahrzehnte herausgearbeitet hat.«[3]

Der Leser erfährt bei Longerich detailreich, wie Hitler regierte, durch seinen auf die Person Hitler konzentrierten Ansatz bedingt, aber wenig lebendig oder gar anekdotisch erzählt. Denn für Longerich ist Hitler als die zentrale Kraft des »Dritten Reiches« keineswegs eine Projektionsfläche der Sehnsüchte und Ängste der Deutschen. Deshalb muss, anders als bei Ian Kershaw, auch Volkes Stimme nicht vielstimmig zu Wort kommen. Longerich beschreibt Hitler als einen Machtmenschen mit einem starken Hang zur Gigantomanie. Bei ihm handelt Hitler selbst, ihm wird nicht »zugearbeitet« wie bei Kershaw. »Seine fast unbegrenzte Machtstellung, die Eliminierung formalisierter Entscheidungsfindung und extreme Verkürzung der Entscheidungswege, seine starke Präsenz sowohl in der Außen- als auch in diversen Kernbereichen der Innenpolitik erlaubten es Hitler, und dies ist mit Blick auf die Funktionsweise seiner Herrschaft entscheidend, in kritischen Situationen auf komplexe Problemlagen ad hoc, effizient und mit weitreichenden Folgen zu reagieren.«[4]

In Longerichs Interpretation der nationalsozialistischen Herrschaft kann sich der Diktator der Gefolgschaft einer Mehrheit der Deutschen auch nicht immer sicher sein. Er hat diese, dem Autor zufolge, aber auch gar nicht nötig. Hitler übt Macht nicht über sein Charisma, sondern über repressive Instrumentarien wie brutale Gewalt, totale Kontrolle und konsequente Zensur aus. Der persönliche Wille des »Führers« tritt nach 1933 an die Stelle der Staatsgewalt. »Hitler wirkte nicht nur als ›Katalysator‹ oder ›Medium‹ historischer Prozesse, die unabhängig von seiner Person existierten. Vielmehr formte er diese auf eine äußerst eigenständige und sehr persönliche Art und Weise, indem er vorhandene Kräfte und Energien kanalisierte, verstärkte und bündelte, brachliegende Potenziale mobilisierte, auf brutale Weise die Schwäche oder Passivität seiner Gegner ausnutzte und diese zu vernichten trachtete.«[5]

Longerich geht es in seiner Biographie darum, die Kräfte darzustellen, die Hitler selbst in Bewegung setzt und nicht die Verhältnisse und Strukturen, die Hitler ermöglichen. Dieser habe taktisches Geschick und Durchsetzungsvermögen besessen. »Ein Genie – so sah Adolf Hitler sich selbst, und so wollte er von anderen gesehen werden. Verkannt zunächst, habe er dank außergewöhnlicher Fähigkeiten, Willenskraft und Unbeirrbarkeit dennoch seinen vorgezeichneten Weg gemacht.«[6] In diese Deutung und Stilisierung habe Adolf Hitler zeitlebens viel investiert, schreibt Longerich. Das Bild, das Hitler in der Öffentlichkeit abgab, habe auf der durchdachten Choreografie seiner Auftritte, dem vielfach erprobten Aufbau seiner Reden, nicht zuletzt auf der propagandistischen Unterstützung durch Goebbels aufgebaut. Die »Identität von Volk und Führung«, die andere Historiker dem Charismatiker Hitler zuschreiben, sei vor allem ein Produkt der NS-Propaganda gewesen. Auch Hitler habe die vor 1933 bestehende tiefe Spaltung des deutschen Volkes nicht überwinden können. »Die hinter dem ›Führer‹ geeinte, geschlossene nationalsozialistische ›Volksgemeinschaft‹ erweist sich vor allem als ein zeitgenössisches Propagandakonstrukt.«[7]

Am 18. Februar 1943 proklamiert Reichspropagandaminister Joseph Goebbels im Berliner Sportpalast von 3 000 ausgesuchten Zuhörern den »totalen Krieg«. Einen Monat zuvor befahl Adolf Hitler, sämtliche personellen und materiellen Ressourcen im Deutschen Reich und den besetzten Territorien für den »Endsieg« freizusetzen. Alle Männer zwischen 16 und 65 sowie Frauen zwischen 17 und 45 Jahren können jetzt zur Reichsverteidigung herangezogen werden. Mit der Erweiterung der Wehrpflicht ab August 1943 werden Jungen unter 18 Jahren in die Wehrmacht eingezogen.

Fritz Sauckel begegnet dem durch Einberufungen entstehenden Arbeitskräftemangel in seiner Funktion als Hitlers »Generalbevollmächtigter für den Arbeitseinsatz« mit der verstärkten Anwerbung und Rekrutierung von Fremd- und Zwangsarbeitern.

Mit der Mobilisierung der letzten Reserven in der Heimat geht eine Verschärfung des Terrors und des Kriegsstrafrechts einher. Die Zahl der Todesurteile wegen Defätismus oder Wehrkraftzersetzung erhöht sich sprunghaft. Der Königsberger Rechtsanwalt Paul Ronge hat in seinen *Erinnerungen eines Strafverteidigers* Fälle besonders brutal ausgeübter Unrechtsjustiz von Staatsanwälten und Richtern in Ostpreußen als Folge des jetzt totalen Kriegs beschrieben: »Ein junger Mann hatte in einer Mondnacht eine Frau belästigt. ›Ausnutzung der Verdunkelung.‹ Todesstrafe wurde erkannt und vollstreckt.«[8] In dem von Ronge genannten Fall wendet sich die belästigte Frau an den Staatsanwalt und bittet um Gnade. »Sie wurde nicht müde, zu beteuern: ›Hätte ich das geahnt, ich hätte den jungen Mann niemals angezeigt.‹«[9] In diesem Fall ist der zum Tode Verurteilte ein treuer Anhänger des Führers. Ronge zitiert noch seine letzten Worte: »Es lebe Adolf Hitler und die Leibstandarte!«

Als Antwort auf die alliierte Landung in Nordafrika hat die Wehrmacht schon am 11. November 1942 die Südzone Frankreichs besetzt. Judenverfolgung, Zwangsrekrutierung französischer Arbeitskräfte für die deutsche Wirtschaft und zunehmender Terror der Deutschen gegenüber der Bevölkerung verstärken jetzt in Frankreich den Zulauf zur Résistance. Im Mai 1943 gelingt es Charles de Gaulle von seinem Londoner Exil aus, einen Zusammenschluss der zumeist regional organisierten und politisch unterschiedlich ausgerichteten französischen Widerstandsgruppen zu erreichen.

Überall im besetzten Europa entstehen Untergrund- und Partisanenbewegungen. Nach der Niederlage 1941 ist das Königreich Jugoslawien zerschlagen worden. In Kroatien wird ein faschistischer Satellitenstaat gebildet, der Rest des Landes von bulgarischen, italienischen und deutschen Truppen besetzt. Nach dem deutschen Überfall auf die Sowjetunion organisiert die Kommunistische Partei des Landes unter ihrem Generalsekretär Josip Broz Tito den Widerstand. Dessen Partisanen binden ab 1942 starke militärische Kräfte der Achsenmächte.

Nach der Besetzung Griechenlands im Frühjahr 1941 beginnt auch in den bulgarisch, italienisch und deutsch kontrollierten Gebieten des Landes ein Partisanenkrieg. Aus der linksgerichteten Widerstandsgruppe EAM geht im Frühjahr 1942 die kommunistische ELAS hervor. Sie steht in starker Feindschaft zur nationalmonarchistischen Widerstandsgruppe EDES. Die Partisanenverbände erhalten ab 1943 starken Zulauf. Die Briten unterstützen beide Verbände mit Waffen, Kleidung, Schuhen und Nahrungsmitteln.

Als Goebbels die Mobilisierung aller Kräfte zum totalen Krieg verkündet, tobt um das ukrainische Charkow, die viertgrößte Stadt der Sowjetunion, eine heftige Schlacht. Nach der Katastrophe von Stalingrad droht der Süden der deutschen Ostfront zusammenzubrechen. Die Rote Armee kann Charkow zunächst befreien.

Durch eine von Generalfeldmarschall Erich von Manstein geführte Gegenoffensive stabilisiert die Wehrmacht den Südabschnitt der Front noch einmal und verhindert einen drohenden Zusammenbruch. Am 6. März treten die deutsche 4. Panzerarmee und eine Armeeabteilung zur Offensive gegen die sowjetische 3. Panzerarmee sowie die sowjetische 69. Armee an. Fünf Tage später beginnt der Angriff eines SS-Panzerkorps auf Charkow.

Der Versuch der Roten Armee, den erneuten Verlust der Stadt mit allen verfügbaren Kräften zu verhindern, scheitert an der noch hohen Kampfkraft der Waffen-SS-Verbände. Am 15. März wird Charkow durch die SS-Divisionen »Leibstandarte SS Adolf Hitler« und »Das Reich« unter dem Befehl von Hitlers ehemaligem Leibwächter Sepp Dietrich besetzt. Mit der erneuten Eroberung Belgorods am 21. März 1943 ergibt sich für die Wehrmacht die Gelegenheit, die in einem Frontbogen bei Kursk stehenden sowjetischen Kräfte abzuschnüren und zu zerschlagen.

Nachdem die Wehrmacht durch sowjetische Offensiven bis zum Frühjahr 1943 auf eine Frontlinie, die sie bereits im Winter 1941 eingenommen hatte, zurückgeschlagen wird, will sie mit der Operation »Zitadelle« die Initiative an der Ostfront zurückgewinnen. Am 29. Juni 1943 fliegt Hitler, der sich nach der Niederlage von Stalingrad und den Kämpfen um Charkow drei Monate auf dem Obersalzberg aufgehalten hat, zur Wolfsschanze zurück. Am 5. Juli 1943 beginnt bei Orel und Belgorod die letzte deutsche Großoffensive. Durch eine Zangenbewegung soll ein 150 Kilometer langer sowjetischer Frontbogen bei Kursk beseitigt und die Front begradigt werden. Mit rund 900 000 Soldaten, 2 000 Panzern, 10 000 Geschützen und 1 800 Flugzeugen setzen die deutschen Heeresgruppen Mitte und Süd fast alle verbliebenen Kräfte ein. Der von der Roten Armee erwartete Angriff trifft auf ein tief gestaffeltes Verteidigungssystem, in dem der Gegner rund 1,35 Millionen Mann sowie knapp 4 000 Panzer und Sturmgeschütze zusammengezogen hat. Nachdem die deutsche Offensive zum Stillstand gekommen ist, befiehlt Hitler am 13. Juli 1943 die Einstellung der Angriffe. Unmittelbar danach beginnt eine sowjetische Sommeroffensive.

Noch bevor die Kämpfe bei Kursk beendet sind, setzen die Briten und Amerikaner von Nordafrika nach Sizilien über und eröffnen damit eine zweite Front auf dem europäischen Kriegsschauplatz. Nach der Eroberung Siziliens landen sie am 3. September 1943 im Golf von Tarent auf dem italienischen Festland, am 9. September bei Salerno. Italien schließt einen Waffenstillstand. Die deutschen Truppen in Italien entwaffnen ihre ehemaligen Verbündeten. Daraufhin entwickelt sich im von den Deutschen besetzten Teil Italiens ebenfalls eine starke Partisanenbewegung. Peter Longerich: »Auch wenn es Hitler im Herbst 1943 ... noch einmal gelungen war, sein Regime innerlich und äußerlich zu konsolidieren, ja sogar den von ihm unmittelbar beherrschten Raum beträchtlich zu vergrößern, so war doch offensichtlich, dass die militärische Niederlage unabwendbar war, sollte der Zweifrontenkrieg fortgesetzt werden oder sogar eine dritte Front in Westeuropa entstehen.«[10]

Einen Luftalarm verkündeten die Sirenen in Berlin in der Nacht vom 7. auf den 8. Juni 1940. In dieser Nacht wirft ein einziger viermotoriger Bomber der französischen Marine vom Typ Farman F.223 mit dem Namen Jules Verne auf ein Industrieviertel der Hauptstadt eine kleine Bombenladung.[11] Am 25. August 1940 greift erstmals die britische Royal Air Force (RAF) Berlin an. Von den 81 ausgesandten Bombern können viele das Ziel nicht finden. Es werden nur leichte Schäden in der Innenstadt und in den Außenbezirken Reinickendorf, Pankow und Lichtenberg registriert. In derselben Nacht bombardiert die RAF auch Köln, Hamm und das italienische Bologna.

Erstes Opfer von massiven Flächenbombardements ist am 29. März 1942 Lübeck. Thomas Mann geht in einer Radioansprache am 11. April 1942 über die Frequenzen der BBC auf den sich verschärfenden Bombenkrieg ein. »Hat Deutschland geglaubt, es werde für die Untaten, die sein Vorsprung in der Barbarei ihm gestattete, niemals zu zahlen haben? Es hat kaum zu zahlen begonnen – über dem Kanal und in Russland. Auch was die Royal Air Force in Köln, Düsseldorf, Essen, Hamburg und andern Städten bis heute zuwege gebracht hat, ist nur ein Anfang.«[12] Ende Mai 1942 fliegen die Briten mit 1 046 Flugzeugen gegen Köln den ersten Angriff des Krieges mit mehr als tausend Bombern.

Bis Ende 1942 untersagt Adolf Hitler noch einen militärisch bedeutungslosen Terrorbombenkrieg gegen Wohngegenden auf der britischen Insel. Dennoch werden bei Luftangriffen auf London oder Industriestädte wie Coventry in den nächsten Jahren rund 50 000 britische Zivilisten getötet. Um den Lebens- und Verteidigungswillen der deutschen Bevölkerung zu brechen, setzt dagegen die Royal Air Force von Beginn an bewusst auch auf Bombardierungen reiner Wohnviertel. Deshalb befiehlt Hitler Ende 1942, die britischen Bombardements deutscher Städte mit gezielten deutschen Terrorangriffen auf die britische Zivilbevölkerung zu beantworten. Die Vergeltungsangriffe auf militärisch bedeutungslose Ziele wie Exeter, Canterbury oder York und auch die Bomberoffensiven gegen London und Südengland im Frühjahr 1944 bleiben zumeist wirkungslos, da der Luftwaffe im Westen nur wenige Flugzeuge zur Verfügung stehen, werden aber in der deutschen Propaganda als Erfolge ausgeschlachtet. Das gilt auch für die Angriffe mit V1-Flugbomben und V2-Raketen ab Mitte 1944.

Der Bombardierung Hamburgs durch über 2 200 britische Maschinen im Juli 1943 fallen über 30 000 Menschen zum Opfer. Berlin ist ab November 1943 massiven Luftangriffen ausgesetzt. Ab 1943 fliegen amerikanische Langstreckenbomber auch am Tage Angriffe auf deutsche Städte. Die Royal Air Force bleibt bei ihren nächtlichen Flächenbombardements. Ab März 1944 haben die Alliierten die uneingeschränkte Luftherrschaft über Deutschland. Als Folge der Bombenangriffe auf deutsche Städte sterben vermutlich mehr als 500 000 Zivilisten.

Auf einer Konferenz in Washington im Mai 1943 einigen sich der britische Premier Winston Churchill und der amerikanische Präsident Franklin D. Roosevelt auf eine Invasion in Frankreich im Frühjahr 1944. Vom 28. November bis zum 1. Dezember 1943 kommt es zum ersten Gipfeltreffen von Roosevelt, Churchill und Stalin in der persischen Hauptstadt Teheran. Stalin fordert auf der Konferenz eine »Zweite Front« zur Entlastung seines Landes. Die Kämpfe in Italien lässt er als Front nicht gelten. Die Alliierten beschließen daher eine Invasion von amerikanischen und britischen Truppen in Nordfrankreich im Mai 1944. Die »Großen Drei« einigen sich auch darauf, einen Wiederaufstieg Deutschlands zur politischen und militärischen Macht für alle Zukunft zu verhindern. Die Entmilitarisierung und Entnazifizierung glauben Amerikaner, Briten und Sowjets übereinstimmend am ehesten durch eine auf unbestimmte Zeit vorgesehene militärische Besatzung gewährleisten zu können. Deutschlands staatliche Einheit sei aufzulösen.

Zur Jahreswende 1943/44 konzentriert sich Hitler vor allem auf eine auch von ihm erwartete baldige Landung der Alliierten in Westeuropa. »Er war überzeugt, dass von hier die größte Gefahr drohte; hier lagen aber auch die Chancen, eine entscheidende Wende in der Gesamtkriegslage herbeizuführen«, schreibt Peter Longerich. »Denn eine misslungene Großlandung der Alliierten in Westeuropa würde sie militärisch um Jahre zurückwerfen; möglicherweise würde sich ja Großbritannien, wie er Goebbels im September erklärt hatte, mit seiner gestärkten Position im Mittelmeerraum begnügen und Bereitschaft für einen Sonderfrieden zeigen.«[13]

Die Alliierten nutzen das Jahr 1943, um starke Truppenkontingente aus Amerika nach Großbritannien zu überführen und eine Armada für eine Invasion zusammenzuziehen. Durch eine Landung in der von Hitler deklarierten »Festung Europa« wollen sie den schnellen militärischen Zusammenbruch Deutschlands herbeiführen. Hitler sehnt die Landung herbei. Er hofft, nach einer erfolgreichen Abwehr der Invasion die freigewordenen Truppen an die Ostfront werfen zu können.[14]

»Hitler zeigte sich gegenüber seinen militärischen Mitarbeitern ausgesprochen unsicher, wo die ›Invasion‹ stattfinden würde. An der weit über 5 000 Kilometer langen Küstenlinie zwischen Norwegen und der Biskaya, an der französischen Mittelmeerküste oder als ›Scheininvasion‹ in Spanien oder Portugal? Am 4. März erklärte er gegenüber seinen Militärs, er halte die Normandie und die Bretagne nun für am gefährdetsten. An dieser Auffassung hielt er in den kommenden Monaten fest. Trotzdem lag der Schwerpunkt der Abwehr am Pas de Calais.«[15] Weil hier aber größere Häfen fehlen und sie die Deutschen überraschen wollen, haben sich Briten und Amerikaner, wie Hitler richtig vermutet, bereits in ihren ersten Planungen auf die Normandie festgelegt.

Mit über 3 100 Landungsbooten setzt in der Nacht zum 6. Juni 1944 die erste Welle der Invasionsarmee von Großbritannien nach Frankreich über. Unter dem Feuerschutz von 1 200 Kriegsschiffen und 7 500 Flugzeugen landen rund 150 000 Amerikaner, Briten, Franzosen, Polen sowie Kanadier und weitere Commonwealth-Angehörige an fünf verschiedenen Stränden der Normandie. Gleichzeitig bringen Fallschirmjäger und Luftlandetruppen wichtige strategische Punkte im Hinterland unter ihre Kontrolle. Am 12. Juni gelingt es, die fünf Landungsköpfe zu einer zusammenhängenden Front von 100 Kilometern Länge und 30 Kilometern Tiefe zu verbinden. Am 31. Juli durchstoßen die Amerikaner die deutsche Front bei Avranches. Den Alliierten steht Frankreichs Norden für einen weiträumigen Bewegungskrieg offen.

Im Juni 1944 verfügt die deutsche Heeresgruppe Mitte an der Ostfront nur noch über 40 Divisionen mit rund 500 000 Soldaten. Sie hat mit diesen schwachen Kräften einen 1 000 Kilometer langen Frontbogen um Witebsk, Orscha, Mogilew und Bobruisk zu verteidigen. Eine Begradigung der Front zur Erhöhung der Verteidigungsfähigkeit verbietet Hitler. Zwei Wochen nach der alliierten Invasion in Frankreich beginnt die Rote Armee am 22. Juni 1944 mit 1,2 Millionen Soldaten und 4 000 Panzern eine Großoffensive gegen die Heeresgruppe. Innerhalb weniger Tage dringt sie über 300 Kilometer nach Westen vor und kesselt dabei die deutsche 4. und 9. Armee sowie die 3. Panzerarmee ein. Am 3. Juli erobert sie Minsk, zehn Tage später Wilna. Rund 350 000 deutsche Soldaten fallen innerhalb von vier Wochen oder geraten in sowjetische Kriegsgefangenschaft. Als es der Wehrmacht Ende Juli gelingt, auf der Linie Kaunas–Brest-Litowsk den Vormarsch mit improvisierten Verbänden kurzzeitig aufzuhalten, hat die Heeresgruppe Mitte praktisch aufgehört zu existieren. Die Rote Armee nähert sich in den nächsten Wochen der Reichsgrenze und Warschau.

Angesichts der sowjetischen Sommeroffensive, die bis vor die Tore Warschaus führt, entfacht die nationalpolnische Untergrundarmee »Armia Krajowa« (Heimatarmee), unterstützt von weiteren Untergrundgruppen, am 1. August 1944 einen Aufstand gegen die deutschen Besatzer. Die rund 40 000 Soldaten der Heimatarmee versuchen, ihre Hauptstadt vor dem Einmarsch der Roten Armee aus eigener Kraft zu befreien. In erbittert geführten Häuserkämpfen in den Straßen Warschaus bringen die Aufständischen in den ersten Tagen bedeutende Teile der Stadt unter ihre Kontrolle, bevor vor allem Einheiten der Waffen-SS mit brutalen Methoden allmählich die Oberhand gewinnen. Aber erst am 2. Oktober 1944 müssen die polnischen Verbände in Warschau die Waffen strecken. Rund 180 000 Polen, die meisten von ihnen Zivilisten, verlieren beim Aufstand ihr Leben.

Der gescheiterte Staatsstreich vom 20. Juli 1944 ist der erfolgversprechendste und sichtbarste Versuch, die Herrschaft des Nationalsozialismus zu beenden. Seine Initiatoren, die Offiziere Friedrich Olbricht, Henning von Tresckow und Claus Schenk Graf von Stauffenberg, stützen sich auf Widerstandskreise, die von ehemals sozialdemokratischen und gewerkschaftlichen Führern über nationalkonservative Eliten bis in Kreise der NSDAP und der SS reichen. So gehören zum Widerstandskreis der SS-Sturmbannführer und Reichskriminaldirektor Arthur Nebe, einst als Leiter der SS-Einsatzgruppe B verantwortlich für Tausende Morde im Osten, und Wolf-Heinrich Graf von Helldorff, SS-Obergruppenführer und als General der Polizei Polizeipräsident von Berlin. Die Verschwörer planen die Beseitigung des NS-Regimes und Friedensschlüsse mit den Kriegsgegnern. Über die Zukunft Deutschlands herrscht unter ihnen jedoch Uneinigkeit. Die Rückkehr zu einer parlamentarischen Demokratie in der Art der Weimarer Republik wollen die wenigsten.

Nach dem Scheitern des Putsches nimmt die Geheime Staatspolizei Tausende von Menschen fest. Hitler misstraut der eigenständigen Militärgerichtsbarkeit. Zwischen dem 4. August und dem 14. September 1944 werden deshalb 25 Offiziere aus der Wehrmacht ausgestoßen und weitere 29 Soldaten entlassen, um vom Volksgerichtshof abgeurteilt werden zu können.[16] Etwa 5 000 tatsächliche und angebliche Verschwörer werden bis Kriegsende hingerichtet oder sterben infolge der Haftbedingungen.

Ostpreußen ist der erste Teil des Deutschen Reiches, der zum Kriegsschauplatz wird. Am 7. August 1944 um 22.30 Uhr schlägt ein erstes sowjetisches Artilleriegeschoss auf deutschem Boden ein.[17] Am 17. August stößt nördlich der Kleinstadt Schirwindt in Höhe des Dorfes Schillehnen ein kleiner Stoßtrupp der 184. Schützendivision der Roten Armee zur Reichsgrenze vor.[18] Die Grenze bildet hier der durch Grenzpfosten markierte Fluss Scheschuppe.

Zwischen dem 25. August und dem 3. September haben die Alliierten im Westen auf breiter Front von Paris bis Mons und Verdun bereits 200 Kilometer und in einem Abschnitt noch schnelleren Vormarsches bis Brüssel fast 300 Kilometer an Gelände gewonnen. Die weichenden deutschen Einheiten befinden sich in Auflösung. Bis Mitte September kommt es zu einer fast panikartigen Rückverlegung der deutschen Truppen bis zum Westwall, der als neue Verteidigungslinie gehalten werden soll. Am 12. September 1944 um 14.30 Uhr marschieren US-Truppen bei dem Weiler Schwerzfeld in das deutsche Roetgen südwestlich von Aachen ein. Ein Spähtrupp der Fox Company der 112. US-Infanterie steht am 12. September 1944 unterhalb des luxemburgischen Hochplateaus bei Wallendorf an der Reichsgrenze.[19] Einige seiner Angehörigen sollen bereits kurzzeitig den Fluss überquert haben. Am 14. September 1944 setzen die US-Truppen über die Sauer. Im Grenzgebiet zu den Niederlanden erreichen US-Einheiten die ersten Vororte von Aachen.

Am 17. August 1944 erhalten sämtliche Gestapostellen ein Fernschreiben mit einem Befehl Heinrich Himmlers, in den frühen Morgenstunden des 22. August 1944 alle früheren Reichs- und Landtagsabgeordneten sowie Stadtverordneten der KPD und SPD im Reich, dazu liberale und katholische Politiker der Weimarer Republik festzunehmen und sie in das nächstgelegene Konzentrationslager einzuweisen. In der »Aktion Gewitter« füllen sich die KZs wieder mit Hitlers Widersachern aus den Jahren der Weimarer Republik.

Bereits seit dem Spätsommer 1944 hat Hitler von der Wehrmachtsführung Pläne für eine entlastende Gegenoffensive im Westen erarbeiten lassen. Wie beim deutschen Vorstoß durch die Ardennen im Mai 1940 soll der Angriffsschwerpunkt von der dicht bewaldeten Eifel ausgehen. Unter Ausnutzung sämtlicher Reserven will Hitler in einer letzten Kraftanstrengung nach Überquerung der Maas Brüssel und Antwerpen einnehmen. Antwerpen ist zu dieser Zeit der wichtigste Hafen für den alliierten Nachschub.

Goebbels am 18. Februar 1943: »Der Führer hat befohlen, wir werden ihm folgen.«

Bis Mitte Dezember 1944 bringt die Wehrmacht in der Eifel zum Teil von der Ostfront abgezogene kampfkräftige Divisionen in Stellung, die noch über rund 600 Panzer verfügen. Den mehr als 200 000 deutschen Soldaten stehen in diesem Frontabschnitt kaum 80 000 amerikanische gegenüber. Der deutsche Angriff am Morgen des 16. Dezember 1944 kommt für diese vollkommen überraschend. Die Alliierten können wegen des schlechten Wetters die nächsten Tage ihre uneingeschränkte Lufthoheit nicht nutzen. Die Verlegung neuer amerikanischer Truppen in die Ardennen und mangelnder deutscher Nachschub lassen die Ardennen-Offensive aber nach nur wenigen Tagen scheitern. Am 27. Dezember muss die Wehrmacht an allen Frontabschnitten zur Verteidigung übergehen. Bis zum 16. Januar 1945 verliert sie das eroberte Gelände wieder.

Die Amerikaner nennen die Kämpfe in der Eifel »The Battle of the Bulge« – die Schlacht an der »Ausbuchtung« –, weil die Wehrmacht kurzzeitig in Form einer »Beule« in ihre Front eindringen konnte. »The Battle of the Bulge« ist mit am Ende fast 20 000 Toten die verlustreichste Schlacht der US-Armee im Zweiten Weltkrieg. Weder im amerikanischen Bürgerkrieg noch im Ersten Weltkrieg, bei den Kämpfen im Pazifik oder den Kriegen in Korea und Vietnam forderten Schlachten, einen so hohen Blutzoll. Auch die deutschen Truppen erleiden massive Verluste, denn Hitler kennt trotz aussichtsloser Lage keine Kapitulation. Hunderttausende sterben noch in den letzten Monaten des Krieges, obwohl die Niederlage Nazi-Deutschlands nicht mehr aufzuhalten ist.

Ansichten und Berichte

»Es ist ein Rennen der Hoffnung mit dem Krieg. Ein Wettlauf des Todes mit dem Tode. Was kommt früher: der Tod des Faschismus oder mein Tod? Ist das nur meine Frage? Ach nein, so fragen Zehntausende Häftlinge, so fragen Millionen von Soldaten, so fragen Dutzende Millionen von Menschen in ganz Europa und in der ganzen Welt.«[20]
Julius Fučík, Jahrgang 1903, tschechischer Schriftsteller und Journalist, Gestapo-Häftling, 1943 hingerichtet, REPORTAGE, UNTER DEM STRANG GESCHRIEBEN

»Die dumpfen Paukenschläge der Fünften Symphonie von Beethoven, das Pausenzeichen der BBC, die von halb Berlin abgehört wurde, weil sie durch den ruhigen Frazer die einzigen richtigen Informationen gab, begleiteten die sich allmählich abzeichnende Niederlage.«[21]
Oda Schaefer, Jahrgang 1900, Schriftstellerin, ERINNERUNGEN

»Seine Arbeit wurde von Jahr zu Jahr strenger und damit seiner Wesensart fremder. Während er sich früher von der Arbeit nicht drängen ließ, wurde er jetzt der Sklave der Arbeit, da er glaubte, vieles selbst durchführen zu müssen. Während er es früher ausgezeichnet verstand, andere für sich arbeiten zu lassen – das war ein Vorteil für A.[dolf].H.[itler] –, begann er jetzt, mit den zunehmenden Sorgen, immer mehr sich der Einzelheiten anzunehmen, die er früher niemals selbst durchgeführt hätte. Er machte sich selbst zum fleißigen und regelmäßigen geistigen Arbeiter, und das lag weder seinem Wesen, noch förderte es seine Entscheidung.«[22]
Albert Speer, Jahrgang 1905, Reichsminister für Bewaffnung und Munition, DIE KRANSBERG-PROTOKOLLE

»Die schweren Niederlagen von Stalingrad und Tunis, die als unvergängliche Marksteine am Beginn dieser Zeit stehen, sind in ihren Ursachen, ihrem Ablauf und Ende weit vor allen anderen dem Manne an der Spitze der deutschen obersten Führung, Hitler selbst, zur Last zu legen.«[23]
Walter Warlimont, Jahrgang 1894, Stellvertretender Chef des Wehrmachtführungsstabs, IM HAUPTQUARTIER DER DEUTSCHEN WEHRMACHT

»Eine zweite Front in Europa ist unmöglich. In Nordfrankreich stehen die besten deutschen Truppen in Bereitschaft, außerdem ist die Küste stark befestigt. … Deutschland hat genügend Reserven an Menschen und Material, es wird so lange kämpfen können, wie es nötig ist.«[24]
Verhör des Kriegsgefangenen Ernst Eichhorn, Regensburg, Rittmeister der 9. Kompanie des 24. Panzerregiments der 24. Panzerdivision, Dubowka, 5. Februar 1943

»Als ich ihn nach der Stalingrad-Katastrophe zum ersten Male nach 14 Monaten der Trennung wiedersah, bemerkte ich die Veränderung seines Zustandes. Die linke Hand zitterte, die Haltung war gebeugt, der Blick starr, die Augen quollen leicht hervor, sie waren glanzlos, die Wangen zeigten rote Flecken. Seine Erregbarkeit hatte zugenommen. Er verlor leicht jede Haltung in seinem Jähzorn und war dann unberechenbar in seinen Worten und Entschlüssen.«[25]

Heinz Guderian, Jahrgang 1888, Generaloberst, Chef des Generalstabs des Heeres, ERINNERUNGEN EINES SOLDATEN

»Seit dem Fall von Stalingrad war Hitler nicht mehr der Alte. Mit jedem Monat, mit jeder Woche sah er den Zusammenbruch näher kommen.«[26]

Heinrich Hoffmann, Jahrgang 1885, Reichsbildberichterstatter, HITLER, WIE ICH IHN SAH

»Bis 1940 sah Hitler viel jünger aus, als er in Wirklichkeit war (Hitler war Jahrgang 1889). Danach jedoch alterte er ziemlich rasch. Noch bis 1943 entsprach sein Äußeres seinem Alter, später wurde sein rapider körperlicher Verfall offensichtlich.«[27]

Prof. Dr. Hanskarl von Hasselbach, Jahrgang 1903, stellvertretende Begleitarzt Hitlers, im Verhör 1945

»Ich weiß, dass viele Hitler nach Stalingrad als verändert wahrnahmen. Mir ist das nicht so ergangen. Ich konnte jedenfalls nach außen hin nichts feststellen, was mir als Wesensänderung aufgefallen wäre. Er schien mir weiterhin absolut überzeugt von dem, was er tat und vorhatte, selbstsicher und entscheidungsstark. Auch plötzlichen körperlichen Verfall vermochte ich nicht festzustellen. Die zitternde linke Hand, gealterte Gesichtszüge – das verbinde ich erst mit den allerletzten Wochen im Bunker.«[28]

Rochus Misch, Jahrgang 1917, SS-Leibstandarte, Telefonist im Führerhauptquartier, DER LETZTE ZEUGE

»Besorgnis und Zweifel überkamen auch mich, so nach Stalingrad, dann im riesigen, meist gestaltlosen Ostraum, nach dem verhängnisvollen Zusammenbruch der Heeresgruppe Mitte, nach der gescheiterten Abwehr der Invasion und auch nach dem Attentat des 20. Juli. Aber jedes Mal, wenn ich dann mit Adolf Hitler sprach, verfielen die Besorgnis und der Zweifel durch die außergewöhnliche Faszination und Ausstrahlung seiner Persönlichkeit. Es war nicht nur die Autorität, die Machtfülle des Staatsoberhauptes, verklammert mit der Befehlsgewalt über die Wehrmacht, was alles noch durch seine anspruchslose Bescheidenheit gesteigert wurde.«[29]

Hermann Giesler, Jahrgang 1896, Generalbaurat für die Neugestaltung der Hauptstadt der Bewegung, München, EIN ANDERER HITLER

»Hitler sprach sonst selten über den Krieg und wenig von Politik. ›Wir werden diesen Krieg gewinnen, denn wir kämpfen für eine Idee und nicht für den jüdi-

schen Kapitalismus, der die Soldaten unserer Feinde antreibt. Nur Russland ist gefährlich, denn Russland kämpft mit dem gleichen Fanatismus wie wir für seine Weltanschauung. Aber das Gute wird Sieger bleiben, es gibt nichts anderes.‹«[30]
Gertraud »Traudl« Junge, Jahrgang 1920, seit 1942 Sekretärin Adolf Hitlers,
BIS ZUR LETZTEN STUNDE

TAGEBUCH, 19. FEBRUAR 1943
»Um die totale Kriegsführung zu begründen, wurde Reichsminister Dr. Goebbels am 18. Februar 1943 im Berliner Sportpalast auf die Öffentlichkeit losgelassen.«[31]
Friedrich Kellner, Jahrgang 1885, Justizinspektor, Laubach, Hessen

»Am Nachmittag um 5 Uhr findet nun die lange erwartete Sportpalastversammlung statt. Der Besuch ist überwältigend; schon um ½ 5 Uhr muss der Sportpalast wegen Überfüllung gesperrt werden. Die Stimmung gleicht der einer wilden Raserei des Volkes.«[32]
Joseph Goebbels, Jahrgang 1897, Reichsminister für Volksaufklärung und Propaganda,
TAGEBUCH, 19. FEBRUAR 1943

»Wollt ihr den totalen Krieg? Wollt ihr ihn, wenn nötig, totaler und radikaler, als wir uns ihn überhaupt vorstellen können? Seid ihr bereit, mit dem Führer als Phalanx der Heimat hinter der kämpfenden Wehrmacht stehend, diesen Kampf mit wilder Entschlossenheit und unbeirrt durch alle Schicksalsfügungen zu decken, und zwar bis der Sieg in unseren Händen ist?«
Joseph Goebbels, Reichsminister für Volksaufklärung und Propaganda,
Rede im Sportpalast, Berlin, 18. Februar 1943

»Am 18. Februar 1943 hielt Goebbels seine Rede über den ›totalen Krieg‹. Sie richtete sich nicht nur an die Bevölkerung; indirekt wandte sie sich auch an die führenden Schichten, die unsere gemeinsamen Bestrebungen nach einer radikalen Erfassung der Heimatreserven nicht billigen wollten. Im Grunde war es ein Versuch, Lammers und alle anderen Zögerer und Zauderer unter den Druck der Straße zu setzen. Nur noch in Hitlers gelungensten Veranstaltungen hatte ich ein so wirkungsvoll fanatisiertes Publikum erlebt. In seine Wohnung zurückgekehrt, zergliederte Goebbels zu meinem Erstaunen seine scheinbar emotionalen Ausbrüche auf ihren psychologischen Effekt – nicht viel anders, als ein routinierter Schauspieler es wohl getan hätte. Auch mit seinem Auditorium war er an diesem Abend zufrieden … Es handelte sich um ein von den Parteiorganisationen bestelltes Aufgebot, unter ihnen volkstümliche Intellektuelle und Schauspieler, wie Heinrich George, deren beifällige Reaktionen durch die Filmkameras über die Wochenschauen das Volk beeindrucken sollten.«[33]
Albert Speer, Reichsminister für Bewaffnung und Munition, ERINNERUNGEN
TAGEBUCH, 19. FEBRUAR 1943

»Gestern Goebbelsrede. Glänzende Volksrede eines einzigartigen gesteigerten Volksrausches. 10 Fragen an das deutsche Volk in biblischer Feierlichkeit, dies mutet alles wie ein ganz großes, gewaltiges Schauspiel an, dessen Tiefe, Tragik und Bedeutung wohl kaum einer der Anwesenden verstehen mag ... ›Und nun, Volk, stehe auf, und Sturm, brich los!‹«[34]

Iring Fetscher, Jahrgang 1922, deutscher Soldat, stationiert in den Niederlanden

TAGEBUCH, 21. FEBRUAR 1943

»Zu meiner Freude vernehme ich, dass die Umgebung des Führers die Rede im Sportpalast angehört hat und sich darüber geradezu begeistert äußert. Der Führer selbst war so mit Arbeiten überlastet, dass er nicht dazu kam; aber er wünscht dringend, dass die Rede ihm im Wortlaut vorgelegt werde. Die Zeitungen kommen erst ein paar Tage später in Winniza an, da die Entfernung von Berlin zu groß ist. Die Auslandsstimmen hat der Führer schon mit stärkstem Interesse gelesen.«[35]

Joseph Goebbels, Reichsminister für Volksaufklärung und Propaganda

»Als Hitler ... die Friseurläden schließen lassen wollte, brachte Eva Braun ihn dazu, diese Absicht nicht in die Tat umzusetzen. ›Du erwartest eine gut frisierte Frau, wenn du von der Front kommst‹, sagte sie schmollend und fragte: ›Und deine Soldaten?‹ Hitler zog seine Augenbrauen hoch und meinte: ›Gut. Sollen sie die Frauen auch weiterhin schön machen für unsere Soldaten!‹«[36]

Heinz Linge, Jahrgang 1913, SS-Leibstandarte, persönlicher Diener Adolf Hitlers, BIS ZUM UNTERGANG

»Der ›totale Krieg‹ verwandelte auch mich in einen Soldaten. Um die letzten Kräfte zu mobilisieren, wurden zum Beispiel große Firmen gestärkt und kleine einfach aufgelöst. So auch das Flugzeugwerk Friedrich in Straußberg. Man fragte mich, ob ich dem ›Überführungsgeschwader Mitte‹ in Berlin-Tempelhof zugeordnet werden wolle, der 3. Staffel. Ich war einvertanden und wurde offiziell im Rang eines Hauptmanns von der Luftwaffe übernommen. Ich trug nunmehr die eisblaue Offiziersuniform.

Wir waren 40 Flieger, darunter fünf Frauen. Die 1. Staffel hatte Bomber zu überführen, die 2. Staffel Jäger und Stukas; wir, die 3. Staffel, überführten Schulflugzeuge.«[37]

Beate Uhse, geborene Köstlin, Jahrgang 1919, Pilotin, AUTOBIOGRAFIE

»Hitler ging ... auf die gegenwärtige Kriegslage ein. Er war sich über den schweren Rückschlag klar, den wir militärisch, politisch und moralisch durch Stalingrad und die anschließenden rückläufigen Bewegungen im Osten erlitten hatten, und brachte – von seinem Standpunkt nur natürlich – seine Entschlossenheit zum Durchhalten und Wiederherstellen der Kriegslage zum Ausdruck.«[38]

Heinz Guderian, Chef des Generalstabs des Heeres, Lagebesprechung, 20. Februar 1943

»Je härter die Zeit, umso härter müssen die Mittel sein, mit denen der Vorgesetzte seinen Willen durchdrückt. Ich verlange deshalb, dass jeder Vorgesetzte – Offizier wie Unteroffizier oder in besonderer Lage jeder beherzte Mann – die Durchführung seiner Befehle und die Aufrechterhaltung von Disziplin und Ordnung nötigenfalls mit Waffengewalt zu erzwingen und Ungehorsame auf der Stelle zu erschießen hat ... Ich wünsche, dass dies als mein Befehl nochmals ausdrücklich und immer wieder, besonders in harten Lagen, bekannt gegeben wird.
Adolf Hitler«[39], Befehl Nr. 7 vom 24. Februar 1943

»Um ihn abzulenken, schenkte Bormann ihm einen neuen Schäferhund. Indessen mied Hitler immer mehr die Gesellschaft seiner Mitarbeiter. Er wurde menschenscheu. Als einmal General Jodl bei Tisch wagte, ihm in irgendeiner Sache zu widersprechen, nahm er nicht mehr am Gemeinschaftsessen der Offiziere teil. Fortan zog er sich völlig in seinen Bunker zurück, aß alleine und teilte seine Mahlzeiten nur mit seinem Schäferhund. Seine ganze Zerstreuung bestand darin, den Hund zu füttern.«[40]
Christa Schroeder, Jahrgang 1908, Sekretärin Hitlers von 1933 bis 1945,
HITLER PRIVAT

»Der Adjutant zeigte mir ... durch eine Lücke in den Sträuchern Hitlers Domizil ... ›Leider können Sie ihn nicht begrüßen‹, meinte der Offizier, ›wir haben schlechte Nachrichten von der Ostfront, und die Stimmung ist nicht gut, aber vielleicht sehen Sie ihn noch, er macht ab und zu einen Rundgang.‹ Wie auf ein Stichwort öffnete sich in diesem Moment eine Tür, und barhäuptig, mit rundem Rücken, geht eine müde Gestalt, an der Seite ein Schäferhund, der sich seinem Schritt anpasst, im Innern des Drahtkäfigs spazieren.«[41]
Heinz Rühmann, Jahrgang 1902, Schauspieler, Regisseur und Filmproduzent,
ERINNERUNGEN

»Während meiner Zeit als Architekt habe ich festgestellt, dass ein Aufenthalt von längerer Dauer in seiner Nähe mich müde, abgespannt und leer machte. Die selbstständige Arbeit war gelähmt. Als Rüstungsminister habe ich aus dieser Erfahrung grundsätzlich nur alle 14 Tage bis drei Wochen meine Besprechungen bei A.[dolf] H.[itler] durchgeführt und mich so versucht, selbstständig zu erhalten.«[42]
Albert Speer, Reichsminister für Bewaffnung und Munition,
DIE KRANSBERG-PROTOKOLLE

»Während der Besprechungen wechselten sich zwei frühere Reichstagsstenografen ab, die anschließend eine Aufzeichnung herstellten, die es Hitler ermöglichte, jedes einzelne gesprochene Wort nachzuprüfen.«[43]
Bernd Freytag von Loringhoven, Jahrgang 1914, Major der deutschen Wehrmacht,
MIT HITLER IM BUNKER

»Der Raum ist einer der wichtigsten militärischen Faktoren. Operieren kann man überhaupt nur, wenn man einen Raum hat. Die Kriege der Zukunft kann nur der durchstehen, der Raum hat. Das war das französische Unglück. Bei einer einzigen Offensive im vergangenen Jahr haben wir weit mehr besetzt als bei unseren ganzen Westoffensiven. Da wurde Frankreich in 6 Wochen erledigt, während man es hier in einem Riesenraum aussteht. Wenn wir eine solche Krise, die wir jetzt hier erlebt haben, an der alten Grenze erlebt hätten, im Oder-Warthe-Bogen, dann wäre es mit Deutschland aus gewesen. Hier im Osten kann man das abfangen. Wir haben da einen Kampfplatz, der einem das Operieren gestattet.«[44]

Adolf Hitler, Führerhauptquartier Werwolf, 5. März 1943, Stenogramm der Mittagslage

»Uns wurde der Befehl so weitergegeben: ›Und wenn Schütze Arsch von der Front kommt: Es wird mitstenografiert!‹ Die Entscheidung Hitlers sollte den Stenografen, der bei der Lagebesprechung am 20. Juli 1944 Dienst tat, das Leben kosten.«[45]

Rochus Misch, SS-Oberscharführer, Angehöriger des Führer-Begleitkommandos, DER LETZTE ZEUGE

»Nach Stalingrad konnte Hitler keine Musik mehr hören. Wir verbrachten nunmehr die Abende damit, ihn monologisieren zu hören. Aber es waren auch immer wieder die gleichen Gespräche: seine Jugendzeit in Wien, die Kampfzeit, die Geschichte der Menschheit, der Mikrokosmos und der Makrokosmos usw. Bei den meisten Themen wussten wir schon im Voraus, was er sagen würde, und so wurden die Abende oft zu einer recht anstrengenden Angelegenheit. Die Ereignisse in der Welt und an der Front durften während der Teestunden nicht berührt werden, alles, was mit dem Krieg zusammenhing, war tabu.«[46]

Christa Schroeder, Sekretärin Hitlers von 1933 bis 1945, ER WAR MEIN CHEF

»Ich ermächtige den zur Bestätigung eines kriegsgerichtlichen Todesurteils berufenen Befehlshaber, darüber zu entscheiden, ob die Strafe durch Erschießen, Enthaupten oder Erhängen vollzogen werden soll.

Adolf Hitler«[47], Verfügung vom 4. März 1943

»Am 5. März 1943 hatte ich bei der Premiere meines letzten Films ›Damals‹ anwesend zu sein. Ich traf bereits am 3. ein – und erlebte im Luftschutzkeller der von mir gemieteten Villa in der Max-Eyth-Straße, wie sie in Schutt und Asche zerbombt wurde. ›Jede Nacht ein neues Glück‹, so hieß ein Lied aus dem genannten Film. So kann man es ja auch ausdrücken!«[48]

Zarah Leander, Jahrgang 1907, schwedische Schauspielerin und Sängerin, MEIN LEBEN

»Der Tod eines Menschenwesens berührte ihn überhaupt nicht. Er sah die Menschen nur als die Glieder einer langen Kette, als deren erstes er sich selber

betrachtete. Kinder waren in seinen Augen nur noch das Potenzial, nach dem der mehr oder weniger große Lebensraum eines Volkes bemessen wird.«[49]
Christa Schroeder, Sekretärin Hitlers von 1933 bis 1945,
HITLER PRIVAT

TAGEBUCH, 19. MÄRZ 1943
»Der Führer aller Germanen hat vor verwundeten Soldaten gesprochen. Es war traurig anzuhören. Die Fragen und Antworten waren ungefähr so: ›Heinrich Scheppel ist mein Name.‹ ›Wo verwundet?‹, Bei Stalingrad.‹ ›Was verwundet?‹ ›Zwei abgefrorene Füße und ein Gelenkbruch am linken Arm.‹ Genau so gab das Radio dieses schreckliche Marionettentheater an uns weiter. Die Verwundeten schienen noch stolz auf ihre Verwundung zu sein, je mehr, umso besser! Einer brachte vor Rührung, weil er seinem Führer die Hand reichen durfte (falls er diese noch hatte), fast kein Wort heraus.«[50]
Anne Frank, Jahrgang 1929, jüdisch-deutsches Mädchen, untergetaucht in Amsterdam

»Weder hat er sich meines Wissens je an Bildern makabrer Geschehnisse geweidet noch konnte er sich überwinden, sich mit irgendeinem menschlichen Elend durch unmittelbaren Augenschein zu konfrontieren. Wenn es sich vermeiden ließ, stellte er sich nicht diesen Dingen. Lazarettbesuche und Ähnliches waren ihm ein Gräuel.«[51]
Rochus Misch, SS-Oberscharführer, Angehöriger des Führer-Begleitkommandos,
DER LETZTE ZEUGE

»Die Soldaten, die ich traf, waren keine Hitler-Anhänger und dienten dem Führer nur unwillig. Aber den Krieg als unentbehrliches Lebensphänomen bejahten sie alle … Der Krieg als äußerste Anspannung, der man sich nicht entziehen darf – das Bild saß in ihnen fest. Auch in mir befestigten sie eine solche Vorstellung.«[52]
Vilma Sturm, Jahrgang 1912, Journalistin und Schriftstellerin,
BARFUSS AUF ASPHALT

»Aber dass es auch großen Kummer gibt im Dorf erfahre ich, wenn ich wegen des Dorfbuchs unterwegs bin. Neulich war ich abends bei der Familie Mauritz. Er hat ein Baugeschäft und ist ein stiller, ruhiger Mensch. Vor zwei Monaten ist sein einziger Sohn gefallen, 19 Jahre, ein fleißiger, freundlicher Junge. Er war Hitlerjugendführer und wurde im April 1942 eingezogen. Ich habe ihn gekannt. Er hatte die Gesellenprüfung und arbeitete im Geschäft des Vaters. Jetzt sind nur noch zwei Töchter, 17 und 6 Jahre alt, da.
   ›Das Vaterland darf jedes Opfer fordern‹, sagte die Mutter ganz still, aber sie und ihr Mann weinten dabei.«[53]
Marianne Günther, Jahrgang 1921, Junglehrerin in Gertlauken, Ostpreußen,
Brief an die Eltern vom 25. März 1943

TAGEBUCH, 14. APRIL 1943

»Direkten Passagierverkehr von Leningrad nach Moskau gibt es noch nicht. Nur Güterzüge fahren direkt über eine Pontonbrücke bei Schlüsselburg, beim Ausgang der Newa in den Ladogasee. Die Eisenbahner nennen diese Stelle den ›Todeskorridor‹. Sie wird von den Deutschen unter Beschuss gehalten. Alles, was zu uns kommt, jeder Sack Mehl, jede Büchse Konserven, passiert diesen ›Korridor‹.«[54]

Vera Inber, Jahrgang1890, jüdisch-russische Schriftstellerin, LENINGRAD

»Ich bin so frei zu behaupten, dass wir in Nordafrika die Sache besser gemacht haben, als wir bisher dachten. Das Unerwartete gesellte sich zum Plan und multiplierte so zum Ergebnis. Dafür haben wir den militärischen Eingebungen des Gefreiten Hitler zu danken.

Wie ich schon im Unterhaus vor drei Monaten sagte, spüren wir das Walten des Herrn. Die gleiche eigensinnige Gefühllosigkeit, die Feldmarschall Paulus und seine Armee in Stalingrad zum Untergang verurteilte, brachte unseren Feinden die neue Katastrophe in Tunesien ein.«[55]

Winston Churchill, britischer Premierminister, Rede im US-Kongress, 19. Mai 1943

TAGEBUCH, 26. JULI 1943

»Mussolini hat abgedankt, soll krank sein ... In der letzten Nacht wurden wieder Hamburg, Essen und Kiel bombardiert.«[56]

Henriette Schneider, Jahrgang 1872, Lyck, Ostpreußen

»Während ich mich bemühte, Hitler und dem Generalstab der Luftwaffe lohnende Ziele nachzuweisen, starteten die westlichen Gegner innerhalb von acht Tagen – vom 25. Juli bis 2. August – fünf Großangriffe auf eine einzige Großstadt: Hamburg. Obwohl diese Aktion allen taktischen Überlegungen widersprach, hatte sie katastrophale Folgen. Schon nach den ersten Angriffen fielen die Rohre der Wasserversorgung aus, die Feuerwehren konnten bei den nachfolgenden Bombardierungen nicht mehr löschen, Großbrände mit zyklonartigen Feuerstürmen entstanden, der Asphalt der Straßen begann zu brennen, die Menschen erstickten in ihren Kellern oder verkohlten auf den Straßen. Die Angriffsserie konnte nur mit den Auswirkungen einer Erdbebenkatastrophe verglichen werden.«[57]

Albert Speer, Reichsminister für Bewaffnung und Munition, ERINNERUNGEN

»Die Frage, die das amerikanische und britische Bomber-Kommando trennte, kreiste um die aneckende Frage nach Tages- oder Nachtangriffen mit Bombern. Das Debakel der RAF-Angriffe auf Brest und Wilhelmshaven hatte ihren Glauben an den Erfolg von Tagesangriffen erschüttert, ganz zu schweigen an ihre BI [Avro Lancaster B I-Bomber] selbst. Die US-Air-Force, geführt von General Ira Eaker und General Spaatz als seinem Stellvertreter, war überzeugt, dass nicht nur die größere Flughöhe bei geschickt ausgeführten Tagesangriffen Wirkung zeigen würde, sondern die höhere Präzision würde den katastrophalen Material und Ressourcenverlust verhindern.«[58]

Robert Morgan, Jahrgang 1918, Oberst der Achten US Air Force, Pilot des Bombers »Memphis Belle«, MEMOIREN EINES BOMBERPILOTEN

»Wie ich schon sagte, schon lange kannten wir die beste Antwort auf die deutsche Luftabwehr. Wir hatten gute Gründe anzunehmen, wenn uns unsere Autoritäten nur gestatten würden, Silberpapier-Streifen während unserer Angriffe abzuwerfen, dass wir damit das Radar durcheinanderbringen könnten, mit dem der Gegner seine Nachtjäger und sein Abwehrfeuer lenkte. Anfang 1943 war bereits eine praktikable Form des Einsatzes dieser Waffe zur Störung der Bodenleitstellen, seiner radargelenkten Artillerie und des Radars seiner Abfangjäger entwickelt worden. Wir hatten bereits die Menge der einzusetzenden Streifen, die Dichte, in der sie abzuwerfen seien, und der Bereiche, in denen sie zum Einsatz kommen könnten, berechnet. Ich kann nicht behaupten, dass es nicht auch schon zuvor notwendig gewesen wäre, diese Waffe einzusetzen, aber mehr als jemals zuvor benötigten wir diese Waffe Ende Juli 1943; und gerade zu dieser Zeit, als das Luftfahrtministerium nach vielen Monaten meines intensiven Insistierens beschloss, als es trotz der Gefahr, dass der Gegner dasselbe Mittel gegen uns einsetzen würde, den Einsatz nun ermöglichte. Die Silberpapierstreifen – sie erhielten das Codewort ›Window‹ – wurden zum ersten Mal in der Nacht vom 24. auf 25. Juli abgeworfen. Das Ziel war damals Hamburg … Wie andere küstennahe Ziele war Hamburg leicht mit Hilfe von Radar anzufliegen, weil die Küstenlinie auf unseren Radarschirmen klar erkennbar war. Mehr als 700 Flugzeuge griffen an. Das Wetter war zudem in jeder Hinsicht günstig.«[59]

Arthur Harris, Jahrgang 1892, Oberbefehlshaber des Royal Air Force Bomber Command, DIE BOMBER OFFENSIVE

»Auch Hitler betrachtete sie sich so wenig, wie er widerwillig die Aufnahmen zerstörter Städte zur Kenntnis nahm, geschweige denn, dass er imstande gewesen wäre, eine brennende Stadt oder ein in Schutt und Asche liegendes Wohnviertel unmittelbar nach einem Bombenangriff zu besuchen. Er verschloss buchstäblich die Augen vor den Konsequenzen seiner Befehle und war ja auch nicht zu Lazarettbesuchen – außer in einigen Ausnahmefällen – zu bewegen.«[60]

Nicolaus von Below, Jahrgang 1907, Oberst, Luftwaffen-Adjutant Adolf Hitlers, ALS HITLERS ADJUTANT

»Im ganzen Krieg hat A. H. niemals eine bombardierte Stadt besucht. Durch diese Unkenntnis wurde das Bild in der Führerlage immer falscher und so aufgrund falscher Voraussetzungen von A. H. wichtigste Entscheidungen getroffen.«[61]

Albert Speer, Reichsminister für Bewaffnung und Munition, DIE KRANSBERG-PROTOKOLLE

»Jene erste Terrornacht zum 25. Juli wird uns ... und dem weitaus größten Teil aller Hamburger für immer unvergesslich bleiben. Trotz der Zerstörung fast unseres ganzen Besitzes und unserer Wohnung können wir Gott nur dankbar sein, dass wir alle lebend und gesund durch diese und die folgenden Terrornächte kamen. Ich persönlich bin froh, dass ich dies alles miterlebte ... Mir als Soldat gab sie schließlich noch den endgültigen und konsequenten Hass gegen unsere Feinde, insbesondere gegen England, das sich noch einmal sehr über die Fähigkeiten der deutschen Luftwaffe wundern wird.«[62]

Hans Ahrens, Jahrgang 1921, Schlachtflieger der deutschen Luftwaffe, gefallen am 21. Februar 1944, Brief an die Mutter, August 1943

»Hamburg ist faktisch nicht mehr. Wir waren soeben zu Fuß (drei Stunden) in Hamm und Hammerbrook – kein heiles Haus, nur Trümmerberge, ganze Straßen zugeschüttet, Leichen ungeborgen, überall undurchdringlich Qualm und Rauch. Es brennt noch überall. Die Auflösung ist in vollem Gange, keine Polizei mehr – nichts. Gesindel, ausländische Arbeiter und Gefangene auf den Trümmern ... Wir sitzen noch immer am Tisch mit Tischtuch und sind recht stolz darauf. Was allerdings werden soll – kein Wasser, keine Wäsche; keine Läden oder doch nur zu zählende, die die letzte Ware verteilen – nein, Hamburg ist für alle Zeiten restlos erledigt!«[63]

Magdalena Zimmermann, Jahrgang 1896, Hausfrau, Brief an den Sohn Georg Zimmermann, Soldat in Norwegen, vom 28. Juli 1943

TAGEBUCH, 29. JULI 1943

»Wann Hitler, der fluchwürdigste aller Menschen, endlich für immer verschwinden wird, das ist heute die Frage; und mit ihm seine Nazi-Verbrecher-Gesellschaft! Der Krieg ist vollkommen verloren, das Kämpfen an der Front aussichtslos, weil die Basis, die Heimat, mit ihrer Industrie und Ernährung den Kämpfenden bald verloren sein wird. Aber Generäle werden und können heute keinen Frieden der Kapitulation machen und ein anderer Friede kommt nicht mehr in Betracht.«[64]

Cornelius Freiherr von Berenberg-Gossler, Jahrgang, 1874, Bankier, Hamburg-Niendorf

»In der Nacht zum Freitag, vom 29. auf den 30. Juli, erfolgte ein neuer Angriff der Engländer auf unsere Hansestadt ... Eine Sprengbombe trifft unser ausgebranntes Haus im Dimpfelsweg. Daraufhin verbrennt hier alles, was wir in unserem Hauskeller zu retten hofften. Nur was ich auf dem Körper trug, dazu die Wolldecke und eine Aktentasche mit belanglosen (laufenden) Schriftstücken bleibt erhalten ... Von unserem Haus ist nur ein kleiner Haufen Ziegelsteine übrig. Zu bergen gibt es nichts.«[65]

Professor Dr. Erich Titschack, Jahrgang 1892, Zoologe in Hamburg, Brief an die Kinder in Roitzsch, Sachsen, vom 8. September 1943

»Als ich heute Abend von Babelsberg ins ›Bardinet‹ fuhr, traf ich im Zug einen flüchtigen, vom Sehen her Bekannten aus dem Verein. Er ist jetzt Obergefreiter bei der Flak, seit drei Jahren beim Militär und hatte zwei Tage Urlaub, um seine Wohnung zu evakuieren. Er hat als Flaksoldat, in der Nähe Hamburgs, alles miterlebt. Wie weit er übertrieben hat, ist nicht festzustellen. Zweihunderttausend Hamburger würden für tot geschätzt, es röche so nach Leichen, dass man den Geruch gar nicht aus der Nase bekäme. Nach einem der Nachtangriffe sei es bis zum nächsten Mittag nachtdunkel gewesen … In Hamburg seien Flugblätter abgeworfen worden. Mit Zitaten aus den Kriegsreden Hitlers und Görings. Ohne jeden Kommentar.«[66]

Erich Kästner, Jahrgang 1899, Schriftsteller

»Mein Hannele …

Ach, kein Wort gibt wieder, was wir hier durchmachen. Eine Regierung, die ihre Frauen und Kinder davor nicht schützen kann, ist einfach verbrecherisch. Von aller Welt abgeschnitten, wissen wir nicht, ob in Italien schon Revolution ist, ob wir schon eine Militärdiktatur haben. Beides erwartet man hier. Über die Hälfte der Bevölkerung Hamburgs ist weg, soweit sie nicht tot ist. Die Zahl der Toten kann in keiner Weise festgestellt werden – Hunderttausende!

Mein Hannele, wenn ich doch ein Wort von Dir und Georg hörte!

Deine Mutter.«[67]

Magdalena Zimmermann, Hamburg, Hausfrau, Mutter von Georg Zimmermann, Soldat in Norwegen, Brief vom 30. Juli 1943

»Wenn er nach Bayern auf den ›Berghof‹ oder in sein Führerhauptquartier reiste, dann geschah das im Zug und nachts bei verdunkelten Fenstern, damit er die Verwüstungen durch die Bombenangriffe nicht zu Gesicht bekam.«[68]

Bernd Freytag von Loringhoven, Major der deutschen Wehrmacht und Adjutant des Heeres bei Adolf Hitler, MIT HITLER IM BUNKER

»Ein großer Prozentsatz unserer jungen Männer flog ins Unglück. Der Zoll, den unsere Flieger zahlten, war schrecklich. Über 30 000 würden getötet oder vermisst sein, und weitere 30 000 als Kriegsgefangene enden. Zwei von drei Jungen, die Einsätze flogen – und bei ›Jungen‹ spreche ich von einem Alter um die zwanzig –, wurde getötet. Die Achte US Air Force beklagte mehr Verluste als die Marines und die Marine zusammen.«[69]

Robert Morgan, Oberst der Achten US Air Force, Pilot des Bombers »Memphis Belle«, MEMOIREN EINES BOMBERPILOTEN

»Am 24. Juni, Fronleichnam, kam Baldur v.[on] Schirach mit seiner Frau auf den Berghof. Er hatte eine lange und ausführliche Unterhaltung mit Hitler, deren

Der Reichsminister für Bewaffnung und Munition Albert Speer (vierter v.l.) neben Hitler bei der Vorführung einer Weiterentwicklung des Panzerkampfwagen II, 20. April 1942.

Inhalt ich erst an einem der nächsten Abende von Hitler erfuhr. Schirach hatte Hitler sehr unzweideutig seine Ansicht gesagt, der Krieg müsse auf irgendeine Weise beendet werden. Hitler sagte dazu: ›Wie denkt er sich das. Er weiß doch genau wie ich, dass es keinen Weg mehr gibt, es sei denn, ich schieße mir eine Kugel durch den Kopf.‹ Hitler war über sein Gespräch mit Schirach sehr erregt und ließ klar erkennen, dass er mit ihm nichts mehr zu tun haben wollte. Das war auch ihre letzte Begegnung.«[70]
Nicolaus von Below, Oberst, Luftwaffenadjutant Hitlers, ALS HITLERS ADJUTANT

»Mit dem langsamen aber stetigen Zurückfallen der sich in starren Verteidigung verbrauchenden Ostfront, dem Zusammenbruch in Nordafrika, dem Angriff auf Italien, dem Verschwinden des mussolinischen Regimes und dem bevorstehenden Abschluss der Vorbereitungen für alliierte Landungen an der südlichen und an der westlichen Küste Frankreichs war spätestens gegen Ende 1943 eindeutig klar, dass der Krieg militärisch verloren war.«[71]
Franz Halder, Jahrgang 1884, Generaloberst der deutschen Wehrmacht,
HITLER ALS FELDHERR

»Im Jahre 1943 gab es sicher noch viele Nazis und faschistische Mitläufer, die an Hitlers Sieg glaubten. Allen anderen aber war es gewiss, dass die große Wendung eingetreten war. Man fragte viel seltener: ›Was wird die Achse tun?‹, sondern ›Wo werden die Alliierten endlich angreifen und siegen?‹ Das Jahr brachte den Sturz Mussolinis und die gleichsam plötzliche Verwandlung einer Bevölkerung, die während vieler Jahre dem Duce mit einem ungeheuren Aufwand an Stimmkraft und theatralischen Komparsengebärden ihre Bewunderung bewiesen hatte. Nun waren die Straßen und Plätze der italienischen Städte von Männern und Frauen überfüllt, die ebenso lautstark ihren negativen Enthusiasmus, das heißt ihre unbändige Feindschaft gegen Mussolini und die Faschisten demonstrierten.«[72]

Manès Sperber, jahrgang1905, österreichisch-jüdischer Schriftsteller in Schweizer Exil, ALL DAS VERGANGENE

»Mit welchen militärischen Maßnahmen Hitler nunmehr auf das Geschehen in Italien reagierte, ist zur Genüge bekannt. Es erfolgte weder eine Räumung noch kam es zu irgendwelchen Präventivanordnungen. Stattdessen erteilte er Anfang August 1943 den Befehl, die Befreiung Mussolinis und die Festnahme aller am Staatsstreich beteiligten Personen vorzubereiten.«[73]

Walter Schellenberg, Jahrgang 1910, SS-Brigadeführer und Generalmajor der Polizei, Leiter der Vereinigten Geheimdienste von SD und Reichssicherheitshauptamt, AUFZEICHNUNGEN

TAGEBUCH, 8. SEPTEMBER 1943

»18.30 Uhr Radio-Nachricht: Italien hat mit den Feinden Waffenstillstand geschlossen und sich bedingungslos ergeben. Unsere erste Aufgabe ist jetzt, zu verhindern, dass italienische Truppen im Augenblick der Landung gegen uns kämpfen.«[74]

Udo von Alvensleben, Jahrgang 1897, Hauptmann, Kunsthistoriker und Gutsbesitzer

TAGEBUCH,10. SEPTEMBER 1943

»Sondermeldung: Wir haben Italien besetzt, fanden nur geringen Widerstand, das Heer wird entwaffnet. Der Führer sprach zum deutschen Volk zum Winterhilfswerk.«

Henriette Schneider, Lyck, Ostpreußen

»186 starben in der ersten Nacht. Die Gefängnisinsassen, die teilweise eingesetzt waren, um die durch die Bomben verursachten Schäden zu beseitigen, merkten am späten Nachmittag, dass Ungewöhnliches bevorstand: Wir wurden plötzlich in die Zellen zurückbefohlen. Das konnte nur bedeuten, dass der Henker wieder da war. Pfarrer Buchholz, dessen Kirchenkalfaktor ich war, kam in höchster Erregung in meine Einzelzelle. Sie hängen alle auf. Er stieß diesen Satz förmlich aus. Dann lief der Pfarrer davon. Der Wachtmeister verschloss und verriegelte die Zellentür.

Wir waren alle wie gelähmt. Sie hängen alle auf, hatte der Pfarrer gesagt. Alle – was sollte das heißen? Waren damit die zum Tode Verurteilten gemeint? Oder auch die anderen? Ich wusste seit langem, dass eine Zuchthausstrafe keine

Garantie war zu überleben. Sie hängen alle auf. Und ich Narr hatte geglaubt, dass die Zerstörung des Schafotts eine Atempause im großen Sterben von Plötzensee mit sich bringen werde. Hatte ich denn nicht schon erlebt, dass gehenkt wurde! Ich kannte doch das Bild. Die Männer gingen mit nacktem Oberkörper zum Galgen. Ihre Jacke war lose über die Schulter geworfen, die Hände auf dem Rücken gefesselt, an den Füßen klappernde Holzpantinen.«[75]

Victor von Gostomski, Jahrgang 1908, deutscher Häftling im Gefängnis Plötzensee, über die Massenexekution vom 7. bis 12. September 1943, ERINNERUNGEN

TAGEBUCH, 23. SEPTEMBER 1943

»20.15 Uhr abends: nach dem Essen Untersuchung. (Starke Blähungen – Spasmen durch Aufregung. Bauch zeigt stärkeren Fettansatz.) ... Diät angeordnet.«[76]

Dr. Theo Morell, Jahrgang 1886, Privatarzt Adolf Hitlers

»Er bewunderte Morell und seine Kunst und war in gewissem Sinne von ihm und seinen Mitteln bald abhängig.«[77]

Albert Speer, Reichsminister für Bewaffnung und Munition, DIE KRANSBERG-PROTOKOLLE

TAGEBUCH, 30. OKTOBER 1943

»Dunkle böse Zeit. Das Verhältnis zum Korps ist schlecht. Offensichtlich braucht man dort Schuldige, um nicht selbst schuld zu sein, dass es immer wieder rückwärts geht. Über dem General, dem 1a und den Kommandeuren hängt ein Damoklesschwert. Harte kriegsgerichtliche Urteile. Todesstrafen, die verhängt wurden, verbittern Offizierskorps und Truppe.«[78]

Udo von Alvensleben, Hauptmann, Kunsthistoriker und Gutsbesitzer

TAGEBUCH, 8. NOVEMBER 1943

»Abends sprach der Führer in München, wieder ganz wunderbar.«

Henriette Schneider, Lyck, Ostpreußen

»Gedanken zur Neuen Welt – Frankreich ist nicht mehr oder wird nicht mehr sein, vielleicht für lange Zeit. Italien ist vollständig verschwunden, und wird wohl nie wieder eine Großmacht sein. Deutschland wird verschwinden. Am Ende des Krieges wird Deutschland entschwunden sein und vielleicht nie wieder in alter Form zurückkehren. Das alte Bismarck-Reich wird vielleicht niemals wieder auferstehen. Wer weiß das schon. Die Deutschen sind ein großartiges Volk, mit vielen Qualitäten, und Deutschland ist aus sich heraus ein großes Land. Aber nach seiner Zerschlagung, die eine Folge des Krieges sein wird, wird Deutschland für viele, viele Jahren aus den Annalen Europas getilgt und dann wird eine neue Welt erstanden sein.«[79]

Jan Smuts, Jahrgang 1870, Feldmarschall, Premierminister der Südafrikanischen Republik, Ansprache im Britischen Unterhaus, London, am 25. November 1943

»Der letzte Tag des Jahres. Ich schreibe die [19]43 zum letzten Mal in mein Tagebuch. Dieses Jahr geht zu Ende, ein Jahr großer Erfolge. Mit wenigen Ausnahmen befanden wir uns ständig auf dem Vormarsch und befreiten einen großen Teil des von den Deutschen okkupierten Territoriums ... Das Verhalten des deutschen Volkes ist mir ein Rätsel. Nach all diesen furchtbaren Bombardements, diesen militärischen Fehlschlägen ist keinerlei Wandlung im Denken und Handeln der Deutschen zu spüren.«[80]

Konrad Wolf, Jahrgang 1925, Sohn des deutsch-jüdischen Dramatikers Friedrich Wolf, naturalisierter Sowjetbürger, Leutnant der Roten Armee

»Es mag die plutokratische Welt im Westen ihren angedrohten Landeversuch unternehmen, wo sie will, er wird scheitern.«[81]

Adolf Hitler, Tagesbefehl an die Wehrmacht, 1. Januar 1944

»Das Jahr 1944 wird harte und schwere Forderungen an alle Deutschen stellen. Das ungeheure Kriegsgeschehen wird sich in diesem Jahre der Krise nähern. Wir haben das volle Vertrauen, dass wir sie erfolgreich überstehen.«[82]

Adolf Hitler, Neujahrsproklamation 1944

TAGEBUCH, 2. JANUAR 1944

»Das nun verflossene Jahr 1943, dessen Anbruch ich im Kaukasus erlebte, hat alles gezeitigt, was man befürchtete. Es brachte dagegen nicht das Ende des Krieges, das viele für den Herbst voraussagten.«[83]

Ernst Jünger, Jahrgang 1895, Schriftsteller, Hauptmann der Reserve in Paris

»Hier geht das Gerücht, dass die Münchner täglich zum Himmel flehen, Berlin möge recht lange vorhalten, weil sie hoffen, solange verschont zu bleiben. Darauf kann ich mitteilen, dass Berlin noch eine ganze Weile reichen wird. Man kommt aus dem Staunen nicht heraus. Wie viel zerstört ist und wie viel doch noch steht. Die Innenstadt ist ziemlich erledigt, aber der große Umkreis bietet noch manch heilen Straßenzug.«[84]

Marianne Feuersenger, Jahrgang 1919, Sekretärin im Wehrmachtsführungsstab des OKW, Brief an die Schwester vom 5. Januar 1944

TAGEBUCH, 15. JANUAR 1944

»Gestern Abend verkündete der Sprecher im Radio u. a.: ›Die deutschen Truppen haben Stepan, 500 km östlich von Kattowitz, geräumt.‹ Stepan liegt in Wolhynien, das vor 1939 polnisch war.

Die Meldung soll den ängstlichen Gemütern klar machen, dass die Russen noch sehr weit von den deutschen Grenzen entfernt sind.«[85]

Friedrich Kellner, Justizinspektor, Laubach, Hessen

TAGEBUCH, 27. JANUAR 1944

»Das größte Ereignis im Leben Leningrads: seine vollständige Befreiung von der Blockade.«[86]

Vera Inber, Schriftstellerin in Leningrad

»Die Feuerzangenbowle‹ hatte am 28. Januar 1944 gleichzeitig in zwei Berliner Kinos Premiere. In der Nacht zuvor hatten 1.077 englische Flugzeuge 3.715 Tonnen Bomben auf Berlin abgeworfen.«[87]

Heinz Rühmann, Schauspieler und Regisseur, ERINNERUNGEN

»Je länger der Krieg dauert, desto stärker zeigt sich etwas Manisches, Gespenstisches im Zusammensein der Menschen. Man braucht den abgegriffenen Ausdruck vom ›Tanz auf dem Vulkan‹, auch die Apokalypse wird gern zitiert. Die Liebe blüht unversehens auf, meist nur trügerisch für einen Abend, die tägliche Nähe des Todes malt dem Leben täuschende Kirchhofsrosen auf das blasse, ermattete Gesicht. Es gibt eine Steigerung des Lebensgefühls, die hektisch ist.«[88]

Oda Schaefer, Schriftstellerin, ERINNERUNGEN

TAGEBUCH, 29. JANUAR 1944

»Nachmittags 17.40 Uhr: Vor großer Rede (Rundfunk für morgen) Injektion wie immer. Führer hat nachts nicht geschlafen wegen Großangriff auf Berlin.«[89]

Dr. Theo Morell, Privatarzt Adolf Hitlers

»Etwa ab 1944 wurde diese freiwillig gewählte Vereinsamung noch größer. Die Mahlzeiten, die ich gelegentlich mit ihm einnahm, wurden immer eintöniger und gesprächsloser. Oft wurden während einer Stunde nur wenige Worte gewechselt. Später bürgerte sich der Brauch ein, dass er mit seinen Sekretärinnen zusammen aß und mit ihnen belanglose Gespräche führte. Auch der kleine Tee-Kreis, den er bis dahin zu sich lud, um sich hier in leichterer Form zu unterhalten, wurde immer eintöniger dadurch, dass er auch hierzu nur noch seine Sekretärinnen, seinen Arzt Morell und andere einlud, die ihm wirklich nichts Neues geben konnten. Ich hatte den Eindruck, dass er in diesem Stadium, ab Herbst 1944, keine Gespräche mehr führen wollte. Alles, was gesprochen wurde, war sehr blass, ohne jede Eindringlichkeit und bewusst ohne jedes geistige Niveau. Wie auch dieser Kreis sicher so ausgesucht war, dass er sich keinesfalls dazu eignete, irgendwie an die schweren und nicht mehr zu meisternden Probleme zu erinnern.

Er war zu einem Verächter der Menschen geworden. Er betonte das auch oft genug. Nur noch Fräulein Braun und sein Schäferhund seien ihm treu und gehörten zu ihm.«[90]

Albert Speer, Reichsminister für Bewaffnung und Munition, DIE KRANSBERG-PROTOKOLLE

»Willy um 10 Uhr auf dem Markt zur Kundgebung aus Anlass der Machtübernahme vor 11 Jahren durch den Führer ... Um 12 Uhr sprach der Führer sehr gut.«
Henriette Schneider, Lyck, Ostpreußen

»Zu meiner ganz großen Überraschung zitierte mich Adolf Hitler für den 6. Februar 1944 zu einer Besprechung in sein Hauptquartier ... Endlich kam der Führer
(grauer Uniformrock ohne Abzeichen, schwarze lange Hose) und begrüßte mich
völlig stumm, nur durch Händedruck. Er fragte Bormann, ob Herr Dr. Frank
wohl gleich mitessen könnte, und als dieser bejahte, sagte er zu mir: ›Kommen
Sie, Sorgenkind, wir essen jetzt erst einmal zusammen!‹ Er führte mich dann in
seinen Speiseraum, ein kleines, vier mal drei Meter großes, zwei Meter hohes
Bunkergelass mit zwei Fenstern, alles in allem gemütlich ausgestattet. Um den
gedeckten runden Tisch standen drei Stühle, und als alles gerichtet war, aßen wir
zusammen.

Während des Essens begann der Führer allmählich zu sprechen. Das Essen
war denkbar einfach, aber sehr geschmackvoll zubereitet. Ich war durch das
Ganze so ergriffen und innerlich so gepackt, dass ich kaum essen konnte. Vor
allem erschien mir Hitler selbst alt, müde, geradezu gebrechlich, seine Art so verschwommen, vergesslich-verträumt, dass ich mit diesem Bild innerlich schwer
zu arbeiten hatte. Er schaute mich prüfend an und meinte: ›Sie sind auch nicht
jünger geworden, Dr. Frank. Sie haben ja schon graue Haare an den Schläfen.‹«[91]
Hans Frank, Jahrgang 1900, Generalgouverneur des besetzten Polen,
IM ANGESICHT DES GALGENS

»Im Osten tobt der furchtbare Krieg.«
Henriette Schneider, Lyck, Ostpreußen

»Wir passierten die drei Sperrkreise des FHQ [Führerhauptquartiers]. Sein dichter Tannenwald, in dem sich die umfangreichen Anlagen versteckten, nahm uns
auf. Mitternacht war schon vorbei, keine ungewöhnliche Zeit für einen Empfang
bei Hitler, der – wie man weiß – sich erst in den Morgenstunden zur Ruhe begab.
Alles war hell erleuchtet. Verdunkelung gab es damals dort noch nicht. Scheinwerfer strahlten auf Hunderte von Arbeitern, die eifrig wie Ameisen an riesigen
Bunkern bauten (der größte war für Göring).

Hitler (der den für ihn bestimmten Führerbunker in der Wolfsschanze nie bezog) arbeitete in einer jener vielen schlichten Wehrmachtsbaracken, in denen bei
jedem Schritt die Bretter knarrten. Wir mussten in einer Art Vorraum warten,
der ebenso bescheiden, ja wohl schon spartanisch eingerichtet war wie dieses
ganze Hauptquartier.

Es dauerte ein Weilchen, bis sich die Tür zum angrenzenden Arbeitsraum Hitlers auftat und der Adjutant uns aufforderte, einzutreten. Ich sah nicht viel mehr als die flackernde Glut im Kamin und davor die Gestalt Hitlers, die mich sofort in Bann schlug ... Ich sehe diesen einzigartigen Mann noch, wie er auf mich zukam, mir beide Hände entgegenstreckte und meine Rechte kräftig umschloss. ›Ich habe mir viel Sorgen um Sie gemacht‹, sagte er und forderte mich auf, vor dem Kamin, ihm gegenüber, auf einem der einfachen hölzernen Lehnstühle Platz zu nehmen.«[92]

Léon Degrelle, Jahrgang 1906, wallonischer SS-Standartenführer und Kommandant der SS-Division Wallonie, DENN DER HASS STIRBT

TAGEBUCH, 22. MÄRZ 1944

»Professor Morell hat – wie die Wochenzeitung ›Das Reich‹ angibt – erzählt: ›Die ganzen Feldzüge und die Zeit vorher war ich an der Seite des Führers. Aber die Vorsehung hat es glücklicherweise gewollt, dass ich nur selten in Aktion zu treten brauchte.‹ Die Vorsehung wird hoffentlich ein Einsehen haben und den Führer das Ende dieses Krieges erleben lassen. Denn es wäre grausam, hören zu müssen, ›wenn der Führer am Leben geblieben wäre, dann hätten wir diesen Krieg niemals verloren.‹«[93]

Friedrich Kellner, Justizinspektor, Laubach, Hessen

»Die Führung hält die nationalsozialistischen Ziele und Ideale weiterhin unentwegt hundertprozentig und verbissen hoch und setzt sich ohne Kompromisse und bewusst heldisch für ›Alles oder Nichts‹ ein ... Im Zusammenhang damit könnte es zutreffen, dass der Führer manchmal, besonders jetzt, mit seinem Volke höchst unzufrieden sei, weil es das Bewusstsein, diese großartige Rolle spielen zu dürfen, nicht ganz erfasse und in seiner heroischen Haltung zu wünschen übrig lasse. Wenn so die Führung auch bei aller Aussichtslosigkeit bewusst und unerbittlich an ihrer theoretischen Konstruktion festhält, um ihr im schlimmsten Falle für spätere Generationen die Gloriole heldenhafter Bewährung selbst in der Katastrophe zu sichern, ist umgekehrt bei der Durchschnittsmasse festzustellen, dass ihr die Größenwahnideen allmählich vergangen sind. Es dürfte aber ein Irrtum sein zu glauben, dass die Abkehr vom Regime im Sinne einer Ernüchterung, einer vernünftigen Besinnung erfolge.«[94]

Hans Zurlinden, Jahrgang 1892, Schweizer Generalkonsul, Bericht an Minister Pierre Bonna, Bern, 24. März 1944

TAGEBUCH, 20. APRIL 1944

»Führers 55. Geburtstag, die Fahnen flattern im Wind ... Mir geht es erheblich besser.«

Henriette Schneider, Lyck, Ostpreußen

DACHAUER TAGEBUCH, 20. APRIL 1944

»Heute ist Hitlers Geburtstag. Ich fuhr mit dem Lastwagen nach Dachau und dann ins Lager. – Es fiel mir auf, dass von zehn Häusern nur etwa acht geflaggt hatten, so war das Verhältnis, trotz des Aufrufes, zu Hitlers Geburtstag zu flaggen. – Also, man ist müde. – Umso erstaunlicher war es, zu sehen, dass selbst in der Siedlung der SS die Fahnen nur spärlich hingen.«[95]

Edgar Kupfer-Koberwitz, Jahrgang 1906, Häftling im Konzentrationslager Dachau

TAGEBUCH, 9. MAI 1944

»Patient A. [Adolf Hitler]: Kopfdruck links. Beinezittern verursacht durch Aufregung (Invasion bevorstehend, wo?).«[96]

Dr. Theo Morell, Privatarzt Adolf Hitlers

»Als ich damals Hitler sah, das war im Mai 1944, machte er auf mich einen frischen und gesunden Eindruck. Von all den Symptomen, die heute besonders herausgestellt werden, habe ich damals nichts bemerkt. Weder war sein Blick umflort oder starr, noch seine Gesichtsfarbe unnatürlich, noch zitterte er mit der Hand, noch zog er ein Bein nach.«[97]

Dr. Richard Weber, Vertretung von Dr. Theo Morell als Privatarzt Hitlers, Befragung 1967

TAGEBUCH, 27. MAI 1944

»Eindruck des immer mehr zerstörten Berlin, auch der Linden und des schönen Gendarmenmarktes ... niederschmetternd. Dabei sitzen die Berliner bei Sonnenschein mitten zwischen Trümmern und Schutt auf den Stühlen der Mittelpromenade, als wenn Frieden wäre. Die Angriffe legen das Leben allmählich immer mehr lahm, schon wegen der Nervostät, die täglich wächst.«[98]

Ulrich von Hassell, Jahrgang 1881, Diplomat und Widerstandskämpfer

»Man konnte den Krieg auf meinem Fachgebiet als verloren ansehen, als die Bomber anfingen, einen systematischen Wirtschaftskrieg zu führen, und das war am 12. Mai 1944, da begannen sie mit den chemischen Werken.«[99]

Albert Speer, DIE KRANSBERG-PROTOKOLLE

»Dem neunzehnjährigen Peter werden drei Wochen Sonderurlaub bewilligt, wegen Bombenschaden ... Als er an die Front zurückgeht, sieht er aus wie ein Kind. Nach dem Urlaub sind viele gefallen, der schützende Instinkt arbeitete noch nicht automatisch, das rettende: ›Weg von hier, Gefahr!‹, das jeder draußen in Russland so gut kannte ...

Peter galt schon seit dem Juni 1944 als vermisst, ich bekam seine Briefe erst im August zurück. Als ich den ersten Brief mit dem Vermerk ›Vermisst‹ erhielt, war es mir, als müsste ich sterben. Das Weinen erschütterte mich wie ein Erd-

beben, es zerriss mich fast. Auf einmal, jäh, hörte ich auf, ich wusste, wenn ich nicht aufhörte, würde ich den Verstand verlieren.«[100]
Oda Schaefer, Schriftstellerin, Mutter von Peter Schaefer, ERINNERUNGEN

»Allgemein wurde von einer Führungs-Krise gesprochen; es war aber ausgesprochen eine Führer-Krise.«[101]
Albert Speer, DIE KRANSBERG-PROTOKOLLE

»Frankreichs Kampf ist eine Einheit. Derselbe kriegerische Enthusiasmus, der unsere Truppen beseelt, spendet auch der Bevölkerung im Mutterland Kraft. Schon lange vor den Landungen bieten sie dem Feind nicht nur die Stirn, sie wagen sich auch an regelrechte Kämpfe. Die Nachrichten berichten nicht nur über die Unternehmungen der Truppen, Schiffe und Staffeln, sondern nun täglich auch von den Aktivitäten der Resistance. Natürlich beginnt es zuerst im Zentralmassiv, im Limousin und in den Alpen.«[102]
Charles de Gaulle, Jahrgang 1890, General, Chef des Nationalen Verteidigungskomitees, MEMOIREN

TAGEBUCH, 5. JUNI 1944
»Die Feinde sind in Rom eingerückt.«
Henriette Schneider, Lyck, Ostpreußen

»Ganz gleich, wo Churchill sich den nächsten Platz [zur Landung] aussucht. Er kann überall von Glück sprechen, wenn er neun Stunden an Land bleibt.«[103]
Adolf Hitler, Rede zur Eröffnung des Winterhilfswerks im Berliner Sportpalast, 30. September 1942

TAGEBUCH, 6. JUNI 1944
»Wir sitzen dann noch bis nachts um 2 Uhr am Kamin, tauschen Erinnerungen aus, freuen uns über die vielen schönen Tage und Wochen, die wir zusammen erlebt haben. Der Führer erkundigt sich nach diesem und jenem. Kurz und gut, es herrschte eine Stimmung wie in den guten alten Zeiten.«[104]
Joseph Goebbels, Reichsminister für Volksaufklärung und Propaganda

»Aus dem ersten Bericht, den uns Group Captain Stagg und der meteorologische Stab zu Beginn der Konferenz vorlegten, ergab sich, dass die ungünstigen Wettervorhersagen für die französische Küste vom Vortage tatsächlich eingetroffen waren, und dass es fast mit Sicherheit ein großes Unheil gegeben hätte, wenn wir darauf bestanden hätten, die Landung am 5. Juni durchzuführen. Das teilten sie uns wahrscheinlich mit, damit wir der nun folgenden erstaunlichen Eröffnung mehr Glauben schenken sollten. Sie sagten nämlich, dass am nächsten Morgen eine Periode relativ guten Wetters von wahrscheinlich sechsunddreißigstündiger Dauer einsetzen würde, mit der bisher absolut nicht zu rechnen gewesen war. Die

langfristige Vorhersage war nicht besonders günstig, aber wir hatten wenigstens die Gewissheit, dass uns diese eine kurze Zeitspanne zwischen dem Nachlassen des Sturmes, der gerade wütete, und dem Beginn der nächsten richtigen Schlechtwetterperiode ruhiges Wetter bringen würde. Die Aussichten waren nicht glänzend, weil die Möglichkeit bestand, dass wir die ersten Wellen zwar erfolgreich an Land bringen, dann aber den späteren Aufmarsch nicht durchführen konnten, wodurch die ersten Verbände, allein auf sich gestellt, eine leichte Beute der deutschen Gegenaktion werden mussten. Die mit einem Aufschub verbundenen Folgen ließen jedoch auch ein großes Risiko gerechtfertigt erscheinen, und so gab ich rasch den Entschluss bekannt, dass der Angriff am 6. Juni erfolgen sollte.«[105]
Dwight D. Eisenhower, Jahrgang 1890, US-Vier-Sterne General, Oberbefehlshaber der alliierten Streitkräfte in Nordwesteuropa, KREUZZUG IN EUROPA

»Hitler wurde am Morgen des 6. Juni von der Landung unterrichtet. Die ersten Einzelheiten gab Jodl bei der üblichen Mittagslage bekannt. Schon die ersten Meldungen ließen keinen Zweifel an der ungeheuren Massierung der landenden Truppen. Dagegen standen auf deutscher Seite geringere Abwehrkräfte bereit, und es war notwendig, weitere Verbände an die Landungsstellen heranzuführen, was nur bei Nacht möglich war. Hitler äußerte sich erleichtert, als er die erste Meldung erhalten hatte, und sagte, jetzt sei es möglich, den Feind zu schlagen.«[106]
Nicolaus von Below, Oberst, Luftwaffenadjutant Hitlers, ALS ADJUTANT HITLERS

»Die Deutschen waren überzeugt, dass wir bei dem damals herrschenden Wetter nicht angreifen würden, und deshalb kam ihnen unser Angriff überraschend. Daraus erklärte sich auch bis zu einem gewissen Grade der geringe aktive Widerstand in den meisten Strandabschnitten. Die harten Kämpfe im Omaha-Abschnitt waren teilweise dem Widerstand einer tüchtigen feindlichen Division, der 352., zuzuschreiben, die nach Gefangenenaussagen gerade Gefechts- und Verteidigungsübungen in diesem Raum abgehalten hatte.«[107]
Dwight D. Eisenhower, US-Vier-Sterne General, Oberbefehlshaber der alliierten Streitkräfte in Nordwesteuropa, KREUZZUG IN EUROPA

TAGEBUCH, 6. JUNI 1944
»Um 12:30 Uhr kam die Meldung aus Berlin, dass nach Mitternacht Engländer und Amerikaner in Nordfrankreich gelandet sind.«
Henriette Schneider, Lyck, Ostpreußen

TAGEBUCH, 6. JUNI 1944
»Die Alliierten sind in der Normandie gelandet. Die Invasion hat begonnen. Eisenhower richtet eine Ansprache an die Völker Europas. Churchill erklärt, dass 4 000 große Schiffe und 11 000 Flugzeuge an der Operation teilnehmen.«[108]
Mihail Sebastian, Jahrgang 1907, rumänisch-jüdischer Schriftsteller, in Bukarest

»Als ich am 6. Juni 1944 die Radiomeldungen von der Invasion der Alliierten in der Normandie hörte, trieb mir die innere Bewegung Tränen in die Augen. Ich habe nicht oft geweint.«[109]

Willy Brandt, Jahrgang 1913, deutsch-norwegischer Exilant in Schweden, MEIN WEG

TAGEBUCH, 6. JUNI 1944

»Die Alliierten sind in Rom einmarschiert! Und dann – Invasion – endlich!«[110]

Astrid Lindgren, Jahrgang 1907, Mitarbeiterin der Abteilung für Briefzensur des schwedischen Nachrichtendienstes in Stockholm

TAGEBUCH, 5 JULI 1944

»(D)ie Invasion hat in der Nacht vom 5. zum 6. [Juni] begonnen in der Normandie. Cherbourg haben wir aber schon aufgegeben. Rom ist schon lange aufgegeben und in Russland sind die Russen schon fast an der Grenze, einfach furchtbar, aber alle glauben sie so fest an den Sieg (Pappi), dass ich als Tochter des jetzt besonders angesehenen und beliebten Mannes es auch denken muss, ich tu es auch. Es wäre ja gar nicht zum Ausdenken, wenn wir verlieren würden.«[111]

Gudrun Himmler, Jahrgang 1929, Tochter von Heinrich Himmler

TAGEBUCH, 7. JUNI 1944

»Unsere Gedanken sind bei unseren Truppen in Frankreich. Es ist ein hartes Ringen dort, geht es doch um Sein oder Nichtsein.«

Henriette Schneider, Lyck, Ostpreußen

TAG- UND NACHTBUCH, 9. JUNI 1944

»Freitagvormittag gegen 10 Uhr im Keller. Sprengbombe. Zerstörung des Hauses und meiner Wohnung. Beispiellose Verwüstung. Manche gute Menschen, Helfer, Tröster durch ihr Sein und ihr Tun! Scholl! Manche crapule! [Vornehme Seelen!]

Gott ist barmherzig! Gott ist großartig! Gott ist genau, aber großartig. Es geschieht mir kein Unrecht.«[112]

Theodor Haecker, Jahrgang 1879, katholischer Kulturkritiker und Schriftsteller

KRIEGSTAGEBUCH, 12. JUNI 1944

»Es war ein wunderbarer Augenblick, als ich wieder französischen Boden betrat …. Ich war überrascht, wie wenig das Land durch die Besetzung und fünf Kriegsjahre in Mitleidenschaft gezogen war. Das Getreide stand überall gut, der Boden war leidlich frei von Unkraut, und es gab wohlgenährte Rinder, Pferde, Hühner usw. in Menge. Wie immer schilderte Winston, als er neben mir saß, die Situation auf seine unnachahmliche Art: ‚Ringsum fettes Vieh mit übereinandergeschlagenen Hufen auf saftiger Weide.‘ Genau diesen Eindruck hatte man. Und die französische Bevölkerung schien keineswegs erfreut, uns als siegreiche Armee zur

Befreiung anrücken zu sehen. Die Menschen waren so, wie sie lebten, durchaus zufrieden gewesen, und wir brachten dem Land Tod und Verwüstung.«[113]

Alan Brooke, Jahrgang 1883, Feldmarschall, Chef des Imperialen Generalstabs der britischen Landstreitkräfte

TAGEBUCH, 16. JUNI 1944

»Radio meldete, dass in der letzten Nacht mit neuartigen Sprengkörpern schwersten Kalibers London und Südengland von uns belegt worden sind. Das ist die Vergeltung!«

Henriette Schneider, Lyck, Ostpreußen

»Am 17. Juni [1944] musste ich Hitler auf seinem für alle überraschend angesetzten Flug nach Marginal begleiten. Hier in der Nähe der Stadt Soisson in Frankreich lag die seit 1943 ausgebaute Hauptquartieranlage ›Wolfsschlucht‹, die bei dieser Gelegenheit zum ersten und letzten Mal für einen Tag ihrem eigentlichen Zweck diente. Dafür waren also Millionen von Baukosten verpulvert worden, von den unzähligen Arbeitsstunden ganz zu schweigen. Hier besprach Hitler sich mit den Oberbefehlshabern West, den Marschällen Rommel und von Rundstedt, über die weitere Kampfführung. Schon am nächsten Tag flogen wir bereits zurück nach Berchtesgaden.«[114]

Alfons Schulte, Jahrgang 1921, Gefreiter der Luftwaffe in der Nachrichtenzentrale des Führerhauptquartiers, DREI JAHRE IN DER NACHRICHTENZENTRALE

TAGEBUCH, 5. JULI 1944

»Die Ostfront rückt näher, die Menschen werden nervös.«

Henriette Schneider, Lyck, Ostpreußen

TAGEBUCH, 7. JULI 1944

»An den Fronten sieht es sehr gut aus! Die Angriffe in Belorussland erfolgen in nie dagewesenem Tempo. Jetzt bewegen sich unsere Truppen in vierzehn Tagen 250 bis 300 Kilometer an der gesamten Front voran. Für die Deutschen haben sie drei Kessel angelegt: bei Witebsk, bei Bobrujsk und östlich von Minsk; sie haben eine ungewöhnlich hohe Zahl deutscher Soldaten und Offiziere gefangen genommen, darunter auch einige Generäle. Den voraussichtlichen Ergebnissen nach zu urteilen, haben viele deutsche Soldaten und besonders auch Offiziere begriffen: Der Weg mit Hitler bedeutet ihren sicheren Untergang. Und noch ist der Angriff längst nicht abgeschlossen. Es sind keine Einzelfälle, wenn sich ganze Bataillone, Regimenter und sogar Korps in Gefangenschaft begeben.«[115]

Konrad Wolf, naturalisierter Sowjetbürger, Leutnant der Roten Armee

»Wir bestätigen, dass am 7. Juli 1944 der Befehl erging, das Ghetto Szwali zu räumen. Wir möchten unsere Namen für die kommenden Geschlechter bekanntgeben:

1) Schmuel Müntzberg, Sohn Schimons, aus der Stadt Lodz in Polen, mit seiner Frau;
2) Rejsele, früher Sachs, aus Vaiguva;
3) Vejgele Sachs, ihre Schwester;
4) Friedele Nislewitcz aus Vaiguva, die Tochter von Nachum Zwi.
Wir wissen nicht, wohin sie uns führen. Im Ghetto warten 2000 Juden auf den Abmarschbefehl. Unser Los ist unbekannt. Die Stimmung ist schrecklich.
Bald in unseren Tagen Königtum Israel
Schmuel Minzberg«[116], Brief, gefunden im Ghetto der Stadt Szwali, Litauen

TAGEBUCH, 8. JULI 1944

»Scherffs Ordonnanz erzählt mir plötzlich auf unserem Boschberg als sein schrecklichstes Erlebnis, weil damals vollkommen ahnungslos, die Durchsuchung der Wohnungen von Juden in Berlin, so hätte der Befehl gelautet. Dabei ging es aber um deren Abholung. Es wäre fürchterlich gewesen. Sie wären forsch in die Wohnungen eingedrungen, dort die Toten. Vergiftet oder erhängt, am Kronleuchter oder Fensterkreuz. Sein schlimmstes Erlebnis! Was jetzt so alles, wo es bergab geht, aus den Menschen hervorbricht!«[117]
Marianne Feuersenger, Sekretärin im Wehrmachtsführungsstab des Oberkommandos der Wehrmacht

TAGEBUCH, 8. JULI 1944

»Schwere Kämpfe um Wilna ... Auch in Frankreich und Italien Rückschläge ... Ich schrieb an Brecht, dass die Russen vor der Tür stehen ... Ob wir fliehen werden?«
Henriette Schneider, Lyck, Ostpreußen

»Er hatte trotz seines schlechten gesundheitlichen Zustandes sich bis zum Ende fest in der Hand. Diese Selbstbeherrschung war ein wesentliches Moment seines Einflusses und eine außerordentliche Leistung seiner unübertroffenen Energie. Wie viele Augen betrachteten ihn seit Jahren, wenn ein kritisches Ereignis gemeldet wurde, und welche Mutlosigkeit wäre wellenförmig davon ausgegangen, wenn er nur einmal die Fassung verloren hätte?«[118]
Albert Speer, DIE KRANSBERG-PROTOKOLLE

»Es war also nicht so sinnlos, weiterzukämpfen, wie mancher Defätist damals behauptete, als Ende Juni 1944, vom Mittelabschnitt ausgehend, ›die mit starken Infanterie-, Panzer- und Luftstreitkräften geführte Offensive‹ der Sowjets begann, wie der Wehrmachtbericht vom 25. Juni 1944 mit vorbildlicher Sachlichkeit meldete. Meine Darstellung war dramatischer. In vierzehn Tagen ergoss sich eine gewaltige Sturmflut über die deutschen Frontlinien, begrub alles unter sich und brandete 800 km weit vor. Im gleichen Monat Juli 1944 gelangten die sowjetischen Armeen bis an die Grenzen Litauens und Ostpreußens und überrannten die Hälfte von Polen. Sie standen in den Vororten von Warschau. Der Weg nach Berlin war frei.«[119]

Léon Degrelle, wallonischer SS-Standartenführer und Kommandant der SS-Division Wallonie, DENN DER HASS STIRBT

TAGEBUCH, 13. JULI 1944

»Die Russen nähern sich Ostpreußen, die Amerikaner Florenz, während die Schlacht im Landekopf verlustreich weitertobt. Die Führung sucht im Volk die Hoffnung auf neue, unbekannte Waffen zu steigern, weil sie neuer Gedanken nicht fähig ist. Denkwürdig bleibt die völlige Urteilslosigkeit, in der die Masse sich über ihre Lage hinwegtäuschen lässt und in eine Art von Euphorie verfällt.«[120]

Ernst Jünger, Schriftsteller, Hauptmann der Reserve in Paris

TAGEBUCH, 18. JULI 1944

»Unsere Einheiten stehen nur noch 60 Kilometer vor der Grenze zu Ostpreußen. Das Vorrücken unserer Truppen auf das direkte deutsche Territorium müsste meines Erachtens einen Wendepunkt in der Ideologie der deutschen Soldaten und des deutschen Hinterlandes mit sich bringen. Sie sollten begreifen: keinerlei Vergeltungsschläge und irgendwelche Geheimwaffen werden sie vor der Katastrophe retten können.«[121]

Konrad Wolf, naturalisierter Sowjetbürger, Leutnant der Roten Armee

»Mitte Juli hatte die Heeresgruppe Mitte 28 Divisionen und 350 000 Mann verloren. Das war eine noch schwerere Niederlage als die von Stalingrad, wenngleich sie in der Öffentlichkeit nicht so registriert wurde, weil sie im Sommer und ohne die tragischen Begleitumstände von Stalingrad – Kälte und Hunger – stattfand.«[122]

Bernd Freytag von Loringhoven, Major und Adjutant des Heeres bei Adolf Hitler, MIT HITLER IM BUNKER

TAGEBUCH, 20. JULI 1944

»Was für ein Geburtstag ... Mit meinem Mund ist es etwas besser, aber das Essen fällt mir immer noch schwer. Mit den Furunkeln hat sich nichts geändert, das ganze Lager leidet ja an diesem Übel. Zum Abendessen haben sie uns etwas gegeben, das wie gelber Käse aussah, verdorben und übel riechend, voller Würmer, bitter wie Galle, aber wir haben ihn gierig verschlungen, den Käse.«[123]

Arieh Koretz, Jahrgang 1928, deutsch-jüdischer KZ-Häftling in Bergen-Belsen

»Am 20. Juli 1944 hatte ich den Befehl erhalten, den Umzug der Operationsabteilung von Mauerwald nach Zossen im Süden Berlins vorzubereiten. Die Russen waren inzwischen gefährlich nahe und befanden sich etwa hundert Kilometer von unserem Feldquartier entfernt. Es war ein heißer ostpreußischer Sommertag.

Am Abend sollte ich den Nachtzug von Rastenburg nach Berlin nehmen. Mauerwald lag nur zwanzig Kilometer von Hitlers Hauptquartier, der Wolfsschanze, entfernt, wo Stauffenbergs Bombe gegen 12 Uhr 45 explodierte. Nachmittags begannen sich in den Fluren unserer Baracken Gerüchte zu verbreiten. Anfänglich glaubte man, die Bombe sei von Arbeitern der Organisation Todt gelegt worden, die mit dem Bau von Bunkern und Schutzanlagen gegen alliierte Bombenangriffe beschäftigt waren.«[124]

Bernd Freytag von Loringhoven, Major und Adjutant des Heeres bei Adolf Hitler, MIT HITLER IM BUNKER

»Ich erinnere mich an ein Donnern verbunden mit einer leuchtend grellen Stichflamme. Zugleich entwickelte sich dichter Rauch. Glas und Holz flogen splitternd durch die Luft. Der große Tisch, worauf all die Lagekarten ausgebreitet waren und um den sich die Teilnehmer stehend versammelt hatten – nur wir Stenografen saßen – brach zusammen. Nach einigen wenigen Sekunden des völligen Schweigens, hörte ich jemanden rufen, wahrscheinlich war es Feldmarschall Keitel: ›Wo ist der Führer?‹«[125]

Heinz Buchholz, Jahrgang 1906, Stenograf im Führerhauptquartier, BERICHT

»Am 20. Juli um die Mittagszeit hörte ich eine Explosion. Es knallte öfters in der Nähe, da abseits von den Wegen Tellerminen verlegt waren, die manchmal durch das Wild ausgelöst wurden. Aber diesmal war es anders. Es wurde aufgeregt nach dem Arzt gerufen: ›Eine Bombe ist explodiert, wahrscheinlich in der Gästebaracke!‹ Überall war plötzlich alles abgesperrt. Ich dachte mir noch, heute brauche ich bestimmt nicht zum Essen zum Chef. Dann hörte ich: ›Chef ist nichts passiert, aber die Baracke ist in die Luft geflogen!‹«[126]

Christa Schroeder, Sekretärin Hitlers, ER WAR MEIN CHEF

»Einige Augenblicke später stürmte eine Ordonnanz in unser Zimmer und rief mit zitternder Stimme: ›Hauptsturmführer Linge, sofort zum Führer!‹ Augenblicklich ahnte ich, dass etwas Schlimmes geschehen sein musste. Als ich zum Bunker Hitlers hinunterrannte, kam mir Major von Freyend, Keitels Adjutant, entgegengestürmt. Er war verstört. Über sein Gesicht rann Blut. Ich erschrak und rief: ›Was ist geschehen?‹ Von Freyend stammelte nur: ›Der Führer lebt und ist im kleinen Speiseraum des Bunkers.‹ Dort angekommen, sah ich Hitler, der mich mit großen Augen fragend ansah und mein verstörtes Gesicht musterte. Ruhig lächelnd sagte er: ›Linge, jemand hat versucht, mich umzubringen.‹«[127]

Heinz Linge, SS-Leibstandarte, persönlicher Diener Adolf Hitlers, BIS ZUM UNTERGANG

»Auf dem kleinen Bahnsteig von ›Görlitz‹ erfuhr ich dann durch Hitlers Leibarzt, Professor Morell, von dem Attentat, das sich wenige Stunden vorher bei der Lagebesprechung ereignet hatte. Er war noch völlig fassungslos und erzählte in abgerissenen Sätzen, dass Hitler fast unverletzt davongekommen war. ›Anscheinend hat er sich auch gar nicht aufgeregt‹, versicherte er mir, ›denn sein Puls ging, als ich ihn auf etwaige innere Verletzungen untersuchte, völlig ruhig und normal wie an jedem anderen Tage.‹ Als der Arzt gerade im Begriff war, mir weitere Einzelheiten zu schildern, erschien Hitler selbst auf dem Bahnhof. Äußerlich war ihm überhaupt nichts anzumerken. Erst als ein paar Minuten später der Zug mit Mussolini eintraf, sah ich, wie Hitler seinem Gast bei der Begrüßung die linke Hand reichte. Außerdem fiel mir auf, dass er sich recht langsam bewegte und Mühe zu haben schien, den rechten Arm zu heben.«[128]

Paul Otto Schmidt, Jahrgang 1899, offizieller Dolmetscher Adolf Hitlers, ERLEBNISSE

»(I)m Juli 1944 gab er eine andere Probe dieses Humors, als er meinem Mann und Vittorio den Ort zeigte, wo die Bombe explodiert war, deren Opfer er beinahe geworden wäre. ›Stellen Sie sich vor, meine Hose war völlig zerrissen. Glücklicherweise waren keine Frauen anwesend. Sie hätten sonst ein recht seltenes Schauspiel zu sehen bekommen.‹«[129]

Rachele Mussolini, Jahrgang 1890, Ehefrau von Benito Mussolini, ERINNERUNGEN

»Auf den Führer wurde heute ein Sprengstoffanschlag verübt. Aus seiner Umgebung wurden hierbei schwer verletzt: Generalleutnant Schmundt, Oberst Brandt und Mitarbeiter Berger. Leichtere Verletzungen trugen davon: Generaloberst Jodl, die Generale Korten, Buhle, Bodenschatz, Heusinger, Scherff, die Admirale Voß, von Puttkammer, Kapitän z.[ur] S.[ee] Aßmann und Oberstleutnant Borgmann. Der Führer selbst hat außer leichten Verbrennungen und Prellungen keine Verletzungen erlitten. Er hat unverzüglich darauf seine Arbeit wieder aufgenommen.«[130]

Amtliche Mitteilung, Führerhauptquartier 20. Juli 1944

TAGEBUCH, 20. JULI 1944
»Alle im Walde, brachten Erdbeeren mit ... An allen Fronten sehr schwere Kämpfe. Die Städter packen und schicken Berge von Sachen ab ... Um 18.28 Uhr meldete der Rundfunk, dass ein Sprengstoffattentat auf den Führer verübt wurde. Der Führer blieb unverletzt.«

Henriette Schneider, Lyck, Ostpreußen

TAGEBUCH, 20. JULI 1944
»Patient A. [Adolf Hitler]: 11.15 Uhr Injektion wie immer. Attentat mit Sprengmine auf den Führer! Abends beim Tee, nur zwei Stunden geschlafen.«[131]

Dr. Theo Morell, Privatarzt Adolf Hitlers

»Konsultation im Führerhauptquartier mit Prof. Morell. 20. Juli: Sprengstoffattentat. Prellung am rechten Ober- und Unterarm. Brandwunden am Oberschenkel

Am Tag des Attentats: Benito Mussolini und Hitler in der Wolfsschanze.

beiderseits. Beide Trommelfelle zerrissen. Rechts viel Blut im Gehörgang ...
Etwas Blut im Nasenrachen. Flüsterzahlen: rechts 10 cm, links mehr als 5 m.
Rinne: (A-I) rechts + 6, links + 35. Lateralisation nach rechts. Weberscher Versuch nach rechts lateralisiert. 06 rechts stark verkürzt gehört. Kein Nystagmus,
kein Schwindel.«[132]
Prof. Carl von Eicken, Jahrgang 1873, Lehrstuhlinhaber an der HNO-Klinik
der Universität Berlin, Aufzeichnung vom 23. Juli 1944

»Doktor, ich höre, Sie kümmern sich um meine Freunde. Ich wollte Sie eigentlich nicht stören. Aber während der vergangenen zwei Tage – seit der Explosion – habe ich einen stechenden Schmerz im rechten Ohr und Schwierigkeiten
beim Hören. Mein Diener sagt, es sei, weil ich zu viel schreie.«[133]
Adolf Hitler zu Dr. Erwin Giesing, HNO-Begleitarzt

TAGEBUCH, 21. JULI 1944
»Wir warten auf Nachrichten von ›draußen‹. Fräulein von Rautenberg ist als Erste informiert. Jodl hat sie angerufen und erzählt. Die Besprechung (Mittagslage) wurde zum Glück im Blockhaus abgehalten, wo alle Fenster offen waren, so
konnte der Luftdruck hinaus. Im Bunker hätte es sie wohl alle zerfetzt. Stauffenberg hatte die Bombe in seiner Aktentasche und diese unter den Besprechungs-
tisch gestellt. Keiner hatte etwas bemerkt, da die Bombe mit Säurezeitzünder

versehen war. Dann hätte die Explosion alles durcheinandergewirbelt, manchem die Kleider vom Leibe gerissen. Der Führer unverletzt, nur kleine Hautabschürfungen und den rechten Arm etwas geprellt.«[134]

Marianne Feuersenger, Sekretärin im Wehrmachtsführungsstab des Oberkommandos der Wehrmacht

TAGEBUCH, 21. JULI 1944

»Das Radio brachte Näheres über das Attentat. Ein Graf von Stauffenberg hatte die Bombe gelegt …

Um 1 Uhr sprach der Führer zum Volk als Zeichen, dass er lebt. Was wäre geworden, wenn der Führer tot wäre? Der Krieg zu Ende, in Deutschland die Revolution.«

Henriette Schneider, Lyck, Ostpreußen

TAGEBUCH, 21. JULI 1944

»Gestern wurde der Anschlag bekannt. Ich erfuhr die Einzelheiten durch den Präsidenten, als ich gegen Abend aus Saint-Cloud zurückkehrte. Die höchst gefährliche Lage gewinnt damit noch eine besondere Zuspitzung. Der Attentäter soll ein Graf Stauffenberg sein. Ich hörte den Namen bereits von Hofacker. Das würde meine Meinung bestätigen, dass an solchen Wenden die älteste Aristokratie ins Treffen tritt. Aller Voraussicht nach wird diese Tat furchtbare Gemetzel einleiten.«[135]

Ernst Jünger, Schriftsteller, Hauptmann der Reserve in Paris

TAGEBUCH, 21. JULI 1944

»Das Attentat also auf Herrn Hitler. Exekutiert durch einen Grafen Stauffenberg, dessen untadeligen Vater ich als letztes Beispiel eines deutschen Edelmannes vom Tische unseres Hohen Herrn zu kennen glaubte. Dahinter: ein Putsch der Generäle, lange erwartet. Ah, wirklich also? Ein wenig spät, Ihr Herren.«[136]

Friedrich Percyval Reck-Malleczewen, Jahrgang 1884, Arzt und Schriftsteller

»Am 20. Juli verübte von Stauffenberg das Attentat auf Hitler. Der Anschlag machte auf uns keinen besonders tiefen Eindruck. Wir empfanden ihn als einen – vermutlich auf den Westen ausgerichteten – Versuch deutscher Nationalisten, Deutschland vor der Zerstörung und Besetzung zu retten.«[137]

Milovan Djilas, Jahrgang 1911, jugoslawischer Partisanenführer aus Montenegro, MEMOIREN

»Ich kann mich lebhaft an den zwanzigsten Juli [1944)] erinnern. An diesem Tag geschah das Bombenattentat auf Hitler. Unser ganzes Haus, die Christen inbegriffen, war trunken vor Begeisterung. Alle glaubten wir, nun würde innerhalb von achtundvierzig Stunden Friede sein. Am Abend berichtete London, Deutschland befände sich im Zustand der Revolution. Am nächsten Tag hieß es, ein Regiment nach dem anderen schlösse sich den revoltierenden Generälen an. Erst am dritten Tag begann die große Begeisterung abzuflauen. Da mussten wir schon lesen, wie viele hohe und höchste Offiziere verhaftet, zum Tode verurteilt und bereits hingerichtet worden waren. Wir betrauerten diese Deutschen sehr, denn sie wollten ja auch uns befreien, waren auch unsere Toten.«[138]

Ernő Szép, Jahrgang 1884, ungarisch-jüdischer Schriftsteller, ZERBROCHENE WELT

»Seine Zuversicht, seine Siegesgewissheit und seine Sicherheit, aber auch sein Machtbewusstsein und Größenwahn überschritten nun erst recht alle Grenzen der Vernunft.«[139]

Gertraud Junge, seit 1942 Sekretärin Adolf Hitlers, BIS ZUR LETZTEN STUNDE

»Als Herr Hitler die Bombe des 20. Juli überlebte, beschrieb er das als einen Wink der Vorsehung. Ich denke, aus rein militärischer Sicht können wir dem zustimmen. Es wäre sehr bedauerlich, wenn die Alliierten in der Schlussphase des Kampfes das kriegerische Genie des Gefreiten hätten entbehren müssen, dem vor allem unser Sieg geschuldet ist.[140]

Winston Churchill, britischer Premierminister, Rede im Britischen Unterhaus am 2. August 1944

TAGEBUCH, 22. JULI 1944

»Am 20.7.44 ist auf den Führer ein Mordanschlag gemacht worden von deutschen Offizieren, fast alle Adlige. Dem Führer ist fast gar nichts passiert, aber seine Umgebung ist verletzt worden. Wie ich es gehört habe, gerade wie wir vom Baden kamen, habe ich fast geheult, Gott sei Dank war Pappi nicht dabei, aber er hat ja im Grunde die letzte Verantwortung.«[141]

Gudrun Himmler, Tochter von Heinrich Himmler

»Mit der alten Unbeirrbarkeit hat der Führer seine Arbeit sofort wieder aufgenommen – und er weiß, dass seine Soldaten nun erst recht kämpfen, kämpfen und kämpfen werden. Der Führer weiß, dass die ganze Nation nun erst recht hart bleiben und noch härter werden wird. Der 20. Juli 1944 wird einen neuen Kraftstrom in Deutschland entsenden. Er wird anfeuernd durch alle Städte, alle Dörfer und alle Rüstungswerke gehen.

Das Schicksal hat den Führer beschirmt, der Führer wird wieder dem Schicksal des Reiches in Europa stehen. Er wird die deutsche Nation durch die Feuer der Gegenwart hindurchführen in jene Zukunft, die das deutsche Volk mit Recht beanspruchen darf, für die es hart kämpft und deren es durch große Opfer würdig geworden ist.

Alfred Rosenberg«[142] Jahrgang 1892, Reichsminister für die besetzten Ostgebiete, Völkischer Beobachter, Norddeutsche Ausgabe, 22. Juli 1944

»Das Strafgericht, das jetzt vollzogen werden muss, muss geschichtliche Ausmaße haben. Auch die eine unklare Stellung bezogen haben, haben die Todesstrafe verdient.«[143]
Joseph Goebbels, Reichsminister für Volksaufklärung und Propaganda

»Am 23. Juli 1944 aber besaß der sich mir nähernde Hitler mit diesem Bild keine Ähnlichkeit mehr. Das war nicht der ›Führer des Großdeutschen Reiches‹, sondern ein Mann von 55 Jahren mit der Haltung eines Greises, gebeugt, hinkend, den Kopf zwischen die Schultern gezogen, mit blassem Gesicht, dumpfem Blick und graufahler Haut. Er ging mit kleinen Schritten, zog das linke Bein nach und trug den rechten Arm, der bei dem Attentat leicht verletzt worden war, in einer Schlinge.«[144]
Bernd Freytag von Loringhoven, Major und Adjutant des Heeres bei Adolf Hitler,
MIT HITLER IM BUNKER

»Am 23. Juli nahm die 2. Panzerarmee … die vor den allgemeinen Armeen operierte, Lublin im Sturm, und am 24. erreichten ihre Voraustruppen in einem wuchtigen Vorstoß die Weichsel bei Deblin. Hier befreiten unsere Truppen die Gefangenen des Todeslagers Maidanek. Bekanntlich hatten die Faschisten in diesem Lager etwa anderthalb Millionen Menschen, darunter Greise, Frauen und Kinder, vernichtet. Ich kann die Augenzeugenberichte, die ich hörte, nicht vergessen. Die faschistischen Bestialitäten in Maidanek, die später die ganze Welt erfuhr, gelten als schwerstes Verbrechen gegen die Menschlichkeit.«[145]
Georgi S. Schukow, Jahrgang 1896, Oberbefehlshaber der 1. Weißrussischen Front,
ERINNERUNGEN UND GEDANKEN

»Die deutschen Freunde sind sehr aufgeregt, und hier im Revier ist ein ständiges Kommen und Gehen, denn in den letzten Tagen hatten wir im Lager viele neue ›Zugänge‹. Ausschließlich Deutsche. Meist Bayern. Eine Folge des missglückten Anschlags auf Hitler. Unter den Neuen sind viele Sozialdemokraten und ehemalige Gewerkschaftsfunktionäre sowie Katholiken und einige Kommunisten. Sie brachten uns viele Neuigkeiten von ›draußen‹ mit und sind alle davon überzeugt, dass es nicht mehr lange dauern kann … Viele von ihnen haben auch bereits längere oder kürzere Zeit gesessen, und es sind sogar einige dabei, die schon zum zweiten Mal hier sind.«[146]
Nico Rost, Jahrgang 1896, Niederländer, kommunistischer Häftling, GOETHE IN DACHAU

»Filme, Fotos, Protokolle und mündliche Berichte informierten Hitler ausführlich über das Volksgerichtshof-Verfahren. Vor allem die Namen Witzleben, Goerdeler, Hoepner, Fellgiebel, Hase, Hassell und von der Schulenburg spuckte er buchstäblich nur noch aus, wenngleich er einmal auch bitter bemerkte: ›Schade, dass Schulenburg, ein Mann mit soviel Rückgrat, nicht auf meiner Seite stand.‹ So unwahrscheinlich es auch klingen mag, so wahr ist es dennoch: Hitler suchte geradezu krampfhaft nach ›positiven Lichtblicken in diesem Sumpf‹, wie er es einmal nannte. Aus seiner Sicht hatten alle Angeklagten ihr Schicksal verdient. ›Wie Schlachtvieh‹ wolle er sie hängen sehen, sagte er, nachdem er Protokolle über ihr Verhalten und ihre Aussagen gelesen hatte.«[147]

Heinz Linge, SS-Leibstandarte, persönlicher Diener Adolf Hitlers, BIS ZUM UNTERGANG

»Man raunte im Haus von einer Sonderaktion. Sonderaktion – das sind Prominente. Wachtmeister redeten von einer großen Sache. Ich vermutete, es seien Männer, die am 20. Juli beteiligt waren. Alle Gefangenen wurden gegen sechs Uhr abends in die Zellen eingesperrt. Keiner arbeitete mehr. Auch wir Bibliothekare waren in der Zelle. Wir stellten den Tisch unters Fenster und spähten auf den Hof. Es mochte sieben Uhr sein. Die schweren Eisentüren des Gefängnisses öffneten sich. Männer in gestreiften Sträflingskleidern, an den Händen gefesselt, die nackten Füße in klappernden Holzpantoffeln, ohne Kopfbedeckung. Jeder wurde von zwei Wachtmeistern geführt. Aber sie gingen aufrecht, sie brauchten keine Stütze. Hinter den Todeskandidaten kamen viele Zivilisten. Vermutlich Gestapo. SS-Männer filmten … Sie kamen aus dem Gefängnisinnern. Vermutlich war der Hinrichtungsbeschluss verlesen worden. Einer nach dem anderen wurde in den Hinrichtungsschuppen geführt, die Hände auf dem Rücken gefesselt, die Jacke lose übergeworfen. Es dauerte etwa fünf Minuten, ehe der Nächste an der Reihe war. Die Gestapo-Leute waren im Schuppen, der Filmmann auch. In gut vierzig Minuten war alles vorbei.«[148]

Victor von Gostomski, Jahrgang 1908, deutscher Häftling in Plötzensee, über den

8. August 1944, ERINNERUNGEN

»Die Liste der [Häftlings-]Bibliothekare [der Gefägnisbibliothek] beginnt mit dem 8. August 1944. Folgende Namen sind unter diesem Datum aufgeschrieben:

1. v.[on] Witzleben, Erwin, GenFeldm. [Generalfeldmarschall]

2. v.[on] Hase, Paul, Generalleutnant

3. Stieff, Helm.[ut], Generalmajor

4. Bernardis, Robert, Oberstleutnant

5. Graf Yorck von Wartenburg, Peter, O.[berleutnant] d.[er] Res.[eserve]

6. Klausing, Friedr.[ich], Hauptm.[ann]

7. v.[on] Hagen, Oberleutnant

8. Hoepner, Erich, Gen.[eral]Oberst

… Am 8. August fand die Verhandlung gegen die Gruppe vor dem Volksgerichtshof statt. Am gleichen Tag wurde das Urteil gesprochen. Und am 8. August trat auch der Henker in Aktion.«[149]

Victor von Gostomski, deutscher Häftling in Plötzensee, ERINNERUNGEN

TAGEBUCH, 10. AUGUST 1944

»Erst als wir uns Warschau näherten, stießen wir auf ernsthafte Gegenwehr. Vor uns standen Teile der SS-Panzerdivisionen ›Wiking‹, und ›Totenkopf‹ und die SS-Panzerdivision ›Hermann Göring‹. Das sind natürlich nicht mehr die alten SS-Divisionen, in ihnen sind mehr als die Hälfte der Kämpfenden zusammengewürfeltes Gesindel aus Rumänien, Holland, Belgien, Dänemark und anderen Ländern, die in verstärktem Maße für die SS-Truppen mobilisiert wurden. In die Soldbücher wurde ihnen geschrieben: ›Freiwilliger der Waffen-SS‹. – Trotzdem gehören sie jetzt zu den besten deutschen Divisionen.«[150]

Konrad Wolf, naturalisierter Sowjetbürger, Leutnant der Roten Armee

KRIEGSTAGEBUCH, 11. AUGUST 1944

»Der Führer ist sehr krumm geworden. Watte in den Ohren. Häufig zittert er stark. Die Hand durfte man ihm nur leicht geben.«[151]

Werner Kreipe, Jahrgang 1904, Chef des Generalstabs der Luftwaffe

»Er wurde schließlich ernsthaft krank, eine Gelbsucht, die ihn zwei Wochen ans Bett fesselte. Auch zur Lage konnte er nicht erscheinen. Ziemlich geschwächt sah er aus, als er ab Anfang Oktober wieder begann, an den Besprechungen teilzunehmen. Die Ärzte, die ihn unter anderem behandelt hatten, Karl Brandt und Hans-Karl von Hasselbach, entließ Hitler kurz darauf. Er vertraute nur noch Professor Morell.«[152]

Rochus Misch, SS-Oberscharführer, Angehöriger des Führer-Begleitkommandos, DER LETZTE ZEUGE

»In Wirklichkeit war Hitler in diesem Herbst 1944 – und das nicht nur einen kurzen Augenblick, sondern stundenlang – überraschend kraftvoll, ja gut gelaunt. Er arbeitete Nacht für Nacht bis zum Morgengrauen. Er kam mit wenigen Stunden Schlaf aus. Natürlich hatte er auch einige körperliche Beschwerden. Wer hätte die in diesem Alter und unter diesen Umständen nicht haben sollen!«[153]

Léon Degrelle, wallonischer SS-Standartenführer und Kommandant der SS-Division Wallonie, DENN DER HASS STIRBT

»Mitte August [1944] hatten die Kanadier Falaise erreicht. Die Polen standen vor Chambois und mit Wucht putzten die Briten und Amerikanern die Masse der 7. deutschen Armee von ihrer Einbruchstelle bei Mortain [Normandie] weg. Sechzehn der zwanzig hier beteiligten deutschen Generalen gelang es aber zu entkommen und später die Kämpfe wieder aufzunehmen; und das führte zu Verstimmungen zwischen den alliierten Kommandeuren, die sich gegenseitig beschuldigten, zu langsam, zu schnell oder zu vorsichtig zu sein. Die Amerikaner und die Freien Franzosen nahmen Paris am 25. August ein und die Briten, Kanadier und Polen stürmten auf die Kanalhäfen und nach Belgien.«[154]

David Niven, Jahrgang 1910, Oberleutnant bei den British Commandos, REMINISZENZEN

TAGEBUCH, 21. AUGUST 1944

»Winston spricht in diesen Tagen nie von Hitler; es ist stets von der Gefahr die Rede, die der Kommunismus bedeutet. Er fürchtet, dass sich die Rote Armee wie ein Krebsgeschwür in einem Land nach dem anderen festsetzen wird. Er ist von dieser Vorstellung geradezu besessen und scheint kaum an etwas anderes zu denken.«[155]

Charles McMoran Wilson, Jahrgang 1882, 1. Baron Moran, Leibarzt Winston Churchills

TAGEBUCH, 25. AUGUST 1944

»Die Feinde schon in Paris.«

Henriette Schneider, einquartiert in Freiwalde, Kreis Mohrungen, Ostpreußen

TAGEBUCH, 25. AUGUST 1944

»Auf der Avenue d'Orléans defilieren Wagen an Wagen, motorisierte Kolonnen, mit rosa Tüchern versehen. Ergibt sich ein Stillstand, werden die Wagen von den begeisterten Frauen gestürmt. Als ob sie den Anrollenden nicht nahe genug kommen könnten, stehn die Pariser bis in den Fahrdamm hinein. Die ganze Demonstration weist eine geradezu verführerische Ungezwungenheit auf. Mir fällt alsbald die allseitig wiederholte Geste auf, die die auf ihren Wagen Sitzenden mit dem Mittel- und Zeigefinger ausführen. Mit beiden Fingern bilden sie ein V. Das bedeutet Victory, Victory. Die meisten sehr jungen Soldaten (ich kenne die französischen Uniformen, vermag aber Engländer, Amerikaner und Canadier nicht zu unterscheiden) machen diese Geste fast wie die primitiven Christusfiguren, die 2 Finger zum Segen heben.«[156]

Thea Sternheim, Jahrgang 1883, deutsche Jüdin katholischen Glaubens im Pariser Exil

»Und wir hörten von deutschen Niederlagen an der Front. Ich erinnere mich nicht mehr, von wem die Nachricht stammte. Oder handelte es sich nur um ein Gerücht? Jedenfalls freuten wir uns. Vielleicht würden wir doch noch den Untergang Nazi-Deutschlands erleben ... Dass die Deutschen ihre Wohnungen und Häuser aufgaben und sich mit ihrem Hab und Gut ›heim ins Reich‹ davonmachten, erfüllte uns mit Genugtuung und war Balsam für unsere geschundenen Seelen.«[157]

Paje Wapner-Levin, Jahrgang 1921, Jüdin aus Wilna, KZ Stutthoff, Westpreußen, ERINNERUNGEN

»Im September 1944 erwarteten die Frontgenerale, die Industriellen und die Gauleiter der westlichen Regionen, dass die Armeen der Amerikaner und Briten ihre Übermacht ausnutzen und unsere fast unbewaffneten und abgekämpften Truppen in einer Offensive ohne Stillstand überrollen würden. Niemand rechnete mehr damit, sie aufhalten zu können, niemand, der sich seinen Wirklichkeitssinn bewahrt hatte, glaubte gar an ein ›Marne-Wunder‹ zu unseren Gunsten.«[158]

Albert Speer, ERINNERUNGEN

TAGEBUCH, AUGUST 1944

»Seit Wochen schon fällt mir bei den unteren Chargen ihrer Hierarchie, bei all den Kreisleitern, Ortsgruppenvorständen und Stützpunktleitern eine demonstrativ zur Schau getragenes Abrücken vom Regime auf.«[159]

Friedrich Percyval Reck-Malleczewen, Arzt und Schriftsteller

»Keitel gab mir zu verstehen, dass Hitler mich näher kennenlernen wolle, um dann zu entscheiden, ob ich als neuer Generalstabschef der Westfront geeignet sei.

Ich fragte, wie lange Zeit etwa man denn für diese Begutachtung veranschlagen könne. Keitel meinte, dass könne 8 – 14 Tage dauern, worauf ich erwiderte, dann gäbe es vielleicht gar keine Westfront mehr. Von einer regulären ›Front‹ konnte man überhaupt nicht sprechen, da die Reste des Westheeres sich in vollem Rückzug auf die Reichsgrenzen befanden.«[160]

Siegfried Westphal, Jahrgang 1902, Generalmajor der deutschen Wehrmacht, ERINNERUNGEN

»Groteskerweise produzierten wir gerade in diesen Monaten mehr und mehr Jäger; insgesamt wurden in dieser späten Phase des Krieges in sechs Monaten 12.720 Jäger an die Truppe geliefert, die den Krieg 1939 mit nur 771 Jagdflugzeugen begonnen hatte.«[161]

Albert Speer, ERINNERUNGEN

TAGEBUCH, 29. AUGUST 1944

»Wo soll ich anfangen? Wie soll ich es sagen? Die Russen sind in Bukarest. Paris ist befreit. Unser Haus in Antim von Bomben zerstört. Ich bin hundemüde. Es war mir nicht gegeben, mich über die großen, überwältigenden Ereignisse richtig freuen zu können.«[162]

Mihail Sebastian, rumänisch-jüdischer Schriftsteller in Bukarest

KRIEGSTAGEBUCH, 2. SEPTEMBER 1944

»Im Westen anscheinend Auflösung. Jodl merkwürdig ruhig. Die Finnen springen ab. Bei der Lage Beschimpfungen Mannerheims und Sofortentschlüsse.«[163]

Werner Kreipe, Chef des Generalstabs der Luftwaffe

TAGEBUCH, 1. SEPTEMBER 1944

»Seit einigen Tagen ist es offensichtlich, dass der weitere Vormarsch unserer Truppen nur eine Frage des Nachschubs ist. Ike [Dwight D. Eisenhower] beabsichtigt, auf einer breiten Front vorzurücken, um alle vorhandenen Nachschublinien ausnützen zu können. Im Norden will er durch das Loch von Aachen vorstoßen, im Süden durch das von Metz, die Armeegruppe Süd soll zum Rhein südlich von Koblenz rücken. Dann denkt er, seine Luftlandetruppen einzuset-

zen, um den Übergang über den Strom zu erzwingen und ins Ruhrgebiet vorzustoßen, ja Berlin selbst zu bedrohen.«[164]

Harry C. Butcher, Jahrgang 1901, Reservist im Rang eines Lieutenant Commander der
US-Navy, Adjutant von General Eisenhower

»Am 7. September war morgens gegen neun Uhr ein ungeheuerlicher Kriegslärm
zu hören, alles bebte – und unsere Laune wurde immer besser: Nie habe ich Krach
mehr genossen, nie hat mir Lärm mehr gefallen. Denn das war die Rote Armee,
das war ihre von uns erwartete, erhoffte, ersehnte Offensive. Schon nach einer
Viertelstunde war unser Haus zwischen den Fronten: Aus dem Fenster der westlichen Seite sah man, erschreckend nahe, deutsche Artilleristen, auf der östlichen
in einiger Entfernung – wir trauten unseren Augen nicht – tatsächlich russische
Infanteristen. Diese höchst bedrohliche Lage dauerte nicht lange, etwa eine halbe
Stunde. Dann pochte jemand kräftig, offenbar mit einem Gewehrkolben, an die
Haustür. Zitternd und mit erhobenem Haupt öffnete Bolek die Tür. Vor ihm stand
ein müder russischer Soldat und fragte laut: ›Nemzew njet? … ›Keine Deutschen
hier?‹ Wo wir fünfzehn Monate unentwegt fürchten mussten, jemand würde an
die Tür klopfen und fragen: ›Keine Juden hier?‹, wo diese Frage noch vor einer
Stunde für uns den Tod bedeutet hätte, da wurden jetzt Deutsche gesucht.«[165]

Marcel Reich-Ranicki, Jahrgang 1920, untergetauchter deutsch-polnischer Jude in
Warschau, MEIN LEBEN

»Im Juli 1944 fielen die ersten deutschen ›Wunderwaffen‹, die ›V-1‹, eine Flügel-
bombe, auf London. Innerhalb von drei Monaten waren es etwa neuntausend
Stück, im September folgten die ›V-2-Raketen‹. London musste erneut evakuiert
werden.«[166]

Ruth Werner (eigentlich Ursula Kuczynski), Jahrgang 1907, deutsche Kommunistin,
Agentin des sowjetischen Geheimdienstes GRU, London, SONJAS RAPPORT

»Die erste V-2 wurde erst Anfang August abgeschossen. Das war eine in große Höhe hinaufgeschossene Rakete, die mit einer derartigen Geschwindigkeit
herunterkam, dass sie erst durch die Explosion bemerkt wurde. Während des
Fluges konnte sie weder gehört, noch gesehen, noch abgefangen werden …
Die V-2-Bombe hatte eine besonders vernichtende Wirkung, wenn sie direkt in
Bauten irgendwelcher Art hineinfiel. Auf Grund ihrer großen Geschwindigkeit
drang sie tief in den Boden ein, und die große Sprengwirkung ging direkt nach
oben. Folglich blieben V-2-Treffer auf freien Plätzen relativ wirkungslos, doch
war die Sprengladung der Bombe so groß, dass Gebäudetreffer zumeist eine vollständige Vernichtung bedeuteten.«[167]

Dwight D. Eisenhower, US-Vier-Sterne General, Oberbefehlshaber der alliierten
Streitkräfte in Nordwesteuropa, KREUZZUG IN EUROPA

»Es waren die bei überstürzten Rückzügen üblichen unerfreulichen Bilder, die ich bisher nur von der Gegenseite im Sommer 1940 und aus der Kriegsgeschichte kannte. Keine einzige Rheinbrücke war zur Sprengung vorbereitet, der Westwall fast ohne Waffen, da diese im Atlantikwall eingesetzt worden waren.«[168]

Siegfried Westphal, Jahrgang 1902, Generalmajor, Stabschef beim Oberbefehlshaber West, ERINNERUNGEN

»Wachsende Spannung, Unruhe und Sorge in allen Herzen. Die ersten Vorboten der zurückströmenden Truppen zeigen sich: mit welkem Baumgrün getarnte Personen- und Lastkraftwagen, von Verwaltungsoffizieren mit ihren Stäben und von abgekämpften, zersprengten Truppenresten besetzt, die einen apathischen Eindruck machen.«[169]

Emil Barth, Jahrgang 1900, Schriftsteller, Haan, Rheinland, Aufzeichnung vom 4. September 1944

»Die Rote Armee erreichte am 6. September die jugoslawische Grenze und fiel am 9. September in Bulgarien ein, wo es zum Umsturz kam und eine von Kommunisten beherrschte Regierung gebildet wurde. Hitlers Balkan-Armeen befanden sich plötzlich mitten in einem Wirbel von Aufständen, in einer Sackgasse.«[170]

Milovan Djilas, jugoslawischer Partisanenführer aus Montenegro, MEMOIREN

»Ich spähte durch den starken Feldstecher, den ich nahe Beaugency von einem deutschen Offizier befreit hatte, auf die Stadt. Es gab nichts zu sehen außer einer zerbrochenen Brücke, leeren Häusern und einer Leine mit Wäsche, verloren und vergessen. Für das bloße Auge war die Siegfriedlinie nur eine Landschaft. Durch das Fernglas konnte ich üppige Rasenflächen sehen, die Übungsplätzen für Golfer ähnelten. Sie dienten als Schussfeld zwischen den schwarzen Pilzen, die Geschützstellungen waren. An einer Kreuzung stand eine Panzersperre, daneben ein Geschütz, und am Horizont befand sich ein Dorf, das angeblich zwei Divisionen der Hunnen beherbergte.«[171]

Lee Miller, Jahrgang 1907, US-Kriegsfotografin, September 1944, deutsch-luxemburgische Grenze, REPORTAGEN,

»Wie eine Bombe platzte in alle Sorgen die Nachricht, dass eine amerikanische Panzerdivision nördlich Trier bei Wallendorf die Sauer überschritten und gleich im ersten Anlauf den Westwall durchbrochen hatte. Alle irgendwie freizumachenden Kräfte wurden herangeführt, um diesen Einbruch zu beseitigen. Trotz allem, was dagegen sprach, waren wir in unserer Not sogar gezwungen, den Raum Trier zu entblößen. Nach einer Woche hin- und herwogender Kämpfe ging der Feind auf das Westufer der Sauer zurück – wie wir heute wissen, aus Nachschubgründen.«[172]

Siegfried Westphal, Stabschef beim Oberbefehlshaber West, ERINNERUNGEN

»Meine liebste kleine Freundin: Gestern kamen wir in das neue Indianerland, nach einem schönen wilden Tag des Jagens und Schießens, und ließen uns für die Nacht in einem verlassenen Bauernhaus nieder … Dieses Land besteht aus einer ununterbrochenen Reihe bewaldeter Hügel und welligem Boden, mit ein paar unbewachsenen Höhen, von denen aus man alles sehen kann, was sich bewegt. Man kommt auf eine Anhöhe und beherrscht die ganze Gegend. Dann arbeitet man sich zur nächsten Anhöhe vor, die den nächsten Landstrich beherrscht. Manchmal ist der Wald dicht wie zu Hause oder in Kanada, und es kommt einem genauso unwahrscheinlich vor, hier getötet zu werden, wie in Upper Michigan, und das gibt einem ein sehr zuversichtliches Gefühl, wie zu Hause.

Als wir herkamen, sind die Leute alle abgezogen, aber John [Décan] ging runter und trieb ein paar zusammen, zum Saubermachen und Kochen, und einen Mann zum Melken der Kühe, damit sie keine Schmerzen bekämen, und ich versorge die Katze und den schönen, netten, klugen, völlig verwirrten Hund, dem das Herz gebrochen ist, weil alle weg sind und alles Gewohnte verändert ist. Wenn wir uns verzogen haben, werden die Leute sicher wieder zurückkommen; jedenfalls wird der Ort sauber sein, und Hunde haben weder eine Nationalität noch eine Staatsbürgerschaft … Heute Nacht ist es nicht so kalt, aber der arme Hund ist so traurig. Ich versuche, ihm die Lage zu erklären, aber der Hund weiß, dass er das Vieh und die Schweine hüten sollte, und er liebt seinen Herrn. Er weiß, dass ich ein guter Mensch bin, aber seine ganze Welt ist kaputtgegangen, und er liegt draußen mit gebrochenem Herzen in der Scheune. Ich habe die Kühe gemolken, damit sie keine Schmerzen haben, und habe die Katze gefüttert. Aber mit dem Hund ist es sehr traurig. Hatte das ganze Haus saubergemacht (obwohl das nicht vorhalten wird) – aber ich wünschte, die Leute würden zurückkommen und sich um ihren Hund kümmern. Es ist verachtenswert und egoistisch von ihnen, einfach so wegzugehen, und sie verdienen einen so guten Hund gar nicht. Sie haben nur zwei Bücher – eins über die Waldtiere in Deutschland – ein hübsches Buch – und eins über die Olympischen Spiele 1936 in Berlin. Kein hübsches Buch, aber mit einigen schönen Bildern. Habe sie beide gelesen.«[173]
Ernest Hemingway, Jahrgang 1899, Schriftsteller und Kriegsberichterstatter der US-Army, Brief an Mary Welsh, Hemmeres, Deutschland, 13. September 1944

»Sobald die Tagesgeräusche für Augenblicke verstummen, hört man das leise Murmeln der Front, die nordostwärts Stolberg steht.«[174]
Emil Barth, Schriftsteller, Haan, Rheinland, Aufzeichnung vom 16. September 1944

TAGEBUCH, 15. SEPTEMBER 1944

»Ich habe in den letzten Wochen, seit dem Beginn des großen Rückzuges in Frankreich, kaum noch jemanden gefunden, der noch an einen Sieg glaubt. Die wenigen, hauptsächlich Parteifunktionäre, die noch eine Art Optimismus zur

Schau tragen, rechneten im besten Falle mit einem Remis durch beiderseitige Erschöpfung.«[175]

Josef Schöner, Jahrgang 1904, österreichischer Diplomat im Zwangsruhestand

TAGEBUCH, 30. SEPTEMBER 1944

»Nachmittags 19.30 Uhr: Gerufen worden. Von 16 bis 18 Uhr vier Entleerungen, wovon zwei schwächer und zwei sehr stark waren. Bei der zweiten nach Abgang eines Pfropfens explosionsartige wässerige Entleerung. Die dritte und vierte waren sehr stark stinkend und ganz besonders die vierte.«[176]

Dr. Theo Morell, Privatarzt Adolf Hitlers

»Im Übrigen konnte niemand ahnen, was hinter der Stirn des Diktators vorging, er hatte sich eisern in der Hand. Ich habe etwa 50 mal an seinen Lagebesprechungen teilgenommen. Niemals erlebte ich, dass er sich gehen ließ oder gar vergaß, dabei stand ihm doch das Wasser bis zum Hals.«[177]

Siegfried Westphal, Stabschef beim Oberbefehlshaber West, ERINNERUNGEN

»Weder die Russen noch die Engländer bewegen sich. Die Russen sind vor Königsberg zum Halten gekommen und stehen dort nun schon zwei Monate. Die Engländer wiederum rühren sich von Ancona nicht weg. Herr T. vermutet, dass sie vielleicht in Richtung Venedig vorrücken wollen, möglicherweise dauere es auch länger, weil sie noch nicht genug Transportkapazität, also Schiffe, zur Verfügung hätten. Doch für uns, die wir den Würgegriff im Nacken spüren, ist dieses bange Zuwarten, dieses Auf-der-Stelle-Treten, nicht zu begreifen.«[178]

Ernő Szép, ungarisch-jüdischer Schriftsteller, ZERBROCHENE WELT

»An den Angriffen nahmen anfangs vierzehn Divisionen teil, bald wurde die Zahl jedoch auf siebzehn erhöht. Trotzdem ging es nur langsam vorwärts, und es wurde schwer gekämpft. Am rechten Flügel schlug sich die Erste Armee im Hürtgenwald, wo es zu einer der erbittertsten Schlachten des ganzen Feldzuges kam. Der Feind war in jeder Beziehung im Vorteil. Das Gelände eignete sich sehr gut für die Verteidigung, und die angreifenden Amerikaner konnten in dem dichten Wald fast nur mit Infanteriewaffen arbeiten. Das Wetter war abscheulich, und die deutschen Truppen wehrten sich an dieser Stelle besonders hartnäckig. Schließlich siegte aber doch die Zähigkeit der Yankees. Angehörige der amerikanischen Divisionen 4, 9 und 28 maßen die Intensität von Kämpfen später immer an der Schlacht im Hürtgenwald; denn dort war es am schlimmsten gewesen.«[179]

Dwight D. Eisenhower, US-Vier-Sterne General, Oberbefehlshaber der alliierten Streitkräfte in Nordwesteuropa, über die Schlacht vom 6. Oktober 1944, KREUZZUG IN EUROPA

TAGEBUCH, 7. OKTOBER 1944

»Willy um 7 Uhr Lore abholen, die munter, mit schwerem Koffer eintraf: 1 Gans,

In der Schule von Weidlacken, Ostpreußen, werden unter den Porträts von Adolf Hitler und Hermann Göring Strümpfe für die Soldaten an der Ostfront gestrickt, um 1942.

1 Huhn, 2 Pfund Räucherspeck, 1 Pf.[und] Hering, 2 Kuchen, 1 Stückchen Leberwurst, wie der Weihnachtsmann!«
Henriette Schneider, einquartiert in Freiwalde, Kreis Mohrungen, Ostpreußen

KRIEGSTAGEBUCH, 7. OKTOBER 1944
»Morgenlage, Angriffsbeginn auf Ostpreußen und Budapest. Viele Telefonate und Rücksprachen. Mit allen Chefs fernmündlich gesprochen. Langes Gespräch mit Göring. Führerhauptquartier sofort 12 schwere Flakbatterien zum Schutz.«[180]
Werner Kreipe, Chef des Generalstabs der Luftwaffe

»Jeder Häuserblock einer Stadt, jedes Dorf, jedes Gehöft, jeder Wald wird von Männern, Knaben und Greisen und – wenn es sein muss – von Frauen und Mädchen verteidigt … Es ist besser, es stirbt ein junger Jahrgang und das Volk wird gerettet, als dass ich den jungen Jahrgang schone und ein ganzes 80–90 Millionenvolk stirbt aus.«[181]
Heinrich Himmler, Jahrgang 1900, Rundfunkansprache in Königsberg, 18. Oktober 1944

»Nach fünfjährigem schwerstem Kampf steht infolge des Versagens aller unserer europäischen Verbündeten der Feind an einigen Fronten in der Nähe oder an den deutschen Grenzen. Er strengt seine Kräfte an, um unser Reich zu zerschlagen, das deutsche Volk und seine soziale Ordnung zu vernichten. Sein letztes Ziel ist die Ausrottung des deutschen Menschen.

Wie im Herbst 1939 stehen wir nun wieder ganz allein der Front unserer Feinde gegenüber. In wenigen Jahren war es uns damals gelungen, durch den ersten Großeinsatz unserer deutschen Volkskraft die wichtigsten militärischen Probleme zu lösen, den Bestand des Reiches und damit Europas für Jahre hindurch zu sichern.

Während nun der Gegner glaubt, zum letzten Schlag ausholen zu können, sind wir entschlossen, den zweiten Großeinsatz unseres Volkes zu vollziehen. Es muss und wird uns gelingen, wie in den Jahren 1939-41 ausschließlich auf unsere eigene Kraft bauend, nicht nur den Vernichtungswillen der Feinde zu brechen, sondern sie wieder zurückzuwerfen und so lange vom Reich abzuhalten, bis ein die Zukunft Deutschlands, seiner Verbündeten und damit Europa sichernder Friede gewährleistet ist. Dem uns bekannten totalen Vernichtungswillen unserer jüdisch-internationalen Feinde setzen wir den totalen Einsatz aller deutschen Menschen entgegen.«[182]

Adolf Hitler, Erlass des Führers über die Bildung des Deutschen Volkssturms

»Jeder Bunker, jeder Häuserblock in einer deutschen Stadt und jedes Dorf muss zu einer Festung werden, an der der Feind entweder verblutet oder ihre Besatzung im Kampf Mann gegen Mann unter sich begräbt. Es gibt nur noch Halten der Stellung oder Vernichtung!«[183]

Gerd von Rundstedt, Jahrgang 1875, Generaloberst, Oberbefehlshabers West, Befehl vom 18. Oktober 1944

»Wir staunen über die Amerikaner. Sie sind hier am alten Westwall noch einmal zum Stehen gekommen. Ehe wir hierher geworfen wurden, haben sie fast nichts mehr vor sich gehabt. Wie ist es möglich, dass sie an der Reichsgrenze noch einmal zum Halten kamen? Sie hätten doch durchstoßen können. Und auch jetzt: ein energischer Stoß bei dieser Luftüberlegenheit, und der Krieg wäre in zwei bis drei Wochen aus.«[184]

Richard Scheringer, Jahrgang 1904, Hauptmann der Reserve und Kommunist, UNTER SOLDATEN, BAUERN UND REBELLEN

TAGEBUCH, 20. OKTOBER 1944

»Die Russen in Eydtkau! Um 17 Uhr meldete der Rundfunk schweres Ringen zwischen der Rominter Heide und Ebenrode. Noch hofft man.«

Henriette Schneider, einquartiert in Freiwalde, Kreis Mohrungen, Ostpreußen

KRIEGSTAGEBUCH, 22. OKTOBER 1944

»Nebel, Lage in Ostpreußen unverändert. Viel Papier, wenig Vorträge, der Zustrom aus Berlin lässt nach, nachdem es hier in der Nähe schießt. Christian orientiert mich über Führerlage. Keitel für Umzug nach Berlin, Hitler dagegen. Abends lange Planung für Ardennen besprochen. Ich fürchte, dass alles blasse Theorie bleibt.«[185]

Werner Kreipe, Chef des Generalstabs der Luftwaffe

»Auch im Westen drangen die Alliierten allmählich auf die deutschen Grenzen vor. Und wir saßen immer noch in Ostpreußen. Es konnte nicht mehr lange dauern, dann vertrieben uns die Russen. An manchen klaren Herbsttagen hörten wir den Donner der Geschütze.«[186]

Gertraud Junge, Sekretärin Adolf Hitlers,
BIS ZUR LETZTEN STUNDE

»Am 12. Oktober 1944, als die militärische Lage im Westen sich wieder gefestigt hatte und erneut von einer Front, nicht nur von hilflos zurückflutenden Menschen, gesprochen werden konnte, nahm mich Hitler nach einer Lagebesprechung zur Seite, verpflichtete mich zum Schweigen und erklärte mir anschließend, dass er im Westen, unter Zusammenfassung aller verfügbaren Kräfte, eine große Offensive durchführen werde:

›Dazu müssen Sie aus den deutschen Bauarbeitern eine Bautruppe organisieren, die genügend motorisiert ist, um selbst bei einer Unterbrechung des Eisenbahnverkehrs noch Brückenbauten aller Art durchführen zu können. Halten Sie sich dabei an die Organisationsformen, wie sie sich im Westfeldzug 1940 bereits bewährt haben.‹

Ich machte Hitler darauf aufmerksam, dass wir kaum noch genügend Lastwagen für eine solche Aufgabe zur Verfügung hätten. ›Für diesen Fall muss alles andere zurückstehen‹, entschied er mit Nachdruck, ›ganz gleich, welche Folgen entstehen. Das wird der große Schlag, der gelingen muss.‹«[187]

Albert Speer, ERINNERUNGEN

»Letzte Verteidiger Aachens gedenken ihrer geliebten deutschen Heimat in festem Vertrauen auf unseren Endsieg und spenden an das WHW [Winterhilfswerk] RM 10.468,-. Wir kämpfen weiter.«[188]

Vorletzte Funkspruch der 246. Volksgrenadier-Division, 24. Oktober 1944

»Nach verbissenstem Ringen Haus um Haus, Mann um Mann, hat die Kampfgruppe Aachen letzte Munition verschossen, Wasser und Verpflegung aufgebraucht. Reste der Verteidiger der deutschen Kaiserstadt stehen im Nahkampf im Gefechtsstand … Vorher gilt letzter Gruß in unerschütterlichem Glauben an … unseren Sieg unserer geliebten deutschen Heimat. Es lebe der Führer!«[189]

Gerhard Wilck, Jahrgang 1898, Oberst, Kampfkommandant von Aachen, letzter Funkspruch, 24. Oktober 1944

»Gestern Abend hörten wir Goebbels, er sprach offen zur Lage, die nicht hoffnungslos ist. Willy gestern in Mohrungen, unser Zimmer warm.«

Henriette Schneider, einquartiert in Freiwalde, Ostpreußen

»Als dort die Front verkürzt und einigermaßen stabilisiert war, entschloss Hitler sich, in sein westliches Hauptquartier im Taunus zu gehen, um von dort aus die Westfront zu beruhigen. In den ersten Novembertagen 1944 zogen wir aus der Wolfsschanze aus und nahmen gleich alles mit, was wir besaßen, denn die Russen waren nah.«[190]

Gertraud Junge, Sekretärin Adolf Hitlers,
BIS ZUR LETZTEN STUNDE

»Am 18. Oktober stellte die deutsche Regierung einen Volkssturm aus allen noch nicht eingezogenen Deutschen im Alter von 18 bis 60 Jahren auf, der unter der Führung Himmlers als Reserveheer dienen sollte. Wir wussten genau, dass der deutsche Volkssturm außerstande war, die Schläge unserer erfahrenen, gut bewaffneten Kaderarmee abzuwehren. Dieser und auch das aufgestellte ›Frauenhilfskorps‹ waren ausgesprochen verzweifelte Maßnahmen, und uns war klar, dass Deutschland seine letzten Kräfte mobilisierte, um die unvermeidliche Katastrophe hinauszuschieben.

Doch Ende 1944 konnte Deutschland sich noch kampfmäßig verteidigen und leistete ernsthaften Widerstand. Seine Streitkräfte bestanden immer noch aus rund 17,5 Millionen Mann, davon waren 5,3 Millionen bei der kämpfenden Truppe.«[191]

Georgi K. Schukow, Oberbefehlshaber der 1. Weißrussischen Front,
ERINNERUNGEN UND GEDANKEN

»Auch Walter mit seinen gerade mal neunzehn Jahren fiel … In Haltern nahe Münster in Westfalen kam er Ende November 1944 bei einem Tieffliegerangriff ums Leben. Der Moment, als wir die furchtbare Nachricht erhielten, ist fest in meinem Gedächtnis geblieben. Ich saß gerade auf dem Dach unseres Hauses, das nach einem Fliegerangriff wieder einmal ziemlich beschädigt war. Zusammen mit zwei Freunden reparierte ich den Schaden, als der Postbote den Brief mit der Todesnachricht brachte. Meine Tante rief durchs ganze Haus: ›Walter ist gefallen!‹ Mein Bruder war vier Jahre älter als ich; wir hatten ein sehr gutes Verhältnis.«[192]

Helmut Kohl, Jahrgang 1930, Schüler, ERINNERUNGEN

»Mit dem Sonderzug ging es zum ›Adlerhorst‹, so hatte Hitler dieses Hauptquartier in Ziegenberg getauft.«[193]

Rochus Misch, SS-Oberscharführer, Angehöriger des Führer-Begleitkommandos,
DER LETZTE ZEUGE

»Wenn hier noch ein paar ganz schwere Schläge erfolgen, so kann es jeden Augenblick passieren, dass diese künstlich aufrechterhaltene gemeinsame Front plötzlich mit einem riesigen Donnerschlag zusammenfällt.«[194]
Adolf Hitler, Ansprache vor Divisionskommandeuren am 12. Dezember 1944 im Adlerhorst bei Ziegenberg, Hessen

»Hitler führte vor einem ausnahmsweise sehr eng begrenzten Zuhörerkreise Folgendes aus: Die Ostfront habe sich inzwischen wieder stabilisiert. Dass es im Westen gelungen sei, eine neue Front zu errichten, müsse er fast als ein Wunder bezeichnen. Solche Wunder wiederholten sich aber nicht. Daher müssten dem Westen die schon so dringend geforderten Kräfte nun auch zugeführt werden. Sie in der Abwehr festzulegen, halte er aber nicht für richtig. Durch die Defensive könne auf die Dauer weiterer entscheidender Geländeverlust doch nicht verhindert werden. Das sei nur durch eigenen Angriff möglich. Eine Offensive könne im Westen noch eine entscheidende Wendung zum Guten herbeiführen. Er sei daher fest entschlossen, die Initiative an der Westfront wieder an sich zu reißen. Innerhalb des Wehrmachtführungsstabes seien die verschiedensten Überlegungen über die Wahl des günstigsten Angriffsraumes und Zieles angestellt worden. Er, Hitler, habe sich wegen der Schwäche der im Eifelraum befindlichen Feindkräfte entschlossen, den Angriff von dort aus zu führen. Das Angriffsziel müsse Antwerpen sein.«[195]
Siegfried Westphal, Stabschef beim Oberbefehlshaber West, Bericht über eine Besprechung im Führerhauptquartier Adlerhorst bei Ziegenhain

»In einer verzweifelten Lage kann nur ein verzweifelter Entschluss vielleicht noch helfen.«[196]
Alfred Jodl, Jahrgang 1980, Generaloberst, Chef des Wehrmachtführungsstabs, Randnotiz auf einer militärgeschichtlichen Studie

»Von dem gleichen Raum aus waren die Deutschen im Jahre 1940 zu ihrem Großangriff angetreten, der zur Vertreibung der englischen Streitkräfte vom Festland und zur Kapitulation Frankreichs geführt hatte. Der damalige Angriff wurde von dem gleichen Befehlshaber geleitet, der uns auch jetzt gegenüberstand – von Rundstedt. Vielleicht hoffte er, die vor vier Jahren erzielten Erfolge noch einmal erringen zu können.«[197]
Dwight D. Eisenhower, Oberbefehlshaber der alliierten Streitkräfte in Nordwesteuropa,
KREUZZUG IN EUROPA

»Was unseren armen Soldaten bei aufklarendem Wetter bevorstand, war auszudenken: massierte Luftangriffe ohne jede Möglichkeit zur Abwehr. Einen kleinen Vorgeschmack erhielten wir auf der Rückfahrt an der Urft-Talsperre: Jagdbomber hatten unsere kleine Wagenkolonne ausgemacht und setzten zum Tiefangriff an. Wir sprangen aus unseren Wagen, die Bomben fielen in nächster

Nähe. Speer stand aufrecht neben mir, ohne Deckung zu nehmen. Er scheute es nicht, sich der Gefahr auszusetzen, im Gegenteil, ich hatte das Gefühl, dass er das Schicksal herausfordern wollte.«[198]

Walter Rohland, Jahrgang 1898, Industrieller und Beauftragter für Panzerproduktion im Reichsrüstungsministerium, ERINNERUNGEN

»Am 16. Dezember 1944 um 5.35 Uhr traten die drei Armeen der Heeresgruppe B aus der Eifel zu ihrer von Hitler in zahlreichen Einzelheiten festgelegten Offensive (Tarnbezeichnung: Wacht am Rhein) an. Die Überraschung des schwachen amerikanischen Feindes vor der Front glückte bekanntlich vollständig.«[199]

Siegfried Westphal, Stabschef beim Oberbefehlshaber West, ERINNERUNGEN

»Als Schlachtenbummler versuchte ich, soweit wie möglich in Frontnähe vorzudringen. Die vorwärtsstrebenden Truppen waren guter Stimmung, denn tief aufliegende Wolken verhinderten jede Flugtätigkeit.

Dagegen war es schon am zweiten Tag zu einem Verkehrschaos gekommen, die Kraftfahrzeuge schoben sich auf der dreispurigen Hauptstraße nur noch meterweise vorwärts. Für drei bis vier Kilometer brauchte mein Auto, von Munitionswagen eingekeilt, im Durchschnitt eine Stunde. Ich fürchtete, dass sich das Wetter aufheitern könnte.«[200]

Albert Speer, ERINNERUNGEN

TAGEBUCH, 17. DEZEMBER 1944

»Es sieht nicht so aus, als würde es bald Frieden geben. Der deutsche Widerstand im Westen ist stärker geworden, trotz der entsetzlichen Bombenangriffe scheint es einstweilen nicht möglich, den Kriegswillen der Deutschen zu brechen. Die Russen sind auf dem Vormarsch.«[201]

Astrid Lindgren, Mitarbeiterin der Abteilung für Briefzensur des schwedischen Nachrichtendienstes

»Solange das Wetter unsere Maschinen an den Boden fesselte, war es ein Verbündeter des Feindes, der viele Divisionen aufwog.«[202]

Dwight D. Eisenhower, Oberbefehlshaber der alliierten Streitkräfte in Nordwesteuropa, KREUZZUG IN EUROPA

»Starke deutsche Kräfte sind am 16. Dezember um 5.30 Uhr in breiter Front aus dem Westwall … zum Angriff angetreten und haben die vordersten Stellungen zwischen dem Hohen Venn und dem Nordteil Luxemburgs im ersten Ansturm überrannt.«[203]

Berichte des Oberkommandos der Wehrmacht, 18. Dezember 1944

»Der deutsche Angriff wurde bald allgemein als ›Battle of the Bulge‹ (Schlacht um die Einbruchsstelle) bezeichnet, weil er anfangs durch den Einsatz starker

Kräfte gegen unsere schwach besetzten Linien rasch unsere Front maximal bis zu einer Tiefe von etwa 80 km eindrückte.«[204]

Dwight D. Eisenhower, Oberbefehlshaber der alliierten Streitkräfte in Nordwesteuropa, KREUZZUG IN EUROPA

»Als das 2. Bataillon in Schützenlinien vorging, beobachten wir einen Vorgang, den wir aus diesem Krieg noch nicht kannten. Die US-Armee befand sich im vollständigen Rückzug. Als die amerikanischen Soldaten unsere Linie erreichten, zeigten ihre Gesichter Anzeichen nackter Panik. Soldaten hatten sich ihrer Waffen, ihres Marschgepäcks, ihrer Ausrüstung und ihrer Waffen entledigt. In ihren Augen spiegelte sich desillusionierte und starre Furcht. Als wir ihre Reihen durchstießen, brüllten sie: ›Fort, fort! Sie haben alles: Panzer, Flugzeuge, alles!‹ Ich bin stolz sagen zu können, dass keiner meiner Männer irgendeine Bemerkung machte. Wir würdigten die keines Blickes. Wir zogen weiter in Richtung des Gefechtslärms, der von irgendwo da vorne kam.«[205]

Richard »Dick« Winters, Jahrgang 1918, Major, Kommandeur der Easy Kompanie, 506. Fallschirmjäger Infanterie-Regiment der US-Army, KRIEGSMEMOIREN

»Das Wetter war so schlecht, dass ich den Feldgeistlichen befahl, für trockenes Wetter zu beten. Ich ließ sogar ein Gebet drucken mit einem Weihnachtsgruß auf der Rückseite und sandte es allen Angehörigen meines Kommandos. Das Gebet bat um klares Wetter für die Schlacht.«[206]

George S. Patton jr., Jahrgang 1885, Zwei-Sterne-General der US-Army, KRIEG, WIE ICH IHN SAH

»Allmächtiger und gnadenreicher Vater, in Demut bitten wir dich, in Deiner Güte diesen unablässlichen Regen enden zu lassen, in dem wir kämpfend bestehen müssen. Gewähre uns gutes Wetter in der Schlacht. Sei gnädig zu Deinen Soldaten, die Dich preisen; gewappnet mit Deiner Macht werden wir fortschreiten von Sieg zu Sieg; zermalme die Vorherrschaft und Bosheit unserer Feinde, und errichte Deine Gerechtigkeit unter den Menschen und Nationen. Amen.«[207]

James Hugh O'Neill, Jahrgang 1892, Feldgeistlicher im Stab der 3. US-Army

»Die Offensive von Marschall von Rundstedt mit 24 Divisionen, darunter 10 Panzerdivisionen, zwischen Echternach und Malmedy hat große Fortschritte gemacht. Um den 25. Dezember erreichte sie beiderseits von Dinant beinahe die Maas. Es besteht die Gefahr, dass die Deutschen über Namur und Lüttich die Front in Holland von hinten aufrollen. General Eisenhower plädiert dafür, der Notwendigkeit, den vom Feinde bereits in einer Tiefe von 80 Kilometern durchgeführten Vormarsch aufzuhalten und zurückzuwerfen, absolute Priorität einzuräumen.«[208]

Charles de Gaulle, Chef des Nationalen Verteidigungskomitees, MEMOIREN

»Unsere letzte große Offensive im Westen, die mit ihren 300 000 Mann und bloß 900 Panzern so herrliche Anfangserfolge gehabt hatte, wurde durch zehn Tage strahlenden Sonnenschein erst zum Stehen und schließlich zum Scheitern gebracht. Die Angloamerikaner konnten so ihre erdrückende Luftüberlegenheit voll entfalten, indem sie die Ardennen mit ihren Bomben und Bordwaffen buchstäblich umpflügten. Auch die tüchtigste und tapferste Truppe ist ohne Nachschub verloren.«[209]

Léon Degrelle, wallonischer SS-Standartenführer und Kommandant der SS-Division Wallonie, DENN DER HASS STIRBT

»In den ersten Tagen war die am 16. Dezember 1944 gestartete Operation durchaus erfolgreich, allerdings scheiterte die Offensive mit einem Wetterumschwung wieder an der alliierten Luftüberlegenheit. Ich entsinne mich nur an ständige militärische Besprechungen, an ein Kommen und Gehen der Generalitäten. Die Erinnerung wird verdrängt von dem, was folgen sollte. In Ziegenberg wurde zur Gewissheit: Es ging dem Ende entgegen.«[210]

Rochus Misch, SS-Oberscharführer, Angehöriger des Führer-Begleitkommandos, DER LETZTE ZEUGE

»Die Alliierten hatten damit gerechnet, bis Weihnachten wenigstens die Rheinlinie zu erreichen; dies verhinderte zwar die Ardennen-Offensive, aber wie viele Menschen kostete diese sinnlose Verzögerung das Leben?«[211]

Walter Rohland, Jahrgang 1898, Industrieller und Beauftragter für Panzerproduktion im Reichsrüstungsministerium, ERINNERUNGEN

»Als wir an einem sonnigen Morgen allein zusammensaßen und durch die Fenster nachdenklich in die schöne Winterlandschaft mit den schneebehangenen hohen Tannen und den Brockenfelsen schauten, stahlen sich Tränen in die Augen meiner Frau: ›Wo werden wir im nächsten Jahr zu Weihnachten sein? – Was wird 1945 uns bringen?‹ Es war die Frage der Mutter unserer Kinder, die Frage nach dem Schicksal der Familie – sie wurde im Hause des Gauleiters ebenso gestellt wie überall sonst in deutschen Landen. Ich erschrak, denn ich fühlte, dass die Antwort, die ich hier in der kleinen Stube unter dem Weihnachtsbaum ebenso zuversichtlich zu geben mich bemühte, wie ich dies den Menschen in Stadt und Land offiziell predigte, nicht mehr überzeugte. Aber ich musste auch hier derselbe bleiben, der ich in meinem Amte war: der Statthalter Hitlers, der Sprecher deutscher Hoffnung bis zum Ende. Ich weiß heute, dass es der Glaube an das Wunder war. Aber aus diesem Glauben heraus waren wir ja einmal angetreten, mit diesem Glauben standen wir und mit diesem Glauben fielen wir. Hinter diesem Glauben lag für uns die undurchsichtige Nacht der Untergang einer Welt, in der wir lebten.«[212]

Rudolf Jordan, Jahrgang 1902, NSDAP-Gauleiter, ERLEBT UND ERLITTEN

»Heute sprach ich mit Scheidt über Verschiedenes. Er sagt, dass der Führer un-
bedingt die interessanteste und bedeutendste Persönlichkeit des FHQus [Füh-
rerhauptquartiers] sei. Er hat ihn nun täglich bei der ›Lage‹ beobachten können.
Diese Möglichkeit ist es, die ihn vor allem dort so fesselt – natürlich auch die
Gespräche und Begegnungen mit den anderen. Es wäre erstaunlich, wie diese
Herren, sobald sie vor dem Führer stehen, farblos würden. Alles Untergebene!
Eine herausragende Persönlichkeit gäbe es da nicht. Die Szene werde eindeutig
von Hitler beherrscht. Er hätte das auch zunächst nicht für möglich gehalten. Er
sagte dann noch, bedenken Sie doch mal, wer da so ist ... !«[213]
Marianne Feuersenger, Sekretärin im Wehrmachtsführungsstab des Oberkommandos
der Wehrmacht

»Es war in den Tagen nach Weihnachten klar zu erkennen, dass der erwartete
Erfolg nicht erreicht werden konnte. Meine Befürchtungen bestätigten sich in
vollem Umfang. Die Offensive mit etwa 28 bis 30 Divisionen, davon 12 Panzer-
Divisionen, im Raum Monschau-Echternach musste zum Jahresende als gescheitert angesehen werden. Die Verbände waren sehr stark angeschlagen und standen für neue Operationen nicht mehr zur Verfügung.«[214]
Nicolaus von Below, Oberst, Luftwaffen-Adjutant Adolf Hitlers, ALS HITLERS ADJUTANT

»15 Uhr: Seit zwei Tagen Unbehagen im Darm mit Gasansammlungen, angeb-
lich wegen grüner Erbsensuppe, meiner Ansicht nach wegen Aufregung über
Bevorstehendes.«[215]
Dr. Theo Morell, Leibarzt Adolf Hitlers

»Es überrascht die meisten Amerikaner, dass die größte Schlacht, in der Amerikaner jemals gefochten haben, ›the Battle of the Bulge‹, die Ardennenoffensive,
war, die im belgischen Ardennen-Gebirge von Mitte Dezember bis Mitte Januar
1945 geschlagen wurde. Keine Schlacht des amerikanischen Bürgerkriegs und
keine andere der beiden Kriege in Europa hatte ihre Dimension. Mehr als 600 000
Amerikaner nahmen an ihr teil und 81 000 von ihnen fielen ihr zum Opfer. Auf
der anderen Seite traten die Deutschen mit 500 000 Mann an, 100 000 wurden
ihr Opfer. In der Schlussphase führen die Briten 55 000 Mann in die Schlacht und
beklagten noch 1.400 Opfer.«[216]
Howard K. Smith, Jahrgang 1914, US-Rundfunkjournalist,
EREIGNISSE, DIE ZU MEINEM TOD FÜHREN

»Wir kapitulieren nicht, niemals. Wir können untergehen. Aber wir werden eine
Welt mitnehmen.«[217]
Adolf Hitler, Ende Dezember 1944 zu seinem Adjutanten Nicolaus von Below

Herman Giesler (links), Hitlers »Reichsbaurat für die Neugestaltung der Stadt Linz«, präsentiert seinem Bauherrn und Reichsleiter Robert Ley am 13. Februar 1945 im Keller der Reichskanzlei ein Modell der Neugestaltung von Linz, der »Patenstadt des Führers«.

EIN SELBSTMÖRDER
1945

»Ich würde alle Deutschen als schuldig betrachten, die nicht mindestens für fünf
Monate in einem Konzentrationslager waren.«[1]
Stanley High, Redakteur von *Reader's Digest*, im Juni 1945

Hitlers Armee steht zu Jahresbeginn 1945 noch tief in Feindesland. Sie hält Warschau und das eingeschlossene Kurland besetzt. Die Wehrmacht zieht sich durch die
Romagna und Oberitalien langsam in die Alpen zurück. Sie hält noch Budapest und
den Westen Ungarns, Tschechien und die Slowakei. Auf dem Balkan sind die deutschen Divisionen, von Partisanen und den Sowjets bedrängt, Richtung Österreich
auf dem Rückzug. Im Nordwesten des Kontinents ist der Großteil der Niederlande
noch deutsches Besatzungsgebiet und im Norden ganz Dänemark und Norwegen. In
Ostpreußen steht die Rote Armee aber schon in einem schmalen Streifen auf reichs-
deutschem Territorium, ebenso Amerikaner und Briten links des Rheins.

Die Führer der alliierten Anti-Hitler-Koalition sind zu Beginn des Jahres 1945
siegesgewiss, aber auch enttäuscht, dass sie nicht schon vor Weihnachten 1944 den
Sieg erringen konnten. General Dwight D. Eisenhower, der alliierte Oberkomman-
dierende in Europa, hatte während des Italien-Feldzugs 1943 mit dem britischen
Feldmarschall Bernard Montgomery um fünf Pfund gewettet, dass Deutschland im
Dezember 1944 kapitulieren werde; Montgomery hatte auf das Frühjahr gesetzt.[2]
Die Wette wurde auf einer aus einem Notizblock gerissenen Seite notiert und von
beiden unterzeichnet: »Vereinbarung zwischen den Generälen Eisenhower und
Montgomery, Betrag £5 – General E wettet Krieg mit Deutschland wird bis Weih-
nacht 1944 zu Ende sein. Lokalzeit.«[3]

Josef Stalin geht Anfang 1945 noch davon aus, dass der Krieg nicht vor dem Sommer endet. Er erwartet den Zusammenbruch Deutschlands als Folge einer Hungersnot, sobald seine Armeen die deutschen Kornkammern im Osten erobert haben.
Gegen den Rat von Generaloberst Heinz Guderian, Chef des Generalstabs des Oberkommandos der Wehrmacht, unter Abbruch der Ardennen-Offensive alle verfügbaren Kräfte von der Westfront an die Weichsel zu verlegen, hat Adolf Hitler Ende
Dezember 1944 sogar Truppen aus dem noch besetzten Polen nach Ungarn in Marsch
setzen lassen. Er will das von der Roten Armee eingeschlossene Budapest entsetzen
und die ungarischen Ölfelder verteidigen. Am 9. Januar unternimmt Guderian eine
Reise in Hitlers Hauptquartier im hessischen Ziegenberg, um anhand von Diagram-
men und grafischen Darstellungen die Kräfteverhältnisse an der Weichselfront vor-

zuführen. Hitler zu diesem vom Militärgeheimdienst erstellten Material: »Das ist ja völlig idiotisch, wer hat das angefertigt? ... Der Mann gehört ins Irrenhaus.«[4]

In den letzten vier Kriegsmonaten werden 471 000 Tonnen Bomben auf Deutschland abgeworfen, das ist doppelt so viel wie im ganzen Jahr 1943. Allein im März gehen fast dreimal so viele Bomben nieder wie im ganzen Jahr 1942.[5]

Die Rote Armee tritt nicht, wie von Hitler erwartet, in Ungarn, sondern am 12. Januar 1945 von ihren Brückenköpfen an der Weichsel aus zur Winteroffensive an. Die 1. Weißrussische Front unter Georgij Schukow überrollt die deutschen Verteidigungslinien im Raum Warschau. Am 17. Januar besetzt sie die geräumte polnische Hauptstadt. Ende Januar 1945 steht sie schon entlang der Oder von Küstrin bis Guben knapp achtzig Kilometer vor Berlin und errichtet am Westufer des Flusses bei Küstrin und Frankfurt / Oder zwei Brückenköpfe.

Hitler lässt im Osten einige Städte zu Festungen erklären, in denen in den nächsten Monaten Häuserkämpfe toben, die dem Endkampf um Berlin vergleichbar sind. Am 21. Januar hat die 1. Ukrainische Front unter Marschall Iwan Konew die Reichsgrenze östlich von Breslau überschritten. Ende Januar nehmen die Sowjets nahezu unzerstört das für die deutsche Rüstungswirtschaft wichtige Industrierevier Oberschlesien ein. Am Samstag, den 27. Januar 1945 gegen 9 Uhr, erreicht der erste sowjetische Soldat, ein Angehöriger einer Aufklärungstruppe der 100. Infanteriedivision des 106. Korps, das Gelände des Auschwitzer Nebenlagers Monowitz.

Während die Truppen der 1. Ukrainischen Front Mitte Februar über die Oder setzen und bis zur Lausitzer Neiße vorstoßen, verteidigt sich die viertgrößte Stadt Deutschlands, das seit dem 15. Februar 1945 eingeschlossene Breslau. Die Eroberung von Breslau wird vom sowjetischen Oberkommando nicht forciert. Die Festung kapituliert daher erst sechs Tage nach Hitlers Tod nach 82 Tagen Belagerung am 6. Mai 1945.

Anfang Februar 1945 haben sich die letzten deutschen Einheiten aus Belgien zurückgezogen. Am 23. Februar beginnt unter britischem Kommando an der Westfront eine Offensive, die die Wehrmacht auf das rechte Ufer des Niederrheins zurückdrängt. Als Oberbefehlshaber in Europa stoppt General Dwight D. Eisenhower Anfang März den jetzt beginnenden Vormarsch der alliierten Truppen in Richtung Berlin. Er will die Eroberung Berlins der Roten Armee überlassen.

Am 5. März 1945 beruft die Wehrmacht alle Jungen des Jahrgangs 1929 zum Kriegsdienst ein. Zwei Tage später kann durch einen schnellen Vormarsch eine kleinen Vorausabteilung der 9. US-Panzerdivision bei Remagen in der Nähe von Bonn eine unzerstörte Eisenbahnbrücke erobern und über den Rhein setzen. Das linksrheinische Köln wird am gleichen Tag von den Amerikanern besetzt. Am 13. April erklären die Sowjets acht Tage nach dem Beginn einer Offensive den Kampf um Wien für beendet. Adolf Hitler hatte die ungeliebte Stadt nicht zur »Festung«, sondern nur zum »Verteidigungsbereich« erklärt. Am 17. April ergeben sich die letzten kämpfenden Wehrmachtstruppen im Ruhrkessel. 320 000 Soldaten der Heeresgruppe B, Reste von insgesamt 21 Divisionen, gehen in Gefangenschaft.

Während englische und amerikanische Truppen auf Hamburg, Magdeburg, Leipzig und München vorrücken, bringen die Sowjets rund 2,5 Millionen Soldaten für den Angriff auf Berlin in Stellung. Ihnen gegenüber stehen rund eine Million deutsche Soldaten, die sich aus Resten von Wehrmachtsdivisionen, Verbänden der Waffen-SS sowie aus improvisierten Verbänden von Polizei, Volkssturm und Hitlerjugend zusammensetzen. Am 16. April 1945 beginnt die Rote Armee mit einem Zangenangriff die Schlacht. Die 1. Ukrainische Front überrollt die deutschen Verteidigungsstellungen an der Lausitzer Neiße südlich von Berlin. Die 1. Weißrussische Front umgeht nach verlustreichen Durchbruchskämpfen auf den Seelower Höhen die Stadt im Norden. Rund zwei Millionen im zerstörten Berlin verbliebene und von täglichen Luft- und Artillerieangriffen zermürbte Einwohner suchen während der Kämpfe in Kellern und Bunkern Schutz.

In der Nacht vom 20. auf den 21. April 1945 bittet Walter Hewel, Verbindungsbeamter des Auswärtigen Amtes im Führerhauptquartier, Hitler um Befehle für seinen Minister Joachim von Ribbentrop. »Mein Führer, es ist fünf Sekunden vor zwölf. Wenn Sie mit Politik noch irgendetwas erreichen wollen, dann ist es allerhöchste Zeit.«[6] »Politik?«, fragt Hitler. »Ich mache keine Politik mehr. Das widert mich so an. Wenn ich tot bin, werdet ihr noch genug Politik machen müssen.«[7]

Nur in zähen und verlustreichen Straßenkämpfen gelingt es den Sowjets, in das Zentrum der Stadt vorzustoßen. Am 30. April hissen Rotarmisten auf der Spitze des Reichstags die rote Fahne mit Hammer und Sichel.

Im September 2004 bringt der Produzent Bernd Eichinger den Film *Der Untergang* über Hitler und die letzten Kriegstage in die deutschen Kinos. Die liberale britische Tageszeitung *The Guardian* bittet Ian Kershaw um eine Einschätzung des Spielfilms. Kershaw weiß natürlich, dass Eichinger vor allem – aber nicht nur[8] – durch Joachim Fests gleichlautenden dokumentarischen Bericht aus dem Jahr 2002 zu dieser Produktion angeregt worden ist. In seiner wägenden Beurteilung hebt Kershaw, der zu dieser Zeit als der bedeutendste Hitler-Kenner gilt, aber zwei andere Bücher hervor: »Was im Bunker passiert, ist im Wesentlichen seit Hugh Trevor-Ropers Buch *Hitlers letzte Tage* von 1947 gut bekannt. Praktisch alles, was erst später ans Licht gekommen ist, wurde vor etwa zehn Jahren gründlich geprüft von Anton Joachimsthaler in seiner ausführlichen Studie *Hitlers Ende.*«[9]

Hugh Trevor-Ropers *The Last Days of Hitler* (*Hitlers letzte Tage*[10], so der deutsche Titel) ist in seinem Kern eine chronologisch genaue und durch ihren Aufbau auch spannend erzählte Chronik des Lebens im Führerbunker der Reichskanzlei während der zweiten Aprilhälfte des Jahres 1945 bis zu Hitlers Selbstmord am 30. April 1945.[11] Trevor-Ropers Buch, in viele Sprachen übersetzt und als weltweiter Bestseller in verschiedenen Ländern mehrfach aufgelegt, ist ein Standardwerk der Geschichtsschreibung geworden. Joachim Fest lobt in seinem Buch *Der Untergang* das Werk als »erste verlässliche Darstellung«.[12] Er verweist auf den »souveränen Überblick des Verfassers, seine Urteilssicherheit und seinen glanzvollen Stil.«[13]

Trevor-Roper hatte ideale Arbeitsbedingungen für seine Untersuchung. 1941 kommt der studierte Historiker wegen seiner guten Kenntnisse der deutschen Sprache zum britischen Geheimdienst Secret Intelligence Service und wird dort zu einem Fachmann für die Abschöpfung des Nachrichtenverkehrs der deutschen Geheimdienste.

Anlass für das Standardwerk des Geheimdienstoffiziers ist ein Schachzug Josef Stalins im beginnenden Kalten Krieg. Am 5. Mai 1945 haben Offiziere der sowjetischen militärischen Abwehr die Überreste von Hitlers Leiche ausgegraben. Wenige Tage danach bestätigen der Zahntechniker Fritz Echtmann, der Hitlers Gebiss angefertigt hatte, und die Zahntechnikerin Käthe Heusermann, die während der Zahnbehandlungen anwesend war, den Sowjets zweifelsfrei, dass es sich bei der Leiche um Hitler handelt. Entgegen den seinen Geheimdienstleuten bereits vorliegenden Tatsachen lässt aber Stalin im besetzten Deutschland durch seine Generale und Marschälle Hitlers Tod leugnen und ein Untertauchen im Westen suggerieren.

In der internationalen Presse wird zu dieser Zeit spekuliert, ob Hitler noch am Leben ist. Deshalb beschließen britische Besatzungsoffiziere, eine klärende Untersuchung zu veranlassen. Sie sind sich sicher, dass ihre Ergebnisse auch von historischem Interesse sein werden. Den geeigneten Mann sehen sie im noch nicht demobilisierten Hugh Trevor-Roper. Der nimmt den Auftrag im September 1945 begeistert an. Unterstützung von Seiten der sowjetischen Behörden gibt es nicht.

Trevor-Ropers Untersuchung konzentriert sich darauf, im Chaos des Nachkriegsdeutschlands Zeugen zu finden für den Zeitraum zwischen dem 22. April, als ein Großteil der führenden NS-Männer Berlin verließ, und dem 2. Mai, als sowjetische Truppen Hitlers Bunker erreichten. So spürt er bis zum 1. November 1945 sieben Zeugen für diese Zeit auf. Sie sind Angehörige verschiedener und voneinander unabhängiger Gruppen der Bunker-Bewohner. Zu den sieben Zeugen gehören ein Polizist vom Reichssicherheitsdienst, Bormanns Sekretärin und Hitlers Chauffeur. Die Fragen, die Trevor-Roper den Zeugen stellt, konzentrieren sich darauf, wen und was der Zeuge wann in diesem Zeitraum gesehen hat.

Am 10. November 1945 legt Trevor-Roper seinen Bericht persönlich dem Viermächte-Ausschuss für nachrichtendienstliche Angelegenheiten vor, den die Sowjetunion, die USA, Großbritannien und Frankreich in Berlin ins Leben gerufen haben. In einem Anhang stellt er die Frage, ob eine der vier Mächte weitere acht genannte Bewohner des Bunkers in Gewahrsam habe. Der Bericht fordert auch die Sowjets auf, sich zu der Leiche zu äußern, die – so war in der Viermächte-Stadt Berlin durchgesickert – anhand der Zähne längst als die Adolf Hitlers identifiziert worden war. Die sowjetischen Vertreter geben keinerlei Stellungnahme ab.

Trevor-Ropers Bericht erweist sich nur in einem Punkt als ungenau. Er hatte festgestellt, Hitler habe Eva Braun am 30. April 1945 geheiratet. Tatsächlich fand die Heirat einen Tag zuvor statt. Dieses Detail kann erst nach der Entdeckung der Testamente Hitlers, der Trauungsurkunden und der aus Berlin von Bormann und Goebbels ausgesandten drei Kuriere geklärt werden. Der Autor erinnert sich: »Ende November 1945 wurde im Jackenfutter eines von den britischen Behörden in Hannover festgehaltenen Verdächtigen ein Dokument gefunden, das Hitlers Testament zu sein schien, und man bat mich, nach Deutschland zurückzukehren und auch diese Sache zu prüfen.«[14]

Der Verdächtige ist Heinz Lorenz, ein Vertrauter von Joseph Goebbels. Lorenz hat Hitlers privates und politisches Testament bei sich. Ihm ist ein von Goebbels stammender Zusatz beigefügt. Wie Trevor-Roper erfährt, hat Major Wilhelm Johannmeier, ein Gehilfe des Chefadjutanten der Wehrmacht bei Hitler, ebenfalls einen Durchschlag des politischen Testaments erhalten. Es war für den SS-Feldmarschall Ferdinand Schörner bestimmt, den Oberbefehlshaber der Heeresgruppe Mitte in Böhmen. Eine weitere Kopie wurde Wilhelm Zander, dem Adjutanten Martin Bormanns übergeben, der sich damit zum Sitz der neuen Reichsregierung in Flensburg durchschlagen sollte. Die drei Kuriere hatten in den Wirren der Kämpfe am 30. April 1945 durch die sowjetischen Linien gelangen können, erkannten aber die Hoffnungslosigkeit ihrer Mission, gaben auf und tauchten unter. Mit Unterstützung der britischen und amerikanischen Geheimdienste spürt Trevor-Roper Wilhelm Johannmeier und Wilhelm Zander auf. Sie besitzen die Testamente noch.

Zu dem Zeitpunkt, als Trevor-Roper, der im frühen Auffinden von Hitlers letztem Willen den Höhepunkt seiner Agententätigkeit sieht, seine Nachforschungen anstellt, hat er noch keine Pläne für eine Buchveröffentlichung. Dritte raten ihm dazu. »Ich war eitel und jung genug zu glauben, ich könnte ein Buch schreiben, das unmittelbare Anschauung und historische Aussage verbindet. So beschloss ich, die Ereignisse, obwohl sie so nah und dramatisch waren, von einem distanzierten, historischen Standpunkt zu betrachten.«[15] Sein Manuskript ist bis zum 22. Mai 1946 weitgehend abgeschlossen. Er entscheidet sich zunächst für den Titel *Hitler's End*. Die Veröffentlichung soll bis zum Ende des Hauptkriegsverbrecherprozesses in Nürnberg warten.

Anlässlich der Veröffentlichung ergänzt Trevor-Roper das Manuskript umfänglich. Schon 1946 beschreibt er die unanfechtbare Herrschaft Hitlers bis in die letzten Tage nicht nur, er analysiert sie auch: »Wir müssen erkennen, dass Hitler kein Strohmann war; dass der Nazistaat in keinem bezeichnenden Sinne des Wortes totalitär war; schließlich, dass seine führenden Politiker keine Regierung, sondern einen Hof bildeten … In Nazideutschland waren weder Kriegsproduktion noch Arbeitskräfte noch die Verwaltung oder das Spionagesystem vernünftig zentralisiert. Der Aufbau der deutschen Politik und Verwaltung war, im Gegensatz zur Behauptung der Nazis, nicht ›pyramidal‹ und ›monolithisch‹, sondern in Wirklichkeit ein Durcheinander von privaten Reichen, privaten Armeen und privaten Spionagediensten.«[16]

Trevor-Ropers Aussagen folgen in den folgenden Jahrzehnten viele Historiker, auch die bedeutenden Hitler-Biographen Joachim Fest und Ian Kershaw. Trevor-Roper ist auch der Erste, der erkennt, dass bei Kriegsende die NSDAP gegenüber den Machtzentren SS und Wehrmacht wieder an Einfluss gewinnt, vor allem konzentriert in der Person Martin Bormanns, der die Partei fest im Griff hat. Wie Fest zwanzig Jahre später, fällt Trevor-Roper allerdings auf die Verstellungskunst seiner Quelle Albert Speer herein, wie er Jahrzehnte später eingesteht.

Auf Anraten seines amerikanischen Verlages kommt das Buch im März 1947 nicht als *Hitler's End*, sondern als *The Last Days of Hitler* auf den Markt. Der US-Historiker John Lukacs lobt noch 1997 in seinem Buch *The Hitler of History*[17] den Autor überschwänglich: »Der vergleichsweise schmale Band war ein wichtiges Buch im Schaffen von Trevor-Roper ... Der Historiker der späten Tudor- und Stuartzeit wurde zum scharfsichtigen Kommentator der Historiographie Hitlers und des Dritten Reiches.«[18]

Als Vertreter der These, dass Hitler ein revolutionärer Politiker oder zumindest ein politisch denkender und handelnder Populist war, muss Lukacs jedoch nennenswerte Abstriche in seinem Lob machen. »Seine Darstellung ist ausführlich und genau, auch gut geschrieben, doch hat sie vielleicht einen Mangel: Die Schilderung des körperlich gebrochenen, hinkenden, fanatischen, in die Enge getriebenen und irrationale Erwartungen und Anweisungen äußernden Diktators übergeht oder verschweigt Hitlers Fähigkeit zu rationalem Denken in seiner Eigenschaft als Staatsmann ... – ›rational‹ aus Hitlers Perspektive.« Der Hitler der letzten Tage war aber wohl so, wie ihn der Geheimdienstler und Historiker Trevor-Roper auf Basis seiner Verhöre und Recherchen gezeichnet hat.

Trevor-Roper war 1946 entschlossen, eine historisch Studie von bleibendem Wert zu schreiben. Selbst Anton Joachimsthalers Buch *Hitlers Ende. Legenden und Dokumente* aus dem Jahr 2005 hat nur wenige Detailfehler in dessen Werk ausmachen können. Joachimsthaler ist neben der österreichischen Historikerin Brigitte Hamann sicher der Forscher, der seit den 1980er-Jahren die wichtigsten Beiträge zur Aufarbeitung von Hitlers frühen Lebensjahren geleistet hat. 1995 hat der »Nebenberufshistoriker«, der zuvor schon *Hitler in München 1908 bis 1920. Korrektur einer Biografie* publiziert und entscheidend an der Ausstellung im Münchener Stadtmuseum *München – Hauptstadt der Bewegung* mitgearbeitet hatte, die erste Ausgabe von *Hitlers Ende* veröffentlicht.

Hitlers Ende ist das Ergebnis jahrelanger Recherchen. Joachimsthaler hat über fünfzig Zeugen sowie neues Aktenmaterial ausgewertet. Genaue Belege und einige neue Erkenntnisse geben ihm die Akten und kriminalwissenschaftlichen Untersuchungen, die in den Jahren 1952 bis 1956 von der bayerischen Justiz zur Feststellung des Todes und der Todeszeit von Adolf Hitler durchgeführt worden sind. Nach einem Kompetenzstreit zwischen den Amtsgerichten Berchtesgaden und Berlin-Schöneberg, in dem es um die Frage des Hauptwohnsitzes von Hitler ging, wurde entschieden, dass die Durchführung des Verfahrens zur Todeserklärung Hitlers dem Amtsgericht Berchtesgaden zu übertragen sei. Dieses begann Ende 1952 mit seiner Arbeit.[19]

Für die amtliche Ermittlung wurden sämtliche bis zuletzt im Führerbunker in Berlin anwesenden 42 Personen aus Hitlers nächster Nähe, von denen dreizehn erst 1955 und 1956 aus sowjetischer Gefangenschaft zurückgekehrt waren, befragt, darunter auch Heinz Linge und Otto Günsche. Die von Hitlers Faktotum Julius Schaub und von den Sekretärinnen Christa Schroeder und Johanna Wolf gemachten Aussagen vor den US-Besatzungsbehörden ergänzen die Dokumentation. Sie ist die abschließende und definitive Darstellung vom Selbstmord Hitlers, nach der jede Spekulation verstummen muss.

Über 1 500 Seiten stark ist die Akte Adolf Hitler, der als Resultat Amtsgerichtsrat Heinrich Stephanus vom Amtsgericht Berchtesgaden die Todeserklärung angefügt hatte. Dank der Berchtesgadener Ermittler und Anton Joachimsthalers Akribie wissen wir, dass die Aussagen bezüglich der Todeszeit von Adolf Hitler und Eva Braun-Hitler nur unwesentlich voneinander abweichen. Der Diener Heinz Linge nennt als Todesstunde 15.50 Uhr. Er will diese Zeit an einer Standuhr, die im Vorraum zu Hitlers Arbeitszimmer stand, abgelesen haben. Der Adjutant Otto Günsche gibt als Todesstunde 15.30 Uhr an. Er habe auf seine Armbanduhr gesehen.[20] Nach Abwägung aller Zeugenaussagen, der Tatortsituation und Fotografien, die nach dem 2. Mai vom Arbeitszimmer gemacht wurden, saßen vor dem Selbstmord Hitler rechts und Eva Braun links zusammen auf dem schmalen, ca. 1,70 m breiten Sofa in Hitlers Arbeitszimmer im Bunker. Eva Braun-Hitler biss dann auf eine Blausäure-Ampulle und dürfte dabei seitlich auf Hitler gesunken sein. Anschließend wird Hitler seine Pistole gehoben, an die Schläfe gesetzt und abgedrückt haben.

Am 30. April 1945 haben im noch umkämpften Berlin Personen aus der nächsten Umgebung des »Führers« den Auftrag zur Beseitigung der Überreste Hitlers. Er ist Otto Günsche und Heinz Linge nach ihren Aussagen persönlich erteilt worden. Günsche gibt den Befehl an den SS-Hauptsturmführer Ewald Lindloff weiter. Gegen 18.30 Uhr meldet Lindloff den Vollzug der Beseitigung der Leiche Adolf Hitlers.[21] Joachimsthalers lakonisches Fazit: »Für sich selbst hatte Hitler, wie seine Architekten Speer und Giesler berichteten, ein großes Grabmal in München oder Linz vorgesehen. Aber Hitler erhielt nicht einmal ein Grab. Außer zwei Zahnbrücken, die irgendwo in Moskau verstauben, ist von Hitler nichts übrig geblieben.«[22]

Auch Joachim Fest bekennt, für die Beschreibung der Vorgänge beim Selbstmord Hitlers in seinem Buch *Der Untergang – Hitler und das Ende des Dritten Reichs* auf Joachimsthalers Darstellung angewiesen gewesen zu sein: »Mit einer ungemeinen, mitunter freilich etwas säuerlichen Pedanterie hat er die verschiedenen Befunde einander gegenübergestellt und das halbwegs Gesicherte herausgearbeitet.«[23]

Auf etwa 200 Seiten schildert Fest die letzten drei Wochen der Hitler-Herrschaft. In einer »historischen Skizze« verdichtet er die Geschehnisse der letzten Wochen des »Dritten Reiches«: »Niemals zuvor sind im Untergang eines Reiches so viele Menschenleben vernichtet, so viele Städte ausgelöscht und Landstriche verwüstet worden. Was damals erlebt und erlitten wurde, waren nicht nur die unvermeidlichen Schrecken einer Niederlage. Vielmehr schien in der Agonie gerade auch auf Seiten der Besiegten eine lenkende Energie am Werk. Sie wirkte darauf hin, dass die Herrschaft des Hitler-Regimes nicht einfach endete, sondern das Land im Ganzen buchstäblich unterging.«[24]

Fests Erzählung ist auf zwei Ebenen angesiedelt: einer »unterirdischen«, in der die Geschehnisse im Führerbunker unter dem Garten der Berliner Reichskanzlei beschrieben werden, und einer »oberirdischen« im Inferno, das sich vom Oderbruch dem Zentrum Berlins nähert. Der Stilist Fest will »einen Ausschnitt gelebten Lebens zur Anschauung zu bringen«, verzichtet aber nicht darauf, auch in diesem Buch zu Streitfragen der Historikerschulen Position zu beziehen.«[25]

Fest bekennt, dass die Überlieferung über das Bunkerleben oft widersprüchlich ist. Im Nachspann seines Buches begründet er den Verzicht auf einen wissenschaftlichen Anmerkungsapparat mit dem »oftmals heillosen und großenteils nicht mehr aufklärbaren Durcheinander der Zeugenaussagen«.[26] Um der Dramaturgie willen hat er jeweils die Version, »die von dem oder den glaubwürdigsten Zeugen stammt oder der Wahrscheinlichkeit am nächsten kommt«, zur Grundlage seiner Skizze gemacht.

Es existiert ein weiteres Buch, das (nicht nur) Hitlers letzte Wochen in Berlin beschreibt. Zu ihm haben Hitlers Diener Heinz Linge und der SS-Adjutant Otto Günsche vieles beitragen müssen. Die Originalausgabe des Buches wird in den Jahren 1948 und 1949 als Einzelexemplar für einen einzigen Leser verfasst: Josef Wissarionowitsch Stalin. Stalin vertraut den Berichten seiner eigenen Geheimdienste nicht ganz. Er bezweifelt Hitlers Selbstmord, glaubt an dessen Flucht und an ein geheimes Untertauchen im neutralen Ausland oder gar bei den Westmächten. Deshalb erhält der sowjetische Geheimdienst NKWD Ende 1945 den Auftrag, die letzten Tage Hitlers im Bunker unter der Reichskanzlei zu rekonstruieren und Hitlers Tod zu beweisen.

In der »Operation Mythos« werden in den darauf folgenden Jahren die von den Sowjets gefangen gehaltenen Linge und Günsche befragt und zur Niederschrift ihrer Erinnerungen gezwungen. Die Protokolle und Niederschriften werden zu einem *Buch Hitler* kompiliert. Stalin lässt das Geheimdossier des NKWD in Buchform ohne Randbemerkungen, aber mit Unterstreichungen zu seinen persönlichen Akten nehmen.

Fast sechzig Jahre später jedoch findet sich ein Duplikat des Unikats – entdeckt von Matthias Uhl, einem der beiden Herausgeber einer kommentierten deutschsprachigen Ausgabe – beim Durchforsten der Archivbestände im Moskauer Institut für

Zeitgeschichte. Uhl darf sich Kopien machen. Horst Möller, Direktor des deutschen Instituts für Zeitgeschichte, resümiert in einem Vorwort den Quellenwert des Fundes: »Von zahlreichen aufschlussreichen Details abgesehen, handelt es sich bei dem ›Buch Hitler‹ wohl um den einzigen, durch monatelange Verhöre des Geheimdienstes erstellten biographischen Text, der für beide, Stalin und Hitler, aussagekräftig ist, übrigens auch für das, was offenbar bewusst ausgelassen wurde: den Hitler-Stalin-Pakt vom August 1939, den Anfang vom Ende der direkten politischen Beziehungen beider Diktatoren.«[27]

Traut man Günsches und Linges Berichten, ist das *Buch Hitler* eine weitere Quelle vom Gewicht der stenografierten und protokollierten Hitler-Monologe in den Hauptquartieren. So fassen Stalins Geheimdienstler die Aussagen von Linge und Günsche zu Hitlers Wissen um die Methoden der Vernichtung in den Gaskammern zu einer klaren Aussage zusammen: »Mit Hinweis auf einen Bericht des SS-Gruppenführers und Polizeichefs von Rostow, Hennicke, meldete Himmler, die Anwendung mobiler Gaskammern habe sich bewährt. Zynisch lachend meinte Himmler, diese Mordmethode sei ›rücksichtsvoller‹ und ›lautloser‹ als die Erschießung. Hitler hatte sich seinerzeit persönlich für die Entwicklung von Gaskammern interessiert. Er studierte eingehend derartige Entwicklungsprojekte, die ihm Himmler vorlegte. Hitler ordnete an, dem Konstrukteur der Gaskammern, einem Ingenieur aus Eisenach, umfassende Unterstützung zu geben und die besten technischen Kräfte zur Verfügung zu stellen. Gaskammern wurden auf persönlichen Befehl Hitlers erstmalig in Charkow eingesetzt.«[28]

Am 3. Mai 1945 besetzen britische Einheiten das zur »offenen Stadt« erklärte Hamburg. In Dänemark, den Niederlanden und Nordwestdeutschland kapituliert die deutsche Wehrmacht einen Tag später. Am Brenner-Pass treffen amerikanische Armeen aufeinander, die in Sizilien und in der Normandie gelandet sind. Am 5. Mai wird als letztes großes Konzentrationslager Mauthausen in Österreich von den Amerikanern befreit.

Nachdem am 7. Mai 1945 in Reims mit einer ersten Unterschrift die deutsche Kapitulation für den 8. Mai 1945, 24.00 Uhr unterzeichnet worden war, besteht die Sowjetunion auf einer weiteren Zeremonie in der Reichshauptstadt Berlin. Generalfeldmarschall Keitel, Generaladmiral von Friedeburg und Generaloberst Stumpff werden mit britischen Militärmaschinen von Flensburg nach Berlin-Tempelhof geflogen, um im Offizierskasino der Wehrmachts-Pionierschule Berlin-Karlshorst die bedingungslose Kapitulation zu paraphieren. Die Unterschriften nehmen Marschall Schukow als sowjetischer Oberkommandierender und der britische Air-Marschall und Stellvertreter Eisenhowers, Sir Arthur Tedder, für das westliche Hauptquartier, als Zeugen der amerikanische General Spaatz und der französische General de Lattre de Tassigny entgegen. Die Unterzeichnung beendet den Krieg in Europa. Er forderte mehr als 50 Millionen Opfer.

Ansichten und Berichte

TAGEBUCH, 31. DEZEMBER 1944
»In Ardley. Ein langer, ungestörter Schlaf – der erste seit Tagen. Hörte mir das nicht sehr gute Eröffnungsprogramm der BBC zum neuen Jahr an und dann den Beginn einer Rundfunkrede Hitlers, der einen niedergeschlagenen Eindruck machte.«[29]
John Colville, Jahrgang 1915, Privatsekretär Winston Churchills von 1939 bis 1945

»Demgegenüber sind nun aber auch wir zu allem entschlossen. Die Welt muss wissen, dass daher dieser Staat niemals kapitulieren wird, dass das heutige Deutsche Reich, wie alle großen Staaten der Vergangenheit, auf seinem Weg Rückschlägen ausgesetzt sein mag, dass es aber nie diesen Weg verlassen wird ... Ich kann diesen Appell nicht schließen, ohne dem Herrgott zu danken für die Hilfe, die er Führung und Volk hat immer wieder finden lassen, sowie für die Kraft, die er uns gegeben hat, stärker zu sein als die Not und Gefahr.

Wenn ich ihm dabei nun danke für meine eigene Rettung, dann nur, weil ich glücklich bin, mein Leben damit weiter in den Dienst meines Volkes stellen zu können.

In dieser Stunde will ich daher als Sprecher Großdeutschlands gegenüber dem Allmächtigen das feierliche Gelöbnis ablegen, dass wir treu und unerschütterlich unsere Pflicht auch im neuen Jahr erfüllen werden, des felsenfesten Glaubens, dass die Stunde kommt, in der sich der Sieg endgültig dem zuneigen wird, der seiner am würdigsten ist: dem Großdeutschen Reiche!«[30]
Adolf Hitler, Neujahrsaufruf, 1. Januar 1945

TAG- UND NACHTBÜCHER, 1. JANUAR 1945
»Die Ankündigung am 31. Dez.[ember] [19]44 um 3 Uhr Nachmittags: ›Der Führer wird heute Nacht um 5 Minuten nach 12 Uhr zum deutschen Volke sprechen‹ hat eine so ungeheuerliche Symbolkraft, dass diese die Wirklichkeit einfach herbeiziehen muss für 1945: Ich werde erst 5 Minuten nach 12 Uhr aufhören. Fiat Voluntas Tua. [Dein Wille geschehe!]«[31]
Theodor Haecker, Jahrgang 1879, katholischer deutscher Kulturkritiker und Schriftsteller

»Das Echo der Führerrede im deutschen Volke ist sehr tief. Man hat den Führer in der Silvesternacht mit einer großen Feierlichkeit angehört. Es wird berichtet, dass vielen Menschen die Tränen in die Augen getreten sind, als sie die Stimme des Führers nach so langer Zeit zum ersten Mal wieder vernahmen. Das Volk ist glücklich, den Führer wieder ganz in seinen Besitz nehmen zu können. Die Proklamation des Führers hat für Millionen Menschen ganz neue Kriegsperspektiven entwickelt, und es ist davon eine sehr starke Festigung unserer deutschen Moral zu erwarten.«[32]

Joseph Goebbels, Jahrgang 1897, Reichsminister für Volksaufklärung und Propaganda,
TAGEBUCH, 3. JANUAR 1945

»Bis zu dem Augenblick, in dem er seine Pistole nahm und sie an seine rechte Schläfe hielt, um seinem Leben selbst ein Ende zu setzen, war er ohne Abstriche Adolf Hitler.«[33]

Heinz Linge, Jahrgang 1913, SS-Leibstandarte, persönlicher Diener Adolf Hitlers,
BIS ZUM UNTERGANG

»Er beteuerte seinen Glauben an den Endsieg mit solcher Sicherheit, dass, wer zu ihm kam, weiter an ein Wunder glaubte. Er sprach ständig von neuen Waffen, mit denen man die Feinde wieder vom Kontinent vertreiben würde. Unentwegt schloss er dann seine Ausführungen mit den Worten: ›Wenn dieser furchtbare Krieg vorüber ist, dann werden wir alles wieder aufbauen, schöner als zuvor. Wir müssen nur ausharren.«[34]

Christa Schroeder, Jahrgang 1908, persönliche Sekretärin Hitlers,
ERLEBNISBERICHT, 31. DEZEMBER 1944

»Nach dem endgültigen Zusammenbruch der Ardennen-Offensive im Januar 1945 war selbst für Optimisten erkennbar gewesen, dass die Kapitulation des Deutschen Reiches und damit das Kriegsende bevor stand.«[36]

Walter Rohland, Jahrgang 1898, Industrieller und Rüstungsfachmann aus Neuss,
ERINNERUNGEN

»Damals war ich noch von einem Adolf Hitler, der für sein Volk lebt und für sein Volk zu sterben bereit ist, überzeugt. Diese Überzeugung, die doch der Grund war, dass ich ihm zehn Jahre treu und fleißig an seinen Plänen half, meine Familie kaum beachtete, alle persönlichen Wünsche beiseite ließ, brach im Januar 1945 in sich zusammen.«[37]

Albert Speer, Jahrgang 1905, Reichsminister für Bewaffnung und Munition,
DIE KRANSBERG-PROTOKOLLE

»Sie fragen mich nach meinen Vorstellungen für die Zeit des Friedens, so weit er Deutschland betrifft? Vieles, was wir uns jetzt ausdenken, wird ohne Wert sein, wenn das Ende da ist. Die großen Drei, zu denen sich jetzt Frankreich gesellt, werden Deutschland zwischen sich aufteilen und jeder wird in seiner Einflusssphäre seine eigene Politik betreiben. Große Stücke werden aus Deutschland herausgerissen werden, um die Nachbarn, die unter den Nazis gelitten haben, zu entschädigen. Deutschland als Ganzes wird schwerlich weiter bestehen können. Das deutsche Volk wird bleiben, gepfercht in ein kleineres Gebiet und dort im eigenen Saft schmoren. Die Atlantik-Charta wird den Weg von [US-Präsident Woodrow] Wilsons 14 Punkten gehen. Und zukünftige Generationen werden sich über die Friedensstifter von 1945 wundern. Das neue Problem wird schwerer zu lösen sein als das von 1919, weil der Nationalsozialismus eine weit schrecklichere Geißel war als der deutsche Nationalismus.«[38]

Jan Smuts, Jahrgang 1870, Premierminister der Südafrikanischen Republik, Feldmarschall, Brief an Thomas W. Lamont, 4. Januar 1945

»Gegen Ende des Krieges wurde Hitler immer grausamer, ungerechter und misstrauischer gegen jedermann und stieß alle vor den Kopf.«[39]

Alfred Jodl, Jahrgang 1890, Generaloberst, Chef des Wehrmachtsführungsstabs, AUFZEICHNUNGEN

»Von Hitler war bisher kaum die Rede gewesen; jetzt hieß es, er sei in der Stadt und werde sie nicht verlassen. Niemand hatte sein Kommen erfahren, auch zeigte er sich nirgends, sondern blieb in der Reichskanzlei verborgen und regierte von dort.

Diese Kunde gab vielen Hoffnung. Es könne, meinten sie, doch noch nicht alles zu Ende sein, wenn Hitler in der Festung Berlin bleibe. Gerüchte von Wunderwaffen unermesslicher Stärke, mit deren Einsatz er immer noch gezögert habe, die aber jetzt in Aktion treten und die große Wende herbeiführen würden, breiteten sich aus.«[40]

Ernst Günther Schenck, Jahrgang 1904, Arzt, SS-Obersturmbannführer, Ernährungsinspekteur der Waffen-SS, HITLERS ENDE IN BERLIN

TAGEBUCH, 8. JANUAR 1945
»Ein kalter und sehr frostiger Morgen. Kehrte [von Windsor Castle] nach London zurück, wo immer mehr Raketen einschlagen; das Hauptzielgebiet scheint sich nach Westen zu verschieben.«[41]

John Colville, Privatsekretär Winston Churchills

»Meine geliebte, gute Mami! …
Mit der Luftwaffe ist es sehr schwer. Was muss das arme Volk leiden! Unser schönes München u. Nürnberg! Und trotz allem glaube ich, dass der Krieg im Großen in diesem Jahr siegreich zu Ende geht.

Ich danke Dir für deine guten, guten Wünsche. – Wie sehr ich Dir, du liebe, gute Mami, so von Herzen alles Gute wünsche, das weißt Du. Bleibe uns schön gesund! …
Vielliebe Grüße u. Küsse Dein Pappi«[42]

Heinrich Himmler, Jahrgang 1900, Brief an Marga Himmler, 9. Januar 1945

TAGEBUCH, 10. JANUAR 1945

»Hoher Schnee und strahlende Sonne. Der Premierminister blieb im Bett. Er ist enttäuscht darüber, dass der Präsident nur fünf oder sechs Tage für das bevorstehende Treffen der ›Großen Drei‹ aufwenden will, und meint, das selbst der Allmächtige sieben Tage benötigt habe, die Welt zu erschaffen. Ein Irrtum, den ich ihm anhand der Bibel schnell nachwies.«[43]

John Colville, Privatsekretär Winston Churchills

TAGEBUCH, 12. JANUAR 1945

»Die russische Offensive beginnt!«[44]

Marianne Feuersenger, Jahrgang 1919, Sekretärin im Wehrmachtsführungsstab des OKW

TAGEBUCH, 13. JANUAR 1945

»Frau Gerstner hat heute gemeint, dass die Russen kommen werden, aber Herr Lenhardt sagt, dass die es nie bis nach Berlin schaffen.«[45]

Traudl B., Jahrgang 1915 (?), Hausfrau, NSDAP-Mitglied, Berlin

TAGEBUCH, 18. JANUAR 1945

»Winston [Churchill] eröffnet eine große Debatte über die Kriegslage. Er beginnt mit dem Hinweis, dass er erkältet sei, aber ich habe ihn noch nie in besserer Verfassung gesehen. Zur Frage der bedingungslosen Kapitulation sagt er, dass damit nicht die Vernichtung des deutschen Volkes gemeint sei. Dabei setzt er seine Brille ab, wendet sich an das Haus und schlägt wie ein Orang-Utan mit der Hand auf die Brust. ›Wir‹, ruft er, ›werden unseren Gepflogenheiten und unserem Naturell treu bleiben.‹«[46]

Harold Nicolson, Jahrgang 1886, Parlamentarischer Privatsekretär des britischen Informationsministers, Unterhausabgeordneter

»Die Januaroffensive der 1. Belorussischen und der 1. Ukrainischen Front ist als Weichsel-Oder-Operation in die Geschichte eingegangen. Unsere Truppen drangen in einem Zug von der Weichsel bis zur Oder vor und legten dabei mehr als 500 Kilometer zurück.

Eine Operation solchen Ausmaßes müsste eigentlich bestimmte Zäsuren aufweisen, in Phasen eingeteilt werden. Fiele mir jedoch die Aufgabe zu, die Weichsel-Oder-Operation in Etappen zu gliedern und dabei das Vorrücken der 8. Gardearmee als Maßstab zu nehmen, käme ich in arge Verlegenheit. In unserem Vorrücken, das im Brückenkopf von Magnuszew begann, hat es keine Minute Stillstand gegeben. Wir überwanden die Verteidigungsabschnitte des Gegners ohne operative Pause und ohne besondere Anstrengungen bis zur Warta bei Poznan.«[47]

Wassili Tschuikow, Jahrgang 1900, Generaloberst der Roten Armee, Oberbefehlshaber der 62. Armee, AUF DEM WEG NACH BERLIN

»Die Überreste der deutschen Heereskorps, ja ganze Armeen verschwanden. Sie wurden von den vorwärts stürmenden Panzermassen verschlungen. Die einzigen Nachrichten erhielten wir über den russischen Rundfunk, der die Namen der auf dem Schlachtfeld gefallenen Generäle verbreitete. Die russischen Militärs hatten viel dazugelernt. Sie hatten unsere Taktik der Truppenkonzentration und des plötzlichen Vorstoßes ohne Rücksicht auf die eigenen Flanken erfolgreich nachgeahmt und nutzten ihre Erfolge schnell und wagemutig aus. Warschau und Krakau fielen in ihre Hand.«[48]

Bernd Freytag von Loringhoven, Jahrgang 1914, Major und Adjutant im Führerhauptquartier, MIT HITLER IM BUNKER

»Ich selbst habe als Letzter mit meinen Leuten die Burg in Krakau in dem Augenblick verlassen, in dem die Russen die Stadt selbst schon fast umzingelt hatten und teilweise schon in die Vororte nördlich der Weichsel einzudringen begannen.

Es war am Mittwoch, dem 17. Januar 1945, nachmittags zwei Uhr. Hinter mir blieb nur noch eine schwache Wehrmacht und Polizeiabteilung zurück, die wenige Stunden später nachrückte.«[49]

Hans Frank, Jahrgang 1900, Generalgouverneur des Generalgouvernements Polen, IM ANGESICHT DES GALGENS

»Ihr Lieben! Nun erleben wir also die Evakuierung. Chaos. Panik bei der SS. Betrunkene. Mit allen politischen Mitteln versuchen wir, den Abmarsch so erträglich wie möglich zu gestalten und die angeblich zurückbleibenden Kranken vor der Vernichtung zu bewahren. Solche Absichten bestanden – und bestehen möglicherweise – ganz eindeutig.«[50]

Józef Cyrankiewicz, Stanislaw Klodzinski, Häftlinge in Auschwitz, Bericht an das Hilfskomitee für die Häftlinge der Konzentrationslager in Krakau vom 17. Januar 1945

»Mit Besorgnis sehe ich die Russen schon bei Beginn ihrer Offensive an der alten Reichsgrenze. Es kostet wirklich Mühe, den Verstand zu verhüllen und mit allem Optimismus, den man noch aufbringen kann, gläubig auf ein Wunder zu hoffen, wie es manche oder auch viele weiter tun. Nun ja, der Mensch hofft wohl bis zuletzt.«[51]

Marianne Feuersenger, Sekretärin im Wehrmachtsführungsstab des OKW, Brief an die Schwester vom 20. Januar 1945

»Damals wussten wir nicht, was man heute weiß: dass die russische Front immer weiter nach Westen vordrang. Unsere Evakuierung folgte dem Plan der Deutschen, so wenig Beweismaterial wie möglich über Vernichtungslager für die Russen zurückzulassen.

Warum man uns durch halb Europa schleppte, wenn man uns mit Leichtigkeit hätte vergasen können, werde ich nie begreifen. Wir wussten nur eins: Wir fahren ... Wir entfernen uns von Auschwitz. Von den Gaskammern. Wir waren beinahe zufrieden.

So fing unsere Reise gen Westen an. Es ging ein Gerücht herum, dass wir in ein ›Erholungslager‹ gebracht würden. Aber an Gerüchten fehlte es nie. Der Name dieses Lagers sollte Bergen-Belsen sein.«[52]

Anita Lasker-Wallfisch, Jahrgang 1925, Häftling im Konzentrationslager Auschwitz, ERINNERUNGEN

»Die Ereignisse der letzten Wochen des Krieges zeigen, um wie viel mehr die Deutschen eine russische Besetzung fürchteten als die Besetzung durch die Alliierten. ›Sieg oder Sibirien‹ war eine Parole, die von den Deutschen zweifellos geglaubt wurde. Während der ersten vier bis fünf Tage des Einmarsches scheint die Rote Armee auch für die Schrecklichkeiten, die der russischen Zivilbevölkerung von den Deutschen zugefügt worden sind, Rache genommen zu haben.«[53]

Political Advisor der US-Army an das Supreme Allied Commander Europe, 30. Mai 1945

»Am 23. Januar 1945 starb der beste Mann des ›Kreisauer Kreises‹, Helmuth James von Moltke. Auch er wurde gehängt. Über seinen Tod mag ein Teil meines Briefes Auskunft geben. Moltke ging seinen Weg nicht allein. Am selben Tag starben mehrere bedeutende Persönlichkeiten: Theodor Haubach; der frühere Staatspräsident von Württemberg Eugen Bolz; der Studienrat Hermann Kaiser; der katholische Gewerkschaftsführer und Bergarbeiter Nicolaus Groß; der bayerische Oberst Franz Sperr; Ludwig Schwamb; Busso Thomae, Reinhold Frank und der Staatssekretär Erwin Planck, der Sohn des großen Gelehrten.«[54]

Harald Poelchau, Jahrgang 1903, evangelischer Gefängnisgeistlicher im Gefängnis Berlin-Plötzensee, ERINNERUNGEN

TAGEBUCH, 24. JANUAR 1945
»Die Nachrichten aus Ostpreußen weiter sehr trübe, der Feind bei Elbing, zieht auf Mohrungen ... Insterburg nach schweren Kämpfen besetzt! ... Thorn, Posen, Bromberg Schlesien im Aufbruch, Oppeln besetzt, in Breslau Kämpfe. Gotenhafen aufgegeben. Was ist los??!!«[55]

Henriette Schneider, Jahrgang 1872, Flüchtling in Wietze, Kreis Celle

»Ich fragte den Führer: ›Glauben Sie denn, mein Führer, dass wir den Krieg überhaupt noch gewinnen können?‹ Hitler antwortete: ›Wir müssen.‹«[56]

Christa Schroeder, persönliche Sekretärin Hitlers, ER WAR MEIN CHEF

»Der Vorstoß von 80 amerikanischen, britischen, französischen, kanadischen und polnischen Divisionen ins Herz Deutschlands, die von 12 000 Flugzeugen unterstützt wurden, ihre Versorgung durch Konvois mit einem Tonnengehalt von 25 Millionen und die 1000 die Meere beherrschenden Kriegsschiffe mussten dem Beherrscher Deutschlands jede Illusion nehmen, dass die Katastrophe noch abzuwenden sei. Zumal auch die Russen seit Anfang April unaufhaltsam vorrückten, sie ... bedrohten bereits Berlin und standen kurz vor Wien. Die Kampfhandlungen nicht aufzugeben hieß für Hitler, die Verluste, die Zerstörungen und die Leiden des deutschen Volkes zu vergrößern, ohne mehr zu gewinnen als die einige Wochen länger während Befriedigung eines verzweifelten Hochmuts. Doch Hitler erwartete von den Deutschen noch immer Widerstand bis zum Äußersten. Und sie folgten. Bei den Schlachten an Rhein, Oder, Donau und Po führten die Reste der deutschen Armeen, die unterversorgt und zusammengewürfelt waren und deren Nachschub in kaum ausgebildeten Volkssturmmännern, Kindern und sogar Kriegsverletzten bestand. Ihr Kampf, den sie unter einem von feindlichen Flugzeugen dominierten Himmel führten, konnte nur im Tod oder in Gefangenschaft enden. Im Landesinnern ging die Bevölkerung in den zerstörten Städten und auf dem Land nach wie vor diszipliniert ihren Aufgaben nach, obwohl das an ihrem Schicksal nichts mehr zu ändern vermochte. Aber zweifellos wollte Hitler, dass sein Werk, nachdem es gescheitert war, in einer Apokalypse unterging.«[57]
Charles de Gaulle, Jahrgang 1890, General, Chef des Nationalen Verteidigungskomitees Frankreichs, MEMOIREN

TAGEBUCH, 26. JANUAR 1945
»Jetzt sind wir auf dem Vormarsch. 50 Kilometer müssen wir marschieren. Heute werden wir in Deutschland sein.«[58]
Wladimir Gelfand, Jahrgang 1923, Leutnant im 1050. Schützenregiment der Roten Armee

»Die erste russische Patrouille tauchte gegen Mittag des 27. Januar 1945 in Sichtweite des Lagers auf ... Es waren vier junge Soldaten zu Pferde; vorsichtig ritten sie mit erhobenen Maschinenpistolen die Straße entlang, die das Lager begrenzte. Als sie den Stacheldraht erreicht hatten, hielten sie an, um sich umzusehen, wechselten scheu ein paar Worte und blickten wieder, von einer seltsamen Befangenheit gebannt, auf die durcheinanderliegenden Leichen, die zerstörten Baracken und auf uns wenige Lebende. Sie erschienen uns auf wunderbare Weise körperlich und wirklich, hoch oben (die Straße lag höher als das Lager) auf ihren ungeheuren Pferden zwischen dem Grau des Schnees und dem Grau des Himmels, regungslos unter den Tauwetter verheißenden Windstößen.«[59]
Primo Levi, Jahrgang 1919, Chemiker, jüdisch-italienischer Widerstandskämpfer, Häftling im Konzentrationslager Auschwitz, DIE ATEMPAUSE

TAGEBUCH, 28. JANUAR 1945

»Die Grenze erreichten wir an einem sehr breiten, wasserreichen Fluss, auf der anderen Seite nichts als Wälder und Hügel. Durchschnittenes Gelände. Nicht weit von Berlin. Deutschland steht in Flammen, und es stimmt einen irgendwie froh, diesem bösen Schauspiel beizuwohnen. Tod um Tod, Blut um Blut. Mir tun diese Menschenhasser, diese Tiere, nicht leid. Wir haben hier drei schlafende Deutsche aufgestöbert. Alle waren noch ganz jung. Sie hatten furchtbare Angst, zitterten und sagten: ›kaput‹.«[60]

Wladimir Gelfand, Leutnant im 1050. Schützenregiment der Roten Armee

TAGEBUCH, 29. JANUAR 1945

»Morgen soll der Führer eine Ansprache im Rundfunk halten. Wir sollen alle in die Brandenburger Allee kommen und die Fahnen hissen.«[61]

Traudl B., Hausfrau, NSDAP-Mitglied, Berlin

»Ich appelliere in dieser Stunde deshalb an das ganze deutsche Volk, an der Spitze aber an meine alten Mitkämpfer und an alle Soldaten, sich mit einem noch größeren härteren Geist des Widerstandes zu wappnen, bis wir – wieder wie schon einmal – den Toten dieses gewaltigen Ringens den Kranz mit der Schleife auf das Grab legen dürfen: ›Und ihr habt doch gesiegt!‹

Ich erwarte von jedem Deutschen, dass er deshalb seine Pflicht bis zum Äußersten erfüllt, dass er jedes Opfer, das von ihm gefordert wird und werden muss, auf sich nimmt. Ich erwarte von jedem Gesunden, dass er sich mit Leib und Leben einsetzt im Kampf. Ich erwarte von jedem Kranken und Gebrechlichen oder sonst Unentbehrlichen, dass er bis zum Aufgebot seiner letzten Kraft arbeitet, ich erwarte von den Bewohnern der Städte, dass sie die Waffen schmieden für diesen Kampf, und ich erwarte vom Bauern, dass er unter höchstmöglicher eigener Einschränkung das Brot gibt für die Soldaten und Arbeiter dieses Kampfes. Ich erwarte von allen Frauen und Mädchen, dass sie diesen Kampf, so wie bisher, mit äußerstem Fanatismus unterstützen. Ich wende mich mit besonderem Vertrauen dabei an die deutsche Jugend. Indem wir eine so verschworene Gemeinschaft bilden, können wir mit Recht vor den Allmächtigen treten und ihn um seine Gnade und seinen Segen bitten. Denn mehr kann ein Volk nicht tun, als dass jeder, der kämpfen kann, kämpft, und jeder, der arbeiten kann, arbeitet, und alle gemeinsam opfern, nur von dem einen Gedanken erfüllt, die Freiheit, die nationale Ehre und damit die Zukunft des Lebens sicherzustellen.

Wie schwer auch die Krise im Augenblick sein mag, sie wird durch unseren unabänderlichen Willen, durch unsere Opferbereitschaft und durch unsere Fähigkeiten am Ende trotzdem gemeistert werden. Wir werden auch diese Not überstehen. Es wird auch in diesem Kampf nicht Innerasien siegen, sondern Europa – und an der Spitze jene Nation, die seit eineinhalbtausend Jahren Europa

als Vormacht gegen den Osten vertreten hat und in alle Zukunft vertreten wird: Unser Großdeutsches Reich, die deutsche Nation!«[62]
Adolf Hitler, letzte Rundfunkansprache am 30. Januar 1945

TAGEBUCH, 30. JANUAR 1945

»Großer Tag! Unser Führer hat gesprochen. Die Russen kommen!!! Aber wir werden dennoch siegen und den Bolschewisten in die Flucht schlagen. Franz hat zur Feier des Tages Sektbrause spendiert und seine Fahne gehisst. Heil Hitler!«[63]
Traudl B., Hausfrau, NSDAP-Mitglied, Berlin

»Am 30. Januar hörten wir uns die letzte Rundfunkrede Hitlers an, die er von der Reichskanzlei aus hielt. Das Herz sollte stärker gemacht, die Waffen weiter geführt, der Geist des Widerstandes aufrechterhalten werden. Es war gespenstisch, zumal wir dem Feind eigentlich nicht viel mehr entgegenzusetzen hatten als schlecht bewaffnete Greise und Kinder. In Berlin wurden überall fieberhaft Panzersperren gebaut und alle Kräfte für die Schlacht um die Hauptstadt zusammengezogen.«[64]
Maria Gräfin von Maltzan, Freiin zu Wartenberg und Penzlin, Jahrgang 1909, Tierärztin, Widerstandskämpferin in Berlin, ERINNERUNGEN

TAGEBUCH, 31. JANUAR 1945

»Gestern Abend hörte ich mir eine Rede des Führers zum zwölften Jahrestag der ›Machtergreifung‹ an. Er war bedrückt, sprach aber ausdrucksvoller als das letzte Mal.«[65]
John Colville, Privatsekretär Winston Churchills

»Er kam am 2. Februar 1945. Es war so still, man hätte eine Nadel fallen hören; der Schnee schmolz unter einer Sonne, die wie ein neues Geldstück glänzte. Etwas unerklärlich Erregendes lag in der Luft. Wir stiegen auf den Speicher hinauf, unter das Dach, das jetzt zum großen Teil ohne Ziel war, um von dort die Lage zu überschauen. Auf der Straße, die Colmar mit Wintzenheim verbindet, näherten sich Fahrzeuge, die sich als Sturmpanzer entpuppten und im Schnee leicht zu erkennen waren. ›Sie kommen!‹ Mit einer Begeisterung, die an Kühnheit grenzte, stürzten wir die Treppen hinunter, um auf die Felder zu rennen und die Sieger zu empfangen. Wir waren nicht allein: russische Gefangene, die die Deutschen freigelassen hatten, waren schon am Feiern. Wir kamen an einem Schützengraben vorbei, wo deutsche Soldaten uns gelassen grüßten: ›Jetzt ist alles vorbei.‹ Das MG 42 lag auf dem Boden, wie ein alter Besen. Der erste Panzer, ein Sherman, hielt an; ein französischer Soldat, der die Luke des Drehturms aufstieß, grüßte uns mit einem breiten Lächeln und gab meiner Schwester Edith eine Zigarette. Ich glaube, es war eine Camel.«[66]
Tomi Ungerer, Jahrgang 1931, Schüler in Colmar,
MEINE KINDHEIT IM ELSASS

»Wie auch immer dieser Krieg ausgehen mag, das Ende des britischen Weltreiches lässt sich heute mit Sicherheit voraussagen. Es ist auf den Tod verwundet und dem englischen Volke steht kein besseres Schicksal bevor, als auf seiner verdammten Insel dem Hunger und der Schwindsucht zu verfallen.«[67]
Adolf Hitler, 4. Februar 1945, Niederschrift eines Tischgesprächs im Bunker der Reichskanzlei von Martin Bormann

TAGEBUCH, 5. FEBRUAR 1945
»Der Russe rückt auf Stettin vor.«
Henriette Schneider, Flüchtling in Wietze, Kreis Celle

TAGEBUCH, 6. ODER 7. FEBRUAR 1945
»Bis Berlin sind es 70 Kilometer und bis zum Ende des Krieges ... noch weit, wie es scheint. Die Deutschen leisten nicht nur Widerstand, sondern sind sogar in der Lage, uns aufzuhalten (einige Tage schon treten wir auf der Stelle) und uns unersetzbare Verluste zuzufügen. Wenigstens die Hälfte der Mannschaften ist in diesen Tagen in die Fänge des Todes geraten, hat Verwundungen oder Quetschungen erlitten.«[68]
Wladimir Gelfand, Leutnant im 1050. Schützenregiment der Roten Armee

»Die Fahrt vom Schlesischen Bahnhof, dem heutigen Berliner Ostbahnhof, in die Reichskanzlei verlief ruhig. Die Hauptstadt hatte uns nicht erwartet, und man war ganz offensichtlich auch mit etwas anderem beschäftigt. Rechts und links der Straßen, viele waren gänzlich unbefahrbar, reihte sich Häusergerippe an Häusergerippe, bloß noch Mauern ohne Fassade und Dachstuhl. Während der Fahrt sprach niemand ein Wort. Nun waren alle in der Hauptstadt versammelt: wir vom Begleitkommando, die Sekretärinnen, Ärzte, Adjutanten, Diener und natürlich Hausintendant Kannenberg samt Personal. Der engste Kreis um Hitler hatte noch einmal Position bezogen. Reichspressechef Otto Dietrich, die Bormann-Brüder, Botschafter Hewel. Die Generäle Keitel und Jodl nahmen Quartier in ihren Zehlendorfer Villen, Göring hatte sich auf seinen Landsitz ›Carinhall‹ bei Berlin zurückgezogen.«[69]
Rochus Misch, Jahrgang 1917, SS-Leibstandarte, Telefonist im Führerhauptquartier,
DER LETZTE ZEUGE

»An unseren Grenzen wütet der Kampf, das Reichsgebiet wird zum Schlachtfeld. Der Feind konzentriert alle seine Kräfte zum letzten Ansturm. Es geht für ihn nicht darum, uns zu besiegen; sie wollen uns vernichten. Unsere Feinde haben beschlossen, das Reich zu zerstören, die nationalsozialistische Weltanschauung auszurotten und das deutsche Volk zu versklaven, um es für seinen nationalsozialistischen Glauben zu bestrafen. Es ist fünf Minuten vor zwölf.«[70]
Adolf Hitler, 6. Februar 1945, Niederschrift eines Tischgesprächs im Bunker der Reichskanzlei von Martin Bormann

»Seine in den Lagen mit großer Überzeugungskraft vorgetragene Meinung, dass der Krieg nicht verloren sein kann, entsprach daher nach meiner Meinung seiner inneren Überzeugung, war nicht nur eine Lüge, um die anderen Menschen weiter bei Leistung zu erhalten. Er sah zwar das Schwierige und Hoffnungslose der Lage ein, motivierte jedoch seinen Optimismus damit, dass er in seinem Leben schon viele schwierigste Situationen mitgemacht habe, die immer wieder günstig für ihn ausgegangen seien, und dass auch dieses Mal in irgendeiner Form im ›letzten Augenblick‹ eine Wendung für ihn käme. Wenn etwas in den Gedankengängen der letzten Jahre krankhaft war, dann dieser unerschütterliche Glaube an seinen guten Stern. Er ist mir nur durch eine tiefe Selbstsuggestion erklärlich.«[71]

Albert Speer, Reichsminister für Bewaffnung und Munition, DIE KRANSBERG-PROTOKOLLE

TAGEBUCH, 13. FEBRUAR 1945

»13.35 Uhr mittags: Traubenzucker und Betabion forte i. v. [intravenös] – Führer ist etwas eigenartig zu mir, kurz und in verärgerter Stimmung.«[72]

Dr. Theo Morell, Jahrgang 1886, Leibarzt Adolf Hitlers

»Endlich war das Linzer Modell fertig. In unermüdlichem Fleiß, oft bis in die Nachtstunden hinein, hatten die verbliebenen Modellbauer daran gearbeitet. Es war eine ausgezeichnete handwerkliche Leistung entstanden. Nun war das umfangreiche Modell in einem der großen, hell getönten Kellerräume der Neuen Reichskanzlei aufgebaut. Als ich dann Adolf Hitler in diesen Raum führte, stand er lange, wie überwältigt durch den Gesamteindruck, nur schauend. Ich hatte die Scheinwerfer in die Sonnenstrahlung des Nachmittags gestellt, damit stand die bedeutsame Urfahr-Bebauung am Strom, gegenüber der Linzer Seite, plastisch und eindrucksvoll im Licht. Es war so, wie er mir im Herbst 1940 seine Architekturvision beschrieben hatte. Nun hatte er die Blickrichtung so, wie sich seine ›Stadt an der Donau‹ von seinem geplanten Alterssitz darbieten würde. Mit ernstem Gesicht schaute er mich an, dann ging er zu meinem Mitarbeiter, dem Modellbauer Mehringer, der noch mit den letzten Aufbauarbeiten am Modell beschäftigt war, und bedankte sich für die großartige Leistung. Wir schalteten nun die Scheinwerfer auf die Morgenbeleuchtung um, und wieder überließ er sich völlig dem Schauen, versunken im Gesamteindruck des Modells.«[73]

Hermann Giesler, Jahrgang 1896, Reichsbaurat für die Neugestaltung der Stadt Linz, über den 13. Februar 1945, ERLEBNISSE

»Das Abendessen, das gewöhnlich gegen 21 oder 22 Uhr stattfand, dehnte Hitler gern lange aus, um bei möglichen Angriffen nicht alleine zu sein. Meistens wurden noch während des Abendessens feindliche Einflüge gemeldet. Da sofort mit dem Beginn der Einflüge der Draht- bzw. Polizeifunk eingeschaltet wurde, der unaufhörlich sein monotones Pausenzeichen ertönen ließ und zwischendurch

Berichte vom Stand und der Tätigkeit der feindlichen Flugzeuge durchgab, waren wir wenigstens einer Unterhaltung enthoben. Wir saßen und lauschten auf Einschläge, und es verging kein Tag, an dem nicht das Regierungsviertel angegriffen wurde. Bei dem schweren Luftangriff vom 3. Februar 1945 sind im Bereich der Reichskanzlei 55 Sprengbomben gefallen. Jedes Mal, wenn eine Bombe in der Nähe einschlug, schwankte spürbar der im Grundwasser liegende Bunker. Begann das Licht zu flackern, so erhob Hitler wie im Traum die Stimme: ›Das war in der Nähe. Die Bombe hätte uns treffen können.‹«[74]

Christa Schroeder, persönliche Sekretärin Hitlers, HITLER PRIVAT

TAGEBUCH, 14. FEBRUAR 1945

»Aschermittwoch und Valentinstag: eine Kombination, die nicht harmoniert. Blauer Himmel und Sonnenschein ermöglichten es den Luftflotten, Dresden zu zerstören.«[75]

John Colville, Privatsekretär Winston Churchills

»Im Februar 1945, als die russische Armee in das Herz Sachsens vorstieß, wurde ich aufgefordert, Dresden zu bombardieren. Es wurde im Rahmen der Offensive im Osten als ein erstrangiges Ziel betrachtet. Zu dieser Zeit war Dresden das Kommunikationszentrum für die Verteidigung der südlichen Hälfte der Ostfront. Man war der Ansicht, dass ein schwerer Luftangriff die Kommunikation verwirren und sie unbrauchbar als Zentrum der Verteidigung machen würde. Mit einer Einwohnerschaft von 630 000 vor dem Krieg war es auch die bei weitem größte noch unzerstörte Stadt in Deutschland. Als ein Zentrum der Rüstungsindustrie war es von höchster Bedeutung. Ein Angriff in der Nacht vom 13. auf den 14. bei nur 800 Maschinen, die in zwei Wellen angriffen … war noch überwältigender als die Schlacht über Hamburg … Es kam zu einem Feuersturm und die Auswirkung auf die Moral, nicht nur in Dresden, sondern auch in weit entfernten Teilen des Landes, war extrem groß. Die Amerikaner unternahmen noch zwei leichtere Tagesangriffe in den nächsten zwei Tagen. Ich weiß, dass die Zerstörung einer so großen und schönen Stadt in der letzten Phase des Krieges von vielen Leuten als unnötig angesehen wird. Hierzu will ich nur so viel sagen: Zu seiner Zeit wurde der Angriff auf Dresden von viel wichtigeren Leuten als militärisch notwendig angesehen.‹[76]

Arthur Harris, Jahrgang 1892, Oberbefehlshaber des Royal Air Force Bomber Command, DIE BOMBER-OFFENSIVE

»Ein grausamer Scherz, der erzählt wird: Roosevelt und Hitler hätten ein neues Luftabkommen miteinander getroffen: Amerika stellte die Bomber zur Verfügung und Deutschland den Luftraum!«[77]

Erich Kästner, Jahrgang 1899, Schriftsteller, Tagebuch, 5. März 1945

»Dresden bombardiert. Heute kam die schreckliche Mitteilung, dass Dresden von den Angloamerikanern fast komplett zerstört wurde. Der Freisler soll angeblich tot sein. Die Hermanns haben heute die Kinder aufs Land gebracht. Herr Hermann sagt, dass wir eine neue Rakete haben, die sogar bis zu den Angloamerikanern fliegt. Na hoffentlich!«[78]

Traudl B., Hausfrau, NSDAP-Mitglied, Berlin

TAGEBUCH, 16. FEBRUAR 1945

»Das Wetter hier ist launisch. Es regnet fast jeden Tag, es gibt keinen Schnee, und der Boden ist nichts als tiefer Schlamm. Es ist warm wie im Frühling. Auf der Oder ist das Eis gebrochen und hat den Übergang weggerissen. Die Trümmer sind stromabwärts davongetrieben. Die Verbindung zum rechten Ufer ist unterbrochen. So sind unsere Träume und Hoffnungen dahin, unser Wunsch, schon bald vorzurücken und im Einsatzgebiet in Stellung zu gehen, um Berlin in einem Schwung einzunehmen und die Hitlerschen Horden endgültig zu zerschlagen. Am Anfang wäre das alles leicht zu machen gewesen, die Deutschen hatten sehr wenig Leute und wenig Kriegsgerät, vor allem aber wenig Leute. Doch jetzt hat der Feind frische Reservedivisionen aus Frankreich hierher geworfen, und die Lage ist deutlich schwieriger geworden. Es wird schwer werden, wieder einen Durchbruch zu schaffen, und Gott weiß, wer von uns bis Berlin am Leben bleiben wird.«[79]

Wladimir Gelfand, Leutnant im 1050. Schützenregiment der Roten Armee

»Einige Stunden nach meiner Ankunft dampfte die ›Quincy‹ in den Hafen von Alexandrien, und kurz vor zwölf begab ich mich zu meiner – wie sich herausstellen sollte – letzten Unterhaltung mit dem Präsidenten an Bord des amerikanischen Kreuzers, wo wir uns anschließend in seiner Kabine zu einem zwanglosen Familienlunch versammelten. Ich kam mit Sarah und Randolph; außerdem nahmen Harry Hopkins, Botschafter Winant und die Tochter des Präsidenten, Mrs. Boettiger, teil. Der Präsident schien gelassen und sehr erschöpft. Ich spürte, dass ihn nur noch lockere Bande mit dem Leben verknüpften. Wir nahmen bewegt und herzlich Abschied voneinander. Am Nachmittag stachen Roosevelt und seine Begleitung zur Heimreise in See. Ich sollte ihn nie wiedersehen.«[80]

Winston Churchill, Jahrgang 1874, britischer Premierminister, DER ZWEITE WELTKRIEG

»Die spannungsreichen Stunden im Befehlsbunker der alten Reichskanzlei reihten sich zu Tagen und Nächten, ohne Übergänge. Den Zeitablauf markierten nur die militärischen Lagebesprechungen, aber auch sie waren fluktuierend, wie die Unterbrechungen durch kurze, denkbar schlichte Mahlzeiten. Trotz dauerndem Kommen und Gehen von Generalen und Offizieren aller Wehrmachtsteile war im Bunker keine Hektik spürbar. Alles war straff organisiert, mit knappen Weisungen und aufmerksamen Adjutanten.«[81]

Hermann Giesler, Reichsbaurat für die Neugestaltung der Stadt Linz, ERLEBNISSE

»Während ich mich ganz mit den Gedanken einer Aussprache mit Hitler beschäftigte, erreichte mich im letzten Drittel des Februars 1944 eine … kurzfristige Einladung zu einer Tagung der Reichs- und Gauleiter bei Hitler in Berlin, die auf den 25. Februar festgesetzt war. Berlin war, wie ich feststellte, ein brodelnder Hexenkessel. Tägliche Luftangriffe sowie umfangreiche Vorbereitungen zur Verteidigung der Reichshauptstadt hatten die einst so schöne Stadt in ein Bild des Grauens verwandelt. Auch die neue Reichskanzlei hatte schon ganz erhebliche Beschädigungen erlitten.«[82]

Karl Wahl, Jahrgang 1892, NSDAP-Gauleiter von Schwaben,
ERLEBNISSE UND ERKENNTNISSE

»Zum 24. Februar hatte Hitler die Reichs- und Gauleiter in die Reichskanzlei berufen. Alle kamen voll innerer Spannung. Der Gauleiter von Dresden, Mutschmann, wurde umringt und musste über das Schicksal der Stadt Dresden berichten. Die Gauleiter aus dem Rheinländischen standen Rede und Antwort über die Kämpfe im Westen. Der Gauleiter Erich Koch aus Ostpreußen erschien nicht. Sein Gau war schon fast ganz von den Russen eingeschlossen. Ebenso fehlte der Gauleiter Hanke aus dem belagerten Breslau. Es herrschte eine Stimmung der Anklage gegen Hitler.«[83]

Nicolaus von Below, Jahrgang 1907, Adjutant der Luftwaffe bei Adolf Hitler,
ALS HITLERS ADJUTANT

»An einem Sonnabend sah ich Hitler zum letzten Mal. Ich werde diesen Tag nie in meinem Leben vergessen, es war der 24. Februar 1945 in der Berliner Reichskanzlei.«[84]

Baldur von Schirach, Jahrgang 1907, Gauleiter von Wien, ICH GLAUBTE AN HITLER

»Der fortwährende Anblick des früher so gesunden und nun kranken Hitlers aus nächster Nähe trieb mir – ich schäme mich nicht, das niederzuschreiben – die Tränen in die Augen. Eine derart verfahrene Kriegslage, ein schwerkranker Hitler und damit ein Regiment Bormann-Himmler, das war zu viel auf einmal, das brachte mich völlig außer Fassung; das war für mich der Weltuntergang.«[85]

Karl Wahl, NSDAP-Gauleiter von Schwaben, ERLEBNISSE UND ERKENNTNISSE

»Wir erheben uns still zum Gruß – und wissen eines: das war nicht mehr unser Hitler, wie wir ihn gekannt hatten, sondern ein vom Schicksal, vom politischen, vom militärischen und nicht zuletzt von menschlichem Schicksal gezeichneter und fast schon gebrochener Mann – ein dem Tode Verfallener, ein Einsamer, ein

Verlassener, der bereits auf den Trümmern seines Werkes stand, ohne dass e
ihm schon voll zum Bewusstsein gekommen war!«[86]
Rudolf Jordan, Jahrgang 1902, NSDAP-Gauleiter von Halle-Merseburg
und Magdeburg-Anhalt, ERLEBT UND ERLITTEN

»Der Inhalt seiner Rede war ebenfalls ganz anders, als ich es erwartet hatte. Ich
hing förmlich an seinen Lippen und meinte fortwährend, jetzt müsse das kommen, was mir auf den Nägeln brannte – die restlose Aufklärung über die Lage
und die Fortsetzung des Kampfes, Dinge, mit denen ich etwas anfangen konnte, die mir wieder Hoffnung gaben und mich aus dem qualvollen Zwiespalt de
schwäbischen Bevölkerung gegenüber befreiten. Ob das Gerede des Reichspro-
pagandaministers von einem Endsieg berechtigt oder nur leere Propaganda war
das und nichts anderes hätte ich gerne von Hitler gehört.

Hitler hielt aber eine allgemeine, weltanschauliche Rede und brachte, als e
anschließend kurz die Kriegslage streifte, nur zwei konkrete Punkte zur Sprache
die nach seiner Meinung die Lage entscheidend beeinflussen würden. Erstens da
neue U-Boot und zweitens das neue Messerschmittsche Düsen-Jagdflugzeug.«[87]
Karl Wahl, NSDAP-Gauleiter von Schwaben, ERLEBNISSE UND ERKENNTNISSE

»Das Werk, das ich mir vorgenommen habe, um dem deutschen Volk den Platz
an der Sonne zu erobern, ist zu viel für einen einzelnen Mann, zu gewaltig um
fassend für eine Generation! Ich habe dem deutschen Volk aber das Wissen um
seine Sendung vermittelt und ihm die Empfindung eingeimpft der ungeheuer
Möglichkeiten der Vereinigung aller Deutschen in einem Großdeutschen Reich
So habe ich die beste Saat gelegt.«[88]
Adolf Hitler, Niederschrift eines Tischgesprächs am 25. Februar 1945 im Bunker der
Reichskanzlei von Martin Bormann

»Ende Februar stand die britische Armee in blutigen Kämpfen im Reichswald
wo plötzliches Tauwetter den gefrorenen Waldboden in einen Morast verwandelt hatte. An Roer und Maas deuteten sich schwere Kämpfe an. Während de
ersten Märzwochen erreichte die 1. US Armee den Rhein bei Köln und zwe
Tage später die 3. US Armee ebenso die Moselmündung. In derselben Woche
machte die 9. US Panzerdivision die erstaunliche Entdeckung, dass die Luden-
dorff-Eisenbahnbrücke bei Remagen nicht gesprengt worden war, und sicherte
den ersten kleinen Brückenkopf jenseits des Rheins, der zu einer Erweiterung
aufforderte.«[89]
David Niven, Jahrgang 1910, Oberleutnant der Britischen Armee, REMINISZENZEN

TAGEBUCH, 2. MÄRZ 1945
»Es ist eine Bestimmung erlassen worden, wonach Trauerflor bei Todesfällen nur
an nahe Verwandte ausgegeben werden darf. Trauerkleidung wird weder her-

gestellt, noch verkauft. – Jetzt kommt es noch dazu, dass Goebbels die Trauer vollends abschafft, sagt der Berliner.«[90]

Jacob Kronika, Jahrgang 1897, deutsch-dänischer Korrespondent des Svenska Dagbladet in Berlin

TAGEBUCH, 7. MÄRZ 1945

»Aufruf der Partei. Wir sollen Ruhe bewahren. Der Führer hat schon Maß-nahmen gegen den Feind eingeleitet.«[91]

Traudl B., Hausfrau, NSDAP-Mitglied, Berlin

»Wenn der Krieg verloren geht, wird auch das Volk verloren sein. Dieses Schick-sal ist unabwendbar. Es ist nicht notwendig, auf die Grundlagen, die das Volk zu einem primitiven Weiterleben braucht, Rücksicht zu nehmen. Im Gegenteil ist es besser, selbst diese Dinge zu zerstören, denn das Volk hätte sich als das schwäche-re erwiesen und dem stärkeren Ostvolk gehöre dann ausschließlich die Zukunft. Was nach dem Kampf übrig bleibt, sind ohnehin nur die Minderwertigen, denn die Guten sind gefallen.«[92]

Adolf Hitler, Antwort auf eine Denkschrift Albert Speers, März 1945

»Etwa Mitte März traf Eva Braun in der Reichskanzlei ein. Sie blieb nur kurz, tauchte aber einige Tage später überraschend ein weiteres Mal auf. Es stellte sich heraus, dass niemand über ihr Kommen informiert war, Hitler eingeschlossen. Der war alles andere als erfreut über Evas Erscheinen und bemühte sich nach Kräften, sie zur Rückkehr nach München zu bewegen. Auch alle anderen taten das. Doch sämtliche Überzeugungsversuche waren vergeblich. Eva Braun gab klar zu verstehen, dass ihr Platz jetzt an Hitlers Seite sei und sie keiner umstim-men könne. Sie wirkte fest entschlossen. Die Kameraden seufzten, aber ich war eigentlich ganz angetan von Evas Anwesenheit. Die düstere Atmosphäre wurde durch ihre fast ungebrochen heitere Art etwas aufgehellt.«[93]

Rochus Misch, SS-Leibstandarte, Telefonist im Führerbunker der Reichskanzlei, DER LETZTE ZEUGE

»Bei ihrer Ankunft in Berlin hatte sie zu mir gesagt: ›Ich bin gekommen, weil ich alles Schöne in meinem Leben dem Chef verdanke!‹«[94]

Christa Schroeder, persönliche Sekretärin Hitlers, ER WAR MEIN CHEF

»Als der Krieg zu Ende geht, beweist die kleine Person mehr Haltung, als man von einem General erwarten würde. Sie fährt nach Berlin und weiß, dass sie es nicht mehr verlassen wird, sie weiß, dass nun das Stichwort für ihren Auftritt auf der Bühne der Welt gefallen ist.«[95]

Henriette von Schirach, Jahrgang 1913, Ehefrau von Baldur von Schirach, DER PREIS DER HERRLICHKEIT

»Sie war von allen, die im Berliner Bunker die letzten Wochen zusammenlebten, eine der Tapfersten und wohl auch eine der Klügsten. Sie wollte in Berlin bleiben und mit A. H. gemeinsam sterben ... Früher hat A. H. schon immer resigniert betont, dass er nur einen Menschen habe, der ihm in entscheidender Stunde die letzte Treue hielte, das sei Eva Braun. Wir wollten es nicht glauben. Hier hat ihn sein Gefühl nicht betrogen.«[96]

Albert Speer, Reichsminister für Bewaffnung und Munition, DIE KRANSBERG-PROTOKOLLE

»Sie wohnte fortan im Bunker in einem Raum gleich neben Hitlers privaten Zimmern und stellte sich ganz auf die Atmosphäre des Bunkerlebens ein. Sie war stets gepflegt, sorgfältig und tadellos gekleidet, verhielt sich gleichbleibend entgegenkommend und liebenswürdig und zeigte keinerlei Schwäche bis zur letzten Stunde.«[97]

Nicolaus von Below, Adjutant der Luftwaffe bei Adolf Hitler, ALS HITLERS ADJUTANT

TAGEBUCH, 5. MÄRZ 1945

»In Europa haben wir keinen Verbündeten mehr, wir sind ganz auf uns gestellt. Und bei uns ist so viel Verrat. Die Offiziere laufen einfach weg. Keiner will Krieg mehr. Es ist ein unbeschreiblicher Luftterror, sie greifen immerzu Zivilbevölkerung und die Bahn an. Dresden haben sie angegriffen, wie es voll von Flüchtlingen aus dem Osten war. Wir geben selber zu, dass 10-Tausende umgekommen sind, furchtbar. Und doch sind noch sooo viele, die ins Feld könnten und rumsitzen und sich drücken, und andersrum gibt es wieder sooo viel Heldentum. Schon 16-Jährige stehen an der Front und Hitler-Jungs haben sich sehr, sehr bewährt, sie haben wenigstens noch den Glauben. – Pappi hat den Volkssturm am 18.10. verkündet in einer herrlichen Rede ... Pappi ist seit 20. Juli Befehlshaber des Heimatheeres ... Die allgemeine Stimmung steht auf dem 0-Punkt ... Die Luftwaffe ist immer noch so schlecht, Göring kümmert sich schon um gar nichts, der protzige Kerl. Goebbels tut ja viel, hebt sich aber immer sooo hervor. Alle bekommen sie Orden und Auszeichnungen, nur Pappi nicht, und der müsste am ersten eine bekommen. Wenn er nicht wäre, dann wäre manches anders. Das ganze Volk schaut auf ihn. Er hält sich immer so zurück, tut sich nie hervor.«[98]

Gudrun Himmler, Jahrgang 1929, Tochter von Heinrich Himmler

»Am 11. März besuchte Hitler überraschend das Hauptquartier der 9. Armee in Bad Saarow, zwischen Frankfurt an der Oder und Berlin gelegen. Das war sein letzter Truppenbesuch.«[99]

Rochus Misch, SS-Leibstandarte, Telefonist im Führerbunker, DER LETZTE ZEUGE

»Die letzte Frontfahrt unternahm Hitler Anfang März 1945 von Berlin aus. Mit Kraftwagen fuhren wir über Sturzäcker, durch Felder und Wiesen nach Stettin, das sich noch in deutscher Hand befand. Nur unter Aufbietung aller physischen

Kräfte konnte Hitler diese Strapazen überstehen; aber er mied sie nicht. Als wir uns in aller Frühe durch einen Acker durchquälten, um zu einem Kommandostand der Luftwaffe zu gelangen, standen plötzlich alte Bauern mit ihren Frauen um uns herum. Der nahe Donner der russischen Artillerie schien für sie vergessen. Ihn, Hitler, unmittelbar an der Front zu sehen, hatten sie ganz offensichtlich nicht erwartet. Man spürte buchstäblich, wie Hitler, obwohl jetzt alt, ergraut, gebeugt und zerfallen, auf sie wirkte, auch wenn er gar nicht mit ihnen sprach, sondern ihnen nur jovial zuwinkte. Einen Augenblick lang fühlte ich mich in die Zeit der Picknick-Fahrten zurückversetzt. Die gleichen Gesichter wie früher, die gleichen Erwartungen wie einst: ›Der Führer wird es schon schaffen.‹ Anders konnte ich das Verhalten der Bevölkerung hier nicht deuten.«[100]

Heinz Linge, SS-Leibstandarte, persönlicher Diener Adolf Hitlers, BIS ZUM UNTERGANG

»Der Grundgedanke, dem er auch mehrfach Ausdruck verliehen hatte, warum er selber immer noch in Berlin war und auch vielleicht bleiben würde, war der unerschütterliche Glaube an sich selbst. Er glaubte, dass sich durch seine Gegenwart der Geist derer, die für ihn kämpften, fortlaufend zu einem heroischen Kampf entzünden wird, an dem der gegnerische Ansturm zerbrechen werde. Um die Mittagszeit verlieh er an Hitlerjungen, die sich durch Tapferkeit ausgezeichnet hatten, Eiserne Kreuze.«[101]

Gerhard Boldt, Jahrgang 1918, Oberleutnant der Reserve, Mitarbeiter Fremde Heere Ost, Militärgeheimdienst der Wehrmacht, DIE LETZTEN ZEHN TAGE

»Die letzten Fotos und Filmaufnahmen von Hitler und der Abordnung der HJ werden immer wieder auf den 20. April 1945 bezogen. Das trifft nicht zu. Sie beziehen sich auf einen anderen Empfang einer Abordnung der HJ durch Hitler. Dieser war ursprünglich für den 19. März 1945 vorgesehen, fand dann aber erst am 20. März 1945 statt. Damals erhielt ich täglich Meldungen von den überaus tapferen und freiwilligen Einsätzen der Jugend. Ich dachte daran, dass man diese tapferen Jungen dadurch auszeichnen sollte, dass sie dem Führer und Obersten Befehlshaber der Wehrmacht vorgestellt werden. Aus diesem Anlass konnte man ihm zugleich überzeugend nahebringen, dass bereits unser letztes Aufgebot im Felde stand. So kam es zu dem Empfang vom 20. März, von dem also die letzten Bilder und Filmaufnahmen vor dem Tode Hitlers stammen.«[102]

Artur Axmann, Jahrgang 1913, Reichsjugendführer der Hitlerjugend, DAS KANN DOCH NICHT DAS ENDE SEIN

AUFZEICHNUNG VOM 22. MÄRZ 1945

»Frühlingstage von unerhörter Köstlichkeit, und mondhelle Nächte voll Zauberei, wie in einem Eichendorffschen Gedicht, die Seele mit namenlosem Heim- und Fernweh durchziehend. Aber es sind immer nur Augenblicke, nicht mehr, in denen sich das Gemüt diesem Eindruck des Glücks der Schöpfung erschließt. Denn im nächsten Moment heulen schon wieder Jagdbomber durchs Blau oder das Brodeln der Artillerie schwillt zu einem Grollen.«[103]

Emil Barth, Jahrgang 1900, Schriftsteller, Haan

»Wie welke Blätter und zerrissene Fetzen trieben diese Reste einer geschlagenen, aufgelösten Armee durch das Land, getrieben vom nachdrängenden Feind, dessen Kommen man vorauszuspüren meinte wie das Heranziehen des brausenden Sturmes hinter der noch schützenden Hügelkette.«[104]

Isa Vermehren, Jahrgang 1918, Schauspielerin, inhaftiert in Ravensbrück, auf dem Transport von Buchenwald nach Dachau, REISE DURCH DEN LETZTEN AKT

TAGEBUCH, 22./23. MÄRZ 1945
»Links Konjunktivitis, wahrscheinlich durch Wind und Staub verursacht, da im Hofe viel Gebäudetrümmer liegen. Mit dem rechten Auge sähe er nur sehr wenig, erklärte der Führer. Die linke Hand ist etwas geschwollen (durch die Zitterbewegungen?) ... Eine Augenschutzklappe mag der Führer nicht tragen.«[105]

Dr. Theo Morell, Leibarzt Adolf Hitlers

»Hinter der Siegfried-Linie ziehen sich unsere Truppen zusammen; der Aufmarsch entwickelt sich wie ein breiter überbordender Fluss, der gegen verrottende Deichwerke drückt. Ein Deich bricht; und der reißende Strom ergießt sich, bis er auf einen weiteren schwachen Abschnitt trifft ...

Selbst die fanatischsten Nazis müssen erkennen, dass das Spiel aus ist. Aber sie täuschen ihre Leute noch immer mit dem Versprechen, dass weiterer Widerstand eher einen Frieden zu Bedingungen bringen wird als eine bedingungslose Kapitulation ... Wenn die Front heranrollt, tauchen in den Fenstern weiße Flaggen auf. Versäumt es ein Haus, ein Zeichen der Kapitulation zu geben, klopfen wir nicht an und sagen, ›bitte, bitte‹. Wir zerfurchen einfach mit dem Feuer des Maschinengewehrs seine Fensterfront, um freie Sicht zu haben. Die Methode ist äußerst effektiv.«[106]

Audie Murphie, Jahrgang 1925, Sergeant, höchstdekorierter US-Soldat des Zweiten Weltkriegs, ZUR HÖLLE UND ZURÜCK

»Die Deutschen denken über die Amerikaner im Wesentlichen das Gleiche wie über uns, kennen sie aber nicht so gut, und viele ihrer Vorstellungen nähren sich aus Hollywoodfilmen, die früher in Deutschland sehr beliebt waren. Deswegen glauben sie beispielsweise, dass alle Amerikaner reich sind. Ihr Vorurteil gegen die amerikanischen Truppen als ›Amateur-Soldaten‹ hat sich in der Realität der Schlachten als falsch erwiesen.«[107]

Leitfaden für britische Soldaten in Deutschland 1944

»Ich wollte dem Rheinübergang unserer Armeen beiwohnen, und Montgomery hieß mich willkommen. Nur von meinem Sekretär, Jack Colville ... begleitet, flog ich am Nachmittag des 23. März in einer Dakota vom Flugplatz Northolt ins britische Hauptquartier bei Venlo.«[108]
Winston Churchill, britischer Premierminister, DER ZWEITE WELTKRIEG

KRIEGSTAGEBUCH, 24. MÄRZ 1945

»Beim Frühstück berichtete mir Monty, dass nach allen bisher eingelaufenen Meldungen der Übergang über den Rhein gut vorwärtskomme. Um 8.45 Uhr fuhren der PM [Premierminister] und ich mit Montys Adjutanten los. Nach dreiviertelstündiger Fahrt erreichten wir ungefähr zwei Kilometer südlich von Xanten einen Beobachtungspunkt.«[109]
Alan Brooke, Jahrgang 1883, Chef des Generalstabs der britischen Landstreitkräfte

»Unsere gesamten Hilfsmittel waren aufgeboten. Achtzigtausend Mann, die Voraustruppen einer Armee von einer Million, sollten über den Fluss geworfen werden. Boote und Schiffsbrücken lagen in Massen bereit. Drüben auf dem Ostufer standen die Deutschen, sie hatten sich eingegraben und hielten sich bereit, uns mit der ganzen Wucht moderner Feuerkraft zu empfangen. Alles, was ich über den Krieg gelernt, gesehen oder gehört hatte, hatte mich davon überzeugt, dass ein Wasserlauf überlegenen Kräften kein schweres Hindernis bietet.«[110]
Winston Churchill, britischer Premierminister, DER ZWEITE WELTKRIEG

TAGEBUCH, 30. MÄRZ 1945

»Was den Kampfraum Wesel anlangt, so verteidigen sich hier unsere Fallschirmsoldaten, wie die Feindzeitungen erklären, wie die fechtenden Wahnsinnigen. Die Fallschirm-Divisionen verfügen über eine ausgezeichnete Moral. Sie sind das einzige heute noch brauchbare Ergebnis der Luftwaffenführung.«[111]
Joseph Goebbels, Reichsminister für Volksaufklärung und Propaganda

»Der Premierminister war an diesem Tage zu Besuch bei mir in meinem vorgeschobenen Gefechtsstand und beobachtete am Morgen des 24. März das Niedergehen der Luftlandedivisionen jenseits des Flusses. Wir standen jetzt schon tief in Deutschland, und ich fragte den Premierminister, wann englische Truppen zum letzten Male auf deutschem Boden gefochten hätten. Er sagte, das sei am 18. Oktober 1813 gewesen ... in der Schlacht bei Leipzig.«[112]
Bernard Law Montgomery, Jahrgang 1887, Feldmarschall der US-Streitkräfte, MEMOIREN

»Etwas vor Mittag trafen wir bei Eisenhower ein. Eine Anzahl amerikanischer Generäle war bei ihm versammelt. Nach der Begrüßung nahmen wir einen kurzen Lunch ein, in dessen Verlauf uns Eisenhower sagte, dass sich etwa fünfzehn Kilometer entfernt ein Haus befinde, von dem aus man eine gute Sicht auf den

Rhein und das gegenüberliegende Ufer habe. Das Haus sei mit Sandsäcken geschützt, und er schlage vor, dorthin zu gehen. Schließlich führte er selbst uns hin. Zu unseren Füßen floss der hier ungefähr dreihundertfünfzig Meter breite Strom. Drüben, auf dem feindlichen Ufer, erstreckten sich glatte, ebene Wiesen. Die uns begleitenden Offiziere meinten, das Ufer, das wir eine Weile betrachteten und anstarrten, sei ihres Wissens unbesetzt … Also sagte ich zu Montgomery: ›Wollen wir nicht hinübergehen und sehen, wie es drüben ausschaut? Einigermaßen überrascht hörte ich ihn antworten: ›Warum nicht?‹ Er zog noch einige Erkundigungen ein, dann setzten wir mit drei oder vier amerikanischen Generälen und einem halben Dutzend amerikanischen Soldaten über den Strom. In hellstem Sonnenschein und absolutem Frieden landeten wir am deutschen Ufer und gingen dort eine halbe Stunde unbelästigt spazieren.«[113]

Winston Churchill, britischer Premierminister, DER ZWEITE WELTKRIEG

TAGEBUCH, 26. MÄRZ 1945

»Deutschland ist auf dem Weg, dem Erdboden gleichgemacht zu werden, westlich vom Rhein gibt es keinen deutschen Soldaten mehr.«[114]

Astrid Lindgren, Jahrgang 1907, Mitarbeiterin in der Briefzensur des schwedischen Geheimdienstes, Stockholm

TAGEBUCH, 25. MÄRZ 1945

»Mittags: Strophantose I. Omnadin und Benerva forte i. v. plus Galvan.«[115]

Dr. Theo Morell, Leibarzt Adolf Hitlers

TAGEBUCH, 27. MÄRZ 1945

»Der Hunger im Lager wird immer schlimmer. Der Zustand der Häftlinge, die vor kurzem angekommen sind, ist weitaus schlimmer … Es ist unbeschreiblich, was geschieht, wenn einer der Häftlinge stirbt oder noch im Sterben liegt. Die Häftlinge, die neben ihm stehen oder liegen, fallen wie hungrige Wölfe über ihn her, ziehen ihm die Kleider vom Leib und suchen zwischen seinen Sachen nach etwas Essbarem oder Wertsachen, die sich eintauschen lassen.«[116]

Arieh Koretz, Jahrgang 1928, deutscher Jude, Gefangener im KZ Bergen-Belsen

TAGEBUCH, 27. MÄRZ 1945

»Die deutsche Armee auf der Flucht! Seit gestern Abend (26.3.45) rasen Autos in östlicher Richtung an unserem Gebäude vorbei. Wir konnten die ganze Nacht wegen des Lärms nicht schlafen. Die ›beste Armee der Welt' (wie es so oft hieß) flutet zurück. Wohin? An die Weser? Ach Gott, ihr Toren, ihr habt den Atlantik- und West-Wall sowie den Rhein nicht verteidigen können, was wollt ihr im Innern Deutschlands tun? Was auch die Kriegsverlängerer noch ersinnen mögen, die Auflösung ist in vollem Gange«.[117]

Friedrich Kellner, Jahrgang 1885, Justizinspektor, Laubach, Hessen

TAGEBUCH, 28. MÄRZ 1945
»Ansprache der Gaufrauenwalterin. Es gibt keinen Grund zu verzweifeln. – Wir erringen den Endsieg. – Ab sofort dürfen nur noch Frauen in die Luftschutzkeller.«
Traudl B., Hausfrau, NSDAP-Mitglied, Berlin

TAGEBUCH, 28. MÄRZ 1945
»In der militärischen Umgebung des Führers herrscht eine Art von Untergangsstimmung, ein Beweis dafür, dass der Führer nur schwächere Charaktere um sich versammelt hat, auf die er sich im Notfalle nicht verlassen kann. Die SS-Führer tragen eine gute Haltung zur Schau.«[118]
Joseph Goebbels, Reichsminister für Volksaufklärung und Propaganda

TAGEBUCH, 29. MÄRZ 1945
»Im Monolog sagt man ›Nieder mit Hitler!‹ – im Dialog aber heißt es immer noch und trotz allem ›Heil Hitler!‹«[119]
Jacob Kronika, deutsch-dänischer Korrespondent des Svenska Dagbladet in Berlin

»Als 1945 die Reichskanzlei zum Führerhauptquartier gemacht wurde, war Goebbels Hitlers engster Vertrauter. Nach den militärischen Lagebesprechungen musste ich ihn stets zu Hitler bitten, der sich meist stundenlang mit ihm allein unterhielt. Vieles von dem, was Goebbels seinem Tagebuch anvertraute, hörte ich mit eigenen Ohren.«[120]
Heinz Linge, SS-Leibstandarte, persönlicher Diener Adolf Hitlers,
BIS ZUM UNTERGANG

TAGEBUCH, 28. MÄRZ 1945
»Es ist geradezu bewundernswert, wie der Führer in diesem Frontdilemma immer und unentwegt auf seinen guten Stern vertraut. Man hat manchmal den Eindruck, als lebte er in den Wolken.«[121]
Joseph Goebbels, Reichsminister für Volksaufklärung und Propaganda

»Die Dörfer hier am Rhein sind in recht gutem Zustand. In der Mitte liegt allerdings Köln, und Köln ist einer der größten Trümmerhaufen der Welt; aber im Großen und Ganzen haben die benachbarten Dörfer keinen Grund zur Klage. Die Häuser sind gut gebaut, und jedes hat einen kleinen Keller, wo die Deutschen in großer Zahl nachts schlafen. Wie die Soldaten sagen: Denen tut nichts weh. Es gibt Nahrung und Kleidung, Kohle, Bettzeug, alle Haushaltssachen und Vieh. Die Deutschen sind nett und auch fett und recht sauber und ordentlich und fleißig. Sie führen ihr normales Leben weiter, sechshundertfünfzig Meter von ihrer Armee entfernt, die jetzt ihr Feind ist.«[122]
Martha Gellhorn, Jahrgang 1908, Kriegsberichterstatterin der US-Army,
DAS GESICHT DES KRIEGES

»Mit jedem Tag rückte die Front näher. Der Kampf der Deutschen mit der Roten Armee verschonte auch das Lager nicht. Kugeln flogen uns um die Ohren, Bomben fielen. Ein Splitter traf den hinteren Teil unserer Baracke. Trümmer prasselten auf uns nieder, Sand und Dreck fielen auf uns herab. Die kranke Frau neben mir starb in dem Getöse an einem Herzanfall. Ich lag mehrere Stunden neben der toten Nachbarin. Draußen knallte es, man hörte Explosionen und Schießereien. Doch für uns war das die schönste Musik! Warum aber dauerte es so lange? …

Plötzlich stand ein Rotarmist mit einem aufgepflanzten Gewehr vor uns und schrie: ›Ihr seid frei! Ihr seid frei!‹ Ich war mir nicht sicher, ob es sich nicht wieder um eine Halluzination handelte – aber dieses Mal war es die Wirklichkeit. Wir weinten Tränen der Freude, wir waren frei!«[123]
Paje Wapner-Levin, Jahrgang 1921, Jüdin aus Wilnius, Litauen, Häftling im Konzentrationslager Stutthof, ERINNERUNGEN

TAGEBUCH, 30. MÄRZ 1945
»Der Wehrmachtsbericht erschreckend: Panzerspitzen auf Kassel, Fulda besetzt; Danzig, Gdingen, Gotenhafen aufgegeben. Was ist los??!!«
Henriette Schneider, Flüchtling in Wietze, Kreis Celle

TAGEBUCH, 31. MÄRZ 1945
»Heute die Meldung, dass wir erfolgreiche Angriffe gegen den Russen erzielt haben. Der Führer schlägt nun mit aller Macht zurück. Endlich ein Lichtblick!«
Traudl B., Hausfrau, NSDAP-Mitglied, Berlin

»Im April begann man, auf allen großen Straßen Barrikaden zu errichten. Die Stadt nahm fantastische Züge an: die Ruinen wechselten mit Häuserkulissen, die anstelle der Fenster schwarze Höhlen hatten. Auf den Bürgersteigen türmten sich seltsame Konstruktionen auf. Über die Straßen polterten Lastautos mit Lautsprechern, die die Bevölkerung zu beruhigen versuchten. An den Häusern klebten Zettel, auf denen die Rücken nach vorn gebeugter Zivilisten dargestellt waren, mit der Unterschrift ›Vorsicht! Feind hört mit!‹ Die Menschen trauten einander nicht mehr. Für laut geäußerte Zweifel am Sieg der deutschen Armee konnte man nicht nur ins KZ kommen, sondern auch den Kopf verlieren!«[124]
Vera Lourié, Jahrgang 1901, russisch-deutsche Dichterin in Berlin,
ERINNERUNGEN AN DAS RUSSISCHE BERLIN

TAGEBUCH, 3. APRIL 1945
»Die Russen stehen in Baden, bei Wien und in Danzig, die Engländer in Bielefeld, Kassel und Heidelberg sowie vor Würzburg und Eisenach. Auch der Fall Frankfurts am Main wurde, diesmal unverblümt, zugegeben.«[125]
Erich Kästner, Schriftsteller, Mayrhofen, Tirol

»Karwoche und Ostern bringen die Einkreisung des Ruhrgebietes. Die Türkei, Ägypten, Syrien, Argentinien, Chile, Venezuela, Peru und Equador erklären uns den Krieg, was die Mobilisierung aller neutral gebliebenen Kräfte außerhalb Europas auf der Seite der Westmächte bedeutet. Westfalen, Hessen, Thüringen, Franken, Baden, Württemberg sind Schlachtfeld. Ungarn geht verloren.«[126]

Udo von Alvensleben, Jahrgang 1897, Hauptmann der deutschen Wehrmacht in Narvik, Norwegen

»Ich setzte bei Wesel über den Rhein. Ich hatte noch nie zuvor solche Zerstörungen gesehen – die glimmende Stadt war nicht mehr. In Münster stand nichts mehr außer der bronzenen Statue eines Pferdes. Im weiten Land zwischen Osnabrück und Hannover, beide total zerstört, gab es ein hastig errichtetes Kriegsgefangenenlager. Es müssen schon Hunderttausende von Männern darin gewesen sein, als die amerikanische Einheit, der ich mich angeschlossen hatte, vorbeizog. Die ersten Strahlen der wärmenden Sonne schienen auf die Gefangenen. In der Nacht hatte es stark geregnet und jetzt stieg eine dampfende Wolke aus diesem mit einer grauen Masse Mensch bedeckten Feld auf.«[127]

David Niven, Schauspieler, Oberleutnant der Britischen Armee, REMINISZENZEN

»Es fällt schwer, dem beizupflichten, dass der Mangel an Widerstand seitens der Deutschen an der Westfront allein dadurch zu erklären ist, dass sie geschlagen sind. Sie kämpfen weiterhin erbittert mit den Russen um eine unbekannte Bahnstation Zemlianitsa in der Tschechoslowakei, die sie ebenso brauchen wie ein toter Mann einen heißen Umschlag, übergeben aber ohne jeden Widerstand so wichtige Städte in Mitteldeutschland wie Osnabrück, Mannheim, Kassel. Sind Sie nicht auch der Meinung, dass ein solches Verhalten der Deutschen mehr als eigenartig und unbegreiflich ist?«[128]

Josef Stalin, Jahrgang 1878, Generalsekretär des Zentralkomitees der KPdSU, Oberster Befehlshaber der Roten Armee, Brief an US-Präsident Roosevelt am 5. April 1945

»An der Herkulesbrücke, auf dem Wege zur schwedischen Gesandtschaft, werde ich aufgehalten. Man hat die Leichen einer Frau und zweier kleiner Kinder aus dem Kanal gezogen. Die beiden Kinder waren mit einem Strick zusammengebunden. Ohne Zweifel eine Mutter, die ihrem Leben und dem Leben ihrer Kinder ein Ende bereitet hat. Warum? Das werden wir nie erfahren. Man muss sich um andere Dinge kümmern in Berlin!«[129]

Jacob Kronika, deutsch-dänischer Korrespondent des Svenska Dagbladet in Berlin

»Zugleich wurde den Truppen eingeschärft, sich zur Zivilbevölkerung Deutschlands, die von den Nazis so grausam hintergangen war und jetzt die ganze Last des Krieges am eigenen Leibe erfahren musste, loyal zu verhalten. Dank der rechtzeitigen Weisungen des ZK unserer Partei und der großangelegten Aufklärungsarbeit gelang es, unerwünschte Erscheinungen zu vermeiden, die von Soldaten ausgehen konnten, deren Familien stark unter der Bestialität der deutschen Truppen gelitten hatten.«[130]

Georgi Konstantinowitsch Schukow, Jahrgang 1896, Marschall der Sowjetunion, Oberbefehlshaber der 1. Weißrussischen Front, ERINNERUNGEN UND GEDANKEN

»Die zunächst eingerückten Russen betrugen sich ordentlich, fütterten die deutschen Kinder aus ihrer Gulaschkanone. Es machte ihnen Spaß, am Sonntag mit den Kindern im Galopp die Dorfstraße entlangzureiten. Ein übler Fleck war allerdings die gewalttätige Behandlung der Frauen, ohne Unterschied des Alters und der Klasse. In ihren Augen bedeutete die Frau offenbar einen Teil ihrer Kriegsbeute, und das hat zu Vergewaltigungen und Morden geführt, die ein unauslöschliches Schandmal für die ›siegreiche Rote Armee‹ bleiben werden. Dabei bestand die in Ullersdorf einquartierte Truppe zum Teil aus weiblichen Soldaten aller Ränge.«[131]

Paul Löbe, Jahrgang 1875, Sozialdemokrat, von August 1944 bis zur Befreiung Häftling im Konzentrationslager Groß Rosen, LEBENSERINNERUNGEN

TAGEBUCH, 9. APRIL 1945

»Führer ist seit ungefähr 10 Tagen nicht mehr nach außen gekommen, nur zum Essen einmal pro Tag nach einem oberen Stockwerk …, sonst stets im Bunker verblieben. Auch die große Lage wird seit längerer Zeit im Bunker abgehalten (aus Sicherheitsgründen!). Heute Morgen um 5.30 Uhr erst Lage zu Ende gewesen; anschließend Tee! Hoffentlich kommt kein Flieger-Frühalarm, damit noch genügend Zeit für Schlaf übrig bleibt.«[132]

Dr. Theo Morell, Leibarzt Adolf Hitlers

»Die politische Wiedergeburt Österreichs ist für mich am 9. April 1945 vor sich gegangen. An diesem Tage wurde ich aus der Haft der Gestapo entlassen, nachdem die Sowjetarmee bereits an mehreren Stellen die Wiener Gemeindegrenze überschritten hatte … Es war ein merkwürdiger Eindruck: Als ich die Gefängnismauern verließ, blieben die Türen offen und auf der Straße war weit und breit von den braunen Schergen, die sieben Jahre lang alles bespitzelt hatten, nichts mehr zu sehen. Auch sonst waren die Straßen leer. Ein Gefühl der Verlassenheit überkam mich. Vom Süden her rollte vereinzelter Kanonendonner … Als ein Totgeglaubter wurde ich hier von den Hausparteien jubelnd empfangen und stürmisch abgeküsst. Bei der noch herrschenden Situation war jedoch vorläufig jedem Tatendrang engste Grenzen gezogen, d.h. man musste die Zeit im Keller zubringen. Nervöse Aufforderungen von SS-Offizieren und sonstigen Uniformierten, ›zum Kampf um Wien anzutreten‹, Barrikaden zu bauen oder andere Dummheiten zu verrichten, machten die Lage nicht gemütlicher. Aber schließlich flossen auch die letzten Tage des tausendjährigen Reiches dahin und die Befreiung von der nationalsozialistischen Herrschaft wurde Tatsache.«[133]

Eduard Heinl, Jahrgang 1880, christlich-sozialer Politiker in Österreich, ÜBER EIN HALBES JAHRHUNDERT

»Heute, 9. April 1945, 3 Uhr 30 früh, habe ich über dringende Bitte meine Frau Edda Bartl, Frau Neidl und ihre beiden Töchter, Herrn Neidl und Fräulein Liesl Szente erschossen. – Ich erschieße mich als Letzter selbst. – Die Gründe hierfür waren: Alle waren antinationalsozialistisch eingestellt – immer! Ich selbst bin von den Nationalsozialisten schwer verfolgt worden. Ich war fast zwei Jahre im Konzentrationslager Dachau und Mauthausen. – Es war das Härteste, was ich durchmachen musste ... Mein einziger Wunsch war, die gerechte Strafe für alle nationalsozialistischen Verbrechen, besonders aber die Bestrafung des dummen deutschen Volkes – besonders aber seiner Naziregierung – für die Anzettelung dieses schrecklichen Krieges zu erleben. – Daher begrüßten wir die einmarschierenden Sowjets als Freunde und Befreier ... Unser Leidensweg, besonders aber der der Frauen, begann bald, obzwar ich jedem unser aller Einstellung wiederholt verdolmetschte und ihnen auch immer meinen Entlassungsschein aus dem Konzentrationslager vorwies. Das hinderte aber niemanden dieser Sowjets ... die Frauen unter Drohung des Erschießens immer wieder zu vergewaltigen ... Wir bedauern nur, das Abtreten des größten Narren und größten Verbrechers langer Zeiten – Adolf Hitler – nicht mehr erlebt zu haben. – Österreicher, seid in Hinkunft gescheiter als in den Jahren 1918 bis zum März 1938. Es lebe Österreich!

Georg Bartl«[134], Jahrgang 1890, österreichischer Oberstleutnant a. D., ehemaliger Adjutant Kurt Schuschniggs, hinterlassener Brief

TAGEBUCH, 10. APRIL 1945

»Am Dienstag, 10. April gegen 9 Uhr Granatenwechsel über uns hinweg, gelenkt von einigen Beobachtern in der Luft. Nachmittags kamen zwei Soldaten vor die Tür und baten um einen Trunk Wasser. Sie erhielten Essen und Süßmost. Es waren ein Melder vom Wehrkreiskommando und ein Sanitäter ... Der Melder bemerkte, der Landser habe die Nase voll, er wolle nicht mehr kämpfen, und niemand würde verstehen, dass Heilbronn überhaupt verteidigt würde. Der Melder hatte auch gestern den Wehrmachtsbericht gehört: Vormarsch des Gegners über Bielefeld nordöstlich durch Oldenburg bis vor Bremen, Hamburg liege in Schussweite. Hildesheim, Braunschweig, Halle, Erfurt erreicht, die Russen stünden 50 km südlich von Wien. Von Ostpreußen höre man nichts.«[135]

Robert Bauer, Journalist in Heilbronn

»Um neun Uhr kündet ein gewaltiges. sich immer mehr verstärkendes Mahlen die Ankunft der amerikanischen Panzer an. Die Straße ist menschenleer. Der übernächtigte Blick sieht sie noch kahler, luftleer, im Morgenlicht. Ich bin in diesem Landstrich, wie schon so oft im Leben, der Letzte, der Kommandogewalt besitzt. Gab gestern den einzigen Befehl in diesem Zusammenhange: die Panzersperre zu besetzen und dann zu öffnen, wenn die Spitze sichtbar wird. Wie immer in solchen Lagen spielen sich indessen, wie ich durch Beobachter erfahre, unvorhergesehene Dinge ab. Die Sperre liegt im ›Lannewehrbusch‹, der alten Landwehr, an einem Waldstück, das mein Vater einst erwarb. Dort erscheinen zwei Unbekannte und stellen sich mit Panzerfäusten am Waldrand auf. Sie werden gesehen und bringen die Spitze ins Stocken, da geraume Zeit verfließt, ehe man sie durch vorgeschickte Schützen entwaffnet und gefangen nimmt. Dann kommt noch ein einsamer Wanderer und bleibt unweit der Sperre an einem Waldweg stehen. Im Augenblick, in dem der erste graue Wagen mit dem fünfzackigen Stern erscheint, entsichert er eine Pistole und schießt sich durch den Kopf.«[136]

Ernst Jünger, Jahrgang 1895, Schriftsteller, Hauptmann der Reserve, Kirchhorst

»Noch am 12. April 1945, bei meinem letzten Vortrag bei Hitler, hatte er eine optimistische Auffassung; inwieweit er dabei schauspielerte, ist schwer zu ergründen. Rückblickend möchte ich sagen, dass er von der Idee irgendeiner Rettungsmöglichkeit geradezu besessen war, dass er sich daran klammerte wie ein Ertrinkender an einen Strohhalm.«[137]

Albert Kesselring, Jahrgang 1885, Generalfeldmarschall, Oberbefehlshaber Süd der deutschen Wehrmacht, SOLDAT BIS ZUM LETZTEN TAG

»In den ersten Wochen der kurzen vierten Amtsperiode Franklin Delano Roosevelts sah ich, wie sehr ihn die vielen Jahren seiner Präsidentschaft verbraucht hatten. Zwölf schicksalsschwere Jahre lang – Jahre voll der gewaltigsten Verantwortung – hatte er im Weißen Hause die Zügel geführt … Es war nicht erstaunlich, dass ihn diese Jahre gezeichnet hatten.«[138]

Harry S. Truman, Jahrgang 1884, Vizepräsident der Vereinigten Staaten von Amerika, MEMOIREN

TAGEBUCH, 11. APRIL 1945

»Am 11. April, 9 Uhr früh, betraten die ersten amerikanischen Soldaten unser Haus. Es waren drei ziemlich junge, gut aussehende Soldaten im Stahlhelm, grauer Felduniform, Gewehr im Arm. Sie gingen von Stockwerk zu Stockwerk. von Zimmer zu Zimmer, auch in den Keller, und fragten nach deutschen Soldaten und Waffen und Radio … Die Soldaten boten Zigaretten an und ließen uns auch eine angebrochene Packung da. Im Ganzen kamen drei solche Trupps, die die Häuser inspizierten.«[139]

Robert Bauer, Journalist in Heilbronn

»Mitte April stand der Krieg in Westeuropa kurz vor seinem Ende. Selbst die Deutschen sahen ein, dass der Krieg zu Ende war. Sie kämpften nur weiter, weil sie zu Berufssoldaten geworden waren.«[140]

Richard »Dick« Winters, Jahrgang 1918, Major, Kommandant der » Easy Company«, 506. Fallschirmjäger-Regiment der US Armee, KRIEGSMEMOIREN

»Winston, in guter Form, sagte, wenn er Hitler wäre, flöge er nach England und würde sich der Regierung ausliefern und erklären, dass er für alle Übeltaten Deutschlands allein verantwortlich und bereit sei, die Folgen zu tragen. Nach Winston würde uns dies vor ein schwieriges Problem stellen.«[141]

Alan Brooke, Chef des Generalstabs der britischen Landstreitkräfte, KRIEGSTAGEBUCH

»Ich traf etwa um 17.25 Uhr im Weißen Hause ein, wo ich … in Mrs. Roosevelts Arbeitszimmer geführt wurde. Außer ihr waren Oberst Boettiger, Mrs. Anna Roosevelt-Boettiger und Steve Early anwesend. Sofort bei meinem Eintritt empfand ich, dass etwas Außergewöhnliches geschehen war. Mrs. Roosevelt trat ruhig und mit ihrer charakteristischen, vornehmen Würde auf mich zu. Sie legte sanft den Arm auf meine Schulter und sagte: ›Harry, der Präsident ist gestorben.‹ … Seit vielen Wochen hatte ich befürchtet, dass unserem großen Führer ein Unheil zustoßen könnte; jetzt, da das Schlimmste eingetreten war, fand es mich unvorbereitet.«[142]

Harry S. Truman, Vizepräsident der Vereinigten Staaten, MEMOIREN

ARBEITSJOURNAL, 12. APRIL 1945

»Roosevelt stirbt. Mit dem Tod des aufgeklärten Demokraten geht die Führung der Demokratien an Churchill über. Winges Freundin berichtet, dass viele der Arbeiterinnen in ihrem Betrieb weinten.«[143]

Bertolt Brecht, Jahrgang 1898, deutscher Schriftsteller im Exil in Santa Monica, Kalifornien

»Als wir zum letzten großen Schlag ausholten, erhielt das Bataillon die Nachricht, dass Präsident Roosevelt am 12. April gestorben sei. Roosevelt war mehr als eine feste Größe in unserem Leben. Jeder amerikanische Soldat empfand für den Oberbefehlshaber den tiefsten Respekt.«[144]

Richard »Dick« Winters, Major, Kommandant der » Easy Company«, 506. Fallschirmjäger-Regiment der US-Army, KRIEGSMEMOIREN

TAGEBUCH, 12. APRIL 1945

»Allein er hat es vermocht, der amerikanischen Politik eine scharfe und gründliche Wendung gegen den Faschismus und die Reaktion zu geben und die amerikanischen Bürger dazu zu bringen, sich von all den großen und kleinen antisowjetischen Verleumdern und nationalen Abtrünnigen abzuwenden, die das zivilisierte Amerika zu den alten Gesetzen einer sklavischen, unmenschlichen Existenz zurückbringen wollten ... Ich neige mein Haupt in tiefster Trauer um diesen Verlust.«[145]

Wladimir Gelfand, Leutnant im 1050. Schützenregiment der Roten Armee, Brückenkopf westlich von Küstrin

»Mir wurde gesagt, dass der Schock über den Tod des Präsidenten Großbritannien fast so tief traf wie die Vereinigten Staaten. Über das Ergebnis dort kann ich nicht urteilen, aber die Vereinigten Staaten schienen wie betäubt und der Verlust einer Persönlichkeit wie seiner schien eine Lücke zu hinterlassen, die schwer zu schließen sein würde.«[146]

Lord Halifax (Edward Frederick Lindley Wood, 1. Earl of Halifax), Jahrgang 1881, britischer Botschafter in den Vereinigten Staaten, DIE FÜLLE DER TAGE

»Als am 13. April 1945 der Tod des amerikanischen Präsidenten Roosevelt bekannt gegeben wurde, steckte Goebbels Hitler mit seiner Euphorie an. Mehrere Tage lang fantasierte der ›Minister für Volksaufklärung und Propaganda‹ über eine Wiederholung des ›Mirakels des Hauses Brandenburg‹ im Januar 1762, als der Tod der Zarin Elisabeth König Friedrich II. von Preußen vor einer völligen Niederlage im Siebenjährigen Krieg bewahrt hatte.«[147]

Bernd Freytag von Loringhoven, Major und Adjutant des Heeres bei Adolf Hitler, MIT HITLER IM BUNKER

»Die Westfront war im zweiten Aprildrittel der Ostfront so nahe gerückt, dass sie sich gegenseitig beeinflussten und für die deutsche Führung fast unlösbare Aufgaben und schwere Reibungen brachten. Der Raum, aus dem der Kampf materiell und personell geführt werden sollte, war zu eng geworden.«[148]

Albert Kesselring, Generalfeldmarschall, Oberbefehlshaber Süd der deutschen Wehrmacht, SOLDAT BIS ZUM LETZTEN TAG

»Noch wurden Witze gemacht. Jemand erklärte, Berlin sei sehr praktisch als Hauptquartier, man könne bald mit der S-Bahn von der Ostfront zur Westfront fahren, und Hitler konnte noch darüber lachen.«[149]

Gertraud Junge, Jahrgang 1920, Privatsekretärin Adolf Hitlers, BIS ZUR LETZTEN STUNDE

»Wohl nie hatte Ike [Dwight D. Eisenhower] eine Entscheidung so endgültig getroffen wie die, dass er keine irgendwie geartete Bemerkung darüber hören wollte. Berlin würde den Russen zur Einnahme überlassen bleiben. Wohl nie war eine Entscheidung so einsam gefällt worden, ohne Beratung und nach Befehlen fragend und auch entgegen der Wünsche viele kluger Köpfe, die eigentlich ihn immer unterstützt hatten. Patton, ebenso Simpson, war für die Einnahme Berlins durch uns. Der britische Generalstab opponierte gegen Ikes unabgestimmte Entscheidung, es den Russen zu überlassen. Churchill sandte scharfe Protest-Telegramme an Ike und Truman.«[150]

Howard K. Smith, Jahrgang 1914, US-Journalist in der Schweiz, EREIGNISSE

»Es gibt Städte in Deutschland, die Coventry und Plymouth wie das Ergebnis der Zerstörungswut eines verdrießlichen Kindes erscheinen lassen.«[151]

Edward Murrow, Jahrgang 1908, Reporter des US-Radiosenders CBS, Bericht aus Buchenwald am 12. April 1945

TAGEBUCH, 12. APRIL 1945

»Der Russe kommt immer näher. Heute haben wir wieder Panzersperren errichtet. Wer soll nun die Invasion stoppen? Herr Hermann sagt, es wäre besser, wenn der Amerikaner kommen würde. Ich habe jetzt richtig Angst.«[152]

Traudl B., Hausfrau, NSDAP-Mitglied, Berlin

»Die Armee Wenk wird die Russen zurückschlagen, die Wlassow-Armee wartet auf Befehl, sich anzuschließen an Waffen-SS, an sich sammelnde Elitetruppen. Der große Schachzug steht bevor. An Niederlage sei nicht zu denken. Der Führer lässt uns nicht im Stich. Sagt er.«[153]

Hildegard Knef, Jahrgang 1925, Schauspielerin, DER GESCHENKTE GAUL

»Es war zwischen drei und vier Uhr am 11. April 1945. Wir warteten voller Ungewissheit und noch nie dagewesener Spannung. Niemand sprach mehr. Einige Jungen lagen auf ihren Kojen und starrten die Decke an. Andere schauten durch die Risse in der Wand ins Tal hinab. Plötzlich waren aus der Gegenrichtung, dem Hauptlager, Rufe zu hören. Sie wurden lauter und lauter. Wir stürzten hinaus, um nach der Ursache zu forschen: Unser Lagerkomplex war so leblos wie zuvor. ›Schau mal, das Tor!‹, schrie jemand. Ich sah auf und suchte das pyramidenförmige Dach des Hauptwachtturmes, der aus dem Hauptlager herausragte. Das faschistische schiefe Hakenkreuz war verschwunden. An dem symbolischen Fahnenmast flatterte etwas Weißes. Der Augenblick, nach dem wir uns so sehr gesehnt hatten, war gekommen: Die köstlich siegreiche Minute, auf die unsere deutschen Kameraden 4.453 Tage und Nächte gewartet hatten, war endlich da.«[154]

Thomas Geve (eigentlich Stefan Cohn), deutscher Jude, Häftling im Konzentrationslager Buchenwald, GERAUBTE KINDHEIT

»Sollten Sie beim Essen sitzen oder sollten Sie keine Lust haben, zu hören, was Deutsche getan haben, dann ist jetzt der Augenblick, das Radio auszuschalten, denn ich habe vor, Ihnen von Buchenwald zu berichten. Es befindet sich auf einem kleinen Berg, etwa sechs Kilometer von Weimar entfernt, und war eines der großen Konzentrationslager in Deutschland; gebaut wurde es für die Ewigkeit. Die Häftlinge drängten sich hinter dem Drahtzaun. Wir traten ein.

Und wenn ich dies jetzt in der Ich-Form erzähle, dann im Bewusstsein, dass ich dort die unwichtigste Person war, wie Sie sehen werden. Um mich herum wogte eine stinkende Horde. Männer und Jugendliche streckten die Hand aus, um mich zu berühren; sie steckten in Lumpen und Uniformresten. Viele waren bereits vom Tod gezeichnet, aber mit den Augen lächelten sie. Ich sah über diese Masse von Männern hinweg auf die grünen Felder draußen, wo gut genährte Deutsche die Äcker pflügten.«[155]

Edward Murrow, Reporter des US-Radiosenders CBS, Reportage vom 12. April 1945

»Bei Weimar wurde das Konzentrationslager Buchenwald befreit. Die Amerikaner haben die Weimaraner, vor allem die Herren und Damen der Partei, zu einer Führung durch das Lager eingeladen gehabt. Dabei sind wohl viele der Geführten ohnmächtig geworden, als sie die halb verhungerten Insassen, die Verbrennungsöfen, Skelette usw. vorgeführt bekamen.«[156]

Erich Kästner, Schriftsteller, Mayrhofen, Tirol, Tagebuch, 21. April 1945

»Die Mauer war knapp drei Meter hoch; sie grenzte an ein Gebäude, das als Stall oder als Werkstatt gedient hatte. Wir gingen hinein. Der Raum hatte einen Betonboden, auf dem Leichen wie Klafterholz in zwei Reihen aufgeschichtet lagen. Sie waren dürr und ganz weiß. Einige der Leichname wiesen schreckliche Blutergüsse auf, obwohl gar nicht genug Fleisch dafür vorhanden zu sein schien. Einige hatte man in den Kopf geschossen, aber sie hatten kaum geblutet. Außer zweien waren alle nackt. Ich versuchte, sie zu zählen, so gut ich konnte, und kam zu dem Ergebnis, dass dort in zwei ordentlichen Stapeln die sterblichen Überreste von mehr als fünfhundert Männern und Jungen lagen.«[157]

Edward Murrow, Reporter des US-Radiosenders CBS, Reportage vom 12. April 1945

»Sollte Hitler in unsere Hände fallen, werden wir ihn töten. Er ist kein Herrscher, der sich wie der Kaiser damit herausreden kann, er wäre das Werkzeug seiner Minister gewesen. Dieser Mann ist die treibende Kraft des Bösen.«[158]

Winston Churchill, britischer Premierminister, nach dem Tagebuch des Kabinett-Sekretärs Norman Brooke, am 6. Juli 1942

»Wir, die Alliierten, waren nicht völlig schuldlos. Wir haben zwölf Jahre gebraucht, um die Tore … zu öffnen. Wir waren blind, ungläubig und langsam. Das dürfen wir nie wieder sein. Wir müssen wissen, dass niemals Frieden herrschen kann, wenn Grausamkeiten wie diese in der Welt sind.«[159]

Martha Gellhorn, Kriegsberichterstatterin der US-Army, im Magazin Collier's Weekly vom 23. Juni 1945

»Endlich ist es geschehen! Die Russenoffensive gegen Berlin ist im Gange. Lange hat man sie erwartet. Sie musste ja kommen. Es ist besser, sie rollt, als dass man ewig warten muss, sagen die Berliner. Es ist ja zum Wahnsinnigwerden, endlos auf ein Gewitter warten zu müssen, das – wie jedermann weiß – losbrechen und sich austoben muss.«[160]

Jacob Kronika, deutsch-dänischer Korrespondent des Svenska Dagbladet in Berlin, DER UNTERGANG BERLINS

TAGEBUCH, 15. APRIL 1945

»Mein Gott – der Krieg scheint verloren. Es steht kein Stein mehr auf dem anderen. Überall verbrannte Menschen und die hilflosen Schreie der Verschütteten und Verwundeten. Warum gibt der Führer nicht auf?«

Traudl B., Hausfrau, NSDAP-Mitglied, Berlin

»Der Monat April 1945 war ungewöhnlich heiß. Daran erinnere ich mich sehr genau: an die drückende Hitze in der Lüneburger Heide und den süßlichen Gestank von Tausenden verwesender Leichen. Ich brauche nur die Augen zu schließen, und auch jetzt, nach fünfzig Jahren, steigt mir der widerliche Gestank in die Nase. An viele Dinge, die am 15. April geschahen, kann ich mich heute nur ungenau erinnern, aber die kleinen Einzelheiten sind mir noch präsent.«[161]

Renate Lasker-Harpprecht, Jahrgang 1924, deutsche Jüdin aus Breslau, Häftling des Konzentrationslagers Bergen-Belsen, ERINNERUNGEN

»Es war uns bewusst, dass ungewöhnliche Dinge vor sich gingen. Immer seltener sahen wir SS-Personal … Eigentlich hätten wir bei dem Gedanken, dass die Freiheit nahe zu sein schien, froh oder wenigstens optimistisch sein sollen. Wir waren es aber nicht. Ich erinnere mich, dass ich meistens wütend und böse war. Wir hatten so lange ausgehalten und so viel gelitten … und dann sollte man noch von den Deutschen in die Luft gesprengt werden. Wahrscheinlich hat uns die Abwesenheit der SS nur misstrauischer gemacht. Wir waren überzeugt, dass das nichts Gutes versprach … (I)ch konnte nicht ertragen, mir falsche Hoffnungen zu machen. Sie konnten ja jeden Moment zunichte gemacht werden. Als die erste Ansage durch den Lautsprecher kam und ich den ersten englischen Panzer mit eigenen Augen sah, weigerte ich mich immer noch, es zu glauben.«[162]

Anita Lasker-Wallfisch, deutsche Jüdin aus Breslau, Häftling im Konzentrationslager Bergen-Belsen, ERINNERUNGEN

»Es war Mittag geworden. Seit Tagen hörten wir das leise Rumpeln von schweren Geschützen, doch wir hatten keine Ahnung, was draußen, jenseits des Lagers, vor sich ging. Wer schoss? Waren es die Deutschen, waren es die Alliierten? Inzwischen war das leise Rumoren einem unverkennbaren Geräusch gewichen –

dem Rasseln von Panzerketten. Im Lager war es totenstill geworden – und in diese Stille drang auf einmal eine englische Stimme: ›This is the British Army. Please remain calm. We have come to liberate you. Don't leave the camp and don't worry. You are free.‹ Und dann rollten die ersten Tanks ins Lager. Wir schauten stumm auf unsere Befreier. Zum Jubeln hatten wir keine Kraft. Es war vier Uhr nachmittags an diesem sonnigen 15. April des Jahres 1945.«[163]

Renate Lasker-Harpprecht, deutsche Jüdin aus Breslau, Häftling im Konzentrationslager Bergen-Belsen, ERINNERUNGEN

»Als wir das Lager betraten, befanden sich etwa 40 000 Männer und Frauen darin (hinzu kamen 10 000 unbeerdigte Leichen); im Hinblick auf erträgliche Lebensverhältnisse hätte es nicht mehr als 8 000 beherbergen dürfen. Das Schauspiel, das sich in den Tagen nach unserer Ankunft in einigen der überbelegten Blocks bot, ähnelte Dantes Inferno.

Block 48 in dem kleineren Frauenlager enthielt 600 Jüdinnen aus Polen, dazu kamen etwa 80 Französinnen. Betten gab es nicht, daher hatten die Frauen sich auf eine Decke oder einige Lumpen gelegt und lagen dort Reihe neben Reihe in ihren zerschlissenen Mänteln. In einigen Teilen des Raumes lagen sie mit Köpfen oder Beinen teilweise aufeinander … Wenn jemand in britischer Uniform den Block 48 betrat, dann erhob sich zuerst ein Gemurmel und dann gewöhnlich ein Schrei, dem andere Schreie folgten. Manchmal waren es offenbar Bitten um Hilfe, um einen Arzt, Arzneimittel oder Essen, aber oft waren die Äußerungen auch unverständlich … Ich sah einen Jeep durch die Hauptstraße des Lagers fahren. Neben dem Fahrer saß Josef Kramer [SS-Lagerkommandant], mit entblößtem Kopf, die gefesselten Hände auf den Knien. Sein Hemd blähte sich im Winde. Er hatte sich vornüber gelehnt, vielleicht in der Bemühung, sich den Blicken zu entziehen, und blickte unverwandt geradeaus. Zwei britische Soldaten auf dem Rücksitz hatten ihre Maschinenpistolen auf sein Rückgrat gerichtet. Der Jeep fuhr durch das ganze Lager, und ich konnte das Geheul von Freude und Hass hören, das ihn begleitete.«[164]

Derrick A. Sington, Hauptmann, Kommandant des 14. Lautsprecher-Trupps der Nachrichtentruppe der Britischen Armee, Bericht über die Befreiung des Lagers Bergen-Belsen

TAGEBUCH, 16. APRIL 1945

»Am Nachmittag erneuter, vergeblicher Gang nach Brot. Es werden die schönsten Gerüchte erzählt: Hitler und Goebbels seien per Flugzeug nach Tokio ausgerückt. Himmler habe sich erschossen. Nach einer anderen Version sei er als Vertreter für die kommenden Waffenstillstandsverhandlungen vorgesehen. Göring soll verunglückt sein.«[165]

Robert Bauer, Journalist in Heilbronn

»Ich sitze in Zellin am Oderufer. Heute beginnen wieder große Dinge. Ich sitze und schreibe diese Zeilen auf dem Beobachtungsposten in Erwartung von Gefangenen. Heute haben wir mit dem Angriff auf Berlin begonnen. Die Operation wurde beschleunigt, weil die Alliierten ihren Angriff überraschend konzentriert und erfolgreich vorangetrieben und jetzt schon in breiter Front nördlich und südlich von Magdeburg die Elbe erreicht haben, das heißt, sie haben sich Berlin aus der Angriffsentwicklung heraus bis auf etwa die gleiche Entfernung genähert, in der auch wir stehen. Natürlich werden unsere Truppen an der Einnahme von Berlin beteiligt sein, deshalb auch mussten wir uns beeilen und die Angriffsoperationen offenbar früher beginnen als vorgesehen.«[166]

Konrad Wolf, Jahrgang 1925, Leutnant der Roten Armee, Tagebuch, 16. April 1945

TAGEBUCH, 16. APRIL 1945

»Nicht weit von hier wird gekämpft, doch die Vertreter der Armee, der Front und des Armeekorps sind schon da, und es gibt sehr viele Wagen und Leute. Alle wollen schnell nach Berlin, und die Trosse holen die Vorhut ein, der Nachschub schließt zu den Trossen auf. Jetzt ist es nicht mehr weit bis Berlin, vierzig Kilometer vielleicht, wenn nicht sogar weniger.«[167]

Wladimir Gelfand, Leutnant im 1050. Schützenregiment der Roten Armee

AUFZEICHNUNG 17. APRIL 1945

»Barhäuptig, waffenlos, niedergeschlagenen Blicks oder Augen voll blanker Todesangst hin und her wendend, beide Hände erhoben oder über dem Scheitel, dem Nacken zusammengelegt – in einer Gebärde von unvergleichlicher Ausdruckskraft: das Joch der Unterwerfung symbolisierend –, so kamen einzeln oder in Zweier- und Dreiertrupps deutsche Soldaten aus Kellern und Höfen hervor und bewegten sich unsicher und zögernd unter den drohend auf ihre Brust, in ihren Rücken gerichteten Maschinenpistolen und Gewehre der Amerikaner … straßabwärts, entgegen der immer noch unaufhaltsam brausenden Strömung von Panzer- und Kampfwagen: kreatürlich-wehrloses, von langer Verfolgung erschöpftes Menschenwild, vom Ungeheuern der stockwerkhohen Panzerungetüme erdrückend überschattet, im letzten innersten Ring eines Treibjagdkessels endlich gestellt!«[168]

Emil Barth, Schriftsteller, Haan

»Meine gute, geliebte Mami! Mein gutes, liebes Töchting!
Herr B.[aumert] fährt herunter u. so habe ich Gelegenheit dieses Briefchen mitzugeben. Er wird Mami vieles mündlich erzählen. Aber ein paar Zeilen soll er zusammen mit einem Paketchen doch mitbringen. Die Zeiten sind für uns alle ungeheuer schwer u. doch – es wird, das ist mein fester Glaube, sich alles doch noch zum Guten wenden. Aber schwer ist es.

Bleibt Ihr Lieben mir nur gesund. Der Uralte wird uns u. besonders das brave deutsche Volk behüten u. uns nicht untergehen lassen.

Ich schicke Euch, dir meine geliebte Mami, u. dir, mein Püppi, mein Liebes, viel vielliebe Bussi u. Grüße.

Heil Hitler! In Liebe Euer Pappi [169]

Heinrich Himmler, Jahrgang 1900, Reichsführer SS, letzter Brief an Marga und Gudrun Himmler, 17. April 1945

TAGEBUCH, 17. APRIL 1945

»Die Elbe ist bei Magdeburg und Wittenberge überschritten worden. Die fragile Wespentaille zwischen Nord- und Süddeutschland wird von zwei kräftigen Händen umspannt, einer amerikanischen Hand und einer russischen. Die Engländer marschieren auf Hamburg. Bremen wird belagert. Sonst? In Halle an der Saale wird gekämpft. Panzerspitzen nähern sich Chemnitz. Wien scheint gefallen zu sein.« [170]

Erich Kästner, Schriftsteller, Mayrhofen, Tirol

TAGEBUCH, 18. APRIl 1945

»Gestern ist ein Tagesbefehl des Führers herausgekommen. Jetzt muss es wieder aufwärts gehen. Ich glaube fest an den Sieg. Gestern hat auch die Schlacht im Osten begonnen. Der Heeresbericht im Westen war nicht sehr gut. Immer wird vom Krieg gesprochen, trotzdem man sich Mühe gibt, es nicht zu tun.« [171]

Gudrun Himmler, Tochter von Heinrich Himmler

»Am 20. April gegen Mittag fand der letzte groß angelegte Luftangriff der englischen und amerikanischen Luftflotten auf das … Regierungsviertel … von Berlin statt. Mit meiner Frau, Herrn und Frau Dönitz und den Adjutanten beobachteten wir dieses gewaltige, schaurige Schauspiel …

Die schon schwer beschädigte Reichskanzlei war bei diesem letzten Großbombardement an einem sonnenklaren Tage nicht erneut getroffen worden; eigene Jagdgeschwader zur Abwehr des Angriffes traten über Berlin nicht in den Kampf, die Flak-Abwehr war gegenüber der Flughöhe des Gegners wirkungslos. Der Luftangriff von fast zwei Stunden vollzog sich wie [beim] Friedensexerzieren in exaktesten Formationen und kommandomäßigem Abwurf der Bomben.« [172]

Wilhelm Keitel, Jahrgang 1882, Generalfeldmarschall, Chef des Oberkommandos der Wehrmacht, LEBENSERINNERUNGEN

KRIEGSTAGEBUCH, 20. APRIL 1945

»Die Russen gehen jetzt gehörig vor, und es wird wohl nicht mehr lange dauern, bis wir uns mit ihnen an der Front Berlin – Dresden vereinigen. Ich glaube, dass wir noch ein paar Wochen mehr vor uns haben, ehe wir den Krieg beenden können.« [173]

Alan Brooke, Chef des Generalstabs der britischen Landstreitkräfte

Im Hauptquartier der Heeresgruppe Weichsel, wahrscheinlich am 3. März 1945: letzter Frontbesuch Hitlers, rechts der Oberkommandierende, General Theodor Busse.

TAGEBUCH, 20. APRIL 1945

»Im großen Seminarsaal findet eine funebre Feier zu ›Führers Geburtstag‹ statt. Der Oberst hält in etwas hohem Pathos eine Gelöbnisrede der Siegeszuversicht. Die meisten seiner Offiziere blicken recht skeptisch drein. Wieder werden Orden verliehen und Beförderungen mitgeteilt. Das Positive an diesem Tag ist, dass wir vorzügliches Mittagessen und eine Flasche Wein bekommen. An den Breslauer Stadtfronten bleibt es auch weiterhin verhältnismäßig ruhig.«[174]

Hugo Hartung, Jahrgang 1902, Schriftsteller, Soldat der Luftwaffe, Breslau

TAGEBUCH, 20. APRIL 1945

»Diesmal ist es der letzte Führergeburtstag, sagen die Berliner.«[175]

Jacob Kronika, deutsch-dänischer Korrespondent des Svenska Dagbladet

»Zur Lagebesprechung am 20. April, Hitlers 56. Geburtstag, fanden sich alle noch in Berlin befindlichen prominenten Persönlichkeiten ein. Ich sah Göring, Dönitz, Keitel, Ribbentrop, Speer, Jodl, Himmler, Kaltenbrunner, Krebs, Burgdorf und andere. Vor dem Lagevortrag nahm Hitler ihre Geburtstagswünsche entgegen, ließ sich aber dann sofort die neuesten Ereignisse vortragen. Danach führte Hitler Einzelgespräche. Göring erklärte Hitler, dass er in Süddeutschland noch Wichtiges zu erledigen hätte. Wahrscheinlich gelänge es nur heute noch, im Wagen durchzukommen. Er verabschiedete sich von Hitler. Ich hatte den Eindruck, dass Hitler innerlich keine Notiz mehr von Göring nahm.«[176]

Nicolaus von Below, Adjutant der Luftwaffe bei Adolf Hitler, ALS HITLERS ADJUTANT

»Am 20. April ging der Reichsmarschall Göring mit Billigung Hitlers nach Berchtesgaden. Die Verantwortung für den Süden übertrug er jedoch dem Feldmarschall Kesselring. Mit der Verantwortung im Norden beauftragte er den Großadmiral Dönitz. In den folgenden Stunden begann der Exodus vieler Funktionäre der Partei, des Staates und der Verwaltung. Während sie auszogen, zog ich zeitweise in den Bunker ein und erlebte dort die letzten Tage des Führers, den Untergang Berlins und des Reiches.«[177]

Artur Axmann, Reichsjugendführer der Hitlerjugend, DAS KANN DOCH NICHT DAS ENDE SEIN

»Neue Gesichter tauchten … im Führerbunker auf: Artur Axmann, der Reichsjugendführer. Einer jener ergebenen Gläubigen, ein blinder Idealist! Er hatte nur einen Arm, aber aus seinem ruhigen besonnenen Gesicht leuchteten die Augen voll kämpferischer Begeisterung.«[178]

Gertraud Junge, Privatsekretärin Adolf Hitlers, BIS ZUR LETZTEN STUNDE

»Wir erreichten den Bahnhof. Er war brechend voll. Alle Berliner, so schien es, waren auf den Beinen, wollten weg, bloß weg aus ihrer Stadt, um irgendwo auf dem Lande die große Katastrophe des Kriegsendes über sich ergehen zu lassen … Sie waren nervös, die Berliner, aber sie blieben schnodderig wie immer, wohltuend schnodderig. Eine Dame beschwerte sich: ›Sie da, nehm' Se mal den Ellbogen weg, Sie zerdrücken ma ja die janze Brust!‹ Einer aus dem Pulk antwortete: ›Lassen Se man, Muttchen, det wird ihn' nachem Endsieg allet wieder schöner un jrößer uffjebaut.«[179]

Beate Uhse, Jahrgang 1919, Überführungspilotin der Luftwaffe in Rangsdorf bei Berlin, 20. April 1945, AUTOBIOGRAFIE

»Näher und näher kam der Tag der Befreiung, Erregendes lag in der Luft: und teilte sich den Menschen mit; in der Ferne war Geschützdonner zu hören. Im Hause waren zwei verschleppte ukrainische Mädchen, sie hatten es gut, wurden anständig behandelt und wollten sich erkenntlich zeigen, was sie zu folgender Äußerung brachte: ›Wenn Russ kommt, ich saggen gute Mensch, nicht quällen, gleich kaputt.‹ Und der Russ kam, zu unserer großen Enttäuschung, denn man hatte die Amerikaner erwartet.«[180]

Karl Hofer, Jahrgang 1878, Maler mit Berufsverbot, ERINNERUNGEN

»Irgendjemand sagte: ›Aus. Die Russen sind da. Wir sollen rauskommen.‹ Alle kletterten mit erhobenen Armen aus dem Graben. Ich hob die Hände nur leicht an, denn ich dachte: ›Ich hatte mich nicht zu ergeben. Ich stand zwar formal auf Seiten der Besiegten, aber gefühlsmäßig auf Seiten der Sieger.«[181]

Marie Jalowicz Simon, Jahrgang 1922, in Berlin untergetauchte deutsche Jüdin, ÜBERLEBT IN BERLIN

»Ich sah Hitler an diesem Tag nur ... ganz kurz. Linge hatte ihn geweckt und von dem Beschuss berichtet. Der ›Chef‹ konnte noch immer nicht glauben, dass die Russen vor der Tür standen. In den letzten Monaten war er seiner Umgebung gegenüber zunehmend misstrauischer geworden, und jetzt, kurz vor dem Untergang, erreichte dieses Misstrauen seinen Höhepunkt.«[182]

Rochus Misch, SS-Leibstandarte, Telefonist im Führerbunker, 21. April 1945, DER LETZTE ZEUGE

TAGEBUCH, 21. APRIL 1945

»Seit Mitte der Woche hat sich der Kanonendonner von der Front östlich und südöstlich Berlins verstärkt. Nach Berlin durften in den letzten Tagen nur noch Leute mit rotem Ausweis fahren. Ich besitze einen gelben. Rot ist Rüstungsindustrieb, das heißt die Fiktion, dass eine solche noch existiere.«[183]

Erik Reger (eigentlich Hermann Dannenberg), Jahrgang 1893, Schriftsteller und Journalist, Mahlow bei Berlin

TAGEBUCH, 21. APRIL 1945

»Um 23.50 Uhr ... Anruf Hitlers ... Er hält mir einen kleinen Vortrag über die Lage und schließt wörtlich: ›Sie werden sehen, der Russe erleidet die größte Niederlage, die blutigste Niederlage seiner Geschichte vor den Toren der Stadt Berlin.‹ Mein Einwurf, dass mir die Lage um Berlin aussichtslos scheint, wird von Hitler übergangen, er wiederholt seine obigen Worte. Ist so etwas möglich? Glaubt er wirklich noch daran?«[184]

Karl Koller, Jahrgang 1898, General, Chef des Generalstabs der deutschen Luftwaffe im Fliegerhorst Zechlin, Mecklenburg

»Die letzten Monate waren nicht spurlos an Hitler vorbeigegangen. Jede Niederlage, jeder Rückschlag, jeder eingebildete oder tatsächliche Verrat in seiner engsten Umgebung hatten seinen nun deutlich erkennbaren körperlichen Verfall jeweils fortschreiten lassen.«[185]

Rochus Misch, SS-Leibstandarte, Telefonist im Führerbunker, DER LETZTE ZEUGE

TAGEBUCH, 21. APRIL 1945

»Entlassung!«[186]

Dr. Theo Morell, Leibarzt Adolf Hitlers

»Morell jedenfalls bekam das alles nicht mehr in den Griff, und an jenem Abend dieses 21. April stapfte er schwer atmend mit gepackten Koffern an mir vorbei.

Hitler hatte ihn nach neun Jahren Dienst entlassen. Dr. Ludwig Stumpfegger, einer der Begleitärzte Hitlers, kümmerte sich fortan um ihn.«[187]

Rochus Misch, SS-Leibstandarte, Telefonist im Führerbunker, DER LETZTE ZEUGE

»Am nächsten Tag, dem 21. April, ging ich direkt ins Kartenzimmer, um den täglichen Vortrag über die Kriegslage entgegenzunehmen. Der deutsche Widerstand brach an allen Fronten zusammen. Ein aus der Schweiz stammendes Gerücht besagte, Hitler habe Berlin verlassen. Das Kriegsende in Europa war ohne Zweifel in Sicht.«[188]

Harry S. Truman, Präsident der Vereinigten Staaten von Amerika, MEMOIREN

»Während ich mit Krebs in die Reichskanzlei umzog, packten andere ihre Koffer, um sich nach Berchtesgaden abzusetzen. Alle Gründe sprachen dafür, sich in die Büsche zu schlagen.

In der Nacht vom 22. auf den 23. April, meiner ersten Nacht im Führerbunker, wurde ich Zeuge eines seltsamen Schauspiels. Die Ratten verließen das sinkende Schiff. Hitler, der sich entschlossen hatte zu bleiben, bewies in diesem Fall erstaunliche Großzügigkeit. Er ließ alle gehen, die ihn darum baten.«[189]

Bernd Freytag von Loringhoven, Major und Adjutant des Heeres bei Adolf Hitler, MIT HITLER IM BUNKER

»Vater sagte nur ganz selten ›mein Führer‹, er sagte auch ›Herr Hitler‹, als er sich das letzte Mal von ihm verabschiedete, im Bunker der Reichskanzlei, kurz vor Hitlers Tod. Als Hitler echte Tränen in den Augen hatte und sagte: ›Hoffmann, wenn Sie gehen, werden Sie mir sehr fehlen‹, als ihm Vater antwortete, in dem unbesiegbaren Optimismus, den er mir vererbt hat: ›Aber ich komme doch wieder, Herr Hitler.«[190]

Henriette von Schirach, Tochter von Reichsbildberichterstatter Heinrich Hoffmann, DER PREIS DER HERRLICHKEIT

»Wusste Hitler, dass es unser letzter Händedruck war? Lange sah er mich schweigend an. Das Schicksal, das nun unerbittlich nach ihm griff, hatte ihn tief gebeugt. Welch unbeschreibliche Erschütterung für mich, den Mann, der fast ein Vierteljahrhundert meines Lebens bestimmt hatte, so zerbrochen und zerschlagen zu sehen!«[191]

Heinrich Hoffmann, Jahrgang 1885, Reichbildberichterstatter, AUFZEICHNUNGEN

»Am 22. April kamen wir wieder zur gewohnten Zeit nachmittags zum Lagevortrag. Ich erkannte sofort, dass bleischwere Wolken über der Stimmung lagen, der Führer sah graugelb im Gesicht aus und hatte eine steinerne Miene. Er war äußerst nervös, war teilweise mit den Gedanken abwesend und verließ zweimal die

Lage, um in sein kleines Privatgemach nebenan zu gehen. General Krebs – an Stelle von General Wenck der Vertreter des vor einigen Wochen beurlaubten Generalstabschef Guderian – hatte bereits mittags, ohne unsere Anwesenheit, die Ostlage vorgetragen und die wesentliche Verschärfung der Ereignisse in Berlin.«[192]

Wilhelm Keitel, Generalfeldmarschall, Chef des Oberkommandos der Wehrmacht, LEBENSERINNERUNGEN

»Ich weiß schon, was Sie sagen wollen: Es muss jetzt ein ganzer Entschluss gefasst werden!«[193]

Adolf Hitler zu Wilhelm Keitel in der Lagebesprechung am 22. April 1945

»Der 22. April 1945 – das Datum markiert für mich bis heute das Ende des Dritten Reichs. Für mich ist es etwas früher als am Tag der bedingungslosen Kapitulation untergegangen, genau acht Tage vor Hitlers Tod. Am 8. Mai 1945 kapitulierte die Deutsche Wehrmacht – am 22. April 1945 aber, einem Sonntag, kapitulierte Hitler.«[194]

Rochus Misch, SS-Leibstandarte, Telefonist im Führerbunker, DER LETZTE ZEUGE

»Diesen ganzen Entschluss habe ich bereits gefasst: Ich gehe aus Berlin nicht mehr hinaus; ich werde die Stadt bis zum Letzten verteidigen. Entweder ich befehle diesen Kampf um die Reichshauptstadt, wenn Wenck mir die Amerikaner vom Halse hält und hinter die Elbe zurückschlägt, oder ich gehe in Berlin mit meinen Soldaten unter und falle im Kampf um das Symbol des Reiches.«[195]

Adolf Hitler am 22. April 1945

»Ich entgegnete, dass das Wahnsinn sei und dass ich in dieser Situation fordern müsse, noch in dieser Nacht abzufliegen nach Berchtesgaden, damit die Führung des Reiches und der Wehrmacht gewährleistet bleibe.«[196]

Wilhelm Keitel, Generalfeldmarschall, Chef des Oberkommandos der Wehrmacht, LEBENSERINNERUNGEN

»Es steht Ihnen nichts im Wege, sofort nach Berchtesgaden abzufliegen, ich befehle es Ihnen hiermit. Aber ich bleibe hier in Berlin! Ich habe das dem deutschen Volke und der Reichshauptstadt bereits vor einer Stunde durch Rundfunk bekannt gegeben. Ich kann nicht mehr zurück.«[197]

Adolf Hitler

TAGEBUCH, 23. APRIL 1945

»Meine Unterredung mit Jodl währt von 0.15 Uhr bis 1.00 Uhr. Jodl erklärt mir … wörtlich: ›Hitler hat aufgegeben, den Entschluss gefasst, in Berlin zu bleiben, dort die Verteidigung zu leiten und sich im letzten Augenblick zu erschießen. Er hat gesagt, kämpfen könnte er nicht aus körperlichen Gründen, kämpfen würde er persönlich auch nicht, weil er nicht Gefahr laufen könne, vielleicht verwundet in Feindeshand zu fallen.‹«[198]

Karl Koller, General, Chef des Generalstabs der deutschen Luftwaffe, Fliegerhorst Zechlin, Mecklenburg

»Vor der geöffneten Tür des Konferenzraumes stehen mit weißen, steinernen Gesichtern alle Offiziere der Lagebesprechung. In dem kleinen Vorraum vor seinem Zimmer steht Hitler regungslos. Sein Gesicht hat jeden Ausdruck verloren, die Augen sind erloschen. Er sieht aus wie seine eigene Totenmaske. Sein Blick erfasst nichts. Unpersönlich und befehlend, wie ich ihn nie einer Frau gegenüber habe sprechen hören, stößt er hervor: ›Ziehen Sie sich sofort um. In einer Stunde geht ein Flugzeug, das Sie nach Süden bringt. Es ist alles verloren, hoffnungslos verloren.‹ Ich bin ganz steif. Das Bild an der Wand hängt schief, und auf Hitlers Rockaufschlag ist ein Fleck. Alles ist wie in Watte gepackt und weit weg.

Eva Braun löst sich als Erste aus der Erstarrung. Sie geht auf Hitler zu, der schon die Hand auf die Klinke seiner Tür gelegt hat, nimmt seine beiden Hände und sagt lächelnd und tröstend, so wie man einem traurigen Kind zuredet: ›Aber du weißt doch, dass ich bei dir bleibe. Ich lasse mich nicht wegschicken.‹ Da beginnen die Augen Hitlers von innen her zu leuchten, und er tut etwas, was noch keiner, auch nicht seine vertrautesten Freunde und Diener, je erlebt haben: Er küsst Eva Braun auf den Mund, während draußen die Offiziere stehen und darauf warten, entlassen zu werden.«[199]

Gertraud Junge, Privatsekretärin Adolf Hitlers, BIS ZUR LETZTEN STUNDE

»Mein liebes Hertalein!
Dies werden wohl die letzten Zeilen und damit das letzte Lebenszeichen von mir sein. Ich wage es nicht, an Gretl zu schreiben, Du musst ihr also das schonend beibringen. Ich werde Euch meinen Schmuck senden und bitte, ihn nach meinem Testament, in der Wasserburgerstraße liegend, zu verteilen. Ich hoffe, dass Ihr Euch damit noch etwas über Wasser halten könnt … Wir kämpfen hier bis zum Letzten, aber ich fürchte, das Ende rückt bedrohlich näher und näher. Was ich persönlich um den Führer leide, kann ich Dir nicht schildern. Entschuldige bitte, wenn ich etwas konfus schreibe, aber um mich sind die 6 Kinder von G.[oebbels] und die sind beileibe nicht ruhig. Was soll ich Dir noch sagen? Ich kann nicht verstehen, wie alles so kommen konnte, aber man glaubt an keinen Gott mehr. Der Mann wartet schon auf den Brief. Alles, alles Liebe und Gute für Dich, meine treue Freundin! Grüße die Eltern, sie sollen zurück nach München oder Traunstein gehen. Grüße alle Freunde, ich sterbe so, wie ich gelebt habe. Schwer fällt es mir nicht. Das weißt Du. Seid alle herzlich gegrüßt und geküsst von
Eurer Eva

Post Scriptum: Vielleicht wird auch alles wieder gut, aber er hat den Glauben verloren und wir, fürchte ich, hoffen umsonst.«[200]
Eva Braun, Jahrgang 1912, Verlobte Adolf Hitlers, Brief an Herta Ostermeier vom 22. April 1945

»In der Tat war sie die einzige Prominente und Todgeweihte in diesem Bunker, die eine bewundernswerte und überlegene Ruhe zeigte. Während alle anderen, exaltiert heroisch wie Goebbels, auf Rettung bedacht wie Bormann, ausgelöscht wie Hitler oder zusammengebrochen wie Frau Goebbels waren, offenbarte Eva Braun eine fast heitere Gelassenheit.«[201]
Albert Speer, Reichsminister für Bewaffnung und Munition, ERINNERUNGEN

»Ich hatte Sorge, dass die Russen Berlin einschließen. Ich bin gekommen, weil ich in diesen Stunden beim Führer sein will. Ich werde auch mit ihm sterben.«[202]
Eva Braun, Verlobte Adolf Hitlers, zu Artur Axmann

»Sie sagte das ohne Pathos. Bei Hitler war ihr Platz. Sie glaubte, dass ihre Anwesenheit notwendig sei, weil sie Hitlers Überzeugung teilte, dass ihn seine engsten Mitarbeiter verlassen hätten.«[203]
Artur Axmann, Reichsjugendführer der Hitlerjugend,
DAS KANN DOCH NICHT DAS ENDE SEIN

»Er hat sich entschlossen, hierzubleiben und ich bleib mit ihm. Und das Weitere wissen Sie ja auch ... Er wollte mich zurückschicken nach München. Ich habe mich aber geweigert, ich bin gekommen, um hier Schluss zu machen.«[204]
Eva Braun nach Albert Speer, ERINNERUNGEN

»Gestern war die Lage so trostlos, dass wir mit einer schnellen Besetzung Berlins durch die Russen rechnen mussten. Der Führer wollte schon aufgeben. Aber Goebbels redete auf ihn ein, und so sind wir noch hier.«[205]
Eva Braun, nach Albert Speer, ERINNERUNGEN

»Hitler hatte zwischenzeitlich meinen ehemaligen Chef, SS-Brigadeführer Wilhelm Mohnke, zum Kampfkommandanten der Zitadelle, dem engeren Regierungsviertel, ernannt. In den Kellerräumen der Neuen Reichskanzlei lag der Gefechtsstand der von ihm geführten Kampftruppe Mohnke, mit etwa viertausend Mann. Dazu gehörten alle in Berlin befindlichen Verbände der Waffen-SS, darunter auch das Wachbataillon. Aus diesen Einheiten wurden zwei Regimenter mit Bataillonen und Kompanien gebildet, hinzu kamen noch kleinere Gruppen der Wehrmacht, der Luftwaffe und eine Formation von Axmanns Hitlerjugend.«[206]
Rochus Misch, SS-Leibstandarte, Telefonist im Führerbunker,
DER LETZTE ZEUGE

»Speer war plötzlich wieder da. Eva Braun ging ihm mit ausgestreckter Hand entgegen: ›Ich wusste ja, dass Sie kommen würden. Sie lassen den Führer nicht allein.‹

Aber Speer lächelte still. ›Ich verlasse Berlin heute Abend wieder‹, entgegnete er nach einer Pause.«[207]

Gertraud Junge, Privatsekretärin Adolf Hitlers, BIS ZUR LETZTEN STUNDE

»Glauben Sie mir, Speer, es fällt mir leicht, mein Leben zu beenden. Ein kurzer Moment, und ich bin von allem befreit, von diesem qualvollen Dasein erlöst.«[208]

Adolf Hitler zu Albert Speer am 23. April 1945

»Es war etwa drei Uhr morgens geworden. Hitler hatte sich wieder erhoben. Ich ließ ihm sagen, dass ich mich verabschieden wolle. Dieser Tag hatte mich mitgenommen, und ich fürchtete, mich bei diesem Abschied nicht beherrschen zu können.

Zitternd stand der Greis zum letzten Mal vor mir; er, dem ich vor zwölf Jahren mein Leben gewidmet hatte. Ich war gerührt und verwirrt zugleich. Er dagegen zeigte, als wir uns gegenüberstanden, keine Regung. Seine Worte kamen so kalt wie seine Hand: ›Also Sie fahren? Gut. Auf Wiedersehen.‹ Keinen Gruß an meine Familie, kein Wunsch, kein Dank, kein Lebewohl.«[209]

Albert Speer, ERINNERUNGEN

»Jetzt waren auch die Verbindungsoffiziere nicht mehr hier, nur noch Botschafter Hewel, Reichsleiter Bormann, General Krebs, General Burgdorf, Hermann Fegelein, Admiral Voss, die Adjutanten von Below und Günsche und Heinz Lorenz. Von den Dienern war Heinz Linge mit drei Ordonnanzen allein zurückgeblieben. Nur das Personal, die kleinen Leute der Küche, der Hausverwaltung, der Telefonzentrale, Kraftfahrer usw., war fast vollständig geblieben.«[210]

Gertraud Junge, Privatsekretärin Adolf Hitlers, BIS ZUR LETZTEN STUNDE

TAGEBUCH, 23. APRIL 1945

»Stundenlanger Beschuss – und sie schießen alles zusammen. Keiner weiß, wo der Russe steht und wir hoffen auf den Volkssturm und Adolf Hitler.«

Traudl B., Hausfrau, NSDAP-Mitglied, Berlin

»Mein liebes Schwesterlein!
Wie tust Du mir leid, dass Du solche Zeilen von mir bekommst!
Aber es geht nicht anders. Es kann jeden Tag und jede Stunde mit uns zu Ende sein und da muss ich die letzte Gelegenheit benützen, um Dir zu sagen, was noch getan werden muss … Der Führer selbst hat jeden Glauben an einen glücklichen Ausgang verloren. Wir alle hier, und ich inbegriffen, hoffen, solange noch Leben in uns ist. Bitte behaltet jetzt den Kopf oben und verzweifelt nicht! Noch gibt es

Hoffnung. Aber es ist auch selbstverständlich, dass wir uns nicht lebend fangen lassen … Außerdem muss ich Dich um Folgendes bitten: Vernichte meine ganze Privatkorrespondenz und vor allem die geschäftlichen Sachen …

Vernichte auch ein Kuvert, das an den Führer adressiert ist und sich im Bunker im Safe befindet. Bitte nicht lesen! Die Briefe des Führers und meine Antwortentwürfe (Blaues Lederbuch) bitte ich wasserdicht zu verpacken und eventuell zu vergraben. Bitte nicht vernichten … Augenblicklich heißt es wieder, es würde besser und General Burgdorf, der gestern nur 10 %, gab für unsere Lage, ist heute bereits auf 50 % gestiegen. Also! Vielleicht kann doch noch alles gut werden! … Mutti und Herta und Georg schreibe ich, wenn es geht, noch morgen. Für heute genügt es …
Mit den herzlichsten Grüßen und einem Kuss bin ich
Deine Schwester«[211]
Eva Braun, Brief an die Schwester vom 23. April 1945

»Am 24. April setzten unsere Truppen den Angriff an der ganzen Front fort und drängten den Gegner weiter in Richtung Stadtinneres zurück. An diesem Tag vereinigte sich die 8. Gardearmee in der Gegend des Flugplatzes Johannisthal mit Truppen der 1. Ukrainischen Front … Mit der Vereinigung der beiden Fronten war die Stadt eingeschlossen und damit die Hauptetappe der Berliner Operation beendet. Der Gegner war geschlagen, seine Front an vielen Abschnitten durchbrochen, seine Hauptkräfte eingekreist … Noch ein Schritt blieb zu tun: Berlin musste genommen und damit der Krieg beendet werden. Diese Aufgabe oblag den sowjetischen Truppen, sie war schwer und verantwortungsvoll. In Berlin … saß die Führung des faschistischen Reiches, Hitler mit seinem Hauptquartier. Der Gegner musste mit unseren Waffen gezwungen werden, bedingungslos zu kapitulieren.«[212]
Wassili Tschuikow, Jahrgang 1900, Generaloberst der Roten Armee,
Oberbefehlshaber der 62. Armee,
GARDISTEN AUF DEM WEG NACH BERLIN

»Am 25. April überschritten die Amerikaner die Donau zwischen Ulm und Regensburg. Am nächsten Tage ging bei Ingolstadt unser letzter Brückenkopf auf dem Nordufer des Stromes verloren. Wenige Tage danach begann der Kampf um München.«[213]
Siegfried Westphal, Jahrgang 1902, General der Kavallerie, ERINNERUNGEN

TAGEBUCH, 25. APRIL 1945
»Berlin ist eine rauchende Ruine und nach Informationen der Abendnachrichten schon seit einer Weile vollkommen von den Russen eingekesselt. Ich brauche mehrere Stunden, um alles aus den Zeitungen auszuschneiden. Besonders die

Abendzeitungen tun sich mit den grauenhaften Schilderungen von den Konzentrationslagern in Deutschland hervor; ich will nicht alles einkleben. Ein Geruch nach Blut liegt über Deutschland und eine fürchterliche Untergangsstimmung, scheint mir.

Es fühlt sich an wie der ›Untergang des Abendlandes‹. Deutsche Frauen hatten Gelegenheit, die Grausamkeiten in Buchenwald anzusehen – zusammen mit mehreren neutralen Journalisten.«[214]

Astrid Lindgren, Mitarbeiterin in der Briefzensur des schwedischen Geheimdienstes

»Kurz nach dieser Mittagsorientierung brachten Männer des Begleitkommandos Hitler einen kleinen, übernächtigten und völlig verstörten Jungen, der einen russischen Panzer in der Nähe des Potsdamer Platzes geknackt hatte. Hitler heftete dem Kleinen in seinem viel zu großen verdreckten Rock mit viel Pathos ein Eisernes Kreuz an die schmächtige Brust. Dann strich er ihm langsam über den Kopf und schickte ihn wieder hinaus in den aussichtslosen Kampf in den Straßen Berlins.«[215]

Gerhard Boldt, Oberleutnant der Reserve, Mitarbeiter Fremde Heere Ost,
Militärgeheimdienst der Wehrmacht, DIE LETZTEN ZEHN TAGE

»Fast gleichzeitig mit unserem Eintreffen an der Elbe leitete die Rote Armee von ihren Stellungen an der Oder aus einen kraftvollen Vorstoß nach Westen ein. Der Angriff erfolgte mit einer Frontbreite von mehr als 320 Kilometern. Er kam überall schnell vorwärts. Der nördliche Flügel stieß in Richtung auf Schleswig-Holstein vor, das Zentrum auf Berlin und der südliche Flügel auf das Gebiet von Dresden. Am 25. April trafen Spähtrupps der 69. Division des V. Korps mit Abteilungen der 58. Gardedivision der Roten Armee an der Elbe zusammen. Die Begegnung fand in Torgau statt, etwa 120 Kilometer südlich von Berlin.«[216]

Dwight D. Eisenhower, General, Oberbefehlshaber der alliierten Streitkräfte in Europa,
KREUZZUG IN EUROPA

»Es erreichte mich die Sondermeldung, dass das erwartete Zusammentreffen von amerikanischen, britischen und sowjetischen Einheiten auf deutschem Boden soeben stattgefunden habe. Anglo-amerikanische Kräfte unter dem Befehl des Generals Courtney Hodges und Abteilungen der Ersten Ukrainischen Armee des Marschalls Konjew waren an der Elbe miteinander in Fühlung getreten und hatten Deutschland in zwei Teile getrennt.«[217]

Harry S. Truman, Präsident der Vereinigten Staaten, MEMOIREN

»Die Zerschneidung Deutschlands in zwei Teile war beendet. Die deutsche Armee löste sich vor unseren Augen auf. In den ersten drei Aprilwochen wurden über eine Million Gefangene gemacht; doch da Eisenhower glaubte, dass sich fanatische Nazis in den Bergen Bayerns und Tirols festsetzen würden, dirigierte er

die Dritte amerikanische Armee nach Süden. Ihr linker Flügel bemächtigte sich der Städte Pilsen, Karlsbad und Budweis in der Tschechoslowakei.«[218]
Winston Churchill, britischer Premierminister, DER ZWEITE WELTKRIEG

»Im Bunker begann sich Untergangsstimmung zu verbreiten.«[219]
Artur Axmann, Reichsjugendführer der Hitlerjugend, DAS KANN DOCH NICHT DAS ENDE SEIN

TAGEBUCH, 26. APRIL 1945
»Es ist eigentümlich, alle Leute ›Guten Morgen‹ sagen zu hören, als hätten sie nie ›Heil Hitler‹ gesagt. Und wie verbreitet war das ›Heil Hitler‹ in Mahlow! Jetzt behaupten alle, den Schwindel immer durchschaut zu haben, und wenn man auf ein Klagelied über Plünderung antwortet, das sei eben das Ergebnis von zwölf Jahren Nationalsozialismus, so rennt man offene Türen ein. Ich habe ja stets vorausgesagt, dass es so ganz undramatisch kommen wird.«[220]
Erik Reger, Schriftsteller und Journalist in Mahlow bei Berlin

»Über unser privates Schicksal beim Endkampf um Berlin spreche ich nicht gern. Vielen, sehr vielen ist Schlimmeres widerfahren. Als ich mir meine Notizen über diese Apriltage 1945 jetzt wieder durchsah, fand ich, dass neben dem Bitteren auch viel Humor in einigen Nebensächlichkeiten steckt. Die Situation hatte etwas von Shakespeare'schen Stücken, in denen die Komik erst zur Geltung kommt, weil sie vor tragischem Hintergrund entsteht. So ist es heute für mich nur noch komisch, dass zehn deutsche Soldaten auf unser Grundstück kamen und der Leutnant ernsthaft sagte: ›Wir sind die HKL, die Hauptkampflinie.‹ Vor ein paar Jahren hatte sie von Narvik bis Athen gereicht, 3 000 Kilometer Luftlinie. Jetzt war unser Garten, keine 300 Meter breit, die HKL.«[221]
Heinz Rühmann, Jahrgang 1902, Schauspieler, Regisseur und Filmproduzent in Berlin, ERINNERUNGEN

»Wir haben noch immer Funkverkehr mit Berlin, wo sich der Feind den Weg ins Stadtinnere erkämpft hat. Das Herz blutet bei diesen Gesprächen. Es ist wie der Kampf der Westgoten am Vesuv.«[222]
Alfred Jodl, Chef des Wehrmachtsführungsstabs, Schleswig-Holstein,
Brief an Luise Jodl vom 27. April 1945

TAGEBUCH, 28. APRIL 1945
»Es ist mir zum ersten Mal in den Tagen des Vorrückens innerhalb Berlins gelungen, meinen Traum zu verwirklichen, ganz vorn, an vorderster Front zu sein und zu beobachten, wie die Kämpfe dort jetzt vorangehen.«[223]
Wladimir Gelfand, Leutnant im 1050. Schützenregiment der Roten Armee

»Während meines Lageberichtes über Berlin, dem Hitler schweigend zugehört hatte, tobte das russische Trommelfeuer auf das Regierungsviertel ununterbrochen weiter. Als nach einigen sehr schweren Einschlägen auf das Gelände der Reichskanzlei der Bunker erzitterte und, wohl durch einen Volltreffer, schwere Betonbrocken auf die untere Betonschicht des Führerbunkers polterten, legte Hitler seine stark zitternde linke Hand auf meinen Unterarm und unterbrach mich in meinem Vortrag. Die rechte Hand auf die Stuhllehne gestützt, drehte er sich auf seinem Stuhl langsam halb zu mir um, sah mich mit einem undefinierbaren Blick an und fragte: ›Was meinen Sie, mit welchem Kaliber schießen die da jetzt? Ob das durchschlägt bis hier unten? Sie sind doch Frontsoldat und müssten das wissen!‹ – Ich antwortete, dass es sich wohl um das Kaliber 17,5 handelte, das Kaliber der schweren russischen Feldartillerie, und dass meiner Meinung nach Kaliber und Durchschlagskraft nicht ausreichten, um diesen Bunker zu zerstören. Hitler war wohl zufrieden mit meiner Antwort, und ich konnte fortfahren.«[224]

Gerhard Boldt, Oberleutnant der Reserve, Mitarbeiter Fremde Heere Ost, Militärgeheimdienst der Wehrmacht,
DIE LETZTEN ZEHN TAGE

»Morgens war die letzte Gruppe von Häftlingen noch zur Arbeit in die Stadt gebracht worden, Deutsche und Österreicher, raue Gesellen, von denen einige zu den Veteranen der Internationalen Brigade des Spanischen Bürgerkrieges gehörten.

Die Straße, die vom Lager in die Stadt Dachau führte, war gesäumt von Toten, Häftlingen anderer Transporte, die das Lager nicht mehr erreicht hatten … Wer das sah, musste den Eindruck gewinnen, dass nun die letzte Chance gekommen sei, wenn er überleben wollte. Die Häftlinge verhandelten mit ihren SS-Wächtern und versprachen, dass ihnen nichts geschehen würde, wenn die Amerikaner kämen. Die SS-Männer stimmten zu und übergaben den Häftlingen ihre Waffen.

Otto Jendran, ein Veteran aus dem Spanischen Bürgerkrieg, übernahm das Kommando der Gruppe …, besetzte das Rathaus von Dachau und schickte einen Melder zu den Amerikanern …, um sie über die Lage aufzuklären. Und wirklich gelang es Karl Reiner, die amerikanischen Linien zu erreichen.«[225]

Nerin E. Gun (eigentlich Nerin Emrullah Gün), Jahrgang 1920,
KZ-Häftling in Dachau, türkischer Journalist, über den 28. April 1945,
DIE STUNDE DER AMERIKANER

TAGEBUCH 29. APRIL 1945, SONNTAG

»Eigentlich ist der 29. unser Hochzeitstag, … Aber ich muss nach Kochel, … Kochel ist ein Ameisenhaufen; Soldaten, SS, ausländische Arbeiter. Auf dem Bahnhof steht ein Güterzug mit Gefangenen aus Dachau, die schrecklich verhungert und bleich aussehen. … Später gehe ich noch einmal auf unseren Hügel, versuche

mir ein Bild von der Gefechtslage zu machen, und nehme auf Grund der Rauchfahnen an, dass der Vorstoß im Tale Weilheim-Murnau-Garmisch erfolg.«[226]
Werner Heisenberg, Jahrgang 1901, Deutscher Physiknobelpreisträger 1932

»Unsere Streitkräfte befreiten und säuberten das berüchtigte Konzentrationslager Dachau. Ungefähr zweiunddreißigtausend Häftlinge wurden befreit. Dreihundert SS-Wachen wurden schnellstens unschädlich gemacht.«[227]
Kommuniqué des Hauptquartiers der alliierten Expeditionsheere, 30. April 1945

»Dachau gibt Antwort auf die Frage, warum wir gekämpft haben.«[228]
The 45th US Division News, Mai 1945

»»Auf den ersten Blick«, berichtete [Lieutenant William] Cowling, schien es so, als seien die Waggons mit Lumpen und alten Kleidungsstücken beladen. Aber dann sahen wir Hände, steife Finger, Gesichter ...‹ Alle Waggons waren voll mit aufeinandergeschichteten Leichen, mit zweitausenddreihundertzehn Leichen, um es genau zu sagen. Der Zug war von Birkenau gekommen, die Toten waren ungarische und polnische Juden, auch Kinder.«[229]
Nerin E. Gun türkischer Journalist, KZ-Häftling in Dachau,
DIE STUNDE DER AMERIKANER

»Während der Zeit des Krieges fragte ich mich: Warum bin ich hier? Warum schlage ich mich mit Eiseskälte herum, dem ewigen Regen und dem Verlust so vieler Kameraden? Wen kümmert das schon? Als Soldat blickst du dem Tod täglich in die Augen, dein Leben ist nur Elend und Entbehrung. Du frierst, dein Magen knurrt, du bist kurz vorm Verhungern. Die Erfahrung, diese Menschen hinter dem Stacheldraht gesehen zu haben, ließ mich, wenn auch nur zu mir selbst, sagen: Nun weiß ich, warum ich hier bin. Zum ersten Mal weiß ich, wofür wir in den Krieg gezogen sind.«[230]
Richard »Dick« Winters, Major, Führer der »Easy Company«
des 506. Fallschirmjäger-Regiments der US-Army,
KRIEGSMEMOIREN

»Viele Kranke waren durch den Schock gestorben, andere wollten es einfach nicht glauben, bis D. sich entschloss, einen ›lebenden‹ Amerikaner zu holen und ihn in unsere Stube zu bringen. Als der dann hereinkam, breit, stark und wohlgenährt, das Gesicht von der Sonne verbrannt und von Gesundheit strotzend, glich er einer Erscheinung aus einer anderen Welt! Alle wollten sie ihm danken; jeder ihm die Hand drücken; aus allen Betten streckten sich ihm magere Arme und zitternde Hände entgegen ... Er stand mitten in der Stube, sehr verlegen und linkisch, nur mühsam seine Rührung verbergend und kaum imstande, seine Tränen zurückzuhalten. Dann legte er kurz entschlossen seine Maschinenpistole auf den Tisch und ging von Bett zu Bett, um jeden einzelnen der Kranken zu umarmen. Er tat es sehr vorsichtig und sacht, als ob er befürchtete, er könne diese zerbrechlichen Körper mit seinen starken Armen zerdrücken. Der Franzose im zweiten Bett rechts war gerade fünf Minuten vorher gestorben, aber der Amerikaner umarmte auch ihn, entdeckte dann plötzlich, dass der Franzose tot war und schüttelte – all das noch nicht begreifend – erschrocken den Kopf.«[231]

Nico Rost, Jahrgang 1896, niederländischer Schriftsteller und Kommunist, Häftling im Konzentrationslager Dachau, GOETHE IN DACHAU

TAGEBUCH, 29. APRIL 1945

»Heut wurde bekannt, dass Mussolini an der Schweizer Grenze von italienischen Partisanen gefangen, nach einer Art Standgericht erschossen und dann auf niedrige Weise aufgehängt worden ist. Ein ähnliches Schicksal soll Farinacci und anderen Parteihäuptern zuteil geworden sein. Über Hitler laufen Gerüchte um. Nach einer der Versionen heißt es, dass er ›im Sterben liegt‹.«[232]

Ernst Jünger, Schriftsteller, Hauptmann der Reserve

»Etwa gegen 23 Uhr kam über Funk die Nachricht, dass italienische Partisanen Mussolini und dessen Geliebte Clara Petacci erschossen und öffentlich an den Füßen aufgehängt hätten. Irgendjemand sagte, es gäbe sogar Bilder davon. Hätte es noch irgendeines finalen Auslösers für Hitler bedurft, um den ins Auge gefassten Selbstmord in die Tat umzusetzen – das war er wohl.«[233]

Rochus Misch, SS-Leibstandarte, Telefonist im Führerbunker, DER LETZTE ZEUGE

»Aber heute empfängt mich ein unerwartetes Bild, als ich die Tür zu Hitlers Arbeitszimmer öffne. Der Führer tritt mir entgegen, gibt mir die Hand und fragt: ›Haben Sie sich etwas ausgeruht, Kind?‹ Als ich verwundert bejahe, fügt er hinzu: ›Ich möchte Ihnen nachher etwas diktieren … Nehmen Sie den Stenogrammblock.‹ Ich setze mich einsam an den großen Tisch und warte. Hitler steht an seinem gewohnten Platz an der Breitseite des Tisches, stützt beide Hände auf und starrt auf die leere Platte, die heute keine Landkarten, keine Stadtpläne mehr bedecken. Wenn nicht der Beton wie eine Membrane jeden Einschlag, jeden Schuss unbarmherzig und verstärkt erschallen ließe, könnte man sekundenlang nur das Atmen von zwei Menschen hören … Dann plötzlich wirft der Führer die ersten Worte in den Raum …«[234]

Gertraud Junge, Privatsekretärin Adolf Hitlers, BIS ZUR LETZTEN STUNDE

»Als der mit einer Volkssturmuniform bekleidete Stadtrat Wagner erschien, war alles vorbereitet. Hitler hatte den Raum, in dem die Lagebesprechungen stattfanden, für die Trauung ›herrichten‹ lassen. An die eine Seite des Tisches waren vier Sessel gestellt worden: einer für Hitler, einer für Eva Braun und zwei für die Trauzeugen Goebbels und Bormann. Goebbels und Martin Bormann waren eingeweiht und warteten ebenso wie die ›Gäste‹.«[235]

Heinz Linge, SS-Leibstandarte, persönlicher Diener Adolf Hitlers, BIS ZUM UNTERGANG

»Der Oberbürgermeister der Reichshauptstadt

Vor dem Stadtrat Walter Wagner als Standesbeamten der Reichshauptstadt …

sind zum Zwecke der sofortigen Eheschließung erschienen

1. Adolf Hitler, ausgewiesen durch: … bekannt

2. Fräulein Eva Braun …, wohnhaft: München Wasserburger Str. 12

Vater: Friedrich Braun, Mutter: Franziska Braun, geb. Kranburger, …

ausgewiesen durch: Sonderausweis … des Chefs der Deutschen Polizei

3. als Zeuge: Reichsminister Dr. Goebbels, Joseph geb. 28. Oktober 1897

in Rheydt, … ausgewiesen durch: bekannt

4. als Zeuge: Reichsleiter Martin Bormann geb. 17. 6. 00 in Halberstadt,

ausgewiesen durch: … bekannt

Die Erschienenen zu 1 und 2 erklären, dass sie rein arischer Abstammung und mit keiner die Eheschließung ausschließenden Erbkrankheiten befallen sind.

Sie beantragen mit Rücksicht auf die Kriegsereignisse wegen außerordentlicher Umstände die Kriegstrauung …

Den Anträgen wird stattgegeben …

Ich komme nunmehr zum feierlichen Akt der Eheschließung.

In Gegenwart der oben genannten Zeugen zu 3 und 4 frage ich Sie, Mein Führer Adolf Hitler, ob Sie gewillt sind, die Ehe mit Fräulein Eva Braun einzugehen. In diesem Falle bitte ich Sie, mit ›ja‹ zu antworten. (Ja!)

Nunmehr frage ich Sie, Fräulein Eva Braun, ob Sie gewillt sind, die Ehe mit Meinem Führer Adolf Hitler einzugehen. In diesem Falle bitte ich auch Sie, mit ›ja‹ zu antworten. – (Ja!) Nachdem nunmehr beide Verlobte die Erklärung abgegeben haben, die Ehe einzugehen, erkläre ich die Ehe vor dem Gesetz rechtmäßig für geschlossen.

Berlin, am 29. April 1945

Vorgelesen und unterschrieben:

(zu 1.) Ehemann: Adolf Hitler

(zu 2.) Ehefrau: Eva B

(durchgestrichen) Hitler geb. Braun

(zu 3.) Zeuge zu 1:

Dr. Joseph Goebbels

(zu 4.) Zeuge zu 2: Bormann

(zu 5.) Wagner als

Standesbeamter«[236]

Standesamtlicher Trauungsakt Adolf Hitler/Eva Braun

Der Fotograf der letzten beiden erhalte-nen Aufnahmen Hitlers in den Trümmern der Reichskanzlei ist unbekannt.

»Wir gratulierten, und Eva Hitler nahm die Glückwünsche in vollem Bewusstsein ihrer Rolle und des nahen Todes entgegen. Hitler bat uns anschließend zu einem kurzen Umtrunk in seinen Wohnraum.«[237]

Nicolaus von Below, Adjutant der Luftwaffe bei Adolf Hitler, ALS HITLERS ADJUTANT

»Niemand weiß, wie er Eva Braun jetzt anreden soll. Die Adjutanten und Ordonnanzen stottern verlegen, wenn sie das ›gnädige Fräulein‹ ansprechen müssen. ›Sie können mich ruhig Frau Hitler nennen‹, meint sie lächelnd.«[238]

Gertraud Junge, Privatsekretärin Adolf Hitlers, BIS ZUR LETZTEN STUNDE

»Eva Hitlers Verhalten nach der Eheschließung gab Hitler recht. Sie schien die Katastrophe und ihre ganze Umwelt vorübergehend vergessen zu haben. Als ich sie sah, die ich bis dahin stets mit ›gnädiges Fräulein‹ angeredet hatte, nicht mit ›gnädige Frau‹, sondern betont deutlich mit ›Frau Hitler‹ ansprach, leuchtete es in ihren Augen auf. Sie lächelte glücklich und legte einen Augenblick lang eine Hand auf meinen Oberarm. Eva Hitler. Davon hatte sie mehr als zehn Jahre lang geträumt.«[239]

Heinz Linge, SS-Leibstandarte, persönlicher Diener Adolf Hitlers, BIS ZUM UNTERGANG

»Den weiteren Ablauf des Abends und der Nacht benutzte Hitler, um zwei Testamente zu diktieren, ein politisches und ein privates. Er unterschrieb sie am 29. April früh um 4 Uhr. Ich war sehr überrascht, als er mich plötzlich aufforderte, sein privates Testament neben Bormann und Goebbels als Zeuge gegenzuzeichnen.«[240]

Nicolaus von Below, Adjutant der Luftwaffe bei Adolf Hitler, ALS HITLERS ADJUTANT

»Der Führer hat mir den Befehl gegeben, im Falle des Zusammenbruchs der Verteidigung der Reichshauptstadt Berlin zu verlassen und als führendes Mitglied an einer von ihm ernannten Regierung teilzunehmen. Zum ersten Mal in meinem Leben muss ich mich kategorisch weigern, einem Befehl des Führers Folge zu leisten … In dem Delirium von Verrat, das in diesen kritischen Tagen des Krieges

Letzte fotografische Aufnahme: Hitler besichtigt am 20. April 1945 mit seinem Adlatus Julius Schaub nach einem Bombenangriff die Trümmer der Reichskanzlei.

den Führer umgibt, muss es wenigstens einige geben, die bedingungslos und bis zum Tode zu ihm halten ...

Ich glaube, damit dem deutschen Volk für seine Zukunft den besten Dienst zu erweisen, denn für die kommenden schweren Zeiten sind Vorbilder noch wichtiger als Männer ...

Gegeben zu Berlin, den 29. April 1945, 5.30 Uhr

Dr. Goebbels«[241], Reichsminister für Volksaufklärung und Propaganda, Zusatz zu seinem Testament

»Wir erwarten jeden Augenblick den Ansturm der Russen auf unseren Bunker, so nah scheinen die Kriegsgeräusche schon zu sein. Unsere Hunde leben alle nicht mehr. Der Hundeführer hat seine letzte Pflicht getan und unsere Lieblinge erschossen.«[243]

Gertraud Junge, BIS ZUR LETZTEN STUNDE

»Als ich am Abend des 30. April von meiner Beobachtungsstelle zum Stab der Armee nach Johannisthal zurückgekehrt war, rief mich der Frontoberbefehlshaber, Marschall Schukow, an und fragte: ›Besteht Hoffnung, dass wir Berlin zum ersten Mai vollständig gesäubert haben?‹ Ich antwortete, dass ich nicht mit einer sofortigen Kapitulation rechne, obwohl der Widerstand des Gegners nachgelassen habe. Damit endete unser Gespräch. Marschall Schukow gab keinerlei Weisungen, weil er wusste, dass uns allen die Aufgabe klar war.«[244]

Wassili Tschuikow, Generaloberst der Roten Armee, Oberbefehlshaber der 62. Armee, GARDISTEN AUF DEM WEG NACH BERLIN

»An den Befehlshaber des Verteidigungsbereiches Berlin,
Gen. [eral] D.[er]Art.[illerie] Weidling.
Im Falle des Munitions- und Verpflegungsmangels bei den Verteidigern der Reichshauptstadt gebe ich mein Einverständnis zum Ausbruch. Es ist in kleinsten Gruppen auszubrechen und Anschluss an die noch kämpfende Truppe zu suchen. Wo dieser nicht gefunden wird, ist der Kampf in kleinen Gruppen in den Wäldern fortzusetzen.
gez.: Adolf Hitler«[245], letzter Führerbefehl vom Vormittag des 30. April 1945

»Ich will nichts anderes jetzt sein als der erste Soldat des deutschen Reiches … Ich habe … wieder jenen Rock angezogen, der mir einst selbst der heiligste und teuerste war. Ich werde ihn nur ausziehen nach dem Sieg, oder ich werde dieses Ende nicht erleben!«[246]

Adolf Hitler, Reichstagsrede, 1. September 1939

»Ich hielt engen Kontakt zu Mohnke, dem Kampfkommandanten der Zitadelle [unmittelbares Kampfgebiet um die Reichskanzlei]. Wir beide hatten noch Verbindung nach draußen. Mohnke war oft bei der kämpfenden Truppe. Er kannte stets die neueste Lage um die Reichskanzlei. Am 29. April berichtete er Hitler, dass der Russe im Norden kurz vor der Weidendammer Brücke, im Osten im Lustgarten, im Süden am Potsdamer Platz und am Reichsluftfahrtministerium und im Westen im Tiergarten stehe. Das waren nur einige hundert Meter von der Reichskanzlei entfernt.
    Als Hitler ihn fragte: ›Wie lange können Sie noch halten?‹, antwortete er: ›Höchstens 20 bis 24 Stunden.‹ … Am Spittelmarkt kämpften die Männer der Kampfgruppe ›Norge‹, um die Koch- und Friedrichstraße die Kampfgruppe ›Danmark‹ und in der Wilhelm- und Saarlandstraße das französische Bataillon ›Charlemagne‹ erbittert und hielten mit ihren deutschen Kameraden die vordringenden Rotarmisten in Bann.«[247]

Artur Axmann, Reichsjugendführer der Hitlerjugend, DAS KANN DOCH NICHT DAS ENDE SEIN

»Wenn wirklich dieser Krieg jemals verloren gehen sollte, dann werden Sie mich an der Spitze des letzten kämpfenden Bataillons unseres Heeres finden, und ich werde dann kämpfen bis zum letzten Atemzug.«[248]

Adolf Hitler, im Dezember 1941, während der Krise des Ostheeres vor Moskau, vor Gauleitern

»Der 30. April 1945 wird dem Sowjetvolk stets in Erinnerung bleiben und in seine Geschichte des Kampfes gegen Nazi-Deutschland eingehen. An jenem Tag nahmen die Truppen der 3. Stoßarmee unter General Kusnezow und dem Mitglied des Militärrats, General Litwinow, um 14.25 Uhr den größten Teil des Reichstagsgebäudes.

Es war ein blutiger Kampf. Das Vorgelände des Reichstages bestand aus festen Gebäuden, die zum zentralen Verteidigungssektor von Berlin gehörten. Hier wehrten sich Elitetruppen der SS mit ... etwa 6000 Mann, Panzern, Sturmgeschützen und zahlreichen Geschützen und Granatwerfern.«[249]
Georgi Schukow, Marschall der Sowjetunion, Oberbefehlshaber der 1. Weißrussischen Front, ERINNERUNGEN UND GEDANKEN

»Die Morgenstunden des 30. April 1945 habe ich in einem Stuhl neben dem Eingang zum Arbeitsraum Hitlers sitzend verbracht. Gegen 11 Uhr aufwachend, bemerkte ich Adolf Hitler und Frau Hitler mir gegenüber auf zwei Stühlen sitzend. Ich wollte mich zurückziehen, wurde aber zum Bleiben aufgefordert«.[250]
Hans-Erich Voss, Jahrgang 1897, Vizeadmiral, ständiger Vertreter des Oberbefehlshabers der Kriegsmarine im Führerhauptquartier, Aussage zur Todesfeststellung Adolf Hitlers, Amtsgericht Berchtesgaden 2

»Auch das Mittagessen am 30. April, das zur gewohnten Zeit gegen 13 Uhr stattfand, verlief ohne alle Besonderheiten. Eva Braun war dabei nicht anwesend. Hitler zeigte keine Anzeichen von Erregung. Davon, dass das Ende nunmehr unmittelbar bevorstehe, war nicht die Rede.«[251]
Gerda Christian, Jahrgang 1913, geborene Daranowski, Privatsekretärin Adolf Hitlers, Aussage zur Todesfeststellung Adolf Hitlers, Amtsgericht Berchtesgaden 2

»Am 30. April 1945 wurde mir von Bormann gegen Mittag mitgeteilt, dass der Entschluss Hitlers nunmehr feststeht: Er werde sich heute erschießen. Eva Braun werde gleichfalls aus dem Leben scheiden. Die Leichen sollten verbrannt werden.

Diese Mitteilung Bormanns erfolgte im Mittelgang des Führerbunkers. Bormann hatte die Räume Hitlers gerade verlassen. Bormann eröffnete mir dann sofort, dass die Vorbereitung und Durchführung durch mich erfolgen solle.

Kurz darauf traf ich mit Adolf Hitler im Vorraum zu seinem Arbeitsraum zusammen. Er eröffnete mir dann auch persönlich, dass er sich nun erschießen und dass auch Frl. Braun aus dem Leben scheiden werde. Er wolle weder lebend noch tot in die Hände der Russen fallen und nicht in einem Panoptikum ausgestellt werden, wobei er von Moskau sprach. Die Leichen sollten verbrannt werden. Die erforderlichen Vorkehrungen übertrage er mir. Er hat sich dabei so ausgedrückt, dass ich ihm dafür verantwortlich sei! Ich habe dann Adolf Hitler zugesichert, dass ich seine Befehle ausführen werde.«[252]

Otto Günsche, Jahrgang 1917, SS-Sturmbannführer, Adjutant der Waffen-SS im Führerhauptquartier, Aussage zur Todesfeststellung Adolf Hitlers, Amtsgericht Berchtesgaden 2

»Dann ergänzte er, immer noch in der Nähe seines Schreibtisches stehend: ›Ich habe noch einen persönlichen Auftrag an Sie. Für mich gilt heute, was ich jedem Kommandanten einer Festung befohlen habe: bis zum Tode durchzustehen. Dieser Befehl ist auch für mich bindend, da ich mich hier als Kommandant von Berlin fühle. Sie haben Wolldecken in meinem Schlafzimmer bereitzuhalten und genügend Benzin für zwei Einäscherungen bereitzustellen. Ich werde mich hier zusammen mit Eva Braun erschießen. Sie werden unsere Leichen in Wolldecken wickeln, nach oben in den Garten tragen und dort verbrennen.‹ Ich war in diesem Moment wie gelähmt. ›Jawohl, Mein Führer‹, stotterte ich bebend. Mehr brachte ich nicht heraus.«[253]

Heinz Linge, SS-Leibstandarte, persönlicher Diener Adolf Hitlers, BIS ZUM UNTERGANG

»Gegen 12 Uhr haben sich dann Adolf Hitler und Frau Hitler von mir verabschiedet … Unmittelbar darauf traf ich im Mittelgang des unteren Bunkers mit Botschafter Hewel zusammen. Hewel äußerte, dass nun etwas Furchtbares geschehe.«[254]

Hans-Erich Voss, Vizeadmiral, Aussage zur Todesfeststellung Adolf Hitlers, Amtsgericht Berchtesgaden 2

»Etwa ein bis eineinhalb Stunden nach Beendigung des Essens – es war wohl gegen 15 Uhr – wurde ich davon verständigt, dass Adolf Hitler sich nun verabschieden werde. Diese Verabschiedung fand im Mittelgang des Bunkers statt. Hitler trat mit Eva Braun auf den Gang heraus und reichte jedem von uns wortlos die Hand.«[255]

Gerda Christian, Privatsekretärin Adolf Hitlers, Aussage zur Todesfeststellung Adolf Hitlers, Amtsgericht Berchtesgaden 2

»Am Nachmittag ging ich zurück in den Bunker. Scharfschützen des Gegners saßen schon in den Trümmern des Hotels ›Kaiserhof‹. Ich suchte Dr. Goebbels auf. Er teilte mit, dass sich der Führer bereits von seiner engsten Umgebung verabschiedet hatte. Ich ging zu den Privaträumen Hitlers. Vor dem Eingang stand der SS-Sturmbannführer Otto Günsche und sperrte ihn mit seiner hünenhaften Gestalt. Er habe vom Führer den Befehl erhalten, keinen Besucher mehr einzulassen.«[256]

Artur Axmann, Reichsjugendführer der Hitlerjugend, DAS KANN DOCH NICHT DAS ENDE SEIN

»Es kann nicht mehr der geringste Zweifel darüber bestehen, dass Adolf Hitler sich am 30. April 1945 im Führerbunker der Reichskanzlei in Berlin mit eigener Hand, und zwar durch einen Schuss in die rechte Schläfe, das Leben genommen hat.«[257]

Todesfeststellung, Amtsgericht Berchtesgaden 2, 8. Dezember 1956

Auch am Tage nach Hitlers Tod, dem 1. Mai 1945, wird in Berlins Innenstadt noch gekämpft.

»Mit Dr. Goebbels begab ich mich in den Lageraum, wo sich bereits Martin Bormann aufhielt. Wir sahen uns wortlos an. Dann fragte Dr. Goebbels: ›War da nicht ein Schuss?‹ Bald darauf erschien Otto Günsche und meldete: ›Der Führer ist tot.‹ Es war gegen 15.30 Uhr. Mit Goebbels und Bormann folgte ich Günsche in Hitlers Wohnraum. Wir blieben am Eingang stehen und erhoben den Arm. An der Wand uns gegenüber saß der tote Hitler in der rechten Ecke eines kleinen Sofas. Er trug Uniform, eine schwarze lange Hose und einen feldgrauen Rock mit dem goldenen Parteiabzeichen und dem EK I. Sein Oberkörper war nach rechts geneigt und sein Kopf etwas nach hinten gesunken. Gesicht und Stirn waren auffallend weiß. Von beiden Schläfen führte eine schmale Blutspur nach unten. Die Augenlider waren fast geschlossen, der Unterkiefer leicht verschoben. Der linke Arm lag am Körper, der rechte hing an der Lehne des Sofas herab. Auf dem Polster waren Blutspritzer zu sehen. Die Pistole lag auf dem Teppich. Durch den leicht verschobenen Unterkiefer vermutete ich zuerst, dass der Tod durch einen Schuss in den Mund eingetreten war. Später erfuhr ich von Otto Günsche, dass sich Hitler in die rechte Schläfe geschossen hatte. Neben ihm saß Eva Hitler in einem dunklen Kleid. Ihre Augen waren geschlossen, der Mund leicht geöffnet. Der Körper wies kein Zeichen gewaltsamer Einwirkung auf. Sie machte den Eindruck einer Schlafenden. Eva Hitler hatte sich vergiftet.«[258]
Artur Axmann, Reichsjugendführer der Hitlerjugend, DAS KANN DOCH NICHT DAS ENDE SEIN

»Mein politisches Testament.

Seit ich 1914 als Freiwilliger meine bescheidene Kraft im ersten, dem Reich auf-gezwungenen Weltkrieg einsetzte, sind nunmehr über dreißig Jahre vergangen.

In diesen drei Jahrzehnten haben mich bei all meinem Denken, Handeln und Leben nur die Liebe und Treue zu meinem Volk bewegt. Sie gaben mir die Kraft,schwerste Entschlüsse zu fassen, wie sie bisher noch keinem Sterblichen gestellt worden sind. Ich habe meine Zeit, meine Arbeitskraft und meine Ge-sundheit in diesen drei Jahrzehnten verbraucht …

Ich habe … nie gewollt, dass nach dem ersten unseligen Weltkrieg ein zweiter ge-gen England oder gar gegen Amerika entsteht. Es werden Jahrhunderte vergehen, aber aus den Ruinen unserer Städte und Kunstdenkmäler wird sich der Hass ge-gen das letzten Endes verantwortliche Volk immer wieder erneuern, dem wir das alles zu verdanken haben: dem internationalen Judentum und seinen Helfern …

Ich sterbe mit freudigem Herzen angesichts der mir bewussten unermesslichen Taten und Leistungen unserer Soldaten an der Front, unserer Frauen zuhause, den Leistungen unserer Bauern und Arbeiter und des in der Geschichte einmali-gen Einsatz unserer Jugend, die meinen Namen trägt …

Um dem deutschen Volk eine aus ehrenhaften Männern zusammengesetzte Re-gierung zu geben,… ernenne ich als Führer der Nation folgende Mitglieder des neuen Kabinetts:

Reichspräsident: Dönitz

Reichskanzler: Dr. Goebbels …

Vor allem verpflichte ich die Führung der Nation und die Gefolgschaft zur peinli-chen Einhaltung der Rassegesetze und zum unbarmherzigen Widerstand gegen den Weltvergifter aller Völker, das internationale Judentum.

Gegeben zu Berlin, den 29. April 1945, 4.00 Uhr.

Adolf Hitler

Als Zeuge: Dr. Joseph Goebbels, Martin Bormann, Wilhelm Burgdorf, Hans Krebs.«[259]

»Goebbels und ich gingen in den Lageraum. Wir standen beide in der Tür, als SS-Männer Hitlers Leiche vorbeitrugen. Sie war in eine Wolldecke gehüllt, die nur den Oberkörper verdeckte. Dahinter trug Bormann Eva Hitler. Sie war nicht verhüllt. Günsche übernahm sie und trug sie die Treppe zum Aufgang hinauf. Ich wollte die Verbrennung der Leichen nicht mit ansehen und blieb im Bunker. Goebbels ging mit hinaus, kam aber sehr bald zurück. Seine Augen waren nass. Er konnte den Anblick nicht ertragen.«[260]

Artur Axmann, DAS KANN DOCH NICHT DAS ENDE SEIN

»Dann kommt die große breite Gestalt Otto Günsches die Treppe herauf und mit ihm eine Wolke von Benzingeruch. Sein Gesicht ist aschgrau, die jungen frischen Züge eingefallen. Er lässt sich schwer neben mir niederfallen, greift ebenfalls nach der Flasche, und seine große schwere Hand zittert. ›Ich habe den letzten Befehl des Führers ausgeführt ... seine Leiche ist verbrannt‹, sagt er leise. Ich antworte nichts, ich frage nichts.«[261]

Gertraud Junge, BIS ZUR LETZTEN STUNDE

»An Stelle des bisherigen Reichsmarsmalls Göring setzt der Führer Sie, Herr Großadmiral, als seinen Nachfolger ein. Schriftliche Vollmacht unterwegs. Ab sofort sollen Sie sämtliche Maßnahmen verfügen, die sich aus der gegenwärtigen Lage ergeben.

Bormann.«[262]

Telegramm **Martin Bormanns** im geheimen Marineschlüssel am 30. April 1945, 18.00 Uhr, an F.R.R. Großadmiral Dönitz

»Der Morgen des 1. Mai brach an. In Berlin war es noch dunkel, aber in der Heimat, in den östlichen Landesteilen der UdSSR, begannen bereits die Maidemonstrationen. Die Zeit in Mitteleuropa war hinter der unsrigen um einiges zurück. Die Sonne geht im Osten auf. Dort in Sibirien, im Ural, in Moskau waren die Menschen schon wach und wollten wissen, was sich Neues ereignet hatte, was sich an der Front, was sich in Berlin tat.«[263]

Wassili Tschuikow, Generaloberst der Roten Armee, Oberbefehlshaber der 62. Armee, GARDISTEN AUF DEM WEG NACH BERLIN

TAGEBUCH, 1. MAI 1945

»Der Kommissar friert sehr. Sie haben kein Winterzeug mehr. Ich zünde die Heizung an. Wir sprechen, soweit möglich, über den 1. Mai und Stalins Tagesbefehl, den er in der Zeitung gelesen hat. In Berlin wird vor dem Reichstagsgebäude Parade sein, sagt er. Ich frage nach Tagesneuigkeiten. Himmler, berichtet er, habe ein Kapitulationsangebot an England und Amerika gemacht, aber vor Russland wolle er nicht kapitulieren.«[264]

Erik Reger, Schriftsteller und Journalist, Mahlow bei Berlin

»Am 1. Mai morgens ging ein zweiter Funkspruch aus der Reichskanzlei in Berlin ein, der dort um 7,40 Uhr aufgegeben war. Er lautete:

›F.R.R. Großadmiral Dönitz (Chefsache).

Testament in Kraft. Ich werde so schnell wie möglich zu Ihnen kommen. Bis dahin m. E. Veröffentlichung zurückstellen. Bormann‹

Aus diesem Funkspruch entnahm ich, dass Hitler tot war. Dass er bereits nicht mehr lebte, als der erste Funkspruch mit meiner Ernennung am 30. April um 18.15 Uhr in Berlin aufgegeben wurde, erfuhr ich erst später.«[265]

Karl Dönitz, Jahrgang 1891, Großadmiral und von Hitler eingesetztes Staatsoberhaupt des Großdeutschen Reiches, ZEHN JAHRE UND ZWANZIG TAGE

»F.R.R. Großadmiral Dönitz (Chefsache! Nur durch Offizier!)
Führer gestern 15.30 verschieden. Testament vom 29.4. überträgt Ihnen das Amt
des Reichspräsidenten ... Reichsleiter Bormann versucht, noch heute zu Ihnen
zu kommen, um Sie über die Lage aufzuklären. Form und Zeitpunkt der Bekanntgabe an Truppe und Öffentlichkeit bleibt Ihnen überlassen. Eingang bestätigen. Goebbels – Bormann«[266]

Telegramm an Karl Dönitz, letztes Telegramm aus der Reichskanzlei

»Also es war aus! Der Führer hatte sich nach dem Wortlaut Goebbels das Leben
genommen, sonst würde es doch gelautet haben ›ist gefallen‹ und nicht ›ist verschieden‹.«[267]

Wilhelm Keitel, Generalfeldmarschall, Chef des Oberkommandos der Wehrmacht,
LEBENSERINNERUNGEN

»Dönitz hat sich nicht einen Augenblick besonnen, den Auftrag, durch den er
sich als das nach dem damaligen Verfassungsrecht rechtmäßig eingesetzte Staatsoberhaupt ansah, zu erfüllen. Es musste im Augenblick des Zusammenbruchs
jemand da sein, der befahl und handelte. Sonst gingen noch Hunderttausende
sinnlos zugrunde. An ihn war die Berufung ergangen. Also musste er in die Bre-
sche springen.«[268]

Lutz Graf Schwerin von Krosigk, Jahrgang 1887, ehemaliger Reichsfinanzminister, von
Hitler testamentarisch ernannter Reichsaußenminister,
ES GESCHAH IN DEUTSCHLAND

1. MAI 1945

»Am frühen Nachmittag dieses Tages stiegen Goebbels und seine Frau allein die
Treppe hinauf, die aus dem Bunker Hitlers in das von Granaten umgepflügte,
verwüstete Erdstück führte, welches einstmals Park der Reichskanzlei gewesen
war. Ihre sechs Kinder waren bereits getötet worden. Sie wussten, dass für sie
alles zu Ende war, und so erschoss der Mann zuerst sie, dann sich. Abermals ein
Schritt weiter zum Ende. Im Führerbunker blieben der letzte Generalstabschef,
General Krebs, der Chef des Personalamtes, General Burgdorf, einige Generale
und Offiziere der Waffen-SS, Adjutanten und die für die Sicherheit Hitlers verantwortlich gewesenen Männer des Begleitkommandos. Die Erstgenannten und
eine Anzahl anderer erschossen sich an Ort und Stelle, weitere kamen herüber
zur Truppe, um sich den Ausbrechenden anzuschließen.«[269]

Ernst Günther Schenck, Jahrgang 1904, SS-Arzt im Notlazarett unter der Reichskanzlei,
HITLERS ENDE IN BERLIN

»Aus dem Führerhauptquartier wird gemeldet, dass unser Führer Adolf Hitler
heute Nachmittag in seinem Befehlsstand in der Reichskanzlei, bis zum letzten
Atemzug gegen den Bolschewismus kämpfend, für Deutschland gefallen ist.

Am 30. April hat der Führer den Großadmiral Dönitz zu seinem Nachfolger ernannt.«[270]

Meldung Sender Hamburg, 1. Mai 1945 um 22.26 Uhr

»Am Abend dieses 1. Mai, an dem der Tod Hitlers bekannt wurde, schlief ich in einer kleinen Kammer des Quartiers von Dönitz. Als ich meinen Koffer auspackte, fand ich die rote Lederkassette, in der bis dahin das Bild Hitlers ungeöffnet gelegen hatte. Meine Sekretärin hatte es mir mitgegeben. Meine Nerven waren am Ende. Als ich das Bild aufstellte, überfiel mich ein Weinkrampf.«[271]

Albert Speer, Reichsminister im Kabinett Dönitz, ERINNERUNGEN

»Ich wohnte in Hitlers Privatwohnung, als sein Tod bekanntgegeben wurde. Sie befand sich in einem gewöhnlichen, altmodischen Eckhaus an einem Platz. Die Adresse lautete Prinzregentenplatz 16, und es gab keine Hinweise darauf, dass dort jemand mit höheren Ansprüchen als die von Kaufleuten oder pensionierten Geistlichen gelebt hatte. Jetzt war das Haus ein Kommandoposten. Die Codezeichen besagten, dass er zum 179. Regiment der 45. Division gehörte. Das Gebäude sah aus wie jedes andere, das besetzt worden war, mit Jeeps auf dem Bürgersteig, aus den Fenstern hängenden Drähten und einem unauffälligen Wachposten vor der Tür. [Die Wohnung] hatte weder Eleganz noch Charme, keine Intimität, war aber auch nicht imposant. Sie war nicht leer genug, um sie in diesem Zustand ›unterzuvermieten‹, aber wenn man sich eine Viertelstunde Zeit genommen hätte, die Schränke (vor allem die Hausapotheke) auszuräumen, wäre die Wohnung bereit gewesen für jeden neuen Mieter, dem die Initialen A.H. auf der Wäsche und dem Silber nichts ausmachten ... Kein Deutscher, es sei denn, sie sind Widerstandskämpfer im Untergrund oder Insassen von Konzentrationslagern, findet, dass Hitler irgendetwas falsch gemacht habe, außer den Krieg zu verlieren ... Mir geht es so wie den Soldaten hier, die die schöne Landschaft betrachten, den supermodernen Komfort der Häuser nutzen und sich fragen, warum eigentlich die Deutschen noch mehr wollten.«[272]

Lee Miller, Jahrgang 1907, US-Kriegsfotografin, REPORTAGEN

»Etwas später am Abend ... trat mein Mann an mein Bett und sagte: ›Adolf Hitler ist tot – – ist tot!‹ Es war plötzlich wie eine unheimliche Ruhe um uns ... Nach langer Zeit stöhnte mein Mann immer und immer wieder dieselben Worte hervor: ›Und jetzt kann ich mich nicht mehr rechtfertigen; ich kann ihm nie mehr ins Gesicht sagen, dass er mir Unrecht getan hat, und dass ich ihm treu war.‹ Immer und immer wieder kamen dieselben Worte. Worte innerster Verzweiflung, geistig-seelischer Ohnmacht.«[273]

Emmy Göring, Jahrgang 1893, Schauspielerin, Ehefrau von Hermann Göring, BEGEBENHEITEN UND BEKENNTNISSE

»Bevor ich am Abend jenes 1. Mai die Veranstaltung für beendet erklären konnte, wurde mir eine Agenturmeldung heraufgereicht, die mich veranlasste, den gebannt auf das Rednerpult schauenden Versammelten zu sagen: ›Liebe Freunde, jetzt kann es sich nur noch um Tage handeln. Hitler hat sich durch Selbstmord der Verantwortung entzogen.‹ Wir gingen in tiefer Bewegung auseinander.«[274]

Willy Brandt, Jahrgang 1913, deutsch-norwegischer Exilant in Stockholm, Schweden,
MEIN WEG

»In der Nacht zum 1. Mai erreichte uns in Traunstein dann die Nachricht: Der Führer ist tot! Eine Welt brach für uns zusammen!«[275]

Hermann Giesler, Architekt, Reichsbaurat für die Neugestaltung der Stadt Linz,
EIN ANDERER HITLER

»Deutsche Wehrmacht! Meine Kameraden!
Der Führer ist gefallen. Getreu seiner großen Idee, die Völker Europas vor dem Bolschewismus zu bewahren, hat er sein Leben eingesetzt und den Heldentod gefunden. Mit ihm ist einer der größten Helden deutscher Geschichte dahingegangen. In stolzer Ehrfurcht und Trauer senken wir vor ihm die Fahnen. Der Führer hat mich zu seinem Nachfolger als Staatsoberhaupt und als Obersten Befehlshaber der Wehrmacht bestimmt. Ich übernehme den Oberbefehl über alle Teile der deutschen Wehrmacht mit dem Willen, den Kampf gegen die Bolschewisten so lange fortzusetzen, bis die kämpfende Truppe und die Hunderttausenden von Familien des deutschen Ostraumes vor der Versklavung oder Vernichtung gerettet sind … Der dem Führer von euch geleistete Treueeid gilt nunmehr für jeden Einzelnen von euch ohne weiteres mir als dem vom Führer eingesetzten Nachfolger.«[276]

Karl Dönitz, Tagesbefehl an die deutsche Wehrmacht, 1. Mai 1945

»Immer häufiger trafen Meldungen ein, dass sich deutsche Soldaten und Offiziere gefangen gaben. Der Tag ging zu Ende. Wir waren alle der Erschöpfung nahe, hielten uns aber noch auf den Beinen. Keiner wollte gehen. Der Tisch lag voller Karten, zwischen ihnen standen Teller voller Zigarettenstummel. In der Nacht ließ der Gefechtslärm nach, nur MPi-Feuer war noch zu hören. Obwohl der Körper nach Schlaf verlangte, wurde nichts daraus. Die nervliche Anspannung hielt uns wach.

Schließlich stand das Ende des Krieges unmittelbar bevor … Der 1. Mai 1945 war für uns im Kampf vergangen, ohne Schlaf, ohne Ruhe. Dafür herrschte bei unseren Menschen in der Heimat, im geliebten Moskau, in den Städten und Dörfern, Festtagsstimmung!«[277]

Wassili Tschuikow, Generaloberst der Roten Armee, Oberbefehlshaber der 62. Armee,
GARDISTEN AUF DEM WEG NACH BERLIN

TAGEBUCH, 2. MAI 1945

»Adolf Hitler ist nicht mehr. Radio meldete gestern Abend seinen Heldentod, ›im Kampf gefallen‹. Dönitz hat er als seinen Nachfolger bestimmt ... In München Straßenkämpfe ... Mussolini vor einigen Tagen ermordet ... Nun sind die beiden Freunde im Tod vereint.«

Henriette Schneider, Flüchtling in Wietze, Kreis Celle

TAGEBUCH, 2. MAI 1945

»Man spürt, dass Hitlers Tod nun bedeutungslos ist. Er hätte früher sterben sollen. Ich wundere mich, wie vielen Menschen der Gedanke Freude macht, er schmore jetzt in der Hölle.«[278]

Naomi Mitchison, Jahrgang 1897, Schriftstellerin, Carradale on Kintyre, Schottland

»Das Schicksal meines Bruders bewegt mich sehr. Was immer auch geschehen ist, er war mein Bruder. Für mich als seine Schwester bedeutet sein Tod eine tiefe Trauer.‹ An dieser Stelle bricht Fräulein Hitler in Tränen aus und das Verhör wird beendet.«[279]

gezeichnet **George Allen,** CIC [Counter Intelligence Corps der US Armee], für die Richtigkeit:, Spezial Agent des CIC,
Vermerk für den diensthabenden Offizier,
Verhör Francis E. Martini von Frau Paula Wolff (Frl. Paula Hitler), 12. Juli 1945

»Am 30. April 1945 hat sich der Führer selbst entleibt und damit uns, die wir ihm die Treue geschworen hatten, im Stich gelassen. Auf Befehl des Führers glaubt ihr, noch immer um Berlin kämpfen zu müssen ... Jede Stunde, die ihr weiterkämpft, verlängert die entsetzlichen Leiden der Zivilbevölkerung Berlins und unserer Verwundeten. Jeder, der jetzt noch im Kampf um Berlin fällt, bringt sein Opfer umsonst. Im Einvernehmen mit dem Oberkommando der sowjetischen Truppen fordere ich euch daher auf, sofort den Kampf einzustellen.«[280]

Helmuth Weidling, Jahrgang 1891, General der Artillerie und Befehlshaber Verteidigungsbereich Berlin, Kapitulationsbefehl

»Am 2. Mai, um 06.00 Uhr, überschritt der Kommandeur des LVI. Panzerkorps, General der Artillerie Weidling, in Begleitung zweier Generale seines Stabes die Frontlinie und gab sich gefangen. Weidling sagte aus, dass er auch der Befehlshaber des Verteidigungsbereichs Berlin sei, zu dem Hitler ihn vor sechs Tagen ernannt habe. Auf die Frage des Kommandeurs der 47. Gardeschützendivision ..., ob die Kapitulation des Korps mit Wissen von Goebbels erfolge, antwortete Weidling, er habe sich zu diesem Schritt entschlossen, ohne Goebbels davon zu unterrichten.«[281]

Wassili Tschuikow, Generaloberst der Roten Armee, Oberbefehlshaber der 62. Armee, GARDISTEN AUF DEM WEG NACH BERLIN

»Die die Stadt verteidigende Berliner Besatzung stellte um 15 Uhr des 2. Mai mit dem Befehlshaber der Verteidigung von Berlin, General der Artillerie Weidling und seinem Stab an der Spitze, den Widerstand ein, streckte die Waffen und gab sich gefangen … In den Kämpfen vom 24. April bis 2. Mai wurden in diesem Raum mehr als 120 000 deutsche Soldaten und Offiziere gefangen genommen. In derselben Zeit verloren die Deutschen allein an Gefallenen über 60 000 Mann.«[282]

Informationsbüro der Sowjetunion, Nachrichtenblatt für die deutsche Bevölkerung, 3. Mai 1945, Nr. 15

»Höß' Zelle: Als Vorbereitung … untersuchte ich Rudolf Franz Ferdinand Höß, 46, den Kommandanten des Konzentrationslagers Auschwitz … Ich fragte ihn, ob er nicht gleich, als er die Sache anfing, glaubte, wegen Mordes aufgehängt zu werden. ›Nein, nie.‹ ›Wann ist Ihnen zuerst der Gedanke gekommen, dass Sie wahrscheinlich vor Gericht gestellt und aufgehängt werden würden?‹ ›Beim Zusammenbruch – als der Führer starb.‹«[283]

Gustave Mark Gilbert, Jahrgang 1911, US-amerikanischer Gefängnispsychologe, NÜRNBERGER TAGEBUCH

»Wildeste Brutalität im Siege, Gewimmer und Appell an Generosität und Gesittung in der Niederlage. Nein, es ist kein großes Volk.«[284]

Thomas Mann, Jahrgang 1875, deutscher Schriftsteller im Exil in Pacific Palisades, Kalifornien, Tagebuch, 4. Mai 1945

TAGEBUCH, 5. MAI 1945

»Ein schwarzer Tag für das deutsche Vaterland. Keitel hat dem englischen General die bedingungslose Kapitulation der deutschen Armeen im Westen unterbreitet, die angenommen wurde. Ab 8 Uhr Waffenruhe. Mit den Russen geht der Kampf weiter.«

Henriette Schneider, Flüchtling in Wietze, Kreis Celle

»Am Morgen kamen sechs Juden auf den Hof, die man aus Belsen befreit hatte. Der jüngste war elf Jahre alt. Mit dem Erstaunen, dem Heißhunger eines Kindes, das nie dergleichen gesehen hat, schaute er sich Bilderbücher an. Auch unsere Katze rief seine höchste Verwunderung hervor, als ob ein mächtiges Traumbild sich ihm näherte.«[285]

Ernst Jünger, Schriftsteller, Hauptmann der Reserve, Tagebuch, 6. Mai 1945

TAGEBUCH, 6. MAI 1945

»Heute haben wir auch den Russen unsere bedingungslose Kapitulation unterbreitet. Wie so anders haben wir den Frieden erhofft!«

Henriette Schneider, Flüchtling in Wietze, Kreis Celle

»Die totale bedingungslose Kapitulation wurde am 7. Mai, 2 Uhr 41 morgens, in Gegenwart von russischen und französischen Offizieren von den Generälen Bedell Smith und Jodl unterzeichnet. Dementsprechend endeten alle Feindseligkeiten am 8. Mai um Mitternacht. In den Frühstunden des 9. Mai organisierten die Russen in Berlin die Ratifikation durch das Oberkommando der Wehrmacht.«[286]

Winston Churchill, britischer Premierminister, DER ZWEITE WELTKRIEG

TAGEBUCH, 7. MAI 1945

»Der Sender Flensburg gab bekannt, Jodl habe die Kapitulationsurkunde unterzeichnet, und morgen träte sie in Kraft. Der Sender Böhmen nannte ... diese Meldung eine Feindlüge ... Jetzt schweigen die Sender. Es ist still im Haus. Nur die Maikäfer, die kleinen gepanzerten Flieger, stoßen mit den Köpfen gegen das erleuchtete Fenster.«[287]

Erich Kästner, Schriftsteller, Mayrhofen, Tirol

TAGEBUCH, 9. MAI 1945

»Gestern Morgen ist das Unvergessliche geschehen. Die Deutschen haben in die vollständige, bedingungslose Kapitulation eingewilligt. Das haben die Zeitungen knapp, aber feierlich berichtet.«[288]

Wladimir Gelfand, Leutnant im 1050. Schützenregiment der Roten Armee

»Liebe Mama und Mary,

heute werde ich einundsechzig Jahre alt und habe vergangene Nacht im Präsidentenschlafzimmer des Weißen Hauses geschlafen ... Heute ist ein historischer Tag. Um 9 Uhr vormittags werde ich am Mikrofon der Nation Deutschlands Kapitulation verkünden. Gestern in aller Frühe wurden die Dokumente unterzeichnet, und heute um Mitternacht werden die Feindseligkeiten an allen Fronten eingestellt. Kein übles Geburtstagsgeschenk, nicht wahr? ... Seit dem 12. April haben sich die Ereignisse überstürzt. Kein einziger Tag ging vorüber, ohne dass eine gewichtige Entscheidung getroffen werden musste. Bis jetzt war das Glück mit mir. Hoffentlich bleibt es so. Trotzdem kann es mir nicht immer treu bleiben, und ich hoffe nur, dass die Fehler, die mir ja auch unterlaufen müssen, nicht so groß sein werden, dass sie nicht zu korrigieren sind. Wir freuen uns mächtig auf Euren Besuch. Ich werde Euch vielleicht nicht abholen können; aber ich schicke Euch das schönste und sicherste Flugzeug und jede mögliche Hilfe – also bitte, enttäuscht mich nicht. Alles, alles Liebe Euch beiden.

Harry«[289]

Harry S. Truman, Präsident der Vereinigten Staaten, Brief an seine Mutter und Schwester aus dem Weißen Haus, Washington, vom 8. Mai 1945

ARBEITSJOURNAL, 8. Mai 1945

»Nazideutschland kapituliert bedingungslos. Früh sechs Uhr im Radio hält der

Präsident eine Ansprache. Zuhörend betrachte ich den blühenden kalifornischen Garten.«[290]

Bertolt Brecht, deutscher Schriftsteller im Exil in Santa Monica, Kalifornien

»Ich erinnere mich sehr gut, dass das Haus, als es am Ende des letzten Krieges, vor mehr als einem Vierteljahrhundert, die lange Liste der den Deutschen auferlegten Kapitulations- und Waffenstillstandsbedingungen hörte, nicht geneigt war, das Ganze zu diskutieren, sondern wünschte, Gott, dem Allmächtigen, zu danken, ihm, der erhabenen Macht, die die Geschicke der Völker und das Schicksal des Einzelnen zu formen und zu bestimmen scheint. Und daher stelle ich mit Ihrer Erlaubnis, Sir, den Antrag: ›Das Haus möge nun in der Kirche der h[ei]l.([igen] Margaretha in Westminster demütig und voll Ehrfurcht Gott, dem Allmächtigen, für die Befreiung von der Bedrohung durch deutsche Herrschaft danken.‹«[291]

Winston Churchill, Rede im Britischen Unterhaus, 8. Mai 1945

»Als uns am 9. Mai 1945 in Warschau die Nachricht erreichte, dass im sowjetischen Hauptquartier in Berlin-Karlshorst die bedingungslose Kapitulation aller deutschen Streitkräfte unterzeichnet worden sei und damit der Zweite Weltkrieg beendet war, forderten uns einige fröhliche und glückliche Kollegen auf, mit ihnen in den Hof zu gehen. Es sei Zeit, sagten sie, für einen Salut gen Himmel. Wir entsicherten unsere Pistolen. Dann schossen meine aufgeräumten und übermütigen Kollegen gleichzeitig in die Luft. Einen Augenblick später richtete auch ich meine Pistole auf den blauen und sonnigen, den unbarmherzigen und grausamen Himmel und dann drückte ich ab. Es war mein erster und letzter Schuss im Zweiten Weltkrieg, der erste und letzte in meinem Leben.«[292]

Marcel Reich-Ranicki, Jahrgang 1920, deutsch-polnischer Jude und Kommunist, Hauptmann der Geheimpolizei des polnischen Komitees der Nationalen Befreiung, Warschau, MEIN LEBEN

EPILOG
Aus dem Nichts

»Die Zeit ist vorüber, wo ich einmal dachte, der Himmel würde einstürzen, wenn der Mann nicht mehr leben würde.«[1]
Helmut Altner, Schüler, Angehöriger des Berliner Volkssturms

»Hitlers Treiben setzte nicht Abtrünnigkeit, sondern sein Selbstmord ein Ende. Er und sein Schaffen waren untrennbar miteinander verbunden und so endete es auch mit ihm. Um nicht gefesselt zu werden, stürzte sich Prometheus in den Abgrund. Dieser aus dem Nichts hervorgegangene Mann hatte sich Deutschland in dem Augenblick angeboten, als es einen neuen Magneten brauchte. Des gestürzten Kaisers, der besiegten Generale, der spöttischen Politiker überdrüssig, schloss es sich dem Emporkömmling an, der das Abenteuer verkörperte, der Deutschland die Herrschaft versprach und dessen leidenschaftliche Stimme seine tiefsten Instinkte ansprach. Im Übrigen eröffnete sich dieser anpackenden Einheit von Führer und Volk trotz der Niederlage von 1918 ein großer Weg. In den dreißiger Jahren stieß die deutsche Bewegung in Europa vielfach auf Interesse. Europa war teils vom Kommunismus oder Faschismus angezogen, teils fürchtete es beides, es war ermüdet von der Demokratie und von den Greisen, die das Aufleben eines politischen Lebens behinderten. Adolf Hitler wollte alle die sich ihm bietenden Möglichkeiten ergreifen. Er konstruierte aus einer Mischung von Faschismus und Rassentheorie eine Doktrin. Das totalitäre System ermöglichte es ihm, nach seinem eigenen Belieben zu handeln. Die Mechanisierung der Streitmacht spielte ihm die Vorsprünge des Blitzangriffs und der Überraschung zu. Dies alles führte zur Unterdrückung und diese wiederum zum Verbrechen.«[2]
Charles de Gaulle, Jahrgang 1890, vom 13. November 1945 bis zum 20. Januar 1946 Ministerpräsident der Provisorischen Regierung Frankreichs

NACHWORT
Magnetfelder

»In ein paar Stunden sinkt das alt gewordene Jahr in das Grab der Geschichte.«[1] So begann Bundespräsident Theodor Heuss seine Neujahrsansprache vom 31. Dezember 1952, die im gerade erst eingeführten bundesdeutschen Fernsehen übertragen wurde. Heuss irrt. Nichts versinkt. Es gibt kein Grab der Geschichte. Die Vergangenheit vergeht nicht. Sie ist gegenwärtig, solange wir uns erinnern.

Der französische Semiotiker, Kultur- und Literaturtheoretiker Roland Barthes berichtet gleich zu Beginn seiner 1980 erschienenen *Bemerkungen zur Photographie: Die helle Kammer* von einem Erstaunen. Vor nicht sehr langer Zeit sei er auf eine Fotografie aus dem Jahr 1852 gestoßen, die Jérôme Bonaparte, den jüngsten Bruder des Kaisers Napoléon, im Alter von 67 Jahren zeigt: »Damals sagte ich mir, mit einem Erstaunen, das ich seitdem nicht mehr vermindern konnte: ›Ich sehe die Augen, die den Kaiser gesehen haben.‹«[2]

Napoléon Bonaparte ist niemals fotografiert worden. Er ist 45 Jahre vor seinem jüngsten Bruder gestorben, 18 Jahre bevor fotografische Porträts dank der Daguerreotypie möglich wurden. Napoléon Bonaparte ist nach Jesus von Nazareth, Mohammed, Buddha, Konfuzius, Stalin, Mao und Hitler wohl der bekannteste Mensch, der jemals gelebt hat. Von ihm gibt es nur Zeichnungen und Gemälde, obwohl er schon ganz der Neueren Geschichte, fast schon der Zeitgeschichte, angehört.

Der Titel *Wer war Hitler* ist eine Provokation. Ein jeder glaubt, Adolf Hitler zu kennen. Von Hitler gibt es zigtausende Fotografien und hunderte Stunden laufende Bilder. Wir können durch die Objektive der Fotografen und Kameraleute in Kino, Fernsehen und Internet so oft wir wollen auf Hitler schauen. Da ist kein Erstaunen mehr. Unser Blick ist entschärft.

Zeitgenossen

Wir alle kennen Menschen, die Zeitgenossen Adolf Hitlers sind. Einige von ihnen lasse ich in diesem Buch zu Worte kommen, so Helmut Kohl, Erhard Eppler, Edgar Feuchtwanger, die Schwestern Renate Lasker-Harpprecht und Anita Lasker-Wallfisch. Andere starben, während ich am Text arbeitete, so Helmut Schmidt und Egon Bahr. Nach der Erkenntnis Roland Barthes' sind wir alle Zeitgenossen Hitlers, wenn wir seine Zeitgenossen lesen oder ihren Worten lauschen. Damit holen wir die Geschichte in die Gegenwart und schärfen unser Interesse.

Ich wurde acht Jahre, zehn Monate und zwei Wochen nach dem Ende des Zweiten Weltkriegs geboren. Mein Vater, zur Zeit meiner Geburt 36 Jahre alt, hat ihn vom ersten Tag bis zwei Tage nach der Kapitulation der deutschen Wehrmacht in Berlin-Karlshorst am 8. Mai 1945 mitgemacht. Wie viele andere zahlte auch er für die Verbrechen, die Deutsche unter Hitlers Herrschaft begingen. Denn es folgten drei Jahre sowjetische Kriegsgefangenschaft. Er erhöhte ab 1936 als Arbeitsdienstler die Deiche in Ostfriesland, diente dann Hitlers Armee zwei Jahre als Rekrut und marschierte im Oktober 1938 in das Sudetenland ein. Mein Vater hat Hitler nie gewählt. Er war 15 Jahre alt, als die letzte freie Wahl im Deutschen Reich stattfand.

In den Krieg, in dem Hitler selbst Soldat war, dem Weltkrieg von 1914 bis 1918, ist der Vater meiner Mutter gezogen. Er entkam ihm, schwer verletzt, nach langem Lazarettaufenthalt im Jahr 1917. Die Spuren des Weltkriegs eins trug er zeitlebens im Gesicht.

Kriegs-Geschichten in unserer Familie sind Hitler-Geschichten. Hitler-Geschichte ist überall Familien-Geschichte.

Dieses Buch ist geschwisterlich mit einer Kino-Dokumentation und seinen fernsehtauglichen Serien-Satelliten in vier und dreizehn Teilen entstanden. Die Berichte und Ansichten von Zeitgenossen in diesem Buch beginnen mit einem Prolog »Warum seid ihr armen Jungs hier?«, der in den fünften Kontinent führt.

Im Januar 2014 reiste meine Tochter Frederieke, Jahrgang 1983, nach Auckland, Neuseeland, um ihre Englischkenntnisse zu verbessern. Sie besuchte dort das imposante Auckland War Memorial Museum. Mit 600 000 Besuchern jährlich ist es das am meisten besuchte Museum im 4,5-Millionen-Einwohner-Land und präsentiert umfangreiche Sammlungen zur Rolle Neuseelands im Zweiten Weltkrieg. Die Berichte meiner Tochter gaben den Anstoß zum Einstieg in die Erzähldramaturgie, der am Beginn meiner filmischen Dokumentationen und auch dieses Buches steht. Cay Wesnigk, ein Produzentenkollege, klassifizierte diesen dramaturgischen Kniff bei einem Vorgespräch als »Fallhöhe«. Ich kannte den Ausdruck bis dahin nicht. Tatsächlich aber wollte ich meinem Thema die größtmögliche Fallhöhe verleihen.

Im Prolog dieses Buches berichte ich vom Maori-Sergeant Te Aitanga o Hautis, dessen Einheit auf dem italienischen Kriegsschauplatz von einer deutschen Propaganda-Kompanie mit dem einschmeichelnden Lied *Now is the Hour* beschallt wird. Ich fand die Geschichte in einer der vielen Kriegsbiografien, die meine Tochter mir aus Neuseeland mitbrachte. *Now is the Hour* ist als *E hare ana* mit einem Text von Maewa Kaihau aus dem Jahr 1920 das beliebteste Volkslied der neuseeländischen Maoris, obwohl die Musik vermutlich einen schweizerischen Ursprung hat. Die vier

Strophen von *E hare ana* eröffnen meine Kino-Dokumentation. Sie werden gesungen von den Frauen des Chors *Hātea Kapa Haka*, der in der Region Tai Tokerau auf Neuseelands Nordinsel beheimatet ist. Die Tonaufnahme übernahm für uns freundlicherweise das staatliche neuseeländische Maori Television. Den ersten Kontakt zur Chorleiterin Pauline Hopa stellte meine Tochter mit Unterstützung ihrer neuseeländischen Freunde Thomas Jonathan und Tsz Ho her. Die Vorfahren von Thomas Jonathan sind Afrikaans-sprechende Kap-Malaien aus der Südafrikanischen Union. Die Eltern von Tsz Ho wanderten aus dem damals noch britischen Hongkong nach Neuseeland aus. Weder Pauline Hopa noch Thomas Jonathan oder Tsz Ho mussten wir den Gegenstand unserer Dokumentation erklären. Jeder kennt in Neuseeland, Südafrika und China Adolf Hitler.

Kleinste Teilchen

Ein metallischer Gegenstand behält auch nach dem Entfernen eines magnetischen Feldes eine magnetische Flussdichte. Diese Restmagnetisierung wird umgangssprachlich als Magnetfeld bezeichnet. Der physikalische Fachausdruck ist Remanenz. Magnetfelder sind unsichtbar. Sie werden sichtbar gemacht mit Eisenfeilspänen.

Man muss die Geschichte in den kleinsten Einzelheiten kennen. Ihre Klein-Teilchen sind die Feilspäne der Erinnerung, die auf das Erleben der Gegenwart gestreut werden können und so das Magnetfeld des Vergangenen im Heute zeigen. Je feiner die Geschichten geraspelt sind, desto leichter schärfen sie unsere Wahrnehmung. Aber das Garn der Geschichten aus der Geschichte darf nicht zu fest gesponnen sein. Man muss durch die Maschen in die Gegenwart blinzeln können.

Die Methode des Erzählens, die ich in Kino-Dokumentation und Buch angewendet habe, hat zwei Väter: Ken Burns und Walter Kempowski.

Seit dem Jahr 1981 produziert der New Yorker Ken Burns Dokumentationen, vor allem für das kleine öffentliche Fernsehen der USA (PBS, Public Broadcast System). Seine Serien wie *The Civil War* (1990), *Baseball* (1994/2010), *The West* (1996) und *Jazz* (2001) haben einen bedeutenden Einfluss auf das Geschichtsbewusstsein des Landes. In der elfstündigen, neunteiligen Dokumentation *The Civil War* lässt Burns die Geschichte des amerikanischen Bürgerkriegs der Jahre 1861 bis 1865 vor allem mit Tagebucheinträgen, Briefen, Reden und Dokumenten von Zeitgenossen erzählen. Er konfrontiert sie mit Abzügen von Glasplattennegativen mehr, als dass er sie illustriert. Burns Montagestil habe ich noch konsequenter und damit puristischer in meiner Kino-Dokumentation und ihren Serien-Adaptionen umgesetzt: *Wer war Hitler* besteht ausschließlich aus Archivaufnahmen, ganz überwiegend filmischen, es gibt keine Interviews, keine Neudrehs, keine Inszenierungen.

Walter Kempowski, dem ich in seinem Haus Kreienhoop in den technischen

Zwangspausen eines Interviews im Jahre 2003 beim Exzerpieren von Tagebüchern über die Schulter schauen durfte, hat in seinen vier *Echolot*-Editionen (*Ein kollektives Tagebuch*), erschienen in den Jahren 1993 bis 2005, die Methode, mit Tagebucheintragungen, Briefen, Rundfunkansprachen etc. Geschichte unvergänglich festzuhalten, im deutschsprachigen Raum literarisch etabliert. Als einen unendlichen Chorus lässt er hunderte Zeitzeugnisse aus aller Welt vom Geschehen in vier mal drei Monaten der Jahre 1939 bis 1945 berichten.

Den Schriftsteller Walter Kempowski, in dem viele im Literaturbetrieb bis dahin einen in die Literatur verirrten Archivar sahen, lobte Frank Schirrmacher am 13. November 1993 in der *Frankfurter Allgemeinen Zeitung* für sein *Echolot*: »Wenn die Welt noch Augen hat, zu sehen, wird sie, um es in einem Wort zu sagen, in diesem Werk eine der größten Leistungen der Literatur unseres Jahrhunderts erblicken. Wenn sie im Begriff sein wird, ihr Gedächtnis und ihre Geschichte endgültig zu verlieren, wird sie sich auf dieses Werk besinnen und damit wieder Gerechtigkeit herstellen können.«

Burns und Kempowski stammen nicht nur geografisch und medial aus verschiedenen Welten. Mit der scheinbar gleichen Methode erzielen sie Effekte, die zwar nicht konträr sind, aber in andere Richtungen wirken. In seinem »heroischen Fernsehen« (*The Washington Post*) berichtet Burns zwar auch von Leiden und Torheit, stimuliert aber seine Zuschauer mit Berichten von Beharrlichkeit und Triumph. In *The Civil War* bezieht er nur mit seiner Empathie für Abraham Lincoln eine nicht leicht aufspürbare eigene Position, ansonsten verwischen bei ihm Richtig und Falsch, die gute und die böse Seite im Bürgerkrieg zu einer patriotischen Melange, einem typisch amerikanischen Hochgesang auf die anhaltende Größe der Vereinigten Staaten im Lauf der Geschichte.

»Es ist viel vom Leid die Rede in diesem Werk, von Wunden und vom Sterben«, hat Frank Schirrmacher über Kempowskis *Echolot*-Mosaik seinen Lesern berichtet. Es führe die Leser zu »wunderlichen Zusammenhängen«, »auf jene Seite der Geschichte, die kein Historiker verzeichnet«. Kempowski steht auf der Seite der Toten. Das Gewicht seiner Montage neigt sich aber deutlich mehr den toten Opfern des Nationalsozialismus zu als den für Hitler gefallenen Soldaten.

Ich zitiere im Kapitel »Der Feldherr« dieses Buches Winston Churchill, der für die zweite Hälfte des Jahres 1940, vielleicht sogar für die gesamte Dauer des Zweiten Weltkriegs reklamiert: »Es war eine Zeit, da es ebenso gut war, zu leben wie zu sterben.« Bei Kempowski wird gelitten und gestorben. Sterben ist nie gut.

Ken Burns berichtet in *The Civil War* über neun Stunden von vier Jahren Krieg, Walter Kempowski von zwölf Jahren auf fast 12 000 Seiten. Mein Gegenstand sind die 56 Lebensjahre von Adolf Hitler. Ich berichte filmisch maximal elf Stunden, das Buch füllt 784 Seiten. Mein Garn ist nicht so dicht verwoben wie das von Burns und Kempowski. Vielleicht blinzelt uns deshalb durch die Maschen auch Gegenwart zu.

Vergangenheit, Gegenwart und Zukunft

Hält die Geschichte zeitlose Lektionen für uns bereit? Die meisten Historiker würden das bestreiten. Sie betonen die Unterschiede, die veränderten Voraussetzungen, die nicht austauschbaren Persönlichkeiten. Das gestattet ihnen, im Turm der Wissenschaft zu bleiben und nicht in die Niederungen der Tagespolitik hinabsteigen zu müssen.

Die Chaos-Theorie berichtet von nicht linearen Systemen. Geschichte ereignet sich in einem chaotischen System. Zufälligkeiten können große Rollen spielen. Der Freiburger Kulturhistoriker Jörn Leonard, der 2014 sein Buch *Die Büchse der Pandora* über den Ausbruch des Ersten Weltkriegs publizierte, hat angesichts der heutigen Krisen im Osten Europas in Interviews zum Buch immer wieder – wie fast alle Historiker vor ihm – betont: »Geschichte wiederholt sich nicht.«

Ich widerspreche. Sie wiederholt sich selbstverständlich nicht mit mathematischer Exaktheit. Aber sie zeigt Muster. Wenn wir uns mit ihr beschäftigen, sie vielleicht sogar studieren, kann sie uns für die Gegenwart und Zukunft wappnen.

Als nach der Vorstellung des ersten Teils der finalen Schnittfassung der Kino-Dokumentation *Wer war Hitler* das Licht im Vorführraum anging, stöhnte mein Verleiher Björn Koll: »Das erinnert mich alles verdammt an heute!« Die letzten Filmsequenzen hatten Hitler beim dreisten Lügen gezeigt. Und Björn Koll an etwas erinnert, woran auch ich beim Schnitt hatte denken müssen: Wladimir Putins Lügen bei der Annexion der Krim.

Vielleicht wird den aufmerksamen Leser von *Wer war Hitler* das ein oder andere Mal ein solcher Gegenwarts-Schlag treffen.

Auf Seite 467 dieses Buches zitiere ich einen Tagebucheintrag von Robert Menzies, dem Ministerpräsidenten des Commonwealth of Australia, vom 7. März 1941: »Warum betrachten wir Geschichte als Angelegenheit der Vergangenheit und vergessen dabei, dass wir sie gerade schreiben?«[3]

Der bundesdeutsche Philosoph Peter Sloterdijk fordert uns in *Zeilen und Tage* auf: »Weil Zeit in existentieller Hinsicht die Knappheit schlechthin bedeutet, sollen Menschen ihre zur Flachheit verführenden Träumereien von Unsterblichkeit aufgeben und ihr kurzes Leben mit dem großen Atem der geschehenden Geschichte vereinen.«[4]

Peter Sloterdijk ist Kritiker von Angela Merkels Politik in der europäischen Flüchtlingskrise des Herbstes 2015, als ihn – wie den meisten Deutschen – der Atem der Geschichte nicht zart angehaucht, sondern ihm als Sturm kräftig ins Gesicht geblasen hat. Sloterdijk hat er umgehauen. Ich habe bis heute nicht verstanden, wie dieser intelligente Denker am 28. Januar 2016 in einem Gespräch mit der Zeitschrift *Cicero* zu seiner Schlussfolgerung gekommen ist: »Die deutsche Regierung hat sich in einem Akt des Souveränitätsverzichts der Überrollung preisgegeben, diese Abdankung geht Tag und Nacht weiter.«

Ich sehe es so: Wer wie die Kanzlerin Merkel Schleusen öffnet, damit Europas Dämme der Humanität nicht brechen, gibt damit weder nachhaltig Souveränität noch das Konstrukt des Nationalstaats auf. Er handelt in Stunden der Entscheidung konsequent und damit schmerzhaft nach den Maßstäben seiner christdemokratischen Politik, für die die Kanzlerin Merkel sich hat wählen lassen. Das mag Peter Sloterdijk wie viele andere wundern. In der praktischen Umsetzung ihrer Entscheidung habe auch ich viel zu kritisieren.

Deutsche und Österreicher, die sich zu ihrer Geschichte bekennen, müssen gelassen und höflich auf Kritik von Menschen reagieren, die sich Völkern und Nationen zugehörig fühlen, die unter Hitler-Deutschland gelitten haben. In einem Interview mit dem Journalisten Georg Blome hat der rechtskonservative französisch-jüdische Philosoph Alain Finkielkraut, Sohn eines Auschwitz-Überlebenden, »Merkel-Deutschland« kritisiert. Finkielkraut in leicht süffisantem Ton in der *Zeit* vom 26. November 2015: »Als die ersten Flüchtlingswellen ankamen, hielten die Deutschen den Moment für gekommen, ihren historischen Makel zu bereinigen. Sie konnten sich endlich freikaufen. Es war eine große Erlösung. Hitler-Deutschland beschwor die eigene Kraft. Merkel-Deutschland stellte sich auf die Seite des Schwachen. Hitler-Deutschland verkörperte den Hass auf den Anderen. Merkel-Deutschland sagte: Hier bin ich und kümmere mich um den Anderen in Not.«[5] Finkielkraut unterstellt dieser Politik Unzurechnungsfähigkeit: »Dazu aber gehörte eine große moralische Trunkenheit. Plötzlich verkörperte Deutschland das Gute.«

Es ist den Deutschen in der Vergangenheit selten vorgeworfen worden, die Verkörperung des Guten zu sein. Und wenn uns heute Nachbarn der »moralische Trunkenheit« zeihen, weil die Regierung der Bundesrepublik die Kraft der Nation in einem historischen Moment nicht national-egoistisch, sondern für schwache Andere eingesetzt hat, sollten wir das Urteil über geschehene Geschichte zuversichtlich kommenden Generationen überlassen.

Der Dichter Johannes Bobrowski schrieb 1965, noch etwas weiser als Peter Sloterdijk 2011: »Ich mein', man muss eben von der Vergangenheit leben, und mit der Zukunft muss man ganz behutsam umgehen, ganz sensibel. Denn da wissen wir nichts.«[6]

Dramaturgie und Pathos

Kollegen, die mit mir an der Kino-Dokumentation *Wer war Hitler* arbeiteten, waren zunächst überrascht, wie verhältnismäßig wenig in meinem Konzept einer »anderen Biografie« Hitler zu Wort kommt oder ins Bild gerückt wird. Sie hielten mir vor, es entstünde eher ein Dokumentarfilm über »Hitler und die Deutschen«. Ich korrigierte dann besserwisserisch: »Über Hitler und die Deutschen im Deutschen Reich, in Österreich und dem Sudetenland!« Und bestätigte ansonsten ihren Eindruck. Dieser Ansatz ist kein dramaturgisch-künstlerischer. Er ist das Ergebnis meiner Beschäftigung mit dem Gegenstand.

Der erste Schritt dieser Beschäftigung war die Lektüre der umfangreichen Hitler-Biografien, die seit 1935 erschienen sind. Diese wurde anschließend ergänzt um die Lektüre von Büchern, die sich mit Teilabschnitten von Hitlers Leben befassten. Erst dann wandte ich mich Tagebüchern, Briefsammlungen und Autobiografien zu.

Bei den Biografien beeindruckte mich ein großer Teil der Werke aufgrund ihrer Ernsthaftigkeit, Gedankenvielfalt, Quellenbreite und Klarheit; auch dann, wenn ich mit zunehmendem Wissen manchem nicht zustimmte und einiges durch neue Fakten und Erkenntnisse überholt war. Ich habe mich deshalb entschlossen, in den Einführungen zu den Kapiteln des Buches – die zunächst nur bei der Orientierung in den »Ansichten und Berichten« helfen sollten – den Leser an meinen Erkenntnissen der wichtigsten biografischen Hitler-Lektüre teilhaben zu lassen.

Die rezipierten Werke beziehungsweise die Historiker, die sie verfasst haben, lassen sich grob in drei Gruppen einteilen:
– die »Intentionalisten«, nach deren personalisiert-biografischer Methode Hitler eher der »Hammer« der Geschichte ist
– die »Funktionalisten«, die Hitler als Ausdruck und / oder Projektionsfläche der Gesellschaft und ihrer Strukturen sehen, also als »Amboss«
– die »Kombinierer«, die beide Ansätze bemühen, um Hitler erklären zu können, bei denen der Hammer also den Amboss zum Klingen bringt

Meine Auswahl und Montage der »Ansichten und Berichten«, mit denen diese Hitler-Biografie geschrieben wurde, folgt der »kombinierenden« Gruppe, deren herausragendster Vertreter Ian Kershaw ist. Individuelle psychologischer Erklärungsmuster von Hitlers Denken und Handeln haben mich dabei nicht interessiert, man wird sie im Buch nur spärlich finden. Menschen mit einer Sozialisation oder auch Persönlichkeit wie Hitler wird es viele gegeben haben und immer wieder geben. Entscheidend jedoch war, dass die Eliten und eine knappe Mehrheit der Deutschen einem Menschen wie Hitler Machtmittel in die Hand gaben. Deshalb neigt sich die Waagschale meiner Auswahl von Zitaten leicht den Ansichten und Berichten von Zeitgenossen zu: Bei ihnen finden wir mehr Antworten als im Umfeld der Person Hitlers.

Buch und Film wären nicht entstanden, wenn ich nicht im Jahr 2013 auf das Tagebuch von Henriette Schneider gestoßen wäre. An der Dramaturgie des Aufbaus ist leicht zu erkennen, dass die unverheiratete Ostpreußin des Jahrgangs 1872, die fast zwei Jahrzehnte als »Gesellschafterin« und »Erzieherin« in den »besseren Kreisen« Ostpreußens wirkte und dann im Lehrerhaushalt ihrer Schwester lebte, eine Art »Sidekick« ist. Sie verkörpert jenen Teil der Gesellschaft, deren Projektionsfläche Hitler war und der ihn bis zu seinem Ende trug.

Mir ging es auch darum, die andere Option der deutschen Geschichte deutlich werden zu lassen. So kommen auch und ausführlich Vertreter der deutschen Arbeiterbewegung und der linken Intelligenz der Weimarer Jahre zu Wort. Ich habe ihre Stimmen in meiner Auswahl so gelenkt, dass sich der Leser fragen könnte, ob nur Hitlers Anhänger, seine Wähler und Unterstützer Schuld auf sich geladen haben. Oder auch jene einst machtvollen Kräfte wie die demokratische Arbeiterbewegung schuldig wurden, die ihre Option in der Geschichte zwischen 1919 und 1932 durch Bürokratismus, Sektierertum und mangelndem Machtwillen verspielten und die nach 1933 nur noch heroisch aber ohnmächtig die Opferrolle einnahmen.

Wer war Hitler kann gelesen oder im Fernsehen und im Kino gesehen werden. Kino darf solange komplex mäandern, wie ein dramaturgischer Kern erkennbar bleibt. Deshalb erzählen Buch und Dokumentation weitgehend chronologisch. Da das Ende bekannt ist, müssen die »wunderlichen Zusammenhänge« (Frank Schirrmacher) die Geschichte vorantreiben. Ich hoffe, das gelingt.

Wo Schatten ist, muss auch Licht sein. Im Film wie im Buch sollte, wie in der Geschichte, bei aller Tragik Gut über Böse siegen. Deshalb fühle ich mich, wie Ken Burns, aus tiefster Überzeugung auch dem Heroismus verpflichtet und habe dem nur zum Antihelden taugenden Hitler einen Helden gegenübergestellt. Es ist unverkennbar die britische Nation und die mit ihr eng verbundene Welt. Und weil ihr »*Never surrender!*« am besten von Winston Churchill verkörpert wird, findet sich in Buch und Film nicht nur das Pathos der Tat, sondern auch des Wortes. (Erstaunlich: Während ich an diesem Buch arbeitete, erklärte eine wählende Mehrheit dieser »erstaunlichen Nation« (Martha Gellhorn) Europa, dass es seine organisierte Gemeinschaft verlassen will. Den Leser dieses Buches sollte das erschrecken. *Have I told you lately that I love you?* (Rod Stewart))

Für *Wer war Hitler* habe ich mich nicht in Archive begeben. Meine Quellen stammen, wie bei Joachim Fest und Ian Kershaw, vor allem aus publizierter Literatur. Bei der Montage hatte ich immer die Qualität und Originalität meiner Quellen zu wägen. Ein Teil der Quellen, die zitierten Autobiografien, berichtet aus der Rückschau. Im Nachhinein ist der Mensch oft klüger. Das ist dem Leser meines Buches nützlich. Wo Brief- und Tagebuchschreiber in den Nebeln der Gegenwart irrten, sind Autobiografen fast immer besserwisserisch.

Nicht alle. Ich habe mich entschlossen, auch Zeitgenossen das Wort zu erteilen, die die Geschichte keines Besseren belehrt hatte. In *Wer war Hitler* kommen auch NSDAP-Gauleiter und SS-Angehörige, reaktionäre Steigbügelhalter und nachhaltig verblendete Militärs zu Wort, deren Wort vielen anderen Autoren nichts gilt; auch weil sie in Verlagen publizierten, die als unseriös gelten. Sie erzählen ihren Teil der Geschichte.

Der Leser wird wissen, welche Position er für richtig hält.

DANK

Dieses Buch wurde möglich, weil es ein Kino-Projekt *Wer war Hitler* gibt. Ich danke meinen Mitproduzenten Thorsten Pollfuß und Karl Höffkes, dass sie mir entscheidend den Rücken frei gehalten haben, meinen Partnern bei der Helden der Geschichte GmbH, Helmut Albers und Julio Poranzke, Linn Sackand und Marlies Poranzke für die Hilfe bei Übersetzungen aus dem Französischen und Englischen, meinem Neffen Jakob Hedderich für die Recherche der umfangreichen Literatur, die am Beginn der Arbeit stand. Meine Tochter Frederieke Eiken hat entscheidende Anregungen gegeben und acht Kilo Bücher aus Neuseeland in meine Schreibstuben in Bremen und Berlin getragen.

Ich durfte zum dritten Mal in fünf Jahren in der Zusammenarbeit mit dem be.bra verlag mit Gabriele Dietz als Lektorin zusammenarbeiten. Wir kennen uns seit 35 Jahren. Ihr mutete ich wie immer zu, das Dickicht eines anvertrauten Manuskripts zu lichten. Darin ist sie unvergleichlich. Auch im Säen und Jäten. Wie ihr gilt mein Dank Marijke Topp, Dr. Robert Zagolla und Matthias Zimmermann im Verlag, die nicht nur dem Fehlerteufel nachspürten und die komplexe Rechtelage abklärten, sondern auch andere ungeliebte Arbeiten von mir fernhielten.

Gemeinsam mit meinem Verleger Ulrich Hopp danke ich den Kolleginnen und Kollegen in den Verlagen und Agenturen, die großzügig Rechte einräumten.

Meine Frau Maria Eiken war so tolerant, den Einzug von Hunderten von saurem Ph-Wert-haltigen antiquarischen Büchern in unsere Wohnung in Bremen zu dulden. Und sie hat mir auch sonst die Räume verschafft, in der diese Arbeit geleistet werden konnte. Dafür bin ich dankbar.

Hermann Pölking-Eiken
Bremen / Berlin im Oktober 2016

ANHANG

Anmerkungen

Prolog

▪ 1 **Megan Hutching** (Hrsg.), A Far Sort of Battering, New Zealanders Remember the Italian Campaign, Auckland 2009, S. 237 f. [Übersetzung: Hermann Pölking] ▪ 2 **Edgar Kupfer-Koberwitz**, Dachauer Tagebücher, Die Aufzeichnungen des Häftlings 24.814, Mit einem Vorwort von Barbara Distel, München 1997, S. 454 ▪ 3 **Ebd.**, S. 457 ▪ 4 **Margaret Bourke-White**, Purple Heart Valley, A Combat Chronicle of the War in Italy, New York 1944 (Reprint), S. 79 f. ▪ 5 **Mark W. Clark**, Mein Weg von Algier nach Wien, Wien 1954, S. 363 ▪ 6 **Kerstin von Lingen**, Kesselrings letzte Schlacht, Kriegsverbrecherprozesse, Vergangenheitsbewältigung und Wiederbewaffnung, Der Fall Kesselring, Paderborn 2004, S. 59 ▪ 7 **Ebd.**, S. 50 ▪ 8 **Nicolaus von Below**, Als Hitlers Adjutant 1937–45, Mainz 1980, S. 361 f. ▪ 9 Norman Davies, Europe at War, 1939–1945, No simple Victory, London 2006, S. 112 ff. ▪ 10 **Kerstin von Lingen**, Kesselrings letzte Schlacht, a.a.O., S. 61 ▪ 11 **Margaret Bourke-White**, Purple Heart Valley, a.a.O., S. 4 f. ▪ 12 **Martha Gellhorn**, Das Gesicht des Krieges, Reportagen 1937–1987, München, Hamburg 1989, S. 121 f. ▪ 13 **Ebd.**, S. 117 ▪ 14 **Ebd.**, S. 50 f. ▪ 15 **Siegfried Westphal**, Erinnerungen, Mainz 1975, S. 254 ▪ 16 **Martha Gellhorn**, Das Gesicht des Krieges, a.a.O, S.205 ▪ 17 Zitiert nach: **Katriel Ben Arie**, Die Schlacht bei Monte Cassino, Freiburg 1985, S. 224 ▪ 18 Zitiert nach: **ebd.**, S. 159 f. ▪ 19 Zitiert nach: **Megan Hutching** (Hrsg.), A Far Sort of Battering, a.a.O., S. 230 ▪ 20 Zitiert nach: **ebd.**, S. 237 f. ▪ 21 Zitiert nach: **ebd.** ▪ 22 **Golo Mann**, Erinnerungen und Gedanken, Eine Jugend in Deutschland, Frankfurt/Main 2010, S. 372 f. ▪ 23 Zitiert nach: **Megan Hutching** (Hrsg.), A Far Sort of Battering, a.a.O., S. 229 f. ▪ 24 Zitiert nach: **ebd.**, S. 194 f. ▪ 25 Darstellung im folgenden nach: http://www.nzhistory.net.nz/war/second-world-war ▪ 26 zitiert nach: http://www.nzhistory.net.nz/war/second-world-war ▪ 27 www.nzhistory.net.nz/war/maori-in-second-world-war/response ▪ 28 Zitiert nach: **ebd.** ▪ 29 Zitiert nach: **Megan Hutching** (Hrsg.), A Far Sort of Battering, a.a.O., S. 237 f. ▪ 30 http://www.nzhistory.net.nz/war/maori-in-second-world-war/response ▪ 31 **David Hapgood**, **David Richardson**, Monte Cassino, New York 1984, S. 149 ▪ 32 **Ebd.** ▪ 33 **Katriel Ben Arie**, Die Schlacht bei Monte Cassino, a.a.O., S. 181 ▪ 34 Zitiert nach: **Richard J. Aldrich**, Witness to War, Diaries of the Second World War in Europe and the Middle East, London 2005, S. 687 f. [Übersetzung: Hermann Pölking] ▪ 35 **Norman Davies**, Europe at War, a.a.O., S. 112 ff. ▪ 36 **Winston S. Churchill**, Der Zweite Weltkrieg, Mit einem Epilog über die Nachkriegsjahre, Bern, München, Wien 1995, S. 895 f. ▪ 37 **Matthew Parker**, Monte Cassino, The Story of the Hardest-fought Battle of World War Two, London 2003, S. 260 f.

Kapitel 1 · Ein Oberösterreicher

▪ 1 **John Colville**, The Churchillians, London 1981, S. 3; zitiert nach: Churchill in His Own Words, edited by Richard W. Langworth, London 2012, S. 347 [Übersetzung: Hermann Pölking] ▪ 2 **Hans Habe**, Ich stelle mich, Meine Lebensgeschichte, Wien, München, Basel 1954, S. 217 f. ▪ 3 **Ebd.** ▪ 4 **Ebd.** ▪ 5 **Ebd.** ▪ 6 **Ebd.**, S. 222 ▪ 7 **August Kubizek**, Adolf Hitler, Mein Jugendfreund, Wien 1966, S. 7 ▪ 8 **Ebd.**, S. 56 ▪ 9 **Der Spiegel**, Ausgabe vom 7. Oktober 1953 ▪ 10 **Ebenda** ▪ 11 **Ebenda** ▪ 12 **Brigitte Hamann**, Hitlers Wien, Lehrjahre eines Diktators, München, Zürich 2012 ▪ 13 **Ian Kershaw**, Hitler, Band 1, 1889–1936, Stuttgart 1998, S. 31 ff. ▪ 14 **Harry Slapnicka**, Hitler und Oberösterreich, Mythos, Propaganda und Wirklichkeit um den »Heimatgau des Führers«, Grünbach 1998, S. 25 ▪ 15 Zitiert nach: http://www.zeno.org/Meyers-1905 ▪ 16 **Konrad Meindl**, Chorherr in Reichersberg, Geschichte der Stadt Braunau am Inn, Braunau 1892, II. Theil., S. 2 ▪ 17 **Adolf Hitler**, Mein Kampf, Erstausgabe Band 1, München 1925, Erstausgabe Band 2, München 1927; zitiert nach: Hitler, Mein Kampf, Eine kritische Edition, hrsg. von Christian Hartmann, Thomas Vordermayer, Othmar Plöckinger und Roman Töppel, Im Auftrag des Instituts für Zeitgeschichte, München-Berlin 2016 [eckige Klammer: Pagina Erstausgabe], S. 93 [1] ▪ 18 **Konrad Meindl**, Chorherr in Reichersberg, Geschichte der Stadt Braunau am Inn, a.a.O., I. Theil, S. 2 ▪ 19 **Eduard Kriechbaum**, Geschichte der Stadt Braunau am Inn, Bremen, Wien 1938, S. 7 ▪ 20 **Adolf Hitler**, Mein Kampf, Erstausgabe Band 1, München 1925, Erstausgabe Band 2, München 1927; zitiert nach: Hitler, Mein Kampf, Eine kritische Edition, a.a.O., S. 95 ▪ 21 **Eduard Kriechbaum**, Geschichte der Stadt Braunau am Inn, a.a.O., S. 8 ▪ 22 **Taufbuch** Tomus XIX, 30. Juni 1881 bis 1891, S. 152, Faksimile auf http://braunauhistory.at/w/index.php?title=Datei:

Hitler_taufbuch_auszug.jpg, letzter Stand: 10. August 2016 ▪ 23 **Interview with Hitler's sister** on 5th June 1946, Original copy of this document supplied by: Modern Military Records (NWCTM), Textual Archives Services Section, National Archives and Records Administration. College Park, Maryland 20740-6001, United States of America [Übersetzung: Hermann Pölking] ▪ 24 **Ebd.** ▪ 25 MA 731, Institut für Zeitgeschichte, München, S. 27; zitiert nach **Wolfgang Zdral,** Die Hitlers: Die unbekannte Familie des Führers, Frankfurt 2005, S. 29 ▪ 26 **Wiener Sonn- und Montagszeitung** vom 18. September 1933; zitiert nach: Brigitte Hamann, Hitlers Wien, a.a.O., S. 22 ▪ 27 **August Kubizek,** a.a.O., S. 47 ▪ 28 ebd. S. 48 ▪ 29 **Interview with Hitler's sister** on 5th June 1946, Original copy of this document supplied by: Modern Military Records (NWCTM), Textual Archives Services Section, National Archives and Records Administration. College Park, Maryland 20740-6001, United States of America [Übersetzung: Hermann Pölking] ▪ 29a **August Kubizek,** a.a.O., S. 28 ▪ 30 **Ebd.,** S. 32 ▪ 31 **Adolf Hitler,** Mein Kampf, Erstausgabe Band 1, München 1925, Erstausgabe Band 2, München 1927; zitiert nach: Hitler, Mein Kampf, Eine kritische Edition, a.a.O., S. 365 [129] ▪ 32 **August Kubizek,** a.a.O., S. 32 ▪ 33 **Kurt Schuschnigg,** Im Kampf gegen Hitler, Die Überwindung der Anschlussidee, Wien, München, Zürich 1969, S. 38 f. ▪ 34 **Marie Valérie von Österreich,** Das Tagebuch der Lieblingstochter der Kaiserin Elisabeth, hrsg. von Martha und Horst Schad, München, Berlin, Zürich 2015, S. 194 ▪ 35 **Adolf Hitler,** Mein Kampf, Erstausgabe Band 1, München 1925, Erstausgabe Band 2, München 1927; zitiert nach: Hitler, Mein Kampf, Eine kritische Edition, a.a.O., S. 36 [130] ▪ 36 **Marie Valérie von Österreich,** Das Tagebuch der Lieblingstochter der Kaiserin Elisabeth, a.a.O., S. 77 ▪ 37 **Oskar Kokoschka,** Mein Leben, Vorwort und dokumentarische Mitarbeit von Remigius Netzer, München 1971, S. 59 f. ▪ 38 **Nicolaus von Below,** Als Hitlers Adjutant 1937–45, Mainz 1980, S. 168 f. ▪ 39 **Max Sixtl,** Leonding, Heimatort des Führers, Geschichte und Landschaft, Im Einvernehmen mit der NSDAP Leonding hrsg. und verlegt, Linz 1938, S. 7 f. ▪ 40 **Interview with Hitler's sister** on 5th June 1946, Original copy of this document supplied by: Modern Military Records (NWCTM), Textual Archives Services Section, National Archives and Records Administration. College Park, Maryland 20740-6001, United States of America [Übersetzung: Hermann Pölking] ▪ 41 **Harry Slapnicka,** Hitler und Oberösterreich, a.a.O., S. 112 ▪ 42 **Max Sixtl,** Leonding, Heimatort des Führers, a.a.O., S. 23 ▪ 43 **Harry Slapnicka,** Hitler und Oberösterreich, a.a.O., S. 112 ▪ 44 **Ulrich Schlie** (Hrsg.), Albert Speer, Die Kransberg-Protokolle, Seine ersten Aussagen und Aufzeichnungen (Juni-September), München 2003, S. 114 ▪ 45 **Adolf Hitler,** Mein Kampf, Erstausgabe Band 1, München 1925, Erstausgabe Band 2, München 1927; zitiert nach: **Adolf Hitler,** Mein Kampf, Eine kritische Edition, a.a.O., S. 125 [16] ▪ 46 Zitiert nach: **Ralf Georg Reuth,** Joseph Goebbels Tagebücher, Band 2: 1930–1934, München 1999, S. 681 ▪ 47 Zitiert nach: **Brigitte Hamann,** Hitlers Wien a.a.O., S. 31 ▪ 48 **Wiener Sonn- und Montagszeitung** vom 18. September 1933, zitiert nach: Brigitte Hamann, Hitlers Wien, a.a.O., S. 20 ▪ 49 **Werner Koeppen,** Materialien aus dem Bundesarchiv, Heft 10, Herbst 1941 im »Führerhauptquartier«, Berichte Werner Koeppens an seinen Minister Alfred Rosenberg, hrsg. und kommentiert von Martin Vogt, Koblenz 2002, S. 61 ▪ 50 **Henry Picker,** Hitlers Tischgespräche im Führerhauptquartier 1941–1942, hrsg. von Percy Ernst Schramm in Zusammenarbeit mit Andreas Hillgruber und Martin Vogt, Stuttgart 1963, S. 200 ▪ 51 **Interview with Hitler's sister** on 5th June 1946, Original copy of this document supplied by: Modern Military Records (NWCTM), Textual Archives Services Section, National Archives and Records Administration. College Park, Maryland 20740-6001, United States of America [Übersetzung: Hermann Pölking] ▪ 52 Zitiert nach: **Christa Schroeder,** Er war mein Chef, Aus dem Nachlass der Sekretärin von Adolf Hitler, hrsg. von Anton Joachimsthaler, München, Wien 1985, S. 336 (Fußnote 139) ▪ 53 **August Kubizek,** Adolf Hitler, a.a.O. S.50 ▪ 54 Zitiert nach: **Illustrierte, Wochenend-Sonntagspost,** Nr. 23 vom 4. Bis 10. 6. 1959, S. 1, zitiert nach: Alfred Läpple, Paula Hitler, Die Schwester, Ein Leben in der Zeitenwende, Stegen am Ammersee 2005, S.63 ▪ 55 Washington, NA, Hitler Source Book, Interview mit William Patrick Hitler am 19.09.1943 in New York ▪ 56 **August Kubizek,** Adolf Hitler, a.a.O. S. 50 ▪ 57 Zitiert nach: **Werner Jochmann** (Hrsg.), Monologe im Führerhauptquartier 1941–1944, aufgezeichnet von Heinrich Heim, Hamburg 1980, S. 376 ▪ 58 Zitiert nach: **Franz Jetzinger,** Hitlers Jugend, Phantasien, Lügen – und die Wahrheit, Wien 1958, S. 92 ▪ 59 **Ulrich Schlie** (Hrsg.), Albert Speer, Die Kransberg-Protokolle, a.a.O., S. 114 ▪ 60 Zitiert nach: **Ernst Deuerlein,** Hitler, Eine politische Biographie, München 1969, S. 18 ▪ 61 **Egon Schwarz,** Keine Zeit für Eichendorff, Chronik unfreiwilliger Wanderjahre, hrsg. von Hans-Albert Walter, Frankfurt/Main 1992, S. 29 f. ▪ 62 Zitiert nach: **Franz Jetzinger,** Hitlers Jugend, Phantasien, Lügen – und die Wahrheit, a.a.O., S. 109 ▪ 63 **Henry Picker,** Hitlers Tischgespräche im Führerhauptquartier 1941–1942, a.a.O., S. 273 ▪ 64 **August Kubizek,** Adolf Hitler, a.a.O., S. 22 f. ▪ 65 **Harry Slapnicka,** Hitler und Oberösterreich, a.a.O., S. 31 ▪ 66 Zitiert nach: **Wolfgang Zdral,** Die Hitlers: Die unbekannte Familie des Führers, a.a.O., S. 42 ▪ 67 **August Kubizek,** Adolf Hitler, a.a.O., S.66 ▪ 68 Zitiert nach: Wiener Sonn- und Montagszeitung vom 18. September 1933, zitiert nach: **Brigitte Hamann,** Hitlers Wien, a.a.O., S. 20 ▪ 69 **August Kubizek,** Adolf Hitler, a.a.O., S. 101 ▪ 70 **Ulrich Schlie** (Hrsg.), Albert Speer, Die Kransberg-Protokolle, a.a.O., S. 114 ▪ 71 **August Kubizek,** Adolf Hitler, a.a.O., S. 102 ▪ 72 **Max Sixtl,** Leonding, Heimatort des Führers, a.a.O., S. 7 f. ▪ 73 **Interview with Hitler's sister** on 5th June 1946, Original copy of this document supplied by: Modern Military Records (NWCTM), Textual Archives Services Section, National Archives and Records Administration. College Park, Maryland 20740-6001, United States of America [Übersetzung: Hermann Pölking] ▪ 74 Zitiert nach: **Ernst Deuerlein,** Hitler, Eine politische Biographie, a.a.O., S. 16 ▪ 75 Zitiert nach: **Werner Jochmann,** Monologe im Führerhauptquartier 1941–1944, a.a.O., S. 324 ▪ 76 **Max Sixtl,** Leonding, Heimatort des Führers, a.a.O, S. 7 f. ▪ 77 **August Kubizek,** Adolf Hitler, a.a.O., S. 50

Kapitel 2 · Ein Tunichtgut

▪ 1 Zitiert nach: **August Kubizek**, Adolf Hitler, Mein Jugendfreund, Wien 1966, S. 145 f. ▪ 2 **Brian McGuiness**, Wittgensteins frühe Jahre, Frankfurt am Main 1988, S. 95 ▪ 3 **Brigitte Hamann**, Hitlers Wien, Lehrjahre eines Diktators, München, Zürich 2012, S. 27 ▪ 4 **Ebd.**, S. 538 ▪ 5 **Ian Kershaw**, Hitler, Band 1, Stuttgart, München 1998, S. 56 ▪ 6 **Brigitte Hamann**, Hitlers Wien, a.a.O., S. 577 ▪ 7 **Ebd.**, S. 288 ▪ 8 **Ebd.**, S. 577 ▪ 9 **Adolf Hitler**, Mein Kampf, Erstausgabe Band 1, München 1925, Erstausgabe Band 2, München 1927; zitiert nach: Hitler, Mein Kampf, Eine kritische Edition, hrsg. von Christian Hartmann, Thomas Vordermayer, Othmar Plöckinger und Roman Töppel, Im Auftrag des Instituts für Zeitgeschichte, München-Berlin 2016 [eckige Klammer: Pagina Erstausgabe], S. 126 [359] ▪ 10 **Brigitte Hamann**, Hitlers Wien, a.a.O., S. 227 ▪ 11 http://www.zeno.org/Meyers-1905/A/Linz?hl=linz ▪ 12 **August Kubizek**, Adolf Hitler, a.a.O., S. 19 ▪ 13 **Carl Zuckmayer**, Als wär's ein Stück von mir, Horen der Freundschaft, Frankfurt/ Main 2013, S. 31 ▪ 14 Zitiert nach: **Franz Jetzinger**, Hitlers Jugend, Phantasien, Lügen – und die Wahrheit, Wien 1958, S. 109 ▪ 15 **Adolf Hitler**, Mein Kampf, Erstausgabe Band 1, München 1925, Erstausgabe Band 2, München 1927; zitiert nach: Hitler, Mein Kampf, Eine kritische Edition, a.a.O., S. 201 [52] ▪ 16 Zitiert nach: **Anton Joachimsthaler**, Hitlers Weg begann in München, 1913–1923, München 2000, S. 35 ▪ 17 Zitiert nach: **Harry Slapnicka**, Hitler und Oberösterreich, Mythos, Propaganda und Wirklichkeit um den »Heimatgau des Führers«, Grünbach 1998, S. 32 ▪ 18 Zitiert nach: **Anton Joachimsthaler**, Hitlers Weg begann in München, a.a.O., S. 35 ▪ 19 **August Kubizek**, Adolf Hitler, a.a.O., S. 28 ▪ 20 **Collier's Illustrated Weekly**, 15. März 1941 ▪ 21 **August Kubizek**, Adolf Hitler, a.a.O., S. 20 ▪ 22 Records (NWCTM), Textual Archives Services Section, National Archives and Records Administration. College Park, Maryland 20740-6001, United States of America ▪ 23 Zitiert nach: **Werner Maser**, Hitlers Briefe und Notizen, Sein Weltbild in handschriftlichen Dokumenten, Düsseldorf 1988, S. 117 ff. ▪ 24 **Albert Speer**, Spandauer Tagebücher, Berlin 1965, S. 522 f. ▪ 25 **August Kubizek**, Adolf Hitler, a.a.O., S.147 ▪ 26 **Collier's Illustrated Weekly**, 15. März 1941 ▪ 27 Zitiert nach: **Brigitte Hamann**, Hitlers Wien, S. 165 ▪ 28 **August Kubizek**, Adolf Hitler, a.a.O., S. 7 ▪ 29 **Adolf Hitler**, Mein Kampf, Erstausgabe Band 1, München 1925, Erstausgabe Band 2, München 1927; zitiert nach: Hitler, Mein Kampf, Eine kritische Edition, a.a.O., S. 315 [104] ▪ 30 **Karl Kraus**: Die Fackel Nr. 400–403, Wien, 10. Juli 1914 ▪ 31 **Vicki Baum**, Es war alles ganz anders, Erinnerungen, Köln 1987, S. 149 f. ▪ 32 **Adolf Hitler**, Mein Kampf, Erstausgabe Band 1, München 1925, Erstausgabe Band 2, München 1927; zitiert nach: Hitler, Mein Kampf, Eine kritische Edition, a.a.O., S. 129 [17] ▪ 33 **August Kubizek**, Adolf Hitler, a.a.O., S. 140 f. ▪ 34 **Ebd.**, S. 104 ▪ 35 **Ebd.**, S. 142 ▪ 36 Zitiert nach: **Brigitte Hamann**, Hitlers Wien, Lehrjahre eines Diktators, a.a.O., S. 52 ▪ 37 Illustrierten Wochenend-Sonntagspost, Nr. 23 vom 4. Bis 10. 6. 1959, S. 1, zitiert nach: **Alfred Läpple**, Paula Hitler, Die Schwester, Ein Leben in der Zeitenwende, Stegen am Ammersee, 2005, S. 31 ▪ 38 **August Kubizek**, Adolf Hitler, a.a.O., S. 156 ▪ 39 **Collier's Illustrated Weekly**, 15. März 1941 ▪ 40 **August Kubizek**, Adolf Hitler, a.a.O., S. 156 ▪ 41 **Interview with Hitler's sister** on 5th June 1946, Original copy of this document supplied by: Modern Military Records (NWCTM), Textual Archives Services Section, National Archives and Records Administration. College Park, Maryland 20740-6001, United States of America [Übersetzung: Hermann Pölking] ▪ 42 **August Kubizek**, Adolf Hitler, a.a.O., S. 162 ▪ 43 **Friedelind Wagner**, Nacht über Bayreuth, Die Geschichte der Enkelin Richard Wagners, Köln 2010, S. 85 ▪ 44 **Adolf Hitler**, Mein Kampf, Erstausgabe Band 1, München 1925, Erstausgabe Band 2, München 1927; zitiert nach: Hitler, Mein Kampf, Eine kritische Edition, a.a.O., S. 125 [16] ▪ 45 **Collier's Illustrated Weekly**, 15. März 1941 ▪ 46 **Interview with Hitler's sister** on 5th June 1946, Original copy of this document supplied by: Modern Military Records (NWCTM), Textual Archives Services Section, National Archives and Records Administration. College Park, Maryland 20740-6001, United States of America [Übersetzung: Hermann Pölking] ▪ 47 **Ebd.** ▪ 48 **August Kubizek**, Adolf Hitler, a.a.O., S. 171 ▪ 49 **Interview with Hitler's sister** on 5th June 1946, Original copy of this document supplied by: Modern Military Records (NWCTM), Textual Archives Services Section, National Archives and Records Administration. College Park, Maryland 20740-6001, United States of America [Übersetzung: Hermann Pölking] ▪ 50 **Manès Sperber**, Die Wasserträger Gottes, All das Vergangene, Wien 1974, S. 126 ▪ 51 **Stefan Zweig**, Die Welt von gestern, Erinnerungen eines Europäers, Frankfurt/ Main 1952, S. 181 ▪ 52 **Marie Valérie von Österreich**, Tagebuch der Lieblingstochter von Kaiserin Elisabeth 1878 bis 1899, hrsg. von Martha und Horst Schad, Berlin, München, Zürich 2015, S. 112 ▪ 53 Zitiert nach: **Brigitte Hamann**, Hitlers Wien, Lehrjahre eines Diktators, a.a.O., S. 134 ▪ 54 **Friedrich Somary**, Erinnerungen aus meinem Leben, Zürich o.J., S. 28 f. und 25, zitiert nach: Brigitte Hamann, Hitlers Wien, a.a.O., S. 133 ▪ 55 Brigitte Hamann, Hitlers Wien, a.a.O., S. 475 ▪ 56 **Vicki Baum**, Es war alles ganz anders, a.a.O., S. 12 ▪ 57 Zitiert nach: **Brigitte Hamann**, Hitlers Wien, a.a.O., S. 133 ▪ 58 **Adolf Hitler**, Mein Kampf, Erstausgabe Band 1, München 1925, Erstausgabe Band 2, München 1927; zitiert nach: Hitler, Mein Kampf, Eine kritische Edition, a.a.O., S. 125 [16] ▪ 59 **Thomas Mann**, Bruder Hitler, in Gesammelte Werke in 13 Bänden, Bd. 12., S. Fischer, Frankfurt 1974, S. 845 – 852, zitiert nach: Volker Ullrich: Adolf Hitler, Biographie, Bd. 1: Die Jahre des Aufstiegs 1889–1939, Frankfurt/ Main 2013, S. 47 ▪ 60 **August Kubizek**, Adolf Hitler, a.a.O., S. 185 ▪ 61 **Ebd.**, S. 177 ▪ 62 Zitiert nach: Brigitte Hamann, Hitlers Wien, a.a.O., S. 82 ▪ 63 Zitiert nach: **Werner Maser**: Hitlers Briefe und Notizen, a.a.O., S. 20 ff. ▪ 64 **August Kubizek**, Adolf Hitler, a.a.O., S. 185 ▪ 65 **Ebd.**, S. 185 ▪ 66 **Stefan Zweig**, Die Welt von gestern, a.a.O., S. 33 f. ▪ 67 **August Kubizek**, Adolf Hitler, a.a.O., S. 188 ▪ 68 **Joseph Goebbels**, Die Tagebücher, Teil II: Diktate 1941–1945, München 1993–1996, Band 15, hrsg. von Elke Fröhlich, S. 692 ▪ 69 Zitiert nach: **Werner Jochmann** (Hrsg.), Monologe im Führerhauptquartier 1941–1944, aufgezeichnet von Heinrich Heim, Hamburg 1980,

S. 74 ▪ 70 **August Kubizek**, Adolf Hitler, a.a.O., S. 198 ▪ 71 **Egon Schwarz**, Keine Zeit für Eichendorff, Chronik unfrei-williger Wanderjahre, hrsg. von Hans-Albert Walter, Frankfurt/Main 1992, S. 33 f. ▪ 72 **Marie Valérie von Österreich**, Tagebuch der Lieblingstochter von Kaiserin Elisabeth 1878 bis 1899, a.a.O., S. 123 ▪ 73 **Hermann Bahr**, Tagebücher, Skizzenbücher, Notizhefte, 5, Herausgegeben von Moritz Czáky, bearbeitet von Kurt Ifkovits und Lukas Mayerhofer, Wien, Köln, Weimar 2003, S. 380 f. ▪ 74 **Reinhold Hanisch**, I Was Hitler's Buddy, Teil I-III New Republic, S. 271, zitiert nach: Ian Kershaw, Hitler, Band 1, Stuttgart/München 1998, S. 59 ▪ 75 **August Kubizek**, Adolf Hitler, a.a.O., S. 105 ▪ 76 **Theodor Herzl**, Tagebücher, Erster Band, Der Judensache erstes Buch, Leipzig 1922, S. 1 ▪ 77 **Stefan Zweig**, Die Welt von gestern, Erinnerungen eines Europäers, a.a.O., S. 66 f. ▪ 78 **Eduard Frauenfeld**, Dr. Karl Lueger. Zeitschrift für Poli-tik, Band 28, Hochschule für Politik, München 1938, S. 85 ▪ 79 **Adolf Hitler**, Mein Kampf, Erstausgabe Band 1, München 1925, Erstausgabe Band 2, München 1927; zitiert nach: Hitler, Mein Kampf, Eine kritische Edition, a.a.O., S. 207 [55] ▪ 80 Zitiert nach: **Brigitte Hamann**, Hitlers Wien, a.a.O., S. 405 ▪ 81 Zitiert nach: **Werner Maser**; Hitlers Briefe und Notizen, a.a.O., S. 41 ▪ 82 **Karl Honisch**, Wie ich im Jahre 1913 Adolf Hitler kennenlernte, Niederschrift vom 31.5.1939, NSDAP Hauptarchiv, HIMC, File 17, Reel 1, zitiert nach: Anton Joachimsthaler, Hitlers Weg begann in München, a.a.O., S. 55 ▪ 83 **Ebd.**, S. 58 ▪ 84 **Henry Picker**, Hitlers Tischgespräche im Führerhauptquartier 1941–1942, hrsg. vom Percy Ernst Schramm in Zusammenarbeit mit Andreas Hillgruber und Martin Vogt, Stuttgart 1963, S. 194 ▪ 85 Zitiert nach: **Ian Kershaw**, Hitler, Band 1, a.a.O., S. 100 f. ▪ 86 Zitiert nach: **Brigitte Hamann**, Hitlers Wien, a.a.O., S. 247 ▪ 87 **Maurice Samuelson**, Post von Hitler, in:»Die Presse, Wien, 14.05.1944, Spectrum IV.), zitiert nach: ebd. 236 ▪ 88 Zitiert nach: **Werner Maser**; Hitlers Briefe und Notizen, a.a.O., S. 117 ff. ▪ 89 **Karl Honisch**,Wie ich im Jahre 1913 Adolf Hitler ken-nenlernte, a.a.O. , zitiert nach: Anton Joachimsthaler, Hitlers Weg begann in München, a.a.O., S. 59 ▪ 90 entfällt ▪ 91 **Adolf Hitler**, Mein Kampf, Erstausgabe Band 1, München 1925, Erstausgabe Band 2, München 1927; zitiert nach: Hitler, Mein Kampf, Eine kritische Edition, a.a.O., S. 367 [130] ▪ 92 **Wilhem Matull**, Erlebte Geschichte zwischen Pregel und Rhein, Erinnerungen aus drei Generationen 1845 – 1980, Dortmund 1980, hier: Wilhelm Matull (1903–1980), Ins ›gran-diose‹ 20. Jahrhundert, S. 48 ▪ 93 **Hubert Ortkemper** (Hrsg.), Werner Richard Heymann, Liebling, mein Herz lässt dich grüßen, Der erfolgreichste Komponist der UFA-Zeit erinnert sich, Mainz 2011, S. 18 ▪ 94 **Dieter Hoffmann**, Einstein und der Zionismus, in: Peter C. Aichelburg und Roman U. Sext (Hrsg.), Albert Einstein, Sein Einfluss auf Physik, Philosophie und Politik. Braunschweig, Wiesbaden 1979, S. 179 ▪ 95 **Heinz A. Heinz**, Germany's Hitler, London, 1934, zitiert nach: Anton Joachimsthaler, Hitlers Weg begann in München, a.a.O., S. 17 f. ▪ 96 **Eugen Kalkschmidt**, Vom Memelland bis München, Erinnerungen, Hamburg-Bergedorf 1947, S. 143 ▪ 97 Zitiert nach: **Anton Joachimsthaler**, Hitlers Weg begann in München, a.a.O., S. 89 ▪ 98 Angaben von **Thomas Orr**, zitiert nach: ebd., S. 85 ▪ 99 Zitiert nach: **ebd**. S. 8 ▪ 100 **Erich Mühsam**, Namen und Menschen, Unpolitische Erinnerungen, Reprint Berlin o.J., S. 110 f. ▪ 101 **Ricarda Huch**, Gesam-melte Werke, hrsg. von Wilhelm Emrich, Band 11: Autobiographische Schriften, Nachlese, Register, Köln, Gütersloh o.J., S. 370 ▪ 102 **Heinrich Hoffmann**, Hitler, wie sich ihn sah, Aufzeichnungen seines Leibfotografen, München, Berlin 1974, S. 65 ▪ 103 Zitiert nach: **Werner Maser**, Hitlers Briefe und Notizen, a.a.O., S. 39 ▪ 104 **Ebd.**, S. 39 ▪ 105 Zitiert nach: **Anton Joachimsthaler**, Hitlers Weg begann in München, a.a.O., S. 28 ▪ 106 Zitiert nach: **Werner Maser**, Hitlers Briefe und Notizen, a.a.O., S. 40 f. ▪ 107 BayHStA, PrASlg. 1160, zitiert nach: **Max Domarus**, Hitler, Reden und Proklamationen, 1932–1945, Band I Triumph; Zweiter Halbband 1935–1938, Wiesbaden 1973, S. 150

Kapitel 3 · Ein Gefreiter

▪ 1 Zitiert nach: **Thomas Weber**, Hitlers erster Krieg, Der Gefreite Hitler im Weltkrieg – Mythos und Wahrheit, Berlin 2012, S. 115 ▪ 2 ebd., S. 33 ▪ 3 **Ian Kershaw**, Hitler, Band 1. Stuttgart, München 1998, S. 19 f. ▪ 4 **Thomas Weber**, Hitlers erster Krieg, a.a.O., S. 71 ▪ 5 **Ebd.**, S. 226 ▪ 6 **Golo Mann**, Erinnerungen und Gedanken, Eine Jugend in Deutschland, Frankfurt/ Main, 2010, S. 168 ▪ 7 Zitiert nach: http://www.1000dokumente.de/pdf/dok_0026_dol_de.pdf ▪ 8 **Georg Heym**, Zu den Wahlen, in: Novellen und Dramen, Band 2 der Gesamtausgabe Dichtungen und Schriften, Hamburg 1964, S. 176 ▪ 9 **Stefan Zweig**, Die Welt von gestern, Erinnerungen eines Europäers, Frankfurt/Main 1952, S. 209 ▪ 10 **August Kubizek**, Adolf Hitler, Mein Jugendfreund, Wien 1966, S. 194 ▪ 11 **Henriette Schneider**, handschriftliche Tagebuchauf-zeichnungen 1913–1947 der Henriette Schneider (18721947), Archiv des Lötzener Heimatmuseums, Neumünster, Aus-zugsweise wiedergegeben und inhaltlich zusammengefasst von Bernhard Pietrass, http://www.ostpreussen-tagebuch. de/, letzter Stand: 10. August 2016 (im Fortlauf des Kapitels erfolgt kein weiterer Nachweis) ▪ 12 **Friedrich Hollaender**, Von Kopf bis Fuß, Revue meines Lebens, hrsg. und kommentiert von Volker Kühn, Berlin 2001, S. 45 f. ▪ 13 **Vicki Baum**, Es war alles ganz anders, Erinnerungen, Köln 1987, S. 286 ▪ 14 **Gustav Mannerheim**, Erinnerungen, Zürich, Freiburg in Breisgau 1952, S. 89 ▪ 15 **Wolf Rüdiger Heß** (Hrsg.), Rudolf Heß, Briefe 1908 - 1933, Mit einer Einführung und Kom-mentaren von Dirk Bavendamm, München, Wien 1987, S. 84 ▪ 16 **Vicki Baum**, Es war alles ganz anders, a.a.O. , S. 289 ▪ 17 **Martin Gilbert**, Winston S. Churchill, Volume III, 1914–1916, London 1967, S. 25 f. [Übersetzung: Hermann Pölking] ▪ 18 **Paul Löbe**, Der Weg war lang, Lebenserinnerungen, Berlin 1965, S. 64 ▪ 19 **Walter von Sanden-Guja**, Das gute Land, Hannover o.J., S. 210 ▪ 20 **Franz Kafka**, Tagebücher, hrsg. von Hans-Georg Koch, Michael Müller und Malcom Pasely, Frankfurt/ Main 1990, S. 543 (Schriften, Tagebücher, Briefe, Kritische Ausgabe) ▪ 21 **Adolf Hitler**, Mein Kampf, Erstaus-gabe Band 1, München 1925, Erstausgabe Band 2, München 1927; zitiert nach: Hitler, Mein Kampf, Eine kritische Edition, hrsg. von Christian Hartmann, Thomas Vordermayer, Othmar Plöckinger und Roman Töppel, Im Auftrag des Instituts für Zeitgeschichte, München-Berlin 2016 [eckige Klammer: Pagina Erstausgabe], S. 453 (169) ▪ 22 entfällt ▪ 23 **Rudolf Höß**, Kommandant in Auschwitz, Autobiographische Aufzeichnungen, hrsg. von Martin Brozat, München 2013, S. 30 ▪ 24 **Sebastian Haffner**, Geschichte eines Deutschen, Die Erinnerungen 1914–1933, München 2006, S. 28 f. ▪ 25 **Ernst Rüdiger Starhemberg**, Memoiren, mit einer Einleitung von Heinrich Drimmle, Wien, München 1971, S. 36 ▪ 26 **Erich Koch-Weser**, die Die Tagebücher 1914 bis 1918, Kommunalpolitik im Ersten Weltkrieg, hrsg. von Walter Mühlhausen und Gerhard Papke, München 1999, S. 42 ▪ 27 Zitiert nach: **Werner Maser**, Hitlers Briefe und Notizen, Sein Weltbild in handschriftlichen Dokumenten, Graz 2002, S. 117 ff. ▪ 28 Zitiert nach: **Anton Joachimsthaler**, Hitlers Weg begann in München, 1913–1923, München 2000, S. 114 ▪ 29 **Fritz Wiedemann**, Der Mann, der Feldherr werden wollte, Erlebnisse und Erfahrungen des Vorgesetzten Hitlers im 1. Weltkrieg und seines späteren Persönlichen Adjutanten, Velbert und Kettwig 1964, S. 18 f. ▪ 30 **Bericht des Bayerischen Kriegsarchivs** an das bayrische Innenministerium (Regierungsrat Thedy) vom 13.10.1924, BStA, StAnw, Mü 13099, zitiert nach: Anton Joachimsthaler, Hitlers Weg begann in München, a.a.O., S. 105 ▪ 31 **Fritz Wiedemann**, Der Mann, der Feldherr werden wollte, a.a.O., S. 19 f. ▪ 32 **Erich Mühsam**, Tagebücher 1910–1924, München 1994, S. 101 ▪ 33 **Ludwig Wittgenstein**, Geheime Tagebücher, 1914–1916, hrsg. und dokumentiert, von Wilhelm Baum, Wien 1992, S. 17 ▪ 34 **Ernst Jünger**, Kriegstagebuch 1914–1918, hrsg. von Helmuth Kiesel, Stuttgart 2010, S.7 ▪ 35 Zitiert nach: **Thomas Weber**, Hitlers erster Krieg, Der Gefreite Hitler im Weltkrieg, a.a.O., S. 40 ▪ 36 Zitiert nach: **Othmar Plöckinger**, Geschichte eines Buches, Adolf Hitlers »Mein Kampf« 1922–1945, Eine Veröffentlichung des Instituts für Zeitgeschichte, München 2011, S. 50 ▪ 37 Brief an Ernst Hepp, zitiert nach: **Thomas Weber**, Hitlers erster Krieg, a.a.O., S. 49 ▪ 38 Zitiert nach: **Werner Maser**, Hitlers Briefe und Notizen, Sein Weltbild in handschriftlichen Dokumenten, a.a.O., S. 117 ff. ▪ 39 Zitiert nach: **Thomas Weber**, Hitlers erster Krieg, Der Gefreite Hitler im Weltkrieg, a.a.O., S. 71 ▪ 40 **Fritz Wiedemann**, Der Mann, der Feldherr werden wollte, a.a.O., S. 20 ▪ 41 **Gerhard Szczesny**, Als die Vergangenheit Gegenwart war, Lebenslauf eines Ostpreußen, Berlin, Frankfurt/Main 1990, S. 18 ▪ 42 **Fritz Wiedemann**, Der Mann, der Feldherr werden wollte, a.a.O., S. 23 ▪ 43 Zitiert nach: **Thomas Weber**, Hitlers erster Krieg, Der Gefreite Hitler im Weltkrieg, a.a.O., S. 140 ▪ 44 **Fritz Wiedemann**, Der Mann, der Feldherr werden wollte, a.a.O., S. 26 ▪ 45 **Albert Meyer**, Mit Adolf Hitler im Bayerischen Reserve-Infanterie-Regiment 16 List, Neustadt-Aisch 1934, S. 15, Berner Tagblatt, Nr. 139 vom 23.3.1932 und Heinz A. Heinz a.a.O., S. 96, zitiert nach: Anton Joachimsthaler, Hitlers Weg begann in München, 1913–1923, a.a.O., S. 126 f. ▪ 46 Zitiert nach: **Anton Joachimsthaler**, Hitlers Weg begann in München, 1913–1923, a.a.O., S. 154 ▪ 47 **Friedrich Percyval Reck- Malleczewen**, Tagebuch eines Verzweifelten, Lurch/Württ.-Stuttgart 1947, S. 75 ▪ 48 **Wolf Rüdiger Heß** (Hrsg.), Rudolf Heß, Briefe 1908–1933, a.a.O., S. 115 ▪ 49 Zitiert nach: **Werner Maser**, Hitlers Briefe und Notizen, a.a.O., 60 ff. ▪ 50 **Wolf Rüdiger Heß (Hrsg.)**, Rudolf Heß, Briefe 1908–1933, a.a.O., S. 118 ▪ 51 **Horst Sindermann**, Vor Tageslicht, Autobiografie, Berlin 2015, S. 46 ▪ 52 Zitiert nach: **Werner Maser**, Hitlers Briefe und Notizen, a.a.O, S. 70 ff. ▪ 53 ebd., S. 78 ff. ▪ 54 **Ludwig Wittgenstein**, Geheime Tagebücher, 1914–1916, a.a.O., S. 74 ▪ 55 **Adolf Hitler**, Mein Kampf, Erstausgabe Band 1, München 1925, Erstausgabe Band 2, München 1927; zitiert nach: Hitler, Mein Kampf, Eine kritische Edition, a.a.O., S. 465 [174] ▪ 56 entfällt ▪ 57 **Balthasar Brandmayer**, Meldegänger Hitler, München 1933, S. 76 ▪ 58 **Fritz Wiedemann**, Der Mann, der Feldherr werden wollte, a.a.O., S. 29 ▪ 59 **Adolf Hitler**, Mein Kampf, Erstausgabe Band 1, München 1925, Erstausgabe Band 2, München 1927; zitiert nach: Hitler, Mein Kampf, Eine kritische Edition, a.a.O., S. 527 ff. [202 f.] ▪ 60 entfällt ▪ 61 Zitiert nach: **Thomas Weber**, Hitlers erster Krieg, Der Gefreite Hitler im Weltkrieg, a.a.O., S. 194 ▪ 62 **Fritz Wiedemann**, Der Mann, der Feldherr werden wollte, a.a.O., S. 27 ▪ 63 Zitiert nach: **Thomas Weber**, Hitlers erster Krieg, a.a.O., S. 287 ▪ 64 **Fritz Wiedemann**, Der Mann, der Feldherr werden wollte, a.a.O., S. 33 ▪ 65 **Vicki Baum**, Es war alles ganz anders, a.a.O., S. 312 f. ▪ 66 **Thea Sternheim**, Tagebücher 1903–1971, hrsg. und ausgewählt von Thomas Ehrsam und Regula Wyss im Auftrage der Heinriche Enrique Beck-Stiftung, Band 1, 1930–1925, Göttingen 2012, S. 439 ▪ 67 Zitiert nach: **Thomas Weber**, Hitlers erster Krieg, a.a.O., S. 294 ▪ 68 **Adolf Hitler**, Mein Kampf, Erstausgabe Band 1, München 1925, Erstausgabe Band 2, München 1927; zitiert nach: Hitler, Mein Kampf, Eine kritische Edition, a.a.O., S. 547 [212] ▪ 69 **Vilma Sturm**, Barfuß auf Asphalt, Ein unordentlicher Lebenslauf, München 1987, S. 25 ▪ 70 **Sebastian Haffner**, Geschichte eines Deutschen, Die Erinnerungen 1914–1933, a.a.O., S. 34 ▪ 71 **Gustav Noske**, Erlebtes aus Aufstieg und Niedergang einer Demokratie, Offenbach/Main 1947, S. 75 ▪ 72 **Sigurd von Ilsemann**, Der Kaiser in Holland, Aufzeichnungen des letzten Flügeladjutanten Kaiser Wilhelms II., hrsg. von Harald von Koenigswald, München 1967, S. 35 ▪ 73 **Paul Stehlin**, Auftrag in Berlin, Berlin 1965, S. 9 f. ▪ 74 **Sigurd von Ilsemann**, Der Kaiser in Holland, a.a.O., S. 34 f. ▪ 75 **Harry Graf Kessler**, Tagebücher 1918–1937, Politik, Kunst und Gesellschaft der zwanziger Jahre, Frankfurt/Main 1961, S. 21 f. ▪ 76 **Käthe Kollwitz**, Die Tagebücher, hrsg. von Jutta Bohnke-Kollwitz, Berlin 1989, S. 378 ▪ 77 **Prinz Max von Baden**, Erinnerungen und Dokumente, neu hrsg. von Golo Mann und Andreas Burckhardt, Stuttgart 1968, S. 607 ▪ 78 Zitiert nach: **Rainer Wieland** (Hrsg.), Das Buch der Tagebücher, München, Zürich, 2010, S. 22 ▪ 79 **George Grosz**, Ein kleines Ja und ein großes Nein, Sein Leben von ihm selbst erzählt, Reinbek bei Hamburg 1995, S.144 ▪ 80 **Martin Gilbert**, Winston S. Churchill, Volume IV, 1916–1922, London 1967, S. 164 f. [Übersetzung: Hermann Pölking] ▪ 81 Faksimile, abgedruckt in der »Frankfurter Allgemeinen Sonntagszeitung« vom 7. Dezember 2014 ▪ 82 **Adolf Hitler**, Mein Kampf, Erstausgabe Band 1, München 1925, Erstausgabe Band 2, München 1927; zitiert nach: Hitler, Mein Kampf, Eine kritische Edition, a.a.O., S. 551 ff. [214]

■ 83 **Manès Sperber,** Die vergebliche Warnung, All das Vergangene, Wien 1975, S. 9 ■ 84 **Kurt Schuschnigg,** Im Kampf gegen Hitler, Die Überwindung der Anschlussidee, Wien, München, Zürich 1969, S. 46 ■ 85 **Ernst Rüdiger Starhemberg,** Memoiren, a.a.O., S. 38 ■ 86 Zitiert nach: Rainer Wieland (Hrsg.), Das Buch der Tagebücher, München, Zürich 2010, S. 305 ■ 87 **Adolf Hitler,** Mein Kampf, Erstausgabe Band 1, München 1925, Erstausgabe Band 2, München 1927; zitiert nach: Hitler, Mein Kampf, Eine kritische Edition, a.a.O., S. 557 [217]

Kapitel 4 · Ein Volksredner

■ 1 **Ulrich Schlie** (Hrsg.), Albert Speer, Die Kransberg-Protokolle, Seine ersten Aussagen und Aufzeichnungen (Juni-September), München 2003, S. 133 ■ 2 **Thomas Weber,** Wie Adolf Hitler zum Nazi wurde, Vom unpolitischen Soldaten zum Autor von »Mein Kampf«, Berlin 2016, S. 113 ■ 3 **Ebd.,** S. 56 ■ 4 **Ebd.,** S. 83 ■ 5 **Ebd.** ■ 6 **Ebd.,** S. 139 ■ 7 **Ebd.,** S. 86 f. ■ 8 **Ebd.,** S. 159 ■ 9 **Ebd.,** S. 158 ■ 10 **Thomas Weber,** Hitlers erster Krieg, Der Gefreite Hitler im Weltkrieg – Mythos und Wahrheit, Berlin 2012, S. 337 ■ 11 **Thomas Weber,** Wie Adolf Hitler zum Nazi wurde, a.a.O., S. 207 ■ 12 **Ebd.,** S. 164 f. ■ 13 **Ian Kershaw,** Hitler, Band 1, Stuttgart, München 1998, S. 218 ■ 14 **Ebd.,** S. 225 ■ 15 **Ebd.,** S. 177 ■ 16 **Hans Ulrich Wehler,** Deutsche Gesellschaftsgeschichte, Vom Beginn des Ersten Weltkriegs bis zur Gründung der beiden deutschen Staaten, Band 4, 1914–1949, München 2003, S. 532 ■ 17 **Harry Graf Kessler,** Das Tagebuch 1880 bis 1837, Siebter Band 1919–1923, hrsg. von Angela Reinthal, Stuttgart 2004, S. 77 ■ 18 Aufruf der Revolutionsregierung am 8. November 1918, veröffentlicht in den Münchener Neuesten Nachrichten Nr. 564, 8.11.1918, Morgenausgabe, abgedruckt in: Appelle einer Revolution, hrsg. vom Süddeutschen Verlag München, München 1968 ■ 19 **Ricarda Huch,** Gesammelte Werke, hrsg. von Wilhelm Emrich, Band 11: Nachlese, Register, Köln, Gütersloh o. J., S. 496 ■ 20 **Wolf Rüdiger Heß** (Hrsg.), Rudolf Heß, Briefe 1908–1933, Mit einer Einführung und Kommentaren von Dirk Bavendamm, München, Wien 1987, S. 240 f. ■ 21 **Erich Koch-Weser,** Und dennoch Aufwärts!, Eine Deutsche Nachkriegs-Bilanz, Berlin 1933, S. 47 ■ 22 **Sebastian Haffner,** Geschichte eines Deutschen, Die Erinnerungen 1914–1933, München 2006, S. 77 f. ■ 23 **Klaus Mann,** Der Wendepunkt. Ein Lebensbericht, München 1989, S. 96 ■ 24 **Oskar Maria Graf,** Gelächter von außen, Aus meinem Leben, 1918–1933, Text der Erstausgabe, München 2009, S. 89 ■ 25 **Ernst Hanfstaengl,** Zwischen Weißem und Braunem Haus, Memoiren eines politischen Außenseiters, München 1970, S. 25 f. ■ 26 **George Grosz,** Ein kleines Ja und ein großes Nein, Sein Leben von ihm selbst erzählt, Reinbek bei Hamburg 1995, S. 144 ■ 27 **Stephen H. Roberts,** The House that Hitler Built., New York, London 1938, S. 47 [Übersetzung: Hermann Pölking] ■ 28 **Leo Trotzki,** Fascim, What It Is and How to Fight It, Atlanta 1993, USA (»Not every petit bourgeois could be a Hitler, but a little bit of Hitler is in every one of them.«) [Übersetzung: Hermann Pölking] ■ 29 **Wolf Rüdiger Heß** (Hrsg.), Rudolf Heß, Briefe 1908–1933, a.a.O., S. 243 ■ 30 **Harry Graf Kessler,** Das Tagebuch 1880 bis 1837, Siebter Band 1919–1923, S. 265 ■ 31 **Willy Brandt,** Erinnerungen, Frankfurt/Main 1989, S. 88 f. ■ 32 **Ilja Ehrenburg,** Menschen, Jahre, Leben, Autobiographie, München 1962, S. 516 f. ■ 33 **Ernst Rüdiger Starhemberg,** Memoiren, mit einer Einleitung von Heinrich Drimmle, Wien, München 1971, S. 59 f. ■ 34 I Was Hitler's Boss, By a Former Officer of the Reichswehr, ›Current History‹, November 1941, Vol. 1 [Übersetzung: Hermann Pölking] ■ 35 Zitiert nach: **Max Domarus,** Hitlers Reden und Proklamationen, Bd. 1 Triumpf (1932–1938), Neustadt an der Aisch, 1962, S. 641 und 643, zitiert nach: Brigitte Hamann, Hitlers Wien, Lehrjahre eines Diktators, München, Zürich 2012, S. 577 ■ 36 **Karl Alexander von Müller,** Mars und Venus, Erinnerungen 1914–1919, Stuttgart 1954, S. 377 f. ■ 37 **Adolf Hitler,** Mein Kampf, Erstausgabe Band 1, München 1925, Erstausgabe Band 2, München 1927; zitiert nach: Hitler, Mein Kampf, Eine kritische Edition, hrsg. von Christian Hartmann, Thomas Vordermayer, Othmar Plöckinger und Roman Töppel, Im Auftrag des Instituts für Zeitgeschichte, München-Berlin 2016 [eckige Klammer: Pagina Erstausgabe], S. 577 [226] ■ 38 Zitiert nach: **Ian Kershaw,** Hitler, a.a.O., S. 149 ■ 39 **Heinz Guderian,** Erinnerungen eines Soldaten, Neckargemünd 1960, S. 392 ■ 40 **Arnold Zweig,** Der Typus Hitler, Berlin 1991, S. 91 ■ 41 Zitiert nach: **Anton Joachimsthaler,** Hitlers Weg begann in München, a.a.O., S. 252 ff. ■ 42 Adolf Hitler, Mein Kampf, S. 52 ■ 43 Zitiert nach: **Anton Joachimsthaler,** Hitlers Weg begann in München, 1913–1923, a.a.O., S. 253 ■ 44 **Ernst Hanfstaengl,** Zwischen Weißem und Braunem Haus, a.a.O., S. 94 ■ 45 BHStA, Abt. V, P 3071, Sg Personen, Anton Drexler, Abschrift, Drexler an Hitler, »Ende Januar 1940«, zitiert nach: **Ian Kershaw,** Hitler, Band 1, a.a.O., S. 171 ■ 46 Zitiert nach: **Anton Joachimsthaler,** Hitlers Weg begann in München, a.a.O., S. 263 ■ 47 **Sebastian Haffner,** Geschichte eines Deutschen, a.a.O., S. 54 ■ 48 **Wolf Rüdiger Heß** (Hrsg.), Rudolf Heß, Briefe 1908–1933, a.a.O., S. 252 ■ 49 Zitiert nach: **Brigitte Hamann,** Hitlers Wien, a.a.O., S. 298 ■ 50 Zitiert nach: **Othmar Plöckinger,** Geschichte eines Buches, Adolf Hitlers »Mein Kampf« 1922–1945, Eine Veröffentlichung des Instituts für Zeitgeschichte, München 2011, S. 70 ■ 51 **Stefan Zweig,** Die Welt von gestern, Erinnerungen eines Europäers, Frankfurt/Main 1952, S. 326 ■ 52 **Klaus W. Tofahn,** Das Dritte Reich und der Holocaust, Frankfurt/ M., Berlin, Bern, Bruxelles, New York, Oxford, Wien 2008, S. 295 ■ 53 **Wolf Rüdiger Heß** (Hrsg.), Rudolf Heß, Briefe 1908–1933, a.a.O., S. 263 f. ■ 54 **Hans Frank,** Im Angesicht des Galgens, Deutung Hitlers und seiner Zeit auf Grund eigener Erlebnisse und Erkenntnisse, im Nürnberger Justizgefängnis, München-Gräfeling1953, S. 39 f. ■ 55 **Karl Wahl,** »… es ist das deutsche Herz«, Erlebnisse und Erkenntnisse eines ehemaligen Gauleiters, Augsburg 1954, S. 39 ■ 56 **Theodor Duesterberg,** Der Stahlhelm und Hitler, Mit einem Geleitwort von Wolfgang Müller, Wolfenbüttel, Hannover 1949, S. 11 f. ■ 57 **Ernst Rüdiger Starhemberg,** Memoiren, a.a.O., S. 55 ■ 58 **Sebastian Haffner,** Geschichte eines Deutschen, a.a.O., S. 45 ■ 59 **Christa Schroeder,** Hitler privat, Erlebnisbericht seiner Geheimsekretärin, hrsg. von Albert Zoller, Düsseldorf 1949, S. 116 f. ▪ 60 **Wolf Rüdiger Heß** (Hrsg.) Rudolf Heß, Briefe 1908–1933, a.a.O., S. 291 ▪ 61 **Olaf Rose** (Hrsg.), Julius Schaub, In Hitlers Schatten, Erinnerungen und Aufzeichnungen des Chefadjutanten 1925–1934, Stegen/Ammersee 2005, S. 49 ▪ 62 **Werner Koeppen,** (Berichte), Materialien aus dem Bundesarchiv, Heft 10. Herbst 1941 im »Führerhauptquartier«, Berichte Werner Koeppens an seinen Minister Alfred Rosenberg, hrsg. und kommentiert von Martin Vogt, Koblenz 2002, S. 121 ▪ 63 Zitiert nach: **Ian Kershaw**, Hitler 1889–1936, Band 1, a.a.O., S. 815 ▪ 64 **Ernst Hanfstaengl**, Zwischen Weißem und Braunem Haus, a.a.O., S. 44 ▪ 65 **Wolf Rüdiger Heß** (Hrsg.), Rudolf Heß, Briefe 1908–1933, a.a.O., S. 267 ▪ 66 **Albert Krebs**, Tendenzen und Gestalten der NSDAP, Erinnerungen an die Frühzeit der Partei, Stuttgart 1959, S. 120 ▪ 67 Gesuch um »bedingte Begnadigung« von Adolf Hitler und Oskar Körner vom 6.2.1922., Polizeidirektion München Fahndungsabteilung Via BHStA München, Pol. Dir. Mü. Oskar Körner, zitiert nach: Anton Joachimsthaler, Hitlers Weg begann in München, a.a.O., S. 296 ▪ 68 **Interview with Hitler's sister** on 5th June 1946, Original copy of this document supplied by: Modern Military Records (NWCTM), Textual Archives Services Section, National Archives and Records Administration. College Park, Maryland 20740-6001, United States of America [Übersetzung: Hermann Pölking] ▪ 69 **Olaf Rose** (Hrsg.), Julius Schaub, In Hitlers Schatten, a.a.O., S. 99 ▪ 70 **Interview with Hitler's sister** on 5th June 1946, Original copy of this document supplied by: Modern Military Records (NWCTM), Textual Archives Services Section, National Archives and Records Administration. College Park, Maryland 20740-6001, United States of America [Übersetzung: Hermann Pölking] ▪ 71 **Fritz Wiedemann,** Der Mann, der Feldherr werden wollte, Erlebnisse und Erfahrungen des Vorgesetzten Hitlers im 1. Weltkrieg und seines späteren Persönlichen Adjutanten, Velbert und Kettwig 1964, S. 34 ▪ 72 Zitiert nach: **Harry Slapnicka**, Hitler und Oberösterreich, Mythos, Propaganda und Wirklichkeit um den »Heimatgau des Führers«, Grünbach 1998, S. 57 ▪ 73 **Rudolf Peschel**, Deutscher Widerstand, Erlebach/Zürich, 1947 S. 280, zitiert nach: Ian Kershaw, Hitler, a.a.O., S. 217 ▪ 74 **Wolfgang Benz** (Hrsg.), Politik in Bayern, 1919–1933, Berichte des württembergischen Gesandten Carl Moser von Filseck, Schriftenreihe der Vierteljahreshefte für Zeitgeschichte, Nummer 2/23, Institut für Zeitgeschichte hrsg. von Hans Rothfels und Theodor Eschenburg, Redaktion Martin Brozat, Stuttgart 1971, S. 75 f. ▪ 75 **Adolf Hitler**, Mein Kampf, Erstausgabe Band 1, München 1925, Erstausgabe Band 2, München 1927; zitiert nach: Hitler, Mein Kampf, Eine kritische Edition, a.a.O., S. 579 [227] ▪ 76 **Ernst Rüdiger Starhemberg**, Memoiren, a.a.O., S. 58 ▪ 77 **Hans Frank**, Im Angesicht des Galgens, a.a.O., S. 39 ▪ 78 **Hartmann Lauterbacher**, Erlebt und mitgestaltet, Kronzeuge einer Epoche 1923–1945, zu neuen Ufern nach Kriegsende, Preußisch Oldendorf 1984, S. 32 f. ▪ 79 **Adolf Hitler**, Mein Kampf, Erstausgabe Band 1, München 1925, Erstausgabe Band 2, München 1927; zitiert nach: Hitler, Mein Kampf, Eine kritische Edition, S. 579 [227] ▪ 80 **Arnold Zweig**, Der Typus Hitler, a.a.O., S. 88 ▪ 81 **Hans Frank**, Im Angesicht des Galgens, a.a.O., S. 39 ▪ 82 **Lutz Graf Schwerin von Krosigk**, Es geschah in Deutschland, Menschenbilder unseres Jahrhunderts, Tübingen und Stuttgart 1951, S. 201 f. ▪ 83 **Karl Alexander von Müller**, Im Wandel einer Welt, Erinnerungen Band Drei 1919–1932, hrsg. von Otto Alexander von Müller, München 1966, S. 145 ▪ 84 **Ernst Hanfstaengl**, Zwischen Weißem und Braunem Haus, a.a.O., S. 36 f. ▪ 85 **Weigand von Miltenberg** (d.i. Herbert Blank), Adolf Hitler Wilhelm III., Berlin 1931, Reprint Bremen 1983, S. 11 ▪ 86 Zitiert nach: **Anton Joachimsthaler**, Hitlers Weg begann in München, a.a.O., S. 297 ▪ 87 **Karl Alexander von Müller**, Im Wandel einer Welt, a.a.O., S. 129 ▪ 88 Zitiert nach: **Heike B. Görtemaker**, Eva Braun, Leben mit Hitler, München 2011, S. 88

Kapitel 5 · Ein Revolutionär

▪ 1 **Alfred Kerr**, Das war meine Zeit, Erstrittenes und Durchlebtes, hrsg. von Deborah Vietor-Engländer, Frankfurt 2013, S. 167 ▪ 2 **Rainer Zitelmann**, Hitler, Selbstverständnis eines Revolutionärs, Stuttgart 1990, S. 17 ▪ 3 **Ebd.** ▪ 4 **Ebd.** ▪ 5 Zitiert nach: ebd., S. 69 ▪ 6 **John Lukacs**, Hitler, Geschichte und Geschichtsschreibung, München 1997, S. 73 ▪ 7 **Ebd.**, S. 72 ▪ 8 **Rainer Zitelmann**, Hitler, Selbstverständnis eines Revolutionärs, a.a.O., S. 489 ▪ 9 **Ebd.** ▪ 10 **Ebd.**, S. 496 ▪ 11 **Ebd.**, S. 45 ▪ 12 **Ebd.**, S.498 ▪ 13 **John Lukacs**, Hitler, Geschichte und Geschichtsschreibung, a.a.O., S. 74 ▪ 14 **Ebd.**, S. 76 ▪ 15 **Ebd.**, S. 82 ▪ 16 **Julius Leber**, Ein Mann geht seinen Weg, Schriften, Reden und Briefe, hrsg. von seinen Freunden, Berlin, Frankfurt 1952, S.32 ▪ 17 **Rainer Zitelmann,** Hitler, Selbstständis eines Revolutionärs, a.a.O., S. 490 ▪ 18 **Harry Graf Kessler**, Das Tagebuch 1880 bis 1837, Siebter Band 1919 - 1923, hrsg. von Angela Reinthal, Stuttgart 2004, S. 564 ▪ 19 Zitiert nach: **Werner Jochmann** (Hrsg.), Adolf Hitler, Monologe im Führerhauptquartier 1941–1944, Die Aufzeichnungen Heinrich Heims, Hamburg 1980, S. 43 ▪ 20 Zitiert nach: **Werner Maser**, Der Sturm auf die Republik, Frühgeschichte der NSDAP, Stuttgart 1973, S. 356 ▪ 21 **Rachele Mussolini**, Mussolini ohne Maske, Erinnerungen, hrsg. von Albert Zarca, Stuttgart 1974, S. 120 f. ▪ 22 **Ernst Hanfstaengl**, Zwischen Weißem und Braunem Haus, Memoiren eines politischen Außenseiters, München 1970, S. 99 ▪ 23 Zitiert nach: **Paul Bruppacher**), Adolf Hitler und die Geschichte der NSDAP, Band 1, Norderstedt 2008, S. 128 ▪ 24 Ilja Ehrenburg, Menschen, Jahre, Leben, Autobiographie, München 1962, S. 522 ▪ 25 **Ernst Rüdiger Starhemberg**, Memoiren, mit einer Einleitung von Heinrich Drimmle, Wien, München 1971, S. 58 ▪ 26 **Karl Alexander von Müller**, Im Wandel einer Welt, Erinnerungen, Band 3, 1919–1932, hrsg. von Otto Alexander von Müller, München 1966, S, 142 f. ▪ 27 **Karl Wahl**, »... es ist das deutsche Herz«, Erlebnisse und Erkenntnisse eines ehemaligen Gauleiters, Augsburg 1954, S. 41 f. ▪ 28 **Carl Zuckmayer**, Als wär's ein Stück von mir, Horen der Freundschaft, Frankfurt/Main 2013, S. 449 f. ▪ 29 **Eberhard Jäckel, Axel Kuhn** (Hrsg.), Hitler, Sämtliche Aufzeichnungen 1905–1924, Stuttgart 1980, S. 923–924, zitiert nach: Ian Kershaw, Hitler, Band 1, Stuttgart, München 1998, S. 234 ▪ 30 **Bella Fromm**,

Als Hitler mir die Hand küßte, Berlin 1993, S. 18 ▪ 31 **Houston Stewart Chamberlain**, Briefe 1882 bis 1924, München 1928, S. 124 f. ▪ 32 **Ulrich Graf**, Erinnerungen. S. 54, zitiert nach: Anton Joachimsthaler, Hitlers Weg begann in München, 1913–1923, München 2000, S. 314 f. ▪ 33 **Robert Siodmak**, Zwischen Berlin und Hollywood, Erinnerungen eines großen Filmregisseurs, hrsg. von Hans C. Blumenberg, München 1980, S. 31 ▪ 34 **Käthe Kollwitz**, Die Tagebücher, hrsg. von Jutta Bohnke-Kollwitz, Berlin 1989, S. 563 ▪ 35 **Arthur Schnitzler**, Tagebuch 1923–1926, Wien 1995, S. 96 f. ▪ 36 **Ernst Hanfstaengl**, Zwischen Weißem und Braunem Haus, a.a.O., S. 125 ▪ 37 **Houston Stewart Chamberlain**, Briefe 1882 bis 1924, a.a.O., S. 124 f. ▪ 38 **Ernst Jünger**, Revolution und Idee, in: Völkischer Beobachter vom 23./24. September 1923, zitiert nach Bruno W. Reimann, Renate Hassel, Ein Ernst-Jünger-Brevier, Jüngers politische Publizistik 1920 bis 1933, Analyse und Dokumentation, Marburg 1995, S. 36 ▪ 39 **Daily Mail,** 3. Oktober 1923,»A Visit to Hitler«, zitiert nach: Ian Kershaw, Hitler, Band 1, Stuttgart, München 1998, S. 234 ▪ 40 **Joseph Goebbels**, Die Tagebücher von Joseph Goebbels, im Auftrag des Instituts für Zeitgeschichte und mit Unterstützung des Staatlichen Archivdienstes Russlands, hrsg. von Elke Fröhlich, Teil 1, Aufzeichnungen 1923–1914, Band 1/1, Oktober 1923-November 1925, bearbeitet von Elke Fröhlich, München 2005, S. 29 ▪ 41 **Sigurd von Ilsemann**, Der Kaiser in Holland, Aufzeichnungen des letzten Flügeladjutanten Kaiser Wilhelms II., hrsg. von Harald von Koenigswald, München 1967, S. 297 ▪ 42 **Golo Mann**, Erinnerungen und Gedanken, Eine Jugend in Deutschland, Frankfurt/Main 2010, S. 161 f. ▪ 43 **Julius Leber**, Ein Mann geht seinen Weg, a.a.O., S. 33 ▪ 44 **Wolf Rüdiger Heß** (Hrsg.), Rudolf Heß, Briefe 1908–1933, mit einer Einführung und Kommentaren von Dirk Bavendamm, München, Wien 1987, S. 310 f. ▪ 45 Bericht Regierung Oberbayern ▪ 46 **Ernst Hanfstaengl**, Zwischen Weißem und Braunem Haus, a.a.O., S. 133 ▪ 47 Zitiert nach: **Ernst Deuerlein** (Hrsg.), Der Hitler-Putsch, Bayrische Dokumente zum 8./9. November 1923, Stuttgart 1962, S. 516 ▪ 48 Zitiert nach: **Ernst Deuerlein**, Hitler, Eine politische Biographie, München 1969, S. 193 f. ▪ 49 Zitiert nach: **Ian Kershaw**, Hitler, Band 1., a.a.O., S. 261 ▪ 50 Zitiert nach: **Ernst Deuerlein** (Hrsg.), Der Hitler-Putsch, Bayrische Dokumente zum 8./9. November 1923, a.a.O., S. 516 ▪ 51 **Henriette Schneider**, handschriftliche Tagebuchaufzeichnungen 1913–1947 der Henriette Schneider (18721947), Archiv des Lötzener Heimat-museums, Neumünster, Auszugsweise wiedergegeben und inhaltlich zusammengefasst von Bernhard Pietrass, http:// www.ostpreussen-tagebuch.de/, letzter Stand: 10. August 2016 (im Fortlauf des Kapitels erfolgt kein weiterer Nachweis) ▪ 52 **Oskar Maria Graf**, Gelächter von außen, Aus meinem Leben, 1918–1933, Text der Erstausgabe, München 2009, S. 201 ▪ 53 **Olaf Rose** (Hrsg.), Julius Schaub, In Hitlers Schatten, Erinnerungen und Aufzeichnungen des Chefadjutan-ten 1925–1934, Stegen/Ammersee 2005, S. 54 ▪ 54 Zitiert nach: **Ernst Deuerlein** (Hrsg.), Der Hitler-Putsch, Bayrische Dokumente zum 8./9. November 1923, a.a.O., S. 331 ▪ 55 **Ebd.**, S. 317 f. ▪ 56 **Karl Alexander von Müller**, Im Wandel einer Welt, a.a.O., S. 181 ▪ 57 **Sigurd von Ilsemann**, Der Kaiser in Holland, a.a.O., S. 298 ▪ 58 **Stefan Zweig**, Die Welt von gestern, Erinnerungen eines Europäers, Frankfurt/Main 1952, S. 328 ▪ 59 Zitiert nach: **David Clay Large**, Hitlers München, Aufstieg und Fall der Hauptstadt der Bewegung, München 1998, S. 242.

Kapitel 6 · Ein Ideologe

▪ 1 **Peter Sloterdijk,** Zeilen und Tage, Notizen 2008–2011, Frankfurt/Main 2012, S. 436 ▪ 2 **Thomas Weber**, Wie Adolf Hitler zum Nazi wurde, Vom unpolitischen Soldaten zum Autor von »Mein Kampf«, Berlin, 2016, S. 415 ▪ 3 **Ebd.**, S. 415 ▪ 4 **Ebd.**, S. 416 f. ▪ 5 **Ebd.**, S. 333 ▪ 6 Zitiert nach: **ebd.** S. 420, ▪ 7 **Ebd.**, S. 420 ▪ 8 **Ebd.**, S. 433 ▪ 9 **Othmar Plöckinger**, Geschichte eines Buches, Adolf Hitlers »Mein Kampf« 1922–1945, Eine Veröffentlichung des Instituts für Zeitgeschichte, München 2011, S. 60 f. ▪ 10 **Thomas Weber**, Wie Adolf Hitler zum Nazi wurde, a.a.O., S. 418 ▪ 11 **Othmar Plöckinger**, Geschichte eines Buches: Adolf Hitlers »Mein Kampf« 1922–1945, a.a.O., S. 65 ▪ 12 **Ebd.**, S. 1 ▪ 13 Vgl. hierzu: **ebd.**, S. 405 f., 424 ff., 443 f.. ▪ 14 http://www.faz.net/aktuell/politik/inland/kritische-ausgabe-von-mein-kampf-erscheint-14002402.html ▪ 15 **Frankfurter Zeitung** und Handelsblatt, 70. Jahrgang, Nr. 841 vom 11. November 1925, zitiert nach: Othmar Plöckinger, Geschichte eines Buches: Adolf Hitlers »Mein Kampf« 1922–1945, a.a.O., S. 227 ▪ 16 **Wolfgang Benz** (Hrsg.), Politik in Bayern, 1919–1933, Berichte des württembergischen Gesandten Carl Moser von Fils-eck, Schriftenreihe der Vierteljahreshefte für Zeitgeschichte, Nummer 2/23, Institut für Zeitgeschichte hrsg. Von Hans Rothfels und Theodor Eschenburg, Redaktion Martin Brozat, Stuttgart 1971, S. 135 f. ▪ 17 **Wolf Rüdiger Heß** (Hrsg.), Rudolf Heß, Briefe 1908–1933, Mit einer Einführung und Kommentaren von Dirk Bavendamm, München, Wien 1987, S. 316 f. ▪ 18 **Fritz Wiedemann**, Der Mann, der Feldherr werden wollte, Erlebnisse und Erfahrungen des Vorgesetzten Hitlers im 1. Weltkrieg und seines späteren Persönlichen Adjutanten, Velbert und Kettwig 1964, S.55 ▪ 19 **Wolf Rüdiger Heß** (Hrsg.), Rudolf Heß, Briefe 1908–1933, a.a.O., S. 316 f. ▪ 20 **Joseph Goebbels**, Die Tagebücher von Joseph Goebbels, Im Auftrag des Instituts für Zeitgeschichte und mit Unterstützung des Staatlichen Archivdienstes Rußlands, hrsg. von Elke Fröhlich, Teil 1, Aufzeichnungen 1923–1941, Band 1/1, Oktober 1923-November 1925, bearbeitet von Elke Fröhlich, München 2005, S. 107 ▪ 21 **Hans Frank**, Im Angesicht des Galgens, Deutung Hitlers und seiner Zeit auf Grund eigener Erlebnisse und Erkenntnisse, geschrieben im Nürnberger Justizgefängnis, München-Gräfeling, 1953, S. 46 f. ▪ 22 Zitiert nach: **Hans Frank**, Im Angesicht des Galgens, a.a.O., S. 46 f. ▪ 23 **Joseph Goebbels**, Die Tagebücher von Joseph Goeb-bels, Teil 1, Aufzeichnungen 1923–1941, Band 1/1, a.a.O., S. 110 ▪ 24 **Fritz Wiedemann**, Der Mann, der Feldherr werden wollte, a.a.O., S. 204 f. ▪ 25 **Otto Wagener**, Hitler aus nächster Nähe, Aufzeichnungen eines Vertrauten 1929 – 1932, hrsg. von H.A. Turner Jr., Frankfurt/Main, Berlin, Wien 1987, S. 149 ▪ 26 Zitiert nach: **Othmar Plöckinger**, Geschichte eines Buches: Adolf Hitlers »Mein Kampf« 1922–1945, a.a.O., S.53 ▪ 27 **Wolf Rüdiger Heß** (Hrsg.), Rudolf Heß, Briefe 1908–1933, a.a.O., S. 341 ▪ 28 **Joseph Goebbels**, Die Tagebücher von Joseph Goebbels, Teil 1, Aufzeichnungen 1923–1941, Band 1/1, a.a.O., S. 89 ▪ 29 **Wolf Rüdiger Heß** (Hrsg.), Rudolf Heß, Briefe 1908–1933, a.a.O., S. 347 ▪ 30 **Joseph Goebbels**, Die Tagebücher von Joseph Goebbels, Teil 1, Aufzeichnungen 1923–1941, Band 1/1, a.a.O. [eckige Klammer: Pagina Erstausgabe], S. 847 ff. [344 f.] ▪ 31 G. M. Gilbert, Nürnberger Tagebuch, Ehemaliger Gerichts-Psychologe beim Nürnberger Prozeß gegen die Hauptkriegsverbrecher, Frankfurt/Main 1947, S. 259 ▪ 32 **Die Weltbühne**, 4. September 1928, Nr. 36, S. 353. ▪ 33 **Hans Grimm**, Volk ohne Raum, München 1928, S. 10 f. ▪ 34 **Adolf Hitler**, Mein Kampf, 35. Auflage, München 1933, S. 742 ▪ 35 **Fränkischer Kurier**, 92 Jg. Nr 309, 6. November 1924, zitiert nach: Othmar Plöckinger, Geschichte eines Buches: Adolf Hitlers »Mein Kampf« 1922–1945, a.a.O., S. 55 ▪ 36 **Wochenschrift »Das Tagebuch«**, 7. November 1925 ▪ 37 **Stefan Zweig**, Die Welt von gestern, Erinnerungen eines Europäers, Frankfurt/Main 1952, S. 320 ▪ 38 Zitiert nach: **Othmar Plöckinger**, Geschichte eines Buches: Adolf Hitlers »Mein Kampf« 1922–1945, a.a.O., S. 227 ▪ 39 Zitiert nach: ebd., S. 225 ▪ 40 **Joseph Goebbels**, Die Tagebücher von Joseph Goebbels, Teil 1, Aufzeichnungen 1923–1941, Band 1/1, a.a.O., S. 365

Kapitel 7 · Ein Parteiführer

▪ 1 Zitiert nach: **Volker Ullrich**, Adolf Hitler, Biographie, Bd. 1: Die Jahre des Aufstiegs 1889–1939, Frankfurt/Main 2013, S. 112 ▪ 2 Zitiert nach: http://www.nytimes.com/times-insider/2015/02/10/1922-hitler-in-bavaria/?_r=0 ▪ 3 Zitiert nach: **David Clay Large**, Hitlers München, Aufstieg und Fall der Hauptstadt der Bewegung, München 1998, S. 274. ▪ 4 **Othmar Plöckinger**, Geschichte eines Buches: Adolf Hitlers »Mein Kampf« 1922–1945, Eine Veröffentlichung des Instituts für Zeitgeschichte, München 2011, Fußnote 217 ▪ 5 **Ernst Hanfstaengl**, Zwischen Weißem und Braunem Haus, Memoiren eines politischen Außenseiters, München 1970, S. 218 ▪ 6 Zitiert nach: **Volker Ullrich**: Adolf Hitler, Biographie, Bd. 1: Die Jahre des Aufstiegs 1889–1939, a.a.O., S. 246 f.. ▪ 7 **Ian Kershaw**, Hitler, Band 1, 1889 – 1936, Stuttgart, München 1998, S. 15 ▪ 8 **Ebd.**, S. 27 ▪ 9 **Ebd.**, S. 27 ▪ 10 **Ebd.**, S. 1078 f. ▪ 11 ww.faz.net/aktuell/feuilleton/buecher/rezensionsachbuch-wir-haben-ihn-uns-engagiert-11320624.html ▪ 12 Zitiert nach: **Ian Kershaw**, Hitler, Band 1, 1889–1936, a.a.O., S. 665 ▪ 13 **Ebd.**, S. 667 ▪ 14 **Friedrich Hollaender**, Von Kopf bis Fuß, Revue meines Lebens, hrsg. und kommentiert von Volker Kühn, Berlin 2001, S. 207 f. ▪ 15 **Joseph Goebbels**, Die Tagebücher von Joseph Goebbels, Im Auftrag des Instituts für Zeitgeschichte und mit Unterstützung des Staatlichen Archivdienstes Russlands, hrsg. von Elke Fröhlich, Teil I, Aufzeichnungen 1923–1941, Band 1/1, Oktober 1923-November 1925, bearbeitet von Elke Fröhlich, München 2005, S. 253 ▪ 16 **Rudolf Nissen**, Helle Blätter, dunkle Blätter, Erinnerungen eines Chirurgen, Stuttgart 1969, S. 84 ▪ 17 Zitiert nach: **Werner Maser**, Hitlers Briefe und Notizen, Sein Weltbild in handschriftlichen Dokumenten, Graz 2002, S. 142 ▪ 18 **Wolfgang Benz** (Hrsg.), Politik in Bayern, 1919–1933, Berichte des württembergischen Gesandten Carl Moser von Filseck, Schriftenreihe der Vierteljahreshefte für Zeitgeschichte, Nummer 2/23, Institut für Zeitgeschichte, hrsg. von Hans Rothfels und Theodor Eschenburg, Redaktion Martin Brozat, Stuttgart 1971, S. 169 ▪ 19 **Joseph Goebbels**, Die Tagebücher von Joseph Goebbels, Teil I, Aufzeichnungen 1923–1914, Band 1/1, Oktober 1923-November 1925, a.a.O., S. 261 ▪ 20 **Friedelind Wagner**, Nacht über Bayreuth, Die Geschichte der Enkelin Richard Wagners, Köln 2010, S. 51 f. ▪ 21 **Wolfgang Benz** (Hrsg.), Politik in Bayern, 1919–1933, a.a.O., S. 179 ▪ 22 **Manès Sperber**, Die vergebliche Warnung, All das Vergangene, Wien 1975, S. 41 f. ▪ 23 **Willy Brandt**, Erinnerungen, Frankfurt/Main 1989, S. 91 f. ▪ 24 **Wilhelm Hoegner**, Flucht vor Hitler, Erinnerungen an die Kapitulation der ersten deutschen Republik 1933, München 1978, S. 264 ▪ 25 **Friedrich Hollaender**, Von Kopf bis Fuß, Revue meines Lebens, a.a.O., S. 213 ▪ 26 **Alfred Kerr**, Das war meine Zeit, Erstrittenes und Durchlebtes, hrsg. von Deborah Vietor-Engländer, Frankfurt 2013, S. 113 ▪ 27 **Harry Graf Kessler**, Tagebücher 1918–1937, Politik, Kunst und Gesellschaft der zwanziger Jahre, Frankfurt/Main 1961, S. 434 ▪ 28 **Julius Leber**, Ein Mann geht seinen Weg, Schriften, Reden und Briefe, hrsg. von seinen Freunden, Berlin, Frankfurt/Main 1952, S. 39 f. ▪ 29 **Henriette Schneider**, handschriftliche Tagebuchaufzeichnungen 1913–1947 der Henriette Schneider (1872–1947), Archiv des Lötzener Heimatmuseums, Neumünster, Auszugsweise wiedergegeben und inhaltlich zusammengefasst von Bernhard Pietrass, http://www.ostpreussen-tagebuch.de/, letzter Stand: 10. August 2016 (im Fortlauf des Kapitels erfolgt kein weiterer Nachweis) ▪ 30 **Bella Fromm**, Als Hitler mir die Hand küßte, Berlin 1993, S. 20 ▪ 31 **Joseph Goebbels**, Die Tagebücher von Joseph Goebbels, Teil I, Aufzeichnungen 1923–1941, Band 1/1, Oktober 1923-November 1925, a.a.O., S. 298 ▪ 32 **Julius Leber**, Ein Mann geht seinen Weg, a.a.O., S. 207 ▪ 33 **Ernst Hanfstaengl**, Zwischen Weißem und Braunem Haus, Memoiren eines politischen Außenseiters, München 1970, S. 181 f. ▪ 34 **Friedelind Wagner**, Nacht über Bayreuth, a.a.O., S. 68 f. ▪ 35 **Fritz Wiedemann**, Der Mann, der Feldherr werden wollte, Erlebnisse und Erfahrungen des Vorgesetzten Hitlers im 1. Weltkrieg und seines späteren Persönlichen Adjutanten, Velbert und Kettwig 1964, S. 56 f. ▪ 36 **Ludwig Quidde**, Deutschlands Rückfall in die Barbarei, Texte des Exils 1933–1941, hrsg. von Karl Holl, Bremen 2009, S. 29 ▪ 37 **Friedelind Wagner**, Nacht über Bayreuth, a.a.O., S. 68 f. ▪ 38 **Karl Wahl**, »... es ist das deutsche Herz«, Erlebnisse und Erkenntnisse eines ehemaligen Gauleiters, Augsburg 1954, S. 78 f. ▪ 39 **Willy Brandt**, Links und frei, Mein Weg 1930–1950, Hamburg 1982, S. 184 ▪ 40 **Louis P. Lochner**, Stets das Unerwartete, Erinnerungen an Deutschland 1921–1953, Darmstadt 1955, S. 71 ▪ 41 **Sefton Delmer**, Die Deutschen und ich, Hamburg 1962, S. 75 f. ▪ 42 **Christopher Isherwood**, Christopher und die Seinen, Berlin 1992, S. 65 ▪ 43 Zitiert nach: **Shareen Blair Brysac**, Mildred Harnack und die Rote Kapelle, Die Geschichte einer ungewöhnlichen Frau und einer Widerstandsbewegung, München 2003, S. 131 ▪ 44 **Marlene Dietrich**, Ich bin, Gott sei Dank, Berlinerin, Memoiren, Frankfurt/Main, Berlin 1984, S. 4 ▪ 45 **Vicki Baum**, Es war alles ganz anders, Erinnerungen, Köln 1987, S. 322 ▪ 46 **Joseph Goebbels**, Die Tagebücher von Joseph Goebbels, Teil 1, Aufzeichnungen 1923–1941, Band 1/1, a.a.O., S. 152 ▪ 47 **Willy Brandt**, Erinnerungen, a.a.O., S. 90 f. ▪ 48 **Vicki Baum**, Es war alles ganz anders, a.a.O., S. 360 f. ▪ 49 **Albert Krebs**, Tendenzen und Gestalten der NSDAP, Erinnerungen an die Frühzeit der Partei, Stuttgart 1959, S. 126 f. ▪ 50 Zitiert nach: **Anna Maria Sigmund**, Des Führers bester Freund, Adolf Hitler, seine Nichte Geli Raubal und der »Ehrenarier« Emil Maurice – eine Dreiecksbeziehung, München 2003, S. 118 ▪ 51 **Albert Krebs**, Tendenzen und Gestalten der NSDAP, a.a.O., S. 126 f. ▪ 52 Zitiert nach: **Ernst Deuerlein** (Hrsg.) Der Aufstieg der NSDAP 1919 bis 1933 in Augenzeugenberichten, Düsseldorf 1968, S. 271 f. ▪ 53 **Weigand von Miltenberg** (d. i. Herbert Blank), Adolf Hitler Wilhelm III., Berlin 1931, Reprint Bremen 1983, S. 12 ▪ 54 Zitiert nach: **Ernst Deuerlein**, Hitler, Eine politische Biographie, München 1969, S. 85 ▪ 55 **Golo Mann**, Erinnerungen und Gedanken, Eine Jugend in Deutschland, Frankfurt/Main 2010, S. 381 f. ▪ 56 **Stephen H. Roberts**, The House that Hitler Built., New York, London 1938, S. 135 [Übersetzung: Hermann Pölking] ▪ 57 **Albert Krebs**, Tendenzen und Gestalten der NSDAP, a.a.O., S. 133 ▪ 58 **Joseph Goebbels**, Die Tagebücher von Joseph Goebbels, Teil 1, Aufzeichnungen 1923–1941, Band 1/1, a.a.O., S. 258 f. ▪ 59 Zitiert nach: **Daniel Siemens**, Horst Wessel, Tod und Verklärung eines Nationalsozialisten, Berlin 2009, S. 72 ▪ 60 **Fritz Wiedemann**, Der Mann, der Feldherr werden wollte, a.a.O., S. 76 ▪ 61 **Heinrich Hoffmann**, Hitler, wie sich ihn nah, Aufzeichnungen seines Leibfotografen, München, Berlin 1974, S.117 ▪ 62 **Karl Wilhelm Krause**, 10 Jahre Kammerdiener bei Hitler, Laatzen 1949, S. 44 ▪ 63 **Sefton Delmer**, Die Deutschen und ich, a.aO., S. 75 f. ▪ 64 **Daniel Siemens**, Horst Wessel, a.a.O., S. 53 ▪ 65 **Horst Sindermann**, Vor Tageslicht, Autobiografie, Berlin 2015, S. 88 ▪ 66 **George Grosz**, Ein kleines Ja und ein großes Nein, Sein Leben von ihm selbst erzählt, Reinbek bei Hamburg 1995, S. 143 ▪ 67 **Willy Brandt**, Erinnerungen, a.a.O., S. 93 ▪ 68 **Sebastian Haffner**, Geschichte eines Deutschen, Die Erinnerungen 1914–1933, München 2006, S. 97 ▪ 69 **Daniel Siemens**, Horst Wessel, a.a.O., S. 72 f. ▪ 70 **Sefton Delmer**, Die Deutschen und ich, a.a.O., S. 114 ▪ 71 **Joseph Goebbels**, Die Tagebücher von Joseph Goebbels, Teil 1, Aufzeichnungen 1923–1941, Band 1/1, a.a.O., S. 297 ▪ 72 **Otto Wagener**, Hitler aus nächster Nähe, Aufzeichnungen eines Vertrauten 1929–1932, hrsg. von Henry Ashby Turner jr., Frankfurt/Main, Berlin, Wien 1987, S. 17 f. ▪ 73 **Joseph Goebbels**, Die Tagebücher von Joseph Goebbels, , Teil 1, Aufzeichnungen 1923–1941, Band 1/1, a.a.O., S. 297 f.

Kapitel 8 · Ein Wahlkämpfer

▪ 1 **Robert Coulondre**, Von Moskau nach Berlin 1936–1939, Erinnerungen des Französischen Botschafters, Bonn 1950, S. 479 ▪ 2 **Golo Mann**, Die Witterung des Geiers, in: Der Spiegel, Nr. 30, 24. Juli 1978 ▪ 3 **Ebd.** ▪ 4 **Ebd.** ▪ 5 **Sebastian Haffner**, Anmerkungen zu Hitler, Frankfurt/Main 2013, S. 9 ▪ 6 **Ebd.**, S. 114 ▪ 7 **Golo Mann**, Die Witterung des Geiers, in: Der Spiegel, Nr. 30, 24. Juli 1978 ▪ 8 **Sebastian Haffner**, Anmerkungen zu Hitler, a.a.O., S. 85 ▪ 9 **Ebd.**, S. 130 ▪ 10 **Ebd.**, S. 21 ▪ 11 **Ebd.**, S. 70 ▪ 12 **Ebd.**, S. 187 ▪ 13 **Rafael Seligmann**, Hitler, Die Deutschen und ihr Führer, München 2004 ▪ 14 **Alexander Mitscherlich**, **Magarete Mitscherlich**, Die Unfähigkeit zu trauern, Grundlagen kollektiven Verhaltens, München 1967 ▪ 15 **Julius Leber**, Ein Mann geht seinen Weg, Schriften, Reden und Briefe, hrsg. von seinen Freunden, Berlin, Frankfurt 1952, S. 71 ▪ 16 **Theodor Duesterberg**, Der Stahlhelm und Hitler, Mit einem Geleitwort von Wolfgang Müller, Wolfenbüttel, Hannover 1949, S. 35 ▪ 17 **Franz von Papen**, Der Wahrheit eine Gasse, München 1952, S. 223 ▪ 18 **Ebd.** ▪ 19 **Rafael Seligmann**, Hitler, Die Deutschen und ihr Führer, a.a.O., S. 110 ▪ 20 **Sebastian Haffner**, Geschichte eines Deutschen, Die Erinnerungen 1914–1933, München 2006, S. 91 ▪ 21 **Horst Sindermann**, Vor Tageslicht, Autobiografie, Berlin 2015, S. 68 ▪ 22 **Markus Wolf**, Spionagechef im Geheimen Krieg, Düsseldorf, München 1967, S. 34 ▪ 23 **Harry Graf Kessler**, Tagebücher 1918–1937, Politik, Kunst und Gesellschaft der zwanziger Jahre, Frankfurt/Main 1961, S.195 f. ▪ 24 **Klaus Mann**, Der Wendepunkt, Ein Lebensbericht, mit unbekannten Texten aus dem Nachlass, Reinbek bei Hamburg 2012, S. 337 ▪ 25 **Harry Graf Kessler**, Tagebücher 1918–1937, Politik, Kunst und Gesellschaft der zwanziger Jahre, a.a.O., S. 196 ▪ 26 **Joseph Goebbels**, Die Tagebücher von Joseph Goebbels, im Auftrag des Instituts für Zeitgeschichte und mit Unterstützung des Staatlichen Archivdienstes Russlands, hrsg. von Elke Fröhlich, Teil 1, Aufzeichnungen 1923–1941, Band 2/1, Dezember 1929–Mai 1931, bearbeitet von Anne Munding, München 2005, S. 33 ▪ 27 **Ernst Niekisch**, Gewagtes Leben, Begegnungen und Begebnisse, Köln, Berlin 1958, S. 160 ▪ 28 **Julius Leber**, Ein Mann geht seinen Weg, a.a.O., S. 60 f. ▪ 29 **Joseph Goebbels**, Die Tagebücher von Joseph Goebbels, Teil 1, Aufzeichnungen 1923–1941, Band 2/1, S. 68 ▪ 30 **Christa Schroeder**, Hitler privat, Erlebnisbericht seiner Geheimsekretärin, hrsg. von Albert Zoller, Düsseldorf 1949, S. 104 ▪ 31 Zitiert nach: **Anna Maria Sigmund**, Des Führers bester Freund; Adolf Hitler, seine Nichte Geli Raubal und der »Ehrenarier« Emil Maurice – eine Dreiecksbeziehung, München 2003, S. 101 ▪ 32 **Henriette von Schirach**, Der Preis der Herrlichkeit, Wiesbaden 1956, S. 18 ▪ 33 **Fritz Wiedemann**, Der Mann, der Feldherr werden wollte, Erlebnisse und Erfahrungen des Vorgesetzten Hitlers im 1. Weltkrieg du seines späteren Persönlichen Adjutanten, Velbert und Kettwig 1964, S. 90 f. ▪ 34 Zitiert nach: **Anna Maria Sigmund**, Des Führers bester Freund, a.a.O., S. 94 f. ▪ 35 **Joseph Goebbels**, Die Tagebücher von Joseph Goebbels, Teil 1, Aufzeichnungen 1923–1941, Band 2/1, S. 93 ▪ 36 **Heinz Guderian**, Erinnerungen eines Soldaten, Neckargemünd 1960, S. 393 f. ▪ 37 **Sir Oswald Mosley**, Weg und Wagnis, Ein Leben für Europa, Leoni am Starnberger See 1973, S. 226 ▪ 38 **Joseph Goebbels**, Die Tagebücher von Joseph Goebbels, Teil 1, Aufzeichnungen 1923–1941, Band 2/1, a.a.O., S. 202 ▪ 39 **Ebd.**, S. 239 ▪ 40 **Julius Leber**, Ein Mann geht seinen Weg, a.a.O., S. 234 ▪ 41 **Wolfgang Benz** (Hrsg.), Politik in Bayern, 1919–1933, Berichte des württembergischen Gesandten Carl Moser von Filseck, Schriftenreihe der Vierteljahreshefte für Zeitgeschichte, Nummer 2/23, Institut für Zeitgeschichte, hrsg. von Hans Rothfels und Theodor Eschenburg, Redaktion Martin Brozat, Stuttgart 1971, S. 239 ▪ 42 **Wilhelm Hoegner**, Flucht vor Hitler, Erinnerungen an die Kapitulation der ersten deutschen Republik 1933, München 1978, S. 18 f. ▪ 43 **Julius Leber**, Ein Mann geht seinen Weg, a.a.O., S. 239 ▪ 44 **Golo Mann**, Erinnerungen und Gedanken, Eine Jugend in Deutschland, Frankfurt/Main 2010, S. 384 ▪ 45 **Joseph Goebbels**, Die Tagebücher von Joseph Goebbels, Teil 1, Aufzeichnungen 1923–1941, Band 2/1, a.a.O., S. 247 ▪ 46 **Hans Frank**, Im Angesicht des Galgens, Deutung Hitlers und seiner Zeit auf Grund eigener Erlebnisse und Erkenntnisse, geschrieben im Nürnberger Justizgefängnis, München-Gräfeling 1953, S. 85 f. ▪ 47 **Ebd.** ▪ 48 **Ebd.** ▪ 49 **Ebd.**, S. 86 ▪ 50 **Richard Scheringer**, Das große Los, Unter Soldaten, Bauern und Rebellen, München 1979, S. 181 ▪ 51 **Joseph Goebbels**, Die Tagebücher von Joseph Goebbels, Teil 1, Aufzeichnungen 1923–1941, Band 2/1, a.a.O., S. 247 ▪ 52 **Ebd.**, S. 280 ▪ 53 **Victor Klemperer**, Leben sammeln, nicht fragen wozu und warum. Tagebücher 1925–1932, hrsg. von Walter Nowojski unter Mitarbeit von Christian Löser, Berlin 1996, S. 670 ▪ 54 Zitiert nach: **Shareen Blair Brysac**, Mildred Harnack und die Rote Kapelle, Die Geschichte einer ungewöhnlichen Frau und einer Widerstandsbewegung, München 2003, S. 136 ▪ 55 **Manès Sperber**, Die vergebliche Warnung, All das Vergangene, Wien 1975, S. 280 ▪ 56 **Willy Brandt**, Links und frei, Mein Weg 1930–1950, Hamburg 1982, S. 44 ▪ 57 **Paul Löbe**, Der Weg war lang, Lebenserinnerungen, Berlin 1965, S. 202 f. ▪ 58 **Ilja Ehrenburg**, Menschen, Jahre, Leben, Autobiographie, München 1962, S. 765 ▪ 59 **Manès Sperber**, Die vergebliche Warnung, a.a.O., S. 279 ▪ 60 **Joseph Goebbels**, Die Tagebücher von Joseph Goebbels, Teil I, Aufzeichnungen 1923–1941, Band 1/2, a.a.O., S. 407 ▪ 61 **Wolfgang Benz** (Hrsg.), Politik in Bayern, 1919–1933, Berichte des württembergischen Gesandten Carl Moser von Filseck, a.a.O., S. 247 ▪ 62 **Leni Riefenstahl**, Memoiren, Frankfurt/Main 1980, S. 15 f. ▪ 63 **Thea Sternheim**, Tagebücher 1903–1971, hrsg. und ausgewählt von Thomas Ehrsam und Regula Wyss im Auftrage der Heinrich Enrique Beck-Stiftung, Band 2, 1925–1936, Göttingen 2012, S. 379 ▪ 64 **Henriette Schneider**, handschriftliche Tagebuchaufzeichnungen 1913–1947 der Henriette Schneider (1872–1947), Archiv des Lötzener Heimatmuseums, Auszugsweise wiedergegeben und inhaltlich zusammengefasst von Bernhard Pietrass, http://www.ostpreussen-tagebuch.de/, letzter Stand: 10. August 2016 (im Fortlauf des Kapitels erfolgt kein weiterer Nachweis) ▪ 65 **H.R. (Hubert Renfro) Knickerbocker**, Deutschland so oder so?, Berlin 1932, S. 206 ▪ 66 **Reinhard Spitzy**, So haben wir das Reich verspielt, Bekenntnisse eines Illegalen, München, Wien 1986, S. 33 f. ▪ 67 **Christa Schroeder**, Er war mein Chef, aus dem Nachlass der Sekretärin von Adolf Hitler, hrsg. von Anton Joachimsthaler, München, Wien 1985, S. 37 ▪ 68 **Ebd.**, S. 42 ▪ 69 **Christian Hartmann** (Hrsg.), Hitler Reden, Schriften, Anordnungen, Februar 1925 bis Januar 1933, für das Institut für Zeitgeschichte hrsg. und kommentiert von Christian Hartmann, Band IV, Teil 2: Juli 1931 – Dezember 1931, München, New Providence, London, Paris 1996, S. 305 f. ▪ 70 **Henriette Schneider**, handschriftliche Tagebuchaufzeichnungen 1913–1947, a.a.O. ▪ 71 **Harold Nicolson**, Tagebücher und Briefe 1930–1941, hrsg. von Nigel Nicolson, Stuttgart, Hamburg 1969, S. 103 ▪ 72 **Christian Hartmann** (Hrsg.), Hitler Reden, Schriften, Anordnungen, Februar 1925 bis Januar 1933, hrsg. Für das Institut für Zeitgeschichte, Band IV, Teil 3: Januar 1932-März 1932 München, New Providence, London, Paris 1997, S. 79 ▪ 73 **Gerhard Szczesny**, Als die Vergangenheit Gegenwart war, Lebenslauf eines Ostpreußen, Berlin, Frankfurt am Main, S. 64 f. ▪ 74 **Bella Fromm**, Als Hitler mir die Hand küßte, Berlin 1993, S. 51 ▪ 75 **Vicki Baum**, Es war alles ganz anders, Erinnerungen, Köln 1987, S. 445 ▪ 76 **Leni Riefenstahl**, Memoiren, a.a.O., S. 152 ▪ 77 **Joseph Goebbels**, Die Tagebücher von Joseph Goebbels, Teil 1, Aufzeichnungen 1923–1941, Band 2/1, a.a.O., S. 346 ▪ 78 Zitiert nach: **Max Domarus**, Hitler, Reden und Proklamationen 1932–1945, kommentiert von einem deutschen Zeitgenossen, Band 1 Triumph, Erster Halbband 1932–1934, München 1965, S. 129 ▪ 79 **Ernst Hanfstaengl**, Zwischen Weißem und Braunem Haus, Memoiren eines politischen Außenseiters, München 1970, S. 260 ▪ 80 Hartmann Lauterbacher, Erlebt und mitgestaltet, Kronzeuge einer Epoche 1923–1945. Zu neuen Ufern nach Kriegsende, Preussisch-Oldendorf 1984, S. 53 ff. ▪ 81 Zitiert nach: **Werner Maser**, Hitlers Briefe und Notizen, Sein Weltbild in handschriftlichen Dokumenten, Graz o.J., S. 171 ▪ 82 **Ebd.**, S. 151 ▪ 83 **Thea Sternheim**, Tagebücher 1903–1971, a.a.O., S. 381 ▪ 84 **Paul Löbe**, Der Weg war lang, a.a.O., S. 208 f. ▪ 85 **Christian Hartmann** (Hrsg.), Hitler Reden, Schriften, Anordnungen, Februar 1925 bis Januar 1933, a.a.O., S. 15 ▪ 86 **Franz von Papen**, Der Wahrheit eine Gasse, a.a.O., S. 174 ▪ 87 Masch. Manuskript, Thüringisches HStA Weimar, Landtag von Thüringen, Nr. 196, BI. 4 J -54 2, zitiert nach: Max Domarus, Hitler Reden und Proklamationen 1932–1945, a.a.O., S. 227 f. ▪ 88 **Ernst Hanfstaengl**, Zwischen Weißem und Braunem Haus, a.a.O., S. 264 ▪ 89 **Sefton Delmer**, Die Deutschen und ich, Hamburg 1962, S. 148 ▪ 90 **Friedelind Wagner**, Nacht über Bayreuth, Die Geschichte der Enkelin Richard Wagners, Köln 2010, S. 195 ▪ 91 **Ernst Hanfstaengl**, Zwischen Weißem und Braunem Haus, a.a.O., S. 267 ▪ 92 **Harry Graf Kessler**, Tagebücher 1918–1937, a.a.O., S. 658 ▪ 93 **Golo Mann**, Erinnerungen und Gedanken, a.a.O., S. 425 f. ▪ 94 **Harry Graf Kessler**, Tagebücher 1918–1937, a.a.O., S. 658 ▪ 95 **Vicki Baum**, Es war alles ganz anders, a.a.O., S. 447 ▪ 96 Zitiert nach: **Theresa Ebeling, Maximilian Heidrich, Kai Jakob, Janine Noack, Steffi Kühmel, Alexander Schug** (Hrsg), Geliebter Führer, Briefe der Deutschen an Adolf Hitler, Berlin 2011, S. 24 ▪ 97 **Winston S. Churchill**, Der Zweite Weltkrieg, Mit einem Epilog über die Nachkriegsjahre, Bern, München, Wien 1995, S. 57 ▪ 98 **Ernst Hanfstaengl**, Zwischen Weißem und Braunem Haus, a.a.O., S. 278 ▪ 99 **Victor Klemperer**, Leben sammeln, nicht fragen wozu und warum, a.a.O., S. 753 ▪ 100 **Werner Koeppen**, Materialien aus dem

Bundesarchiv, Heft 10. Herbst 1941 im »Führerhauptquartier«, Berichte Werner Koeppens an seinen Minister Alfred Rosenberg, hrsg. und kommentiert von Martin Vogt, Koblenz 2002, S. 25 f. ▪ 101 **Franz von Papen**, Der Wahrheit eine Gasse, a.a.O., S. 195 ▪ 102 **Otto Braun**, Von Weimar zu Hitler, Hamburg 1949, S. 85 ▪ 103 **Klaus Mann**, Der Wendepunkt, a.a.O., S. 389 ▪ 104 StA v, Zentrale Dokumentation, Film Nr. 4104, Inventar A Nr. 757, zitiert nach: **Albert Einstein in Berlin** 1913–1933, Teil 1 Darstellung und Dokumente, bearbeitet von Christa Kirsten und Hans-Jürgen Treder, Berlin 1979, Studien zur Geschichte der Akademie der Wissenschaften der DDR, Bd. 6, S. 223 ▪ 105 **Friedrich Hollaender**, Von Kopf bis Fuß, Revue meines Lebens, Hrsg. und kommentiert von Volker Kühn, Berlin 2001, S. 234 ▪ 106 **Klaus Mann**, Tagebücher, 1931–1933, hrsg. von Joachim Heimannsberg, Peter Laemmle und Wilfried F. Schoeller, München 1989, S. 64 ▪ 107 **Maria Gräfin von Maltzan**, Schlage die Trommel und fürchte dich nicht, Erinnerungen, Berlin 1988, S. 73 f. ▪ 108 **Gerhard Szczesny**, Als die Vergangenheit Gegenwart war, a.a.O. S. 64 f. ▪ 109 **Helmuth von Glasenapp**, Meine Lebensreise, Menschen, Länder und Dinge, die ich sah, Wiesbaden 1964, S. 154 f. ▪ 110 **Günther Windschild, Helmut Schmid** (Hrsg.). »Mit dem Finger vor dem Mund ...«, Ballenstedter Tagebuch des Pfarrers Karl Fr.E. Windschild 1931–1944, Dessau 1999, S. 29 ▪ 111 **Helmut Schmidt, Loki Schmidt**, Kindheit und Jugend unter Hitler, München 2012, S. 221 ▪ 112 **Carl Zuckmayer**, Als wär's ein Stück von mir, Horen der Freundschaft, Frankfurt/Main 2013, S. 526 ▪ 113 **Erich Koch-Weser**, Und dennoch Aufwärts!, Eine Deutsche Nachkriegs-Bilanz, Berlin 1933, S. 268 ▪ 114 **Franz von Papen**, Der Wahrheit eine Gasse, a.a.O., S. 223 ▪ 115 **Joseph Goebbels**, Die Tagebücher von Joseph Goebbels, Teil 1, Aufzeichnungen 1923–1941, Band 2/1, a.a.O., S. 330 ▪ 116 **Arthur Koestler**, Die Geheimschrift, Bericht eines Lebens 1932–1940, Teil 1, Wien und München 1955, S. 21 ▪ 116 **Harry Graf Kessler**, Tagebücher 1918–1937, a.a.O., S. 681 f. ▪ 117 **Franz von Papen**, Der Wahrheit eine Gasse, a.a.O., S. 223 ▪ 118 Zitiert nach: **Werner Jochmann**, Monologe im Führerhauptquartier 1941–1944, aufgezeichnet von Heinrich Heim, Hamburg 1980, S. 222 ▪ 119 **Wolf Rüdiger Heß** (Hrsg.), Rudolf Heß, Briefe 1908–1933, Mit einer Einführung und Kommentaren von Dirk Bavendamm, München, Wien 1987, S. 420 f. ▪ 120 **Henry Picker**, Hitlers Tischgespräche im Führerhauptquartier 1941–1942, hrsg. vom Percy Ernst Schramm in Zusammenarbeit mit Andreas Hillgruber und Martin Vogt, Stuttgart 1963, S. 287 ▪ 121 **Bella Fromm**, Als Hitler mir die Hand küßte, a.a.O., S. 68 ▪ 122 **Otto A. Schneidereit**, Zwischen zwei Weltkriegen, Eine Jugend in Ostpreußen, Berlin 1999, S. 169 f.. ▪ 123 **Maria Leitner**, Entdeckungsfahrt durch Deutschland, Erlebnisse und Beobachtungen auf Streifzügen, in: Die Welt am Abend, Berlin o.J., Oktober bis November 1932, in: Maria Leitner, Elisabeth, ein Hitlermädchen, Erzählende Prosa, Reportagen und Berichte. Berlin, Weimar 1985, S. 145 ▪ 124 **Victor Klemperer**, Tagebücher 1925–1932, a.a.O., S. 759 f. ▪ 125 **Oskar Maria Graf**, Gelächter von außen, Aus meinem Leben, 1918–1933, München 2009, S. 391 ▪ 126 **Julius Leber**, Ein Mann geht seinen Weg, a.a.O., S. 89 ▪ 127 **Lutz Graf Schwerin von Krosigk**, Memoiren, Stuttgart 1977, S. 150 ▪ 128 **Horst Sindermann**, Vor Tageslicht, a.a.O., S. 76 f. ▪ 129 **Christopher Isherwood**, Christopher und die Seinen, Berlin 1992, S. 106 ▪ 130 **Manès Sperber**, Die vergebliche Warnung, a.a.O., S. 273 ▪ 131 **Henriette von Schirach**, Der Preis der Herrlichkeit, a.a.O., S.186 ▪ 132 **Bella Fromm**, Als Hitler mir die Hand küßte, a.a.O., S. 77 ▪ 133 **Manès Sperber**, Die vergebliche Warnung, a.a.O., S. 282 ▪ 134 **Oskar Maria Graf**, Gelächter von außen, a.a.O., S. 401 ▪ 135 **Joseph Goebbels**, Die Tagebücher von Joseph Goebbels, Teil 1, Aufzeichnungen 1923–1941, Band 2/1, a.a.O., S. 94

Kapitel 9 · Ein Mörder

▪ 1 **Hans Habe**, Erfahrungen, Olten und Freiburg im Breisgau 1973, S. 381 ▪ 2 **Erich Koch-Weser**, Hitler and Beyond, A German Testament, New York 1945, S. 68 ▪ 3 **Joachim C. Fest**, Hitler, Eine Biographie, Frankfurt/Main, Berlin, Wien 1974, S. 536 ▪ 4 **Robert Coulondre**, Von Moskau nach Berlin 1936–1939, Erinnerungen des französischen Botschafters, Bonn, 1950 S. 367 f. ▪ 5 **Joachim C. Fest**, Hitler, Eine Biographie, a.a.O., S. 17 ▪ 6 Ebd. S. 23 ▪ 7 Ebd., S. 25 ▪ 8 **Golo Mann**, Erinnerungen und Gedanken, Eine Jugend in Deutschland, Frankfurt/Main 2010, S. 502 f. ▪ 9 **Paul Löbe**, Der Weg war lang, Lebenserinnerungen, Berlin 1965, S. 217 ▪ 10 **Ian Kershaw**, Hitler, Band 1. Stuttgart, München 1998, S. 609 ▪ 11 **Joachim C. Fest**, Hitler, Eine Biographie, a.a.O., S. 526 ▪ 12 **Ian Kershaw**, Hitler, Band 1. a.a.O., S. 649 ▪ 13 Ebd., S. 650 ▪ 14 **Joachim C. Fest**, Hitler, Eine Biographie, a.a.O., S. 642 ▪ 15 **Ernst Hanfstaengl**, Zwischen Weißem und Braunem Haus, Memoiren eines politischen Außenseiters, München 1970, S. 287 ▪ 16 Golo Mann, Erinnerungen und Gedanken, a.a.O. S. 377 ▪ 17 **Theodor Duesterberg**, Der Stahlhelm und Hitler, Mit einem Geleitwort von Wolfgang Müller, Wolfenbüttel und Hannover 1949, S. 37 ▪ 18 **Ernst Niekisch**, Gewagtes Leben, Begegnungen und Begebnisse, Köln, Berlin 1958, S. 200 ▪ 19 **Erich Koch-Weser**, Hitler and Beyond, A German Testament, New York 1945, S. 67 f. [Übersetzung Hermann Pölking] ▪ 20 **Theodor Duesterberg**, Der Stahlhelm und Hitler, a.a.O., S. 38 f. ▪ 21 Zitiert nach: **Gerhard Ritter**, Carl Goerdeler und die deutsche Widerstandsbewegung, Stuttgart, 1956, S. 64, zitiert nach: Ian Kershaw, Hitler, Band 1., a.a.O., 1998, S. 880, Fußnote 223 ▪ 22 **Henriette Schneider**, handschriftliche Tagebuchaufzeichnungen 1913–1947 der Henriette Schneider (18721947), Archiv des Lötzener Heimatmuseums, Neumünster, Auszugsweise wiedergegeben und inhaltlich zusammengefasst von Bernhard Pietrass, http://www.ostpreussen-tagebuch.de/, letzter Stand: 10. August 2016 (im Fortlauf des Kapitels erfolgt kein weiterer Nachweis) ▪ 23 Zitiert nach: **Max Domarus**, Hitler Reden und Proklamationen 1932–1945, kommentiert von einem deutschen Zeitgenossen, Band 1 Triumph, Erster Halbband 1932–1934, München 1965, S. 395, Dokument 149 ▪ 24 **Franz von Papen**, Der Wahrheit eine Gasse, München 1952, S. 284 ▪ 25 **Erich Ludendorff**, Vom Feldherrn zum Weltrevolutionär und Wegbereiter Deutscher Volksschöpfung, II. Band, Meine Lebenserinnerungen von 1926 bis 1933, Stuttgart 1951, S. 250, zitiert nach Gruchmann, Lothar, Ludendorffs »prophetischer« Brief an Hindenburg vom Januar/Februar 1933, Eine Legende, ff 559, in: Vierteljahrhefte für Zeitgeschichte, Heft 4, Oktober 1999 ▪ 26 **Bella Fromm**, Als Hitler mir die Hand küßte, Berlin 1993, S. 90 ▪ 27 **Joseph Goebbels**, Die Tagebücher von Joseph Goebbels, Im Auftrag des Instituts für Zeitgeschichte und mit Unterstützung des Staatlichen Archivdienstes Russlands, hrsg. von Elke Fröhlich, Teil 1, Aufzeichnungen 1923–1941, Band 2/3, Oktober 1932–März 1934, bearbeitet von Angelika Hermann, München 2006, S. 120 ▪ 28 **Lutz Graf Schwerin von Krosigk**, Es geschah in Deutschland, Menschenbilder unseres Jahrhunderts, Tübingen, Stuttgart 1951, S. 193 f. ▪ 29 **Julius Leber**, Ein Mann geht seinen Weg, Schriften, Reden und Briefe, hrsg. von seinen Freunden, Berlin, Frankfurt 1952, S. 90 ▪ 30 Zitiert nach: http://www.classicimages.com/people/article_e3186e82-9857-53c5-9e25-dbb008f.e52c2.html, letzter Stand: 26. Dezember 2014 ▪ 31 **Heinrich Hoffmann**, Hitler, wie sich ihn sah, Aufzeichnungen seines Leibfotografen, München/Berlin 1974 S. 49 ▪ 32 **Wolfgang Havemann**,»Über die notwendige Einheit von Theorie und Praxis bis zur Anwendung des Marxismus-Leninismus (Erinnerungen an Arvid Harnack aus den Jahren 1931–1841), S. 7, Sammlung Rote Kapelle, GDW, zitiert nach Shareen Blair Brysac, Mildred Harnack und die Rote Kapelle, Die Geschichte einer ungewöhnlichen Frau und einer Widerstandsbewegung, München 2003, S. 150 ▪ 33 **Wilhelm Hoegner**, Flucht vor Hitler, Erinnerungen an die Kapitulation der ersten deutschen Republik 1933, München 1978, S. 56 f. ▪ 34 **Bella Fromm**, Als Hitler mir die Hand küßte, a.a.O., S. 90 f. ▪ 35 **Max Schmeling**, Erinnerungen, Frankfurt/Main, Berlin, Wien 1977, S. 249 f. ▪ 36 **Marie Luise Kaschnitz**, Orte, Aufzeichnungen, Frankfurt/Main 1973, S. 40 ▪ 37 **Henriette von Schirach**, Der Preis der Herrlichkeit, Wiesbaden 1956, S. 189 f. ▪ 38 **Wolf Rüdiger Heß** (Hrsg.), Rudolf Heß, Briefe 1908–1933, Mit einer Einführung und Kommentaren von Dirk Bavendamm, München, Wien 1987, S. 424 f. ▪ 39 **Sebastian Haffner**, Geschichte eines Deutschen, Die Erinnerungen 1914–1933, München 2006, S. 110 ▪ 40 **Reinhard Spitzy**, So haben wir das Reich verspielt, Bekenntnisse eines Illegalen, München, Wien 1986, S. 37 ▪ 41 **Ernst Niekisch**, Gewagtes Leben, a.a.O., S. 133 ▪ 42 **Golo Mann**, Erinnerungen und Gedanken, a.a.O., S. 490 f. ▪ 43 Abschrift DRA **Deutsches Rundfunkarchiv**, Frankfurt ▪ 44 Zitiert nach: **Max Domarus**, Hitler, Reden und Proklamationen 1932–1945, Band 1 Triumph, Erster Halbband 1932–1934, a.a.O., S. 204 ff. ▪ 45 Zitiert nach: **Georg Scheuer**, in: Profil, sozialdemokratische Zeitschrift für Politik, Wirtschaft und Kultur, Heft 57, Zürich 1978 S. 47▪ 46 **Erich Honecker**, Aus meinem Leben, Berlin (Ost) 1982 S. 65 ▪ 47 **Klaus Mann**, Der Wendepunkt, Ein Lebensbericht, Mit unbekannten Texten aus dem Nachlass, Reinbek bei Hamburg 2012, S. 385 ▪ 48 **Sebastian Haffner**, Geschichte eines Deutschen, a.a.O., S. 129 ▪ 49 **Fritz Wiedemann**, Der Mann, der Feldherr werden wollte, Erlebnisse und Erfahrungen des Vorgesetzten Hitlers im 1. Weltkrieg und seines späteren Persönlichen Adjutanten, Velbert und Kettwig 1964, S. 57 ▪ 50 **Klaus Mann**, Der Wendepunkt, a.a.O., S. 387 ▪ 51 **Markus Wolf**, Spionagechef im Geheimen Krieg, Düsseldorf, Münschen 1967, S. 35 ▪ 52 **Helmut Schmidt, Loki Schmidt**, Kindheit und Jugend unter Hitler, München 2012, S. 27 ▪ 53 Zitiert nach: **Klaus Scheel**, Der Tag von Potsdam, Das Tagebuch Europas, Berlin 1996, S. 84 f. ▪ 54 **Manès Sperber**, Die vergebliche Warnung, All das Vergangene, Wien 1975, S. 292 ▪ 55 **Erich Ebermayer**, Denn heute gehört uns Deutschland ..., Persönliches und politisches Tagebuch, Von der Machtergreifung bis zum 11. Dezember 1935, Hamburg, Wien 1959, S. 35 f. ▪ 56 **Harry Graf Kessler**, Tagebücher 1918–1937, Politik, Kunst und Gesellschaft der zwanziger Jahre, Frankfurt/Main 1961, S. 711 ▪ 5 **René Schickele**, Die blauen Hefte. Edition und Kommentar hrsg. von Annemarie Post-Martens, Frankfurt am Main, Basel 2002, S. 97 ▪ 58 **Antoni Graf Sobański**, Nachrichten aus Berlin, 1933–36, Reinbek bei Hamburg 2007, S. 41 f. ▪ 59 **Winston Churchill**, Der Zweite Weltkrieg, Mit einem Epilog über die Nachkriegsjahre, Bern, München, Wien 1995, S. 51 ▪ 60 **Paul Löbe**, Der Weg war lang, a.a.O., S. 212 f. ▪ 61 **Ernst Niekisch**, Gewagtes Leben, a.a.O., S. 236 f. ▪ 62 **Christopher Isherwood**, Christopher und die seinen, Berlin 1992, S. 114 ▪ 63 **Oskar Maria Graf**, Gelächter von außen, Aus meinem Leben, 1918–1933, Text der Erstausgabe, München 2009, S. 407 f. ▪ 64 Zitiert nach: **Armin Hermann**, Einstein, Der Weltweise und sein Jahrhundert, München 1994, S. 390 ▪ 65 Zitiert nach: **Klaus Scheel**, Der Tag von Potsdam, a.a.O., S. 96 ▪ 66 **Bella Fromm**, Als Hitler mir die Hand küßte, a.a.O., S. 104 ▪ 67 **Günther Windschild, Helmut Schmid (Hrsg.)** »Mit dem Finger vor dem Mund ...«, Ballenstedter Tagebuch des Pfarrers Karl Fr.E. Windschild 1931–1944, Dessau 1999, S. 67 ▪ 68 **Semper-Talis-Archiv**, Bergisch-Gladbach, Semper-Talis Nachichten. Nr. 51, vom 15.6.1933, zitiert nach: Klaus Scheel, Der Tag von Potsdam, a.a.O., S. 123 f. ▪ 69 **Theodor Duesterberg**, Der Stahlhelm und Hitler, a.a.O., S. 49 ▪ 70 Erich Ebermayer, Denn heute gehört uns Deutschland ..., Persönliches und politisches Tagebuch, a.a.O., S. 46 ▪ 71 **Golo Mann**, Erinnerungen und Gedanken, a.a.O., S. 506 ▪ 72 **Erich Ebermayer**, Denn heute gehört uns Deutschland ..., Persönliches und politisches Tagebuch, a.a.O., S. 46 ▪ 73 **Walter Görlitz** (Hrsg.), Generalfeldmarschall Keitel, Verbrecher oder Offizier?, Erinnerungen, Briefe, Dokumente des Chefs OKW, Göttingen, Berlin, Frankfurt 1961, S. 52 ▪ 74 Zitiert nach: **Klaus Scheel**, Der Tag von Potsdam, a.a.O., S. 112 ▪ 75 **Kurt F. Rosenberg**, »Einer, der nicht mehr dazugehört«, Tagebücher 1933–1937, hrsg. von Beate Meyer und Björn Siegel, Göttingen 2012, S. 62 ▪ 76 **Westfälisches Archivamt Münster**, Nachlass Franz Graf von Galen. Nt4. 46, zitiert nach: Joachim Kuropka (Hrsg.), Streitfall Galen, Clemens August Graf von Galen und der Nationalsozialismus, Studien und Dokumente, Münster 2007, S. 479 ▪ 77 Zitiert nach: Klaus Scheel, Der Tag von Potsdam, a.a.O., S. 136 ▪ 78 **Bella Fromm**, Als Hitler mir die Hand küßte, a.a.O., S. 109 ▪ 79 **Artur Axmann**, Das kann doch nicht das Ende sein, Hitlers letzter Reichsjugendführer erinnert sich, Koblenz 1995, S. 74 ▪ 80 **Ludwig Quidde**, Deutschlands Rückfall in die Barbarei, Texte des Exils 1933–1941, hrsg. von Karl Holl, Bremen 2009, S. 93 f. ▪ 81 **Wilhelm Hoegner**, Flucht vor Hitler, a.a.O., S. 133 ▪ 82

René Schickerle, Die blauen Hefte, a.a.O. S. 103 ▪ 83 **Artur Axmann**, Das kann doch nicht das Ende sein, a.a.O., S. 74 ▪ 84 **Ludwig Quidde**, Deutschlands Rückfall in die Barbarei, a.a.O., S. 30 ▪ 85 Abschrift DRA **Deutsches Rundfunkarchiv**, Frankfurt ▪ 86 **Ludwig Quidde**, Deutschlands Rückfall in die Barbarei, a.a.O., S. 94 ▪ 87 **Ebd.**, S. 94 ▪ 88 **Ebd.**, ▪ 89 Lutz **Graf Schwerin von Krosigk**, Es geschah in Deutschland, a.a.O., S. 197 ▪ 90 René Schickele, Die blauen Hefte, a.a.O., S. 108 ▪ 91 **Stefan Zweig**, Die Welt von gestern, Erinnerungen eines Europäers, Frankfurt/Main 1952, S. 331 ▪ 92 **Manès Sperber**, Bis man mir Scherben auf die Augen legt, All das Vergangene, Wien 1977, S. 12 ▪ 93 **Chaim Weizmann**, Memoiren, Das Werden des Staates Israel, Zürich 1953, S. 512 f. ▪ 94 Zitiert nach: **Albert Einstein** in Berlin 1913–1933, Teil I. Darstellung und Dokumente, Berlin 1979, S. 246 ▪ 95 **Franz von Papen**, Der Wahrheit eine Gasse, a.a.O., S. 322 ▪ 96 Zitiert nach: **Klaus Scheel**, Der Tag von Potsdam, a.a.O., S. 146 f. ▪ 97 Zitiert nach: **Frank Bajohr, Christoph Strupp** (Hrsg.), Fremde Blicke auf das »Dritte Reich«, Berichte ausländischer Diplomaten über Herrschaft und Gesellschaft in Deutschland 1933–1945, Hamburger Beiträge zur Sozial- und Zeitgeschichte, hrsg. von der Forschungsstelle für Zeitgeschichte in Hamburg, Band 49, Göttingen 2012, S. 361 ▪ 98 **Kurt F. Rosenberg**, »Einer, der nicht mehr dazugehört«, Tagebücher 1933–1937, a.a.O., S. 67 f. ▪ 99 **William Dodd**, Diplomat auf heißem Boden, Tagebuch des USA-Botschafters William E. Dodd in Berlin 1933–1938, hrsg. von William E. Dodd jr. und Martha Dodd, mit einer Einführung von Charles A. Beard, Berlin (Ost) 1962, S. 108 ▪ 100 **Bella Fromm**, Als Hitler mir die Hand küßte, a.a.O., S. 116 f. ▪ 101 **Henriette Schneider**, handschriftliche Tagebuchaufzeichnungen 1913–1947, a.a.O. ▪ 102 **Joseph Goebbels,** Die Tagebücher von Joseph Goebbels, Teil 1, Aufzeichnungen 1923–1941, Band 2/3, a.a.O. ▪ 103 **Friedelind Wagner**, Nacht über Bayreuth, Die Geschichte der Enkelin Richard Wagners, Köln 2010, S. 122 ▪ 104 **Christopher Isherwood**, Christopher und die Seinen, a.a.O., S. 115 ▪ 105 **Erich Ebermayer**, Denn heute gehört uns Deutschland …, Persönliches und politisches Tagebuch, a.a.O., S. 51 f. ▪ 106 **Hugo Linck**, Der Kirchenkampf in Ostpreußen, 1933 bis 1945, Geschichte und Dokumentation, München 1968, S. 234 ▪ 107 **Walter Tausk**, Breslauer Tagebuch, 1933 – 1940, hrsg. von Ryszard Kincel, Berlin 1975, S. 52 f. ▪ 108 **Sebastian Haffner**, Geschichte eines Deutschen, a.a.O., S. 164 ▪ 109 **Antoni Graf Sobański**, Nachrichten aus Berlin, a.a.O., S. 70 ▪ 110 **Sebastian Haffner**, Geschichte eines Deutschen, a.a.O., S. 145 ▪ 111 **Paul Ronge**, Im Namen der Gerechtigkeit, Erinnerungen eines Strafverteidigers, München 1963, S. 145 ▪ 112 **Kurt F. Rosenberg**, »Einer, der nicht mehr dazugehört«, Tagebücher 1933–1937, a.a.O., S. 68 ▪ 113 **Erhard Eppler**, Links leben, Erinnerungen eines Wertkonservativen, Berlin 2015, S. 9 ▪ 114 **Helmut Schmidt, Loki Schmidt,** Kindheit und Jugend unter Hitler, a.a.O., S. 213 ▪ 115 **Tania Blixen**, Briefe aus einem Land im Krieg, in: Tania Blixen, Motto meines Lebens, Betrachtungen aus drei Jahrzehnten, Reinbek bei Hamburg 1991, S. 119 ▪ 116 Zitiert nach: **Uta Gerhardt, Thomas Karlauf** (Hrsg.), Nie mehr zurück in dieses Land, Augenzeugen berichten über die Novemberpogrome 1938, Berlin 2009, S. 51 ▪ 117 **Chaim Weizmann**, Memoiren, a.a.O., S. 523 ▪ 118 **Kurt F. Rosenberg**, »Einer, der nicht mehr dazugehört«, Tagebücher 1933–1937, a.a.O., S. 84 ▪ 119 **Max Schmeling**, Erinnerungen, a.a.O., S. 262 ▪ 120 BArch R 43/4242, zitiert nach: **Theresa Ebeling, Maximilian Heidrich, Kai Jakob, Janine Noack, Steffi Kühmel, Alexander Schug** (Hrsg.), Geliebter Führer, Briefe der Deutschen an Adolf Hitler, Berlin 2011, S. 73 ▪ 121 **Kurt F. Rosenberg**, »Einer, der nicht mehr dazugehört«, Tagebücher 1933–1937, a.a.O., S. 98 ▪ 122 **Ludwig Quidde**, Deutschlands Rückfall in die Barbarei, a.a.O., S. 96 ▪ 123 **Sebastian Haffner**, Geschichte eines Deutschen, a.a.O., S. 224 ▪ 124 **Willy Brandt**, Links und frei, Mein Weg 1930–1950, Hamburg 1982, S. 178 ▪ 125 **Harald Poelchau**, Die letzten Stunden, Erinnerungen eines Gefängnispfarrers, aufgezeichnet von Graf Alexander Stenbock-Fermor, Berlin 1987, S. 10 f. ▪ 126 **Kurt F. Rosenberg**, »Einer, der nicht mehr dazugehört«, Tagebücher 1933–1937, a.a.O., S. 110 ▪ 127 **Golo Mann**, Erinnerungen und Gedanken, a.a.O., S. 504 ▪ 128 **Willy Brandt**, Links und frei, a.a.O., S. 179 ▪ 129 **Julius Fučík**, Reportage, Unter dem Strang geschrieben, Berlin (Ost) 1958, S. 175 ▪ 130 **Esther Gräfin von Schwerin**, Kormorane, Brombeeranken, Erinnerungen an Ostpreußen, München 2009, S. 145 ▪ 131 **Marie Luise Kaschnitz**, Orte, Aufzeichnungen, a.a.O., S. 168 ▪ 132 **Oda Schaefer**, Auch wenn Du träumst, gehen die Uhren, Erinnerungen bis 1945, München 1980, S. 237 ▪ 133 **Franz von Papen**, Der Wahrheit eine Gasse, a.a.O., S. 331 ▪ 134 **Lutz Graf Schwerin von Krosigk**, Es geschah in Deutschland, a.a.O., S. 211 ▪ 135 **Rudolf Höß**, Kommandant in Auschwitz, Autobiographische Aufzeichnungen, hrsg. von Martin Brozat, München 2013, S. 79 ▪ 136 **Emmy Göring**, An der Seite meines Mannes, Begebenheiten und Bekenntnisse, Göttingen 1967, S. 66 f. ▪ 137 **Erich Honecker**, Aus meinem Leben, a.a.O., S. 65 ▪ 138 **Robert Coulondre**, Von Moskau nach Berlin 1936–1939, a.a.O., S. 357 ▪ 139 **Horst Sindermann**, Vor Tageslicht, Autobiografie, Berlin 2015, S. 96 ▪ 140 **Hans Beimler**, Im Mörderlager Dachau, Vier Wochen in den Händen der braunen Banditen, Berlin (Ost) 1976, S. 26 ▪ 141 **Rudolf Höß**, Kommandant in Auschwitz, a.a.O., S. 81 f. ▪ 142 **Julius Leber**, Ein Mann geht seinen Weg, a.a.O., S. 251 f. ▪ 143 Zitiert nach: **Uta Gerhardt, Thomas Karlauf** (Hrsg.), Nie mehr zurück in dieses Land, a.a.O., S. 146 ▪ 144 **Erich Ludendorff**, Vom Feldherrn zum Weltrevolutionär und Wegbereiter Deutscher Volksschöpfung, II. Band, a.a.O., S. 234, zitiert nach: Gruchmann, Lothar, Ludendorffs »prophetischer« Brief an Hindenburg vom Januar/Februar 1933, Eine Legende, in: Vierteljahrhefte für Zeitgeschichte, Heft 4, Oktober 1999, S. 559 ff., ▪ 145 **Kurt F. Rosenberg**, »Einer, der nicht mehr dazugehört«, Tagebücher 1933–1937, a.a.O., S. 124 ▪ 146 **Julius Leber**, Ein Mann geht seinen Weg, a.a.O., S. 262 ▪ 147 **Kurt F. Rosenberg**, »Einer, der nicht mehr dazugehört«, Tagebücher 1933–1937, a.a.O., S. 125 ▪ 148 **Lutz Graf Schwerin von Krosigk**, Es geschah in Deutschland, a.a.O, S. 168 ▪ 149 **Walter Görlitz** (Hrsg.) Generalfeldmarschall Keitel, Verbrecher oder Offizier?, a.a.O., S. 53 ▪ 150 **Harry Graf Kessler**, Tagebücher 1918–1937, a.a.O., S. 726 ▪ 151 **George Grosz**, Ein kleines Ja und ein großes Nein, Sein Leben von ihm selbst erzählt, Reinbek bei Hamburg 1995, S. 266 ▪ 152 **Sebastian Haffner**, Geschichte eines Deutschen, a.a.O., S. 338 f. ▪ 153 **Antoni Graf Sobański**, Nachrichten aus Berlin, 1933–36, a.a.O., S. 101 ▪ 154 **Thea Sternheim**, Tagebücher 1903–1971, hrsg. und ausgewählt von Thomas Ehrsam und Regula Wyss im Auftrage der Heinriche Enrique Beck-Stiftung, Band 2 1925–1936, Göttingen 2012, S. 531 ▪ 155 **Kurt F. Rosenberg**, »Einer, der nicht mehr dazugehört«, Tagebücher 1933–1937, a.a.O., S. 144 ▪ 156 **William Dodd**, Diplomat auf heißem Boden, a.a.O., S. 51 ▪ 157 **Ebd.**, S. 63 ff. ▪ 158 **Erich Honecker**, Aus meinem Leben, a.a.O., S. 70 ▪ 159 **Thea Sternheim**, Tagebücher 1903–1971, a.a.O., S. 549 ▪ 160 **Günther Windschild; Helmut Schmid** (Hrsg.), Mit dem Finger vor dem Mund …, Ballenstedter Tagebuch des Pfarrers Karl Fr.E. Windschild 1931–1944, a.a.O., S. 129 ▪ 161 **William Dodd**, Diplomat auf heißem Boden, a.a.O., S. 78 ▪ 162 **Joseph Goebbels**, Die Tagebücher von Joseph Goebbels, Teil 1, Aufzeichnungen 1923–1941, Band 2/3, a.a.O., S. 348 ▪ 163 **Bella Fromm**, Als Hitler mir die Hand küßte, a.a.O., S. 167 ▪ 164 **Anthony Eden, Earl of Avon**, Angesichts der Diktatoren, Memoiren, 1923–1938, Köln, Berlin 1964, S. 88 ▪ 165 **Rachele Mussolini**, Mussolini ohne Maske, Erinnerungen, hrsg. von Albert Zarca, Stuttgart 1974, S. 125 ▪ 166 **Erich Ebermayer**, Denn heute gehört uns Deutschland …, Persönliches und politisches Tagebuch, a.a.O., S. 320 ▪ 167 **Fritz Wiedemann**, Der Mann, der Feldherr werden wollte, a.a.O., S. 63 ▪ 168 Zitiert nach: **Pietro Badoglio**, Italy in the Second World War, Memories and Documents, London 1948, S. 2 ▪ 169 **Thea Sternheim**, Tagebücher 1903–1971, a.a.O., S. 587 ▪ 170 **William Dodd**, Diplomat auf heißem Boden, a.a.O., S. 123 ▪ 171 **Kurt F. Rosenberg**, »Einer, der nicht mehr dazugehört«, Tagebücher 1933–1937, a.a.O., S. 217 ▪ 172 **Oswald Spengler**, Jahre der Entscheidung, München 1961, S. 177 ▪ 173 **Hans-Günther Seraphim** (Hrsg.), Das politische Tagebuch Alfred Rosenbergs aus den Jahren 1934/35 und 1939/40, Göttingen 1956, S. 32 f. ▪ 174 **Lutz Graf Schwerin von Krosigk**, Es geschah in Deutschland, a.a.O., S. 205 f. ▪ 175 **Theodor Duesterberg**, Der Stahlhelm und Hitler, a.a.O., S. 73 ▪ 176 **Ernst Hanfstaengl**, Zwischen Weißem und Braunem Haus, a.a.O., S. 312 ▪ 177 **Elisabeth Wagner** (Hrsg.), Der Generalquartiermeister, Briefe und Tagebuchaufzeichnungen des Generalquartiermeister des Heeres General der Artillerie Eduard Wagner, München, Wien 1963, S. 66 ▪ 178 **Albert Speer**, Erinnerungen, Berlin 1969, S. 114 f. ▪ 179 **Christa Schroeder**, Hitler privat, Erlebnisbericht seiner Geheimsekretärin, hrsg. von Albert Zoller, Düsseldorf 1949, S. 177 f. ▪ 180 **Erich Ebermayer**, Denn heute gehört uns Deutschland …, a.a.O, S. 324 ▪ 181 **Theophil Wurm**, Erinnerungen aus meinem Leben, Stuttgart 1968, S. 99 f. ▪ 182 **William Dodd**, Diplomat auf heißem Boden, a.a.O., S. 126 f. ▪ 183 **Oda Schaefer**, Auch wenn Du träumst, gehen die Uhren, a.a.O., S. 242 f. ▪ 184 **Hans-Günther Seraphim** (Hrsg.), Das politische Tagebuch Alfred Rosenbergs aus den Jahren 1934/35 und 1939/40, a.a.O., S. 34 f. ▪ 185 **Sefton Delmer,** Die Deutschen und ich, Hamburg 1962, S. 238 f. ▪ 186 **Hans Frank,** Im Angesicht des Galgens, Deutung Hitlers und seiner Zeit auf Grund eigener Erlebnisse und Erkenntnisse, geschrieben im Nürnberger Justizgefängnis, München-Gräfeling, 1953, S. 150 f. ▪ 187 **Hans-Günther Seraphim** (Hrsg.), Das politische Tagebuch Alfred Rosenbergs aus den Jahren 1934/35 und 1939/40, a.a.O., S. 34 ▪ 188 **Albert Speer**, Erinnerungen, a.a.O., S. 64 ▪ 189 **Winston S. Churchill**, Der Zweite Weltkrieg, Mit einem Epilog über die Nachkriegsjahre, Bern, München, Wien, 1995, S. 5 ▪ 190 **Hans Frank**, Im Angesicht des Galgens, a.a.O., S. 151 f. ▪ 191 **Ricarda Huch**, Gesammelte Werke, hrsg. von Wilhelm Emrich, Band 5: Gedichte, Dramen, Reden, Aufsätze und andere Schriften, Köln o.J., S. 946 ▪ 192 **Heinz Guderian**, Erinnerungen eines Soldaten, Neckargemünd 1960, S. 394 ▪ 193 **Erich Ebermayer**, Denn heute gehört uns Deutschland …, a.a.O., S. 337 ▪ 194 **Völkischer Beobachter**, Ausgabe A/Süddeutsche Ausgabe, München, 1. Juli 1934, S. 1 ▪ 195 **Sefton Delmer**, Die Deutschen und ich, a.a.O., S. 239 ▪ 196 Zitiert nach: **Ian Kershaw**, Hitler, Band 1., a.a.O., S. 643 ▪ 197 **Friedelind Wagner**, Nacht über Bayreuth, a.a.O., S. 150

Kapitel 10 · Der Führer

▪ 1 **William Lyon Mackenzie King**, The Diaries of William Lyon Mackenzie King, Library and Archives of Canada, http://www.bac-lac.gc.ca/eng/discover/politics-government/prime-ministers/william-lyon-mackenzie-king/Pages/diaries-william-lyon-mackenzie-king.aspx#a, letzter Stand: 4. September 2016 [Übersetzung: Hermann Pölking] ▪ 2 **Volker Ullrich**, Adolf Hitler, Die Jahre des Aufstiegs 1889–1939, Biographie, Band 1, Frankfurt/Main 2013, S. 156 ▪ 3 **Ian Kershaw**, Hitler, 1889 – 1936, Band 1, Stuttgart, München 1998, S. 721 f. ▪ 4 **Konrad Heiden**, Adolf Hitler, Das Zeitalter der Verantwortungslosigkeit, Ein Mann gegen Europa, Zürich 2011, S. 10 ▪ 5 **Ebd.**, S. 229 ▪ 6 **Ebd.**, S. 617 ▪ 7 **Ebd.**, S. 635 ▪ 8 **Ebd.**, S. 637 ▪ 9 Zitiert nach: **Max Domarus**, Hitler Reden und Proklamationen 1932–1945, kommentiert von einem deutschen Zeitgenossen, Band 1, Triumph, Zweiter Halbband 1935–1938, Wiesbaden 1973, S. 395 ▪ 10 **Fritz Wiedemann**, Der Mann, der Feldherr werden wollte, Erlebnisse und Erfahrungen des Vorgesetzten Hitlers im 1. Weltkrieg du seines späteren Persönlichen Adjutanten, Velbert und Kettwig 1964, S. 73 ▪ 11 **Otto Meissner**, Staatssekretär unter Ebert, Hindenburg, Hitler. Der Schicksalsweg des deutschen Volkes von 1918 – 1945, Wie ich ihn erlebte, Hamburg 1950, S. 615 ▪ 12 **Robert Coulondre**, Von Moskau nach Berlin. Erinnerungen des französischen Botschafters, Berlin 1950, S. 310. ▪ 13 **Winston S. Churchill**, Great Contemporaries, New York 1990, S. 165 ▪ 14 **Erich Ebermayer**, Denn heute gehört uns Deutschland …, Persönliches und politisches Tagebuch, Von der Machtergreifung bis zum 11. Dezember 1935, Hamburg, Wien 1959, S. 357 f. ▪ 15 **Henriette Schneider**, Ein Ostpreußisches Tagebuch, Tagebuchaufzeichnungen 1913–1947 der Henriette Schneider (1872, geboren am 15. September 1872 in Rostken, Kreis Lötzen, gestorben am 14. Juni 1947 in Schwarmstedt, Kreis Celle), Auszugsweise wiedergegeben und inhaltlich zusammengefasst von Bernhard Pietrass, Hohentengen. Die Tagebücher der Henriette Schneider befinden sich im Archiv der Lötzener Heimatsammlung der

Kreisgemeinschaft Lötzen in Neumünster, Sudetenlandstr. 18h., http://www.ostpreussen-tagebuch.de/ (ab hier im Kapitel nicht mehr nachgewiesen) ▪ 16 **Alfred Rosenberg**, Die Tagebücher von 1935 bis 1944, hrsg. von Jürgen Matthäus und Frank Bajohr, Frankfurt/Main 2015, S. 152 ▪ **17 Lutz Graf Schwerin von Krosigk**, Es geschah in Deutschland, Menschenbilder unseres Jahrhunderts, Tübingen und Stuttgart 1951, S. 199 ▪ 18 **Günther Windschild, Helmut Schmidt** (Hrsg.), Mit dem Finger vor dem Mund …, Ballenstedter Tagebuch des Pfarrers Karl Fr.E. Windschild 1931–1944, Dessau 1999, S. 183 ▪ 19 **William Dodd**, Diplomat auf heißem Boden, Tagebuch es USA-Botschafters William E. Dodd in Berlin 1933 1938, hrsg. von William E. Dodd jr. und Martha Dodd, mit einer Einführung von Charles A. Beard, Berlin (Ost) 1962, S. 146 f. ▪ 20 Zitiert nach: **Werner Jochmann**, Monologe im Führerhauptquartier 1941–1944, aufgezeichnet von Heinrich Heim, Hamburg 1980, S. 173 f. ▪ 21 Zitiert nach: **Frank Bajohr, Christoph Strupp** (Hrsg.), Fremde Blicke auf das »Dritte Reich«, Berichte ausländischer Diplomaten über Herrschaft und Gesellschaft in Deutschland 1933–1945, Hamburger Beiträge zur Sozial- und Zeitgeschichte, hrsg. von der Forschungsstelle für Zeitgeschichte in Hamburg, Band 49, Göttingen 2012, S. 417 ▪ 22 **Friedrich Hoßbach**, Zwischen Wehrmacht und Hitler, 19341938, Göttingen 1963, S. 124 ▪ 23 Zitiert nach: **Luise Jodl**, Jenseits des Endes, Der Weg des Generaloberst Alfred Jodl, München 1987, S. 373 ▪ 24 **Martha Dodd**, Aus dem Fenster der Botschaft, Berlin 1946, S. 16 f. ▪ 25 **Erich Ebermayer**, Denn heute gehört uns Deutschland …, a.a.O., S. 501 ▪ 26 **Fritz Wiedemann**, Der Mann, der Feldherr werden wollte, a.a.O., S. 208 ▪ 27 **Erich Honecker,** Aus meinem Leben, Berlin (Ost) 1982, S. 77 ▪ 28 **Rudi Goguel**, Es war ein langer Weg, Singen 1947, S. 23 ▪ 29 Zitiert nach: **Max Domarus**, Hitler, Reden und Proklamationen, 1932–1945, Band I, Triumph; Zweiter Halbband 1935–1938, a.a.O., S. 474 ▪ 30 **Erich Ebermayer**, Denn heute gehört uns Deutschland …, Persönliches und politisches Tagebuch, a.a.O., S. 407 ▪ 31 **Edgar Feuchtwanger**, Als Hitler unser Nachtbar war, Erinnerungen an meine Kindheit im Nationalsozialismus, München 2014, S. 134 ▪ 32 **Sir Oswald Mosley**, Weg und Wagnis, Ein Leben für Europa, Leoni am Starnberger See 1973, S. 290 ▪ 33 **Rochus Misch**, Der letzte Zeuge, »Ich war Hitlers Telefonist, Kurier und Leibwächter«, unter Mitarbeit von Sandra Zarrinbal und Burkhard Nachtigall, Mit einem Vorwort von Ralph Giordano, Zürich, München 2008, S. 79 ▪ 34 **Hans Frank**, ehemaliger Reichsminister und Generalgouverneur, Im Angesicht des Galgens, Deutung Hitlers und seiner Zeit auf Grund eigener Erlebnisse und Erkenntnisse, geschrieben im Nürnberger Justizgefängnis, München-Gräfeling 1953, S. 246 f. ▪ 35 **Lutz Graf Schwerin von Krosigk**, Es geschah in Deutschland.a.a.O., S. 2003 f. ▪ 36 **Otto Dietrich**, 12 Jahre mit Hitler, München 1955, zitiert nach: Ian Kershaw, Hitler, 1889–1936, a.a.O., S. 668 ▪ 37 **Christa Schroeder**, Er war mein Chef, aus dem Nachlass der Sekretärin von Adolf Hitler, hrsg. von Anton Joachimsthaler, München, Wien 1985, S. 48 ▪ 38 **Otto Dietrich**, 12 Jahre mit Hitler, a.a.O., S. 29 ▪ 39 **Ulrich Schlie** (Hrsg.), Albert Speer, Die Kransberg-Protokolle, Seine ersten Aussagen und Aufzeichnungen (Juni-September), München 2003, S. 92 ▪ 40 **Christa Schroeder**, Er war mein Chef, a.a.O., S. 48 ▪ 41 Zitiert nach: **Ian Kershaw**, Hitler, 1889–1936, a.a.O., S. 665 ▪ 42 **Reinhard Spitzy**, So haben wir das Reich verspielt, Bekenntnisse eines Illegalen, München, Wien 1986, S. 126 ▪ 43 **Ulrich Schlie** (Hrsg.), Albert Speer, Die Kransberg-Protokolle, a.a.O., S. 95 ▪ 44 **Marcel Reich-Ranicki**, Mein Leben, Hamburg 2006/2007, S. 75 ▪ 45 zitiert nach: **Günther Scholdt**, Autoren über Hitler, Bonn 1993, S. 660 ▪ 46 Zitiert nach: **Oliver Lubrich** (Hrsg.), John F. Kennedy, Unter Deutschen, Reisetagebücher und Briefe 1937–1945, Berlin 2103, S. 104 ff. ▪ 47 **William L. Shirer**, The Nightmare Years 1930–1940, Edinburgh 2002 [Übersetzung: Robert Zagolla] ▪ 48 Zitiert nach: **Oliver Lubrich** (Hrsg.), Unter Deutschen, a.a.O., S. 104 ff. ▪ 49 **William L. Shirer**, The Nightmare Years, a.a.O. ▪ 50 Zitiert nach: **Oliver Lubrich** (Hrsg.), Unter Deutschen, a.a.O., S. 110 f. ▪ 51 **Bella Fromm**, Als Hitler mir die Hand küßte, Berlin 1993, S. 206 ▪ 51 **Martha Dodd**, Aus dem Fenster der Botschaft, zitiert nach: Oliver Lubrich (Hrsg.), Reisen ins Reich, a.a.O., S. 67 ▪ 52 **Rochus Misch**, Der letzte Zeuge, a.a.O., S. 71 ▪ 53 **Martha Dodd**, Aus dem Fenster der Botschaft, zitiert nach: Oliver Lubrich (Hrsg.), Reisen ins Reich, 1933 bis 1945, ausländische Autoren berichten aus Deutschland, München 2009, S. 70 ▪ 54 **Ulrich Schlie** (Hrsg.), Albert Speer, Die Kransberg-Protokolle, a.a.O., S. 112 ▪ 55 **Martha Dodd**, Aus dem Fenster der Botschaft, a.a.O., S. 83 ▪ 56 **William L. Shirer**, The Nightmare Years, a.a.O. ▪ 57 **Franz von Sonnleithner**, Als Diplomat im »Führerhauptquartier«; Aus dem Nachlass, mit einem Vorwort von Reinhard Spitzy, München, Wien 1989, S. 103, ▪ 58 **Heinz Guderian**, Erinnerungen eines Soldaten, Neckargemünd 1960, S. 398 f. ▪ 59 **Friedelind Wagner**, Nacht über Bayreuth, Die Geschichte der Enkelin Richard Wagners, Köln 2010, S. 12 ▪ 60 **Ernst Hanfstaengl**, Zwischen Weißem und Braunem Haus, Memoiren eines politischen Außenseiters, München 1970, S. 317 ▪ 61 **Paul Stehlin**, Auftrag in Berlin, Berlin 1965, S. 34 ▪ 62 **Lida Baarova**, Die süße Bitterkeit meines Lebens, Koblenz 2001, S. 105 ▪ 63 **Martha Dodd**, Aus dem Fenster der Botschaft, a.a.O., S. 93 ▪ 64 **Zarah Leander**, Es war so wunderbar. Mein Leben, Hamburg 1973, S. 160 f. ▪ 65 **Heinz Guderian**, Erinnerungen eines Soldaten, a.a.O., S. 406 ▪ 66 Zitiert nach: **Max Domarus**, Hitler, Reden und Proklamationen, 1932–1945, Band I, Triumph; Zweiter Halbband 1935–1938, a.a.O., S. 476 ▪ 67 **Bella Fromm**, Als Hitler mir die Hand küßte, a.a.O., S. 216 ▪ 68 **Anthony Eden, Earl of Avon**, Angesichts der Diktatoren, Memoiren, 1923–1938, Köln, Berlin 1964, S. 168 ▪ 69 **Paul Otto Schmidt**, Statist auf diplomatischer Bühne, 1923–45, Erlebnisse des Chefdolmetschers im Auswärtigen Amt mit den Staatsmännern Europas, Bonn 1950, S. 294 f. ▪ 70 **Friedelind Wagner**, Nacht über Bayreuth, a.a.O., S. 212 ▪ 71 **Harold Nicolson**, Tagebücher und Briefe 1930–1941, hrsg. von Nigel Nicolson, Stuttgart, Hamburg 1969, S. 261 f. ▪ 72 Zitiert nach: **David Irving**, Die Tragödie der Deutschen Luftwaffe, Aus den Akten und Erinnerungen von Feldmarschall Milch, Frankfurt/Main, Berlin, Wien 1970, S. 80 ▪ 73 Zitiert nach: **William L. Shirer**, The Nightmare Years, a.a.O. ▪ 74 **Ebd.** ▪ 75 **Harry Graf Kessler**, Tagebücher 1918–1937, Politik, Kunst und

Gesellschaft der zwanziger Jahre, Frankfurt/Main 1961, S. 322 ▪ 76 **Luis Trenker,** Alles gut gegangen, Geschichten aus meinem Leben, Hamburg 1965, S. 302 ▪ 77 Zitiert nach: **Theresa Ebeling, Maximilian Heidrich, Kai Jakob, Janine Noack, Steffi Kühmel, Alexander Schug** (Hrsg), Geliebter Führer, Briefe der Deutschen an Adolf Hitler, Berlin 2011, S. 172 f. ▪ 78 **Willy Brandt,** Erinnerungen, Frankfurt/Main 1989, S. 110 ▪ 79 **Erich Honecker,** Aus meinem Leben, Berlin (Ost) 1982 S. 87 ▪ 80 **Maria Gräfin von Maltzan,** Schlage die Trommel und fürchte dich nicht, Erinnerungen, Berlin 1988, S. 104 ▪ 81 **Antoni Graf Sobański,** Nachrichten aus Berlin, 1933–36, Reinbek bei Hamburg 2007, S. 173 ▪ 82 **Günther Windschild, Helmut Schmid,** Mit dem Finger vor dem Mund ..., Ballenstedter Tagebuch des Pfarrers Karl Fr. E. Windschild 1931–1944, Dessau 1999, S. 279 ▪ 83 **Walter Tausk,** Breslauer Tagebuch, 1933–1940, hrsg. von Ryszard Kincel, Berlin 1975, S. 131 ▪ 84 **Edgar Feuchtwanger,** Als Hitler unser Nachtbar war, a.a.O., S. 152 ▪ 85 Zitiert nach: **Uta Gerhardt, Thomas Karlauf** (Hrsg.), Nie mehr zurück in dieses Land, Augenzeugen berichten über die Novemberpogrome 1938, Berlin 2009, S. 248 f. ▪ 86 **Konrad Warner** (d.i.Helmuth Grossmann), Schicksalswende Europas? Ich sprach mit dem deutschen Volk, Ein Tatsachenbericht, Rheinfelden 1944, zitiert nach: Oliver Lubrich (Hrsg.), Reisen ins Reich, a.a.O., S. 102 ▪ 87 **Erich Ebermayer,** Denn heute gehört uns Deutschland ..., Persönliches und politisches Tagebuch, a.a.O., S. 643 f. ▪ 88 **Denis de Rougemont,** Journal aus Deutschland 1935–1936, mit einem Nachwort von Jürg Altwegg, Berlin 2001, zitiert nach: Oliver Lubrich (Hrsg.), Reisen ins Reich, a.a.O., S. 111 ▪ 89 **Frank Thiess,** Jahre des Unheils, Fragmente erlebter Geschichte, Wien, Hamburg 1972, S. 203 ▪ 90 **Harold Nicolson,** Tagebücher und Briefe 1930–1941, a.a.O., S. 211 ▪ 91 **Denis de Rougemont,** Journal aus Deutschland 1935–1936, zitiert nach: Oliver Lubrich (Hrsg.), Reisen ins Reich, a.a.O., S. 111 ▪ 92 **Paul Otto Schmidt,** Statist auf diplomatischer Bühne, a.a.O., S. 93 ▪ 93 **Paul Reynaud,** Mémoires, Flammarion 1960, S. 475 f. [Übersetzung: Linn Sackarnd] ▪ 94 **Bella Fromm,** Als Hitler mir die Hand küßte, a.a.O., S. 242 f. ▪ 95 **Paul Stehlin,** Auftrag in Berlin, a.a.O., S. 37 ▪ 96 **Bella Fromm,** Als Hitler mir die Hand küßte, a.a.O., S. 243 ▪ 97 **Nevile Henderson,** Wasser unter den Brücken, Episoden einer diplomatischen Laufbahn, Erlebenbach-Zürich 1949, S. 317 ▪ 98 **Fritz Wiedemann,** Der Mann, der Feldherr werden wollte, a.a.O., S. 74 ▪ 99 **Fritz Wiedemann,** Der Mann, der Feldherr werden wollte, a.a.O., S. 74 ▪ 100 **Reinhard Spitzy,** So haben wir das Reich verspielt, a.a.O, S. 126 ▪ 101 **Friedelind Wagner,** Nacht über Bayreuth, a.a.O., S. 153 ▪ 102 **Robert Coulondre,** Von Moskau nach Berlin 1936–1939, a.a.O., S. 472 f. ▪ 103 **Paul Stehlin,** Auftrag in Berlin, a.a.O., S. 38 f. ▪ 104 **Erich Kordt,** Nicht aus den Akten, Die Wilhelmstraße in Frieden und Krieg, Erlebnisse, Begegnungen und Eindrücke, 1928–1945, Stuttgart 1950, S. 212 ▪ 105 Zitiert nach: **Frank Bajohr, Christoph Strupp** (Hrsg.), Fremde Blicke auf das »Dritte Reich«, a.a.O., S. 449 ▪ 106 Zitiert nach: **Theresa Ebeling, Maximilian Heidrich, Kai Jakob, Janine Noack, Steffi Kühmel, Alexander Schug** (Hrsg), Geliebter Führer, a.a.O, S. 31 ▪ 107 **Ulrich Schlie** (Hrsg.), Albert Speer, Die Kransberg-Protokolle, a.a.O., S. 118 ▪ 108 **Uhse, Beate, Pramann, Ulrich:** Beate Uhse: Ich will Freiheit für die Liebe, Die Autobiografie, Berlin 2001, S. 77 ▪ 109 **Bella Fromm,** Als Hitler mir die Hand küßte, a.a.O., S. 248 ▪ 110 **Paul Stehlin,** Auftrag in Berlin, a.a.O., S. 52 ▪ 111 **Erich Ebermayer,** Denn heute gehört uns Deutschland ..., Persönliches und politisches Tagebuch, a.a.O., S. 94 f. ▪ 112 **Bella Fromm,** Als Hitler mir die Hand küßte, a.a.O., S. 249 ▪ 113 Zitiert nach: **Frank Bajohr, Christoph Strupp** (Hrsg.), Fremde Blicke auf das »Dritte Reich«, a.a.O., S. 463 ▪ 114 **Max Schmeling,** Erinnerungen, Frankfurt/Main, Berlin, Wien 1977, S. 376 ▪ 115 Zitiert nach: **Max Domarus,** Hitler Reden und Proklamationen 1932–1945, Band 1, Triumph, Zweiter Halbband 1935–1938, a.a.O., S. 307 ▪ 116 **Paul Otto Schmidt,** Statist auf diplomatischer Bühne, a.a.O., S. 368 ▪ 117 **Bella Fromm,** Als Hitler mir die Hand küßte, a.a.O., S. 280 f. ▪ 118 **Rachele Mussolini,** Mussolini ohne Maske, Erinnerungen, hrsg. von Albert Zarca, Stuttgart 1974, S. 127 ▪ 119 **Christa Schroeder,** Hitler privat, Erlebnisbericht seiner Geheimsekretärin, herausgegeben von Albert Zoller, Düsseldorf 1949, S. 160 ▪ 120 **Harold Nicolson,** Tagebücher und Briefe 1930–1941, a.a.O., S. 248 ▪ 121 **Paul Otto Schmidt,** Statist auf diplomatischer Bühne, a.a.O., S. 361 ▪ 122 **André Francois-Poncet,** Als Botschafter in Berlin, München 2004, S. 273 ▪ 123 **Paul Stehlin,** Auftrag in Berlin, a.a.O., S. 55 ▪ 124 **Albert Kesselring,** Soldat bis zum letzten Tag, Bonn 1953, S. 112 ▪ 125 **Nevile Henderson,** Fehlschlag einer Mission, Berlin 1937 bis 1939, Zürich 1940, S. 45 f. ▪ 126 Zitiert nach: **Max Domarus,** Hitler, Reden und Proklamationen, 1932–1945, Band I Triumph; Zweiter Halbband 1935–1938, a.a.O., S. 641 ▪ 127 **Fritz Wiedemann,** Der Mann, der Feldherr werden wollte, a.a.O., S. 83 ▪ 128 **Paul Otto Schmidt,** Statist auf diplomatischer Bühne, a.a.O., S. 362 ▪ 129 **Paul Stehlin,** Auftrag in Berlin, a.a.O., S. 56 ▪ 130 **Erich Ebermayer,** Denn heute gehört uns Deutschland ..., Persönliches und politisches Tagebuch, a.a.O., S. 215 ▪ 131 **Winston S. Churchill,** Der Zweite Weltkrieg, Mit einem Epilog über die Nachkriegsjahre, Bern, München, Wien 1995, S. 137 ▪ 132 **Carl Zuckmayer,** Als wär's ein Stück von mir, Horen der Freundschaft, Frankfurt/Main 2013, S. 76 ▪ 133 **Egon Schwarz,** Keine Zeit für Eichendorff, Chronik unfreiwilliger Wanderjahre, hrsg. von Hans-Albert Walter, Frankfurt/Main 1992, S. 50 f. ▪ 134 **Kurt Schuschnigg,** Im Kampf gegen Hitler, Die Überwindung der Anschlussidee, Wien, München, Zürich 1969, S. 234 ▪ 135 **Karl Wilhelm Krause,** 10 Jahre Kammerdiener bei Hitler, Laatzen 1949, S. 61 ▪ 136 **Winston S. Churchill,** Der Zweite Weltkrieg, a.a.O., S. 137 ▪ 137 Zitiert nach: **Hans-Adolf Jacobsen,** Der Weg zur Teilung der Welt, Koblenz, Bonn 1977, S. 28 f. ▪ 138 **Collier's Illustrated Weekly,** 15. März 1941 ▪ 139 **Eduard Kriechbaum,** Geschichte der Stadt Braunau am Inn, Bremen, Wien 1938, S. 73 f. ▪ 140 **Walter Görlitz** (Hrsg.) Generalfeldmarschall Keitel, Verbrecher oder Offizier?, Erinnerungen, Briefe, Dokumente des Chefs OKW, Göttingen, Berlin, Frankfurt 1961, S. 180 ▪ 141 Zitiert nach: **Max Domarus,** Hitler, Reden und Proklamationen, 1932–1945, Band I Triumph; Zweiter Halbband 1935–1938, a.a.O., S. 816 f. ▪ 142 **Fritz Wiedemann,** Der Mann, der Feldherr werden wollte, a.a.O., S. 122 f. ▪ 143 **Collier's Illustrated**

Weekly, 15. März 1941 ▪ 144 Zitiert nach: **Theresa Ebeling, Maximilian Heidrich, Kai Jakob, Janine Noack, Steffi Kühmel, Alexander Schug** (Hrsg), Geliebter Führer, a.a.O., S. 40 ▪ 145 **Carl Zuckmayer,** Als wär's ein Stück von mir, a.a.O., S. 84 ▪ 146 Zitiert nach: **Brigitte Hamann,** Hitlers Edeljude, a.a.O., S. 253 ▪ 147 **Vilma Sturm,** Barfuß auf Asphalt, München 1987, S. 111 ▪ 148 Zitiert nach: **Joachim C. Fest,** Hitler, Eine Biographie, Frankfurt/Main, Berlin, Wien 1974, S. 782 ▪ 149 **Egon Schwarz,** Keine Zeit für Eichendorff, a.a.O., S. 60 ▪ 150 **Frank Thiess,** Jahre des Unheils, a.a.O., S. 219 f. ▪ 151 Zitiert nach: **Max Domarus,** Hitler, Reden und Proklamationen, 1932–1945, Band I Triumph; Zweiter Halbband 1935–1938, a.a.O., S. 813 ▪ 152 **Erich Kordt,** Nicht aus den Akten, a.a.O., S. 209 ▪ 153 **Rachele Mussolini,** Erinnerungen, a.a.O., S. 129 ▪ 154 **Erich Kordt,** Nicht aus den Akten, a.a.O., S. 209 ▪ 155 Zitiert nach: **Gertraud »Traudl« Junge,** Bis zur letzten Stunde, Hitlers Sekretärin erzählt ihr Leben, Unter Mitarbeit von Melissa Müller, München 2002, S. 102 ▪ 156 **Henry Picker,** Hitlers Tischgespräche im Führerhauptquartier 1941–1942, hrsg. vom Percy Ernst Schramm in Zusammenarbeit mit Andreas Hillgruber und Martin Vogt, Stuttgart 1963, S. 403 ▪ 157 **Carl Zuckmayer,** Als wär's ein Stück von mir, a.a.O., S. 136 ▪ 158 **Martha Dodd,** Aus dem Fenster der Botschaft, a.a.O., S. 80 ▪ 159 **Bella Fromm,** Als Hitler mir die Hand küßte, a.a.O., S. 290

Kapitel 11 Ein Biedermann

▪ 1 **Baldur von Schirach,** Ich glaubte an Hitler, Hamburg, Zürich 1967, S. 291 ▪ 2 **Anna Maria Sigmund,** Des Führers bester Freund, Adolf Hitler, seine Nichte Geli Raubal und der »Ehrenarier« Emil Maurice - eine Dreiecksbeziehung, München 2005, S. 53 ▪ 3 Website der Eisenhower Library http://www.usd230.k12.ks.us/PICTT/eisenhower/Paula-Wolff/1.html ▪ 4 **Joachim C. Fest,** Hitler, Eine Biographie, Frankfurt/Main, Berlin, Wien 1974, S. 447 ▪ 5 **Ernst Hanfstaengl,** Zwischen Weißem und Braunem Haus, Memoiren eines politischen Außenseiters, München 1970, S. 262 ▪ 6 **Ian Kershaw,** Hitler 1889–1936, Band 1, Stuttgart 1998, S. 433 ▪ 7 **Winston S. Churchill,** Der Zweite Weltkrieg, Mit einem Epilog über die Nachkriegsjahre, Bern, München, Wien 1995, S. 57 ▪ 8 **Christa Schroeder,** Er war mein Chef, Aus dem Nachlass der Sekretärin von Adolf Hitler, hrsg. von Anton Joachimsthaler, München, Wien 1985, S. 42 ▪ 9 Ebd., S. 43 ▪ 10 **Die Tageszeitung,** Ausgabe vom 12. Oktober 2013 ▪ 11 Volker Ulrich in: **Die Zeit,** 10. Oktober 2013, Ausgabe 40, http://www.zeit.de/2013/40/hitler-neue-entdeckungen-volker-ullrich ▪ 12 **Ebd.** ▪ 13 **Der Spiegel,** Ausgabe vom 07. Oktober 2013 ▪ 14 **Thomas Weber,** in: Frankfurter Allgemeinen Zeitung, 14. Oktober 2013 ▪ 15 **Harald Sandner,** Hitler, Das Itinerar + CD, Aufenthaltsorte und Reisen von 1889 bis 1945, Berlin 2016 ▪ 16 **Ebd.,** Vorwort ▪ 17 **Ebd.,** Vorwort ▪ 18 **Gerhard Roßbach,** IfZ, ZS 128, zitiert nach: Ian Kershaw, Hitler, Band 1. Stuttgart/München 1998, S. 815 ▪ 19 **Ernst Hanfstaengl,** Zwischen Weißem und Braunem Haus, a.a.O., S. 218 ▪ 20 **Christa Schroeder,** Er war mein Chef, a.a.O., S. 40 ▪ 21 **Heinz Guderian,** Erinnerungen eines Soldaten, Neckargemünd 1960, S. 392 ▪ 22 **Christa Schroeder,** Hitler privat, Erlebnisbericht seiner Geheimsekretärin, hrsg. von Albert Zoller, Düsseldorf 1949, S. 18 ▪ 23 **Heinz Linge,** Bis zum Untergang, Als Chef des Persönlichen Dienstes bei Hitler, hrsg. von Werner Maser, München, Berlin 1980, S. 88 ▪ 24 **Henriette von Schirach,** Der Preis der Herrlichkeit, Wiesbaden 1956, S. 201 ▪ 25 **Sir Oswald Mosley,** Weg und Wagnis, Ein Leben für Europa, Leoni am Starnberger See 1973, S. 291 ▪ 26 **Reinhard Spitzy,** So haben wir das Reich verspielt, Bekenntnisse eines Illegalen, München, Wien 1986, S. 127 ▪ 27 **August Kubizek,** Adolf Hitler, Mein Jugendfreund, Wien 1966, S. 93 ▪ 28 **Karl Wilhelm Krause,** 10 Jahre Kammerdiener bei Hitler, Laatzen 1949, S. 12 ▪ 29 **Christa Schroeder,** Hitler privat, a.a.O., S. 74 f. ▪ 30 **Fritz Wiedemann,** Der Mann, der Feldherr werden wollte, Erlebnisse und Erfahrungen des Vorgesetzten Hitlers im 1. Weltkrieg und seines späteren Persönlichen Adjutanten, Velbert und Kettwig 1964, S. 69 f. ▪ 31 **Ernst Hanfstaengl,** Zwischen Weißem und Braunem Haus, a.a.O., S. 222 ▪ 32 **Fritz Wiedemann,** Der Mann, der Feldherr werden wollte, a.a.O., S. 69 f. ▪ 33 **Bella Fromm,** Als Hitler mir die Hand küßte, Berlin 1993, S. 106 ▪ 34 **Fritz Wiedemann,** Der Mann, der Feldherr werden wollte, a.a.O., S. 78 ▪ 35 **Friedelind Wagner,** Nacht über Bayreuth, Die Geschichte der Enkelin Richard Wagners, Köln 2010, S. 185 ▪ 36 **Karl Wilhelm Krause,** 10 Jahre Kammerdiener bei Hitler, a.a.O., S. 20 ▪ 37 **Ernst Hanfstaengl,** Zwischen Weißem und Braunem Haus, a.a.O., S. 314 ▪ 38 **Joseph Goebbels,** Die Tagebücher von Joseph Goebbels, hrsg. von Elke Fröhlich, Teil 1., Aufzeichnungen 1924–1941, Band 3: 1.1.1937–31.12.1939, München u.a. 1987, S. 378 ▪ 39 **Reinhard Spitzy,** So haben wir das Reich verspielt, a.a.O., S. 130 f. ▪ 40 **Karl Wilhelm Krause,** 10 Jahre Kammerdiener bei Hitler, a.a.O., S. 20 ▪ 41 **Christa Schroeder,** Hitler privat, a.a.O., S. 146 ▪ 42 **Gertraud »Traudl« Junge,** Bis zur letzten Stunde, Hitlers Sekretärin erzählt ihr Leben, unter Mitarbeit von Melissa Müller, München 2002, S. 81 ▪ 43 **Heinrich Hoffmann,** Hitler, wie ich ihn sah, Aufzeichnungen seines Leibfotografen, München, Berlin 1974, S. 162 ▪ 44 **August Kubizek,** Adolf Hitler, a.a.O., S. 229 ▪ 45 **Ernst Hanfstaengl,** Zwischen Weißem und Braunem Haus, a.a.O., S. 56 ▪ 46 **Heinrich Hoffmann,** Hitler, wie sich ich ihn sah, a.a.O., S. 162 ▪ 47 **Gertraud »Traudl« Junge,** Bis zur letzten Stunde, a.a.O., S. 92 ▪ 48 **Christa Schroeder,** Er war mein Chef, a.a.O., S. 82 ▪ 49 **Ulrich Schlie** (Hrsg.), Albert Speer, Die Kransberg-Protokolle, Seine ersten Aussagen und Aufzeichnungen (Juni-September), München 2003, S.112 ▪ 50 **Hartmann Lauterbacher,** Erlebt und mitgestaltet, Kronzeuge einer Epoche 1923–1945, zu neuen Ufern nach Kriegsende, Preussisch-Oldendorf, 1984, S. 35 ▪ 51 **Christa Schroeder,** Hitler privat, a.a.O., S. 85 ▪ 52 **Albert Speer,** Erinnerungen, Berlin 1969, S. 138. ▪ 53 **Karl Wilhelm Krause,** 10 Jahre Kammerdiener bei Hitler, a.a.O., S. 17 ▪ 54 **Emmy Göring,** An der Seite meines Mannes, Begebenheiten und Bekenntnisse, Göttingen 1967, S. 34 ▪ 55 **Paul Otto Schmidt,** Statist auf diplomatischer Bühne, 1923-45, Erlebnisse des Chefdolmetschers im Auswärtigen Amt mit den Staatsmännern

Europas, Bonn 1950, S. 366 ▪ 56 **Oskar Maria Graf**, Gelächter von außen, Aus meinem Leben, 1918–1933, Text der Erstausgabe, München 2009, S. 99 f. ▪ 57 **Gertraud »Traudl« Junge**, Bis zur letzten Stunde, a.a.O., S. 63 ▪ 58 Zitiert nach: **Werner Jochmann**, Monologe im Führerhauptquartier 1941–1944, aufgezeichnet von Heinrich Heim. Hamburg 1980, S. 231 ▪ 59 **Rochus Misch**, Der letzte Zeuge, Ich war Hitlers Telefonist, Kurier und Leibwächter, unter Mitarbeit von Sandra Zarrinbal und Burkhard Nachtigall, Mit einem Vorwort von Ralph Giordano, Zürich, München 2008, S. 106 ▪ 60 **Artur Axmann**, Das kann doch nicht das Ende sein, Hitlers letzter Reichsjugendführer erinnert sich, Koblenz 1995 , S. 438 ▪ 61 **Joseph Goebbels**, Die Tagebücher von Joseph Goebbels, hrsg. von Elke Fröhlich, Band 2/II: Juni 1931 - September 1932, bearbeitet von Angela Hermann, München 2004, S. 85 ▪ 62 **Adolf Hitler**, Rede in Nürnberg am 13.09.1935, zitiert nach: Max Domarus, Hitler Reden und Proklamationen 1932–1945, kommentiert von einem deutschen Zeitgenossen, Band 1 Triumph, Zweiter Halbband 1932–1934, München 1965, S. 531 f. ▪ 63 Zitiert nach: **Werner Jochmann**, Monologe im Führerhauptquartier 1941–1944, a.a.O., S. 230 ▪ 64 **Albert Speer**, Erinnerungen, a.a.O., S. 106 ▪ 65 Zitiert nach: **Werner Jochmann**, Monologe im Führerhauptquartier 1941–1944, a.a.O., S. 229 ▪ 66 **Ulrich Schlie** (Hrsg.), Albert Speer, Die Kransberg-Protokolle, a.a.O., S. 119 ▪ 67 **Henry Picker**, Hitlers Tischgespräche im Führerhauptquartier 1941–1942, hrsg. vom Percy Ernst Schramm in Zusammenarbeit mit Andreas Hillgruber und Martin Vogt, Stuttgart 1963, S. 194 ▪ 68 **Heinrich Hoffmann**, Hitler, wie sich ihn sah, a.a.O., S. 124 ▪ 69 **Ulrich Schlie** (Hrsg.), Albert Speer, Die Kransberg-Protokolle, a.a.O., S. 119 ▪ 70 **Hans Frank**, Im Angesicht des Galgens, Deutung Hitlers und seiner Zeit auf Grund eigener Erlebnisse und Erkenntnisse, geschrieben im Nürnberger Justizgefängnis, München-Gräfeling 1953, S. 95 f. ▪ 71 **Interview with Hitler's sister** on 5th June 1946, Original copy of this document supplied by: Modern Military Records (NWCTM), Textual Archives Services Section, National Archives and Records Administration. College Park, Maryland 20740-6001, United States of America [Übersetzung: Hermann Pölking] ▪ 72 **Rochus Misch**, Der letzte Zeuge, a.a.O., S. 110 ▪ 73 **Ernst Hanfstaengl**, Zwischen Weißem und Braunem Haus, zitiert nach: Heike B. Görtemaker, Eva Braun, Leben mit Hitler, München 2011, S. 65 ▪ 74 Zitiert nach: **Heike B. Görtemaker**, Eva Braun, a.a.O., S. 202 ▪ 75 **Christa Schroeder**, Hitler privat, a.a.O., S. 93 ▪ 76 **Reinhard Spitzy**, So haben wir das Reich verspielt, a.a.O., S. 129 ▪ 77 **Nerin E. Gun**, Eva Braun-Hitler, Leben und Schicksal, Velbert 1968, S. 71 ff. ▪ 78 **Rochus Misch**, Der letzte Zeuge, a.a.O., S. 110 ▪ 79 **Heinz Linge**, Bis zum Untergang, a.a.O., S. 94 ▪ 80 **Nerin E. Gun**, Eva Braun-Hitler, a.a.O., S. 75 f. ▪ 81 **Christa Schroeder**, Hitler privat, a.a.O., S. 94 f. ▪ 82 **Rochus Misch**, Der letzte Zeuge, a.a.O., S. 110 ▪ 83 **Christa Schroeder**, Er war mein Chef, a.a.O., S. 166 ▪ 84 **Charles Bewley**, Memoirs of a Wild Goose, Irish Minister in Berlin, 1933–1939, hrsg. von W.J. McCormack, Dublin 1989, S. 152 [Übersetzung: Hermann Pölking] ▪ 85 Zitiert nach http://www.nizkor.org/ftp.cgi/people/h/ftp.cgi?people/h/hitler.adolf/oss-papers/text/oss-sb-norbert ▪ 86 **Christa Schroeder**, Hitler privat, a.a.O., S. 97 f. ▪ 87 **Albert Speer**, Erinnerungen, a.a.O., S. 113 ▪ 88 **Ernst Hanfstaengl**, Zwischen Weißem und Braunem Haus, a.a.O., S. 174 ▪ 89 Zitiert nach: **Werner Jochmann**, Monologe im Führerhauptquartier 1941–1944, a.a.O., S. 387 ▪ 90 Zitiert nach: **Max Domarus**, Hitler, Reden und Proklamationen, 1932–1945, Band I, Teilband 2, a.a.O., S. 613 ▪ 91 **Christa Schroeder**, Hitler privat, a.a.O., S 73 ▪ 92 **Ernst Hanfstaengl**, Zwischen Weißem und Braunem Haus, a.a.O., S. 218 ▪ 93 **Heinz Linge**, Bis zum Untergang, a.a.O., S. 48 ▪ 94 **Fritz Wiedemann**, Der Mann, der Feldherr werden wollte, a.a.O., S. 76 ▪ 95 **Christa Schroeder**, Hitler privat, a.a.O., S. 52 f. ▪ 96 **Heinrich Hoffmann**, Hitler, wie sich ihn sah, a.a.O., S. 156 ▪ 97 **Ulrich Schlie** (Hrsg.), Albert Speer, Die Kransberg-Protokolle, a.a.O., S. 137 ▪ 98 **Ebd**. S. 100 ▪ 99 **Fritz Wiedemann**, Der Mann, der Feldherr werden wollte, a.a.O., S. 80 ▪ 100 **Elisabeth Noelle-Neumann**, Die Erinnerungen, München 2006, S. 53 f. ▪ 101 **Ulrich Schlie** (Hrsg.), Albert Speer, Die Kransberg-Protokolle, a.a.O., S. 144 ▪ 102 **Christa Schroeder**, Hitler privat, a.a.O., S. 74 f. ▪ 103 **Karl Wilhelm Krause**, 10 Jahre Kammerdiener bei Hitler, a.a.O., S. 22 f. ▪ 104 **Henry Picker**, Hitlers Tischgespräche im Führerhauptquartier 1941–1942, a.a.O., S. 139 ▪ 105 **Werner Koeppen**, Materialien aus dem Bundesarchiv, Heft 10. Herbst 1941 im »Führerhauptquartier«, Berichte Werner Koeppens an seinen Minister Alfred Rosenberg, hrsg. und kommentiert von Martin Vogt, Koblenz 2002, S. 28 f. ▪ 106 **Albert Speer**, Erinnerungen, a.a.O., S. 61 ▪ 107 **Christa Schroeder**, Hitler privat, a.a.O., S. 32 ▪ 108 **Henry Picker**, Hitlers Tischgespräche im Führerhauptquartier 1941–1942, a.a.O., S. 244 ▪ 109 **Denis de Rougemont**, Journal aus Deutschland 1935–1936, Mit einem Nachwort von Jürg Altwegg, Berlin 2001, S. 63 ▪ 110 **Reinhard Spitzy**, So haben wir das Reich verspielt, a.a.O., S. 139 f. ▪ 111 **Leitfaden für Britische Soldaten in Deutschland 1944**, zusammengestellt vom Direktor für politische Kriegsführung, hrsg. vom Außenministerium London, aus dem Englischen von Klaus Modick, Köln 2014, S. 42 ▪ 112 **Ernst Hanfstaengl**, Zwischen Weißem und Braunem Haus, a.a.O., S. 164 ▪ 113 **Christa Schroeder**, Hitler privat, a.a.O., S. 62 ▪ 114 **Karl Wilhelm Krause**, 10 Jahre Kammerdiener bei Hitler, a.a.O., S. 13 ▪ 115 **Hans Frank**, Im Angesicht des Galgens, a.a.O., S. 95 ▪ 116 **Heinz Linge**, Bis zum Untergang, a.a.O., S. 91 ▪ 117 **Gustav Mannerheim**, Erinnerungen, Zürich, Freiburg im Breisgau 1952, S.. 484 ▪ 118 **Heinrich Hoffmann**, Hitler, wie ich ihn sah, a.a.O., S. 159 ▪ 119 Zitiert nach: **Werner Koeppen**, Berichte Werner Koeppens an seinen Minister Alfred Rosenberg, a.a.O., S. 14 f. ▪ 120 **Gertraud »Traudl« Junge**, Bis zur letzten Stunde, a.a.O., S. 78 ▪ 121 **Reinhard Spitzy**, So haben wir das Reich verspielt, a.a.O., S. 127 ▪ 122 **Christa Schroeder**, Er war mein Chef, a.a.O., S. 62 ▪ 123 **Christa Schroeder**, Hitler privat, a.a.O., S. 72 ▪ 124 Zitiert nach: **Werner Jochmann**, Monologe im Führerhauptquartier 1941–1944, a.a.O., S. 317 ▪ 125 **Christa Schroeder**, Er war mein Chef, a.a.O., S. 142 ▪ 126 **August Kubizek**, Adolf Hitler, Mein Jugendfreund, a.a.O., S. 34 ▪ 127 Zitiert nach: **Werner Koeppen**, Berichte Werner Koeppens an seinen Minister Alfred Rosenberg, a.a.O., S. 113 ▪ 128 **Henry Picker**, Hitlers Tischgespräche im Führerhauptquartier

1941–1942, a.a.O., S. 243 ▪ 129 Christa Schroeder, Hitler privat, a.a.O. S. 70 ▪ 130 **Nicolaus von Below**, Als Hitlers Adjutant 1937–45, Mainz 1980, S. 150 ▪ 131 **Ernst Hanfstaengl**, Zwischen Weißem und Braunem Haus, a.a.O., , S. 185 f. ▪ 132 **Karl Wilhelm Krause**, 10 Jahre Kammerdiener bei Hitler, a.a.O., S. 47 ▪ 133 **August Kubizek**, Adolf Hitler, Mein Jugendfreund, a.a.O., S. 196 ▪ 134 **Christa Schroeder**, Er war mein Chef, a.a.O., S. 72 ▪ 135 **Heinrich Hoffmann**, Hitler, wie ich ihn sah, a.a.O., S. 196 f. ▪ 136 **Ernst Hanfstaengl**, Zwischen Weißem und Braunem Haus, a.a.O., S. 185 f. ▪ 137 **Heinrich Hoffmann**, Hitler, wie ich ihn sah, a.a.O., S. 198 ▪ 138 **Ebd.**, S. 196 f. ▪ 139 Fritz Wiedemann, Der Mann, der Feldherr werden wollte, a.a.O., S. 251 ▪ 140 **Friedelind Wagner**, Nacht über Bayreuth, a.a.O., S. 68 f. ▪ 141 **Zarah Leander**, Es war so wunderbar! Mein Leben, Gütersloh 1973, S. 166 f. ▪ 142 **Christa Schroeder**, Hitler privat, a.a.O., S. 73 ▪ 143 **Friedelind Wagner**, Nacht über Bayreuth, a.a.O., S. 186 ▪ 144 **Karl Wilhelm Krause**, 10 Jahre Kammerdiener bei Hitler, a.a.O., S. 23 f. ▪ 145 **Christa Schroeder**, Er war mein Chef, a.a.O., S. 70 ▪ 146 **Gerhard Roßbach**, Mein Weg durch die Zeit, Erinnerungen und Bekenntnisse, Weilburg/Lahn 1950, S. 215, zitiert nach: Ian Kershaw, Hitler, Band 1, a.a.O., S. 239 f. ▪ 147 **Paul Otto Schmidt**, Statist auf diplomatischer Bühne, a.a.O., S. 303 ▪ 148 **Christa Schroeder**, Hitler privat, a.a.O., S. 73 ▪ 149 Zitiert nach: **Paul Bruppacher**, Adolf Hitler und die Geschichte der NSDAP, Eine Chronik, Teil 1, 1889 bis 1937, Norderstedt 2008, S. 567 f. ▪ 150 Zitiert nach: **Werner Maser**, Hitlers Briefe und Notizen, Sein Weltbild in handschriftlichen Dokumenten, Graz 2002, S. 157 ff.

Kapitel 12 · Ein Brandstifter

▪ 1 Zitiert nach: **Paul Otto Schmidt**, Statist auf diplomatischer Bühne, 1923–45, Erlebnisse des Chefdolmetschers im Auswärtigen Amt mit den Staatsmännern Europas, Bonn 1950, S. 464 ▪ 2 **Angela Hermann**, Adolf Hitler und sein Stoßtrupp in der »Reichskristallnacht«, in: Vierteljahrshefte für Zeitgeschichte, 4/2008, S. 603 ff. ▪ 3 **Joseph Goebbels**, Die Tagebücher von Joseph Goebbels, Im Auftrag des Instituts für Zeitgeschichte und mit Unterstützung des Staatlichen Archivdienstes Rußlands, hrsg. von Elke Fröhlich, Teil I, Aufzeichnungen 1923–1941, Band 6, August 1938-Juni 1939, bearbeitet von Jana Richter, München 1998, S. 180 f. ▪ 4 **Ebd.** ▪ 5 Hierzu auch: **Ian Kershaw**, Hitler, Band 2, 1936 bis 1945, Stuttgart 2000, S. 197 ▪ 6 **Ralf Georg Reuth** (Hrsg.): Joseph Goebbels Tagebücher, München 2003, Bd. 4, S. 1776 ▪ 7 **Albert Speer**, Spandauer Tagebücher, Berlin 1975 ▪ 8 **Andreas Wirsching**, »Man kann nur Boden germanisieren«, Eine neue Quelle zu Hitlers Rede vor den Spitzen der Reichswehr am 3. Februar 1933, in: Vierteljahrshefte für Zeitgeschichte 49 (2001), S. 517–550 ▪ 9 **Wilhelm Treue**, Dokumentation Hitlers Denkschrift zum Vierjahresplan 1936, in: Wolfgang Michalka (Hrsg.), Deutsche Geschichte 1933–1945, Frankfurt/Main 1999, S. 112 ff. ▪ 10 **Ian Kershaw**, Hitler, Band 2, 1936–1945, S. 87, ▪ 11 **Ebd.**, S. 226 ▪ 12 **ebd.**, S.228 ▪ 13 **Rafael Seligmann**, Hitler, Die Deutschen und ihr Führer, München 2004, S. 217 ▪ 14 **Ian Kershaw**, Band 2, 1936 bis 1945, a.a.O, S. 253 ▪ 15 **Tania Blixen**, Mottos meines Lebens, Betrachtungen aus drei Jahrzehnten, Reinbek bei Hamburg 1993, hier: Briefe aus einem Land im Krieg, S. 122 ▪ 16 ▪ 17 **Robert Coulondre**, Von Moskau nach Berlin 1936–1939, Erinnerungen des französischen Botschafters, Bonn 1950, S. 355 ▪ 18 **Neville Henderson**, Fehlschlag einer Mission, Berlin 1937 bis 1939, Zürich 1940, S. 44 ▪ 19 Ruth Elias, Die Hoffnung erhielt mich am Leben, Mein Weg von Theresienstadt und Auschwitz nach Israel, München, Zürich 1988, S. 45 ▪ 20 **William Dodd**, Diplomat auf heißem Boden, Tagebuch es USA-Botschafters William E. Dodd in Berlin 1933 -1938, hrsg. von William E. Dodd jr. und Martha Dodd, mit einer Einführung von Charles A. Beard, Übersetzung aus dem Amerikanischen von G.F. Alexan, Berlin (Ost) 1962, S. 450 ▪ 22 **Hans Krebs**, Sudetendeutschland marschiert, in: Erich Kühne (Hg.): Sudetendeutscher Schicksalskampf. Die maßgebende Darstellung der sudetendeutschen Not in ihren Grundlagen, Zusammenhängen und Auswirkungen, Leipzig 1938, S. 6 ▪ 23 **Ruth Elias**, Die Hoffnung erhielt mich am Leben, a.a.O., S. 39 ▪ 24 **Franz Höller** (Hrsg.), Von der SdP zur NSDAP, Ein dokumentarischer Bildbericht, Reichenberg 1939, S. 4 ▪ 25 **Henriette Schneider**, handschriftliche Tagebuchaufzeichnungen 1913–1947 der Henriette Schneider (18721947), Archiv des Lötzener Heimatmuseums, Neumünster, Auszugsweise wiedergegeben und inhaltlich zusammengefasst von Bernhard Pietrass, http://www.ostpreussen-tagebuch.de/, letzter Stand: 10. August 2016 (im Fortlauf des Kapitels erfolgt kein weiterer Nachweis) ▪ 26 **Mihail Sebastian**, (Iosef Hechter), Voller Entsetzen, aber nicht verzweifelt, Tagebücher 1935–44, hrsg. von Edward Kanterian, Berlin 2005, S. 255 ▪ 27 **Hitler, Rede auf dem Parteitag der NSDAP**, Nürnberg, 12. September 1938, zitiert nach: Max Domarus, Hitler, Reden und Proklamationen, Bd. 1 Triumpf (1932–1938), Neustadt an der Aisch 1962, S. 901 ff. ▪ 28 **Hitlers Politisches Testament**, Die Bormann-Diktate vom Februar und April 1945, Einleitung von Hugh R. Trevor-Roper, Nachwort von André Francois Poncet, Hamburg 1981, S. 100 ▪ 29 **Mihail Sebastian** (Iosef Hechter), Voller Entsetzen, aber nicht verzweifelt, Tagebücher 1935–44, a.a.O., S. 262 f. ▪ 30 **Reinhard Spitzy**, So haben wir das Reich verspielt, Bekenntnisse eines Illegalen, München, Wien 1986, S. 309 f. ▪ 31 Ziteirt nach: Michael Freund, Weltgeschichte der Gegenwart in Dokumenten, Geschichte des Zweiten Weltkrieges, Band 1, Freiburg 1954–56, S. 212 ff. ▪ 32 **Paul Otto Schmidt**, Statist auf diplomatischer Bühne, a.a.O., S. 408 ▪ 33 **Brief von Neville Chamberlain** an seine Schwester Ida, 19. September 1938, Birmingham University Library, Chamberlain Collection, NC l8II/rn69, /S. 167, zitiert nach: Ian Kershaw, Hitler, Band 2, 1936 – 1945, a.a.O., S. 328 ▪ 34 **Stefan Zweig**, Die Welt von gestern, Erinnerungen eines Europäers, Frankfurt/Main 1952, S. 356 ▪ 35 **Benno von Arent**, Ein sudetendeutsches Tagebuch, 13. August bis 19. Oktober 1938, Berlin 1939, S. 5 f. ▪ 36 **Erich Ebermayer**, »… und morgen die ganze Welt, Erinnerungen an Deutschlands dunkle Zeit, Bayreuth 1966, S. 305 ▪ 37 **Geleitwort Konrad Henleins**, in: Franz Höller (Hrsg.): Von der SdP zur

NSDAP, a.a.O., o.S. ▪ 38 Zitiert nach: **Keith Feiling**, Life of Neville Chamberlain, S. 381, in: Winston Churchill, Der Zweite Weltkrieg, Erster Band, Der Sturm zieht auf, Berlin, München, Wien 1953, S. 387 f. ▪ 39 **Benno von Arent**, Ein sudetendeutsches Tagebuch, a.a.O., 36 ff. ▪ 40 **Joseph Goebbels**, Die Tagebücher von Joseph Goebbels, Teil I, Aufzeichnungen 1923–1941, Band 6, August 1938-Juni 1939, a.a.O., S. 128 ▪ 41 **Luise Jodl**, Jenseits des Endes, Der Weg des Generaloberst Jodl. München 1987, S. 118 ▪ 42 **Elisabeth Wagner** (Hrsg.), Der Generalquartiermeister, Briefe und Tagebuchaufzeichnungen des Generalquartiermeister des Heeres General der Artillerie Eduard Wagner, München, Wien 1963, S. 79 ▪ 43 Zitiert nach: **Shareen Blair Brysac**, Mildred Harnack und die Rote Kapelle, Die Geschichte einer ungewöhnlichen Frau und einer Widerstandsbewegung, München 2003, S. 151 ▪ 44 **Benno von Arent**, Ein sudetendeutsches Tagebuch, a.a.O., S. 82 ▪ 45 **Peter Steinbach, Johannes Tuchel**, Georg Elser, Der Hitler-Attentäter, Berlin 2010, S. 263 f. ▪ 46 **Walter Tausk**, Breslauer Tagebuch, 1933 – 1940, hrsg. von Ryszard Kincel, Berlin 1975, S. 178 f. ▪ 47 **Edgar Feuchtwanger**, Als Hitler unser Nachtbar war, Erinnerungen an meine Kindheit im Nationalsozialismus, München 2014, S. 198 ▪ 48 **Joseph Goebbels**, Die Tagebücher von Joseph Goebbels, Teil I, Aufzeichnungen 1923–1941, Band 6, a.a.O., S. 180 f. ▪ 49 Zitiert nach: **Hans Jürgen Döscher**, Reichskristallnacht, München 2000, S. 95 ▪ 50 **Käthe Kollwitz**, Die Tagebücher, hrsg. von Jutta Bohnke-Kollwitz, Berlin 1989, S. 694 ▪ 51 **Gerhard Engel**, Heeresadjutant bei Hitler, 1938–1943, Aufzeichnungen des Majors Engel, hrsg. und kommentiert von Hildgard von Kotze, Stuttgart 1971, Schriftenreihe der Vierteljahreshefte für Zeitgeschichte, Nummer 29, im Auftrag des Instituts für Zeitgeschichte, S. 42 ▪ 52 **Rainer Barzel**, Ein gewagtes Leben, Erinnerungen, Stuttgart 2001, S. 26 ▪ 53 zitiert nach: http://www.biegemann.eu/Kinder-undJugendzeit. htm#Osterode_1937, letzter Stand: 10. Januar 2010 ▪ 54 Zitiert nach: **Uta Gerhardt, Thomas Karlauf**, Nie mehr zurück in dieses Land, Augenzeugen berichten über die Novemberpogrome 1938, Berlin 2009, S. 90 ▪ 55 Zitiert nach: **Max Domarus**, Hitler, Reden und Proklamationen, 1932–1945, Band I Triumph; Zweiter Halbband 1935–1938, Wiesbaden 1973, S. 975 ▪ 56 **Werner Bross**, Gespräche mit Hermann Göring während des Nürnberger Prozesses, Flensburg, Hamburg 1950, S. 21 ▪ 57 **Emmy Göring**, An der Seite meines Mannes, Begebenheiten und Bekenntnisse, Göttingen 1967, S. 69 ▪ 58 **Hans Kehrl**, Krisenmanager im Dritten Reich, 6 Jahre Frieden, 6 Jahre Krieg, Erinnerungen, Düsseldorf 1973, S. 143 ▪ 59 Zitiert nach: **Uta Gerhardt, Thomas Karlauf**, Nie mehr zurück in dieses Land, a.a.O., S. 311 ▪ 60 **Rudolf Wolters**, Lebensabschnitte II, 5.168, BA Ko, N 318 Wolters, Bd. 55, zitiert nach: Ulrich Schlie (Hrsg.), Albert Speer, Die Kransberg-Protokolle, Seine ersten Aussagen und Aufzeichnungen (Juni-September), München 2003, S. 37 ▪ 61 Zitiert nach: **Katrin Himmler, Michael Wildt**, Himmler privat, Briefe eines Massenmörders, München, Zürich 2014, S. 210 ▪ 62 Zitiert nach: **Uta Gerhardt, Thomas Karlauf**, Nie mehr zurück in dieses Land, a.a.O., S. 54 ▪ 63 **Erich Ebermayer**, »… und morgen die ganze Welt«, a.a.O., S. 339 ▪ 64 Zitiert nach: **Max Domarus**, Hitler, Reden und Proklamationen, 1932–1945, Band II Untergang, 1. Halbband 1939–1940, Wiesbaden 1973, S. 1056 f. ▪ 65 **George F. Kennan**, Memoiren eines Diplomaten, 1925–1050, Mit einem Vorwort von Klaus Mehnert, Stuttgart 1968, S. 101 ▪ 66 Zitiert nach: **Heinrich Mann**, Das Führerprinzip, Berlin 1991, S. 34 ▪ 67 **Erich Ebermayer**, »… und morgen die ganze Welt, a.a.O., S. 355 f. ▪ 68 **Robert Coulondre**, Von Moskau nach Berlin 1936–1939, a.a.O., S. 478 ▪ 69 **Paul Otto Schmidt**, Statist auf diplomatischer Bühne, 1923–45, a.a.O., S. 431 f. ▪ 70 **Christa Schroeder**, Hitler privat, Erlebnisbericht seiner Geheimsekretärin, hrsg. von Albert Zoller, Düsseldorf 1949, S. 85 ▪ 71 **Elisabeth Wagner** (Hrsg.), Der Generalquartiermeister, a.a.O., S. 81 ▪ 72 **Mihail Sebastian** (Iosef Hechter), Voller Entsetzen, aber nicht verzweifelt, Tagebücher 1935–44, a.a.O., S. 285 ▪ 73 **Ruth Elias**, Die Hoffnung erhielt mich am Leben, a.a.O., S. 50 ▪ 74 Zitiert nach: **Werner Jochmann**, Monologe im Führerhauptquartier 1941–1944, aufgezeichnet von Heinrich Heim, Hamburg 1980, S. 227 ▪ 75 Zitiert nach: www.jugendzeit-ostpreussen.de/ memelland.html, letzter Stand: 7. Oktober 2010 ▪ 76 **Joseph Goebbels**, Die Tagebücher von Joseph Goebbels, hrsg. von Elke Fröhlich, Sämtliche Fragmente, Teil I., Band 3, 1.1.1937-21.12.1939, München 1987, S. 579 f., ▪ 77 **Elisabeth Wagner** (Hrsg.), Der Generalquartiermeister, a.a.O., S. 84 ▪ 78 Zitiert nach: www.jugendzeit-ostpreussen.de/memelland.html, letzter Stand: 7. Oktober 2010 ▪ 79 Zitiert nach: **Frank Bajohr, Christoph Strupp** (Hrsg.), Fremde Blicke auf das »Dritte Reich«, Berichte ausländischer Diplomaten über Herrschaft und Gesellschaft in Deutschland 1933–1945, Hamburger Beiträge zur Sozial- und Zeitgeschichte, hrsg. von der Forschungsstelle für Zeitgeschichte in Hamburg, Band 49, Göttingen 2012, S. 528 ▪ 80 **Neville Henderson**, Fehlschlag einer Mission, Berlin 1937 bis 1939, Zürich 1940, S. 265 ▪ 81 **William L. Shirer**, The Nightmare Years 1930-1940, Edinburgh 2002 [Übersetzung: Robert Zagolla] ▪ 82 **Winston S. Churchill**, Der Zweite Weltkrieg, Mit einem Epilog über die Nachkriegsjahre, Bern, München, Wien 1995, S. 120 f. ▪ 83 **Harold Nicolson**, Tagebücher und Briefe 1930–1941, hrsg. von Nigel Nicolson, Stuttgart, Hamburg 1969, S. 328 ▪ 84 **Arno Breker**, Im Strahlungsfeld der Ereignisse, Leben und Wirken eines Künstlers, Porträts, Begegnungen, Schicksale, Preußisch Oldendorf 1972, S. 135 ▪ 85 **Tomi Ungerer**, Die Gedanken sind frei, Meine Kindheit im Elsaß, Zürich 1973, S. 26 ▪ 86 John F. Kennedy, Unter Deutschen, Reisetagebücher und Briefe 1937–1945, hrsg. von Oliver Lubrich, Berlin 2013, S. 133 ff. ▪ 87 **Theophil Wurm**, Erinnerungen aus meinem Leben, Stuttgart 1968, S. 153 ▪ 88 **Arno Breker**, Im Strahlungsfeld der Ereignisse, a.a.O., S. 145 ▪ 89 Zitiert nach: **Churchill in His Own Words**, edited by Richard W. Langworth, London 2012, S. 346 [Übersetzung: Hermann Pölking] ▪ 90 Zitiert nach: **Shaun Usher** (Hrsg.), Letters of Note – Briefe, die die Welt bedeuten, München 2014 ▪ 91 **Chaim Weizmann**, Memoiren, Das Werden des Staates Israel, Zürich 1953, S. 607 ▪ 92 **Friedrich Torberg**, Eine tolle, tolle Zeit, Briefe und Dokumente aus den Jahren der Flucht 1938–1941, Frankfurt/Main; Berlin 1992, S. 75 ▪ 93 Zitiert nach: **Otto Blumenthal**, Otto Blumenthals Tagebücher, Ein Aachener Mathematikprofessor erleidet die NS-Diktatur in Deutschland, den Niederlanden und Theresienstadt, hrsg. Otto Felsch und Erhard Roy Wiehn, Konstanz 2011, S. 492 f. ▪ 924 Zitiert nach: **Emilio Segrè Enrico Fermi**, Physicist, Chicago, London 1970, S. 113 ▪ 95 **William L. Shirer**, The Nightmare Years, a.a.O. ▪ 96 Winston Churchill, Reden, Band 1, 1938 – 1940, Ins Gefecht, Zürich 1946, S. 200 ▪ 97 **Christa Schroeder**, Hitler privat, a.a.O., S. 34 ▪ 98 **Werner Bross**, Gespräche mit Hermann Göring während des Nürnberger Prozesses, a.a.O., S. 68 ▪ 99 **Paul Otto Schmidt**, Statist auf diplomatischer Bühne, a.a.O., S. 439 ▪ 100 **Ebd.** ▪ 101 Zitiert nach: **Max Domarus**, Hitler, Reden und Proklamationen, 1932–1945, Band II Untergang; 1. Halbband 1939–1940, a.a.O., S. 1226 ▪ 102 **Gertraud »Traudl« Junge**, Bis zur letzten Stunde, Hitlers Sekretärin erzählt ihr Leben, unter Mitarbeit von Melissa Müller, München 2002, S. 102 ▪ 103 **Robert Coulondre**, Von Moskau nach Berlin 1936–1939, a.a.O., S. 398 ▪ 104 **William L. Shirer**, The Nightmare Years, a.a.O. ▪ 105 **Thea Sternheim**, Tagebücher 1936–1951, hrsg. und ausgewählt von Thomas Ehrsam und Regula Wyss im Auftrage der Heinriche Enrique Beck-Stiftung, Band 3 1936–1951, Göttingen 2012, S. 142 ▪ 106 **Ernst von Weizsäcker**, Erinnerungen, München, Leipzig, Freiburg i.Br. 1952, S. 248 f. ▪ 107 Zitiert nach: **Max Domarus**, Hitler, Reden und Proklamationen, 1932–1945, Band II Untergang; 1. Halbband 1939–1940, a.a.O., S. 1233 ▪ 108 **Ebd.** ▪ 109 **Jessica Mitford**, Hons and Rebels, The Classic Memoir of one of Last Century's Most Extraordinary Families, London 2007, S. 219 [Übersetzung: Hermann Pölking] ▪ 110 **Winston S. Churchill**, Der Zweite Weltkrieg, a.a.O., S. 178 f. ▪ 111 Zitiert nach: **Katrin Himmler, Michael Wildt**, Himmler privat, a.a.O., S. 217 ▪ 112 **Ruth Werner**, Sonjas Rapport, Berlin (Ost) 1978, S. 241 f. ▪ 113 **Arthur Miller**, Timebends, A Life, New York 2013, S. 85 [Übersetzung: Robert Zagolla] ▪ 114 **Alfred Rosenberg**, Die Tagebücher von 1934 bis 1944, hrsg. von Jürgen Matthäus und Frank Bajohr, Frankfurt/Main 2015, S. 279 ▪ 115 **Rudolf Jordan**, Erlebt und Erlitten, Weg eines Gauleiters von München bis Moskau, Leoni 1971, S. 196 f. ▪ 116 **Henriette Kaiser, Joachim Kaiser**, »Ich bin der letzte Mohikaner, München 2008, S. 362 ▪ 117 Zitiert nach: **Hans-Adolf Jacobsen** (Hrsg.), Franz Halder, Kriegstagebuch, Bd. I, Stuttgart 1962, S. 25 ▪ 118 **Paul Reynaud**, Au cœur de la mêlée. 1939–1945; Flammarion 1951, S. 56 [Übersetzung: Linn Sackarnd] ▪ 119 **Erich von Manstein**, Verlorene Siege, Bonn 1959, S. 18 ff. ▪ 120 **Hans-Adolf Jacobsen**, Der Weg zur Teilung der Welt, Koblenz, Bonn 1977, S. 23–26 ▪ 121 **Ernst Jünger**, Sämtliche Werk, Erste Abteilung, Tagebücher, Band 2 Tagebücher II, Strahlungen I., Stuttgart 1979, S. 68 ▪ 122 **Geoffrey Paul (G.P.) Duff**, Army Days, Christchurch 2003, S. 9 ▪ 123 **Marie Luise Kaschnitz**, Tagebücher aus den Jahren 1936–1966, Band 1, hrsg. von Christian Büttrich, Marianne Büttrich und Irs Schnebel-Kaschnitz, Mit einem Nachwort von Arnod Stadler, Frankfurt/Main 2000. S. 273 f. ▪ 124 **Mihail Sebastian** (Iosef Hechter), Voller Entsetzen, aber nicht verzweifelt, Tagebücher 1935–44, a.a.O., S. 324 ▪ 125 **Ernst von Weizsäcker**, Erinnerungen, a.a.O., S. 260 ▪ 126 **Nicolaus von Below**, Als Hitlers Adjutant 1937–45, Mainz 1980, S. 101 ▪ 127 **Winston S. Churchill**, Der Zweite Weltkrieg, a.a.O., S. 190 ▪ 128 **Otto Blumenthal**, Otto Blumenthals Tagebücher, a.a.O., Konstanz 2011, S. 139 ▪ 129 **Geoffrey Paul (G.P.) Duff**, Army Days, a.a.O., S. 9 ▪ 130 **William L. Shirer**, The Nightmare Years, a.a.O. ▪ 131 Zitiert nach: **Walther Hubatsch** (Hrsg.), Hitlers Weisungen für die Kriegsführung 1939–1945, Frankfurt am Main, 1962, S. 19 f. ▪ 132 **Elisabeth Wagner** (Hrsg.), Der Generalquartiermeister, a.a.O., S. 101 f. ▪ 133 **Franz Halder**, Kriegstagebuch, Bd. I, Stuttgart 1962, zitiert nach: Walther Hofer, Die Entfesselung des Zweiten Weltkrieges, Darstellung und Dokumente, Frankfurt/Main, 1967, S. 68 ff. ▪ 134 **Albert Speer**, Erinnerungen, Berlin 1969, S. 177 ▪ 135 **Joseph Goebbels**, Die Tagebücher von Joseph Goebbels, Im Auftrag des Instituts für Zeitgeschichte und mit Unterstützung des Staatlichen Archivdienstes Rußlands, hrsg. von Elke Fröhlich, Teil 1, Aufzeichnungen 1923–1941, Band 7, Juli 1939– März 1940 , bearbeitet von Elke Fröhlich, München 1998, S. 88 f. ▪ 136 Zitiert nach: **Max Domarus**, Hitler, Reden und Proklamationen, 1932–1945, Band II Untergang; 1. Halbband 1939–1940, a.a.O., S. 1307 ▪ 137 **Franz Halder**, Generaloberst Halder, Kriegstagebuch, Band I, Vom Polenfeldzug bis zum Ende der Westoffensive (14.8.1939–30.6.1949), bearbeitet von Hans-Adolf Jacobsen, Stuttgart 1962, S. 80 ▪ 138 **Geoffrey Paul (G.P.) Duff**, Army Days, a.a.O., S. 9 ▪ 139 **Otto Blumenthal**, Otto Blumenthals Tagebücher, a.a.O., S. 139 ▪ 140 **Jan Karski**, Mein Bericht an die Welt, Geschichte eines Staates im Untergrund, München 2012, S. 40 f. ▪ 141 **Władysław Anders**, An Army in Exile, The Story of the Second Polish Corps, London 1949, S. 1 [Übersetzung: Hermann Pölking] ▪ 142 **Elisabeth Wagner** (Hrsg.), Der Generalquartiermeister a.a.O., S. 113 f. ▪ 143 **Christopher Isherwood**, Diaries: Volume 1, 1939–1960 New York 1996, Eintrag vom 1. Oktober 1939, zitiert nach: Rainer Wieland (Hrsg.), Das Buch der Tagebücher, München, Zürich 2010, S. 463 ▪ 144 **Heinz Linge**, Bis zum Untergang, Als Chef des Persönlichen Dienstes bei Hitler, hrsg. von Werner Maser, München, Berlin 1980, S. 170 ▪ 145 **Rudolf Jordan**, Erlebt und Erlitten, a.a.O., S. 199 f. ▪ 146 Zitiert nach: **Max Domarus**, Hitler, Reden und Proklamationen, 1932–1945, Band II Untergang; Erster Halbband 1939–1940, Wiesbaden 1973, S. 1316 ▪ 147 **Harold Nicolson**, Tagebücher und Briefe 1930–1941, a.a.O., S. 341 ▪ 148 **Winston S. Churchill**, Der Zweite Weltkrieg, a.a.O., S. 193 f. ▪ 149 **Helmut Kohl**, Erinnerungen. 1930–1982., München 2004, S. 32 ▪ 150 **Elisabeth Noelle-Neumann**, Die Erinnerungen, München 2006, S. 81 ▪ 151 **Eva Sternheim-Peters**, Die Zeit der großen Täuschungen, Eine Jugend im Nationalsozialismus, Köln 1997, S. 355 ▪ 152 **Neville Henderson**, Fehlschlag einer Mission. a.a.O., S. 316 ▪ 153 **Emmy Göring**, An der Seite meines Mannes, a.a.O., S. 12 ▪ 154 **Maurice Gustave Gamelin**, Servir, Band 3: La guerre; Librairie Plon 1947, S. 387 [Übersetzung: Linn Sackarnd] ▪ 155 **Ernst von Weizsäcker**, Erinnerungen, a.a.O., S. 289 ▪ 156 **Ulrich von Hassell**, Die Hassell-Tagebücher 1938–1944, Aufzeichnungen vom Andern Deutschland, nach der Handschrift revidierte und erweiterte Ausgabe unter Mitarbeit von Klaus Peter Reiß, hrsg. von Friedrich Freiherr Hiller von Gaertingen, Berlin 1989, S. 122 ff. ▪ 157 **Geoffrey Paul (G.P.) Duff,** Army Days, a.a.O., S. 9 ▪ 158 **Neville Henderson**, Fehlschlag einer

Mission, a.a.O., S. 326 f. ▪ 159 **Nicolaus von Below**, Als Hitlers Adjutant 1937–45, a.a.O., S. 197 ▪ 160 **Paul Otto Schmidt**, Statist auf diplomatischer Bühne, a.a.O., S. 464 ▪ 161 **Paul Stehlin**, Auftrag in Berlin, Berlin 1965, S. 234 ▪ 162 **Franz Halder**, Kriegstagebuch, a.a.O., S. 58 ▪ 163 Zitiert nach: **Simon Garfield** (Hrsg.), We Are at War, The Eemarkable Diaries of Five Ordinary People in Extraordinary Times, London 2009, S. 23 [Übersetzung: Hermann Pölking] ▪ 164 **David Niven**, The Moon's a Balloon, Reminiscences, London 1971, S. 195 f. [Übersetzung: Hermann Pölking] ▪ 165 **Otto Blumenthal**, Otto Blumenthals Tagebücher, a.a.O., S. 140 ▪ 166 **Paul Stehlin**, Auftrag in Berlin, a.a.O., S. 236 ▪ 167 **Marcel Reich-Ranicki**, Mein Leben, Hamburg 2006/2007, S. 169 f. ▪ 168 **Friedrich Torberg**, Eine tolle, tolle Zeit, Briefe und Dokumente aus den Jahren der Flucht 1938–1941, Frankfurt/Main; Berlin, 1992, S. 8 f. ▪ 169 Zitiert nach: **Heike B. Görtemaker**, Eva Braun, Leben mit Hitler, München 2011, S. 232

Kapitel 13 · Ein Feldherr

▪ 1 **Wolfram Pyta**, Hitler, Der Künstler als Politiker und Feldherr, Eine Herrschaftsanalyse, München 2015, S. 40 ▪ 2 **Ebd.** ▪ 3 **Ebd.**, S. 12 ▪ 4 **Ebd.** ▪ 5 **Ebd.**, S. 179 ▪ 6 **Ebd.**, S. 21 ▪ 7 **Ebd.**, S. 22 ▪ 8 **Ebd.**, S. 244 ▪ 9 **Ebd.**, S. 27 ▪ 10 **Ebd.**, S. 40 ▪ 11 **Ebd.**, S. 29 ▪ 12 Zitiert nach: **Max Domarus**, Hitler, Reden und Proklamationen, kommentiert von einem Zeitgenossen, Band 21, Zweiter Halbband, Neustadt an der Aisch 1962, S. 1338 ▪ 13 **Gerhard Engel**, Heeresadjutant bei Hitler, 1938–1943, Aufzeichnungen des Majors Engel, hrsg. und kommentiert von Hildgard von Kotze, Stuttgart 1971, Schriftenreihe der Vierteljahreshefte für Zeitgeschichte, Nummer 29, im Auftrag des Instituts für Zeitgeschichte, S. 112 f. ▪ 14 **Wolfram Pyta**, Hitler, Der Künstler als Politiker und Feldherr, a.a.O., S. 280 ▪ 15 **Ebd.**, S. 288 ▪ 16 Zitiert nach: ebd., S. 288 ▪ 17 Zitiert nach: **Wolfram Pyta**, Hitler, Der Künstler als Politiker und Feldherr, a.a.O., S. 281 ▪ 18 Tagebucheintragung vom 17. Februar 1940 (Privatbesitz), zitiert nach: ebd., S. 282 ▪ 19 **Ebd**, S. 281 ▪ 20 **Ebd.**, S. 287 ▪ 21 **Friedrich Hollaender**, Von Kopf bis Fuß, Revue meines Lebens, hrsg. und kommentiert von Volker Kühn, Berlin 2001, S. 325 f. ▪ 22 **Albert Speer**, Erinnerungen, Berlin 1969, S. 280 ▪ 23 Zitiert nach: **Francis Lloyd George**, The Years That Are Past, The Autobiography, London 1968, S. 264 f. ▪ 24 **William L. Shirer**, Berlin Diary, The Journal of a Foreign Correspondent, 1934–1941, New York 2010, S. 202 [Übersetzung: Hermann Pölking] ▪ 25 **Denis Avey, Rob Broomby**, The Man Who Broke Into Auschwitz: A True Story of World War II, Boston 2011 [Übersetzung: Robert Zagolla] ▪ 26 **David Niven**, The Moon's a Balloon, Reminiscences, London 1971, S. 215 [Übersetzung: Hermann Pölking] ▪ 27 **Alexander Cadogan**, The Diaries of Sir Alexander Cadogan, London 1971, S. 214 ▪ 28 **Astrid Lindgren**, Die Menschheit hat den Verstand verloren, Tagebücher 1939–1945, Berlin 2015, S. 24 ▪ 29 **Hans Habe**, Erfahrungen, Olten und Freiburg im Breisgau 1973, S. 180 ▪ 30 **Theodor Haecker**, Tag- und Nachtbücher 1939–1945, erste vollständige und kommentierte Ausgabe, hrsg. von Hinrich Siefken, Innsbruck 1989, S. 61 ▪ 31 **Ernst von Weizsäcker**, Erinnerungen, München, Leipzig, Freiburg i.Br. 1952, S. 260 ff. ▪ 32 **Jan Smuts**, Selections from the Smuts Papers, Volume VI, December 1934 – August 1945, hrsg. von Jean van der Poel, Cambridge 1973, S. 189 [Übersetzung: Hermann Pölking] ▪ 33 **Siegfried Lenz**, Selbstversetzung, Über Schreiben und Lesen, Hamburg 2006, S. 13 ▪ 34 **Ulrich de Maizière**, In der Pflicht, Lebensbericht eines deutschen Soldaten im 20. Jahrhundert, Herford 1989, S. 52 ▪ 35 Zitiert nach: **Kriegstagebuch der 19. Infanteriedivision**, 1.9.1939, BA-Ma, RH37/6479, zitiert nach Jochen Böhler (Hrsg.), Grösste Härte, Verbrechen der Wehrmacht in Polen September/Oktober 1939, Osnabrück 2005, hier: Hans-Erich Volkmann, Verbrechen der Wehrmacht in Polen – Rahmenbedingungen und deutsche Nachkriegsrezeption, S. 18 ▪ 36 **Henriette Schneider**, handschriftliche Tagebuchaufzeichnungen 1913–1947 der Henriette Schneider (18721947), Archiv des Lötzener Heimatmuseums, Neumünster, Auszugsweise wiedergegeben und inhaltlich zusammengefasst von Bernhard Pietrass, http://www.ostpreussen-tagebuch.de/, letzter Stand: 10. August 2016 (im Fortlauf des Kapitels erfolgt kein weiterer Nachweis) ▪ 37 **Mihail Sebastian** (Iosef Hechter), Voller Entsetzen, aber nicht verzweifelt, Tagebücher 1935–44, hrsg. von Edward Kanterian, Berlin 2005, S. 331 ▪ 38 Zitiert nach: **Katrin Himmler, Michael Wildt**, Himmler privat, Briefe eines Massenmörders, München, Zürich 2014, S. 218 ▪ 39 **Friedrich Kellner**, Vernebelt, verdunkelt sind alle Hirne, Tagebücher 1939–1945, hrsg. von Sascha Feuchert, Robert Martin Scott Kellner, Erwin Leibfried, Jörg Rieck und Markus Roth, Band 2, Göttingen 2011, S. 18 ▪ 40 Zitiert nach: **Heinrich Breloer**, Geheime Welten, Deutsche Tagebücher aus den Jahren 1939 bis 1947, Frankfurt/M., S. 93 ▪ 41 **Heinz Linge**, Bis zum Untergang, Als Chef des Persönlichen Dienstes bei Hitler, hrsg. von Werner Maser, München, Berlin 1980, S. 176 ▪ 42 **Martin Moll** (Hrsg.), Führer-Erlasse 1939–1945, Edition sämtlicher überlieferter, nicht im Reichsgesetzblatt abgedruckter, von Hitler während des Zweiten Weltkrieges schriftlich erteilter Direktiven aus den Bereichen Staat, Partei, Wirtschaft, Besatzungspolitik und Militärverwaltung, Stuttgart 1997, S. 995 ▪ 43 **Tania Blixen**, Mottos meines Lebens, Betrachtungen aus drei Jahrzehnten, Reinbek bei Hamburg 1993, hier: Briefe aus einem Land im Krieg, Hans Christian Hjort, S. 120 ▪ 44 **Nella Last**, Nella Last's War, The Second World War Diaries of a Housewife, London 2006, S. 9 [Übersetzung: Hermann Pölking] ▪ 45 **Harold Nicolson**, Tagebücher und Briefe 1930–1941, hrsg. von Nigel Nicolson, Stuttgart, Hamburg 1969, S. 351 ▪ 46 **Manès Sperber**, Bis man mir Scherben auf die Augen legt, All das Vergangene, Wien 1977, S. 227 ▪ 47 **Udo von Alvensleben**, Lauter Abschiede, Tagebuch im Kriege, Frankfurt/Main, Berlin, Wien 1979, S. 20 ▪ 48 **Winston S. Churchill**, Der Zweite Weltkrieg, Erster Band, Zweites Buch, Drole de Guerre, 1. September 1939 – 10. Mai 1940, Bern, München, Wien o.J., S. 59 ▪ 49 **Udo von Alvensleben**, Lauter Abschiede, Tagebuch im Kriege, a.a.O., S. 20 ▪ 50 **Leni Riefenstahl**, Memoiren, Frankfurt/Main 1980, S.154 ▪ 51 Zitiert nach: **Sönke Neitzel, Harald Welser**, Soldaten, Protokolle vom Kämpfen, Töten und Sterben, Frankfurt/Main, 2011, S. 94 ▪ 52 Zitiert nach: **Jochen Böhler**, Auftakt zum Vernichtungskrieg, Die Wehrmacht in Polen 1939, Bonn 2006, S. 153 ▪ 53 **Simon Garfield** (Hrsg.), We Are at War, The Remarkable Diaries of Five Ordinary People in Extraordinary Times, London 2009, S. 49 [Übersetzung: Hermann Pölking] ▪ 54 **Willy Brandt**, Links und frei, Mein Weg 1930–1950, Hamburg 1982, S. 268 ▪ 55 **Chaim Weizmann**, Memoiren, Das Werden des Staates Israel, Zürich 1953, S. 611 ▪ 56 **Luise Jodl**, Jenseits des Endes, Der Weg des Generaloberst Alfred Jodl, München 1987, S. 44 ▪ 57 **Ulrich Schlie** (Hrsg.), Albert Speer, Die Kransberg-Protokolle, Seine ersten Aussagen und Aufzeichnungen (Juni-September), München 2003, S. 128 ▪ 58 **Heinz Linge**, Bis zum Untergang, Als Chef der Persönlichen Dienstes bei Hitler, hrsg. von Werner Maser, München, Berlin 1980, S. 36f. ▪ 59 **Werner Koeppen**, Materialien aus dem Bundesarchiv, Heft 10, Herbst 1941 im »Führerhauptquartier«, Berichte Werner Koeppens an seinen Minister Alfred Rosenberg, hrsg. und kommentiert von Martin Vogt, Koblenz 2002, S. 9 ▪ 60 Zitiert nach: **Peter Steinbach, Johannes Tuchel**, Georg Elser, Der Hitler-Attentäter, Berlin 2010, S. 336f. ▪ 61 **Harold Nicolson**, Tagebücher und Briefe 1930–1941, a.a.O., S. 360 ▪ 62 Stadtarchiv Esslingen (Hrsg.), **Theodor Haecker**, Leben und Werk, Texte, Briefe, Erinnerungen, Würdigungen, Esslingen 1995, S. 165 ▪ 63 **George F. Kennan**, Memoiren eines Diplomaten, 1925–1950, mit einem Vorwort von Klaus Mehnert, Stuttgart 1968, S. 112f. ▪ 64 Chaim Weizmann, Memoiren, a.a.O., S. 612f. ▪ 65 **Christopher Isherwood**, Diaries, 1939–1960, Band 1, zitiert nach: Rainer Wieland (Hrsg.), Das Buch der Tagebücher, München, Zürich 2010, S. 18 ▪ 66 **Julius Deutsch**, Ein weiter Weg, Lebenserinnerungen, Zürich, Leipzig, Wien 1960, S. 324 ▪ 67 **Ilja Ehrenburg**, Menschen, Jahre, Leben, Autobiographie, München 1962, S. 521 ▪ 68 **Harald Poelchau**, Die letzten Stunden, Erinnerungen eines Gefängnispfarrers, aufgezeichnet von Graf Alexander Stenbock-Fermor, Berlin 1988, S. 35 ▪ 69 **Hanns Johst**, Ruf des Reiches – Echo des Volkes, Eine Ostfahrt, München 1944, S. 86 ▪ 70 Gerhard Engel, Heeresadjutant bei Hitler, 1938–1943, a.a.O., S. 62f. ▪ 71 **Jan Karski**, Mein Bericht an die Welt, Geschichte eines Staates im Untergrund, München 2012, S. 134f. ▪ 72 **William L. Shirer**, Berlin Diary, a.a.O., S. 308 [Übersetzung: Hermann Pölking] ▪ 73 **Alfred Rosenberg**, Die Tagebücher 1934 bis 1944, hrsg. von Jürgen Matthäus und Frank Bajohr, Frankfurt/Main 2015, S. 323 ▪ 74 Otto Felsch, Otto Blumenthals Tagebücher, Ein Aachener Mathematikprofessor erleidet die NS-Diktatur in Deutschland, den Niederlanden und Theresienstadt, hrsg. von Erhard Roy Wiehn, Konstanz 2011, S. 193 ▪ 75 **Friedrich Kellner**, Vernebelt, verdunkelt sind alle Hirne, Tagebücher 1939–1945, Band 2, a.a.O., S. 69 ▪ 76 **Astrid Lindgren**, Die Menschheit hat den Verstand verloren, a.a.O., S. 51 ▪ 77 **Willy Cohn**, Kein Recht, Nirgends, Tagebuch vom Untergang des Breslauer Judentums 1933–41, Band 2, hrsg. von Norbert Conrads, Köln, Weimar, Wien 2006, S. 780 ▪ 78 **Winston S. Churchill**, Der Zweite Weltkrieg, Erster Band, Zweites Buch, Drole de Guerre, 1. September 1939 – 10. Mai 1940, Bern, München, Wien o.J., S. 324f. ▪ 79 **Mihail Sebastian** (Iosef Hechter), Voller Entsetzen, aber nicht verzweifelt, a.a.O., S. 389 ▪ 80 Tania Blixen, Mottos meines Lebens, a.a.O., S. 145 ▪ 81 **Simon Garfield** (Hrsg.), We Are at War, a.a.O., S. 214 [Übersetzung: Hermann Pölking] ▪ 82 **Elisabeth Wagner** (Hrsg.), Der Generalquartiermeister, Briefe und Tagebuchaufzeichnungen des Generalquartiermeister des Heeres General der Artillerie Eduard Wagner, München, Wien 1963, S. 167 ▪ 83 **Marianne Feuersenger**, Im Vorzimmer der Macht, Aufzeichnungen aus dem Wehrmachtsführungsstab und Führerhauptquartier 1940–1945, Mit einem Vorwort von Dr. Kurt Sontheimer, München 2001, S. 15 ▪ 84 **Walter Görlitz** (Hrsg.) Generalfeldmarschall Keitel, Verbrecher oder Offizier?, Erinnerungen, Briefe, Dokumente des Chefs OKW, Göttingen, Berlin, Frankfurt 1961, S. 231 ▪ 85 **Marianne Feuersenger**, Im Vorzimmer der Macht, a.a.O., S. 16 ▪ 86 **Christa Schroeder**, Hitler privat, Erlebnisbericht seiner Geheimsekretärin, hrsg. von Albert Zoller, Düsseldorf 1949, S. 140 ▪ 87 **Franz Halder**, Kriegstagebuch, Band I, Vom Polenfeldzug bis zum Ende der Westoffensive (14.8.1939–30.6.1940), bearbeitet von Hans-Adolf Jacobsen, Stuttgart 1962, S. 285 ▪ 88 **Charles de Gaulle**, Mémoires de Guerre, L'Appel 1940–1942, Paris 1954 [Übersetzung: Robert Zagolla] ▪ 89 **Bernard Law Montgomery**, Viscount Montgomery of Alamein, Memoiren, München 1958, S. 47ff. ▪ 90 **Otto Blumenthal**, Otto Blumenthals Tagebücher, Ein Aachener Mathematikprofessor erleidet die NS-Diktatur in Deutschland, den Niederlanden und Theresienstadt, hrsg. von Otto Felsch und Erhard Roy Wiehn, Konstanz 2011, S. 200f. ▪ 91 **Astrid Lindgren**, Die Menschheit hat den Verstand verloren, a.a.O., S. 56 ▪ 92 **Edward Frederick Lindley Wood, Lord Halifax, 3. Viscount of Halifax**, Fullness of Days, New York 1957, S. 224f. ▪ 93 **Winston S. Churchill**, Der Zweite Weltkrieg, Erster Band, Zweites Buch, Drole de Guerre, 1. September 1939 – 10. Mai 1940, Übersetzung Eduard Thorsch, Bern, München, Wien, o.J., S. 334f. ▪ 94 **Chaim Weizmann**, Memoiren, a.a.O., S. 615 ▪ 95 **Winston S. Churchill**, Der Zweite Weltkrieg, Erster Band, Zweites Buch, Drole de Guerre, 1. September 1939 – 10. Mai 1940, Übersetzung Eduard Thorsch, Bern, München, Wien, o.J., S. 336f. ▪ 96 **Friedrich Kellner**, Vernebelt, verdunkelt sind alle Hirne, Tagebücher 1939–1945, a.a.O., S. 71 ▪ 97 **Walter Görlitz** (Hrsg.) Generalfeldmarschall Keitel, a.a.O., S. 231f. ▪ 98 **Andreas Hillgruber** (Hrsg.) Staatsmänner und Diplomaten bei Hitler, Vertrauliche Aufzeichnungen über Unterredungen mit Vertretern des Auslandes 1939–1941, Frankfurt/Main 1967, S. 537ff. ▪ 99 **Heinz Guderian**, Erinnerungen eines Soldaten, Neckargemünd 1960, S. 398f. ▪ 100 **Nella Last**, Nella Last's War, a.a.O., S. 46f. [Übersetzung: Hermann Pölking] ▪ 101 **Winston S. Churchill**, Reden in Zeiten des Krieges, Zürich 2014 , S. 60ff. ▪ 102 **Harold Nicolson**, Tagebücher und Briefe 1930–1941, a.a.O., S. 384 ▪ 103 **Ernst von Weizsäcker**, Erinnerungen, München, Leipzig, Freiburg i.Br. 1952, S. 293 ▪ 104 **Martha Gellhorn**, Das Gesicht des Krieges, Reportagen 1937–1987, München, Hamburg 1989, S. 101 ▪ 105 **Keith Feiling**, The Life of Neville Chamberlain, London 1947, S. 444 ▪ 106 **Maurice Gustave Gamelin**, Servir, Band 3, La guerre, Paris 1947, S. 387, S. 450 [Übersetzung: Linn Sackarnd] ▪ 107 **Marianne Feuersenger**, Im Vorzimmer der Macht, a.a.O., S.24 ▪

108 **Winston S. Churchill**, Der Zweite Weltkrieg, Zweiter Band, Erstes Buch, Englands größte Stunde, 1. September 1939–10. Mai 1940, Zweiter Band, Zweites Buch, Allein, Bern, München, Wien o.J., S. 90f. ▪ 109 **Keith Feiling**, The Life of Neville Chamberlain, a.a.O., S. 444 ▪ 110 **Elisabeth Wagner** (Hrsg.), Der Generalquartiermeister, a.a.O., S. 172 ▪ 111 **Stefan Zweig**, Tagebücher, Frankfurt/Main 1988, S.458 ▪ 112 Zitiert nach: **David Irving**, Die Tragödie der Deutschen Luftwaffe, Aus den Akten und Erinnerungen von Feldmarschall Milch, Frankfurt/Main, Berlin, Wien 1970, S. 152 ▪ 113 **Elisabeth Wagner** (Hrsg.), Der Generalquartiermeister, a.a.O., S. 174 ▪ 114 **Gerhard Engel**, Heeresadjutant bei Hitler, 1938–1943, a.a.O., S. 81 ▪ 115 **Heinz Linge**, Bis zum Untergang, a.a.O., S. 117 ▪ 116 **Nella Last**, Nella Last's War, a.a.O., S. 51 [Übersetzung: Hermann Pölking] ▪ 117 Zitiert nach: **David Irving**, Die Tragödie der Deutschen Luftwaffe, a.a.O., S. 153 ▪ 118 **Hans Habe**, Ich stelle mich, Meine Lebensgeschichte, Wien, München, Basel 1954, S. 327 ▪ 119 **Julius Deutsch**, Ein weiter Weg, Lebenserinnerungen, Zürich, Leipzig, Wien 1960, S. 325 ▪ 120 **Harold Nicolson**, Tagebücher und Briefe 1930–1941, a.a.O., S. 391 ▪ 121 **Winston S. Churchill**, Reden in Zeiten des Krieges, a.a.O., S. 83f. ▪ 122 **David Niven**, The Moon's a Balloon, a.a.O., S. 212 [Übersetzung: Hermann Pölking] ▪ 123 **Elisabeth Wagner** (Hrsg.), Der Generalquartiermeister, a.a.O., S. 178 ▪ 124 **Rachele Mussolini**, Mussolini ohne Maske, Erinnerungen, hrsg. von Albert Zarca, Stuttgart 1974, S. 148 ▪ 125 **Keith Feiling**, The Life of Neville Chamberlain, a.a.O., S. 444 ▪ 126 **Charles de Gaulle**, Mémoires, a.a.O. ▪ 127 **Denis Avey, Rob Broomby**, The Man Who Broke Into Auschwitz, a.a.O. ▪ 128 Zitiert nach: **Robert E. Sherwood**, Roosevelt und Hopkins, Hamburg 1950, S. 104 ▪ 129 **Elisabeth Wagner** (Hrsg.), Der Generalquartiermeister, a.a.O., S. 82 ▪ 130 **Tomi Ungerer**, Die Gedanken sind frei, Meine Kindheit im Elsaß, Zürich 1973, S. 37 ▪ 131 **Erhard Eppler**, Links leben, Erinnerungen eines Wertkonservativen, Berlin 2015, S. 33f. ▪ 132 **Dorothy Sheridan** (Hrsg.), Among You Taking Notes, The Wartime Diary of Naomi Mirchison London 1985, S. 65f. [Übersetzung: Hermann Pölking] ▪ 133 **Friedrich Kellner**, Vernebelt, verdunkelt sind alle Hirne, Tagebücher 1939–1945, a.a.O., S. 75 ▪ 134 **Otto Blumenthal**, Otto Blumenthals Tagebücher, a.a.O., S. 209 ▪ 135 **Friedrich Torberg**, Eine tolle, tolle Zeit, Briefe und Dokumente aus den Jahren der Flucht 1938–1941, Frankfurt/Main; Berlin 1992, S. 107ff. ▪ 136 **Das Tagebuch des Adam Czerniaków**, Im Warschauer Ghetto 1939–1942, mit einem Vorwort von Israel Gutmann und einem Nachwort von Marcel Reich-Ranicki, München 2013, S. 81 ▪ 137 **Heinz Linge**, Bis zum Untergang, a.a.O., S. 204 ▪ 138 **Christa Schroeder**, Er war mein Chef, Aus dem Nachlaß der Sekretärin von Adolf Hitler, hrsg. von Anton Joachimsthaler, München, Wien 1985, S. 106 ▪ 139 **Heinrich Hoffmann**, Hitler, wie sich ihn sah, Aufzeichnungen seines Leibfotografen, München, Berlin 1974 S. 187 ▪ 140 **Franz Halder**, Hitler als Feldherr, der ehemalige Chef des Generalstabes berichtet die Wahrheit, München 1949, S. 8 ▪ 141 **Otto Dietrich**, 12 Jahre mit Hitler, München 1955, S. 108 ▪ 142 **Albert Speer**, Erinnerungen, a.a.O., S. 185 ▪ 143 **Mihail Sebastian (Iosef Hechter)**, Voller Entsetzen, aber nicht verzweifelt, Tagebücher 1935–44, a.a.O., S. 408f. ▪ 144 **Charles de Gaulle**, Radioansprache in der BBC am 18. Juni 1940, http://www.charles-de-gaulle.de/18-juni-1940-rede-von-general-de-gaulle-uber-radio-london.html ▪ 145 **Franz Halder**, Kriegstagebuch, Band I., a.a.O., S. 362f. ▪ 146 **Elisabeth Wagner** (Hrsg.), Der Generalquartiermeister, a.a.O., S. 188 ▪ 147 **William L. Shirer**, The Nightmare Years 1930–1940, Edinburgh 2002 [Übersetzung: Robert Zagolla] ▪ 148 **Walter Görlitz** (Hrsg.) Generalfeldmarschall Keitel, a.a.O., S. 236 ▪ 149 **Gerhard Engel**, Heeresadjutant bei Hitler, 1938–1943, a.a.O., S. 83 ▪ 150 **Albert Speer**, Erinnerungen, a.a.O., S. 186 ▪ 151 **Carl Severing**, Mein Lebensweg, Band II, Im Auf und Ab der Republik, Köln 1950, S. 427 ▪ 152 **Arno Breker**, Im Strahlungsfeld der Ereignisse, Leben und Wirken eines Künstlers, Porträts, Begegnungen, Schicksale, Preußisch Oldendorf 1972, S. 153f. ▪ 153 **Albert Speer**, Erinnerungen, a.a.O., S. 188f. ▪ 154 **Gerhard Engel**, Heeresadjutant bei Hitler, 1938–1943, a.a.O., S. 83 ▪ 155 **Elisabeth Wagner** (Hrsg.), Der Generalquartiermeister, a.a.O., S. 191 ▪ 156 **Astrid Lindgren**, Die Menschheit hat den Verstand verloren, a.a.O., S. 63 ▪ 157 **Simon Garfield** (Hrsg.), We Are at War, a.a.O., S. 284 [Übersetzung: Hermann Pölking] ▪ 158 **Winston S. Churchill**, Der Zweite Weltkrieg, a.a.O., S. 342 ▪ 159 **Hans Scholl, Sophie Scholl**, Briefe und Aufzeichnungen, hrsg. von Inge Jens, Frankfurt/Main 1994, S. 185 ▪ 160 **Gustav Mannerheim**, Erinnerungen, Zürich, Freiburg im Breisgau 1952, S. 437 ▪ 161 **Lutz Graf Schwerin von Krosigk**, Memoiren, Stuttgart 1977, S. 204 ▪ 162 **Keith Feiling**, The Life of Neville Chamberlain, a.a.O., S. 445 ▪ 163 Zitiert nach: **Rainer Wieland** (Hrsg.), Das Buch der Tagebücher, München, Zürich 2010, S. 312 ▪ 164 **Helmut Kohl**, Erinnerungen 1930–1982, München 2004, S. 34 ▪ 165 **Howard K. Smith**, Events Leading Up to My Death, The Life of a Twentieth-Century Reporter, New York 1996, S. 97 [Übersetzung: Hermann Pölking] ▪ 166 **Ernst von Weizsäcker**, Erinnerungen, a.a.O., S. 294 ▪ 167 **Henry Picker**, Hitlers Tischgespräche im Führerhauptquartier 1941–1942, hrsg. vom Percy Ernst Schramm in Zusammenarbeit mit Andreas Hillgruber und Martin Vogt, Stuttgart 1963, S. 336 ▪ 168 **Simon Garfield** (Hrsg.), We Are at War, a.a.O., S. 294 [Übersetzung: Hermann Pölking] ▪ 169 **Rochus Misch**, Der letzte Zeuge, »Ich war Hitlers Telefonist, Kurier und Leibwächter«, unter Mitarbeit von Sandra Zarrinbal und Burkhard Nachtigall, mit einem Vorwort von Ralph Giordano, Zürich/München 2008, S. 119 ▪ 170 **Danuta Czech**, Kalendarium der Ereignisse im Konzentrationslager Auschwitz-Birkenau, 1939–1945, Reinbek bei Hamburg 1989, S. 41 ▪ 171 **Bernd Freytag von Loringhoven**, mit Francois d'Alcancon, Mit Hitler im Bunker, Die letzten Monate im Führerhauptquartier Juli 1944-April 1945, Berlin 2006, S. 22 ▪ 172 **Christopher Isherwood**, Diaries, 1939–1960, Band 1, zitiert nach: Rainer Wieland (Hrsg.), Das Buch der Tagebücher, a.a.O. S. 323 ▪ 173 **Hanns Johst**, Ruf des Reiches – Echo des Volkes, a.a.O., S 127 ▪ 174 **Franz Halder**, Kriegstagebuch, Band I., a.a.O., S. 374f. ▪ 175 **Werner Bross**, Gespräche mit Hermann Göring während des Nürnberger Prozesses, Flensburg und Hamburg 1950, S. 68f. ▪ 176 **William L. Shirer**, Berlin Diary, a.a.O., S. 454 [Über-

setzung: Hermann Pölking] ▪ 177 Zitiert nach: Collection Britannique, Le Musée de Paix, Genève; www.museepaix.ch/croix-rouge/sawyer ▪ 178 **Franz Halder**, Kriegstagebuch, Band II., Von der geplanten Landung in England bis zum Beginn des Ostfeldzuges, bearbeitet von Hans-Adolf Jacobsen, Stuttgart, S. 50 f. ▪ 179 **Gerhard Engel**, Heeresadjutant bei Hitler, 1938–1943, a.a.O., S. 86 ▪ 180 **Julius Deutsch**, Ein weiter Weg, a.a.O., S. 340 ▪ 181 **Winston S. Churchill**, Der Zweite Weltkrieg, Erster Band, Zweites Buch, a.a.O., Bern, München, Wien o.J., S. 229 ▪ 182 **Harold Nicolson**, Tagebücher und Briefe 1930–1941, a.a.O., S. 402 ▪ 183 **Winston S. Churchill**, Reden in Zeiten des Krieges, a.a.O., S. 104 ff. ▪ 184 **Klaus Mann**, Der Wendepunkt, Ein Lebensbericht, Mit unbekannten Texten aus dem Nachlass, Reinbek bei Hamburg 2012, S. 545 ▪ 185 **William L. Shirer**, Berlin Diary, a.a.O., S. 484 [Übersetzung: Hermann Pölking] ▪ 186 **Henry Flannery**, Assignment to Berlin, New York 1942, zitiert nach: Oliver Lubrich (Hrsg.), Reisen ins Reich, 1933 bis 1945, Ausländische Autoren berichten aus Deutschland, München 2009, S. 284 ▪ 187 Zitiert nach: **Robert E. Sherwood**, Roosevelt und Hopkins, a.a.O., S. 107 f. ▪ 188 **Chaim Weizmann**, Memoiren, a.a.O., S. 616 ▪ 189 **Friedrich Kellner**, Vernebelt, verdunkelt sind alle Hirne, Tagebücher 1939–1945, a.a.O., S. 84 ▪ 190 Zitiert nach: **Robert E. Sherwood**, Roosevelt und Hopkins, a.a.O., S. 111 ▪ 191 Zitiert nach: ebd. S. 114 ▪ 192 **Winston S. Churchill**, Der Zweite Weltkrieg, Zweiter Band, Erstes Buch, Englands grösste Stunde, 1. September 1939–10. Mai 1940, Zweiter Band, Zweites Buch, Allein, a.a.O., S. 332 ▪ 193 **Gerhard Engel**, Heeresadjutant bei Hitler, 1938–1943, a.a.O., S. 90 f. ▪ 194 **Howard K. Smith**, Events Leading Up to My Death, a.a.O., S. 96 [Übersetzung: Hermann Pölking] ▪ 195 **Raymond E. Lee**, The London Journal of General Raymond E. Lee, 194–1941, edited by James Leutze, with a foreward by Dean Archeson, Boston, Toronto o.J., S. 77 ▪ 196 **Denis Avey, Rob Broomby**, The Man Who Broke Into Auschwitz, a.a.O. ▪ 197 **Heinz Guderian**, Erinnerungen eines Soldaten, a.a.O., S. 127 ▪ 198 **Winston S. Churchill**, Der Zweite Weltkrieg, Dritter Band, Erstes Buch, Hitlers Angriff auf Russland, Bern, München, Wien 1950, S. 241 ▪ 199 **Denis Avey, Rob Broomby**, The Man Who Broke Into Auschwitz, a.a.O. ▪ 200 **William L. Shirer**, Berlin Diary, a.a.O., S. 582 [Übersetzung: Hermann Pölking] ▪ 201 **Walther Hubatsch** (Hrsg.), Hitlers Weisungen für die Kriegsführung 1939–1945, Frankfurt/Main 1962, S. 19 f. ▪ 202 **Gerhard Engel**, Heeresadjutant bei Hitler, 1938–1943, a.a.O., S. 92 ▪ 203 **Heinz Guderian**, Erinnerungen eines Soldaten, a.a.O., S. 128 ▪ 204 **Jan Smuts**, Selections from the Smuts Papers, Volume VI, December 1934 – August 1945, a.a.O., S. 269 f. [Übersetzung: Hermann Pölking] ▪ 205 **Friedrich Kellner**, Vernebelt, verdunkelt sind alle Hirne, Tagebücher 1939–1945, a.a.O., S. 109 ▪ 206 **Robert E. Sherwood**, Roosevelt und Hopkins, a.a.O., S. 183 ff. ▪ 207 **Bertolt Brecht**, Arbeitsjournal, 1938–1955, Berlin 1977, S. 146 f. ▪ 208 **Howard K. Smith**, Events Leading Up to My Death, The Lief of a Twentieth-Century Reporter, New York 1996, zitiert nach: Oliver Lubrich (Hrsg.) Berichte aus der Abwurfzone, a.a.O., S. 134 ▪ 209 **Winston S. Churchill**, Reden in Zeiten des Krieges, a.a.O., S. 142 f. ▪ 210 **Marianne Feuersenger**, Im Vorzimmer der Macht, a.a.O., S. 56 ▪ 211 **Walter Rohland**, Bewegte Zeiten, Erinnerungen eines Eisenhüttenmannes, Stuttgart 1978, S. 73 ▪ 212 **Robert Gordan Menzies**, Dark and Hurrying Days, Menzies' 1941 Diary, National Library of Australia 1993, S. 61 [Übersetzung: Hermann Pölking] ▪ 213 **Winston S. Churchill**, Der Zweite Weltkrieg, Dritter Band, Erstes Buch, Hitlers Angriff auf Russland, a.a.O., S. 422 f. ▪ 214 **Robert Gordan Menzies**, Dark and Hurrying Days, a.a.O., S. 71 [Übersetzung: Hermann Pölking] ▪ 215 **Gerhard Engel**, Heeresadjutant bei Hitler, 1938–1943, a.a.O., S. 99 ▪ 216 **Milovan Djilas**, Der Krieg der Partisanen, Memoiren 1941–1945, Wien, München, Zürich, Innsbruck 1977, S. 120 ▪ 217 **Astrid Lindgren**, Die Menschheit hat den Verstand verloren, a.a.O., S. 107 ▪ 218 **Joseph Goebbels**, Die Tagebücher von Joseph Goebbels, Im Auftrag des Instituts für Zeitgeschichte und mit Unterstützung des Staatlichen Archivdienstes Russlands, hrsg. von Elke Fröhlich, Teil I, Aufzeichnungen 1923–1941, Band 9, Dezember 1940 –Juli 1941, bearbeitet von Elke Fröhlich, München 1998, S. 235 ▪ 219 **Milovan Djilas**, Der Krieg der Partisanen, a.a.O., S. 260 ▪ 220 **Mihail Sebastian** (Iosef Hechter), Voller Entsetzen, aber nicht verzweifelt, Tagebücher 1935–44, a.a.O., S. 464 ▪ 221 **Astrid Lindgren**, Die Menschheit hat den Verstand verloren, a.a.O., S. 108 f. ▪ 222 **Otto Blumenthal**, Otto Blumenthals Tagebücher, a.a.O., S. 273 ▪ 223 Zitiert nach: **Richard J. Aldrich**, Witness to War, Diaries of the Second World War in Europe and the Middle East, London 2005, S. 276 [Übersetzung: Hermann Pölking] ▪ 224 Zitiert nach: **Sandra Koa Wing** (Hrsg.), Our Longest Days. A People's History of the Second World War, London 2007, S. 79 [Übersetzung: Hermann Pölking] ▪ 225 **Winston S. Churchill,** Reden in Zeiten des Krieges, a.a.O., S. 156 f. ▪ 226 **Robert E. Sherwood**, Roosevelt und Hopkins, a.a.O., S. 234 ▪ 227 Zitiert nach: **Dorothy Sheridan**, Wartime Women, A Mass-Observation Anthology 1937–45, London 2002, S. 79 [Übersetzung: Hermann Pölking] ▪ 228 **Ernst von Weizsäcker**, Erinnerungen, a.a.O., S. 316 ▪ 229 Zitiert nach: **Churchill in His Own Words**, edited by Richard W. Langworth, London 2012, S. 347 [Übersetzung: Hermann Pölking] ▪ 230 **Astrid Lindgren**, Die Menschheit hat den Verstand verloren, a.a.O., S. 113 ▪ 231 Zitiert nach: **Burkhard Freiherr von Müllheim-Rechberg**, Schlachtschiff Bismarck, Berlin 1993, S. 209 f. ▪ 232 **Astrid Lindgren**, Die Menschheit hat den Verstand verloren, a.a.O., S. 113 ▪ 233 Zitiert nach: **Burkhard Freiherr von Müllheim-Rechberg**, Schlachtschiff Bismarck, a.a.O., S. 209 f. ▪ 234 **Dwight D. Eisenhower**, Kreuzzug in Europa, Amsterdam o.J., S. 18 ▪ 235 Zitiert nach: **Richard J. Aldrich**, Witness to War, a.a.O., S. 303 f. [Übersetzung: Hermann Pölking] ▪ 236 **Nella Last**, Nella Last's War, a.a.O. S. 15 [Übersetzung: Hermann Pölking] ▪ 237 **Etty Hillesum**, Das denkende Herz der Baracke, Die Tagebücher 1941–1943, Freiburg 2014, S. 60

Kapitel 14 · Der Beherrscher

■ 1 **Paul Reynaud** zitiert nach: John Lukacs, Hitler, Geschichte und Geschichtsschreibung, München 1997, S. 70 ■ 2 **Alan Bullock**, Hitler, Eine Studie über Tyrannei, Düsseldorf 1972 (nach der deutschen Fassung von 1965), S. 235 ■ 3 **Ebd.**, Vorwort S. VIII ■ 4 **Ebd.**, Vorwort S. VII ■ 5 »Alan Bullock, one of Britain's foremost historians, whose early biography of Hitler became a scholarly yardstick on the subject«. New York Times, 5. Februar 2004 [Übersetzung: Hermann Pölking] ■ 6 **Alan Bullock**, Hitler, Eine Studie über Tyrannei, a.a.O., S. 354 ■ 7 **Ebd.**, S. 355 ■ 8 **Ebd.**, Epilog S. 794 ■ 9 **Ebd.**, S. 355 ■ 10 **Ebd.**, S. 635 ■ 11 **Ebd.**, S. 636 ■ 12 **Ebd.**, S. 594 ■ 13 **Ian Kershaw**, Hitler 1836–1945, Band 2, Stuttgart 1998, S. 605 f.. ■ 14 **Klaus Reinhardt**, Die Wende vor Moskau, Das Scheitern der Strategie Hitlers im Winter 1941/42, Beiträge zur Militär- und Kriegsgeschichte, Band 13, Stuttgart 1972, S. 231 ■ 15 **Christoph Studt**, Das Dritte Reich in Daten, unter Mitarbeit von Daniela von Itzenplitz und Henriette Schuppener, München 2002, S. 184 ■ 16 **Ian Kershaw**, Hitler 1836–1945, Band 2, a.a.O., S. 673 ■ 17 **Protokoll eines Ferngesprächs** zwischen dem Kommandeur des VIII. Fliegerkorps, Generalleutnant Fiebig und Generalfeldmarschall Milch, Febr. 1943, 20.00 Uhr, BArch, RL 30/6 f.ol. 158, zitiert nach: https://www.bundesarchiv.de/oeffentlichkeitsarbeit/bilder_ dokumente/03385/index-50.html.de ■ 18 **Vera Inber**, Fast drei Jahre, Aus einem Leningrader Tagebuch, Berlin 1946, S. 56 ■ 19 **Marianne Feuersenger**, Im Vorzimmer der Macht, Aufzeichnungen aus dem Wehrmachtsführungsstab und Führerhauptquartier 1940–1945, Mit einem Vorwort von Dr. Kurt Sontheimer, München 2001, S. 148 ff. ■ 20 **Christa Schroeder**, Hitler privat, Erlebnisbericht seiner Geheimsekretärin, hrsg. von Albert Zoller, Düsseldorf 1949, S. 24 ■ 21 **Albert Speer**, Erinnerungen, Berlin 1969, S. 194 f. ■ 22 **Erich vom Manstein**, Verlorene Siege, Bonn 1959, S. 173 f. ■ 23 **Robert E. Sherwood**, Roosevelt und Hopkins, Hamburg 1950, S. 255 ■ 24 **Henriette Schneider**, handschriftliche Tagebuchaufzeichnungen 1913–1947 der Henriette Schneider (18721947), Archiv des Lötzener Heimatmuseums, Neumünster, Auszugsweise wiedergegeben und inhaltlich zusammengefasst von Bernhard Pietrass, http://www.ostpreussen-tagebuch.de/, letzter Stand: 10. August 2016 (im Fortlauf des Kapitels erfolgt kein weiterer Nachweis) ■ 25 **Jens Ebert** (Hrsg.) Ein Arzt in Stalingrad, Feldpostbriefe und Gefangenenpost des Regimentsarztes Horst Rocholl, 1942–1953, Göttingen 2009, S. 158 ■ 26 **Albert Speer**, Erinnerungen, a.a.O., S. 194 ■ 27 **Der Dienstkalender Heinrich Himmlers** 1941/42, im Auftrag der Forschungsstelle für Zeitgeschichte in Hamburg bearbeitet, kommentiert und eingeleitet von Peter Witte, Michael Wildt, Martina Voigt, Dieter Pohl, Peter Klein, Christian Gerlach, Christoph Dieckmann und Andrej Angrick, mit einem Vorwort von Ulrich Lohalm und Wolfgang Scheffler, Hamburg 1999, S. 177 ■ 28 **Jens Ebert** (Hrsg.) Ein Arzt in Stalingrad, a.a.O., S. 29 ■ 29 **Franz Halder**, Kriegstagebuch, Band II., Von der geplanten Landung in England bis zum Beginn des Ostfeldzuges (1. Juli 1940–21. Juni 1941), bearbeitet von Hans-Adolf Jacobsen, Stuttgart 1962, S. 459 ■ 30 **Mihail Sebastian** (Iosef Hechter), Voller Entsetzen, aber nicht verzweifelt, Tagebücher 1935–44, hrsg. von Edward Kanterian, Berlin 2005, S. 497 ■ 31 **Georgi K. Schukow**, Erinnerungen und Gedanken, Moskau, Stuttgart 1969, S. 230 ■ 32 **Albert Speer**, Erinnerungen, a.a.O., S. 195 ■ 33 **Wilhelm Ritter von Leeb**, Tagebuchaufzeichnungen und Lagebeurteilungen aus zwei Weltkriegen aus dem Nachlass hrsg. und mit einem Lebensabriss versehen von Georg Meyer, Stuttgart 1976, S. 274 ■ 34 Bericht von **Anita von Goldammer**, zitiert nach: http://wiki-de.genealogy.net/Motzischken ■ 35 **Georgi K. Schukow**, Erinnerungen und Gedanken, a.a.O., S. 233 f. ■ 36 **Władysław Anders**, An Army in Exile, The Story of the Second Polish Corps, London 1949, S. 41 [Übersetzung: Hermann Pölking] ■ 37 **Egon Bahr**, Zu meiner Zeit, München 1996, S. 20 ■ 38 **Werner Bross**, Gespräche mit Hermann Göring während des Nürnberger Prozesses, Flensburg und Hamburg 1950, S. 79 ■ 39 **Curzio Malaparte**, Die Wolga entspringt in Europa, Karlsruhe 1967, S. 13 ■ 40 **Naomi Mitchison**, Among You Taking Notes …, The Wartime Diaries of Naomi Mitchison 1939–1945, hrsg. von Dorothy Sheridan, London 2000, S. 153 [Übersetzung: Hermann Pölking] ■ 41 Robert E. Sherwood, Roosevelt und Hopkins, a.a.O., S. 238 ■ 42 **Klaus Mann**, Der Wendepunkt, Ein Lebensbericht, Mit unbekannten Texten aus dem Nachlass, Reinbek bei Hamburg 2012, S. 577 ■ 43 **Ernst Jünger**, Sämtliche Werk, Erste Abteilung, Tagebücher, Band 2 Tagebücher II, Strahlungen I., Stuttgart 1979, S. 257 ■ 44 **Heinrich Hoffmann**, Hitler, wie sich ihn sah, Aufzeichnungen seines Leibfotografen, München/Berlin 1974, S. 177 ■ 45 **David Irving**, Die geheimen Tagebücher des Dr. Morell, Leibarzt Adolf Hitlers, München 1983, S. 89 ■ 46 **Christa Schroeder**, Er war mein Chef, aus dem Nachlass der Sekretärin von Adolf Hitler, hrsg. von Anton Joachimsthaler, München, Wien 1985, S. 112 ■ 47 **Heinz Rühmann**, Das war's, Erinnerungen, Frankfurt/Main, Berlin 1985, S. 153 f. ■ 48 **Astrid Lindgren**, Die Menschheit hat den Verstand verloren, Tagebücher 1939–1945, Berlin 2015, S. 117 ■ 49 **Christa Schroeder**, Hitler privat, a.a.O., S. 143 ■ 50 **Baldur von Schirach**, Ich glaubte an Hitler, Hamburg, Zürich 1967, S. 281 ■ 51 **Bernd Freytag von Loringhoven**, mit Francois d'Alcancon, Mit Hitler im Bunker, Die letzten Monate im Führerhauptquartier Juli 1944 - April 1945, Berlin 2006, S. 24 ■ 52 **Curzio Malaparte**, Die Wolga entspringt in Europa, a.a.O., S. 45 ■ 53 Zitiert nach: **Katrin Himmler** ■ **Michael Wildt**, Himmler privat, Briefe eines Massenmörders, München, Zürich 2014, S. 237 ■ 54 Zitiert nach: Klaus Reinhardt, Die Wende vor Moskau, a.a.O., S. 36 ■ 55 **Willy Peter Reese**, Mir selbst seltsam fremd, Die Unmenschlichkeit des Krieges, Russland 1941–44, hrsg. von Stefan Schmitz, München 2003, S. 62 ■ 56 **Robert E. Sherwood**, Roosevelt und Hopkins, a.a.O., S. 262 ff. ■ 57 **Heike B. Görtemaker**, Eva Braun, Leben mit Hitler, München 2011, S. 243 ■ 58 **Vera Inber**, Fast drei Jahre, a.a.O., S. 5 ■ 59 **David Irving**, Die geheimen Tagebücher des Dr. Morell, a.a.O., S. 88 ■ 60 **Rachele Mussolini**, Mussolini ohne Maske, Erinnerungen, hrsg. von Albert Zarca, Stuttgart 1974, S. 157 ■ 61 **Andreas Hillgruber** (Hrsg.), Staatsmänner und Diplomaten bei Hitler, Vertrauliche Aufzeichnungen über Unterredungen mit Vertretern des Auslandes 1939–1941, Frankfurt/Main 1967, S. 30 ▪ 62 Zitiert nach: **Max Domarus**, Hitler, Reden und Proklamationen, 1932–1945, Band II., Untergang, zweiter Halbband 1941–1945, Wiesbaden 1973, S. 1995 ▪ 63 **Heinz Guderian**, Erinnerungen eines Soldaten, a.a.O., S. 137 ▪ 64 Zitiert nach: **Max Domarus**, Hitler, Reden und Proklamationen, 1932–1945, Band II.: Untergang, zweiter Halbband 1941–1945, a.a.O., S. 1763 ▪ 65 Zitiert nach: **Katrin Himmler**, **Michael Wildt**, Himmler privat, a.a.O., S. 260 ▪ 66 **Werner Koeppen**, Materialien aus dem Bundesarchiv, Heft 10. Herbst 1941 im »Führerhauptquartier«, Berichte Werner Koeppens an seinen Minister Alfred Rosenberg, hrsg. und kommentiert von Martin Vogt, Koblenz 2002, S. 106 f. ▪ 67 **Carl Zuckmayer**, Als wär's ein Stück von mir, Horen der Freundschaft, Frankfurt/Main 2013, S. 603 ▪ 68 **Ernst von Weizsäcker**, Erinnerungen, München, Leipzig, Freiburg i.Br. 1952, S. 319 ▪ 69 **Curzio Malaparte**, Die Wolga entspringt in Europa, a.a.O., S. 128 ▪ 70 **Vera Inber**, Fast drei Jahre, a.a.O., S. 8 ▪ 71 Zitiert nach: **Dorothy Sheridan** (Hrsg.), Wartime Women, A Mass-Observation Anthology 1937–45, London 2002, S. 144 [Übersetzung: Hermann Pölking] ▪ 72 **Margaret Bourke-White**, Licht und Schatten, Mein Leben und meine Bilder, München, Zürich 1964, S. 169 ▪ 73 **Otto Blumenthal**, Otto Blumenthals Tagebücher, Ein Aachener Mathematikprofessor erleidet die NS-Diktatur in Deutschland, den Niederlanden und Theresienstadt, hrsg. von Otto Felsch und Erhard Roy Wiehn, Konstanz 2011, S. 317 ▪ 74 **Markus Wolf**, Spionagechef im Geheimen Krieg, Düsseldorf, München 1997, S. 41 ▪ 75 **Elisabeth Wagner** (Hrsg.), Der Generalquartiermeister, Briefe und Tagebuchaufzeichnungen des Generalquartiermeister des Heeres General der Artillerie Eduard Wagner, München, Wien 1963, S. 324 ▪ 76 **Howard K. Smith**, Events Leading Up to My Death, The Life of a Twentieth-Century Reporter, New York 1996, S. 109 [Übersetzung: Hermann Pölking] ▪ 77 Zitiert nach: **Churchill in His Own Words**, edited by Richard W. Langworth, London 2012, S. 347 [Übersetzung: Hermann Pölking] ▪ 78 **Katrin Himmler**, **Michael Wildt**, Himmler privat, a.a.O., S. 259 ▪ 79 **Otto Blumenthal**, Tagebücher, a.a.O., S. 326 ▪ 80 **Elisabeth Wagner** (Hrsg.), Der Generalquartiermeister, a.a.O., S. 212 ▪ 81 Zitiert nach: **Klaus Reinhardt**, Die Wende vor Moskau, Band 3, a.a.O., S. 127 ▪ 82 **David Niven**, The Moon's a Balloon, Reminiscences, London 1971, S. 222 [Übersetzung: Hermann Pölking] ▪ 83 Willy Peter Reese, Mir selbst seltsam fremd, a.a.O., S. 74 f. ▪ 84 **Robert E. Sherwood**, Roosevelt und Hopkins, a.a.O., S. 324 f. ▪ 85 **Heinz Linge**, Bis zum Untergang, Als Chef des Persönlichen Dienstes bei Hitler, hrsg. von Werner Maser, München, Berlin 1980, S. 128 ▪ 86 **Harold Nicolson**, Tagebücher und Briefe 1930–1941, hrsg. von Nigel Nicolson, Stuttgart, Hamburg 1969, S. 466 ▪ 87 Hewel-Tagebuch, Eintrag vom 8. Dezember 1941 Institut für Zeitgeschichte, ED 100, zitiert nach: Ian Kershaw, Hitler 1836–1945, Band 2, a.a.O., S. 595 ▪ 88 **Joseph Goebbels**, Die Tagebücher von Joseph Goebbels, Teil II., Diktate 1941–1945, Band 2, im Auftrag des Instituts für Zeitgeschichte und mit Unterstützung des Staatlichen Archivdienstes Russlands hrsg. von Elke Fröhlich, München 1993–2008, S. 457 ▪ 89 **Harold Nicolson**, Tagebücher und Briefe 1930–1941, a.a.O., S. 467 ▪ 90 **Friedrich Kellner**, Vernebelt, verdunkelt sind alle Hirne, Tagebücher 1939–1945, hrsg. von Sascha Feuchert, Robert Martin Scott Kellner, Erwin Leibfried, Jörg Rieck und Markus Roth, Band 1, Göttingen 2011, S. 207 ▪ 91 **Klaus Mann**, Der Wendepunkt, a.a.O., S. 588 ▪ 92 IfZ, ED 100, **Hewel-Tagebuch**, zitiert nach: Ian Kershaw, Hitler 1836–1945, Band 2, S. 115, Anm. 291 ▪ 93 Christa Schroeder, Hitler privat, a.a.O., S. 157 ▪ 94 **Dwight D. Eisenhower**, Kreuzzug in Europa, Amsterdam o.J., S. 19 f. ▪ 95 **Julius Deutsch**, Ein weiter Weg, Lebenserinnerungen, Zürich, Leipzig, Wien 1960, S. 369 ▪ 96 **Walter Rohland**, Bewegte Zeiten, Erinnerungen eines Eisenhüttenmannes, Stuttgart 1978, S. 77 f. ▪ 97 **Heinz Guderian**, Erinnerungen eines Soldaten, a.a.O., S. 239 ▪ 98 **Franz Halder**, Kriegstagebuch, Band III., Der Russlandfeldzug bis zum Marsch auf Stalingrad (22. Juni 1941–24. September 1942), bearbeitet von Hans-Adolf Jacobsen, Stuttgart 1962, S. 350 ▪ 99 **Christa Schroeder**, Hitler privat, a.a.O., S. 63 f. ▪ 100 **Gerhard Engel**, Heeresadjutant bei Hitler, 1938–1943, a.a.O., S. 118 f. ▪ 101 **Heinz Guderian**, Erinnerungen eines Soldaten, a.a.O., S. 240 ▪ 102 Zitiert nach, **Klaus Reinhardt**, Die Wende vor Moskau, a.a.O., S. 230 ▪ 103 Zitiert nach: **Marianne Feuersenger**, Im Vorzimmer der Macht, a.a.O., S. 10 ▪ 104 **Bertolt Brecht**, Arbeitsjournal, 1938–1955, Berlin 1977, S. 209 ▪ 105 **Friedrich Kellner**, Vernebelt, verdunkelt sind alle Hirne, Tagebücher 1939–1945, a.a.O., S. 221 ▪ 106 **Vera Inber**, Fast drei Jahre, a.a.O., S.12 ▪ 107 **Henry Picker**, Hitlers Tischgespräche im Führerhauptquartier 1941–1942, hrsg. vom Percy Ernst Schramm in Zusammenarbeit mit Andreas Hillgruber und Martin Vogt, Stuttgart 1963, S. 251 ▪ 108 **Käthe Kollwitz**, Die Tagebücher, hrsg. von Jutta Bohnke-Kollwitz, Berlin 1989, S. 705 f. ▪ 109 **Otto Dietrich,** 12 Jahre mit Hitler, München 1955, S. 107 ▪ 110 **Astrid Lindgren**, Die Menschheit hat den Verstand verloren, Tagebücher 1939–1945, a.a.O., S. 173 ▪ 111 Zitiert nach: **Klaus Reinhardt**, Die Wende vor Moskau, a.a.O., S. 248 ▪ 112 **Otto Dietrich**, 12 Jahre mit Hitler, a.a.O., S. 108 ▪ 113 **Willy Peter Reese**, Mir selbst seltsam fremd, a.a.O., S. 83 ▪ 114 **David Irving**, Die geheimen Tagebücher des Dr. Morell, a.a.O., S. 117 ▪ 115 **Chaim Weizmann**, Memoiren, Das Werden des Staates Israel, Zürich 1953, S. 623 f. ▪ 116 **Curzio Malaparte**, Die Wolga entspringt in Europa, a.a.O., S. 254 ▪ 117 **Ulrich von Hassell,** Die Hassell-Tagebücher 1938–1944, Aufzeichnungen vom Andern Deutschland, Nach der Handschrift revidierte und erweiterte Ausgabe unter Mitarbeit von Klaus Peter Reiß, hrsg. von Friedrich Freiherr Hiller von Gaertingen, Berlin 1989, S. 300 ▪ 118 **Jochen Hellbeck**, Die Stalingrad-Protokolle, Sowjetische Augenzeugen berichten aus der Schlacht, Frankfurt/Main 2012, S. 378 ▪ 119 **David Irving**, Die geheimen Tagebücher des Dr. Morell, a.a.O., S. 194 ▪ 120 **Marianne Feuersenger**, Im Vorzimmer der Macht, a.a.O., S. 116 f. ▪ 121 **Walter Rohland**, Bewegte Zeiten, a.a.O., S. 84 f. ▪ 122 **Klaus Mann**, Der Wendepunkt, a.a.O., S. 596 ▪ 123 Zitiert nach: **Oliver Lubrich** (Hrsg.), Berichte aus der Abwurfzone, Ausländer erleben den Bombenkrieg in Deutschland 1939 bis 1945, Frankfurt/Main 2007, S. 139 f. ▪ 124 **Joseph Goebbels**, Die Tagebücher von Joseph Goebbels, Teil II., Diktate 1941–1945, Band 4, im Auftrag des Instituts für Zeitgeschichte und mit

Unterstützung des Staatlichen Archivdienstes Russlands hrsg. von Elke Fröhlich, München 1993–2008, S. 405 f. ▪ 125 **Jens Ebert** (Hrsg.), Ein Arzt in Stalingrad, a.a.O., S. 156 ▪ 126 **Mihail Sebastian** (Iosef Hechter), Voller Entsetzen, aber nicht verzweifelt, Tagebücher 1935–44, a.a.O., S. 645 ▪ 127 Otto Blumenthals Tagebücher, a.a.O., S. 379 ▪ 128 **Mihail Sebastian** (Iosef Hechter), Voller Entsetzen, aber nicht verzweifelt, Tagebücher 1935–44, a.a.O., S. 646 ▪ 129 **Jan Smuts**, Selections from the Smuts Papers, Volume VI, December 1934–August 1945, hrsg. von Jean van der Poel, Cambridge 1973, S. 372 f. [Übersetzung: Hermann Pölking] ▪ 130 Zitiert nach: **Max Domarus**, Hitler, Reden und Proklamationen, 1932–1945, Band II. Untergang, Zweiter Halbband 1939–1940, a.a.O., S. 1909 ▪ 131 **Jochen Hellbeck**, Die Stalingrad-Protokolle, a.a.O., S. 123 ▪ 132 **Franz Halder**, Kriegstagebuch, Band III., Der Russlandfeldzug bis zum Marsch auf Stalingrad (22. Juni 1941–24. September 1942), a.a.O., S. 342 ▪ 133 **Mihail Sebastian** (Iosef Hechter), Voller Entsetzen, aber nicht verzweifelt, a.a.O., S. 650 ▪ 134 **Michail Gorbatschow**, Alles zu seiner Zeit, Mein Leben, Hamburg 2013, S. 38 f. ▪ 135 **Franz Halder**, Kriegstagebuch, Band III., Der Russlandfeldzug bis zum Marsch auf Stalingrad (22. Juni 1941–24. September 1942), a.a.O., S. 483 ▪ 136 **Henry Picker**, Hitlers Tischgespräche im Führerhauptquartier 1941–1942, a.a.O., S. 484 ▪ 137 Curzio Malaparte, Die Wolga entspringt in Europa, a.a.O., S. 258 ▪ 138 **Franz Halder**, Kriegstagebuch, Band III., Der Russlandfeldzug bis zum Marsch auf Stalingrad (22. Juni 1941–24. September 1942), a.a.O., S. 493 ▪ 139 Zitiert nach: **Ernst Deuerlein**, Hitler, Eine politische Biographie, München 1969, S. 15 ▪ 140 **Gertraud »Traudl« Junge**, Bis zur letzten Stunde, Hitlers Sekretärin erzählt ihr Leben, unter Mitarbeit von Melissa Müller, München 2002, S. 123 ▪ 141 **Willy Peter Reese**, Mir selbst seltsam fremd, a.a.O., S. 240 ▪ 142 **Franz Halder**, Hitler als Feldherr, Der ehemalige Chef des Generalstabes berichtet die Wahrheit, München 1949, S. 13 ▪ 143 Zitiert nach: **Marianne Feuersenger**, Im Vorzimmer der Macht, a.a.O., S. 108 ▪ 144 Zitiert nach: **Werner Jochmann**, Monologe im Führerhauptquartier 1941–1944, aufgezeichnet von Heinrich Heim, Hamburg 1980, S. 376 ▪ 145 **Franz Halder**, Kriegstagebuch, Band III., Der Russlandfeldzug bis zum Marsch auf Stalingrad (22. Juni 1941–24. September 1942), a.a.O., S. 505 ▪ 146 **Werburg Doerr**, Flieg, Maikäfer, flieg, Eine Kindheit jenseits der Oder, Frankfurt/Main 1987, S. 246 ▪ 147 **Bernd Freytag von Loringhoven**, Mit Hitler im Bunker, a.a.O., S. 29 ▪ 148 **Udo von Alvensleben**, Im Dienste des Mars, in: Lauter Abschiede, Tagebuch im Kriege, Frankfurt/Main, Berlin, Wien 1979, S. 162 ▪ 149 **Jochen Hellbeck**, Die Stalingrad-Protokolle, a.a.O., S. 130 ▪ 150 **Ebd.**, S. 150 ▪ 151 **Jens Ebert** (Hrsg.), Ein Arzt in Stalingrad, a.a.O., S. 271 ▪ 152 **Theodor Spitta**, Ende des Bürgertums, Tagebuchbetrachtungen 1942, Bremen 1994, S. 5 ▪ 153 **Egon Bahr**, Zu meiner Zeit, a.a.O., S. 23 ▪ 154 **Mihail Sebastian** (Iosef Hechter), Tagebücher 1935–44, a.a.O., S. 661 ▪ 155 **Jochen Hellbeck**, Die Stalingrad-Protokolle, a.a.O., S. 237 f. ▪ 156 **Udo von Alvensleben**, Im Dienste des Mars, in: Lauter Abschiede, a.a.O., S. 162 ▪ 157 **Jochen Hellbeck**, Die Stalingrad-Protokolle, a.a.O., S. 330 ▪ 158 **Thomas Hartnagel** (Hrsg.), Sophie Scholl, Fritz Hartnagel, Damit wir uns nicht verlieren, Briefwechsel 1937–1943, Frankfurt/Main 2008, S. 368 f. ▪ 159 **Ulrich von Hassell**, Die Hassell-Tagebücher 1938–1944, a.a.O., S. 329 ▪ 160 **Ebd.**, S. 330 ▪ 161 Zitiert nach: **Siegfried Matlok** (Hrsg.), Dänemark in Hitlers Hand, Der Bericht des Reichsbevollmächtigten Werner Best über seine Besatzungspolitik in Dänemark mit Studien über Hitler, Göring, Himmler, Heydrich, Ribbentrop, Canaris u.a., Huseum 1988, S. 246 ▪ 162 **Mihail Sebastian**, (Iosef Hechter), Tagebücher 1935–44, a.a.O., S. 668 ▪ 163 **Astrid Lindgren**, Die Menschheit hat den Verstand verloren, Tagebücher 1939–1945, a.a.O., S. 186 ▪ 164 **Gerhard Engel**, Heeresadjutant bei Hitler, 1938–1943, a.a.O., S. 130 ▪ 165 **Jochen Hellbeck**, Die Stalingrad-Protokolle, a.a.O., S. 334 ▪ 166 **Heinz Guderian**, Erinnerungen eines Soldaten, a.a.O., S. 242 ▪ 167 **Jochen Hellbeck**, Die Stalingrad-Protokolle, a.a.O., S. 364 ▪ 168 Zitiert nach: **Werburg Doerr**, Flieg, Maikäfer, flieg, a.a.O., 251 f. ▪ 169 Zitiert nach: **Max Domarus**, Hitler, Reden und Proklamationen, 1932–1945, Band II.: Untergang, zweiter Halbband 1941–1945, a.a.O., S. 1997 ▪ 170 **Mihail Sebastian** (Iosef Hechter), Voller Entsetzen, aber nicht verzweifelt, Tagebücher 1935–44, a.a.O., S. 677 f. ▪ 171 **Franz Halder**, Hitler als Feldherr, a.a.O., S. 10 ▪ 172 Zitiert nach: **Max Domarus**, Hitler, Reden und Proklamationen, 1932–1945, Band II.: Untergang, zweiter Halbband 1941–1945, a.a.O., S. 1938 ▪ 173 **Ernst Jünger**, Sämtliche Werk, Erste Abteilung, Tagebücher, Band 2 Tagebücher II, Strahlungen I., Stuttgart 1979, S. 41 ▪ 174 **Jochen Hellbeck**, Die Stalingrad-Protokolle, a.a.O., S. 343 ▪ 175 **Marianne Feuersenger**, Im Vorzimmer der Macht, a.a.O., S. 137 f. ▪ 176 **Jan Smuts,** Selections from the Smuts Papers, a.a.O., S. 394 [Übersetzung: Hermann Pölking] ▪ 177 Zitiert nach: **Wassili Iwanowitsch Tschuikow**, Marschall der Sowjetunion, Gardisten auf dem Weg nach Berlin, Berlin (Ost) 1976, S. 5 ▪ 178 **Jochen Hellbeck**, Die Stalingrad-Protokolle, a.a.O., S. 327 ▪ 179 **Charles McMoran Wilson, Lord Moran**, Der Kampf ums Überlegen, 1940–1965, aus dem Tagebuch seines Leibarztes Lord Moran, München, Zürich 1967, S. 89 ▪ 180 **Ernst Jünger**, Sämtliche Werk, Erste Abteilung, Tagebücher, Band 2 Tagebücher II, Strahlungen I., a.a.O., S. 425 ▪ 181 Zitiert nach: **Oliver Lubrich** (Hrsg.), Berichte aus der Abwurfzone, a.a.O., S. 163 ▪ 182 **David Irving**, Die geheimen Tagebücher des Dr. Morell, a.a.O., S. 111 ▪ 183 **Albert Speer**, Erinnerungen, a.a.O., S. 265 ▪ 184 **Jens Ebert** (Hrsg.) Ein Arzt in Stalingrad, a.a.O., S. 14 ▪ 185 **Rudi Goguel**, Es war ein langer Weg, Singen 1947, S. 123 ▪ 186 **Heinz Linge**, Bis zum Untergang, Als Chef des Persönlichen Dienstes bei Hitler, hrsg. von Werner Maser, München, Berlin 1980, S. 160 ▪ 187 **Astrid Lindgren**, Die Menschheit hat den Verstand verloren, Tagebücher 1939–1945, a.a.O., S. 221 ▪ 188 **Bernd Freytag von Loringhoven**, Mit Hitler im Bunker, a.a.O., S. 32 ▪ 189 **Jan Smuts**, Selections from the Smuts Papers, a.a.O., S. 413 [Übersetzung: Hermann Pölking] ▪ 190 **Ulrich Schlie** (Hrsg.), Albert Speer, Die Kransberg-Protokolle, Seine ersten Aussagen und Aufzeichnungen (Juni-September), München 2003, S. 43 f. ▪ 191 **Nicolaus von Below**, Als Hitlers Adjutant 1937–45, Mainz 1980, S. 329 ▪ 192 **Vera Inber**, Fast drei Jahre, a.a.O., S. 54 ▪ 193 **Gerhard Engel**, Heeresadjutant bei Hitler, 1938–1943, Aufzeichnungen des Majors

Engel, hrsg. und kommentiert von Hildegard von Kotze, Stuttgart 1971, Schriftenreihe der Vierteljahreshefte für Zeitgeschichte, Nummer 29, im Auftrag des Instituts für Zeitgeschichte, S. 143 ▪ 194 Zitiert nach: **Helmut Heiber** (Hrsg.), Hitlers Lagebesprechungen, Die Protokollfragmente seiner militärischen Konferenzen 1942–1945, Stuttgart 1962, S. 125 ▪ 195 **Friedrich Kellner**, Vernebelt, verdunkelt sind alle Hirne, Tagebücher 1939–1945, a.a.O., S. 392 ▪ 196 Zitiert nach: **Helmut Heiber** (Hrsg.) Hitlers Lagebesprechungen, a.a.O., Seite 124 ▪ 197 **Jochen Hellbeck**, Die Stalingrad-Protokolle, a.a.O., S. 98 ▪ 198 **Joseph Goebbels**, Die Tagebücher von Joseph Goebbels, Im Auftrag des Instituts für Zeitgeschichte und mit Unterstützung des Staatlichen Archivdienstes Russlands, hrsg. von Elke Fröhlich, Teil II, Diktate 1941–1945, Band 7, Januar – März 1943, bearbeitet von Elke Fröhlich, München 1993, S. 255 ▪ 199 **Ruth Andres-Friedrich**, Der Schattenmann, Tagebuchaufzeichnungen 1938–1948, Berlin 2012, S. 101 ▪ 200 **Marie Jalowicz Simon**, Eine junge Frau überlebt in Berlin 1940–1945, bearbeitet von Irene Stratenwerth und Hermann Simon, mit einem Nachwort von Hermann Simon, Frankfurt/Main 2014, S. 209 ▪ 201 **Bernd Freytag von Loringhoven**, Mit Hitler im Bunker, a.a.O., S. 35 ▪ 202 **Albert Speer**, Erinnerungen, a.a.O., S. 267 ▪ 203 **Erich von Manstein**, Verlorene Siege, Bonn 1959, S. 437 f. ▪ 204 **Ulrich Schlie** (Hrsg.), Albert Speer, Die Kransberg-Protokolle, a.a.O., Seite 433 ▪ 205 **Christa Schröder**, Hitler privat, a.a.O., S. 74 f. ▪ 206 **Heinz Linge**, Bis zum Untergang, a.a.O., S. 113 ▪ 207 Zitiert nach: **Max Domarus**, Hitler, Reden und Proklamationen, 1932–1945, Band II.: Untergang, zweiter Halbband 1941–1945, a.a.O., S. 1935

Kapitel 15 · Ein Massenmörder

▪ 1 **Abel J. Herzberg**, Zweistromland, Tagebuch aus Bergen-Belsen, Wittingen 1997 ▪ 2 **Tim Townsend**, Letzte Begegnungen unter dem Galgen, Ein amerikanischer Militärseelsorger erlebt die Nürnberger Prozesse, Vorwort von Günther Beckstein, Holzgerlingen 2016, S. 15 f. ▪ 3 Zitiert nach: http://www.mietek-pemper.de/wiki/Kapitel_18_-_Sadismus_G%C3%B6ths ▪ 4 Zitiert nach: http://www.mietek-pemper.de/wiki/Kapitel_27_-_Prozess_und_Hinrichtung ▪ 5 **Nikolaus Wachsmann**, KL, Die Geschichte der nationalsozialistischen Konzentrationslager, München 2016, S. 701 ▪ 6 Eugen Kogon, Der SS-Staat. Das System der deutschen Konzentrationslager, München 1983, S. 6 ▪ 7 Zitiert nach: **Werner Jochmann** (Hrsg.), Monologe im Führerhauptquartier 1941–1944, aufgezeichnet von Heinrich Heim, Hamburg 1980, S. 177 ▪ 8 **Nikolaus Wachsmann**, Gefangen unter Hitler - Justizterror und Strafvollzug im NS-Staat, München 2006, S. 419 ▪ 9 Zitiert nach: **Werner Jochmann** (Hrsg.), Monologe im Führerhauptquartier 1941–1944, a.a.O., S. 271 ▪ 10 **Nikolaus Wachsmann**, KL, Die Geschichte der Nationalsozialistischen Konzentrationslager, a.a.O., S. 12 ▪ 11 **Klaus Weichert**, Von der Gefangenenanstalt zur Justizvollzugsanstalt Landsberg am Lech 1909–2008, Eine Chronik über 100 Jahre, hrsg. von der Justizvollzugsanstalt Landsberg am Lech, Landsberg am Lech 2008 ▪ 12 Zitiert nach: http://www.buergervereinigung-landsberg.de/kriegsverbrecher/Hingerichteten.pdf ▪ 13 Zitiert nach: http://www.buergervereinigung-landsberg.de/kriegsverbrecher/Hingerichteten.pdf, letzter Stand: 24. Oktober 2016 ▪ 14 **Hitler auf der Abschlussrede des Reichsparteitags** in Nürnberg, Völkischer Beobachter, 7. August 1929, Seite 1, zitiert nach: Annika Burkhardt, Das NS-Euthanasie-Unrecht vor den Schranken der Justiz: eine strafrechtliche Analyse, Tübingen 2013, S. 70 ▪ 15 **Harold Nicolson**, Tagebücher und Briefe 1930–1941, hrsg. von Nigel Nicolson, Vorwort, Auswahl und Übersetzung aus dem Englischen von Helmut Lindemann, Stuttgart, Hamburg 1969, S. 251 ▪ 16 **August Kubizek**, Adolf Hitler, Mein Jugendfreund, Wien 1966, S. 109 ▪ 17 **Christa Schroeder**, Er war mein Chef, aus dem Nachlass der Sekretärin von Adolf Hitler, hrsg. von Anton Joachimsthaler, München, Wien 1985, S. 68 ▪ 18 **Gerhard Engel**, Heeresadjutant bei Hitler, 1938–1943, Aufzeichnungen des Majors Engel, hrsg. und kommentiert von Hildegard von Kotze, Stuttgart 1971, Schriftenreihe der Vierteljahreshefte für Zeitgeschichte, Nummer 29, im Auftrag des Instituts für Zeitgeschichte, S. 3 ▪ 19 **Heinrich Hoffmann**, Hitler, wie sich ihn sah, Aufzeichnungen seines Leibfotografen, München, Berlin 1974, S. 79 ▪ 20 Zitiert nach: Ernst Klee, Das Personenlexikon zum Dritten Reich, Wer war was vor und nach 1945, Frankfurt 2005, S. 675 (mit Bezug auf die Quelle: Js 7/59 GStA Ffm) ▪ 21 **Gerhard Engel**, Heeresadjutant bei Hitler, a.a.O., S. 56 f. ▪ 22 Zitiert nach: **Ian Kershaw**, Hitler 1836–1945, Band 2, Stuttgart 1998, S. 349 ▪ 23 **Gerhard Engel**, Heeresadjutant bei Hitler, a.a.O., S. 64 ▪ 24 **Reinhard Spitzy**, So haben wir das Reich verspielt, Bekenntnisse eines Illegalen, München, Wien 1986, S. 391 ▪ 25 Zitiert nach: **Alfred Läpple**, Kirche und Nationalsozialismus in Deutschland und Österreich, Fakten, Dokumente, Analysen, Aschenburg 1980, S. 332 ▪ 26 **Theophil Wurm**, Erinnerungen aus meinem Leben, Stuttgart 1968, S. 155 ▪ 27 Zitiert nach: **Frank Bajohr, Christoph Strupp** (Hrsg.), Fremde Blicke auf das »Dritte Reich«, Berichte ausländischer Diplomaten über Herrschaft und Gesellschaft in Deutschland 1933–1945, Hamburger Beiträge zur Sozial- und Zeitgeschichte, hrsg. von der Forschungsstelle für Zeitgeschichte in Hamburg, Band 49, Göttingen 2012, S. 560 f. ▪ 28 Zitiert nach: http://www.galen-archiv.de/index.php?option=com_content&view=article&id=4&Itemid=18, letzter Stand: 1. August 2015 ▪ 29 **Nella Last**, Nella Last's War, The Second World War Diaries of Housewife, London 2006, S. 95 f. [Übersetzung: Hermann Pölking] ▪ 30 **Karl Dürkefälden**, »Schreiben, wie es wirklich war ...«, Die Aufzeichnungen Karl Dürkefäldens aus der Zeit des Nationalsozialismus, bearbeitet und kommentiert von Herbert und Sybille Obenaus, Hannover 1985, S. 112 ▪ 31 **Leni Riefenstahl**, Memoiren, Köln 2002, S. 153 ▪ 32 **Rudolf Höß**, Kommandant in Auschwitz, Autobiographische Aufzeichnungen, hrsg. von Martin Brozat, München 2013, S. 104 f. ▪ 33 **Marie Jalowicz Simon**, Untergetaucht, Eine junge Frau überlebt in Berlin 1940–1945, bearbeitet von Irene Stratenwerth und Hermann Simon, mit einem Nachwort von Hermann Simon, Frankfurt/Main 2014, S. 41 ▪ 34 **Heinz Linge**, Bis zum Untergang, Als Chef des Persönlichen Dienstes bei

Hitler, hrsg. von Werner Maser, München, Berlin 1980, S. 136 ▪ 35 **Fritz Wiedemann**, Der Mann, der Feldherr werden wollte, Erlebnisse und Erfahrungen des Vorgesetzten Hitlers im 1. Weltkrieg und seines späteren Persönlichen Adjutanten, Velbert und Kettwig 1964, S. 70 f. ▪ 36 **Heinz Linge**, Bis zum Untergang, a.a.O., S. 186 f. ▪ 37 **Joseph Goebbels**, Die Tagebücher von Joseph Goebbels, Im Auftrag des Instituts für Zeitgeschichte und mit Unterstützung des Staatlichen Archivdienstes Rußlands, hrsg. von Elke Fröhlich, Teil 1, Aufzeichnungen 1923–1941, Band 7, Juli 1939– März 1940, bearbeitet von Elke Fröhlich, München 1998, S. 137 f. ▪ 38 **Alfred Rosenberg**, Die Tagebücher von 1935 bis 1944, hrsg. von Jürgen Matthäus und Frank Bajohr, Frankfurt am Main 2015, S. 290 ▪ 39 **Marcel Reich-Ranicki**, Mein Leben, Hamburg 2006/2007, S. 186 f. ▪ 40 **Walter Tausk**, Breslauer Tagebuch, 1933–1940, hrsg. von Ryszard Kincel, Berlin 1975, S. 24 ▪ 41 **Alfred Rosenberg**, Die Tagebücher von 1935 bis 1944, a.a.O., S. 314 ▪ 42 **Jan Karski**, Mein Bericht an die Welt, Geschichte eines Staates im Untergrund, München 2011, S. 38 f. ▪ 44 **Erich Kästner**, Das Blaue Buch, Kriegstagebuch und Roman-Notizen, Marbach 2006, Seite 32 ▪ 45 Friedrich Torberg, Eine tolle, tolle Zeit, Briefe und Dokumente aus den Jahren der Flucht 1938–1941, Frankfurt/Main; Berlin 1992, S. 185 ▪ 46 **Rudi Goguel**, Es war ein langer Weg, Singen 1947, S. 96 ▪ 47 **Jens Ebert** (Hrsg.), Ein Arzt in Stalingrad, Feldpostbriefe und Gefangenenpost des Regimentsarztes Horst Rocholl, 1942–1953, Göttingen 2009, S. 17 ▪ 48 **Rudolf Höß**, Kommandant in Auschwitz, a.a.O., S. 146 f. ▪ 49 **Siegfried Westphal**, Erinnerungen, Mainz 1975, S. 48 f. ▪ 50 **Rudolf Höß**, Kommandant in Auschwitz, a.a.O., S. 133 ▪ 51 **Anne Frank**, Tagebuch, Fassung von Otto H. Frank und Mirjam Pressler, Frankfurt/Main 2012, S. 20 f. ▪ 52 **Tomi Ungerer**, Die Gedanken sind frei, a.a.O., S. 41 f. ▪ 53 **Heinz Linge**, Bis zum Untergang, a.a.O., Seite 20 f. ▪ 54 **Emmy Göring**, An der Seite meines Mannes, Begebenheiten und Bekenntnisse, Göttingen 1967, S. 71 ▪ 55 **Gerhard Engel**, Heeresadjutant bei Hitler, 1938–1943, a.a.O., S. 94 f. ▪ 56 Zitiert nach: **Hugh Dalton**, The Second World War Diary of Hugh Dalton, London 1986, S. 169 [Übersetzung: Hermann Pölking] ▪ 57 **Heinz Linge**, Bis zum Untergang, a.a.O., S. 132 f. ▪ 58 **Heinrich Himmler**, Der Dienstkalender Heinrich Himmlers 1941/42, im Auftrag der Forschungsstelle für Zeitgeschichte in Hamburg bearbeitet, kommentiert und eingeleitet von Peter Witte, Michael Wildt, Martina Voigt, Dieter Pohl, Peter Klein, Christian Gerlach, Christoph Dieckmann und Andrej Angrick, mit einem Vorwort von Ulrich Lohalm und Wolfgang Scheffler, Hamburg 1999, S. 294 ▪ 59 **Rudolf Höß**, Kommandant in Auschwitz, a.a.O., S. 237 ▪ 60 http://die-quellen-sprechen.de/03-196.html, siehe auch: Ian Kershaw, Hitler 1836–1945, Band 2, a.a.O., S. 307 f. ▪ 61 Emmy Göring, An der Seite meines Mannes, a.a.O., S. 72 ▪ 62 **Interview with Hitler's sister** on 5th June 1946, Original copy of this document supplied by: Modern Military Records (NWCTM), Textual Archives Services Section, National Archives and Records Administration. College Park, Maryland 20740-6001, United States of America [Übersetzung: Hermann Pölking] ▪ 63 **Nicolaus von Below**, Als Hitlers Adjutant 1937–45, Mainz 1980, S. 291 ▪ 64 **Paje Wapner-Levin**, Von Wilna nach Buenos Aires, Erinnerungen einer Lehrerin in den Holocaust, Bremen 2006, S. 29 ff. ▪ 65 **Nicolaus von Below**, Als Hitlers Adjutant 1937–45, a.a.O., S. 291 ▪ 66 **Henry Picker**, Hitlers Tischgespräche im Führerhauptquartier 1941–1942, hrsg. vom Percy Ernst Schramm in Zusammenarbeit mit Andreas Hillgruber und Martin Vogt, Stuttgart 1963, S. 471 ▪ 67 **Bernd Freytag von Loringhoven**, Mit Hitler im Bunker, Die letzten Monate im Führerhauptquartier, Juli 1944-April 1945, mit Francois d'Alcancon, Berlin 2006, S. 36 ▪ 68 **Ernst Jünger**, Sämtliche Werk, Erste Abteilung, Tagebücher, Band 2, Tagebücher II, Strahlungen I., Stuttgart 1979, S. 323 ▪ 69 Zitiert nach: **Sönke Neitzel**, **Harald Welser**, Soldaten, Protokolle vom Kämpfen, Töten und Sterben, Frankfurt/Main 2011, S. 146 f. ▪ 70 **Ernst Klee**, **Willi Dreßen**, **Volker Rieß** (Hrsg.) »Schöne Zeiten«, Judenmord aus der Sicht der Täter und Gaffer, Frankfurt/Main 1988, S. 122 ▪ 71 **Ebd.**, S. 124 72 **Ebd.**, S. 126 ▪ 73 **Ebd.**, S. 129 ▪ 74 **Ernst Jünger**, Das erste Pariser Tagebuch, Kaukasische Aufzeichnungen, Das zweite Pariser Tagebuch, Stuttgart 1998, S. 315 ▪ 75 **Edgar Kupfer-Koberwitz**, Dachauer Tagebücher, Die Aufzeichnungen des Häftlings 24814, Mit einem Vorwort von Barbara Distel, München 1997, S. 71 f. ▪ 76 **Käthe Kollwitz**, Die Tagebücher, Hrsg. von Jutta Bohnke-Kollwitz, Berlin 1989, S. 705 ▪ 77 **Otto Blumenthal**, Otto Blumenthals Tagebücher, Ein Aachener Mathematikprofessor erleidet die NS-Diktatur in Deutschland, den Niederlanden und Theresienstadt, hrsg. von Otto Felsch und Erhard Roy Wiehn, Konstanz 2011, S. 310 ▪ 78 **Harry W. Flannery**, Assignment to Berlin, New York 1942, zitiert nach: Oliver Lubrich (Hrsg.), Reisen ins Reich, 1933 bis 1945, Ausländische Autoren berichten aus Deutschland, München 2009, S. 298 f. ▪ 79 **Victor Klemperer**, Leben sammeln, nicht fragen wozu und warum, Tagebücher 1925–1932, hrsg. von Walter Nowojski unter Mitarbeit von Christian Löser, Berlin 1996, zitiert nach: Rainer Wieland (Hrsg.), Das Buch der Tagebücher, a.a.O, S. 439 f. ▪ 80 **Jens Ebert** (Hrsg.), Ein Arzt in Stalingrad, a.a.O., S. 19 ▪ 81 **Paje Wapner-Levin**, Von Wilna nach Buenos Aires, S. 31 ▪ 82 **Otto Blumenthal**, Otto Blumenthals Tagebücher, a.a.O., S. 319 ▪ 83 Zitiert nach: **Werner Jochmann**, Monologe im Führerhauptquartier 1941–1944, a.a.O., S. 228 f. ▪ 84 **Rudolf Höß**, Kommandant in Auschwitz, a.a.O., S. 191 ▪ 85 Zitiert nach: **Konzentrationslager Bergen-Belsen**, Berichte und Dokumente, Ausgewählt und kommentiert von Rolf Keller, Wolfgang Mariefeld, Herbert Obenaus, Thomas Rae, Hans-Dieter Schmidt, Wilhelm Sommer, Wilfried Wiedemann, Göttingen 2002, S. 29 ▪ 86 **Joseph Goebbels**, Die Tagebücher von Joseph Goebbels, München u.a. 1993, Teil II., Band 3, im Auftrag des Instituts für Zeitgeschichte und mit Unterstützung des Staatlichen Archivdienstes Russlands, hrsg. von Elke Fröhlich, München 1993, S. 449 ▪ 87 **Alfons Schulte**, Drei Jahre in der Nachrichtenzentrale des Führerhauptquartiers, Stein am rhein 1996, S. 98 ▪ 88 **Ernő Szép**, Zerbrochener Welt, Drei Wochen 1944, aus dem Ungarischen übersetzt und mit Anmerkungen versehen von Ernő Zeltner, München 2014, S. 22 ▪ 89 **Ralf Georg Reuth** (Hrsg.), Joseph Goebbels

Tagebücher, München 2003, Bd. 4, S. 1776 ▪ 90 **Alfons Schulte**, Drei Jahre in der Nachrichtenzentral des Führerhaupt-quartiers, a.a.O. S. 98 ▪ 91 **Otto Blumenthal**, Tagebücher, a.a.O., S. 375 ▪ 92 **Primo Levi**, Ist das ein Mensch? Mit einem Nachwort von Cordelia Edvardson, München 1988, S. 26 ▪ 93 **Manès Sperber**, Bis man mir Scherben auf die Augen legt, All das Vergangene, Wien 1977, S. 313 ▪ 94 Zitiert nach: **Frank Bajohr, Dieter Pohl**, Der Holocaust als offenes Geheimnis, Die Deutschen, die NS-Führung und die Alliierten, München 2006, S. 69 ▪ 95 **Rudolf Höß**, Kommandant in Auschwitz, a.a.O., S. 243 ▪ 96 **Frank Bajohr**, Dieter Pohl, Der Holocaust als offenes Geheimnis, a.a.O., S. 61 ▪ 97 **Otto Blumenthal**, Tagebücher, a.a.O., S. 386 ▪ 98 **Jens Ebert** (Hrsg.), Ein Arzt in Stalingrad, a.a.O., S. 210 ▪ 99 **Karl Dürkefälden**,»Schreiben, wie es wirklich war …«, a.a.O., S. 125 ▪ 100 **Gerhard Engel**, Heeresadjutant bei Hitler, 1938–1943, a.a.O., S. 136 ▪ 101 **Tomi Ungerer**, Die Gedanken sind frei, a.a.O., S. 55 ▪ 102 **Franz von Sonnleithner**, Als Diplomat im »Führerhauptquar-tier«, Aus dem Nachlass, mit einem Vorwort von Reinhard Spitzy, München, Wien 1989, S. 109 ▪ 103 **Walter Zwi Bacha-rach** (Hrsg.), Dies sind meine letzten Worte …, Briefe aus der Shoah, Göttingen 2006, S. 98, (Ein Zettel, der auf dem Weg zum Todeslager Auschwitz aus einem Zug mit einem Transport geworfen wurde, geschrieben von einem Juden namens David an seine Familie im Warschauer Ghetto.) ▪ 104 **Manès Sperber**, Bis man mir Scherben auf die Augen legt, a.a.O., S. 283 f. ▪ 105 **Ernő Szép**, Zerbrochener Welt, a.a.O., S. 213 ▪ 106 **Erich Kästner**, Das Blaue Buch, a.a.O., S. 60 ▪ 107 Zitiert nach: **Rainer Wieland** (Hrsg.), Das Buch der Tagebücher, München, Zürich 2010, S. 114 f. ▪ 108 **Vera Lourié**, Briefe an Dich, Erinnerungen an das russische Berlin, hrsg. von Doris Liebermann, Frankfurt/Main 2014, S. 199 ▪ 109 **Jan Karski**, Mein Bericht an die Welt, a.a.O., S. 449 ▪ 110 **Walter Zwi Bacharach** (Hrsg.), Dies sind meine letzten Worte …, a.a.O., S. 311, (Morde‹Chai Anielewicz [geb. 1919 o. 1920, gest. 1943] führte als Kommandant des Jüdischen Kampfhundes [ZOB] den bewaffneten Warschauer Ghettoaufstand an. Etwa einen Monat kämpften die Ghettobewohner, bis die Deutschen die zentralen Stellungen des Widerstands einnehmen konnten.) 111 **Ulrich von Hassell**, Die Hassell-Tagebücher 1938–1944, Aufzeichnungen vom andern Deutschland, nach der Handschrift revidierte und erweiterte Ausgabe unter Mitarbeit von Klaus Peter Reiß, hrsg. von Friedrich Freiherr Hiller von Gaertingen, Berlin 1989, S. 365 ▪ 112 **Walter Zwi Bacharach** (Hrsg.), Dies sind meine letzten Worte …, a.a.O., S. 162 ff. ▪ 113 **Ebd.**, S. 108 ▪ 113 **Matthias Schmidt**, Albert Speer, Das Ende eines Mythos, Speers wahre Rolle im Dritten Reich, Bern, München 1982, S. 231 ▪ 114 **Primo Levi**, Ist das ein Mensch? a.a.O., S. 35 f. ▪ 115 **Elisabeth Noelle-Neumann**, Die Erinnerungen, München 2006, S. 130 ▪ 116 **Otto Blu-menthal**, Otto Blumenthals Tagebücher, a.a.O., S. 457 ▪ 117 **ebd**, S. 458 ▪ 118 **ebd.**, 469 ▪ 119 **Otto A. Schneidereit**, Zwischen zwei Weltkriegen, Eine Jugend in Ostpreußen, Berlin 1999, S. 265 ▪ 120 **Danziger Vorposten** (Tageszeitung), Artikel Seite 1, 13. Mai 1944, Artikel von Wilhelm Löbsack (NSDAP Gau Danzig), zitiert nach: Frank Bajohr, Dieter Pohl, Der Holocaust als offenes Geheimnis, a.a.O., S. 58 ▪ 121 **Franz von Sonnleithner**, Als Diplomat im »Führerhauptquar-tier«; aus dem Nachlass, a.a.O., S. 107 f. ▪ 122 **Primo Levi**, Ist das ein Mensch? a.a.O., S. 23 ▪ 123 **Gustave Mark Gilbert**, Nürnberger Tagebuch, Gespräche der Angeklagten mit dem gerichtspsychologen, Frankfurt/Main 1994, S. 242 f. ▪ 124 Brief von **Dmitro Dmytrijenko** vom 22. Juli 2005 an Kontakte-КОНТАКТЫ e.V., Verein für Kontakte zu Ländern der ehemaligen Sowjetunion in Kooperation mit dem Deutsch-Russischen Museum Berlin-Karlshorst hrsg.. in »Ich werde es nie vergessen«, Briefe sowjetischer Kriegsgefangener 2004–2006, Berlin 2007, S. 44 ▪ 125 Curzio Malaparte, Die Wolga entspringt in Europa, Karlsruhe 1967, S. 67 ▪ 126 **Erich von Manstein**, Verlorene Siege, Bonn 1959, S. 176 ▪ 127 Zitiert nach: **Felix Römer**, Kameraden, Die Wehrmacht von innen, München 2012, S. 410 ▪ 128 **Ebd.**, S. 416 ▪ 129 Brief vom 4.3.2005 von **Maxim Wassiljewitsch Tebenko** an Kontakte-КОНТАКТЫ e.V. Verein für Kontakte zu Ländern der ehe-maligen Sowjetunion in Kooperation mit dem Deutsch-Russischen Museum Berlin-Karlshorst hrsg., in: »Ich werde es nie vergessen«, a.a.O., S. 76 ▪ 130 **Freya von Moltke, Michael Balfour, Julian Frisby**, Helmut James von Moltke, 1907–1945, Anwalt der Zukunft, Stuttgart 1975, S. 153 ▪131 Zitiert nach: **Christian Streit**, Keine Kameraden, Die Wehrmacht und die sowjetischen Kriegsgefangenen, München 1978, S. 13 f. ▪ 122 **Felix Römer**, Kameraden, a.a.O., S. 439 ▪ 133 Zitiert nach: **Klaus Reinhardt**, Die Wende vor Moskau, Das Scheitern der Strategie Hitlers im Winter 1941/42, Beiträge zur Militär- und Kriegsgeschichte, Band 13, Stuttgart 1972, S. 186 ▪ 134 Zitiert nach: **ebd.**, S. 186 f. ▪ 135 Brief von **Boris Semjonowitsch Scheremet**, Brief vom 13. Februar 2006 an Kontakte-КОНТАКТЫ e.V., Verein für Kontakte zu Ländern der ehemaligen Sowjetunion in Kooperation mit dem Deutsch-Russischen Museum Berlin-Karlshorst hrsg., in: »Ich werde es nie vergessen«, a.a.O., S. 83 ▪ 136 **Rudolf Höß**, Kommandant in Auschwitz, a.a.O., S. 156 ff. ▪ 137 **Willi A. Boecke** (Hrsg.), Deutschlands Rüstung im Zweiten Weltkrieg, Hitlers Konferenzen mit Albert Speer 1942–1945, Frank-furt/Main 1969, S. 86, zitiert nach: Klaus Reinhardt, Die Wende vor Moskau, a.a.O., S. 188 ▪ 138 **Karl Dürkefälden**, »Schreiben, wie es wirklich war …«, a.a.O., S. 107 ▪ 139 Brief von **Fjodor Iwanowitsch Tschernjak** vom 3. Februar 2006 an Kontakte-КОНТАКТЫ e.V. Verein für Kontakte zu Ländern der ehemaligen Sowjetunion in Kooperation mit dem Deutsch-Russischen Museum Berlin-Karlshorst herausgeben, »Ich werde es nie vergessen«, a.a.O., S. 102 ▪ 140 **Julius Fučík**, Reportage, Unter dem Strang geschrieben, Berlin (Ost) 1958, S. 33 ▪ 141 **Harald Poelchau**, Die letzten Stunden, Erinnerungen eines Gefängnispfarrers, aufgezeichnet von Graf Alexander Stenbock-Fermor, Berlin 1998, S. 28 ▪ 142 **Ricarda Huch**, , Gesammelte Werke, hrsg. von Wilhelm Emrich, Band 5: Gedichte, Dramen, Reden, Aufsätze und andere Schriften, Köln, o.J., S. 969 ▪ 143 Zitiert nach: http://www.standhaft.org/forschung/biograph/reh.html, letzter Stand: 21. Juli 2011 ▪ 144 **Rudolf Höß**, Kommandant in Auschwitz, Autobiographische Aufzeichnungen, a.a.O., S. 87 ▪ 145 Martha Gellhorn, Das Gesicht des Krieges, Reportagen 1937–1987, München, Hamburg 1989, S. 205 ▪ 146 http://www.standhaft.

org/forschung/biograph/reh.html, letzter Stand: 21. Juli 2011 ▪ 147 **Harald Poelchau**, Die letzten Stunden, a.a.O., S. 24 ▪ 148 **Paul Ronge**, Im Namen der Gerechtigkeit, Erinnerungen eines Strafverteidigers, München 1963, S. 214 f. ▪ 149 **Harald Poelchau**, Die letzten Stunden, a.a.O., S. 29 ▪ 150 **Rudolf Höß**, Kommandant in Auschwitz, Autobiographische Aufzeichnungen, a.a.O., S. 154 ▪ 151 Zitiert nach: **Walter Wagner**, Der Volksgerichtshof im nationalsozialistischen Staat, mit einem Forschungsbericht für die Jahre 1974 bis 2010 von Jürgen Zarusky, München 2011, S. 796, Anm. ▪ 152 **Harald Poelchau**, Die letzten Stunden, a.a.O., S. 49 ▪ 153 **Ricarda Huch**, Gedichte, Dramen, Reden, Aufsätze und andere Schriften, a.a.O., S. 970 ▪ 154 Zitiert nach: **Rainer Wieland** (Hrsg.)., Das Buch der Tagebücher, München, Zürich 2010, S. 231 ▪ 155 **Edgar Kupfer-Koberwitz**, Dachauer Tagebücher, a.a.O., S. 398 ▪ 156 **Kurt Schilde** (Hrsg.) Eva Maria Buch und die ›Rote Kapelle‹, Erinnerungen an den Widerstand gegen den Nationalsozialismus, Berlin 1992, S. 111 f. ▪ 157 Zitiert nach: **ebd.**, S. 26 f. ▪ 158 **Harald Poelchau**, Die letzten Stunden, a.a.O., S. 75

Kapitel 16 · Ein Kriegsverbrecher

▪ 1 Zitiert nach: **Peter Steinbach,** Der 20. Juli 1944, Gesichter des Widerstands, München 2004, S. 254 ▪ 2 **DIE ZEIT** Nr. 50 vom 10.12.2015, http://www.zeit.de/2015/50/adolf-hitler-biographie-peter-longerich ▪ 3 **Peter Longerich**, Hitler, Biographie, Berlin 2015, S. 10 ▪ 4 **Ebd.**, S. 1005 ▪ 5 **Ebd.**, S. 11 ▪ 6 **Ebd.**, S. 15 ▪ 7 **Ebd.**, S. 12 ▪ 8 **Paul Ronge**, Im Namen der Gerechtigkeit, Erinnerungen eines Strafverteidigers, München 1963, S. 209 f. ▪ 9 **Ebd.** ▪ 10 **Peter Longerich**, Hitler, a.a.O., S. 931 ▪ 11 **John C. Frederiksen**, International War Birds, An Illustrated Guide to World Military Aircraft 1914–2000, Santa Barbara, Denver (USA), Oxford 2001, S. 113 ▪ 12 **Thomas Mann**, »An die gesittete Welt« – Politische Schriften und Reden im Exil, zitiert nach: http://archiv.cicero.de/berliner-republik/ich-habe-nichts-einzuwenden/36748 ▪ 13 **Peter Longerich**, Hitler, a.a.O., S. 931 f. ▪ 14 Siehe hierzu: **Peter Lieb**, Unternehmen Overlord, Die Invasion in der Normandie und die Befreiung Westeuropas, München 2014 ▪ 15 **Peter Longerich**, Hitler, a.a.O., S. 937 ▪ 16 **Peter Steinbach**, Der 20. Juli 1944, a.a.O., S. 307 ▪ 17 **E.Z.** Vorob'ev Nacalo boes v Vostocnoj Prussii, S. 52 ▪ 18 Siehe hierzu: **Hermann Pölking**, Ostpreußen, Biographie einer Provinz, Berlin 2010, S. ▪ 19 **Klaus-Dietmar Henke**, Die amerikanische Besetzung Deutschlands, Quellen und Darstellungen zur Zeitgeschichte, Band 27, hrsg. vom Institut für Zeitgeschichte, München 1996, S. 152 ▪ 20 **Julius Fučík**, Reportage, Unter dem Strang geschrieben, Berlin (Ost) 1958, S. 92 ▪ 21 **Oda Schaefer**, Auch wenn Du träumst, gehen die Uhren, Erinnerungen bis 1945, München 1980, S. 303 ▪ 22 **Ulrich Schlie** (Hrsg.), Albert Speer, Die Kransberg-Protokolle, Seine ersten Aussagen und Aufzeichnungen (Juni-September), München 2003, S. 102 ▪ 23 **Walter Warlimont**, Im Hauptquartier der deutschen Wehrmacht, 1939–1945, Grundlagen, Formen, Gestalten, Frankfurt/Main 1962, S. 293 ▪ 24 **Jochen Hellbeck**, Die Stalingrad-Protokolle, Sowjetische Augenzeugen berichten aus der Schlacht, Frankfurt/Main 2012, S. 496 f. ▪ 25 **Heinz Guderian**, Erinnerungen eines Soldaten, Neckargemünd 1960, S. 402 ▪ 26 **Heinrich Hoffmann**, Hitler, wie ich ihn sah, Aufzeichnungen seines Leibfotografen, München, Berlin 1974, S. 219 ▪ 27 **David Irving**, Die geheimen Tagebücher des Dr. Morell, Leibarzt Adolf Hitlers, München 1983, S. 104 ▪ 28 **Rochus Misch**, Der letzte Zeuge, »Ich war Hitlers Telefonist, Kurier und Leibwächter, unter Mitarbeit von Sandra Zarrinbal und Burkhard Nachtigall, Mit einem Vorwort von Ralph Giordano, Zürich, München 2008, S. 147 ▪ 29 **Hermann Giesler,** Ein anderer Hitler, Bericht seines Architekten, Erlebnisse, Gespräche, Reflexionen, Leonie am Starnberger See 1978, S. 476 ▪ 30 **Gertraud »Traudl« Junge**, Bis zur letzten Stunde, Hitlers Sekretärin erzählt ihr Leben, Unter Mitarbeit von Melissa Müller, München 2002, S. 95 ▪ 31 **Friedrich Kellner**, Vernebelt, verdunkelt sind alle Hirne, Tagebücher 1939–1945, hrsg. von Sascha Feuchert, Robert Martin Scott Kellner, Erwin Leibfried, Jörg Rieck und Markus Roth, Band 2, Göttingen 2011, S. 401 ▪ 32 **Joseph Goebbels**, Die Tagebücher von Joseph Goebbels, Im Auftrag des Instituts für Zeitgeschichte und mit Unterstützung des Staatlichen Archivdienstes Rußlands, hrsg. von Elke Fröhlich, Teil II, Diktate 1941–1945, Band 7, Januar – März 1943, bearbeitet von Elke Fröhlich, München 1993, S. 373 ff. ▪ 33 **Albert Speer**, Erinnerungen, Berlin 1969, S. 269 ▪ 34 **Iring Fetscher**, Joseph Goebbels im Berliner Sportpalast 1943, »Wollt ihr den totalen Krieg?«, Frankfurt/Main 1998, S. 8 ▪ 35 **Joseph Goebbels**, Die Tagebücher von Joseph Goebbels, Im Auftrag des Instituts für Zeitgeschichte und mit Unterstützung des Staatlichen Archivdienstes Rußlands, hrsg. von Elke Fröhlich, Teil II, Diktate 1941–1945, a.a.O. S. 389 ▪ 36 **Heinz Linge**, Bis zum Untergang, Als Chef des Persönlichen Dienstes bei Hitler, hrsg von Werner Maser, München, Berlin 1980, S. 66 ▪ 37 **Uhse, Beate, Pramann, Ulrich:** Beate Uhse: Ich will Freiheit für die Liebe, Die Autobiografie, Berlin 2001, S. 83 ▪ 38 **Heinz Guderian**, Erinnerungen eines Soldaten, a.a.O., S. 262 ▪ 39 Zitiert nach: **Max Domarus**, Hitler, Reden und Proklamationen, 1932–1945, Band II Untergang; Zweiter Halbband 1939–1940, Wiesbaden 1973, S. 1993 ▪ 40 **Christa Schroeder**, Hitler privat, Erlebnisbericht seiner Geheimsekretärin, hrsg. von Albert Zoller, Düsseldorf 1949, S. 1345 ▪ 41 **Heinz Rühmann**, Das war's, Erinnerungen, Frankfurt/Main, Berlin 1985, S. 154 f. ▪ 42 Ulrich Schlie (Hrsg.), **Albert Speer**, Die Kransberg-Protokolle, a.a.O., S. 89 ▪ 43 **Bernd Freytag von Loringhoven**, Mit Hitler im Bunker, Die letzten Monate im Führerhauptquartier Juli 1944-April 1945, mit Francois d'Alcancon, Berlin 2006, S. 71 ▪ 44 **Helmut Heiber** (Hrsg.), Hitlers Lagebesprechungen, Die Protokollfragmente seiner militärischen Konferenzen 1942–1945, Stuttgart 1962, S. 171 ▪ 45 **Rochus Misch**, Der letzte Zeuge, a.a.O., S. 144 ▪ 46 **Christa Schroeder**, Er war mein Chef, Aus dem Nachlass der Sekretärin von Adolf Hitler, hrsg. von Anton Joachimsthaler, München/Wien 1985, S. 130 ▪ 47 Zitiert nach: **Max Domarus**, Hitler, Reden und Proklamationen, 1932–1945, Band II Untergang; Zweiter Halbband 1939–1940, a.a.O., S. 1994 ▪ 48 **Zarah Leander**, Es war so wunderbar! Mein Leben, Gütersloh 1973, S. 135 ▪ 49

Christa Schroeder, Hitler privat, a.a.O., S. 115 ▪ 50 Anne Frank, Tagebuch, Fassung von Otto H. Frank und Mirjam Pressler, Frankfurt/Main 2012, S. 96 f. ▪ 51 Rochus Misch, Der letzte Zeuge, a.a.O., S. 175 ▪ 52 Vilma Sturm, Barfuß auf Asphalt, München 1987, S. 170 f. ▪ 53 Marianne Peyinghaus, Stille Jahre in Gertlauken, Erinnerungen an Ostpreußen, München 1992, S. 92 ▪ 54 Vera Inber, Fast drei Jahre, Aus einem Leningrader Tagebuch, Berlin 1946, S. 57 ▪ 55 Zitiert nach: Churchill in His Own Words, edited by Richard W. Langworth, London 2012, S. 347 [Übersetzung: Hermann Pölking] ▪ 56 Henriette Schneider, handschriftliche Tagebuchaufzeichnungen 1913–1947 der Henriette Schneider (18721947), Archiv des Lötzener Heimatmuseums, Neumünster, Auszugsweise wiedergegeben und inhaltlich zusammengefasst von Bernhard Pietrass, http://www.ostpreussen-tagebuch.de/, letzter Stand: 10. August 2016 (im Fortlauf des Kapitels erfolgt kein weiterer Nachweis) ▪ 57 Albert Speer, Erinnerungen, a.a.O., S. 296 ▪ 58 Robert Morgan, The Man Who Flew the Memphis Belle. Memoir of a WWII Bomber Pilot, with Ron Powers, New York 2011, S. 103 [Übersetzung: Hermann Pölking] ▪ 59 Sir Arthur Harris, Marshall of the R.A.F., Bomber Offensive, London 1947, S. 172 f. [Übersetzung: Hermann Pölking] ▪ 60 Nicolaus von Below, Als Hitlers Adjutant 1937–45, Mainz, 1980, S. 385 ▪ 61 Ulrich Schlie (Hrsg.), Albert Speer, Die Kransberg-Protokolle, a.a.O., S. 129 ▪ 62 Zitiert nach: Renate Hauschild-Thiessen (Hrsg.), Die Hamburger Katastrophe vom Sommer 1943 in Augenzeugenberichten, Hamburg 1993, Veröffentlichungen des Vereins für Hamburger Geschichte, Band 38, S. 18 f. ▪ 63 Zitiert nach: ebd., S. 131 f. ▪ 64 Zitiert nach: ebd., S. 133 ▪ 65 Zitiert nach: ebd., S. 157 f. ▪ 66 Erich Kästner, Das Blaue Buch, Kriegstagebuch und Roman-Notizen, Marbach 2006, S. 74 ▪ 67 Renate Hauschild-Thiessen (Hrsg.), Die Hamburger Katastrophe vom Sommer 1943 in Augenzeugenberichten, a.a.O., S. 132 ▪ 68 Bernd Freytag von Loringhoven, mit Francois d'Alcancon, Mit Hitler im Bunker, a.a.O., S. 85 ▪ 69 Robert Morgan, The Man Who Flew the Memphis Belle, a.a.O., S 106 [Übersetzung: Hermann Pölking] ▪ 70 Nicolaus von Below, Als Hitlers Adjutant 1937–45, a.a.O., S. 340 ▪ 71 Franz Halder, Hitler als Feldherr, Der ehemalige Chef des Generalstabes berichtet die Wahrheit, München 1949, S. 57 ▪ 72 Manès Sperber, Bis man mir Scherben auf die Augen legt, All das Vergangene, Wien 1977, S. 312 ▪ 73 Walter Schellenberg, Aufzeichnungen. Die Memoiren des letzten Geheimdienstchefs unter Hitler, Wiesbaden und München 1979, S. 300 f. ▪ 74 Udo von Alvensleben, Lauter Abschiede, Im Krieg gelesen, Frankfurt/Main, Berlin, Wien 1979, S. 319 ▪ 75 Victor von Gostomski, Walter Loch, Der Tod von Plötzensee, Erinnerungen, Ereignisse, Dokumente, 1942–1943, Mettingen, Freisin 1969, S. 23 f. ▪ 76 David Irving, Die geheimen Tagebücher des Dr. Morell, Leibarzt Adolf Hitlers, München 1983, S. 145 ▪ 77 Ulrich Schlie (Hrsg.), Albert Speer, Die Kransberg-Protokolle, a.a.O., S. 104 ▪ 78 Udo von Alvensleben, Lauter Abschiede, a.a.O., S. 350 ▪ 79 Jan Smuts, Selections from the Smuts Papers, Volume VI, December 1934 – August 1945, hrsg. von Jean van der Poel, Cambridge 1973, S. 461 [Übersetzung: Hermann Pölking] ▪ 80 Konrad Wolf, Aber ich sah ja selbst, das war der Krieg, Kriegstagebücher und Briefe, 1942–1945, Berlin 2015, S. 14 f. ▪ 81 Zitiert nach: Max Domarus, Hitler, Reden und Proklamationen, 1932–1945, Band II Untergang; Zweiter Halbband 1939–1940, a.a.O., S. 2105 ▪ 82 Ebd. S. 2073 ▪ 83 Ernst Jünger, Sämtliche Werk, Erste Abteilung, Tagebücher, Band 3, Tagebücher III, Strahlungen II., Stuttgart 1979, S. 207 ▪ 84 Marianne Feuersenger, Im Vorzimmer der Macht, Aufzeichnungen aus dem Wehrmachtsführungsstab und Führerhauptquartier 1940–1945, mit einem Vorwort von Dr. Kurt Sontheimer, München 2001, S. 192 ▪ 85 Friedrich Kellner, Vernebelt, verdunkelt sind alle Hirne, Tagebücher 1939–1945, a.a.O., S. 607 ▪ 86 Vera Inber, Fast drei Jahre, a.a.O., S. 72 ▪ 87 Heinz Rühmann, Das war's, a.a.O., S. 157 ▪ 88 Oda Schaefer, Auch wenn Du träumst, gehen die Uhren, a.a.O., S. 307 f. ▪ 89 David Irving, Die geheimen Tagebücher des Dr. Morell, a.a.O., S. 154 ▪ 90 Ulrich Schlie (Hrsg.), Albert Speer, Die Kransberg-Protokolle, a.a.O., S. 107 ▪ 91 Hans Frank, Im Angesicht des Galgens, Deutung Hitlers und seiner Zeit auf Grund eigener Erlebnisse und Erkenntnisse, geschrieben im Nürnberger Justizgefängnis, München-Gräfeling 1953, S. 418 ff. ▪ 92 Léon Degrelle, Denn der Hass stirbt, Erinnerungen eines europäischen Kriegsfreiwilligen, Dresden 2006, S. 108 f. ▪ 93 Friedrich Kellner, Vernebelt, verdunkelt sind alle Hirne, Tagebücher 1939–1945, a.a.O., S. 66 ▪ 94 Zitiert nach: Frank Bajohr, Christoph Strupp (Hrsg.), Fremde Blicke auf das »Dritte Reich«, Berichte ausländischer Diplomaten über Herrschaft und Gesellschaft in Deutschland 1933–1945, hrsg. von Frank Bajohr und Christoph Strupp, Hamburger Beiträge zur Sozial- und Zeitgeschichte, hrsg. von der Forschungsstelle für Zeitgeschichte in Hamburg, Band 49, Göttingen 2012, S. 579 ▪ 95 Edgar Kupfer-Koberwitz, Dachauer Tagebücher, Die Aufzeichnungen des Häftlings 24814, Mit einem Vorwort von Barbara Distel, München 1997, S. 287 ▪ 96 David Irving, Die geheimen Tagebücher des Dr. Morell, a.a.O., S. 170 ▪ 97 Ebd., S. 168 ▪ 98 Ulrich von Hassell, Die Hassell-Tagebücher 1938–1944, Aufzeichnungen vom Andern Deutschland, nach der Handschrift revidierte und erweiterte Ausgabe unter Mitarbeit von Klaus Peter Reiß, hrsg. von Friedrich Freiherr Hiller von Gaertingen, Berlin 1989, S. 428 ▪ 99 Ulrich Schlie (Hrsg.), Albert Speer, Die Kransberg-Protokolle, a.a.O., S. 434 ▪ 100 Oda Schaefer, Auch wenn Du träumst, gehen die Uhren, a.a.O., S. 309 f. ▪ 101 Ulrich Schlie (Hrsg.), Albert Speer, Die Kransberg-Protokolle, a.a.O., S. 107 ▪ 102 Charles de Gaulle, Mémoires de Guerre, L'Appel 1940–1942, Paris 1954 [Übersetzung: Robert Zagolla] ▪ 103 Zitiert nach: Max Domarus, Hitler, Reden und Proklamationen, 1932–1945, Band II Untergang; Zweiter Halbband 1939–1940, a.a.O., S. 2101 ▪ 104 Zitiert nach: Heike B. Görtemaker, Eva Braun, Leben mit Hitler, München 2011, S. 255 ▪ 105 Dwight D. Eisenhower, Kreuzzug in Europa, Amsterdam o.J., S. 299 f. ▪ 106 Nicolaus von Below, Als Hitlers Adjutant 1937–45, Mainz 1980, S. 374 ▪ 107 Dwight D. Eisenhower, Kreuzzug in Europa, a.a.O., S. 302 ▪ 108 Mihail Sebastian (Iosef Hechter), Voller Entsetzen, aber nicht verzweifelt, Tagebücher 1935–44, hrsg. von Edward Kanterian, Berlin 2005, S. 776 ▪ 109 Willy Brandt, Links und frei, Mein Weg 1930–1950,

Hamburg 1982, S. 363 f. ▪ 110 **Astrid Lindgren**, Die Menschheit hat den Verstand verloren, Tagebücher 1939–1945, Berlin 2015, S. 337 ▪ 111 Zitiert nach: **Katrin Himmler, Michael Wildt**, Himmler privat, Briefe eines Massenmörders, München, Zürich 2014, S. 329 ▪ 112 **Theodor Haecker**, Tag- und Nachtbücher 1939–1945, hrsg. von Hinrich Siefken, Innsbruck 1989, S. 236 ▪ 113 **Arthur Bryant**, Sieg im Westen (1943–1946), Aus den Kriegstagebüchern des Feldmarschalls Lord Alanbrooke, Chef des Empire-Generalstabs, Düsseldorf 1960, S. 216 f. ▪ 114 **Alfons Schulte**, Drei Jahre in der Nachrichtenzentral des Führerhauptquartiers, Stein am Rhein 1996, S. 184 ▪ 115 **Konrad Wolf**, Aber ich sah ja selbst, das war der Krieg, a.a.O., S. 194 ▪ 116 **Walter Zwi Bacharach** (Hrsg.), Dies sind meine letzten Worte …, Briefe aus der Shoah, Göttingen 2006, S. 124 ▪ 117 **Marianne Feuersenger**, Im Vorzimmer der Macht, a.a.O., S. 226 ▪ 118 **Ulrich Schlie** (Hrsg.), Albert Speer, Die Kransberg-Protokolle, a.a.O., S. 91 ▪ 119 **Léon Degrelle**, Denn der Hass stirbt, a.a.O., S. 276 ▪ 120 **Ernst Jünger**, Sämtliche Werk, Erste Abteilung, Tagebücher, Band 3, a.a.O., S. 285 ▪ 121 **Konrad Wolf**, Aber ich sah ja selbst, das war der Krieg, a.a.O., S. 198 ▪ 122 **Bernd Freytag von Loringhoven**, mit Francois d'Alcancon, Mit Hitler im Bunker, a.a.O., S. 42 ▪ 123 **Arieh Koretz**, Bergen-Belsen, Tagebuch eines Jugendlichen, 11.7.1944–30.3.1945, Göttingen 2011, S. 30 ▪ 124 **Bernd Freytag von Loringhoven**, mit Francois d'Alcancon, Mit Hitler im Bunker, a.a.O., S. 46 ▪ 125 **David Irving**, Die geheimen Tagebücher des Dr. Morell, a.a.O., S. 177 ▪ 126 **Christa Schroeder**, Er war mein Chef, a.a.O., S. 147 ▪ 127 **Heinz Linge**, Bis zum Untergang, a.a.O., S. 224 ▪ 128 **Paul Otto Schmidt**, Statist auf diplomatischer Bühne, 1923–45, Erlebnisse des Chefdolmetschers im Auswärtigen Amt mit den Staatsmännern Europas, Bonn 1950, S. 582 ▪ 129 **Rachele Mussolini**, Mussolini ohne Maske, Erinnerungen, hrsg. von Albert Zarca, Stuttgart 1974, S. 128 ▪ 130 **Friedrich Kellner**, Vernebelt, verdunkelt sind alle Hirne, Tagebücher 1939–1945, a.a.O., S. 754 ▪ 131 **David Irving**, Die geheimen Tagebücher des Dr. Morell, a.a.O., S. 183 ▪ 132 Zitiert nach: **ebd.**, S. 185 ▪ 133 Zitiert nach: **ebd.**, S.179 ▪ 134 **Marianne Feuersenger**, Im Vorzimmer der Macht, a.a.O., S. 232 ▪ 135 **Ernst Jünger**, Sämtliche Werk, Erste Abteilung, Tagebücher, Band 3, Tagebücher III, a.a.O., S.288 ▪ 136 **Friedrich Percyval Reck-Malleczewen**, Tagebuch eines Verzweifelten, Lurch/Württ.-Stuttgart, 1947, S. 187 f. ▪ 137 **Milovan Djilas**, Der Krieg der Partisanen, Memoiren 1941–1945, Wien, München, Zürich, Innsbruck 1977, S. 512 ▪ 138 **Ernő Szép**, Zerbrochene Welt, Drei Wochen 1944, Aus dem Ungarischen übersetzt und mit Anmerkungen versehen von Ernő Zeltner, München 2014, S. 46 f. ▪ 139 **Gertraud »Traudl« Junge**, Bis zur letzten Stunde, a.a.O., S. 159 ▪ 140 Zitiert nach: **Churchill in His Own Words**, a.a.O., S. 348 [Übersetzung: Hermann Pölking] ▪ 141 Zitiert nach: **Katrin Himmler, Michael Wildt**, Himmler privat, Tagebücher 1939–1945, a.a.O., S. 330 ▪ 142 **Friedrich Kellner**, Vernebelt, verdunkelt sind alle Hirne, Tagebücher 1939–1945, a.a.O., S. 758 ▪ 143 **Peter Steinbach**, Der 20. Juli 1944, a.a.O., S. 306 f. ▪ 144 **Bernd Freytag von Loringhoven**, mit Francois d'Alcancon, Mit Hitler im Bunker, a.a.O. S. 10 ▪ 145 **Georgi K. Schukow**, Erinnerungen und Gedanken, Stuttgart 1969, S. 530 ▪ 146 **Nico Rost**, Goethe in Dachau, Ein Tagebuch, S. 53 ▪ 147 **Heinz Linge**, Bis zum Untergang, a.a.O., S. 234 ▪ 148 **Victor von Gostomski**, Walter Loch, Der Tod von Plötzensee, Erinnerungen, Ereignisse, Dokumente, 1942–1943, Mettingen, Freising 1969, S. 185 f. ▪ 149 Zitiert nach: **ebd.**, S. 184 f. ▪ 150 **Konrad Wolf**, Aber ich sah ja selbst, das war der Krieg, a.a.O., S. 200 ▪ 151 Zitiert nach: **Hermann Jung**, Die Ardennen-Offensive 1944/45, Ein Beispiel für die Kriegsführung Hitlers, Göttingen, Zürich, Frankfurt 1971, S. 209 ▪ 152 **Rochus Misch**, Der letzte Zeuge, a.a.O., S. 176 ▪ 153 **Léon Degrelle**, Denn der Hass stirbt, a.a.O., S. 288 ▪ 154 **David Niven**, The Moon's a Balloon, Reminiscences, London 1971, S. 235 [Übersetzung: Hermann Pölking] ▪ 155 **Charles Wilson, 1. Baron Moran**, Churchill, Der Kampf ums Überlegen, 1940–1965, Aus dem Tagebuch seines Leibarztes Lord Moran, München, Zürich 1967, S. 194 ▪ 156 **Thea Sternheim**, Tagebuch 1936–1951, hrsg. und ausgewählt von Thomas Ehrsam und Regula Wyss im Auftrage der Heinriche Enrique Beck-Stiftung, Band 3 1936–1951, Göttingen 2012, S. 373 f. ▪ 157 **Paje Wapner-Levin**, Von Wilna nach Buenos Aires, Erinnerungen einer Lehrerin an den Holocaust, Bremen 2006, S. 77 ▪ 158 **Albert Speer**, Erinnerungen, Berlin 1969, S. 409 ▪ 159 **Friedrich Percyval Reck-Malleczewen**, Tagebuch eines Verzweifelten, a.a.O., S. 177 ▪ 160 **Siegfried Westphal**, Erinnerungen, Mainz 1975, S. 267 ▪ 161 **Albert Speer**, Erinnerungen, a.a.O., S. 414 ▪ 162 **Mihail Sebastian** (Iosef Hechter), Voller Entsetzen, aber nicht verzweifelt, Tagebücher 1935–44, a.a.O., S. 783 ▪ 163 Zitiert nach: **Hermann Jung**, Die Ardennen-Offensive 1944/45, a.a.O., S. 214 ▪ 164 **Harry C. Butcher**, Drei Jahre mit Eisenhower, Das persönliche Tagebuch von Kapitän zu See Harry C. Butcher, USNR Marine-Adjutant von General Eisenhower 1942–1945, Bern 1948, S. 685 ▪ 165 **Marcel Reich-Ranicki**, Mein Leben, Hamburg 2006/2007, S. 291 f. ▪ 166 **Ruth Werner**, Sonjas Rapport, Berlin (Ost) 1978, S. 305 ▪ 167 **Dwight D. Eisenhower**, Kreuzzug in Europa, a.a.O., S. 307 f. ▪ 168 **Siegfried Westphal**, Erinnerungen, a.a.O., S. 273 ▪ 169 **Emil Barth**, Lemuria, Aufzeichnungen und Meditationen aus den Jahren 1943 bis 1945, hrsg. von Bernhard Albers in Zusammenarbeit mit Karin Dosch-Muster, Aachen 1997, S. 133 ▪ 170 **Milovan Djilas**, Der Krieg der Partisanen, a.a.O., S. 520 ▪ 171 **Lee Miller**, Krieg, Mit den Alliierten in Europa 1944–1945, Reportagen und Fotos, hrsg. von Antony Penrose, Berlin 2013, S. 160 ▪ 172 **Siegfried Westphal**, Erinnerungen, a.a.O., S. 275 ▪ 173 **Ernest Hemingway**, Ausgewählte Briefe, 1917–1961, hrsg. von Carlos Baker, Reinbek bei Hamburg 1984, S. 410 ff. ▪ 174 **Emil Barth**, Lemuria, Aufzeichnungen und Meditationen aus den Jahren 1943 bis 1945, a.a.O., S. 142 ▪ 175 **Josef Schöner**, Wiener Tagebuch 1944/1945, hrsg. von Eva-Marie Csáky, Franz Matscher und Gerlad Stourzh, Bearbeitung von Eva-Marie Czáky, Wien, Köln, Weimar 1992, S. 35 ▪ 176 **David Irving**, Die geheimen Tagebücher des Dr. Morell, a.a.O., S. 200 ▪ 177 **Siegfried Westphal**, Erinnerungen, a.a.O., S. 269 ▪ 178 **Ernő Szép**, Zerbrochene Welt, a.a.O., S. 56 f. ▪ 179 **Dwight D. Eisenhower**, Kreuzzug in Europa, a.a.O., S. 384 ▪ 180 Zitiert nach: **Hermann Jung**, Die Ardennen-Offensive 1944/45, a.a.O., S. 224 ▪ 181 Zitiert nach: **Katrin Himmler, Michael Wildt**, Himmler privat, a.a.O., S. 332 ▪ 182

Zitiert nach: **Walther Hofer** (Hrsg.) Der Nationalsozialismus, Dokumente 1933–1945, Frankfurt/Main 1957, S. 252 f. ▪ 183 Wiedergegeben in einem Befehl des OBWEst, KTB; BA/MA, RH 19 IV/56D l. 319, zitiert nach: **Klaus-Dietmar Henke**, Die amerikanische Besetzung Deutschlands, Quellen und Darstellungen zur Zeitgeschichte, Band 27, hrsg. vom Institut für Zeitgeschichte, München 1996, S. 154 ▪ 184 **Richard Scheringer**, Das große Los, Unter Soldaten, Bauern und Rebellen, München 1979, S. 369 ▪ 185 Zitiert nach: **Hermann Jung**, Die Ardennen-Offensive 1944/45, a.a.O., S. 227 ▪ 186 **Gertraud »Traudl« Junge**, Bis zur letzten Stunde, a.a.O., S. 162 ▪ 187 **Albert Speer**, Erinnerungen, a.a.O., S. 423 ▪ 188 Zitiert nach: **Klaus-Dietmar Henke**, Die amerikanische Besetzung Deutschlands, a.a.O., S. 155 ▪ 189 Zitiert nach: **ebd**, S. 155 ▪ 190 **Gertraud »Traudl« Junge**, Bis zur letzten Stunde, a.a.O., S. 163 ▪ 191 **Georgi K. Schukow**, Erinnerungen und Gedanken, a.a.O., S. 546 ▪ 192 **Helmut Kohl**, Erinnerungen 1930–1982, München 2004, S. 36 f. ▪ 193 **Rochus Misch**, Der letzte Zeuge, a.a.O., S. 178 ▪ 194 Zitiert nach: **Klaus-Dietmar Henke**, Die amerikanische Besetzung Deutschlands, a.a.O., S. 314 ▪ 195 **Siegfried Westphal**, Heer in Fesseln, a.a.O., S. 270 ▪ 196 **Randnotiz Jodls** v. 21.3. 1946 zu einer militärgeschichtlichen Studie; zitiert nach: Hermann Jung, Ardennen-Offensive, a.a.O., S.201. ▪ 197 **Dwight D. Eisenhower**, Kreuzzug in Europa, a.a.O., S. 398 ▪ 198 **Walter Rohland**, Bewegte Zeiten, Erinnerungen eines Eisenhüttenmannes, Stuttgart 1978, S. 103 ▪ 199 Siegfried Westphal, Erinnerungen, a.a.O., S. 309 ▪ 200 **Albert Speer**, Erinnerungen, a.a.O., S. 424 ▪ 201 **Astrid Lindgren**, Die Menschheit hat den Verstand verloren, Tagebücher 1939–1945, a.a.O., S. 383 ▪ 202 **Dwight D. Eisenhower**, Kreuzzug in Europa,a.a.O., S. 401 ▪ 203 Zitiert nach: **Hermann Jung**, Die Ardennen-Offensive 1944/45, S. 366 ▪ 204 **Dwight D. Eisenhower**, Kreuzzug in Europa, a.a.O., S. 410 ▪ 205 **Dick Winters**, Beyond Band of Brothers, The War Memoir of Major Dick Winters, Commander, Easy Company, 506th Parachute Infantry Regiments, New York 2008, S. 168 [Übersetzung: Hermann Pölking] ▪ 206 **George S. Patton Jr.**, War As I Knew, Annotated by Colonel Paul D. Harkins, Boston o.J. S. 184 f. ▪ 207 Zitiert nach: **ebd**., S. 184 f. ▪ 208 **Charles de Gaulle**, Mémoires, 1942–48, a.a.O. ▪ 209 **Léon Degrelle**, Denn der Hass stirbt, a.a.O., S. 295 ▪ 210 **Rochus Misch**, Der letzte Zeuge, a.a.O., S. 178 ▪ 211 **Walter Rohland**, Bewegte Zeiten, a.a.O., S. 103 ▪ 212 **Rudolf Jordan**, Erlebt und Erlitten, Weg eines Gauleiters von München bis Moskau, Leoni 1971, S. 249 ▪ 213 **Marianne Feuersenger**, Im Vorzimmer der Macht, a.a.O., S. 244 f. ▪ 214 **Nicolaus von Below**, Als Hitlers Adjutant 1937–45, a.a.O., S. 397 ▪ 215 **David Irving**, Die geheimen Tagebücher des Dr. Morell, a.a.O., S. 263 ▪ 216 **Howard K. Smith**, Events Leading Up to My Death, The Life of a Twentieth-Century Reporter, New York 1996, S. 122 f. [Übersetzung: Hermann Pölking] ▪ 217 **Nicolaus von Below**, Als Hitlers Adjutant 1937–45, a.a.O., S. 398

Kapitel 17 · Ein Selbstmörder

▪ 1 Zitiert nach: **Norbert Frei** »Wir waren blind, ungläubig und langsam«, Buchenwald, Dachau und die amerikanischen Medien im Frühjahr 1945, Zeitschrift für Zeitgeschichte, München 1987, S. 197 ▪ 2 **Theo Sommer**, 1945, Die Biographie eines Jahres, Hamburg 2005, S. 22 ▪ 3 Die 5-Pfund-Wette der Generäle, **Bericht Tageszeitung »20 Minuten«** der Tamedia AG, Tamedia Production Services, Werdstrasse 21, 8021 Zürich, vom 20. Januar 2010, zitiert nach: http://www.20min.ch/wissen/history/story/28487236, letzter Stand: 22. August 2016, die Zeitung druckte ein Faksimile der Wette ab. ▪ 4 Zitiert nach: **Magnus Pahl**, Fremde Heere Ost, Berlin 2013, S. 235 ▪ 5 Angaben bei: **Ian Kershaw**, Hitler, Band 2, 1936 – 1945, München 2000 S. 190 ▪ 6 Zitiert nach: **Walter Görlitz** (Hrsg.) Generalfeldmarschall Keitel, Verbrecher oder Offizier?, Erinnerungen, Briefe, Dokumente des Chefs OKW, Göttingen, Berlin, Frankfurt 1961, S. 352 ▪ 7 **Ebd**. ▪ 8 Bernd Eichinger hat das Drehbuch selbst geschrieben. An der Dramaturgie des Films ist ersichtlich, dass er die gesamte Memoirenliteratur herangezogen hat und auch die vor allem vom ZDF in den 1990 aufgenommenen Interviews mit Zeitzeugen für sein Drehbuch auswertete. Die Erinnerungen von Gertrud »Traudl« Junge spielen eine besondere Rolle in Eichingers Plott ▪ 9 **The Guardian**, Freitag, 17. September 2004, »What happened in the bunker has in essence been well known since Hugh Trevor-Roper's book, The Last Days of Hitler, was published in 1947. Practically all that has come to light subsequently was thoroughly examined by Anton Joachimsthaler about 10 years ago in his detailed study, Hitler's Ende.« ▪ 10 **Hugh Redwald Trevor-Roper**, Hitlers letzte Tage, Frankfurt/M. Berlin 1965, Zürich 1948 ▪ 11 Die Darstellung der Entstehung des Buches folgt: Edward D. R. Harrison, Hugh Trevor-Roper und »Hitlers letzte Tage«, Zeitschrift für Zeitgeschichte 2009, Heft 1+2, zitiert nach: www.ifz-muenchen.de/heftarchiv/2009 1/2_h ▪ 12 **Joachim Fest**, Der Untergang, Hitler und das Ende des Dritten Reichs, Berlin 2002, S. 9 ▪ 13 **Ebd**., S. 200 ▪ 14 **Edward D. R. Harrison**, Hugh Trevor-Roper und »Hitlers letzte Tage«, ebd., S. 41 ▪ 15 **John Lukacs**, Hitler, Geschichte und Geschichtsschreibung, München 1997, S. 45 ▪ 16 **Ebd.**, S. 48 f. ▪ 17 **Ebd**. ▪ 18 **Ebd**. S. 19 ▪ 19 **Anton Joachimsthaler**, Hitlers Ende, Legenden und Dokumente, München, Berlin 1985, S. 15 ▪ 20 **Ebd**. S. 228 ▪ 21 **Ebd**., S. 339 ▪ 22 **Ebd**. S. 357 ▪ 23 **Joachim Fest**, Der Untergang, a.a.O., S 202 ▪ 24 **Ebd.**, S. 7 ▪ 25 **Ebd**., S. 7 ff. ▪ 26 **Ebd**., S.199 ▪ 27 **Henrik Eberle, Matthias Uhl** (Hrsg.), Das Buch Hitler, Geheimdossier des NKWD für Josef W. Stalin, zusammengestellt aufgrund der Verhörprotokolle des persönlichen Adjutanten Hitlers, Otto Günsche und dessen Kammerdieners Heinz Linge, Moskau 1948/49, mit einem Vorwort von Prof. Dr. Dr. h.c. Heinz Möller, Direktor des Instituts für Zeitgeschichte, München-Berlin, Köln 2005, S. 22 ▪ 28 **Ebd.**, S. 196 f. ▪ 29 **John Colville**, Downing Street, Tagebücher, 1939–1945, Berlin 1988, S. 394 ▪ 30 Zitiert nach: **Max Domarus**, Hitler, Reden und Proklamationen, 1932–1945; Band II Untergang; Zweiter Halbband 1939–1940, Wiesbaden 1973, S. 2.183 f. ▪ 32 **Joseph Goebbels**, Die Tagebücher von Joseph Goebbels, Im Auftrag des Instituts für Zeitgeschichte und mit Unterstützung des Staatlichen

Archivdienstes Rußlands, hrsg. von Elke Fröhlich, Teil II, Diktate 1941–1945, Band 15, Januar–April 1945, bearbeitet von Maximilian Gschaid, München 1995, S. 44 ▪ 33 **Heinz Linge**, Bis zum Untergang, Als Chef des Persönlichen Dienstes bei Hitler, hrsg. von Werner Maser, München, Berlin 1980, S. 270 ▪ 34 **Christa Schroeder**, Hitler privat, Erlebnisbericht seiner Geheimsekretärin, hrsg. von Albert Zoller, Düsseldorf 1949, S. 173 ▪ 36 **Walter Rohland**, Bewegte Zeiten, Erinnerungen eines Eisenhüttenmannes, Stuttgart 1978, S. 102 f. ▪ 37 **Albert Speer**, MS Nürnberger Entwurf, Teil III, S. 27 BA Ko, N 1340 Speer, Bd. 84. S. 19 f., zitiert nach: **Ulrich Schlie** (Hrsg.), Albert Speer, Die Kransberg-Protokolle, Seine ersten Aussagen und Aufzeichnungen (Juni-September), München 2003, S. 50 ▪ 38 **Jan Smuts**, Selections from the Smuts Papers, Volume VI, December 1934 – August 1945, hrsg. von Jean van der Poel, Cambridge 1973, S. 519 [Übersetzung: Hermann Pölking] ▪ 39 Zitiert nach: **Werner Maser**, Hitlers Briefe und Notizen, Sein Weltbild in handschriftlichen Dokumenten, Graz 2002, S. 334 ▪ 40 **Ernst Günther Schenck**, Das Notlazarett unter der Reichskanzlei, Ein Arzt erlebt Hitlers Ende in Berlin, mit noch unveröffentlichten Dokumenten und 3 Karten, Neuried 1995, S. 44 ▪ 41 **John Colville**, Downing Street, Tagebücher, 1939–1945, a.a.O., S. 396 ▪ 42 Zitiert nach: **Katrin Himmler**, **Michael Wildt**, Himmler privat, Briefe eines Massenmörders, München, Zürich 2014, S. 334 f. ▪ 43 **John Colville**, Downing Street, Tagebücher, 1939–1945, a.a.O., S. 399 f. ▪ 44 **Marianne Feuersenger**, Im Vorzimmer der Macht, Aufzeichnungen aus dem Wehrmachtsführungsstab und Führerhauptquartier 1940–1945, Mit einem Vorwort von Dr. Kurt Sontheimer, München 2001, S. 253 ▪ 45 **Traudl B.**, unveröffentlichtes Tagebuch, im Besitz des Archivs Karl Höffkes ▪ 46 **Harold Nicolson**, Tagebücher und Briefe 1930–1941, hrsg. von Nigel Nicolson, Stuttgart, Hamburg 1969, zitiert nach: Rainer Wieland (Hrsg.), Das Buch der Tagebücher, München, Zürich 2010, S. 39 ▪ 47 **Wassili Iwanowitsch Tschuikow**, Marschall der Sowjetunion, Gardisten auf dem Weg nach Berlin, Berlin (Ost) 1976, S. 360 ▪ 48 **Bernd Freytag von Loringhoven**, mit Francois d'Alcancon, Mit Hitler im Bunker, Die letzten Monate im Führerhauptquartier Juli 1944-April 1945, Berlin 2006, S. 131 ▪ 49 **Hans Frank**, Im Angesicht des Galgens, Deutung Hitlers und seiner Zeit auf Grund eigener Erlebnisse und Erkenntnisse, geschrieben im Nürnberger Justizgefängnis, München-Gräfeling 1953, S. 426 ▪ 50 Zitiert nach: **Danuta Czech**, Kalendarium der Ereignisse im Konzentrationslager Auschwitz-Birkenau, 1939–1945, Reinbek bei Hamburg 1989, S. 967 ▪ 51 **Marianne Feuersenger**, Im Vorzimmer der Macht, a.a.O., S. 253 ▪ 52 **Anita Lasker-Wallfisch**, Ihr sollt die Wahrheit erben, Die Cellistin von Auschwitz, Erinnerungen, Reinbek bei Hamburg, 2007, S. 217 ▪ 53 SHAEFJIC. Political Intelligence Repon Y. 30. 5. 1945. Zugleich das Anschreiben des Political Advisor for Germany v. 4. 6. 1945; NA, RG 59. 740.00119 Control (Germany). 6–445, zitiert nach: **Klaus-Dietmar Henke**, Die amerikanische Besetzung Deutschlands, Quellen und Darstellungen zur Zeitgeschichte, Band 27, hrsg. vom Institut für Zeitgeschichte, München 1996, S. 675 ▪ 54 **Harald Poelchau**, Die letzten Stunden, Erinnerungen eines Gefängnispfarrers, aufgezeichnet von Graf Alexander Stenbock-Fermor, Berlin 1987, S. 128 ▪ 55 **Henriette Schneider**, handschriftliche Tagebuchaufzeichnungen 1931–1947 der Henriette Schneider (18721947), Archiv des Lötzener Heimatmuseums, Neumünster, Auszugsweise wiedergegeben und inhaltlich zusammengefasst von Bernhard Pietrass, http://www.ostpreussen-tagebuch.de/, letzter Stand: 10. August 2016 (im Fortlauf des Kapitels erfolgt kein weiterer Nachweis) ▪ 56 **Christa Schroeder**, Er war mein Chef, Aus dem Nachlass der Sekretärin von Adolf Hitler, hrsg. von Anton Joachimsthaler, München, Wien 1985, S. 151 ▪ 57 **Charles de Gaulle**, Mémoires de Guerre, L'Appel 1940–1942, Paris 1954 [Übersetzung: Robert Zagolla] ▪ 58 **Wladimir Gelfand**, Deutschland Tagebuch, 1945–1946, hrsg. von Elke Scherstjanoi, Berlin 2008, S. 27 ▪ 59 Primo Levi, Die Atempause, Mit einem Nachwort von Cordelia Edvardson, München 1988, S. 181 f. ▪ 60 **Wladimir Gelfand**, Deutschland Tagebuch, a.a.O., S. 28 ▪ 61 **Traudl B.**, unveröffentlichtes Tagebuch, im Besitz des Archivs Karl Höffkes ▪ 62 Zitiert nach: **Max Domarus**, Hitler, Reden und Proklamationen, 1932–1945, Band II Untergang; Zweiter Halbband 1939–1940, a.a.O., S. 2197 f. ▪ 63 **Traudl B.**, unveröffentlichtes Tagebuch, im Besitz des Archivs Karl Höffkes ▪ 64 **Maria Gräfin von Maltzan**, Schlage die Trommel und fürchte dich nicht, Erinnerungen, Berlin 1988, S. 195 ▪ 65 John Colville, Downing Street, Tagebücher, 1939–1945, a.a.O., S. 402 ▪ 66 **Tomi Ungerer**, Die Gedanken sind frei, Meine Kindheit im Elsaß, Zürich 1973, S. 126 ▪ 67 **Hitlers Politisches Testament**, Die Bormann-Diktate vom Februar und April 1945, Einleitung von Hugh R. Trevor-Roper, Nachwort von André Francois Poncet, Hamburg 1981, S. 46 ▪ 68 **Wladimir Gelfand**, Deutschland Tagebuch, a.a.O., S. 31 ▪ 69 **Rochus Misch**, Der letzte Zeuge, »Ich war Hitlers Telefonist, Kurier und Leibwächter«, unter Mitarbeit von Sandra Zarrinbal und Burkhard Nachtigall, Mit einem Vorwort von Ralph Giordano, Zürich, München 2008, S. 178 ▪ 70 **Hitlers Politisches Testament**, Die Bormann-Diktate vom Februar und April 1945, a.a.O., S. 50 ▪ 71 **Ulrich Schlie** (Hrsg.), Albert Speer, Die Kransberg-Protokolle, a.a.O., S. 109 ▪ 72 **David Irving**, Die geheimen Tagebücher des Dr. Morell, Leibarzt Adolf Hitlers, München 1983, S. 271 ▪ 73 **Hermann Giesler**, Ein anderer Hitler, Bericht seines Architekten, Erlebnisse, Gespräche, Reflexionen, Leonie am Starnberger See 1978, S. 479 ▪ 74 **Christa Schroeder**, Hitler privat, a.a.O., S. 152 ▪ 75 **John Colville**, Downing Street, Tagebücher, a.a.O., S. 404 ▪ 76 **Sir Arthur Harris**, Marshall of the R.A.F., Bomber Offensive, London 1947, S. 241 [Übersetzung: Hermann Pölking] ▪ 77 **Erich Kästner**, Das Blaue Buch, Kriegstagebuch und Roman-Notizen, Marbach 2006, S. 101 ▪ 78 **Traudl B.**, unveröffentlichtes Tagebuch, im Besitz des Archivs Karl Höffkes ▪ 79 Wladimir Gelfand, Deutschland Tagebuch, a.a.O., S. 38 ▪ 80 **Winston S. Churchill**, Der Zweite Weltkrieg, Bern, München, Wien 1995, a.a.O., S. 1014 ▪ 81 **Hermann Giesler**, Ein anderer Hitler, a.a.O., S. 485 ▪ 82 **Karl Wahl**, »… es ist das deutsche Herz«, Erlebnisse und Erkenntnisse eines ehemaligen Gauleiters, Augsburg 1954, S. 384 f. ▪ 83 **Nicolaus von Below**, Als Hitlers Adjutant 1937–45, Mainz 1980, S. 402 ▪ 84 **Baldur von Schirach**, Ich glaubte an Hitler, Hamburg, Zürich 1967, S. 305 ▪ 85 Karl Wahl, »… es ist das deutsche Herz« a.a.O., S. 384 f.

▪ 86 **Rudolf Jordan**, Erlebt und Erlitten, Weg eines Gauleiters von München bis Moskau, Leoni 1971, S. 256 ▪ 87 **Karl Wahl**, »… es ist das deutsche Herz«, a.a.O., S. 386 ▪ 88 **Hitlers Politisches Testament**, Die Bormann-Diktate vom Februar und April 1945, Einleitung von Hugh R. Trevor-Roper, Nachwort von André Francois Poncet, Hamburg 1981, S. 110 f. ▪ 89 **David Niven**, The Moon's a Balloon, Reminiscences, London 1971, S. 239 [Übersetzung: Hermann Pölking] ▪ 90 **Jacob Kronika**, Der Untergang Berlins, Flensburg und Hamburg 1946, S. 20 ▪ 91 **Traudl B.**, unveröffentlichtes Tagebuch, im Besitz des Archivs Karl Höffkes ▪ 92 **Heinz Guderian**, Erinnerungen eines Soldaten, Neckargemünd 1960, S. 384 f. ▪ 93 **Rochus Misch**, Der letzte Zeuge, »Ich war Hitlers Telefonist, Kurier und Leibwächter, unter Mitarbeit von Sandra Zarrinbal und Burkhard Nachtigall, Mit einem Vorwort von Ralph Giordano, Zürich/München 2008, S. 190 ▪ 94 **Christa Schroeder**, Er war mein Chef, Aus dem Nachlaß der Sekretärin von Adolf Hitler, hrsg. von Anton Joachimsthaler, München, Wien 1985, S. 168 ▪ 95 **Henriette von Schirach**, Der Preis der Herrlichkeit, Wiesbaden 1956, S. 19 ▪ 96 **Ulrich Schlie** (Hrsg.), Albert Speer, Die Kransberg-Protokolle, a.a.O., S. 119 ▪ 97 **Nicolaus von Below**, Als Hitlers Adjutant 1937–45, a.a.O., S. 408 ▪ 98 **Katrin Himmler, Michael Wildt**, Himmler privat, a.a.O., S. 338 ▪ 99 **Rochus Misch**, Der letzte Zeuge, a.a.O., S. 190 ▪ 100 **Heinz Linge**, Bis zum Untergang, a.a.O., S. 252 f. ▪ 101 **Gerhardt Boldt**, Hitler, Die letzten zehn Tage, Berlin 1973, S. 126 ▪ 102 **Artur Axmann**, Das kann doch nicht das Ende sein, Hitlers letzter Reichsjugendführer erinnert sich, Koblenz 1995, S. 418 ▪ 103 **Emil Barth**, Lemuria, Aufzeichnungen und Meditationen aus den Jahren 1943 bis 1945, hrsg. von Bernhard Albers in Zusammenarbeit mit Karin Dosch-Muster, Aachen 1997, S. 188 ▪ 104 **Isa Vermehren**, Reise durch den letzten Akt, Ravensbrück, Buchenwald, Dachau: eine Frau berichtet, Reinbek bei Hamburg 2002, S. 211 ▪ 105 **David Irving**, Die geheimen Tagebücher des Dr. Morell, a.a.O., S. 275 ▪ 106 **Audie Murphy**, To Hell and Back, The Classic Memoir of World War II by America's Most Decorated Soldier, Foreword by Tom Brokow, New York 2002, S. 268 f. [Übersetzung: Hermann Pölking] ▪ 107 **Leitfaden für Britische Soldaten in Deutschland 1944**, zusammengestellt vom Direktor für politische Kriegsführung, hrsg. vom Außenministerium London, aus dem Englischen von Klaus Modick, Köln 2014, S. 39 ▪ 108 **Winston S. Churchill**, Der Zweite Weltkrieg, a.a.O., S. 1037 ▪ 109 **Arthur Bryant**, Sieg im Westen (1943–1946), Aus den Kriegstagebüchern des Feldmarschalls Lord Alanbrooke, Chef des Empire-Generalstabs, Düsseldorf 1960, S. 432 ▪ 110 **Winston S. Churchill**, Der Zweite Weltkrieg, a.a.O., S. 1037 ▪ 111 **Joseph Goebbels**, Die Tagebücher von Joseph Goebbels, Im Auftrag des Instituts für Zeitgeschichte und mit Unterstützung des Staatlichen Archivdienstes Russlands, hrsg. von Elke Fröhlich, Teil II, Diktate 1941–1945, a.a.O., S. 634 ff. ▪ 112 **Bernard Law Montgomery, Viscount Montgomery of Alamein**, Memoiren, München 1958, S. 370 ▪ 113 **Winston S. Churchill**, Der Zweite Weltkrieg, a.a.O., S. 1041 ▪ 114 **Astrid Lindgren**, Die Menschheit hat den Verstand verloren, Tagebücher 1939–1945, Berlin 2015, S. 439 ▪ 115 **David Irving**, Die geheimen Tagebücher des Dr. Morell, a.a.O., S. 275 ▪ 116 **Arieh Koretz**, Bergen-Belsen, Tagebuch eines Jugendlichen, 11.7.1944–30.3.1945, Göttingen 2011, S. 164 f. ▪ 117 **Friedrich Kellner**, Vernebelt, verdunkelt sind alle Hirne, Tagebücher 1939–1945, hrsg. von Sascha Feuchert, Robert Martin Scott Kellner, Erwin Leibfried, Jörg Rieck und Markus Roth, Band 2, Göttingen 2011, S. 921 f. ▪ 118 **Joseph Goebbels**, Die Tagebücher von Joseph Goebbels, Teil II, Diktate 1941–1945, a.a.O., S. 614 ▪ 119 **Jacob Kronika**, Der Untergang Berlins, Flensburg und Hamburg 1946, S. 76 f. ▪ 120 **Heinz Linge**, Bis zum Untergang, a.a.O. S. 128 ▪ 121 **Joseph Goebbels**, Die Tagebücher von Joseph Goebbels, Teil II, Diktate 1941–1945, a.a.O., S. 621 ▪ 122 **Martha Gellhorn**, Das Gesicht des Krieges, Reportagen 1937–1987, München und Hamburg 1989, S. 183 ▪ 123 **Paje Wapner-Levin**, Von Wilna nach Buenos Aires, Erinnerungen einer Lehrerin an den Holocaust, Bremen 2006, S. 81 ▪ 124 **Vera Lourié**, Briefe an Dich, Erinnerungen an das russische Berlin, hrsg. von Doris Liebermann, Frankfurt/Main 2014, S. 213 ▪ 125 **Erich Kästner**, Notabene 45, Ein Tagebuch, München 2014, S. 71 ▪ 126 **Udo von Alvensleben**, Lauter Abschiede, Tagebuch im Kriege, Frankfurt/Main, Berlin, Wien 1979, S. 445 ▪ 127 **David Niven**, The Moon's a Balloon, Reminiscences, London 1971, S. 239 [Übersetzung: Hermann Pölking] ▪ 128 **Klaus-Dietmar Henke**, Die amerikanische Besetzung Deutschlands, Quellen und Darstellungen zur Zeitgeschichte, Band 27, hrsg. vom Institut für Zeitgeschichte, München 1996, S. 657 ▪ 129 **Jacob Kronika**, Der Untergang Berlins, a.a.O., S. 92 ▪ 130 **Georgi K. Schukow**, Erinnerungen und Gedanken, Stuttgart 1969, S. 537 ▪ 131 **Paul Löbe**, Der Weg war lang, Lebenserinnerungen, Berlin, 1965, S. 248 ▪ 132 **David Irving**, Die geheimen Tagebücher des Dr. Morell, a.a.O., S. 280 ▪ 133 **Eduard Heinl**, Über ein halbes Jahrhundert, Zeit und Wirtschaft, Wien o.J., S. 296 ▪ 134 Zitiert nach: **Kurt Schuschnigg**, Im Kampf gegen Hitler, Die Überwindung der Anschlussidee, Wien, München, Zürich 1969, S. 424 f. ▪ 135 **Robert Bauer**, Heilbronner Tagebuchblätter, Heilbronn 1948, S 52 f. ▪ 136 **Ernst Jünger**, Sämtliche Werk, Erste Abteilung, Tagebücher, Band 3, Tagebücher III, Strahlungen II., Stuttgart 1979, S. 400 ▪ 137 **Albert Kesselring**, Soldat bis zum letzten Tag, Bonn 1955, S. 265 ▪ 138 **Harry S. Truman**, Memoiren, Band 1, Das Jahr der Entscheidungen (1945), Bern 1955, S. 13 ▪ 139 **Robert Bauer**, Heilbronner Tagebuchblätter, a.a.O., S. 55 ▪ 140 **Dick Winters**, Beyond Band of Brothers, a.a.O., S. 213 [Übersetzung: Hermann Pölking] ▪ 141 **Arthur Bryant**, Sieg im Westen (1943–1946), a.a.O., S. 420 ▪ 142 **Harry S. Truman**, Memoiren, Band 1, a.a.O., S. 16 ff. ▪ 143 **Bertolt Brecht**, Arbeitsjournal, 1938–1955, Berlin 1977, S. 401 ▪ 144 **Dick Winters**, Beyond Band of Brothers, a.a.O., S. 213 [Übersetzung: Hermann Pölking] ▪ 145 Wladimir Gelfand, Deutschland Tagebuch, a.a.O., S. 74 f. ▪ 146 **Edward Halifax, Frederick Lindley Wood, 3. Viscount of Halifax,** Fullness of Days, New York 1957, S. 259 f. ▪ 147 **Bernd Freytag von Loringhoven**, Mit Hitler im Bunker, a.a.O., S. 144 ▪ 148 **Albert Kesselring**, Soldat bis zum letzten Tag, a.a.O., S. 406 ▪ 149 **Gertraud »Traudl« Junge**, Bis zur letzten Stunde, a.a.O., S. 174 ▪ 150 **Howard K. Smith**, Events Leading Up to My Death, The Lief of a Twentieth-Century Reporter, New York 1996, S. 167 [Übersetzung: Hermann Pölking] ▪ 151

Edward R. Murrow »They Died 900 a Day in ›the Best‹ Nazi Death Camp«, zitiert nach: http://www.jewishvirtuallibrary. org/jsource/Holocaust/murrow.html, letzter Stand: 22. August 2016 ▪ 152 **Traudl B.**, unveröffentlichtes Tagebuch, im Besitz des Archivs Karl Höffkes ▪ 153 **Hildegard Knef**, Der geschenkte Gaul, Bericht aus einem Leben, Berlin 2002, S. 74 ▪ 154 Thomas Geve (Psyeudonym), Geraubte Kindheit, ein Junge überlebt den Holocaust, Konstanz 2000, S. 230 ff. ▪ 155 **Edward R. Murrow**, »They Died 900 a Day in ›the Best‹ Nazi Death Camp«, a.a.O. ▪ 156 **Erich Kästner**, Notabene 45, zitiert nach: Rainer Wieland (Hrsg.), Das Buch der Tagebücher, München, Zürich 2010, S, 197 ▪ 157 **Edward R. Murrow** »They Died 900 a Day in ›the Best‹ Nazi Death Camp«, zitiert nach: a.a.O. ▪ 158 **Sir Norman Brook**, Tagebuch des Kabinett-Sekretärs Sir Norman Brook, New York Times, 22. Januar 2006, zitiert nach: Churchill in His Own Words, edited by Richard W. Langworth, London 2012, S. 347 [Übersetzung: Hermann Pölking] ▪ 159 Zitiert nach: **Norbert Frei**, »Wir waren blind, ungläubig und langsam«, a.a.O., S. 197 f. ▪ 160 Jacob Kronika, Der Untergang Berlins, a.a.O., S. 117 ▪ 161 **Anita Lasker-Wallfisch**, Ihr sollt die Wahrheit erben, a.a.O., S. 235 ff. ▪ 162 **Ebd.**, S. 234 f. ▪ 163 **Ebd.**, S. 235 ff. ▪ 164 Zitiert nach: **Konzentrationslager Bergen-Belsen**, Berichte und Dokumente, Ausgewählt und kommentiert von Rolf Keller, Wolfgang Mariefeld, Herbert Obenaus, Thomas Rae, Hans-Dieter Schmidt, Wilhelm Sommer, Wilfried Wiedemann, Göttingen 2002, S. 182 f. ▪ 165 **Robert Bauer**, Heilbronner Tagebuchblätter, a.a.O., S. 60 ▪ 166 **Konrad Wolf**, Aber ich sah ja selbst, das war der Krieg, Kriegstagebücher und Briefe, 1942–1945, Berlin 2015, S. 231 ▪ 167 **Wladimir Gelfand**, Deutschland Tagebuch, a.a.O., S. 76 ▪ 168 **Emil Barth**, Lemuria, a.a.O., S. 209 ▪ 169 **Katrin Himmler, Michael Wildt**, Himmler privat, a.a.O., S. 340 ▪ 170 **Erich Kästner**, Notabene 45, a.a.O., S. 82 ▪ 171 Zitiert nach: **Katrin Himmler, Michael Wildt**, Himmler privat, a.a.O., S. 430 ▪ 172 **Walter Görlitz** (Hrsg.) Generalfeldmarschall Keitel, a.a.O., S. 342 ▪ 173 **Arthur Bryant**, Sieg im Westen (1943–1946), a.a.O., S. 449 ▪ 174 **Hugo Hartung**, Schlesien 1944/45, Aufzeichnungen und Tagebücher, München 1956, S. 110 ▪ 175 Jacob Kronika, Der Untergang Berlins, a.a.O., S 127 ▪ 176 **Nicolaus von Below**, Als Hitlers Adjutant 1937–45, a.a.O., S. 411 ▪ 177 Artur Axmann, Das kann doch nicht das Ende sein, a.a.O., S. 420 ▪ 178 **Gertraud »Traudl« Junge**, Bis zur letzten Stunde, a.a.O., S. 190 ▪ 179 **Uhse, Beate, Pramann, Ulrich:** Beate Uhse: Ich will Freiheit für die Liebe, Die Autobiografie, Berlin 2001, S. 86 f. ▪ 180 **Karl Hofer**, Erinnerungen eines Malers, Berlin 1963, S. 158 ▪ 181 **Marie Jalowicz Simon**, Eine junge Frau überlebt in Berlin 1040–1945, bearbeitet von Irene Stratenwerth und Hermann Simon, mit einem Nachwort von Hermann Simon, Frankfurt/Main 2014, S. 58 ▪ 182 **Rochus Misch**, Der letzte Zeuge, a.a.O., S. 197 ▪ 183 **Erik Reger**, Zeit des Überlebens, Tagebuch April bis Juni 1945, hrsg. und mit einem Nachwort von Andreas Petersen, Berlin 2014, S. 9 ▪ 184 **Karl Koller**, Der letzte Monat, 17. April bis 27. Mai 1945, Tagebuchaufzeichnungen des damaligen Chefs des Generalstabs der deutschen Luftwaffe, Mit dem Urteil er Spruchkammer im Entnazifizierungsverfahren, Vorwort von Walter Görlitz, Berlin/Frankfurt/Main 1995. S. 50 ▪ 185 **Rochus Misch**, Der letzte Zeuge, a.a.O., S. 108 ▪ 186 David Irving, Die geheimen Tagebücher des Dr. Morell, a.a.O., S. 282 ▪ 187 **Rochus Misch**, Der letzte Zeuge, a.a.O., S. 108 ▪ 188 **Harry S. Truman**, Memoiren, Band 1, a.a.O., S. 103 ▪ 189 **Bernd Freytag von Loringhoven**, Mit Hitler im Bunker, mit Francois d'Alcancon, a.a.O., S. 150 ▪ 190 **Henriette von Schirach**, Der Preis der Herrlichkeit, Wiesbaden 1956, S. 82 ▪ 191 **Heinrich Hoffmann**, Hitler, wie sich ihn sah, Aufzeichnungen seines Leibfotografen , München, Berlin 1974 S. 231 ▪ 192 **Walter Görlitz** (Hrsg.) Generalfeldmarschall Keitel, a.a.O., S. 346 ▪ 193 **Ebd.**, S. 347 ▪ 194 **Rochus Misch**, Der letzte Zeuge, a.a.O., S. 199 ▪ 195 **Walter Görlitz** (Hrsg.) Generalfeldmarschall Keitel, a.a.O., S. 347 ▪ 196 **Ebd.** ▪ 197 **Ebd.** ▪ 198 **Karl Koller**, Der letzte Monat, a.a.O., S. 58 ▪ 199 **Gertraud »Traudl« Junge**, Bis zur letzten Stunde, a.a.O., S. 180 ▪ 200 Zitiert nach: **Nerin E. Gun**, Eva Braun-Hitler, Leben und Schicksal, Velbert 1968, S. 189 f. ▪ 201 **Albert Speer**, Erinnerungen, a.a.O., S. 488 ▪ 202 **Artur Axmann**, Das kann doch nicht das Ende sein, a.a.O., S. 434 ▪ 203 **Ebd.** ▪ 204 **Albert Speer**, Erinnerungen, a.a.O., S. 488 ▪ 205 **Ebd.** ▪ 206 **Rochus Misch**, Der letzte Zeuge, a.a.O., S. 204 ▪ 207 **Gertraud »Traudl« Junge**, Bis zur letzten Stunde, a.a.O., S. 190 ▪ 208 Zitiert nach: **Volker Ullrich**, Hitler, Die Jahre des Aufstiegs 1889–1939, Biografie, Frankfurt/Main 2013, S. 1038 f. ▪ 209 **Albert Speer**, Erinnerungen, a.a.O., S. 488 ▪ 210 **Gertraud »Traudl« Junge**, Bis zur letzten Stunde., a.a.O., S. 185 ▪ 211 Zitiert nach: **Nerin E. Gun**, Eva Braun-Hitler, a.a.O., S. 190 f. ▪ 212 **Wassili Iwanowitsch Tschuikow**, Marschall der Sowjetunion, Gardisten auf dem Weg nach Berlin, a.a.O., S. 433 ff. ▪ 213 **Siegfried Westphal**, Erinnerungen, Mainz 1975, S. 338 ▪ 214 **Astrid Lindgren**, Die Menschheit hat den Verstand verloren, Tagebücher 1939–1945, a.a.O., S. 440 ▪ 215 **Gerhardt Boldt**, Hitler, Die letzten zehn Tage, a.a.O., S. 169 ▪ 216 **Dwight D. Eisenhower**, Kreuzzug in Europa, Amsterdam o.J., S. 471 ▪ 217 **Harry S. Truman**, Memoiren, Band 1, a.a.O., S. 151 ▪ 218 **Winston S. Churchill**, Der Zweite Weltkrieg, a.a.O., S. 1065 ▪ 219 **Artur Axmann**, Das kann doch nicht das Ende sein, a.a.O., S. 426 ▪ 220 **Erik Reger**, Zeit des Überlebens, Tagebuch April bis Juni 1945, a.a.O., S. 39 f. ▪ 221 **Heinz Rühmann**, Das war's, Erinnerungen, Frankfurt/Main, Berlin 1985, S. 158 ▪ 222 **Luise Jodl**, Jenseits des Endes, Der Weg des Generaloberst Alfred Jodl, München 1987, S. 143 ▪ 223 **Wladimir Gelfand**, Deutschland Tagebuch, a.a.O., S. 80 f. ▪ 224 **Gerhardt Boldt**, Hitler, Die letzten zehn Tage, a.a.O., S. 174 ▪ 225 **Nerin E. Gun**, Die Stunde der Amerikaner, Velbert und Kettwig 1968, S. 53 ▪ 226 Zitiert nach: »werner-heisenberg.unh.edu/heis-diary.htm, letzter Stand: 23. Januar 2015 ▪ 227 **Nerin E. Gun**, Die Stunde der Amerikaner, a.a.O., S. 63 ▪ 228 **45th Division News**, 13.5. 1945. vgl. Bishop, Glasgow, Fisher (Hrsg.~ Fighting Fony-Fifth (45th Infantry Division~ S. 183, zitiert nach Norbert Frei, »Wir waren blind, ungläubig und langsam«, a.a.O., S. 931 ▪ 229 **Nerin E. Gun**, Die Stunde der Amerikaner, a.a.O., S. 58 f. ▪ 230 **Dick Winters**, Beyond Band of Brothers, a.a.O., S. S. 215 [Übersetzung: Hermann Pölking] ▪ 231 **Nico Rost**, Goethe in Dachau, Literatur und Wirklichkeit, München 1949, S. 301 ▪ 232 **Ernst Jünger**, Sämtliche Werk, Erste Abteilung, Tagebücher, Band 3, Tagebücher

III, Strahlungen II., a.a.O., S. 420 ▪ 233 **Rochus Misch**, Der letzte Zeuge, a.a.O, S. 219 ▪ 234 **Gertraud »Traudl« Junge**, Bis zur letzten Stunde, a.a.O., S. 201 ▪ 235 **Heinz Linge**, Bis zum Untergang, a.a.O., S. 281 ▪ 236 Zitiert nach: **Werner Maser**, Werner; Hitlers Briefe und Notizen, a.a.O., S. 209 f. ▪ 237 **Nicolaus von Below**, Als Hitlers Adjutant 1937–45, a.a.O., S. 415 ▪ 238 Gertraud »Traudl« Junge, Bis zur letzten Stunde, a.a.O., S. 205 ▪ 239 Heinz Linge, Bis zum Untergang, a.a.O. S. 283 ▪ 240 **Nicolaus von Below**, Als Hitlers Adjutant 1937–45, a.a.O., S. 416 ▪ 241 Zitiert nach: **Nerin E. Gun**, Eva Braun-Hitler, a.a.O., S. 300 ▪ 242 Zitiert nach: Werner Maser, Hitlers Briefe und Notizen, a.a.O., S. 356 ff. ▪ 243 Gertraud »Traudl« Junge, Bis zur letzten Stunde, a.a.O., S. 204 ▪ 244 **Wassili Iwanowitsch Tschuikow**, Marschall der Sowjetunion, Gardisten auf dem Weg nach Berlin, a.a.O., S. 470 ▪ 245 Zitiert nach: **Anton Joachimsthaler**, Hitlers Ende, Legenden und Dokumente, mit 138 Abbildungen und Dokumente, München, Berlin, 1985, S. 208 ▪ 246 Verhandlungen des Reichstags. 4. Wahlperiode. Band 460. Stenographische Berichte 1939–1942. 3. Sitzung, Freitag, 1. September 1939, S. 45–48, zitiert nach: http://www.1000dokumente.de/ ▪ 247 **Artur Axmann**, Das kann doch nicht das Ende sein, a.a.O., S. 440 ▪ 248 Zitiert nach: **Anton Joachimsthaler**, Hitlers Ende, Legenden und Dokumente, a.a.O., S. 219 f., der Autor zitiert David Irving, Wie krank war Hitler wirklich?« ▪ 249 **Georgi K. Schukow**, Erinnerungen und Gedanken, a.a.O., S. 602 ▪ 250 Zitiert nach: **Anton Joachimsthaler**, Hitlers Ende, Legenden und Dokumente, a.a.O, S. 226 f. ▪ 251 Zitiert nach: **ebd.**, S. 217 f. ▪ 252 Zitiert nach: **ebd.**, S. 210 ▪ 253 **Heinz Linge**, Bis zum Untergang, a.a.O. S. 278 f. ▪ 254 Zitiert nach: **Anton Joachimsthaler**, Hitlers Ende, Legenden und Dokumente. a.a.O., S. 226 f. ▪ 255 ebd., S. 217 f. ▪ 256 **Artur Axmann**, Das kann doch nicht das Ende sein, a.a.O, S. 445 ▪ 257 Zitiert nach: **Anton Joachimsthaler**, Hitlers Ende, Legenden und Dokumente, a.a.O, S. 15 ▪ 258 **Artur Axmann**, Das kann doch nicht das Ende sein, a.a.O., S. 445 ▪ 259 Zitiert nach: **Werner Maser**; Hitlers Briefe und Notizen, Sein Weltbild in handschriftlichen Dokumenten, a.a.O., S. 356 ff. ▪ 260 **Artur Axmann**, Das kann doch nicht das Ende sein, a.a.O., S. 446 ▪ 261 **Gertraud »Traudl« Junge**, Bis zur letzten Stunde, a.a.O., S. 207 ▪ 262 **Karl Dönitz**, Großadmiral, Zehn Jahre und zwanzig Tage, Bonn, 1958, S. 441 ▪ 263 **Wassili Iwanowitsch Tschuikow**, Marschall der Sowjetunion, Gardisten auf dem Weg nach Berlin, a.a.O., S. 473 f. ▪ 264 **Erik Reger**, Zeit des Überlebens, a.a.O., S. 68 f. ▪ 265 **Karl Dönitz**, Großadmiral, Zehn Jahre und zwanzig Tage, a.a.O. S. 444 ▪ 266 Zitiert nach: **Anton Joachimsthaler**, Hitlers Ende, Legenden und Dokumente. a.a.O. S. 233 f. ▪ 267 Walter Görlitz (hrsg.) Generalfeldmarschall Keitel, a.a.O., S. 271 f. ▪ 268 **Lutz Graf Schwerin von Krosigk**, Es geschah in Deutschland, Menschenbilder unseres Jahrhunderts, Tübingen und Stuttgart 1951, S. 367 ▪ 269 **Ernst Günther Schenck**, Das Notlazarett unter der Reichskanzlei, a.a.O., S. 145 ▪ 270 Zitiert nach: **Anton Joachimsthaler**, Hitlers Ende, Legenden und Dokumente, a.a.O., S. 282 f. ▪ 271 **Albert Speer**, Erinnerungen, a.a.O., S. 491 ▪ 272 **Lee Miller**, Krieg, Mit den Alliierten in Europa 1944–1945, Reportagen und Fotos, hrsg. von Antony Penrose, Berlin 2013, S. 235 ff. ▪ 273 **Emmy Göring**, An der Seite meines Mannes, Begebenheiten und Bekenntnisse, Göttingen 1967, S. 255 ▪ 274 **Willy Brandt**, Links und frei, Mein Weg 1930 – 1950, Hamburg 1982, S. 375 ▪ 275 Hermann Giesler, Ein anderer Hitler, a.a.O., S. 86 f. ▪ 276 **Karl Dönitz**, Großadmiral, Zehn Jahre und zwanzig Tage, a.a.O., S. 241 ▪ 277 **Wassili Iwanowitsch Tschuikow**, Marschall der Sowjetunion, Gardisten auf dem Weg nach Berlin, a.a.O., S. 505 ▪ 278 **Naomi Mitchison**, Among You Taking Notes …, The Wartime Diaries of Naomi Mitchison 1939–1945, hrsg. von Dorothy Sheridan, London 2000, S. 35 [Übersetzung: Hermann Pölking] ▪ 279 Dokument (in englischer Sprache) des Verhörs, übersetzt aus dem amerikanischen Englisch vom Autor, zitiert nach: **Alfred Läpple**, Paula Hitler, Die Schwester, Ein Leben in der Zeitenwende, Stegen am Ammersee, 2005, S. 335 ▪ 280 Zitiert nach: **Anton Joachimsthaler**, Hitlers Ende, a.a.O. S. 284 f. ▪ 281 **Wassili Iwanowitsch Tschuikow**, Marschall der Sowjetunion, Gardisten auf dem Weg nach Berlin, a.a.O., S. 509 ▪ 282 **Ernst Günther Schenck**, Das Notlazarett unter der Reichskanzlei, a.a.O., S. 288 ▪ 283 **Gustave Mark Gilbert**, Nürnberger Tagebuch, Ehemaliger Gerichts-Psychologe beim Nürnberger Prozess gegen die Hauptkriegsverbrecher, Frankfurt/Main 1947, S. 242 ▪ 284 Zitiert nach: **Rainer Wieland** (Hrsg.), Das Buch der Tagebücher, a.a.O., S. 218 ▪ 285 **Ernst Jünger**, Sämtliche Werk, Erste Abteilung, Tagebücher, Band 3, Tagebücher III, Strahlungen II., a.a.O., S. 425 ▪ 286 **Winston S. Churchill**, Der Zweite Weltkrieg, a.a.O., S. 1073 ▪ 287 **Erich Kästner**, Notabene 45, a.a.O., S. 131 ▪ 288 **Wladimir Gelfand**, Deutschland Tagebuch, a.a.O., S. 85 ▪ 289 **Harry S. Truman**, Memoiren, Band 1, a.a.O., S. 162 f. ▪ 290 **Bertolt Brecht**, Arbeitsjournal, 1938–1955, Berlin 1977, S. 403 ▪ 291 **Winston Churchill**, Reden in Zeiten des Krieges, hrsg. von Klaus Körner, Zürich 2014, S. 333 f. ▪ 292 **Marcel Reich-Ranicki**, Mein Leben, Hamburg 2006/2007, S. 314

Epilog

▪ 1 **Helmut Altner**, Totentanz Berlin, präsentiert, kommentiert und illustriert von Tony Le Tissier, Berlin 2009, S. 294 f. ▪ 2 **Charles de Gaulle**, Mémoires de Guerre, L'Appel 1940–1942, Paris 1954 [Übersetzung: Robert Zagolla]

Nachwort

▪ 1 zitiert nach: Christian Staas: Geschichte muss mehr sein als Entertainment, *Die Zeit*, 5. Januar 2011, http://www.zeit.de/wissen/geschichte/2010-12/geschichte-medien, abgerufen am 30. Oktober 2016 ▪ 2 **Barthes, Roland**: Die helle Kammer. Bemerkungen zur Photographie, Frankfurt am Main 2008, S. 11 ▪ 3 **Robert Gordan Menzies**, Dark and hurrying days: Menzies‹ 1941, Diary Paperback, 1993, National Library of Australia, S. 71 ▪ 4 **Peter Sloterdijk**, Zeilen und Tage, Notizen 2008–2011, Frankfurt am Main 2012, S. 560 ▪ 5 *Die Zeit*, Nr. 48/2015 vom 26. November 2015 ▪ 6 zitiert nach: **Helmut Baldauf**, Lebensbilder, Johannes Bobrowski, Texte, Fotos, Erinnerungen, Berlin 2011

Literaturliste

A

Aldrich, Richard J.: Witness to war, Diaries of the second world war in Europe and the middle East, London 2005

Altner, Helmut: Totentanz Berlin, präsentiert, kommentiert und illustriert von Tony Le Tissier, Berlin 2009

Alvensleben, Udo von: Lauter Abschiede, Tagebuch im Kriege, Frankfurt/Main, Berlin, Wien 1979

Aicher, Otl: Innenseiten des Kriegs. Frankfurt am Main 2004

Anders, Władysław: An Army in Exile, The Story of the Second Polish Corps, London 1949

Andics, Hellmut: Luegerzeit, Das Schwarze Wien bis 1918, Wien 1984

Andreas-Friedrich, Ruth: Der Schattenmann. Tagebuchaufzeichnungen 1938–1948. © Suhrkamp Verlag Frankfurt am Main 1983. Alle Rechte bei und vorbehalten durch Suhrkamp Verlag Berlin 2012

Arent, Benno von: Ein sudetendeutsches Tagebuch, 13. August bis 19. Oktober 1938, Berlin 1939

Arie, Katriel Ben: Die Schlacht bei Monte Cassino, Freiburg 1985

Avey, Denis, Broomby, Rob: The Man Who Broke Into Auschwitz: A True Story of World War II, Boston 2011

Axmann, Artur: Das kann doch nicht das Ende sein, Hitlers letzter Reichsjugendführer erinnert sich, Koblenz 1995

B

Baarova, Lida: Die süße Bitterkeit meines Lebens, Koblenz 2001

Bacharach, Walter Zwi (Hrsg.): Dies sind meine letzten Worte …, Briefe aus der Shoah, aus dem Hebräischen von Maurice Tszorf, Göttingen 2006

Baden, Prinz Max von: Erinnerungen und Dokumente, neu hrsg. von Golo Mann und Andreas Burckhardt, Stuttgart 1968, S. 607

Badoglio, Pietro: Italy in the Second World War, Memories and Documents, London 1948

Bahr, Egon: Zu meiner Zeit. © 1996 Karl Blessing Verlag, München, in der Verlagsgruppe Random House GmbH

Bahr, Hermann: Tagebücher, Skizzenbücher, Notizhefte, Bd. 5, hrsg. von Moritz Czáky, bearbeitet von Kurt Ifkovits und Lukas Mayerhofer, Wien, Köln, Weimar 2003

Bajohr, Frank, Strupp, Christoph (Hrsg.): Fremde Blicke auf das ›Dritte Reich‹, Berichte ausländischer Diplomaten über Herrschaft und Gesellschaft in Deutschland 1933–1945, Hamburger Beiträge zur Sozial- und Zeitgeschichte, hrsg. von der Forschungsstelle für Zeitgeschichte in Hamburg, Band 49, Göttingen 2012

Bajohr, Frank, Pohl, Dieter: Der Holocaust als offenes Geheimnis, die Deutschen, die NS-Führung und die Alliierten, München 2006

Barth, Emil: Lemuria, Aufzeichnungen und Meditatio-

nen aus den Jahren 1943 bis 1945, herausgegeben von Bernhard Albers in Zusammenarbeit mit Karin Dosch-Muster, Aachen 1997

Barzel, Rainer: Ein gewagtes Leben, Erinnerungen, Stuttgart 2001

Baur, Hans: Ich flog Mächtige dieser Erde. Pröpster., Kempten (Allgäu) 1956

Bauer, Robert: Heilbronner Tagebuchblätter, Heilbronn 1948

Baum, Vicki: Es war alles ganz anders. Erinnerungen. © 1987, Verlag Kiepenheuer & Witsch GmbH & Co. KG, Köln

Beimler, Hans: Im Mörderlager Dachau, Vier Wochen in den Händen der braunen Banditen, Berlin (Ost) 1976

Below, Nicolaus von: Als Hitlers Adjutant 1937–45, Mainz 1980

Benz, Wolfgang (Hrsg.): Politik in Bayern, 1919–1933, Berichte des württembergischen Gesandten Carl Moser von Filseck, Schriftenreihe der Vierteljahreshefte für Zeitgeschichte, Nummer 2/23, Institut für Zeitgeschichte hrsg. von Hans Rothfels und Theodor Eschenburg, Redaktion Martin Brozat, Stuttgart 1971

Best, Werner: Dänemark in Hitlers Hand, Der Bericht des Reichsbevollmächtigten Werner Best über seine Besatzungspolitik in Dänemark mit Studien über Hitler, Göring, Himmler, Heydrich, Ribbentrop, Canaris u.a., hrsg. von Siegfried Matlok, Husum 1988

Besymenski, Lew: Der Tod des Adolf Hitler, übersetzt von Valerie B. Danilow, Berlin 1990

Besymenski, Lew: Die letzten Notizen von Martin Bormann, Ein Dokument und sein Verfasser, Stuttgart 1974

Bewley, Charles: Memoirs of a Wild Goose, Irish Minister in Berlin, 1933–1939, hrsg. von W.J. McCormack, Dublin, 1989

Blixen, Tania: Mottos meines Lebens, Betrachtungen aus drei Jahrzehnten, Reinbek bei Hamburg 1993 © 1991, Deutsche Verlags-Anstalt, München, in der Verlagsgruppe Random House GmbH

Blumenthal, Otto: Otto Blumenthals Tagebücher, Ein Aachener Mathematikprofessor erleidet die NS-Diktatur in Deutschland, den Niederlanden und Theresienstadt, hrsg. von Otto Felsch und Erhard Roy Wiehn, Konstanz 2011

Boberach, Heinz (Hrsg.): Meldungen aus dem Reich. Die geheimen Lageberichte des Sicherheitsdienstes der SS 1938–1945, Bde. 1–17, Herrsching 1984

Böhler, Jochen: Auftakt zum Vernichtungskrieg, Die Wehrmacht in Polen 1939, Bonn 2006

Böhler, Jochen (Hrsg.): Größte Härte., Verbrechen der Wehrmacht in Polen September/Oktober 1939, Osnabrück 2005

Boecke, Willi A. (Hrsg.): Deutschlands Rüstung im Zweiten Weltkrieg, Hitlers Konferenzen mit Albert Speer 1942–1945, Frankfurt /Main 1969

Boldt, Gerhardt: Hitler, Die letzten zehn Tage, Frankfurt/Main 1973

Bourke-White, Margaret: Licht und Schatten, Mein Leben und meine Bilder, München, Zürich, 1964

Bourke-White, Margaret: Purple Heart Valley, A Combat Chronicle of the War in Italy, New York 1944 (Reprint)

Brecht, Bertolt: Werke. Große kommentierte Berliner und Frankfurter Ausgabe. © Bertolt-Brecht-Erben/ Suhrkamp Verlag

Breloer, Heinrich (Hrsg.): Geheime Welten, Deutsche Tagebücher aus den Jahren 1939 bis 1947, Frankfurt/ Main 1999

Brandt, Willy: Erinnerungen, Frankfurt/Main: Propyläen 1989

Brandt, Willy: Links und frei, Mein Weg 1930 – 1950, Hamburg 1982

Braun, Otto: Von Weimar zu Hitler, Hamburg 1949

Brecht, Bertolt: Arbeitsjournal, 1938–1955, Berlin 1977

Breker, Arno: Im Strahlungsfeld der Ereignisse, Leben und Wirken eines Künstlers, Porträts, Begegnungen, Schicksale, Preußisch Oldendorf 1972

Bross, Werner: Gespräche mit Hermann Göring während des Nürnberger Prozesses, Flensburg, Hamburg 1950

Bruppacher, Paul: Adolf Hitler und die Geschichte der NSDAP, Eine Chronik, Teil 1, 1889 bis 1937, Norderstedt 2008

Brysac, Shareen Blair: Mildred Harnack und die Rote Kapelle, Die Geschichte einer ungewöhnlichen Frau und einer Widerstandsbewegung, aus dem Amerikanischen von Klaus Kochmann, München 2003

Bryant, Arthur: Sieg im Westen (1943–1946), Aus den Kriegstagebüchern des Feldmarschalls Lord Alanbrooke, Chef des Empire-Generalstabs, Düsseldorf 1960

Bullock, Alan: Hitler, Eine Studie über Tyrannei, aus dem Englischen übertragen von Wilhelm und Modeste Pferdekamp, Neubearbeitung der deutschen Ausgabe an Hand der completely revised edition 1964 unter Mitarbeit von Helmut Teufel, Übersetzung neuer Textteile unter Mitarbeit von Margret Wand, vollständig überarbeitete Neuausgabe, Düsseldorf 1972 (nach der deutschen Fassung von 1965)

Burkhardt, Annika: Das NS-Euthanasie-Unrecht vor den Schranken der Justiz: eine strafrechtliche Analyse, Tübingen 2013

Butcher, Harry C.: Drei Jahre mit Eisenhower, Das persönliche Tagebuch, 1942 – 1945, Bern 1946

C

Cadogan, Alexander: The Diaries of Sir Alexander Cadogan, London 1971

Chamberlain, Houston Stewart: Briefe 1882 bis 1924, München 1928

Ciano, Galeazzo: Tagebücher 1939–1943, aus dem Italienischen von Werner Johannes Guggenheim und René König, Bern 1946

Churchill, Winston S.: Der Zweite Weltkrieg. © Scherz Verlag, Bern 1951. Alle Rechte vorbehalten S.Fischer Verlag GmbH, Frankfurt am Main

Chamberlain, Houston Stewart: Briefe 1882 bis 1924, München 1928

Churchill, Winston S.: Der Zweite Weltkrieg, Mit einem Epilog über die Nachkriegsjahre, Übersetzung Eduard Thorsch, Bern, München, Wien 1995

Churchill, Winston S.: Great Contemporaries, New York 1990

Churchill, Winston S.: Reden in Zeiten des Krieges, aus dem Englischen von Walter Weibel, hrsg. Klaus Körner, Zürich 2014

Churchill in His Own Words, hrsg. von Richard W. Langworth, London 2012

Ciano, Galeazzo; Tagebücher 1939–1943, Bern 1946

Clark, Mark W.: Mein Weg von Algier nach Wien, Wien 1954

Cody, J. F.: 28 (Maori) Battalion , Wellington: War History Branch, 2012, Christchurch, N.Z. 2012

Cohn, Willy: Kein Recht, nirgends, Tagebuch vom Untergang des Breslauer Judentums 1933–41, Band 2, hrsg. von Norbert Conrads, Köln, Weimar, Wien 2006

Colville, John: The Churcillians, London 1981

Colville, John: Downing Street, Tagebücher, 1939–1945, Berlin 1988

Coulondre, Robert: Von Moskau nach Berlin 1936–1939, Erinnerungen des Französischen Botschafters, Bonn, 1950

Czech, Danuta: Kalendarium der Ereignisse im Konzentrationslager Auschwitz-Birkenau, 1939–1945, Reinbek bei Hamburg, 1989

Czerniaków, Adam: Das Tagebuch des Adam Czerniaków, Im Warschauer Ghetto 1939–1942, mit einem Vorwort von Israel Gutmann und einem Nachwort von Marcel Reich-Ranicki, München 2013

D

Dalton, Hugh: The Second World War Diary of Hugh Dalton, London 1986

Davies, Norman: Europe at War, 1939–1945, No simple Victory, London 2006

Degrelle, Léon: Denn der Hass stirbt, Erinnerungen eines europäischen Kriegsfreiwilligen, Aus dem Spanischen übersetzt von Wilfried Oven, Dresden 2006

Delmer, Sefton,: Die Deutschen und ich, Übersetzung von Gerda von Uslar, Hamburg 1962

Deuerlein, Ernst: Hitler, Eine politische Biographie, München 1969

Deuerlein, Ernst (Hrsg.): Der Hitler-Putsch, Bayrische Dokumente zum 8./9. November 1923, Eingeletet und herausgegeben von Ernst Deuerlein, Stuttgart, 1962

Deuerlein, Ernst (Hrsg.): Der Aufstieg der NSDAP 1919 bis 1933 in Augenzeugenberichten, Düsseldorf 1968

Deutsch, Julius: Ein weiter Weg, Lebenserinnerungen, Zürich, Leipzig, Wien 1960

Diels, Rudolf: Lucifer ante portas. Zwischen Severing und Heydrich, Interverlag, Zürich 1949

Dietrich, Marlene: Ich bin, Gott sei Dank, Berlinerin, Memoiren, aus dem Französischen übersetzt von Nicola Volland, Berlin 1984

Dietrich, Otto: 12 Jahre mit Hitler, München 1955

Djilas, Milovan: Der Krieg der Partisanen, Memoiren 1941–1945, Wien, Münche, Zürich, Innsbruck 1977

Dodd, Martha: Aus dem Fenster der Botschaft, Berlin 1946

Dodd, William: Diplomat auf heißem Boden, Tagebuch des USA-Botschafters William E. Dodd in Berlin 1933–1938, hrsg. von William E. Dodd jr. und Martha Dodd, mit einer Einführung von Charles A. Beard, Übersetzung aus dem Amerikanischen von G.F. Alexan, Berlin (Ost) 1962

Dönitz, Karl: Zehn Jahre und zwanzig Tage, Erinnerungen 1935–1945, Bonn 1958

Dörr, Margarete: »Wer die Zeit nicht miterlebt hat ...«, Band 1: Frauenerfahrungen im Zweiten Weltkrieg und den Jahren danach, Band 2: Kriegsalltag, Band 3: Das Verhältnis zum Nationalsozialismus und zum Krieg, Frankfurt/Main 2007

Doerr, Werburg: Flieg, Maikäfer, flieg, Eine Kindheit jenseits der Oder, Frankfurt/Main 1987

Döscher, Hans Jürgen: Reichskristallnacht, München 2000

Domarus, Max (Hrsg.): Hitler, Reden und Proklamationen, 1932–1945, 2 Bde., 4 Halbbde., Neustadt an der Aisch 1962 und Wiesbaden 1973

Dürkefälden, Karl: »Schreiben, wie es wirklich war ...« Die Aufzeichnungen Karl Dürkefäldens aus der Zeit des Nationalsozialismus, bearbeitet und kommentiert von Herbert und Sybille Obenaus, Hannover 1985

Duesterberg, Theodor: Der Stahlhelm und Hitler, Mit einem Geleitwort von Wolfgang Müller, Wolfenbüttel und Hannover 1949

Duff, Geoffrey Paul (G.P.): Army Days, Christchurch 2003

E

Ebeling, Theresa, Heidrich, Maximilian, Jakob, Kai, Noack, Janine, Kühnel, Steffi, Schug, Alexander (Hrsg): Geliebter Führer, Briefe der Deutschen an Adolf Hitler, Berlin 2011

Eberle, Henrik, Uhl, Matthias (Hrsg.): Das Buch Hitler, Geheimdossier des NKWD für Josef W. Stalin, zusammengestellt aufgrund der Verhörprotokolle des Persönlichen Adjutanten Hitlers, Otto Günsche und dessen Kammerdieners Heinz Linge, Moskau 1948/49, aus dem Russischen von Helmut Ettinger, mit einem Vorwort von Prof. Dr. Dr. h.c. Heinz Möller, Direktor des Instituts für Zeitgeschichte, München-Berlin, Köln 2005

Ebermayer, Erich: Denn heute gehört uns Deutschland ..., Persönliches und politisches Tagebuch, Von der Machtergreifung bis zum 11. Dezember 1935, Hamburg, Wien 1959

Ebert, Jens (Hrsg.): Ein Arzt in Stalingrad, Feldpostbriefe und Gefangenenpost des Regimentsarztes Horst Rocholl, 1942–1953, Göttingen 2009

Eckart, Dietrich: Der Bolschewismus von Moses bis Lenin. Zwiegespräch zwischen Adolf Hitler und mir, Hoheneichen, Leipzig, München 1925

Eden, Anthony, Earl of Avon: Angesichts der Diktatoren, Memoiren, 1923–1938, Aus dem Englischen von Wilhelm und Modeste Pferdekamp, Köln, Berlin 1964

Ehrenburg, Ilja: Menschen, Jahre, Leben, Autobiographie, München 1962

Albert Einstein in Berlin 1913–1933, Zwei Bde., Teil I. Darstellung und Dokumente, Teil II: Spezialinventar, bearbeitet von Christa Kirsten und Hans-Jürgen Treder, Berlin 1979

Eisenhower, Dwight D.: Feldzug in Europa, Amsterdam, o.J.

Elias, Ruth: Die Hoffnung erhielt mich am Leben, Mein Weg von Theresienstaddt und Auschwitz nach Israel, © 1998 Piper Verlag GmbH, München

Engel, Gerhard: Heeresadjutant bei Hitler, 1938–1943, Aufzeichnungen des Majors Engel, hrsg. und kommentiert von Hildgard von Kotze, Stuttgart 1971, Schriftenreihe der Vierteljahreshefte für Zeitgeschichte, Nummer 29, im Auftrag des Instituts für Zeitgeschichte, Stuttgart 1971

Eppler, Erhard: Links leben, Erinnerungen eines Wertkonservativen, Berlin: Propyläen 2015

F

Falter, Jürgen: Zur Soziographie des Nationalsozialismus. Studien zu den Wählern und Mitgliedern der NSDAP, GESIS, Köln 2013

Feiling, Keith: The Life of Neville Chamberlain, London 1947

Fest, Joachim C.: Hitler, Eine Biographie, Frankfurt/Main, Berlin, Wien 1974

Fest, Joachim C.: Der Untergang, Hitler und das Ende des Dritten Reichs, Berlin 2002

Fetscher, Iring: Joseph Goebbels im Berliner Sportpalast 1943, »Wollt ihr den totalen Krieg?«, Hamburg 1998

Feuchtwanger, Edgar/Bertil Scali: Als Hitler unser Nachbar war. Erinnerungen an meine Kindheit im Nationalsozialismus. © 2014 Wolf Jobst, Siedler Verlag, München, in der Verlagsgruppe Random House GmbH. Übersetzung: Antje Peter

Feuersenger, Marianne: Im Vorzimmer der Macht, Aufzeichnungen aus dem Wehrmachtführungsstab und Führerhauptquartier1940–1945, mit einem Vorwort von Dr. Kurt Sontheimer. © 1999 F.A. Herbig Verlagsbuchhandlung GmbH München

Flannery, Harry W.: Assignment to Berlin, New York 1942

François-Poncet, André: Botschafter im »Dritten Reich«, Die Erinnerungen des französischen Botschafters in Berlin, September 1931 bis Oktober 1938, übersetzt von Erna Stübel, Florian Kupferberg, Mainz 1947

François-Poncet, André: Tagebuch eines Gefangenen,

Erinnerungen eines Jahrhundertzeugen, München 2015

Frauenfeld, Eduard: Dr. Karl Lueger. Zeitschrift für Politik, Band 28, Hochschule für Politik, München 1938

Frank, Anne: Tagebuch, Fassung von Otto H. Frank und Mirjam Pressler, Aus dem Niederländischen von Mirjam Pressler, Frankfurt/Main 2012

Frank, Hans: Im Angesicht des Galgens, Deutung Hitlers und seiner Zeit auf Grund eigener Erlebnisse und Erkenntnisse, geschrieben im Nürnberger Justizgefängnis, München-Gräfeling 953

Frei, Norbert: »Wir waren blind, ungläubig und langsam«, Buchenwald, Dachau und die amerikanischen Medien im Frühjahr 1945, Zeitschrift für Zeitgeschichte, München 1987

Frederiksen, John C.: International War Birds, An Illustraded Guide to World Military Aircraft 1914–2000, Santa Barbara, Denver (USA), Oxford 2001

Frieden, Seymour Richardson, William: The Fatal Decisions, , Commentary by Siegfried Westphal, Foreword by S.L.A. Marshall, translated from the German by Constantine Fitzgibbon, New York 1956

Fromm, Bella: Als Hitler mir die Hand küßte, Aus dem Englischen von Arno Emmerich, Berlin 1993

Fromm, Erich: Arbeiter und Angestellte am Vorabend des Dritten Reiches, Eine sozialpsychologische Untersuchung, München 1983

Fučík, Julius: Reportage, Unter dem Strang geschrieben, Übersetzung von Felix Rausch, Berlin (Ost) 1958

G

Galbraith, John Kenneth: A Life in Our Times, Memoirs, Boston 1981

Gamelin, Maurice Gustave: Servir, Band 3: La guerre: Librairie Plon, Paris 1947

Garfield, Simon (Hrsg.): We Are At War, The Remarkable Diaries of Five Ordinary People in Extraordinary Times, London 2009

de Gaulle, Charles: Mémoires de Guerre, L'Appel 1940–1942, Paris 1954

Geerken, Horst H.: Hitlers Griff nach Asien, Das Dritte Reich und niederländisch Indien, Aufbau deutscher Marinestützpunkte, Eine Dokumentation, Band 1, Bonn 2015

Gelfand, Wladimir: Deutschland Tagebuch, 1945–1946, hrsg. von Elke Scherstjanoi, Berlin 2008 (Abdruck mit freundlicher Genehmigung des Aufbau Verlags.)

Gellhorn, Martha: Das Gesicht des Krieges, Reportagen 1937–1987, aus dem Amerikanischen von Hans-Ulrich Möhring © 2012 Dörlemann Verlag, Zürich

George, Francis Lloyd: The Years That Are Past. The Autobiography, London 1968, S. 264 f.

Gerhardt, Uta, Karlauf, Thomas (Hrsg.): Nie mehr zurück in dieses Land, Augenzeugen berichten über die Novemberpogrome 1938, Berlin 2009

Geve, Thomas (d.i. Stefan Cohn): Geraubte Kindheit, Ein Junge überlebt den Holocaust, Konstanz 2000

Giesler, Hermann: Ein anderer Hitler, Bericht seines Architekten, Erlebnisse, Gespräche, Reflexionen, Leonie am Starnberger See 1978

Gilbert, Gustave Mark: Nürnberger Tagebuch, Gespräche der Angeklagten mit dem Gerichtspsychologen, Frankfurt/Main 1947

Gilbert, Martin: Winston S. Churchill, Volume IV, 1916–1922, London 1967

Gisevius, Hans Bernd: Adolf Hitler , Versuch einer Deutung, München 1963

von Glasenapp, Helmuth: Meine Lebensreise. Menschen, Länder und Dinge, die ich sah, Wiesbaden 1964

Goebbels, Joseph: Die Tagebücher von Joseph Goebbels, Teil I: Aufzeichnungen 1923–1941, Bd. 1–9, im Auftrag des Instituts für Zeitgeschichte und mit Unterstützung des Staatlichen Archivdienstes Russlands hrsg. von Elke Fröhlich, München 1993–2008

Goebbels, Joseph: Die Tagebücher von Joseph Goebbels, Teil II: Diktate 1941–1945, Bd. 1–15, im Auftrag des Instituts für Zeitgeschichte und mit Unterstützung des Staatlichen Archivdienstes Russlands hrsg. von Elke Fröhlich, München 1993–2008

Goebbels, Joseph: Die Tagebücher 1924–1945, hrsg. von Ralf Georg Reuth, 5 Bde., München, Zürich 1992

Göring, Emmy: An der Seite meines Mannes, Begebenheiten und Bekenntnisse, Göttingen 1967

Görlitz, Walter (Hrsg.): Generalfeldmarschall Keitel, Verbrecher oder Offizier?, Erinnerungen, Briefe, Dokumente des Chefs OKW, Göttingen, Berlin, Frankfurt/Main 1961

Görtemaker, Heike B.: Eva Braun, Leben mit Hitler, München 2011

Goguel, Rudi: Es war ein langer Weg, Singen 1947

Goldhagen, Daniel Jonah: Hitlers willige Vollstrecker. Ganz gewöhnliche Deutsche und der Holocaust, München 2000

Gorbatschow, Michail: Alles zu seiner Zeit, Mein Leben, Aus dem Russischen von Birgit Veit, Hamburg 2013

Gostomski, Victor von, Loch, Walter: Der Tod von Plötzensee, Erinnerungen, Ereignisse, Dokumente, 1942–1943, Mettingen, Freising 1969

Graf, Oskar Maria: Gelächter von außen, Aus meinem Leben, 1918–1933, Text der Erstausgabe, München 2009 © Ullstein Buchverlage

Grimm, Hans: Volk ohne Raum, München 1928

Groscurth, Helmut: Tagebücher eines Abwehroffiziers 1938–1940, hrsg. von Helmut Krausnick und Harold C. Deutsch, Stuttgart 1970

Grosz, George: Ein kleines Ja und ein großes Nein, Sein Leben von ihm selbst erzählt, Reinbek bei Hamburg 1995. © Schöffling & Co. Verlagsbuchhandlung GmbH, Frankfurt am Main 2009

Gruchmann, Lothar: Ludendorffs »prophetischer« Brief an Hindenburg vom Januar/Februar 1933. Eine Legende, ff 559, In: Vierteljahrhefte für Zeitgeschichte, Heft 4, Oktober 1999

Guderian, Heinz: Erinnerungen eines Soldaten, Neckargemünd 1960

McGuiness, Brian: Wittgensteins frühe Jahre, Übersetzt von Joachim Schulte, Frankfurt am Main 1988

Gun, Nerin E.: Eva Braun-Hitler, Leben und Schicksal, Velbert 1968

H

Habe, Hans: Ich stelle mich, Meine Lebensgeschichte © 1954 Desch Verlag, München, Wien, Basel. © 1986 F.A. Herbig Verlagsbuchhandlung GmbH, München

Habe, Hans: Erfahrungen, Olten und Freiburg im Breisgau, 1973

Haecker, Theodor: Leben und Werk, Texte, Briefe, Erinnerungen, Würdigungen, hrsg. vom Stadtarchiv Esslingen, 1995

Haecker, Theodor: Tag- und Nachtbücher 1939–1945, Erste vollständige und kommentierte Ausgabe, hrsg. von Hinrich Siefken, Innsbruck 1989

Haffner, Sebastian: Anmerkungen zu Hitler, Frankfurt am Main 2013

Haffner, Sebastian: Geschichte eines Deutschen. Die Erinnerungen 1914–1933, München 2006 © 2000, Deutsche Verlags-Anstalt, München, in der Verlagsgruppe Random House GmbH

Halder, Franz: Generaloberst Halder, Kriegstagebuch, Band I. Vom Polenfeldzug bis zum Ende der Westoffensive (14.8.1939 – 30.6.1949), bearbeitet von Hans-Adolf Jacobsen, Stuttgart 1962

Halder, Franz: Hitler als Feldherr, der ehemalige Chef des Generalstabes berichtet die Wahrheit, München 1949

Halifax, Edward Frederick Lindley Wood, 3. Viscount of Halifax, Lord, Fullness of Days, New York 1957

Hamann, Brigitte: Hiters Hitlers Wien, Lehrjahre eines Diktators, München, Zürich 2012

Hamann, Brigitte: Hiters Edeljude, Das Leben des Armenarztes Eduard Bloch, München 2010

Hamburger Institut für Sozialforschung (Hrsg.): Verbrechen der Wehrmacht. Dimensionen des Vernichtungskrieges 1941–1944, Ausstellungskatalog, Gesamtredaktion: Ulrike Jureit, Redaktion: Christoph Bitterberg, Jutta Mühlenberg, Birgit Otte, Hamburg 2002

Hamburger Institut für Sozialforschung (Hrsg.): Vernichtungskrieg. Verbrechen der Wehrmacht 1941 bis 1944, Ausstellungskatalog, Redaktion Hannes Heer und Birgit Otte, 1. Auflage, Hamburg 1996

Hanfstaengl, Ernst: Zwischen Weißem und Braunem Haus, Memoiren eines politischen Außenseiters, München 1970

Hapgood, David, Richardson, David: Monte Cassino, New York 1984

Harris, Sir Arthur, Marshall of the R.A.F.: Bomber Offensive, London 1947

Harrison, Edward D. R.: Hugh Trevor-Roper und »Hitlers letzte Tage«, Zeitschrift für Zeitgeschichte 2009, Heft 1+2

Hartmann, Christian (Hrsg.): Hitler Reden, Schriften, Anordnungen, Februar 1925 bis Januar 1933, hrsg. Für das Institut für Zeitgeschichte, kommentiert von Christian Hartmann, Band IV, Teil 2: Juli 1931 – Dezember 1931, München, New Providence, London, Paris 1996

Hartmann, Christian (Hrsg.): Hitler Reden, Schriften, Anordnungen, Februar 1925 bis Januar 1933, hrsg. für das Institut für Zeitgeschichte, kommentiert von Christian Hartmann, Band IV, Teil 3: Januar 1932 – März 1932 München, New Providence, London, Paris 1997

Hartung, Hugo: Schlesien 1944/45, Aufzeichnungen und Tagebücher, München 1956

Hassell, Ulrich von: Die Hassell-Tagebücher 1938–1944, Aufzeichnungen vom Andern Deutschland, Nach der Handschrift revidierte und erweiterte Ausgabe unter Mitarbeit von Klaus Peter Reiß, herausgegeben von Friedrich Freiherr Hiller von Gaertingen, Berlin 1989

Hauschild-Thiessen, Renate (Hrsg.): Die Hamburger Katastrophe vom Sommer 1943 in Augenzeugenberichten, bearbeitet von, Veröffentlichungen des Vereins für Hamburger Geschichte, Band 38, Hamburg 1993

Heiber, Helmut (Hrsg.): Hitlers Lagebesprechungen, Die Protokollfragmente seiner militärischen Konferenzen 1942–1945, Stuttgart 1962

Heiden, Konrad: Adolf Hitler, Das Zeitalter der Verantwortungslosigkeit, Ein Mann gegen Europa, Zürich 2011

Hellbeck, Jochen: Die Stalingrad Protokolle. Sowjetische Augenzeugen berichten aus der Schlacht. Übersetzung der Protokolle aus dem Russischen von Christiane Körner und Annelore Nitschke. © S. Fischer Verlag GmbH, Frankfurt am Main 2012

Henderson, Nevile: Fehlschlag einer Mission, Zürich 1940

Hemingway, Ernest: Ausgewählte Briefe, 1917–1961, Glücklich wie die Könige. Hrsg. von Carlos Baker, deutsche Übersetzung von Werner Schmitz. © 1984 by Rowohlt Verlag GmbH, Reinbek bei Hamburg

Henderson, Nevile: Wasser unter den Brücken, Episoden einer diplomatischen Laufbahn, Erlenbach-Zürich 1949

Henke, Klaus-Dietmar: Die amerikanische Besetzung Deutschlands, Quellen und Darstellungen zur Zeitschichte, Band 27, hrsg. vom Institut für Zeitgeschichte, München 1996

Hermann, Angela: Adolf Hitler und sein Stosstrupp in der »Reichskristallnacht«, in: Vierteljahrshefte für Zeitgeschicht, 4/2008

Hermann, Armin: Einstein, Der Weltweise und sein Jahrhundert, München 1994

Herzl, Theodor: Tagebücher, Erster Band, Der Judensache erstes Buch, Leipzig 1922

Herzberg, Abel J.: Zweistromland, Tagebuch aus Bergen-Belsen, Wittingen 1997

Heym, Georg: Zu den Wahlen, in: Novellen und Dramen, Band 2 der Gesamtausgabe Dichtungen und Schriften, Hamburg 1964

Heß, Wolf Rüdiger (Hrsg.): Rudolf Heß, Briefe 1908–1933, Mit einer Einführung und Kommentaren von

Dirk Bavendamm ©1987 by LangenMüller in der F.A. Herbig Verlagsbuchhandlung GmbH, München

Hesse, Fritz: Erinnerungen an Dessau, Bd.1. Von der Residenz zur Bauhausstadt. Bd.2 Aus den Jahren 1925 bis 1950, Selbstverlag, München 1965

Hillesum, Etty: Das denkende Herz der Baracke, Die Tagebücher 1941–1943

Hillgruber, Andreas (Hrsg.): Staatsmänner und Diplomaten bei Hitler, Vertrauliche Aufzeichnungen über Unterredungen mit Vertretern des Auslandes 1939–1941, Frankfurt/Main 1967

(Himmler, Heinrich): Der Dienstkalender Heinrich Himmlers 1941/42, im Auftrag der Forschungsstelle für Zeitgeschichte in Hamburg bearbeitet, kommentiert und eingeleitet von Peter Witte, Michael Wildt, Martina Voigt, Dieter Pohl, Peter Klein, Christian Gerlach, Christoph Dieckmann und Andrej Angrick, mit einem Vorwort von Ulrich Lohalm und Wolfgang Scheffler, Hamburg 1999

Himmler, Katrin, Wildt, Michael: Himmler privat, Briefe eines Massenmörders © 2014 Piper Verlag GmbH, München

Hitler, Adolf: Mein Kampf, 35 Auflage, München 1933

Hitler, Adolf: Mein Kampf, Erstausgabe Band 1, München 1925, Erstausgabe Band 2, München 1927: zitiert nach: Hitler, Mein Kampf, Eine kritische Edition, hrsg. von Christian Hartmann, Thomas Vordermayer, Othmar Plöckinger und Roman Töppel, Im Auftrag des Instituts für Zeitgeschichte, München-Berlin 2016

Hitler, Adolf: Erstausgabe Band 2, München 1927: zitiert nach: Hitler, Mein Kampf, Eine kritische Edition, hrsg. von Christian Hartmann, Thomas Vordermayer, Othmar Plöckinger und Roman Töppel, Im Auftrag des Instituts für Zeitgeschichte, München-Berlin 2016

Hitler, Adolf: Sämtliche Aufzeichnungen 1905–1924, hrsg. von Eberhard Jäckel, Stuttgart 1986

Höß, Rudolf: Kommandant in Auschwitz, Autobiographische Aufzeichnungen, hrsg. von Martin Brozat, München: R. Oldenbourg Verlags GmbH 2013

Hoegner, Wilhelm: Flucht vor Hitler, Erinnerungen an die Kapitulation der ersten deutschen Republik 1933, München 1978

Hofer, Karl: Erinnerungen eines Malers, Berlin 1963

Hofer, Walther: Die Entfesselung des Zweiten Weltkrieges, Darstellung und Dokumente, Frankfurt/M., 1967

Hoffmann, Heinrich: Hitler, wie sich ihn sah, Aufzeichnungen seines Leibfotografen © 1974 F.A. Herbig Verlagsbuchhandlung GmbH, München

Hoffmann, Johannes: Am Rande des Hitlerkrieges. Tagebuchblätter. hrsg. von Heinrich Küppers, Blieskastel 2005

Hollaender, Friedrich: Von Kopf bis Fuß, Revue meines Lebens, Hrsg. und kommentiert von Volker Kühn, Berlin 2001

Honecker, Erich: Aus meinem Leben, Berlin (Ost), 1982

Horthy, Miklos: Ein Leben für Ungarn. Athenäum, Königstein im Taunus 1953

Hoßbach, Friedrich: Zwischen Wehrmacht und Hitler, 19341938. 2. Durchgesehene Auflage, Göttingen 1963

Hubatsch, Walther (Hrsg.): Hitlers Weisungen für die Kriegsführung 1939–1945, Frankfurt am Main, 1962

Huch, Ricarda: Gesammelte Werke. Hrsg. v. Wilhelm Emrich. Bd. 5: Gedichte, Dramen, Reden, Aufsätze und andere Schriften. © 1971, Verlag Kiepenheuer & Witsch GmbH & Co. KG, Köln

Huch, Ricarda: Gesammelte Werke. Hrsg. v. Wilhelm Emrich. Bd. 11: Autobiographische Schriften, Nachlese, Register. © 1974, Verlag Kiepenheuer & Witsch GmbH & Co. KG, Köln

Hutching Megan (Hrsg.): A Far Sort of Battering, Auckland 2009

I

Ilsemann, Sigurd von: Der Kaiser in Holland, Aufzeichnungen des letzten Flügeladjutanten Kaiser Wilhelms II., hrsg. Von Harald von Koenigswald, München 1967

Inber, Vera: Fast drei Jahre, Aus einem Leningrader Tagebuch, Berlin 1946

Irving, David: Die geheimen Tagebücher des Dr. Morell, Leibarzt Adolf Hitlers, München, 1983

Irving, David: Die Tragödie der Deutschen Luftwaffe, Aus den Akten und Erinnerungen von Feldmarschall Milch, Aus dem Englischen von Erwin Duncker, Frankfurt/Main, Berlin, Wien, 1970

Isherwood, Christopher: Willkommen in Berlin. Christopher und die Seinen, Berlin 1992

Christopher Isherwood, Diaries: Volume 1, 1939–1960 New York 1996, Eintrag vom 1. Oktober 1939

J

Jacobsen, Hans-Adolf: Der Weg zur Teilung der Welt, Koblenz, Bonn 1977

Jäckel, Eberhard: Kuhn, Axel (Hrsg): Hitler, Sämtliche Aufzeichnungen 1905–1924, Stuttgart 1980

Jalowicz Simon, Marie: Untergetaucht. Eine junge Frau überlebt in Berlin 1940–1945. © Hermann Simon und Irene Stratenwerth 2014. Alle Rechte vorbehalten. S. Fischer Verlag GmbH, Frankfurt am Main 2014

Jetzinger, Franz: Hitlers Jugend, Phantasien, Lügen – und die Wahrheit, Wien 1958.,

Joachimsthaler, Anton: Hitlers Ende, Legenden und Dokumente, München, Berlin 1985

Joachimsthaler, Anton: Hitlers Liste, Ein Dokument persönlicher Beziehungen, München 2003

Joachimsthaler, Anton: Hitlers Weg begann in München, 1913–1923, München 2000

Jochmann, Werner (Hrsg.): Monologe im Führerhauptquartier 1941–1944, aufgezeichnet von Heinrich Heim, Hamburg 1980

Jodl, Luise: Jenseits des Endes, Der Weg des Generaloberst Alfred Jodl, München 1987

Johst, Hanns: Ruf des Reiches – Echo des Volkes, Eine Ostfahrt, München 1944

Jordan, Rudolf: Erlebt und Erlitten, Weg eines Gauleiters von München bis Moskau, Leoni, 197

Jünger, Ernst: Sämtliche Werk. Band 2. Strahlungen I. Klett-Cotta, Stuttgart 1979

Jünger, Ernst: Sämtliche Werk. Band 3. Strahlungen II. Klett-Cotta, Stuttgart 1979

Jünger, Ernst: Kriegstagebuch 1914–1918. Hrsg. von Helmuth Kiesel, Klett-Cotta, Stuttgart 2010

Jung, Hermann: Die Ardennen-Offensive 1944/45, Ein Beispiel für die Kriegführung Hitlers, Studien und Dokumente zur Geschichte des Zweiten Weltkrieges, Göttingen 1971

Junge, Gertraud »Traudl«: Bis zur letzten Stunde, Hitlers Sekretärin erzählt ihr Leben, Unter Mitarbeit von Melissa Müller, München: Claassen 2002

K

Kästner, Erich: Das Blaue Buch, Kriegstagebuch und Roman-Notizen, Marbach 2006

Kästner, Erich: Notabene 45, Ein Tagebuch, München 2014. © Atrium Verlag, Zürich 1961

Kafka, Franz: Tagebücher, hrsg. von Hans-Georg Koch, Michael Müller und Malcom Pasely, Frankfurt am Main 1990, S. 543 (Schriften, Tagebücher, Briefe, Kritische Ausgabe)

Kaiser, Henriette, Kaiser, Joachim: »Ich bin der letzte Mohikaner«, Berlin: Ullstein 2008

Kalkschmidt, Eugen: Vom Memelland bis München, Erinnerungen, Hamburg-Bergedorf 1947

Kampe, Norbert, Kaiser, Wolf, Botsch, Gideon, Schikorra, Christa (Hrsg.): Die Wannsee Konferenz und der Völkermord an den europäischen Juden, Katalog der ständigen Ausstellung, Berlin 2006

Karski, Jan: Mein Bericht an die Welt, Geschichte eines Staates im Untergrund, München 2012. © Verlag Antje Kunstmann GmbH, München 2011

Kaschnitz, Marie Luise: Orte, Aufzeichnungen. © Insel Verlag Frankfurt am Main und Leipzig 1975. Alle Rechte bei und vorbehalten durch Insel Verlag Berlin

Kaschnitz, Marie Luise: Tagebücher 1936–1966. © Insel Verlag Frankfurt am Main 2000. Alle Rechte bei und vorbehalten durch Insel Verlag Berlin

Kellner, Friedrich: Vernebelt, verdunkelt sind alle Hirne, Tagebücher 1939–1945, hrsg. von Sascha Feuchert, Robert Martin Scott Kellner, Erwin Leibfried, Jörg Rieck und Markus Roth, Band 2, Göttingen 2011

Keller, Rolf, Mariefeld, Wolfgang, Obenaus, Herbert, Rae, Thomas, Schmidt, Wilhelm, Sommer, Hans-Dieter, Wiedemann, Wilfried (Hrsg.): Konzentrationslager Bergen-Belsen, Berichte und Dokumente, Ausgewählt und kommentiert von Göttingen 2002

Kempowski, Walter: Haben Sie Hitler gesehen? Deutsche Antworten, München 2012

Kempowski, Walter: Das Echolot. Ein kollektives Tagebuch. Januar und Februar 1943. 4 Bände, München 1993

Kempowski, Walter: Das Echolot. Fuga furiosa. Ein kollektives Tagebuch. Winter 1945, 4 Bände, München 1999

Kempowski, Walter: Das Echolot. Barbarossa '41, Ein kollektives Tagebuch, 4 Bände, München 2002

Kempowski, Walter: Das Echolot. Abgesang '45, Ein kollektives Tagebuch, 4 Bände, München 2005

Kennan, George F.: Memoiren eines Diplomaten, 1925–1050, mit einem Vorwort von Klaus Mehnert, Stuttgart 1968

Kennedy, John, F.: Unter Deutschen. Reisetagebücher und Briefe 1937–1945, hrsg. von Oliver Lubrich, aus dem Amerikanischen von Carina Tessari, Berlin 2013 (Abdruck mit freundlicher Genehmigung des Aufbau Verlags.)

Kehrl, Hans: Krisenmanager im Dritten Reich, 6 Jahre Frieden, 6 Jahre Krieg, Erinnerungen, Düsseldorf 1973

Kershaw, Ian: Hitler 1889–1936, Band 1, Stuttgart 1998

Kershaw, Ian: Hitler 1836–1945, Band 2, Stuttgart 1998

Kerr, Alfred: Das war meine Zeit. Erstrittenes und Erlebtes. Werke in Einzelbänden. Band V / VI. Herausgegeben von Deborah Vietor-Engländer. © S. Fischer Verlag GmbH, Frankfurt am Main 2013

Kesselring, Albert: Soldat bis zum letzten Tag, Bonn, 1953

Kessler, Harry Graf: Tagebücher 1918–1937, Politik, Kunst und Gesellschaft der zwanziger Jahre, Frankfurt/Main 1961

Kessler, Harry Graf: Das Tagebuch 1880 bis 1837, Siebter Band 1919–1923, hrsg. von Angela Reinthal, Stuttgart 2004

Klee, Ernst: Das Personenlexikon zum Dritten Reich. Wer war was vor und nach 1945. Frankfurt/Main 2005

Klee, Ernst, Dreßen, Willi, Rieß, Volker (Hrsg.): »Schöne Zeiten«, Judenmord aus der Sicht der Täter und Gaffer, Frankfurt am Main 1988

Klemperer, Victor: Leben sammeln, nicht fragen wozu und warum. Tagebücher 1918–1932. Herausgegeben von Walter Nowojski unter Mitarbeit von Christian Löser, Berlin 1996 (Abdruck mit freundlicher Genehmigung des Aufbau Verlags.)

Knef, Hildegard: Der geschenkte Gaul, Bericht aus einem Leben, Berlin 2002

Knickerbocker, H.R. (Hubert Renfro): Deutschland so oder so?, Berlin 1932

Kronika, Jacob: Der Untergang Berlins, Flensburg, Hamburg 1946

Koch-Weser, Erich: Die Tagebücher 1914 bis 1918, Kommunalpolitik im Ersten Weltkrieg, hrsg. von Walter Mühlhausen und Gerhard Papke, München 1999

Koch-Weser, Erich: Und dennoch Aufwärts!, Eine Deutsche Nachkriegs-Bilanz, Berlin 1933

Koch-Weser, Erich: Hitler and Beyond, A German Testament, übersetzt von Olga Marx, New York 1945

Koeppen, Werner: Herbst 1941 im »Führerhauptquartier«, Berichte Werner Koeppens an seinen Minister Alfred Rosenberg, hrsg. und kommentiert von Martin Vogt, Materialien aus dem Bundesarchiv, Heft 10, Koblenz 2002

Koestler, Arthur: Die Geheimschrift, Bericht eines Lebens 1932–1940, Teil 1, Wien und München 1955

Kogon, Eugen: Der SS-Staat, Das System der Konzentrationslager, Frankfurt/M. 1964

Kohl, Helmut: Erinnerungen, 1930–1982, © 2004 Droemer Verlag. Ein Imprint der Verlagsgruppe Droemer Knaur GmbH & Co. KG, München

Kokoschka, Oskar: Mein Leben, Vorwort und dokumentarische Mitarbeit von Remigius Netzer © 1971 Bruckmann Verlag, München

Koller, Karl: Der letzte Monat, 17. April bis 27. Mai 1945, Tagebuchaufzeichnungen des damaligen Chefs des Generalstabs der deutschen Luftwaffe, mit dem Urteil der Spruchkammer im Entnazifizierungsverfahren, Berlin, Frankfurt/M. 1995

Kollwitz, Käthe: Die Tagebücher, hrsg. von Jutta Bohnke-Kollwitz, Berlin 1989

Kontakte-КОНТАКТЫ e.V. (Hrsg.): »Ich werde es nie vergessen«, Briefe sowjetischer Kriegsgefangener 2004–2006, Berlin 2007 © Kontakte-КОНТАКТЫ e.V.

Kordt, Erich: Nicht aus den Akten, Die Wilhelmstraße in Frieden und Krieg, Erlebnisse, Begegnungen und Eindrücke, 1928–1945, Stuttgart 1950

Koretz, Arieh: Bergen-Belsen, Tagebuch eines Jugendlichen, 11.7.1944–30.3.1945, auf dem Hebräischen von Gerda Steinfeld, Göttingen 2011

Krause, Karl Wilhelm: 10 Jahre Kammerdiener bei Hitler, Laatzen 1949

Kriechbaum, Eduard: Geschichte der Stadt Braunau am Inn, Bremen, Wien 1938

Krebs, Albert: Tendenzen und Gestalten der NSDAP, Erinnerungen an die Frühzeit der Partei, Stuttgart 1959

Krosigk, Lutz Graf Schwerin von: Es geschah in Deutschland, Menschenbilder unseres Jahrhunderts, Tübingen und Stuttgart 1951

Krosigk, Lutz Graf Schwerin von: Memoiren, Stuttgart 1977

Kubizek, August: Adolf Hitler, Mein Jugendfreund, Graz 1966

Kühne, Erich (Hrsg.): Sudetendeutscher Schicksalskampf, Die maßgebende Darstellung der sudetendeutschen Not in ihren Grundlagen, Zusammenhängen und Auswirkungen, Leipzig 1938

Kupfer-Koberwitz, Edgar: Dachauer Tagebücher, Die Aufzeichnungen des Häftlings 24814, Mit einem Vorwort von Barbara Distel. © 1997 by Kindler Verlag GmbH, München

Kuropka, Joachim (Hrsg.): Streitfall Galen, Clemens August Graf von Galen und der Nationalsozialismus, Studien und Dokumente, Münster 2007

L

Läpple, Alfred: Paula Hitler, Die Schwester, Ein Leben in der Zeitenwende, Stegen am Ammersee 2005

Läpple, Alfred: Kirche und Nationalsozialismus in Deutschland und Österreich, Fakten, Dokumten, Analysen, Aschenburg 1980

Lang, Jochen von: Der Sekretär, Martin Bormann Der Mann, der Hitler beherrschte, Stuttgart 1977

Large, David Clay: Hitlers München, Aufstieg und Fall der Hauptstadt der Bewegung, München 1998

Lasker-Wallfisch, Anita: Ihr sollt die Wahrheit erben, Die Cellistin von Auschwitz, Erinnerungen, Reinbek bei Hamburg 2007

Last, Nella: Nella Last's War, The Second World War Diaries of a Housewife, London 2006

Lauterbacher, Hartmann: Erlebt und mitgestaltet, Kronzeuge einer Epoche 1923–1945, Zu neuen Ufern nach Kriegsende, Preußisch Oldendorf 1984

Leander, Zarah: Es war so wunderbar! Mein Leben, Gütersloh 1973

Leber, Julius: Ein Mann geht seinen Weg, Schriften, Reden und Briefe, hrsg. von seinen Freunden, Berlin, Frankfurt 1952

Leeb, Wilhelm Ritter von: Tagebuchaufzeichnungen und Lagebeurteilungen aus zwei Weltkriegen, aus dem Nachlaß herausgegeben und mit einem Lebensabriß versehen von Georg Meyer, Stuttgart 1976

Leitfaden für Britische Soldaten in Deutschland 1944, zusammengestellt vom Direktor für politische Kriegsführung, hrsg. vom Außenministerium London. Aus dem Englischen von Klaus Modick. © 2014 by Verlag Kiepenheuer & Witsch GmbH & Co. KG, Köln. Alle Rechte vorbehalten

Leitner, Maria: Entdeckungsfahrt durch Deutschland, Erlebnisse und Beobachtungen auf Streifzügen, In: Die Welt am Abend, Berlin o. J. Oktober bis November 1932, in: Maria Leitzner, Elisabeth, ein Hitlermädchen, Erzählende Prosa, Reportagen und Berichte. Berlin, Weimar 1985

Lenz, Siegfried: Selbstversetzung, Über Schreiben und Lesen, Hamburg 2006

Levi, Primo: Ist das ein Mensch? Mit einem Nachwort von Cordelia Edvardson, München 1988

Lieb, Peter: Unternehmen Overlord, Die Invasion in der Normandie und die Befreiung Westeuropas, München 2014

Lilla, Joachim (Hrsg.): Statisten in Uniform. Die Mitglieder des Reichstags 1933–1945, Ein biographisches Handbuch, unter Mitarbeit von Martin Döring und Andreas Schulz, Düsseldorf 2004

Linck, Hugo: Der Kirchenkampf in Ostpreußen, 1933 bis 1945, Geschichte und Dokumentation, München 1968

Lindgren, Astrid: Die Menschheit hat den Verstand verloren, Tagebücher 1939–1945, aus dem Schwedischen von Angelika Kutsch und Gabriele Haefs, Berlin: Ullstein 2015

Linge, Heinz: Bis zum Untergang, Als Chef des Persönlichen Dienstes bei Hitler, hrsg von Werner Maser, München, Berlin 1980

Lingen, Kerstin von: Kesselrings letzte Schlacht, Kriegsverbrecherprozesse, Vergangenheitsbewältigung und Wiederbewaffnung: Der Fall Kesselring, Paderborn 2004

Lochner, Louis P.: Stets das Unerwartete, Erinnerungen an Deutschland 1921–1953, Darmstadt 1955

Löbe, Paul: Der Weg war lang, Lebenserinnerungen, Berlin 1965

Longerich, Peter: Hitler, Biografie, München 2015

Loringhoven, Bernd Freytag von: Mit Hitler im Bunker, Die letzten Monate im Führerhauptquartier, Juli 1944-April 1945, mit Francois d'Alcancon, Berlin 2006

Lourié, Vera, Briefe an Dich. Erinnerungen an das russische Berlin. Herausgegeben von Doris Liebermann © Schöffling & Co. Verlagsbuchhandlung GmbH, Frankfurt am Main 2014

Lubrich, Oliver: Unter Deutschen, Reisetagebücher und Briefe 1937–1945, Berlin 2013

Lubrich, Oliver (Hrsg.): Reisen ins Reich 1933 bis 1945. Ausländische Autoren berichten aus Deutschland. Frankfurt/M. 2004

Lubrich, Oliver (Hrsg.): Berichte aus der Abwurfzone. Ausländer erleben den Bombenkrieg in Deutschland 1939 bis 1945. Frankfurt/M. 2007

Ludendorff, Erich: Vom Feldherrn zum Weltrevolutionär und Wegbereiter Deutscher Volksschöpfung, II. Bd., Meine Lebenserinnerungen von 1926 bis 1933, Stuttgart 1951

Lukacs, John: Hitler, Geschichte und Geschichtsschreibung, Aus dem Amerikanischen von Helmut Dierlamm und Norbert Juraschitz, München 1997

M

Maizière, Ulrich de: In der Pflicht, Lebensbericht eines deutschen Soldaten im 20. Jahrhundert, Herford 1989

Malaparte, Curzio: Die Wolga entspringt in Europa, Deutsch von Hellmuth Ludwig, Karlsruhe 1967

Malcolmson, Robert (Hrsg.): Love and War in London, A Womans Diary 1939–1942, Waterloo, ON, Canada, o.J.

Maltzan, Maria Gräfin von: Schlage die Trommel und fürchte dich nicht, Erinnerungen, Berlin: Ullstein Taschenbuch 1988, List Taschenbuch 2009

Mann, Golo: Erinnerungen und Gedanken, Band 1. Eine Jugend in Deutschland. © S.Fischer Verlag GmbH, Frankfurt am Main 1986

Mann, Heinrich: Der kommende Mann. Aus: ders., Mut. Essays. © Fischer Taschenbuch Verlag GmbH, Frankfurt am Main 1991

Mann, Klaus: Der Wendepunkt. Ein Lebensbericht. Hrsg. und mit einem Nachwort von Fredric Kroll, München 1989. © 1993, 2006 Rowohlt Verlag GmbH, Reinbek bei Hamburg

Mann, Klaus: Tagebücher, 1931–1949. Hrsg. von Joachim Heimannsberg, Peter Laemmle und Wilfried F. Schoeller, München 1989. © 1995 Rowohlt Verlag GmbH, Reinbek bei Hamburg

Mann, Thomas: Bruder Hitler. Aus: ders., Gesammelte Werke in dreizehn Bänden. Band XII. Reden und Aufsätze 4. © S.Fischer Verlag GmbH, Frankfurt am Main 1960

Mann, Thomas: Tagebücher. 1944–1.4.1946. © S. Fischer Verlag GmbH: Frankfurt am Main 1986

Mannerheim, Gustav: Erinnerungen, Zürich, Freiburg im Breisgau 1952

Manstein, Erich von: Verlorene Siege, Bonn 1959. © Bernard & Graefe in der Mönch Verlagsgesellschaft mbH, Koblenz/Bonn/Bad Neuenahr-Ahrweiler.

Maser, Werner: Hitlers Briefe und Notizen, Sein Weltbild in handschriftlichen Dokumenten, Graz 2002

Maser, Werner: Die Frühgeschichte der NSDAP, Der Sturm auf die Republik, Frühgeschichte der NSDAP, Stuttgart 173

Matull, Wilhem: Erlebte Geschichte zwischen Pregel und Rhein, Erinnerungen aus drei Generationen 1845–1980, Dortmund 1980, hier: Wilhelm Matull (1903–1980) Ins ›grandiose‹ 20. Jahrhundert

McMoran Wilson, Charles, Lord Moran: Churchill – Der Kampf ums Überleben, 1940–1965, Aus dem Tagebuch seines Leibarztes Lord Moran, München, Zürich 1967

Meindl, Konrad, Chorherr in Reichersberg: Geschichte der Stadt Braunau am Inn, Braunau 1892, II. Theil

Meissner, Otto: Staatssekretär unter Ebert, Hindenburg, Hitler. Der Schicksalsweg des deutschen Volkes von 1918–1945. Wie ich ihn erlebte Hamburg 1950

Menzies, Robert Gordan: Dark and Hurrying Days: Menzies' 1941 diary Paperback – 1993, National Library of Australia 1993

Michalka, Wolfgang (Hrsg.): Deutsche Geschichte 1933–1945, 1999, Frankfurt/Main 155, 1999

Militärgeschichtliches Forschungsamt der Bundeswehr: Das Deutsche Reich und der Zweite Weltkrieg: Band 3, Gerhard Schreiber, Bernd Stegemann, Detlef Vogel: Der Mittelmeerraum und Südosteuropa – Von der ›non belligeranza‹ Italiens bis zum Kriegseintritt der Vereinigten Staaten, Deutsche Verlags-Anstalt, Stuttgart 2004

Militärgeschichtliches Forschungsamt der Bundeswehr: Das Deutsche Reich und der Zweite Weltkrieg: Band 4: Horst Boog, Jürgen Förster, Joachim Hoffmann, Ernst Klink, Rolf-Dieter Müller, Gerd R. Ueberschär: Der Angriff auf die Sowjetunion, Deutsche Verlags-Anstalt, Stuttgart 1993

Militärgeschichtliches Forschungsamt der Bundeswehr: Das Deutsche Reich und der Zweite Weltkrieg: Band 6: Horst Boog, Werner Rahn, Reinhard Stumpf, Bernd Wegner: Der globale Krieg – Die Ausweitung zum Weltkrieg und der Wechsel der Initiative 1941 bis 1943, Stuttgart 1993

Militärgeschichtliches Forschungsamt der Bundeswehr: Das Deutsche Reich und der Zweite Weltkrieg: Band 7: Horst Boog, Gerhard Krebs, Detlef Vogel: Das Deutsche Reich in der Defensive – Strategischer Luftkrieg in Europa, Krieg im Westen und in Ostasien 1943 bis 1944/45, Stuttgart 2001

Militärgeschichtliches Forschungsamt der Bundeswehr: Das Deutsche Reich und der Zweite Weltkrieg: 8: Karl-Heinz Frieser, Klaus Schmider, Klaus Schönherr,

Gerhard Schreiber, Krisztián Ungváry, Bernd Wegner: Die Ostfront 1943/44 – Der Krieg im Osten und an den Nebenfronten, Im Auftrag des MGFA hrsg. von Karl-Heinz Frieser, Stuttgart 2007

Miller, Arthur: Timebends, A Life, New York 2013

Miller, Lee: Krieg, Mit den Alliierten in Europa 1944–1945, Reportagen und Fotos, Hrsg. Vvon Antony Penrose, -aus dem Englischen von Andreas Hahn und Norbert Hofmann, Berlin 2013

Miltenberg Weigand von (d.i. Herbert Blank): Adolf Hitler Wilhelm III., Berlin 1931, Reprint Bremen 1983

Misch, Rochus: Der letzte Zeuge, »Ich war Hitlers Telefonist, Kurier und Leibwächter, unter Mitarbeit von Sandra Zarrinbal und Burkhard Nachtigall, Mit einem Vorwort von Ralph Giordano, © 2008 Piper Verlag GmbH, München

Mitford, Jessica: Hons and Rebels, The classic memoir of one of last century's most extraordinary families, London 2007

Mitscherlich, Alexander, Mitscherlich, Magarete: Die Unfähigkeit zu trauern, Grundlagen kollektiven Verhalten, München 1967

Mitchison, Naomi: Among You Taking Notes …, The Wartime Diaries of Naomi Mitchison 1939–1945, hrsg. von Dorothy Sheridan, London 2000

Nolte, Ernst: Der Faschismus in seiner Epoche, Action francaise – Italienischer Faschismus – Nationalsozialismus, München 1963

Moll, Martin (Hrsg.): Führer-Erlasse 1939–1945, Edition sämtlicher überlieferter, nicht im Reichsgesetzblatt abgedruckter, von Hitler während des Zweiten Weltkrieges schriftlich erteilter Direktiven aus den Bereichen Staat, Partei, Wirtschaft, Besatzungspolitik und Militärverwaltung, Stuttgart 1997

Moltke, Freya von, Balfour, Michael, Frisby, Julian: Helmut James von Moltke, 1907–1945, Anwalt der Zukunft, Stuttgart 1975

Montgomery, Marschall Bernard Law, Viscount Montgomery of Alamein: Memoiren, Aus dem Englischen von Dietrich Niebuhr, München 1958

Moors, Markus, Pfeiffer, Moritz (Hrsg.): Heinrich Himmlers Taschenkalender 1940, kommentierte Edition, hrsg im Auftrag des Kreismuseums Wewelsburg, Paderborn 2013

Morgan, Robert: The Man Who Flew the Memphis Belle. Memoir of a WWII Bomber Pilot, with Ron Powers, New York 2011

Mosley, Sir Oswald: Weg und Wagnis, Ein Leben für Europa, Leoni am Starnberger See 1973

Mühsam, Erich: Namen und Menschen, Unpolitische Erinnerungen, Reprint Berlin, o.J.

Müller, Karl Alexander von: Mars und Venus, Erinnerungen 1914—1919, Stuttgart 1954

Müllheim-Rechberg, Burkhard Freiherr von: Schlachtschiff Bismarck, Berlin 1993

Müller, Karl Alexander von: Im Wandel einer Welt, Erinnerungen Bd. 3: 1919–1932, hrsg. von Otto Alexander von Müller, München 1966

Münchener Stadtmuseum (Hrsg.): Hauptstadt der Bewegung, Katalog zur gleichnamigen Ausstellung im Münchener Stadtmuseum, München 1992

Murphy, Audie: To Hell and Back, The Classic Memoir of World War II by America's Most Decorated Soldier, Foreword by Tom Brokow, New York 2002

Mussolini, Rachele: Mussolini ohne Maske, Erinnerungen, hrsg. von Albert Zarca, Stuttgart 1974

N

Neitzel, Sönke, Welser, Harald: Soldaten, Protokolle vom Kämpfen, Töten und Sterben, Frankfurt/Main, 2011

Nicolson, Harold: Tagebücher und Briefe 1930–1941, Herausgegeen von Nigel Nicolson. Vorwort, Auswahl und Übersetzung aus dem Englischen von Helmut Lindemann, Stuttgart, Hamburg, 1969

Niekisch, Ernst: Gewagtes Leben, Begegnungen und Begebnisse, Köln, Berlin 1958

Niemöller, Martin: Vom U-Boot zur Kanzel, Berlin, Warneck, 1934

Nissen, Rudolf: Helle Blätter, dunkle Blätter, Erinnerungen eines Chirurgen, Stuttgart 1969

Niven, David: The Moon's a Balloon, Reminiscences, London 1971

Noelle-Neumann, Elisabeth: Die Erinnerungen, © 2006 F.A. Herbig Verlagsbuchhandlung GmbH, München

Nolte, Ernst: Der Faschismus in seiner Epoche. Action française – Italienischer Faschismus – Nationalsozialismus, München 1963

Noske, Gustav: Erlebtes aus Aufstieg und Niedergang einer Demokratie, Offenbach/Main 1947

O

Österreich, Marie Valérie von: Das Tagebuch der Lieblingstochter der Kaiserin Elisabeth, hrsg. von Martha und Horst Schad, München, Berlin, Zürich 2015

P

Pahl, Magnus: Fremde Heere Ost, Berlin 2013

Papen, Franz von: Der Wahrheit eine Gasse, München 1952

Parker, Matthew: Monte Cassino, The Story of the Hardest-fought Battle of World War Two, London 2003

Patton Jr., George S.: War As I Knew it, annotated by Colonel Paul D. Harkins, Boston, o.J.

Peschel, Rudolf: Deutscher Widerstand, Erlebach/Zürich, 1947 Seite 280, zitiert nach: Ian Kershaw, Hitler, Band 1, Stuttgart/München 1998

Peyinghaus, Marianne: Stille Jahre in Gertlauken, Erinnerungen an Ostpreußen, München 1992

Picker, Henry: Hitlers Tischgespräche im Führerhauptquartier 1941–1942, hrsg. vom Percy Ernst Schramm in Zusammenarbeit mit Andreas Hillgruber und Martin Vogt, Berlin: Ullstein Hardcover 1989, Propyläen 2003

Piper, Ernst Reinhard (Hrsg.): »Historikerstreit«., Die Dokumentation der Kontroverse um die Einzigartigkeit der nationalsozialistischen Judenvernichtung, München, Zürich 1987

Pitts, David: Jack and Lem, John F. Kennedy and Lem Billings, The Untold Story of an Extraordinary Friendship, Jackson TN 2008

Plöckinger, Othmar: Geschichte eines Buches, Adolf Hitlers ›Mein Kampf‹ 1922–1945, Eine Veröffentlichung des Instituts für Zeitgeschichte, 2. aktualisierte Auflage, München 2015

Poelchau, Harald: Die letzten Stunden, Erinnerungen eines Gefängnispfarrers, aufgezeichnet von Graf Alexander Stenbock-Fermor, Berlin 1988

Pölking, Hermann: Ostpreußen, Biographie einer Provinz, Berlin 2010

Francois-Poncet, André: Als Botschafter in Berlin, München 2004

Pyta, Wolfram: Hitler, Der Künstler als Politiker und Feldherr, Eine Herrschaftsanalyse, München 2015

Q

Quidde, Ludwig: Deutschlands Rückfall in die Barbarei, Texte des Exils 1933–1941, hrsg. von Karl Holl, Bremen, 2009

R

Reich-Ranicki, Marcel: Mein Leben © 1999, Deutsche Verlags-Anstalt, München, in der Verlagsgruppe Random House GmbH

Reck-Malleczewen, Friedrich Percyval: Tagebuch eines Verzweifelten, Lurch/Württ.-Stuttgart 1947

Reese, Willy Peter: Mir selbst seltsam fremd, Die Unmenschlichkeit des Krieges, Russland 1941–44, Hrsg. von Stefan Schmitz, München: Claassen 2003

Reger, Erik: Zeit des Überlebens, Tagebuch April bis Juni 1945. Hrsg. und mit einem Nachwort von Andreas Petersen, Berlin 2014

Reich, Wilhelm: Jenseits der Psychologie. Briefe und Tagebücher 1933–1939, hrsg. und mit einer Einführung von Mary Boyd Higgins, Köln 1997

Reinhardt, Klaus: Die Wende vor Moskau. Das Scheitern der Strategie Hitlers im Winter 1941/42, Beiträge zur Militär- und Kriegsgeschichte, Band 13, Stuttgart 1972

Reynaud, Paul: Mémoires, Flammarion 1960

Reynaud, Paul: Au cœur de la mêlée, 1939–1945: Flammarion 1951

Richardson, William, Frieden, Seymour: The Fatal Decisions, commentary by Siegfried Westphal, foreword by S.L.A. Marshall, New York 1956

Riefenstahl, Leni: Memoiren, Frankfurt/Main 1980

Roberts, Stephen H., The House That Hitler Built, New York, London 1938

Römer, Felix: Kameraden, Die Wehrmacht von innen, München 2012

Rohland, Walter: Bewegte Zeiten, Erinnerungen eines Eisenhüttenmannes, Stuttgart 1978

Ronge, Paul: Im Namen der Gerechtigkeit, Erinnerungen eines Strafverteidigers, München 1963

Rösch, Mathias: Die Münchner NSDAP 1925–1923, Eine Untersuchung zur inneren Struktur der NSDAP in der Weimarer Republik, München 2002

Rose, Olaf (Hrsg.): Julius Schaub, In Hitlers Schatten, Erinnerungen und Aufzeichnungen des Chefadjutanten 1925–1934, Stegen/Ammersee 2005

Rosenberg, Alfred: Die Tagebücher von 1935 bis 1944, hrsg. von Jürgen Matthäus und Frank Bajohr, Frankfurt am Main 2015

Rosenberg, Kurt F.: »Einer, der nicht mehr dazugehört«, Tagebüccher 1933–1937, hrsg. von Beate Meyer und Björn Siegel, Göttingen, 2012

Rost, Nico: Goethe in Dachau, Ein Tagebuch, München: List 2000

Rougemont, Denis de: Journal aus Deutschland 1935–1936. Aus dem Französischen von Tobias Scheffel. Mit einem Nachwort von Jürg Altwegg, Berlin 2001. © Paul Zsolnay Verlag Wien 1998

Rühmann, Heinz: Das war's, Erinnerungen, Frankfurt/Main: Ullstein 1985

S

Sanden-Guja, Walter von: Das gute Land, 7. Auflage, Hannover, o.J.

Sandner, Harald: Hitler, Das Itinerar + CD, Aufenthaltsorte und Reisen von 1889 bis 1945, Berlin 2016

Sauerbruch, Ferdinand: Das war mein Leben, München 1951

Sebastian, Mihail (d. i. Iosef Hechter): Voller Entsetzen, aber nicht verzweifelt, Tagebücher 1935–44, hrsg. von Edward Kanterian, Aus dem Rumänischen von Edward Kanterian und Roland Erb unter Mitwirkung von Larissa Scheppel, Berlin 2005

Segrè, Emilio: Enrico Fermi, Physicist, Chicago, London 1970

Seliger-Archiv (Hrsg.): Kampf – Widerstand – Verfolgung – Dokumentation der deutschen Sozialdemokraten aus der Tschechoslowakei im Kampf gegen Henlein und Hitler, erarbeitet von Adolf Hasenöhrl, Stuttgart, 1983

Seligmann, Rafael: Hitler. Die Deutschen und ihr Führer, München 2004

Seraphim, Hans-Günther (Hrsg.): Das politische Tagebuch Alfred Rosenbergs aus den Jahren 1934/35 und 1939/40, Göttingen 1956

Severing, Carl: Mein Lebensweg, Bd. 2, Im Auf und Ab der Republik, Köln 1950

Sheridan, Dorothy (Hrsg.): Among You Taking Notes, The Wartime Diary of Naomi Mirchison London 1985

Sherwood, Robert E.: Roosevelt und Hopkins, übersetzt von Hermann Stressau, Hamburg 1950

Shirer, William L.: The Nightmare Years 1930–1940, Edinburgh 2002

Shirer, William L.: Berlin Diary, The Journal of a Foreign Correspondent 1934–1941, New York, 2010

Siemens, Daniel: Horst Wessel. Tod und Verklärung eines Nationalsozialisten, Berlin 2009

Sigmund, Anna Maria: Des Führers bester Freund: Adolf Hitler, seine Nichte Geli Raubal und der »Ehrenarier Emil Maurice – eine Dreiecksbeziehung, München 2003

Sindermann, Horst: Vor Tageslicht, Autobiografie, Berlin 2015

Siodmak, Robert: Zwischen Berlin und Hollywood, Erinnerungen eines großen Filmregisseurs, Hrsg. Von Hans C. Blumenberg, München 1980

Sixtl, Max: Leonding, Heimatort des Führers, Geschichte und Landschaft, Im Einvernehmen mit der NSDAPP Leonding, herausgegeben und verlegt, Linz 1938

Slapnicka, Harry: Hitler und Oberösterreich, Mythos, Propaganda und Wirklichkeit um den ‚Heimatgau des Führers«, Grünbach 1998, S. 25

Sloterdijk, Peter: Zeilen und Tage. Notizen 2008–2011, © Suhrkamp Verlag Berlin 2012

Smith, Howard K.: Events Leading Up to My Death, The Life of a Twentieth-Century Reporter, New York 1996

Smuts, Jan: Selections from the Smuts Papers, Volume VI, December 1934 – August 1945, hrsg. von Jean van der Poel, Cambridge 1973

Snyder, Timothy: Bloodlands, Europa zwischen Hitler und Stalin, München 2011

Sobański, Antoni Graf: Nachrichten aus Berlin, 1933–36, aus dem Polnischen von Barbara Kulinska-Krautmann, Reinbek bei Hamburg 2007

Sommer, Theo: 1945, die Biographie eines Jahres, Hamburg 2005

Sonnleithner, Franz von: Als Diplomat im »Führerhauptquartier«: Aus dem Nachlass, mit einem Vorwort von Reinhard Spitzy, München, Wien 1989

Sternheim-Peters, Eva: Die Zeit der großen Täuschungen, Mädchenleben im Faschismus, Bielefeld, 1987

Szczesny, Gerhard: Als die Vergangenheit Gegenwart war, Lebenslauf eines Ostpreußen, Berlin, Frankfurt am Main, 1990

Szép, Ernő: Zerbrochene Welt, Drei Wochen 1944, Aus dem Ungarischen von Ernő Zeltner. © des Originals: The Estate of Ernö Szép. © der deutschsprachigen Ausgabe: 2014 dtv Verlagsgesellschaft, München

SCH

Schacht, Hjamar: 76 Jahre meines Lebens, München 1953

Schaefer, Oda: Auch wenn Du träumst, gehen die Uhren, Erinnerungen bis 1945, München 1980

Scheel, Klaus: Das Tagebuch Europas, 1933, Der Tag von Potsdam, Berlin 1996

Schellenberg, Walter: Aufzeichnungen. Die Memoiren des letzten Geheimdienstchefs unter Hitler, Wiesbaden und München 1979

Scheringer, Richard: Das große Los, Unter Soldaten, Bauern und Rebellen, Neue, vom Autor durchgesehene Ausgabe, München 1979

Schickerle, René: Die blauen Hefte. Edition und Kommentar herausgegeben von Annemarie Post-Martens, Frankfurt am Main, Basel 2002

Schilde Kurt (Hrsg.): Eva Maria Buch und die ›Rote Kapelle‹, Erinnerungen an den Widerstand gegen den Nationalsozialismus, Berlin 1992

Schirach, Baldur von: Ich glaubte an Hitler, Hamburg, Zürich 1967

Schirach, Henriette von: Der Preis der Herrlichkeit © 2016 F.A. Herbig Verlagsbuchhandlung GmbH, München, Erweiterte Neuauflage

Schlie, Ulrich (Hrsg.): Albert Speer, Die Kransberg-Protokolle 1945, Seine ersten Aussagen und Aufzeichnungen (Juni-September) © 1999 F.A. Herbig Verlagsbuchhandlung GmbH, München

Schmeling, Max: Erinnerungen, Frankfurt/Main: Ullstein 1995, 2002

Schmidt, Helmut, Schmidt, Loki: Kindheit und Jugend unter Hitler. © 2012 Pantheon Verlag, München, in der Verlagsgruppe Random House GmbH

Schmidt, Matthias: Albert Speer, Das Ende eines Mythos, Speers wahre Rolle im Dritten Reich, Bern, München 1982

Schmidt, Paul Otto: Statist auf diplomatischer Bühne, 1923–45, Erlebnisse des Chefdolmetschers im Auswärtigen Amt mit den Staatsmännern Europas, Bonn 1950

Schneidereit, Otto A.: Zwischen zwei Weltkriegen, Eine Jugend in Ostpreußen, Berlin 1999

Schnitzler, Arthur: Tagebuch 1923–1926, Wien 1995

Schöner, Josef: Wiener Tagebuch 1944/1945, hrsg. von Eva-Marie Csáky, Franz Matscher und Gerald Stourzh, Böhlau Verlag Wien, Köln, Weimar 1992

Scholdt, Günther: Autoren über Hitler, Bonn 1993

Scholl, Hans, Scholl, Sophie: Briefe und Aufzeichnungen, hrsg. von Inge Jens, Frankfurt/Main 1994

Scholl, Sophie, Hartnagel, Fritz: Damit wir uns nicht verlieren. Briefwechsel 1937–1943. Hrsg. von Thomas Hartnagel. © S. Fischer Verlag GmbH, Frankfurt/M. 2005

Scholtz-Klink, Gertrud: Die Frau im Dritten Reich, Eine Dokumentation, Tübingen 1978

Schenck, Ernst Günther: Das Notlazarett unter der Reichskanzlei, Ein Arzt erlebt Hitlers Ende in Berlin, mit noch unveröffentlichten Dokumenten und 3 Karten, Neuried, 1995

Scholdt, Günter: Autoren über Hitler. Deutschsprachige Schriftsteller 1919–1945 und ihr Bild vom »Führer«. Bouvier, Bonn 1993

Schroeder, Christa: Er war mein Chef, aus dem Nachlass der Sekretärin von Adolf Hitler, hrsg. von Anton Joachimsthaler ©1985 by LangenMüller in der F.A. Herbig Verlagsbuchhandlung GmbH, München

Schroeder, Christa: Hitler privat, Erlebnisbericht seiner Geheimsekretärin, hrsg. von Albert Zoller, Düsseldorf 1949

Schukow, Georgi S.: Erinnerungen und Gedanken, vom Verlag der Presseagentur Nowosti (APN), Moskau besorgte Ausgabe, Stuttgart 1969

Schulte, Alfons: Drei Jahre in der Nachrichtenzentral des Führerhauptquartiers, Stein am Rhein 1996

Schuschnigg, Kurt: Im Kampf gegen Hitler, Die Überwindung der Anschlussidee, Wien, München, Zürich 1969

Schwarz, Egon: Keine Zeit für Eichendorff. Chronik unfreiwilliger Wanderjahre. Herausgegeben von Hans-Albert Walter. Copyright © 1992 Büchergilde Gutenberg Frankfurt am Main

Schwerin, Esther Gräfin von: Kormorane, Brombeerranken, Erinnerungen an Ostpreußen, München 2009 © 1986 by LangenMüller in der F.A. Herbig Verlagsbuchhandlung GmbH, München

SP

Speer, Albert, Erinnerungen, Berlin: Ullstein 1969

Speer, Albert: Spandauer Tagebücher, Berlin: Propyläen 1975

Spengler, Oswald: Jahre der Entscheidung, München 1961

Sperber, Manès: Die Wasserträger Gottes, All das Vergangene, Wien 1974

Sperber, Manès: Die vergebliche Warnung, All das Vergangene, Wien 1975

Spitta, Theodor: Ende des Bürgertums, Tagebuchbetrachtungen 1942, Bremen 1994

Spitzy, Reinhard: So haben wir das Reich verspielt, Bekenntnisse eines Illegalen, ©1986 by LangenMüller in der F.A. Herbig Verlagsbuchhandlung GmbH, München

ST

Starhemberg, Ernst Rüdiger: Memoiren, mit einer Einleitung von Heinrich Drimmle, Wien, München 1971

Stehlin, Paul: Auftrag in Berlin, übersetzt und mit Zustimmung des Autors gekürzt von Hans H. Hausser, Berlin 1965

Steinbach, Peter: Der 20. Juli 1944, Gesichter des Widerstands, München 2004

Steinbach, Peter, Tuchel, Johannes: Georg Elser, Der Hitler-Attentäter, Berlin 2010

Sternheim, Thea: Tagebücher 1903–1971, hrsg. Und ausgewählt von Thomas Ehrsam und Regula Wyss im Auftrage der Heinriche Enrique Beck-Stiftung, Band 1 1930–1925, Göttingen 2012

Stockhorst, Erich: 5000 Köpfe. Wer war was im Dritten Reich. Arndt, Kiel 2000

Studt, Christoph: Das Dritte Reich in Daten, unter Mitarbeit von Daniela von Itzenplitz und Henriette Schuppener, München 2002

Sturm, Vilma: Barfuß auf Asphalt. Ein unordentlicher Lebenslauf. © 1981, Verlag Kiepenheuer & Witsch GmbH & Co. KG, Köln

T

Tausk, Walter: Breslauer Tagebuch, 1933–1940, Hrsg. Von Ryszard Kincel, Berlin 1975

Thiess, Frank: Jahre des Unheils, Fragmente erlebter Geschichte, Wien, Hamburg 1972

Torberg, Friedrich: Eine tolle, tolle Zeit, Briefe und Dokumente aus den Jahren der Flucht 1938–1941, ©1989 by LangenMüller in der F.A. Herbig Verlagsbuchhandlung GmbH, München

Trenker, Luis: Alles gut gegangen, Geschichten aus meinem Leben, Hamburg 1965

Trevor-Roper, Hugh R.: Hitlers letzte Tage, Zürich 1948 und Frankfurt a. M. und Berlin 1965, Zürich 1948

Trevor-Roper, Hugh R. (Einleitung): Hitlers Politisches Testament, Die Bormann-Diktate vom Februar und April 1945, Nachwort von André Francois Poncet, Hamburg 1981

Trotzki, Leo: Fascim, What It Is and How To Fight It, Atlanta, USA 1993

Truman, Harry S.: Memoiren, Band 1, Das Jahr der Entscheidungen (1945), Bern 1955

Tschuikow, Wassili Iwanowitsch, Marschall der Sowjetunion: Gardisten auf dem Weg nach Berlin, ins Deutsche übertragen von Hans-Joachim Lambrecht und Erwin Engelbrecht, Berlin (Ost), 1976

U

Uhse, Beate, Pramann, Ulrich: Beate Uhse: Ich will Freiheit für die Liebe, Die Autobiografie, Berlin: List Taschenbuch 2001

Ungerer, Tomi: Die Gedanken sind frei, Meine Kindheit im Elsaß, Zürich 1973

Usher, Shaun (Hrsg.): Letters of Note – Briefe, die die Welt bedeuten, München, 2014

Ullrich, Volker: Adolf Hitler, Biographie, Bd. 1: Die Jahre des Aufstiegs 1889–1939, Frankfurt/Main 2013

V

Vermehren, Isa: Reise durch den letzten Akt, Ravensbrück, Buchenwald, Dachau: eine Frau berichtet, Reinbek bei Hamburg 2002

Vogeler, Heinrich: Werden, Erinnerungen mit Lebenszeugnissen aus den Jahren 1923–1942, hrsg. von Joachim Priewe und Paul-Gerhard Wenzlaff, Fischerhude 1989

Vogt, Martin (Hrsg.): Materialien aus dem Bundesarchiv, Heft 10, Herbst 1941 im »Führerhauptquartier«, Berichte Werner Koeppens an seinen Minister Alfred Rosenberg, hrsg. und kommentiert von Martin Vogt, Koblenz 2002

W

Wachsmann, Nikolaus: Gefangen unter Hitler, Justizterror und Strafvollzug im NS-Staat, München 2006

Wachsmann, Nikolaus: KL, Die Geschichte der nationalsozialistischen Konzentrationslager, München 2016

Wagener, Otto: Hitler aus nächster Nähe, Aufzeichnungen eines Vertrauten 1929–1932, hrsg. von Henry Ashby Turner jr., Frankfurt/Main, Berlin, Wien 1987

Wagner, Elisabeth (Hrsg.): Der Generalquartiermeister, Briefe und Tagebuchaufzeichnungen des Generalquartiermeister des Heeres General der Artillerie Eduard Wagener, München Wien 1963

Wagner, Friedelind: Nacht über Bayreuth, Die Geschichte der Enkelin Richard Wagners, München 2010. © 1994, Dittrich Verlag Berlin

Wagner, Walter: Der Volksgerichtshof im nationalsozialistischen Staat, Stuttgart 1974

Wahl, Karl: »... es ist das deutsche Herz«, Erlebnisse und Erkenntnisse eines ehemaligen Gauleiters, Augsburg 1954

Wapner-Levin, Paje: Von Wilna nach Buenos Aires, Erinnerungen einer Lehrerin an den Holocaust, Bremen 2006

Warlimont, Walter: Im Hauptquartier der deutschen Wehrmacht, 1939–1945, Grundlagen, Formen, Gestalten, Frankfurt am Main, 1962

Warner, Konrad (d. i. Helmuth Grossmann): Schicksalswende Europas? Ich sprach mit dem deutschen Volk, Ein Tatsachenbericht, Rheinfelden 1944

Weber, Thomas: Hitlers erster Krieg, Der Gefreite Hitler im Weltkrieg – Mythos und Wahrheit, Aus dem Englischen von Stephan Gebauer, Berlin 2012

Weber, Thomas: Wie Adolf Hitler zum Nazi wurde, Vom unpolitischen Soldaten zum Autor von »Mein Kampf«, Aus dem Englischen von Heike Schlatterer und Karl Heinz Siber, Berlin 2016

Weizsäcker, Ernst von: Erinnerungen, München, Leipzig, Freiburg i.Br. 1952

Wehler, Hans Ulrich: Deutsche Gesellschaftsgeschichte, Vom Beginn des Ersten Weltkriegs bis zur Gründung der beiden deutschen Staaten, Band 4, 1914–1949, München 2003

Weiß, Hermann (Hrsg.): Biographisches Lexikon zum Dritten Reich. Frankfurt am Main 1998

Weißenborn, Günther: Der Lautlose Aufstand, Bericht über die Widerstandsbewegung des deutschen Volkes, 1933–1945, Frankfurt/Main 1953

Weizmann, Chaim: Memoiren, Das Werden des Staates Israel, aus dem Englischen übersetzt von Thea Maria Lenz, Zürich 1953

Werner, Ruth: Sonjas Rapport, Berlin (Ost) 1978

Westphal, Siegfried: Heer in Fesseln, Aus den Papieren des Stabschefs von Rommel, Kesselring und Rundstedt, Bonn 1950

Westphal, Siegfried: Erinnerungen, Mainz 1975

Wiechert, Ernst: Jahre und Zeiten, Erinnerungen, Zürich 1949

Wiedemann, Fritz: Der Mann, der Feldherr werden wollte, Erlebnisse und Erfahrungen des Vorgesetzten Hitlers im 1. Weltkrieg und seines späteren Persönlichen Adjutanten, Velbert und Kettwig 1964

Wieland, Rainer (Hrsg.): Das Buch der Tagebücher, München, Zürich 2010

Wing, Sandra Koa (Hrsg.): Our Longest Days, A people's history of the Second World War, London 2007

Wildt, Michael, Kreutzmüller, Christoph: Berlin 1933–1945, München 2013

Windschild, Günther, Schmid, Helmut (Hrsg.): »Mit dem Finger vor dem Mund ...«, Ballenstedter Tagebuch des Pfarrers Karl Fr.E. Winschild 1931–1944, Dessau 1999

Winters, Dick: Beyond Band of Brothers, The War Memoir of Major Dick Winters, Commander, Easy Company, 506th Parachute Infantry Regiments, New York 2008

Wirsching, Andreas: »Man kann nur Boden germanisieren«, Eine neue Quelle zu Hitlers Rede vor den Spitzen der Reichswehr am 3. Februar 1933, in: Vierteljahrshefte für Zeitgeschichte 49 (2001)

Wittgenstein, Ludwig: Geheime Tagebücher, 1914–1916, hrsg. und dokumentiert von Wilhelm Baum, Wien 1992

Wladka, Michael: Hitlers Vätergeneration, Böhlau 2005

Wolf, Konrad: Aber ich sah ja selbst, das war der Krieg, Kriegstagebücher und Briefe, 1942–1945, Berlin 2015

Wolf, Markus: Spionagechef im Geheimen Krieg, Düsseldorf/München 1967

Wurm, Theophil: Erinnerungen aus meinem Leben, Stuttgart 1968

Z

Zdral, Wolfgang: Die Hitlers: Die unbekannte Familie des Führers, Frankfurt 2005

Zitelmann, Rainer: Hitler, Selbstverständnis eines Revolutionärs, Stuttgart 1990

Zuckmayer, Carl: Als wär's ein Stück von mir. Horen der Freundschaft. © Carl Zuckmayer 1966

Zweig, Arnold: Der Typus Hitler, Berlin 1991 (Abdruck mit freundlicher Genehmigung des Aufbau Verlags.)

Zweig, Stefan: Die Welt von gestern, Erinnerungen eines Europäers, Frankfurt/Main 1952

Zweig, Stefan: Tagebücher, Frankfurt/Main 1988

Benutzte Internetquellen

Wenn nicht in den Fußnoten anders angegeben, folgen Darstellungen und Fakten zu historischen Abläufen der angegebenen Literatur, hier insbesondere der Doppel-Biografie Hitlers von Ian Kershaw, ohne besonderem Nachweis aber auch diesen Darstellung im Internet:

Das Bundesarchiv, Berlin, Koblenz
ww.bundesarchiv.de/oeffentlichkeitsarbeit/bilder_dokumente/index.html.de

Deutsches Historisches Museum, Berlin
https://www.dhm.de/lemo/

Bayerische Staatsbibliothek, Historisches Lexikon Bayerns
www.historisches-lexikon-bayerns.de

Bundeszentrale für politische Bildung, Berlin
http://www.bpb.de/geschichte/

Stadtverein Braunau, Ingo Engel
http://braunau-history.at

Personenregister

220 f., 242, 252, 426, 561, 563,
599 f.
Sperl, Johann 91
Sperr, Franz 651
Spitta, Theodor 515
Spitzy, Reinhard 200, 238, 294, 308,
333, 335, 341, 348, 351, 372, 542
Stadler, Dr. 118
Stagg, James Martin 607
Stalin, Josef (Joseph) Wissariono-
witsch, eigtl. Iossif Bessarionis
Dschughaschwili 171, 299, 326,
393–396, 415, 483, 485 f., 520,
584, 637, 640, 644 f., 669, 703
Stark, Harold R. 497
Stauffenberg, Claus Schenk Graf von
585, 616
Starhemberg, Ernst Rüdiger Fürst
von 80, 97, 112, 118 f., 123, 134
Stehlin, Paul 93 f., 298, 306, 309 f.,
313 f., 408 f.
Stephanus, Heinrich 643
Sternheim, Thea 92, 199, 204, 268,
270, 272, 393, 621
Sternheim-Peters, Eva 404 f.
Stieff, Helmuth 619
Storm, Anna 561
Strang, William 372
Strasser, Gregor 134, 159, 175,
183 ff., 188, 231
Strasser, Otto 183 f., 232
Strauß, Richard 336
Streicher, Julius 107, 134, 157, 170,
209, 274
Stresemann, Gustav 132, 167, 184,
189 f.
Strotmann, Herrmann 527
Stumpfegger, Ludwig 684
Stumpff, Hans-Jürgen 645
Sturm, Vilma 92, 320, 594
Sucharski, Henryk 401
Swoboda, Fritz 569 f.
Szczerbowski, Kazimierz 455
Szczesny, Ernst 84
Szczesny, Gerhard 84, 201, 212
Szente, Liesl 671
Szép, Ernő 560, 564, 616 f., 626
Szilard, Leó 390

Tausk, Walter 256 f., 303, 376, 547
Tebenko, Maxim 570
Tedder, Sir Arthur 645
Terwiel, Marie 577
Thälmann, Ernst 186, 204, 211, 241
Thierack, Otto Georg 535
Thiess, Frank 305, 321
Thomae, Busso 651

Thöt, Karl 504 f.
Timoschenko, Semjon Konstantino-
witsch 486
Titschack, Professor Erich 597
Todt, Fritz 292, 467, 500
Toeplitz, Otto 390
Tomlin, Christopher 408, 435
Töppel, Roman 149
Torberg, Friedrich, eigtl. Friedrich
Ephraim Kantor-Berg 390, 409,
447, 549
Treitschke, Heinrich von 151
Trenker, Luis 301
Tresckow, Henning von 585
Trevor-Roper, Hugh 639–642
Troost, Gerdy 338
Troost, Paul Ludwig 229, 338
Trotzki, Leo 31, 110, 267
Truman, Mary Jane 709 f.
Truman, Martha Ellen Young 709 f.
Truman, Harry S. 672 f., 684, 690,
709 f.
Tschernjak, Fjodor 572
Tschuikow, Wassili 516 f., 521 f.,
649 f., 689, 697 f., 703, 706 f.
Tschujanow, Alexej 510, 519
Tuchtschewski 395
Tucholsky, Kurt 154

Uhl, Matthias 644 f.
Uhse, Beate, geb. Köstlin 310, 591,
682
Ullrich, Volker 328 ff.
Ungerer, Tomi 388, 446, 548, 551,
563, 654

Valentiner, Claus 555
Vermehren, Isa 664
Viktor Emanuel III., König von
Italien 322
Vogt, Waldemar 356
Vordermayer, Thomas 149
Voss (auch Voß), Hans-Erich 614,
688, 699 f.

Wachsmann, Nikolaus 535–538
Wagener, Otto 152, 179, 191
Wagner, Elisabeth 273, 376, 384,
386, 435, 442, 445
Wagner, Eduard 273, 276, 384, 386,
396, 400, 402, 435, 442, 445 f.,
450, 452, 495 f., 570
Wagner, Friedelind 54, 165, 168 ff.,
206 f., 256, 279, 297 f., 300, 308,
334 f., 354 f.
Wagner, Richard 51, 336
Wagner, Siegfried 54

Wagner, Walter 694 f.
Wagner, Wieland 168
Wagner, Winifred 54
Wahl, Karl 118, 135, 170, 362, 659 f.
Waldeck und Pyrmont, Josias zu 276
Wapner-Levin, Paje 554, 558, 621,
668
Warlimont, Walter 588
Warner, Konrad, eigtl. Helmuth
Grossmann 304
Wartenburg, Peter Graf Yorck
von 619
Washington, George 343
Wassiljew, Iwan 514 f.
Weber, Christian 134, 136, 274
Weber, Richard 606
Weber, Friedrich 128, 140, 145
Weber, Max 162
Weber, Thomas 70 ff., 99 ff., 102 f.,
104, 145–148, 330
Wehler, Hans Ulrich 162
Wehner, Herbert, alias Kurt Funk
290
Weidling, Helmuth 698, 707
Weiss, Franz-Rudolf von 543
Weiss, Jackl 91
Weizmann, Chaim 252, 258, 390,
428, 430, 438, 460, 505, 554
Weizsäcker, Carl Friedrich von 406
Weizsäcker, Ernst von 368, 391,
393 f., 399, 405 f., 422, 440, 454,
472, 493
Weizsäcker, Heinrich von 405
Weizsäcker, Richard von 405
Welles, Sumner 217
Wels, Otto 211
Welsh, Mary 625
Wenck, Walther 685
Wendt, Hans Friedrich 185, 195
Werfel, Franz 137
Werlin, Jakob 165
Werner, Ruth, eigtl. Ursula
Kuczynski 395, 623
Wesolek, Frieda 577
Wesolek, Stanislaus (eigentl.
Stanislaw) 577
Wessel, Horst 175–178
Westphal, Siegfried 10, 550, 622,
624, 626, 631 f., 689
Widmark, Richard 234
Wiedemann, Fritz 79 f., 82 f., 88 ff.,
122, 150, 152, 169, 176, 191 f., 240,
272, 286, 289, 307, 314, 318 f., 327,
334, 344 ff., 354, 357, 362, 541, 546
Wiesmayer, Balduin 33, 34
Wietersheim, Gustav Anton von 517
Wilck, Gerhard 629

Bildnachweis

Archiv des Autors, Postkarte 75

Archiv Karl Höffkes, Gescher 84

Archiv der Kreisgemeinschaft Wehlau 627

Archiv des Münchner Stadtmuseums 105, 115

Archiv Walter Frentz, Hans-Peter Frentz 636

Archiv des Westpreußisches Landesmuseum, Warendorf 225

Bayrische Staatsbibliothek München, Bildarchiv 27, 33, 39, 40, 65, 103, 109, 147, 155, 165, 193, 199, 324, 329, 349, 374, 578, 599

Bildagentur der Agence France-Presse (AFP) 425

Bundesarchiv, Bildarchiv 55 (Bild 146-1975-096), 98 (Bild 102-00204), 101 (Bild 119-1577), 175 (Bild 146-1969-054-53A), 180 (Bild 146-1978-096-03), 191 (Bild 119-0289), 373 (Bild 119-11-19-12), 410 (Bild 183-R81453), 471 (Bild 183-J00282), 485 (Bild 146-2005-0020), 505 (Bild 183-B24543), 511 (Bild 406-0022-011), 587 (Bild 183-J05235), 615 (Bild 146-1969-071A-03), 681 (Bild 146-1971-033-33), 696 (Bild 562-374-72), 697 (Bild 562-374-71)

Corbis, Getty Images 395, 437

Deutsches Historisches Museum 701

Fotoarchiv der Gedenkstätte Yad Vashem, Jerusalem 558

Imperial War Museum Photograph Archive 407

Haus der Essener Geschichte/Stadtarchiv 207, 261

Landesarchiv Thüringen, Thüringisches Staatsarchiv Altenburg 241

Library of Congress, Washington D.C. Umschlagbild vorne, Titelbild, 35, 43, 83, 89, 127, 128, 135, 151, 169, 176, 185, 235, 253, 269, 285

National Archives, Washington D.C. 20, 28, 29, 37, 50, 70, 91, 144, 156, 179, 293, 315, 339

Stadtarchiv Nürnberg 537

Stadtarchiv Worms 280

Stadt- und Stiftsarchiv Aschaffenburg 305

Süddeutscher Verlag, Photo 222

United States Holocaust Memorial Museum 275, 358, 379, 530

Wiener Stadt- und Landesarchiv 61

Zigarettenbildalbum »Deutschland erwacht. Werden, Kampf und Sieg der NSDAP, Lichtbilder von Heinrich Hoffmann« 63, 69, 123, 217, 355